ÉTUDES SOUDANAISES

Le Noir du Yatenga

Mossis — Nioniossés — Samos
Yarsés — Silmi-Mossis — Peuls

PAR

L. TAUXIER
ADMINISTRATEUR DES COLONIES

PARIS
ÉMILE LAROSE, LIBRAIRE ÉDITEUR
11, RUE VICTOR-COUSIN, 11

1917

Le Noir du Yatenga

DU MÊME AUTEUR

Le Noir du Soudan. — *Pays Mossi et Gourounsi.* Documents et analyses. — 1912. in-8°. . . . . 12 fr.

ÉTUDES SOUDANAISES

Le Noir du Yatenga

Mossis — Nioniossés — Samos
Yarsés — Silmi-Mossis — Peuls

PAR

L. TAUXIER
ADMINISTRATEUR DES COLONIES

PARIS
ÉMILE LAROSE, LIBRAIRE ÉDITEUR
11, RUE VICTOR-COUSIN, 11

1917

Introduction

Ce fut le 22 septembre 1878 que commença l'expansion française vers le Niger à partir du Haut-Sénégal déjà tenu jusqu'à Médine. A cette époque la France possédait la côte sénégalaise où elle était installée depuis Louis XIV; elle était en outre remontée, le long des rives du fleuve, à travers le pays toucouleur, jusqu'au pays khassonké. En 1855 nous avions défendu victorieusement Médine, capitale du Khasso, contre le conquérant El-Hadj-Omar. C'est de là que reprit la marche en avant en 1878. Le 1er février 1883 le Niger était atteint à Bamako. Le 12 décembre 1893 — dix ans après — nous étions à Tombouctou. Le 19 mai 1897, nous nous installions à Say, la boucle du Niger conquise. Enfin le 22 avril 1900, parvenus jusqu'au Tchad, nous attaquions Rabah, le Samory de ces contrées, qui était vaincu et tué à la bataille de Kousseri. Ainsi, en une période de vingt-deux ans, avait été constitué notre empire de l'Afrique occidentale française.

L'œuvre intellectuelle suivit de près l'œuvre militaire. Elle avait été préparée déjà par des voyageurs dont les noms sont connus de tous : Golberry (1785-1787), Mungo-Park (1795-1805), Mollien (1816-1818), Gordon-Laing (1821-1822), René Caillié (1824-1828), Raffenel (1846-1856), Barth (1849-1855), Hecquard (1853), Lambert (1861), Mage (1863-1866), Nachtigal, Oscar Lenz, etc. Au moment où nous reprenions notre marche en avant vers le Niger le voyageur Paul Soleillet (1878-1879) atteignait Ségou déjà vu par d'autres voyageurs. Bérenger-Féraud résumait en 1879 dans son livre : *Les Peuplades de la Sénégambie* ce que nous savions à cette époque des Ouolofs, des Sérères, des Toucouleurs, des Soninkés, des Malinkés et des Bambaras. De Crozals, en 1883, dans une thèse qui est encore ce qui a été fait de plus complet et de mieux sur les Peuls en général, faisait le bilan, au début de la conquête de nos connaissances sur cette race intéressante. Les explorations allaient leur train : la mission Galliéni (1880) mi-militaire, mi-diplomatique en pays malinké et bambara jusqu'à Ségou, les voyages de Bayol et de Noirot dans le Fouta-Djallon (1881), enfin la grande exploration du capitaine Binger (1887-1889) du pays bambara au pays dyoula de Kong en passant par chez les Sénoufos, les Bobos et les Mossis. Cette belle exploration marque une date et est la dernière des grandes randonnées en territoire inconnu dans un pays qui allait bientôt être conquis complètement par les armes françaises.

Il a été beaucoup écrit depuis sur les populations de notre Afrique occidentale. Sans vouloir citer ici tous les ouvrages qui ont été publiés à ce sujet nous pouvons passer en revue les principales races en indiquant ce qui a été fait de plus important sur chacune d'elles.

Sur les Khassonkés qui ont été pourtant atteints les premiers par notre expansion, puisqu'en 1855 nous étions déjà installés chez eux, il faut attendre jusqu'à 1915 pour avoir un ouvrage important, à savoir : *Les Khassonké, monographie d'une peuplade du Soudan Français* de Ch. MONTEIL, auteur dont nous aurons à reparler plus loin.

On pourrait en dire autant des Soninkés (ou Sarakolés) : nous avons été pour ainsi dire toujours en relation avec eux dès notre installation au Sénégal et pourtant je ne vois guère à citer à leur sujet que deux opuscules, l'un de M. ADAM : *Légendes historiques du pays de Nioro* (1904), l'autre de M. Robert ARNAUD : *L'Islam et la politique musulmane française suivi de la singulière légende des Soninkés* (1912).

Les Malinkés ont été plus heureux : nous avons sur eux le voyage *Dans la Haute-Gambie* d'André RANÇON en 1895 où sont étudiés les Malinkés de la Haute-Gambie. Nous avons surtout le bel ouvrage du commandant TELLIER intitulé modestement *Autour de Kita* (1898) et qui est encore actuellement ce qu'il y a de plus complet sur les Malinkés. Ajoutez-y l'*Essai de grammaire malinkée* (1896) et le *Dictionnaire malinké-français* (1900) d'un père de la Congrégation du Saint-Esprit (probablement le père ABIVEN) et nous avons ainsi le plus important de ce qui a été publié sur cette race.

Les Bambaras n'ont pas été aussi heureux : je ne vois guère à citer que le *Dictionnaire Bambara-Français* de Mgr BAZIN (1906) et l'étude du père Joseph HENRY, intitulée *L'âme d'un peuple africain : Les Bambara* (1910). C'est une étude très poussée des Bambaras au point de vue religieux.

Au delà de ces populations sont les Songhaïs, établis sur le Moyen-Niger, les Habbés, les Mossis, les Sénoufos, les Bobos, etc , établis dans la boucle.

Pour les Songhaï il faut citer d'abord le beau livre de Félix DUBOIS sur *Tombouctou-la-Mystérieuse* (1897), livre plus remarquable du reste au point de vue artistique, au point de vue « impressionniste » qu'au point de vue proprement historique et scientifique. Tel quel, il toucha le gros public, attira l'attention sur ces contrées lointaines. Beaucoup en sont encore à Tombouctou-la-Mystérieuse. A côté, voici, avec des qualités et des défauts exactement contraires, la *Monographie de Dienné* (1903) par Ch. MONTEIL, le futur auteur des Khassonké. Citons encore le *Manuel de langue songhaï* (1897) par HECQUARD et DUPUIS, les *Gow ou chasseurs du Niger* (1911), par DUPUIS-Yakouba. Cette même année Félix DUBOIS, revenu dans ces contrées parcourues quinze ans auparavant, publiait *Notre beau Niger*.

Si nous quittons les bords du fleuve pour pénétrer dans l'immense boucle méridionale qu'il forme entre Bamako et Say avec Tombouctou comme sommet de triangle, nous entrons d'abord dans le pays montagneux des Habbés : ceux-ci ont été étudiés en 1907 par le lieutenant Desplagnes dans son *Plateau central nigérien*, livre dont les hypothèses plus que hardies sur l'origine générale des nègres soudanais ne doivent pas nous faire oublier l'étude particulière assez poussée qu'il contient des Habbés. Aucun autre ouvrage n'a été publié sur ces populations quoique diverses études aient été commencées sur place.

Les Mossis (et je mets avec les Mossis les populations voisines : Kipirsis, Gourounsis, Boussansés, Nioniossés, etc.) ont donné lieu à une littérature plus abondante. Il faut citer d'abord le livre du lieutenant Marc : *Le pays mossi* (1909), l'*Etude sur la langue des Mossi* (1910) de Froger, *Le Noir du Soudan : pays mossi et gourounsi* (1912) de l'auteur de cette introduction. Enfin le livre que je publie aujourd'hui : *Le Noir du Yatenga* formera, si je ne me trompe, la plus importante contribution sociologique à l'étude des Mossis et des populations circonvoisines (Nioniossés, Yarsés, Samos, Silmi-Mossis, etc.). Comme on le voit, la matière commence à être fouillée et approfondie de ce côté. Il serait injuste de ne pas citer les noms du capitaine Noiré, auteur de la première *Monographie du Yatenga* (1904), surtout de Vadier, auteur de la deuxième *Monographie du Yatenga* (1909) et de Moulins, auteur de la *Monographie de Ouagadougou* (1909).

Quant aux Sénoufos et aux Bobos peu de choses ont été publiées sur eux. Je ne vois guère sur les premiers que *Le peuple siéna ou sénoufo* (1908-1909) de Delafosse et *Le droit privé des Sénéfo du Kénédougou* (1913) de M. Th. André, sur les seconds que les notes publiées par l'administrateur Guébhard dans la *Revue d'ethnographie et de sociologie* de mai-juin 1911.

En dehors de ces ouvrages particuliers des synthèses ont été tentées sur le Soudan français tout entier : ainsi la belle *Géographie économique du Haut-Sénégal-Niger* en deux volumes de Meniaud (1912). Ainsi surtout : *Le Haut-Sénégal-Niger : pays, peuples, langues, histoire, civilisation* (1912), en trois volumes, de Delafosse. Ce dernier ouvrage, synthèse des travaux particuliers de l'auteur et des monographies demandées en 1909 par M. Clozel, alors gouverneur du Haut-Sénégal-Niger, à tous ses administrateurs, constitue un tableau magistral de l'histoire des races du pays et tel, dans le détail, qu'on n'avait pu jusqu'ici rien faire de pareil. Aussi bien en parlant tout à l'heure des principales races soudanaises aurais-je dû pour chacune d'elles citer le nom de Delafosse car qu'il s'agisse des Malinkés ou des Bambaras, des Songhaïs ou des Mossis, ou de toute autre population du Soudan français, sa contribution est particulièrement précieuse et importante.

Aussi bien les travaux antérieurs de cet auteur le prédisposaient-ils à faire la synthèse (surtout la synthèse historique et linguistique, car au point de vue sociologique proprement dit il n'était pas aussi bien préparé) des races du Soudan français. Si je ne me trompe DELAFOSSE débuta jadis par un *Manuel dahoméen* (1894) suivi d'un *Essai sur le peuple et la langue sara* (1898), population du Haut-Congo français. Cet opuscule d'une cinquantaine de pages fut suivi, d'un *Essai de manuel de langue agni* (1900), d'un *Manuel de langue haoussa* (1901) et d'un *Essai de manuel pratique de la langue mandé ou mandingue* (1901) (il s'agit ici de la langue dyoula ou mandé-dyoula qui se confond de fait avec le malinké ou le bambara). Puis vinrent les *Vocabulaires comparatifs de plus de 60 langues ou dialectes parlés à la Côte d'Ivoire* (1904), une étude sur *Le peuple siéna ou sénoufo* (1908-1909) dont j'ai déjà parlé plus haut, la *Monographie historique et ethnique du cercle de Bamako* parue dans la revue l'*Afrique française* en 1910, sans compter les délicieux *Etats d'âme d'un colonial* (1909). Ce bagage considérable, ainsi qu'une connaissance approfondie des historiens arabes, faisait de DELAFOSSE l'homme tout désigné pour entreprendre une synthèse des races du Haut-Sénégal-Niger, synthèse qui restera pendant longtemps maintenant la base et le point de départ des travaux postérieurs.

Si le Soudan français a été sérieusement étudié, comme on le voit, dans son ensemble comme dans son détail, depuis le début de la conquête jusqu'à nos jours, les colonies voisines ne sont pas non plus restées en friche. Ainsi pour la Guinée nous pouvons citer depuis les ouvrages de BAYOL et de NOIROT consécutifs à leur mission de 1881, l'ouvrage de MADROLLE *En Guinée* (1895) plus remarquable par le volume et la compilation que comme ouvrage original. — *La conquête du Fouta-Djallon* (1899) d'OLIVIER DE SANDERVAL, la *Notice sur la Guinée française* de FAMECHON (1900). C'est surtout depuis 1906 que les ouvrages intéressants se sont multipliés sur la Guinée française : nous citerons d'abord l'ouvrage de MACLAUD sur *Les Mammifères et les oiseaux de l'Afrique occidentale française* (1906), ouvrage qui s'applique surtout à la faune de la Casamance, de la Basse-Guinée et du Fouta-Djallon, puis celui de POBÉGUIN, *Essai sur la flore de la Guinée française* (1906). Ce bel ouvrage décrit particulièrement la flore de la Haute-Guinée (pays malinké : Kouroussa, etc.), celui de CHAUTARD, *Etude géologique et géographique sur le Fouta-Djallon* (1906). L'ouvrage de MACHAT, *Les rivières du sud et le Fouta-Djallon*, date aussi de 1906. C'est un ouvrage d'érudition, excessivement consciencieux, un modèle du genre sous ce rapport, n'oubliant aucun des documents publiés. Il est surtout relatif au milieu physique qu'il étudie dans le plus grand détail mais sa partie sociologique et historique n'est pas négligeable et peut être consultée avec fruit également. Enfin, en 1907, André ARCIN publie sa *Guinée française* qu'il complétera en 1911 par son *Histoire de la Guinée française*. Ces deux volumes réunis constituent évidemment l'œuvre la plus considérable qui ait été publiée jusqu'ici sur le pays dont nous parlons. La partie historique est surtout admirablement exposée et fouillée dans le plus grand détail. Pour n'oublier aucun effort sérieux sur la Guinée française, mentionnons les deux opuscules de GUÉBHARD (le même auteur qui a étudié les Bobos) sur le Fouta-Djallon. Ce sont : *Au Fouta-Dialon : Elevage, Agriculture, Commerce, Régime foncier* (1910) et *Au Fouta-Djalon : Cent vingt ans d'histoire* (1910). Le deuxième opuscule est rempli malheureusement d'erreurs de dates relevées par André ARCIN dans son *Histoire de la Guinée française*. A ces ouvrages ajoutons la notice du lieutenant BOUET sur les Tomas (1912).

La Côte d'Ivoire, sans avoir été aussi travaillée que la Guinée, n'en offre pas moins quelques ouvrages intéressants : on peu consulter *De la Côte d'Ivoire au Soudan et à la Guinée* (1901) par le capitaine d'OLLONE, *Les Coutumes indigènes de la Côte d'Ivoire* (1902), questionnaires publiés par MM. CLOZEL et VILLAMUR, *Notre colonie de la Côte d'Ivoire* (1903) par MM. VILLAMUR et RICHAUD, manuel de vulgarisation, *Dix ans à la Côte d'Ivoire* par M. CLOZEL (1906), une courte étude parue dans les *Ouvriers des Deux-Mondes* sur le cultivateur et pêcheur du pays Adioukrou-Bouboury (Côte d'Ivoire) par M. ESCARD (1910). Enfin n'oublions pas que les ouvrages de DELAFOSSE cités plus haut : *Essai de manuel pratique de la langue mandé* (1901), *Essai de manuel de la langue agni* (1901), et *Vocabulaires comparatifs de plus de 60 langues ou dialectes parlés à la Côte d'Ivoire* (1904) concernent la Côte d'Ivoire, la langue mandé étudiée par l'auteur étant en fait la langue dyoula, la langue agni étant celle des populations de l'est de la Côte d'Ivoire venues du pays Achanti, et les vocabulaires comparatifs comprenant surtout l'étude des langues des lagunes, des Kroumen, des Agni-Achanti, etc.

Sur le Dahomey enfin nous avons, sans remonter jusqu'à l'ouvrage de l'abbé Pierre BOUCHE sur *La Côte des Esclaves et le Dahomey* (1885), antérieur à notre occupation du pays, et jusqu'aux récits de voyage du colonel TOUTÉE *Dahomé, Niger, Touareg* (1896) et *Du Dahomé au Sahara* (1899), nous avons, dis-je, la *Notice sur le Dahomey* de FONSSAGRIVES (1900), *Dahomey et dépendances* (1900) de BRUNET et GIETHLEN, ouvrage plus poussé, *Notre colonie du Dahomey* de FRANÇOIS (1906), la *Mission scientifique au Dahomey* de HUBERT (1908) qui est une étude approfondie du milieu physique, enfin *l'Ancien royaume du Dahomey : Mœurs, Religion, Histoire* (1911) de LE HÉRISSÉ. De tous ces ouvrages il faut retenir comme les plus importants celui de HUBERT pour le lieu et celui de LE HÉRISSÉ pour l'histoire.

Nous ne serions pas complets si nous ne disions un mot des travaux embrassant l'ensemble de notre Afrique occidentale. Il nous faut signaler à ce sujet les belles études botaniques d'Auguste Chevalier connues de tous, les travaux géologiques d'Henry Hubert, déjà nommé au sujet du Dahomey. L'histoire de notre conquête d'autre part a été retracée d'une part par le lieutenant Gatelet, *Histoire de la conquête du Soudan français* (1901) et d'autre part par MM. Terrier et Mourey, *L'œuvre de la troisième république en Afrique occidentale : L'expansion française et la formation territoriale* (1910). Enfin pour le folk-lore d'Afrique occidentale il faut citer les recueils de Bérenger-Féraud (1885), de Ch. Monteil (1903), de De Zeltner (1913) et du regretté Equilbecq, (1913 et 1915).

Comme on le voit, les Français n'ont pas fait qu'œuvre militaire et administrative au Soudan : ils ont fait aussi œuvre intellectuelle. Cette œuvre a suivi, a poussé sur le terrain de nos conquêtes. Elle est peu connue en France, il est vrai, n'intéressant guère que des spécialistes. Elle n'en est pas moins d'importance au point de vue de l'étude des civilisations primitives et elle touche à un haut degré la sociologie comme la philologie, la géographie comme l'histoire. Nous avons, dans le volume qui suit, tenté d'apporter notre modeste contribution à cette œuvre en étudiant méthodiquement et à fond un coin reculé de notre Afrique occidentale. Puissions-nous avoir ainsi fait avancer un peu la connaissance scientifique du nègre soudanais !

Adamville, le 1ᵉʳ mars 1917.

L. Tauxier.

Préface

Dans ce livre, fruit d'un séjour de près de trois ans dans le pays (septembre 1913 à juillet 1916), j'étudie le Yatenga ou cercle de Ouahigouya.

Le Yatenga est un pays soudanais situé au milieu de la boucle du Niger et formant comme la pointe nord du grand pays mossi dont le centre peut être placé à Ouagadougou.

Dans un livre antérieur (*Le Noir du Soudan: Pays mossi et gourounsi*, 1912) j'ai donné une esquisse du nègre mossi de Ouagadougou et surtout des nègres gourounsi de la région de Léo située au sud de Ouagadougou.

Poursuivant ces travaux je donne ici une étude aussi approfondie que possible des Mossis du nord.

Avec ces Mossis j'étudie :

1º Les Nioniossés ou Foulsés, race établie avant les Mossis dans la plaine des trois Volta.

2º Les Samos, race mandé, qui occupent le sud-ouest du Yatenga.

3º Les Yarsés, autre race mandé de cultivateurs-commerçants qui sont répandus dans tout le Mossi.

4º Les Silmi-Mossis, race mixte provenant d'un mélange de Peuls et de Mossis, qu'on trouve dans le Yatenga et dans le cercle de Ouagadougou.

5º Les Peuls du Yatenga appartenant aux tribus Dialloubé, Fittobé et Torombé.

Ces six races n'épuisent pas la liste de celles qui existent dans le pays. Comme nous le verrons plus loin, celui-ci comprend encore des Maransés ou Songhays et des Habbés ou Tombos mais les uns et les autres y sont trop peu nombreux pour pouvoir y donner la matière d'une étude sérieuse. Il faut les étudier chez eux, les Tombos dans le cercle de Bandiagara, les Songhaï sur le Moyen-Niger, entre Tombouctou et Say.

Disons un mot maintenant de l'ordre d'analyse suivi par nous : nous commençons par étudier le lieu, facteur extrinsèque, comme dit H. Spencer, mais de première importance car la géologie, l'hydrographie, le climat, la flore et la faune conditionnent puissamment la vie sociale surtout s'il s'agit de races inférieures. Puis nous passons au grand facteur, au facteur intrinsèque, à la race ou hérédité, qui domine encore plus puissamment la vie sociale que le facteur extrinsèque. L'étude de la race est suivie de celle de son évolution (histoire). De la rencontre de ces deux grands facteurs découlent : 1º le travail ; 2º la famille ; 3º le mode d'existence ; 4º les pouvoirs publics ; 5º la religion et 6º les cultures intellectuelles. Nous passons ainsi en revue et nous étudions, dans un ordre aussi naturel que possible, la vie économique, la vie familiale, la vie coutumière, la vie publique, la vie religieuse et la vie intellectuelle des Mossis du Yatenga et des races annexes.

Nous croyons que cet ordre d'analyse est le meilleur qui ait été encore adopté dans ces études de sociologie descriptive (et, autant que faire se peut, explicative). C'est celui de la science sociale, celui de Le Play et de Henri de Tourville, avec, toutefois, une sérieuse modification : au lieu de mettre la race en dernier lieu et à la fin de la nomenclature analytique, comme le fait H. de Tourville, nous la mettons en première ligne, tout de suite après le Lieu ou Milieu physique. Nous pensons qu'il est inutile de justifier cette modification.

Ajoutons en terminant que j'ai profité de la publication de cet ouvrage pour rectifier quelques erreurs, grosses ou petites, qui avaient été commises par moi dans *Le Noir du Soudan : pays mossi et gourounsi*. Les rectifications trouveront place en lieu convenable.

LIVRE PREMIER

Le lieu

Le coin du pays soudanais que nous étudions est situé au milieu de la boucle du Niger sur le 13° 1/2 de latitude nord environ et le cinquième degré de longitude ouest.

Nous verrons plus loin, à la Partie Historique, à quoi le Yatenga doit son nom. Disons simplement pour le moment qu'il forme la partie supérieure, septentrionale, des contrées mossi dont Ouagadougou peut être considéré comme le centre et qui s'étendent jusqu'à Tenkodogo et Fada N'Gourma. Les Mossis, probablement au XIIIe siècle, envahirent le Yatenga par le sud-est et y formèrent un petit royaume nègre qui vécut indépendant jusqu'en 1896. A cette époque le Yatenga fut conquis par nous et devint le cercle de Ouahigouya.

Le cercle de Ouahigouya est borné au nord-ouest par les Tombos ou Habbés du cercle de Bandiagara, au sud-ouest par les Samos et les Bobos du cercle de Dédougou (anciennement cercle de Koury), au sud et au sud-est par les Mossis du cercle de Ouagadougou, enfin au nord-est par les Peuls de Djibo et de Dori.

En définitive, ce cercle, c'est la pointe nord des Mossis dans la boucle du Niger, dans la direction de Bandiagara et de Mopti. Mais il comprend plusieurs races (comme du reste tous les cercles du Soudan) car d'abord les Mossis y trouvèrent une population antérieure en y arrivant, à savoir les Nioniossés ou Foulsés qu'on trouve aussi, mais en beaucoup plus petit nombre à Ouagadougou et à Fada N'Gourma. Dans le Yatenga les Foulsés se sont maintenus en bien plus grande quantité et forment encore la population la plus nombreuse du cercle. Puis les Yarsés, race mandé, vinrent s'établir dans le pays pour y faire du commerce. D'autres Mandés, les Samos, purs cultivateurs ceux-ci, vinrent aussi s'y établir. Enfin il y a des Peuls dans le nord-ouest, le nord et l'est du Yatenga, des Maransés ou Songhays établis surtout dans le nord et faisant du commerce et de la culture comme les Yarsés, quelques Habbés dans le nord-ouest. Ajoutons que dans le sud-est il y a une race mixte, les Silmi-Mossis, composée de Peuls et de Mossis et curieuse à étudier. Comme on le voit, les races ne manquent pas dans le cercle de Ouahigouya, quoique ce soit en gros un cercle mossi.

Il compte environ 250.000 habitants parmi lesquels on doit citer environ 100.000 Foulsés ou Nioniossés, 70.000 Mossis, 20.000 Samos, 20.000 Yarsés, 29.000 Peuls, 5.500 Silmi-Mossis, 5.000 Songhays et 500 Habbés. Cette répartition des races du Yatenga surprendra certainement quelques personnes au courant des études soudanaises, mais je la crois approximativement exacte. Lorsque je suis arrivé dans le pays, j'étais persuadé comme tout le monde que les Mossis formaient le fond de la population et étaient les plus nombreux, mais au fur et à mesure de mes tournées de recensement je me suis aperçu que partout, dans les cantons les plus mossis, la population foulsé existait concurremment avec les Mossis, aussi nombreuse et même plus nombreuse que ceux-ci, tandis que dans d'autres régions (nord-est et nord surtout) il n'existait presque que des Foulsés et très peu de Mossis. Je crois donc qu'il faut renverser les chiffres donnés par Vadier et adoptés par Delafosse qui indiquent (*Haut-Sénégal-Niger*, tome I, p. 168) 141.999 Mossis contre 33.425 Nioniossés. Une étude approfondie et sur place m'a en effet, comme je le disais tout à l'heure, permis de constater que sur la somme de la population totale mossi-nioniossé il y a bien 3/5 de Nioniossés et 2/5 seulement de Mossis (Voir à ce sujet Appendice n° 1).

Le Yatenga forme une espèce de plaine ou de plateau appuyé au nord-ouest à la falaise de Bandiagara et qui se continue vers le sud et le sud-est dans la direction du pays mossi, boussansé et gourounsi. C'est la plaine des trois Volta. Dans sa partie septentrionale, qui constitue justement le Yatenga, cette plaine appartient à la région nord-soudanaise. C'est dire qu'elle est peu riche en végétation et médiocrement arrosée. Il y tombe en moyenne 65 centimètres d'eau par an alors qu'à Ouagadougou il en tombe déjà 82 ou 83, 2 mètres environ dans la Haute-Guinée et dans le Fouta-Djallon, 4 mètres dans la Basse-Guinée et dans la Côte d'Ivoire. Ces indications suffisent à situer en gros le Yatenga au point de vue climatologique et par conséquent au point de vue de la flore. En revanche il est assez bien ventilé.

Nous venons de dire que le Yatenga était une plaine. D'une façon générale c'est vrai, mais si nous entrons dans le détail ce n'est pas parfaitement exact. Le Yatenga est couvert au contraire de petites élévations ferrugineuses, mais si petites que l'on ne peut les appeler montagnes, si petites que le nom même de collines est ambitieux ici. Ces élévations n'ont le plus souvent pas plus de 20 mètres de hauteur, quelques-unes atteignent 50 mètres, les plus hautes ont 100 mètres, 150 mètres. En définitive la plaine du Yatenga se compose d'une série de petites collines, de petits plateaux, de petites vallées. A aucun endroit on ne trouve de surface parfaitement plane, partout il y a apparence de collines ou de montagnes, mais cela avec des reliefs si médiocres, des altitudes si dérisoires qu'en définitive le pays mérite parfaitement dans son ensemble le nom de plaine que l'on lui donne généralement.

Cependant il faut ajouter que le sud-est du Yatenga est plus montagneux que le reste du cercle (cantons du Zitenga, du Riziam et du Ratenga). Il y a là véritablement de petites montagnes, de vraies collines. On trouve encore des dômes de quelque importance dans le nord-est, comme le dôme de Tibbo.

Le système de collines du sud-est du Yatenga se relie aux collines du cercle de Kaya et au système montagneux du Kipirsi, pays situé au sud du cercle de Ouahigouya.

D'une façon plus générale ces hauteurs se relient au système montagneux de la Côte d'Ivoire, du Libéria, du sud de la Haute-Guinée et du Fouta-Djallon. Ce sont les derniers mouvements de ce système qui prolonge ses ondulations de terrain jusque dans le Sahara.

Mais passons la parole à Vadier qui décrit ainsi le Yatenga au point de vue orographique dans sa Monographie de 1909 :

« Le Yatenga, dit-il, est couvert de collines ou de petits mouvements de terrain. Parfois ces collines atteignent jusqu'à 150 mètres de hauteur.

Au nord-est, à 30 kilomètres environ de Ouahigouya, s'étend une chaîne de petites montagnes allant de Kombouri jusqu'à Barga sur une étendue d'une quarantaine de kilomètres et orientées nord-ouest sud-est avec des altitudes variant de 40 à 80 mètres.

Plus au nord, au delà d'Ingahné, se trouvent quelques mamelons assez élevés ; de même à l'ouest et au sud-ouest entre Dio, Diogoré et Lankoy, on rencontre quelques collines.

Les deux massifs les plus importants sont ceux de Kalsaka et du Riziam. Près de Kalsaka (à 70 kilomètres au sud-est de Ouahigouya) s'élèvent quelques collines formant une chaîne orientée est-ouest et dont quelques-unes atteignent 150 mètres d'altitude au-dessus du sol.

Le massif du Riziam part des environs de Tikaré, à 80 kilomètres au sud-est de Ouahigouya, se dirige vers le sud-est sur une longueur de 30 kilomètres environ, se joint à la chaîne de Sabacé, puis se continue dans la province de Pikoutenga (Kipirsi). Ces hauteurs varient entre 40 et 100 mètres ».

Tout le Yatenga est horriblement mal arrosé. En gros il faut donner tout de suite ce détail important qui montre ce qu'est le système hydrographique du Yatenga ; *partout les habitants sont obligés d'avoir recours à des puits pour se procurer de l'eau*; dans quelques localités du nord et du nord-est ils remplacent les puits par des mares. Il n'y a qu'un seul endroit où ils peuvent se passer de puits et de mares. C'est au lac Bama, à l'extrémité sud-est du cercle, au milieu des petits massifs montagneux du Riziam et du Ratenga. Et encore le lac Bama est-il transformé à la saison sèche et chaude, avant les premières tornades, en étang bourbeux où croissent les nénuphars. C'est donc l'absence d'eau qui caractérise le Yatenga. Cela ne veut pas dire qu'il n'y ait pas de « marigots » (marigot est le nom usuel par lequel les colons désignent en Afrique occidentale les ruisseaux et les rivières). Mais ces marigots ont de l'eau pendant trois mois sur douze, juste pendant la saison des pluies (juillet-août-septembre) à l'époque où il y a de l'humidité un peu partout dans le pays et où les grenouilles, venues du sud, conquièrent la contrée de bout en bout, une fois de plus, bien temporairement du reste.

Si l'on ne marquait pas fortement d'abord ce qui en est des marigots du Yatenga, on pourrait faire un tableau impressionnant du système hydrographique du pays. Ainsi la Monographie de 1904 distingue quatre bassins dans le Yatenga, énumère un certain nombre de fleuves, signale beaucoup d'affluents. Ce qu'il faut ajouter c'est que l'on peut se promener pendant les trois quarts de l'année dans le Yatenga, passer sur ces prétendus fleuves et affluents sans se douter jamais de leur existence. Ils sont un peu dans le genre d'un petit marigot situé à 3 kilomètres au sud de Ouahigouya qui en l'année 1914 (qui fut pourtant pluvieuse) n'a eu de l'eau que pendant dix-huit heures en toute l'année. Il eut de l'eau le jour de la tornade la plus forte de la saison (15 août), de 3 heures de l'après-midi au lendemain matin. Et malheureusement les autres marigots du Yatenga, sans pousser la sécheresse jusqu'à cet excès, sont dans le même genre. Les plus sérieux ont de l'eau pendant trois mois. Le reste du temps, le thalweg est encore là, avec son argile craquelée en gros pavés caractéristiques, mais l'eau n'y est plus.

Sous ces réserves nous pouvons dire un mot des voies — sèches la plupart du temps — qui deviennent des voies d'eau pendant l'hivernage.

Ces voies peuvent se répartir en trois bassins, l'un énorme — en étendue — qui tient tout le centre du Yatenga du nord au sud, tout le sud et tout l'est ; le second, d'une certaine étendue, qui tient tout l'ouest du cercle et le troisième qui tient une petite partie seulement de l'extrême-nord.

Le premier bassin est celui de la Volta Blanche. C'est en effet dans le cercle de Ouahigouya que la Volta Blanche, je ne dirai pas prend sa source, car, comme il n'y a pas de source, l'expression serait tout à fait impropre, mais commence, au moins pendant l'hivernage.

Le principal thalweg de celle-ci peut être suivi du nord au sud du cercle. Il part, en trois tronçons, des petites collines du nord du Yatenga qu'on pourrait appeler les collines d'Ingahné, étant au sud de ce gros village. Le tronçon de l'ouest passe auprès du village de Tougou, celui de l'est auprès de Titao et de Todiam, le troisième tronçon entre les deux premiers. Les trois tronçons se réunissent en un thalweg unique entre Todiam et Saygouma. Ce thalweg effleure Bassanga, Morom, Ramsa, Bougouré, Tougo et Bérenga.

Là ce thalweg rencontre ce que l'on peut considérer comme le second thalweg d'origine de la Volta Blanche, le thalweg du marigot de Niességa qui, commençant à exister dans le sud du pays samo aux environs de Lankoy, passe à Tarba, à Nieséga et rejoint le thalweg du nord aux environs de Bérenga.

Ces deux thalwegs réunis en un seul se dirigent vers le sud-est formant la ligne de démarcation entre le sud du Yatenga et le nord du Kipirsi. Ce thalweg qui va vers Mané, Téma et qui traversera tout le cercle de Ouagadougou est le thalweg de la Volta Blanche.

Un autre marigot qu'il ne faut pas oublier qui, pendant l'hivernage au moins, apporte les eaux de pluie qu'il draîne aux thalwegs dont il vient d'être question est le marigot de Ouahigouya où quelques-uns voient la vraie source de la Volta Blanche, de préférence aux marigots de Togou et de Todiam. Ce marigot commence auprès de quelques collines, au nord-ouest de Ouahigouya, vers Bango, se dirige vers le sud-est passant tout près de Ouahigouya, puis rejoint le thalweg Togou-Todiam auprès de Morom ou Mogom. Il est difficile de déterminer si pendant la saison des pluies, il est plus important que le thalweg Togou-Todiam.

Le dernier thalweg important qui peut être considéré comme un des commencements de la Volta Blanche est celui du marigot de Bama. Ce thalweg commence dans le Ratenga au nord du lac Bama, allant du nord au sud, passant à Paspanga, Bani, auprès de la petite montagne d'Alra, puis il finit par former le lac Bama, gros lac pendant l'hivernage, immense marécage, mais qui ne conserve d'eau pendant la saison chaude que dans le sud. Au sud du lac recommence le thalweg qui va rejoindre dans la résidence de Kaya (cercle de Ouagadougou), du côté de Mané, le thalweg principal de la Volta Blanche que nous venons de décrire plus haut.

Voilà pour le bassin le plus important du pays.

Le second bassin est celui des thalwegs de l'ouest du cercle. Le principal, celui du Souro, commence au milieu des petites collines situées au nord-ouest de Ouahigouya. On peut distinguer deux tronçons, l'un, celui du nord, qui commence non loin de Bango, passe à Sim, puis au nord de Thiou, puis redescend vers le sud-ouest. L'autre tronçon passe à Boussoumnoré, dans le canton de Namsighia et rejoint l'autre vers Sénokay. L'unique thalweg qui résulte de cette jonction se dirige alors vers le sud, dans le cercle de Bandiagara, longeant la frontière ouest du cercle de Ouahigouya. Aussi quelques thalwegs sans importance traversant le pays samo viennent-ils le rejoindre de l'ouest. On ne peut guère signaler comme thalweg un peu important que celui de Dio qui passe près de Kiembara, sort du cercle près de Gan pour rejoindre le thalweg du Souro auprès du village samo de Niankoré. Le Souro finit par se jeter dans la Volta Noire dans le cercle de Dédougou, pas loin de Koury.

Le troisième bassin, sans aucune importance, est celui du marigot de Bahn qui, formé de plusieurs thalwegs venus des collines de Ingahné et allant du sud au nord forme un seul thalweg à Bahn. Pendant la saison des pluies, il forme un espèce de marais, étendu mais peu profond auprès de Bahn.

Tel est le système hydrographique du Yatenga.

Comme je l'ai dit il n'y a de l'eau que pendant trois mois de l'année sur douze dans tous ces thalwegs. Et encore n'y en a-t-il jamais beaucoup sauf à la suite de quelque grosse tornade. Pendant les autres mois de l'année on ne distingue ces thalwegs qu'à la ligne des arbres qui les accompagnent, plus nombreux, plus hauts, plus touffus qu'ailleurs. Cette ligne de verdure indique de loin le thalweg. De près ce sont les pavés de l'argile éclatée sous la chaleur qui indiquent le lit du marigots. Quelquefois aussi le lit, toujours à sec, est de sable avec des rochers (marigot de Boussoumnoré).

Remarquons qu'autrefois, d'après les dires des indigènes, ces thalwegs étaient mieux remplis. Il serait tombé plus d'eau et le pays aurait été plus humide. Mais nous reviendrons sur cette question à la Climatologie. Elle se relie du reste à celle de l'assèchement progressif que l'on remarque dans le nord de l'Afrique occidentale depuis le Sénégal jusqu'au Tchad en passant par tout le Soudan. C'est l'envahissement progressif du Sahara, fait d'un triste présage pour l'avenir démographique et économique de ces régions.

Au point de vue géologique on pourrait presque dire que le sol du Yatenga est composé de trois éléments exclusivement :

1° L'argile ;
2° Le sable ;
3° La latérite ou conglomérat ferrugineux (1).

(1) Voici comment, dans *Une mission au Sénégal*, p. 332 et suivantes, M. RAMBAUD décrit la latérite qui est une des caractéristiques générales de l'Afrique occidentale : « Toutes les différentes formations géologiques que nous venons de passer en revue sont recouvertes par des épaisseurs variables de latérite, qui se forme en partie aux dépens de son support, épouse exactement les formes du terrain même les plus délicates, et forme sur les pentes abruptes des éboulements pittoresques, analogues à ceux des grès à Fontainebleau...

Cette latérite, toujours ferrugineuse, se présente sous tous les aspects, graviers mouvants, brèches de cohésion variable, roche dure tantôt caverneuse, rugueuse, tantôt compacte, vitrifiée.

Elle ressemble quelquefois à de la lave, d'autres fois à de l'argile mélangée de graviers. Sa couleur varie du jaune brun au noir métallique, en passant par les tons de rouille, et quelquefois par le carmin vif ou le violet pourpre.

Elle contient du fer, en proportion très variable, sous forme de carbonates et d'oxydes, d'hématite, de magnétite, etc. Elle arrive à tenir un tiers de métal pur. En certains points de la Haute-Gambie, elle affole la boussole. Sa densité est telle que les indigènes chargent leurs fusils avec ses débris arrondis.

Ils savent en extraire le fer et, malgré les procédés rudimentaires qu'ils emploient, obtiennent de bons rendements. Fondue sans agents réducteurs, à l'artillerie de Dakar, elle a donné une fonte très noire, d'aspect métallique, rappelant le manganèse.

C'est une roche d'altération chimique superficielle et de formation actuelle. C'est le résultat du travail des eaux des grandes pluies équatoriales, chargées d'acide

La latérite ici est superbe et d'une abondance qu'on peut même trouver exagérée. Si la latérite était un article d'exportation le Yatenga (et en général l'Afrique occidentale) vaudrait plus que n'ont jamais valu le Mexique et le Pérou. Malheureusement.... Cependant à quelque chose malheur est bon C'est avec cette latérite souvent violette et contenant une grosse teneur en fer que les forgerons du Yatenga, réputés parmi les populations noires du sud, font leurs dabas et leurs haches, qui sont un article d'exportation chez celles-ci. Il y a là une répercussion de la géologie sur le travail que nous pouvons noter au passage.

Les collines et les petits plateaux sont ferrugineux. Au contraire les thalwegs des marigots sont argileux dans le lit même et sablonneux aux alentours.

« Le sol du Yatenga, dit la Monographie de 1904, est en général constitué superficiellement par une couche d'argile très dense et par un terrain très ferrugineux qui diffèrent un peu suivant les régions :

« 1º *Argile.* — Dans le sud-est du Yatenga, pays assez accidenté, la couche d'argile rendue très fertile par l'amas de terres légères amenées par les pluies, se rencontre dans tous les thalwegs sur une largeur souvent de 4 à 800 mètres, espace qui, pendant la saison sèche, ne se distingue que par les lignes d'arbres et la végétation que l'on y remarque.

Dans la partie ouest du Yatenga où, en dehors de quelques collines, le terrain est à peu près plat, c'est l'argile qui domine et couvre les trois quarts du sol, alors que le terrain ferrugineux ne se rencontre que près des ondulations peu nombreuses et en général près des villages.

Dans le nord du Yatenga, jusqu'à la ligne du partage des eaux entre les bassins de la Volta Blanche et de la Volta Noire et le bassin du nord, le sol est semblable à celui de la région sud-est, mais diffère au nord de cette ligne de partage. Dans cette partie en effet comme dans l'ouest, c'est bien l'argile qui domine et couvre la plus grande partie du sol, mais elle est couverte d'une couche de sable de deux à cinq millimètres.

Apporté par les vents du nord, ce sable brûle toute la végétation, là où la terre n'est pas cultivée. C'est pourquoi en dehors des thalwegs toujours couverts d'arbres très jolis, on ne voit dans cette partie qu'une brousse rabougrie et composée presque exclusivement de mimosas.

Par contre ce sable mélangé à l'argile froide et dense lui donne une fertilité remarquable. Il diminue son intensité et quelques pluies suffisent à assurer une bonne récolte.

L'argile formant le fond des thalwegs est en général de couleur grisâtre aux taches blanches. Souvent aussi, surtout dans le sud, cette terre glaise présente des couleurs blanches et roses.

azotique, d'ozone et transformant les roches sous-jacentes, dont elles empruntent le fer, qui existe sous forme de carbonates et dont elles entraînent le carbonate de chaux pour le déposer sous forme de calcite, de calcaire spathique, dans les fissures où elles circulent ».

Dans presque toutes les parties du Yatenga et surtout au pied des collines, cette argile, çà et là, se mélange de sels qui la rendent comestible et font que les animaux en sont friands.

L'argile rose, plus friable, se rencontre aussi, en dehors de tous les massifs de collines, à douze et treize mètres de profondeur, partout où les habitants creusent les puits qui leur sont nécessaires. La nappe d'eau se rencontre toujours au-dessous de cette couche d'argile.

Enfin des gisements de kaolin pur et de plâtre se rencontrent sur plusieurs points du Yatenga, en général sur le flanc des collines du côté opposé à celui où émergent quelques calcaires. C'est ainsi qu'il en a été rencontré à Bango, Gambo, Zouma, Sabacé, Zittenga. Partout où il y en a les chefs s'en servent pour tracer des raies blanches sur leurs cases pour les faire reconnaître.

« 2° *Terrains ferrugineux.* — La partie ferrugineuse du sol se rencontre partout en dehors des nombreux thalwegs qui sillonnent le Yatenga. Partout où le terrain est plat, la couche superficielle est formée d'argile, mais la plus petite ondulation, le plus petit mouvement de terrain présentent une couche ferrugineuse très abondante où le fer décèle sa présence soit par sa couleur, soit sous forme de pépites de différentes qualités.

De cette couche ferrugineuse émergent sur différents points quelques filons de beau calcaire, de plâtre et de granit.

Sur la plus grande partie du Yatenga, les massifs montagneux sont schisto-ferrugineux et on y trouve parfois de gros filons de quartz tournant au silex pur.

Vers le nord, ces massifs changent un peu d'aspect et sont formés de roches d'un beau granit vert et grenu. C'est ainsi qu'à Tibbo un dôme de 90 à 100 mètres de hauteur sur un diamètre de 1 kilomètre surgit au milieu de la plaine.

Complètement isolée et nue, cette montagne de granit faisant certainement partie des terrains les plus primitifs offre un aspect très curieux avec le village de Tibbo placé au pied de la partie sud.

Des calcaires propres à faire de la chaux ont été trouvés soit sur le flanc de certaines collines comme à Zouma, Sabacé, Zittenga, Kéra, soit formant de petits monticules de 4 à 5 mètres de hauteur comme à Bourzanga, Toïbéga, soit formant pointes sommant plusieurs collines comme à Toïbéga et Rollo surtout où la partie supérieure de cinq collines est formée de calcaires.

Tous ces calcaires, de même que le kaolin, paraissent faire partie d'un soulèvement supérieur à la couche superficielle ferrugineuse qui a été soulevée et brisée surtout à Rollo et Bourzanga où la poussée a formé des collines ayant la forme de petits monts volcaniques.

A Bourzanga de petits monticules de même aspect sont formés de quartz silex pur.

A Toïbéga le calcaire est mélangé à une très grande quantité de mica si brillant qu'à première vue on croirait à la présence de pépites aurifères.

Trois gisements de plâtre ont été également trouvés à Zouma, Sabacé et Rollo sur le flanc opposé des collines où émergent des calcaires. Ils font donc certainement partie du même soulèvement, ayant subi sans doute une température très élevée à l'époque de leur formation. »

A ces notes substantielles la Monographie de 1909 n'ajoute que peu de chose : « La nature du sol du Yatenga, dit Vadier, est sensiblement la même que dans les autres régions du Soudan. Le terrain est argilo-siliceux, contenant beaucoup d'humus près des marigots, de quartz et de ferrugineux près des montagnes.

Celles-ci sont tantôt formées de granit, tantôt de schiste. Les affleurements de calcaire sont rares. On en a trouvé à la colline de Rondo (canton du Koussouka, au sud-est de Ouahigouya).

Le kaolin se trouve presque partout en grande quantité et à l'état presque pulvérisé. »

En définitive de l'argile et du sable dans les fonds, les vallées et les plaines, de la latérite sur les collines et les petits plateaux, tel est le résumé de la géologie du Yatenga.

Passons maintenant à la Climatologie et disons d'abord un mot des saisons.

On pourrait dire, et c'est la vérité en gros, que les saisons sont approximativement dans le Yatenga ce qu'elles sont dans le reste du Soudan. Cependant il y a des nuances et la latitude influe sur les saisons soudanaises. Elles ne sont pas exactement à Ouahigouya ce qu'elles sont par exemple dans la Haute-Guinée sur le 10e degré de latitude nord. Elles ne sont pas non plus ici ce qu'elles sont par exemple à Tombouctou et sur le 17e degré de latitude nord. Il faut donc décrire les saisons soudanaises telles qu'elles se présentent dans le Yatenga sous leur latitude propre et dans leur aspect spécial.

On peut distinguer quatre saisons ici, comme dans le reste du Soudan : la saison sèche et froide (relativement froide, on le verra) qui comprend décembre, janvier et février, la saison chaude, qui comprend mars, avril, mai et juin, la saison des pluies ou hivernage qui comprend juillet, août et septembre, la deuxième saison chaude formant la transition entre la saison des pluies et la saison froide et qui comprend octobre et novembre.

J'appelle saison des pluies les mois de juillet, août et septembre. Ce n'est pas que les pluies ne commencent plus tôt ici : dès le mois de mai quelques rares et médiocres pluies, accompagnées du reste d'un déploiement de vent, de tonnerre et d'éclairs absolument fou, commencent à tomber. En juin, surtout dans la seconde quinzaine du mois, elles se font plus fréquentes. Mais les grands arrosages d'eau n'ont lieu qu'en juillet, surtout en août où ils atteignent leur maximum (vers la mi-août exactement). En septembre il pleut encore beaucoup, quoique moins qu'en août. Enfin les pluies pendant les saisons normales se prolongent jusqu'au

15 octobre. Donc les pluies débordent en avant et en arrière de ce que j'appelle la saison des pluies. Néanmoins elles sont trop médiocres en mai, juin et octobre pour qu'on rattache ces mois à la véritable saison des pluies. Tout ce qu'on peut faire c'est de distinguer dans la saison chaude (mars, avril, mai et juin) deux sous-saisons, la saison chaude et sèche (mars et avril), la saison chaude et humide (mai et juin).

Dans le sud, par exemple en Haute-Guinée, la saison chaude et humide commence dès avril. Au contraire dans le nord, à Niafonké par exemple (16° de latitude nord), la saison sèche et chaude comprend mars, avril, mai et la saison chaude et humide ne comprend que juin. On voit par cet exemple ce que sont les différences saisonnières au Soudan.

Ajoutons que dans le Yatenga, comme dans le reste du Soudan, une saison ne se présente jamais exactement comme la précédente dans ses détails, si les grandes lignes sont cependant les mêmes au cours des années. Ainsi en 1914 où il fit extrêmement chaud il y avait eu un petit hivernage en janvier (trois jours consécutifs de bruine vers la mi-janvier) mais les premières gouttes d'eau de la saison des pluies ne tombèrent que le 1er mai. En 1915 il n'y eut pas de petit hivernage pendant la saison froide, mais il y eut, chose extraordinaire, deux tornades avec pluie dès le commencement de mars et une en avril ; il fit moins chaud que l'année précédente, et les pluies, précoces en mars, se montrèrent au contraire tardives en mai. En 1916, pas de petit hivernage, une chaleur beaucoup moins forte en mars, avril, mai et juin qu'en 1914 et même qu'en 1915, des pluies tardives puisqu'il ne tomba pour ainsi dire pas d'eau jusqu'au 14 juin à Ouahigouya même, mais très violentes et très rapprochées (tous les 2 jours 1/2 en moyenne) à partir de ce moment-là. Ainsi chaque année présente des variations dans le même lieu, quoiqu'on puisse cependant dégager des grandes lignes uniformes et une caractéristique locale.

Nous pouvons en passant caractériser au point de vue humain les saisons dans le Yatenga : la récolte est faite et emmagasinée dès le 20 novembre (fin de l'année qui s'écoule et commencement de l'année nouvelle). La saison froide et sèche (décembre, janvier, février) est consacrée aux réparations de case, aux métiers, à quelques petites chasses infiniment médiocres dans la brousse, le pays n'ayant, comme nous le verrons, que peu de gibier. La saison chaude et sèche (mars et avril) de même. La saison chaude et humide (mai et juin) voit les défrichements (s'il y a lieu), les nettoyages des champs déjà cultivés les années précédentes, les semailles (deuxième quinzaine de juin). La saison des pluies (juillet, août et septembre) voit le mil et le maïs pousser. On fait les grands nettoyages, les grands sarclages des champs, les indigènes aspirent après les grandes tornades, après les pluies diluviennes qui sont pour eux de l'or en barre, qui promettent des cases pleines de mil. Dès juillet les retardataires se hâtent de semer. A la fin de ce trimestre on fait la première récolte, celle des céréales hâtives : maïs, fonio (vers le 1er septembre, le 15 septembre suivant les années). Enfin la quatrième saison (octobre novembre) qui voit les dernières pluies (15 octobre) et la chaleur revenir sans pourtant monter à la hauteur insupportable d'avril ou de mai, est la saison de la grande récolte, de la récolte définitive — celle du mil — qui se fait, selon les années, du 15 octobre au 15 novembre environ. Vers le 20 novembre a lieu la fête des ventres pleins, si j'ose ainsi dire, la fête de la fin de l'année et du nouvel an — et le cycle recommence.

En résumé, la saison sèche et froide et la saison sèche et chaude sont celles du repos, de quelques métiers, de la réparation des cases, d'un peu de petite chasse (décembre à avril compris). La saison chaude et humide (mai et juin) voit le commencement des cultures. La saison des pluies voit l'achèvement et le développement de celles-ci, puis tout à la fin une première récolte. Enfin la deuxième saison chaude (octobre-novembre) voit la grande récolte.

Ceci posé, étudions d'une façon plus approfondie la climatologie du Yatenga et commençons par la température.

La saison la plus froide, nous l'avons dit, est constituée par les mois de décembre, janvier et février. Suivant les années ce peut être l'un quelconque de ces mois qui sera le plus froid. Pendant l'hiver 1913-1914 le mois le plus froid a été décembre, pendant l'hiver 1914-1915 le mois le plus froid a été janvier. Une des années précédentes le mois le plus froid avait été février. La température minima absolue peut atteindre + 15°, + 12°, même quelquefois + 11°. Une fois on a noté + 8° seulement. Malheureusement la température se relève dans la journée, au moins jusqu'à 29, 30° à l'ombre, atteint même facilement 32° à l'ombre. Dans les appartements des Européens, dans les bureaux où l'on ventile incessamment, on a pendant cette saison froide des maxima d'après-midi qui dépassent ce que l'on a de plus chaud en France pendant la saison la plus chaude. Ainsi voilà la moyenne des maxima d'après-midi pris dans les bureaux de l'administration pendant quelques mois d'hiver au Yatenga :

Décembre 1913 . . . . 29°16
Janvier 1914 . . . . 29 34
Février 1914 . . . . 29 61

Décembre 1914 . . . . 29 58
Janvier 1915 . . . . 27 58
Février 1915. . . . . 30 22

Décembre 1915 . . . . 28 22
Janvier 1916 . . . . 27 57
Février 1916 . . . . 28 59

D'autre part voici les températures données par Vadier (*Monographie du Yatenga*, 1909) pour la même saison :

Mois	Température moyenne Minima	Maxima
Décembre	+ 11°1	+ 31°5
Janvier	+ 11 3	+ 32 1
Février	+ 13 5	+ 32 3

Du reste il est certain que la saison notée ici par Vadier (sans doute l'hiver 1908-1909) a été particulièrement froide. Je n'ai rien noté d'aussi froid dans les trois hivers que j'ai passés au Yatenga, celui de 1913-1914, celui de 1914-1915 et celui de 1915-1916.

Pendant la saison chaude (mars, avril, mai et juin) les températures s'élèvent considérablement.

Voici d'abord les chiffres de Vadier :

Mois	Température moyenne Minima	Maxima
Mars 1909	18°4	36°5
Avril —	26 5	37 5
Mai —	27	38
Juin —	26	35 5

Comme on le voit, d'après ces chiffres, ce serait le mois de mai qui serait le plus chaud de l'année, à peu de distance devant avril, puis, après ces deux mois terribles, viendraient dans l'ordre juin, puis mars.

Voici maintenant une moyenne des maxima d'après-midi dans les bureaux, pendant cette saison :

Mars 1914.	33°75
Avril —	35 89
Mai —	(sensiblement égale à avril)
Juin —	34°42
Mars 1915.	?
Avril —	33°92
Mai —	33 95
Juin —	31 94
Mars 1916.	33 76
Avril —	34 43
Mai —	33 64
Juin —	30 29

Pendant cette période la température maximum absolue atteint souvent des 42° à l'ombre (mars), des 46° à l'ombre (avril et mai).

Pendant la saison des pluies ou hivernage la température tombe heureusement, à cause des grandes chutes d'eau et des abaissements de chaleur qu'elles occasionnent.

D'après Vadier nous avons :

Mois	Températures moyennes	
	Minima	Maxima
Juillet 1909	22°2	34°8
Août —	20 3	32
Septembre 1909	21	35

Voici maintenant la moyenne des maxima d'après-midi dans les bureaux :

Juillet 1914.	30°33
Août —	29 04
Septembre 1914	30 87
Juillet 1915.	29 89
Août —	28 70
Septembre 1915	29 37

Comme on le voit, c'est pendant le mois le plus pluvieux (août) que la température s'abaisse le plus. En juillet et en septembre elle est sensiblement la même.

La Monographie de 1904 remarque que « pendant la saison de l'hivernage, les différences de température sont très sensibles au moment des tornades et obligent les Européens à prendre quelques précautions. Très souvent en 1903, il a été constaté que le thermomètre qui indiquait 39° vers deux heures du soir descendait jusqu'à 15° au commencement des tornades pour remonter ensuite à 18° ». Ceci n'est juste que pour le commencement de la saison des pluies, mai ou juin, et non pas pour le plein hivernage même.

Enfin pendant la deuxième période de chaleur (octobre et novembre) la température se relève pour se rabaisser définitivement en décembre.

Voici les chiffres de Vadier :

Mois	Températures moyennes	
	Minima	Maxima
Octobre 1909.	21°5	37°1
Novembre 1909	19 7	36 9

Voici maintenant les chiffres maxima moyens d'après-midi dans les bureaux :

Octobre 1914.	? (sensiblement 33°)
Novembre 1914.	32°40
Octobre 1915	32 13
Novembre 1915.	31 93

Le mois d'octobre est plus chaud que celui de novembre. Pourtant il y a peu de différence entre octobre et les vingt premiers jours de novembre. Mais, dès le 20 novembre, les froids souvent commencent et la dernière dizaine de novembre se rapproche généralement plus des mois froids que du mois d'octobre.

Remarquons aussi que c'est surtout par les maxima que la température se relève en octobre et novembre. La moyenne des minima reste sensiblement au même niveau que pendant la saison des pluies.

J'ajouterai à ces considérations quelques documents qui peuvent présenter de l'intérêt pour les spécialistes. D'abord les observations météorologiques concernant l'année 1910 :

Mois	Températures mensuelles les plus basses	Températures mensuelles les plus élevées	Moyenne des minima	Moyenne des maxima	Températures moyennes	Observations
Janvier	9°	42°	13°9	30 3	22°1	
Février. . . .	15	40 5	19 4	37 2	28 3	
Mars	18	43 5	22 4	40 2	31 3	
Avril	19	46	23 5	42 8	33 2	
Mai	19 5	45	25	40 3	32 6	
Juin. . . .	20	44	25	41 9	33 5	
Juillet	19	41	22 3	35 7	29	
Août	19	37	21 8	33 4	27 6	
Septembre. . .	20 5	40	22 4	35 8	29 1	
Octobre. . . .	17	44	21 6	40 6	31 1	
Novembre. . .	15 5	44	17	40 7	28 9	
Décembre . . .	12 5	42	16 3	37 9	27 1	

Pour l'année entière la moyenne des températures minima a donc été de 20°9, la moyenne des températures maxima de 38°, la température la plus basse de 9°, la température la plus haute de 46°, la température moyenne de 29°5.

Voici maintenant les observations météorologiques pour l'année 1912 :

Mois	Températures minima	Températures maxima	Moyenne des minima	Moyenne des maxima	Températures moyennes	Observations
Janvier	17°	40°	19°4	37°5	27°5	
Février	12	39	15	36 5	24 5	
Mars	18	41	22	40 5	31 2	
Avril	24	41	28	38	36	
Mai	25	41	29	39 3	34 2	
Juin	23	37	25 9	33 7	30 7	
Juillet	20	36	23 9	33 6	26 2	
Août	20	31	22 7	29 5	26°2	
Septembre	21	35	24 1	31 6	27 9	
Octobre	22	35	24 2	33 9	29	
Novembre	17	36	21 1	33 5	27 3	
Décembre	12	38	16 8	36 2	26 5	

La température la plus basse a donc été en 1912 de + 12°, la température la plus haute de + 41°, la moyenne générale de l'année de 28°9.

Après ces documents sur la température donnons quelques documents sur les pluies.

Voici d'abord la statistique pour 1910 :

Mois	Nombre de jours de pluie	Hauteur d'eau en millimètres	Observations
Janvier	»	»	
Février	»	»	
Mars	»	»	
Avril	»	»	
Mai	6	81	
Juin	5	63	
Juillet	12	141	
Août	16	176	
Septembre	4	36	
Octobre	1	6	
Novembre	»	»	
Décembre	»	»	
Total	44	503	

Cette année 1910 a été certainement au-dessous de la normale avec ses mois de septembre et d'octobre qui n'ont pas eu leur part de pluie habituelle.

Voici maintenant la statistique pour 1912 :

Mois	Nombre de jours de pluie	Hauteur d'eau en millimètres	Observations
Janvier	»	»	
Février	»	»	
Mars	»	»	
Avril	3	3	
Mai	4	3	
Juin	4	93	
Juillet	7	120	
Août	11	232	
Septembre	6	112	
Octobre	3	95	
Novembre	»	»	
Décembre	»	»	
Total	38	658	

Cette année offre, au contraire de la précédente, les caractères d'une année normale, sauf le peu de pluie tombée en mai, compensé du reste par la grosse quantité d'août. Nous pouvons fixer approximativement à 65 centimètres ce qui tombe moyennement d'eau dans une année dans le Yatenga.

Passons maintenant aux *vents*.

Le vent dans le Yatenga varie suivant les saisons : pendant la saison sèche et froide il vient du nord-est et se dirige vers le sud-ouest. Au mois de mars il change complètement de direction et souffle au contraire du sud-ouest au nord-est, sauf pendant les tornades où il vient surtout du sud-est, souvent aussi de l'est et même, assez souvent, du nord-est. En septembre, fin septembre surtout, à la fin de la saison des pluies, on le voit aussi souffler quelquefois du nord-ouest vers le sud-est mais c'est rare. Enfin, en novembre, il reprend non sans difficulté et sans des calmes déplorables pour les Européens et quelquefois prolongés, sa direction du nord-est au sud-ouest.

Le vent du nord-est est le vent sec et rafraîchissant de la saison sèche (rafraîchissant pour les Européens, brûlant pour la végétation), bien connu en Afrique occidentale, appelé par certains auteurs l'harmattan et surnommé par le grand explorateur anglais Mungo-Park « le vent-docteur » parce qu'il rétablit la santé des Européens. D'autres personnes le désignent sous le nom d'alizé, comme le lieutenant Marc dans son livre *Le pays mossi*.

On retrouve cet alizé au Tchad, dans la vallée du Nil, au Chari, au Sénégal, en Guinée française, en Côte d'Ivoire, au Dahomey, etc., bref dans toute l'Afrique soudanaise de l'Atlantique à la mer Rouge.

Comme nous l'avons indiqué, toutes les tornades arrivent au Yatenga de l'est. Au commencement de la saison des pluies (mai-juin) elles ont une tendance à arriver surtout du sud-est. Pendant la pleine saison des pluies, elles arrivent du plein est, quelquefois mais plus rarement du nord-est. Elles n'arrivent jamais du sud-ouest, alors qu'on s'attendrait à les voir venir de là, le pays le plus humide entre tous les pays qui entourent le Yatenga étant son sud-ouest (région de Dédougou et de la Volta Noire) puis, dans l'ordre, le sud-est, le nord-ouest et le nord-est, et le vent soufflant généralement du sud-ouest pendant l'hivernage.

Or il ne vient jamais de tornade ni de pluie du sud-ouest et les indigènes, d'accord avec l'observation la plus élémentaire, pensent que le vent du sud-ouest empêche la pluie et refoule les tornades, en quoi ils ont parfaitement raison. Au contraire, dès que le vent de l'est s'impose, ils s'attendent à une tornade. Comment cela a-t-il lieu ?

Je laisse aux spécialistes le soin de l'expliquer. Le lieutenant Marc s'est déjà posé la question dans son *Pays mossi* (pages 56 et 57) et n'a pas pu lui donner de solution.

Notons encore qu'au Yatenga le vent est très instable et saute d'une direction à l'autre avec une rapidité prodigieuse. J'ai vu à des débuts de tornade le vent roulant des tourbillons de poussière et de pluie venir furieusement du sud-est, quelques minutes après du nord-est, puis de l'est, puis revenir au sud-est. Autre chose : il m'est arrivé souvent dans mes promenades, en regardant le ciel, de voir les nuages filer dans une direction absolument opposée à celle où se faisait sentir le vent. Par un vent très nettement orienté du sud-ouest au nord-est j'ai vu des nuages aller très rapidement du sud-est au nord-ouest coupant en croix de Saint-André la direction du vent. Cela implique que les courants aériens à quelques centaines ou à quelques milliers de mètres dans l'atmosphère n'étaient pas ceux dont l'action se faisait sentir à la surface du sol.

Comme la question des vents présente une certaine importance, je dois noter ce que Vadier dit à ce sujet : En janvier (ce sont des observations de 1909) il note que le vent souffle le matin du nord-est et l'après-midi de l'est-nord-est. En février il vient matin et soir de l'est-nord-est. En mars il vient de l'est-nord-est le matin, du sud-est et du nord-est l'après-midi. En avril il vient du sud-est et de l'est-sud-est le matin, du sud-est et du sud-sud-ouest l'après-midi. En mai il vient du sud-est et de l'est-sud-est le matin, du sud-est l'après midi. En juin il vient de l'ouest et du sud-ouest le matin, du sud-est et sud-sud-est l'après-midi. En juillet il vient de l'ouest ou du sud-ouest le matin, du sud-est ou du sud-ouest l'après-midi. En août il vient du sud-est et du sud-ouest le matin, du sud et du sud-sud-est l'après-midi En septembre il vient du sud-ouest le matin et du sud-est l'après-midi. En octobre il vient du sud-est matin et après-midi. En novembre il vient de l'est ou du nord-est le matin, du nord-est l'après-midi, enfin en décembre il vient du nord-est matin et après-midi.

Ces observations sont d'accord avec les miennes, sauf que cette année-là le vent du sud-ouest fut en retard et ne s'établit bien qu'en juin. Généralement il souffle plus tôt.

On voit en définitive pour le régime des vents que l'alizé ou harmattan venant du nord-est règne de novembre à février. De mars à octobre c'est la lutte de deux vents l'un du sud-ouest qui est de beaucoup le plus fréquent, l'autre de l'est (sud-est, est, nord-est) qui amène les tornades et les pluies. En mars et en avril c'est généralement le premier qui, après s'être établi, règne sans conteste, mais en mai, juin, juillet, août, septembre, octobre, les deux vents sont sans cesse à se combattre, le vent du sud-ouest soufflant la plus grande partie du temps, mais son adversaire s'imposant de temps en temps, surtout l'après-midi, pour amener les tornades pluvieuses. Du reste on ne voit pas pourquoi c'est le vent de l'est qui amène la pluie et le vent du sud-ouest qui la combat, alors qu'il semble que ce devrait être le contraire.

En terminant la partie climatologique disons un mot des brouillards au Yatenga. Au premier abord il semble paradoxal de parler de brouillards dans ce coin du Soudan ; pourtant pendant la saison sèche et froide (décembre, janvier, février) il y en a fréquemment le matin, des buées bleues humides s'élevant dans les thalwegs des marigots à sec. Cette humidité est du reste bientôt bue par le soleil. Il ne faut pas confondre ces brouillards du matin avec les halos jaunes où s'ensevelit souvent le soleil couchant, pendant la même saison. Ces halos sont causés par les nuages de poussière soulevés dans la campagne sèche par le vent du nord-est. Cette poussière forme à l'horizon une couche épaisse où s'ensevelit le soleil, même encore assez haut, avant de descendre au-dessous de l'horizon.

En résumé le Yatenga est un pays sec et chaud, médiocrement fertile, médiocrement arrosé (arrosé seulement pendant cinq mois de l'année, du 15 mai au 15 octobre), assez bien ventilé. La flore n'aura en conséquence rien d'opulent, rien d'équatorial et la faune non plus.

Du reste, comme je l'ai déjà indiqué, le Yatenga se dessèche, quoique très lentement et insensiblement. Jadis, d'après les souvenirs des indigènes, il y tombait plus d'eau, les thalwegs formaient de véritables rivières ou ruisseaux à la saison des pluies, et les principaux pendant toute l'année avaient de l'eau. Il y avait même des barques sur le lac Bama. Manifestement un assèchement progressif s'y fait sentir qui peut avoir les plus déplorables effets sur l'avenir du pays, forçant les populations à émigrer peu à peu vers le sud.

La géologie et la climatologie nous conduisent à *la flore*.

Au point de vue de la flore, il nous faut d'abord situer le Yatenga. Il appartient au domaine de la savane située entre la forêt équatoriale au sud et le désert au nord. Mais il y a savane et savane ; celle de la partie septentrionale de la Côte d'Ivoire, celle de la Guinée, celle de la partie méridionale du Haut-Sénégal-Niger (Bamako, Bougouni, Sikasso, Bobo-Dioulasso, le Lobi, etc.) n'ont rien de commun avec la savane appauvrie du Yatenga. Entre les deux il y a déjà place pour un ou plusieurs types intermédiaires (pays gourounsi, boussansé, cercle de Ouagadougou, Kipirsi, cercles de Dédougou, Koutiala, San, etc.). Il faut donc caractériser cette savane, dire à quel genre de « brousse » nous avons affaire ici, bref donner quelques détails sur la flore du lieu.

D'abord le nom de savane même doit-il être maintenu et le nom de steppe ne serait-il pas préférable ?

Je ne le crois pas. Dans l'école de la Science Sociale on réserve le nom de steppe à des étendues dénudées qui ne produisent que de l'herbe. Ici tel n'est pas le cas. La brousse du Yatenga contient un nombre assez considérable d'arbres, pas assez évidemment pour qu'on parle de futaies ou même de taillis. En tout cas c'est un taillis infiniment clairsemé et les expressions de forêt ou même de bois seraient ici tout à fait impropres. En fait il n'y a ni forêts ni bois au Yatenga. En revanche ce n'est pas non plus une pure étendue d'herbe.

Pour mieux nous rendre compte, nous pouvons distinguer au Yatenga cinq espèces de terrain au point de vue botanique et les décrire tour à tour.

Il y a d'abord les collines ferrugineuses petites ou grandes, les petites ayant 10 ou 20 mètres de haut et affectant des formes d'éperon, les grandes ayant de 100 à 150 mètres d'élévation et offrant des formes montagneuses (croupes, tables, etc.). Ces collines et ces petites montagnes sont parsemées d'une très maigre végétation d'épineux souvent blanchâtres ou morts.

Ensuite les plateaux. Ces plateaux, qui sont nombreux, ont généralement un ou deux kilomètres de long, au plus quatre ou cinq kilomètres. Ils sont en pente douce montante ou descendante suivant le côté par lequel on les aborde. Ils sont couverts d'une assez maigre végétation d'épineux et d'arbustes et n'offrent que rarement des arbres ça et là (quelques n'pékous et n'kounas).

Ensuite les « fonds de cuvette ». — Ce que j'appelle ainsi ce sont des dépressions en pente douce, de forme généralement circulaire, très humides pendant l'hivernage. C'est dans ces fonds de cuvette très nombreux dans le Yatenga à côté des collines et des plateaux que poussent les karités (en grande quantité), les nérés, les tamariniers, les caïlcédrats, les sycomores, les lianes n'sabas, les balansans, les ficus, etc. Ce sont donc des espèces de vergers naturels où se trouvent les arbres beaux et utiles de la région, mais nulle part ces peuplements n'ont la densité de bois ou de forêts.

Ensuite les plaines. Les plaines sont moins nombreuses dans le cercle que les collines, les plateaux, les fonds de cuvette. Pourtant on en trouve, surtout dans le nord, aux environs des routes de Douentza et de Dori et dans l'ouest aux abords des villages samos. Ces plaines dans l'ouest portent surtout des balansans en grand nombre et dans le nord des baobabs. Mais ces peuplements de balansans et de baobabs sont loin d'être denses et ne constituent ni des forêts, ni des bois. Tout au plus les peuplements les plus serrés de ces arbres peuvent-ils être dits petit bois de baobabs ou petit bois de balansans.

Enfin les thalwegs des marigots. Ces thalwegs sont, comme nous le savons, à sec pendant sept ou huit mois de l'année et n'ont guère un peu d'eau que du 1ᵉʳ juillet au 15 octobre. Le reste du temps on les reconnaît à leurs pavés d'argile craquelée, à leurs dyous (ou osiers africains) et surtout à la ligne d'arbres qui suit les deux côtés du thalweg. Les arbres ici ont plus de densité et plus de force que partout ailleurs sans constituer pourtant des bois proprement dits.

En outre de ces cinq espèces de terrains on peut dire un mot des petits bois sacrés des indigènes. Ils se composent d'une liane épineuse appelée par les Mossis du Yatenga kango (kando au pluriel — toudou par les Mossis de Ouagadougou pl. toûdsé, en foulsé katé au singulier, karé au pluriel). C'est le tiri des Bambaras, des Malinkés et des Ouassoulonkés. Cette liane qu'on rencontre dans les endroits humides et qui se trouve en grande quantité dans le Yatenga compose l'essentiel du bois sacré. Celui-ci est parcouru par des sentiers. En outre du kango il contient quelques arbres puissants : par exemple quelque énorme caïlcédrat revêtu de la tête aux pieds des éclatantes feuilles vertes de la liane n'saba, ou bien quelque beau tamarinier au feuillage vert-sombre. Mais, en définitive, le bois sacré n'est qu'un fourré de 2 ou 300 mètres de long sur 100 mètres de large, communément, et ce n'est pas, à proprement parler, un bois, malgré le nom qu'on lui donne.

On voit à quelle espèce de savane-verger appartient le Yatenga. Nous pouvons dire un mot maintenant des arbres qui y sont les plus communs.

Le plus répandu est certainement le karité (tânga en mossi). Ce bel arbre à la feuille allongée, au beau feuillage vert, au tronc caractéristique avec ses petits rectangles bien réguliers d'écorce, est très répandu au Yatenga. Comme dans la région de Ougadougou et dans le Gourounsi, il peuple la brousse. Quand nous en serons à la Cueillette, nous reviendrons sur le marron de cet arbre avec lequel on confectionne le beurre bien connu de karité.

Le néré (ronga) est moins répandu, comme partout, que le karité. Néanmoins les beaux nérés, avec leur feuillage d'un vert intense et admirable, ne sont pas rares. On les trouve répandus dans tout le cercle où ils réjouissent la vue du voyageur.

Le caïlcédrat, espèce de peuplier de ces régions (je parle de l'aspect et non d'une parenté botanique), se rencontre aussi en assez grande quantité. C'est un des plus beaux arbres du Yatenga comme de l'Afrique occidentale. Il est tout en hauteur, plus grand que le baobab, mais beaucoup moins gros de tronc et moins monstrueux. Cependant j'en ai vu dans l'est du cercle (dans le Datenga) quelques spécimens énormes et qui auraient pu lutter de grosseur avec le commun des baobabs.

On rencontre aussi souvent deux arbres à fruits, le n'kouna espèce de prunier sauvage bien connu dans tout le Soudan français (noboga en mossi) et un arbre à l'aspect japonais, aux branches bizarres, également répandu dans toute l'Afrique occidentale, le n'pékou ou m'bégou (sabaga en mossi). N'oublions pas non plus le tamarinier (poussouga) qui se rencontre dans tout le Soudan et qu'on trouve dans le Yatenga un peu partout, sans qu'il soit cependant très abondant.

Le balansan (nom bambara, baransan ou bransan en malinké et en ouassoulonké, zahanga ou zânga en mossi, zâhansé ou zânsé au pluriel, Acacia albida), grand arbre épineux à feuillage vert-pâle, est très répandu dans le Yatenga, surtout dans l'ouest et dans le sud-ouest, c'est-à-dire dans le pays samo. Il est même là l'arbre caractéristique du pays, celui qu'on rencontre en grande quantité auprès des villages et qui leur donne leur aspect spécial (1).

Disons tout de suite que nous reviendrons d'une façon plus détaillée sur tous ces arbres quand nous serons à la Cueillette et quand nous verrons comment les habitants du Yatenga utilisent les ressources de leur flore. Ici nous nous contentons de caractériser le pays au point de vue botanique en citant les principales essences.

Citons encore parmi les gros arbres le kankanga (n'toro en bambara), espèce de sycomore, et le kamsogo ou kamsoro, espèce de figuier aux énormes feuilles vertes caractéristiques. Le kamsogo, qui demande de l'humidité, est ici assez rare comme les autres ficus et se rencontre moins que dans le cercle de Ouagadougou. Au contraire le kankanga, gros arbre au tronc court, trapu, blanchâtre et puissant, est ici dans la région qui lui convient.

Le kapokier (*Bombax buonopozense*) se rencontre dans le Yatenga assez fréquemment. Au contraire le fromager (*Eriodendron anfructuosum*, bana en bambara, gonga en mossi) n'existe pas ici, le Yatenga étant beaucoup trop sec pour qu'il puisse se développer. Pourtant un exemplaire très rabougri de l'espèce existe dans le village samo de Siâ. Il en existe un autre à Ouro (canton de Oula). En cherchant bien on pourrait peut-être en trouver cinq ou six dans toute l'étendue du cercle. Ils sont du reste réduits, que l'on me passe l'expression, à l'état de culs-de-jatte et n'atteignent pas la moitié de la hauteur du fromager ordinaire. Mais ils restent gros quoique courts. Plus bas, dans le cercle de Ouagadougou, où il n'y a

(1) Citons les balansans de la plaine à mil de Gomboro et ceux de Kiembara entre autres. Les Samos affectionnent particulièrement le balansan et ne le coupent pas dans leurs champs parce que cet arbre étant dépourvu de feuilles pendant la saison des pluies ne gêne pas la croissance du mil par un ombrage intempestif. Du reste le balansan, quoique grand et puissant arbre, n'est pas beau à cause de son manque de feuillage pendant l'hivernage et de son feuillage vert-pâle pendant la saison sèche, à cause aussi de sa tendance au décharnement. L'arbre ne sert à rien aux habitants du Yatenga. Seuls les Peuls du pays en coupent les branches et en cueillent les gousses pour leurs chèvres et leurs moutons.

pas encore assez d'eau pour eux ils sont au contraire tout en hauteur, aussi grands que les fromagers du sud, mais d'une maigreur effrayante et réduits à l'état squelettique. Ce n'est que bien plus bas (Guinée, Côte d'Ivoire, etc.) qu'ils peuvent s'épanouir dans toute leur force, c'est-à-dire en largeur et en hauteur à la fois.

A défaut de fromagers, l'arbre énorme du pays est le baobab, excessivement répandu. Ce géant de l'ouest africain a été tant de fois décrit qu'on me permettra de ne pas le décrire une fois de plus.

Signalons encore l'osier africain (*mitragyne africana*, dyou en bambara, iliga en mossi) commun dans le lit des marigots où on le rencontre en grande quantité.

Quant aux épineux ils sont ici en quantité prodigieuse, non pas peut-être tant au point de vue des types qui peuvent se réduire à une quinzaine qu'au point de vue de la multiplication de ces types dans la brousse : ces épineux qui règnent dans tout le nord du Soudan se rencontrent plus bas que le Yatenga en grande quantité (ainsi dans la région de Ouagadougou, le Kipirsi, le Gourounsi, le cercle de Ségou, etc.). Ici ils peuplent littéralement la brousse, bien plus nombreux, est-il besoin de le dire? que les grands arbres dont nous venons de parler.

Citons d'abord l'épineux type à longues épines blanches, à peu près aussi longues que des épingles et aussi pointues, arbuste d'une jolie couleur verdâtre quand il est jeune et qui devient brun-chocolat en vieillissant. Il a deux ou trois mètres de haut. C'est celui dont les Maures dans le cercle de Nioro abattent les branches pour les donner à manger à leurs chèvres et à leurs moutons. C'est le gômpéléga (1), c'est-à-dire l'épineux blanc par allusion à ses épines blanches. On l'appelle ainsi dans tout le Mossi et chez les Foulsés du Yatenga. En bambara on l'appelle n'zâdié (ce qui veut dire la même chose que gompéléga : épines blanches ou épineux blanc) ou moningué. On l'appelle aussi moningué en malinké, ce qui a toujours la même signification. En peulh on dit patouki. Ce serait l'acacia seyal.

Le gomposogo ou goumpousonga est voisin du type précédent.

Citons ensuite le jujubier (moumouna ou mougounounga en mossi, n'tomono en bambara), arbuste buissonneux qui se rencontre à chaque pas dans la brousse.

Citons encore le tiaralaga ou kièkelga (n'séguéné en bambara, *Balanites ægyptiaca*) épineux au tronc vert, avec des filaments bruns ici et là. Il est hérissé d'épines vertes longues comme des épingles. Généralement c'est un petit arbuste de deux mètres de haut, mais quelquefois il devient un fort bel arbre au tronc plus gros que la cuisse d'un homme.

Citons surtout les mimosas extrêmement répandus et nombreux. On

---

(1) Au pluriel gômpélésé ou gôpelsé. Au Yatenga on ne fait rien de cet arbre. Seuls les Peuls du pays en abattent les branches pour leurs moutons ou pour leurs chèvres.

en rencontre à chaque pas dans la brousse : il y a le kardaga (Acacia mimosa), le péguénéga (Acacia arabica ou nilotica), etc.

Il y a encore d'autres épineux : le silikoré, le kourkoutougo, etc.

Du reste les Mossis ont un nom général pour désigner les épineux : ils les appellent gôga ou gonga (au pl. gousé). De ce nom ils ont formé gomposogo, gompélega, etc.

Citons encore une euphorbiacée le pousoumpougou (nom mossi, fogomfogo en bambara), la liane n'saba (ouédéga en mossi) qui se rencontre fréquemment sur les termitières par exemple, ou bien autour des mares, dans le thalweg des marigots. Citons surtout le lamboëga (*Celastrus senegalensis*), petite plante buissonneuse de 50 centimètres ou d'un mètre de haut qui possède des feuilles ressemblant à celles du fusain et de petits fruits verts arrondis et durs dont nous reparlerons. Cette plante peuple littéralement la brousse et se rencontre à chaque pas. Citons encore le ouilléogo (kounguié en bambara), petite plante à l'aspect herbeux qui dresse ses têtes blanches, par paquets, ici et là dans la brousse.

Pendant la saison de pluies le Yatenga se couvre d'herbes, de graminées (parmi lesquelles il y a aussi des légumineuses herbacées), atteignant au moins 50 centimètres de haut. Dans les endroits les plus humides, la prairie des herbes atteint même un mètre de haut. Au mois d'octobre, après les pluies, ces herbes se mettent à jaunir et forment un immense tapis jaune qui est dans toute sa gloire en octobre. Il se maintient durant tout l'hiver, de novembre à avril, et ne disparaît complètement que devant la saison des pluies de l'année suivante, devant la nouvelle poussée des herbes, c'est-à-dire en mai et en juin.

Mais, pour situer le Yatenga au point de vue botanique, il ne suffit pas d'indiquer en gros ce qu'il produit en fait d'arbres, d'arbustes, de plantes et d'herbes, il faut dire aussi ce qu'il ne produit pas : cela permettra de le mieux distinguer des régions nord et des régions sud du Soudan.

Naturellement il ne faut pas parler ici de palmiers à huile. Ceux-ci, même dans le Gourounsi, sont un objet de curiosité, un objet rare. Il n'y en a pas dans le cercle de Ouagadougou et à plus forte raison dans le Yatenga. De même pour les palmiers-bans.

Les rôniers, non plus, n'existent pas ici. Il y en a un assez grand nombre dans le cercle de Ouagadougou. Ici il n'y en a pas du tout.

Les bambous ne se trouvent naturellement pas dans le Yatenga. Les habitants du pays vont les chercher quand ils en ont besoin dans le cercle de Dédougou, au sud-ouest du Yatenga.

D'autre part on ne voit pas non plus ici, pour une raison contraire, de palmiers doums (Hyphènes) ni de dattiers.

La liane à caoutchouc n'existe pas ici. On ne la trouve du reste ni dans le cercle de Ouagadougou, ni dans le Gourounsi. Elle existe dans le Haut-Sénégal-Niger il est vrai, mais seulement dans les cercles du sud (Bougouni, Sikasso, Bobo-Dioulasso, le Lobi). En revanche, comme je l'ai dit plus haut, la fausse liane à caoutchouc, la n'saba bambara, se rencontre ici et n'est pas rare.

Tout ce que nous venons de dire sur la flore montre, au point de vue social, que les Mossis du Yatenga peuvent s'aider d'une médiocre cueillette (karité, néré, baobab, etc.), mais cela ne peut servir que d'appoint à une ressource vivrière fondamentale infiniment plus importante (en l'espèce la culture) car nous allons voir en passant à la Faune qu'ici les ressources de la Chasse sont encore plus médiocres que celles de la Cueillette et les ressources de la Pêche nulles.

Voyons donc la Faune.

Nous examinerons tour à tour les quadrupèdes, les oiseaux, les reptiles, les poissons et les insectes.

Les éléphants n'existent pas dans le cercle. Pourtant les Monographies de 1904 et 1909 signalent la présence momentanée pendant l'hivernage d'une bande de ces animaux vers le Bama et d'une autre au sud du pays samo sur le Souro. En gros nous pouvons dire qu'ils n'existent pas ici. Pour en trouver il faut aller dans les cercles ou résidences de Dédougou, de Léo, de Teukodogo, de Fada N'Gourma, c'est-à-dire au sud du Yatenga.

Le buffle n'existe pas du tout.

L'hippopotame, je n'ai pas besoin de le dire, n'existe pas plus faute de nappes d'eau perpétuelles et assez étendues. On n'en signale même pas dans le Bama.

Les léopards (qu'on appelle généralement en Afrique occidentale, on ne sait trop pourquoi, des panthères) n'existent pas non plus ou du moins sont excessivement rares. On en signale quelques-uns dans les petites montagnes du Riziam. Une peau de léopard est ici une rareté. Au contraire en Haute-Guinée les noirs en apportent incessamment aux Européens pour les leur vendre.

Les lions sont un peu plus nombreux que les léopards et inquiètent les troupeaux des Peuls. Sans être extraordinairement abondants comme dans l'Issa-Ber, ils font parler d'eux de temps en temps.

La hyène, qui le croirait ? existe à peine ici. On n'en a jamais entendu « rire » une à Ouahigouya et pourtant elle existe partout en Afrique occidentale. Il y en aurait quelques-unes dans le nord-est du cercle (Ingahné) et dans le sud-est (Tikaré). En tout cas sur l'ensemble du cercle elle est rare.

Le chacal se rencontre ici et là. Sans être très abondant il n'est pas rare.

Le chat sauvage existe aussi, d'après les Monographies de 1904 et de 1909.

Le cynhyène *(Lycaon pictus)*, cette bête curieuse qui semble être, comme son nom l'indique, un animal intermédiaire entre la hyène et le chien, existerait dans le cercle de Ouahigouya et s'y verrait par bandes. Cette bête s'appelle diguembaga en mossi et en foulsé, noasi en bambara, nogosi en malinké et en ouassoulonké, soundou en peuhl, tiapâté en toucouleur, diono ou diongo en songhay.

Les singes n'existent pas. On ne trouve ici ni le singe rouge ou pleureur — ni le cynocéphale ami des rochers — ni le singe vert qui aime les marigots et les grands arbres. L'absence de cet animal n'étonne pas dans un pays aussi sec que le Yatenga, mais on s'explique plus difficilement l'absence des pleureurs et des cynocéphales. Disons cependant que la Monographie de 1909 signale quelques cynocéphales dans les collines de Kalsaka.

Il y a ici quelques biches, mais il ne faut pas chercher les grosses antilopes : pas de minnan dian ici (Elan de Derby, *Oreas Derbyanus*), pas de son (*Tragelaphus Euryceros*), pas de biche rayée ou minnan (*Tragelaphus scriptus*), pas même de koba (*Hippotragus Koba*, dagué c'est-à-dire gueule blanche en bambara, malinké, ouassoulonké) ou du moins il n'y a de kobas qu'aux alentours du lac Bama, c'est-à-dire dans une partie très spéciale et infiniment restreinte du cercle. On ne peut donc pas dire qu'il y en ait en général dans le Yatenga. Pourtant Mossis et Foulsés les connaissent et les appellent ouidipélégo (ouidipendo au pluriel), c'est-à-dire cheval blanc. En foulsé on dit kofé.

Pas de tankon (nom bambara, malinké, ouassoulonké, *Bubalis major*) ou du moins il n'y en a qu'à côté du Bama, comme il en est pour le koba. Le tankon s'appelle sibida en mossi, kolongha en peuhl.

Pas de sing-sing ou sin-sin (nom bambara, malinké, ouassoulonké. *Cobus onctuosus*), sibiga en mossi, ou du moins il n'y en a qu'autour du Bama.

Peu de konkoton ou konkoro (kongoro en ouassoulonké, le Nagor de Buffon), béko en mossi, goendé ou gôndé en foulsé. Comme cette antilope aime l'eau on comprend qu'il n'y en ait pas beaucoup dans le cercle.

En revanche il y a des *Oryx leucoryx*, ou Algazelle du Sénégal, partout dans le cercle et c'est certainement la gazelle la plus répandue. Elle vient du nord et n'existe pas dans le sud du Soudan (par exemple au Ouassoulou). On prétend que ce sont ses cornes qui ont donné naissance chez les anciens à la légende de la licorne. En fait les cornes du mâle sont brunes et annelées, rapprochées, très légèrement courbes, avec léger retour par devant, assez pointues. Celles de la femelle sont plus petites, noirâtres, moins fortement annelées, plus rapprochées, avec légère tendance à se joindre par en haut. Cette gazelle est un peu plus grande que la chèvre. Les Mossis l'appellent niaka, les Foulsés fourou, les Peuls léleval et les Bambaras siné. La chair en est très bonne.

C'est sans doute à cause du climat sec et chaud du Yatenga que l'*Oryx leucoryx*, descendant du nord, s'y trouve en abondance.

Deux petites biches se rencontrent en outre au Yatenga : l'une, l'*Ourebia nigricaudata* ou *Scapophorus nigricaudatus* que les Mossis appellent oualaga, les Foulsés ouenga, les Peuls diabaré, les Bambaras, Malinkés, Ouassoulonkés koloni, les Soussous teigni, se trouve dans tout le cercle en assez grande quantité ; l'autre est celle qu'on désigne généralement dans l'ouest-africain sous le nom de biche-cochon (*Cephalophus Maxwelli*). C'est la niességo des Mossis du Yatenga (au pluriel niossé), la niziri des Mossis de Ouagadougou, toka en foulsé, mangalané en bambara et ouassoulonké, tokéré en foulah, toké en soussou. Il y en a assez dans le cercle, surtout dans le sud-est plein de collines, mais cette biche est difficile à rencontrer, se cachant pendant le jour et ne sortant que la nuit. Le jour on ne peut guère la tuer qu'en tombant inopinément sur un individu endormi. Les cornes sont petites, noires, droites et très pointues.

En résumé, on voit, en ce qui concerne les antilopes, gazelles, biches, qu'il n'existe dans le Yatenga que deux petites espèces communes à tout le Soudan et une espèce de gazelle venue du nord. Les grosses espèces, qui ont besoin d'eau, ne se trouvent pas dans le Yatenga, sauf dans le coin reculé du cercle où existe le lac Bama.

Notons quelques phacochères mais peu (dègo en mossi, toté en foulsé, diro en peuhl, lè en mandé, guirangui en foulah, bali en soussou).

Notons aussi quelques oryctéropes, cet animal fouisseur qui ressemble à un fourmilier et à un porc (tantouri en mossi, yélikoté en foulsé, timba en mandé, yendou en foulah, kimfé en soussou).

Il y a dans le cercle des porcs-épic et surtout pas mal de hérissons, un certain nombre d'écureuils annelés (*Sciurus annulatus*, lanta en mossi et en foulsé, lantaré en peuhl, n'toloni en bambara) et pas mal d'écureuils fouisseurs (*Xerus Erythropus*, kiga en mossi, koéné en foulsé, n'guéléni en bambara). Mais l'animal le plus répandu et qui constitue vraiment la caractéristique de la région est évidemment le lièvre. Dans tout le cercle on le rencontre abondamment, surtout dans le pays samo. On lui fait la chasse en battue, sans autres armes que le bâton et on en tue de grandes quantités. Lièvre se dit sômba en mossi (sômsé au pluriel).

Il faut ajouter au lièvre les rats : le rat de Gambie (*Cricetomys gambianus*), le toto des Bambaras et des Malinkés, le niéné balé ou rat voleur des Soussous, le todo des Ouassoulonkés, existe en assez grande quantité. Les Mossis et les Foulsés l'appellent dayongo ou dayouga et les Peuls sigâré. En revanche l'aulacode (*Aulacodus Swinderenianus*, kognina ou rat de marigot en bambara, malinké, ouassoulonké, séseri en mossi et en foulsé) est rare ici et ne se trouve guère qu'à la fin de l'hivernage, à cause du manque d'eau. De même le rat maure (*mus maurus*), sankoré en mossi, gountourou en bambara, malinké, ouassoulonké, gris d'ardoise et demeurant dans des trous auprès des marigots, est rare. La souris, au contraire, est répandue (niongoré en mossi, danankoné en foulsé, dombourou en peuhl, soguina c'est-à-dire rat de case en mandé).

Comme on le voit, ce qui caractérise le gibier à poil du Yatenga est la petite taille et l'extrême médiocrité. Pas de gros gibier ici, pas d'éléphants, pas de buffles, pas d'hippopotames, pas de grosses ni de moyennes antilopes. L'animal caractéristique est le lièvre accompagné de quelques espèces de petites biches, de gazelles, de rats, de hérissons, etc.

Passons maintenant aux oiseaux. Il y en a, on le sait, dix ordres :

1er ordre : Rapaces.
2e ordre : Passereaux.
3e ordre : Picariés.
4e ordre : Perroquets.
5e ordre : Pigeons.
6e ordre : Gallinacés.
7e ordre : Échassiers.
8e ordre : Ibidés.
9e ordre : Palmipèdes.
10e ordre : Coureurs.

Ici on pense bien qu'avec l'absence d'eau, les échassiers, ibidés et palmipèdes, ne seront que très médiocrement représentés. Quant aux coureurs, disons tout de suite qu'il n'y a pas d'autruches dans le Yatenga. Restent les six premiers ordres qui ont quelques représentants dans le pays.

Rapaces diurnes. — Signalons d'abord l'inévitable « charognard » (espèce de vautour, *Neophron monachus*). C'est l'oiseau chargé de la voirie dans l'Afrique occidentale. Il y en a ici beaucoup, beaucoup comme partout (car partout il y en a et partout il y en a beaucoup). Il est inoffensif, ne s'attaque jamais à la volaille et mange les débris. Les Bambaras, Malinkés, Ouassoulonkés l'appellent donga, les Soussous yubé, les Peuhls zigaré, les Mossis iborogo ou ibrogo, les Foulsés guigaré.

L'aigle huppé d'Afrique ou aigle blanchard (*Spizaetus coronatus*) est rare dans le cercle. C'est le tougouri des Mossis et des Foulsés, le bibi des Bambaras, Malinkés et Ouassoulonkés, le worigué fikhé des Soussous.

En revanche le huppard (*Lophoœtus occipitalis*) est assez répandu. Il n'est pas si fort, ni si gros que le précédent. Cependant il attrape des lièvres, des perdrix, des pintades. C'est le kosenkondé des Mossis et des Foulsés, le gomfi ou ouarsa des Bambaras, Malinkés, Ouassoulonkés.

Un petit aigle de la taille d'un corbeau et d'une couleur gris-ardoise foncé (*Asturinula monogrammatica*) existe en grande quantité dans le cercle. Il se nourrit de poulets, de crapauds, de margouillats, de rats et de souris, etc. Les Bambaras, Malinkés et Ouassoulonkés, l'appellent gongoré, les Mossis et les Foulsés ouébéga.

Quant aux aigles-pêcheurs il n'y en a pas ici, comme bien on peut le penser.

Le milan (*Milvus Korschum*), compagnon inséparable du charognard en Afrique occidentale, mais bien plus redoutable que lui, se trouve ici comme partout ailleurs. C'est le voleur de poules des Soussous qui l'appellent en effet tokhé soukhou et konkosaré. C'est le ségué des Bambaras, Malinkés et Ouassoulonkés. Les Mossis l'appellent silivâgo ou siliga, les Foulsés soullé.

Rapaces nocturnes. — Il y a ici quelques hiboux (*Bubo lacteus*) redoutés comme dans tout le Soudan. On a peur d'eux et on ne les chasse pas. On prétend que quand on les voit on meurt. Les Mossis les appellent sissikou, les Foulsés silinsikou, les Bambaras, Malinkés et Ouassoulonkés gouingoui, les Peuls gôdiaré.

Quant au petit hibou (*Scops giu*) il est assez répandu et on n'a pas peur de lui comme du gros. Les Mossis et les Foulsés l'appellent vigou, les Bambaras, Malinkés et Ouassoulonkés gouingouini, les Soussous khondonyi di.

Cheiroptères. — Il y a des chauves-souris (*Vesperus minutus*) dans le cercle. Mais c'est à peine si l'on en voit quelques-unes voler par les chemins au crépuscule, quand le feu d'artifice du couchant s'éteint, ou le matin à l'heure correspondante, au moment du commencement de l'aurore, à peine si l'on en aperçoit quelques-unes dans les cases. Elles sont donc assez peu nombreuses. Les Mossis les appellent zambékito (au pl. zambékitési) et les Foulsés tipélenga. C'est la tortoroni des Bambaras, Malinkés et Ouassoulonkés.

Quant aux tonso (nom mandé, grandes chauves-souris rousses, *Nyctinomus angolensis*) il y en a aussi quelques-unes ici mais encore plus rares. Les Mossis et les Foulsés les appellent sasanga (sasansé au pluriel).

Passereaux. — Famille des Corvidés. — Un des oiseaux caractéristiques du cercle de Ouahigouya et qui ne se trouve pas dans le sud est le corbeau, commun au contraire aux deux cercles de Ouahigouya et de Bandiagara. Cet espèce de corbeau est la corneille du Sénégal ou corbeau à scapulaire blanc (*Corvus scapulatus*) qu'on appelle gâgo ou gango en mossi et en foulsé, gâga en bambara, malinké, ouassoulonké.

C'est un corbeau énorme et criard, peu timide et qui se rencontre en grande quantité dans le cercle. On ne le mange pas, sauf les indigènes atteints du ver de Guinée. L'absorption de sa chair passe en effet pour gêner et faire partir celui-ci.

Famille des nectarinidés. — Les nectarinidés ou soui-mangas sont les colibris de l'Afrique ou plus exactement de faux colibris. Il n'y en a pas dans le Yatenga, pays situé sous une latitude trop élevée et ayant un climat trop sec. Il n'y en a même pas à Ouagadougou, ni dans le Gourounsi.

Famille des hirundinidés. — En revanche il y a ici un assez grand nombre d'hirondelles appartenant à deux variétés : l'*hirundo filifera* et l'*hirundo rustica* (celle-ci venant seulement d'octobre à avril). Les Mossis et les Foulsés appellent l'hirondelle silalé, les Bambaras, les Malinkés et les Ouassoulonkés l'appellent naganagalé ou naranagalé.

Famille des sturnidés. — En fait de merles le plus commun ici, et un des oiseaux qu'on rencontre le plus fréquemment, est ce magnifique merle à longue queue, d'un bleu profond, qui est sans doute le *lamprotornis caudatus* Müller. On le rencontre par bandes de 5, 6, 10 ou 12 individus qui picorent sur le sol, poussent des cris aigus, puis vont s'envoler lourdement plus loin par terre ou sur un arbre. Ce merle est gros et gras, très beau et assez peu farouche. C'est certainement un des plus beaux oiseaux du Yatenga, assez pauvre du reste en ce genre. Cet oiseau s'appelle sasanga en mossi et en foulsé, kikabalawa en peuhl. C'est sans doute le kono-diamfing (l'oiseau à la queue noire) des Mandés.

Il y a aussi divers merles à queue courte dans le Yatenga, peut-être le merle métallique du Cayor (*Lamprocolius chloropterus*).

En tout cas on n'y rencontre pas tous les beaux merles de l'Ouest Africain qui vivent dans les pays plus humides du sud.

Sous-famille des plocéidés. — Il n'existe pas ici de cardinaux, toujours pour la même raison, ou du moins l'on n'en voit quelques-uns sur le bord des marécages ou des marigots que quand l'hivernage est avancé. On les appelle kanzoïré en mossi et en foulsé, tyentyenbléni en bambara, malinké et ouassoulonké.

En revanche le petit sénégali rouge (*Lagonosticta senegala*), génie familier des habitations et des cases, picorant sans crainte autour des canaris et des mortiers à mil, qui est excessivement commun dans tout l'ouest africain, est ici aussi bien représenté qu'ailleurs. On sait que le mâle seul est rouge et encore sur la tête et les épaules seulement, la femelle toute grise ou plutôt brune. On l'appelle bioumigou en mossi et en foulsé, diéfourouni en bambara et en malinké, diéfourlé en ouassoulonké, kamara en soussou.

Il y a aussi dans le Yatenga des sénégalis bleus (*Lagonosticta cœrulescens*) mais beaucoup moins communs que les sénégalis ordinaires. Les Mossis leur donnent le même nom.

Sous-famille des viduinés. — Le gendarme, ce bel oiseau jaune d'or et noir (*Hyphantornis cucullatus*) n'existe pas en général dans le cercle de Ouahigouya. Il y en aurait cependant quelques-uns dans le sud. Les Mossis l'appellent nabarenba, les Foulsés onalia ou oualéa.

Le gendarme est un oiseau du sud, très commun là où il y a de l'eau.

Famille des caprimulgidés. — Il n'existe guère ici que l'engoulevent ordinaire, cet espèce d'oiseau brun de nuit tombante qui se tient tapi dans la poussière au milieu des chemins (*Caprimulgus Fossii*). Quant à cet autre engoulevent si curieux et qui fait l'étonnement de ceux qui le voient pour la première fois (le *Macrodypteryx macrodipterus*) il n'existe pas ici et ne se voit que plus au sud. L'engoulevent ordinaire même n'est pas excessivement commun quoiqu'on ne soit pas sans le rencontrer. Les Mossis et les Foulsés appellent les engoulevents laba. C'est le dabi des Bambaras, Malinkés et Ouassoulonkés.

L'engoulevent jouit d'une mauvaise réputation dans l'ouest africain et ici aussi les gens en ont peur.

Famille des coracidés. — En fait de coracidés le Yatenga possède le rollier de paradis (*Coracias abyssinicus*). Ce bel oiseau, un peu plus grand que notre geai d'Europe, sans être aussi répandu dans le Yatenga que le merle bleu à longue queue, se rencontre fréquemment. On sait que dans son vol il découvre sous les ailes et sous le corps un large losange bleu-turquoise entouré d'un quadrilatère de ruban bleu-indigo en bordure. C'est donc un oiseau très joli, le plus beau sans doute du Yatenga.

Je ne l'ai jamais vu en troupe, mais toujours par individu isolé. Le rollier vole droit d'arbre en arbre avec une rapidité extrême.

Famille des alcédinidés. — C'est la famille des martins-pêcheurs. Ici il n'y en a pas à cause du manque d'eau.

Famille des bucérotidés. — Le grand calao d'Abyssinie (*Bucorax abyssinicus*) se trouve dans le Yatenga. Sans être extrêmement abondant, il n'est pas rare. Pendant l'hivernage il se nourrit de crapauds, grenouilles, petits serpents. Pendant la saison sèche et chaude il déterre les mêmes bêtes dans leurs trous, mais passe avec peine cette saison affaibli au point qu'on peut le forcer à cheval. On ne le mange pas, sauf les forgerons. Les Mossis et les Foulsés l'appellent doulougou, les Peuls lourougoua. C'est le dougo des Bambaras, Malinkés et Ouassoulonkés, sourié en soussou.

Un calao qui est beaucoup plus répandu ici que le grand calao est le *lophoceros* ou *buceros semifasciatus*, oiseau brun à énorme bec recourbé qui semble toujours en volant emporté vers terre par le poids de celui-ci. Ce calao, usuellement mais improprement appelé toucan, vole donc par grandes courbes à travers l'air. C'est un oiseau assez gros mais de dimensions infiniment moins fortes que le grand calao qui, lui, est plus gros qu'une oie ou qu'un dindon. De plus celui-ci passe son temps sur le sol à rechercher pédestrement sa nourriture et, quand il s'envole, le fait d'un vol lourd qui ne s'éloigne jamais du sol tandis que le calao-toucan vole à 50 ou 60 mètres de hauteur et se perche sur les arbres.

Le *lophoceros semifasciatus* est appelé kélemba ou kilemba par les Mossis et les Foulsés, kilimkôlé en peuhl, n'dôlé ou n'tôlé en mandé.

C'est un des oiseaux les plus répandus au Yatenga et par conséquent une des espèces volatiles caractéristiques du pays.

Famille des picidés. — Le pic-vert (*Campothera*) se rencontre ici. On l'appelle kolonkoga en mossi et en foulsé.

Famille des cuculidés. — Nous n'avons ici ni le fameux foliotocol (*Chrysococcyx smaragdineus*) ni les autres *Chrysococcyx Klaasi* ou *cupreus*. Ces beaux oiseaux sont faits pour des climats plus équatoriaux.

Famille des musophagidés. — Nous n'avons pas ici de touracos, toujours pour la même cause.

Famille des Psittacidés. — En revanche les perruches sont assez nombreuses au Yatenga. Nous avons la petite perruche grise du Sénégal à ventre jaune d'or (*Pæocephalus senegalus*), la même à ventre orange (*Pæocephalus Versteri*), et la petite perruche verte à longue queue (*Palæornis docilis*).

La perruche est un oiseau joyeux et gavroche, toujours à bavarder, volant d'un vol rapide et élevé mais lourd et clignotant. Les Mossis appellent les deux premières espèces kiéga, les Foulsés kiérésé, les Peuls d'ici kiégaré, les Bambaras, Malinkés, Ouassoulonkés solo, les Soussous kalo.

Quant à la *palæornis docilis*, les Mossis et les Foulsés l'appellent kiénamnaga, les Peuls lourérou, les Bambaras, Malinkés et Ouassoulonkés solo kou dyan ou solo tiélé.

FAMILLE DES TRÉRONIDÉS ET FAMILLE DES COLOMBIDÉS. — Le Yatenga possède en assez grande quantité les deux espèces de pigeons d'Afrique occidentale :

1° Le pigeon vert que les Mossis chassent et qui est bon à manger (louré en mossi et en foulsé, ougando en peuhl, pouropouro en bambara, podopodo en malinké et en ouassoulonké, korasa en soussou). C'est le treron vinago calva.

2° Le pigeon de Guinée (*Colomba gainea* L.) qu'on tue et qu'on mange de même. Les Mossis et les Foulsés l'appellent ouangousougou, les Peuls tiabôlé, les Bambaras, Malinkés, Ouassoulonkés biri ou bri ou birintouga ou brintouga, les soussous gambé.

FAMILLE DES PÉRISTÉRIDÉS. — Quant aux tourterelles elles peuplent ici littéralement la brousse, comme tout le reste de l'Ouest Africain. C'est bien évidemment l'oiseau le plus répandu qu'il y ait dans l'Afrique occidentale. On le rencontre pour ainsi dire à chaque pas. C'est aussi un des plus jolis qui existent, avec son corps violet lie-de-vin, sa petite tête fine et ses yeux doux et expressifs. De plus la tourterelle est à peine sauvage et devient facilement très familière. Dans la brousse elle accueille le voyageur par son infatigable : Tortoro ! Tortoro ! cri d'où lui est venu sans doute son nom latin de *turtur* (prononcez tourtour). Ce roucoulement prolongé emplit à chaque instant les solitudes de l'ouest africain.

Les trois espèces qu'on distingue existent ici : la tourterelle maillée la plus répandue et la plus familière (*turtur senegalensis*), la tourterelle à collier, plus grande dame que cette dernière, un peu plus craintive et un peu plus rare, si jolie avec son étroit ruban de velours noir autour du cou (*turtur semitorquatus*), enfin la tourterelle émeraudine plus petite que les deux autres et moins abondante (*Chalcopelia afra* L.).

Les Mossis appellent ces trois espèces ouandé, les Foulsés ouanékendé, les Peuls ouganou ou bien ougandou, les Bambaras, Malinkés et Ouassoulonkés tougané. Seuls les enfants tuent ou attrapent les tourterelles qui sont un gibier trop médiocre en grosseur et en qualité pour un vrai chasseur.

FAMILLE DES PHASIANIDÉS. — La perdrix est ici assez répandue : surtout la perdrix ordinaire de l'ouest africain, c'est-à-dire la perdrix du Sénégal (*Francolinus bicalcaratus* L.) que les Mossis appellent kodanga ou kodoouemba, les Foulsés iko, les Bambaras, Malinkés et Ouassoulonkés ouolo ou ouolon, les Soussons dommé, les Yolofs tioker et les Peuls guerlél.

Il y aurait aussi deux perdrix plus petites dont l'une (tantankodanga en mossi et en foulsé) serait sans doute le *Francolinus ashantensis*, une petite perdrix brun-rougeâtre assez répandue ici, celle que les Peuls appellent fourto-fourtondé, les Bambaras, les Malinkés et les Ouassoulonkés tiéouoloni, les Soussous konkolé.

Quant à la troisième espèce, petite aussi, elle serait noire et s'appellerait tantannoga.

Pour la caille les deux monographies du Cercle la signalent mais je pense qu'elle est très rare ici, si même elle y existe.

En revanche la pintade commune (*Numida meleagris* L.) est assez répandue dans le cercle. On l'appelle kango en mossi, sou en foulsé, diaolé en peuhl, kami en bambara, malinké et ouassoulonké, kanké en soussou.

Echassiers. — FAMILLE DES RALLIDÉS. — Pas de poules d'eau ici à cause du manque de marigots.

FAMILLE DES GRUIDÉS. — Il y a quelques oiseaux-trompettes ici (*Balearica pavonina*) autour des rares étangs laissés par la saison sèche dans le thalweg de la Volta Blanche, et autour du lac Bama. Les Mossis appellent l'oiseau-trompette boulouvaogo ou boulouvango et les Foulsés de même. Les Bambaras, Malinkés, Ouassoulonkés disent koma ou kouma, les Peuls koumaréa, les Soussous koumarenyi.

FAMILLE DES OTIDIDÉS. — Cette famille renferme l'outarde (*Neotis Denhami*) qui est l'oiseau caractéristique du Yatenga. Nulle part je n'en ai vu autant, surtout dans l'ouest et le sud-ouest (pays samo). On sait que l'outarde est une bête énorme, plus grande et plus forte qu'un dindon. La chair malheureusement en est rouge et dure. Dans un pays où généralement le gibier est médiocre c'est une précieuse ressource. Les Mossis du Yatenga et les Foulsés appellent l'outarde nonvoualaga, les Mossis de Ouagadougou disent nomiângo, les Peuls' dobal, les Bambaras et les Malinkés tonga, les Soussous khéli-kouanki.

Quant à la poule de Pharaon ou petite outarde (*Trachelotis Senegalensis*) elle est aussi répandue ici. C'est la bagarga des Mossis et des Foulsés, la tongani (petite outarde) des Bambaras, Malinkés, Ouassoulonkés, la takourla ou takaraoua des Peuls.

FAMILLE DES CURSORIDÉS. — Cette famille n'est pas représentée dans le Yatenga à cause du manque d'eau. Pendant l'hivernage on voit peut-être quelques pluviers d'Egypte (*Pluvianus ægyptiacus* L.) sur le bord des marigots mais c'est rare et passager.

FAMILLE DES CHARADRIIDÉS. — Le vanneau gris (*Squatarola helvetica*

L.) existe dans le Yatenga. Aimant les plateaux rocailleux et dénudés, il doit se plaire dans la région.

FAMILLE DES ARDÉIDÉS. — Le héron à cou noir (*Ardea melanocephala*) n'existe pas ici ou du moins on ne le voit que rarement et pendant l'hivernage. Il s'appelle bourzongo en mossi, tioda en peuhl, sakounou en bambara, malinké, ouassoulonké.

Les aigrettes n'existent pas ici ou du moins sont très rares.

Le pique-bœuf ou fausse aigrette (*Bubulcus lucidus*) est aussi très rare. Pourtant on en signale quelques-unes qui suivent les bœufs pendant l'hivernage. C'est le ouendénoga des Mossis et des Foulsés, le gounandié ou gounadié des Bambaras, Malinkés et Ouassoulonkés. Le crabier chevelu (*Buphus comatus*) est également rare. Pourtant on en voit quelques-uns, paraît-il, pendant l'hivernage. C'est le lâlé des Mossis et des Foulsés, doum en peuhl, tintané en bambara, malinké, ouassoulonké.

FAMILLE DES CICONIIDÉS. — Le marabout (*Leptolilus crumenifer*) est très rare ici. Pourtant on en rencontre en toute saison au Bama et même, paraît-il, quelques-uns dans tout le cercle pendant l'hivernage. Les Mossis l'appellent kouliadogo, les Foulsés de même. En peuhl on dit guinobotoré, en bambara et en malinké balasama, en ouassoulonké konoborotigui.

Palmipèdes. — FAMILLE DES PÉLICANIDÉS. — Il n'y a pas ici de pélicans, pas même au Bama. Ils n'ont de nom ni en mossi ni en foulsé.

FAMILLE DES ANATIDÉS. — Les différentes espèces d'oies et de canards sont naturellement peu répandues dans l'ensemble du Yatenga. Cependant on en trouve toute l'année au Bama et pendant l'hivernage sur les autres points du cercle.

Les Mossis distinguent une espèce d'oie qu'ils appellent biôgo (de même en foulsé) et qui serait armée d'un éperon. Ce serait le bounou des Bambaras. Ensuite une espèce plus petite avec une espèce de pièce de cent sous noire sur le bec et sans éperon. Ce serait la païdéré ou baïdéré des Mossis et des Foulsés, le bounoudio ou bounoudioni des Bambaras, Malinkés et Ouassoulonkés. Ensuite une espèce de sarcelle qu'on nomme ouitilézeni chez les Mossis du Yatenga, ouili-ouilé chez les Mossis de Ouagadougou. Ce serait le soniénéniéné des Bambaras, Malinkés et Ouassoulonkés.

FAMILLE DES LARIDÉS. — Cette famille est celle d'oiseaux d'eau par excellence, de plongeurs, d'oiseaux-plongeons moitié canards, moitié pingouins. Elle est donc mal représentée au Yatenga. Cependant le coupeur d'eau ou bec-en-ciseaux (*Rynchops flavirostris*) se rencontre dans le Bama et même dans tous les marigots pendant les trois mois de l'hivernage. Les Mossis l'appellent kolisilliga. C'est le salogoni ou saligoni des Bambaras, le guitounoukononi des Malinkés et des Ouassoulonkés.

Cette revue faite, nous pouvons nous demander quels sont les oiseaux les plus répandus et les plus caractéristiques.

Ce sont le charognard, le corbeau, le merle à longue queue, le sénégali, le calao-toucan, le rollier de paradis, les perruches, les tourterelles, les perdrix, la pintade et l'outarde.

Je ne cite le charognard, le sénégali, la tourterelle qu'à cause de leur extrême abondance. En fait ils ne caractérisent pas le Yatenga car ils sont répandus avec la même profusion dans tout l'ouest africain. La perdrix et la pintade, assez répandues ici, sont dans le même cas. Au fond les deux oiseaux qui me semblent le mieux caractériser le Yatenga sont l'outarde à cause de son extraordinaire abondance et le corbeau parce qu'on ne le voit pas dans le sud du Soudan. L'abondance extrême des merles à longue queue, l'abondance relative des calaos-toucans et des rolliers de paradis, la fréquence des perruches, achèvent de donner sa note au pays.

Du reste il ne faut pas oublier ceci : c'est que pendant les trois mois de la saison des pluies (juillet-août-septembre) où la brousse sèche du Yatenga se trouve transformée un peu partout en marécage, la faune volatile s'enrichit considérablement. Les espèces qui aiment l'eau, au lieu d'être confinées dans un petit coin éloigné du Yatenga, se répandent dans tout le cercle, remontent les thalwegs où il y a de l'eau, enfin colonisent momentanément le pays. Mais elles disparaissent aussi vite qu'elles sont venues. On pourrait presque dire qu'il y a ici une faune volatile de saison sèche et une faune volatile de saison des pluies, mais la première est là tout le temps tandis que la seconde ne fait qu'une courte apparition d'un trimestre.

Au point de vue social, nous voyons ce que la faune volatile ajoute à la faune des quadrupèdes pour les populations du Yatenga : des perdrix, des pigeons, des pintades, des outardes, etc., bref un élément de chasse assez abondant, mais un élément de petite chasse.

Reptiles. — Il y a des caïmans ici et là dans les mares du Yatenga, mares aménagées par les habitants dans les endroits où ils les préfèrent aux puits (chez les Foulsés de l'est, du nord-est et du nord). Ces caïmans sont respectés, les indigènes croyant que l'âme de leurs ancêtres les habite et qu'à tel homme du village correspond tel caïman.

Quelques tortues de terre existent dans le Yatenga. On en a rencontré près des mares de Kouliniéri, Zamma, Hitté. Elles sont en grand nombre auprès du lac Bama.

Les reptiles proprement dits sont rares dans le Yatenga — du moins en comparaison des pays du sud. Cependant le python existe ici et même en assez grande abondance chez les Foulsés de l'est et du nord qui le chassent pour le manger. C'est le python royal ou python de Séba (*Eryx thebaïcus*), ouaratiemfo en mossi, donkisiga en foulsé, minian en mandé. La Monographie de 1904 dit à ce sujet : « Quelques boas atteignent jusqu'à 3 mètres. En 1902 un boa de plus de 8 mètres a été apporté au cercle. De plus il a été signalé près de Ouahigouya une galerie souterraine qui, paraît-il, en contient de grandes quantités, mais les habitants, très superstitieux, en ont une si grande crainte qu'ils hésitent à montrer l'entrée de cette galerie ». Les Mossis ne mangent pas les pythons mais les Foulsés et les forgerons les mangent généralement.

Le serpent cracheur est aussi assez répandu dans le Yatenga et aime à s'introduire dans les cases (sans doute pour fuir la chaleur). C'est une espèce de naja et sa morsure est fort dangereuse sans être cependant foudroyante comme celle de ce naja de l'Inde, son cousin-germain, le fameux cobra di capello ou naja tripudians. Du reste l'aspect du serpent cracheur dressé à un mètre de haut sur sa queue, avec sa tête vipérine sur son cou gonflé et triangulaire est terrible, sinistre, effrayant. C'est le n'gorongo des Bambaras, totem ou tabou de certaines familles bambaras et bozos, le dourougou des Mossis, le poufé des Foulsés. Les enfants le mangent très bien quand ils en ont tué un.

Le faux trigonocéphale existe aussi dans le Yatenga, je dis le faux trigonocéphale, car le serpent que l'on désigne généralement sous le nom de trigonocéphale dans l'ouest africain n'est pas, paraît-il, le vrai trigonocéphale, mais la vipère heurtante. *vipera* ou *bitis arietans* (voir à ce sujet : *Une mission au Sénégal* de Chevalier, Lasnet, Cligny et Rambaud, page 305). Les Mossis l'appellent bôcéré, les Foulsés niabéré, les Peuls niandéséno. C'est le toutou des Bambaras et des Malinkés, le toudou des Ouassoulonkés.

Il existe aussi des espèces de couleuvres blanchâtres ou jaunâtres qui entrent dans les cases (kiligomfo en mossi, sadié en bambara et en malinké, sagoué en ouassoulonké) — un serpent vert qui se tient dans les branches du dyou (osier africain) pendant l'hivernage, toënnéga en mossi et en foulsé, namougoulousa ou namougoulensa en bambara, malinké et ouassoulonké, serpent inoffensif et respecté des indigènes — et un certain nombre de serpents venimeux et assez rares, difficiles à identifier : le panhéré ou panhiré en mossi, koroga ou korga en foulsé qui est le fofoni des Bambaras, Malinkés et Ouassoulonkés, c'est-à-dire le serpent bananier, long de 30 centimètres environ et gros comme une pièce de 50 centimes — le rabôgo ou dabôgo, boulo en foulsé — le kiémarimikouma (Ton grand frère n'a pas le temps de venir) qui est peut-être le serpent minute, etc. Quant aux serpents d'eau (dyirossa ou guirossa en mandé) ils n'existent pas en général dans le Yatenga, à cause de l'absence d'eau, sauf probablement au Bama.

Quant au binimmini, ce serpent légendaire des pays mandés qui pourrait encercler un village, la légende en existe aussi dans le Yatenga. Il n'a pas de nom spécial, on l'appelle simplement ouarakiemfo, c'est-à-dire le python. Quand on s'étonne auprès de quelqu'un que son village soit si petit, il prétend que, s'il ne peut pas s'agrandir, c'est la faute du grand python qui l'entoure, qui ruine et mange les hommes et les habitations que le village produit en dehors de ses limites actuelles. A quel ordre d'idées peut bien se rapporter cette légende ? On ne sait, probablement à un ordre d'idées très ancien et actuellement aboli dont ce vestige seul reste debout.

Lézards, batraciens, etc. - Les grenouilles et les crapauds existent ici en grande quantité pendant l'hivernage et font par les soirs de pluie et après les tornades des symphonies qui, sans valoir celles des pays du sud, n'en sont pas moins remarquables. Les Mossis mangent grenouilles et crapauds que les femmes vont recueillir de bonne heure au marigot après les tornades. Grenouille se dit sassaga en mossi (sassésé au pl.). Crapaud se dit pondéré (au pl. pónda). Il y a d'ailleurs plusieurs espèces de grenouilles : les grenouilles géantes s'appellent lònga (lònsé au pl.), bouloumboukou (au pl. bouloumbougoudou). Il y a aussi les boulouéga (au pl. boulouésé). On fait fumer et sécher toutes ces espèces, puis on les pile et on les met dans les sauces.

Quant aux margouillats ou agames (*Agama colonorum*) il y en a beaucoup dans le Yatenga comme partout dans l'ouest africain, mais ces margouillats sont moins nombreux et moins beaux cependant que dans le sud et que sur les bords du Niger, préférant les contrées qui reçoivent beaucoup d'eau et semblant puiser leurs admirables couleurs (orange et violet) dans l'humidité de l'air. Les enfants les mangent. On les appelle banga dans le Yatenga, boumpoka chez les Mossis de Ouagadougou, n'basa ou n'basan en bambara, malinké et ouassoulonké, palanga ou palanka en peuhl.

Les iguanes vertes, dites vulgairement gueules-tapées (*Varanus niloticus*) n'existent ici que sur les bords du lac Bama et non dans le reste du Yatenga, à cause du manque d'eau. On les appelle oñga en mossi, sari en foulsé, gâna en bambara, malinké, ouassoulonké. Quant aux iguanes de terre (noires et jaunes), ouigou en mossi, oukoñ en foulsé, n'koro en bambara, malinké et ouassoulonké, il y en a beaucoup et on les mange.

Il y a ici des tarentes ou tarentules (*Tarentola ægyptiaca* ou *platydactylus ægyptiacus*), bangaléguéséré en mossi, kiribindigo en foulsé, palabita en peuhl, soulantélé ou sirantouala en bambara, malinké et ouassoulonké. D'après les indigènes mossis comme d'après les Bambaras, il en existe une espèce plus grande dans la brousse, égale en grosseur aux margouillats. Les Mossis appellent cette dernière espèce sagabantakorogo ou bantankorogo. C'est le saninkoufla ou le kounfoula ou le sakéné des Bambaras, c'est-à-dire le serpent à deux têtes ou les deux têtes, etc. Les noirs ont peur des deux espèces (quoique ces bêtes soient en elles-mêmes parfaitement inoffensives) à cause des propriétés de leur urine.

Les scorpions existent dans le Yatenga (surtout le scorpion noir) quoique infiniment moins répandus que dans le sud. Cependant on en rencontre quelquefois, surtout pendant la saison des pluies. Le scorpion noir se dit namvimgou en mossi et en foulsé, dionkomo en bambara, malinké et ouassoulonké.

Quant au scorpion jaune ou brun il existerait aussi dans le pays : il s'appelle nanga en mossi, nomonga en foulsé, koson en bambara, malinké et ouassoulonké. Quant au scorpion d'eau (guilonkoson en mandé) il n'existe pas ici.

Naturellement il ne faut pas parler de crabes, d'écrevisses et de crevettes dans le Yatenga, sauf, peut-être, au Bama.

On rencontre les petits caméléons verts (*Chamœleo senegalensis*) sur les branches des arbres. Les Mossis les nomment gomtéogo, les Foulsés kondé, les Peuls doniorga, les Bambaras, Malinkés etc nòci.

Poissons. — En fait de poissons (zimfou en mossi, zim au pl.), il n'existe guère ici, sauf au Bama, que des silures ou poissons de vase qui sont certainement le poisson le plus répandu de tout l'ouest africain. Silure se dit rôlògo en mossi (rondo au pl.). Leur propriété de s'enfoncer en terre humide quand il n'y a plus d'eau, leur rusticité extraordinaire (c'est peut-être le poisson le plus résistant qui existe au monde) font qu'ils constituent une certaine ressource pour la population, même dans un pays comme le Yatenga. On pêche les silures avec le panier ordinaire de pêche, sans fond, ouvert par en haut, ouverture par laquelle le pêcheur passe le bras après avoir plaqué le panier au fond du marigot. On saisit le silure par les ouïes car, sans cela, puissant et glissant comme est cette bête noirâtre au ventre plat, le silure échapperait certainement à la poigne du pêcheur. On peut aussi le pêcher à la pioche pendant la saison sèche (ce qui est une manière assez inattendue de pêcher) en effondrant avec celle-ci l'écorce de boue sèche puis humide dans laquelle il est enfermé.

C'est le seul poisson qui offre quelques ressources aux gens du Yatenga, en mettant de côté les riverains du Bama qui, eux, peuvent pêcher plus sérieusement.

Signalons que la Monographie de 1904 signale une très belle espèce d'anguille dans ce lac.

Insectes. — Les abeilles existent en grande quantité dans le cercle de Ouahigouya et les indigènes mettent des ruches primitives dans les arbres pour recueillir leur miel, comme nous le verrons plus tard à la Cueillette.

Abeille se dit si en mossi, toyen en foulsé, niata en peuhl, dikisé en bambara, likésé en malinké et en ouassoulonké (de di ou li miel).

Les guêpes maçonnes se rencontrent ici en grande quantité, comme dans tout le Soudan. Elles sont d'une taille très supérieure à celles des guêpes ordinaires ou des abeilles, énormes, au long corps grêle. Elles pénètrent dans les cases où elles font de petites niches rondes où elles enferment ensemble leurs larves et des chenilles vertes destinées à servir à la nourriture de celles-ci. Quand la niche est pleine, elles bouchent l'ouverture. Les guêpes maçonnes ne sont nullement dangereuses mais insupportables avec leur bourdonnement et leurs allées et venues continuelles.

On les appelle vounoumvouongou en mossi et en foulsé (ce qui est probablement de l'harmonie imitative quant à leur bourdonnement), m'bôdidô en peuhl, dounokéréné en malinké et en ouassoulonké.

Quant aux fourmis il y en a un certain nombre dans le Yatenga mais beaucoup moins que dans le sud où elles abondent. Ainsi le terrible magnan qui va par colonnes excessivement longues et qui dévore tout ce qu'il rencontre n'existe pas ici.

Quant aux fourmis-cadavres ou grosses fourmis noires, qui se promènent par bandes de 50 ou 60, il n'y en a pas non plus beaucoup ici. On les appelle tantenniésé en mossi et en foulsé, niounioûrlé en peuhl, n'guenguey en bambara.

En revanche les fourmis qui ramassent le mil et font sur les routes ces espèces de grands cratères de cinquante centimètres de diamètre, qui frappent l'œil du voyageur, sont nombreuses dans le Yatenga. On les appelle goûri en mossi, tamôndé en foulsé, dinguénié en bambara, malinké et ouassoulonké. Ces fourmis ramassent non seulement le mil mais encore toute espèce de grains. Pendant les famines, les femmes du Yatenga ne dédaignent pas d'aller dévaliser les goûri, rapportant souvent de leur expédition une calebasse de grains.

Les fourmis mangeuses de sucre sont aussi nombreuses ici. On les appelle gotoulougôsi en mossi et en foulsé, n'kolongolo en bambara, malinké et ouassoulonké.

Les fourmis en général sont appelées niességa (au pl. niessa) par les Mossis, môné en foulsé. En peuhl on les appelle niouna et dougoumouné en bambara, malinké et ouassoulonké.

Quant aux termites ils abondent ici dans les cases, comme partout du reste en Afrique occidentale, mais dans la brousse ils semblent moins nombreux que dans le sud ; les grandes termitières rouges se rencontrent beaucoup moins fréquemment que dans le Gourounsi ou la Haute-Guinée et celles que l'on voit semblent en général abandonnées. Quant aux champignons de terre grise, si abondants dans le sud, il n'y en a pour ainsi dire pas ici. Ces orthoptères pseudo-névroptères que sont les termites s'appellent moko en mossi (au pl. morodo ou mogodo), titon en foulsé, môdio en peuhl, barabaga en bambara, malinké et ouassoulonké. Ce sont, on le sait, de redoutables destructeurs de tous les objets mobiliers : bois, papier, linge, cuir, etc., qu'ils peuvent atteindre. A l'aide de petits boyaux en terre arrondis ils arrivent à l'objet convoité et le mangent avec une rapidité extrême. Dans la brousse ils couvrent le crottin de cheval ou la bouse de vache de leurs petites galeries en terre et les dévorent ensuite à leur aise à l'abri des rayons du soleil. Ils font de même pour les tiges de mil. Les termites craignent en effet extrêmement le soleil et la lumière et les fuient dans leurs excavations de terre, étant des constructeurs et des maçons merveilleux. Ils soutiennent des luttes avec d'autres insectes, particulièrement avec certaines espèces voraces de fourmis, mais ils n'ont pas à craindre ici le magnan terrible dévorateur et agresseur qui ne recule devant rien, cet ennemi redoutable des termites n'existant pas dans le pays.

Les papillons sont assez nombreux dans le Yatenga pendant l'hivernage, surtout à la fin de celui-ci (septembre) et même dans les mois qui suivent (octobre et novembre), puis ils deviennent plus rares et on n'en voit pour ainsi dire plus. Ils ne sont pas très beaux. Ce sont surtout des papillons blancs. On les appelle pilimpicou en mossi et en foulsé, fabougoua en peuhl, prempréni en bambara, malinké et ouassoulonké.

Les libellules et demoiselles existent ici pendant l'hivernage, voltigeant au-dessus des eaux et des terrains très humides.

Les sauterelles sont assez nombreuses, assez pour menacer les récoltes. Il y en a de très grosses, redoutables pour la végétation et pour les champs mais qui servent aussi à la nourriture des indigènes. Sauterelle se dit soûré en mossi, souya au pluriel.

Signalons l'existence d'un petit coléoptère bleu, connu aussi dans le sud, qui s'attaque au mil et au maïs. On l'appelle koudougounkori en mossi, fingfini en malinké et en ouassoulonké.

Les mantes existent dans le cercle de Ouahigouya, mais il y en a peu, beaucoup moins que dans le sud plus humide. On les appelle gombôgo en mossi et en foulsé, gômtigo en peuhl, sôlou en malinké et en ouassoulonké.

Les scarabées, grosse et petite espèce, sont très nombreux sur les routes, transportant des boulettes de bouse de vache ou de crottin de cheval. Les Mossis et les Foulsés les appellent bindigâso, les Mandés n'kobo.

Signalons encore les myriapodes (goundi en mossi, korokandé en foulsé, ouolonkonti en mandé) qu'on rencontre sur les routes, les araignées de plusieurs espèces (pâdôga en mossi et en foulsé, n'talé en mandé), les moustiques qui se trouvent ici malheureusement comme dans tout le reste de l'Afrique occidentale mais qui sont moins nombreux que dans le sud à cause de la moindre humidité. Les Mossis les appellent doumsi, les Foulsés amboyo, les Peuls bômdi, les Mandés soso. Enfin une autre bête déplorable aussi pour les indigènes et pour les Européens, le ver de Guinée ou ver de Médine ou filaire de Médine. C'est le gnini des Mossis, le néko des Foulsés, le n'bourtou des Peuls, enfin le séguélé des Bambaras, Malinkés et Ouassoulonkés.

Ce qui résulte, au point de vue social, de cette étude de la faune, c'est que le Yatenga n'est pas un cercle où les populations puissent vivre de la chasse. Le gibier à poil comme le gibier à plume ne fournissent que les éléments d'une petite chasse sans grande importance qui viendra évidemment un peu en aide aux populations mais ne pourra leur fournir leur principal moyen d'existence. Quant à la pêche elle n'existe pour ainsi dire pas.

Ayant étudié ainsi le Lieu et noté les indications qu'il nous donne au point de vue des ressources utiles, nous allons passer à l'Homme qui le peuple et à sa formation sociale acquise. De la rencontre de ce Lieu et de cet Homme dérivera naturellement le travail actuel de la race que nous étudierons immédiatement après.

Voyons donc la formation antérieure, c'est-à-dire la Race et son histoire, je dis la race et son histoire en y comprenant tous les renseignements anthropologiques, préhistoriques, historiques et ethnographiques que nous pourrons donner.

LIVRE II

La race et son histoire

Le Mossi est un nègre venu du sud-est (du pays dagomba situé sur le 10ᵉ degré de latitude nord et faisant partie du nord-est de la Gold-Coast anglaise), vers le xiiiᵉ siècle de notre ère, dans la plaine des trois Volta.
Il est de taille relativement élevée. Le docteur Ruelle (*L'Anthropologie*, 1904) donne une moyenne de 1 m. 712. Moi-même, sur 328 tailles de conscrits notées de novembre 1915 à février 1916, je trouve 1 m. 713 de moyenne. On voit que les deux résultats concordent sensiblement.

Le Mossi n'est pas franchement noir, d'un beau noir d'ébène comme le Yolof. Il est plutôt brun-foncé, brun-chocolat comme les autres populations voltaïques (Foulsés, Gourounsis, etc.) et comme les populations mandé (Bambaras, Malinkés, etc.). Du reste il semble bien que le Yolof sous le rapport du beau teint noir, du teint cirage reluisant, soit une exception dans toute l'Afrique occidentale.

Le Mossi n'est pas beau. Les traits sont heurtés. Le visage des vieillards est effroyablement usé et chaotique à la fois. Le Mossi, même jeune, a quelque chose de rude et d'inharmonique dans les traits et dans le port général de la personne qui le distingue du Mandé (Bambara, Malinké, etc.) qui semble plus évolué que lui physiquement. Il n'a pas non plus la beauté, la souplesse et la force de certaines races qui l'avoisinent et qui semblent plus primitives — du Bobo avec sa haute taille, son corps puissant et sa petite tête sur des épaules athlétiques — du Samo remarquable comme le précédent par sa belle souplesse sauvage et puissante. Bref le Mossi, qui constitue cependant une race grande et forte, a quelque chose d'ingrat et de dur dans les traits du visage et dans le port général du corps.

Le front est généralement haut et bombé, les yeux sont noirs ou plutôt marrons, le nez est écrasé et épaté, les lèvres fortes et lippues. Sous le rapport du nez et des lèvres, la caractéristique nègre est nette et profonde, mais sous le rapport du prognathisme elle l'est moins. Le Mossi est prognathe mais médiocrement. Du reste il faut dire que cela ne le différencie pas des races qui l'entourent, car le prognathisme développé, classique, simiesque, ne se rencontre que rarement, par individus, dans l'ouest africain.

Ajoutons que le Mossi est dolichocéphale comme les autres nègres. Je n'ai pas fait de mensurations moi-même, mais le docteur Ruelle indique chez lui comme indice céphalique 74,65.

Au point de vue psychologique, le Mossi a la mémoire développée, mais la sensibilité mentale comme la sensibilité physique est très médiocre, l'imagination presque inexistante. La raison est chez lui collective (mœurs, organisation politique) et non pas individuelle. Au point de vue psychique, comme au point de vue physique, le Mossi a quelque chose de dur, de brutal. Il est peu sympathique, peu aimable. En un mot il est brute. Avec tout cela, il a une organisation d'Etat qui le met au-dessus, sous le rapport social, des noirs anarchiques qui l'entourent (Bobos, Samos, Habbés, Nioniossés, Gourounsis, Kipirsis, Boussansés, etc.).

Cette esquisse psychologique se complétera d'elle-même par l'histoire des Mossis du Yatenga : cette histoire nous fera comprendre les traits actuels de la race : médiocres cultivateurs, pillards, voleurs, etc. En effet il ne faut pas oublier que les Mossis sont une race de conquérants (actuellement conquis eux-mêmes, il est vrai) mais longtemps victorieux. Ce trait dominant les différencie bien, comme nous le verrons avec plus de détail, des autres populations du Yatenga : Nioniossés, Samos, Yarsés, Peuls, Silmi-Mossis, etc. Venons-en donc à cette histoire, à l'histoire des Mossis dans le Yatenga, après avoir dit un mot de la Préhistoire du pays et des races qui précédèrent les Mossis dans le pays de Yadega.

D'abord la Préhistoire.

Il y a eu dans le Yatenga une population préhistorique. Elle a laissé sa trace dans les haches de pierre polie qui sont encore nombreuses dans la région. Ces haches sont ramassées actuellement par les « tengasobas » (chefs de la terre, prêtres). Elles sont considérées (superstition commune à tous les peuples primitifs et qu'on retrouve même dans l'Europe occidentale jusqu'au XVIIIe siècle) comme des pierres de la foudre projetées par l'éclair quand il s'abat en zigzaguant de la nue sur le sol. C'est à ce titre du reste qu'elles sont ramassées et conservées par les tengasobas qui, chefs religieux, ont dans leur domaine tout ce qui regarde les éléments (nuages, vents, éclairs, etc.).

J'ai pu recueillir moi-même un assez grand nombre de ces haches en pierre polie pendant mon séjour dans le Yatenga.

Qui succéda à ces populations préhistoriques? Nul ne le sait. Aussi haut que nous puissions remonter dans l'histoire du pays nous y voyons établies deux populations d'origine voltaïque, d'une part les Kados (ou Habbés ou Tombos) et de l'autre les Kouroumankobés ou Foulsés ou Nioniossés.

Les Kados sont, comme on le sait, la population actuelle du cercle de Bandiagara. Ils sont établis surtout dans ces falaises qui vont de Bandiagara à Hombori et suivent la rive droite du Niger, à une assez grande distance, cernant toutefois la zone d'inondation. Leur véritable nom semble être Tombos. Quant au mot Kado (ou Hado avec l'h très aspiré), au pluriel Habbé ou Kabbé, c'est le nom que leur ont donné les Peuls. Les Européens ont adopté pour le singulier la forme Kado et pour le pluriel la forme Habbé ce qui est peu logique car il faudrait dire soit un Kado, des Kabbés, soit un Haddo, des Habbés. Mais l'usage est déjà fixé sur ce point et on dit Kado au singulier, Habbé au pluriel et même on dit sans faire aucune distinction un Kado ou un Habbé, des Kados ou des Habbés.

Cette population intéressante qui n'existe plus maintenant que dans le cercle de Bandiagara semble avoir couvert jadis une aire beaucoup plus vaste. Elle était répandue dans tout le cercle de Ouahigouya actuel et probablement dans toute la boucle du Niger. C'est à l'invasion mossi qu'il était réservé de la refouler jusque dans les falaises de Bandiagara.

Quant aux Kouroumankobés, Foulsés ou Nioniossés c'est aussi une population d'origine voltaïque comme les Tombos. J'ai étudié un peu leur langue et dressé un vocabulaire de leurs mots principaux et il est évident que cette langue se rapproche beaucoup du mossi et des langues gourounsi. C'est donc une population voltaïque et nullement mandé.

Quel est leur vrai nom? On les appelle ici indifféremment Kouroumankobés, Foulsés ou Nioniossés. Kouroumankobés est, comme le montre la désinence, le nom que leur donnent les Peuls, sous sa forme plurielle. Quant aux deux autres noms ce sont des noms mossis; dans le nord du Yatenga cette population répond surtout au nom de Foulsé (au singulier Foulga). Dans le sud du Yatenga elle répond surtout au nom de Nioniossé (au singulier Nionioga). J'ai voulu savoir ce que signifiaient ces deux noms et il m'a été très difficile de le savoir. Encore n'est-ce que sous toutes réserves que je donne les explications suivantes : Le mot *Foulsé* voudrait dire : ceux qui sont restés avec les Mossis, sans s'enfuir, au moment de la conquête, bref *les soumis ;* le mot *Nioniossé*, au contraire, ferait allusion aux pouvoirs religieux et magiques de cette race autochtone (autochtone relativement aux Mossis) et voudrait dire par conséquent les prêtres, les féticheurs, les chefs des éléments.

Mais le vrai nom de cette race ne serait ni les Foulsés, ni les Nioniossés. Ce serait les Kouroumas ou Kouroumbas (forme plurielle), Kouroumdé (au singulier). De là le nom de Kouroumankobés que leur donnent les Peuls et qui n'est que le mot kourouma avec une désinence plurielle peuhle.

Ce serait là leur vrai nom.

D'où venaient ces Kouroumas ou Foulsés ou Nioniossés?

D'après leurs dires ils viendraient de la région de Say et Niamey, c'est-à-dire d'une région actuellement songhaï, quoique eux-mêmes ne soient certainement pas des Songhaïs (il existe des Songhaïs, en petit nombre du reste, dans le Yatenga, comme dans le cercle de Ouagadougou : ce sont les Maransés, nom que leur ont donné les Mossis. Ils n'ont aucun rapport avec les Kouroumas). Chose bizarre, nos Kouroumas donnent à cette région d'où ils viennent le nom de Mandé qui pourtant ne peut avoir aucun rapport avec le Mandé des Mandingues, avec le vrai Manding qui se trouve à l'extrémité opposée de la boucle du Niger, non pas entre Say et Niamey, mais entre Bamako et Siguiri. Comme je l'ai dit plus haut en effet, les Kouroumas sont des Voltaïques et non pas des Mandés et de plus c'est bien vers Niamey et Say qu'ils placent leur origine. Pourquoi alors appellent-ils cette région Mandé ? Il y a là un petit problème à élucider qui ne pourra être éclairci qu'en allant sur place (Niamey ou Say) étudier la question, si cependant elle est résoluble.

La première Monographie du Yatenga dit des Kouroumas qu'elle désigne sous le nom de Kouroumankobés ceci :

« Le premier groupe des Kouroumankobés ayant occupé le Yatenga venait de la rive gauche du Niger, de l'immense région encore indiquée « Sonrhays indépendants » sur la carte Spick 1898, région qui se prolonge vers le sud jusqu'à Niamey... Les indigènes désignent encore ce dernier point comme le centre important d'où ils seraient venus.

« Ayant passé le fleuve, un grand nombre s'arrêtèrent entre le Niger et Dori, un peu au sud du Liptako et formèrent la région de Kouroumeï-Songhay. Les autres, apprenant que le Yatenga était inoccupé, vinrent s'établir dans le nord et formèrent les villages de Souli, à 2 kilomètres au sud du Ouahigouya actuel, Koumna, Ronga, Sala, Nomo...

« Près d'un siècle après un second groupe venait de Kouroumeï, formait le village de Togou et se dispersait dans tout le nord-est du Yatenga... »

Plus loin cette Monographie dit encore :

« Les Kouroumankobés, venus de la rive gauche du Niger, région des Sonrhays indépendants, au nombre de cinq cents familles environ, fondèrent les villages de Souli, Koumna, Ronga, Salla et Nomo...

« Environ cinquante ans plus tard une seconde émigration plus forte vint s'établir à Togou sur la route actuelle de Ouahigouya à Djibo ».

La Monographie de 1909 n'est pas moins nette à ce sujet :

« D'après les renseignements que nous avons pu recueillir, dit Vadier, les Kouroumankobés viendraient de la région mandé située dans le Gourma près de Say où il existerait encore certaines tribus de leur race. Certains agents de Ouahigouya qui ont autrefois suivi les colonnes dans cette région du Niger nous ont déclaré avoir rencontré sur les rives du fleuve des indigènes parlant une langue semblable à celle des Kouroumankobés du Yatenga.

« Quelques familles avec naba Ouetto à leur tête quittèrent le pays de

Say et vinrent habiter à Loroum près de Pobé (province du Djilgodi, cercle de Dori) à l'est du cercle de Ouahigouya.

« Naba Ouetto et son frère naba Ziguiri quittèrent ensuie la région de Pobé avec une partie de leurs compagnons. Naba Ouetto vint s'installer à Bougouré et naba Ziguiri à Gambo où ils trouvèrent les Habbés. Leur invasion ne fut pas une conquête : ils s'établirent simplement à côté de ces derniers, vivant indépendants mais en bonne intelligence avec eux.

« Le naba Ouetto envoya un de ses fils à Ronga. De ces trois villages Bougouré, Gambo et Ronga, les Kouroumankobés s'étendirent peu à peu sur tout le Yatenga, sauf toutefois dans les régions occupées actuellement par les Samos.

« Il ne nous a pas été possible de déterminer la date de l'arrivée des Kouroumankobés dans le Yatenga, mais on peut présumer qu'ils vinrent habiter cette région au moins deux siècles avant l'invasion mossi, car, à l'époque où celle-ci se produisit, ils couvraient déjà tout le pays. »

Quant à Delafosse qui a suivi pour l'histoire du Yatenga l'excellente monographie de Vadier il se sépare sur ce point de son auteur et n'ose pas faire venir les Nioniossés du Djerma actuel. Il les croit originaires de la région centrale de la boucle, de ce triangle qui a pour bases Dédougou et Ouagadougou, pour sommet Ouahigouya, c'est-à-dire qu'il les pense autochtones. « Les Nioniossés, dit-il, pages 314 et 315 de son tome Ier, semblent avoir été les premiers habitants du triangle compris entre Koury, Ouagadougou et Ouahigouya. Dès une époque très reculée ils s'avancèrent en dehors de ce triangle (ancien Kipirsi) vers le nord-est ; bien avant le XIe siècle, quelques familles Nioniossé, sous la conduite d'un chef nommé Ouéto, étaient allés se fixer dans le Djilgodi à Loroum (près Pobé) ; elles n'y demeurèrent pas longtemps et Ouéto vint bientôt s'installer à Bougouré (cercle actuel de Ouahigouya), tandis que son frère Ziguiri s'installait à Gambo et l'un de ses fils à Rounga ou Ronga (au nord-est et à l'est de Ouahigouya . Ces familles qui étaient les plus septentrionales du peuple nioniossé, s'établirent pacifiquement auprès des Dogom qui leur donnèrent des terrains et vécurent avec elles en bonne intelligence. C'est ainsi que peu à peu les Nioniossés occupèrent la majeure partie du pays que l'on appela plus tard le Yatenga. »

Comme on le voit, Delafosse considère les Nioniossés comme des autochtones. Mais cette opinion est peu compatible avec le fait que les Foulsés disent que quand ils vinrent dans le Yatenga, les Kados y étaient déjà installés et avec cet autre fait qu'ils sont unanimes à dire qu'ils viennent de l'est, des bords du Niger, de la région actuellement occupée par les Songhay du Djerma.

J'ai interrogé moi-même le chef actuel de Bougouré, descendant direct de naba Ouetto. Les renseignements très médiocres qu'il m'a donnés se résument ainsi :

Les Nioniossés ou Foulsés viennent de l'est, des bords du Niger, d'une contrée appelée Mandé. De là ils allèrent à Loro (Djilgodi) sous le commandement de naba Ouetto. De Loro ils gagnèrent Rounga (ou Dounga) dans le Ouindighi, puis Bougouré (à 25 kilomètres au sud-est de Ouahigouya). Des Kados avaient occupé ce terrain, puis l'avaient abandonné. Bougouré fut le grand centre des Nioniossés. Naba Ouetto y régna, y mourut et y fut enterré. Son tombeau n'existe plus mais on en désigne toujours l'emplacement.

Naba Ouetto aurait envoyé un de ses fils appelé Béogo à Ronga (village foulsé existant encore actuellement entre Tamvoussé et Youba, au nord de Ouahigouya. Ce village fait partie du canton du Ouidiranga). Les Foulsés auraient également essaimé à Gambo, puis de Bougouré, Gambo et Ronga dans tout le cercle. Naba Vein, frère de naba Ouetto, le remplaça à Bougouré et y vécut. Puis naba Masané, fils de naba Vein, succéda à celui-ci. Il y eut ensuite de nombreux nabas parmi lesquels ont survécu quelques noms. Les Mossis survinrent, on ne sait à quelle époque, et peuple guerrier, prirent le commandement du Yatenga. Au lieu de fuir comme les Kados devant l'invasion mossi, les Nioniossés acceptèrent la domination des nouveaux venus et vécurent en paix avec eux.

Quant aux forgerons, frères, parents des Nioniossés, ils étaient venus avec eux et avec le naba Ouetto.

Parmi les chefs nioniossés successeurs de naba Ouetto, dont les noms ont survécu, il faut citer:

Naba Léga, fils de naba Masané;
Naba Ikada, fils de naba Léga;
Naba Zoumbouri, fils de naba Ikada;
Naba Kikiriga;
Naba Téba;
Naba Koudougou;
Naba Paniakéba;
Naba Diémia (ou Guémia);
Naba Ségué;
Naba Tengayallé;
Naba Guémiodo;
Naba Kountougouni.

Ce sont les seuls noms dont le souvenir ait surnagé.

Le naba actuel de Bougouré, descendant de naba Ouetto, s'appelle Ravendé.

Tels sont les renseignements, très médiocres à la vérité, que m'a donnés le naba actuel.

Je crois cependant qu'on peut conclure des renseignements de la première et de la deuxième Monographie et des miens propres que les Kouroumas ne sont pas originaires du Yatenga; qu'ils étaient établis d'abord sur les bords du Niger dans le Djerma actuel (région de Niamey et de Say) et que de là ils gagnèrent le Yatenga par la région qui constitue actuellement le cercle de Dori. Ils trouvèrent les Kados déjà établis dans le Yatenga mais probablement très dispersés et essaimèrent dans toute la région vivant en paix avec les premiers occupants (1).

Il reste deux questions à examiner au sujet des Kouroumas :

1º Quel est leur rapport avec les populations voltaïques du même genre qui ont précédé comme eux les Mossis dans la plaine des trois Volta? quel rapport soutiennent-ils avec les Kados du cercle de Bandiagara, les Kipirsis de la résidence de Koudougou, les Gourounsis de la résidence de Léo, les Boussansés de la résidence de Tenkodogo? un rapport étroit sans doute. Ces populations appartiennent toutes au groupe des Voltaïques pré-Mossis mais ces différentes populations se distinguent cependant avec netteté les unes des autres, par leurs habitudes, leur tempérament, leurs mœurs et leurs coutumes. En dehors d'elles il existe de vrais Nioniossés dans le cercle de Ouagadougou et dans la région de Koupéla (ce sont ceux que Moulins, dans sa Monographie du cercle de Ouagadougou désigne sous le nom de Nimsis ou Nymsis). Ces Nioniossés, beaucoup moins nombreux que dans le Yatenga, se sont spécialisés dans les attributions religieuses. Il est plus que probable qu'un grand nombre d'entre eux jadis et même récemment encore se sont fondus avec les Mossis conquérants (Voir mon *Noir du Soudan*, livre IV, chapitre 1er, p. 451 et suivantes). Quoi qu'il en soit, il y a de vrais Nionossés au sud-est du Yatenga, dans le cercle de Ouagadougou et même, je crois, dans celui de Fada N'Gourma.

2º A quelle époque approximative les Kouroumas sont-ils venus dans le Yatenga? Cette question n'est susceptible d'aucune solution avec les données que nous possédons actuellement. L'époque même de la venue des Mossis, pourtant plus facile à fixer, donne lieu à des conclusions contradictoires et offre des difficultés actuellement insolubles. En tout cas la date que l'on fixera pour l'arrivée des Kouroumas dépendra toujours de celle que l'on fixera pour l'arrivée des Mossis. Nous renvoyons donc l'étude de cette question à celle de la chronologie mossi elle-même.

Comme nous n'avons pour le moment à considérer les Kouroumas qu'au simple point de vue historique et non au point de vue sociologique (ils feront sur ce point l'objet de notre livre X) venons-en aux origines mossi.

Pour traiter de l'origine des Mossis du Yatenga nous sommes obligés de traiter de l'origine des Mossis en général, car les Mossis venus du Dagomba n'ont pas procédé dans leur marche victorieuse du sud-est au nord-ouest, en s'établissant d'abord fortement à Tenkodogo, puis non moins fortement à Ouagadougou, puis à Ouahigouya. En fait Rawa, le premier des grands conquérants mossis, s'élançant de Tenkodogo, conquit

---

1) Ajoutons que dans sa Monographie sur les Khassonkés, M. Ch. Monteil, p. 13, en note, dit qu'il y a des pêcheurs du Niger nommés Kouroumey vers Say.

(à énormes enjambées, que l'on me passe l'expression), et d'une façon qui n'était nullement définitive, toute la région de Ouagadougou et tout le Yatenga et alla jusque dans la falaise de Bandiagara. Peut-être même est-ce lui qui poussa jusqu'à Tombouctou en 1333, quoique certaines raisons que nous verrons plus loin indiquent plutôt Ouemtanango comme auteur de cette razzia. Après Rawa, le fils de son frère Zoungourana resté à Tenkodogo, Oubri reprit la conquête du Yanga (région de Ouagadougou) où Rawa n'avait fait que passer comme un ouragan victorieux. On fait généralement commencer à Oubri le royaume de Ouagadougou, mais pourtant, Oubri mort, rien n'est encore fixé définitivement dans les destins de la plaine des trois Volta. Un fils d'Oubri, Ouemtanango, jaloux sans doute des lauriers de son grand'oncle, naba Rawa, se jette à son tour dans le Yatenga et le traversant comme Rawa du sud-est au nord-est escalade comme lui la falaise de Bandiagara et va probablement jusqu'à Tombouctou (1333). Pendant que Ouemtanango fait cela, les successeurs d'Oubri ne restent pas à Ouagadougou, mais se portant également au nord-est s'établissent à La. C'est le royaume de La qui existe à ce moment-là et il n'existe pas encore de royaumes de Ouagadougou et du Yatenga. Mais le royaume de La se morcelle en deux à l'époque des démêlés de Koundoumié avec son frère cadet Yadega. Le premier conserve le sud avec Ouagadougou et Yako, le second forme un petit royaume composé de La, de Goursi et de Lako. C'est le royaume du Yatenga, si médiocre à ses débuts. A la même époque un frère de Yadega, Kouda, conquiert le Riziam et y fonde un royaume qui, comprenant le Ouindighi et le nord actuel du Yatenga, allait jusqu'à la falaise de Bandiagara.

Comme on le voit, c'est seulement à l'époque de Yadega (et à la suite des grandes randonnées des premiers conquérants mossis qui avaient porté leurs pas jusqu'à Tombouctou) que les différents royaumes mossis qui devaient couvrir le Yanga et le Yatenga se forment : au sud c'est le royaume de Ouagadougou dont la tête est maintenant depuis Koundoumié à Ouagadougou même ; au nord de celui-ci est le royaume du Riziam qui comprend la partie est du cercle de Ouahigouya actuel et touche au nord la falaise de Bandiagara ; au nord-ouest du royaume de Ouagadougou est le petit royaume de Yadega comprenant La, Goursi et Lako. Au nord de celui-ci est le royaume de Zandoma, débris des grandes expéditions du naba Rawa et qui comprend encore à ce moment-là tout le sud et tout l'ouest du Yatenga actuel sauf les possessions enlevées par Yadega (Goursi, Lako). Ces quatre royaumes (sans parler de ceux de Tenkodogo et de Fada N'Gourma) se sont formés des débris des premières grandes expéditions mossis.

Ainsi, les destinées des royaumes de Ouagadougou et du Yatenga sont au début étroitement liées et c'est pour cela qu'il faut reprendre *ab ovo* l'histoire générale des Mossis pour connaître exactement l'histoire du Yatenga.

D'abord, d'où viennent les Mossis ?
Ils viennent du Dagomba.
Le Dagomba est une contrée située dans la région nord-est de la Gold-Coast anglaise. Elle est située entre le 9° et le 11° degré de latitude nord et est placée sur le 2° degré de longitude ouest. Sa ville principale est Gambakha ou Gambaga qui est un peu au sud du 11° degré de latitude. On l'appelle quelquefois dans les traditions mossis Gambakha-Natenga, c'est-à-dire Gambakha-la-terre-des-rois (naba-tenga, par contraction natenga signifiant la terre (tenga) des princes, des chefs (nabas).
Peut-on remonter plus loin que le Dagomba dans l'histoire mossi ?
Non assurément, car nous ne prendrons pas au sérieux la tradition rapportée par le lieutenant Marc (*Le pays mossi*, page 130) d'après laquelle les Mossis auraient habité jadis un pays dont la capitale aurait été Aliaman... Il est facile en effet de reconnaître dans cet Aliaman ou Aliamann le mot « le Yémen ». Évidemment beaucoup de nègres, même fétichistes, en Afrique occidentale, depuis qu'ils connaissent l'Islam, prétendent venir du Yémen. Mais cette prétention, déjà grotesque chez des nègres musulmanisés comme les Sòninkés, l'est plus encore, si possible, chez des nègres fétichistes comme les Mossis. Nous rejeterons donc l'idée que ceux-ci aient jamais habité le Yémen ou toute autre partie de l'Arabie.
Certains historiens, entre autres André Arcin, l'auteur de deux ouvrages considérables sur la Guinée Française, pensent que les Mossis descendraient des Maxyes d'Hérodote. Cette opinion est bien hypothétique. Comment de purs nègres comme les Mossis descendraient-ils de Lybiens, c'est-à-dire d'une race où dominait de beaucoup le sang blanc? Si l'on objecte que ces Lybiens ont pu se mélanger à des nègres au point qu'ils sont devenus en tout semblables à ceux-ci, leur filiation lybienne devient alors à peu près inexistante et se réduit à quelques éléments lybiens perdus et noyés dans une masse nègre. De plus on ne rapproche les Maxyes et les Mossis qu'à cause de la ressemblance des noms et ceci est un argument tout à fait insuffisant. M. André Arcin ajoute pourtant que, d'après Hérodote, les femmes Maxyes avaient l'habitude, comme les autres Lybiennes, de porter de lourds bracelets de cuivre et d'argent aux pieds comme aux mains. La même coutume, ajoute-t-il, existe chez les Mossis (ce qui est vrai). Cela tend à prouver, lui paraît-il, que les Mossis descendent bien des Maxyes. Cela n'est pas une preuve car une coutume aussi répandue chez tous les peuples primitifs ne peut déceler sérieusement une filiation.
D'après le lieutenant Marc (ouvrage cité, même page) les Mossis, avant d'arriver dans le Dagomba, seraient venus de l'est et auraient passé par le pays actuel des Songhays, sans doute par le Djerma. Ceci est également infiniment douteux, mais c'est aussi difficile à réfuter qu'à établir vu que nous ne savons rien réellement des origines mossis avant le Dagomba. On ne pourrait avoir quelques lumières que par une étude approfondie

du pays dagomba qui n'a jamais été faite et ne le sera sans doute pas de sitôt.

Laissons-là toutes ces hypothèses. Ce que nous savons solidement c'est que les Mossis sortirent, il y a un certain nombre de siècles du Dagomba se dirigeant vers le nord.

Combien y a-t-il de siècles environ ? Ici c'est la question de la chronologie mossi qui se pose, question ardue entre toutes et sur laquelle on ne peut faire que des hypothèses. Nous la traiterons à fond plus tard quand nous aurons fait le récit de l'histoire du Yatenga. En effet les arguments qui seront exposés ne peuvent être compris du lecteur que s'il a déjà une idée nette de cette histoire. Discuter cette chronologie avant de donner l'historique serait vouloir montrer la lanterne magique avant de l'avoir éclairée. Nous nous contenterons pour le moment de donner nos dates à nous sans nous soucier de celles de nos prédécesseurs. Plus tard nous tâcherons de les justifier.

A une époque donc que je place approximativement vers le milieu du xiiie siècle vivait à Gambakha un puissant roi dagomba du nom de Nédéga. Il avait une fille appelée suivant certaines traditions Yennenga et suivant d'autres Poko, qu'il aimait beaucoup et qui menait une existence d'homme. Elle commandait les razzias organisées par les Dagombas tout autour de leur royaume et était une sorte de chef intrépide, une véritable amazone. Cependant les soins guerriers ne remplissaient pas toutes les pensées de Yennenga et la jeune fille désirait ardemment se marier ce à quoi son père pensait, lui, beaucoup moins, la considérant plutôt comme un garçon que comme autre chose et d'autre part ne voulant avoir pour gendre que quelque chef très puissant qu'il ne trouvait pas autour de lui.

Un jour, après une razzia, la jeune fille s'égara dans la forêt, loin de ses compagnons. Son cheval s'étant emporté, elle ne put le retenir et il la mena très loin jusqu'à une hutte où habitait un chasseur d'éléphants, jeune, beau et bien fait probablement. Attiré par les hennissements du cheval, il aida Yennenga à mettre pied à terre et lui offrit de se reposer dans sa hutte. Il y eut coup de foudre sans doute, la jeune fille étant dans les dispositions que nous savons et d'autre part le chasseur n'étant pas marié. Quoi qu'il en soit, Riâlé épousa sur-le-champ Yennenga qui, oubliant père, famille, compagnons et guerriers, ne voulut plus quitter son mari.

Quel était ce chasseur d'éléphants ?

Le lieutenant Marc (*op. cit.*) le nomme Samba et en fait un dagomba. Les traditions recueillies par les Monographies de Ouagadougou, Ouahigouya, Tenkodogo, le nomment Riare ou Riâlé. Moulins (Monographie de Ouagadougou) a l'air d'en faire un Boussansé. Vadier (Monographie de Ouahigouya, 1909) raconte une histoire qui en ferait un Malinké : « Un nommé Riâlé, dit-il, fils du chef de Kaba (Manding) n'ayant pu avoir la succession de son père décédé, son frère ayant pris le commandement des territoires de ce dernier, partit seul dans la brousse pour chasser les fauves et les autres animaux du Soudan. S'enfonçant de plus en plus dans l'intérieur vers l'est, il vint installer sa case près de Bittou (aux environs de Gambakha). Là il vécut isolé, sans femme, subsistant du produit de ses chasses ». Suit l'histoire de Nédéga et de Yennenga. Vadier ajoute : « Au retour d'une razzia effectuée à Bittou, Yennenga trouva Riâlé dans sa hutte. Elle crut que cet indigène lui avait été envoyé par Dieu pour être son mari et le présenta à son père. Celui-ci croyant également à l'intervention divine ou à celle des esprits, demanda à Riâlé d'où il venait. Riâlé lui ayant répondu qu'il venait du Mauding et qu'il était fils de chef, se vit accorder Yennenga comme femme.

C'est alors qu'il dit en mandé : « Je suis venu seul dans ce pays, mais maintenant j'ai une femme, j'aurai beaucoup d'hommes ». Beaucoup d'hommes se dit, en bambara, moro-si ou mogo-si de moro ou mogo homme et si beaucoup. Dès lors le petit village qu'il habita fut appelé le village de Mogosi ou Morosi. Peu à peu le mot se déforma et devint : « Morossi, Morsi et enfin Mossi. Voilà, d'après la légende, l'origine de l'appellation de Mossi ».

Cette légende, ai-je besoin de le dire ? est plus que suspecte. Elle est due sans doute à l'imagination de quelque griot malinké ou bambara, utilisant la pure légende mossi de Yennenga et de Riâlé et tâchant de tirer aux Mandés l'origine du peuple redoutable des Mossis. Comme nous le verrons, les Malinkés et les Mossis eurent affaire ensemble au xiv⁰ et surtout à la fin du xv⁰ siècle. Plus tard, au xviii⁰ siècle, les Bambaras de Ségou et les Mossis du Yatenga, suivant l'occasion, se prêtèrent secours ou se firent la guerre. Les Malinkés et les Bambaras connurent donc parfaitement les Mossis et il n'y a rien d'étonnant à ce que quelque griot malinké ou bambara ait interprété la légende mossi pour la plus grande gloire des peuples mandés. Mais justement cela doit nous faire rejeter la tournure mandée de cette légende. Quant à l'étymologie du mot mossi par moro-si (beaucoup d'hommes) elle est puérile en elle-même, quoiqu'elle ne soit pas trop bête pour un griot nègre.

Nous ferons, nous, tout simplement de Riâlé ou Riâre un chasseur boussansé, les Boussansés étant voisins des Dagombas au nord et étant exposés par leur dispersion et leur manque d'organisation politique aux razzias et aux expéditions de leurs redoutables voisins du sud.

Comme nous l'avons vu tout à l'heure, d'après la tradition rapportée par Vadier, Yennenga aurait présenté tout de suite son mari ou plutôt son futur mari à son père. D'après la tradition Moulins, elle serait restée au contraire avec Riâlé, oubliant tout si ce n'est son amour. C'est la tradition aussi qu'a adoptée Delafosse.

D'après cette tradition les deux époux eurent un fils et en souvenir de la chevauchée qui avait amené Yennenga dans les bras de son amant, ils le nommèrent Ouidiraogo, c'est-à-dire cheval mâle, étalon, en mossi. Lorsque le jeune homme eût atteint quinze ans, Riâlé et Yennenga l'envoyèrent en députation vers son grand-père Nédéga. Celui-ci avait regretté vivement sa fille et l'avait fait chercher bien longtemps. En apprenant qu'elle était toujours vivante et qu'il avait devant lui son petit-fils, le vieillard s'émut et envoya chercher sur-le-champ Yennenga et Riâlé. Il les reçut comme bien l'on pense, les combla de soins et voulut les garder toujours auprès de lui. Mais Riâlé refusa disant qu'il mourrait loin de sa chère forêt. Nédéga le laissa donc partir à regret avec sa femme et son fils, non sans avoir fait à ce dernier un cadeau de quatre chevaux et de cinquante bœufs — ce qui était sans doute beaucoup pour le pays (situé un peu trop au sud pour l'élevage du bétail et la conservation des chevaux) et pour l'époque.

« Riâlé, dit Delafosse, s'en retourna dans la forêt voisine de Bitou où il continua à partager sa vie entre la chasse à l'éléphant et les plaisirs conjugaux. Après de longues années Yennenga mourut. Sa tombe devint l'objet d'une grande vénération et fut un but de pèlerinage pour les souverains du Mossi jusqu'à une époque récente ; au décès de chaque naba de Ouahigouya on envoyait à Gambaga un de ses chevaux et une de ses femmes pour être sacrifiés aux mânes de Yennenga ».

A cette époque, le pays des Dagombas était surpeuplé et était obligé d'essaimer dans tous les sens. Quand Ouidiraogo s'en retourna vers le nord avec son père, beaucoup de Dagombas s'attachèrent à sa fortune. Abandonnant son père Riâlé, Ouidiraogo alla fonder, sur un emplacement abandonné par les Boussansés, un village qu'il nomma Tankourou et qui est devenu le Tenkodogo actuel (Tenkodogo signifie le vieux village, la vieille terre, de tenga = terre, village, endroit et Kodogo = vieux, ancien. Tengakodogo est devenu par contraction Tenkodogo).

« A partir de ce moment, dit Moulins, sa puissance ne cessa de s'accroître par l'arrivée continuelle des Dagombas qui venaient en foule se grouper sous son autorité. D'autre part les populations voisines étaient très peu denses et très divisées. Aussi parvint-il à leur faire reconnaître sa domination.

« Entre temps Ouidiraogo s'était marié et avait eu de nombreux fils. Lorsque ceux-ci furent grands, il les installa en qualité de chefs dans les régions voisines, notamment à Fada N'Gourma, imposant par la force des armes sa volonté à ceux qui ne voulaient pas se soumettre ».

L'état des régions voisines, au moins au nord, au nord-est et au nord-ouest, était en effet propice aux progrès des Dagombas, aux progrès de Ouidiraogo et de ses fils. Les Boussansés, communautaires à famille fortement organisée, mais à pouvoirs politiques débiles ou nuls, étaient incapables de résister aux Mossis-Dagombas guerriers et pillards et du premier choc ceux-ci s'étaient établis au milieu d'eux. A l'ouest des Boussansés étaient les Gourounsis (Nounoumas, Kassounas, Sissalas, etc.). Au nord-ouest étaient les Kouroumas ou Nioniossés ou Foulsés qui peuplaient avec une faible densité le cercle actuel de Ouagadougou. Plus au nord-ouest encore, étaient les mêmes Nioniossés, plus nombreux sans doute et mélangés de Tombos, qui tenaient le Yatenga actuel. Plus au nord-ouest enfin étaient ces mêmes Tombos à l'état pur, dans les falaises de Bandiagara. Que si, au lieu de regarder vers le nord-ouest, à partir de Tenkodogo, on regardait vers le nord-est, vers Fada N'Gourma, on retrouvait encore des Nioniossés. Or toutes ces populations, Gourounsis, Kipirsis, Nioniossés, Tombos etc. avaient et ont encore les mêmes caractéristiques sociales que les Boussansés : la famille est fortement organisée, mais les pouvoirs publics sont nuls. Les Dagombas pouvaient donc se créer, dans cette masse politiquement amorphe, de grands ou de petits royaumes.

Ouidiraogo, nous l'avons vu tout à l'heure, eut beaucoup de fils. Nous connaissons parmi eux naba Rawa l'aîné qui se disposa à porter la puissance mossi vers le nord-ouest, vers Ouagadougou et le Yatenga, Zoungourana qui devait succéder à son père à Tenkodogo, Diaba qui s'établit dans la région de Fada N'Gourma. Diaba, que nous laisserons de côté, fut la souche des rois du royaume de Fada N'Gourma.

Cependant le chef d'un canton nioniossé de la région actuelle de Ouagadougou comprenant sept villages (canton actuel d'Oubritenga) envoyait une députation à Ouidiraogo pour lui offrir une de ses filles en mariage. Ouidiraogo accepta non pour lui, mais pour un de ses fils et donna cette fille à son second fils Zoungourana qui devait en avoir un enfant nommé Oubri.

Quelques années plus tard une nouvelle députation de Nioniossés revint saluer Ouidiraogo et lui demanda de prendre leurs villages sous sa protection, en en donnant le commandement à un de ses fils. Ouidiraogo se rendit alors chez les Nioniossés pour prendre possession du pays mais mourut au cours de cette expédition au village de Saraboutenga (village situé en droite ligne au sud de Ouagadougou, près de Rakay, non loin de la Volta Rouge, au débouché nord du Gourounsi actuel). On voit que Ouidiraogo entama à peine la région de Ouagadougou et ne put que se transporter, pour ainsi dire, à pied d'œuvre, pour sa conquête. Il était réservé à son fils aîné Rawa de traverser le premier en conquérant le pays de Ouagadougou pour aller conquérir le Yatenga. Il était réservé à son petit-fils Oubri, fils de son second fils Zoungourana, de s'établir d'une façon définitive dans la région de Ouagadougou.

Nous en arrivons donc à naba Rawa (date approximative : 1283) dont il y a lieu de retracer d'abord les exploits puisqu'aussi bien c'est le premier des grands nabas historiques mossis, antérieur à Oubri, antérieur à Ouemtanango, antérieur à Yadega.

Pour en finir avec le naba Ouidiraogo, disons que dans les traditions mossis, il est appelé quelquefois naba Oueyfo (ce qui veut dire cheval sans acception de sexe, ouidiraogo voulant dire étalon et ouidinianga jument).

Naba Rawa, à ce que rapportent les traditions, ne voulant pas prendre le commandement laissé par son père et préférant de nouveaux exploits, serait parti de Pogo, disent les uns, de Garango, disent les autres (Pogo est situé à l'est de Tenkodogo, Garango à l'ouest). Il aurait gagné Komtoëga, Nanonga et Niou (cercle actuel de Ouagadougou) et aurait débouché à Béma dans le Yatenga actuel. Au nord de Béma, il rencontra à Kalsaka les Tombos et les culbuta.

Cette victoire lui donna tout le sud-est actuel du cercle de Ouahigouya. Le Koussouka, ou ce qui était alors le Koussouka, se soumit. Le Zitenga fit de même. Naba Rawa plaça un de ses parents à Tikaré, chef-lieu de cette dernière région encore aujourd'hui. Le Ratenga, au nord du lac Bama, se soumit aussi et naba Rawa y plaça encore un membre de sa famille.

De Kalsaka poussant vers le nord-ouest, Rawa atteignit Zandoma (à 40 kilomètres environ au sud-est de Ouahigouya). Il fit là une première halte et construisit des cases en ce lieu, puis il établit trois de ses chefs de colonnes dans les environs et dans la partie sud du cercle de Ouahigouya. Le premier fut établi à Ouomsom (à quelques kilomètres au nord de Zandoma), le second à Bougounam, le troisième à Minima. Ces trois chefs militaires se partageaient la région : le chef de Minima, le plus puissant, commandait la région marquée par les cantons actuels de Goursi, de Baci et de Oula. Le chef de Bougounam commandait la région marquée actuellement par le canton de Léba. Quant au chef de colonne de Ouomsom, sa région devait s'étendre vers l'est. Enfin la région du canton actuel de Roba dépendait directement de Zandoma.

Comme on le voit, c'était déjà tout le sud et tout le sud-est du cercle actuel de Ouahigouya qui étaient devenus possession de naba Rawa.

Cependant, non satisfait de ces conquêtes, il quittait Zandoma, remontant vers le nord-ouest. Il gagnait Issighi (village situé à 5 ou 6 kilomètres à l'ouest de Ouahigouya), s'y bâtissait une nouvelle résidence et y enterrait ses grigris royaux (encore actuellement les nabas du Yatenga vont sacrifier à Issighi avant de faire leur voyage de couronnement à Goursi). Là il établissait ses frères et ses fils à la tête de cinq villages (toujours existants actuellement) : Tangaï, Bembéla, Kouba, Nimpouya et Rici (villages situés à l'est de Ouahigouya, sur la route de Louta). Cet établissement achevé, (ce fut le plus important de tous par le nombre des Mossis qu'il y laissa) et après avoir créé aussi Zemba (quartier du gros village actuel de Sissamba) il se remit en marche vers le nord-ouest poursuivant les Kados. Il les rejoignit à Doubaré (cercle de Bandiagara), détruisit le village et alla jusqu'à Sanga (résidence dépendant de Bandiagara). Il y construisit un troisième établissement, abandonnant celui d'Issighi. La tradition ne pousse pas plus loin ses conquêtes et ne dit absolument rien d'entreprises sur Ghanata (nom qui pour les Mossis indique Tombouctou, Saraféré, Oualata, etc.). Celles-ci achevées il résida tantôt à Sanga, tantôt à Zandoma. Devenu vieux il laissa un de ses fils à Sanga où les descendants de celui-ci existeraient encore mais parlant kado et noyés dans la foule des autochtones. Lui-même mourut à Zandoma où existe encore son tombeau auprès de l'habitation du chef (1).

Comme on le voit, naba Rawa, laissa un royaume important qui se composait du sud-est, du sud, du centre et du nord-ouest du Yatenga actuel et qui se prolongeait dans la même direction nord-ouest dans une bonne partie du cercle de Bandiagara. Les parties du Yatenga qu'il n'avait pas touchées étaient l'est (sauf l'extrême est, Ratenga), le nord-est et le nord d'une part, d'autre part le sud-ouest. Comme nous l'avons vu, il avait mis un certain nombre des siens et trois chefs de colonne à la tête des villages les plus importants. L'établissement où les Mossis étaient les plus nombreux était celui situé à l'ouest de Ouahigouya : cantons de Tangaï et de Rici d'où dépendait le chef foulsé de Namsighia. L'établissement de Zandoma, au sud-est, était un peu isolé de celui-ci (il y avait aussi un établissement plus au sud encore à Béma), mais en revanche était situé au milieu des commandements de Ouomsom, Bougounam et Minima. Les Kouroumas et forgerons n'ayant fait aucune résistance il avait pu leur laisser le commandement de la plupart des villages, qui dépendaient seulement de ceux où commandait un Mossi soit parent, soit compagnon, soit domestique, soit chef de colonne du conquérant. En revanche les Kados, ne voulant pas se soumettre, avaient quitté le Yatenga dans les parties conquises pour se réfugier dans la falaise. Les expéditions et conquêtes subséquentes des Mossis devaient les chasser tous définitivement du pays.

Ce royaume du reste était parfaitement indépendant, quoi qu'en dise Vadier. Il ne dépendait pas du royaume de Tenkodogo, dont le chef était Zoungourana, frère cadet de Rawa. Il dépendait encore moins du royaume de Ouagadougou qui n'existait pas encore (on peut mettre en effet un intervalle d'un quart de siècle entre naba Rawa et son neveu Oubri). Seulement le royaume de Rawa, conquête rapide et prestigieuse plutôt que solide, n'avait pas beaucoup d'avenir en elle.

A la mort de naba Rawa même, le royaume se démembra en deux parties : la région de Sanga resta aux mains du fils que naba Rawa y avait installé. Au contraire la région du Yatenga passa aux mains de

(1) J'ai vu moi-même ce tombeau, cette humble tombe plutôt, qui se compose d'un petit amas, à même la terre, de baako, arrondi, de couleur blanchâtre. Au-dessus est une couverture en paille, en forme de petite tente étroite qui le cache et qui le couvre. J'ai entrouvert avec respect ce séko et vu quelques pierres et quelques morceaux de bois.

A côté du tombeau de naba Rawa sont des tombes de nabas descendant de lui. Elles sont semblables à la sienne mais non couvertes de petites tentes en paille.

Tout cela est misérable, comme le misérable village mossi de Zandoma.

son frère naba Pissimdi, fils de Ouidiraogo et frère de Rawa et de Zoungourana.

Ce Pissimdi semble avoir été un prince tranquille qui ne fit rien pour augmenter ou consolider l'œuvre de naba Rawa.

Aussi bien l'intérêt de l'histoire mossi passe en ce moment dans le sud. Il nous faut revenir à Zoungourana et à son fils Oubri.

A la mort de Ouadiraogo, Zoungourana lui avait succédé dans son royaume de Tenkodogo. Son règne ne semble pas avoir été signalé par des exploits semblables à ceux de son père Ouidiraogo ou à ceux de son frère Rawa. Il envoya son fils Oubri tout jeune, âgé d'une douzaine d'années seulement, prendre le commandement du petit canton nioniossé qui s'était mis sous la protection des Mossis. Oubri s'installa avec ses compagnons dans un des villages de l'endroit qui prit ensuite de son séjour le nom d'Oubritenga (terre, village d'Oubri).

Pendant les premières années de son commandement, Oubri, à raison de son jeune âge, se contenta de gouverner le canton qui l'avait appelé comme chef, mais parvenu à l'âge d'homme et possédé de l'ambition de tous les chefs mossis de l'époque, il voulut se tailler à son tour un royaume.

Il dirigea une première colonne sur Gangado et Loumbila (deux villages situés auprès de Ouagadougou, le premier à l'est, le second au nord-est) et soumit les régions de Boussouma (au nord-est de Ouagadougou) et de Béloussa (à l'est-nord-est). Une deuxième colonne fut menée dans une direction opposée, au nord-ouest, jusqu'au village de La et soumit à Oubri la région de Yako.

C'est à cette époque que Zoungourana mourut à Tenkodogo, remplacé par son fils Séré, frère d'Oubri.

Pendant que Séré vivait tranquille dans son royaume de Tenkodogo, Oubri continuait la conquête. A Ouagadougou il livra aux Nioniossés une bataille qui remplit cinq journées et à l'issue de laquelle sa domination fut reconnue jusqu'au Kipirsi. Dès lors son royaume était fondé (date approximative : 1313).

Oubri voulut l'agrandir encore en y joignant le Kipirsi, mais il mourut à Koudougou au cours d'une expédition dirigée dans le pays.

C'était le quatrième royaume mossi qui se fondait depuis l'expansion dagomba : le premier avait été celui de Tenkodogo avec Ouidiraogo, le second celui de Fada N'Gourma avec Diaba, le troisième celui de Zandoma avec Rawa, le quatrième était celui d'Oubritenga (ou de Ouagadougou) avec Oubri.

Il est du reste faux de supposer, comme l'ont fait Moulins et Delafosse, que, dès qu'il fut fondé ou même plus tard, le royaume de Ouagadougou prit le pas et établit sa suzeraineté sur les autres. Il n'avait nul titre à le faire. Le royaume-père était évidemment celui de Tenkodogo et seul le détenteur de ce royaume pouvait revendiquer la suzeraineté sur les Etats sortis du royaume de Tenkodogo. La vérité c'est que le royaume de Tenkodogo déclina peu à peu par la suite, tandis que le royaume d'Oubri devenait au contraire plus fort. Tenkodogo finit donc par tomber plus tard sous la suzeraineté de Ouagadougou, mais Fada N'Gourma fut toujours indépendant et il en fut de même du royaume de Zandoma ainsi que du royaume fondé plus tard par Yadega dans le Yatenga ou royaume du Yatenga.

Oubri en mourant laissait beaucoup de fils : naba Sorba ou Narimtoré, naba Nassikiemdé, naba Nassibéré, naba Ninguem, naba Rimso, naba Ouemtanango, etc. Du reste la tradition n'est pas absolument fixée sur la parenté de tous ces chefs ou fils de chefs entre eux et avec leur père naba Oubri. La mémoire des noirs, comme bien on peut le croire, se perd dans tous ces noms enveloppés du reste dans la nuit des temps et presque chaque chef de tamtam a son système ou, plus exactement, ce mot étant trop pompeux, ses affirmations particulières. Ainsi Nassikiemdé passe quelquefois pour le fils de naba Sorba et non pas pour son frère, comme nous le verrons plus loin. Ouemtanango est dit quelquefois le fils de Nassibéré et Vadier adopte ce système dans son texte, tandis que dans son tableau généalogique des nabas mossis, il en fait le fils de naba Oubri et le frère du même Nassibéré. Pour nous, nous avons adopté en général la tradition la plus commune et surtout celle du village qui fut le village même du chef dont il est question. Et, en effet, ce sont les descendants de ce chef qui sont les plus qualifiés pour dire la vérité ou, tout au moins, pour fixer la légende à son sujet. Du reste on ne peut pas prétendre à l'exactitude absolue pour des époques si éloignées et desquelles nous n'avons aucun document écrit. Contentons-nous donc d'une approximation aussi serrée que possible (?) de la réalité.

Donc, à la mort d'Oubri, ce fut son fils aîné naba Sorba ou Soriba ou Narimtoré qui prit le commandement de l'Oubritenga. Il résida à Lougousi (petit village situé à 8 kilomètres à l'ouest-sud-ouest de Ouagadougou, sur la route actuelle de Boromo). On ne sait presque rien de lui et sa gloire semble avoir été tout à fait éclipsée à l'époque par celle de Ouemtanango son frère qui, n'ayant pas d'héritage à recueillir et le laissant tranquillement régner dans l'Oubritenga, partit pour le nord, suivant l'habitude des fils de chefs, pour s'y tailler un domaine. Il jeta son dévolu sur la région où son grand-oncle naba Rawa avait si merveilleusement réussi et où il y avait encore de la place libre, ne fut-ce qu'à l'est des établissements de naba Rawa.

On raconte à Guitté même, qui est le village de Ouemtanango, comme Zandoma est le village de Rawa, (Guitté est situé à 45 kilomètres environ au sud-est de Ouahigouya, dans le thalweg de la Volta Blanche, à 12 kilomètres environ à l'est de Zandoma) une légende assez baroque (mais elle n'est pas plus bête que les autres légendes qui concernent le même Ouemtanango) sur la façon dont il fut amené dans ce qu'on devait appeler plus tard le Yatenga, dans ce qui n'était encore que le Rawatenga ou terre de Rawa.

Naba Rimso, fils de naba Oubri, était, dit-on, très gros, si gros qu'il faisait périr tous les chevaux qu'il montait. Naba Oubri, dans sa sollicitude pour son fils, lui aurait acheté une autruche, considérée comme une monture plus vigoureuse. Mais l'autruche, une fois chargée de son cavalier, s'enfuit dans la brousse, vers le nord et amena naba Rimso dans l'est du Rawatenga, aux environs de Gambo (village situé à une quinzaine de kilomètres à l'est de Guitté). Naba Rimso serait resté perdu là, dit la légende, pendant sept ans. Ouemtanango, à la recherche de son frère, remonta à son tour vers le nord avec une troupe, rencontra les Kados à Tanghé ou Kondo-Tanghé (village situé dans le sud du Koussouka entre le pays de Kalsaka et le Zitenga) qui s'opposaient à son passage. Il les culbuta et les chassa, à l'exemple de son grand'oncle, jusqu'à la falaise de Bandiagara. Là il établit Sana un de ses fils, mit le second Antoro ou Antogo (ou Antougoum) à Gourga (à 6 kilomètres au sud-est de Ouahigouya) et le troisième Youma ou Youmba à Guitté-Gouroungo (petit village situé à 5 kilomètres à l'ouest de Guitté, et peuplé de Gourounsis, d'où son nom). Il s'établit d'abord lui-même à cet endroit, puis le quitta pour Guitté même, laissant Youma à Guitté-Gouroungo. Cependant son frère Rimso avait été retrouvé par les gens de Gambo avec son autruche. Ouemtanango voulut l'établir à Souli (petit village situé auprès de Ouahigouya) mais Rimso refusa, ayant voué une grande amitié aux gens de Gambo qui l'avaient retrouvé. Il ne séjourna donc que peu de temps à Souli, quitta le village et s'établit à Gambo où il aurait laissé quelques descendants.

Légende mise à part, Ouemtanango semble avoir été le véritable successeur de naba Rawa au point de vue de la conquête du cercle de Ouahigouya. Il aborda comme lui ce qui devait être plus tard le Yatenga par le sud, un peu plus à l'est pourtant que naba Rawa, fixa sa résidence non loin de Zandoma, mais un peu plus à l'est également — plaça l'un de ses fils à Gourga, en face des établissements de naba Rawa à Issighi, Tangaï, Rici, etc. mais un peu plus à l'est toujours, enfin semble avoir porté la guerre dans le nord du cercle actuel de Ouahigouya où naba Rawa n'avait pas pénétré. C'est à Sabouni, à mi-chemin de Ouahigouya et de Bahn, dans une des chaînes de collines qui sont dans cette région, qu'il fit creuser cette fameuse tranchée, couper en deux cette montagne dont on rappelle toujours le souvenir en parlant de Ouemtanango. En fait cette tranchée (où je suis passé moi-même) est un sentier aménagé dans une colline pierreuse. Le fond en a un mètre de large, la profondeur est de la hauteur d'un homme et il y a juste passage pour un cheval ou pour une file indienne d'hommes. C'est là la montagne coupée en deux des traditions nègres. Vadier signale le passage à Bahn (tout à fait au nord du cercle) du naba Ouemtanango. Il ajoute qu'il fut assassiné à Bankasso (près de Bandiagara) par une femme qu'il voulait contraindre à tuer son enfant.

La physionomie de Ouemtanango se détache dans la légende avec deux caractéristiques bien nettes :

1° Ce fut le chef qui employa les forgerons pour ses travaux guerriers ;

2° Ce fut un chef cruel, comme le grand naba Kango du xviii° siècle.

Au sujet des forgerons et de Ouemtanango les anecdotes abondent (anecdotes souvent peu heureuses, disons même franchement stupides). Avant lui les forgerons auraient tous habité Togou, gros village foulsé situé sur la route actuelle de Djibo. Ce fut Ouemtanango qui les aurait dispersés à travers le cercle. Il décida de plus, pour les rendre reconnaissables, que désormais ils porteraient tous un morceau de charbon suspendu au cou. Il les appelait « Touba ! » et ils devaient répondre « Yorro ! » tandis que les Mossis disent généralement « Naba ! » c'est-à-dire « Chef ! » pour répondre présent. Il les mit à toutes les sauces (si j'ose m'exprimer ainsi), leur faisant creuser un passage dans la colline de Sabouni, comme nous l'avons vu plus haut, leur faisant faire à Guitté une tranchée entre ses cases et le puits du village pour que ses femmes pussent aller chercher de l'eau sans être vues, les forçant à l'accompagner dans toutes ses expéditions guerrières. Un jour même, ayant besoin de crapauds pour un sacrifice, il les envoya dans la campagne pour lui en rapporter. Très malins, nos forgerons allèrent les chercher sur les petites collines ferrugineuses et naturellement n'en trouvèrent pas : cela mit en fureur l'irritable naba qui voulut les tuer tous, si bien qu'ils s'enfuirent de Guitté pour se disperser dans tout le Yatenga.

De ces légendes il résulte qu'il utilisa les forgerons pour la guerre et même pour les travaux de la paix, les fit énormément travailler et, par une conséquence bien naturelle, se fit exécrer d'eux. Voilà un des traits les plus accusés de sa physionomie.

L'autre trait est la cruauté. Nous avons déjà vu qu'à Bankasso il voulut forcer une femme à tuer son enfant. A Guitté il aurait fait couper les pieds à une de ses femmes dont la tête dépassait la tranchée qui servait à aller chercher l'eau jusqu'au puits. Il est vrai que les gens de Guitté — gens qui semblent le mieux informés sur le naba Ouemtanango qui est, ne l'oublions pas, leur ancêtre — disent que cet acte de cruauté fut commis non pas par lui, mais par son fils Antoro à Gourga. C'est celui-ci, très jaloux, qui aurait fait creuser le fameux couloir de ses cases au puits du village pour le passage de ses femmes et c'est lui qui aurait fait également couper les pieds de l'une d'entre elles pour que sa tête ne dépassât pas les bords supérieurs de la tranchée.

Quoi qu'il en soit, la cruauté est le second trait caractéristique de la physionomie du naba Ouemtanango, telle que la dessine la tradition.

Il y a de fortes raisons de croire que ce fut Ouemtanango qui fut le chef mossi qui razzia Tombouctou en 1333 : nous exposerons ces raisons dans l'Annexe chronologique où elles seront mieux saisies du lecteur.

Voici d'abord à ce sujet le texte du Tarikh-es-Soudan (traduction Houdas, 1900) : « C'est, assure-t-on, le sultan Kankan Moussa, dit Sadi, qui fit bâtir le minaret de la grande mosquée de Tombouctou et ce fut sous le règne d'un des princes de sa dynastie que le sultan du Mossi, à la tête d'une forte armée, fit une expédition contre cette ville. Saisis d'effroi les gens de Melli prirent la fuite et abandonnèrent Tombouctou aux assaillants. Le sultan du Mossi pénétra alors dans la ville, la saccagea, l'incendia, la ruina et, après avoir fait périr tous ceux qu'il put atteindre et s'être emparé de toutes les richesses qu'il trouva, il retourna dans son pays. Les gens de Melli rentrèrent ensuite à Tombouctou et y demeurèrent encore en maîtres durant cent ans » (pp. 16 et 17).

Il est certain que Sadi nous aurait rendu un grand service en nous donnant le nom du chef mossi qui prit Tombouctou. Il aurait fixé du coup, d'une façon inattaquable, la chronologie mossi et aurait prévenu bien des controverses. En fait il se contente de l'appeler le Mouchi-Koï, c'est-à-dire le chef des Mossis ou du Mossi, de *Mouchi* qui est le mot Mossi défiguré et de *Koï* qui signifie chef en songhay. C'est ce mot *Mouchi-Koï* que M. Houdas a traduit d'une façon peu heureuse par « sultan des Mossis ». Il aurait mieux valu mettre tout simplement « chef des Mossis », ce qui est la traduction littérale de Mouchi-Koï.

Quant à la date exacte de cette prise de Tombouctou, Sadi ne la donne pas non plus, mais le lieutenant Marc (*Le pays mossi*, pp. 136 à 138) l'a placée, après discusssion, en 1333 et 1334 et Delafosse a adopté la date de 1333. Nous pouvons considérer cette date comme définitivement établie.

Voici du reste la discussion de cette date et sa fixation par le lieutenant Marc.

« La date de la prise de Tombouctou, dit-il page 136, n'est pas indiquée exactement par le Tarikh, mais nous pensons qu'elle doit se placer vers 1333 ou 1334.

« D'après le texte, Tombouctou a été conquis une première fois par Kankan-Moussa, roi de Melli, à l'époque où celui-ci revint de son pèlerinage de la Mecque. Sous le règne d'un de ses successeurs, les Mossis marchèrent sur Tombouctou. Les gens de Melli abandonnèrent la ville qui fut pillée par les Mossi ; après le départ de ceux-ci les gens de Melli rentrèrent à Tombouctou et y demeurèrent en maîtres durant cent ans.

« Un peu plus loin on trouve le passage suivant : « Ainsi qu'il a été dit précédemment, la première dynastie qui régna à Tombouctou fut celle des gens de Melli. Elle dura cent ans à partir de l'an 737 (1336-1337) ». Selon nous cette date de 737 est celle de la réoccupation de Tombouctou, la prise de la ville par Kankan-Moussa ayant eu lieu à une époque antérieure. L'auteur du Tarikh dit bien que le pèlerinage du roi de Melli eut lieu probablement vers le commencement du ix⁰ siècle de l'hégire, mais il emploie à cette occasion une formule extrêmement dubitative. Au contraire, dans Ibn-Khaldoun, nous trouvons la date de ce voyage indiquée avec certitude en 724 de l'hégire. Ce dernier renseignement est certainement le meilleur car Ibn-Khaldoun le tient d'un de ses amis El-Mamer qui a eu l'occasion de rencontrer le roi de Melli à son retour de la Mecque. L'histoire des Berbères a été écrite dans les dernières années du viii⁰ siècle de l'hégire et doit être, pour cette époque, préférée au Tarikh.

« Dans son chapitre intitulé *Histoire de la dynastie Sonr'ay* Mandé fait d'après les principaux chroniqueurs arabes, Binger place ce pèlerinage en 1326 ce qui paraît être la date d'Ibn-Khaldoun. D'après Binger, de 1331 à 1335, Mansa Magha I⁰ʳ succède à son père Mansa Moussa (ou Kankan-Moussa). Sous son règne, le Melli perdit de sa force et de son prestige. De 1335 à 1339 au contraire, le successeur de Mansa Magha, Mansa Sliman, frère de Kankan-Moussa, rétablit la puissance de Melli un instant ébranlée.

« Il nous paraît tout à fait logique de placer la prise de Tombouctou par les Mossi sous le règne du faible Mansa Magha, c'est-à-dire vers 1333 ou 1334 et nous retrouvons bien ainsi la date de la réoccupation donnée par le Tarikh en 737 (1336-1337) sous le règne plus glorieux de Mansa Sliman ».

Il n'y a rien à ajouter à ces précisions et nous pouvons adopter la date de 1333 comme le fait Delafosse.

Malheureusement, si la date de la prise de la ville est fixée, nous ne savons pas quel fut le naba qui l'opéra et c'est sur la foi de raisonnements dont le lecteur aura à juger plus loin, que nous l'attribuons pour notre part au naba Ouemtanango.

Ajoutons que Ouemtanango serait mort et aurait été enterré à Guitté, où un baobab, dans le village, marque encore l'emplacement de sa tombe.

Les gens de Guitté ont conservé les noms d'un certain nombre de descendants de Ouemtanango jusqu'au naba actuel qui est de sa souche directe.

On ne sait pas ce que sont devenus les descendants de naba Sana chez les Habbés. Naba Antougoum, le Procuste mossi, dont nous avons vu les exploits à Gourga, n'aurait pas eu de fils. Naba Youmba, à la mort de son père, serait venu s'établir à Guitté et ses descendants sont encore chefs dans ce village.

Le royaume fondé par Ouemtanango dans la partie est du Yatenga actuel fut aussi brillant qu'éphémère. Il semble avoir compris le pays marqué par les cantons actuels du Koussouka, du Ouindighi et tout le nord du cercle et avoir débordé très largement sur le cercle de Bandiagara jusqu'à Douentza où certaines traditions veulent que Ouemtanango ait été établi. Mais il semble qu'il ne soit rien resté quelques années après sa mort de tout ce vaste édifice. Les Mossis actuels du Yatenga ne donnent pas de place à Ouemtanango parmi leurs chefs légitimes. Ils semblent le considérer comme un aventurier, quelques-uns disent même « une crapule ». D'autres encore en font non pas un mossi, mais un kado, un chef kado terriblement puissant qui serait venu de Douentza à Guitté et qui, après avoir été le dévastateur du cercle, serait retourné à Douentza dans les montagnes (1).

Pour nous, Ouemtanango est une des figures les plus brillantes parmi les conquérants pillards qu'a produits la noblesse mossi. Ce fut sans doute un chef de génie pour l'époque et le pays, et l'idée d'embrigader les forgerons pour suivre et aider son armée, d'en faire une espèce de corps auxiliaire, des sapeurs, comme dit Delafosse, une troisième arme aidant la cavalerie et l'infanterie, n'était certainement pas médiocre. Aussi l'extension de sa domination fut-elle rapide et il conquit plus de pays que ne le firent jamais naba Ouidiraogo, naba Oubri ou naba Yadega, mais son œuvre ne reposait que sur lui et s'écroula quand il ne fut plus là.

Pendant que Ouemtanango établissait une domination sans durée à l'est du Rawatenga, il semble que les successeurs de Sorba se succédaient assez rapidement dans le royaume d'Oubri. Moulins cite Nassikiemdé, Nassibiri et Ninguem qui auraient été des frères de Sorba. Mais on sait fort peu de chose sur ces nabas. Ninguem régna-t-il ? cela est très douteux puisque la plupart des traditions disent que Koundoumié succéda immédiatement à son père Nassibiri dans le royaume d'Oubri, ce qui est exclusif du règne de Ninguem. De même certaine tradition veut que Nassikiemdé ait été le fils de naba Sorba et de son épouse Rafango et non son frère. D'après cette tradition, Nassikiemdé se serait disputé avec son père pendant une partie de chasse, l'aurait menacé, poursuivi la lance en main et aurait fini par le tuer enfoui dans un tronc de baobab. Il se serait ensuite réfugié à La et aurait rompu avec les gens de Ouagadougou. Cette tradition, je me hâte de le dire, est d'une valeur très douteuse. En tout cas il semble bien que Nassikiemdé et son frère Nassibiri qui lui succéda aient résidé à La.

Nassibiri eut deux jumeaux Koundoumié (ou Koundégué) et Yadega. Quand ils furent devenus grands, Nassibiri envoya ce dernier s'installer à Lago (ou Lako) dans la partie sud-ouest du cercle actuel de Ouahigouya. Nous avons vu que cette région n'avait été ni conquise, ni colonisée par naba Rawa et elle était vierge de Mossis, quoique peuplée de Nioniossés. Yadega s'installa à Lago pendant que Nassibiri conservait Koundoumié, qu'il préférait, auprès de lui.

Mais Lago (qui n'est encore aujourd'hui qu'un petit canton de trois villages où Lago seul avec ses 1.100 habitants est un peu important) c'était bien peu pour un jeune chef qui avait de l'ambition. Yadega jeta son

(1) C'est la théorie des chefs de tamtam de Sissamba.

dévolu sur Goursi (à 31 kilomètres au nord de Yako, à 40 kilomètres au sud de Ouahigouya, sur la route actuelle Ouahigouya-Ouagadougou) ; c'était sans doute déjà à l'époque un gros et riche village (de là les convoitises de Yadega) mais qui dépendait politiquement de Minima et du chef de colonne que naba Rawa y avait installé 70 ans auparavant.

Ce n'était pas sûrement le même chef de colonne mais un de ses descendants. Celui qui commandait à l'époque s'appelait naba Souida ou naba Souidin. Mais, avant de raconter ses disgrâces et les ruses triomphantes de Yadega, il convient de dire un mot des successeurs de naba Rawa que nous avons abandonnés depuis longtemps.

Nous avons dit que naba Rawa avait été remplacé par son frère Pissimdi (ou Pissilmi). Celui-ci avait été lui-même remplacé par naba Kouka (ou naba Poutta) frère ou fils de naba Rawa. Puis celui-ci, par naba Manda fils du précédent. Enfin, vers 1350, à l'époque de Yadega, c'était naba Kourita qui régnait.

D'après une autre tradition, naba Pissimdi aurait eu pour fils et remplaçant naba Banian qui lui-même aurait été remplacé par naba Kourita.

Quoi qu'il en soit, c'est naba Kourita qui commandait le royaume de Zandoma à l'époque de Yadega et naba Souida qui était « chef de colonne » à Minima.

Yadega ne se sentit pas assez fort pour agir contre naba Souida par la violence Il résolut d'employer la ruse. D'après une tradition bien connue, comme Souida était un tailleur renommé, Yadega l'invita à venir chez lui à Lago pour lui coudre un ample boubou avec des bandes de coton qu'il lui fournirait. En même temps, il fit creuser un puits dans sa cour et en dissimula soigneusement l'ouverture sous de beaux tapis. Quand Souida arriva, Yadega l'invita à s'asseoir sur l'amas de tapis. Souida sans défiance s'avança et fut précipité dans le puits. Les femmes de Yadega avaient préparé de l'eau bouillante et des pierres et les jetèrent sur la victime. Souida fut ainsi tué.

Yadega partit immédiatement pour Goursi qui ne fit aucune résistance et s'y construisit une habitation. Il résida alors tantôt à Lago, tantôt à Goursi. En même temps il poussa une pointe dans l'est. Nous savons que jadis naba Rawa avait mis un des siens à Tikaré, dans la région sud située entre le Koussouka et le Riziam. Yadega déposséda le successeur de ce chef du commandement et mit à sa place un mossi de sa suite pour le récompenser de services rendus. Le nouveau chef qui était marié avec une des filles du Zitenga-naba de Ouagadougou, acheva de conquérir cette région et donna au territoire le nom du pays d'origine de sa femme : Zitenga. Ce fut là l'origine du nom du canton du Zitenga.

Sur ces entrefaites, naba Yadega apprit la mort de son père Nassibiri. Celui-ci avant son décès avait décidé que Koundoumié aurait le commandement de l'Oubritenga et que Yadega n'aurait que le domaine qu'il venait de conquérir sur les Nioniossés et sur le royaume de Zandoma. A la mort de Nassibiri, Koundoumié prit donc le pouvoir, sans même envoyer de message à Yadega pour l'avertir de la mort de leur père. Un mois après les vieillards de La firent avertir Yadega, s'étonnant qu'il ne fut pas venu aux funérailles. Yadega répondit qu'il n'avait pas été averti, enfourcha son cheval et vint, rapide comme la foudre, à La. Mais il n'y trouva pas Koundoumié qui avait été s'établir à Ouagadougou. Yadega reprocha aux Mossis d'avoir choisi son frère comme chef au lieu de l'attendre, mais les vieillards lui objectèrent qu'il fallait immédiatement un choix pour empêcher l'anarchie. Comme il n'était pas là, on avait pris Koundoumié qu'on avait sous la main. Yadega marcha sur Ouagadougou, mais trouva l'autorité de Koundoumié absolument affermie et fut réduit à s'enfuir. Pourtant sa sœur Pabré ou Ouemba-Pabré prit son parti. En qualité de napoko (1) elle détenait les grigris royaux depuis la mort de son père Nassibiri et ne les avait pas encore remis à son frère Koundoumié.

« Puisque vous vous sauvez comme cela, dit-elle à Yadega, il faut prendre au moins les grigris de vos aïeux ». — « Je ne peux pas, je n'ai pas le temps », dit Yadega. Et il gagna la brousse Ouemba-Pabré alla alors prendre les grigris et, montant à cheval, rejoignit son frère en dehors de Ouagadougou. De là ils gagnèrent rapidement Yako, puis La où les habitants prirent parti pour eux. Cependant Koundoumié, se mettant à la poursuite de Yadega, traversait à son tour Yako et arrivait à La. Mais les gens du village le repoussèrent et il fut obligé de se replier sur Yako, puis sur Ouagadougou.

Vadier raconte que « depuis cette époque il existe une coutume dans cette dernière ville ; tous les matins de bonne heure on selle le cheval du Moro-naba. Sa première femme bat du tam-tam et on fait le simulacre de partir à la poursuite des grigris jadis emportés par Pabré. Les gens de la suite du Moro-naba viennent alors trouver celui-ci, le saluent et lui font remarquer qu'il est trop tard pour partir à la recherche de Pabré. La poursuite est remise au lendemain où la même cérémonie a lieu ».

J'ai noté, d'après Moulins, dans mon *Noir du Soudan* (p. 571), la même coutume mais expliquée d'une façon différente (tellement il est difficile de savoir la vérité même pour le moindre détail).

« Chaque matin, vers 7 heures, le Moro-naba sort de sa case. Son cheval sellé l'attend devant la porte. Il le monte et fait le simulacre de se mettre en route, mais, après avoir fait le tour de sa case, il met pied à terre et rentre chez lui pour ressortir aussitôt.

La source de cette formalité du protocole est la suivante : Il y a fort longtemps la femme préférée du Moro-naba s'étant sauvée à La, le souverain voulut aller la chercher lui-même. Il monta à cheval et se disposait à partir lorsque tous les dignitaires de la cour se précipitèrent au devant de lui, le conjurant de ne pas donner suite à son projet, son absence de Oua-

---

(1) Nous verrons plus loin ce qu'est la napoko,

gadougou devant avoir pour conséquence de faire régner l'anarchie. Le monarque céda et, peu après, son épouse revenait d'elle-même auprès de lui. C'est en souvenir de la magnanimité de ce souverain qui s'est sacrifié à l'intérêt de son peuple que, chaque matin, depuis cette époque, les Moronaba feignent de se préparer au départ et de renoncer ensuite à leur projet ».

Il peut se faire que cette tradition se soit substituée avec le temps à la première pour couvrir ce qu'il y avait d'humiliant pour les nabas de Ouagadougou dans la poursuite, terminée par un échec, des grigris de Ouemba-Pabré.

Au moment où Yadega fuyait ainsi à La, repoussait l'attaque de Koundoumié et se déclarait vrai Moro-naba des Mossis, un de ses frères Yaouloumfanga, qui commandait à Pissila dans le cercle de Kaya, prenait parti pour lui et venait le rejoindre à La.

Tous ces événements constituaient la scission de l'Oubritenga en deux : il est vrai que la partie de beaucoup la plus grande restait à Koundoumié. Il avait non seulement tout le centre et tout le sud du royaume avec Ouagadougou, le canton proprement dit d'Oubritenga, Saraboutenga etc. mais encore, au nord, il possédait Yako resté loyaliste à son pouvoir et dressé comme une citadelle à quelques kilomètres à l'est de La. Dans la région du nord-est (résidence actuelle de Kaya) le village de Pissila avait fait défection, comme nous venons de le dire, mais Koundoumié s'empressa de mettre ses fils dans le pays pour commander Boussouma, Mané, Téma, etc. si bien que là encore il opposa ses possessions à celle de Yadega. Bref il conserva l'intégralité du royaume d'Oubri sauf La et Pissila.

Yadega, comme on le voit, aurait possédé très peu de chose s'il n'avait pas joint à ces deux cantons ses conquêtes sur les Nioniossés et le Rawatenga, à savoir Lako, Goursi et le Zitenga. Même avec ce domaine, son royaume était fort petit et fort modeste et loin de pouvoir s'égaler alors à celui d'Oubri ou même au royaume de Zandoma. Et pourtant ce Yadega est resté le souverain le plus connu et le plus populaire de l'histoire du Yatenga. C'est le grand naba de Ouahigouya, le grand roi des Mossis du pays, celui dont on rappelle toujours la mémoire ! Bien plus il a donné son nom au pays car le Yatenga ce n'est pas autre chose que « la terre de Yadega ». Des mots *Yadega-tenga* on a fait en effet par contraction *Yatenga*.

Il n'est peut-être pas inutile de dire ici quelques mots sur le nom de ce prince qui a été souvent mal orthographié : les Mossis prononcent Yadega en laissant tomber la voix au milieu du mot, sur l'e muet qui est entre le d et le g, si bien qu'on pourrait orthographier *Yadga* si on ne faisait pas une petite pose entre les deux consonnes. Vadier a orthographié Yadiga et Delafosse Ya-Diga, mais, ainsi, le mot n'est pas conforme à la prononciation mossi et est véritablement défiguré, car les Mossis du Yatenga ne disent pas Yadiga mais Yadega. Quant à la Monographie de 1904 elle orthographie Yadaga, ce qui vaut mieux que Yadiga, mais ce qui n'est pas non plus complètement exact, à moins qu'on n'assourdisse l'a du milieu du mot.

Il me semble donc que l'orthographe Yadega, avec l'e muet du milieu, est celle qui approche le plus de la prononciation véritable.

Nous avons dit plus haut que Yadega était le fils de Nassibiré et le frère jumeau de Koundoumié. Notons pourtant qu'une tradition, mais beaucoup plus douteuse, en fait un fils de Nassikiemdé.

En définitive, le royaume du Yatenga était fondé mais fort petit. Yadega après sa rupture avec l'Oubritenga essaya-t-il de l'augmenter ? Ceci est douteux. Vadier note que Yadega ne put s'emparer du royaume de Zandoma mais l'essaya-t-il même ? Un de mes interlocuteurs les mieux informés me dit que naba Yadega ne fit certainement pas la guerre à Zandoma, ce royaume étant encore beaucoup plus fort que le sien à ce moment-là.

Au moment même où se fondait le Yatenga, un nouveau royaume mossi se fondait encore : celui du Riziam.

Un frère de Yadega, naba Kouda, résidait à La qui semble avoir été à cette époque un nid de nakomsés, de « fils de prince », une pépinière d'aventuriers pillards, d'aigles conquérants, s'abattant sur le nord. Naba Kouda commença par conquérir Boussoum, gros village situé à 25 kilomètres environ au sud-ouest de Goursi, où il n'y avait que des Nioniossés qui avaient relevé depuis naba Rawa du chef de colonne de Minima. Celui-ci tué comme nous l'avons vu par Yadega, cette dépendance éloignée avait repris sa liberté mais pas pour longtemps car naba Konda s'abattit sur le pays et établit à Boussoum un de ses fils. Puis il fit la même chose à Niességa (12 kilomètres au sud de Goursi, entre Goursi et Yako). Sa soif d'aventures et de conquêtes n'étant pas encore satisfaite, il alla résider à Lallé (à 40 kilomètres environ au nord-ouest de Ouagadougou), autre nid de nakomsés, puis de là gagna le Riziam qu'il conquit (le Riziam est, comme nous le savons, une région montagneuse située à l'extrême sud-est du cercle de Ouahigouya, à l'est du Zitenga, au sud et à l'ouest du lac Bama). Les Kados s'y étaient maintenus et y commandaient encore. Naba Konda chassa Kountorosé le chef Kado et conquit le pays. Son fils Tassango affermit ses conquêtes, de telle sorte qu'il donna son nom au pays car on appelle encore souvent le Riziam Tassango-Tenga, c'est-à-dire la terre de Tassango. Du premier coup, ce royaume, indépendant de l'Oubritenga, du Rawatenga et du Yatenga prit une grande extension. Le Ouindighi, peuplé de Nioniossés, vaste région située au nord du Riziam et au nord-est du cercle de Ouahigouya, fut conquis ainsi que le nord du cercle. Le cercle de Bandiagara fut entamé et les villages de Yoro, Guiri, Dénogoro (cercle de Bandiagara) relevèrent alors du Riziam. Bref c'était presque (avec un point de départ un peu plus à l'est) la reconstitution du royaume de Onemtanango, royaume déjà disparu. Mais cette reconstitution était plus solide que la première fondation. Le royaume du Riziam durera en effet, complètement indépendant entre le Yatenga et l'Oubritenga jusqu'au xix° siècle. Seul le canton du Ratenga (ou Datenga), au nord du Bama et à l'est du Riziam et du Ouindighi, devait lui échapper et se rattacher plus tard au Yatenga et non à lui-même.

Comme on le voit, le Riziam fut certainement beaucoup plus puissant à ses débuts que le Yatenga. Des trois royaumes mossis du cercle de Ouahigouya qui existaient à cette époque (milieu du xiv° siècle), Yatenga, Zandoma, Riziam, le Yatenga était le plus faible, mais il avait le plus d'avenir.

Du reste la fondation du Riziam eut un côté heureux pour le Yatenga : les fils de naba Kouda qui avaient été établis par leur père à Boussoum et à Niességa, étant voisins du Yatenga et éloignés du Riziam, finirent par reconnaître (eux ou leurs successeurs) la domination de leurs cousins fils de Yadega et ainsi accrurent le Yatenga du Boussoum et du Niességa (actuellement encore ce sont des descendants de naba Kouda qui sont chefs de canton à Boussoum et à Niességa).

Tel fut le règne de naba Yadega (que je place approximativement vers 1353).

Ce fut le frère de Yadega, Yaouloumfanga, qui lui succéda. Il était fils de Nassibiri et de Téné. Son nom n'est pas bien fixé. La plupart l'appellent Yaouloumfanga ou Yaouloumfango. D'autres l'appellent Yaouloumfagaré. Vadier le désigne sous le nom de Yaouloumfaogoma que Delafosse a transformé en Yaouloumfao-Gama. Au moment de la mort de Yadega il était à Pissila. Il quitta son village pour venir s'installer à La qui était alors la capitale du Yatenga et il laissa son fils à Pissila pour commander ses anciens domaines. Mais celui-ci, par la suite, éloigné du Yatenga et entouré de villages relevant de Ouagadougou, rendit hommage à son voisin, le chef de Boussouma qui était le plus fort et ainsi le Yatenga perdit ses dépendances du cercle de Kaya.

Yaouloumfanga ne semble pas avoir régné longtemps. Je placerais approximativement son règne vers 1360.

A la mort de Yaouloumfanga il n'y avait plus de frères vivants de naba Yadega : le trône devait donc passer à son fils aîné, naba Diéda ou naba Guéda, fils de Yadega et de la reine Tarwanoma, qui demeurait à Danawa (petit village situé à 4 ou 5 kilomètres au nord-est de Goursi[1] et qui fait encore partie actuellement de ce canton). Malheureusement Diéda avait un jeune frère, fils de Yadega et de la femme Tingui et demeurant à Zongo (quartier de Goursi) qui lui enleva le trône par une ruse bien ourdie.

Nous verrons plus loin (aux Pouvoirs publics) que quand un moro-naba meurt chez les Mossis, c'est l'usage de choisir son plus jeune fils (ou, à son défaut, un neveu) pour représenter un certain temps le défunt. L'âme de celui-ci est censée s'incarner dans le « kourita » (c'est ainsi qu'on appelle ce représentant du mort) et il jouit de certains pouvoirs extraordinaires quoique justement il n'ait pas celui de succéder au défunt. Il est inviolable, sacré, intangible, il a le droit de frapper qui il veut ; on ne peut pas lui résister et s'opposer à ses desseins autrement que par la fuite. Du reste ses pouvoirs sont bornés dans le temps et expirent quand le successeur du naba défunt a pris définitivement le commandement, a été couronné et sacré. Cependant un kourita habile et ambitieux peut essayer d'user ou d'abuser de ses prérogatives momentanées pour se saisir du pouvoir malgré tous. Justement une vieille coutume veut que si le kourita parvient à rentrer dans les cases de son père ou de son oncle, le naba défunt, le commandement définitif lui reste et qu'il devienne roi.

Bien entendu les plus grandes précautions sont prises pour que ce fait ne se produise jamais. Mais justement, le frère cadet de naba Diéda qui venait d'être fait Kourita à la mort de son oncle Yaouloumfanga, tandis que Diéda devait prendre le trône, était très ambitieux et très habile. Sachant que toutes les portes de la maison de Yaouloumfanga étaient bien gardées, il parvint à entrer en franchissant le mur, après s'être coiffé du bonnet de Yaouloumfanga, et avoir mis un poignard sous ses vêtements : se relevant au bas du mur, il s'arma de son poignard et marcha droit devant lui. Comme sa personne était sacrée, personne n'osa essayer de le désarmer et on se sauva en le voyant pendant que traversant toute l'habitation il sortait par l'une des portes. Ayant fait cela, il devenait *ipso facto* moro-naba. Diéda, ne pouvant lutter contre la coutume, mais profondément ulcéré d'avoir été joué, affecta de se soumettre et le kourita se rendit à La, où étaient les grigris royaux apportés par Ouemba-Pabré, pour se faire sacrer. C'est où l'attendait Diéda, aussi rusé que lui. Il dépêcha en toute hâte des cavaliers qui, revenant soi-disant de La, annoncèrent à Goursi que le kourita venait de mourir subitement. Diéda fit partager à la hâte sa succession et particulièrement ses femmes entre tous les nakomsés, entre tous les fils de chefs plus ou moins parents du Kourita et de lui-même, qui résidaient à Goursi. A peine était-ce fait qu'on apprenait que le kourita n'était pas mort et quittait La pour Goursi. S'il revenait il allait sûrement exercer des vengeances et tuer un à un tous ceux qui s'étaient permis de s'attribuer ses femmes et ses biens. Aussi, à la voix de naba Diéda, tout le monde se leva-t-il contre lui et on se porta en masse contre le malheureux kourita qui fut rencontré, vaincu et tué entre Tammounouma et Moundia (au sud-ouest de Goursi). Diéda mit sur sa tête le bonnet de Yaouloumfanga et rentra triomphalement à Goursi où tout le monde le salua.

Ensuite il alla prendre les grigris sacrés d'Ouemba Pabré à La et les ramena à Goursi qui devint alors la capitale et la ville sainte du Yatenga, tandis que jusqu'à ce moment-là c'était La qui avait joué ce rôle. C'est ici le début du mouvement vers le nord qui finira par porter la capitale du Yatenga, au XVIIIe siècle, jusqu'à Ouahigouya.

Le naba Tounougou ou Tounougoum succéda à naba Diéda. Vadier en fait un frère de celui-ci, mais d'autres traditions, peut-être plus sûres, en font le fils soit de naba Diéda, soit de naba Kourita. Le nom de sa mère est connu : elle s'appelait Sékébédo.

Naba Tounougoum résida d'abord à Kéléguem (village du canton actuel de Baci, à 15 kilomètres environ à l'est-sud-est de Goursi) avant de prendre le commandement, puis, une fois moro-naba, il alla construire son habitation dans la brousse à 10 kilomètres environ au nord de Goursi, sur l'emplacement du village actuel de Roum. Les gens de sa suite vinrent construire autour de lui et ainsi se forma ce village.

Naba Tounougoum passe pour avoir été un excellent pillard : il faisait colonne de côté et d'autre et ramassait les troupeaux (c'est ainsi du reste que se font les bonnes maisons).

A Tounougoum (qu'on peut placer approximativement vers 1375) succéda son fils naba Possingo ou Possinga ou Possingué ou encore Iriam). Sa mère s'appelait Tiri ou Tirikaye. Il demeurait à Kouénéba ou à Say qui sont des quartiers de Goursi. On ne sait rien de plus de lui.

A naba Possingo succéda naba Nasségué (ou Nasséré) son frère. Sa mère s'appelait Ouaça. Il demeurait à Kouénéba.

C'est ce naba qui, d'après la supposition de Delafosse, aurait pris Tombouctou en 1333. Sans entrer pour le moment dans la discussion chronologique qui viendra plus tard, je ferai observer qu'à l'époque de Nasségué le petit royaume du Yatenga était séparé du nord par les domaines du royaume de Zandoma et particulièrement par les cantons de Tangaï, Rici, Namsighia, etc. situés des deux côtés de la route actuelle de Louta. Ceci est une forte objection contre le fait que ce serait Nasségué qui serait l'auteur de la razzia sur Tombouctou. De plus à ce moment-là le Yatenga semble avoir été beaucoup trop faible pour se livrer à de pareilles expéditions.

Naba Nasségué aurait été remplacé par un naba Téoda ou Téonda demeurant à Kéléguem, qui n'a pas été catalogué par Vadier.

A naba Téoda auraient succédé naba Somna et naba Vautébéréghem dont on ne connaît guère la filiation exacte. Vadier, dans son texte, en fait des fils de naba Nasségué, mais, si on se reporte à son tableau généalogique des nabas mossis, il en fait des fils de naba Possinga, c'est-à-dire des neveux seulement de Nasséré. Une autre tradition en fait des fils de naba Tounougoum, c'est-à-dire des frères de Possinga et de Nasségué (tradition probablement peu exacte). Enfin diverses autres traditions les représentent comme des fils (c'est-à-dire comme des descendants) de naba Diéda. Au milieu de toutes ces contradictions, il est difficile de se fixer et nous ne choisirons pas.

En tout cas la mère de naba Somna (ou Somda) se serait appelée Pataré et lui-même aurait eu son installation royale à Dombré ou Doumbré (village du canton actuel du Ouidiranga-Naba, situé dans le thalweg de la

Volta Blanche, à 25 kilomètres environ au nord de Zandoma et de Guitté). Comme on le voit, cela dénote une poussée puissante vers le nord (et en particulier vers le nord-est) du petit royaume du Yatenga. Il est certain qu'avec naba Somna nous entrons dans la série des nabas conquérants du Yatenga, dans la série des « rassembleurs de terre » qui firent, du petit Yatenga de naba Yadega, le grand Yatenga de la fin du xv⁰ siècle.

Naba Vantébéréghem, frère de naba Somna et fils de la reine Kakouré (les autres disent de Voï) poussa directement vers le nord et vint s'installer à Somniaga (à 6 kilomètres au sud de Ouahigouya) ; c'était un pas de 34 kilomètres fait d'un seul coup vers le septentrion (ou de 24 kilomètres seulement en comptant à partir de Roum fondé, comme nous l'avons vu, par naba Tounougoum, à 10 kilomètres au nord de Goursi). Pour accomplir ce pas décisif qui faisait progresser les fils de Yadega au delà de Bougounam où résidaient les descendants d'un chef de colonne jadis installé dans ce village par naba Rawa, naba Vantébéréghem mêla la ruse à la force : quand il vint s'installer pacifiquement à Somniaga, les descendants de naba Rawa voulurent s'y opposer disant : « Somniaga est à nous ! » — « Ne sommes-nous pas tous de la même famille ? » répliqua naba Vantébéréghem. « Ne descendons-nous pas tous de Ouidiraogo ? De plus ma mère, vous le savez, est de Somniaga : en conséquence je veux y habiter ». Les descendants de naba Rawa le laissèrent faire, car il était le plus fort.

A sa mort Vantébéréghem fut enterré à Somniaga. C'est le plus ancien des nabas qui ait été inhumé dans cet ossuaire actuel des rois du Yatenga. Ses prédécesseurs avaient été enterrés à Goursi.

Il était réservé à naba Bonga, son fils et successeur (date approximative : 1400 à 1415) de compléter l'œuvre de Somna et de Vantébéréghem en se rendant maître de la plus grande partie du royaume de Zandoma. Le règne de naba Bonga est donc un des plus importants de l'histoire du Yatenga.

Naba Bonga est souvent désigné sous le nom de naba Lamboëga ou naba Lamboya. On sait que les nabas mossis en montant sur le trône prennent un nouveau nom qui est leur nom royal, officiel. Naba Bonga est ce nom pour le naba qui nous occupe. Avant son accession au trône il se nommait naba Lamboëga ou naba Lamboya (1). Sa mère se serait appelée Yaogom (ou Yaougoum ou Yaougouma ou Yaogoué).

Quand Vantébéréghem mourut, c'était à son fils aîné, Rammiga ou Rammigo, de prendre le commandement, mais il ne voulut pas le faire disant que Pirigo (quartier de Sissamba où il habitait) lui suffisait amplement et qu'il avait assez de troupeaux, de chevaux et de richesses comme cela. Il laissa donc le commandement à son frère puîné naba Bonga aussi ambitieux que lui-même l'était peu.

---

(1) Lamboëga est le nom de ce petit arbuste buissoneux dont nous avons parlé au Lieu, le *Celastrus Senegalensis*. Quant à Bonga cela veut dire âne en mossi.

Naba Bonga avait déjà commencé à s'agrandir avant son accession au trône. Il avait demandé l'autorisation au chef du village de Bembéla (qui semble avoir alors commandé la région de Tangaï, Rici, Namsighia) de s'établir à Rici, puis il demanda une large place pour ses champs. Tout cela lui fut accordé mais avec crainte. Quand il succéda à son père naba Vantébéréghem, le chef de Bembéla et les autres descendants de naba Rawa, chefs des villages voisins, s'abstinrent avec soin d'aller le saluer pour bien lui montrer qu'ils ne reconnaissaient pas son autorité. Là-dessus naba Bonga qui avait jeté son dévolu sur le gros village de Tangaï (13 kilomètres à l'ouest de Ouahigouya, sur la route de Louta) voulut aller y habiter mais le chef de Bembéla s'opposa à cette nouvelle prétention. Bonga résolut alors de se débarrasser de son rival par la ruse : il fit égorger un bœuf sur ses champs à la Terre, après avoir convoqué l'envoyé du chef de Bembéla, seul qualifié pour faire ce sacrifice, puis il partagea la viande avec soin entre les chefs de Bembéla, de Kouba, de Nimpouya, de Rici et de Tangaï. D'après la tradition il aurait fait boire à ce bœuf avant qu'on le tuât de l'eau dans laquelle il aurait mis le Tenga, redoutable grigri. On peut croire sans difficulté qu'il empoisonna en réalité la viande du bœuf mort. Les chefs de Bembéla et de Kouba en ayant mangé moururent. Naba Bonga proclama alors qu'ils étaient morts pour n'être pas venus le saluer et le reconnaître pour chef. Effrayés, les survivants (chefs de Nimpouya, Rici, Tangaï) vinrent le trouver et lui firent leur soumission. D'après la tradition rapportée par Vadier, le chef de Zandoma lui-même, le successeur direct de naba Rawa, aurait fait comme les précédents et tout le royaume de Zandoma serait passé alors à naba Bonga. D'après une autre tradition, Zandoma-naba ne se serait pas soumis à naba Bonga et la soumission complète et définitive de tout le royaume de Zandoma n'aurait eu lieu que sous naba Kango, dans la seconde moitié du xviii° siècle.

On peut penser que naba Bonga ne soumit peut-être pas tout le royaume de Zandoma, mais que le chef de Zandoma ne conserva plus qu'une ombre de puissance et d'indépendance. C'est bien en définitive de naba Bonga qu'on peut faire dater la fin réelle du royaume de Zandoma et son entrée positive dans le royaume plus puissant du Yatenga.

Naba Bonga compléta sa victoire par diverses expéditions ou diverses mesures politiques efficaces : il s'installa d'abord lui-même à Tangaï, puis il alla « casser » dans le Namsighia (au nord-ouest du Rici et du Tangaï) le village de Lougouré qui ne voulait pas reconnaître sa domination. Il prit Bougounam (gros village dont nous avons déjà parlé, situé à 16 kilomètres au nord de Goursi et à 18 kilomètres au sud de Somniaga — où régnaient encore les descendants du chef de colonne qu'y avait placé naba Rawa). Pour être plus sûr de ce village, Bonga y plaça comme chef son fils Sougounoum. Enfin il installa un autre de ses fils, Kissoum, dans le canton actuel de Baci (au nord-est de Zandoma et de Guitté), territoire qui fut encore ainsi enlevé au chef de Zandoma.

C'est peut-être naba Bonga qui fut l'auteur d'une expédition vers Ghanata (on sait que les Mossis désignent ainsi encore maintenant tout le nord-ouest de la boucle du Niger : Douentza, Saraféré, Tombouctou, Oualata, etc.) qui se termina par un échec. Le lieutenant Marc assigne à cette expédition la date de 1432, Delafosse la date de 1400. Le Tarikh-es-Soudan (traduction Houdas, page 45 et 46) en parle à propos d'un jurisconsulte de Tombouctou qui s'appelait El-Hadj (le pèlerin) et qui fut « investi des fonctions de cadi de Tombouctou dans les dernières années de la dynastie des gens de Melli ». Or on sait que la domination des rois malinkés à Tombouctou se termina en 1433. Sans prendre, comme le lieutenant Marc, une date (1432) serrant d'aussi près celle de 1433, on peut placer cette expédition vers 1425. Elle serait donc plutôt le fait de Sougounoum, fils et successeur de Bonga, que je place approximativement de 1415 à 1430, que le fait de naba Bonga lui-même. Quoi qu'il en soit voici ce qu'en dit le Tarikh-es-Soudan : « On assure que c'était un thaumaturge (il s'agit du jurisconsulte El-Hadj) et notre maître, l'éminent, l'ascète, le jurisconsulte El-Amin-ben-Ahmed a rapporté le fait suivant : Ce fut de son temps que le sultan du Mossi fit une expédition contre Benka. La population de cette localité sortit pour combattre l'ennemi et à ce moment un certain nombre de personnes étaient assises auprès de El-Hadj. Celui-ci prononça certaines paroles sur du millet et invita les assistants à en manger. Tous en mangèrent, sauf un seule personne, le gendre de El-Hadj, qui n'osa pas le faire à cause des liens de parenté qui l'unissaient à lui. « Allez maintenant au combat, dit alors le saint, et vous n'aurez rien à redouter des traits de l'ennemi ». Tous, en effet, revinrent sains et saufs et il n'y eut que la personne qui n'avait pas mangé de millet qui mourût dans le combat. Le sultan du Mossi, mis en déroute, fut chassé ainsi que ses troupes, sans avoir obtenu le moindre avantage sur les gens de Benka, et cela, grâce à la protection de ce saint personnage béni ».

Delafosse place Benka ou Binga sur les bords du lac Débo.

Malgré sa défaite, naba Bonga (ou naba Sougounoum) revenait à la tradition des expéditions à grande portée des Rawa et des Ouemtanango et traçaient la route à Nassodoba leur successeur, le rival de Sonni-Ali-Ber. Mais il avait fallu, pour que cela put se réaliser, que le Yatenga fut agrandi et que la barrière, dressée au nord de Goursi et de Lako, par le royaume rival de Zandoma, eût été détruite.

Naba Sougounoum (1415-1430, approximativement) ne semble pas avoir fait grand'chose, en dehors de l'expédition sur les bords du lac Débo. Il était fils de naba Bonga et de la reine Nagaé. Il habitait à Bougounam et y fut enterré.

D'après la Monographie de 1904, c'est sous son règne que les Samos seraient arrivés dans le sud-ouest du Yatenga, à Toïré.

Naba Kissoum (1430) fut soit le fils de naba Bonga et le frère de Sougounoum, soit le fils de Sougounoum et de la reine Sôdéré. Il demeurait d'abord à Righi (canton de Baci, à 21 kilomètres au sud-est de Ouahigouya) puis, après son avènement, vint s'installer à Sissamba où il fut enterré. On sait que Sissamba, village important situé à 9 kilomètres au sud-ouest de Ouahigouya, avait déjà été occupé par naba Rammiga, frère aîné de naba Bonga. Naba Kissoum ne régna, paraît-il, que quelques mois.

Naba Zangayella (1430-1450) qui lui succéda aurait été le fils de naba Sougounoum et le frère de naba Kissoum. Sa mère se serait appelée Songoyaoba ou Soungougouyaoba. Il demeurait à Dassoroma (ou Rassoroma), petit village situé à côté de Léba, au nord-est de Bougounam. On n'a conservé de lui d'autre souvenir que celui-ci : qu'il possédait un petit éléphant. Vadier dit qu'il annexa le village de Bougounam, mais nous avons vu plus haut que c'est naba Bonga qui s'est emparé de ce lambeau du royaume de Zandoma.

A naba Zangayella succéda un naba dont le nom est assez mal fixé : Vadier l'appelle naba Lanlacé. Il m'a été désigné à moi-même sous les noms de Laharé, Lasséré et même Nanlaharé ou Nanlasséré. Sa mère se serait appelée Bounané ou Boundané. On ne sait rien de plus sur lui.

Nous arrivons enfin à naba Nassodoba ou naba Ouomsom qui régna approximativement de 1475 à 1505 et qui fut un des plus grands nabas du Yatenga. Les chefs de tamtam, malgré l'extrême et déplorable sécheresse de leurs renseignements ordinaires, se souviennent encore qu'il alla se battre à « Ghanata » et qu'il en fut repoussé. En effet il eut le malheur de se heurter à Sonni-Ali-Ber, le grand fondateur du second empire Songhay, puis à son successeur Askia-el-hadj-Mohammed.

Il résidait à Ouomsom, gros village plein de forgerons, situé à 32 kilomètres au sud-est de Ouahigouya. Il mourut à Somniaga où est encore son tombeau. Sa mère se serait appelée Kafosellibidi.

C'est par trois textes du *Tarikh-es-Soudan* que nous connaissons le détail des entreprises de Nassodoba contre « Ghanata », c'est-à-dire exactement contre Oualata, grande métropole située au delà du fleuve, aux confins du désert, qui avait remplacé jadis Ghana en décadence (xiii° siècle) et qui était en train de se faire remplacer elle-même par Tombouctou. Longtemps le royaume de Mali avait « protégé » Oualata comme Tombouctou et Araouan, mais, en 1433, cette protection avait échappé aux mains devenues débiles des rois de Mali, et Oualata était désormais une proie pour les peuples nouveaux qui se sentiraient le courage de la prendre. Déjà Sougounoum, en 1425, semble s'être dirigé de ce côté-là, comme nous l'avons vu, mais en tout cas, il ne put pas aller plus loin que le Débo. Nassodoba, lui, entra à Oualata.

Voici les textes du *Tarikh-es-Soudan* :

« Sonni-Ali entra à Kabara en l'année 882 (1477); c'était au cours de cette même année quele roi de Mossi entra à Sâma. En 884 (1479) Sonni-Ali était à Tosoko... En cette année-là au mois de djomâda 1ᵉʳ (9 juillet-8 août 1480) le roi de Mossi entra à Biro (nom songhay de Oualata) qu'il quitta en djomâda II (8 août-7 septembre 1480) ; le siège avait duré un mois. Il exigea des habitants qu'on lui donnât une femme.. Après le siège le roi du Mossi livra combat aux habitants de Biro, les vainquit et emmena leurs familles en captivité. Mais, comme il s'en retournait avec son butin, les habitants de Biro le poursuivirent, lui livrèrent bataille et délivrèrent leurs familles captives. Omar-ben-Mohammed-Naddi qui, à cette époque, était à Biro, se fit remarquer par sa vaillance et son ardeur au combat. Il fut le premier à atteindre le roi du Mossi et sut le forcer à livrer les familles qu'il emmenait en captivité » (traduction Houdas, pp. 112 et 113).

Comme on le voit Nassodoba aurait pris Sâma (?) en 1477, puis, en juillet 1479, serait entré à Oualata après un siège d'un mois et probablement à la suite d'un accord conclu avec les habitants de la ville, accord dont une des clauses lui donnait en légitime mariage une femme de bonne naissance, native de Oualata. Malgré cet accord, il aurait, après son entrée, livré bataille aux habitants de Biro, leur aurait enlevé leurs familles et leurs biens, puis aurait été attaqué et battu dans sa retraite (août 1480) par les habitants exaspérés. Mais cela n'était que le premier acte du drame. Un second texte du *Tarikh-es-Soudân* (trad. Houdas, p. 114) nous donne le deuxième :

« Puis le prince Sonni-Ali entreprit de creuser un canal à partir de Ras-el-Ma pour arriver par eau jusqu'à Biro. Il déploya pour cette œuvre tous ses efforts et il y dépensait la plus grande activité lorsque la nouvelle lui vint que le roi du Mossi avait décidé de marcher contre lui à la tête de ses troupes et de l'attaquer. L'endroit où se trouvait Sonni-Ali quand il reçut cette nouvelle s'appelle Chan-Fenech et c'est là que s'arrêta le canal. Dieu épargna ainsi aux habitants de Biro le malheur qui les menaçait. Se portant ensuite à la rencontre du roi de Mossi, Sonni-Ali prit contact avec lui à Djiniki-To'oï bourg situé près de la ville de Kobi en arrière du fleuve. La bataille s'engagea en cet endroit et Sonni-Ali vainqueur mit en fuite le roi du Mossi et le poursuivit jusqu'à la limite de ses Etats sur le territoire desquels il pénétra. Cette bataille eut lieu en l'année 888 (1483) ».

Comme on le voit, en marchant à la conquête des cités du nord-ouest abandonnées par le royaume de Mali, Nassodoba se heurta à une force supérieure : celle du second empire songhay qu'était en train de fonder le génie de Sonni-Ali-Ber. Non seulement les Mossis furent repoussés en la personne de Nassodoba mais ils devaient être rudement ramenés en peu de temps de l'attitude agressive à l'attitude défensive. En effet le successeur de Sonni-Ali-Ber, Askia-el-Hadj-Mohammed, monté sur le trône en 1493, décréta contre eux la guerre sainte en 1497.

« Durant l'année 903 (août 1497-août 1498) il [c'est-à-dire Askia-el-Hadj-Mohammed] entreprit une expédition contre Na'asira le sultan du

Mossi. Il emmena avec lui le seyyid béni, Mour-Sâlih-Djaura, en l'invitant à lui donner les indications nécessaires pour que cette expédition fut une véritable guerre sainte faite dans la voie de Dieu. Mour ne refusa pas de se conformer à cet ordre et expliqua au prince toutes les règles relatives à la guerre sainte. Le prince des croyants Askia-Mohammed demanda alors au seyyid d'être son messager auprès du sultan du Mossi : le seyyid accepta cette mission ; il se rendit au pays de Mossi et remit la lettre de son maître qui sommait le sultan d'embrasser l'islamisme. Avant de répondre, le sultan du Mossi déclara qu'il voulait tout d'abord consulter ses ancêtres qui étaient dans l'autre monde. En conséquence, accompagné de ses ministres, il se rendit au temple de l'idole du pays. De son côté le seyyid s'y transporta également afin de voir comment on s'y prenait pour consulter les morts. On commença par faire les offrandes accoutumées ; puis on vit apparaître un vieillard âgé. A sa vue tout le monde se prosterna ; ensuite le sultan annonça l'objet de sa démarche. S'exprimant alors au nom des Ancêtres, le vieillard dit : « Jamais je n'accepterai pour vous pareille chose. Vous devez, au contraire, lutter jusqu'à ce que vous ou eux ayez succombé jusqu'au dernier ».

«Alors Na'asira répondit au seyyid béni : « Retourne vers ton maître et annonce-lui que entre lui et nous il ne saurait y avoir que luttes et combats ». Demeuré seul dans le temple avec le personnage qui s'était montré sous la forme d'un vieillard, le seyyid l'interpella en ces termes : « Au nom du Dieu tout-puissant, je te demande de dire qui tu es. — Je suis Iblis, répondit le pseudo-vieillard ; je les égare afin qu'ils meurent tous en état d'infidélité ».

«Mour retourna auprès du prince Askia-el-Hadj-Mohammed et lui rendit compte de tout ce qui s'était passé. « Maintenant, ajouta-t-il, votre devoir est de les combattre ». Aussitôt le prince entama la lutte avec eux ; il leur tua nombre d'hommes, dévasta leurs champs, saccagea leurs demeures et emmena leurs enfants en captivité. Tous ceux, hommes ou femmes, qu'il ramena comme captifs furent l'objet de la bénédiction divine [c'est-à-dire se convertirent à l'islamisme]. Dans toute la contrée aucune autre expédition, en dehors de celle-ci, n'eut le caractère d'une guerre sainte faite dans la voie de Dieu ».

Comme on le voit, le *Tarikh-es-Soudan* donne ici au roi mossi le nom de Na'asira, c'est-à-dire probablement Nacéré ou Nasségné en mossi. Ce Nacéré est-il le même que Nassodoba ? Delafosse le suppose et aucun des successeurs immédiats actuellement connus de Nassodoba ne s'appelant ainsi, la supposition est probablement juste. Pourtant elle demanderait à être confirmée par une étude très minutieuse des nabas de cette époque.

Ajoutons que, d'après Delafosse, Sâma où entra en 1477 Nassodoba, serait le Bagana et que la bataille entre Nassodoba et Sonni-Ali-Ber se serait livrée auprès du lac de Korienza (tome II, p. 141 et 142).

Nassodoba, par ses expéditions dans le Bagana (1477) à Oualata (1479) contre les Sonrhays (1483) répandit au loin le renom des Mossis. Les Portugais qui, depuis le commencement du xv⁰ siècle, étaient à l'œuvre pour relever (et soumettre) toutes les côtes de l'Afrique et même l'intérieur, autant qu'ils le pouvaient, entendirent parler à cette époque des Mossis. Nous le savons par Joao de Barros, l'auteur de l'*Asia* (ouvrage paru en 1552-1553 à Lisbonne).

« En 1488, dit le lieutenant Marc, qui a étudié avec soin les renseignements fournis par les Portugais sur les Mossis (*Le Pays mossi*, p. 6 et suivantes), le commandant du fort portugais d'Arguin envoya à Lisbonne un Yolof du nom de Bemoy (Barros, page 200). Celui-ci, frère du roi de son pays, cherchait à gagner l'amitié des Portugais pour obtenir le trône, auquel il semble d'ailleurs qu'il n'avait aucun droit.

« La venue de ce prince nègre paraît avoir été en Portugal un événement considérable. Il semble que l'on ait été assez étonné de trouver chez lui plus d'intelligence et de finesse qu'on ne s'y serait attendu. Bemoy apprit assez rapidement le Portugais et accepta d'être converti au christianisme et baptisé. Il eut de longs entretiens avec le roi Jean II et lui fournit de nombreux renseignements tant sur son pays que sur le reste de l'Afrique. D'après l'*Asia*, Bemoy aurait été particulièrement documenté sur le Mossi. Voici le passage auquel nous faisons allusion :

« Bemoy raconta au roi qu'il y avait un chef que l'on nommait « roi des peuples Moses ». Son royaume commençait au delà de Tombougoutou et s'étendait vers l'Orient ; il n'était ni maure ni païen et sur beaucoup de points il se conformait aux coutumes des peuples chrétiens.

« D'où le roi (Jean II) en vint à penser que ce roi pouvait être le prêtre Jean que l'on avait tant cherché et il mit à profit les bons renseignements de Bemoy » (Barros, p. 210).

« Cette citation se complète par une autre que nous donnons ci-dessous. Ce sont les seuls passages où Barros parle des Mossi :

« Par l'Abyssin Lucas Marcos qui retournait dans son pays via Jérusalem, le roi Jean II envoya une lettre au roi des Moses. Le nom de ce roi était très célèbre chez les nègres de cette partie de la Guinée. Ce prince faisait la guerre en ce moment à Mandi-Mansa roi des Mandingues. D'après les renseignements que le roi Jean II avait recueilli sur ce roi des Moses, sur ses usages et sur ses coutumes, il pensait qu'il devait être un vassal ou un voisin du prêtre Jean.....

On disait que lui et les siens avaient les coutumes des chrétiens et que la plupart d'entre eux portaient les mêmes noms que les apôtres du Christ dont ils confessaient la foi » (Barros, p. 259).

« Ce qui résulte tout d'abord du rapprochement de ces deux passages, c'est que le texte de l'*Asia* ne peut être pris au pied de la lettre. En effet, Barros nous dit expressément (Barros, p. 200) que Bemoy arriva en Portugal immédiatement après le départ de Lucas Marcos. Si c'est de Bemoy que Jean II a tenu ses renseignements sur le Mossi il n'a pu confier la lettre adressée au roi des Moses à Lucas Marcos puisque celui-ci venait de quitter le Portugal.

« Il y a encore une autre contradiction dans ces textes. Lors du séjour en Portugal de Lucas Marcos en 1488, la question du prêtre Jean fut considérée comme réglée et le négus d'Abyssinie identifié avec le monarque mystérieux que l'on avait tant cherché (Barros, p. 197). Si Bemoy est venu en Portugal après Lucas Marcos, le roi Jean II n'a pu confondre le roi de Moses avec le prêtre Jean.

« Il résulte de ces contradictions que Barros n'a pas, au sujet de Bemoy, une documentation rigoureuse et indiscutable. Et il nous paraît possible d'émettre des doutes sur les renseignements que ce Yolof aurait fournis sur le Mossi qui se trouve à 2.000 kilomètres de son pays. Le roi de Portugal était alors en relations très suivies avec les chefs indigènes de la côte de Guinée et en particulier avec les rois de Melli. Des Portugais paraissent être allés en ambassade jusqu'à Tombouctou et le récit de Barros est trop succint pour que l'on puisse savoir tout ce que le roi Jean a appris, ou tout ce que ses envoyés ont vu à cette époque. De toutes ces visites échangées entre blancs et noirs, celle qui paraît avoir frappé au plus haut point l'imagination des Portugais fut celle de Bemoy le Yolof. La fin tragique de ce malheureux contribua sans doute à embellir sa légende. Barros fut amené à attribuer aux seules conversations de Bemoy une documentation que le roi Jean II avait probablement acquise par le commerce de nombreux voyageurs dont malheureusement nous connaissons à peine les noms ».

En définitif, les Portugais, en 1488, connaissaient les Mossis de nom et avec un certain nombre de détails exacts mélangés d'assertions fausses. Le lieutenant Marc soutient, et sans doute avec raison, que ce n'est pas tant par le Yolof Bemoy que Jean II de Portugal avait ces détails que par le roi de Mali avec lequel il était en relations par la Gambie, et par un certain nombre de voyageurs qui, sans être allés jusque dans le Mossi, s'en étaient cependant rapprochés.

Le plus intéressant de ces détails est qu'à cette époque le roi du Mossi faisait la guerre au roi de Mali, au Mandi-Mansa (je dis *au* Mandi-Mansa et non *à* Mandi-Mansa car Mandi-Mansa signifie simplement le roi de Mandé, de Mansa qui veut dire roi en malinké et Mandi qui veut dire Mandé, Manding, etc).

On peut supposer que Nassodoba, repoussé en 1483 du côté du Songhay, se rabattit sur le royaume alors chancelant de Mali et chercha de ce côté une proie plus facile. Il faudrait placer cette expédition entre la défaite de 1483 et la guerre sainte de Askia-El-Hadj-Mohammed en 1497. On peut même resserrer l'espace où se place cette expédition entre 1483, date de la victoire de Sonni-Ali-Ber et 1488 l'époque où Bemoy était en Portugal car, si ce n'est pas lui qui a donné ces renseignements, ils datent bien en gros de son époque. Le roi de Mali effrayé envoya une ambassade aux comptoirs portugais de la Gambie pour demander l'appui du Portugal contre les Mossis et ses autres ennemis.

Ce qui est assez curieux à remarquer c'est qu'avant que le prêtre Jean ait été identifié définitivement avec le roi d'Ethiopie, les Portugais pensèrent un moment à faire du roi du Mossi ce fameux prêtre Jean. Ce n'eut pas été là en vérité un mince honneur pour le chef pillard d'une peuplade nègre fétichiste.

Quant aux Mossis peuple chrétien, il a dû certainement y avoir à l'origine de cette idée un malentendu assez grossier. On a sans doute dit aux Portugais, comme le pense le lieutenant Marc (p. 10) : « Les Mossis ne sont pas musulmans ; ce sont des infidèles comme vous », c'est-à-dire des infidèles comme le sont tous ceux qui ne sont pas musulmans. Ce « comme vous » aurait été interprété dans le sens erroné que les Mossis étaient des chrétiens.

Cependant deux points semblent avoir confirmé les Portugais dans cette idée fausse :

1° « La plupart d'entre eux portent les mêmes noms que les apôtres du Christ, dont ils confessent la foi » (Barros, p. 259).

Ceci est parfaitement faux pour les Mossis proprement dits dont les noms (Ouidiraogo, Noraogo, Rakoëga, Patoeadiguibo, etc., etc.) n'ont aucun rapport avec les noms des apôtres. Mais c'est vrai pour les Yarsés (d'origine soninkée ou mandé-dyoula) qui habitent le Mossi et sont en grande partie musulmans. Ils se donnent très bien les noms de Zacharia (Zacharie), Isifou (Joseph), Guibrilou (Gabriel) et même Issa (Jésus). Ce qui est tout simplement une influence musulmane et pas autre chose. De ce fait, non ramené à ses justes proportions, les Portugais qui n'avaient pas de moyen de vérification, tirèrent des conséquences désordonnées.

2° Les épées ont au Mossi une poignée du reste courte et peu élégante, en forme de croix. Cela n'a rien d'étonnant, si l'on veut bien réfléchir que les épées des Touaregs sont ainsi et que c'est probablement là une influence touareg.

Comme on le voit, sur la question de la religion mossi, les Portugais, abusés par de fausses apparences, se trompaient du tout au tout. Après avoir balancé à faire du roi des Mossis le prêtre Jean, ils transférèrent ensuite avec plus de justice ce titre au Négus d'Ethiopie. Mais comme ils ne se doutaient pas à cette époque (1488) de la longueur de l'Afrique de l'Atlantique à la mer Rouge, ils firent du roi des Mossis un voisin et un vassal du roi d'Ethiopie, du prêtre Jean, et même, comme nous l'avons vu, lui adressèrent une lettre par le canal de celui-ci. Il n'est guère possible qu'elle soit jamais arrivée.

Cependant la terrible croisade dirigée par Askia-El-Hadj-Mohammed en 1497-1498 contre les Mossis semble avoir calmé ceux-ci. Il ne paraît pas qu'ils aient débordé à partir de cette époque sur « Ghanata » ou sur le Mali. Désormais ils passent du rôle d'offenseurs au rôle d'offensés. C'est au second empire songhaï que revient ainsi l'honneur d'avoir brisé leur puissance d'expansion conquérante.

Nassodoba semble avoir eu comme successeur Yamba (1505-1535 approximativement), fils de Bonga et frère des précédents nabas d'après Vadier, descendant de Bonga d'après Delafosse. D'après une autre tradition ç'aurait été le fils de Sougounoum et de la reine Sourikabéda. Il demeurait à Sittiga, village situé dans le thalweg de la Volta Blanche, à 46 kilomètres environ à l'est-sud-est de Ouahigouya. Naba Niogo ou Niongo (ou encore Niobo ou Yongo) — 1535-1565 environ — succéda à Yamba. C'était un fils de naba Kissoum. Sa mère s'appelait Youbsi ou Youmso. Il eut deux habitations l'une à Bouro (canton de Oula, à une quinzaine de kilomètres au sud-est de Ouahigouya), l'autre à Saspéléga (nord du Koussouka, à côté de Zomkalaga, à 60 kilomètres environ à l'est-sud-est de Ouahigouya). Il fut le contemporain d'Askia Daoud, empereur du Songhay (1549-1582) qui dirigea deux expéditions contre le Mossi, l'une en novembre 1549, l'autre de septembre 1561 à mars 1562. L'auteur du *Tarikh*, qui ne donne pas de détails pour la première, dit pour la seconde que le chef des Mossis abandonna le pays avec toutes ses troupes. Néanmoins la campagne semble avoir été assez meurtrière pour les Songhaïs qui perdirent quelques grands personnages et nombre d'autres personnes de moindre qualité. On voit que la confiance manquait désormais aux Mossis qui n'attendaient même plus de pied ferme, semble-t-il, les forces songhaïs.

Naba Parima (1565-1595 approximativement), frère de naba Niogo, fils de naba Kissoum et de Soummiékaye lui succéda. Il résidait à Ouomsom.

Ce fut sous son règne (1591) que les askias songhays furent écrasés par l'expédition marocaine du pacha Djouder envoyée par Moulay Ahmed, sultan du Maroc. Cette destruction de l'empire songhay fut un grand soulagement pour les Mossis du Yatenga. Leurs plus terribles ennemis étaient à terre. Cependant une crainte pouvait subsister : celle que les Marocains vainqueurs ne poussassent plus loin encore leurs conquêtes que les Askias. Heureusement pour les Mossis, il n'en fut rien et une décadence excessivement rapide frappa la colonie marocaine. Le Mossi pouvait de son côté vieillir à son aise.

Naba Koumpaougoum ou Tingandé (1595-1625 approximativement), frère du précédent, fils de naba Kissoum et de Bondéguem, succéda à naba Parima. Il demeurait à Righi (21 kilomètres au sud-est de Ouahigouya, dans le canton actuel de Baci).

Naba Nabacéré (1625-1655 approximativement), frère du précédent, fils de naba Kissoum et de la reine Ouôta (ou Ouonta), demeura d'abord à Tougo (20 kilomètres à l'est de Goursi et de Nieséga, à l'ouest de Kalsaka), puis, quand il devint moro-naba, s'installa à Bissigaï (à quelques kilomètres à l'ouest de Ouahigouya, légèrement ouest-nord-ouest). Il fit colonne contre le chef de Yako qui s'appelait Kango, mais sans aucun succès, car il fut battu et tué.

Naba Toussourou (ou Toussoudou ou Tòssodo) — approximativement 1655-1685 — était soit le frère des précédents, le fils de naba Kissoum, soit le fils de Nabacéré et de la reine Lébinaba. Il demeurait à Yalka (canton de Zogoré, au sud-ouest de Ouahigouya).

Naba Sini (1685-1720 approximativement) était soit le fils de naba Kissoum, soit le fils de naba Nabacéré et de la reine Soummoto.

Comme on le voit, nous ne savons pas grand'chose sur ces nabas du xvie et du xviie siècle. Heureusement que nous arrivons maintenant aux grand nabas du xviiie siècle, mieux connus et sous lesquels le Yatenga eût un regain de splendeur.

Naba Piga ou Pigo (approximativement 1720 à 1739) était le fils de naba Nabacéré et de la reine Tiga. Son nom particulier était Tingandé. C'est son nom de naba qui est Piga ou Pigo. Il s'installa à Tziga, dans le nord-est du canton de Léba, à 20 kilomètres sud-sud-est de Ouahigouya (et non pas 30 kilomètres comme le dit Vadier). Il installa un de ses fils dans le petit canton de Barelégo (à quelques kilomètres à l'est de Ouahigouya).

Naba Ouabogo (1739-1754), son successeur, demeurait à Ridimba avant de prendre le pouvoir (Ridimba est à l'extrême sud du Yatenga entre Goursi et Tougo, dans la partie méridionale du canton de Roba dont il fait partie). Une fois monté sur le trône il résida à Somniaga. C'était, d'après Vadier, le fils de naba Parima. Il mit à la porte du Yatenga le futur naba Kango, alors simple nakomsé qui résidait à Bissigaï. Il le considérait fort mal et disait que c'était « une crapule et un pillard », appréciation sévère sans doute mais qui n'était pas sans contenir une certaine part de vérité.

Nous en arrivons à ce naba Kango le premier pour lequel nous ayons, quoique par calcul indirect, des dates sûres et non approximatives. Il régna de 1754 à 1787. Ce fut le plus grand roi qu'ait connu le Yatenga depuis l'époque de Bonga et de Nassodoba. Malheureusement il joignit, comme cela arrive souvent, une extrême cruauté à une extrême énergie et est resté aussi célèbre par ses vices que par ses qualités de grand prince.

Disons d'abord qu'il était le fils de Nabacéré (comme Pigo) et de la reine Tiguiré. Nous avons dit tout à l'heure qu'il habita d'abord à Bissigaï, puis qu'il fut chassé du Yatenga par le naba Ouabogo qui, d'une part, avait à lui reprocher ses pilleries et, d'autre part, redoutait en lui le terrible aventurier et le prétendant au trône.

Expulsé du Yatenga, le futur naba Kango résolut d'aller chercher des secours auprès des Bambaras de Ségou. Accompagné de son neveu Sagha, fils de Pigo, et de quelques Mossis, il atteignit le Bani près de Poroma où

Fouroumané en aval de San et remonta le fleuve jusqu'en face de Ségou. Arrivé dans la capitale bambara il demanda à Denkoro Kouloubali, fils et successeur de Biton, le fameux roi bambara, de l'aider à lutter contre Ouabogo. Une foule de légendes se rapportent à ce séjour de Kango à Ségou. D'après les uns, il aurait emporté avec lui des œufs d'autruche, d'après les autres l'autruche elle-même et il aurait fait croire aux Bambaras que c'étaient soit les œufs des poulets du Yatenga, soit le poulet lui-même. C'est du reste absurde car il est bien évident que les Bambaras de Ségou au xviiie siècle, connaissaient les autruches aussi bien et mieux même que les Mossis, chez lesquels on en amène beaucoup moins que dans la vallée du Niger. Une autre légende également connue est celle-ci : ayant demandé à un marabout des grigris contre Ouabogo, le marabout le tua, le mit dans un canari et le ressuscita au bout de sept jours, lui disant qu'il serait un grand chef (on le serait à moins). Le roi de Ségou finit par accorder la colonne. Alors le marabout donna encore à naba Kango de la poudre et un fusil également enchantés. « Dès que tu seras arrivé dans le Yatenga, lui dit-il, tire un coup de fusil aussi fort que tu pourras et tous les villages qui t'entendront seront à toi ! En arrivant à Gomboro, naba Kango chargea son fusil à le faire éclater et tira. Le coup fut tellement formidable que le fusil s'en alla en mille morceaux emportant le pouce de naba Kango, mais tout le Yatenga avait entendu !

Avec son armée de Bambaras et soutenu par les Foulbés Dialloubés et les villages mossis de Douma, Tallé, Tangaï et Bissigaï, naba Kango parvint jusqu'à Somniaga où résidait naba Ouabogo et lui livra bataille ; il fut vainqueur et brûla le village. Naba Ouabogo se sauva à Lougouri (12 kilomètres au sud-est de Ouahigouya, à quelques kilomètres à l'est de Somniaga) et naba Kango le poursuivant l'y rejoignit. Une nouvelle bataille se livra et naba Kango fut vainqueur une fois encore et brûla Lougouri. Cette fois naba Ouabogo s'enfuit jusqu'à Dambouli, dans le nord du Riziam, mettant une grande distance entre lui et son adversaire, puis, ne se jugeant pas encore en sûreté, il alla jusqu'à Kaya où il fixa sa résidence et où il mourut. Naba Kango qui se disposait à marcher sur Dambouli, ayant appris la fuite à Kaya, revint en arrière.

D'après la tradition recueillie par Vadier, la rencontre aurait eu lieu à Bissigaï, le naba Ouabogo s'étant porté jusque là. Vainqueur, Kango aurait poursuivi son adversaire jusqu'à Ridimba où il l'aurait tué.

Une fois moro-naba, Kango résolut de se construire une capitale digne de lui ou, plus exactement, un vrai palais-forteresse. Il avisa à 6 kilomètres au nord de Somniaga, à 9 kilomètres au nord-est de Sissamba, une brousse inhabitée qui s'appelait Gósa. Il avait vu, pendant son séjour à Ségou, des constructions quadrangulaires en banko, avec toit plat en argamasse, beaucoup plus grandes, beaucoup plus solides que les huttes rondes en terre à chapeau de paille des Mossis. Il résolut de s'en faire faire une de dimensions inusitées, à quatre étages, c'est-à-dire à quatre bâtiments rectangulaires superposés les uns au-dessus des autres, assez plats sans doute et surtout en retrait les uns par rapport aux autres à mesure qu'ils s'élevaient (il y a dans le pays gourounsi des citadelles légèrement de ce genre que j'ai décrites dans mon *Noir du Soudan. Pays mossis et gourounsis*, p. 167). Tous les villages environnants furent mis à contribution, ainsi que la colonne bambara elle-même, pour construire ce grand tata. La terre fut apportée des environs et naba Kango ne voulut pas qu'on en prît sur place. Quand ce fut fini, les Bambaras s'installèrent autour du tata, ainsi que les captifs de la couronne et un petit quartier de captifs bobos. Puis naba Kango appela tous les chefs du Yatenga à venir le saluer, d'où le nom qu'on donna à la forteresse : Ouahigouya, ou mieux Ouayougouya de Ouaga ou Ouaka, viens, viens ici et yougouya = saluer, saluer à la manière mossi, c'est-à-dire en se mettant à quatre pattes ou sur le ventre et en précipitant rapidement de la terre sur sa tête de ses deux mains, tout en frappant la terre de ses coudes.

Après avoir reçu l'hommage de la plupart des chefs du Yatenga et même du chef de Zandoma, naba Kango parcourut le pays pour assurer sa domination. Il visita surtout le sud-ouest, c'est-à-dire le pays samo peuplé de gros villages cultivateurs et anarchiques qui ne voulaient reconnaître la domination des Moro-nabas du Yatenga que pendant qu'ils cultivaient et qui se déclaraient indépendants chaque année dès que leur mil était engrangé, c'est-à-dire pendant la saison sèche. Naba Kango fit colonne contre Ouillé (2.500 habitants environ, 35 kilomètres au sud-ouest de Ouahigouya) et soumit le village. Il fit aussi colonne contre Dio, village moitié samo, moitié mossi (situé un peu au sud-est de Ouillé) mais les gens se réfugièrent dans une caverne naturelle qui est auprès de leur village et où ils ne purent être forcés. Naba Kango enleva tout ce qu'il put dans le village et les gens vinrent à la fin faire leur soumission.

Cependant ces promenades militaires et ces exécutions dans le Yatenga avaient poussé beaucoup de Mossis à se réfugier à Yako, capitale d'une importante province relevant de Ouagadougou, et formant au sud la limite du territoire du royaume. Naba Kango demanda au naba de Yako de lui livrer les réfugiés. Sur son refus, il dirigea contre lui une forte expédition, prit Yako et brûla tout le canton. Le chef de Yako se réfugia à Laï et envoya demander pardon au vainqueur. Kango lui pardonna et lui rendit Yako, mais non sans avoir fait planter auprès du village un bois sacré composé de la liane épineuse qui se nomme aussi en mossi kango. Jouant sur l'identité des deux noms, naba Kango aurait dit au Yako-naba : « J'ai fait planter ce kango pour que, l'ayant sous les yeux, tu ne sois pas tenté de m'oublier jamais ». Pendant tout son règne la province de Yako dépendit du Yatenga, mais, quand il fut mort, les nabas de Yako cessèrent de venir saluer ses successeurs et portèrent leurs hommages comme auparavant à la cour de Ouagadougou.

En revenant de l'expédition de Yako, naba Kango ayant à se plaindre de ses Bambaras, qui pillaient beaucoup malgré ses ordres et se montraient aussi indisciplinés que braves, les fit camper auprès de Nisséga, dans le thalweg du marigot à sec, au milieu de très hautes herbes. Il eut soin de mettre les Mossis à part, en dehors des herbes. Pendant la nuit il fit allumer celles-ci tout autour des Bambaras et, pour plus de sûreté, les fit cerner par ses troupes indigènes. Beaucoup de Bambaras périrent par les flammes ou par le glaive. Un certain nombre d'entre eux furent épargnés et établis plus tard à Bogoya, à Goutoula et même restèrent auprès de lui à Ouahigouya. D'autres enfin s'enfuirent et regagnèrent Ségou où ils crièrent vengeance contre naba Kango, ce qui devait amener un peu plus tard la guerre entre Bambaras et Mossis.

Naba Kango fit aussi une expédition contre les Peuls du Djilgodi (au nord-est du Yatenga) mais il fut battu, repoussé et se le tint pour dit. Ce fut la seule défaite qu'il ait jamais essuyée.

Pour ce qui est de la guerre avec les Bambaras, les traditions du pays n'en parlent pas. Se basant sur des récits bambaras, Delafosse dit : « Vers 1760, Ngolo Diara, alors empereur à Ségou, voulut venger ses compatriotes et partit en guerre contre le Yatenga, mais il fut repoussé par Kango. Plus tard, à la suite d'une sorte de guerre civile qui éclata à Ségou, les commerçants dioula de cette ville s'enfuirent et se réfugièrent au Yatenga ; Ngolo demanda à Kango de les lui renvoyer et, sur son refus, dirigea pour la deuxième fois une colonne contre l'empire de Ouahigouya ; cette colonne n'eut pas plus de succès que la précédente et Ngolo mourut pendant cette expédition, suivi de près dans la tombe par son adversaire (1787) ».

Naba Kango fut un grand justicier qui poussa même la justice jusqu'à la cruauté. Il interdit les luttes de village à village. Quant aux voleurs dangereux et aux meurtriers, il prit l'habitude de les faire brûler dans un endroit de la brousse appelé Pisi, auprès de Ouattinoma, à quelques kilomètres à l'est de Ouahigouya. Les forgerons de Rondologo et de Ouahigouya étaient chargés de les attacher dix par dix et de les faire brûler ainsi. On convoquait la population des villages voisins à ces solennités et les tamtams étaient convoqués eux aussi et faisaient un tapage infernal pour qu'on n'entendît pas les cris des victimes Pour que la fête fut complète on amenait un bœuf et, quand les malfaiteurs étaient brûlés, on tuait l'animal et on en partageait la viande entre tous ceux qui s'étaient rendus à Pisi. Ces fêtes, pyrotechniques et alimentaires, étaient de l'invention du naba Kango.

En définitive le naba Kango ne fut pas aimé, mais de son temps, m'a dit quelqu'un, il avait fini par ne plus y avoir beaucoup de voleurs au Yatenga. Peut-être aussi, comme l'insinue Vadier, le naba Kango faisait-il brûler avec les voleurs et les meurtriers les gens qui le gênaient ou qui lui déplaisaient.

En tout cas cette cruauté eut son épilogue. Kango n'avait pas de fils mais finit par avoir une fille. Les chefs placés sous son autorité, dit Vadier, gagnèrent ses femmes. Quelques jours après la naissance de la petite fille, ils apportèrent de nombreux cadeaux au naba qui les remit à ses épouses. Celles-ci, suivant la coutume, mirent les boubous et les pagnes sur le corps de l'enfant, mais d'une façon si maladroite qu'elles l'étouffèrent.

D'après une autre version, (car il y a toujours deux écoles), la petite fille aurait été étouffée par hasard.

Une des idées de naba Kango fut de créer un généralissime mossi. Pour cela il constitua au sud-est de Ouahigouya un petit canton, le canton du Oula, à la tête duquel il mit un homme de sa suite qu'il jugeait apte aux travaux guerriers et auquel il donna l'autorité sur tous les tensobas (ou chefs de colonnes) et même sur les ministres, au point de vue militaire. Puis il spécifia bien que ce tensoba supérieur serait remplacé à sa mort non par son frère ou son fils mais par quelqu'un que lui, naba Kango ou ses successeurs, désigneraient de nouveau parmi les gens de tout rang, même parmi les esclaves de la couronne, comme particulièrement capable. Actuellement encore le chef du Oula est nommé par le Moro-Naba du Yatenga et sa charge ne bénéficie pas de l'héréditariat. Elle fut tout de suite une des plus importantes du pays.

Naba Kango fut enterré à Ouahigouya, dans le village qu'il avait fondé. Son tombeau fut élevé au pied de son énorme tata. Tandis que celui-ci a été détruit et qu'il n'en subsiste plus qu'une arête dentelée géante, le tombeau existe toujours; il est de forme quadrangulaire, orienté de l'est à l'ouest, de deux mètres de haut environ, orné sur une de ses petites faces (celle de l'ouest) de dessins en briques jouant la sculpture. Dans la grande pauvreté architecturale, dans la viduité architecturale du pays, ce tombeau semble un chef-d'œuvre et est un des monuments à citer.

Comme on le voit, le naba Kango fut le plus grand roi du Yatenga moderne. Il rangea puissamment le pays sous sa domination, centralisa autant qu'il put, fut victorieux à l'intérieur et à l'extérieur. Il est resté le naba le plus populaire avec l'ancêtre, le fondateur du pays, Yadega.

Naba Saga ou Sagha, fils de Pigo et de la femme Tardo, neveu de naba Kango, lui succéda. Il régna 16 ans (donc de 1787 à 1803) et demeura à Tziga.

Il dirigea une colonne contre les Kados, mais, avant d'arriver dans la montagne, il mourut. Il fut enterré à Somniaga.

Naba Sagha eut énormément de fils : 133 paraît-il, sans compter les filles. Il est vrai qu'il avait 333 femmes.

Ce fut lui qui créa le petit canton de Tougouya où il plaça un de ses fils comme chef. Il fit également de Roba un canton où il plaça un autre de ses fils, naba Kom (Roba, comme nous le savons, avait autrefois dépendu directement de Zandoma et en formait le territoire sud. Le canton de Roba fut ensuite agrandi par nous, après l'occupation).

Naba Kaoga ou Kaogo (1803-1806) lui succéda. C'était le frère de naba Sagha, le fils de naba Pigo et de la reine Sôndéré. Il habita Tziga ou Sissamba, peut-être les deux villages. Il possède également deux tombeaux, l'un à Somniaga où est son corps (ou plutôt où était son corps), l'autre à Sissamba où l'on a enterré des objets lui appartenant. C'était un pillard émérite. Jamais un seul jour ne s'écoula sous son règne sans qu'il allât dans la campagne ramasser les troupeaux des Peuls et, comme il était généreux, les Mossis faisaient bombance. On ne s'étonnera pas que ce digne roi ait été très fortement apprécié par ses sujets et qu'il ait laissé un souvenir attendri. Malheureusement le sort impitoyable le fit mourir au bout de trois ans de règne. Vadier prétend qu'il fit une expédition malheureuse dans le Macina, c'est-à-dire sans doute contre les Tombos. D'autres prétendent qu'il n'en fit pas. Il y a peut-être confusion avec l'expédition de naba Sagha relatée plus haut.

Naba Tougouri (1806-1822), premier fils de Sagha — et de la reine Sôré — succéda à son oncle Kaogo et s'installa à Ouahigonya. Il aurait régné 16 ou 17 ans.

Une querelle éclata entre les fils de Kaogo et lui, à cause des bœufs que ceux-ci, à l'exemple de leur père, continuaient à enlever aux Peuls. Quoique naba Tougouri ne se gênât pas pour agir de même à l'occasion, il voulut réfréner l'avidité de ses cousins et les expulsa de Ouahigouya. Alors ils se réfugièrent en pays samo, à Gouiré, à 45 kilomètres au sud-ouest de Ouahigouya. Il les suivit, les attaqua et fut battu. Il revint à Ouahigouya, prépara une nouvelle colonne, marcha de nouveau contre eux et fut vainqueur. Il tua sept des fils de naba Kaogo et s'apprêtait à en faire un plus grand massacre quand ses ministres s'interposèrent et l'empêchèrent de tuer les survivants et de brûler Gouiré.

Tougouri essaya aussi de soumettre la province de Yako qui conquise, comme nous l'avons vu, par naba Kango, avait échappé à la domination du Yatenga à la mort du grand naba. La première colonne de Tougouri fut battue, mais celui-ci revint préparer une colonne plus forte qui fut prête au bout de sept ans. Le chef de Yako, naba Silim, fut écrasé et dut se réfugier dans le royaume de Ouagadougou.

Naba Tougouri nomma alors comme chef de Yako un de ses fils pour lequel il venait de former le canton de Tougo. Cependant naba Silim n'ayant plus en face de lui le terrible Tougouri, revint à la charge au bout d'un an et expulsa le Tougo-Naba. Tougouri, devant cette catastrophe, n'essaya pas de reconquérir Yako.

Naba Tougouri semble avoir été en même temps qu'un naba guerrier un grand créateur de cantons : avant lui le gros village de Namsighia et les villages qui en dépendent au nord-ouest étaient commandés par leurs chefs nioniossés et relevaient de Tangaï. Tougouri en fit un canton à part qu'il donna à son avènement à son frère naba Korgo.

Quelques années plus tard (1810) il donnait à un de ses fils Rici et Kouba, ce qui constitua l'embryon du canton actuel de Rici. Puis il donna à un autre de ses fils Nimpouya et Tongoué qui devaient plus tard être rattachés au précédent canton. Enfin il créa le canton de Tougo dans la partie méridionale du Yatenga, au sud du Roba, à l'est du Goursi, à l'ouest du Koussouka, canton dont les Nioniossés avaient dépendu jadis de Zandoma et en dépendaient même encore et il en donna le commandement à l'un de ses fils qui fut un moment, comme nous l'avons vu, le maître de la province de Yako.

Naba Kom (1822-1825) lui succéda. C'était le deuxième fils de naba Sagha. Sa mère s'appelait Niodogòm. Son vrai nom, qu'on ne doit pas prononcer, était naba Tanga. Il résida à Ouahigouya et y fut enterré auprès du tombeau de naba Kango, sur le côté nord de celui-ci.

Il ne put aller se faire sacrer à Goursi, car, à son époque, il fallait, paraît-il, sept ans de règne avant de pouvoir accomplir cette cérémonie.

Il aurait fait diverses colonnes contre les villages samos appartenant actuellement au cercle de Dedougou et aussi contre les Tombos de Bandiagara, pour se procurer des captifs.

A la mort de naba Kòm (1825, son successeur devait être son frère puîné naba Ragongo, le plus âgé des fils de Sagha vivant encore, ayant pour mère la reine Tougousogo. Malheureusement Ragongo avait le bras droit et la jambe droite paralysés, quoiqu'il pût pourtant se tenir à cheval, et les ministres, à cause de cette infirmité, décidèrent de l'écarter du trône et de donner la succession de naba Kòm à naba Korogo ou naba Kourgo son frère, celui que naba Tougouri avait nommé chef du Namsighia. Naba Ragongo n'accepta pas cette décision et, pendant que naba Kourgo s'installait à Ouahigouya, il alla à Gomboro ramasser des Samos, des Foulbés Diallonbés, réunir des aventuriers de toute sorte. Puis il se porta sur Tziga (sud-sud-est de Ouahigouya) où il rallia ses frères. Naba Kourgo, ayant appris ces événements, forma une colonne à son tour et vint attaquer naba Ragongo à Tziga. Mais il fut vaincu et dut se sauver à Ouahigouya. Naba Ragongo l'y suivit et l'y battit de nouveau. Ce fut au tour de naba Kourgo de fuir dans l'ouest. Il passa par Gomboro et gagna le Macina. Là il ramassa des Peuls et des Bambaras et marcha avec une grosse armée sur Ouahigouya. Naba Ragongo ne put tenir et dut se réfugier dans l'est à Namissighima, un peu avant le thalweg de la Volta Blanche, à quelques kilomètres à l'ouest de Todiam. Pendant ce temps les Bambaras et les Peuls de naba Kourgo se livraient à des excès à Ouahigouya, détruisaient le grand tata de naba Kango et brûlaient le village. Ensuite ils s'en allèrent chez eux. Alors naba Ragongo, rassemblant une colonne, revint attaquer naba Kourgo et le rejeta sur Gomboro où il mourut. Lui-même ne devait pas longtemps lui survivre et mourut en 1831.

D'après la tradition recueillie par Vadier, naba Ragongo se serait réfugié à Tziga, non à Namissighima. Au bout de sept jours il serait revenu massacrer les Bambaras, les Peuls et les Mossis ivres de dolo et aurait ainsi chassé naba Kourgo sur Gomboro.

La mort de naba Kourgo et de naba Ragongo ne mit pas fin aux troubles civils et aux guerres intestines : un fils de Saga et de la reine Nampamga qui s'appelait Ouabogo et était chef de Ridimba, comme le prédécesseur de naba Kango, fut élu régulièrement moro-naba et préféré à son frère aîné Zogo-naba (également fils de Saga et de la reine Bagandé) parce que celui-ci avait pris le parti de naba Kourgo. Zogo-naba, évincé, réunit une colonne à Gomboro et marcha sur Ouahigouya. Ouahogo fut vaincu et, après trois ou quatre mois de règne seulement, dut s'enfuir à Diéré, village du cercle de Dédougou. Il y mourut sans tenter de retour offensif (1831). D'après Vadier c'est dans le Macina qu'il se serait enfui.

Zogo-naba (1831-1834) s'appelait en réalité de son vrai nom de moronaba naba Niambimogo (ou Niambimoga). On le désigne sous le nom de Zogo-naba parce qu'il était le chef du canton de Diogoré ou Zogoré à son avènement au trône (Zogo-naba est l'abréviation de Zogoré-naba).

Après avoir chassé son frère Ouabogo et après avoir pris le commandement, il se fit construire une habitation à Zougouma ou Zougounam, petit village situé à l'est de Rici, à une dizaine de kilomètres à l'ouest de Ouahigouya (canton de Rici), et il y fit mettre quelques-unes de ses femmes, mais sa grande résidence fut à Sissamba. Il habitait tantôt dans un village, tantôt dans l'autre. Quand il fut sur le point de mourir, on le transporta à Sissamba, mais on l'enterra à Boulounsi (canton de Diogoré), sous prétexte que n'ayant pas été se faire sacrer à Goursi, il n'était pas un vrai moro-naba. Ce qui l'empêcha d'aller se faire couronner, ce fut la famine qui éclata sous son règne en 1832 et qui, se prolongeant pendant sept ans, devait durer encore cinq ans après sa mort. Enormément de gens du Yatenga moururent et on tua les vieillards pour les manger.

A Zogo-naba succéda naba Totéballobo (1834-1850), frère des précédents, fils de Sagha et de Sié (ou Sien), qui habita Tziga. Il s'appelait de son vrai nom Silmiga (ce qui veut dire Peul en mossi) mais prit celui de Totéballobo en montant sur le trône. Il devint aveugle six années après sa prise de commandement, c'est-à-dire en 1840.

Il semble que cette infirmité l'ait d'abord retenu immobile à Tziga, mais, sur la fin de son règne, il devait au contraire se montrer très actif, trop actif même puisque cette activité intempestive lui coûta la vie. Quoi qu'il en soit c'est à lui qu'était réservé l'honneur d'attaquer le Riziam, ce royaume mossi fondé à l'époque de Yadega et qui était toujours resté indépendant depuis. Comme nous l'avons vu, à l'époque de sa fondation (XIVe siècle) le Riziam était certainement plus fort que le Yatenga. Au XVe siècle, au contraire, les grands progrès du Yatenga avaient fait du Riziam l'état le plus faible. Cependant le Yatenga n'avait jamais attaqué sérieusement son voisin. Il faut arriver jusqu'au naba Totéballobo pour avoir le premier essai d'annexion du Riziam par le Yatenga.

Avant d'en venir au récit de cette guerre, c'est ici le lieu de dire quelques mots de l'histoire du Riziam.

Le plus ancien naba du Riziam dont on ait conservé le souvenir est un Kado, naba Kountorosé. A son époque c'étaient des Kados qui habitaient le Riziam. Il y avait aussi des Foulsés, mais les Kados y étaient plus anciens qu'eux. Nous avons vu plus haut comment naba Kouda, frère de Yadega, alla de La à Lallé et finit par conquérir le Riziam. Son fils, naba Tassango, dont la mère s'appelait Songodoba, compléta la conquête. C'est à cause de lui qu'on appelle souvent le Riziam Tassango-tenga, c'est-à-dire la terre de Tassango. Le royaume comprenait à cette époque non seulement le Riziam actuel, mais encore le Ouindighi tout peuplé de Foulsés, le nord du cercle actuel (région d'Ingahné, Tibbo, Ségué, Bahn), de plus certains villages de la région actuelle de Bandiagara. Enfin il faudrait ajouter Kaya et Pikoutenga, dans le cercle actuel de Kaya, qui auraient constitué les dépendances sud du Riziam. Ajoutons qu'on ne sait pas au juste qui conquit tout cela, quelle fut la part de Kouda, celle de Tassango, celle de leurs successeurs.

La légende a fini par faire confusion entre Kouda, le véritable conquérant du Riziam, et le naba de Ouagadougou du même nom qui succéda à Koundoumié. Elle a fait confusion d'autant plus facilement que ces deux Kouda sont l'oncle et le neveu, le premier étant le frère de Yadega et de Koundoumié, le second étant le fils de ce dernier. D'après cette déformation, ce ne serait pas Kouda lui-même qui aurait conquis le Riziam, n'ayant pas bougé de Ouagadougou où il régnait, mais son fils Tassango. C'est celui-ci qui aurait chassé Kountorosé. Tous les Kados partirent avec celui-ci. Quant aux Foulsés les uns partirent, les autres restèrent (Rollo, Koulibéogo, Pogoro, Igodoga, Ouittenga, Tamponi, etc. sont encore des villages foulsés).

Naba Tassango aurait habité soit le village de Riziam, soit celui de Sabacé. Tous ses successeurs sans exception auraient habité Sabacé, véritable capitale du Riziam. Quant à la ville sainte, ce serait le petit village de Boussoum (1), auprès de Sabacé, où sont non seulement les grigris sacrés pour le couronnement, mais encore les tombeaux des nabas du Riziam.

C'est naba Tansouk (ou Tansouka), fils de Tassango et de Yoba (ou Yora) qui lui aurait succédé. Il aurait régné pendant douze ans.

Naba Bogodomnoré (ou Bogodonoré), son frère, fils de la reine Ouamsoum (ou Ouémsoum) régna pendant huit ans.

---

(1) Ne pas confondre avec le Boussoum, canton et village, situé au sud-ouest de Goursi.

Ensuite vient naba Toungoudou, frère des précédents. Sa mère s'appelait Sankouri.

Naba Gourounda, son frère, lui succéda, fils de naba Tassango et de Koumpékem (ou Sapokem). Il régna pendant treize ans.

Naba Téguédébaninga (ou Téguédébaniounga) vient ensuite, fils soit de Tassango, soit de Gourounda. Sa mère s'appelait Touri (ou Toura).

Naba Mamzi, fils du précédent et de Targanga, se battit avec le chef de Boussouma et le vainquit. Il brûla Boussouma. Il battit aussi Pissilanaba mais ne conserva rien de ses conquêtes.

Naba Kétirié (ou Kettirié), fils de naba Mamzi et de Yamba, régna pendant dix ans.

Naba Zaka, fils de naba Mamzi et de la reine Yambénéré ou de naba Kettirié et de la reine Gomdéba n'aurait régné que 70 jours. Le Moro-Naba du Yatenga de l'époque aurait fait colonne contre lui et brûlé Sabacé.

Naba Yambénéré qui fut le fils de naba Zaka et de la reine Belsogo, à moins qu'il n'ait été le fils de naba Kettirié et de la même Belsogo, a laissé la réputation d'un bon naba.

Naba Kòm, fils de Yambénéré et de Sapoko (ou de Mamzi et de Sapoko) a laissé également la renommée d'un bon chef très généreux.

Naba Piga fils de naba Kòm et de la reine Alamoussa lui succède.

Naba Tébéra ou Tébéda, frère du précédent, vient après celui-ci, fils de naba Kòm et de Tintiengra. Il a laissé la réputation d'un bon chef.

Naba Rabogo, fils de naba Kòm et de Nakiélembangué (ou Nakiélembangado) régna pendant 12 ans (probablement de 1787 à 1799).

Naba Zendé vient ensuite, fils de naba Piga et de Bengamenga. Il a laissé la réputation d'un mauvais chef. On raconte de lui la même chose que de naba Zaka vu plus haut : comme c'était un grand pillard il vint perpétrer ses exploits dans le Yatenga. Alors le Moro-Naba du Yatenga fit colonne contre lui et le chassa de Sabacé qui fût brûlé. Il se réfugia dans les petites montagnes du pays, au nord-est de Sabacé, et sans doute y fut tué car il n'aurait régné que 70 jours. Il y a certainement confusion entre ce naba et naba Zaka (date probable : 1799).

Naba Zoumbouri (ou Zoungouri), fils de naba Kòm et de Kibisi, ou fils de naba Zendé et de Kibisi, régna pendant quatre ans disent les uns, six ans disent les autres. Il était très gourmand et avait un amour immodéré pour les têtes de bœuf. Il les faisait pourrir au soleil, puis cuire avec du sel. Ainsi préparées il s'en régalait (date probable : 1799-1804).

Naba Yemdé, fils de naba Piga et de Zougoudou, ou bien de naba Zoumbouri et de la même Zougoudou, régna pendant quatorze ans et laissa la réputation d'un très bon chef (date probable : 1804-1818).

Naba Kolonga (ou Koulounga), fils de naba Piga et de Bassaga, ou de naba Yemdé et de Bassaga, régna pendant sept ans, disent les uns, seize ans, disent les autres. On lui prête aussi un goût dépravé pour les têtes de bœuf. Il y a sans doute confusion de la tradition avec naba Zoumbouri (date probable : 1818-1830).

Naba Saga, fils de naba Tébéda et de Siboudou, régna pendant six ans disent les uns, dix ans disent les autres. Il a laissé une mauvaise réputation : il avait un caractère déplorable, irritable et violent. Il était cependant généreux (date probable : 1830-1838).

Naba Koboga lui succéda, fils de naba Saga et de Bambaniandé. Il régna pendant 49 ans (dates certaines : 1838-1887). Ce fut lui le contemporain de naba Totéballobo.

Comme on le voit, nous ne savons pas grand'chose des nabas du Riziam : le nom de la mère, le nom du père, le lieu de la résidence — pour les plus récents le nombre d'années de leur règne et, par ci par là, quelques pauvres anecdotes, puériles et grossières, comme nous en avons rencontrées aussi dans l'histoire du Yatenga et qui ne donnent pas une haute idée de l'imagination des Mossis : voilà le bilan des renseignements !

Il est sûr du reste que bien des nabas ont été oubliés, car, en supposant que naba Kouda vécut vers 1350, on a avec les 23 nabas qui vont de 1350 à 1916 une durée moyenne de règne de 25 ans, moyenne beaucoup trop élevée si on la compare à la moyenne réelle qu'on peut établir de naba Rabogo au naba actuel et qui est de 14 ans par naba. On peut donc supposer sans crainte que 50 o/o des nabas ont été oubliés.

Le naba Totéballobo préluda à son expédition contre le Riziam en envoyant une colonne contre le Zitenga-naba. On sait que le Zitenga, gros canton situé contre le flanc ouest du Riziam, et faisant partie de la même région géographique pleine de collines, avait été successivement occupé au cours des siècles par des compagnons de naba Rawa, puis de naba Yadega. Il relevait du Yatenga, mais le naba ne venait saluer qu'une fois en son existence le Yatenga-naba, trois ans après son avènement au pouvoir. Chaque année, en revanche, il envoyait son fils aîné lui présenter ses hommages.

A l'époque où nous sommes parvenus, le Zitenga-naba avait-il secoué la suzeraineté du Yatenga pour subir la domination du Riziam ? Les chefs de tamtam du Riziam affirment qu'à l'époque de naba Totéballobo, le Zitenga dépendait du Riziam. La chose n'est pas impossible et ainsi s'expliquerait la colonne que Totéballobo fit diriger en 1848 contre le Zitenga, pour le ramener sous la domination du Yatenga. Le Zitenga-naba fut vaincu et tué et remplacé par son frère.

Ensuite la guerre éclata entre le Yatenga et le Riziam. Quoique les événements ne soient pas très lointains, il est presque impossible de savoir comment ils se passèrent réellement, tellement les versions sont nombreuses, contradictoires et confuses. J'ai adopté la version la plus détaillée et la plus probable, mais j'indiquerai aussi les autres.

Le fils aîné de naba Totéballobo habitait alors à Napalghé, petit village situé auprès du gros village de Koussouka, dans le canton de Koussouka, donc auprès du Zitenga et du Riziam. Il acheta une esclave dont il fit sa concubine, qui s'enfuit dans le Riziam. Le chef du village de Sakou (Riziam) mit la main sur cette femme et la vendit comme captive. Napalghé-naba apprit la chose et alla se plaindre à son père qui réclama auprès du Riziam-naba. Celui-ci, craignant la puissance du Yatenga, ordonna au chef de Sakou de racheter la femme pour la restituer. Ce fut fait et la femme fut rendue à naba Totéballobo qui la fit tuer comme adultère et demanda au chef du Riziam de tuer le Sakou-naba pour avoir vendu une femme, épouse de son fils, comme esclave. Le Riziam-naba refusa de tuer le chef de Sakou, en disant que celui-ci avait cru avoir affaire à une captive. Le naba Totéballobo rassembla alors les nakomsés du Yatenga pour leur exposer l'affaire. Il semble qu'il ait voulu d'abord diriger une colonne contre le Riziam, sans prendre part lui-même à l'expédition. Mais son frère, Yendé, lui objecta que personne ne pouvait faire la guerre au Riziam-naba sinon le Yatenga-naba en propre personne. — Mais je suis aveugle, répondit Totéballobo. — Qu'importe ! dit Yemdé, tu seras avec nous. C'est l'essentiel. Tu n'auras pas besoin de te battre, mais il faut que tu sois présent. — Cet avis l'emporta et une grosse colonne fut préparée contre le Riziam. Elle marcha d'abord sur le village même de Riziam qui, abandonné par naba Koboga, fut brûlé. Puis elle marcha sur le village de Sabacé abandonné à son tour et le brûla, le Riziam-naba s'étant réfugié dans les petites montagnes qui sont au nord de Sabacé et séparent ce village du lac Bama.

Qu'arriva-t-il alors ? y eut-il des explications entre naba Koboga réfugié dans ses collines et naba Yemdé, au sujet de ce qui avait amené la guerre, ou les gens du Yatenga considérèrent-ils la colonne comme finie ? En tout cas ils se dirigèrent de Sabacé vers Koungousi, village commerçant situé à la limite du Riziam et du Ratenga, au sud du lac Bama, à une quinzaine de kilomètres au nord de Sabacé et, pour y atteindre, durent longer les collines où s'étaient réfugiés les gens du Riziam. Ceux-ci attaquèrent-ils la colonne en retraite chargée de butin et l'écrasèrent-ils, au moins l'arrière-garde ? C'est ce qu'affirme une tradition des gens du Riziam d'après laquelle ils attaquèrent les envahisseurs dans leur route vers le Bama et les rejetèrent vers le lac où beaucoup de gens du Yatenga furent tués ou noyés parmi lesquels le naba Totéballobo.

Une autre tradition veut que naba Totéballobo soit resté en arrière. Tandis que le gros de la colonne dépassait Koungousi et atteignait Bama, à l'ouest du lac, naba Totéballobo arrivait à Koungousi, très faiblement accompagné. Cependant des Yarsés de Lioudougou (village situé à peu de distance de Koungousi) qui avaient déserté leur village y revenaient pour le réoccuper et suivaient la colonne à distance, prêts à tuer les traînards et à faire du butin s'ils le pouvaient. Ils virent le naba Totéballobo très peu accompagné et, le prenant pour un chef de deuxième ordre, n'hésitèrent pas à l'attaquer et le tuèrent. Ils prirent un gros bracelet d'argent qu'il avait au bras et le portèrent au Riziam-naba. Cependant, au village de Bama, naba Yemdé s'apercevait de l'absence de son frère. Il faisait rétrograder la colonne jusqu'à Kongousi où l'on trouvait le cadavre de naba Totéballobo. Le Riziam-naba, averti par naba Yemdé, dit qu'il connaissait en effet sa mort. Il fit tuer les deux Yarsés meurtriers du naba et rendre le bracelet d'argent. Le corps de naba Totéballobo fut ramené à Ouahigouya, puis enterré à Somniaga.

Une autre version, qui a cours au Yatenga même, dit que la colonne de Totéballobo, attaquée dans sa marche de Sabacé vers le lac Bama, fut battue et s'enfuit. Naba Totéballobo lui-même, fuyant sur un âne, aurait été frappé à coups de hache par un Yarsé et tué. A son gros bracelet d'argent on reconnut ensuite le Yatenga-naba. Naba Koboga reprocha au meurtrier d'avoir tué un tel chef au lieu de le lui amener. Dans sa colère, il voulut même le faire massacrer, mais ses ministres s'y opposèrent. Alors le Riziam-naba ordonna de jeter le cadavre dans le Bama, ce qui fit croire que naba Totéballobo s'était noyé en voulant fuir.

Voici maintenant comment Vadier raconte cette guerre et la mort du naba :

« Le frère de naba Totéballobo, naba Yemdé, essaya de fomenter quelques troubles afin de le renverser, mais, sentant qu'il n'avait aucune chance de réussir, il attendit quelques années et parvint à convaincre son frère d'aller combattre le Riziam-naba... Naba Yemdé parvint à faire admettre à Totéballobo d'obliger le Riziam-naba à venir le saluer.

« Totéballobo, bien qu'aveugle, prit avec Yemdé la tête de ses troupes. Il vainquit Riziam-naba à Riziam, puis à Sabacé. Le chef du Riziam s'étant réfugié dans la montagne, Totéballobo et Yemdé retournèrent vers Ouahigouya. En cours de route, Yemdé conçut le projet de faire disparaître son frère. Grâce à certains complices, il fit prendre un mauvais chemin à Totéballobo, lors de la traversée du lac Bama. Totéballobo s'embourba et, aveugle, ne put se retirer de la vase de cet immense marais et mourut noyé.

Quand Yemdé fut certain de la mort de son frère, il se rendit près de Riziam-naba et lui déclara que tout était terminé ».

Il y a bien des inexactitudes dans ce récit de Vadier. D'abord est-il bien sûr que ce soit naba Yemdé qui ait amené par ses machinations la mort de son frère ? C'est très douteux. Assurément, après la mort de naba Totéballobo, quelques-uns accusèrent naba Yemdé de l'avoir voulue et préparée, mais ces accusations ne reposent sur rien de positif.

Ensuite la guerre ne fut pas finie entre le Yatenga et le Riziam, comme l'affirme Vadier, à la mort de naba Totéballobo. Le Ouindighi fut enlevé au Riziam et peut-être même naba Yemdé dirigea-t-il une seconde colonne sur Sabacé.

Enfin il y a une inexactitude flagrante dans le récit. Vadier dit que,

Riziam et Sabacé brûlés, la colonne revint vers Ouahigouya et passa ainsi par le Bama, mais il suffit de consulter une carte du Yatenga, pour voir que le chemin de retour, à partir de Sabacé, passe par Rouni et Tammigaï, Rouko et Tikaré (c'est-à-dire par l'ouest du Riziam et le Zitenga) et nullement par le lac Bama qui est situé au nord-nord-est de Sabacé. Il y a donc eu des événements, dont Vadier ne parle pas, qui se sont passés entre la destruction de Sabacé et le retour, qui expliquent comment la colonne gagna préalablement le lac Bama.

On voit donc que le récit de Vadier est incomplet, érige en certitudes de simples hypothèses, bref est fort sujet à caution. Delafosse n'ayant pas d'autre source à sa disposition a résumé ce récit.

En définitive, on peut penser que naba Totéballobo, vainqueur à Riziam et à Sabacé, s'achemina, chargé de butin, vers le sud du lac Bama, c'est-à-dire vers Koungousi. La colonne fut attaquée dans sa marche, au moins l'arrière-garde, par les gens du Riziam réfugiés dans leurs petites montagnes s'étendant entre Sabacé et Koungousi, à droite de la route suivie par la colonne. Là, les gens du Yatenga subirent un gros échec et Totéballobo, aveugle, qui suivait la colonne fut tué et dépouillé par des Yarsés. Peut-être son cadavre fut-il jeté dans le lac par les Yarsés ou par ordre du Riziam-naba, ce qui aurait donné naissance au bruit qu'il s'était noyé dans le Bama.

Voilà, je crois, la version la plus probable.

En tout cas naba Yemdé, après la mort de Totéballobo, prit le Ouindighi, c'est-à-dire la portion nord de l'ancien Riziam, toute peuplée de Foulsés et située à cheval sur la route actuelle de Ouahigouya à Djibo. D'après quelques-uns, le Riziam-naba, craignant pour lui-même, n'aurait pas osé s'opposer à cette annexion. D'après d'autres naba Yemdé aurait fait une nouvelle colonne contre Sabacé qui aurait été de nouveau brûlé.

Naba Yemdé plaça à la tête du Ouindighi un de ses captifs de case. Et il est d'usage encore maintenant qu'à la mort du Ouindighi-naba le nouveau chef soit non pas son frère ou son fils ou son neveu, mais soit choisi par le moro-naba parmi les captifs de la couronne.

Naba Yemdé, frère, comme nous le savons, de Totéballobo, était un fils de naba Sagha et de la reine Kom. Il demeura à Ouahigouya et fut enterré à Somniaga. Il régna de 1850 à 1877.

Son règne fut passablement guerrier, comme nous allons le voir, et pourtant les Mossis en ont conservé un excellent souvenir. C'est que, sous son commandement, les récoltes furent très abondantes et les vieux les vantaient encore au moment de l'occupation française. De plus naba Yemdé était un chef généreux, aimé de tout le monde à cause de cela.

Le Yatenga ne vécut pas cependant dans la tranquillité sous son règne comme l'affirme Vadier. Yemdé fit des colonnes contre les Tombos : il « cassa » les villages de Kountogoré, Douna dans le cercle de Bandiagara, Pédéga du côté de Douentza, Irighé dans la résidence actuelle de

Sangha. Il démolit aussi des villages de Samos situés du côté de Louta : Zala et Sémé. Enfin il réduisit à l'obéissance, dans le Yatenga même, les Samos et les Peuls de Lankoy qui vinrent le saluer en signe de soumission.

Tombos et Samos n'étaient pas des adversaires très redoutables pour naba Yemdé, à cause de leur attitude purement défensive, mais naba Yemdé eut affaire à un ennemi autrement redoutable : le fameux Ba-Lobbo, qui disputa à Tidiani le Macina à partir de 1864, date de la mort de El-Hadj-Omar, porta en effet ses armes jusqu'à Douma (gros village situé à 40 kilomètres O.-N.-O. de Ouahigouya). Il vint avec beaucoup de cavaliers. Naba Yemdé réunit de son côté tous ceux du Yatenga et marcha à leur tête contre son adversaire. La colonne fut soutenue par une sortie des gens de Douma que ceux de Kallo étaient venus renforcer et Ba-Lobbo fut mis en fuite. On le poursuivit jusqu'à Bankassé (cercle de Bandiagara). Beaucoup de gens du Macina furent tués et on leur prit un grand nombre de fusils et de chevaux.

Naba Yemdé et Ba Lobbo devaient se retrouver encore une fois face à face. En effet le village peuhl de Péla du Djilgodi ayant appelé le chef Macinanké, celui-ci s'empressa de venir, vainquit les Peuls du Djilgodi, et s'apprêtait à revenir en arrière en emmenant captifs tous les fils de chefs. Un peuhl s'échappa et vint à Ouahigouya solliciter les secours de Yemdé. Celui-ci, rassemblant des cavaliers, tomba sur Ba-Lobbo à Djibo même. Les prisonniers furent délivrés et Ba-Lobbo obligé de s'enfuir.

Malheureusement, Yemdé sollicité par le chef des Peuls de Djibo d'aller détruire le village de Péla qui avait appelé Ba-Lobbo, souscrivit à sa demande et marcha contre ce village. Moins heureux que contre Ba-Lobbo lui-même, il se fit battre à plate couture et deux ministres mossis, le Togo-naba et le Baloum-naba, furent tués. Les Peuls de Péla vainqueurs vinrent piller jusqu'à Toulfé même.

D'après la Monographie de 1904, Yemdé se serait encore battu avec le naba de Yako et, d'après Vadier, avec le village de La. D'après des renseignements autorisés, naba Yemdé au contraire ne fit pas colonne contre La qui dépendait toujours du Yatenga, ni contre le naba de Yako avec lequel il vécut parfaitement en paix.

Somme toute ce fut un règne heureux et même glorieux pour le Yatenga — le dernier de tous du reste. Les Français s'approchent. C'est en 1878 en effet, un an après la mort de naba Yemdé, qu'ils prennent Sabouciré sur le Haut-Sénégal, préludant ainsi à la marche en avant qui va les porter rapidement vers l'est.

Naba Sanoum (ou Sanom ou Sanam), cousin du précédent, fils de naba Kaogo et de la reine Ouané, lui succéda. Il demeura à Sissamba où il est enterré. Il mourut dans la deuxième année de son règne et ne régna que de 1877 à 1879.

Naba Noboga (1879-1884), fils de naba Tougouri et de Mammendé (ou

Mama ou Mamyam), demeura à Ouahigouya et fut enterré à Somniaga.
Il envoya une colonne contre le village de Barabouli (Djilgodi). Cette colonne était commandée par le généralissime (le Oula-naba) et par le chef de la cavalerie et de la noblesse (le Ouidiranga-naba). Fut-elle heureuse ? on ne peut pas le savoir. D'après quelques-uns de mes interlocuteurs, Oula-naba prit Barabouli, pilla le village et le brûla. D'après d'autres, il tua beaucoup de Peuls, mais finalement ne put pas s'emparer du village.

Les Mossis furent très mécontents de ce règne : il y eut en effet beaucoup de famine et ici on fait retomber sur les rois la responsabilité de ces calamités, les accusant de faire des grigris pour empêcher les tornades de tomber. Naba Noboga fut même accusé spécialement de ce fait : il paraît qu'on lui avait prédit que, quand il y aurait beaucoup de mil dans le Yatenga, il mourrait. Alors il appela le tengasoba de Bourzanga (gros village foulsé du Ratenga) qui est le timisoba (chef des grigris) supérieur du Yatenga et le pria d'empêcher toujours la pluie de tomber. Celui-ci, au lieu de faire à côté de la tombe de naba Kango les sacrifices ordinaires pour faire venir la pluie, se livrait, dans l'intérieur de sa case, à des opérations opposées : jetant une poudre spéciale sur des charbons ardents, il produisait une fumée qui, sortant par les interstices de la toiture, montait vers le ciel et empêchait toute tornade de crever pendant l'espace d'un mois. Avec ce système, les pluies étaient rares et il n'y avait pas beaucoup de mil dans le pays. Malgré ces précautions, l'ennemi des tornades pluvieuses mourut au bout de cinq ans, au grand soulagement de ses sujets.

Naba Piga ou Pigo (1884-1885) qui lui succéda, régna encore moins longtemps : sept mois. C'était le fils de naba Totéballobo et de Patoé. Il résida à Ouahigouya où il fut enterré.

Naba Baogo ou Bango (1885-1894) lui succéda. C'était le fils de naba Yemdé et de sa femme Tibilo.

Il était chef de Zogoré, avant d'être moro-naba et habitait par conséquent à Zogoré. C'était lui qui avait soutenu naba Noboga, l'ennemi des tornades, à son avènement. Naba Noboga était bien en effet l'aîné des fils de Tougouri, mais il n'était pas le fils d'une femme libre : il était le fils d'une captive aimée de son père et, en conséquence, les autres fils de naba Tougouri voulaient nommer comme moro-naba le chef de Mopelhoro, second fils de Tougouri, puîné de naba Noboga, mais fils d'une femme libre. Ce fut naba Baogo, alors simple Zogoré-naba, qui soutint qu'on devait nommer Noboga (alors chef de Magarougou) parce qu'il était l'aîné et parce qu'on ne devait consulter que l'ascendance paternelle. Sa thèse fut approuvée par tous les petits-fils de Saga (sauf les fils de Tougouri) dont il était en quelque sorte le porte-parole, et adoptée malgré l'opposition des fils de Tougouri.

Comme nous le savons, naba Saga avait eu un grand nombre de fils qui avaient régné tour à tour : naba Tougouri, naba Kom, naba Ragongo, naba Zogoré, naba Totéballobo et naba Yemdé. L'aîné, naba Tougouri, avait eu à lui seul plus de fils que tous ses frères réunis : naba Noboga, Mopelhoro-naba et bien d'autres dont nous allons avoir à parler : c'étaient là les fils de Tougouri. Quant aux enfants des autres fils de naba Sagha, ils formaient le parti qu'on appellera plus tard « les fils de Saga » — quoique à vrai dire les fils de Tougouri soient aussi bien des fils — des petits-fils de Saga — comme eux. Avec exactitude on devrait désigner ainsi les deux groupes : fils de Tougouri d'une part, fils des frères de Tougouri d'autre part.

Le naba Noboga régna cinq ans, comme nous l'avons vu. A sa mort le Zogoré-naba soutint que la branche Tougouri venant d'avoir son tour, c'était à la branche Totéballobo d'avoir le sien, les nabas intermédiaires, naba Kom, naba Ragongo, naba Zogoré n'ayant pas eu de fils ou ces fils étant morts (1) ; Ouro-naba, fils de Totéballobo, devait donc prendre le pouvoir. Les ministres donnèrent raison à Zogoré-naba, malgré l'opposition des fils de Tougouri qui voulaient, à tort du reste d'après la coutume, que la royauté restât désormais dans leur branche, assez féconde et assez étendue, pensaient-ils, pour fournir désormais tous les nabas, et Ouro-naba devint moro-naba sous le nom de Piga ou Pigo. Ce fut lui qui ne régna que sept mois.

A la mort de Piga, tous les fils de rois susceptibles de succéder vinrent encore pour chercher le commandement. Zogoré-naba soutint que c'était à lui de le prendre. La branche Tougouri a eu d'abord son tour, dit-il, avec naba Noboga, puis la branche Totéballobo est venue avec naba Piga, maintenant c'est au tour de la branche Yemdé. Or naba Yemdé a eu deux fils, moi l'aîné, Zogoré-naba, l'autre mon frère cadet Kéra-naba (2). C'est donc à moi, qui ai attendu patiemment mon tour légitime, de régner.

L'aîné des fils de Tougouri, Bogoya-naba, s'opposa à cet avis, ainsi que son cadet Tenguéniandé. Ils voulaient que le trône revînt à la branche Tougouri pour n'en plus sortir. Mais les ministres donnèrent raison à Zogoré-naba qui devint moro-naba sous le nom de naba Baogo ou naba Bango (1885).

De Zogoré, le nouveau moro-naba alla s'installer à Sissamba où il devait résider pendant 7 ans (1885-1892) avant de s'installer à Ouahigouya. Tout le monde vint l'y saluer, excepté les fils de Tougouri. Il les envoya chercher mais ils firent répondre qu'ils ne viendraient pas, prétextant la crainte d'être massacrés. Ils s'enfuirent même dans l'ouest jusqu'à Louta mais le naba Bango ne les ayant pas fait poursuivre, ils revinrent ensuite jusqu'à Péla-Tibtiguia (canton de Namsighia, 25 kilomètres ouest-nord-

---

(1) En réalité il y avait bien un fils de naba Kom, chef de Roba, dont nous aurons à reparler plus loin, mais il fut écarté, son père n'ayant pas été couronné moro-naba à Goursi.

(2) Mort seulement en 1915.

ouest de Ouahigouya) puis jusqu'à Youba (8 kilomètres au nord-est de Ouahigouya). Là ils délibérèrent s'ils feraient leur soumission. Sur ces entrefaites leur aîné Bogoya-naba mourut. Trois jours après, un autre d'entre eux, le Namsighia-naba, décéda à son tour. Tenguéniandé, resté le plus âgé, prit alors le commandement du groupe et fit décider de ne pas aller à Sissamba saluer le naba Baogo. Ayant appris cela, celui-ci, à bout de patience, monta à cheval et marcha sur Youba. Mais les fils de Tougouri se sauvèrent à temps. Baogo, ayant échoué dans son entreprise, retourna à Sissamba. Quelque temps après Tenguéniandé mourut. Il restait encore sept ou huit fils de Tougouri qui, voyant les morts successives qui frappaient leur groupe, accusaient naba Baogo de les faire mourir par des grigris. Aussi, pour se mettre hors de ses atteintes, s'enfuirent-ils jusqu'à Gomboro (gros village samo à 36 kilomètres à l'ouest de Ouahigouya) et à Tallé (gros village mossi situé auprès de Douma, un peu à l'est de ce dernier) qui prirent fait et cause pour eux. Au contraire Kalo et Douma restèrent loyalistes au naba Baogo : une fois installés là les fils de Tougouri prirent l'habitude de venir piller jusqu'à Ouahigouya. Ces pillages répétés exaspérèrent le naba Baogo qui décida de faire colonne contre eux. Il marcha donc sur Gomboro, leur tua beaucoup de monde, mais ne put prendre le village, qui est énorme et composé de soukalas quadrangulaires, en banquo, à toit plat, accompagnées de rangées de gros greniers à mil. La série de ces petites forteresses ne put être enlevée et la colonne rentra à Sissamba sur un échec, ayant même à déplorer la perte de quelques femmes du naba Baogo qui trouvèrent la mort dans un épisode de la bataille.

Dans cette expédition, naba Baogo avait été aidé par le chef des Foulbés Dialloubés du Yatenga demeurant à Thiou (37 kilomètres au nord-ouest de Ouahigouya) Mamadou Alaki avec lequel il n'était pas encore brouillé. Ce Mamadou était le fils d'El-Hadji (le Pèlerin), chef précédent des Foulbés Dialloubés de Ouahigouya, d'où le nom sous lequel on le désignait communément : Mamadou Alaki ou El-Hadji, c'est-à-dire Mamadou (sousentendu fils de) El-Hadji. Quant à la déformation de El-Hadji en Alaki, on sait que les noirs mettent le mot arabe El-Hadji à toutes les sauces : ils en font Laki, Alaki, Lagui, Alagui, etc. Sous toutes ces déformations il faut retrouver El-Hadj.

A cette époque, Mamadou, le fils de El-Hadji, qui devait devenir plus tard l'ennemi déterminé de naba Baogo, n'était pas encore brouillé avec lui. Selon la coutume des Foulbés Dialloubés du Yatenga il obéissait au moro-naba en exercice.

Les fils de Tougouri continuèrent à piller de plus belle, ce qui amena naba Baogo à faire plus tard une seconde colonne dirigée cette fois non plus sur Gomboro mais sur le canton de Namsighia plus facile à réduire. Tous les villages de ce canton furent « cassés » et la colonne victorieuse alla camper à Kalo, village ami. Au retour elle brûla Tangaré, village ennemi, et revint à Sissamba.

Naba Baogo, au bout de sept ans de règne (probablement en 1892), vint s'installer à Ouahigouya. L'année suivante, il apprit que les fils de Tougouri avaient noué des intrigues avec le Tago-naba (qui est le principal des ministres du moro-naba du Yatenga). Il résolut donc de le tuer mais le Togo averti se sauva à Nodé village situé au nord-ouest de Ouahigouya, à quelques kilomètres au nord de Bango), puis à Thiou chez Mamadou Alaki. Naba Baogo envoya dire à celui-ci de se saisir du Togo-naba et de le mettre à mort. Sans cela il le tuerait lui-même (la menace était d'autant plus sévère que naba Yemdé jadis avait tué El-Hadji, le père de Mamadou). Cependant ce dernier répondit que le Togo naba étant son ami depuis très longtemps il ne pouvait pas le tuer lui-même. Le naba Baogo n'avait qu'à envoyer des cavaliers auxquels il montrerait l'habitation du Togo. C'était tout ce qu'il pouvait faire. Naba Baogo envoya en effet 50 cavaliers à Thiou, mais le Togo, averti à temps, s'enfuit à Tallé où il salua le naba Bagaré qui était devenu l'aîné des fils de Tougouri. Alors naba Baogo fit dire à Mamadou de venir le voir à Ouahigouya. Le chef peuhl vint et alla camper dans la maison du Ouidiranga-naba où, selon la coutume, il devait loger chaque fois qu'il venait à Ouahigouya, étant pour ainsi dire du département de ce ministre. Mais il fut averti par certaines gens que s'il se présentait chez le moro-naba le lendemain il serait mis à mort. Il se sauva donc à Thiou, puis fit dire au naba Baogo qu'il ne pouvait venir étant malade, et que le naba voulut bien lui faire dire par un messager ce qu'il lui voulait. Naba Baogo lui répondit qu'il voulait simplement lui demander des bœufs pour un sacrifice. Mamadou les envoya, mais, en même temps, il faisait dire à Bagaré, à Tallé, qu'il était autrefois soumis au naba Baogo, mais que, celui-ci voulant le faire tuer, il l'abandonnait pour se mettre avec lui. Cependant naba Baogo furieux de n'avoir pu punir ni le Togo-naba ni le chef peuhl accusait le Rassam-naba de pactiser avec le Togo-naba et avec les fils de Tougouri et voulait le tuer. Le Rassam-naba s'enfuit à Ouagadougou. Le Baloum-naba, ne fut pas inquiété, quoi qu'il y ait eu des racontars contraires.

D'autres racontent un peu autrement la brouille du naba Baogo et du chef des Foulbés Dialloubés. D'après eux, Baogo aurait convoqué deux fois Mamadou Alaki sans que celui-ci vînt. La troisième fois Mamadou obtempéra cependant et amena sept bœufs. Le moro-naba, irrité de ce qu'il ne fût pas venu tout de suite, convoqua ses quatre ministres et leur annonça son intention de tuer Mamadou. Quelqu'un entendit et avertit celui-ci qui s'enfuit immédiatement à Bango avec ses fils. Quand le naba Baogo apprit cela, il accusa le Togo-naba d'avoir averti Mamadou et voulut le tuer à sa place. Le Togo-naba s'enfuit alors à Thiou, auprès de Mamadou. Baogo envoya des cavaliers pour demander qu'on lui livrât le Togo-naba, mais Mamadou répondit que le naba Baogo n'avait qu'à venir le prendre et qu'il n'entrait pas dans cette affaire. Les cavaliers rapportèrent la réponse. Le naba Baogo, au comble de l'exaspération, accusa ses ministres de le trahir et fit tuer le Baloum-naba. Il envoya aussi des gens pour tuer le Rassam-naba qui était dans ses champs. Mais celui-ci se sauva et gagna Ouagadougou.

Cependant les Français avaient battu définitivement Ahmadou, le sultan toucouleur, en 1893. Ils avaient pris Bandiagara en avril 1893 et s'y étaient installés. En mai, le pays kado tomba sous notre domination. Cela nous rendait complètement voisins, limitrophes même du Yatenga sur lequel nous avions des vues ainsi que sur tout le Mossi. Le capitaine Destenaves, homme actif et ambitieux, avait été mis à la tête du cercle de Bandiagara. Ce qui est curieux c'est que le moro-naba du Yatenga n'attendit pas notre action et engagea le premier des pourparlers avec les Français. Naba Baogo crut que nous pourrions l'aider contre les rebelles et envoya en 1894 deux cavaliers au capitaine Destenaves (au commandant « Dix-neuf » comme disent encore aujourd'hui les gens du pays). Ces cavaliers étaient chargés de lui demander son aide contre les fils de Tougouri. Le capitaine, jaloux de ne pas laisser perdre une si belle occasion, s'empressa de venir à Ouahigouya (saison chaude 1894) avec une escorte d'un lieutenant, deux sergents et 20 tirailleurs. Le naba Baogo lui demanda d'aller « casser » Gomboro et Tallé. Mais le capitaine Destenaves s'y refusa formellement, voulant au contraire réunir à Ouahigouya Bagaré et Mamadou Alaki avec le naba Baogo pour les réconcilier tous trois et s'apprêter à les placer sans distinction sous le protectorat effectif de la France. Avec des points de départ aussi contradictoires les pourparlers furent naturellement laborieux, aggravés par des piques d'amour-propre et durèrent vingt jours. A la fin le naba déclara que, si le capitaine ne voulait pas le soutenir contre ses ennemis, il n'avait qu'à s'en aller. Quant à lui, il allait faire colonne sans plus tarder contre les fils de Tougouri. Il fit don au capitaine Destenaves de sept chevaux et celui-ci repartit pour Bandiagara, se promettant bien de revenir en force le plus tôt qu'il le pourrait (avril 1894).

Un mois après naba Baogo lançait un appel général pour faire colonne contre les fils de Tougouri, mais la plupart des « fils de Saga » ne bougèrent pas. Seuls vinrent les chefs de Soulou, Pozoro, Morom, Sim, Sissamba, Zogoré et leurs gens. On était à l'époque où commencent les pluies dans le Yatenga (mai 1894). Les ministres représentèrent en vain au moro-naba que ces forces n'étaient pas suffisantes pour écraser les fils de Tougouri alliés aux Foulbés Dialloubés du Yatenga et aux Samos de Gomboro. Muré dans son idée fixe, Baogo voulut marcher quand même. Il gagna Sim (à une dizaine de kilomètres au sud-est de Thiou) puis de là alla attaquer ce dernier village. A Thiou, Mamadou Alaki avait fait prévenir les fils de Tougouri (établis à Tallé) pour qu'ils vinssent le défendre. Ceux-ci étaient venus à son appel et les forces des confédérés étaient concentrées dans le village. Elles en sortirent le matin pour accepter la bataille.

Koumsékédo, nakomsé de Pogoro et frère du chef de Soulou, était toujours aux côtés de naba Baogo. Il offrit à celui-ci d'engager la bataille. Naba Baogo n'interviendrait qu'en cas de besoin. Celui-ci accepta et Koumsékédo, à la tête d'une petite troupe, chargea les Peuls. Il arriva jusqu'à Mamadou et le frappa d'un coup de lance. Mais le coup dévia dans les vêtements épais du chef des Foulbés. Cependant Mamadou qui possédait une centaine de fusils les avait répartis entre ses Rimaïbés piétons qui se tenaient en seconde ligne. Ceux-ci, dès qu'ils virent les cavaliers peuls plier sous le choc, tirèrent sur la troupe de Koumsékédo qui fut tué, ainsi que son frère le chef de Soulou. Les survivants s'enfuirent. Naba Baogo, qui se reposait sous un arbre, voyant sa colonne en déroute, monta à cheval. A la tête de ceux qui l'entouraient, il se jeta sur les ennemis qui arrivaient. Les fils de Tougouri, quand ils virent le moro-naba lui-même charger contre eux et parvenir au milieu d'eux s'écartèrent par respect, ne voulant pas avoir à le frapper, mais les Rimaïbés, esclaves sans vergogne, tirèrent sur lui et quand Baogo voulut se dégager et revenir en arrière, il reçut une flèche dans le dos. Les ministres firent abandonner le terrain et ordonnèrent la retraite. La colonne battue fut poursuivie et eut beaucoup de tués. Les uns se réfugièrent à Sim avec naba Baogo, les autres poussèrent d'un trait jusqu'à Ouahigouya. Naba Baogo mourut à Sim, dès qu'il fut descendu de cheval. Le cadavre fut apporté à Ouahigouya et enterré à Somniaga (mai 1894).

Avec naba Baogo mourut l'indépendance du Yatenga. En effet, ce qui va suivre n'est plus que le récit de la conquête du pays par nos officiers et nos tirailleurs.

A la mort de naba Baogo, les fils de Tougouri vinrent à Bogoya (gros village situé à 7 kilomètres au nord de Ouahigouya) et s'abouchèrent avec les ministres du défunt. Ceux-ci furent d'accord que c'était à Bagaré de devenir moro-naba, chaque branche des descendants de Saga ayant fourni un représentant successivement et le tour de la branche aînée ou branche Tougouri revenant à nouveau. Le fait que Bagaré avait porté les armes contre naba Baogo ne lui enlevait pas ses droits au trône, étant donné qu'il n'avait pas tué lui-même son rival.

Bagaré devint donc moro-naba (juin 1894) et la branche des fils de Tougouri triomphait avec lui.

Il quitta son nom particulier de Bagaré pour prendre le nom de naba Boulli. En fait, il n'était pas accepté par les « fils de Saga », d'abord terrorisés par sa victoire, mais qui ne voulaient pas de lui comme moronaba, à l'encontre des ministres, parce qu'il avait sans cesse combattu naba Baogo et enfin causé sa mort. Bientôt une imprudence verbale commise par naba Boulli remit le feu aux poudres et ralluma la guerre civile. Ayant déclaré un jour que les « fils de Saga » ne valaient rien et qu'ils n'avaient même pas été capables de soutenir leur chef, le naba Baogo, ceux-ci ayant été informés de ces paroles s'écrièrent : Eh bien, nous allons faire voir au naba Boulli si nous ne valons rien ! Ils trouvèrent un auxiliaire dans le chef de Roba, fils de naba Kom (premier puîné de Tougouri). Ce chef de Roba aurait dû devenir moro-naba après naba Noboga et passer avant naba Piga et naba Baogo, son père étant l'aîné de naba Ragongo, de naba Diogoré, de naba Tobéballobo et de naba Yemdé et ayant régné de 1822 à 1825 comme nous l'avons vu ci-dessus. Malheureusement naba Kom n'avait pas eu le temps d'aller se faire couronner à Goursi et par conséquent n'était pas compté comme un vrai moro-naba. Aussi après naba Noboga, avait-on pris comme moro-naba non le chef de Roba, fils de naba Kom, mais naba Piga fils de Totéballobo et ensuite naba Baogo, fils de naba Yemdé. Or ce chef de Roba, qui avait vu passer son tour à deux reprises et qui souffrait d'une ambition rentrée, considérant son père naba Kom comme un moro-naba très légitime, leva à ce moment l'étendard de la révolte et, malgré l'opposition des ministres qui lui objectaient toujours que son père n'ayant pas été un vrai moro-naba, il ne pouvait pas, lui, le devenir, s'installa à Sissamba, comme moro-naba rival de naba Boulli. Les « fils de Saga » s'empressèrent de le soutenir par haine de naba Boulli et la guerre civile recommença.

Le naba Boulli, trop faible pour chasser de Sissamba son rival soutenu par tous les nakomsés, envoya demander sa protection au capitaine Destenaves à Bandiagara. On sait quelles étaient les dispositions de celui-ci et comment il n'attendait qu'une occasion de frapper le coup décisif et de réunir tout le Mossi à nos possessions soudanaises de l'époque, en commençant par le Yatenga. Il accourut (mai 1895) à Ouahigouya avec une compagnie de tirailleurs (lieutenants Voulet, Margaine et Gaden). Il marcha sur Sissamba, « cassa » le village et Roba-naba dut s'enfuir à Reko (village situé à 15 kilomètres au sud-est de Ouahigouya) : le Yatenga fut placé sous le protectorat de la France (18 mai 1895) à la suite d'une convention avec le naba Boulli. En revanche celui-ci fut déclaré le seul vrai moro-naba du Yatenga, et les villages qui ne reconnaîtraient pas son autorité furent menacés d'être traités comme Sissamba. Cela fait, le capitaine Destenaves marcha sur Yako qui résista et ne voulut pas se soumettre : il échangea des coups de fusil avec les habitants et, désespérant avec les forces médiocres dont il disposait de soumettre Ouagadougou, il se détourna de la route du sud-est, obliqua vers le nord-est et gagna Dori. Là, il renouvela le traité conclu par le colonel Monteil en 1890 dans son voyage rapide de Saint-Louis à Tripoli par le Tchad, puis revint à Bandiagara (décembre 1895). Furieux d'avoir échoué, il rentre en France, bien décidé à provoquer dans le plus bref délai un effort plus considérable et cette fois décisif.

Pendant que ces événements se passaient, naba Boulli, après le sac de Sissamba, avait appris que le chef de Roba s'était enfui à Réko où il était avec ses koursigui (pages) seulement, les nakomsés s'étant dispersés dans leurs villages respectifs. Il envoya 5o cavaliers à Réko et Roba-naba fut massacré.

Les fils de Sagha apprirent cette mort au moment où la colonne française s'éloignait de Ouahigouya pour Yako et Dori. Ils se rassemblèrent à Réko pour les funérailles, puis celles-ci une fois faites, ils mirent à leur tête comme chef de guerre un homme de Sissamba nommé Sidiyété, de race mossi, descendant d'un captif de naba Rawa, jeune, courageux et capable, très audacieux, avec une nuance « casse-cou » et « crapule », bref tout ce qu'il fallait pour faire un bon chef de bande. Ils ne nommèrent pas de nouveau moro-naba et du reste ils ne le pouvaient pas, les ministres étant avec naba Boulli. S'ils avaient pu le faire, cette dignité aurait dû revenir dans leur clan à Ouro-naba, second fils de naba Totéballobo, aucun fils n'existant de naba Ragongo ou de naba Diogoré et par conséquent entre la branche Kom et la branche Totéballobo. Ouro-naba restait cependant le prétendant et le prince des nakomsés. Puis ils décidèrent de marcher sur Bagayaloro (village situé à quelques kilomètres à l'est de Ouahigouya) où était naba Boulli rassemblant une colonne pour marcher contre eux.

Sidiyété et les fils de Saga marchèrent sur Bagayoloro avec 5oo cavaliers et 3oo hommes de pied environ. Naba Boulli n'avait pas plus de 15o cavaliers et 2oo piétons avec lui, beaucoup de partisans des fils de Tougouri n'ayant pas prévu une telle attaque et s'étant égaillés dans les villages voisins pour boire du dolo. La lutte fut chaude et naba Boulli battu à plate couture dut se replier sur Ouahigouya. De leur côté les fils de Saga perdirent là le chef de Minima-Douré, un guerrier redoutable qui marchait avec Sidiyété et qui fut blessé mortellement d'une flèche. Les fils de Saga, malgré leur victoire, ne poursuivirent donc pas naba Boulli et après avoir enterré Douré-naba allèrent se reformer à Tziga. C'est de là qu'ils repartirent une quinzaine après, marchant droit sur Ouahigouya. Naba Boulli ne fit pour ainsi dire pas de résistance cette fois et un grand nombre de cases de Ouahigouya furent brûlées, tandis que le naba se réfugiait chez les Foulbés Dialloubés à Bango (16 kilomètres au nord-ouest de Ouahigouya). Cela dut se passer en novembre 1895. A Ouahigouya, les fils de Saga trouvèrent la fille aînée de naba Baogo, la « napoko » qui aurait dû cesser d'être napoko depuis longtemps mais que des circonstances particulières avaient retenue à Ouahigouya. On sait que quand un chef mossi meurt, sa fille aînée prend le commandement pendant sept jours, portant le bonnet et les insignes du défunt. On l'appelle napoko (c'est-à-dire la femme-chef, de naba = chef et poko qui veut dire femme (1)). Elle préside au partage des femmes de son père

---

(1) En mossi femme se dit para, au pluriel paraba et non poko. Cependant ce dernier

entre les divers ayant-droit, puis, au bout de sept jours, abdique le commandement entre les mains du naba successeur et se retire chez elle. La fille aînée de naba Baogo, mariée au village de Kéra-Douré (canton de Roba, à 40 kilomètres environ au sud-est de Ouahigouya) était venue dans la capitale à la mort de son père. Or naba Boulli, par haine pour son prédécesseur, avait refusé d'épouser les femmes qui lui revenaient et par conséquent de faire le partage préalable des femmes de naba Baogo. La napoko ne voulant pas, par point d'honneur, quitter celles-ci avant d'avoir assuré leur sort, était restée à Ouahigouya. Les « fils de Saga » l'y retrouvaient donc. Comme le prétendant, Ouro-naba, en l'absence des ministres qui s'étaient sauvés avec naba Boulli à Bango, ne pouvait pas être nommé officiellement moro-naba, on considéra l'interrègne de la napoko comme prolongé jusqu'à ce que Ouro-naba devint officiellement roi du Yatenga par la défaite définitive ou la mort de son rival.

C'est en ce sens que Vadier a pu dire que Sidiyété était le chef de colonne de la napoko.

Cependant, en France, des décisions avaient été enfin prises en haut lieu par M. Delcassé, ministre des colonies, au sujet du Mossi et de la Boucle du Niger. Le capitaine Destenaves, promu au grade de commandant, devait pendant la saison sèche 1896-1897 occuper toutes ces régions jusqu'à Say, d'une façon définitive, avec des forces suffisantes et une administration militaire régulière. En attendant, le lieutenant Voulet, « chargé de mission », devait partir en avant, aussitôt qu'il le pourrait, pour préparer les voies à l'occupation. (En réalité ce fut lui qui fit la véritable conquête).

Le 30 juillet 1896, le lieutenant Voulet quitte Bandiagara avec 256 hommes de troupe, réguliers et auxiliaires et 250 porteurs. « La mission comprend, dit le lieutenant Gatelet (1) auquel nous empruntons ces détails, le lieutenant de spahis Chanoine, les sergents Laury et Le Gériel, 23 tirailleurs et 10 spahis réguliers, 180 tirailleurs et 40 spahis auxiliaires, armés à l'européenne, et cédés par les sultans amis de la France : Aguibou, fama du Macina, Ousman Oumarou gouverneur des pays samos, Ouidi Diabo roi de Barani, enfin un convoi de 250 porteurs chargés de trois mois de vivres ».

Le lieutenant Voulet arrive dans le Yatenga par le nord-ouest, dans les premiers jours d'août, par des routes détrempées à cause des pluies d'hivernage. Il passe à Thiou, où vient le rejoindre naba Boulli, puis il marche sur Sim, village que nous connaissons déjà, situé à quelques kilomètres

---

paol qui n'est probablement du reste qu'une prononciation assourdie de para, avec changement de l'a en o si fréquent et d'autre part l'h, le k et l'r s'équivalant, se retrouve dans certains mots comme pourousada (au pl. pourousadaba) qui veut dire jeune fille et napoko qui veut dire évidemment femme-chef. Je crois qu'il faut voir dans poko comme dans pougou ou pourou une forme ancienne du mot femme, la forme para ayant triomphé des autres.

(1) *Histoire de la conquête du Soudan français*, 1901, p. 346.

au sud-est de Thiou, où l'attendaient les « fils de Saga » commandés par Sidiyété. Quelques feux de salve mirent en fuite ceux-ci et Sim fut brûlé. Voulet marche ensuite sur Soulou, village situé entre Sim et Pogoro, où les nakomsés s'étaient reformés. Ceux-ci sont de nouveau battus et Voulet brûle encore le village. De là il descend sur Ouahigouya (20 kilomètres au sud de Soulou) et y réinstalle naba Boulli le 17 août 1896. Puis, avec lui, il descend le thalweg du marigot de Ouahigouya, arrive à Rambi (25 kilomètres est-sud-est de Ouahigouya) qui est brûlé, puis à Mogom (même direction, au confluent du thalweg du marigot de Ouahigouya et du thalweg du marigot de Todiam) puis se dirige vers le sud. Il entre à Yako, après avoir brûlé Samba entre Nieségga et ce dernier village. Les gens de Yako fuient en entendant la fusillade. A Yako, Voulet laisse naba Boulli qui rentre à Ouahigouya, et continue lui-même sur Ouagadougou qu'il prend le 1er septembre 1896, après avoir dispersé en quelques feux de salve les dix mille cavaliers du moro-naba de Ouagadougou. Il conquiert ensuite le Gourounsi dont il expulse les Zabermas (septembre 1896). Bref, Voulet, en deux mois, avait conquis le Yatenga, le Mossi de Ouagadougou et le Gourounsi.

Le 1er novembre, il revient s'approvisionner à Ouahigouya où rien n'avait bougé depuis son passage.

« En ce point, dit le lieutenant Gatelet, *op. cit.*, p. 348 et suivantes, il rallie le docteur Henric arrivé avec des renforts et apprend qu'à l'instigation du marabout de Lanfiéra, les Samos se sont révoltés contre leur chef Ouidi-Diabo; celui-ci, sorti de Barani avec un convoi de munitions destiné à la mission, a été obligé de s'arrêter à Sourou où il est assiégé par les rebelles. Sans plus tarder le lieutenant se porte contre les Samos, les attaque dans leurs villages à Gassan, Ouillé, et, malgré une défense opiniâtre, leur inflige trois sanglants échecs. Le marabout de Lanfiéra est exécuté et Ouidi-Diabo réinstallé à Barani ».

Le lieutenant Gatelet ajoute en note : « Au cours de ces combats, la mission a 6 hommes tués et 60 blessés dont les deux sous-officiers européens : le sergent-major Laury, quoique grièvement blessé à l'assaut du village d'Ouillé (12 novembre) n'en reste pas moins à la tête de sa section ».

Le village d'Ouillé est un gros village samo du cercle de Ouahigouya, aux soukalas jointes, compact et formant forteresse, auquel le naba Kango avait déjà eu affaire. La révolte avait donc embrasé tout le Samorodougou, depuis les villages samos qui appartiennent actuellement au cercle de Bandiagara et au cercle de Dédougou jusqu'à ceux appartenant au cercle de Ouahigouya.

Cependant les fils de Saga et Sidiyété avaient profité de cette révolte pour reprendre les armes et pour attaquer naba Boulli à Ouahigouya. Vaincu de nouveau, celui-ci dut se réfugier à Bango. De là il fit appel au lieutenant Voulet qui, victorieux, était à Barani. Celui-ci quitte Barani, passe par Louta, Konga, Gomboro, Péla-Tibtiguia, Bango où il rejoint Boulli. Cependant la colonne des fils de Saga avait quitté Ouahigouya pour marcher sur Dinghiri (village appartenant aux fils de Tougouri). Elle était pour le moment à Barga (25 kilomètres au nord-est de Ouahigouya). Le lieutenant Voulet court à Barga où il ne trouve plus personne sauf les gens du village. Il brûle Barga, puis poussant en plein nord, brûle Méné et Ingahué, sans rejoindre pourtant les fils de Saga. Ceux-ci s'étaient sauvés à You vers le sud. De là ils revinrent attaquer inopinément à Sala la colonne française mais furent battus et eurent beaucoup de gens tués. Voulet les poursuivit dans le Ouindighi où ils se dispersèrent de toutes parts. Toutes ces opérations doivent avoir eu lieu fin novembre et dans la première quinzaine de décembre 1896. Du Ouindighi, Voulet gagna Ouagadougou par Zomkalaga, Tikaré, Rouko, Sabacé et Mané. Il y arriva le 23 décembre 1896.

Cependant le commandant Destenaves arrivait avec le gros du corps d'occupation (500 hommes). Il se mit en marche de Bandiagara le 8 janvier 1897, et passant par le sud, par le pays samo et par Yako, arrive le 20 février à Ouagadougou. Le lieutenant Voulet, retour de Tenkodogo le 24 février, lui passait le service et les pays conquis et rentrait en France prendre un repos bien mérité (1).

Le commandant Destenaves avait l'intention de faire d'abord une expédition contre les Bobos, au sud du pays samo, mais la région sud de la Boucle (région Niger-Volta) ayant formé une nouvelle circonscription militaire et administrative, il reçut des instructions pour marcher immédiatement sur Dori et Say et occuper définitivement ces deux points.

Le commandant Destenaves résolut donc de s'installer solidement à Ouahigouya, prenant la capitale du Yatenga comme point d'appui pour la conquête du pays est. Il se dirige donc sur Ouahigouya, rallie naba Boulli qui était rentré à Bango fin décembre 1896, n'osant pas encore se réinstaller définitivement à Ouahigouya toujours à moitié en ruines (2) et le

---

(1) « Il avait relevé, dit le lieutenant Gatelet, 4.000 kilomètres d'itinéraires nouveaux d'août 1896 à février 1897. Il avait eu 113 hommes hors de combat. Sa colonne avait coûté 20.000 francs et acquis à la France dans la boucle du Niger un terrain d'une superficie de 100.000 kilomètres carrés ».

(2) Vadier place entre décembre 1896 et mars 1897 une nouvelle attaque heureuse de Sidiyété contre naba Boulli qui aurait été obligé de se réfugier une fois de plus à Bango. En fait cette attaque n'a pas eu lieu et il y a certainement là une confusion. Les fils de Saga, après les opérations de Voulet dans le nord du cercle et dans le Ouindighi en fin de novembre et au commencement de décembre 1896 s'étaient dispersés aux quatre vents et avaient gagné en grand nombre le nord du cercle de Ouagadougou (Kaya, Boussouma). Ils n'étaient plus capables d'un retour offensif. Naba Boulli revint à Ouahigouya, mais craignant encore un retour de fortune, il n'osa pas s'y réinstaller définitivement et regagna Bango. Ouahigouya demeura donc à moitié ruiné jusqu'à l'arrivée du commandant Destenaves et l'installation définitive des Français.

Ce qui a fait que Vadier a commis son erreur, c'est que sa chronologie est défectueuse pour la conquête et par contre-coup celle de Delafosse qui l'a suivi. C'est le

8

29 mars 1897 entre à Ouahigouya. Là il décide la construction d'un poste fortifié qu'il confie à l'adjudant Ragot et envoie des reconnaissances dans tout le Yatenga pour pacifier complètement le pays.

Les lieutenants Hugo et Bellevue parcourent la région sud. Ils dispersent des groupes armés signalés vers Goursi et vont jusqu'à Yako pour être en liaison avec Ouagadougou. Le lieutenant Pelletier parcourt l'ouest et le nord-ouest et contraint à l'obéissance le village de Loroni (qui appartient actuellement au cercle de Bandiagara, tout près de la limite du Yatenga). Enfin le lieutenant Beynaguet circule dans l'est et le sud-est du Yatenga (1).

Au début d'avril 1897, le lieutenant Naudet arrive à Ouahigouya avec les deux pièces de 80 millimètres que les Habbés ont traînées à bras depuis Mopti à travers la falaise. Le 13 avril les convois arrivent à leur tour. Le commandant Destenaves part immédiatement, occupe Djibo le 20 avril et Dori le 30. Continuant vers l'est, il occupe Say le 19 mai. Cependant l'adjudant Ragot à Ouahigouya faisait construire le poste et était remplacé en juin 1897 par le maréchal-des-logis Thiébeaux qui lui-même était remplacé en septembre de la même année par le lieutenant Salaman.

Cependant, au mois d'août 1897, le capitaine Cazemajou, sur le point d'entreprendre la reconnaissance des pays compris entre le Niger et le Tchad, levait à la hâte aux environs de Ouahigouya, 350 porteurs qu'il emmenait jusqu'à Say, à 600 kilomètres de là. La plupart de ces porteurs succombèrent et il en résulta dans le Yatenga un mécontement qui fut exploité par les fils de Saga qui commençaient à rentrer.

Le lieutenant Salaman réclame l'appui du capitaine Scal, commandant la région de Ouagadougou, qui accourt ; mais ce dernier est presque aussitôt rappelé au Mossi par des incidents arrivés sur la Volta et le lieutenant Salaman de son côté est dirigé d'urgence sur Tombouctou.

Faute d'officiers disponibles, le commandant Destenaves rentré, depuis l'occupation de Say, à Bandiagara, d'où il dirige la région Est-Macina, décide de se rendre lui-même au Yatenga, dès qu'il aura réglé quelques affaires pendantes. N'ayant avec lui qu'une section de tirailleurs, il recrute 20 cavaliers toucouleurs et 80 fantassins habbés parmi les volontaires de la région.

Précédé de quelques jours par le lieutenant Naudet qui va rayonner au nord-est de Ouahigouya, le commandant s'avance le 24 octobre sur

---

lieutenant Gatelet — ouvrage cité — qui ayant en main les documents militaires a donné les dates exactes et permet de rétablir tous ces faits dans leur ordre et de les mettre à leur place chronologique.

(1) « Un certain nombre de nabas protestent de leur fidélité. Les fils de Saga ne renoncent pas à leurs prétentions à la couronne. Néanmoins ils font des ouvertures de paix, naba Boulli est accepté comme chef par les trois quarts du Yatenga ; seuls les nabas du sud-est et de l'est sont encore à brider » (Lieutenant Gatelet, op. cit., p. 359).

Ouahigouya et réduit plusieurs gros villages de l'ouest qui se sont soulevés.

Le 17 novembre 1897 il rejoint à Yako le lieutenant Naudet.

Le commandant Destenaves parcourt alors le nord-est du Yatenga, le lieutenant Naudet le sud-est, exigeant des chefs de village et de canton leur soumission à naba Boulli, puis se réunissant vers le sud, au nord de Mané, ils remontent vers le nord-ouest dans la direction de Ouahigouya, à la poursuite des rebelles. Le 15 décembre, les fils de Saga offrent la paix et le 23 décembre, à Tougouya, ils remettent au commandant Destenaves, les insignes de la royauté qu'auparavant, les ayant enlevés de Goursi, ils détenaient.

Le commandant Destenaves revient ensuite dans l'ouest où certains villages sont encore excités, puis, se retournant vers le nord-est, se porte jusqu'aux confins du Djilgodi où se sont réfugiés les derniers récalcitrants (janvier 1898) (1).

Pendant que le commandant Destenaves finissait ainsi d'assurer la pacification du Yatenga, le capitaine Amman prenait la direction du poste de Ouahigouya le 13 janvier 1898. Sur l'ordre du commandant, la première chose qu'il fit fut de mener le naba Boulli se faire couronner à Goursi. Celui-ci n'y avait pas été encore, les grigris sacrés du couronnement ayant été enlevés par les fils de Saga et n'ayant été rendus que tout récemment. Le capitaine Amman a laissé de ce voyage une description pittoresque dont j'extrais les passages suivants :

« Le 28 janvier 1898, à 3 heures, naba Boulli quittait Ouahigouya. Il était accompagné de tous ses grands chefs le Togou-naba (2), le Dessou-naba (3), le Ouidi-naba (4), etc. Une suite nombreuse de cavaliers mossis armés de lances, de femmes chargées de calebasses, d'esclaves, complètent le cortège qui offre un aspect assez brillant. Au coucher du soleil, la colonne arrivait au village de Sissamba qui était la première étape et y établissait son campement à côté des cases.

« Le village de Sissamba est habité par un chef des gris-gris appelé le Bougo lequel semble être tenu en grande estime par les indigènes. Ce Bougo est un vieillard dont l'extérieur sale et misérable semble peu en rapport avec l'influence qu'ont l'air de lui accorder les gens qui l'entourent. Il habite une case d'un aspect très simple devant laquelle se trouve un petit tertre surmonté d'un vase en terre cuite. Ce petit tertre est, paraît-il, un grigri très important.

« Naba Boulli, avant de continuer son voyage sur Goursi, doit faire une visite au Bougo lequel accomplira un certain nombre de pratiques

---

(1) Lieutenant Gatelet, op. cit., pp. 372 à 374.
(2) Togo-naba.
(3) Rassam ou Rassoum-naba.
(4) Ouidiranga-naba.

mystérieuses devant avoir une grande influence sur le succès du règne du naba.

« Le 29 janvier au matin, après une nuit pendant laquelle on s'était livré à un tamtam effréné, naba Boulli levait son campement et la colonne se reformait dans les mêmes conditions pour traverser le village. Au milieu des cases des Yarsés tout le monde mit pied à terre. Naba Boulli se couvrit la tête de cendres et remonta seul à cheval : suivi de tous ses hommes à pied, il se dirigea vers la demeure du Bougo. Après une attente assez longue devant cette case, on vint le prévenir que les gris-gris étaient prêts et qu'il pouvait entrer dans la case mystérieuse. Le naba et le bougo restèrent enfermés et nul ne fut admis à contempler ce qu'ils firent.

« Alors commença, autour du petit tertre placé devant la case du Bougo, la partie de la cérémonie que pouvaient impunément contempler les yeux profanes. Cette cérémonie fut d'ailleurs assez courte et ne présenta rien de bien curieux. Quand naba Boulli et le bougo se furent assis devant le tertre et qu'ils eurent appelé autour d'eux un certain nombre de personnages importants, on arrosa une hache avec le sang d'un bœuf immolé quelques instants auparavant, on tua quelques poulets dont le sang fut répandu sur le petit tertre, le bougo prononça quelques phrases auxquelles répondirent des cris bizarres poussés par des personnages de l'assistance. Puis la cérémonie fut terminée. Le bougo rentra dans la case. Naba Boulli se rendit au milieu de ses gens et la colonne se reforma non sans que l'on eût auparavant fraternisé entre gens du bougo et du naba en buvant quelques vases de dolo et en esquissant quelques pas de danse.

« Vers midi, naba Boulli, suivi de son cortège, alla camper à Bougounam. La nuit se passa au milieu des réjouissances et des tamtams les plus effrénés. Le lendemain matin on se mit en route pour Koudoumba (1) village habité par un chef de gris-gris de moindre importance que celui de Sissamba, mais avec le concours duquel on devait néanmoins accomplir certaines cérémonies.

« Ces cérémonies furent les mêmes que celles de la veille, c'est-à-dire consistèrent en l'égorgement d'un bœuf, de quelques poulets, arrosage avec le sang de ces animaux d'un petit tertre, discours du chef des gris-gris, cris bizarres de l'assistance, puis, pour terminer beuveries de dolo et danses érotiques autour du tertre. Cette cérémonie de Koudoumba ne dura que très peu de temps et on continua dans la même journée la route sur Goursi. Avant d'arriver dans la ville sainte, on eut encore à traverser Roum-Bagaré, Kountighé-Kodogo. Dans ces deux villages, où habitent des chefs de gris-gris, on dut encore accomplir des cérémonies analogues aux précédentes. Pendant la nuit du 30 au 31 janvier, naba Boulli arriva

---

(1) Village situé un peu au sud de Bougounam.

devant Goursi. Il installa son campement en dehors du village. Son entrée officielle ne devait avoir lieu que le surlendemain 2 février. La journée du 1ᵉʳ février fut consacrée au repos.

« C'est à Goursi que doit avoir lieu l'investiture du naba. C'est là qu'habite le Bin-naba (1) grand gardien des gris-gris qui seuls donnent à un naba le caractère sacré.

« Le chef des gris-gris, est comme celui de Sissamba, un vieillard misérable couvert d'habits sordides et dont rien dans l'aspect extérieur ne semble dévoiler l'importance. Il habite une case très simple semblable à toutes les autres. A côté est la case des gris-gris entourée de la vénération des indigènes. C'est dans cette case que doivent s'accomplir les principales cérémonies de l'investiture.

« Le jour de l'arrivée de naba Boulli à Goursi, on amena de Somniaga le cheval du défunt naba Baogo et on l'égorgea pendant la nuit devant la case des gris-gris. On avait déjà tué, avant le départ de Ouahigouya, une autruche dont les plumes devaient former un ornement sur le front du nouveau cheval du naba et un bœuf blanc avec la peau duquel fut confectionné un coussin sur lequel le naba devait toujours s'asseoir à l'avenir.

« Le 2 février eut lieu l'entrée de naba Boulli dans Goursi, entrée qui se fit selon un cérémonial assez bizarre. Vers neuf heures du matin les habitants de Goursi se rassemblèrent auprès des cases habitées par le Bin-naba. D'un autre côté, dans le camp de naba Boulli, on se livrait à un véritable branle-bas de combat. Les hommes prenaient leurs armes, les cavaliers sellaient leurs chevaux, les femmes et les porteurs ramassaient à la hâte leurs calebasses et autres objets mobiliers et les chargeaient sur leurs têtes.

« Enfin, pour compléter la mise en scène guerrière, un homme de Goursi porteur d'un tabala vint au devant du camp de naba Boulli pour battre le tamtam de guerre. Le naba se mit en route avec tout son monde. Arrivé à l'entrée du village, tous mirent pied à terre. Naba Boulli renvoya son cheval et monta sur un âne. Il continua de cette façon sa route entouré de tous ses guerriers à pied.

« Les gens de Goursi sortirent alors du village armés de bâtons. Ils se précipitèrent sur la troupe de naba Boulli et firent le simulacre de frapper les guerriers. Ceux-ci ne firent aucune résistance et abandonnèrent le naba. Celui-ci fut emmené devant la case des gris-gris, il fut enlevé de son âne, puis assis sur un petit tertre. On se livra alors autour de lui à une série de danses en cercle, puis on le laissa libre et il se dirigea avec le Bin-naba et ses acolytes vers la case des gris-gris où ils s'enfermèrent. A partir de ce moment il disparut aux yeux des profanes et nul ne put percer le mystère des actes qui s'accomplirent dans ce sanctuaire.

(1) Analogue au Rassam-naba de Ouahigouya.

« Dans la soirée cependant naba Boulli sortit de la fameuse hutte et se dirigea vers les cases où il allait s'établir avec sa cour pendant son séjour à Goursi. Il s'enferma aussitôt chez lui.

« Le lendemain, dans la soirée, il se montra un instant devant sa case et prononça en présence de tous les hommes rassemblés devant lui quelques paroles. Il leur annonçait, paraît-il, que les gris-gris lui avaient révélé qu'il avait encore dix années de règne devant lui.

« A partir de cette journée, et jusqu'au 9 février, il resta enfermé dans sa case et ne se montra plus à personne. Toute cette période fut marquée dans le village de Goursi par une suite ininterrompue de tamtams, de beuveries de dolo et autres réjouissances.

« Le 9 février au matin toutes les cérémonies étaient terminées et naba Boulli définitivement naba sortait de sa case et montait sur son cheval, revêtu des insignes dévolus à la dignité suprême. Ces insignes consistaient en deux calottes, l'une rouge, l'autre blanche, posées l'une au-dessus de l'autre sur sa tête. Son cheval portait sur le front une belle touffe de plumes d'autruche. Enfin, on portait processionnellement autour de lui un certain nombre de gris-gris.

« Suivi de tous ses chefs et de tous ses cavaliers il alla faire une dernière visite à la case des gris-gris, puis il se disposa à quitter Goursi. Auparavant il reçut les salutations des habitants et fit égorger quelques bœufs que l'on se partagea en signe de réjouissance.

« Le 9 février dans l'après-midi naba Boulli reprenait le chemin de Ouahigouya. Il s'arrêta à Rogo et à Roum-Bagaré pour recevoir dans ces deux villages les salutations des habitants et leur distribuer quelques bœufs. Enfin le 11 au soir, il arrivait à Somniaga, le village qui sert de lieu de sépulture aux nabas. Naba Boulli voulut y faire un séjour de quelques jours. Il alla, le lendemain de son arrivée, se prosterner sur la tombe de son père naba Tougouri et sur celle de son grand-père naba Saga, après s'être couvert la tête de cendres.

« Pendant son séjour à Somniaga, il reçut les hommages des nobles du Yatenga qui se présentèrent presque tous à lui. Il y eut même à cette occasion le 14 février une fantasia à laquelle prirent part tous les cavaliers. Cette fête fut très brillante et fut de beaucoup l'attrait principal de tout le voyage.

« Le 15 février, naba Boulli escorté de tous les chefs du Yatenga faisait son entrée dans Ouahigouya. L'arrivée de tout ce cortège très nombreux fut curieuse. En passant devant le poste, les chefs et fils de chefs recommencèrent leur fantasia, comme ils l'avaient exécutée à Somniaga... »

Le capitaine Amman resta jusqu'au 13 avril 1898 à Ouahigouya, puis il alla prendre le commandement de Ouagadougou, laissant au sergent Pinault le commandement du poste et de la région de Ouahigouya.

Le pays à cette époque était à peu près pacifié. Un gros de nakomsés qui s'était réfugié à Kalombaogo, auprès de Boussouma (nord du cercle de Ouagadougou), avait été découvert par les tirailleurs de cette région et emprisonné à Ouagadougou (juillet 1898). Là-dessus le chef de Kéra, frère de naba Baogo et prétendant éventuel à la couronne en cas de mort du chef de Ouro, s'était enfui à Koudougou dans le Kipirsi (août 1898). En août 1898 le sergent Pinault fait colonne contre Bangassoko, gros village samo de 3.000 habitants du sud-ouest du cercle, qui avait été rattaché au Yatenga en mars 1898 et refusait de recevoir et d'exécuter les ordres du poste. Le 13 août la colonne de 40 hommes (30 fantassins et 10 cavaliers) part de Ouahigouya ; le 16 août, sur le refus de Bangassoko de se soumettre, une soukala du village est prise ; le 17 les autres soukalas ont le même sort. Les Samos ont 60 tués, 20 blessés, 50 prisonniers. Du côté des Français aucune perte. Les Mossis et les Samos des villages environnants, venus à la suite de la colonne pour piller, ont 6 tués et 3 blessés. En septembre Bangassoko vient faire sa soumission et payer l'amende infligée.

Le 13 janvier 1899, le sergent Pinault cédait le commandement du poste au lieutenant Bouticq.

Celui-ci arrivait juste pour voir la mort du naba Boulli. Le moro-naba du Yatenga, notre protégé que nous avions soutenu contre vent et marée et maintenu par la force sur le trône du Yatenga, mourait en effet pendant la nuit du 26 au 27 janvier 1899.

Il fut pompeusement enterré le 29 janvier au village de Somniaga, le Panthéon des nabas de Ouahigouya, avec le cérémonial d'usage : égorgement de coqs et de moutons aux pieds du cadavre, égorgement de bœufs sur sa tombe. Plus de mille cavaliers, chefs et nobles, assistaient aux obsèques.

Ouro-naba son cousin, son ancien rival et son successeur désigné par les chefs de poste de Ouahigouya dans un but d'apaisement, l'avait précédé de quelques jours au tombeau. Il était mort le 20 janvier. Dans ces conjonctures, le lieutenant Bouticq désigna comme successeur Koudougo, frère de naba Boulli qui prit le nom de naba Diguidi ou Liguidi (4 février 1899). En fait c'est Kéra-naba, le second fils de naba Yemdé et le frère de naba Baogo qui aurait dû succéder, puisque chaque branche doit être représentée tour à tour, mais à l'époque le chef de Kéra était un rebelle enfui à Koudougou et ne pouvait être mis sur le trône du Yatenga.

En définitive, le règne de naba Boulli fut la fin de l'indépendance du pays et l'époque de l'établissement des Français. En 1894 la mainmise sur le pays se prépare ; en 1895 une première tentative aboutit à un échec ; en 1896 le cyclone de la colonne Voulet se déchaîne sur le pays et brise tout devant lui, allant d'un seul bond de Bandiagara jusqu'à Léo et Tenkodogo par Ouahigouya et Ouagadougou et faisant en sens inverse en quelques semaines le chemin jadis parcouru par les grands conquérants mossis ; en 1897 c'est l'époque de l'installation définitive et de la mise en marche de l'administration militaire régulière, mais cette administration est peu pacifique et restera guerrière pendant quelques années encore.

Au moment même où le naba Diguidi prenait je ne dirai pas le pouvoir, puisque, dès notre installation dans le pays, les rois du Yatenga n'étaient plus que des rois fainéants, mais le titre de Moro-naba, des coups de fusil et des coups de flèches s'échangeaient encore dans le sud.

« Sitôt établi à Waghadougou, dit le lieutenant Gatelet (*op. cit.*, p. 471 et 472), le capitaine Amman, successeur du capitaine Scal à la résidence du Mossi, exécute une tournée dans le Kipirsi et y ramène le calme ; avant de regagner Waghadougou, il veut punir les gens de Goursi qui, à plusieurs reprises, ont razzié les marchands de passage dans leur village.

« Accompagné de 60 tirailleurs et de 20 spahis sous le lieutenant Grivart, il se porte par Niouma sur Goursi dont le chef refuse de livrer des vivres. Le lieutenant Grivart envoyé en avant avec ses cavaliers est attaqué par des hommes armés.

« A cette nouvelle, le capitaine Amman accourt avec les tirailleurs pour dissoudre le rassemblement, fouille les soukalas des environs et en déloge les indigènes qui s'enfuient talonnés par les spahis.

« Pendant l'engagement le lieutenant Grivart est atteint d'une flèche empoisonnée à la jambe et succombe quelques instants après (14 février). Le village de Goursi est sévèrement châtié et frappé d'une forte amende ».

Pendant que ceci se passait dans le sud du Yatenga, on signalait à l'extrémité opposée une bande de « fils de Saga » à Yoro (résidence de Douentza), au nord de Bahn. Le 2 février 1899 ils viennent à 300 cavaliers piller le village de Ségué, puis ils se retirent sur Tibbo où ils sont reçus par les habitants, enfin sur Yoro. Chassés de Yoro par une reconnaissance offensive venue de Bandiagara, ils se transportent du nord dans l'est du Yatenga : on les signale le 22 février à Basé (Datenga). Enfin le village de Bourzanga, gros village foulsé du Datenga dont il a déjà été parlé, fait aussi des siennes (26 février). 120 partisans des fils de Saga sont campés à Bacé, 50 à Bourzanga, le reste à Dollo (nord du Riziam).

En même temps des fils de Saga établis à Yako viennent faire des incursions dans le sud du Yatenga et piller des dioulas (malgré le châtiment récent de Goursi).

Le 19 mars 1899, le lieutenant Bouticq, parti en tournée à Tziga, apprend que dans le village de Pela situé à quelques kilomètres au sud de Tziga et à l'est de Bougounam, les fils de Saga ont quelques jours auparavant chassé le chef avec l'aide des habitants. Il marche le 20 sur le village et envoie demander le chef. L'envoyé est reçu à coups de flèches. Le lieutenant Bouticq fait faire des feux de salve sur le village par ses 10 tirailleurs et aposte ses 4 spahis de l'autre côté du village pour barrer la route aux fuyards. Au bout d'une demi-heure les habitants s'enfuient, laissant une vingtaine de morts et de blessés sur le terrain. Le lieutenant Bouticq avait de son côté deux blessés. Estimant que ses forces n'étaient pas suffisantes pour continuer plus au sud où se trouvait le gros des forces des fils de Saga (bande de Yako), le lieutenant Bouticq rentre le jour même à Ouahigouya.

Ayant rendu compte de l'affaire à Bandiagara, il reçut l'ordre de ne pas bouger du poste avant d'avoir reçu des renforts.

Voyant cette inaction, la bande des fils de Saga de Yako vient camper à Tziga. De là elle envoie tous les jours de forts détachements pour piller les villages voisins et s'approvisionner en mil. Elle aurait même eu l'intention d'attaquer le poste, dont elle connaissait la faiblesse, dans la nuit du 1er au 2 avril.

Quant à la bande de l'est, elle parcourt, en pillant, le sud du Yatenga et se réunit le 19 avril à Tziga à la bande de Yako.

Cependant des secours arrivent de Bandiagara. La petite garnison de 14 soldats (10 tirailleurs, 4 spahis) devient une garnison de 110 hommes (50 tirailleurs, 20 spahis, plus 40 cavaliers foulankés auxiliaires) Ces renforts étaient là le 21 avril.

Les opérations commencent dans la nuit du 21 au 22. Le capitaine Bouticq (il était devenu capitaine) sort du poste avec une colonne comprenant 1 sergent indigène, 2 caporaux, 30 tirailleurs, 4 spahis, 40 cavaliers foulankés, 10 cavaliers mossis. Ces derniers doivent servir de guide et assurer le ravitaillement. Il s'agit de surprendre au lever du jour les rebelles à Tziga. Malheureusement un habitant du dernier village traversé donne l'éveil un quart d'heure avant l'attaque et le succès n'est que partiel. Néanmoins une cinquantaine de cavaliers ennemis sont tués. De notre côté, seul un foutanké est blessé.

Les bandes se séparent de nouveau. Celle du sud fuit jusqu'à Yako et La; l'autre retourne dans l'est. Un certain nombre de rebelles de Yako reviennent le surlendemain dans le Yatenga Ils sont signalés aux villages de Tanghé, Ridimba, Kindiba.

La colonne se transporte à Goursi, fait fusiller les meneurs de Tanghé (village situé à quelques kilomètres à l'est de Goursi) et inflige une forte amende au village, se dirige sur Ridimba (au sud-est de Goursi), trouve le village évacué et marche sur Kindiba ou Kindibo (au nord de Tougo, à 15 ou 16 kilomètres à l'est de Goursi). Là la colonne trouve une résistance sérieuse. Les défenseurs ont accumulé des provisions (eau, mil, arachides) dans le bois sacré de l'endroit, grand fourré épais situé près du village. De là ils tirent des flèches sur tous ceux qui approchent. Le feu mis au fourré et les feux de salve des tirailleurs n'en viennent pas à bout. Il faut, après quatre heures de lutte infructueuse, que les tirailleurs s'engagent dans le bois sacré à la lueur de l'incendie et tuent un par un les derniers défenseurs.

La colonne continue ensuite sa route vers le sud-est et arrive à Kalsaka. Là elle apprend que les rebelles sont plus au nord à Guibou (dans le Koussouka, au sud de Séguénéga) chez le naba, un fils de Saga, qui s'était soumis auparavant mais était de nouveau à cette heure parmi les révoltés. Ceux-ci avaient, l'avant-veille, conquis le village de Ouomsom, avec l'aide même des habitants de Ouomsom, sur le naba loyaliste que nous y avions mis.

La colonne remonte en droite ligne vers le nord et établit son camp à Gambo. Elle marche le jour même sur Guibou et surprend dans la montagne, à 4 heures de l'après-midi, un détachement de 50 cavaliers et de 200 guerriers à pied qui faisaient un mouvement tournant pour aller attaquer la nuit le campement de Gambo. Les guerriers restés à Guibou devaient arriver directement un peu plus tard. Du côté de l'ennemi une vingtaine de cavaliers sont tués. Dans la colonne un cavalier mossi est tué, 3 foutankés sont blessés. Les survivants poursuivis jusqu'à Guibou s'enfuient à l'entrée de la nuit dans toutes les directions, entraînant ceux des leurs qui étaient restés à Guibou. Le jour même un convoi de 6 caisses de cartouches escorté par 4 tirailleurs et 2 spahis était attaqué par les habitants du village de Sassaka, dirigés par les « fils de Saga » dont une bande était de passage dans ces parages. Le capitaine, prévenu dans la nuit à Gambo, va, le 29 au matin, dégager le convoi qui avait dû résister au pied d'un arbre depuis midi jusqu'à cinq heures du soir, heure à laquelle les habitants des deux villages amis étaient venus le dégager momentanément et lui donner asile pour la nuit.

De retour à Gambo, les hommes et les chevaux étant très fatigués, la colonne rentre se reposer deux ou trois jours à Ouahigouya (1er mai).

Le 2 mai une partie de la colonne va châtier le village de You (au nord-est de Ouahigouya) dont les habitants font les pillards et attaquent les dioulas.

Le 7 mai, la colonne à effectif complet, repart pour le Datenga. Elle passe par le Ouindighi : le village de Ouindighi est châtié sévèrement pour avoir donné asile à la colonne des fils de Saga pendant leur fuite après l'affaire de Guibou et pour avoir ensuite menti au capitaine à ce sujet : une centaine d'hommes du village sont tués. Quantité d'arcs et de flèches de confection récente sont trouvés dans les cases.

La colonne se dirige ensuite à marches forcées sur Zimtenga (capitale du Datenga, au nord du lac Bama). Le village est abandonné, sauf la soukala du chef auquel le capitaine reproche d'avoir refusé de se rendre au poste à trois reprises successives et d'avoir fait cause commune pendant deux mois avec les fils de Saga. Le chef s'excuse de son mieux et consent à accompagner le capitaine Bouticq à Ouahigouya. Puis il se ravise et refuse de quitter le Datenga. Le capitaine le fait saisir, fusiller immédiatement et ordonne des feux de salve sur les koursigui du chef et sa troupe qui sont tués ou s'enfuient. Après cette sévère exécution, le Ouidi-naba du chef défunt est nommé chef du Datenga. Il reçoit le cheval et les insignes du naba décédé.

Le lendemain la colonne va châtier le village de Bourzanga, non parce qu'il avait donné asile aux « fils de Saga », (c'est la grande mare d'eau qui est tout près de Bourzanga qui avait fait que ceux-ci avaient choisi cet emplacement) mais à cause des pilleries du village sur les dioulas qui vont de Mané dans le Djilgodi et vice-versa.

Les fils de Saga, après l'affaire de Guibou, n'avaient fait que traverser le Ouindighi et le Datenga pour aller se réfugier à Boussouma dans le nord du Mossi. Les cavaliers foutankés au service de Ouagadougou en faisaient à ce moment-là prisonniers une centaine. La colonne était terminée et la petite troupe rentrait à Ouahigouya le 19 mai 1899.

Le 1er juin le capitaine Bouticq, nommé à Zinder, cédait le commandement du Yatenga au lieutenant Desclaux qui était remplacé lui-même le 1er juillet par le capitaine Bouvet.

A la fin de 1899 la situation se gâte dans le pays samo (sud-ouest du cercle de Ouahigouya) qui pourtant n'a pas bougé pendant la répression du capitaine Bouticq. En novembre deux villages samos Dio et Bouloubalé, refusent de répondre aux convocations du capitaine Bouvet. Deux autres, Bangassoko et Toïbéga répondent aux convocations mais s'arrangent pour ne pas donner satisfaction complète. Le capitaine Bouvet réclame une colonne contre ces quatre villages. Elle est autorisée le 1er février 1900 et commence le 20 février. Le capitaine a reçu des troupes de Bandiagara, de Dori, en sus de celles de Ouahigouya. La colonne compte 12 européens (officiers et sous-officiers), formant le cadre, 140 fantassins (dont 80 tirailleurs, 60 gardes-frontière et sofas d'Agoubou), 97 cavaliers (dont 37 spahis, 50 cavaliers foutankés, 10 cavaliers mossis), enfin 15 canonniers et une pièce de 80 millimètres. En tout, la colonne compte 264 hommes et un canon. C'est une colonne très forte pour le pays et le but à atteindre.

Le 20 février, la colonne part de Ouahigouya et, par une marche de nuit, atteint Dio le 21 février à 5 heures du matin. Les habitants, surpris, s'enfuient du village et gagnent une colline ferrugineuse située au sud de celui-ci. Beaucoup d'entre eux se réfugient dans une grotte à ouverture étroite dont il a déjà été parlé et refusent d'en sortir. De là ils tirent des flèches sur les tirailleurs. C'est ce qu'avaient fait, nous le savons, leurs ancêtres à l'époque de naba Kango, quand ils furent attaqués par ce chef. Mais, moins heureux que leurs pères qui n'avaient pas pu être forcés dans leur grotte par le grand naba, les adversaires du capitaine Bouvet se font enfumer. En effet celui-ci fait mettre le siège devant l'ouverture de la grotte et y fait accumuler des bottes de paille auxquelles on met le feu à 5 heures 1/2 de l'après-midi. Le lendemain matin 22 à 9 heures les assiégés, incommodés par la fumée et le manque d'eau, demandent à se rendre. 80 hommes, 150 femmes et enfants sortent de la grotte. Beaucoup ont péri dans celle-ci, y compris le chef du village. Huit chefs de soukala sont jugés sommairement et fusillés.

Le 23 février, la colonne part pour Bangassoko et l'occupe le 24 au matin. Le village est abandonné et la poursuite aux environs ne donne aucun résultat sérieux. Le capitaine Bouvet, fait alors entourer les puits du village, resserrés dans un étroit espace, pour que les fuyards ne viennent pas y boire pendant la nuit. C'est pourtant ce qu'ils essayent de faire, sans succès du reste. Le 27, le capitaine Bouvet envoie 4 prisonniers dans la brousse, porteurs de cet ultimatum : si le village ne vient pas enfin faire sa soumission, les cases seront détruites et les puits comblés. Sur cette menace et sous la pression de la soif, le village se rend enfin, du moins en grande partie. Beaucoup d'habitants de Bangassoko sont morts de soif dans la brousse, d'autres n'ont pas la force de rentrer. Une amende de 500.000 cauris (500 francs) est mise sur le village et 200.000 cauris sont payés immédiatement.

Une partie de la colonne allait du 26 au 28 février faire la même opétion au village samo de Karé-Manguel (situé actuellement dans le cercle de Bandiagara).

Le 29 février la colonne principale quitte Bangassoko et va à Gan où elle est très bien reçue (1er mars), puis le 2 mars elle va à Toïbéga où elle rencontre des envoyés du commandant du cercle de Koury qui revendique pour son cercle le village. Réservant la question, le capitaine Bouvet lève le camp et va à Bouloubalé ou Gouroubalé (village samo dépendant actuellement du canton de Boussou) où il arrive le 3 mars. Les habitants étaient en fuite et quelques-uns, rencontrés dans la brousse et tirant des flèches sur les cavaliers foutankés, sont tués. Les spahis ramènent une trentaine de prisonniers.

Les villages du canton de Boussou qui s'étaient mis en rébellion contre le poste, à la suite des 4 villages samos récalcitrants, en refusant de reconnaître le Boussou-naba nommé en décembre 1899 par le capitaine Bouvet et en lui préférant un de ses frères, viennent tous faire leur soumission. Boussou, la capitale du canton, et le plus coupable de ces villages, est occupé le 5 mars et est frappé d'une amende en mil. Quant à Gouroubalé il est brûlé.

Le 6 mars, la colonne campe à Kiembara, gros village samo du type serré, où elle est admirablement reçue, puis le 7 elle rend visite à Bangassoko où les habitants sont rentrés en grande partie et où l'accueil est aussi excellent. Le 8 elle va à Karé-Manguel où la leçon a été plus dure qu'à Bangassoko. En effet, plus de la moitié des habitants ne sont pas rentrés. Les uns sont morts de soif dans la brousse, les autres ont été pris comme captifs par les villages voisins.

La colonne se disloque à Karé-Manguel, le contingent de Bandiagara rentrant directement chez lui. Le gros rentre à Ouahigouya et s'y repose du 12 au 16 mars, puis marche sur Hitté (ou Sitté), village pillard du Ouindighi, dont les faits et gestes avaient motivé les réclamations des villages voisins. Le 18 mars au matin, Sitté est atteint. Le village est abandonné, mais les cavaliers font la poursuite. Le terrain est découvert.

Les fuyards sont obligés de s'arrêter pour lancer des flèches. Beaucoup sont tués. Une vingtaine d'hommes, 80 femmes et enfants sont faits prisonniers, parmi lesquels le chef de village. Hitté est livré aux flammes.

De Hitté, la colonne gagne le nord du Datenga, Basé le 19 mars, Bourzonga le 20, puis Koubé-Alfa (Résidence de Djibo) le 21. Là a lieu la dislocation définitive et tandis que les troupes de Dori regagnent ce point, celles de Ouahigouya partent pour Ouahigouya où elles arrivent après une marche forcée le 22 au soir. La colonne était terminée.

Le 25 mai 1900 le capitaine Bouvet cédait le commandement du Yatenga au capitaine Granderye.

Avec celui-ci, commence l'ère de l'exploitation pacifique. On renonce aux colonnes. Le capitaine Granderye s'occupe de la vie économique du cercle, fait les premières tournées de recensement qui aient été faites dans le Yatenga, favorise le marché de Ouahigouya créé en mai 1900. C'est également sous son proconsulat que l'éternelle question des fils de Saga se clôt enfin. En septembre, octobre, novembre et décembre 1900, les insoumis réfugiés, quelques-uns dans la province de Boussouma, au nord du cercle de Ouagadougou, le plus grand nombre à l'ouest de ce cercle, dans le Kipirsi, font de petites mais nombreuses expéditions de pillage dans le sud-est du Yatenga. Une colonne est enfin dirigée dans le Kipirsi en janvier 1901 par la Résidence de Ouagadougou, colonne qui écrase définitivement les fils de Saga. Ceux-ci, pourchassés dans le Kipirsi, viennent enfin demander l'aman à Ouahigouya, pour rentrer dans leurs villages respectifs et y vivre en paix. Le Résident du Yatenga leur accorde le pardon à condition qu'ils vivront désormais comme de simples particuliers et qu'ils se tiendront tranquilles, obéissant dans leurs anciens villages aux chefs actuels reconnus par l'autorité française.

De plus le Riziam qui avait été rattaché au Mossi de Ouagadougou on ne sait pourquoi et qui faisait dans le Yatenga une enclave gênante connue sous le nom « d'enclave mossi », fait retour au Yatenga comme c'était juste (mars 1901)

En revanche les villages samos de Toïré et de Toïbéga qui avaient toujours dépendu du chef du canton de Boussoum relevant lui-même du moro-naba du Yatenga, étaient attribués le 20 mai 1901, contre toute justice, par ordre de l'autorité militaire supérieure, au cercle de Koury, après de longs débats à ce sujet soulevés par la colonne Bouvet qui avait posé la question d'attribution.

A la fin de mai 1901, le capitaine Granderye cédait la direction du Yatenga, bien pacifié cette fois, au lieutenant Ripault.

Le naba Diguidi mourut le 12 février 1902 et fut enterré le 20 à Somniaga. Quelque temps auparavant Sidiyété, le fameux tensoba ou chef de guerre des fils de Saga, avait été pris dans le Kipirsi (janvier 1902) et condamné d'abord à mort, puis à la déportation perpétuelle à Tombouctou. Plus tard, grâcié, il devait rentrer à Ouahigouya.

En définitive, comme le règne du naba Boulli avait vu la conquête, le règne du naba Diguidi vit la pacification, d'abord par la force, puis sans épithète, du pays. Les défenseurs de l'indépendance, lassés d'être toujours vaincus, se soumettent et rentrent chez eux. Les villages, frappés par de dures leçons, obéissent et l'indigène baisse le cou sous le nouveau joug. Quant au moro-naba ce n'est plus qu'un roi fainéant, sans autorité, auquel on a enlevé toutes ses attributions, même celle de rendre la justice. Ses ministres sont les sous-ordres des européens du poste.

L'impôt payé par le pays, qui se réduisait d'abord à l'entretien du poste de Ouahigouya, est de 12.000 fr. environ en 1899, de 28.000 fr. en 1900. Il déborde bientôt de beaucoup l'entretien du cercle même, monte en 1901 à 30.000 fr. et en 1902 à 50.000 fr. Il est payé soit en nature (mil, bestiaux), soit en monnaie du pays (cauris).

Ce fut naba Koboga (1902-1914) qui succéda à naba Diguidi. C'était le neveu des derniers moro-nabas, de naba Boulli et de naba Diguidi, le fils de Noboga et le petit-fils de Tougouri. Comme on le voit, la branche Tougouri triomphe définitivement, car on a écarté les représentants des autres branches, en révolte, peu nombreux du reste, et particulièrement Kéra-naba.

Le naba Koboga prit le titre le 28 février 1902. Ce fut le roi fainéant dans toute l'acception du mot, loyaliste du reste aux Français et ennemi farouche des fils de Saga.

Le lieutenant Ripault laisse le commandement du Yatenga le 15 septembre 1902 au capitaine Noiré. Celui-ci, c'est le capitaine « modern-style », par opposition aux faiseurs de colonnes, aux Bouticq et aux Bouvet. Il s'occupe de mettre le pays en valeur. Il y cherche des ressources (or, charbon, etc.), qui du reste n'y existent aucunement. Il divise le cercle en quatre secteurs qu'il fait recenser par des agents indigènes (15 décembre 1902). Ce recensement terminé en avril 1903 donne d'abord 242.809 âmes, puis, après rectifications diverses, 246.148 âmes. Si ce chiffre était exact et, pour le capitaine Noiré, il était plutôt au-dessous qu'au-dessus de la vérité, la population n'a guère augmenté depuis.

Le capitaine Noiré fait des tournées « pacifiques à outrance », selon son expression, dans le pays. Mais les fils de Saga lui donnent toujours du fil à retordre. Naturellement, une fois rentrés dans leurs villages, ils se sont mis à créer des difficultés aux chefs de village leurs successeurs, du clan Tougouri qui, ne les aimant pas et les craignant, sont très mal disposés pour eux. Ces histoires amènent une tournée, toujours pacifique, du capitaine Noiré dans le canton de Roba en février 1903, puis d'autres tournées où il arrange les choses à l'amiable (ce qui est du reste la sagesse même).

En février 1904, divers chefs condamnés en 1901 à la déportation perpétuelle ou à la résidence obligatoire à Tombouctou ou à Bamako, graciés par M. le Gouverneur général le 12 novembre 1903, rentrent dans le Yatenga, entre autres le fameux chef de guerre Sidiyété.

Le capitaine Noiré, infatigable, crée une petite école à Ouahigouya le 15 septembre 1903. Elle est fréquentée par 20 élèves fils de nabas, et les cours sont faits par un sergent français, chef du détachement des gardes-frontière.

Il installe à Ouahigouya un tribunal indigène et même un tribunal de commerce !

Il fait commencer quatre routes partant de Ouahigouya et allant vers les postes voisins. Elles ont quatre mètres de large et sont bordées de petits fossés. Naturellement elles sont en terre (c'est le sol même simplement débroussaillé) et sans aucun ouvrage d'art.

Enfin, pendant le premier trimestre 1904, et avant de céder la place à un administrateur civil, le capitaine Noiré rédige la première monographie du Yatenga qui ait été faite. C'est celle dite de 1904 ou des militaires.

Le 22 avril 1904, le capitaine Noiré passait le commandement du Yatenga à M. Bernard, administrateur stagiaire. Désormais ce sont des administrateurs civils qui dirigeront le pays.

Ajoutons que le vieux naba Koboga est mort à Ouahigouya le 2 septembre 1914 et a été enterré, suivant les rites, à Somniaga. Il a été remplacé, après l'interrègne habituel de la napoko, par naba Dalébéya ou Daléhia, chef de Bogoya, fils de naba Boulli et cousin du défunt. Il a pris, en devenant moro-naba, le nom de naba Tiguiri. C'est le quarante-et-unième successeur de Yadega.

Comme on le voit, l'histoire du Yatenga nous mène, à travers les siècles, des temps préhistoriques aux origines mossis, des origines mossis aux grandes invasions des nabas légendaires, de celles-ci à la constitution patiente du royaume du Yatenge par Yadega et ses successeurs, de cette constitution aux grands chocs contre les sultans songhays et l'empire de Mali à la fin du xve siècle. Puis le royaume du Yatenga se replie sur lui-même et, après avoir encore connu de beaux jours au xviiie siècle et dans la première moitié du xixe, finit par succomber d'un seul coup à la poussée française de l'Atlantique au Tchad, en 1896. A partir de cette époque, le Yatenga n'est plus qu'une petite province de notre Afrique occidentale française.

Bien des points restent obscurs dans cette histoire. D'abord la chronologie du Yatenga à laquelle je consacre un appendice spécial (Appendice n° II) auquel je prie instamment le lecteur de vouloir bien se reporter, pour compléter sa connaissance de l'histoire du pays, est la bouteille à l'encre. Ensuite, nous avons des périodes sur lesquelles nous ne connaissons pour ainsi dire rien, ainsi le xviie siècle. Pour le xive, xve et xvie siècles en effet, nous avons les renseignements du Tarikh-es-Soudân, renseignements bien brefs, bien incomplets, bien médiocres la plupart du temps, mais enfin existants. Pour le xvııe siècle nous n'avons plus que les renseignements des indigènes, des chefs de tamtam qui sont les historiens du pays. Or comment ceux-ci procèdent-ils ou plutôt à quelle occasion produisent-ils leurs renseignements historiques ? Quand un grand chef fait offrir un sacrifice solennel pour ses ancêtres, le chef du tamtam du village frappe rapidement un coup sur son grand tambour allongé à mesure qu'on jette un poulet par terre et prononce : pour un tel, fils de tel naba et de telle femme. Les poulets sont lancés à terre la gorge ouverte pendant que le chef de tamtam débite d'une façon monotone scandée par les coups de tambour, la liste des nabas qu'il a apprise par cœur, avec le nom de leur père et de leur mère. Quelquefois il ajoute la résidence et le nombre d'années du règne du défunt quand il connaît ces détails (c'est-à-dire pour les plus récents). Et c'est tout. De là la sécheresse et la dureté extrême des renseignements que peuvent offrir les chefs de tamtam. Encore si ces données étaient concordantes chez tous : mais chaque chef de tamtam a pour ainsi dire son système qui vient de ce que des omissions, des confusions se sont produites en sens divergent à travers les traditions orales. Très souvent donc les renseignements sont contradictoires quoique les versions données soient affirmées de chaque part avec la même obstination grossière. Ajoutez les rivalités de dynasties, de famille, de province, de village. L'ancêtre est toujours un grand chef puissant, victorieux et, s'il a été vaincu, on essaye de lui sauver la face aux dépens de la vérité, tandis que l'adversaire est toujours « une crapule » dont on veut diminuer au moins la victoire ou la gloire. Ainsi en est-il de Ouemtanango, de Yndega, etc., si discutés par ceux qui ne descendent pas d'eux. Tout cela ce sont des sources d'erreur. Il y a, il est vrai, les anecdotes, les légendes sur les chefs anciens, mais elles sont trop souvent puériles et niaises comme l'esprit même du noir. A partir du xvııe siècle, il est vrai, on a des renseignements plus nombreux, plus sérieux, mais là encore il est difficile d'avoir la vérité exacte dès qu'on veut entrer dans les détails, tellement le moindre fait a donné lieu à des racontars contradictoires. Le lecteur a pu le constater, par l'exemple de notre récit sur la campagne et la mort de naba Totéballobo dans le Riziam, événements sur lesquels il y a tant de versions divergentes, quoi qu'ils ne remontent pas à plus de 66 ans. Bref il est difficile d'écrire l'histoire du Yatenga, comme de tous ces pays primitifs, sans écriture, où tout repose sur la tradition orale, si divergente dans ses sources, si vite déformée dans son cours — puis oubliée...

Avec tout cela l'historique du Yatenga que je viens de donner est encore, je crois, le plus complet et le plus approfondi qui ait été écrit jusqu'à ce jour : le capitaine Noiré a donné le premier en 1904, puis Vadier en a donné un second en 1909, infiniment plus complet et plus poussé que le précédent. Delafosse a reproduit simplement les renseignements de Vadier en ajoutant des dates aux noms des nabas (1). Moi-même, venu le dernier, et ayant d'une part à ma disposition les documents Noiré, Vadier, Delafosse et d'autre part ayant interrogé un certain nombre de chefs de tamtam et quelques nabas, j'ai pu creuser davantage le sujet. Il y a du reste encore à faire en ce sens et la carrière est toujours ouverte.

Les chefs de tamtam que j'ai interrogés ont été ceux de Roudologa (canton du Ouidiranga-naba) au nombre de trois, Yamba Sôdéré, Diguirawa Biriba et Papanga Biriba, puis ceux de Sissamba : Kimba Ouidiraogo, Boutoulou Ouidiraogo et Ouallo Ouidiraogo. Enfin Gomboroko, ou plus exactement Gombiraogo Ouidiraogo, deuxième interprète du cercle, ancien Baloum-naba, qui prit parti pour les Français dès 1894, dès la première visite du capitaine Destenaves à Ouahigouya, et nous servit utilement à l'époque héroïque de la conquête, m'a donné de précieux renseignements non seulement sur cette époque qu'il a vue, mais encore sur les anciens nabas dont il connaît l'histoire mieux que personne.

En terminant signalons une erreur que j'ai commise dans mon *Noir du Soudan : Pays mossi et gourounsi*, 1912. Ne connaissant pas à cette époque l'historique du Yatenga que je considérais comme une simple province du Mossi de Ouagadougou, j'ai mis sur le compte de ce dernier royaume les randonnées sur Tombouctou et Oualata, les batailles avec Mali et le second empire songhaï qui nous sont révélées par le *Tarikh-es-Soudân* et les historiens portugais. Or, comme nous venons de le voir, tout cela concerne le royaume du Yatenga qui fut toujours, par sa position géographique, la marche nord de toute la région mossi vers la région de « Ghanata » et d'autre part fut toujours indépendant du royaume de Ouagadougou et même son brillant rival.

Le lieutenant Marc (*Le pays mossi*, 1909) a commis la même erreur que moi. C'est Delafosse le premier, qui ayant en main la Monographie de Ouahigouya de Vadier de 1909, pour écrire son bel ouvrage sur le Haut-Sénégal-Niger a pu éclaircir ce point d'histoire et rendre au Yatenga ce qui lui appartient (voir *op. cit.*, t. II, p. 138).

(1) Il a de plus revisé, ou fait reviser, d'une façon malheureuse, l'orthographe des noms telle qu'elle avait été donnée par Vadier.

LIVRE III

Le travail

CHAPITRE PREMIER

LA CULTURE

On peut diviser le travail en général en neuf grandes catégories :
1° la cueillette ;
2° la pêche ;
3° la chasse ;
4° l'arboriculture ;
5° la culture ;
6° l'élevage ;
7° la pisciculture ;
8° l'industrie ;
9° le commerce.

La cueillette, les habitants du Yatenga la connaissent et la pratiquent, mais elle n'est pas très importante dans un pays situé aussi au nord du Soudan que celui-ci. La pêche n'existe pour ainsi dire pas, à cause du manque d'eau. La chasse existe mais c'est une chasse assez peu importante pour la même raison.

L'arboriculture n'existe pas. En revanche, la culture est l'art nourricier principal, comme dans tout le Soudan. L'élevage existe mais peu important aux mains des Mossis. Ce sont surtout les Peuls du pays qui le pratiquent. Cependant l'élevage des poulets et des chèvres naines est d'un grand secours pour les Mossis. La pisciculture n'existe pas plus que la pêche et pour la même raison.

Enfin il y a une industrie, au niveau de l'industrie soudanaise générale, et un commerce du même genre.

Nous pourrions faire l'analyse du travail du Yatenga en suivant l'ordre historique des travaux : cueillette, pêche, chasse, arboriculture, culture, etc. et en marquant ce que les gens du pays pratiquent de chaque travail. Mais nous pouvons aussi, au lieu de cette méthode rigoureusement scientifique, employer une méthode plus simple qui est de commencer par le travail le plus important parmi les arts vivriers, puis de continuer par les autres arts vivriers suivant leur ordre d'importance, puis de finir par l'industrie et le commerce. Dans ce cas nous avons à étudier tour à tour :

1º *la culture ;*
2º *l'élevage* ou *la cueillette* qui semblent présenter à peu près la même importance ;
3º *la chasse ;*
4º *la pêche ;*
5º *l'industrie ;*
6º *le commerce.*

Commençons par la culture.

C'est le mil (millet et sorgho) qui est le fond de la nourriture ici comme dans tout le Soudan et le Sénégal.

On sait que c'est le manioc qui domine au Congo, le riz dans la Casamance, la Guinée portugaise, la Guinée française, le Libéria et la Côte d'Ivoire, sans compter la vallée du Niger, le maïs au Dahomey, l'igname dans une certaine zone comprise au nord de la Côte d'Ivoire, de la Gold-Coast et du Dahomey. Au contraire, dans le Yatenga, comme dans tout le Mossi, comme dans tout le Soudan de l'Atlantique à la Mer Rouge, c'est le mil qui domine avec ses deux grandes espèces de millet ou petit mil et de sorgho ou gros mil.

Le millet *(Pennisetum spicatum)* et le sorgho *(Andropogon sorghum)* se divisent à leur tour en de très nombreuses espèces :

Mil se dit d'une façon générale ki en mossi.

Ce qu'on fait le plus au Yatenga c'est le sorgho blanc ou gros mil blanc. On l'appelle kenda ou kienda ici. Dans la région de Ouagadougou on l'appelle baninga. C'est le kéningué ou guessékélé des Bambaras, le bimbiri des Malinkés et des Ouassoulonkés.

Ensuite c'est le petit mil ou millet de l'espèce bien connue qu'on appelle sanio en bambara, malinké et ouassoulonké. Au Yatenga on l'appelle kazua ou kazuya ou kazoï. C'est le kasui ou kazoï de la région de Ouagadougou.

Ensuite vient, toujours par ordre d'importance, le sorgho rouge ou gros mil rouge de l'espèce dite niobilé en bambara, niooulé en malinké et ouassoulonké, karaga en mossi du Yatenga, kaziéra ou kaziéga en mossi de Ouagadougou.

Voici comment on cultive le kienda :

Quand on a affaire à un champ déjà en culture, ce qui est le cas le plus fréquent et non à un champ nouveau à défricher, cas plus rare, on le nettoie au mois de mars. On coupe les petits arbustes et les herbes qui ont pu pousser, on rassemble les restes des tiges de mil de l'année précédente encombrant encore le sol et on fait brûler le tout sur place pour fumer le terrain. Ce sont les hommes seulement qui font ce nettoyage comme eux seuls font le défrichement, s'il y a lieu. Puis on attend les pluies pour faire les semailles qui ont ainsi lieu vers le 15 juin. Hommes et femmes font les semailles. On les fait le matin après une bonne tornade tombée la veille ou tombée pendant la nuit.

Pour semer voici comment on procède : le semeur (ou la semeuse) tient le souga, la pioche en fer de hache, de la main droite, une petite calebasse dans laquelle il y a du mil de la main gauche. Accroupi, il fait un trou avec le souga, puis, de la main gauche, prend une pincée de grains de mil qu'il met dans le trou. Puis il rebouche avec le souga.

Comme on le voit, on ne fait pas ici de petites buttes de terre pour y enfouir les grains de mil comme cela se fait dans d'autres parties du Soudan.

Au bout de trois jours le mil commence à sortir de terre. Au bout de quinze jours hommes et femmes se mettent à enlever l'herbe qui pousse concurremment avec le mil. On gratte le champ avec le kouri qui est la pioche au fer large, mince et évasé. Un mois après on fera un nouveau sarclage. On ne fait que deux nettoyages du champ jusqu'à la récolte. En fait les deux sarclages se succèdent car dès qu'on en a fini un, il est temps de recommencer à nettoyer le champ par l'autre bout.

Dès que les semailles sont faites, on envoie les enfants dans le champ pour empêcher les oiseaux de déterrer les graines ou de picorer le nouveau mil. Les enfants s'installent souvent sur des sortes d'échafauds en bois quelquefois recouverts d'un toit en paille d'où ils peuvent surveiller le champ tout en se reposant.

C'est vers le 15 novembre qu'on récolte le kienda. Pour la récolte, les hommes coupent les tiges de mil en bas avec le sougo, les abattent et les jettent à terre. On les laisse quelques heures exposées au soleil. Ensuite les femmes et les vieillards viennent couper les épis du mil au couteau. On les met dans des corbeilles quand le champ n'est pas loin du village et on les apporte tout de suite dans les bawa (pluriel de baoré, grandes cases à mil que nous décrirons plus loin). Quand le champ est loin on fait des espèces de petites cases rondes, construites avec des nattes, portées sur quatre gros morceaux de bois, donc sur pilotis. On les fait plus ou moins grandes, plus ou moins nombreuses et on y laisse les épis jusqu'à ce qu'on ait fini la récolte du champ. Quelquefois on met le mil par terre par grands tas et on le couvre de nattes. Cette installation sommaire s'appelle ici, comme à Ouagadougou, zaïga (zaïsé au pluriel).

Ensuite dès que la récolte est finie, on porte les épis dans les bawas avec les corbeilles à mil, hommes, femmes, enfants, jeunes gens. Pour les introduire dans le baoré, un homme monte par la petite fenêtre quadrangulaire haut placée, s'aidant de deux morceaux de bois piqués dans le banko, échelle primitive. Il descend au fond du baoré et alors on lui passe les épis par une petite ouverture ronde qu'on pratique beaucoup plus bas que la fenêtre et sur la gauche. L'homme reçoit les épis et les empile au fond les uns sur les autres. Lorsque le bas est plein, on les lui passe par la petite fenêtre en bois, après avoir bouché au banko l'ouverture pratiquée momentanément au-dessous. Puis, quand le baoré est plein jusqu'au bas de la fenêtre, notre homme sort par celle-ci et du dehors continue, placé sur l'échelle extérieure, à entrer et à empiler les épis de mil jusqu'à ce qu'ils atteignent le niveau du haut de la fenêtre, jusqu'à ce que celle-ci soit complètement bouchée. Alors, comme on ne peut pas emplir le baoré davantage on passe au suivant.

Quand on a besoin de mil, on sort des épis en quantité suffisante par la fenêtre et on les remet aux femmes.

Nous n'insisterons pas sur la culture du kasua (sanio). Il est planté dans la brousse comme le kienda et aussitôt après celui-ci, c'est-à-dire quelques heures ou quelques jours après. Il est soigné exactement de la même manière : enfants placés dans les champs, sarclages faits aux mêmes époques. On le récolte en même temps que le kienda ou plus exactement aussitôt que celui-ci est fini. On le met dans les bawa plus ou moins directement comme le kienda.

Le gros mil rouge est celui qu'on fait le moins abondamment des trois grandes espèces de mil du pays, mais c'est celui qui est planté le premier. Le karaga n'est pas cultivé ici dans les champs de brousse. On le sème simplement autour des habitations où il fait concurrence au maïs. Celui-ci est placé en deux endroits, à droite et à gauche de la porte de l'habitation. Le karaga tient tout le reste du pourtour de celle-ci, c'est-à-dire a bien plus de terrain que le maïs. On le sème un peu avant le kienda sur un terrain fumé, puisqu'il fait partie du champ-jardin qui entoure l'habitation. Les semailles en sont faites comme celles du kienda. Pour les sarclages il n'y en a généralement pas besoin. On n'en fait que quand c'est nécessaire. Le karaga se récolte une quinzaine de jours avant le kienda, c'est-à-dire vers le 1er novembre. Comme il est placé autour de l'habitation, on en met tout de suite les épis dans un petit baoré, baoré spécial qui est affecté au sorgho rouge.

Le karaga est le mil pour la fabrication du dolo, donc le mil pour la boisson, au lieu d'être un mil pour la nourriture comme le kienda ou le kazua.

En dehors de ces trois grandes espèces de mil, les seules qui comptent vraiment ici, donnons quelques indications sur des mils plus ou moins connus et un peu cultivés dans le pays :

Le kipélogo (appelé ainsi à Ouagadougou, mot à mot mil blanc, de ki mil et pélégo blanc, appelé au Yatenga kapélépouré) est un mil hâtif pour les chevaux. On en fait ici de petits carrés autour des habitations et on le récolte dix jours environ après le maïs (septembre). On en fait peu car il n'est bon ni pour le sarabou, ni pour le dama, entendez ni pour la nourriture, ni pour la boisson (1).

L'hamadiboubou (nom bambara), gros mil blanc à tige un peu sucrée, à épi en forme de crosse ou de triangle, est connu ici et on en fait un peu au Yatenga comme à Ouagadougou. On l'appelle loumbo ici et ouaka à Ouagadougou.

Le petit mil précoce ou millet précoce (souna en bambara) appelé ici nata et à Ouagadougou nado est connu, mais on ne le cultive pas.

Le noira (espèce de gadiaba qui est une sorte de sorgho) signalé dans mon *Noir du Soudan*, page 470, comme cultivé plus ou moins dans la région nord de Ouagadougou (à Kaya, Boussouma) n'existe pas dans le Yatenga et n'est même pas connu.

Le mil sucré (espèce de sorgho ou de gros mil, appelé nobodénogo dans le Yatenga et mobinora à Ouagadougou) est connu ici. On en met quelques pieds dans le maïs et on en mange les grains à cause de leur goût sucré. Il est mûr vingt jours après le maïs (fin septembre ou premiers jours d'octobre).

Le mil des teinturiers (espèce de sorgho ou gros mil), est connu également. C'est le faraoro ou diélikanion bambara (faraoro est le vrai nom, diélikanion n'est qu'un surnom qui veut dire mil des griots, les griots étant généralement teinturiers dans le sud du pays mandé). On l'appelle moinian en malinké et en ouassoulonké ou encore dolimoinian, moinian des griots. Au Yatenga il est appelé mono comme à Ouagadougou. Les cordonniers seuls le cultivent pour la couleur qu'on en tire et non pour la nourriture, car il n'est pas comestible. Les grains en sont rouges, mais la forme de l'épi est semblable à celle de l'hamadiboubou.

Le mil sauvage (?) existe ici (niobana en bambara, malinké, ouassoulonké. Au Yatenga et à Ouagadougou on l'appelle nadanga ou naranga, nadansé ou naransé au pluriel). Chez les Mandés on ne le recherche pas, mais ici on le recherche. Il est mûr en octobre et novembre. On en écrase sur la pierre les grains qui sont tout petits.

Le mil sauvage est-il vraiment un mil sauvage poussant spontanément ou un simple rejet des espèces cultivées ?

D'après un de mes interlocuteurs le mil sauvage ne pousserait que dans les champs de mil abandonnés. Ce serait donc un reste de la culture et non pas une espèce vraiment sauvage et spontanée.

Beaucoup d'autres mils connus dans certaines parties du Soudan sont inconnus ici, par exemple le nyonifing bambara, gros mil noir hâtif qui n'existe pas dans le Yatenga.

---

(1) Le kapélépouré ou kipélégo est probablement le n'kendé bambara. Meyniaud (*Haut-Sénégal-Niger. Géographie économique*, tome I, p. 311) l'appelle le kendé blanc et en fait une sorte de sorgho ou gros mil.

En définitive les gens du Yatenga font avant tout :
1º le gros mil blanc, ou sorgho blanc, dit kienda ;
2º le petit mil, ou millet ordinaire, dit kasua ;
3º le gros mil, rouge ou sorgho rouge, dit karaga.

Les deux premiers servent à la nourriture, le troisième à la confection du dolo. Des deux premiers le meilleur au goût d'après nos Mossis est le kasua, mais celui qui rend le plus et qui se conserve le plus longtemps est le kienda. On peut le conserver pendant trois ans. C'est également le mil qu'on donne aux chevaux.

Après le mil viennent les cultures accessoires parmi lesquelles il faut mettre en première ligne le maïs.

Le maïs est ici, comme dans tout le Soudan, une culture hâtive dont on récolte généralement les produits à la fin d'août ou dans la première quinzaine de septembre. Le maïs est donc une culture destinée, en compagnie de quelques autres petites cultures, à donner une première récolte (août-septembre) qui permettra d'attendre la grande récolte d'octobre-novembre. Il présente donc un très grand intérêt. Il est ici, comme partout au Soudan, semé autour des habitations et non pas en champ de brousse. Les gens du Yatenga, comme les autres noirs, fument leur champ de maïs, qui est le champ-jardin de l'habitation où on met aussi du mil rouge comme nous l'avons vu plus haut. Comme les maisons des Mossis sont dispersées dans la plaine à 50, 100 mètres ou 150 mètres les unes des autres, toutes les habitations sont entourées de grandes masses vertes de maïs et de mil en août et en septembre.

Les gens du Yatenga ne connaissent qu'une seule espèce de maïs, le maïs jaune (appelé on ne sait pourquoi maïs rouge, manioblé en bambara, kabaoulé en malinké. C'est notre kamàna mossi). Ils ne connaissent ni le manioba ou grand maïs, ni le syémano ou petit maïs, maïs des poulets. Le kamâna a deux mètres de haut, c'est-à-dire est un peu moins grand que le manioba.

A Ouagadougou on ne connaît aussi que cette même espèce et on la désigne de même.

Le maïs se sème quand on a fini de semer le mil. Les herbes pendant ce temps poussent et on retourne le terrain avec le kori. On laisse l'herbe sur place pour engraisser le sol. De plus il est fumé comme tout le tour de l'habitation. Pour les semailles, on sème le maïs exactement comme le mil : avec le sougo, la calebasse et une pincée de grains prise et posée de la main gauche. Ce sont les femmes et les jeunes gens qui font ces semailles. Quand le maïs a atteint 20 centimètres de haut, on fait un nettoyage, un sarclage. C'est le seul. Pas d'autres travaux avant la récolte qui a lieu généralement ici vers le 1er septembre.

On sème aussi quelques pieds de maïs dans les trous qui entourent çà et là les habitations. Ce maïs, semé une vingtaine de jours avant la grande masse du maïs, est aussi mûr une vingtaine de jours plus tôt.

Les gens du Yatenga font un peu de fonio (1), très peu. Fonio se dit fini en bambara, malinké et ouassoulonké, tiou chez les Mossis du Yatenga et à Ouagadougou (car on en fait aussi un peu à Ouagadougou quoique j'aie oublié de signaler cette culture dans mon *Noir du Soudan* à propos des Mossis. Il est vrai qu'elle est très peu importante).

C'est une culture de brousse. On sème le fonio dans les terrains sablonneux. On retourne d'abord le sol avec la pioche large ou kouri de façon à le préparer. Le semeur, debout, marche en prenant des pincées de grains et en les jetant sur le sol. Puis il prend une branche d'arbre garnie de ses feuilles et balaye doucement afin que le grain soit bien recouvert. Quand la tige atteint 20 centimètres, on enlève les mauvaises herbes à la main, le fonio qui pousse serré comme le blé n'admettant pas le nettoyage au kouri. On récolte peu de temps après le maïs. On saisit le fonio par poignées qu'on coupe avec la faucille (gouégo). On en fait un grand tas dans l'habitation, puis, au bout de quatre ou cinq jours, quand il est sec, hommes et femmes l'égrènent en l'écrasant sous leurs pieds ou entre leurs mains. On en fait encore sécher les graines au soleil et on les met dans un petit baoré à l'intérieur d'une case.

Tout le monde au Yatenga fait du fonio excepté les Samos qui ont l'horreur du fonio et du riz.

Le fonio, de même que le maïs, est donc une culture hâtive. Il est mûr en septembre.

Dans le Yatenga on ne fait que le grand fonio (finiba en bambara) qui est dans d'autres parties du Soudan une espèce tardive de fonio. Quant au petit fonio (bérélé en bambara ou encore finitéli) on n'en fait pas ici.

Les gens du Yatenga disent n'avoir pas de fonio sauvage quoique Aug. Chevalier (*Une mission au Sénégal*. p. 242) prétende qu'il est répandu à l'état spontané dans toute la boucle du Niger.

Le riz se dit moni ou moï en mossi. Les gens du Yatenga en font un tout petit peu auprès des marigots. C'est l'espèce riz d'eau, car ils ne connaissent pas le riz de montagne. Les Yarsés en font un peu plus que les Mossis et les Foulsés. Les Samos n'en font pas du tout.

Le riz se cultive dans le lit des marigots. Un peu avant les tornades, on retourne l'endroit choisi avec le sougo, la pioche-hache, la pioche pointue, parce que le lit du marigot, à fond d'argile craquelée, se compose alors de pavés, de dalles dures séparées par de petites crevasses. Pour attaquer et retourner ce sol il faut le sougo et non le kouri. Cela fait on sème aux premières tornades. Les uns sèment le riz comme le mil en faisant des trous avec le sougo, les autres le sèment à la volée. Quand il a atteint 20 centimètres de haut on enlève les mauvaises herbes soit avec le kouri, soit à la main. On laisse pousser et dans le plein de l'hivernage, l'eau du marigot recouvre le riz en partie. On récolte en octobre, quand l'eau s'est

---

(1) Le fonio est le *paspalum longiflorum* Retz, le *panicum longiflorum* Hooker.

retirée, donc après le maïs et le fonio mais avant le mil. On coupe le riz par poignées avec la faucille (gouégo) et on le met en tas dans un coin de la cour de l'habitation où on l'égrène tout de suite sans attendre qu'il soit encore sec. On l'écrase sous les pieds ou en le frottant entre les mains. Cela fait on met les grains de riz sécher par terre au soleil pendant quatre ou cinq jours. On les met ensuite dans un petit baoré de case, c'est-à-dire dans une grande jarre en terre.

Quand on veut consommer le riz, on fait bouillir un peu les grains, puis on les fait sécher. Ensuite on les pile dans le mortier pour les décortiquer. Une fois cela fait, on fait bouillir pour la nourriture. On n'en fait pas de farine.

Les habitants du Yatenga cultivent les arachides et c'est une culture beaucoup plus importante que celle du fonio et que celle du riz, que je n'ai citées que parce qu'il faut être complet, mais qui n'ont aucune importance véritable. Au contraire celle des arachides mérite de venir immédiatement après celle du mil, sur le même pied que celle du maïs. Le mil forme le fond de la nourriture et donne la grande récolte de novembre. Le maïs permet d'attendre cette récolte par une petite récolte anticipée en août-septembre. L'arachide forme le fond des sauces mossi, non pas l'élément liquide de cette sauce qui est le beurre de karité, mais l'élément solide (les sauces étant très épaisses comme dans tout le Soudan). Les arachides sont écrasées pour en former le fond, ainsi que quelques autres produits que nous verrons plus loin.

Arachide se dit sounkam dans le Yatenga, nangouri à Ouagadougou, n'tiga en bambara.

En dehors de leur utilisation principale pour les sauces, on mange encore ici les arachides, ou bien on en fabrique de l'huile pour les dioulas de passage ou pour les Européens. Cette dernière utilisation est de beaucoup la moins importante.

Au Yatenga on ne connaît qu'une seule espèce d'arachides : l'arachide ordinaire des Bambaras. On ne connaît ni la grosse arachide de ceux-ci (sogobatiga) ni l'espèce spéciale appelée par les Bambaras arachide du python (miniantiga).

Les champs d'arachides sont faits dans la brousse, à côté des champs de mil, mais bien plus petits. On sème les arachides après le mil. On ne prépare pas le terrain. On ne fait pas non plus de petites levées de terre comme en d'autres points du Soudan. On sème comme pour le mil, avec le sougo, en mettant deux arachides dans chacun des trous que l'on sépare par une distance de 50 centimètres environ. Aussitôt qu'on a semé, l'herbe étant déjà un peu poussée, on nettoie avec le kouri. Au bout d'un mois on vient encore faire un nettoyage complet qui est le dernier. On récolte vers le 15 novembre : avec le sougo l'on déterre les pieds d'arachide et l'on arrache les coques que l'on met de côté. On les fait sécher au soleil pendant sept ou huit jours, puis on les met dans un des petits bnorés de case.

Quand on veut en consommer, les femmes prennent les arachides, brisent les coques et préparent l'arachide pour la cuisine.

Les feuilles d'arachides, ou, plus exactement les pieds tout entiers d'arachides, mis en tas à sécher, forment le fourrage classique des chevaux ici comme dans tout le Soudan.

Les haricots sont très importants dans la culture et l'alimentation du Yatenga. Ils viennent très loin après le mil il est vrai, mais sur la même ligne que le maïs ou les arachides.

Haricot se dit benga en mossi. C'est le syo bambara, le soso malinké et ouassoulonké.

Quant au grand haricot du Kissi (kissisoso en malinké) il n'est pas connu ici. Du reste on ne le cultive que dans le sud du Soudan, chez les Kissiens, les Malinkés, les Ouassoulonkés, les Bambaras de Bougouni. On ne le cultive pas chez les Bambaras de Ségou, pas plus qu'ici.

Parmi les espèces de sio ou soso on ne connaît ici que le haricot blanc (syo dié ou syogué en bambara). On ne plante pas le haricot rouge.

Au Yatenga on ne fait pas de champs de haricots à part. On les sème dans les champs de mil en même temps que le mil, en mélangeant les haricots aux grains de mil. Le haricot pousse en même temps que celui-ci. Mais la tige rampe à terre, tandis que la forte tige du mil s'élève verticalement. Le haricot n'est mûr que cinq ou dix jours avant le mil. On en fait la récolte immédiatement parce que pendant la récolte du mil il serait foulé aux pieds. Ce sont les femmes et les enfants munis de corbeilles qui vont recueillir les haricots (novembre).

On fait sécher les gousses au soleil, puis on les met en tas à terre et les hommes les battent à coups de bâton. On ramasse les haricots, on jette les gousses et on met les premiers dans des jarres en terre dans les cases.

Pour les manger on les fait simplement bouillir avec ou sans sel.

Avec les haricots il faut encore signaler les pois souterrains et les sésames, quoique la culture en soit beaucoup moins importante.

Les pois souterrains ou pois arachides (*Voandzeia subterranea* Linné) sont les tiganinkourous bambaras, les tigaguélés des Malinkés et des Ouassoulonkés. Les Mossis du Yatenga les nomment soumòga (au pl. soumôsé). Dans la région de Ouagadougou on dit souma.

Au Yatenga on en fait un peu. On n'en connaît qu'une seule espèce, l'espèce ordinaire ou blanche (tiganinkouringué en bambara, tigaguélengué en malinké).

Les cultures de pois souterrains sont faites dans la brousse au milieu des champs de mil. On enlève d'abord l'herbe au kouri et on la laisse sur place pour fumer le terrain. On fait cela en décembre, par exemple. En fin mai, c'est-à-dire quand les pluies commencent à tomber, on sème : on fait des trous au sougo dans le sol et on met un pois dans chaque trou. Un mois après les semailles environ, on arrache les mauvaises herbes à la main : c'est le seul sarclage. On récolte en septembre pendant la première quinzaine. On arrache les pois de terre avec le kouri. On les fait sécher au soleil dans l'habitation. Les uns les mettent dans les petits bawas tels quels, les autres les font piler par leurs femmes pour briser l'enveloppe qui est dure et les mettent dans les bawas seulement après cette opération.

On mange ici les pois arachides comme les haricots et on ne les utilise pas pour les sauces.

Pour les consommer on les fait bouillir avec du sel pendant deux heures environ.

Sésame se dit sini en mossi du Yatenga, sini ou sili à Ouagadougou, béné en bambara, malinké, ouassoulonké. Au Yatenga on en fait de petits champs dans la brousse. On sème les sésames au mois de juillet, quand la saison des pluies est déjà bien commencée. On gratte la terre avec le kouri sans faire de trous, puis on prend les fines graines blanches de sésame dans une petite calebasse et on les jette, en marchant, du bout des doigts à terre. Puis on remue celle-ci de façon à les recouvrir. Au bout de dix jours la plante sort de terre. Un mois après on arrache les mauvaises herbes. On fait la récolte en décembre. C'est la plus tardive des cultures vivrières et la plus tardive de toutes les cultures, sauf celle du coton et du tabac. Le sésame est alors un arbuste atteignant environ un mètre de haut. On le coupe, puis on cherche un endroit propre qu'on balaye bien et que l'on frotte même avec de la bouse de vache. On couche les arbustes dessus et on laisse sécher pendant quinze jours jusqu'à ce que les graines deviennent déhiscentes. Cela fait on prend et on secoue fortement pour les faire tomber. On les ramasse, on les met dans une corbeille, puis on les porte dans le dogobaoré (mot à mot baoré de la maison, de la case, grandes jarres en terre dont nous avons déjà parlé).

Au Yatenga on emploie généralement les graines de sésames pour les sauces. Les femmes les font griller préalablement, puis les écrasent sur les pierres *ad hoc* et utilisent dans les sauces la farine ainsi obtenue. D'autres les font griller et les mangent.

Ici, comme à Ouagadougou, on ne connaît que l'espèce bénégué des Bambaras, à graines blanches, les plus grosses (quoique infiniment petites) et les plus estimées. On ne connaît pas le bénéfing à graines noires ou grises.

Avec les graines de sésame, on fait aussi un peu d'huile ici. On les grille, on les met dans les mortiers et on les pile. La pâte obtenue est écrasée de nouveau sur les pierres. Ensuite on la met dans une calebasse où on la presse fortement avec les mains pour en faire sortir l'huile. Celle-ci est versée dans une autre calebasse.

Cette huile sert pour la cuisson des haricots, des pois-arachides, pour leur donner un goût plus fin. Elle sert aussi aux femmes pour s'oindre le corps.

De toute cette classe de cultures qui comprend les haricots, les arachides, les pois-arachides et les sésames, ce qu'on fait peut-être le plus au Yatenga ce sont les haricots, puis les arachides (qui viennent à peu de distance des haricots), puis les pois-arachides, enfin les sésames qui viennent bonnes dernières.

Quelquefois au lieu de semer les sésames à part, on les sème dans le mil.

Nous en arrivons maintenant à la culture des tubercules et nous n'en aurons pas pour longtemps à traiter ce sujet car ce qui caractérise le Yatenga est l'absence complète ou presque de tubercules cultivés. Ceci tient à son manque d'humidité.

Ainsi le manioc est inconnu au Yatenga comme à Ouagadougou. Les patates on n'en fait pas non plus ici (on en fait à Ouagadougou parce qu'il y tombe déjà un peu plus d'eau qu'ici). Les ousounifing (*Plectranthus coppini*) sont un peu cultivées mais beaucoup moins qu'à Ouagadougou. Oussounifing qui veut dire petite patate noire en mandé se dit péséré en mossi (au pluriel pésa) au Yatenga comme à Ouagadougou.

Au Yatenga, on fait soit dans la brousse, soit auprès des habitations, de petites buttes en terre de 30 centimètres de haut environ avec le kouri. Puis avec le souga on fait un trou au sommet de chacune de ces buttes, on y enfouit une racine et on rebouche. Tout cela est fait au commencement de la saison des pluies (fin mai). Quelques-uns ajoutent du fumier autour de la butte de terre. Au bout d'un mois on enlève, à la main, les mauvaises herbes. On laisse ensuite pousser. On récolte au mois d'octobre, une quinzaine de jours avant le mil. Avec le kouri on fouille les petites buttes de terre et on enlève les oussounifing qu'on met dans les canaris ou dans les jarres. L'oussounifing se mange bouilli.

On choisit pour sa culture les endroits les plus humides soit autour des habitations, soit dans la brousse.

La plante a 20 centimètres de haut et ressemble à l'arachide.

Quant aux ignames on n'en fait pas du tout ici, pas plus que de manioc ou de patates. Il en est de même du diabéré (koudoubadé en mossi, *Colocasia antiquorum*) qui n'est cultivé qu'à Ouagadougou et encore en fort petite quantité et seulement par les Yarsés.

En résumé, les tubercules ne sont pas cultivés au Yatenga, ne pouvant pas venir faute d'eau, excepté l'oussounifing dont on ne fait encore que fort peu. C'est là une des caractéristiques les plus nettes du pays au point de vue culture.

En revanche les courges ordinaires comestibles et les courges-pastèques sont connues ici (1).

---

(1) Dans mon *Noir du Soudan*, p. 483, je les ai désignées très improprement sous le nom de concombres, exactement « une espèce de gros concombre ».

Les premières s'appellent n'dié ou n'guié en bambara, malinké et ouassoulonké.

Chez les Malinkés et les Ouassoulonkés, où on en fait plus que par ici, le pays étant plus humide, on peut en citer quatre espèces :
1° la grande courge ;
2° la petite courge ;
3° la courge des Malinkés ;
4° la courge du Kabou.

Ici on n'en fait que deux espèces :
1° la grande courge (diéba en bambara). Cette espèce est celle qu'on cultive le plus. On l'appelle en mossi yogôré (yogà au pluriel) ou yogolé (yôla au pluriel);
2° la courge du Kabou (kaboudié en bambara). Ici on la cultive moins que la précédente. On l'appelle kambôyoré (au pl. kamboyoga ou kamboyogo).

Pour les deux espèces voici la culture telle qu'on la pratique ici :

Au commencement de la saison des pluies les femmes le plus souvent — car c'est une culture de femme surtout — quelquefois les hommes — car rien n'empêche ceux-ci d'en faire — plantent les graines auprès de l'habitation, dans le champ-jardin, aux endroits où s'accumulent les ordures ménagères. On ne fait pas de sarclage spécial pour les courges, car le sarclage du maïs et du mil rouge les débarrasse en même temps des mauvaises herbes. Les courges sont mûres en octobre ou en novembre et on les cueille à cette époque.

On peut les consommer tout de suite ou les garder. Quand on veut les manger immédiatement on les fait bouillir et on les mange telles quelles ou bien on peut ajouter une sauce d'arachides, piments, etc. Quand on veut les garder (par exemple quand on en a 40 ou 50 qu'on ne peut consommer immédiatement et qui pourriraient si on les laissait telles quelles) on les coupe en morceaux qu'on fait sécher au soleil, puis on les emmagasine dans les bawas, dans les dogobawas ou dans les petites cases en paille. Quand on en veut, on prend un de ces morceaux qu'on fait bouillir, qu'on peut encore manger avec de la viande ou dont on se sert pour la confection des sauces.

Dans le Yatenga, comme à Ouagadougou, on ne connaît pas l'espèce de courge qui grimpe sur les cases.

Pour les courges-pastèques, il existe dans le Soudan une petite courge de la grosseur allant de celle d'une très grosse orange à celle d'un petit melon, que certains auteurs désignent sous le nom de pastèque. D'après M. Pobéguin (1) cette pastèque du Soudan serait une fausse pastèque. Il dit en effet, p. 108 : « Sous le nom de sara ou séré quelques villages de la Haute-Guinée cultivent une espèce de courge ressemblant extérieure-

(1) *Essai sur la flore de la Guinée Française*, 1906.

ment à la pastèque. La chair se mange crue et cuite et les graines se mangent grillées ».

Quoi qu'il en soit, chez les Bambaras cette courge-pastèque se nomme n'sara et elle est assez cultivée. Chez les Malinkés elle se nomme n'séré et il y en a un peu. Chez les Ouassoulonkés elle se nomme n'séré comme chez les Malinkés. On n'en fait pas du tout. On la connaît, mais on ne la cultive pas.

Les Mossis du Yatenga et de Ouagadougou l'appellent niri, les Foulsés ou Nioniossés du Yatenga de même.

Il y en a deux espèces, l'une à chair blanche (nirimigou en mossi et en foulsé), l'autre à chair rouge (niripéléga en mossi et en foulsé), toutes deux également verdâtres et à lignes noires simulant des côtes à l'extérieur. Ce sont surtout les Foulsés qui la cultivent quoi qu'on n'en fasse qu'assez peu. On sème les graines dans le mil, soit qu'on mélange celles-ci aux grains de mil, soit qu'on les sème à part. On ne fait pas de travail spécial pour les pastèques et on les récolte en même temps que le mil. On en mange la chair mais pas les graines (tandis que chez les Bambaras et les Malinkés on en écrase les graines, on les pile et on fait de la sauce avec) (1).

Ajoutons que la petite courge-pastèque sauvage existe dans le Yatenga. C'est la n'saraninkouna des Bambaras (mot à mot : la petite pastèque poison) ou la n'basansara (la pastèque du margouillat), la misibolonsara (la pastèque de bouse de vache). Elle est amère sans être absolument immangeable. Cependant on ne la mange pas du tout chez les Bambaras. Chez les Malinkés et les Ouassoulonkés on l'appelle n'séré comme la courge-pastèque cultivée.

Les Mossis, au Yatenga comme à Ouagadougou, l'appellent niritôgo. Les Foulsés l'appellent damkola-okana. On ne la mange pas, sauf pendant les famines. On la fait cuire deux ou trois fois avec du sel, en jetant l'eau des premières cuissons pour la rendre moins amère.

Nous en arrivons aux cultures qui ont pour objet les ingrédients que l'on met dans les sauces : gombo, oseille, piment, etc. A la tête de ces cultures nous mettrons les tomates qui ici s'utilisent surtout dans les sauces.

Au Yatenga on connaît deux espèces de tomates :

1º les tomates-cerises (n'koyoni ou n'koyoninkouna en bambara, diagaroninkouna en malinké et en ouassoulonké, koumba en mossi, au Yatenga comme à Ouagadougou. Lycopersicum cerasiforme en langage scientifique).

On en fait un peu.

Ce sont les femmes qui cultivent les tomates-cerises. Elles cherchent un

___
(1) Les courges s'appellent gango en nounouma et les courges-pastèques yergan. Voir mon *Noir du Soudan*, p. 483.

endroit bien fumé autour de l'habitation. Elles prennent les graines de tomates et les sèment à cet endroit, puis remuent avec le kouri pour recouvrir de terre. Cela fait on couvre avec des branches feuillues pour que les poulets ne viennent pas gratter. Ces semailles sont faites en juillet ou en août. Quand la plante, serrée dans ce premier emplacement, a atteint 20 ou 25 centimètres, on la dépique et on va la repiquer dans un autre endroit toujours bien fumé, autour de l'habitation, mais en donnant un espace plus large et suffisant à chaque tige pour son développement. Les tomates-cerises sont mûres en septembre et en octobre. Avant de les cueillir les femmes prennent les feuilles pour les sauces.

Les tomates-cerises ne forment pas un plat. On les fait bouillir, on les écrase, on les mélange au soumbara, aux arachides pilées et cela fait une excellente sauce épaisse pour le sarabou).

2° Les tomates amères (n'koyokoumba en bambara, diagaroba en malinké et en ouassoulonké, koumba en mossi, comme les tomates-cerises. *Solanum pierreanum* en langage scientifique).

On les cultive un peu au Yatenga, exactement comme les autres. On s'en sert de même pour les sauces surtout, mais on les mange aussi comme fruit, principalement quand elles sont rouges (1).

Signalons la tomate sauvage qui existe au Yatenga, comme dans le reste du Soudan, en quantité ici. On l'appelle nora-koumba, tomate des poulets, syenkoyo — ce qui veut dire exactement la même chose — en bambara, malinké et ouassoulonké. On ne la mange pas, on ne la donne pas non plus à manger aux poulets, on ne s'en sert même pas comme médicament pour une certaine maladie des poulets comme on le fait chez les Mandés.

Le gombo ou gombaud *(Abelmoschus esculentus)* est appelé mâna par les Mossis du Yatenga comme à Ouagadougou (c'est le gouan des Mandés, pora en nounouma et kassouna). On le sème ici surtout dans le champ de maïs autour de l'habitation, comme partout au Soudan, mais d'autres en sèment même dans le mil. Celui qu'on met dans le maïs est semé en même temps que le maïs. Celui qu'on met dans le mil est semé en même temps que le mil. On ne fait pas de travail spécial pour ces tiges isolées parmi le maïs ou parmi le mil. Les femmes commencent à cueillir les grosses gousses vertes, côtelées, du mâna au mois de septembre et l'on continue jusqu'en octobre et novembre. On les prend au fur et à mesure des besoins de la cuisine.

Les gousses vertes sont coupées en morceaux et mises dans la sauce

---

(1) Ces tomates amères sont vertes, puis blanches, puis rouges, à mesure qu'elles mûrissent. Dans mon *Noir du Soudan*, p. 481, à propos de la culture mossi, j'ai pris ces trois états successifs de la même plante pour trois espèces différentes que j'ai étiquetées tomate verte ou amère, tomate rouge, tomate blanche. En réalité ce n'est qu'une seule et même tomate : la tomate amère. En revanche, je n'ai pas signalé la tomate-cerise qui existe pourtant à Ouagadougou comme à Ouahigouya.

telles quelles. Quand en novembre on enlève tout ce qui reste, on coupe les gousses en morceaux qu'on fait sécher au soleil. On les met dans un canari où on puise au fur et à mesure des besoins. Alors on pile les morceaux de gombo, on les réduit en poudre et c'est cette poudre qu'on utilise pour la confection des sauces. Les gens du Yatenga, comme du reste les Mandés, préfèrent le gombo frais au gombo sec.

Quant à l'oseille, oseille africaine, oseille de Guinée ou oseille indigène (bi d'une façon générale en mossi, da en mandé), on en connaît trois espèces :

1° la grande oseille *(Hibiscus sabdarrifa)*, bitou en mossi, daba en mandé ou dakissé (son vrai nom est daba, c'est-à-dire grande oseille, mais on lui donne aussi en mandé le nom de dakissé, mot à mot « graines d'oseille », de kissé graines et da oseille, parce que c'est cette espèce dont on utilise les graines tandis que pour la petite oseille on n'utilise que d'autres parties de la plante comme nous allons le voir tout à l'heure) ;

2° la petite oseille, ouéréda en mossi, dangono en bambara, dasobo ou daoundo en malinké et en ouassouloukè. Chez les Bambaras du cercle de Bougouni on l'appelle damisé, ce qui veut dire petit da. C'est peut-être une variété de l'*Hibiscus sabdarrifa*. C'est peut-être aussi une rumex de la section des Acetosella (Polygonées).

3° l'oseille sauvage et épineuse *(Hibiscus senegalensis)* qu'on appelle da-oignan en mandé ou sourgou-da (l'oseille de la hyène), biribésé en mossi.

Voyons d'abord la grande oseille.

C'est la meilleure.

On sème en général la grande oseille autour des champs de mil et en grandes lignes au milieu de ces champs. On la sème à part mais en même temps que le mil.

Quelques gens font aussi des champs de bitou à part dans la brousse. On sème l'oseille comme le mil. On enlève les mauvaises herbes au kouri, puis on laisse mûrir, ce qui est fait à la fin de novembre. Les hommes ou les femmes récoltent.

Pour cette récolte on coupe au pied le bitou qui atteint alors 50, 60 centimètres ou 1 mètre de haut. Sa gousse verte enferme des graines noires (les dakissé qui donnent leur nom à la plante). On fait sécher celle-ci au soleil pendant dix jours, puis on l'empoigne et on la secoue au-dessus des corbeilles. Les gousses étant déhiscentes et s'étant ouvertes d'elles-mêmes à mesure que la plante séchait, les graines tombent dans les corbeilles et on rapporte celles-ci dans les cases.

Pour la préparation culinaire, on fait bouillir les graines pendant une heure pour les amollir. On les place alors dans un coin de la case, à l'ombre, dans une corbeille bien couverte avec des feuilles. Le lendemain matin on les verse dans un mortier à mil et on les pile fortement de manière à les écraser. Cela fait, on verse la pâte dans un canari qu'on remet dans la case à l'ombre pendant un jour ou deux. Ensuite les femmes prennent cette pâte par grumeaux et l'étalent sur une natte au soleil. On fait sécher et on a ainsi le datou (nom bambara. On dit ici le koundo ou kando). On met le kando dans un canari où on le conserve tel quel. Quand on veut faire une sauce à base de kando, on prend une poignée de cette pâte, on la pile pour la réduire en poudre et c'est cette poudre qui est la base de la sauce.

C'est l'opération du séchage du datou au soleil, par grumeaux, sur une natte qui sent si mauvais et qui empeste un village.

Ajoutons que les feuilles de daba, jeunes ou bien développées, servent aussi pour la confection des sauces.

Passons maintenant à la petite oseille.

La petite oseille est peu cultivée ici. Ses feuilles servent à faire les sauces comme celles de la grande oseille. Mais c'est surtout la peau de la gousse qu'on utilise. Cette gousse est plus grosse et plus grande que celle du daba, quoique la plante elle-même soit plus petite. Elle contient, elle aussi, des graines noires, mais on ne les utilise pas. Ce qu'on utilise c'est l'écorce, la peau de cette gousse.

La petite oseille se sème soit dans les champs de mil et autour de ces champs (les graines semées à part de celles de la grande oseille et aussi à part du mil) et en ce cas on ne lui donne pas d'autres soins que ceux que l'on donne au mil — soit autour et en bordure des champs d'arachides. En ce dernier cas, on ne lui donne pas d'autres soins que ceux que l'on donne au champ d'arachides. La petite oseille est mûre à la même époque que la grande, c'est-à-dire un petit peu après le mil. Les femmes coupent la plante au pied (elle mesure à cette époque 30 centimètres de haut) puis, aidées des enfants, elles les ramassent et les mettent en tas. Tous et toutes réunis autour de ces tas enlèvent la pelure des gousses avec leurs doigts, puis la mettent à sécher au soleil où elle reste deux jours. Quand elle est sèche, on la ramasse et on la place dans un canari. Quand elles en ont besoin, les femmes en prennent une ou deux poignées et les mettent telles quelles dans le petit canari où on fait la sauce.

L'oseille sauvage, grande comme le bitou, existe ici. Tandis que les Malinkés et les Ouassoulonkés la cultivent un peu, elle n'existe au Yatenga qu'à l'état purement spontané et naturel. Les femmes s'en servent. Elles en prennent les graines et les feuilles, mais non la gousse. Elles utilisent donc l'oseille sauvage comme la grande oseille et non comme la petite oseille.

En fait de piment, on connaît au Yatenga le piment noir (*Xylopia Æthiopica*) car les dioulas qui viennent du sud l'apportent sur les marchés du pays. Mais il n'y pousse pas, le climat du nord du Soudan étant beaucoup trop sec pour lui. Il ne vient que dans la grande forêt, au Sierra-Léone, en Casamance et en Gambie.

Ajoutons que le piment noir qui s'appelle kanifing ou n'kanifing en mandé, s'appelle kiparésabalaga (de kiparé = piment et sabalaga = noir) au Yatenga comme à Ouagadougou. Son nom est guilé en peuhl et en toucouleur, kolonfo en songhay et n'diar en yolof.

Quant au piment rouge, des trois espèces connues au Soudan (petit piment, gros piment, piment du bouc), les habitants du Yatenga ne connaissent que le petit piment qu'ils appellent kiparé. A Ouagadougou on ne connaît également que cette espèce qu'on appelle de même. C'est le *Capsicum frutescens* Linné.

On plante le kiparé soit devant les habitations, soit dans la brousse, à n'importe quelle époque de l'hivernage. On fait cela au pied d'un gros arbre pour que l'arbuste soit à l'ombre. Fin septembre, il atteint un mètre de haut et les piments sont mûrs. Les femmes viennent les cueillir, les font sécher au soleil et les mettent dans un canari. Quand elles ont besoin de piment, on en prend un, on le pile et on met la poudre ainsi obtenue dans la sauce.

Cet usage de piler le piment au lieu de le manger tel quel est général au Soudan. Il existe non seulement au Yatenga et dans tout le Mossi mais encore chez les Malinkés, les Bambaras, les Ouassoulonkés, etc.

Un arbuste à piment peut vivre cinq ou six ans et même, dans un endroit très humide, dix ans. Au bout de ce temps l'arbuste meurt et il faut en replanter un autre.

Au Yatenga on ne cultive pas l'oignon, pas plus qu'à Ouagadougou. Les Habbés le cultivent dans le cercle de Bandiagara et l'amènent ici où on le leur achète.

Les Mossis appellent l'oignon albasala ce qui est, je crois, le mot arabe. Les Peuls du Fouta-Toron et les Toucouleurs l'appellent aussi albasalé. Les Mandés le désignent sous le nom de diaba ou n'diaba sauf les Diallonkés qui disent diabina. Les Songhay disent gabou ainsi que les Peuls du Macina.

Nous en avons fini avec les cultures vivrières du Yatenga : nous avons vu que celle du mil était de beaucoup la plus importante, puis qu'à une grande distance venaient celle du maïs, des haricots, des arachides. Passons maintenant aux cultures non vivrières.

Parmi celles-ci la plus importante est celle du coton (lamdo en mossi, au Yatenga comme à Ouagadougou).

Au Yatenga on fait maintenant plus de coton qu'avant l'occupation française. C'est la nécessité de payer l'impôt qui a amené cette intensification de culture. Avec le coton qu'ils cultivent les habitants du Yatenga fabriquent en effet ces gros rouleaux de cotonnade, semblables à de petites meules, qu'ils vont vendre dans le nord-ouest (Saraféré) et dans le nord (Tombouctou). Cette vente permet de solder, au moins en partie, l'impôt.

Quand quelqu'un veut établir un champ de coton il cherche un endroit humide, généralement dans un de ces bas-fonds, dans un de ces « fonds de cuvette » dont nous avons parlé plus haut en décrivant le lieu, ou bien près du thalweg d'un marigot. Il le défriche, lui et le groupe de travail dont il fait partie, puis, au moment des pluies, il sème les graines de coton.

Pour cela il prend le souga, la petite pioche en hache, et avec elle il fait des trous à 50 centimètres les uns des autres. Dans chacun de ces trous il met deux ou trois graines et rebouche. Au bout d'un mois, quand le cotonnier est sorti de terre, on fait le sarclage avec le kouri. On se contente du reste de cet unique sarclage et on laisse pousser. C'est après la saison des pluies, pendant la saison sèche que le cotonnier arrive à maturité et qu'on en fait la récolte (décembre, janvier). Nous verrons plus loin, à l'Industrie, comment on utilise le coton.

Quelques cultivateurs fument leur champ de coton avec de la bouse de vache, du crottin de cheval, etc. D'autres ne prennent pas ce soin.

Ajoutons que, quand les cotonniers sortent de terre, on constitue autour du champ une barrière pour que les animaux n'abîment pas les arbustes. Cette barrière consiste soit en branches épineuses placées en tas et formant une espèce d'enclos rond, de 1 mètre de large et de 1 mètre de haut, soit en piquets plus ou moins larges placés côte à côte. Les champs de coton sont petits, souvent de forme à peu près ronde, ayant 25 ou 30 mètres de diamètre. Quelquefois ils sont soit carrés, soit quadrangulaires, et plus grands.

Après la récolte on n'arrache pas les cotonniers. Pendant quatre ou cinq ans ils produisent régulièrement. Alors on n'a à faire chaque année que le sarclage et la récolte. Au bout de ce temps on arrache les cotonniers et on plante dans le champ du maïs pendant une ou deux années. Puis on laisse reposer trois ou quatre ans. Au bout de ce temps on peut replanter du coton, mais pendant la période du maïs et celle du repos, il a fallu refaire un second champ de coton autre part.

Ici, il n'y a qu'une seule espèce de coton, comme en pays bambara, malinké, ouassoulonké, ou du moins les noirs d'ici, comme ceux du reste du Soudan n'en distinguent qu'une seule espèce. Ce sont les Européens qui désignent dans les champs des indigènes plusieurs espèces de coton (1) sans d'ailleurs préciser. L'espèce la plus répandue serait le *Gossypium punctatum*, proche parent du *Gossypium hirsutum* de Parlatore. Le coton du Yatenga comme celui du Soudan en général est, la plupart du temps, blanc. Mais dans certaines gousses il est grisâtre. Chez les Bambaras on ramasse avec soin et on met à part ce coton gris qu'on appelle konokoroni (coton des oiseaux). Au Yatenga, pas plus qu'à Ouagadougou, pas plus que chez les Malinkés et les Ouassoulonkés, on ne met ce coton à part.

(1) Voir Aug. Chevalier, *Une mission au Sénégal*, p. 326 et Meyniaud, *Haut-Sénégal-Niger. Géographie économique*, p. 352.

Avec le coton on cultive au Yatenga le tabac. On n'en cultive qu'une espèce, celle à fleurs jaunes (*Nicotiana rustica* L.). L'espèce la plus grande, à fleurs roses (*Nicotiana tabacum* L.) est connue ici parce que les Samos du Yatenga la cultivent en même temps que l'autre espèce, mais on ne la fait pas dans le reste du Yatenga.

L'espèce à fleurs jaunes, qui est également celle que l'on fait dans la région de Ouagadougou, est désignée ici sous le nom de taba. C'est le *sira bambara*.

Au commencement de la saison des pluies, devant les cases, on fume un petit espace de terrain. On prend les graines du « taba » et on les plante. Au bout de quatre ou cinq jours la tige sort de terre. On la laisse grandir pendant un mois, puis on dépique les pieds de tabac et on va les replanter dans le maïs. Le sarclage de celui-ci profite en même temps au tabac. Quand on récolte le maïs, dans la première quinzaine de septembre, on ne touche pas aux tiges du tabac. En novembre on commence à le récolter, c'est-à-dire à prendre les feuilles quand elles sont arrivées à leur développement. La récolte se prolonge en décembre et janvier, le tabac continuant à produire des feuilles pendant la saison froide. Les tiges une fois dépouillées, on ne se donne pas la peine de les couper. On les laisse pourrir dans le champ de maïs.

Ce sont les hommes qui font la cueillette des feuilles et du reste ce sont eux qui fabriquent le tabac : on pile les feuilles vertes dans un petit mortier en bois jusqu'à ce qu'on obtienne une pâte. Avec celle-ci on fait des pains qu'on met sécher au soleil. Ces pains sont tantôt ronds, tantôt allongés et cylindriques. Les plus gros, allongés ou ronds, valent quatre sous, les plus petits, allongés, valent un sou.

Au Yatenga, on chique le tabac avant tout : hommes, femmes, jeunes gens chiquent.

Ensuite on fume aussi le tabac, quoique moins. Comme nous le verrons à l'Industrie, les habitants du Yatenga ont des pipes à fourneau de fer ou d'argile et à tuyau de bois. Les Samos ont des pipes complètement en fer fourneau et tuyau.

Depuis l'occupation française, c'est-à-dire depuis l'arrivée des tirailleurs bambaras dans le pays, les habitants du Yatenga ont appris à faire de la poudre de tabac en écrasant leurs pains séchés, mais ils ne prisent pas cette poudre, ils la chiquent.

Avec la culture du coton et du tabac il faut signaler celle des calebasses et des gourdes.

Ce qu'on cultive le plus ici c'est la grande calebasse ronde (baraba ou filemba en bambara). On l'appelle ici ouambéla comme à Ouagadougou. On s'en sert pour faire les calebasses de ménage qu'on appelle ouama ou ouandé dans tout le Mossi.

Ensuite c'est la filéni (nom bambara), la petite calebasse ronde qu'on appelle ouambisé ou bien moumouli. On en fait aussi des calebasses de ménage, mais petites.

Ensuite c'est la n'galamani (nom bambara, petite n'galama) qu'on appelle soutougou dans tout le Mossi. On en fait de grosses cuillers à manche pour consommer les aliments liquides.

Ensuite c'est la bolé ou bolembara (nom bambara, dilòri en peuhl) qu'on appelle binga dans tout le Mossi. On désigne sous le nom de binga les deux espèces, celle à bec recourbé et celle à bec renflé, qu'on cultive autant l'une que l'autre. On les vend aux Peuls qui y mettent du lait ou y font du beurre.

La binga sert aussi aux habitants du Yatenga comme gourde à eau pour aller dans la brousse, en voyage ou en portage.

Au Yatenga on ne fait pas de n'galamaba (nom bambara, grande n'galama). On n'en fait pas non plus dans la région de Ouagadougou.

Pour la culture des ouambéla, on sème les graines au commencement de la saison des pluies dans les champs de brousse ou dans le champ-jardin. Une fois plantées, on ne s'en occupe plus jusqu'à la récolte qui a lieu après celle du mil, en décembre. Elle est faite par les hommes qui coupent les ouambélas en deux avec la scie indigène (appelée ouamâsougo ou ouamâsouga en mossi, kaka en bambara, malinké, ouassoulonké), puis on gratte, pour enlever la matière fibreuse, avec un couteau spécial à lame courbe qu'on appelle filenkono — bomourou en bambara et koré en mossi. Cela fait, on met au soleil les calebasses pour les faire sécher, puis on les donne aux femmes, qui, avant de les mettre en service, les nettoient avec du sable et de l'eau.

Les ouambissé ou moumouli sont cultivées comme les précédentes. Elles sont aussi arrangées comme elles.

Les soutougou sont grimpantes. On les sème au commencement de la saison des pluies dans la brousse auprès des arbres ou autour des habitations auprès des cases, car la tige grimpe après les arbres ou sur les toitures. On laisse sans soin jusqu'à la récolte qui se fait en même temps que celle des calebasses précédentes (décembre).

On les coupe en deux avec la scie indigène, puis on gratte l'intérieur avec un petit koré spécial, on les met au soleil pour sécher et on les donne aux femmes qui se servent de ces calebasses après les avoir nettoyées.

Les bingas sont cultivées comme les soutougou auprès des arbres ou des cases après lesquels elles grimpent. Elles sont récoltées à la même époque que ces dernières.

Pour les mettre en état, on commence par pratiquer une ouverture à l'extrémité du bec soit renflé, soit recourbé, puis, pour les bingas à bec renflé, on touille avec un morceau de bois jusqu'à ce qu'on ait enlevé une partie de la matière fibreuse. Cela fait, on met de l'eau et des cailloux, on bouche et on agite vigoureusement de haut en bas et de bas en haut jusqu'à ce que le jeu des cailloux et de l'eau ait enlevé tout le reste de la matière fibreuse. On vide de temps en temps et on recommence jusqu'à ce qu'il n'y ait plus rien. On fait sécher au soleil et c'est fini.

Pour les bingas qui ont le bec recourbé, après avoir fait l'ouverture, on pratique un trou dans une termitière, juste assez large pour entrer le bout du bec. Les termites s'empressent d'entrer dans la binga et de dévorer la matière fibreuse. Quand elle est disparue, on s'empresse d'enlever la gourde pour que les termites ne la mangent pas toute entière, puis on met de l'eau et des cailloux et on procède comme il a été vu plus haut.

Il y a une autre manière pour vider les bingas au bec recourbé que de faire appel aux termites. Avec un bois flexible (comme celui du dyou ou du nogonogo) et qui se place suivant la courbe du bec de la calebasse, on enlève une partie de la matière fibreuse. Cela fait, on introduit de l'eau avec de la cendre et on laisse pendant une quinzaine de jours, laps de temps au bout duquel toute la matière fibreuse intérieure est pourrie. Alors on met des cailloux et de l'eau et on agite jusqu'à ce que l'on ait tout enlevé.

Chaque habitation fait ses calebasses et ses gourdes. Mais si on en a cultivé et fabriqué plus qu'il n'en faut et qu'on n'en a besoin, on les vend au marché.

A la culture du coton, du tabac, des gourdes et des calebasses il faut ajouter celle de l'indigo.

Tous les Mossis appellent l'indigo gara comme les Mandés (en bambara on dit gara ou gala, gara ou cara en malinké et en ouassoulonké).

La liane à indigo (*Lonchocarpus cyanescens*) appelée galaba, c'est-à-dire grand indigo en mandé, ne pousse pas dans le Yatenga, mais en revanche on y possède le petit indigotier (gala-diri en bambara, c'est-à-dire arbre à indigo ou encore galaninkiéni). C'est un arbuste buissonneux, d'un mètre de haut environ, à toutes petites feuilles rondes. Il pousse spontanément dans la brousse sans être cultivé, mais en même temps on le cultive soit dans la brousse soit dans le thalweg des marigots.

Cet indigotier est l'*indigofera anil* ou l'*indigofera tinctoria* (Papilionacées), deux espèces très voisines l'une de l'autre (1).

Quand on veut cultiver le petit indigotier, on cherche un endroit humide, on arrache l'herbe avec le kouri mais on la laisse sur le sol pour qu'elle constitue engrais. On fait cela au commencement de la saison des pluies (fin mai). Quand les pluies tombent bien (juillet) on sème les graines à la volée, puis on remue le terrain avec le kouri. Au bout de cinq ou six jours la tige sort de terre, au bout d'un mois, on enlève les mauvai-

---

(1) Voir Auguste Chevalier : *Une mission au Sénégal*, p. 231.

ses herbes, une seule fois. On commence à cueillir les feuilles au moment de la récolte du mil. La récolte est faite par les hommes ou par les femmes.

Une fois qu'elles ont les feuilles, les femmes les pilent de façon à les bien écraser. Cela forme une pâte avec laquelle on fait des boules qu'on met sécher au soleil et qu'on vend au marché.

Nous verrons plus loin comment on teint.

Après l'indigo, le chanvre.

Le chanvre indigène (*Hibiscus cannabinus*) est appelé bérenga au Yatenga comme à Ouagadougou, pépan en nounouma, kanzé en kassouna. Les habitants du Yatenga en sèment quelques pieds dans leur maïs, autour de l'habitation. Ils le sèment en même temps que le maïs. On ne lui donne pas d'autres soins que ceux que l'on donne à celui-ci auquel il est mélangé. On laisse les tiges debout quand on récolte le maïs et on ne les coupe qu'au mois de novembre.

Le bérenga est le dalé des Bambaras, Malinkés et Ouassoulonkés. Souvent les Européens disent dafou pour dalé (1), mais ce n'est pas la dénomination exacte car dafou veut dire mot à mot les fibres du da, aussi bien de l'oseille (da) que du chanvre indigène (da). Pour désigner les fibres du dalé il faudrait dire exactement daléfou pour qu'il n'y ait pas d'équivoque — et il faut dire aussi dalé pour désigner sans équivoque le chanvre indigène et le distinguer du da (oseille).

M. Pobéguin (*Essai sur la flore de la Guinée Française*, p. 106 et 265) distingue plusieurs variétés de dalé parmi lesquelles nous citerons :

1° le dalé, la plus grande espèce, hauteur 2 m. 50, la meilleure comme textile, espèce cultivée ;

2° le dalé-oulé (ou dalé rouge), espèce cultivée ;

3° le dalé-n'goué (ou dalé blanc), espèce cultivée ;

4° le sobon, espèce sauvage ;

5° le soussou, espèce cultivée ;

6° le sóussou, espèce sauvage ;

7° le soussou-dion (ou soussou-esclave), mauvais textile.

Au Yatenga on ne cultive que le grand dalé et non le dalé rouge ni le dalé blanc. Quant au sobon il y en a ici dans les thalwegs des marigots. Les femmes en prennent les feuilles pour leurs sauces, mais on ne se sert pas des fibres pour faire des cordes.

Pour terminer les cultures, signalons que le henné, le madya et le n'quien ne sont pas cultivés dans le Yatenga. Le madya et le n'quien n'y sont même pas connus.

En résumé, la culture la plus importante au Yatenga est le mil — mil-

---

(1) Ainsi moi-même dans mon *Noir du Soudan*, p. 485, ainsi Auguste Chevalier : *Une mission au Sénégal*, p. 239.

ton et sorgho — puis viennent le maïs, les haricots, les arachides, le coton. Les autres cultures ont peu d'importance.

Nous allons compléter ces notes sur la Culture au Yatenga en disant un mot :

1° des instruments de culture ;
2° des récipients destinés à contenir les produits de la culture ;
3° enfin de la rotation des cultures.

Comme instruments de culture on connaît au Yatenga :

1° Le kouri (à Ouagadougou on dit ouaka. En bambara, malinké et ouassoulonké on dit daba). C'est la pioche à fer large et évasé, pas très épais. Le manche est en bois, court et gros, long d'une soixantaine de centimètres seulement. Le kouri sert à retourner la terre et non pas à faire des trous.

Nous verrons que ce sont les forgerons qui fabriquent le kouri. Ici il vaut 250 à 300 cauris, 5 ou 600 à Ouagadougou.

2° Le souga ou sougo (koutouaga ou koutiaga ou koutouga à Ouagadougou, sémé en bambara, soli en malinké et ouassoulonké). Le souga est une pioche non pas pointue à proprement parler, mais tranchante, en forme de hache. Son fer est un fer de hache — simplement elle est un peu moins forte que la hache proprement dite (quoique le contraire serait plus logique). C'est avec le souga qu'on fait les trous. On appelle encore le souga titoro ou titogo.

Ces deux espèces de pioches sont générales dans tout le Soudan.

Quant au damo ou damon bambara, c'est une espèce de kouri dont le manche est simplement recourbé. Cet instrument est connu dans le Yatenga et on s'en sert, mais ici il n'a pas de nom spécial : on l'appelle kouri comme le kouri ordinaire.

Comme instruments annexes à la culture, signalons :

1° La hache (qui se dit laré, au pluriel laya dans tout le Mossi, en foulsé guibéré, au pluriel guiba). Elle sert à couper le bois en général. Donc elle est utilisée dans les défrichements pour couper les arbres et les arbustes. Elle vaut 300 cauris.

2° Le souga ou sououga, le couteau ordinaire, de cuisine, de ménage, ainsi nommé au Yatenga et à Ouagadougou, appelé encore soubila en mossi (soubio au pluriel), gabrebi en foulsé (gabago au pluriel). Il a une poignée en bois, un fourreau en cuir. Il sert, entre autres usages, à couper les épis de mil. Quant aux tiges de mil, on les abat avec le souga pioche.

Le soûga ou soûgo est le mourou des Mandés.

3° Le gouégo. C'est un couteau spécial à lame recourbée, une espèce de faucille, servant à couper l'herbe pour les chevaux, la paille pour la toiture des cases. Gouégo se dit ouoloso en bambara, n'kalan en malinké et en ouassoulonké.

Les bâtons pour battre le mil, espèces de fléaux primitifs (niogosibéré en bambara) sont inconnus ici. Notons qu'il y en a dans la région de Ouagadougou où on les appelle dabana. Ce sont des bâtons recourbés dont le dos, destiné à frapper le mil, est taillé à plat.

Les récipients destinés à contenir les produits de la culture sont :

1º Les grandes cases à mil soit quadrangulaires, soit rondes avec une espèce de petit goulot, ce qui les fait ressembler souvent à d'immenses bouteilles à encre en grès. Elles sont en terre battue, de 3 mètres de haut, avec une largeur en rapport. Elles sont portées sur de grosses pierres ferrugineuses qui soutiennent des poutres sur lesquelles repose un plancher en branches d'arbres recouvert lui-même d'une couche de cailloutis. Ces cases n'ont pas de portes mais simplement une petite fenêtre en bois assez rapprochée du toit. Ce sont les bawa ou baoua (au sing. baoré) dont nous avons déjà parlé. Le baoré peut contenir une dizaine de tonnes. Quand la récolte a été bonne il y a des habitations qui en remplissent deux ou trois.

Le baoré est quelquefois coiffé d'un petit chapeau en paille. Quelquefois aussi on lui met un large canari sur la tête.

Le baoré correspond au bondo des Bambaras, Malinkés et Ouassoulonkés, quoiqu'il n'ait pas exactement la même forme.

2º Les grandes jarres en terre placées dans les cases, au ventre large, au goulot plus étroit. Ce sont les baorés de case d'où leur nom de dogo-baoré (au pluriel dogobawa, de dogo = case et baoré = grand récipient pour les grains). Les jarres ont 1 mètre, 1 m. 50, jusqu'à 2 mètres de haut.

3º Les petites cases en paille portées sur quatre piquets. On les appelle tébéda ou tébéra ou tébéré (au pl. tébérénamba). A Ouagadougou on les appelle kiérédo (et au pluriel kiérégo). On les dresse surtout dans les champs, quelquefois aussi dans les habitations. Elles servent à mettre les épis et non pas les grains. Ce sont les karadjiguinés (c'est-à-dire djiguinés de paille) des Bambaras.

Terminons en disant quelques mots sur la rotation des cultures.

Champ se dit pougo en mossi au singulier et au pluriel poutto. Le champ-jardin autour de l'habitation se dit kango (kato au pluriel).

Les poutto sont donc les champs de brousse et les kato les champs autour de la maison.

Comme on le sait, les seconds seuls sont fumés.

Dans le village de Ouahigouya même, on ne fait jamais reposer les champs de brousse, parce qu'il y a juste assez de terrain cultivable pour la population.

Dans le reste du Yatenga (c'est-à-dire dans la totalité du pays sauf Ouahigouya même) on cultive un champ pendant cinq ou six ans. Si c'est un champ de mil, on y fait alterner le sorgho blanc et le millet. Au bout de ce laps de temps, on met le champ au repos et on l'y laisse d'autant plus longtemps qu'on a plus de champs de rechange.

Quand on reprend un champ qui est au repos pour le remettre en culture, on est obligé de le défricher pour ainsi dire à nouveau. Le groupe de travail demande alors beaucoup de personnes soit appartenant à la famille, soit au village. Ces travailleurs bénévoles reçoivent du dolo seulement, mais on en leur donne toujours beaucoup.

Les défrichements de champs qui ont déjà été en culture et les défrichements purs et simples se font au mois de mars, au moment où commence la grande chaleur. On coupe les arbres à coups de hache ou bien on les fait brûler par en bas et on les coupe encore en morceaux quand ils sont tombés. On épargne cependant les arbres utiles : karités, nérés, nobogas, sabagas, balansans, en outre les tamarins, les caïlcédrats, les baobabs, etc. On arrache toutes les herbes. Cela fait, on laisse sécher pendant un mois, puis on revient pour tout brûler chaque matin jusqu'à ce que la besogne soit entièrement accomplie. Les cendres sont laissées sur place. Ajoutons que les racines des arbres coupés n'ont pas été arrachées et que le tronc reste même souvent debout à un mètre de haut au-dessus de la surface du sol.

Le défrichement peut être accompli par un travailleur isolé, mais avec beaucoup de lenteur. En général le groupe de travail s'augmente et se fait aider par des parents ou des voisins pour le défrichement. Pour les semailles, ce n'est pas l'habitude. Pour les sarclages on appelle souvent d'autres personnes à la rescousse, toujours en leur faisant du dolo (quand c'est un chef qui appelle les gens il tue un bœuf en surplus). Pour la moisson, le groupe de travail n'appelle personne, sauf quelquefois pour transporter plus rapidement le mil dans les bawas.

Bref, le groupe de travail, dont nous verrons plus loin les rapports avec l'habitation et la famille totale, s'adjoint presque toujours des gens pour le défrichement, assez souvent pour les sarclages, quelquefois pour la moisson.

Nous venons d'examiner la Culture dans le cercle de Ouahigouya sans acception de races. Nous savons cependant déjà que c'est l'art vivrier principal des Mossis proprement dits du Yatenga comme des autres races qui vivent à leur côté dans le cercle (les Peuls étant mis de côté). Cependant il y a ici des distinctions à faire : les Mossis ne constituent pas la race la plus cultivatrice du cercle, loin de là. Conquérants, comme nous l'avons vu, ils se sont longtemps aidés du pillage sur les races avoisinantes plus mal organisées qu'eux au point de vue politique : Kados, Samos, Bobos, etc. et sur les Peuls du pays, et, quoique surtout cultivateurs et même de très loin cultivateurs avant tout, ce ne sont pas des cultivateurs renforcés. Les Kouroumas, race pacifique, établie avant eux dans le pays, douce et travailleuse, cultive d'une façon plus intense et plus sérieuse et enfin les Samos, établis au sud-ouest du pays, sont encore des cultivateurs plus renforcés et plus renommés que les Kouroumas. Quant aux Yarsés et aux Maransés, ce sont des gens relativement actifs et intelligents, mais ils ne cultivent pas tant que les Samos et les Kouroumas, se livrant surtout au commerce. Comme on le voit, il y a des nuances, même assez tranchées, quoique, d'une façon générale, la culture soit de très loin la grande ressource vivrière du Yatenga.

Passons maintenant à l'Elevage que nous examinerons le premier après la Culture quoiqu'en définitive il soit difficile de savoir s'il est plus ou moins important que la Cueillette.

CHAPITRE II

L'ÉLEVAGE

Les Mossis du Yatenga (et les Foulsés sous ce rapport doivent être mis avec eux) ont un peu de bétail, beaucoup moins que les Peuls bien entendu, peut-être un peu plus que les Samos, mais la différence n'est pas grande.

D'une façon générale on peut, pour l'élevage, opposer au Yatenga les non-Peuls (Mossis, Kouroumas, Samos, Yarsés, Maransés, Habbés, etc.) aux Peuls. Il y a bien quelques nuances entre les non-Peuls. Ainsi les Samos sont peut-être ceux qui ont le moins de bétail, étant cultivateurs par dessus tout. En sens contraire, les Yarsés et les Maransés, commerçants, ont plus de bétail certainement que les Mossis et les Foulsés, mais il n'y a guère là que des nuances et non pas de grandes différences. Au contraire la différence est énorme sous ce rapport entre non-Peuls d'une part et Peuls de l'autre. Quant aux Silmi-Mossis, race mixte de Mossis et de Peuls, elle tient un moyen terme, sous le rapport du bétail, entre les non-Peuls et les Peuls.

Voyons donc l'élevage mossi.

Ce sont les chèvres que les Mossis possèdent les plus.

Ensuite viennent par ordre d'importance décroissante :

2° les moutons ;
3° les chiens ;
4° les ânes ;
5° les chevaux ;
6° les bœufs porteurs ;
7° les bœufs ordinaires.

Les chèvres appartiennent en immense majorité à l'espèce naine. Cependant, dans le nord du Yatenga, nos gens possèdent aussi quelques grandes chèvres, sans doute d'origine maure.

Les chèvres servent au sacrifice religieux et à la consommation. Dans le premier cas, elles sont aussi en définitive consommées, mais d'abord elles sont offertes à la divinité. On se sert aussi des chèvres pour acheter de plus gros bétail : ainsi 7 ou 8 chèvres suffisent pour se procurer un jeune bœuf porteur de deux ou trois ans.

Les chèvres sont gardées par les petits garçons, à défaut par les petites filles. Elles errent dans la brousse pendant la journée sous cette garde et le soir couchent dans une case de l'habitation qu'on leur affecte. Pendant la saison sèche, on ne les garde pas, les cultures qu'elles pourraient ravager n'existant plus, et elles errent toutes seules dans la brousse, à moins que leur nombre ne soit élevé et n'atteigne plusieurs dizaines.

Une chèvre vaut de 1.500 à 3.000 cauris, un bouc de 1.500 à 2.000.

Les moutons ici sont de deux sortes, les moutons ordinaires et les moutons de case. Les premiers, de beaucoup les plus nombreux, sont utilisés pour les sacrifices et pour la consommation subséquente (car certains sacrifices requièrent des moutons comme d'autres des chèvres ou des poulets) ou bien pour la consommation tout court. Ce sont des moutons à poil et non à laine, comme dans tout le Soudan sauf au Macina : les moutons sont gardés avec les chèvres, mais au lieu de dormir dans une case, ils couchent soit au dehors de l'habitation mais tout auprès, dans un petit enclos entouré d'épines, soit dans l'habitation même dans un petit enclos entouré d'un mur en terre battue d'un mètre et demi de haut ou d'une palissade en bois.

Quant aux moutons de case, qui existent ici comme dans tout le Soudan, relativement rares comme partout, ils sont particulièrement bien soignés. Ils restent dans les cases au lieu d'aller dans la brousse et sont châtrés. Ce sont des animaux familiers et domestiques qui accompagnent les femmes comme des chiens. Quand ils sont suffisamment gras, on les tue pour une fête sans les offrir en sacrifice.

Le mouton ordinaire vaut 3.000 cauris environ, le mouton de case vaut 9.000, 10.000, 12.000 ou même quelquefois 15.000 cauris.

Les chiens, dans le Yatenga comme dans le reste du Soudan, sont assez nombreux. Ils sont de la race ordinaire de l'Afrique occidentale : petits, de la taille du chacal, la plupart jaunes.

Quelques-uns sont jaunes avec des taches blanches. Il y en a aussi de noirs.

Les chiens mossis servent à trois usages principaux :

1° à garder les habitations ;
2° à chasser.

Les chiens, quand on chasse à l'arc, rapportent le gibier. Quand on fait de grandes battues ils sont aussi là pour l'attraper.

Les Mossis du Yatenga se servent des chiens pour forcer les biches à la course, au moins les petites biches. Les chiens courent par grands bonds au-dessus de l'herbe, comme la biche elle-même, et finissent par rejoindre celle-ci.

Quand on a affaire à des rats de brousse (zamboëgas, raïougos, etc.) les chiens tombent en arrêt devant le terrier de l'animal. Alors le chasseur, avec son souga, commence à creuser le terrier, ce qui fait sortir le rat qui est alors attrapé par le chien.

On chasse aussi, avec celui-ci, les perdrix et les pintades, sans fusil et sans arc, en ayant soin de le faire vers midi. Le chien fait lever le gibier deux ou trois fois et le poursuit. A la fin perdrix et pintades fatiguées par la chaleur et n'en pouvant plus de voler sont attrapées par le chien.

3° les chiens servent aussi à l'alimentation.

On châtre certains chiens comme de simples moutons de case. Devenus gros et gras on les mange. On mange du reste aussi les autres. Les chiens morts naturellement ou de maladie sont aussi mangés, surtout en temps de famine, au moins par les enfants.

Les chiens sont aussi offerts en sacrifice comme les moutons, les chèvres, les poulets, et mangés ensuite.

Un dernier usage des chiens, mais moins répandu, c'est de garder les chèvres, les moutons, en accompagnant les enfants.

Ajoutons que les chiens mossis ne sont pas dressés à rester dans les champs, tout seuls, pour les garder, comme sont dressés, dit-on, les chiens bambaras.

Les Mossis nourrissent leurs chiens avec le restant de leur nourriture. On nourrit donc, en principe au moins, les chiens et on ne les laisse pas se débrouiller tout seuls.

Les Mossis, comme la plupart des fétichistes soudanais, considèrent le chien comme un animal noble, fier et courageux et non pas comme un animal méprisable, comme le font les Musulmans et les Arabes.

Un chien ordinaire vaut 700 cauris.

Disons, en passant, un mot des chats (niougo en mossi, niousi au pluriel). Ils existent ici mais il y en a très peu. On les mange, mais on ne les offre pas en sacrifice. Leur chair est moins estimée que celle du chien.

Les ânes sont nombreux au Yatenga comme à Ouagadougou. Ils servent au commerce d'abord car nous verrons plus loin que les Mossis en font quelque peu. Ils servent aussi à transporter le mil. En cas de guerre ils servent à certains chefs commandants de l'infanterie.

On ne garde pas les ânes : on les laisse vaguer tout seuls dans les champs après leur avoir attaché ensemble, ou à une courte distance l'une de l'autre, les deux pattes de devant. L'âne est ainsi obligé de sauter des deux pieds d'avant pour marcher et ne peut avancer que lentement. On n'est donc pas exposé à le voir aller trop loin. Beaucoup aussi errent sans entraves. Vers midi les enfants vont chercher les ânes et les mènent au puits pour les faire boire. Le soir on ne prend pas ce soin, les ânes, paraît-il, ayant assez de se désaltérer une fois dans la journée et n'ayant pas besoin de boire autant que les chevaux ou les bœufs. Pour la nuit, on les attache dans la cour de l'habitation à un piquet.

Les ânes mossis sont de bons petits ânes. Ils sont gris, avec la bande noire sur les épaules. Doux, résistants, pleins de frugalité, ils rendent les plus grands services en assurant les transports les plus rudes en compagnie des bœufs porteurs. Même ils vont où ne vont pas les bœufs porteurs, dans le sud par exemple.

Les enfants aiment beaucoup à chevaucher les ânes quand ils les ramènent de la brousse, le soir, par exemple. Assis sur leur croupe, tout en arrière, ils s'en donnent à cœur-joie de les faire trotter.

Ajoutons que l'âne est un animal caractéristique du Yatenga comme de tout le Mossi. Il figure dans certaines cérémonies, il est attribué par l'étiquette à certains chefs dans certaines circonstances. Les coutumes pénales prévoient des châtiments pour le coït de l'homme et de l'ânesse, fait qui, dit-on, n'est pas rare ici. Bref l'âne est, comme je le disais plus haut, un animal très caractéristique du pays.

Un âne vaut 25 francs en moyenne au Yatenga.

Les chevaux sont nombreux aussi. C'est l'animal des chefs et des nakomsés ou nobles. Le cheval est très prisé dans tout le pays mossi et tout le monde essayait jadis d'en avoir. Mais les chefs, sous couvert de décisions de justice, confisquaient les étalons autant qu'ils le pouvaient et les simples mossis étaient souvent réduits à n'avoir que des juments. Depuis l'occupation française le nombre des chevaux s'est multiplié, les chefs ne pouvant plus les confisquer. La famine de 1914 leur a fait, il est vrai, beaucoup de mal. Tel chef (1), sur une quarantaine de chevaux qu'il possédait en a vu mourir quinze et en a vendu onze pour acheter du mil. Tel autre chef (2), sur une trentaine en a perdu seize et en a vendu deux. Mais les famines n'ont jamais été rares au Mossi, nous l'avons vu à l'Histoire et l'élevage chevalin s'est toujours relevé de ses pertes. Il en sera certainement cette fois comme des autres.

Chaque cheval a son palfrenier ou, s'il s'agit d'un homme peu riche, c'est le propriétaire lui-même qui sert de palfrenier à son cheval.

Le matin au réveil on donne du mil au cheval. Vers dix heures on l'emmène boire au puits, puis on le reconduit sous son hangar. On lui donne de l'herbe, de la paille d'arachides, etc. Le soir on le fait encore boire. On le ramène à son hangar et on lui donne de l'herbe et du mil comme le matin.

C'est le mil qu'on donne le plus aux chevaux (naturellement pas en temps de famine, en temps d'abondance), ensuite les feuilles de haricots, puis la paille d'arachides. Enfin on coupe pour eux du fourrage dans la brousse c'est-à-dire un certain nombre de graminées sur lesquelles nous aurons à revenir plus loin à la Cueillette : le soudounga, le tiembogo, le pita, le bangasâgâ, le niéséma, le liousara, le tolentoéga, sans compter des légumineuses comme le ramsa, le rabiraga, le yamdibili, etc.

On ne fait un hangar pour le cheval que pendant la saison sèche, auprès de l'habitation, dans le champ-jardin alors non cultivé. On le construit

---

(1) Gombiraogo Onidiraogo dont j'ai parlé plus haut.
(2) Le Rassam-naba.

avec de gros poteaux trapus et fourchus enfoncés en terre et placés sur deux lignes de trois, les uns en face des autres. Sur ces six fourches, qui se font face deux par deux, on place trois troncs d'arbres transversaux, puis, dans le sens de la longueur, on place de grosses branches ou de petits troncs d'arbres les uns à côté des autres, ce qui forme une sorte de plancher rudimentaire sur lequel on pose une épaisse couverture de tiges de mil, haute de 10 centimètres. Ce hangar est naturellement ouvert de tous les côtés. Il est assez bas et fait uniquement pour protéger le cheval contre le soleil, surtout contre celui de mars, avril et mai.

Pendant l'hivernage le hangar est démoli pour ne pas gêner la culture autour de l'habitation. Quand l'herbe a poussé on peut laisser les chevaux errer tout seuls dans la brousse, les deux pieds de devant entravés, pour qu'ils ne s'éloignent pas trop.

Le cheval du Yatenga est petit, de robe brune, rustique et endurant. Les grands chevaux viennent du nord du cercle et appartiennent aux Foulbés Fittobés ou aux Foulbés du Djilgodi (cercle de Dori). Ces grands chevaux, rares du reste, ne représentent pas le vrai cheval mossi.

Il ne semble pas que le prix des chevaux ait sensiblement varié de jadis (c'est-à-dire avant l'occupation française) à aujourd'hui. Un cheval très médiocre vaut de 75 à 80 francs, un cheval moyen de 100 à 150 francs, un cheval très beau va jusqu'à 300 francs. Les chevaux de 500 francs sont les beaux chevaux du nord et il n'y en a peut-être pas cinq ou six de ce prix dans tout le cercle.

Les chevaux servaient surtout jadis à la guerre, au pillage. Actuellement ils ne servent plus qu'aux déplacements, aux voyages. Au Yatenga on ne les emploie pas comme animaux porteurs de marchandises, pas plus que dans le reste du Soudan, ni comme animaux de trait, puisque les Mosssis du Yatenga, pas plus que les autres nègres soudanais, ne connaissent les voitures.

Les bœufs porteurs sont assez nombreux au Yatenga. Ce sont surtout les Yarsés et les Maransés qui en possèdent pour leur commerce, mais les Mossis et les Foulsés en ont aussi quelques-uns.

Les bœufs porteurs servent donc au commerce, mais vers le nord et le nord-ouest seulement, vers Tombouctou ou Saraféré. Ils ne vont pas dans le sud, en Gold-Coast, où ils périraient par suite de la trop grande humidité jointe à la fatigue. Seuls les ânes peuvent supporter le voyage de ce côté là.

Les gros bœufs porteurs portent en moyenne 120 kilos (quatre barres de sel de 30 kilos chacune), les petits 80 kilos. En moyenne on peut compter 100 kilos par bœuf porteur. Les ânes, eux, portent 60 kilos.

Les bœufs porteurs se nourrissent d'herbe dans la brousse. Tous les matins on leur donne un peu de sel à lécher. Quand ils sont en route, arrivés au campement on les déleste de leurs charges et on les envoie dans la brousse sous la garde d'un enfant qui les ramène pour la nuit.

Un gros et fort bœuf porteur vaut 60 et même jusqu'à 75 francs. Un bœuf porteur moyen vaut 50 francs, un petit bœuf porteur vaut 40 francs.

Pour dresser un bœuf porteur, les Mossis le jettent à terre en se mettant en grand nombre, puis on lui perce la narine avec un fer pointu et on y passe une corde faite de crin de cheval. Cela fait, on le laisse deux jours sans manger et sans boire pour l'affaiblir, puis, au bout de ce laps. de temps, on lui donne un peu d'eau et un peu d'herbe et on place un enfant dessus. L'animal, assoupli par sa faiblesse, est tiré par devant par un Mossi, tandis qu'un autre le suit par derrière. On fait plusieurs promenades matin et soir pendant cinq ou six jours pour accoutumer le bœuf à porter, puis on fait monter sur lui quelqu'un de plus grand. En dix jours on peut dresser un bœuf ordinaire. Pour un bœuf de caractère rétif il faut un mois.

On châtre les bœufs porteurs (quand ils n'étaient pas châtrés déjà avant le dressage). Mais ce qui est curieux, c'est que quand le bœuf est entier, on commence par le dresser et on ne le châtre qu'ensuite.

Les Peuls ne dressent pas les bœufs pour le portage : ce qui vient de ce qu'ils ne font pas de commerce. Les Mossis et les Foulsés au contraire, en faisant quelque peu maintenant, en dressent quelques-uns. Les Samos, n'en faisant pas du tout jadis et d'une façon encore insignifiante maintenant, ne dressent pas les bœufs porteurs. Les Yarsés, les Maransés, les forgerons, tous plus ou moins commerçants, les dressent. Les Silmi--Mossis le font aussi un peu.

Les bœufs ordinaires, les Mossis n'en ont pour ainsi dire pas. Il faut mettre de côté les chefs qui possèdent par ci par là un troupeau. Mais les simples Mossis ne possèdent ni bœuf, ni vache. Ils semblent avoir adopté, sous le rapport de l'élevage, un préjugé qui semble d'origine kourouma et qui est contraire à la possession des troupeaux. En fait Foulsés et Mossis du Yatenga vous rient au nez quand vous leur demandez s'ils possèdent un bœuf, une vache. Cela leur semble tellement extraordinaire cette supposition qu'ils pourraient en avoir, tellement contraire aux usages, aux coutumes, que cela provoque chez eux une hilarité énorme. Ce préjugé existe aussi chez d'autres populations soudanaises, exclusivement cultivatrices, ainsi chez les Samos, et peut se formuler ainsi : « Il est défendu aux cultivateurs de posséder des bœufs parce que cela leur ferait abandonner la culture ». Remarquons que ce préjugé n'est pas mossi. A Ouagadougou les Mossis possèdent des bœufs sans vergogne. Ici même les chefs en ont aussi. C'est un préjugé foulsé, kourouma, nioniossé qui s'est répandu chez les Mossis du Yatenga à cause de la masse foulsé à laquelle ils sont mélangés. En tout cas ce préjugé est actuellement bien établi chez eux, quoiqu'on puisse voir qu'il est encore plus profondément vivace chez les Nioniossés que chez les Mossis.

Disons d'autre part qu'il n'existe au Yatenga que le bœuf à bosse ou zébu. Dans l'ensemble du Soudan il existe trois grandes races de bœufs :

le bœuf ordinaire, sans bosse, qui vit dans le sud (c'est le bœuf de Guinée, du Fouta-Djallon, du pays kipirsi, gourounsi, bobo, etc.), le bœuf à bosse ou zébu, qui vit dans le nord, enfin la race intermédiaire issue du croisement des deux races précédentes.

Dans la région de Ouagadougou (voir mon *Noir du Soudan*, page 488) ces trois races existent simultanément : au contraire dans le Yatenga il n'existe que le bœuf à bosse ou zébu.

Les chefs qui possèdent des troupeaux font châtrer leurs taureaux de façon à n'en laisser qu'un seul par troupeau, car, sans cela, ils se battraient toujours. On conserve comme reproducteur le taureau le plus fort, le plus beau, le plus méchant, celui qui triomphe des autres en un mot.

Les bœufs servent à la nourriture. On les immole pour les fêtes, pour les cas de « corvées récréatives ». On en offre quelquefois pour les sacrifices. On ne tue que les animaux adultes et châtrés, non les taureaux, les vaches ou les veaux. Du moins on ne tue les taureaux et les vaches que vieux et vieilles et incapables de reproduire la race.

Les Mossis boivent un peu de lait et ne font pas de beurre. Autrefois les fils de chefs et les chefs s'abstenaient avec soin de boire du lait parce qu'ils pensaient que, s'ils le faisaient, cela leur créerait des liens magiques avec les Peuls, leur rendrait ceux-ci amis et sympathiques. Dans cette terrifiante hypothèse, ils n'auraient plus eu le cœur nécessaire pour leur faire la guerre et pour piller leurs troupeaux. Pour éviter cette calamité ils rejetaient loin d'eux le lait avec horreur. L'état de choses actuel, où ils ne peuvent plus piller les Peuls, a rendu ce préjugé moins vif.

Pour la garde des bœufs, les chefs mossis qui en ont une assez grande quantité (30, 40, 50 têtes) en forment un troupeau à part. Ceux qui ne possèdent que quelques têtes les joignent au troupeau du voisin. On fait toujours garder par un Peul. C'est un usage reçu qui vient de l'expérience des Peuls en cette matière et de l'inexpérience des Mossis.

Le berger peuhl a droit au lait et au beurre de tout le troupeau. Cependant le propriétaire peut avoir environ un litre de lait tous les matins et du beurre deux ou trois fois dans l'année. Le croît du troupeau est pour le propriétaire.

En principe le gardien peuhl a le droit de quitter son troupeau quand il le veut. En revanche le propriétaire peut aussi le renvoyer immédiatement s'il lui plaît. En fait les chefs mossis gardent leur berger jusqu'à sa mort s'il ne vole pas, s'il ne vend pas de bétail en cachette.

Quand une bête meurt, le gardien doit avertir le propriétaire et celui-ci envoie des hommes pour enlever la viande. Une épaule est donnée au peuhl. La peau et la queue, comme la viande, sont pour le propriétaire.

Si c'est par la faute du peul que la bête est morte, il est averti la première fois, la seconde fois il est mis à la porte.

Le Peul doit faire séjourner le troupeau autour du village du propriétaire, sauf autorisation de celui-ci de l'emmener plus loin pour faire bénéficier le troupeau de quelque bon pâturage.

Le Peul fait sortir le troupeau le matin à 8 ou 9 heures pendant l'hivernage parce que, plus tôt, l'herbe est trop mouillée et ferait du mal aux bêtes. Pendant la saison sèche, où l'humidité est beaucoup moindre, il le fait sortir à 6 heures 1/2. Derrière le troupeau marche le Peul, la plupart du temps sans chien. A onze heures ou midi, il ramène le troupeau au puits du village pour le faire boire. Dès que l'abreuvage est fini on retourne dans la brousse et vers six heures du soir, le troupeau revient boire de nouveau. Pour l'abreuvage, le Peul se sert d'une calebasse au bout d'une corde pour puiser l'eau et la déverse dans des auges en bois primitives faites de troncs d'arbres creusés. C'est dans ces auges sans cesse vidées et remplies que boivent les bestiaux.

Après l'abreuvage du soir, le peul pousse le troupeau vers son campement. La femme trait les vaches, puis les bêtes vont se coucher dans leur enclos entouré d'une haie basse d'épines mortes.

Un veau d'un an vaut 5 francs, de deux ans 10 francs, etc. Jusqu'à 6 ou 7 ans chaque année fait augmenter de 5 francs la valeur de la bête. A cette époque-là un taureau vaut 30 ou 35 francs et n'augmente plus de prix. La bête châtrée ou bœuf vaut 40 francs, une vache 45 ou 50 francs. On voit que ces prix sont modestes. Mais ils tendent actuellement à s'élever, en même temps que s'augmente l'impôt.

Il est difficile d'évaluer, au point de vue numérique, le bétail gros et petit du Yatenga. De plus, il faudrait pouvoir le faire par races pour que ces chiffres aient une valeur sociologique, ce pourquoi les données font défaut. Disons simplement qu'on évalue généralement à 60.000 le nombre des chèvres du Yatenga qui sont le grand bétail des Mossis et des Foulsés d'une part, des Samos d'autre part. Les Yarsés et les Maransés en ont aussi, mais les Peuls, qui dédaignent ce bétail, n'ent ont pas ou en ont peu. Les moutons sont évalués généralement à 50.000. Les Mossis, Foulsés et Samos en possèdent mais ils sont surtout la possession des Peuls et des Yarsés et Maransés. Les ânes sont évalués à 5.000 par la Monographie de 1904, à 7.000 par la Monographie de 1909. Ils sont possédés, comme nous l'avons vu, par les Mossis, les Foulsés, les Yarsés, les Maransés. Les Peuls n'en ont pas. Les chevaux peuvent être estimés à 5.000. Les Samos n'en ont pas, les Foulsés très peu, les Mossis (surtout les nobles et les chefs) davantage ainsi que les Yarsés, Maransés, Silmi-Mossis et surtout les Peuls. Les bœufs porteurs sont peut-être 5.000. Les Samos n'en ont pas, les Mossis et les Foulsés en ont, mais ils sont surtout aux mains des Yarsés et des Maransés. Les Peuls n'en ont pas. Enfin les bœufs évalués à 30.000, 40.000, par les militaires, à 60.000 par Vadier, à 47.252 par Meyniaud (*Haut-Sénégal-Niger, Géographie économique*, Tome II, page 2) peuvent être estimés à 50.000 environ. Mais les Samos et la multitude des Foulsés et des Mossis n'en possèdent pas, comme nous l'avons vu plus haut. Seuls les chefs en ont. Ils sont aux mains presque exclusivement des Peuls et des Silmi-Mossis.

Nous en avons fini avec le gros et le petit bétail. Il nous reste un mot à dire de quelques petits élevages avant d'en avoir fini avec l'élevage en général.

Les Mossis (et Foulsés) du Yatenga ont beaucoup de poulets et s'occupent d'eux avec assez de soin. Quand les poulets sont petits, ils vont leur chercher dans la brousse des termitières en forme de champignons, de 50 centimètres de haut et les leur brisent pour qu'ils picorent les termites. Ils ont soin de n'aller chercher ces termitières que vers 9 heures du matin car auparavant et toute la nuit les termites sont au-dessous du sol et ne grimpent dans leur termitière que quand celle-ci s'est réchauffée aux rayons du soleil soudanais. On donne aussi aux petits poussins un peu de mil et de l'eau. Quand ils sont devenus grands, on les laisse chercher tout seuls leur nourriture.

On tue les poulets, soit pour les sacrifices, soit pour une occasion quelconque, quand la mère de votre femme vient vous voir, quand on a un camarade à traiter, etc.

Les poulets sont mangés bouillis ou grillés. Les Mossis les préfèrent grillés.

Les œufs ne sont pas mangés. On les abandonne aux poules pour le couvage.

Un coq, avant l'occupation française, valait 100 cauris (2 sous), la poule 80 cauris. Actuellement le coq vaut 200 cauris (4 sous), la poule 150 (3 sous). Là aussi les prix ont tendance à s'élever. L'Européen, dans la brousse, paie généralement le poulet 4 sous.

Chez les Mossis les femmes ont le droit de manger des poulets, tandis qu'elles sont exclues de ce droit chez les Gourounsis et les Boussansés.

Pour les pintades, quelques Mossis, mais rares, en ont d'apprivoisées. Les Mossis en ont beaucoup moins que les Samos qui, eux, les élèvent presque autant que les poulets. On peut les offrir en sacrifice mais c'est peu pratiqué. On nourrit les petites pintades comme les poussins. Quand elles sont grandes, on leur laisse chercher leur nourriture tout seules. On mange les œufs des pintades parce qu'ils sont nombreux, bien plus nombreux que ceux des poules.

Il n'y a pour ainsi dire pas de canards au Yatenga. C'est une curiosité. Seuls quelques grands chefs en gardent deux ou trois. On les conserve, on ne les mange pas.

De même quelques grands chefs ont des pigeons, apportés de Tombouctou par des dioulas. On ne les mange pas, c'est un animal ornementaire.

Poulet se dit nora ou noga en mossi (au pl. nósé). Le coq se dit noraogo. Pintade se dit kango. Canard se dit kômnoga (au pl. kômnosé, ce qui veut dire poulet d'eau de kòm : eau et noga : poulet). Pigeon se dit manoandé (au pl. manoana).

Ajoutons que les Mossis élèvent communément les abeilles.

Nous verrons plus loin, à la Vannerie, quelle est la confection des ruches. Pour le moment bornons-nous à dire qu'on les place dans les arbres quand on a fini de manger le maïs, c'est-à-dire à la fin du mois de septembre. Au bout de deux ou trois mois on peut récolter le miel pour la première fois, puis on récolte tous les mois jusqu'à l'arrivée de la saison chaude (mars). On attend ensuite jusqu'au moment des pluies (juin) où on recommence. L'époque du karité est celle du bon miel, les abeilles aimant beaucoup l'enveloppe fruiteuse du marron de karité.

Une ruche mise dans un arbre peut durer six ou sept ans, avant de tomber par morceaux.

Une fois la ruche placée on ne s'occupe plus des abeilles que pour faire la récolte du miel. Une torche de paille à la main, on monte pendant la nuit dans l'arbre. On ouvre une des extrémités de la ruche et on souffle la fumée de la torche sur les malheureuses abeilles qui s'empressent de fuir par l'ouverture opposée. Alors, avec un couteau, on coupe les rayons, mais on en laisse la moitié pour ne pas décourager complètement les travailleuses qui ne resteraient pas si la ruche était entièrement dévastée. On referme l'ouverture de celle-ci et on redescend avec le butin.

Quelquefois on mange le miel immédiatement et on jette la cire. Parfois on confectionne de l'hydromel (bici). Pour cela on fait bouillir de l'eau et on y jette les rayons. La cire monte à la surface et le miel se mélange avec l'eau. Les femmes écument la cire pour en faire des boules.

La cire était donnée jadis gratis aux bijoutiers pour en faire leurs objets de cuivre à cire perdue ou bien aux cordonniers pour assouplir les peaux. Depuis les Français et l'impôt, la cire se vend au lieu de se donner. Une boule grosse comme les deux poings vaut de 2 à 4 sous.

On vend aussi le miel mélangé à la cire aux Yarsés qui vont le revendre à Tombouctou. Les Yarsés achètent un petit canari plein de miel cireux, de rayons de miel, 1.000 ou 1.500 cauris (1 franc ou 1 fr. 50). Avec deux ou trois d'entre eux ils remplissent une peau de bouc qu'ils échangent contre une barre de sel de 30 à 35 kilogs à Tombouctou. Revenus dans le Yatenga ils vendent leur barre de sel 40 ou 50 francs. Ce n'est pas une mauvaise opération, mais le miel est difficile à transporter.

En définitive, la cire sert ici aux bijoutiers et aux cordonniers. Le miel est soit mangé directement, soit converti en hydromel, soit vendu aux Yarsés qui vont le revendre à Tombouctou.

Nous en avons fini avec l'Élevage au Yatenga.

CHAPITRE III

LA CUEILLETTE

Nous en arrivons maintenant à la Cueillette.

La cueillette a une moins grande importance dans le nord du Soudan que dans le sud. Cela se comprend aisément : plus l'humidité est grande, plus la végétation est puissante — plus la végétation est puissante, plus elle donne de fruits divers. Aussi la cueillette est-elle plus abondante dans la forêt que dans la zone guinéenne (savanes du sud), plus abondante dans la zone guinéenne que dans la zone soudanaise proprement dite, plus abondante dans la zone soudanaise proprement dite que dans la zone sahélienne (extrême nord du Soudan), plus abondante ou moins pauvre dans la zone sahélienne que dans le Sahara. En d'autres termes, les Manons de la forêt libérienne ont un champ de cueillette plus riche que les Malinkés de la Haute-Guinée, les Malinkés de la Haute-Guinée un champ de cueillette plus riche que les Bambaras de Ségou, les Bambaras de Ségou un champ de cueillette plus riche que les Soninkés de Nioro. Si nous prenons notre exemple plus à l'est, les Lobis de Gaoua ont de plus riches possibilités de cueillette que les Gourounsi de Léo, ceux-ci que les Mossis de Ouagadougou, ceux-ci que les Mossis du Yatenga et ceux-ci, à leur tour, que les Habbés de Bandiagara.

C'est dire que dans le Yatenga, par 13 à 14° de latitude nord, la cueillette n'est pas très riche et n'est pas aussi intéressante à étudier que dans le sud. Cependant nous en ferons une étude aussi complète que possible (1).

Quand on parle de la cueillette, on songe toujours naturellement à celle des fruits des arbres. Cependant la cueillette ne se borne pas à cela et d'abord il y a une première division qui domine tout le sujet : cueillette alimentaire et cueillette non alimentaire.

Pour la première non seulement les arbres peuvent être utilisés, mais

---

(1) Que le lecteur ne se laisse pas influencer par le développement de cette étude et ne conclue pas de sa longueur à l'extrême importance de la Cueillette dans le Yatenga. Nous avons profité de l'occasion pour pousser à bout l'analyse de toute la flore du pays utilisée peu ou prou par les indigènes de quelque manière que ce soit.

encore les céréales sauvages et les racines ou tubercules spontanés. On a donc une première division de la cueillette alimentaire :

1° cueillette concernant les arbres ;
2° cueillette concernant les céréales sauvages ;
3° cueillette (ou arrachage) concernant les racines et les tubercules sauvages.

Mais là même il y a encore à distinguer :

D'abord, pour l'alimentation, les primitifs utilisent non seulement les fruits mais encore les feuilles et les fleurs des arbres. Ensuite, en ce qui concerne les céréales sauvages, il faut distinguer de celles-ci les petites plantes comestibles (comme le pourpier, par exemple) et les champignons et mousses. Enfin, pour les racines et tubercules, il faut distinguer les racines et tubercules de terre et les racines et tubercules d'eau.

Puis pour ce qui concerne la cueillette non alimentaire on peut la ranger sous ces quatre titres principaux :

Cueillette pour les bestiaux ;
Cueillette médicinale ;
Cueillette des poisons ;
Cueillette industrielle.

En résumé la cueillette se divise ainsi :

1° Cueillette alimentaire
- concernant les arbres
  - cueillette des fruits.
  - cueillette des feuilles.
  - cueillette des fleurs.
- concernant les céréales sauvages
  - cueillette des céréales sauvages.
  - cueillette des petites plantes sauvages.
  - cueillette des champignons et des mousses.
- concernant les tubercules et racines sauvages
  - cueillette des racines et tubercules de terre.
  - cueillette des racines et tubercules d'eau.

2° Cueillette non alimentaire
- cueillette pour les bestiaux.
- cueillette médicinale.
- cueillette des poisons.
- cueillette industrielle.

Quant à la récolte des animaux inférieurs terrestres (vers, chenilles, fourmis, limaçons, sauterelles, etc.) que l'on met quelquefois dans la Cueillette, il est plus exact de l'envisager comme une espèce de chasse inférieure. De même la récolte des animaux inférieurs marins (mollusques, huîtres, moules, etc.) est une espèce de pêche primitive.

Commençons donc par la cueillette des fruits.

L'arbre qui est ici le plus répandu dans la brousse, comme nous l'avons déjà vu et le plus important au point de vue de ses fruits est le karité (1).

Le karité est le *Butyrospermum Parkii* Kotschy.

On l'appelle si en bambara, sé en malinké et en ouassoulonké, tanga ou tahanga en mossi (dans le Yatenga et à Ouagadougou), tansé ou tahansé au pluriel — hanbaga (avec l'h aspiré) en foulsé, au pluriel hamba. On pourrait presque prononcer ce « hambaga » tambaga et cet « hamba » tamba — ce qui rapproche beaucoup le nom foulsé du nom mossi.

Quant au mot karité adopté par les Européens de l'ouest africain pour désigner l'arbre il veut dire proprement en soninké « beurre, huile de karité » (de kari = karité et té = huile, beurre). Il faudrait donc dire, kari et non pas karité. Mais l'usage est déjà fixé sur ce point et les expressions karité, beurre de karité, sont entrées dans la langue courante.

Le fruits du karité sont mûrs en juillet et en août pendant la pleine saison des pluies. Les femmes et les enfants vont les cueillir dans la brousse et les rapportent par corbeilles entières.

L'enveloppe du fruit, charnue et délicieuse, se mange avec plaisir. Sous elle se trouve le marron lui-même, petit, de forme ovoïde, avec l'intérieur duquel on fait le beurre de karité.

Nous avons donné dans notre *Noir du Soudan*, p. 496, la description détaillée de la façon dont les femmes mossi de Ouagadougou le fabriquent. Comme la fabrication par les femmes mossis du Yatenga est la même, nous reproduisons ci-dessous cette description :

« Les femmes enlèvent l'écorce du marron, puis pilent le contenu poisseux et blanchâtre qui se trouve à l'intérieur. On le pile sur les pierres à écraser avec un petit pilon en bois. Dès que c'est fait, on fait cuire dans un canari, puis on pile encore une fois dans les grands mortiers en bois, jusqu'à ce que la pâte ait été amenée à la consistance du beurre. Ensuite on lui fait encore subir un écrasage entre les pierres à écraser. Quand c'est fini on met le tout dans un canari, avec de l'eau tiède, et on remue, on manipule la pâte avec les mains, ce qui donne une sorte de crème d'un blanc sale, un peu comme celle des œufs à la neige, mais plus solide. On prend alors cette crème et on la fait bouillir jusqu'à ce qu'elle se transforme en huile. Les impuretés vont au fond du canari et l'huile surnage. On recueille celle-ci, on la met dans une calebasse propre et on laisse refroidir : on obtient ainsi un beurre d'un jaune pâle. A le voir on dirait

---

(1) Au sujet du karité voir Vuillet, *Le karité et ses produits*. Larose, 1911. Voir aussi Meyniand, ouvrage cité, tome Ier, p. 254.

du vrai beurre, mais, si on le sent, on perçoit une odeur caractéristique, désagréable pour l'Européen ».

Le beurre de karité sert ici :

1° Pour la cuisine. Avec ce beurre on fait cuire la viande, les haricots, etc. On le met aussi dans les sauces.

2° Pour l'éclairage. On met le beurre dans de petites lampes en fer avec un morceau de chiffon. On allume celui-ci, ce qui constitue un éclairage primitif.

3° Les femmes se frottent le corps avec le beurre de karité. Elles en mettent aussi dans leurs cheveux.

4° Le beurre de karité sert aussi à faire le savon, en ajoutant des cendres de tiges de mil.

5° On soigne aussi les blessures au beurre de karité.

De toutes ces utilisations, c'est celle qui concerne la cuisine qui est la plus importante.

Les karités appartiennent à tout le monde quand ils sont dans la brousse, mais, quand ils sont compris dans un champ, ils appartiennent au propriétaire du champ qui a seul alors le droit d'en prendre les fruits. On ne coupe pas les karités ou, du moins, la destruction de ces arbres est vue de mauvais œil.

Les Mossis font des silos à karité devant leurs habitations. Ce sont des trous de 1 mètre à 2 mètres de profondeur où ils enfouissent les marrons. Ils dament ces trous et les crépissent à la bouse de vache et les appellent zôrô ou zôgô.

Après le karité l'arbre le plus utile ici est le néré (*Parkia biglobosa*). Il y en a beaucoup dans le Yatenga, mais beaucoup moins cependant que de karités.

Néré se dit en mossi rônga ou dônga (au pluriel rônsé ou dônsé) (1).

On récolte les gousses au mois de mai (depuis le commencement de mai jusqu'au 15 juin environ). On enlève la pulpe jaune, on la fait sécher au soleil et on la pile. Cette poudre jaune est mangée par exemple dans du lait ou mélangée à la farine de mil.

Les graines servent à fabriquer le soumbara (nom bambara) qu'on appelle kologo à Ouagadougou. Ici au Yatenga ils l'appellent kalzônga. Ils fabriquent le kalzonga de la même manière qu'à Ouagadougou, qu'au pays bambara, etc.

Les femmes font bouillir les graines pendant trois heures, puis en enlèvent les pellicules à la main. Ces graines, ainsi décortiquées, sont bien lavées au bord des puits ou des mares. Puis on les met dans une corbeille qu'on couvre avec des feuilles et qu'on place au soleil pendant deux jours, pour qu'elles aient le temps de pourrir. Le troisième jour on les sort et on les étale au soleil sur une natte où elles sèchent puis on les

---

(1) Voir la description que j'en ai donné dans mon *Noir du Soudan*, p. 496 à 499.

pile de façon à obtenir une pâte et on fait à la main, avec celle-ci, des boules noires de grosseurs diverses : grosses comme les deux poings, grosses comme une petite pomme, etc. Ces boules ne sont pas complètement dures : pour s'en servir les femmes les cassent en morceaux qu'elles mettent dans les sauces. On vend aussi ces boules au marché, de 20 à 200 cauris. Tel est ce kalzonga, très aimé ici, comme dans toute l'Afrique occidentale.

Les filaments bruns de l'écorce du néré servent ici à attacher les pointes en fer des flèches au corps même de la flèche. Ils servent aussi, comme le cuir, à entourer le bois du corps de l'arc à certains endroits pour l'empêcher de se fendre. Ils servent surtout à la vannerie : à lier la paille des corbeilles ou bien les tiges en bois flexible qui bordent ou renforcent ces corbeilles. En revanche ces filaments ne servent pas à faire des ceintures pour les femmes, comme au Gourounsi.

Ensuite l'arbre le plus utile ici est le baobab. Il y en a une grande quantité au Yatenga et souvent ils forment de petits bois espacés de plusieurs dizaines d'arbres. Baobab se dit toëga en mossi (toesé au pluriel).

Il sert :

1° Pour l'alimentation : On pile l'intérieur des énormes amandes vertes du baobab et on en fait une farine que l'on appelle toézoum (siramogou en bambara). Le toézoum se fabrique et se consomme qu'il y ait famine ou non. Les amandes du baobab se cueillent de janvier à mars, pendant la saison froide et sèche. On met cette farine dans du lait ou de l'eau et on la boit. Ou bien on la mélange avec de la farine de mil. Le toézoum est un peu sucré.

2° Les graines de l'amande sont aussi brisées entre des cailloux Cela fait on en prend l'intérieur et on l'écrase à son tour entre les pierres à écraser : cela donne une pâte qu'on met dans les sauces. D'autres font bouillir ces graines et les mangent avec du sel et du beurre de karité.

3° On se sert aussi des feuilles du baobab pour faire les sauces, surtout des feuilles jeunes et tendres. La feuille est pilée verte et mise dans la sauce. Ou bien on la fait sécher, on la réduit en poudre et on met cette poudre dans les sauces.

4° On se sert de l'écorce pour faire des cordes. Nous verrons plus loin à la Corderie comment on traite cette écorce.

5° On prend l'écorce verte du fruit, on la fait brûler, on la réduit en cendres qu'on appelle n'zem en mossi (ségué en bambara). On met le n'zem dans le tabac pour le rendre plus fort.

6° Les femmes des forgerons utilisent aussi le bois de baobab pour faire cuire leurs canaris. C'est un bois très tendre et dont on ne se sert pas pour faire la cuisine à cause de cela.

7° On se sert aussi du baobab abattu par la foudre ou mort de vieillesse pour engraisser l'endroit où il est tombé. On le déchire en lambeaux qui servent à fumer le sol. Quand un baobab a été abattu par la foudre l'endroit où il est tombé appartient de droit au tengasoba, féticheur foulsé la foudre qui a terrassé l'arbre étant du domaine religieux de celui-ci.

On voit que le baobab sert à bien des usages. Cependant, en gros, c'est un arbre à farine comme le néré tandis que le karité est un arbre à beurre.

Après le karité, le néré, le baobab qui sont de beaucoup les arbres les plus utiles nous pouvons citer le sabaga (sabasé, sabsé au pluriel), n'pékou ou m'bégou en bambara.

Le fruit s'appelle sibifou au singulier et sibi au pluriel. Sibi n'est donc pas le nom de l'arbre comme je l'ai écrit par erreur dans mon *Noir du Soudan* (p. 505), mais le nom du fruit.

Le sabaga est un arbre de taille moyenne, haut de 6 à 7 mètres, d'aspect japonais. C'est au commencement de l'hivernage, au mois de juin, que son petit fruit d'abord vert, puis rose, puis violet, gros comme un demi-grain de raisin, et qui va par grappes comme celui-ci, est mûr. En définitive cet arbre est une espèce de raisinier et on pourrait l'appeler le raisinier africain. Au point de vue botanique c'est une Anacardiacée du genre Odina.

Dans l'Afrique occidentale il existe trois espèces de n'pékou ou bembé (bembé est le nom malinké et aussi le nom soninké de cet arbre) : le grand n'pékou, le moyen n'pékou et le n'pékou du bouc ou n'pékou rugueux. Au Yatenga les deux premières espèces sont confondues sous le nom de sabaga, comme dans tout le Mossi. La troisième est désignée sous le nom de sabatoulouga ou sabatoulougo (au pl. sabatoulousé ou sabatoulsi) qui est le Bakoro m'pékou des Bambaras et le Bembé-Oignan des Malinkés (1).

On utilise de différentes manières le fruit du sabaga :

1° On le mange frais, tel quel.

2° On le cueille et on le fait sécher au soleil, puis, quand il est sec, on en met deux ou trois poignées dans l'eau d'un canari. On laisse reposer pendant douze heures et cela donne une boisson sucrée, très bonne à boire, le sibikôm (mot à mot : eau de sibi) qui est le m'bégougui ou le n'pékougui des Bambaras, le bembégui des Malinkés et des Ouassoulonkés, le diam-pégoudié des Peuls (de diam = eau en peuhl et pégoudié = n'pékou). Ce qui est curieux c'est que les Mossis de Ouagadougou, au contraire de ceux du Yatenga, ne fabriquent pas cette boisson.

3° Quand on a fabriqué le sibikôme, les fruits qui restent au fond de l'eau sont mis sécher au soleil, puis sont écrasés entre les pierres *ad hoc*. On prend cette farine et on en fait du savon en ajoutant des cendres de

---

(1) C'est cet arbre que j'ai appelé sabatouli du nom de ses fruits p. 509 de mon *Noir du Soudan*. — Quant au n'pékou ordinaire je l'ai désigné sous le nom de sibi, p. 505. Les Nonnoumas l'appellent kakian, les Kassonnas kakiéno, les Nankanas l'appellent comme les Mossis. Au sujet du n'pékou voir l'*Essai sur la flore de la Guinée Française* de M. Pobéguin, p. 41, 44, 45 et 57.

tiges de mil, ou bien on la met dans l'eau chaude et, en la manipulant à deux mains pendant un quart d'heure, on en fait sortir une huile avec laquelle les femmes se frottent le corps.

4° Enfin les cordonniers pilent les fruits du n'pékou, les mettent dans l'eau chaude et plongent les peaux dans cette décoction pour les rendre souples.

Quant aux fruits du sabatoulouga ils ne sont pas si estimés que ceux du sabaga et ils ne servent guère qu'aux enfants qui les mangent dans la brousse. Il en est de même chez les Bambaras, Malinkés, Ouassoulonkés.

Auprès du sabaga plaçons le noboga (au pl. nobosé ou nobsé) qui a à peu près les mêmes utilisations. C'est le n'kouna des Bambaras et des Malinkés, le kountan des Khassonkés, le kounguié des Soninkés, le hèdé des Peuls, en nounouma salo et en kassouna kansalo (1).

Le noboga est une térébinthacée *(Spondias Birrhœa)*.

On pourrait l'appeler un arbre à boisson, comme le n'pékou.

Le fruit est assez gros, comme une grosse prune, verdâtre, avec un noyau énorme. Il est extraordinairement acide et rafraîchissant et produit la même impression que si l'on mâchait un citron. Étant donnée la grosseur du noyau il a très peu de chair et c'est un fruit à rafraîchir la bouche plutôt qu'à nourrir tant soit peu. Les Mossis du Yatenga s'en servent de deux manières :

1° Ils s'en servent d'abord pour faire une boisson.

Il y a deux manières de faire cette boisson : ou bien on opère pour la vente : alors, avec un petit morceau de bois léger et pointu on perce les fruits du n'kouna au-dessus d'un canari et on les presse fortement pour y faire tomber le jus. Dans un second canari on jette les fruits pressés. Quand le premier canari est plein jusqu'au bord du jus des fruits on l'expose au soleil pendant une journée et le soir même de l'exposition on peut commencer à consommer ou à vendre. Ajoutons que les marchandes peu scrupuleuses baptisent leur marchandise avant de l'amener au marché.

Quant au second canari, on fait sécher également au soleil les fruits qu'il contient. Puis on casse entre des cailloux les énormes noyaux pour se procurer les amandes, qui sont bonnes à manger.

Il y a une seconde façon de préparer le nobakôm (tel est le nom mossi de la boisson, de kòm qui veut dire eau et de noba, nom qui désigne les fruits du noboga). Cette façon est employée par les gens qui veulent fabriquer pour eux-mêmes le nobakôm et non le vendre.

On remplit un canari d'eau, on pique les fruits et on les presse au-dessus du canari et on y laisse tomber le fruit pressé. Quand on a fini on reprend les fruits et on les remet dans un autre canari où il y a un peu d'eau. On remue assez longuement et on verse cette eau-là dans le premier canari, cette fois sans les noyaux. On fait alors bouillir pendant une

(1) Voir mon *Noir du Soudan*, p. 504 et 505.

heure, puis on verse dans un canari propre où on laisse refroidir et reposer pendant le reste de la journée et pendant la nuit qui suit. Le lendemain matin on peut commencer à boire.

A Ouagadougou on ajoute du levain de dolo de mil, quand le nobakôm a été retiré du feu et est en train de refroidir. Ici on ne le fait pas généralement. Pourtant quelques-uns ajoutent ce levain

Cette façon de préparer le nobakôm est meilleure que l'autre. La boisson obtenue est moins acide. Elle est même un peu sucrée. En revanche l'autre préparation est plus forte, plus acide, plus rafraîchissante.

Les Mossis du Yatenga aiment beaucoup le nobâkom de quelque manière qu'il soit préparé. Cependant ils préfèrent encore la boisson du n'pékou.

2° On mange aussi les fruits tels quels ou plutôt on les mâche un instant (le temps de décortiquer le gros noyau de sa mince enveloppe de chair et de le rejeter). Nous avons dit plus haut que c'était au moins aussi acide et aussi rafraîchissant que le citron.

3° On se sert aussi du bois du noboga pour faire les portes, et les teinturiers en font de la cendre qui leur sert pour leurs bains de teinture.

Après le sabaga et le nobaga plaçons le tamarinier ou tamarin (poussouga en mossi, n'tomi en bambara, malinké, ouassoulonké, diabé en peuhl. C'est en langage scientifique le *Tamarindus indica*, une légumineuse césalpinée).

Les tamariniers ne sont pas très nombreux dans le Yatenga mais on en rencontre cependant dans la brousse. Les femmes recueillent les gousses qui sont longues de dix ou douze centimètres mais peu épaisses, un peu aplaties avec des renflements là où se trouve la chair du fruit. Ces gousses sont pilées pour débarrasser la chair de l'enveloppe. Les femmes prennent alors le tamarin par poignées et le serrent fortement entre leurs mains pour l'agglutiner et en faire des boules. Celles-ci sont placées dans une calebasse, mises à sécher au soleil puis on les conserve pour soi ou on les vend au marché.

Quand quelqu'un a mal à la tête ou se sent indisposé, on met une boule de tamarin dans l'eau et on la fait bouillir. On enlève avec la n'galama (cuiller) les résidus de la boule dissoute. On ajoute de la farine de mil et on fait du béré (moni en bambara) plat liquide que notre malade avale avec la n'galama. C'est un remède qui nettoie le corps, un laxatif.

Si quelqu'un veut se purger à fond, pour une constipation opiniâtre par exemple, il prend deux ou trois boules de tamarin qu'il met dissoudre le soir dans une calebasse d'eau froide. Il ajoute un peu de piment et, s'il le peut, un peu de miel. Il laisse reposer toute la nuit et le lendemain matin, au point du jour, à jeun, il avale le liquide. Il « court » alors toute la journée. On peut même continuer à boire la dissolution de tamarin pendant un jour ou deux, ce qui fait que l'effet produit est encore plus intense.

Mais il y a une utilisation journalière du tamarin non plus médicale celle-là, mais alimentaire, qui existe chez les Mossis du Yatenga. Les femmes cueillent les feuilles du tamarinier, les pilent au mortier et mettent la pâte obtenue dans une calebasse. Elles versent de l'eau dessus et tournent le mélange avec la main, puis elles passent le liquide à travers un tamis ou, à défaut, à travers une assiette en paille. Une fois tamisé, il est versé dans le canari où cuit le sarabou, pour rendre celui-ci plus rafraîchissant, un tantinet aigrelet.

Les Mossis du Yatenga font usage tous les jours de cette préparation pour donner un goût spécial à leur sarabou. A défaut de feuilles de tamarinier, ils emploient même pour ce faire les feuilles du bagana (nom mossi, niama en bambara, *Bauhinia reticulata*).

Enfin pour signaler toutes les utilisations du tamarinier, quand quelqu'un s'est blessé ou s'est cassé un membre, on fait bouillir les feuilles du tamarinier et avec l'infusion on lave la blessure.

Le tamarinier est en quelque sorte l'arbre à purge du Yatenga comme du Soudan en général.

Citons ensuite le tiaralaga (ou tingalaga, au pluriel tiaralésé). C'est le nom mossi mais il s'appelle de même en foulsé. Le fruit s'appelle tiaguendé au singulier, tiagala au pluriel.

C'est le sâo des Nounoumas, le n'séguéné des Bambaras, Malinkés et Ouassoulonkés.

Le tiaralaga est cet épineux vert, si répandu dans la brousse du Yatenga, sur le tronc vert foncé duquel il y a ici et là comme des lignes blanches. C'est généralement un arbuste, de 2 mètres à 3 mètres de haut, quoiqu'il atteigne parfois la taille (6 ou 7 mètres) et la grosseur d'un arbre moyen. J'ai noté des tiaralagas de cette espèce à Bourzanga et à Tangaré.

Le tiaralaga est probablement le *Balanites Ægyptiaca* ou *Balanites Ethiopica*. C'est le soump des Yolofs.

Les femmes du Yatenga, quand il y a famine, en cueillent les feuilles pour les manger. Elles les font bouillir telles quelles dans un canari en y ajoutant du sel. Si l'on peut, on y mélange de la farine de mil. Les feuilles du tiaralaga peuvent être cueillies pendant les mois de mai et juin.

On en mange aussi les fruits quand ils sont mûrs. Ils le sont de novembre à mars, c'est-à-dire pendant la saison sèche et froide. Les fruits sont petits, gros comme le pouce seulement, de couleur jaune et contiennent un gros noyau. On n'y trouve pas grand'chose à manger.

Les femmes prennent ce noyau, le cassent entre des pierres, prennent l'amande blanche qui y est contenue, la pilent au mortier et en font ainsi une espèce de pâte. Elles prennent ensuite cette pâte, la mettent dans une calebasse, ajoutent un peu d'eau et manipulent assez longtemps avec les mains. Ensuite on prend une poignée de pâte dans les deux mains, on la serre fortement au-dessus d'une autre calebasse et on en fait sortir de l'huile. Cette huile, jaune, sert à l'alimentation. On la met dans le sarabou, dans les feuilles bouillies, dans les haricots. Les femmes s'en servent aussi pour s'oindre le corps.

Enfin il y a une dernière utilisation du n'séguéné. On en prend l'écorce qu'on pile dans un mortier, puis on met cette poudre dans une calebasse où l'on ajoute de l'eau. Cela fait, quand on veut piler les feuilles du tabac, on prend cette eau et on la verse sur ces feuilles qu'on pile ensuite. Elle rend le tabac plus fort et lui donne bon goût. Mais, au Yatenga, on n'emploie pas à cet effet le jus des fruits du tiaralaga comme on le fait dans le pays nounouma.

Citons encore comme arbres à fruits comestibles :

Le kankanga (au pluriel kankansé), espèce de sycomore du Soudan, à énorme tronc blanchâtre et court divergeant très près du sol en branches énormes et obliques. C'est le n'toro des Bambaras, Malinkés et Ouassoulonkés. C'est un genre ficus, espèce non déterminée, pour M. Pobéguin (1). C'est un *ficus ferruginosa* ou *ficus Vogeli* pour Mgr Bazin (*Dictionnaire français-bambara*, 1906, p. 622).

Dans le pays malinké et ouassoulonké on distingue trois espèces de n'toro. En pays bambara on en distingue encore deux. Ici il n'en existe qu'une espèce, celle que les Bambaras, Malinkés, etc., appellent n'toroba ou grand n'toro.

Le kankanga donne ses figues deux fois par an :

1º De mai à juillet.

2º De janvier à mars.

Ces fruits en temps ordinaire restent inutilisés. Seuls les enfants les mangent, mais, en temps de famine, les femmes les cueillent, les font sécher au soleil, puis les pilent au mortier. Elles obtiennent ainsi une farine dont elles se servent, soit pure, soit mélangée à un peu de farine de mil.

De même, en temps de famine, les femmes et les enfants cueillent les feuilles du kankanga à l'époque de la frondaison (février, mars et avril), les font bouillir, les pilent avec du sel dans les grands mortiers et les servent ainsi (2).

Citons encore le kamsoro ou kamsogo (et des espèces approchantes comme le koukouéga ou koukouïga). Le kamsoro est un arbre magnifique, à feuilles énormes et caractéristiques, pas très répandu dans le Yatenga quoiqu'on le rencontre encore dans le sud du cercle. C'est le *ficus religiosa*, kobo-blé en bambara, kobo-oulé en malinké et en ouassoulonké, dindé en peuhl, kobdia en songhay, tâo en bozo. C'est une espèce de boa du règne végétal qui s'attaque aux autres arbres, karités, tamarins, kapokiers, etc.

---

(1) Ouvrage cité, p 54. M Pobéguin orthographie touron au lieu de n'toro.

(2) Voir au sujet du kankanga mon *Noir du Soudan*, pp. 503 et 504. Les Peuls l'appellent guip-bi et les Nounoumas kaporo.

(J'en ai même vu un qui s'était attaqué à un jeune baobab). Le kamsoro dresse contre le tronc de l'arbre son propre tronc uni semblable à un énorme serpent, monte au-dessus de l'adversaire, le domine, couvre ses feuilles avec les siennes nombreuses et énormes, puis, peu à peu, il l'entoure, l'enveloppe, lui laisse une place de moins en moins grande, le fait disparaître enfin dans son étreinte puissante. Ce n'est pas à dire qu'il n'y ait pas de kamsoros indépendants dans la brousse. Il y en a, et même de très beaux, mais la caractéristique de cet arbre c'est d'attaquer les autres arbres et de former avec eux une masse unique où il est difficile de distinguer les arbres composants. Les fruits du kamsoro sont intermédiaires entre la figue et la prune : ce sont en apparence de toutes petites prunes jaunes de la grosseur du bout du doigt, mais, quand on les porte à la bouche, on s'aperçoit que ces soi-disant prunes renferment, au lieu d'un noyau, de petites granulations analogues à celles de la figue. Le goût est celui de la prune. Cependant on a affaire à de petites figues très primitives.

Les Mossis du Yatenga dédaignent ces fruits comme ceux du kankanga. En temps ordinaire on ne les mange pas. Ce n'est qu'en temps de famine qu'on les utilise. Alors les femmes les cueillent, les font sécher au soleil, les pilent fortement au mortier et les réduisent en une farine qu'on mélange à celle du mil et qui sert ainsi à faire le sarabou. Ou bien on conserve cette poudre pour les sauces.

On prend aussi les feuilles (toujours en temps de famine) et on les fait sécher au soleil. Cela fait, on les pile, on les réduit en poudre et on mélange encore cette farine à la farine de mil pour faire du sarabou (1).

Citons encore parmi les arbres à fruit le lenga ou léna. C'est un petit arbuste d'un mètre à deux mètres de haut, probablement le *Ximenia americana* ou un *Ximenia* d'une espèce non déterminée. En bambara on l'appelle n'tongué (ou encore n'donké ou n'tonké) en malinké et en ouassoulonké n'goni ou n'gouani ou encore n'gouané. On le désigne encore sous les noms de n'séguéré, séné ou séno chez les Bambaras de Ségou et du Bélédougou. En nounouma on l'appelle filina, en kassouna mia, en sissala mellemoilu (2).

Le fruit est une toute petite prune jaune et ronde, qui possède un gros noyau, si bien qu'il n'y a pour ainsi dire rien à manger. Le goût est acide. Le fruit est mûr de juillet à septembre. On l'utilise pour en faire une boisson.

Citons encore le ganga ou ganra (au pl. gansé). C'est le sounsoun bambara, malinké, ouassoulonké, le néflier d'Afrique occidentale. Il y en a

(1) Voir pour le n'kobo ou kobo, Pobéguin, ouvrage cité, p. 152 et 153. Dans mon *Noir du Soudan*, p. 507, je parle du kamsoro.
(2) Dans mon *Noir du Soudan*, p. 505, j'ai écrit léla au lieu de léna. C'est léna ou tenga qu'il faut lire.

dans le Yatenga. Les fruits sont mûrs en octobre, novembre, décembre et janvier. Les habitants du Yatenga les mangent. Ils n'utilisent pas l'écorce du sounsoun pour la poterie comme les Bambaras et les Gourounsi et ne considèrent pas le ganga comme un arbre fétiche (Voir au sujet du ganga mon *Noir du Soudan*, p. 503).

Nous pouvons citer encore le niadaga (niadésé au pluriel) dont le nom est tel au Yatenga comme à Ouagadougou. C'est le n'koro bambara, malinké et ouassoulonké (probablement le *Parinarium excelsum*, Rosacées, dont le fruit porte encore le nom de pomme du Cayor).

Les fruits sont mûrs en septembre, octobre et novembre. On les mange et on les vend aussi sur les marchés au prix de cinq pour un cauri. Comme le cauri vaut un cinquantième de sou, on voit que ces fruits ne sont pas chers.

Il y a deux espèces de n'koro-niadaga :
1° le n'koroba (ou grand n'koro), gros et grand arbre ;
2° le n'koroni (ou petit n'koro), arbuste de un mètre de haut environ.
Les deux espèces existent ici.

Les fruits du n'koroba sont plus gros que ceux du n'koroni. Les premiers sont de la grosseur d'une prune ordinaire, les seconds de celle d'une petite prune. Le noyau est fort et il n'y a pas grand'chose à manger, caractéristique générale de tous ces fruits sauvages du Soudan.

Disons un mot du jujubier, moumouna en mossi (au pl. moumounousé). C'est le n'tomono des Bambaras, le gouesso des Nounoumas et des Kassounas. Le fruit en est absolument minuscule. C'est une toute petite pomme ridée, pas plus grosse assurément que l'ongle et de plus ne possédant qu'une mince pellicule comestible autour d'un gros noyau (gros relativement au fruit). Cependant, cette pellicule qui paraît d'abord desséchée, laisse un goût rafraîchissant dans la bouche.

Le fruit du jujubier est mûr de février à avril. Les habitants du Yatenga mangent ces fruits (si l'on ose ainsi dire). Les femmes les font aussi sécher au soleil et les pilent pour en faire une sorte de farine. Puis elles y mettent de l'eau et en fabriquent ainsi des boules grosses comme le poing qu'elles font sécher au soleil. On se sert de ces boules pour sucrer le lait ou le sarabou. Elles jouent donc en quelque sorte le rôle de sucre.

Il n'y a pas au Yatenga de sourgou-n'tomono (nom bambara, jujubier de la hyène).

Signalons aussi les fruits de la fausse liane à caoutchouc, véda ou ouéda en mossi au pl. védésé ou ouédésé, (n'saba en bambara, *Landolphia senegalensis* ou *Landolphia florida* en langage scientifique, les auteurs diffèrent sur ce point). Quant à la vraie liane à caoutchouc (gohine en bambara, malinké, ouassoulonké, *Landolphia Heudelotii* en langage scientifique) elle n'existe pas ici pas plus qu'à Ouagadougou ou à Léo mais seulement beaucoup plus au sud (Gaoua, Bobo-Dioulasso, Sikasso, Bougouni, etc).

La ouéda ou n'saba ne donne en fait de caoutchouc qu'un produit poisseux, inutilisable pour l'industrie européenne, et qui, en conséquence, n'est pas récolté (1).

Les Mossis du Yatenga utilisent la liane n'saba pour ses fruits délicieux qui sont à peu près de la grosseur d'une orange. Ils ont une écorce dure et la pulpe du fruit est répartie autour d'une série de noyaux intérieurs. Ils commencent à être mûrs à la fin de juin et on en trouve jusqu'en fin août. Tantôt on les mange frais, tantôt on les met dans l'eau pendant dix minutes pour en faire une boisson agréable, une espèce d'orangeade, tantôt on ajoute de la farine de mil, ce qui fait du moni préparé à l'orangeade. Les fruits sont même vendus sur les marchés à raison de 5 cauris l'un, comme chez les Bambaras.

Quant à la liane elle-même on s'en sert pour lier, dans les toitures des cases, les perches qui forment l'armature de ces toitures.

Signalons encore les fruits de la vigne soudanaise.

C'est une tige herbacée ou sous-frutescente ordinairement couchée sur le sol. Les fruits en sont mûrs de septembre à novembre. Ils sont gros comme le bout du petit doigt, violets et ont un goût sucré. Il y a peu à manger, les pépins étant énormes pour la grosseur du fruit. Seuls les enfants, au hasard de leurs escapades dans la brousse, mangent ce raisin primitif.

La vigne soudanaise s'appelle bougousimtoungo en mossi, forogo faraka en bambara, toutoulala en malinké et toudoulala en ouassoulonké.

Il y a aussi au Yatenga quelques danghas (nom bambara, attiers sauvages, sortes de pomme-cannelle). On les appelle barakoudiougou (barakoudi au pl.) au Yatenga comme à Ouagadougou. C'est un tout petit arbuste dont on mange les fruits.

Ceux-ci sont mûrs en août et en septembre. Ils sont allongés, plus longs que gros. Ils ne contiennent pas de noyaux mais des pépins et sont très sucrés.

Les femmes utilisent les fleurs du barakoudiougou pour leurs sauces. Elles les cueillent, les pilent fraîches et les versent dans le petit canari où se prépare la sauce. Elles les utilisent aussi conservées et séchées.

Citons encore le kardaga (kardésé au pluriel).

C'est un gros arbuste épineux, un mimosa, sans doute le *Dichrostachys* ou *Acacia mimosa* décrit ainsi par M. Pobéguin dans son *Essai sur la flore de la Guinée Française*, p. 237 : « Arbre de 4 à 8 mètres très commun, feuillage composé très fin ; arbre très épineux ; fleurs en petits chatons roses et jaunes, odorantes ; fruit : gousse plate, découpée, s'enroulant en spirale ».

(1) Dans mon *Noir du Soudan*, p. 507, j'ai qualifié la ouéda ou n'saba de liane à caoutchouc. C'est *fausse* liane à caoutchouc qu'il faut lire.

C'est le kéména ou zéména des Mossis de Ouagadougou, le sofarangoni des Bambaras, Malinkés et Ouassoulonkés.

Dans mon *Noir du Soudan* (p. 508) j'ai désigné à tort le kardaga ou kéména sous le nom de gonsé ce qui est le pluriel de gonga ou gonra voulant dire épine et par extension arbre épineux. A vrai dire le kardaga est bien un arbre épineux mais il y a beaucoup d'épineux divers dans la brousse du Yatenga et il faut les distinguer. De plus le mot gonga est d'autant moins à employer ici qu'il désigne justement d'une façon spéciale un autre arbre épineux que nous retrouverons plus loin.

On cueille les gousses rouges et plates de ce mimosa du mois de novembre jusqu'au mois de février, c'est-à-dire pendant la saison sèche et froide. On prend les petites capsules qui sont à l'intérieur, on les fait cuire comme des haricots et on les mange telles. D'autres les écrasent, les réduisent en poudre et mettent cette poudre dans les sauces. Ou bien on la mélange avec de la farine de mil et on en fait du sarabou.

Ces capsules s'appellent karfo au singulier, kari au pluriel.

Citons encore le kotrilonga (nom usité chez les Mossis du Yatenga et nom nioniossé. A Ouagadougou on dit kotropora ou kotropaga). C'est le koulé-koulé ou kondé-koulé des Bambaras, Malinkés et Ouassoulonkés. C'est une logoniacée, un strychnos d'une espèce non déterminée (Pobéguin, ouvrage cité, p. 66).

Le kotrilonga est un petit arbre de 5 à 6 mètres de haut, épineux. Les habitants du Yatenga en mangent les fruits mûrs en janvier, février et mars. Ils ont la taille et la forme d'une orange, mais possèdent une enveloppe dure. On n'en mange que fort peu, car beaucoup rendrait malade.

Citons encore le lamboëga (au pl. lamboésé). C'est le *Celastrus Senegalensis*, béré en bambara, malinké et ouassoulonké. Les fruits s'appellent lamboï.

Cet arbuste, ou plutôt cette petite touffe buissonneuse qu'on trouve à chaque pas dans la brousse du Yatenga, haute d'un mètre tout au plus, bien fournie en feuilles vertes, épaisses et dures qui rappellent celles du fusain, produit de petites graines vertes, rondes, contenant à l'intérieur d'une enveloppe dure quelque chose comme un petit pois vert d'une odeur forte. Ce fruit est mûr en juin, juillet et août.

Les habitants du Yatenga en temps de famine cueillent ces fruits, les mettent dégorger dans un canari plein d'eau pendant deux ou trois jours. Alors l'enveloppe se fend et le principe vénéneux du fruit s'en va dans l'eau. On retire les fruits du lamboëga, on enlève l'enveloppe et on fait bouillir le petit pois pendant deux heures environ. On ajoute une sauce au sel et au beurre de karité et on mange les lamboï comme des haricots.

On peut aussi, après la trempée nécessaire dans l'eau et après avoir enlevé l'enveloppe, faire sécher le fruit au soleil, l'écraser entre les pierres *ad hoc*, mélanger à cette farine un peu de farine de mil et faire ainsi du sarabou.

Après le lamboëga, citons le silikoré (ou silingkoré au singulier, silikoya ou silingkoya au pluriel). C'est un petit arbuste épineux, atteignant deux mètres de hauteur tout au plus. Cet arbuste a un petit fruit, un peu plus gros que celui du n'pékou. Les femmes, quand il y a famine, recueillent ces fruits, les font sécher au soleil, brisent l'enveloppe entre des cailloux, puis les écrasent sur les pierres à écraser. Cela donne une farine qu'on mélange à celle du mil pour faire le sarabou.

Toujours en temps de famine, les femmes en cueillent aussi les feuilles et les font bouillir. On mélange avec un peu de farine de mil, on ajoute du sel et l'on mange. C'est d'avril à juillet que l'on cueille ces feuilles.

Ajoutons aux arbres que nous venons de voir, qui fournissent principalement leurs fruits, ceux qui fournissent principalement leurs feuilles et ceux qui fournissent principalement leurs fleurs.

Le konkouira (nom mossi, n'zéré en bambara, en malinké et en ouassoulonké) fournit ses feuilles. Quand il y a famine, les femmes cueillent celles-ci pour la consommation. On peut le faire au commencement de la saison des pluies, depuis fin mai jusqu'à fin juin. On les fait bouillir telles quelles, puis, après les avoir sorties du canari, on les presse pour en exprimer l'eau. Ensuite on les remet cuire avec un peu de farine de mil et on les mange comme cela.

On ne connaît pas ici la cuisson des boules de feuilles de konkouira à l'étuvée telle qu'on la pratique chez les Mossis de Ouagadougou (Voir mon *Noir du Soudan. Pays mossi et gourounsi*, p. 507).

Les feuilles de konkouira donnent le hoquet.

On utilise aussi les feuilles du rikou, même nom en foulsé. C'est le soro ou n'soro des Bambaras, Malinkés et Ouassoulonkés, le ganko des Peuls, sans doute le micocoulier.

C'est un arbre presque aussi grand et aussi fort que le cailcédrat. Il y en a une assez grande quantité au Yatenga. Les fruits en sont tout petits, plus petits que de petits grains de raisin, et l'on n'en fait rien. En revanche les femmes, qu'il y ait famine ou non, en cueillent les feuilles (juin et juillet) pour les mettre dans les sauces. Elles les font sécher au soleil, puis les pilent et en font une poudre qu'on utilise pour celles-ci.

Parmi les arbres fournissant avant tout leurs fleurs à l'alimentation, citons d'abord et en première ligne le kapokier (*Bombax buonopozense*) appelé ici vâka ou vôka, vâga ou vôga (au pluriel vôsé) comme à Ouagadougou. C'est le lômporo des Foulsés (lômpoli au pl.), le boumou des Bambaras et des Malinkés, le bouhou des Ouassoulonkés, le vôgadié des Peuls du Yatenga, ce qui est le mot mossi à peine transformé, le lorongui des Soussous. C'est un arbre répandu dans le Yatenga comme dans toute l'Afrique occidentale, surtout dans le sud du cercle, mais par peuplements assez lâches. Il est puissant, un peu plus gros et surtout plus haut que le karité, et dresse vers le ciel ses branches coudées et droites en forme de candélabres. Le tronc est généralement épineux et on ne rencontre au Yatenga que fort peu de kapokiers à écorce lisse.

Le kapokier porte des fleurs rouges caractéristiques ressemblant à des tulipes (ce qui lui a fait donner quelquefois le nom de tulipier, fromager à fleurs rouges, etc.). Il les porte en décembre et en janvier. La feuillaison a lieu au commencement de l'hivernage (mai et juin). Quant aux gousses elles sont mûres au commencement du mois de mars. Elles sont d'une forme ovoïde allongée, plus longues et moins grosses qu'un œuf, de couleur brune ou marron avec des points jaunes irréguliers. La segmentation est régulière en longueur de la coque. La longueur est de 8 ou 10 centimètres. La grosseur est celle d'un œuf ou un peu inférieure; le placenta est blanchâtre, très mince et devient sec quand la gousse est mûre. Les grains sont noirâtres, noyés dans la bourre, difficiles à dégager et contiennent eux-mêmes une substance blanchâtre et visqueuse. La bourre est blanche, très belle, soyeuse, argentée, adhérente au toucher, fortement comprimée dans la coque et donne, quand on la retire, une quantité de soie plus grande qu'on n'aurait pu le soupçonner.

Ce sont les fleurs rouges du kapokier que les femmes du Yatenga, comme les autres Soudanaises, utilisent. Elles les cueillent à l'époque de la floraison, les font sécher et les mettent ensuite dans leurs sauces.

Elles cueillent aussi les gousses quand ces gousses sont tout petites et n'ont pas encore eu le temps de produire leurs fils de soie intérieurs. Elles les pilent et les réduisent en une poudre qu'on met dans les sauces.

Quant à la soie des gousses développées, quant au kapok lui-même, si prisé des Européens, les Yarsés et les Maransés du Yatenga et les Mossis qui font les dioulas le récoltent et le mettent dans des sacs pour en faire des oreillers, et surtout des coussins pour les bœufs porteurs et pour les ânes, pour que leurs charges ne les blessent pas. Du reste le kapok ne donne lieu à aucun commerce. Les indigènes qui veulent des gousses vont les récolter eux-mêmes sur les arbres. Le kapok ne possède aucune valeur marchande dans le Yatenga.

Enfin les forgerons font avec les branches du kapokier des bâtonnets pour remuer le sarabou quand il cuit. On n'utilise pas autrement le bois du kapokier trop tendre et trop léger.

On utilise aussi les fleurs du pempéréga ou péperga (au pl. pempérésé ou pépersé), appelé de même en foulsé, diangora ou diangoré en bambara, diémangora en malinké et en ouassoulonké, arbre moyen qui est répandu ici. Les femmes du Yatenga en cueillent (en juin-juillet) les fleurs pour leurs sauces.

Tels sont les arbres dont on utilise plus ou moins les fruits, les feuilles ou les fleurs.

Passons maintenant à la récolte des céréales sauvages. Elles ne servent guère qu'en temps de famine.

Il y a d'abord la céréale sauvage qu'on appelle ouandé dans tout le

Mossi (kôna, en prononçant du nez, en foulsé). C'est le n'tégélé des Bambaras, des Malinkés et des Ouassoulonkés. C'est une herbe à épi formant étoile, très jolie.

Au point de vue scientifique c'est probablement le faux fonio, *Paspalum scrobiculatum* ou *Eleusine indica*.

Il y a beaucoup de ouandé au Yatenga : cette herbe pousse partout, sur le ferrugineux, le sable, dans les terrains humides, etc. Dès fin août et pendant tout le mois de septembre on peut la récolter.

En temps de famine, les femmes en extraient les minuscules graines. On coupe l'herbe et on pile les épis une fois séparés de la tige et séchés au soleil. Les grains, infinitésimaux, sortent. Quelques femmes ont la constance de les écraser pour en faire de la farine. Les autres font cuire simplement ces grains comme du fonio.

Le ouandé est bon pour les chevaux pour lesquels il peut remplacer jusqu'à un certain point le mil. Il est bon aussi pour tous les bestiaux en général.

Citons ensuite le kôla ou gôla (ainsi appelé dans tout le Mossi et chez les Foulsés). C'est le dyadié des Bambaras, Malinkés et Ouassoulonkés, le paguiri des Peuls du Macina, le ghaïsi des Songhays.

Le dyadié est une herbe très jolie, répandue dans tout le Yatenga. On dirait, un peu, du mouron.

En temps de famine les femmes l'utilisent pour ses graines quoique extra-minuscules. On en récolte les épis, on les fait sécher et on les pile. Les graines sont un peu plus fortes que celles du ouandé. On les réduit en farine ou bien on les fait cuire telles quelles.

On coupe cette herbe pour les chevaux et du reste elle est consommée sur pied par tous les bestiaux.

Citons ensuite l'herbe qu'on appelle koussouga à Ouagadougou, koussougo chez les Mossis du Yatenga et en foulsé.

C'est l'herbe classique à tige moyenne, à épi unique bien fourni. Elle atteint sa maturité au mois de septembre.

En temps de famine les femmes la cueillent pour en extraire les graines et les consommer. C'est également un bon fourrage pour les bestiaux, chevaux, etc. On la coupe pour l'apporter à ces derniers.

Citons encore le kalanianga ou karnianga (ainsi appelé chez les Mossis de Ouagadougou), le kalaniango ou karniango (ainsi appelé chez les Mossis du Yatenga et chez les Foulsés). C'est le sa ou sabi (herbe du serpent) des Bambaras, le sien des Malinkés et des Ouassoulonkés.

C'est une grande herbe puissante qui atteint 1 mètre de haut au moins en tous les endroits, et 2 mètres sur le bord des marigots et dans les emplacements humides. Elle a sa maturité en septembre.

Au Yatenga, il n'y en a pas beaucoup, à cause du manque relatif d'humidité, mais il y en a pourtant.

Les femmes utilisent ses graines pour la nourriture pendant la famine.

Ces graines sont un peu plus fortes, un peu moins microscopiques que celles des autres graminées.

Les bestiaux consomment cette herbe dans la brousse, on la coupe aussi pour la donner aux chevaux, et elle est aussi bonne pour eux, paraît-il, que le mil.

Les habitants du Yatenga et ceux de Ouagadougou (au moins un certain nombre d'entre eux) dépiquent cette herbe en août, quand elle est encore petite et vont la repiquer dans leurs champs de mil, entre les pieds du mil. On fait ce dépiquage et ce repiquage au moment du premier sarclage du mil, quand celui-ci a atteint 20 centimètres de haut environ. Cette espèce de demi-culture n'est pas faite en vue de l'alimentation humaine (du moins en temps normal) mais en vue de l'alimentation chevaline. C'est en effet l'habitude de donner du karnianga aux chevaux dès la première quinzaine de septembre, puis ensuite le kipéléga, mil spécial hâtif dont nous avons parlé à la Culture, généralement mûr vers le 1er octobre, puis enfin le mil ordinaire (gros mil blanc) mûr au 15 novembre environ (1).

Citons encore le penkiliga (ainsi appelé au Yatenga et à Ouagadougou, pengui en foulsé). C'est une petite herbe de 10 à 15 centimètres poussant en touffes serrées. En temps de famine on la cueille et on en utilise les graines pour la consommation, de la même manière que pour les plantes précédentes. On la cueille aussi pour les chevaux et tous les bestiaux la broutent dans la brousse.

Citons encore le danzougouro (nom mossi du Yatenga, ouanzougouré en foulsé). On en utilise les graines en cas de famine comme pour les plantes précédentes. C'est également une bonne herbe pour les bestiaux.

Après les céréales sauvages, disons un mot des petites plantes que l'on peut manger, tige et feuilles, hachées et bouillies, ou bien qu'on peut manger en salade.

Il faut citer d'abord le kénébédo ou kénibédo (2), petite plante bien découpée en forme de trèfle à cinq feuilles. Les feuilles sont duveteuses au toucher et la plante tout entière exhale une odeur pénétrante et aromatique. Elle peut atteindre jusqu'à 40 centimètres de haut et même plus. Elle ne pousse que pendant la saison des pluies et même au plus fort de la saison des pluies : en juillet, août et septembre.

Quelques femmes déplantent des pieds de kénébédo dans la brousse et les replantent au milieu du maïs.

Le kénébédo est très apprécié ici et peut être mangé même par les chefs. On l'utilise donc en dehors des temps de famine mais encore plus.

---

(1) Dans mon *Noir du Soudan*, j'ai parlé du karnianga, p. 477 et 478. Ce que j'en ai dit est exact mais, page 508, je me suis trompé ensuite en assimilant le silikoré au « kalanianga » qui n'est pas autre chose que le karnianga décrit précédemment. Le silikoré qui est un petit arbuste n'a aucun rapport avec cette superbe graminée.

(2) Voir mon *Noir du Soudan*, p. 511.

naturellement, quand la famine existe. On le hache en entier et on le fait bouillir. On ne le mange pas en salade.

Citons ensuite le siliniaga (nom mossi) qui s'appelle en bambara moussokoroningolo, c'est-à-dire peau de la vieille petite femme. C'est une petite plante de 10 à 20 centimètres de haut, épineuse, avec de toutes petites feuilles. Elle pousse en même temps que le kénébédo au moment le plus fort de la saison des pluies. Les Mossis du Yatenga (comme ceux de Ouagadougou) la hachent et la font bouillir. On s'en sert ordinairement, en dehors des temps de famine. Les Bambaras, les Malinkés, les Ouassoulonkés connaissent cette plante mais ne la mangent pas.

Citons ensuite le guilibi ou zilibi (n'boro ou boron en mandé). Ce sont les épinards nègres. Cette plante est une amaranthacée, de 50 centimètres de haut environ. Elle pousse au Yatenga pendant la saison des pluies. On se contente de la cueillir ici, tandis qu'en d'autres endroits de l'Afrique occidentale (par exemple en pays malinké) on la cultive, en dehors de la cueillette. Le zilibi se mange de tout temps. On en prend les feuilles (les feuilles seulement). On les hache et on les fait bouillir. Le zilibi se mange nature ou bien en y ajoutant de la farine de mil. On en utilise encore les feuilles dans les sauces.

Il y a deux sortes de guilibi : le guilibi à tige rouge et le guilibi à tige blanche, celui-ci beaucoup plus apprécié que le premier qui l'est peu. Néanmoins on mange les deux espèces au Yatenga comme en pays mandé.

Citons encore le sougouda (n'zirou ou n'zélou en bambara, malinké et ouassoulonké). Cette plante qui atteint 1 mètre ou 1 m. 50 de haut a les feuilles comme celles de notre luzerne, oblongues, à bout renflé. Elle répand une bonne odeur caractéristique de verdure et de sureau. On ne mange pas la plante tout entière, mais seulement les feuilles qu'on hache et qu'on utilise dans les sauces. On en fait aussi des plats à part en les mélangeant avec de la farine de mil.

Chez les Bambaras, Malinkés et Ouassoulonkés, on utilise seulement pour les sauces les feuilles du n'zirou.

Citons encore le boulouvaka (n'sobon en bambara, malinké, ouassoulonké). C'est une malvacée de 1 mètre de haut, à fleurs roses, poussant toujours à côté de l'eau ou dans les endroits très humides. La plante se rencontre depuis le commencement de la saison des pluies jusqu'en octobre. On n'en trouve pas pendant la saison sèche. Les feuilles du boulouvaka sont caractéristiques : elles ressemblent à celles de l'ortie et en ont la grandeur. Elles sont striées, possèdent la forme d'un long et large fer de lance et sont très pointues. Au toucher elles sont duveteuses sans cependant être piquantes. La tige est verte et tire sur le rouge quand elle se développe. La feuille et la tige sont poisseuses quand on les déchire. On utilise les feuilles dans la confection des sauces.

Chez les Bambaras, Malinkés et Ouassoulonkés, l'écorce sert à faire des cordes. Ici il n'en est pas de même.

Au Yatenga comme à Ouagadougou on utilise la tige du boulouvaka pour la fabrication des corbeilles mossi.

Le pourpier existe ici. On l'appelle kôndakam en mossi, ce qui veut dire graisse de crapaud (de kam = graisse et konda = crapaud). Les Foulsés disent panénonga ce qui veut dire la même chose de nonga = graissse et pané = crapaud. Il pousse ici en grande abondance pendant l'hivernage, comme dans tout le reste du Soudan. C'est une excellente salade pour les Européens. Même les Bambaras, Malinkés, Ouassoulonkés, Toucouleurs l'utilisent de cette manière, mais les Mossis et les Foulsés n'en font rien du tout, et même, chose surprenante, ne mangent même pas le pourpier en temps de famine.

Passons maintenant aux champignons et aux mousses. Les mousses ne sont pas utilisées, encore qu'il en existe un grand nombre, mais il y a plusieurs sortes de champignons. Nous pouvons en compter cinq :

1° Les champignons blancs comestibles. Ils poussent en grande quantité dans la brousse, sur les routes, dans les champs, pendant l'hivernage. Ils sont en forme d'ombrelle un peu abaissée, de voûte un peu tombante. Ils sont blancs avec de jolies taches brunes en gouttes sur le haut du chapeau. La partie inférieure de celui-ci est entièrement blanche ainsi que la tige et que la chair même du champignon. Cette espèce est délicieuse et rappelle nos meilleurs champignons de France. On appelle ces champignons goûngou (au pluriel goûdou) (1).

2° Les champignons blancs en forme d'ombrelle fermée, de massue allongée. On les appelle zaloufo au singulier, zalom ou zaloum au pluriel. Comme les précédents ils poussent aux grosses pluies de l'hivernage (juillet, août, septembre) sur les routes et dans la brousse. Ils sont rugueux, d'un blanc sale et offrent des espèces de larmes grises sur l'extérieur de leur chapeau massue. La surface intérieure de celle-ci est noire. La chair du champignon est blanche. Ces champignons sont vénéneux et par conséquent ne peuvent se manger.

3° Les champignons rouges. Ceux-ci poussent dans les anciens champs de mil, tout à fait au commencement de la saison des pluies et tout à fait à la fin. Ils sont comestibles comme les champignons blancs ouverts. On les appelle pidibilingo (au pl. pidibilindou).

4° Enfin il y a les champignons qui poussent sur les arbres, tigagoungou (au pl. tigagoûdou) et qui ne se mangent pas.

Ce sont les femmes qui vont récolter les champignons dans la brousse. Les hommes auraient honte de le faire. Ils poussent plus abondamment aux endroits fumés par les troupeaux des Peuls.

Les femmes du Yatenga ne font que des sauces avec les champignons.

---

(1) Les espèces que j'ai distinguées dans mon *Noir du Soudan* (p. 509 et 510) chez les Mossis de Ouagadougou sous les noms de champignons de termitière et de champignons de la paille appartiennent à l'espèce que je décris ici.

Elles n'en font pas de plat à part. On les mange soit frais, soit séchés. Frais, on les coupe en morceaux et on les fait cuire avec la sauce. Si l'on veut les conserver, on les coupe également en morceaux et on les expose pendant deux ou trois jours au soleil. On les met dans un canari et on les prend quand on en a besoin.

Les habitants du Yatenga aiment les champignons et la sauce aux champignons.

Les noirs ne savent pas planter et faire pousser les champignons. Ils disent que n'ayant pas de graines on ne sait comment les faire pousser.

Passons maintenant aux racines et tubercules. Nous citerons d'abord le sendo (prononcez senn'do), même nom en foulsé, m'fyé en mandé (1).

Le sendo est une espèce de grosse pomme de terre aqueuse, à la chair jaunâtre qu'on trouve dans tout le Soudan. C'est une Céropégia de la famille des Asclépiadées. On en connaît au Yatenga trois variétés :
1° le sendo ordinaire ;
2° le sendo-mogo (ou sendo-homme) ;
3° le liouli-sendo (ou sendo des oiseaux).

Ces trois variétés se retrouvent dans le pays mandé où on les appelle :
1° m'fyé-mousso (ou m'fyé femme) ;
2° m'fyé-nké (ou m'fyé homme) ;
3° m'fyé-dion (ou m'fyé esclave).

La meilleure variété est la première ; la seconde vient ensuite, au point de vue de la qualité. Enfin le liouli-sendo ou m'fyé-dion est la plus petite variété et la moins bonne. Cependant on la mange tout de même.

Le sendo est une précieuse ressource en tout temps pour les Mossis du Yatenga, mais surtout en temps de famine. Au printemps 1914, on en apportait de grandes quantités aux marchés de Goursi et de Lankoy. Et ce qu'il y a d'heureux, c'est que ce tubercule pousse toute l'année, surtout dans les terrains humides.

Le sendo remplit le ventre et ne fait aucun mal. Mais il ne donne pas de force.

Après le sendo, citons l'igname sauvage ou igname de brousse (ouéougo-niounian en mossi, gniambi en bambara) qui se trouve en petite quantité dans le Yatenga. L'igname de brousse n'est mûre et développée que

(1) Je déclare une fois pour toutes que j'emploie dans ces pages le terme mandé comme synonyme de bambara, malinké et ouassoulonké. Ce n'est pas à dire qu'il n'y ait pas d'autres Mandés et parlant tout à fait la même langue que les précédents (sauf les petites différences insignifiantes que l'on peut trouver entre les Bambaras et les Malinkés eux-mêmes), les Khassonkés par exemple et les Dyoulas ou Mandé-Dyoulas. Cependant, n'ayant pas pu vérifier pour ceux-ci tel détail que j'affirme à coup sûr pour les Bambaras, Malinkés et Ouassoulonkés, je m'abstiens de les comprendre dans l'extension que je donne ici au mot mandé. Enfin il y a des Mandés, les Sôninkés ou Saracolets d'une part, les Soussous ou Diallonkés de l'autre, qui sont bien des Mandés mais qui ont une langue à part de la langue commune aux Mandés précédemment nommés. Il est évident que pour ceux-ci, Sôninkés et Soussous, le détail linguistique que je donne ne vaut aucunement, puisque la langue est autre.

pendant la saison sèche. On peut commencer à la chercher et à la manger fin septembre, et elle ne dure que jusqu'à l'hivernage suivant, les premières pluies faisant pourrir les tubercules qui restent. On la trouve dans les endroits fertiles, où il y a beaucoup de végétation, de grands arbres, etc.

Nous en venons maintenant à des tubercules plus ou moins vénéneux qu'on n'utilise qu'en temps de famine et qu'on est obligé de soumettre à des préparations spéciales pour les rendre inoffensifs.

Citons d'abord le sébéré (au pl. séba) (1).

Le sébéré est une petite racine noire qui peut atteindre vingt centimètres de long et qui est en forme de massue, le gros bout dirigé vers le bas. De petits cercles grisâtres, de menues rides entourent la racine à l'extérieur. A l'intérieur elle est blanc-grisâtre avec de petits points noirs çà et là. Quant aux feuilles, ce sont des feuilles gigantesques d'aulx ou, si l'on aime mieux, des feuilles de petits joncs.

On déterre cette racine, on la coupe en morceaux qu'on met dans l'eau. On laisse macérer jusqu'au soir et on jette l'eau. On renouvelle celle-ci et on la jette au matin. On continue ce système pendant quatre jours, puis on fait sécher les morceaux de sébéré. On fait bouillir soit nature, soit en ajoutant un peu de farine de mil, si l'on en a. Même nature, c'est meilleur que la racine dont nous allons parler maintenant, meilleur que le vidibiri car celui-ci, si on le mange cru vous empoisonne, tandis que le sébéré ne le fait pas.

Le vidibiri (2) (vidiba ou vidibo au pluriel) est encore une racine vénéneuse et même ultra-vénéneuse, mais elle est fort différente du sébéré. Les feuilles sont larges, pointues, triangulaires. La racine se compose de beaucoup de filaments blancs, incomestibles formant perruque, qui sortent d'un petit tubercule rond, rabougri, tordu, composé de côtes mal jointes et faciles à séparer à la main. La chair est blanche, un peu verdâtre ou bleuâtre par endroits quand on vient de déterrer le vidibiri. Au bout de quelques heures elle devient d'un beau jaune clair.

Pour manger le vidibiri, on le soumet à la préparation suivante : on commence par gratter le tubercule autant que faire se peut, puis on le coupe en petits morceaux et on le fait bouillir pendant une heure environ, puis on le verse dans l'eau bouillante où on a mis préalablement des cendres de tiges de mil. On attend que l'eau soit refroidie et on peut manger. La préparation est donc beaucoup moins longue que pour le sébéré. Naturellement on ne mange le vidibiri qu'en cas de famine.

Il y a beaucoup de vidiba au Yatenga.

Il y a encore d'autres tubercules de ce genre qu'on ne mange qu'en cas

(1) J'en ai parlé dans mon *Noir du Soudan*, page 510, en le désignant par le pluriel de son nom.
(2) Je l'ai décrit sous le nom de vidiba, p. 510 de mon *Noir du Soudan*. Ce n'est pas une espèce d'oignon, comme je l'ai dit, mais plutôt une espèce de navet.

de famine : le louré (au pl. louya). C'est un tubercule de forme arrondie qui pour le reste ressemble au sendo. Il y en a assez dans la brousse. Le yaemdé (yaéma ou yaïma au pl.) qui ressemble au louré. On le fait dégorger pendant sept jours dans l'eau, en renouvelant l'eau tous les jours. Cela fait, il devient bon à manger. Si on le mange dans son état naturel il empoisonne.

Citons encore le salensanga (*Cyperus esculentus*, Cypéracées) qui existe dans le Yatenga et à Ouagadougou. Les enfants arrachent ces tubercules pour les manger.

Notons que le vidibiri, le sébéré, le louré, le yaemdé, le salensaga existent dans tout le reste du Soudan. On nomme ces tubercules, excepté le dernier, boua en bambara et baga en malinké et ouassoulonké, ce qui veut dire des poisons.

Après les tubercules de terre, passons aux tubercules aquatiques. Ils sont moins nombreux au Yatenga que les tubercules terrestres à cause du manque d'eau et on ne peut guère citer que les nénuphars. Ceux-ci viennent dans tous les marigots de l'hivernage. On les cueille, à cette époque, dans l'eau. Pendant la saison sèche, mais seulement quand il y a famine, on les déterre à coups de pioche, de souga, dans les terrains argileux formant le lit des marigots desséchés. Les dalles d'argile craquelée sont alors attaquées, retournées et fouillées consciencieusement.

Au Mossi, comme dans le pays mandé, on distingue deux espèces de nénuphars, au point de vue alimentaire. Ce sont le gouindé (au pl. gouina. C'est le n'gokou bambara) et le gouentoga (au pl. gouentosé ou gouentiousé). C'est le n'gokoudion bambara ou le n'gokou des esclaves. Du premier on peut manger la pomme et la racine, du second on ne peut manger que la pomme.

La pomme du nénuphar peut être mangée crue, du moins les graines de la pomme qui seules sont comestibles. Pour le tubercule que forme la racine, on le fait bouillir, on le pile et on le mange comme une pomme de terre.

La racine du nénuphar est meilleure, plus fortifiante que le sendo.

Nous en avons fini avec la Cueillette alimentaire. Il nous reste à dire un mot de la Cueillette non alimentaire. Celle-ci, comme nous l'avons vu plus haut, peut être divisée en quatre parties :

1º pour les bestiaux ;
2º médicinale ;
3º pour les poisons ;
4º industrielle.

La cueillette pour les bestiaux comprend un certain nombre d'herbes dont voici les principales :

1º Le soudounga (ainsi appelé dans tout le Mossi, chez les Foulsé dàsi). On l'appelle n'gasabi, c'est-à-dire « l'herbe n'gasa » chez les Bambaras, n'gasa simplement en malinké et en ouassoulonké.

Il y en a en grande quantité au Yatenga. C'est l'herbe la plus répandue : grande, haute, folle, formant un joli panache à la brise.

On la coupe pendant la saison sèche pour la donner aux chevaux et les bestiaux la mangent dans la brousse.

2° Le tiembogo (au pluriel tiembodo), ainsi nommée dans tout le Mossi et de même en foulsé, n'kolo ou n'koro en bambara, n'kolo en malinké et en ouassoulonké.

C'est une herbe assez répandue dans le Yatenga, de 1 mètre de haut environ, possédant un gros épi cotonneux qui a 15 centimètres de long et est épais et fourni en proportion. Les bestiaux et les chevaux mangent cet épi et la plante entière dans la brousse. On la coupe aussi pour la donner aux chevaux.

3° Le pita, ainsi appelé à Ouagadougou, appelé pitô chez les Mossis du Yatenga et les Foulsés, ouâ en bambara, ouaga en malinké et ouassoulonké. Il y a une certaine quantité de cette herbe ici. On la coupe à la fin de mai au bord des marigots. C'est une herbe très précoce qui commence à pousser là où il reste un peu d'eau. Les bestiaux la broutent et on la coupe pour les chevaux. On la délaisse pour le bangasâgâ.

4° Le bangasâgâ ou bangazâgâ, est une herbe aquatique qu'on appelle kômalo en bambara, malinké et ouassoulonké mot à mot riz du marigot. Ici, à cause du manque d'eau, il n'y en a pas beaucoup. On coupe cette herbe pour la donner aux chevaux au mois de juillet. Les mois suivants il y en a encore, mais on l'abandonne pour les herbes terrestres qui poussent alors partout et sont meilleures.

5° Le nièséma, herbe précose qui commence à pousser en juillet au Yatenga. On la coupe donc en même temps que la précédente. En septembre il y en a toujours, mais on la délaisse pour de meilleures herbes.

6° Le liousara ou lioûsaga. C'est l'abréviation de lioulisara, c'est-à-dire l'herbe de l'oiseau. Cette herbe a de petites branchettes, infiniment minuscules, très développées en longueur. Les bestiaux la mangent dans la brousse. On la coupe pour la donner aux chevaux.

7° Le tolentoéga, nom mossi de Ouagadougou, ténénité chez les Mossis du Yatenga et en foulsé, marakata en bambara, malinké et ouassoulonké. C'est une herbe bien connue en France, celle dont les petites feuilles effilées et tout en longueur forment comme une étroite petite lame de sabre pouvant couper légèrement la peau quand on la saisit entre les doigts sans précaution ou quand elle vous glisse entre les mains. La tige verte, toute petite, présente de petits nœuds. Cette herbe, qui a 10 ou 15 centimètres de haut en France, pousse ici couchée. Ses épis, qui sont des tiges excessivement minces, relativement longues, forment étoile, feu d'artifice, etc. Les bestiaux mangent cette herbe dans la brousse. On la coupe en septembre pour la donner aux chevaux.

8° Le damsa ou ramsa (1) (appelée ainsi dans tout le Mossi et de même

(1) Je l'ai appelé densa dans mon *Noir du Soudan*, p. 511.

en foulsé), est sans doute une légumineuse papilionacée. C'est la sotiga des Bambaras, c'est-à-dire l'arachide des chevaux, une des meilleures plantes pour eux (même nom en malinké et ouassoulonké). Il n'y en a pas beaucoup au Yatenga. On la coupe pour la donner aux chevaux verte ou sèche. C'est un régal pour les bestiaux dans la brousse.

9° Le rabiraga (ainsi appelé par les Mossis du Yatenga), youbenga à Ouagadougou (1). C'est une petite plante fourragère, une légumineuse papilionacée du genre du ramsa. On la coupe aussi pour la donner aux chevaux.

10° Le yamdibili (ainsi appelé par les Mossis du Yatenga et les Foulsés. guenguéré à Ouagadougou. sòkogo en bambara, malinké et ouassoulonké, c'est-à-dire sel du cheval). C'est une plante très curieuse avec ses feuilles effilées en forme de lance, d'autres plus petites mélangées aux petites graines aplaties, couleur vert-tendre, velues comme de petites punaises végétales et sentant fort. Il y a peu de yamdibili au Yatenga. Les bestiaux consomment cette plante dans la brousse. On la coupe aussi pour la donner aux chevaux verte ou sèche. Ce doit être, comme les précédentes, une légumineuse papilionacée.

11° Le zòura ou zònga, appelé ainsi dans tout le Mossi et de même en foulsé. C'est une espèce de petite légumineuse à fleurs jaunes qui n'est mangée ni par les bestiaux, ni par les chevaux mais qui a la propriété de constituer une espèce de savon naturel. On utilise au Yatenga cette propriété en frottant les chevaux avec cette plante trempée dans l'eau. C'est comme si on les lavait au savon.

Le zòura se dit kolosafné ou kolosafané en bambara, malinké et ouassoulonké, ce qui signifie « le savon du marigot ».

La Cueillette médicinale nous fait revenir des plantes aux arbres. Citons d'abord le caïlcédrat (*Khaya senegalensis*, faux acajou ou acajou du Sénégal, kouka en mossi, kaïl en yolof, diala en bambara, malinké et ouassoulonké). C'est un des plus beaux arbres du Yatenga, comme du Mossi, comme de tout le Soudan, le plus beau après le fromager et le baobab. Il est aussi haut que ces deux derniers, plus haut même que le baobab, mais beaucoup moins gros la plupart du temps (J'en ai vu pourtant des spécimens merveilleux, même au point de vue grosseur, dans l'est du cercle, dans le canton du Ratenga).

Ici, comme dans tout le Soudan, c'est l'arbre médicinal par excellence.

Voici ses différents usages :

1° Quand les indigènes ont la fièvre, ils prennent l'écorce du caïlcédrat, la font bouillir, se lavent avec la décoction et en boivent. C'est un fébrifuge renommé.

2° Quand un cheval a une plaie, on pile l'écorce du caïlcédrat, on la réduit en poudre et on fait sécher celle-ci au soleil. Quand elle est sèche,

(1) Signalée dans mon *Noir du Soudan*, p. 511.

on la dépose par pincées sur la plaie. Au bout de huit jours, le cheval est guéri.

3° Quand un cheval a des coliques, on fait bouillir l'écorce et on lui donne cette eau à boire. Elle arrête les coliques. Cependant il ne faut pas en donner trop, car cela finirait par faire périr l'animal.

4° Les femmes brûlent les gousses du caïlcédrat pour en faire du savon.

5° L'écorce du caïlcédrat sert pour le tannage des peaux.

6° Enfin les forgerons font des planches avec le tronc.

Ajoutons encore que les Peuls du Yatenga coupent les feuilles du caïlcédrat pendant la saison sèche, alors qu'il n'y a plus d'herbe, et les font manger par leurs troupeaux.

Après le caïlcédrat il faut citer l'osier africain (*Mitragyne africana*, rubiacée, d'après M. Pobéguin, ouvrage cité, p. 51). C'est l'iliga (au pluriel ilisé) des Mossis du Yatenga et de Ouagadougou et des Foulsés, le diou ou n'diou des Bambaras, Malinkés et Ouassoulonkés, le kol des Peuls. Cet osier, qu'on trouve dans le lit de tous les marigots, a le tronc court et puissant mais non compact, composé au contraire d'un grand nombre de parties. De petites branches, des baguettes flexibles partent de ce tronc dans toutes les directions. Les feuilles sont médiocrement nombreuses. Ce sont elles qu'on utilise ici et non l'osier même. On les fait bouillir quand on a la fièvre, on boit un peu de cette décoction et on se lave avec le reste de l'eau.

Citons encore le kombourisaka (1) (ainsi appelé en mossi et en foulsé, sindia en bambara, malinké et ouassoulonké, sindiaé en peuhl, bangboua en soussou). C'est un grand arbuste portant des grappes de fleurs jaunes et aussi de longues gousses de 50 à 60 centimètres de long. Il est fort répandu au Yatenga. Les racines servent pour le mal de ventre et la blennorrhagie. On fait bouillir, on boit un peu de la potion ainsi obtenue et on se lave avec le reste. Le kombourisaka est donc utilisé au point de vue médical.

Le niouniougo-niougou, idem en foulsé, sou-kola en bambara, malinké et ouassoulonké, c'est-à-dire qui lave les cadavres, est une plante à odeur forte (genre rue, dit M. Pobéguin). Au Yatenga on n'en lave pas les cadavres, mais, après avoir fait bouillir cette petite plante, on lave avec la potion ainsi obtenue les malades pour les guérir.

Le tengarékienga (au pl. tengarékiensé) s'appelle ainsi dans tout le Mossi et de même en foulsé. En malinké on dit fara koulouti ou fara koulouté (l'arbre qui sort des rochers), en ouassoulonké farakouloukanki (même signification), en bambara kokaridyiri (l'arbre pour casser le dos). Ce petit arbuste, aux noms expressifs, a 1 mètre à 1 m. 50 de haut. Il pousse au milieu des pierres et son bois est fort dur. Au Yatenga on

(1) Légumineuse césalpinée : *Cassia sieberiana*.

n'utilise pas ce bois comme dans les pays mandés, mais l'arbre a un usage médical : quand quelqu'un est malade, sans que l'on sache de quelle maladie il est affecté, on cueille les feuilles du tengarékienga, on fait bouillir et on lave le malade avec cette eau.

Le pousoumpougou (pousoumpoudou au pl.), appelé ainsi dans tout le Mossi, de même par les Foulsés, fogomfogo ou vogomvogo en bambara, malinké et ouassoulonké, troumba ou touloumba en sôninké, est cette plante caractéristique (une euphorbiacée, je crois) qui atteint 1 m. 50 de haut, porte d'immenses feuilles vertes et, en fait de fruit, des espèces de petits ballons verts. Quand on déchire les feuilles il en sort du lait. C'est une plante vénéneuse ou tout au moins très caustique qu'on rencontre en très grande quantité dans la région de Nioro, de Niafonké, de Ouahigouya, de Ségou, etc. On se sert du lait de cette plante contre le ver de Guinée. On s'en sert aussi pour brûler les boutons des chevaux. Le pousoumpougou est également un excellent médicament contre la blennorrhagie : on fait bouillir ses racines dans l'eau et on boit la décoction qui brûle un peu et guérit l'écoulement.

A la cueillette pour les médicaments il faut joindre la cueillette pour les poisons.

Poison se dit zénéfo en mossi (au pl. zénem), boua en bambara, baga en malinké et en ouassoulonké.

La plus importante des plantes à poison au Yatenga est le yabôgo (ainsi nommé dans tout le Mossi, de même en foulsé. En bambara on dit kounaguiri, en malinké et en ouassoulonké kouna-iri, termes qui veulent dire la même chose : arbre à poison).

Le yabôgo est le *Strophantus hispidus*, qu'il ne faut pas confondre avec son cousin germain le *Strophantus sarmentosus* (kounalé en bambara, malinké et ouassoulonké, c'est-à-dire le petit poison, kounalé équivalant à kounani).

Ces deux arbustes se partagent l'Afrique occidentale.

Le *Strophantus hispidus* ou yobôgo est au Yatenga un produit de culture et régulièrement nous aurions dû le faire figurer à la Culture et non à la Cueillette. Il ne pousse pas en effet spontanément dans la brousse ici comme plus au sud. On le cultive autour des habitations, autour des champs de maïs. Quand un vieux yabôgo a laissé tomber des graines qui ont germé, on prend les petites plantes et on les repique autour des cases. Si c'est pendant la saison sèche qu'on fait cette opération, on a soin d'arroser tous les matins le jeune yabôgo. Si c'est pendant la saison des pluies, on s'en remet à l'eau du ciel. Au bout de trois ou quatre ans le *Strophantus hispidus* commence à donner des gousses.

On prend les gousses mûres, on les fait bouillir par exemple de 6 ou 7 heures du soir à 2 heures du matin. On verse la décoction dans une calebasse où elle refroidit. Elle forme une liqueur épaisse à laquelle on ajoute encore différents poisons provenant de petites plantes de la brousse et dans laquelle on trempe les pointes des flèches et les balles des fusils. C'est le grand poison du Yatenga.

La culture du *Strophantus hispidus* a beaucoup diminué depuis l'occupation française.

Pas plus que le *Strophantus hispidus* n'existe à l'état spontané dans la brousse du Yatenga, pas plus on n'y trouve le *Strophantus sarmentosus* qui demande plus d'humidité que n'en possède la contrée.

Le saumpiga, lui, est un produit de cueillette (on dit saumpiga dans tout le Mossi et de même chez les Foulsés). C'est le n'zitanabi bambara, malinké et ouassoulonké. C'est une plante d'un mètre de haut environ, portant des fleurs, assez répandue dans le pays. Les bestiaux se gardent d'y toucher. Le saumpiga sert à quelques-uns à faire du poison. On prend les racines qui sont petites, on les lave, on les fait bouillir soit avec des gousses de yabôgo, soit avec le nakamogo, insecte allongé et sec qui, au dire des indigènes, ferait mourir les bestiaux lorsque ceux-ci l'avalent par hasard.

Le poison donné par le saumpiga seul est lent à produire son effet. Aussi est-il nécessaire de le mélanger soit avec le yabôgo soit avec le nakamogo.

Le yaemdé (c'est son nom dans tout le Mossi et aussi chez les Foulsés du Yatenga), tubercule vénéneux dont nous avons parlé plus haut, qu'on appelle bouaba chez les Bambaras, bagaba chez les Malinkés et les Ouassoulonkés, ce qui veut dire grand poison, pourrait aussi fournir un poison végétal. En fait dans le Yatenga on ne l'utilise pas à ce point de vue.

Nous en arrivons maintenant à la Cueillette industrielle. Nous examinerons successivement les arbres et les plantes qui servent à la menuiserie, à la vannerie, à la corderie, au tannage, à la teinture, au charbonnage et à la parure. Commençons d'abord par les plantes et les arbres à menuiserie.

Pour les arbres à menuiserie nous pouvons citer :

1° Le noëga (nom mossi, *Pterocarpus erinaceus*, appelé vulgairement santal d'Afrique ou palissandre du Sénégal, gouénou ou goui en bambara, gouénou ou m'gouin en malinké, m'goné en ouasssoulonké, barrouhi en peulh, vène en yolof, n'goula au Gabon). Les forgerons du Yatenga en font des planches. Les Laobés (menuisiers et griots des Peuls) en font des calebasses ;

2° Le kiéga (nom mossi, n'guéléni ou n'gouéléni en bambara, n'guéléni tolomisé en malinké et en ouassoulonké, c'est-à-dire le petit n'guélé aux petites feuilles). Il est assez répandu au Yatenga. Les forgerons en font des portes, les Laobés des calebasses :

3° Le filinga ou vilinga ou encore le kodontabaga (noms mossis, appelé de même en foulsé). C'est le n'tontigui des Bambaras, Malinkés, Ouassoulonkés, c'est-à-dire le chef de l'amas, le chef de la termitière, parce qu'il croît généralement sur les termitières abandonnées. On l'appelle encore soungala-iri, l'arbre aux bâtonnets, à cause de son utilisation. C'est un arbuste à fleurs blanches qui se rencontre fréquemment au Yatenga. Les femmes, comme en pays mandé, en coupent les branches pour en faire des bâtonnets pour tourner le sarabou. Ces bâtonnets s'appellent filingas. Ce sont les sounkalas ou soungalas des Bambaras et des Malinkés ;

4° Le pépéléga ou péperga (au pluriel pépelsé, ou pépersé) avec le bois duquel les habitants du Yatenga fabriquent leurs arcs ;

5° Le guka (n'guélé en bambara) dont les habitants du Yatenga coupent les branchettes pour se faire des cure-dents ;

6° Le koundoulougou, avec le bois duquel on fait des tuyaux de pipe ;

7° Le tabaroukouraogo, arbuste dont le nom signifierait « bois de pipe ». Ce nom indique suffisamment quelle est son utilisation.

Pour la vannerie citons :

1° Le boulouvaka, plante dont nous avons parlé, poussant sur le bord des marigots ;

2° Le dana ou koïnga, du même genre ;

3° Le ouardaga ou ouardara : c'est le n'golobé des Bambaras, le bra des Malinkés et des Ouassoulonkés. Les gens du Yatenga s'en servent pour fabriquer les paniers à poissons et les cages à poules ;

4° Le kohouaya ou koroya, graminée très forte de la brousse, sorte de roseau appelée tyékala ou kongasa en bambara ;

5° Le doudouma, autre graminée ;

6° Le momfaogo (oua en bambara, ouaga en malinké et en ouassoulonké), grosse graminée de la brousse ;

7° Le laoudioudo (c'est-à-dire queue de rat, nom mossi. En bambara on dit : ouloukou, queue de chien) autre graminée.

Parmi les arbres et les plantes servant pour la corderie, citons :

1° Le bagandé (au pl. bagana), nom de l'arbre dans tout le Mossi, hargo en foulsé (hari au pluriel), niama en bambara, malinké, ouassoulonké, barkéhi en peuhl, légumineuse césalpinée, *Bauhinia reticulata*). Les habitants du Yatenga prennent l'écorce de cet arbuste excessivement abondant et qu'on rencontre à chaque pas dans la brousse du pays, pour en faire des cordes (Voir plus loin à l'Industrie). Quand il y a famine les femmes cueillent les gousses, les font sécher au soleil et les pilent. Cette opération fait sortir les graines qu'on fait bouillir et on les mange comme de petits haricots. D'autres écrasent ces graines, en font de la farine, y mélangent un peu de farine de mil et en font du sarabou.

2° Le soussoutouré (au pl. soussoutou), arbuste qu'on appelle n'tiligui ou n'diligui en bambara, goro en malinké et en ouassoulonké. Son écorce sert aussi à faire des cordes.

3° Le séménogo (au pl. sémendo) qui s'appelle ainsi en mossi comme en foulsé, fonagnan en bambara, malinké et ouassoulonké, anonacée genre uvaria non déterminé (1), est un arbuste assez répandu dans le Yatenga. Les habitants prennent l'écorce de l'arbre, la battent, en retirent les fibres et avec ces fibres fabriquent des cordes (voir à l'Industrie). Ce qui est curieux c'est qu'ils n'aiment pas les fruits de cet arbre, quoiqu'ils soient comestibles, et ne les mangent pas.

4° Le tansalaga (nom mossi), arbuste appelé en bambara nogonogo, nouanoua ou noansa, en malinké et en ouassoulonké nogonogo. Au Yatenga on utilise les fibres de l'écorce du tansalaga pour lier les corbeilles, les paillassons, les nattes, etc. C'est donc un arbre à corderie ou à vannerie. On fabrique aussi avec le bois du tansalaga les flèches des fuseaux.

5° Le kantoboga (nom mossi), n'goya en bambara, n'gogoba en malinké et en ouassoulonké, plante genre agave, sans doute la Sanseveria guineensis.

Parmi les arbres et les plantes à teinture citons :

1° Le kondéré ou kôdéré (au pl. kouda ou kôda) appelé ainsi dans tout le Mossi, de même en foulsé, ouolo en bambara, ouoro en malinké et en ouassoulonké. C'est un arbre à teinture jaune bien connu dans tout le Soudan. Au point de vue scientifique c'est une combrétacée, *Terminalia macroptera* ou une espèce de *Terminalia* non déterminée (voir Pobéguin, *op. cit.*, p. 40, 41 et 177). Dans le sud on en distingue deux espèces le ouoroba et le ouoroni (le grand et le petit ouoro). Au Yatenga c'est le ouoroni seul qui existe, mais il y en a beaucoup.

2° Le tsiga ou siga (tsisé ou sisé au pluriel). C'est une combrétacée (*Anogeissus leiocarpus*), n'kalama en bambara, kréquété en malinké et en ouassoulonké, kadioli en peuhl (2). Cet arbre, assez répandu dans le Yatenga fournit aussi de la teinture jaune. Les indigènes en font bouillir les feuilles pour obtenir cette teinture sur laquelle nous reviendrons à l'Industrie. De plus le bois du tziga est très dur et les termites ne peuvent l'attaquer. Aussi en utilise-t-on les branches pour les toitures des cases.

3° Le sousoga ou sosoga (au pl. sousé ou sosé), appelé ainsi dans tout le Mossi, de même par les Foulsés, en bambara et en malinké tiriba ou tiriban, en ouassoulonké tourouba ou tourouban, zarembacé en peuhl. Cette bixacée (*Cochlospermum tinctorium*) est une plante d'un mètre à 1 m. 50 de haut ayant comme fruit une grosse capsule ronde s'ouvrant en quatre. La graine est d'un noir brillant entouré d'une bourre soyeuse (Pobéguin, *op. cit.*, p. 163). Elle se trouve en grande quantité dans le Yatenga.

4° Le seïnfo ou sainfo. C'est une petite plante qui sert, comme la précédente, à donner de la teinture jaune. On en utilise pour cela les racines.

5° Le gòga ou gonga (au pl. gonsé). Cet épineux, appelé moni ou moni-

---

(1) Voir Pobéguin, ouvrage cité, p. 49.
(2) Mgr Bazin, *op. cit.*, p. 260, dit que le n'kalama est le *conocarpus biocarpa*.

son en bambara, malinké et ouassoulonké, est utilisé par les teinturiers qui le coupent, le font brûler et en mettent les cendres dans les bains d'indigo.

Parmi les arbres à tannage citons :

1° Le péguénéga (nom mossi, péguénésé au pl.), bagana ou barana en malinké et en ouassoulonké, bouana en bambara, gaoudi en peuhl, légumineuse mimosée. Les gousses en servent comme dans tout le Soudan au tannage des peaux. Elles sont cueillies, pilées, mises dans une grande calebasse pleine d'eau où l'on plonge les peaux à tanner (voir plus loin à l'Industrie).

D'après M. Pobéguin (*op. cit.*, p. 80) le barana ou bouana est un acacia non déterminé. D'après Mgr Bazin, *Dictionnaire bambara-français*, p. 87, c'est une variété d'acacia mimosa l'*Acacia arabica* ou *nilotica*. En fait les petites feuilles, disposées de même que dans l'acacia mimosa ordinaire, sont un peu plus courtes. Les fleurs sont de petites boules jaunes. Il y a beaucoup de péguénéga au Yatenga.

Comme arbre à charbon citons le kissinkindé (ainsi appelé dans tout le Mossi). Les forgerons coupent cet arbre pour fabriquer leur charbon de bois. Le kissinkindé se rencontre en assez grande quantité au Yatenga.

Citons encore le mouïraga (mouirasé au pluriel, appelé ainsi dans tout le Mossi et de même par les Foulsés, lérou en bambara, malinké et ouassoulonké). C'est une légumineuse papilionacée *(Erythryna senegalensis)* qu'on appelle généralement arbre à corail. Au Yatenga les jeunes filles en cueillent les graines pour s'en faire des colliers. C'est au mois de novembre que ces graines sont mûres.

Nous en avons fini avec la Cueillette industrielle et d'une façon générale avec la Cueillette au Yatenga (1).

Disons en terminant que l'arboriculture n'existe aucunement dans le pays. En fait d'arbres plantés on ne peut guère signaler que le doubalé (ainsi appelé en bambara et en malinké, ficus banyan ou ficus des pagodes, artocarpée ulmacée *(Dict. bambara-français* de Mgr Bazin, p. 139) appelée masamtiga, au pluriel masamtisé, par les Mossis du Yatenga, panpanga, au pluriel panpansé à Ouagadougou) que quelques Yarsés et quelques Maransés, peu nombreux du reste, plantent devant leur habitation, à cause de l'ombre que donne ce ficus extraordinairement vivace et qu'on rencontre partout dans le Soudan, au nord comme au sud. C'est là la seule et maigre manifestation d'arboriculture que l'on trouve dans tout le pays.

Passons à la Chasse et à la Pêche.

(1) Je renvoie à l'Appendice n° XII pour la description supplémentaire d'un certain nombre de plantes ou d'arbres qui existent au Yatenga et sont utiles à signaler, sans être cependant utilisées par les habitants du lieu.

CHAPITRE IV

LA CHASSE ET LA PÊCHE

Les Mossis et Foulsés du Yatenga font des chasses collectives à plusieurs villages au moment de la grande chaleur commençante (c'est-à-dire en mars). On se met à trois, quatre, cinq, dix villages pour ces opérations.

Il y a un chef de la chasse : c'est le chef des jeunes gens de l'un de ces villages. Il commence par offrir un sacrifice dans la brousse : un poulet, quelquefois une chèvre ou un mouton. Le sacrifice est offert à la Terre (tenga). Un tam-tam accompagne le chef de chasse et joue derrière lui pour avertir les populations de ce qui se prépare.

Le jour même du sacrifice on part pour la chasse. Chaque village se dirige vers un endroit fixé d'avance en poussant devant lui tous les animaux qu'il rencontre. Les chasseurs sont armés de l'arc ou du bâton, les fusils étant peu nombreux dans le Yatenga. La chasse dure toute une après-midi au cours de laquelle on tue des perdrix, des pintades, des lièvres, des biches.

Dans le Riziam, autour du Bama surtout, on trouve au cours de ces battues un peu plus d'animaux et plus gros (kobas par exemple).

Le chef de la chasse a droit au cou de chaque animal tué. Quand c'est le chef de village qui est le chef de la chasse on lui donne un gigot.

Actuellement on fait moins de ces battues qu'autrefois parce que le commerce, nécessité par l'impôt, et qui demande du temps (puisque c'est du colportage), emploie les jeunes gens et les empêche de se livrer à la chasse comme jadis. Ainsi la chasse, depuis l'occupation du pays par les Français, est en décadence.

A Ouahigouya même on ne chasse plus et il n'y a pas de chef de chasse. Pour en trouver il faut aller dans les petits villages qui environnent Ouahigouya.

En dehors des battues collectives dont nous venons de parler, les cultivateurs mossis et foulsés chassent individuellement, pour eux-mêmes, car il n'y a pas de chasseurs de métier dans le Yatenga, la faune y étant trop pauvre. Ils chassent les petites biches, les porc-épics, les hérissons, les rats de brousse, les lièvres, outardes, pintades, perdrix, etc.

A côté de cette petite chasse il y a les chasses primitives : pendant la saison sèche on voit quelquefois des Mossis ou des Foulsés parcourir rapidement la brousse, armés de branches feuillues avec lesquelles ils frappent le sol ou les buissons ou les feuilles des arbres. Ils chassent ainsi devant eux d'énormes sauterelles qui volent d'arbre en arbre et qui de guerre lasse finissent par se laisser abattre. On les met dans un sac pour la consommation. De même le soir, pendant la saison humide, quand une tornade a eu lieu pendant la journée, les habitants du Yatenga vont dans la brousse avec des torches pour recueillir les fourmis ailées qui sortent après les pluies. Nos chasseurs font un trou à côté d'eux et quand la lumière brûlante de la torche attire les insectes, ils sont précipités dans le trou avec accompagnement de terre. Quand le chasseur juge qu'il y en a assez, il enlève la terre, ramasse les fourmis, les met dans une corbeille ou dans une peau de bouc. Elles seront mangées fraîches ou sèches.

On attrape aussi à la main les grenouilles et les crapauds. On les dépouille et on les met tremper dans l'eau pendant 6 ou 9 heures. Puis on les en retire et on les fait sécher soit au soleil, soit à côté du feu. On s'en sert pour les sauces. On n'en fait pas de plats à part.

Pour la pêche, il n'y a pas, en général, d'organisations semblables à celle de la chasse, à cause du manque de marigots ayant toujours de l'eau et du manque par conséquent de poissons. Cependant quelques villages ont des chefs de pêche (Ramsa, Bama, Koungousi, Zimtenga, Tougo, Béma, Bongouré, etc.). Ce sont ceux qui sont situés autour du Bama ou auprès d'un marais dans le thalweg de la Volta Blanche car, ici et là, on trouve de ces petits étangs laissés en saison sèche par la Volta (ainsi à Ramsa, à Bougouré, à Tougo, à Tougouya, etc.). A Bougouré réside le chef de la pêche pour tout le Yatenga. Chaque année le moro-naba lui envoie un mouton ou un bœuf quand les pluies commencent (fin mai). Le chef de Bougouré fait alors faire la pêche par son village et les villages voisins qui ont de l'eau. Sur le produit de cette pêche il envoie quelques poissons vivants au moro-naba et aux ministres. Puis le chef de Bougouré et le chef du canton de Tougouya se servent et les pêcheurs prennent le reste.

A Ouahigouya, quand, en pleine saison des pluies, on apprend qu'il y a du poisson dans le marigot, chacun va pêcher avec son panier sans fond en forme de cloche percée d'une ouverture à la partie supérieure. On pose le panier au fond de l'eau et on emprisonne ainsi le poisson. Quand il y en a un de pris, on passe le bras par l'ouverture d'en haut et on le retire. Ces paniers s'appellent sougouré (souga au pluriel).

En définitive la pêche est exceptionnelle au Yatenga et la plupart des villages ne pêchent pas. Comme espèces de poissons on ne trouve guère que des silures (zimfou en mossi, zim au pluriel, manogo en bambara). Dans le Bama on trouve des anguilles, des poissons-chiens, bref diverses espèces de poissons, mais en dehors du Bama on est réduit à l'unique fouille-vase de l'Afrique occidentale.

Inutile de dire après cela qu'on ne trouve pas au Yatenga de pêcheurs de métier.

CHAPITRE V

L'INDUSTRIE

On peut décrire l'industrie d'un pays de deux manières différentes : ou bien on classe les métiers par ordre d'importance et on les décrit dans cet ordre (1). Ou bien on essaye de suivre l'ordre historique d'apparition des métiers et on a alors un classement tout autre. C'est ce dernier que je voudrais suivre ici. J'examinerai donc tour à tour :
1° l'industrie du bois dur ou souple (menuiserie, vannerie, etc.) ;
2° les textiles naturels (corderie, etc.) ;
3° l'argile ;
4° la pierre ;
5° les peaux (tannerie, etc.) ;
6° les textiles cultivés, tissage, couture, teinturerie, etc. ;
7° le métal.
Commençons par le travail du bois.

Il n'y a pas au Yatenga de travailleurs du bois proprement dits, dans le genre des koukoupersèbas que nous trouvons chez les Mossis de Ouagadougou, des vognésaras que nous trouvons dans le Gourounsi, des kouléous des Bambaras et des Laobés des Peuls (exception faite cependant pour la fabrication des selles de chevaux et des arcs). Comme chez les Malinkés et les Dialonkés, ce sont les forgerons qui font au Yatenga, le plus généralement, les objets en bois comme les objets en fer.

Ils fabriquent d'abord et avant tout (nous parlons seulement ici de leur travail du bois) les manches des différentes espèces de dabas ou de pioches que nous avons vues plus haut servir à la culture (valeur : 20 cauris). Ils font aussi les manches de haches pour le même prix. Ils fabriquent de petites chaises basses en bois avec un dos primitif en forme de cou et de tête de cheval. Ils font des tabourets, avec ou sans pieds, pour les femmes, valant 100 cauris, des portes de cases pour 1.000 cauris, des serrures primitives en bois, de petites fenêtres en bois pour les greniers à mil valant 100 cauris. Ils font les mortiers (toré en mossi au singulier, toya au pluriel) pour 1.000 cauris, les pilons (torobila ou torobilo au sing., tobio au plu-

---

(1) C'est ce que j'ai fait dans mon *Noir du Soudan*, pour l'industrie chez les Mossis de Ouagadougou, p. 512 à 536.

riel) pour 5o. Ces pilons sont du reste tout unis et n'offrent pas de sculptures comme certains pilons habbés et mandés.

Nos forgerons fabriquent aussi des sabots en bois, primitifs, composés d'une grosse lame en bois blanc épaisse de 20 centimètres et d'un système de ficelles ou d'attaches en cuir très souple où entre le pied. Ces sabots s'appellent karkaba (karkanamba au pl.). La paire vaut 200 cauris. Ils sont connus également chez les Bambaras, Malinkés, Ouassoulonkés. Les Bambaras les appellent sokourounis, les Malinkés et les Ouassoulonkés sosés, les Peuls padéleddés ce qui veut dire chaussures de bois, de leddé = bois et padé = chaussures. Les forgerons font aussi des cuillers en bois (daogo-soutourou) de 3o centimètres de long servant à la cuisine. En revanche ils ne fabriquent pas de calebasses en bois car les habitants du Yatenga ne s'en servent pas beaucoup et préfèrent les calebasses naturelles. Si l'on veut des premières on les achète aux Laobés peuls dont c'est une des grandes fabrications.

Ajoutons qu'en dehors des forgerons quelques Mossis et Foulsés savent ici travailler le bois, mais ce n'est pas un métier car ils ne travaillent que pour eux et pour leurs amis. Ils savent faire des manches de pioches, des chaises, des poupées en bois pour les enfants, etc. Beaucoup même de Mossis et de Foulsés du Yatenga savent fabriquer leurs manches de dabas, mais ils ne savent pas faire davantage.

Les selles en bois, nous l'avons dit, font l'objet d'une fabrication spéciale. Les Mossis et Foulsés qui les fabriquent font de la culture pendant l'hivernage et leurs selles pendant la saison sèche. Inutile de dire que c'est la culture qui est leur travail le plus productif. Selle en mossi se dit garé (gaya au pluriel). Les fabricants de ces selles s'appellent gapésa (au singulier et gapésédéba au pluriel). Ils fabriquent une selle pour 2 ou 3.000 cauris et la font toute entière, la partie en cuir comme la partie en bois. Le gapésa fabrique d'avance pour la vente au marché. Comme bois spécial il emploie celui du tamarinier ou du kapokier. A défaut de ces deux-là il prend le bois du n'pékou. La clientèle est nombreuse parmi les Mossis, au moins parmi les nakomsés et les chefs.

Notons qu'il y a aussi des gapésédébas dans le cercle de Ouagadougou.

La fabrication des arcs constitue également un métier à part. Il y a des gens qui en fabriquent pour eux-mêmes, mais il y en a aussi qui en fabriquent pour la vente. Ces derniers font de la culture pendant l'hivernage et font leurs arcs pendant la saison sèche. C'est naturellement leur culture qui leur rapporte le plus. Dans le Yatenga comme à Ouagadougou les fabricants d'arcs sont appelés tapésédas (tapésédébas au pl. Arc se dit tapo en mossi). On fabrique moins d'arcs maintenant dans le pays qu'on ne faisait jadis, parce qu'il n'y a plus de guerres. Un arc ordinaire vaut 5o cauris, un très bon arc 15o. Le bois de l'arc est en péperga et la corde est constituée par un mince filament de bambou. Les bambous, (au Yatenga il n'y en a pas), sont achetés 0 fr. 25 à des Mossis qui vont les chercher à Ouagadougou (où il y a déjà quelques bambous dans le sud) et surtout à Dédougou (où il y en a plus).

Les lits ne donnent pas lieu à une fabrication spéciale. En effet ces lits en bois primitifs que l'on trouve chez les Malinkés et les Bambaras (kalakas ou taras) n'existent pas au Yatenga. On couche sur des nattes ou sur des peaux de bœufs, celles-ci étant considérées comme meilleures. Les chefs ou les gens riches couchent sur des nattes spéciales venant de Tombouctou (1).

Les cure-dents (nimpéguéléga en mossi au singulier, nimpéguélésé au pluriel, guésé en mandé) ne donnent pas lieu non plus à l'existence d'un métier spécial. Chacun va chercher son cure-dents dans la brousse et le prend à certains arbres (par exemple au gaka, n'guélé en bambara).

Passons à la Vannerie.

Pour celle-ci nous distinguerons :
1° les corbeilles et vans ;
2° les nattes et les paillassons ;
3° les chapeaux en paille ;
4° les ruches et objets divers.

Les corbeilles (pégo ou péogo en mossi, péto au pluriel) sont fabriquées par les femmes pour elles-mêmes et pour la vente. Ce sont ces corbeilles quadrangulaires qui servent à transporter le mil ou à le donner aux chevaux. Elles s'appellent sagui en bambara, ségui en malinké et en ouassoulonké, bandéré en peuhl. Les femmes les portent au marché et les vendent 250 ou 300 cauris. Elles les font avec différentes pailles, différentes fibres et différents osiers. Pour la paille citons le tiékala (mot mandé, korouaya ou koroya en mossi), grande herbe récoltée dans la brousse et le doudouma autre graminée. Pour les fibres citons le boulouvaka, plante déjà citée poussant sur le bord des marigots. Les femmes prennent ces fibres et les trempent dans le bérédo pour les teindre en noir. Le boulouvaka est ainsi mélangé à la paille pour faire les corbeilles. On ne fait pas de corbeilles spéciales rien qu'en boulouvaka.

Le dana utilisé pour la vannerie à Ouagadougou est également connu ici où on l'appelle encore koïnga. Les femmes le prennent pour la confection des péto. On ne fait pas de paniers spéciaux avec le koïnga.

Les filaments de gousse de neré (semsédo) sont utilisés pour coudre les parties en bois flexible des corbeilles.

Les bords de celles-ci sont faits en osier d'iliga ou diou, arbre que nous connaissons. Les branches sont préalablement coupées en quatre. Quel-

---

(1) Ces nattes s'appellent débéré (déba au pluriel). On n'en fait pas au Yatenga. Ce sont les Yarsés qui les apportent de Tombouctou. Le débéré vaut 1.000 cauris. C'est la natte bordée de noir qu'on voit partout dans les bureaux européens. Il y a aussi des débérés plus beaux, en paille de couleur, valant 5 francs. On ne trouve pas beaucoup de ces derniers au Yatenga.

quefois toute l'armature du panier est en osier d'iliga assujetti par des brins très larges de chanvre du pays (berenga).

Les femmes du Yatenga avec ces divers éléments fabriquent aussi des corbeilles plus petites que les péto, les pégourounga (au pl. pégourounsé), très jolies, teintes de plusieurs couleurs. Celles-ci valent de 7 à 800 cauris l'une.

Pour teindre leur paille en noir, les femmes qui fabriquent les corbeilles la mettent dans la boue du marigot (bérédo ou béguédo).

Pour avoir des brins de paille rouges, elles choisissent, au moment de la récolte du mil, les tiges les plus rouges du gros mil rouge, les coupent et les emportent chez elles. Elles en extraient les brins de couleur rouge qui leur serviront à l'occasion. Nous verrons plus loin que les cordonniers, eux, se servent du mono (mil de teinture) dont nous avons parlé à la Culture, mais les femmes ne s'en servent pas.

Les vans en paille, qui servent soit à vanner les grains, soit à couvrir les calebasses, ne sont pas fabriqués par les femmes mais par les jeunes gens. On les appelle lépéré dans tout le Mossi, lépa au pluriel, léfé en bambara, bédou en peuhl (1). Les jeunes gens les fabriquent pour leur famille et pour la vente au marché. Ces vans et couvercles en paille ne sont pas aussi beaux que ceux de Ouagadougou mais ils sont très solides. Ils valent 100 cauris chacun.

Passons aux paillassons et aux nattes.

Il y a d'abord le paillasson dur, droit dans le bas, de forme arrondie dans le haut que l'on place contre les portes pour les boucher, au moins à moitié. Ce paillasson s'appelle daganorépiri ou daranorépiri (au pl. daranorépiya), en mossi, c'est-à-dire le paillasson pour fermer la porte. C'est le tiékaladila des Bambaras (mot à mot paillasson ou natte en tiékala) qu'on appelle encore datougoula (bouchon, couvercle) parce qu'il bouche les portes. Il est fait avec la paille koroya. Le daganorépiri vaut 100 cauris.

Ce sont les hommes, au Yatenga, qui le fabriquent soit pour eux-mêmes, soit pour la vente au marché.

Le daranorépiri est en petits brins de paille tressés en ligne brisée. Le bord supérieur est fait de larges brins d'écorce du tensalaga et le bas est aussi tenu par deux lignes de brins d'écorce du même arbuste.

Citons ensuite le piri (au pl. piya), appelé ainsi dans tout le Mossi. Le piri est le paillasson de deux ou trois mètres de long et d'un mètre de haut seulement fait en paille grossière et large tressée par courtes lignes brisées. C'est le kara des Bambaras, le karta des Malinkés et des Ouassoulonkés. Ce sont les hommes qui le fabriquent pour eux ou pour

---

(1) Dans mon *Noir du Soudan*, p. 526, je les ai assez mal désignés sous le nom de plats en paille, d'assiettes en paille. Il est vrai que les lépa en ont la forme, mais ils ne servent pas au même usage et c'est là l'essentiel.

la vente au marché. Il est fait avec une grosse graminée de la brousse appelée momfaogo en mossi (oua en bambara, ouaga en malinké et en ouassoulonké). Un piri de 1 m. 50 vaut 100 cauris, un piri de 3 mètres de long en vaut 200.

Citons encore le kourousamna ou koulousamné (au pl. kourousamnanamba ou koulousamnénamba), natte que l'on appelle en bambara dila ou dilali ou oulali.

Ces nattes sont faites avec des tiges de mil coupées en deux et aplaties, larges de deux ou trois centimètres, la plupart jaunes, quelques-unes teintes en rouge et tressées en ligne brisée. Le bord est également en tiges de mil coupées en brins peu épais renforcés d'écorce brune de tensalaga.

Une kourousamna vaut 200 cauris.

Ce sont les hommes qui fabriquent ces nattes soit pour eux-mêmes, soit pour la vente au marché. La fabrication des kourousamna, comme celle des piri et des daranorépiri, constitue une industrie très accessoire au travail de la culture.

Les Mossis et Foulsés du Yatenga ne fabriquent pas cette espèce de natte-persienne que l'on appelle en bambara fouladila (c'est-à-dire la natte des Peuls). Mais les Peuls du Yatenga la fabriquent et la vendent de 250 à 500 cauris. Elle est faite avec la paille koroya. Les tiges sont placées à un centimètre environ les unes des autres et reliées par une mince et coupante ficelle d'écorce de baobab. Quoique cette natte serve aux indigènes à s'asseoir, on peut s'en servir aussi comme d'un écran, suspendue verticalement, car elle brise très bien les rayons du soleil extérieur.

Après les nattes et paillassons passons aux chapeaux de paille. Il n'y a pas ici de fabricants de chapeaux de paille comme il y en a à Ouagadougou (Voir mon *Noir du Soudan*, p. 527 à 529) Ce sont les adolescents qui en font pour eux et pour ceux qui leur en demandent, car ils ne les vendent pas au marché. Un de ces chapeaux peut valoir 300 cauris : ils sont très grossiers, sans ornements en cuir, communs aux Mossis, aux Foulsés et aux Peuls mais très peu portés. C'est un chapeau pour ceux qui travaillent dans la brousse et les bergers.

Les ruches sont faites par les gens eux-mêmes qui désirent en avoir, on ne les vend pas au marché. Quand on en fait, on en fait généralement plusieurs et elles sont fabriquées avec une paille que les Mossis appellent laoudioudo dont nous avons parlé plus haut. Les ruches ne sont pas difficiles à faire. On apprend leur fabrication en famille ou bien d'un camarade. Au Yatenga elles ont généralement la forme d'une grosse bouteille épaisse à large goulot, au lieu d'être entièrement cylindriques comme dans la plus grande partie du Soudan. C'est le gros bout qui forme ouverture mais on le bouche avec un cylindre en paille dans lequel on a pratiqué un certain nombre de petits trous. Cependant la ruche absolument cylindrique n'est pas inconnue ici et est même fabriquée, mais il y en a beaucoup moins que du type précédent. On la bouche aux deux extrémités avec des cylindres en paille très solides, genre van.

Une fois la ruche faite, (et l'opération dont nous allons parler se pratique non seulement au Yatenga, mais encore dans les pays mandés et dans tout le Soudan, car, sans elle, il paraît que les abeilles ne s'installeraient pas dans les ruches) on prend dans la brousse les gousses du bagandé (niama) qui sont odoriférantes et de la bouse de vache sèche. On casse les gousses et on les mélange à la bouse de vache. On fait un trou en terre, on place dedans tout ceci, on l'allume, on prend les ruches et on les met tour à tour au-dessus du trou de façon à ce qu'elles s'imprègnent fortement de l'odeur de la gousse de niama. Au bout de 3 heures on les enlève, on les ferme à leurs extrémités avec les ronds en paille dont nous avons parlé et on les met sur les arbres.

Les cages à poule (pinpinga en mossi, pinpinsé au pluriel, sansara en bambara, malinké et ouassoulonké), qui servent au transport des poules et des poussins, ne sont pas vendues sur les marchés. Ceux qui en ont besoin les fabriquent eux-mêmes ou les commandent à quelqu'un qui sait les faire. Elles ne coûtent que 5o cauris. Ces cages sont allongées et quadrangulaires au Yatenga, de même que chez les Bambaras, tandis que chez les Malinkés et les Ouassoulonkés elles sont rondes.

Les paniers à pêche sont peu nombreux dans le Yatenga, nous le savons, sauf autour du lac Bama et dans un certain nombre de villages dont nous avons parlé plus haut. Nous avons dit qu'on les appelait sougouré, songa au pluriel. On les appelle sou en bambara, sousou en malinké et en ouassoulonké. On se sert de l'arbuste appelé ouardaga pour fabriquer ces paniers ainsi que les cages à poule.

Citons encore, comme ouvrages de vannerie, le téguédéga (au pluriel téguédésé), targo ou tarégo en peuhl. Ce sont des couronnes faites en paille d'herbe de brousse ou en paille de maïs qui servent à poser à terre les calebasses. Les Mossis de Ouagadougou les appellent sangara (sangada au pluriel).

Ajoutons que les hamacs ne sont pas connus au Yatenga.

Nous en avons fini avec la Vannerie. Passons maintenant à la Corderie.

Les Mossis et Foulsés ne font pas de ficelle, mais seulement de la corde (nouiri dans tout le Mossi, nouiya au pluriel, diourou en bambara, dioulou en malinké et en ouassoulonké). On en fait deux espèces : l'une, la moins grosse, sert à attacher soit des objets, soit le petit bétail (moutons, chèvres), la plus grosse sert à attacher le gros bétail (chevaux, bœufs, etc.).

La corde est fabriquée surtout par des aveugles qui la vendent au marché et qui ne font que cela. Elle est fabriquée aussi par divers autres gens pour qui cette fabrication ne constitue qu'un métier accessoire, très accessoire à la culture.

Les cordes sont faites en premier lieu en bérenga, chanvre indigène dont nous avons parlé à la Culture. On coupe les tiges en deux, on arrache les fibres superficielles, on les fait tremper dans l'eau, « rouir » pendant 7 ou 8 jours, puis on les enlève et on les fait sécher. C'est la meilleure manière de préparer ces fibres, celle qui donne les meilleures cordes. Quelques-uns les font sécher au soleil seulement sans auparavant les avoir mises dans l'eau. Une fois sèches, on les tord à la main autour d'un morceau de bois effilé et bien lisse. On fait ainsi un gros rouleau, puis, quand ce rouleau est terminé, on attache un bout du filament fait à un arbre, on s'éloigne d'une distance déterminée suivant la quantité préparée et suivant la grosseur que l'on veut donner à la corde, puis on tord avec le rouleau une seconde portion du filament sur la première. Au besoin on recommence une deuxième ou une troisième fois, suivant la grosseur que l'on veut donner à la corde.

On fabrique encore celle-ci avec de l'écorce de baobab comme nous le savons. On prend l'écorce des jeunes arbres, qu'on découpe par morceaux rectangulaires. On prend un de ces morceaux, on le place sur un billot de bois plat et on le frappe avec un morceau de bois pour l'attendrir et en détacher les fibres. Cela fait, on prend ces fibres, on les tord, on les roule autour d'un morceau de bois puis on se livre à la même opération que pour le chanvre.

Cette corde est moins estimée que celle du dalé.

Une corde de chanvre de 3 mètres de long vaut 50 cauris, une corde d'écorce de baobab de la même longueur vaut moitié prix seulement.

On fait aussi de la corde avec l'écorce de la petite oseille. Cette corde vaut, paraît-il, celle du chanvre.

On se sert encore au Yatenga de l'écorce du soussoutoré, arbuste dont nous avons parlé plus haut. On enlève cette écorce et on la traite comme celle du baobab, puis on enlève les fibres et on fait comme précédemment.

On se sert aussi de l'écorce du bagandé qu'on traite comme celle du baobab.

On se sert aussi du kantoboga (n'goya en bambara, n'gogoba en malinké et en ouassoulonké, la *Sanseveria guineensis* probablement, plante genre agave). Elle se trouve en assez grande quantité vers Ingahué, dans le nord du Yatenga. C'est une plante un peu plus grande que l'ananas, toute en feuilles. On coupe celles-ci, on les place sur un billot puis on les frappe. Après ce traitement, on les met rouir pendant deux ou trois jours, on les lave et on détache la fibre qu'on traite comme les fibres précédentes quand on veut obtenir de la corde (1).

Cette corde est de première qualité.

En définitive on se sert ici, par ordre d'importance, pour la confection de la corde :

---

(1) On opère exactement de même au Ouassoulou pour cette plante.

1º du chanvre ;
2º de l'écorce du baobab ;
3º du kantoboga ;
4º de l'écorce de la petite oseille ;
5º du soussoutouré ;
6º du bagandé.

On ne se sert pas ici de l'écorce du konghosirani (petit baobab de la brousse), quoiqu'il y en ait quelques-uns dans le Yatenga, peu nombreux du reste. On se sert au contraire de cette écorce dans les pays mandés.

Pour le tensalaga et pour le séménogo, on se sert bien des fibres de l'écorce pour lier la paille ou l'osier des nattes et des paillassons, comme nous l'avons vu plus haut, mais on se sert de ces fibres à l'état naturel sans les transformer préalablement en cordes.

Notons enfin, à côté des cordes d'origine végétale, l'existence au Yatenga d'une corde d'origine animale faite de peau de bœuf. Cette corde se confectionne en prenant trois lanières de peau de bœuf et en les tordant ensemble, puis on graisse la lanière obtenue avec du beurre de karité et on la met sécher au soleil pendant deux ou trois heures. On la frappe ensuite sur un billot, de temps en temps, pendant deux ou trois jours pour la rendre plus souple. On a alors d'excellente corde dont on se sert surtout pour confectionner les entraves des chevaux. Ces entraves valent de 0 fr. 50 à 1 franc pièce.

La corde de peau de bœuf est bien plus dure et bien plus résistante que les autres cordes.

Nous avons vu la menuiserie, la vannerie, la corderie, passons maintenant au travail de l'argile et de la pierre.

Pour la poterie ce sont les femmes des forgerons qui la fabriquent. Il n'y a pas de potiers de métier au Yatenga comme nous en trouvons quelques-uns à Ouagadougou (Voir mon *Noir du Soudan*, p. 519 et 520). Nous examinerons au Mode d'Existence toutes les espèces de vases — de canaris comme on dit en l'Afrique occidentale — qui sont employés dans le Yatenga.

La maçonnerie n'existe pas ici, ni comme métier principal, ni comme métier accessoire (1). Presque tous les Mossis et Foulsés savent construire les murs ainsi que les toitures de leurs cases et ceux qui ne le savent pas demandent à leurs camarades de les aider ou à quelqu'un d'expérimenté auquel on fait un cadeau. Nous reviendrons du reste sur cette construction des cases au Mode d'Existence.

Ajoutons que les habitants du Yatenga ne connaissent pas les briques

---

(1) J'ai dit dans mon *Noir du Soudan*, p. 521, que maçon se disait en mossi tamméléba. C'est la forme plurielle du mot dont le singulier est tamméta. En bambara, malinké et ouassoulonké maçon se dit bogotiakéla.

même crues. Ils construisent leurs cases en terre mouillée, en n'importe quelle terre d'ailleurs. Pour les canaris les femmes des forgerons n'emploient au contraire que l'argile et non pas la terre commune.

Les pipes donnent lieu à une fabrication spéciale. En effet beaucoup de Mossis et de Foulsés fument, mais seulement les hommes et les jeunes gens, pas les femmes ni les enfants. On ne connaît pas ici les immenses pipes des Gourounsi et des Bobos, populations chez lesquels tout le monde fume, hommes, femmes et enfants. Mais on connaît la pipe ordinaire dont le fourneau est en terre et le tuyau en bois ou bien celle dont le fourneau est en fer et le tuyau en bois. Celles-ci sont même les plus nombreuses. Ce sont les forgerons qui fabriquent le fourneau en fer au prix de 100 cauris. Pour les pipes en terre, le fourneau est fabriqué par certains Mossis (1) avec de l'argile et vendu au marché au prix de 20 cauris. C'est une industrie très accessoire à la culture. Quant au tuyau soit de la pipe en terre, soit de la pipe en fer, il est fabriqué par le fumeur lui-même soit avec le bois de la liane n'saba, soit avec le koundoulougou, soit avec le tabaroukouraogo (mot à mot « bois de pipe »). On emploie encore pour la fabrication des tuyaux le boulouvaka, l'iliga et le kouïnga.

En ce qui concerne le travail de la pierre, les habitants du Yatenga connaissent les pierres à écraser le mil et s'en servent dans toute la région. Ils possèdent aussi, comme dans la région de Ouagadougou, les grandes tables rondes où l'on encastre ces pierres, grandes tables en banko sur la fabrication desquelles nous reviendrons plus loin. Pour la fabrication des pierres elles-mêmes il y a ici quelques carriers (2) qui vont pendant la saison sèche sur les collines et qui mettent le feu sous les grosses roches granitiques pour les faire éclater, en les achevant avec une autre pierre. Ils rapportent les morceaux bruts chez eux, les arrangent en les frappant soit avec de la roche soit avec une hache en fer. Ils ne les apportent pas au marché. Les femmes qui ont besoin de pierres à écraser viennent les leur acheter, les grandes 50 cauris et les petites 20 cauris.

Dans d'autres endroits du Yatenga, ce sont les femmes qui se procurent elles-mêmes leurs pierres à écraser, car il y a beaucoup de villages où il n'existe pas de casseurs de pierre. Les gens du village même de Ouahigouya s'approvisionnent à Tangaï. A Ingahné au contraire, ce sont les femmes qui se procurent leurs pierres et qui les arrangent. Elles cherchent dans la brousse des pierres arrangeables et les apportent chez elles où elles les mettent au point en quelques jours. On le voit, elles ne font pas le métier de carrier complètement. Elles prennent les

_____

(1) Ils n'ont pas de nom spécial.
(2) Au Yatenga on ne les appelle pas nanloras comme à Ouagadougou (voir mon *Noir du Soudan*, p. 518) et même on ignore ce que ce nom veut dire.

pierres que le hasard leur fournit au point où en est le carrier quand il a mis en morceaux quelque grosse roche granitique.

L'industrie de la pierre est donc plus que médiocre.

Passons maintenant à celle du cuir.

Celle-ci est plus importante que les industries que nous avons vues jusqu'ici et ne le cède qu'à celle du forgeron. Il y a d'assez nombreux cordonniers au Yatenga, mossis et foulsés. Ils ne forment pas caste comme chez les Bambaras et on peut se marier avec leurs filles. De même on ne croit pas ici que les cordonniers fassent les sorciers la nuit comme on le croit chez les Bambaras.

Les cordonniers d'ici :

1° tannent les peaux ;
2° les teignent ;
3° fabriquent des objets divers avec ces peaux.

Pour le tannage, voici comment on procède :

1° On place la peau dans un bain d'eau simple où on la lave bien, puis on la met dans un autre bain où on a jeté des cendres, n'importe lesquelles, et on l'y laisse pendant 24 heures. Ensuite on place la peau sur une pièce de bois lisse. Là, avec un couteau en fer, un couteau en bois, ou même avec un tesson de canari cassé, on gratte bien et on enlève les poils. On gratte aussi l'autre côté de la peau pour enlever la chair ou la graisse qui pourraient encore y adhérer.

2° On « déterge » ensuite. On met de la fiente de poulet dans un canari plein d'eau et on place la peau roulée dans ce canari où elle reste deux ou trois heures. Puis on la retire, on la déroule, on la met sécher au soleil pendant une heure environ. Cette opération a pour but de la rendre plus souple.

3° Vient enfin le bain de tannage. On prend d'abord les raisins du n'pékou, on les écrase dans l'eau froide, on plonge la peau dans cette dissolution, et, pendant une heure, on l'y malaxe avec les mains, puis on la retire et on la fait sécher un moment au soleil (1). Ensuite on recommence l'opération du malaxage dans un bain d'eau froide où ont été pilées les gousses du péguénéga et on la continue cette fois pendant six ou huit heures. C'est là le vrai bain de tannage. Au bout de ce temps la peau est considérée comme tannée.

La peau de bœuf est traitée de la même façon que la peau de mouton ou de chèvre, mais le travail est plus long parce que la peau est plus grande et plus forte. Pour une peau de mouton ou de chèvre, il faut trois jours de travail, pour une peau de bœuf, six jours.

Le cordonnier achète une peau de chèvre ou de mouton 300 cauris, une

---

(1) Cela remplace le frottage de la peau à la pâte d'arachides des gens de Dienné (voir Monographie de Dienné, par Monteil). A Dienné on fait ce frottage en dernier lieu après le bain de péguénéga, bouana en bambara.

peau de bœuf petite, moyenne ou grande 1.000, 1.500, 3.000 cauris. Après le tannage, la peau a doublé de valeur et même un peu plus.

Pour la teinture, les cordonniers teignent leurs cuirs en rouge, en jaune et en noir. Ils ne savent pas les teindre en vert ni en bleu.

La couleur rouge est obtenue avec le mono dont nous avons parlé plus haut. On prend la petite pellicule rouge qui se trouve auprès des nœuds de la tige, on la fait sécher et on la réduit en poudre. Les uns font bouillir cette poudre dans l'eau puis, la décoction refroidie, y font tremper le morceau de peau à teindre pendant un temps plus ou moins long. Les autres placent leur poudre dans un chiffon et confectionnent ainsi une espèce de tampon. Ensuite ils placent le morceau de peau à teindre sur une natte, font chauffer de l'eau, trempent le tampon dans cette eau chaude et en frottent la peau jusqu'à ce qu'ils lui aient donné le degré de teinture convenable. On obtient ainsi une assez belle couleur rouge, de nuance un peu brunâtre.

Notons que les cordonniers du Yatenga se servent aussi maintenant pour obtenir leur couleur rouge d'une encre rouge d'origine anglaise apportée de Gold Coast par les colporteurs haoussas.

La couleur jaune est obtenue :

1º Avec le sosoga dont nous avons parlé plus haut. Le sosoga donne un beau jaune très foncé. On coupe la racine qui est grosse quelquefois comme le bras, on la pile et on obtient une pâte que l'on fait sécher au soleil et que l'on garde soigneusement. Quand on veut teindre une peau en jaune, on met un morceau de cette pâte à délayer dans l'eau, puis on y trempe un chiffon avec lequel on frotte la peau. Ou bien on pile la racine, on met la pâte dans l'eau, puis on plonge le morceau de peau à teindre dans la décoction.

2º Avec le seïnfo ou sainfo dont nous avons parlé plus haut. On en prend les racines qui sont tout petites, on les pile, on en met la poudre dans un canari d'eau froide, puis on teint le cuir à la main ou avec un chiffon.

Le n'kalama et le ouolo ne servent pas à teindre les cuirs, mais les étoffes.

Pour la teinture noire, les teinturiers vont prendre chez les forgerons ce qu'on nomme en bambara le néguébo (la fiente du fer), débris provenant du martelage du fer rouge, ils y ajoutent des feuilles vertes d'oseille puis des filaments d'écorce de néré. Tout cela est mis dans l'eau et bout pendant deux heures. On laisse refroidir dans un coin de la case la mixture qui noircit bientôt. Elle donne enfin une belle couleur noire brillante.

Parmi les objets fabriqués par les cordonniers du Yatenga, citons d'abord les nahandéré (nahanda au pluriel). Ce sont ces chaussons jaunes bien connus dans tout le Soudan que les Bambaras appellent sabaras. La paire en vaut ici 2 francs.

Ensuite, ce qu'on fabrique le plus, est le tarakanré (tarakaya au pluriel) en mossi. C'est le sabaradyala bambara, c'est-à-dire la simple sandale, la simple peau de bœuf plate, sans dessus, avec des cordonnets en cuir pour la maintenir au pied. C'est la chaussure usuelle des nègres soudanais, des porteurs entre autres, tandis que la chaussure précédente est celle des gens riches. Le tarakanré vaut 200 cauris.

Les cordonniers font peu de sarbada (sarbadanamba au pluriel). C'est le pétou ou pétouni (petit pétou) ou le moussosabara (sabara des femmes) des Bambaras, Malinkés et Ouassoulonkés. En mossi on dit encore pougounodéré (c'est-à-dire chaussures de femmes). Les sarbada se composent de trois ou quatre semelles de peau de bœuf superposées et cousues ensemble. Au-dessus sont fixés des cordons en cuir pour y entrer les doigts de pied. Ces sarbadas ne valent pas ceux des Mandés ou ceux des Peuls du Yatenga ou du Djilgodi qui sont beaucoup plus beaux et se payent jusqu'à 10.000 cauris. Ici ces chaussures de femme valent seulement 400 cauris.

Les cordonniers du Yatenga ne font pas de bottes (kouraba en mossi du Yatenga, markatasé à Ouagadougou) tandis que les cordonniers de Ouagadougou en fabriquent. On porte peu les bottes au Yatenga et ceux qui le font les achètent à Ouagadougou.

On fabrique en revanche des sachets pour grigris, carrés pour les hommes et triangulaires pour les chevaux.

On sait que ces sachets se disent en bambara sébé (et sosébé ceux des chevaux). Les Mossis du Yatenga disent également sébé (au pl. séba) et oueyfosébé ou ouidisébé (au pl. ouidiséba).

Les sachets pour hommes valent d'après leur grandeur de 0 fr. 10 à 1 franc. Les ouidisébas valent de 1 franc à 5 francs. Ils sont plus jolis, mieux faits, plus grands que les grigris pour hommes.

On fait aussi beaucoup de bracelets en cuir (gandé en mossi au singulier, au pluriel gana, bolobaga en bambara, malinké, ouassoulonké) pour les hommes et pour les femmes. Pour les hommes ce sont des bracelets-grigris, pour les femmes un simple ornement. Ces bracelets valent de 25 à 100 cauris.

On fabrique encore des gaines pour couteaux valant de 0 fr. 50 à 1 franc, des fourreaux pour épées valant 1 franc, des musettes à l'usage des cavaliers (korogo en mossi au sing., korodo au pluriel). Les musettes ordinaires valent de 700 à 1.000 cauris. Les plus jolies valent 3.000 cauris.

Les cordonniers fabriquent beaucoup de porte-monnaies en cuir (guibaré ou zibaré au sing., guibaya ou zibaya au pluriel). On les suspend au cou avec des cordons également en cuir. Ils valent 0 fr. 50 l'un.

Ils font aussi des brides et des tapis de selle en cuir. Les brides valent 1.000 cauris, les tapis de selle également.

Pour les couvertures, étuis de livres, etc., ils n'en confectionnent pas, sauf exceptionnellement, si quelque marabout de passage leur en demande.

Les cordons en cuir sont faits en grande quantité, pour suspendre les objets que l'on porte au cou et sur la poitrine (grigris, porte-monnaie, etc.).

Les colliers en cuir ne sont fabriqués que pour les femmes. Ces ornements valent 25 ou 30 cauris.

Enfin les cordonniers du Yatenga confectionnent encore des étuis pour briquets (50 cauris), des étuis pour aiguilles (30 cauris), des étuis pour rasoirs (100 cauris).

Ajoutons que les outres dites « peaux de bouc » ne sont pas fabriquées par eux, quoiqu'on s'en serve ici comme dans tout le Soudan pour le transport de l'eau et du mil. Quand quelqu'un veut en avoir une, il achète la peau brute à quelqu'un et l'arrange lui-même pour se confectionner son outre (ouaoga en mossi au sing., ouaossé ou ouôssé au pluriel). De même pour les fouets (faits en peau de bœuf). Les cavaliers les fabriquent eux-mêmes. Quant aux conducteurs d'ânes et de bœufs porteurs, ils se servent ici de bâtons ou de branches et n'ont pas de fouets.

Les cordonniers du Yatenga se servent surtout pour leurs ouvrages de la peau de chèvre et de la peau de mouton. C'est la peau de biche ensuite dont ils usent le plus, puis de la peau de bœuf.

Ils ne se servent ni de la peau d'éléphant, ni de la peau d'hippopotame, ces animaux n'existant pas ici, ni de la peau de caïman parce qu'ils ne l'aiment pas. Quelques Mossis font mettre leurs grigris dans de la peau de python quand ils en possèdent. Quelques-uns donnent encore de la peau de lion ou de léopard aux cordonniers pour y coudre leurs grigris.

Les cordonniers se servent des instruments suivants :

1º Le gampogo ou gamfong (appelé pongo à Ouagadougou), sorte de petit couteau large et écrasé, emmanché dans un manche très court. Il sert à couper les peaux.

2º Le pim, grosse aiguille en fer, qui sert à coudre les peaux.

3º Le kakalagasouga (gansiouba à Ouagadougou), couteau en bois pour gratter et frotter les peaux, les nettoyer, les repasser.

4º Le tirisiga ou tiguisiga. C'est un cachet en fer pour marquer les peaux, y imprimer un petit cercle. Il y en a deux espèces, un grand et un petit.

5º Un instrument du genre du gamfong, mais qui ne peut pas couper. On chauffe un peu la lame — qui n'est pas aiguisée — et on trace avec elle des dessins sur les peaux. On appelle cette espèce de couteau mouindaga au Yatenga. C'est le désara des cordonniers de Ouagadougou.

C'est le forgeron qui fabrique tous ces instruments pour le cordonnier (sauf le kakalagasouga qui est fait par le cordonnier lui-même). Le gamfong vaut 100 cauris, le pim 10, le grand tirisiga 30, le petit 20, le mouindaga 50 (1).

(1) En bambara le couteau en bois se dit nougoula et l'aiguille se dit binié. Les

A Ouahigouya même, il y a une vingtaine de cordonniers. Ils font de la culture pendant la saison des pluies et c'est leur culture qui leur rapporte le plus, même pour les plus habiles. Ils possèdent aussi quelques bestiaux. D'une manière générale ils sont plus à l'aise que le mossi ou le foulsé ordinaire. Ils sont bien considérés, comme nous l'avons dit plus haut, au contraire de ce qui existe dans les pays mandés.

Ajoutons que cordonnier se dit n'zapa (au pl. n'zapésé) dans tout le pays mossi. En bambara cordonnier se dit garanké et diéli chez les Malinkés et les Ouassoulonkés (Diéli veut dire exactement griot, mais, comme chez les Malinkés et les Ouassoulonkés, il n'y a que les griots qui exercent le métier de cordonnier, il n'y a pas d'autre nom pour désigner ceux-ci).

Nous en avons fini avec le métier de cordonnier, passons à celui de tisserand.

Nous avons vu plus haut qu'on cultivait abondamment le coton au Yatenga. La récolte est faite par les hommes et par les femmes. Ce sont celles-ci qui l'égrènent et qui le filent. Ce sont les hommes qui le tissent.

Pour l'égrenage les femmes mettent le coton sur une petite dalle de granit mesurant 20 ou 25 centimètres de long sur 15 de large et 5 d'épaisseur. Cette dalle s'appelle en mossi goursi, en bambara kori-oulousikaba ou oulousilankaba, kolobolankaba en malinké et en ouassoulonké. Une fois le coton mis sur la pierre, elles saisissent une petite baguette en fer arrondie et polie, qui se renfle en son milieu, et qu'on appelle en mossi goursikandé (en bambara oulousilandé ou oursilandé, en malinké et en ouassoulonké négélendé) et, des deux mains posées à plat aux deux extrémités de cette baguette, elles la font rouler sur le coton et l'écrasent, de façon à en expulser les graines. Ce travail n'est ni long, ni difficile.

Pour le filage on se sert ici, comme partout au Soudan, d'un petit fuseau minuscule appelé diendéré dans tout le Mossi, diéné en bambara, kinda en malinké et en ouassoulonké.

Il se compose d'une petite boule en argile cuite fabriquée par quelques Mossis pour la vente au marché et vendue 10 cauris l'une. Cette boule s'appelle diennébilo en mossi, diénékolo ou dyoudala ou dyoudara en bambara, kinadé en malinké et en ouassoulonké.

Quant à la flèche du fuseau (diénéraogo en mossi, diénékala en bambara, kindakala en malinké et en ouassoulonké) elle est faite ici soit avec du bambou, soit avec de l'osier de tensalaga. Sur les marchés on vend aussi le fuseau tout fait avec sa flèche et sa boule.

Une fois en possession de son fuseau, la femme se frotte d'abord le bout des doigts sur une espèce de craie fabriquée avec des os qu'on a fait brûler. Elle saisit de la main droite son fuseau et de la main gauche son coton. Elle tire de celui-ci un filament qu'elle étire entre les doigts de la main

---

cordonniers bambaras, malinkés et ouassoulonkés connaissent tous les instruments des cordonniers mossis et se servent du même matériel de travail.

gauche, puis, de la main droite, elle l'enroule autour du fuseau en l'étirant une seconde fois et en le rendant absolument lisse. La main droite imprime en même temps au fuseau un mouvement de rotation excessivement rapide qui fait que le fil s'enroule très vite autour de la mince tige de la flèche.

Quand le diendéré est devenu une grosse bobine, les femmes le passent alors aux hommes de la famille. Ceux-ci plantent quatre piquets en terre et dévident la bobine autour de ces piquets. Quand le travail est fini on recueille le fil et on le porte au tisserand.

Au Yatenga il y a des tisserands (appelés sodoga dans tout le Mossi, sodosé au pluriel, diésédala en bambara, malinké et ouassoulonké). Ces tisserands n'exercent leur métier que pendant la saison sèche. Pendant la saison des pluies ils font de la culture et c'est celle-ci qui les fait surtout vivre.

On les paye d'après la quantité de fil de coton qu'on leur donne à tisser.

Le métier à tisser s'appelle kora en mossi, kolé en bambara, koré en malinké et en ouassoulonké. C'est le tisserand lui-même qui le fabrique.

Le métier du Yatenga est celui de toute l'Afrique occidentale. C'est un métier à pédales. Avec lui les tisserands fabriquent des bandes de coton, très peu larges, ayant 10 ou 12 centimètres seulement de largeur, mais qui sont très longues.

Une coudée de bande de coton vaut 50 cauris. On en paye le tissage 15 ou 20 cauris.

Nos tisserands ne travaillent que sur commande et sur fourniture de la matière première. Ils n'achètent pas de fils de coton pour les transformer en bandes qu'ils vendraient au marché.

Les tisserands sont assez nombreux à Ouahigouya et dans tout le Yatenga. Ils tissent toujours dehors, au grand air, soit autour des grands arbres du village, soit devant leur habitation.

Ajoutons que les meilleurs tisserands au Yatenga sont les Yarsés. Ce sont même probablement eux qui ont appris le tissage aux Mossis et aux Foulsés si l'on considère que les noms qui désignent les instruments de filage et de tissage sont presque tous empruntés aux Mandés. Les Maransés sont également de bons tisserands. Ensuite seulement viennent les Foulsés et Mossis.

Pour la confection des vêtements, une fois qu'ils ont en mains les bandes de coton, les hommes les cousent (les hommes non les femmes comme dans tout le reste du Soudan) et en font des culottes, des boubous, des bonnets.

Il n'y a pas de tailleurs au Yatenga, ou presque pas, en tout cas il n'y a pas de tailleurs mossis et foulsés. Seuls quelques Yarsés exercent le métier de tailleur, métier accessoire à la culture. L'énorme majorité des Mossis et de Foulsés du Yatenga fabrique ses vêtements à domicile. C'est une industrie familiale.

Quelques Mossis vendent cependant des pagnes sur les marchés mais c'est assez rare. Quand on possède en excès de bandes de coton et qu'on les a transformées en pagnes qu'on se trouve également à avoir en surplus, on vend ceux-ci sur les marchés au prix moyen de 2.500 cauris (2 fr. 50, l'un). Ce sont des pagnes solides qu'on fait teindre avant la vente.

Ceci nous amène à parler de l'art du teinturier, mais, auparavant, il nous faut dire un mot d'une soie animale qui existe au Yatenga. C'est le tomboufourcou bambara (littéralement « outre de chenille » que les Mossis appellent moumounoumgouro (parce qu'on la recueille souvent sur les jujubiers), ou bien poussougou. Les habitants du Yatenga ne la laissent pas perdre. Ils en ornent leurs boubous, autour du cou par exemple, du moins les chefs et les gens riches.

Ceux qui recueillent les cocons de poussougou dans la brousse mettent ceux-ci dans l'eau bouillante puis les enlèvent et les lavent à l'eau froide. Alors ils les font sécher au soleil, puis, avec les doigts, les pressent et les amollissent. Cela fait, ils les donnent à leur femme pour filer cette soie sur le diendéré comme le coton. On donne ensuite à un tailleur yarsé ces fils de soie et le boubou sur lequel on veut qu'ils soient brodés. Cette broderie est un ouvrage considéré comme difficile pour lequel on paie de 3 à 5 francs. Jadis il y avait beaucoup de poussougou dans la brousse et on en vendait les fils sur tous les marchés. Maintenant on n'en trouve plus que peu et il n'y a plus de vente de poussougou dans le pays.

A Ouagadougou on utilise le poussougou comme dans le Yatenga.

Venons-en maintenant à la teinture.

Ceux qui se livrent font surtout à l'art de la teinture au Yatenga, sont les Maransés. Après eux viennent les Yarsés, puis les Foulsés qui font assez de teinture. Les Mossis en font un peu. Les Samos n'en font pas du tout.

Ce sont les Maransés qui semblent avoir appris cet art aux Foulsés et aux Mossis (1).

Au Yatenga on connaît trois espèces de teintures pour étoffes :
1° la bleue ;
2° la noire ;
3° la jaune.

La teinture rouge ne s'emploie pas pour les étoffes. Elle ne s'emploie que pour les cuirs.

La teinture bleue s'obtient avec l'indigo. Nous avons vu plus haut comment on le cultive et comment on utilise les indigotiers sauvages de la brousse. Les femmes cueillent les feuilles, les pilent dans les mortiers à mil puis en font des boules qu'elles mettent sécher au soleil pendant trois ou quatre jours. Elles les vendent au marché au prix de vingt cauris l'une. Les teinturiers les achètent, en dehors de celles qu'ils fabriquent

(1) Voir à ce sujet mon *Noir du Soudan*, page 534 *in fine*.

eux-mêmes avec l'indigo qu'ils cultivent. Ils mettent ces boules dans les puits à indigo avec de l'eau.

Au Yatenga ces puits sont très profonds et très bien faits. Ils sont très supérieurs aux trous quadrangulaires peu profonds de la région de Ouagadougou (voir mon *Noir du Soudan*, p. 535). On les creuse généralement sur une petite éminence à côté du village, puis on prépare un mélange d'argile, de bouse de vache et d'eau qu'on laisse reposer pendant une quinzaine de jours pour qu'il arrive à être bien à point. On prend alors ce mélange et on en crépit les parois intérieures du puits sur une épaisseur de 5 à 7 centimètres. On fait également une bordure ronde en haut de celui-ci. On laisse sécher pendant un mois ou plus, de façon à ce que le soleil cuise bien l'argile. Ces puits sont faits généralement pendant la saison sèche, car, si on les faisait pendant l'hivernage, ils sécheraient moins vite et il faudrait les protéger avec un chapeau en paille contre les pluies.

Les puits de teinture ont de 2 mètres à 6 mètres de profondeur. Dans les moins profonds on peut mettre une dizaine de pièces d'étoffe à la fois, dans les plus profonds jusqu'à une centaine.

Pour fabriquer la teinture même, on coupe un certain nombre de tiaralagas, on les fait brûler en tas, on en met les cendres dans un canari-passoire, on verse de l'eau et on recueille dans un second canari placé sous le premier. On verse cette mixture dans le puits, on ajoute d'autre eau et on met les boules d'indigo : 5, 10 ou même 50, suivant la quantité d'eau mise et suivant ce qu'on a à teindre. On remue le tout avec un grand bâton pendant sept jours de suite, deux fois le matin et deux fois le soir. Une fois que le bain est prêt, on précipite dedans les fils de coton, les pièces de cotonnade ou les vêtements qu'on veut teindre.

Au Yatenga, on ne se sert pas pour le bain d'indigo des cendres du gouara dont on se sert à Ouagadougou (le gouara est un épineux poussant sur le bord des marigots).

En revanche on se sert quelquefois pour les bains de teinture des cendres de tige de mil comme on s'en sert à Ouagadougou (voir mon *Noir du Soudan*, page 535 *in fine*) et même des cendres du bois de néré, mais elles ne sont pas considérées comme aussi bonnes que les cendres de tiaralaga.

Le teinturier travaille à façon. Il n'achète ni les fils de coton ni les vêtements. Il se contente de teindre ce qu'on lui apporte suivant un prix déterminé. Ce prix dépend : 1° des objets ; 2° de l'intensité de la teinture qu'on veut obtenir.

Pour un pagne d'un bleu foncé jusqu'au noir on fait payer 1.000 ou 1.500 cauris, pour sa teinture en violet 700 cauris, pour sa teinture en bleu foncé 500 cauris, pour sa teinture en bleu clair 300 cauris. Pour un boubou tombant jusqu'à la ceinture et pour une culotte, le prix est le même.

Pour un grand boubou tombant jusqu'aux pieds, on paye 4.000 cauris pour la teinture en noir, 2.500 cauris pour la teinture en violet, 2.000 cauris pour la teinture en bleu foncé, 500 cauris pour celle en bleu-clair.

Pour un bonnet, on paye 200 cauris pour la teinture en noir, 150 cauris pour la teinture en violet, 100 cauris pour la teinture en bleu foncé, 50 cauris pour la teinture en bleu clair.

Ce ne sont pas les teinturiers qui teignent avec le bérédo qui donne une couleur noire ou plutôt d'un gris brillant. Ce sont les femmes qui appliquent cette teinture, car ce n'est pas difficile à faire. Elles pilent et réduisent en poudre de l'écorce de la racine de kondéré, puis la mélangent dans une grande calebasse ou dans un grand canari avec une certaine quantité de bérédo bien débarrassée de tout sable. La poudre de kondéré et la boue sont mises en quantité égale. On ajoute de l'eau puis on plonge dans la mixture le vêtement ou la pièce de cotonnade ou le fil qu'on veut teindre et on l'y laisse pendant une période qui varie d'une demi-journée à trois jours. Bien entendu, plus on laisse de temps l'objet à teindre, plus la teinture est de bonne qualité. On peut employer aussi le bérédo seul sans kondéré.

La teinture en jaune n'est pas faite non plus par les teinturiers, mais par les femmes. On se sert, comme nous le savons du tsiga (ou kalama) et du kondéré (ou ouolo). On prend les feuilles de l'un ou l'autre de ces deux arbres. Celles du kondéré sont plus grandes, mais celles du tsiga sont considérées comme meilleures. On les place dans un canari plein d'eau qu'on fait bouillir pendant deux heures et demie puis on verse cette décoction dans une grande calebasse où l'on plonge le vêtement que l'on veut teindre. On l'y laisse pendant un quart d'heure, on le fait sécher au soleil et, quand il est à moitié sec, on le replonge dans la mixture pendant un quart d'heure encore. On le remet sécher au soleil et cette fois quand il est séché c'est fini. Si l'on veut une teinture jaune plus foncée, l'on prend n'importe quelle cendre, on la met dans l'eau et on la mélange à la décoction des feuilles, soit avant, soit après la cuisson. Cela produit une couleur jaune plus riche.

Quelquefois on utilise les racines du kondéré au lieu de ses feuilles. On les fait bouillir, puis on plonge dans cette décoction l'étoffe à teindre.

Quoiqu'il ne teigne ni en gris ni en jaune mais seulement en bleu, noir, violet, etc., le teinturier possède assez un bon métier. Pourtant celui-ci ne suffit pas à le faire vivre et notre homme fait de la culture pendant la saison des pluies, ce qui lui rapporte plus que sa teinture. C'est surtout pendant la saison sèche qu'il exerce le métier de teinturier ; quelques-uns cependant l'exercent même pendant l'hivernage en même temps que leur métier de cultivateur.

Ajoutons que teinturier se dit en mossi garalosada (garalosadaba au pluriel, quelquefois garalosouba par contraction) de gara indigo et sada fabricant. On dit garadona ou galadona en bambara.

Nous en arrivons maintenant au travail du métal et aux forgerons.

Le métier de forgeron est de beaucoup le plus important parmi tous ceux qui existent au Yatenga. Non seulement il est plus important que les petits métiers (fabricants d'arcs, fabricants de fourneaux de pipes, etc.) qui sont très accessoires à la culture, mais il est plus important aussi que ce qu'on peut appeler les grands métiers (cordonniers, tisserands, teinturiers) qui, eux aussi, ont besoin de la culture pour nourrir leur homme. Ce n'est pas à dire que les forgerons du Yatenga ne fassent pas de culture, mais ici c'est la culture qui est très accessoire à la fabrication et non le contraire qui a lieu.

De plus, pour apprécier l'importance du métier de forgeron, il faut réfléchir que dans leur domaine ils ont non seulement la fonte du fer, la fabrication des objets en fer, le travail des métaux autres que le fer, mais encore le travail du bois et celui de la poterie (ce dernier par leurs femmes).

Le sol du Yatenga est, comme nous l'avons dit, très favorable à la métallurgie. Les collines ferrugineuses du pays fournissent une latérite où la teneur en fer est très forte (1). Il ne faut donc pas s'étonner que l'art du fer se soit développé ici d'une façon remarquable (du moins en comparaison de ce qui se fait d'ordinaire au Soudan). Les forgerons du Yatenga travaillent pour l'exportation (ils sont les seuls à le faire dans le pays avec les tisserands dont on exporte les rouleaux de bandes de coton vers le nord) et, tous les ans, les Yarsés et même les forgerons eux-mêmes transportent dans le sud (région de Ouagadougou, Gourounsi, Boussansé, nord de la Gold-Coast) une grande quantité de pioches et de haches. L'industrie sidérurgique du Yatenga est renommée dans tous ces pays-là et les dabas du cercle de Ouahigouya y jouissent d'une grande réputation.

Les fourneaux où l'on fabrique le fer sont remarquables ici : ils sont très hauts (4 ou 5 mètres) et relativement minces. Au bas l'on voit les ouvertures par lesquelles on fait couler le fer. On rencontre ces fourneaux dans la brousse, aux abords des villages où il existe des forgerons, par 4, 5 ou 6 ou même plus.

La Monographie de 1904 évalue le nombre des hauts-fourneaux du Yatenga à 1.500. D'après la même source, la production annuelle du fer dans le cercle serait d'environ 539 tonnes avec lequel les forgerons confectionneraient pour les habitants du Yatenga et pour l'exportation :

972.500 dabas.
802.500 haches.
450.550 couteaux.
74.800 sabres.
217.300 briquets.

---

(1) « Tous les minerais exploités ne sont pas de même qualité ; c'est ainsi que ceux de Tougou, Kalsaka, Bogoya, Sissamba sont très recherchés partout, surtout pour la confection des outils tranchants ou devant offrir une certaine résistance » (Monographie de 1904).

Nous laissons bien entendu toute la responsabilité de ces chiffres, très approximatifs sans doute, à l'auteur de la Monographie M. le capitaine Noiré.

Ajoutons que, comme nous l'avons déjà dit, les forgerons du Yatenga ne sont pas des Mossis mais des Foulsés. C'est cette race travailleuse qui fournit la presque totalité des forgerons du cercle (les Samos, qui ont leurs forgerons à eux, étant mis à part). Du reste on ne contracte pas alliance avec les forgerons. Ni les Mossis, ni les Foulsés, à la race desquels ils appartiennent pourtant, ne le font (au contraire, nous savons que dans la région de Ouagadougou cette interdiction n'existe pas, quoique, en définitive, on ne s'allie pas beaucoup non plus avec eux).

Ajoutons que la bijouterie ne constitue pas au Yatenga un métier spécial. Certains forgerons, en dehors du fer, travaillent le cuivre et l'argent, mais pas l'or qui est à peu près inexistant et semble avoir été toujours à peu près inexistant dans le pays. Avant l'occupation française les forgerons connaissaient déjà le cuivre et l'argent qu'ils avaient par le commerce.

Bijoutier se dit niaka ou nioka dans tout le Mossi (niokosé au pluriel). Quant aux forgerons leur nom mossi est saba.

Nous ne donnerons pas pour le métier de forgeron les multiples et minutieux détails que nous avons donnés sur les métiers précédents : nous renvoyons simplement pour certains de ces détails à notre *Noir du Soudan* : ainsi, pour la description des instruments dont se servent les forgerons mossis, aux pages 514 et 515 de notre livre. Les détails donnés là valent en effet pour les forgerons du Yatenga comme pour ceux de Ouagadougou. Je renvoie également pour la description de la fabrication de la poterie à la page 515.

Nous en avons fini avec l'industrie du Yatenga. Elle n'est pas sans importance comme nous venons de le voir. La sidérurgie et le tissage y sont même assez développés mais nous avons constaté en même temps que les Mossis proprement dits prenaient assez peu de part à cette industrie. En effet le travail du fer, avec les industries accessoires, (autres métaux, bois, poterie), est aux mains des Foulsés. La teinture est aux mains des Maransés et des Foulsés. Le tissage est surtout aux mains des Yarsés et des Maransés quoique les Foulsés et les Mossis y participent. La couture n'est spécialisée qu'aux mains de quelques Yarsés. Il faut en venir au métier de cordonnier pour le trouver aux mains des Foulsés et des Mossis, également. Quant aux petits métiers (corderie, vannerie, argile, pierre, etc.) ils sont d'une façon équivalente foulsés et mossis.

On le voit, sur l'ensemble, les Mossis ont assez peu de part à l'Industrie du Yatenga. Peuple conquérant et dominateur, pillard, moins travailleur que les Foulsés, ils le lui cèdent dans le labeur industriel comme nous avons vu qu'ils le lui cédaient dans le labeur agricole. Ils ne sont guère plus brillants dans le Commerce.

CHAPITRE VI

LE COMMERCE

Nous avons peu de chose à dire ici du commerce du Yatenga, car il est aux mains des Yarsés. C'est cette population de cultivateurs-commerçants, d'origine mandé, qui fait la plus grande partie du commerce du cercle. Or, comme nous lui consacrerons plus loin un livre tout entier, nous aurons le loisir, en étudiant ses moyens d'existence, d'étudier en même temps le commerce le plus important du Yatenga. Ici bornons-nous à dire qu'avec les Yarsés ce sont les Maransés qui font le plus de commerce.

Après avoir nommé ces deux races de cultivateurs-commerçants, ajoutons que les forgerons montrent une certaine aptitude au commerce. Quant aux Mossis et aux Foulsés ils n'en faisaient pour ainsi dire pas avant l'occupation française. Ils en font quelque peu depuis et même de plus en plus. C'est l'impôt qui a nécessité cette évolution. Néanmoins, malgré celle-ci, on peut dire que Mossis et Foulsés sont encore peu commerçants. Les Peuls le sont encore moins, se contentant de vendre leur bétail sur place pour l'impôt, et les Samos le sont encore moins que les Peuls, tout entiers à leurs champs et à leur culture.

Il est à noter que les Silmi-Mossis, ce mélange de Peuls et de Mossis, montrent une plus grande aptitude au commerce que les deux races qui leur ont donné le jour et doivent être placés, à ce sujet, avec les forgerons, entre les Yarsés et les Maransés d'une part, les Mossis et les Foulsés de l'autre.

Les Mossis et Foulsés qui se sont mis au commerce font le commerce soudanais ordinaire imposé par la nature des choses : au nord il y a le sel, au sud il y a les kolas, au centre et au nord il y a les bestiaux. Le nord manque de kolas, le centre manque de sel et de kolas, le sud manque de bestiaux et de sel. Il s'agit donc de transporter des bestiaux au sud, d'en ramener des kolas au nord, de changer ceux-ci contre du sel et de ramener le sel au centre. Tel est le schéma invariable du commerce du Soudan pour les Mossis et les Foulsés comme pour les Yarsés et c'est, en gros, à ce commerce qu'ils se sont mis.

Les Mossis et les Foulsés qui font du commerce transportent donc des bœufs, des moutons, des chèvres, des chevaux, des ânes dans le sud parliculièrement en Gold-Coast. Là, après avoir vendu au triple leurs bestiaux, ils achètent des kolas qui leur reviennent à 2 fr. 5o le mille sur les marchés d'origine Les mêmes kolas valent 20 francs le mille à Léo, 35 francs à Ouagadougou, 5o francs à Ouahigouya, 6o francs à Saraféré, 100 francs à Tombouctou. Là, on achète des barres de sel (de 3o kilogs chacune) dont le prix peu élevé à Tombouctou (10 ou 12 francs l'une) suit une progression analogue à celle que nous venons de voir, pour les kolas, à mesure que l'on s'avance vers le sud (A Nioro, la barre de sel vaut 15 francs, à Ouahigouya de 4o à 6o francs, à Dédougou et plus bas 80, 90 et même 100 francs. A Ouahigouya, à la fin de 1914, elle valut 75 francs. par suite de la famine qui arrêta les voyages des Yarsés, mais ce fut là un prix tout à fait exceptionnel). Cependant le sel du nord ne peut pas s'avancer trop vers le sud à cause de la concurrence du sel anglais venu de la côte et qui est de beaucoup le moins cher dans le pays à kolas. En fait, le sel du Sahara est transporté jusques dans les cercles du sud du Haut-Sénégal-Niger (Bobo-Dioulasso, Sikasso, Bougouni, etc.). Mais nos Mossis et nos Foulsés ne vont pas si loin. Quand ils reviennent de Tombouctou ils vendent leur sel dans le Yatenga même, après avoir prélevé ce qu'il leur faut pour leur propre consommation.

En dehors de ce courant commercial, le plus important, on peut signaler un second courant, assez remarquable encore, qui consiste à aller vendre d'énormes rouleaux de bandes de coton à Saraféré et à Tombouctou et à en rapporter du sel pour le vendre dans le Mossi.

Enfin, la fabrication d'objets en fer relativement intense au Yatenga, comme nous l'avons vu, donne lieu à un troisième courant commercial vers Ouagadougou, Kodougou, Léo, Tenkodogo, Gambakha, etc. Dans cette direction, après la vente des objets en fer, on rapporte des kolas qu'on écoule dans le Mossi.

En définitive, les éléments de commerce sont loin d'être inexistants comme on le voit dans le pays, mais, comme nous l'avons dit, ils sont exploités surtout par les Yarsés et les Maransés. Les Mossis et les Foulsés, devenus commerçants par force, ne le sont encore qu'assez peu, quoiqu'ils doivent le devenir de plus en plus sous la pression des circonstances.

Il nous reste un mot à dire du commerce intérieur du Yatenga. Il est assuré par des marchés de village qui ont existé de tout temps et qui se sont généralement fondés soit dans les gros villages, soit dans les villages de Yarsés et de Maransés, soit dans les villages où il y a des quartiers de ceux-ci. Ces marchés, dont il serait fastidieux de faire l'énumération, et qui se tiennent tous les trois, quatre, cinq ou six jours, sont très aimés des noirs, comme dans tout le Soudan, et très fréquentes. Ils étaient jadis placés sous la surveillance des chefs de village, surveillance à laquelle s'est superposée maintenant celle de l'autorité française.

Ces marchés assurent le petit commerce intérieur du pays.

Nous en avons fini avec le Commerce et également avec le Travail en général dans le Yatenga. Avant de passer à la description de la Famille nous pouvons résumer l'importance relative des arts proprement vivriers du pays (culture, cueillette, élevage, chasse, pêche, arboriculture). Sans insister sur le caractère plus qu'approximatif des chiffres que nous allons donner et en n'ayant l'intention ici que de fixer à peu près sur ce point les idées du lecteur, nous pouvons dire que si on évalue à 100 o/o le total des arts vivriers dans le Yatenga :

la culture y représente environ 66 o/o de ce total.
l'élevage 12 o/o.
la cueillette 12 o/o.
la chasse 9 o/o.
la pêche 1 o/o.
l'arboriculture : rien.

LIVRE IV

La famille

Nous diviserons l'étude de la famille des Mossis du Yatenga en plusieurs subdivisions :
1º Généralités sur la famille ;
2º Groupements supérieurs au simple ménage ;
3º Le Ménage et la Femme ;
4º Les Enfants et l'Éducation ;
5º Les annexes de la famille ;
6º Les Biens de famille ;
7º La Transmission des biens de famille ou Héritage.

D'abord voyons les Généralités qui comprennent à leur tour :
1º la composition de cette famille ;
2º Le nom ;
3º La nature ;
4º Exemples.

La famille mossi du Yatenga est une famille à plusieurs étages, si j'ose ainsi dire. On peut envisager d'abord la famille totale, la famille dans toute son extension qui comprend généralement 100 à 150 personnes et plusieurs habitations séparées. Les habitations elles-mêmes comprennent généralement plusieurs ménages. Chaque habitation ne forme pas un tout compact économique, comme le font au contraire bien d'autres habitations soudanaises, et sont divisées en deux ou plusieurs groupes de travail suivant leur extension numérique. Enfin, au-dessous du groupe de travail, se trouve le simple ménage (père, mère ou mères et enfants non mariés). Nous examinerons tour à tour ces groupements.

Nom. — La famille dans sa complète extension, la famille totale se dit boudou en mossi du Yatenga. L'habitation se dit zaka. On emploie aussi pour celle-ci le mot iri qui est surtout employé chez les Mossis de Ouagadougou tandis que le mot zaka est surtout employé au Yatenga. Enfin, pour le ménage, il n'y a pas de mot pour le désigner. Il n'y a pas de mot non plus pour désigner le groupe de travail. On dit : les gens d'un tel (ici le nom du chef de ce groupe).

Nature de la famille. — La famille d'abord est communautaire jusqu'à un certain point. Toute la famille ne travaille pas ensemble, ni même l'habitation. Cependant le groupe de travail ne se compose pas, généralement parlant, d'un seul ménage, mais de deux ou plusieurs. Nous avons donc affaire à une famille communautaire bien désintégrée. Disons tout de suite que la famille foulsé et la famille yarsé que nous décrirons par la suite le sont moins que la famille mossi et que la famille samo l'est encore moins que les familles foulsé et yarsé.

Au point de vue patriarcalité ou matriarcalité, la famille mossi du Yatenga est patriarcale, c'est-à-dire que c'est autour de l'homme que tourne la famille et non autour de la femme. Cela est d'une évidence et d'une netteté absolues. Mais quelques indices que nous verrons permettent de se demander si jadis, il y a infiniment longtemps, la famille mossi n'était pas matriarcale. Nous avons relevé dans notre *Noir du Soudan* au sujet des Gourounsi quelques indices de même genre.

En résumé la famille mossi du Yatenga est : 1° communautaire, très désintégrée ; 2° patriarcale.

Exemples. — Donnons d'abord quelques chiffres statistiques. Voici un tableau résumé de recensements sérieux faits parmi les Mossis du Yatenga :

Localités	Familles	Habitations	Nombre de personnes
Diogoré et Lako (petits cantons).	25	78	3.165
Petit canton de Tangay . . .	11	51	1.241
Village de Dio	7	50	842
Totaux. .	43	179	5.248

Cette statistique donne en moyenne 122 personnes par famille, quatre habitations ou iris ou zakas par famille et 29 personnes par habitation.

Voici maintenant quelques détails :

Dans le village de Tangay (canton de Tangay) il y a 11 familles mossis. Voici les chiffres pour les personnes qui les composent et les habitations où elles sont :

Familles	Habitations	Nombre de personnes
1re famille . . .	1	51
2e famille . . .	6	132
3e famille . . .	2	23
4e famille . . .	6	160
5e famille . . .	3	59
6e famille . . .	5	50
A reporter	13	475

LA FAMILLE

	Familles	Habitations	Nombre de personnes
Report		23	475
7ᵉ famille . . .		9	136
8ᵉ famille . . .		3	79
9ᵉ famille . . .		8	242
10ᵉ famille . . .		4	158
11ᵉ famille . . .		4	151
		51	1.241

Cela nous donne une moyenne de 113 personnes par famille, de 5 habitations par famille, de 24 personnes par habitation.

Voici maintenant les villages du petit canton de Lako ou Lago :

Villages	Familles	Habitations	Nombre de personnes
Bô.	2	3	89
Boulounsi	1	3	137
Ninga	2	12	146
Piga-Sorodé . . .	1	2	35
Réga	4	17	484
Viré-Sorodé . . .	3	4	242
Diogoré	1	8	352
Lako	7	25	1.457
Touba	3	3	216
Naugo-Yarsés (Mossis du village) . .	1	1	7
Totaux . .	25	78	3.165

Cela nous donne en moyenne 126 ou 127 personnes par famille, 3 habitations par famille et 40 à 41 personnes par habitation.

Voici maintenant d'autres statistiques :

Villages	Familles	Habitations	Ménages	Nombre de personnes
Lougouri	2	4	48	157
Oula.	2	5	43	149
Réka	1	2	3	46
Noungou	2	14	46	233
Ziré	1	3	36	197
Kindiba.	7	35	149	736
Diessiré.	5	15	49	286
Bissigaï.	4	17	100	510
Bougounam . . .	8	32	151	999
Totaux	32	127	625	3.313

Cela nous donne en moyenne 103 à 104 personnes par famille, 26 personnes par habitation, 5 personnes par ménage, 4 habitations ou soukalas par famille.

Voici une statistique faite dans le canton de Koussouka et comprenant les villages purement mossis ainsi que ceux qui sont surtout mossis :

Villages	Familles	Habitations	Ménages	Population
Rondo	7	72	148	975
Bouga-Mossis	1	11	23	152
Sékéba	1	9	28	183
Zandoma	3	24	62	344
Tangué	7	26	67	439
Konga-Mossis	3	23	72	483
Iroum	2	63	159	880
Totaux	24	228	559	3.456

Ici l'on compte 144 personnes en moyenne par famille, 15 personnes par habitation et 6 personnes par ménage. Cela fait 2 ou 3 ménages par habitation et 9 à 10 habitations par famille.

Enfin voici une statistique faite chez les Mossis du nord du cercle :

Villages	Habitations	Personnes	Moyenne par habitation	Observations
Boulzoma	1	39 (1)	39	(1) 7 ménages
Aoréma	50	672	13	
Bogoya	29	379 (2)	13	(2) 64 ménages
Yabousoro	37	494 (3)	13	(3) 74 ménages
Bagayaloro	14	290	21	
Barélogo	17	317	19	
Lilligondé	12	177	15	
Rikou	33	486	15	
Dinghiri	59	725	12	
Dinghila	44	362	8	
Irigué	17	94	6	
Bahn (Mossis)	3	54	18	
Pogoro	38	334	8	
Ninighé	7	75	11	
Séghé	8	111	14	
Tibo	19	228	12	
Totaux	388	4.837	12 à 13	

Ici nous avons 12 à 13 personnes seulement par habitation (et 6 par ménage). Il y a ici une évolution de la famille mossi du Yatenga vers une forme plus désintégrée et dont nous parlerons plus loin aux exceptions.

Si nous faisons la synthèse des statistiques données, nous avons le tableau suivant :

Lieux	Familles	Habitations	Personnes
Diogoré, etc. . . .	43	179	5.248
Oula, etc.	32	127	3.313
Koussouka	24	228	3.456
Nord	?	369	4.609
	»	903	15.626

Cela nous donne en moyenne 18 à 19 personnes par habitation et 121 personnes par famille (1).

Ces renseignements statistiques donnés, examinons en détail les groupements supérieurs au simple ménage qui se divisent en :
1° la famille totale ;
2° l'habitation ;
3° le groupe de travail.

La famille totale. — Comme nous l'avons dit plus haut, la famille

(1) Ce chiffre de 18 à 19 personnes est un chiffre *moyen*. En fait il y a des habitations mossi qui ne comprennent que 3 personnes et d'autres qui vont jusqu'à 100. Pour qu'on puisse mieux se représenter ce qui en est à ce sujet, je donne ci-dessous l'analyse du village de Diessiré (canton de Lébau où il y a 286 personnes et 15 habitations ce qui fait bien en moyenne 19 personnes par habitation. En fait aucune habitation ne contient exactement 19 personnes.

Habitations	Ménages	Personnes
Première habitation	4	24
Deuxième habitation	3	18
Troisième habitation	1	6
Quatrième habitation	2	11
Cinquième habitation	4	23
Sixième habitation	3	17
Septième habitation	1	5
Huitième habitation.	2	12
Neuvième habitation	2	12
Dixième habitation	1	6
Onzième habitation.	2	12
Douzième habitation	14	81
Treizième habitation	3	18
Quatorzième habitation	6	36
Quinzième habitation	1	5
	49	286

Ainsi nous avons ici :
Habitations à plusieurs ménages (au-dessus de 2) 7
Habitations à plusieurs ménages (deux) 4
Habitations à un seul ménage 4
    15

totale n'habite pas dans la même habitation. Elle est scindée en un certain nombre de zakas ou iris plus ou moins grand (la moyenne des statistiques citées plus haut donne 5). Une de ces habitations est celle du boudoukasaman ou chef de famille qui commande à toute la famille et est en même temps chef de sa zaka propre et chef de son groupe de travail. Comme chef de famille il n'a en définitive que trois attributions :

1º Les attributions religieuses ;
2º Les attributions justicières ;
3º Le droit de marier les filles de toute la famille,

En tant que chef de famille il n'a pas d'attributions économiques.

Pour les attributions religieuses du boudoukasaman nous les verrons en détail à la Religion (Organisation Sacerdotale). Disons simplement ici que, si c'est le chef de la famille totale qui a les plus grands pouvoirs religieux, les zakasobas ou chefs d'habitation n'en sont pas dépourvus non plus, ce qui contribue à donner une plus grande autonomie à ces sous-familles.

J'emprunte à l'excellente Monographie de Vadier les détails suivants sur le chef de famille et le conseil de famille qui l'assiste, en corrigeant ici et là quelques traits inexacts.

« Le chef de famille ou patriarche, dit Vadier, est la personne la plus âgée de la famille. C'est lui qui en est le chef.

« Il jouit d'une grande autorité sur tous mais exclusivement en ce qui concerne les personnes. C'est à lui seul qu'appartient, après avoir eu le consentement des pères de famille, de donner en mariage les jeunes filles de la famille. C'est également le chef de famille qui règle, assisté du conseil de famille, toutes les petites difficultés qui surgissent entre parents, qui est chargé d'intervenir quand un père ne peut pas se faire obéir d'un de ses enfants ou qu'il ne peut pas parvenir à le corriger.

« C'est lui seul qui doit, au moment des fêtes de famille, sacrifier, pour le bonheur de tous, les animaux que lui apportent ses parents.

« Tous les membres de la famille doivent obéissance au chef de famille. Ils sont tenus également de lui témoigner le plus grand respect.

« Quand l'aîné de la famille meurt, c'est son frère cadet qui devient chef de famille. Quand tous ses frères ont successivement occupé cette fonction, c'est le fils aîné du frère aîné qui est chef de famille après les frères, etc.

« Le chef de famille peut ne pas habiter le même village que toute la famille. Il peut fort bien vivre avec quelques-uns de ses fils ou de ses frères, loin des autres parents, mais ses pouvoirs sont toujours les mêmes.

« A côté du chef de famille, nous avons le conseil de famille qui est formé par tous les hommes et les femmes âgées de la famille. Ce corps n'a aucun rôle bien défini. Il se réunit sous la présidence du chef de famille pour régler toutes les questions de famille. C'est lui qui décidera par exemple s'il y a lieu d'envoyer chez un naba l'enfant incorrigible, qui interviendra en cas de différends pour une succession, qui s'emparera des biens du prodigue pour ne les lui rendre qu'au fur et à mesure de ses besoins, etc. »

L'habitation. — L'habitation mossi se compose d'un certain nombre de cases ou huttes rondes en terre surmontées d'un toit en paille, et de cases à mil, le tout resserré dans un espace assez étroit avec des couloirs, des corridors, de petites cours, etc. Cet ensemble est entouré d'un mur en terre assez haut (2 mètres) qui fait le tour des huttes ou cases et clôt l'habitation.

Les habitations sont éparses dans la plaine et éloignées les unes des autres de 50 ou 100 mètres. Il y en a de plus ou de moins grandes : les unes de 15 ou 20 huttes et même plus, les autres réduites à 4 ou 5 huttes (1).

Ajoutons que le chef d'habitation se dit zakasoba ou irisoba (de zaka ou iri : habitation et soba : chef, maître). Vadier s'est trompé dans sa Monographie en désignant le chef de la famille totale sous le nom de zakasoba. Le chef de la famille totale est le boudoukasaman. Quant au zakasoba c'est le chef d'une habitation, d'une maison, de ce groupe de huttes et de greniers à mil entouré d'un mur rouge qui constitue un ensemble profondément distinct et isolé dans la plaine mossi.

Cette habitation groupe plus ou moins de personnes, 18 ou 19 en moyenne (sauf exceptions) comme nous l'avons vu plus haut.

L'habitation, au point de vue moral, est une sorte de sous-famille. Ce n'est pas la famille entière, elle ne correspond pas à la famille totale. Cependant elle est très supérieure au simple ménage.

Si la famille mossi du Yatenga était absolument communautaire et parfaitement intégrée, les 100 ou 125 personnes que compte environ une famille mossi habiteraient et travailleraient ensemble. Un degré de communauté moins accentué mais encore très appréciable serait que l'habitation formât un groupement économique compact (et c'est ce qui a lieu chez beaucoup de noirs du Soudan, particulièrement chez les Bobos de

---

(1) Pour désigner ces habitations on emploie souvent le mot soukala ou sokala qui est consacré par l'usage au Yatenga, dans la région de Ouagadougou, dans celle de Léo, etc., bref dans tout le Mossi et ses dépendances, dans la langue des européens, des fonctionnaires qui habitent le pays. En fait le mot soukala n'est pas mossi, mais mandé. En bambara la hutte se dit so, en malinké sou, et soukala ou sokala veut dire exactement : les murs de la hutte (de kala qui veut dire os et par extension tout ce qui est allongé et entre autre chose les murs, et de so ou sou dont nous venons de voir la signification). Ce mot a été importé ici des bords du Niger à l'époque de la conquête. Il est équivoque jusqu'à un certain point, car si, la plupart du temps, on lui donne le sens d'habitation, des Européens s'en servent aussi pour désigner tout un quartier. C'est ce sens que lui donne Delafosse, *op. cit.*, t. III, p. 126. Quant à moi, dans mon *Noir du Soudan*, je lui ai toujours donné le sens d'habitation, c'est-à-dire le sens que j'ai donné au terme *carré* ou *carrée* dans ma Monographie du *Noir de Guinée*. Mais ce mot et les mots analogues qui ne sont pas strictement du pays ou qui n'ont pas une signification absolument nette en français, prêtent à confusion. Nous aurons à revenir là-dessus plus tard.

la Résidence de Léo, les Menkiéras, les Nounoumas, les Kassonfras, etc., et encore chez les Samos du Yatenga comme nous le verrons plus loin) toutes les personnes qui l'habitent travaillant et consommant ensemble sous l'autorité et la direction du chef de maison. En fait, chez nos Mossis du Yatenga, il y a une désintégration plus avancée de la famille. Dans chaque maison il y a des groupes de travail qui varient en nombre d'après l'importance de cette maison, d'après le nombre de ses habitants.

Groupes de travail. — Il faut donc en venir au groupe de travail pour avoir ici le groupement économique réel. C'est ce groupe qui possède les champs communs. Ce ne sont donc pas à proprement parler des champs familiaux ni même des champs sous-familiaux. Ils appartiennent à un groupement inférieur. C'est le chef du groupe de travail qui nourrit tous les gens du groupe la plus grande partie de l'année (sept mois sur douze). En revanche ils lui doivent le plus clair de leur temps pendant la saison des pluies (deux jours sur trois) mais peu de travail pendant la saison sèche. Chaque membre du groupe a aussi son petit champ particulier qu'il cultive le troisième jour, comme nous le verrons plus loin.

Consommation. Repas. — On ne se groupe pas de la même manière pour les repas pendant la saison des pluies et la saison sèche.

Pendant la première, à midi, on mange dans les champs par groupes de travail, mais les hommes et les femmes toujours séparés. Les garçons mangent avec les hommes, les filles et les petits enfants avec les femmes. Le soir on se groupe pour les repas comme pendant la saison sèche.

Pendant la saison sèche, on mange par habitation, par zaka entière, mais en se divisant par groupes : d'abord il y a la grande distinction des hommes et des femmes, puis, si l'habitation est grande, il y a, du côté des hommes, le groupe des vieillards, celui des gens mariés, celui des jeunes gens non mariés. Du côté des femmes il y a aussi trois groupes : les vieilles femmes — les femmes mariées — les jeunes filles. Cela fait donc six groupes, mais il faut ajouter que quand les femmes ne sont pas bien ensemble, chacune mange avec ses enfants dans sa hutte, dans sa case à elle. Dans les petites habitations il ne peut y avoir six groupes : il y a seulement les deux groupes fondamentaux, celui des hommes et celui des femmes.

Pour la préparation de la cuisine, pendant les sept mois où l'on mange le mil du chef du groupe de travail, c'est-à-dire le mil des champs communs (en gros d'avril à octobre), une femme, qui est « de service » pour vingt-quatre heures, prépare la cuisine pour tout le groupe, les autres l'aidant bien entendu, en allant chercher l'eau, en lui pilant le mil, etc. Pendant les cinq mois où l'on mange le mil des petits champs particuliers (novembre-mars) chaque femme prépare la cuisine de son mari. Quand un mari a plusieurs femmes elles ont un tour de roulement pour la préparation de la cuisine.

Comme on le voit, le mode de préparation des repas suit l'ordre de consommation du mil : lorsqu'on consomme le mil commun distribué par le chef de groupe ou par ses soins, on prépare la cuisine par groupe. Pendant le temps où l'on consomme le mil des champs ménagers, la préparation des repas a lieu par ménage. Mais pour la consommation des repas elle se réfère (sauf quand on est dans les champs pour le travail) à une communauté plus large, celle de l'habitation. Mais il y a ici la distinction fondamentale des hommes et des femmes qui ne doivent pas consommer ensemble et qui forment toujours deux groupes pour les repas. De plus, dans les grandes habitations, chacun de ces deux grands groupes se divise en sous-groupes, d'après les affinités naturelles de l'âge. Enfin, pour brocher sur le tout, survient quelquefois l'esprit d'anarchie des femmes qui les mène à sécessionner. On n'a donc pour la consommation comme pour la préparation et comme pour la production que cette communauté très ébranlée qui est la caractéristique de la famille que nous étudions en ce moment.

Exceptions. — Nous en arrivons maintenant au ménage mossi sur lequel nous avons à nous étendre. Mais avant de le faire, il faut dire que la famille telle que nous venons de la décrire souffre des exceptions ici et là.

Il y a d'abord des exceptions dans le sens communautaire, dans le sens de l'intégration, il y a surtout des exceptions dans le sens de la désintégration plus poussée.

Dans le sens de l'intégration ce sont surtout des familles de grands chefs qu'il faut citer: ainsi voici la famille de Gombiraogo, ex-baloum naba, personnage très riche et très important. Il a cinq frères : deux habitent ensemble au village de Kalo, deux de même au village de Bembéla. Gombiraogo habite à Ouahigouya avec le cinquième. Il possède avec celui-ci 3 zakas où habitent environ 70 ou 80 personnes qui toutes travaillent pour lui, formant un seul groupe de travail sous sa direction (c'est-à-dire que pendant la saison des pluies elles travaillent deux jours sur trois pour lui et pendant la saison sèche exceptionnellement, seulement quand il en a besoin. En revanche il les nourrit selon la coutume sept mois sur douze et ne les habille pas sauf les non mariés).

Ce qu'il y a à remarquer ici c'est la puissance du groupement de travail (70 à 80 personnes) qui fait que celui-ci comprend plusieurs habitations alors qu'en général c'est l'habitation qui comprend une pluralité, une dualité tout au moins de groupements de travail.

Le Baloum-naba actuel, grand ministre, a également deux zakas travaillant pour lui. La famille totale du Baloum-naba n'est d'ailleurs pas groupée à Ouahigouya, mais dispersée dans le Yatenga.

Dans le même sens, le Rassam-naba a une zaka de 157 personnes qui forment un unique groupe de travail sous sa direction. En revanche il les nourrit toute l'année.

Voici encore une zaka de cordonniers de Ouahigouya, comptant environ 100 personnes en tout et 15 ou 20 hommes faits, tous cordonniers. Ils travaillent tous pour le zakasoba qui les nourrit tous. Cette zaka, d'une puissance numérique exceptionnelle, est en même temps absolument intégrée.

Dans le sens opposé nous trouvons dans certaines parties du pays la famille mossi du Yatenga évoluant vers la désintégration complète, c'est-à-dire vers cet état de choses où il n'y a plus en présence que la famille totale d'une part et d'autre part le simple ménage (c'est-à-dire l'habitation ne comprenant plus qu'un seul ménage).

Ainsi dans une tournée dans le canton du Ratenga je note dans le village de Tangué une famille comprenant 110 personnes réparties en 14 maisons ce qui ne fait que 7 à 8 personnes en moyenne par maison. A Kargo (autre village) il y a 5 familles mossi comprenant 22 maisons abritant 181 personnes ce qui fait 8 personnes seulement par maison.

Ici bien évidemment la zaka est réduite au simple ménage qui s'identifie à la fois à l'habitation et au groupe de travail.

Disons cependant que dans tout le Ratenga il y a 4.637 mossis pour 458 habitations, ce qui fait 10 personnes par habitation. 10 personnes par habitation en moyenne, c'est un peu plus que le simple ménage (qui compte moyennement 6 personnes dans le Yatenga) mais ce n'est pas deux ménages. Cela veut dire que les habitations comptent tantôt deux ménages, tantôt un seul. Comme on est ainsi très peu nombreux dans chaque zaka, il n'y a qu'un seul groupe de travail.

Du reste voici l'analyse complète du canton du Ratenga :

Villages	Habitants	Habitations	Moyenne par habitation
Napalra . . .	254	20	13
Ouembatenga .	61	5	12
Alaga. . . .	335	22	15
Boulounga . .	197	23	9
Bani	387	30	13
Singuitenga. .	248	18	14
Boudé . . .	69	11	6
Foulgo-Koquin.	22	5	4
Zomkalga . .	88	12	7
Momoné . . .	86	10	9
Toïsi	100	13	8
Denian . . .	4	1	4
Pinsi	145	13	11
Dologa. . . .	110	15	7
Kiédéwendé. .	103	10	10
A reporter . . .	2.209	208	142

LA FAMILLE 233

Villages	Habitants	Habitations	Moyenne par habitation
Report	2.209	208	142
Koundi-Bitton.	63	9	7
Yalka	56	4	14
Koumbango. .	221	19	12
Kourpellé . .	167	15	11
Zimtenga . .	307	39	8
Battenga. . .	94	11	9
Badnoro . . .	83	10	8
Douré. . . .	96	6	16
Yalgatenga . .	45	8	6
Bargo. . . .	77	8	10
Lo	127	14	9
Rakcéga-Tenga	33	4	8
Moro-Koquin .	37	7	5
Dougouré . .	41	7	6
Bama	82	7	12
Kora	99	9	11
Tangué . . .	110	14	8
Minima . . .	113	12	9
Kanion . . .	75	10	7
Toukoulounga .	124	4	31
Tempelra . .	35	6	6
Bauda . . .	162	5	32
Kargo-Mossi .	181	22	8
	4.637	458	10

Il en est de même chez les Mossis du canton de Tougo, canton situé au sud-sud-est du Yatenga. Voici en effet la statistique de ce canton pour le nombre d'habitations et le nombre de personnes :

Villages	Habitations	Personnes	Moyenne par habitation
Tibtenga	9	102	11
Béma	96	792	8
Ouembatenga . .	9	76	8
Rima	63	347	5 à 6
Tougo.	69	937	13 à 14
Lébenga	4	40	10
Danaoua	22	229	10
Rasoumdé. . . .	27	189	7
Mangoulouma . .	2	28	14
Rikéba	52	545	10 à 11
Totaux . . .	353	3.285	9 à 10

Ce genre de famille des cantons du Ratenga et de Tougo se rapproche beaucoup de la famille mossi de Ouagadougou dans son type ou ses types ordinaires (1) qui sont caractérisés par ce fait que la zaka se confond avec le simple ménage et qu'il n'y a plus en présence que la famille totale et celui-ci.

Ceci nous amène à constater que la famille mossi du Yatenga dans son type moyen, tel que nous l'avons décrit plus haut, est plus massive, plus communautaire, plus intégrée que la famille mossi de Ouagadougou.

Cela tient, je pense, à ce que les éléments primitifs de la population, les Foulsés (éléments premiers, ne l'oublions pas, à Ouagadougou comme au Yatenga) et plus communautaires que les Mossis, sont restés beaucoup plus forts dans le Yatenga que dans la région de Ouagadougou. Tandis qu'en ce dernier lieu les Foulsés se fondaient à peu près complètement dans la masse des envahisseurs, au Yatenga ils résistaient beaucoup mieux, ne se fondaient pas avec eux et continuaient à constituer la plus grande partie de la population. Ils ont, dans ces conditions, probablement très influencé la morphologie de la famille mossi, de même qu'ils lui ont donné ses préjugés contre la possession du bétail, etc.

De cette proportion supérieure des éléments communautaires primitifs vient sans doute la différence de constitution de la famille mossi de la région de Ouagadougou et de la famille mossi du Yatenga.

3º *Le ménage et la femme.* — Nous en arrivons maintenant au Ménage et à la Femme. Nous subdiviserons cette partie en un certain nombre de titres que voici :

1. Promesse de mariage.
2. Personnes dont le consentement est exigé pour que la promesse de mariage soit valable.
3. Cadeaux.
4. Célébration et consommation du mariage.
5. Empêchements au mariage.
6. Question de la virginité.
7. Droits et devoirs du mari et de la femme.
8. Polygamie.
9. Organisation du ménage polygame.
10. Travail des femmes.
11. Le service conjugal.
12. Biens des femmes.
13. Adultère.
14. Divorce.
15. Formalités du divorce.
16. Effets du divorce.

(1) Voir mon *Noir du Soudan*, de la page 544 à la page 553.

17. Psychologie des femmes. La femme amante et la femme mère. Étudions d'abord la promesse de mariage.

Promesse de mariage. — « Il est d'usage, dit Vadier, que ce soit le père qui donne à son fils la première femme. C'est lui qui effectue les premières démarches et donne les premiers cadeaux exigés. Mais lorsque le fils est âgé de 17 ou 18 ans au moins ou qu'il est déjà marié, c'est lui-même qui remplit les formalités nécessaires.

« En pratique le fils consulte toujours son père et ne se marie avec une femme qu'il a choisie qu'après avoir obtenu son consentement. En principe le consentement du père n'est pas nécessaire pour que le mariage soit valable. Si cependant le fils passe outre à son autorisation, le père le chasse de sa soukala (habitation) mais le mariage produit tous ses effets.

« La demande en mariage s'effectue sans tenir compte de l'âge de la jeune fille. Celle-ci a généralement 6 ou 7 ans quand elle est demandée, mais il arrive fréquemment qu'elle soit encore au sein de sa mère lorsqu'elle est promise à quelqu'un. Nous voyons donc ainsi qu'il s'écoulera forcément un délai très long entre la demande en mariage et le mariage lui-même.

« Examinons d'abord les formalités de la demande en mariage :

« Le Mossi qui désire soit pour lui-même, soit pour son fils, une jeune fille, va saluer le chef de famille de l'enfant en lui faisant don, suivant son état de fortune, d'un poulet, d'une natte, d'une petite quantité de sel ou bien simplement d'un paquet de bois de chauffage. Il lui fait connaître l'objet de sa visite, en ayant bien soin de ne pas désigner par son nom la jeune fille qu'il désire. A ce sujet, il a eu soin à l'avance d'envoyer un ami commun au chef de famille, qui a averti celui-ci de la prochaine visite qu'il recevrait et qui lui a indiqué la jeune fille qui serait demandée. Le chef de famille, s'il ne veut pas accéder à cette demande, déclare qu'il n'a pas de fille à marier. Par contre, s'il accepte, il dit au solliciteur de revenir à une date ultérieure qu'il fixe et à laquelle il lui promettra la jeune fille. Le demandeur revient au jour dit avec plusieurs camarades apportant du dolo. Ceux-ci serviront de témoins. Devant ces derniers le chef de famille désigne par son nom au demandeur la jeune fille qu'il lui accorde et qu'il lui remettra plus tard comme femme, lorsqu'elle sera en âge de prendre mari.

« Le fiancé se rend ensuite avec les gens qu'il a amenés chez tous les chefs de soukala du village, les salue suivant la mode mossi et leur annonce que tel chef de famille lui a promis en mariage une jeune fille. Tout le village est donc ainsi pris à témoin ».

Personnes dont le consentement est exigé pour que la promesse de mariage soit valable. — « Le consentement de la jeune fille, dit Vadier, n'est nullement nécessaire ; d'ailleurs on dispose d'elle sans lui demander son avis et elle est toujours obligée de devenir la femme de celui à qui on l'a promise, excepté pourtant si son futur mari est lépreux ou aveugle. La jeune fille doit d'ailleurs ignorer, jusqu'au moment où on la conduit chez son mari, le nom de celui-ci.

« Pour que le mariage soit valable il faut que les personnes suivantes donnent leur consentement :

« 1° Le futur mari. Le consentement de celui-ci résulte des démarches que fait son père ou qu'il fait lui-même auprès de la famille de sa future.

« 2° Le père de la jeune fille. Lorsqu'un Mossi a une ou plusieurs filles et lorsqu'il pense que le moment est venu pour le chef de famille d'en disposer, il avertit celui-ci qu'il peut les promettre en mariage. Le chef de famille ne saurait, malgré ses pouvoirs, fiancer une jeune fille sans que le père de cette dernière lui ait déclaré qu'il pouvait la marier.

« Quand il a choisi un époux, il va trouver le père de la jeune fille et lui fait connaître la demande dont il a été l'objet. Le père peut à son gré accepter ou refuser. Son consentement est absolument indispensable et le chef de famille ne saurait passer outre.

« Le père ne peut disposer de sa fille sans le consentement du chef de famille, sauf dans les cas que nous verrons plus loin.

« 3° Le chef de famille. Le consentement du chef de famille est forcément exigé puisque c'est lui seul qui a le pouvoir de promettre en mariage les jeunes filles de sa famille, sous réserve des dispositions précédentes. Il existe trois cas où le consentement du chef de famille n'est pas indispensable :

« 1° Quand le père de la jeune fille est brouillé avec le chef de famille. Le père seul peut disposer de sa fille.

« 2° Quand le père est dans une extrême misère. Dans cette hypothèse il donne sa fille non promise encore à quelque indigène riche qui, par les cadeaux d'usage, viendra le secourir dans son dénûment car les dons du fiancé vont à la personne qui a promis la jeune fille.

« 3° La première fille, dans un ménage qu'elle soit unique ou qu'elle ait des sœurs, doit être promise par son grand'père maternel et non par le chef de famille ».

Ceci constitue, je crois, un curieux vestige de matriarcalisme et nous reporte sans doute aux temps assurément très éloignés où la famille mossi tournait autour de la tige maternelle et non autour de la tige paternelle.

4° La mère de la jeune fille. « La mère de la jeune fille, dit Vadier, est parfois consultée ; son mari lui demande simplement si elle est contente du choix qu'il a fait, de commun accord avec le chef de famille. Mais sa réponse n'a aucune valeur.

« La mère du fiancé n'a même pas à faire connaître son avis. »

Du moins tel est le principe. En fait la mère de la jeune fille a sans doute quelquefois plus d'autorité réelle que la théorie ne le suppose.

Cadeaux. — La dot n'existe pas dans le mariage mossi. Ceci est un point très important qui différencie les Mossis et même, je crois, les populations voltaïques en général, des populations mandées comme les Bambaras et les Malinkés où il y a dot et même très forte (je dis très forte, si l'on prend en considération la pauvreté générale des Soudanais). Je n'ai pas assez insisté sur ce point dans mon *Noir du Soudan*, dans le chapitre consacré à la famille mossi, p. 548 et 549. J'ai dit que ce qu'on payait pour avoir une jeune fille chez les Mossis de la région de Ouagadougou allait de la valeur de 1.500 cauris (1 fr. 50) à la valeur de 50.000 cauris (50 francs). En fait ce sont là des cadeaux et non pas une dot.

Mais, s'il n'y a pas de dot proprement dite, les cadeaux jouent un grand rôle.

« Après la promesse de mariage, dit Vadier, le futur mari doit venir tous les ans, après la filikienga, apporter quelques petits cadeaux au chef de famille et à la mère de la jeune fille. Ceux-ci se composent généralement d'un peu de mil, sel, de quelques centaines de cauris, d'une natte ou de deux ou trois sékos grossiers.

« Quant au père, il ne reçoit aucun cadeau, ce qui ne veut pas dire qu'il ne profite pas de ceux reçus par sa femme ou le chef de famille.

« La jeune fille également ne reçoit aucun don. Elle ne doit pas d'ailleurs user des objets ou denrées donnés à sa mère.

« Les cadeaux effectués pendant cette longue période de fiançailles ne doivent pas être de grande valeur. Le futur mari qui apporterait 5 ou 6.000 cauris au chef de famille se les verrait d'ailleurs refuser. Le chef de famille ne manquerait certainement pas de lui dire qu'en lui promettant une jeune fille il a entendu la lui donner comme femme et non la lui vendre. Si le mari insistait, il serait simplement chassé. »

Le mariage n'est donc pas en définitive chez les Mossis considéré comme un achat, au contraire de ce qu'il est chez les Malinkés et les Bambaras, et, en ce sens, il a une dignité plus grande que chez ceux-ci. Malheureusement cette absence de dot permet une rupture facile des liens du mariage qui n'existe pas justement chez les Bambaras et chez les Malinkés où la femme est plus assujettie à ses devoirs. Le ménage est donc moins solide chez les Mossis que chez les Mandés et ainsi le mal sort du bien.

D'une façon générale chez les Voltaïques (Bobos, Gourounsis, Mossis, Habbés, etc.), le lien du mariage est beaucoup plus lâche et beaucoup plus fragile que chez les Mandés (Bambaras, Malinkés, etc.) et cela se relie au défaut de dot sérieuse. Quand il y a dot, la jeune fille est vendue, mais si elle veut s'en aller une fois mariée, comme une dot sérieuse est difficile à rendre, les chefs de famille imprévoyants commençant par la dissiper et les gens plus sérieux l'employant immédiatement à acheter une fille pour un jeune homme de la famille, la coutume s'est formée de s'opposer impérativement à ces demandes de rupture du lien de mariage. Ainsi, si les fiançailles ont plus de dignité chez les Voltaïques, le mariage lui-même a plus de tenue et plus de sérieux chez les Mandés et le ménage plus de solidité.

Revenons aux Mossis.

Notons d'abord que l'offre des cadeaux comporte une certaine élasticité. Un jeune homme riche fera des cadeaux beaucoup plus forts qu'un pauvre. Il ne donnera pas une grosse somme de cauris, mais en vêtements, en denrées (sel, etc.), en animaux, il peut donner en définitive des sommes assez importantes au chef de famille de sa fiancée ou à la mère de celle-ci. En revanche, un pauvre donnera un fagot de bois qu'il vient de ramasser dans la brousse et un coq, et en sera quitte à ce prix.

Quoique la jeune fille ne soit pas vendue, le fiancé ou son père sont tenus de faire les cadeaux prescrits par l'usage.

« Le défaut de faire les cadeaux prescrits par l'usage, dit Vadier, a de grosses conséquences. Examinons les différents cas qui peuvent se présenter.

« I. — Si par négligence, par oubli ou pour cause d'absence (voyage) le futur mari n'effectue pas les cadeaux annuels, il se verra refuser la jeune fille le jour où il se présentera pour la faire conduire chez lui et perdra tous ses droits sur elle.

« Toutefois il reconquerra tous ses droits s'il verse au chef de famille et à la mère de sa fiancée en une seule fois tous les cadeaux qu'il aurait dû faire pendant la période d'absence ou d'oubli.

« Le chef de famille ne saurait refuser ce don collectif et par conséquent s'opposer au mariage.

« II. — Le mari a oublié de faire les cadeaux et ne se présente pas chez le chef de famille quand la jeune fille est pubère.

« A. S'il habite dans le pays, le défaut de se présenter au moment voulu devant le chef de famille est considéré comme un abandon de ses droits sur la jeune fille. Le chef de famille peut alors disposer à nouveau de celle-ci.

« B. Le fiancé est depuis longtemps parti en voyage et est encore absent au moment de la puberté de la jeune fille.

« Le chef de famille fait appeler le frère du fiancé. Il lui offre la jeune fille comme femme. Le frère n'est pas obligé d'accepter. Dans ce cas le chef de famille recouvre tous ses droits sur la jeune fille ».

Célébration du mariage. Consommation. — « Pour que la jeune fille puisse être conduite dans la case de son mari, il faut qu'elle soit pubère (15 ou 16 ans). Généralement on attend même six mois ou un an après qu'elle a été pour la première fois en état de zim, (zim veut dire sang en mossi).

Quant au mari il faut également qu'il ait atteint dix-sept ou dix-huit ans.

Les formalités de la célébration du mariage sont très simples au Yatenga.

Lorsque la jeune fille promise a atteint l'âge de puberté, le mari se rend chez le chef de famille pour la lui demander. Le chef de famille peut lui dire d'attendre six mois ou un an au maximum, délai que le fiancé est obligé d'observer, mais généralement le chef de famille lui répond qu'il peut faire prendre sa future femme dans quelques jours. Le fiancé lui remet alors un sac et deux peaux de bouc de mil et se retire. Ce mil sert à faire du dolo qui est bu par toute la famille de la jeune fille.

Chaque femme habitant la même soukala fait cadeau à la mère de la jeune fille d'une ou deux calebasses. Le père et le chef de famille lui remettent deux grands paniers. Tous ces objets constitueront en somme le trousseau de la nouvelle épouse.

Au jour fixé le fiancé envoie deux hommes de sa famille, dont l'un est généralement son frère, chercher sa fiancée. Ces deux indigènes se présentent chez le chef de famille avec 13 canaris de dolo. Il y a lieu alors à agapes.

Le père conduit sa fille dans la case aux Ancêtres, égorge un poulet sur la pierre fétiche afin que le mariage futur soit heureux et lui donne alors le nom de son mari.

La jeune fiancée, sous la conduite de deux vieilles femmes de sa famille et des deux représentants de son fiancé, se rend chez celui-ci.

Pendant quatre jours la jeune épouse restera seule avec les vieilles femmes dans une case. Celles-ci, pendant ce laps de temps, lui donneront tous les conseils d'usage et lui montreront la ligne de conduite qu'elle devra adopter pour plaire à son futur époux.

Celui-ci vient tous les jours saluer les vieilles femmes, mais pendant cette entrevue la jeune fille a bien soin de se cacher le visage.

Le troisième jour au soir, le mari fait tuer un mouton, une chèvre, choisit un gigot qu'il met de côté avec la peau de l'animal et avec le restant de la viande fait faire une grande quantité de sarabou. Il porte le tout aux vieilles femmes. Ces dernières distribuent le sarabou entre tous les gens de la famille et conservent soigneusement le gigot et la peau qu'elles porteront le lendemain à la mère de la jeune fille pour lui montrer que celle-ci a bien été remise à son mari.

Le mari fait ensuite conduire sa jeune épouse dans sa case où la consommation du mariage a lieu.

Ce délai de quatre jours n'a rien d'obligatoire. Il arrive fréquemment que la consommation du mariage a lieu le lendemain de l'arrivée de la jeune fille. Parfois aussi elle est retardée de plusieurs jours quand, ainsi que cela arrive parfois, le fiancé, âgé, destine à son fils ou à quelque membre de sa famille, l'épouse qui lui était primitivement destinée.

Le mariage est valable du jour du départ des vieilles femmes qui ont amené la jeune fille dans la soukala de son mari.

La consommation du mariage n'est nullement nécessaire pour la validité de l'union. Si toutefois le mari délaisse pendant trop longtemps (un an par exemple) la nouvelle arrivée, celle-ci pourra alors demander des explications. »

Empêchements au mariage. — « Les empêchements au mariage, dit Vadier, sont les suivants :

1. *Différence de race ou de caste.* — Les Mossis ne peuvent contracter mariage avec les forgerons. C'est là un empêchement absolu. Par contre ils peuvent se marier avec les Foulsés, Samos, Peuls, Yarsés, etc. ».

Ceci appelle quelques réflexions. Les forgerons du Yatenga sont de race foulsé et non de race mossi. Cependant ce n'est pas une différence de race qui dicte la prohibition dont il s'agit puisque les Mossis peuvent se marier avec les Foulsés en général. C'est bien une différence de caste. A noter, comme nous l'avons dit plus haut, que les Foulsés ordinaires ne peuvent pas non plus se marier avec les forgerons.

Les forgerons sont ici comme dans tout le Soudan à la fois redoutés et méprisés. Au fond on les tient pour de redoutables sorciers.

« II. *Parenté.* — Il faut qu'il y ait au moins 200 ans écoulés entre l'époque où vivent les fiancés et celle où vivait leur ancêtre commun. C'est également là un empêchement absolu.

III. — Si un Mossi pendant la période de ses fiançailles a des rapports avec une jeune fille ou une femme de la soukala de sa fiancée, le mariage ne peut avoir lieu.

Toutefois cet empêchement n'a rien d'absolu. Si le coupable demande pardon au chef de famille et si celui-ci l'accorde, l'union peut plus tard être contractée. »

IV. *Rapports contre nature.* — Le mariage ne peut avoir lieu : 1° Si le fiancé a été surpris se livrant à l'acte sexuel sur une ânesse (le fait n'est pas très rare au Yatenga) ; 2° Si la fiancée a eu des relations avec un indigène ayant eu lui-même des rapports sexuels avec une ânesse. Ces empêchements sont absolus.

C'est ainsi que les habitants d'un village du Yatenga (Dénia) réputés pour avoir eu jadis des relations avec des ânesses ne peuvent se marier en dehors de leur localité.

V. *Infirmités.* — Si le fiancé est aveugle, le mariage ne peut avoir lieu que si la jeune fille y consent. Nul ne peut la contraindre.

VI. *Lèpre.* — Même chose que précédemment quand le fiancé a la lèpre.

VII. *Impuberté des fiancés.* — Le mariage ne saurait être contracté avant que les deux fiancés soient nubiles. C'est là un empêchement absolu mais qui se présente bien rarement en pratique.

VIII. — La folie d'un des fiancés ».

Question de la virginité. — La virginité de la fiancée n'est pas très importante ici et c'est une remarque à faire qu'elle l'est beaucoup moins que chez les Bambaras. Cela se lie du reste à ce que le mariage est moins solide et à ce que la séparation des époux est beaucoup plus facile. Il y a là un ensemble de faits concordants qui font de l'institution du mariage et du ménage quelque chose de plus sérieux et de plus ferme chez les Bambaras que dans cette région-ci.

Vadier dit à ce sujet : « Le fait pour une jeune fille d'avoir eu avant son mariage des relations avec un indigène autre que son mari n'est nullement un empêchement au mariage.

« Beaucoup de jeunes fiancées ont des amants. Il arrive assez fréquemment même que leur père est obligé d'aller les chercher chez ceux-ci avec lesquels elles se sont enfuies. D'ailleurs cette question ne concerne nullement le mari. Pourvu qu'il ait la femme, le reste lui importe peu. Le cas n'est pas rare où une jeune fille apporte dans la maison de son époux un enfant qu'elle a eu d'un autre indigène. Cet enfant revient plus tard à son père naturel ».

Le tableau est un peu poussé au noir. En fait pères et mères essayent d'empêcher leurs filles, comme ils le peuvent, d'avoir des amants. Ils n'aiment pas les voir aller au tamtam, mais on ne peut guère les en empêcher, et souvent le tamtam, comme les bals champêtres de nos campagnes, cause des accrocs à la vertu des jeunes filles. Si celles-ci ne disent rien, tout va bien. Comme chez les Mossis il n'y a pas d'exposition de pagne après la consommation du mariage, on ne voit rien. Si même le mari sait d'avance ou s'aperçoit au dernier moment, il ne dira rien, par honte, pour ne pas se faire moquer de lui. Mais, quand le père amène sa fille dans la case des Ancêtres avant de l'envoyer à son fiancé, souvent celle-ci n'ose pas entrer dans cette case, ayant perdu sa virginité, de peur d'être tuée par les Ancêtres et elle avoue sa faute à son père. D'autres fois elle a le courage ou l'impudeur d'entrer chez les Ancêtres, mais, plus tard, chez son mari, tombée malade, elle verra dans son état une vengeance de ceux-ci pour cette espèce de parjure moral qu'elle aura commis en entrant chez eux en état de faute et elle avouera à son mari ce qu'elle a fait. Dans ces deux cas on s'adresse à l'amant, dans le premier cas le père, dans le second cas le mari, et on lui demande une chèvre, deux canaris de dolo, un poulet. Avec ces divers objets un sacrifice sera offert aux Ancêtres pour leur demander grâce et ils pardonneront alors à la femme et à l'amant. Tout rentrera dans l'ordre.

Quelquefois, comme cela a été dit plus haut, un enfant se trouvera être le fruit de l'amour d'une jeune fille. L'amant ayant été mis à l'amende et les Ancêtres étant satisfaits, le mari acceptera l'enfant avec la fille, mais, dès que celui-ci pourra se passer de sa mère, le mari le renverra à son vrai père, ne tenant pas à le conserver chez lui.

En définitive, la virginité n'est pas strictement exigée de la jeune fille, quoiqu'elle soit considérée comme meilleure et plus respectable que la non-virginité. Les Mossis ne sont pas difficiles sur ce point comme les Bambaras et cela leur est commun, d'après mes renseignements, avec toutes les populations voltaïques.

Notons encore un détail : Si l'amant auquel on demande réparation pour le préjudice causé, c'est-à-dire le paiement de la chèvre, du poulet et des deux canaris de dolo, ne veut pas les donner, le mari s'adressait jadis au moro-naba qui forçait l'amant à payer ce qu'il devait et de plus lui confisquait pour lui-même, pour son salaire de justicier, une partie de ses biens. Si l'amant n'avait rien, c'était la famille qui payait à sa place. Actuellement on s'adresse encore pour les faits de cette espèce aux chefs de village ou de canton qui forcent l'amant à payer ce qui est de coutume.

Droits et devoirs du mari et de la femme. — Le mari doit aide et assistance à sa femme. Il doit la protéger et prendre sa défense quand il y a nécessité.

L'époux doit entretenir sa femme : pour la nourriture, le mari fait partie généralement d'un groupe de travail, comme nous l'avons vu plus haut. Le groupe de travail nourrit le mari et la femme 7 mois sur 12. Le reste du temps le mari nourrit la femme du produit de ses petits champs. La femme a aussi ses petits coins de cultures particuliers (grands comme un mouchoir) mais ils ne servent pas à la nourriture du ménage, à moins que le mari ne soit complètement démuni. Généralement donc le produit de ces petits carrés de culture va à la femme elle-même.

C'est le mari en tout cas qui doit habiller sa femme et non le groupe ; il le fait sur le produit de ses petits champs.

Dans le cas où son mari, le pouvant, refuserait de l'entretenir, la femme porterait plainte au chef de famille de son époux. Si après l'intervention de celui-ci le mari persistait à lui refuser l'entretien, la femme deviendrait libre et pourrait retourner dans sa famille.

Le mari doit pourvoir à l'entretien de sa femme infirme ou malade jusqu'à sa mort.

La femme doit obéissance au mari. Ce dernier a le droit de la frapper en cas de désobéissance, d'adultère etc. Il ne peut lui casser un membre ni la tuer.

Polygamie. — La polygamie est la règle commune, au moins théoriquement, c'est-à-dire que le Mossi peut avoir autant d'épouses qu'il le désire pourvu qu'il puisse subvenir à leurs besoins.

En fait, les gens riches seuls ont plusieurs femmes. La majorité est monogame par nécessité et il y a même des célibataires. Et, pour le dire en passant, il en est ainsi chez les nègres soudanais en général, car la nature créant partout à peu près autant d'hommes que de femmes, on ne voit pas comment il pourrait se faire que dans un pays chaque homme puisse avoir plusieurs femmes. Cependant, malgré l'existence des célibataires et d'un grand nombre de monogames de fait, la question se pose encore : elle se résout si l'on songe que les filles sont mariées beaucoup plus tôt que les hommes ce qui crée un beaucoup plus grand nombre de femmes « en activité de service », si j'ose ainsi dire, que d'hommes. C'est là sans doute la solution (avec l'existence des célibataires et d'un nombre sérieux de monogames) de l'objection qui se pose naturellement quand on parle de polygamie.

Ajoutez qu'il peut se faire qu'ici le nombre des filles mises au monde soit un peu plus grand que celui des garçons, comme cela a été remarqué par exemple en Angleterre.

Comme chiffres de polygamie, disons que le moro-naba Bango, le dernier qui régna avant l'arrivée des Français, avait environ 80 femmes. Le naba Koboga qui a régné de 1902 à 1914 en avait 30 ou 40. Le Rassamnaba actuel, un des ministres du moro-naba, a 30 ou 35 femmes. Mais ce sont là des chiffres exceptionnels bien entendu si l'on considère la masse mossi du Yatenga. En tout cas les riches, les notables, les gens aisés ont toujours plusieurs femmes.

Organisation du ménage polygame. — « La première femme, dit Vadier, jouit d'une certaine autorité sur ses compagnes. C'est elle qui transmet les ordres du mari à ses autres épouses, qui lui rend compte des désidérata de celles-ci, qui veille à la confection des aliments et qui répartit la nourriture. C'est elle également qui vient déclarer au mari que telle de ses femmes n'est plus en état de zim et qu'elle peut par conséquent satisfaire aux obligations conjugales.

« En dehors de cette prérogative dont jouit la première épouse, toutes les femmes ont les mêmes droits et les mêmes devoirs. En principe chaque femme doit partager à son tour la couche de son mari. Toutefois celui-ci est libre d'appeler pendant la journée l'épouse qu'il préfère ».

Travail des femmes. — Les femmes mossis aident d'abord à la culture. Elles ne défrichent pas, mais elles font tous les autres travaux de culture, en concurrence avec les hommes, pendant l'hivernage. Cependant étant donné la nécessité de faire le pilage des grains, la cuisine et les autres travaux de ménage, elles ne peuvent pas travailler aux champs autant que les hommes. Quand elles sont plusieurs, elles se partagent la besogne : les unes vaquent aux travaux du ménage, les autres vont aux champs. Quand il n'y en a pas assez pour opérer cette division du travail, elles laissent les hommes partir le matin et elles ne vont les rejoindre que vers 10 ou 11 heures avec la nourriture. Après le repas et le repos de midi, elles travaillent avec les hommes, mais elles quittent le champ avant ceux-ci pour vaquer aux travaux du repas du soir. Avant de rentrer au village pourtant, elles vont soigner leurs petits carrés de culture particuliers mais elles n'y travaillent que peu de temps, tandis que les hommes ayant quitté les champs du groupe, s'attardent dans leur petit champ particulier jusqu'à la nuit.

Avec les travaux des champs, les femmes font les travaux de ménage : elles pilent et écrasent les grains. Elles les pilent dans les mortiers et les écrasent sur les pierres à écraser. Nous reparlerons au Mode d'existence de ces mortiers, pilons et pierres.

Elles font la cuisine et confectionnent les différents plats mossis que nous aurons à examiner plus loin. Elles vont chercher le bois dans la brousse et l'eau au puits.

Ajoutons que ce sont les femmes qui cueillent les marrons de karité pendant la saison des pluies et les gousses de néré au printemps (fin mars, avril). Ce sont elles qui préparent le beurre de karité et la farine de néré. Elles font aussi le dolo et, s'il en est besoin, les diverses autres boissons dont nous avons déjà parlé à la Cueillette et sur lesquelles nous aurons à revenir au Mode d'existence.

Avec les travaux de cuisine, les femmes mossi du Yatenga ont les travaux de nettoyage à exécuter. Elles balaient les cases et toute la maison avec des poignées de paille attachées au milieu avec une corde, ce qui forme de petits balais primitifs, sans manche, de 30 ou 40 centimètres de long. Elles lavent le linge, fabriquent le savon. Elles filent le coton, tandis que les hommes le tissent. Enfin ce sont elles qui dament soit le sol des cases, soit les murs avec des claquoirs en bois (silimpandé en mossi au singulier, silimpama au pluriel) après avoir ajouté de l'eau de néré. Nous verrons plus loin, au Mode d'existence (construction de l'habitation) comment se fait cette opération.

Le service conjugal. — La femme doit à son mari l'accomplissement du devoir conjugal.

La femme ne doit jamais s'y refuser, exception faite cependant si elle est indisposée, enceinte ou si elle allaite. On voit qu'il y a chez les Mossis en particulier et chez les Soudanais en général, (car les mêmes coutumes existent à ce sujet chez tous les nègres soudanais), une grande délicatesse. On l'apprécie encore mieux si l'on songe qu'ici les femmes allaitent leurs enfants pendant des deux et trois ans.

« Si, dit Vadier, par pudeur de jeune épousée ou pour tout autre motif, une femme se refusait à son mari, celui-ci userait d'abord de tous les moyens de persuasion en son pouvoir, priant notamment les parents de la femme d'intervenir auprès de celle-ci. Si les exhortations de ces derniers restaient vaines, on userait de contrainte en infligeant une correction à la femme ou en la mettant aux fers. Enfin, si ces mesures ne parvenaient pas à amener l'épouse à composition, celle-ci pourrait être chassée par le mari.

« Le mari en revanche doit à la femme le même service conjugal qu'il est en droit d'exiger d'elle.

« Si le mari ne l'accomplissait pas, par suite d'impuissance ou de maladie ou simplement par suite de mauvaise volonté, l'épouse délaissée ferait part de la situation à la première femme du chef de famille qui en informerait ce dernier.

« Si la conduite du mari était causée par son inaptitude physique, la femme lui serait retirée et serait remise à un de ses frères ou, à défaut, à son parent le plus proche, exception faite de ses fils. Si elle était due seulement à son mauvais vouloir, des représentations seraient faites et si, au bout de quelques jours, on se rendait compte qu'elles sont infructueuses, la femme serait rendue libre de rentrer dans sa famille ».

Ajoutons tout de suite qu'en fait ces cas n'arrivent pour ainsi dire jamais ou sont si rares qu'ils équivalent presque à zéro. Pourtant la coutume les prévoit et nous venons de dire ce qui arrive quand par hasard ils se présentent.

Biens des femmes. — Les femmes peuvent posséder des biens particuliers, nous le savons déjà, biens qui n'entrent pas dans la communauté et qui sont complètement à elles. Les sources de ces biens sont diverses : ce sont tantôt les petits champs des femmes, tantôt le boni qu'elles font sur le mil qu'on leur donne à préparer pour la nourriture et qui, transformé en dolo, est vendu et rapporte des cauris ; tantôt la munificence du mari qui leur donne des bracelets, des bijoux divers. Ces bijoux sont bien à elles une fois donnés et s'ajoutent à ceux qu'elles se procurent avec leurs ressources.

Les biens d'une femme quand elle meurt vont à ses enfants : les objets pour les femmes vont aux filles (bracelets, pagnes), les autres objets (animaux, etc.) vont aux fils. Plus exactement c'est l'aîné des fils qui est avantagé parmi les fils et l'aînée des filles parmi les filles. Quand il n'y a pas d'enfants le mari ne prend rien et ce que laisse la femme va à sa famille, à ses sœurs et à ses frères en première ligne. Le mari, n'ayant pas eu d'enfants de la défunte, aurait honte de prendre ce qu'elle laisse.

Adultère. — La femme doit fidélité à son époux.

Cependant l'infidélité n'est pas très importante car, à moins qu'elle ne soit fréquente, elle n'est généralement pas suivie de rupture. Le mari se contente de frapper sa femme et de la corriger.

Quand la femme s'est enfuie chez un amant, le mari va la chercher. L'amant en sera quitte pour donner un mouton, un poulet (le mouton peut être remplacé par une chèvre) et deux canaris de dolo, tout cela pour le sacrifice aux Ancêtres, afin qu'ils pardonnent à la femme. Celle-ci ne peut rentrer dans la maison que quand le sacrifice a été fait : sans cela les Ancêtres la tueraient. Du reste ceux-ci sont intraitables, plus que le mari assurément, sur le point d'honneur de celui-ci. Si un mari savait sa femme coupable et ne faisait rien, les Ancêtres seraient furieux contre lui et le tueraient : d'où nécessité pour le mari d'agir.

Si le mari ne peut retrouver sa femme enfuie c'est son beau-père qui a le devoir de la rechercher et de la lui ramener.

Jadis, avant l'occupation française, si l'amant ne voulait pas rendre la femme, le père de celle-ci s'adressait au naba, c'est-à-dire au chef de village ou de canton ou même au moro-naba, qui envoyait des cavaliers pour arrêter les deux coupables. Il restituait la femme à son mari et confisquait pour lui-même les greniers de mil et les animaux de l'amant.

Actuellement, depuis l'occupation française, on s'adresse au commandant de cercle et au Tribunal indigène de province pour ravoir sa femme.

Quelquefois, jadis, il arrivait qu'en cas de flagrant délit le mari tuât l'amant de sa femme. Il avait le droit de le faire, mais alors il perdait sa femme qui devenait la propriété du moro-naba. Quant aux biens de l'amant tué ils devenaient également la propriété de celui-ci.

Le mari, en tout cas, n'avait pas le droit de tuer sa femme en dehors du flagrant délit — sauf cependant le moro-naba et l'aristocratie. Pour le moro-naba quand une de ses femmes le trompait, il la faisait tuer avec son amant. On étranglait les deux coupables avec des bandes de coton. Quant aux nakomsés, aux vrais, car les descendants de naba Rawa ou de naba Yadega ne sont plus considérés comme des nakomsés actuellement et sont rentrés dans la masse du peuple, quant aux vrais nakomsés se rattachant à la royauté depuis naba Nabacéré (1625-1655) ses descendants Pigo (1720-1739) et Kango (1754-1787), ils s'adressaient d'abord, quand une de leurs femmes les avait trompés, au Basi-naba chef des nakomsés, en lui présentant les deux coupables. Le Basi-naba les renvoyait au moro-naba qui faisait étrangler la femme et l'amant. Les biens de celui-ci étaient pour le Rassam-naba, chef des gens du Bingo qui étaient chargés de l'exécution. Il en était de même quand les gens du Bingo (les captifs de case du moro-naba) exécutaient la femme d'un moro-naba et son amant : les biens de celui-ci ne pouvant pas décemment revenir au moro-naba trompé revenaient au Rassam-naba chef du Bingo.

De même que la femme doit fidélité au mari, le mari doit fidélité à sa ou à ses femmes. Mais il y a souvent des accrocs à cette règle et les frasques du mari ont beaucoup moins d'importance que les frasques de la femme. En tout cas l'infidélité du mari n'entraîne jamais la nullité du mariage. Cependant si les femmes n'ont pas le droit de dire grand chose quand leur mari les trompe (pourvu qu'il n'installe pas de concubine au domicile conjugal, cas inexistant du reste) elles ont deux moyens de se venger de lui : le premier est très rarement employé par les femmes mossi du Yatenga. Il consiste à avertir le mari de cette femme avec laquelle leur mari les trompe. Elles attirent ainsi à celui-ci des désagréments plus ou moins sérieux. Si le mari s'est hasardé à faire pénétrer momentanément chez lui une femme qui ne lui appartient pas, il arrive (et cela est plus fréquent) que ses femmes se réunissent, attendent la coupable à la sortie de la soukala et lui administrent une tournée en règle. Le mari ne peut rien leur dire. Lui, il est protégé, pour ainsi dire, par sa dignité de mari, mis en dehors du débat, mais on se venge sur sa malheureuse complice et si on ne lui dit rien à lui, il ne peut rien par contre pour la protéger.

Divorce. — Le divorce existe dans le Yatenga, plus fréquent qu'en pays bambara, pour des raisons que nous avons expliquées plus haut. Voici les principaux cas théoriques qui peuvent se présenter au sujet du divorce. Je les emprunte à Vadier.

« Le divorce existe dans les cas suivants :

1° Par consentement mutuel. Lorsque les deux époux ne s'entendent pas, ils peuvent se séparer. Le cas est cependant très rare et n'a lieu qu'après l'intervention amiable des chefs de famille des deux époux. La femme garde pour elle les cadeaux que le mari a pu lui faire, si c'est le mari qui a le premier demandé le divorce. Elle les laisse si c'est elle qui a demandé à partir.

2° Injures. — Les insultes adressées au mari par la femme ou inversement ne sont pas un cas de divorce. Si le mari insulte les parents de sa femme le divorce a lieu. La femme garde les cadeaux.

3° Mauvais traitements. — Il est admis que le mari peut frapper la femme pour la corriger, mais si les blessures sont graves ou si le mari bat continuellement sa femme, celle-ci devient libre, mais les cadeaux, moutons, chèvres, bracelets, etc. qu'elle a reçus de son mari restent à ce dernier.

4° Non accomplissement des devoirs conjugaux : 1° De la part du mari. — Si le mari ne cohabite pas avec sa femme celle-ci ne peut rien dire, mais elle est libre d'avoir des amants en dehors de la soukala du mari. Si ce dernier proteste la femme le quitte.

Si le mari est atteint d'une maladie vénérienne, un délai de trois ans lui est donné pour guérir. Après ce laps de temps et dans le cas de non-guérison la femme devient libre.

Si le mari est impuissant il y a lieu, comme dans le cas précédent d'ailleurs, à vérification par le naba ; la femme retourne également dans sa famille. Dans les trois cas la femme gardera les cadeaux.

2° De la part de la femme. — Si la femme se refuse à accomplir ses devoirs conjugaux, le mari peut la chasser et il garde les cadeaux qu'il a donnés.

Si la femme est atteinte de maladie vénérienne, le mari ne peut la reprendre.

5° Infidélité. — L'infidélité du mari n'est pas un cas de divorce. L'infidélité de la femme, par contre, est un motif suffisant pour l'annulation du mariage. Les cadeaux restent au mari.

6° Manque d'entretien. — Si le mari refuse de pourvoir à la nourriture et à l'entretien de sa femme, celle-ci peut demander le divorce, mais elle doit abandonner à son mari les cadeaux qu'elle a reçus de lui.

7° Relations coupables de l'un des époux avec des animaux ou avec une personne accusée d'avoir eu des rapports avec une ânesse.

8° Inceste. — En cas d'inceste de l'un des époux, l'autre a le droit de demander le divorce. Les cadeaux restent au mari si la femme est coupable. Celle-ci les emporte si c'est le mari qui a commis l'inceste ».

Voilà les principaux cas théoriques qui peuvent donner lieu au divorce. Revenons d'abord sur l'un d'eux : non accomplissement des devoirs conjugaux de la part du mari. Les effets qu'en note Vadier semblent en contradiction avec ceux que nous avons notés plus haut nous-même (service conjugal). En fait il n'y a pas contradiction : quand un mari ne remplit pas le service conjugal envers sa femme, cas du reste très rare, ou bien la femme n'a qu'à se louer de son époux sous tous les autres rapports ou bien il est méchant, mauvais et elle en est mécontente en dehors même du grief dont il s'agit. Dans le premier cas elle prend un « bon ami » en dehors de l'habitation de son mari, liaison sur laquelle celui-ci ferme volontairement les yeux et elle ne demande pas le divorce. Dans le second cas elle le demande. Voilà, en fait, comment se dénoue la situation.

Parmi les cas de divorce énumérés par Vadier, les plus fréquents, ou les moins rares plutôt, sont : 1° l'infidélité continuelle de la femme, je dis continuelle car, comme nous l'avons déjà fait remarquer, quoique une seule infidélité de la femme autorise en principe le mari à demander le divorce, en fait on ne renvoie jamais sa femme pour un seul accroc au contrat de mariage : on se contente de la battre. Mais si la femme s'obstine à tromper son mari, alors celui-ci finit par la renvoyer ; 2° les insultes que peuvent s'adresser entre eux dans un moment de colère le mari et la femme ne comptent pas, mais, ce qui est grave, ce sont les insultes du mari aux parents de la femme ou de la femme aux parents du mari. (Du reste cette susceptibilité pour leurs parents n'est pas spéciale aux Mossis. Elle est commune à tous les nègres soudanais que j'ai vus, Bambaras, Malinkés, etc.). Donc, si le mari insulte les parents de la femme, celle-ci peut demander le divorce. En fait une femme qui aime son mari ne rapporte pas à ses parents les injures que, dans un moment de colère, celui-ci a pu proférer contre eux. Elle ne dit rien et ne demande pas le divorce. Mais, si elle a d'autres griefs contre son mari ou désire secrètement la séparation elle s'empressera de profiter de ce motif qui est considéré comme grave. Pour les insultes de la femme aux parents du mari (cas rare, comme le précédent, chez les Mossis), il en est de même : ou le mari aime sa femme et il ne dit rien ou il ne l'aime pas et il en profite pour se débarrasser d'elle.

Quant aux autres cas de divorce, ils se présentent très rarement, plus rarement que les précédents.

Formalités du divorce. — « Il n'en existe pas, dit Vadier. Le mari rend compte à son chef de famille et au père de sa femme de la décision qu'il a prise. La femme avertit également son père et son chef de famille.

« En cas de contestation, quand les choses ne s'arrangent pas à l'amiable, le naba intervient et reste souverain juge ».

Effets du divorce. — « 1° Quant aux biens. Chaque épouse, dit Vadier, garde les biens qui lui sont propres. Nous avons vu au Paragraphe précédent ce qu'il advenait, pour chaque cas, des cadeaux remis par le mari à sa femme.

« En ce qui concerne les cadeaux qui furent faits par le mari au chef de famille ou à la mère de la jeune fille, il ne saurait, en aucune hypothèse, être parlé de leur restitution.

« 2° Quant aux époux. Les époux deviennent par le divorce absolument libres. Ils ne sont plus tenus à aucune obligation l'un envers l'autre.

« Ils peuvent par la suite se remarier ensemble.

« 3° Quant aux enfants. Un grand principe règle la question : les enfants appartiennent à leur père et doivent par conséquent rester avec lui.

« L'enfant en bas âge part avec sa mère, mais il devra revenir habiter chez son père lorsqu'il aura trois ans, si c'est un garçon, six ou sept ans si c'est une fille.

« La femme divorcée ne peut revenir dans la case même de son mari pour voir ses enfants. Elle pourra toutefois aller chez le chef de famille de celui-ci où ses enfants, avec l'autorisation du mari, pourront se rendre. Le naba peut passer par dessus l'autorisation du père.

« Les enfants pourront, avec le consentement paternel, aller voir leur mère chez elle ».

Comme le dit Vadier, un grand principe domine en effet les conséquences du divorce quant aux enfants : comme chez la plupart des Soudanais, ils vont au père. Celui-ci s'est marié pour avoir des enfants. La femme peut s'en aller, se dérober à son rôle essentiel de génitrice pour le mari, de génitrice au profit du mari, mais les enfants restent à celui-ci. Ce point est très important et mérite d'être bien noté.

Psychologie des femmes. La femme amante et la femme mère. — Les femmes mossis aiment plus leurs enfants que leur mari. Quant à leur famille, elles l'aiment beaucoup, mais aiment autant leur mari que leur famille, si elles aiment leur mari. Si elles n'aiment pas celui-ci, elles aiment naturellement leur famille infiniment plus.

Nous verrons en étudiant la vie des enfants que les filles mossi sont excisées à neuf ou dix ans. Cette barbare opération enlève naturellement aux femmes une grande partie de leur sensibilité sensuelle. La négresse est donc génitrice plutôt qu'amante. On ne peut pas dire d'elle comme de la maîtresse du poète latin : *crispum... docta movere latus*. Elle est passive en amour et se contente de s'abandonner sans résistance à l'ardeur de l'homme.

La moralité des femmes mossis est certainement plus lâche que celle des Européennes (je compare naturellement la femme mossi à l'honnête femme de nos sociétés occidentales). On a vu plus haut que l'accroc à la virginité avant le mariage n'était pas rare, et était supporté assez indulgemment par la coutume. De même l'adultère est fréquent et est puni d'une façon toute paysanne et rustre : on frappe la femme et on lui pardonne. Bref les mœurs sont certainement moins sévères que dans nos pays. Mais la prostitution en revanche n'existe pas. Et ceci est un grand avantage moral. Bref, la division du travail dans le domaine sexuel comme dans les autres domaines, est beaucoup moins poussée chez les Mossis du Yatenga que dans les civilisations très évoluées de nos pays européens et occidentaux. Il en est de même chez les autres Soudanais.

Nous en arrivons maintenant *aux Enfants et à l'Education*. Nous examinerons tour à tour les matières suivantes :

1. De la filiation.
2. Théorie de la naissance.
3. Comment sont accueillis les enfants.
4. Avortements.
5. Accouchements.
6. Baptême.
7. Phénomènes. Jumeaux.
8. Allaitement.
9. Grigris d'enfants et tatouages.
10. Jeux des enfants.
11. Education familiale.
12. Education des enfants entre eux, associations.
13. Travail des jeunes gens.
14. Droits et devoirs des parents envers leurs enfants.
15. Devoirs des enfants avec leurs parents.
16. Circoncision.
17. Excision.
18. Après la circoncision.
19. Emancipation et majorité.
20. Tutelle.
21. De l'adoption.
22. De l'interdiction.

Commençons par la filiation.

De la filiation. — « Le Mossi, dit Vadier, distingue trois sortes de filiations :
1º la filiation légitime ;
2º la filiation naturelle ;
3º la filiation incestueuse.

Quant à la filiation adultérine, elle est considérée absolument comme la filiation naturelle.

La durée de la gestation est de sept à douze mois. L'enfant conçu en dehors de ce laps de temps est considéré comme enfant naturel. D'ailleurs il suffit qu'une femme déclare à son mari que l'enfant qu'elle porte dans son sein n'est pas de son œuvre pour que le mari le renie.

L'enfant naturel ou adultérin, lorsqu'il atteint suivant son sexe l'âge de trois ans ou de six ans, est confié à son père naturel. Cet enfant conservera malgré ce départ ses droits à la succession de sa mère.

La filiation incestueuse n'existe pas, ou plutôt elle n'a pas le temps nécessaire pour créer des obligations et des droits. D'après une coutume barbare l'enfant incestueux est en effet mis à mort dès sa naissance par les femmes qui assistent à l'accouchement.

Il y a inceste entre ascendants et descendants à n'importe quel degré : frère et sœur, oncle et nièce, neveu et tante et leurs ascendants et descendants directs ; beau-père et bru ; gendre et belle-mère.

Lorsqu'il y a inceste les coupables sont chassés de leur famille et du yatenga et le naba leur confisque tous leurs biens. »

Théorie de la naissance. — Les Mossis croient que quand une femme est enceinte, c'est l'âme d'un ancêtre qui revient en elle. Nous reparlerons plus loin à la Religion de cette explication animiste de la naissance.

On remarque du reste, toutes les fois qu'on le peut, des ressemblances entre quelque ancêtre que l'on a connu et l'enfant et alors on dit que c'est cet ancêtre-là qui s'est réincarné dans la femme.

Comment sont accueillis les enfants. — Les Mossis sont très contents d'avoir des enfants et veulent absolument en avoir. D'ailleurs c'est tout bénéfice pour eux puisque les enfants travaillent dès 7 ou 8 ans, puisqu'ils feront les sacrifices pour eux quand ils seront morts, puisque les filles par leur mariage rapportent des cadeaux à la famille. Plus on a d'enfants, plus on est content.

« Dans ces conditions, dit Vadier, une femme stérile est fort mal vue de son mari et peu considérée par les voisins. Pour vaincre cette stérilité quand elle existe, les deux époux font appel aux dieux. Ils se rendent tous les deux chez le tengasoba ou chef religieux du village avec un poulet, une chèvre ou un mouton, suivant leur fortune. Le tengasoba égorge l'animal sur une pierre spéciale, recueille son sang et le fait bouillir dans un récipient, avec différentes écorces d'arbres possédant certaines vertus.

« Cette préparation est remise ensuite à la femme qui doit la mélanger avec son sarabou. Si plus tard les deux époux ont un enfant, ils devront, sous peine d'attirer sur eux la vengeance de la divinité, la Terre en l'espèce, faire don au tengasoba de 3.000 cauris s'ils ont obtenu un garçon, 4.000 cauris si c'est une fille qui est née.

« Les tengasobas combattent encore la stérilité en égorgeant l'animal dans le bois sacré (kango). »

Avortements. — Cependant les avortements ne sont pas inconnus. Quelquefois les femmes mossis se font avorter en cas de grossesse illégitime arrivée en l'absence du mari. De plus les avortements sont assez fréquents chez les filles-mères. Pour cacher leur faute, elles font appel aux tipas ou aux timisobas (fabricants de grigris, médicaments et poisons) qui leur donnent un breuvage *ad hoc* dont ils ont le secret.

Ces pratiques sont très mal vues par les Mossis, naturellement. Les femmes mariées qui s'en rendent coupables sont chassées par leur mari. De plus, si une femme meurt des suites d'un avortement, son mari manifeste plutôt de la joie, déclarant que la défunte a reçu le juste châtiment de sa faute. Enfin le mari allait jadis, après la mort de la coupable, trouver le moro-naba pour lui dénoncer l'amant. Le naba confisquait tous les biens de ce dernier.

Accouchement. — La femme enceinte chez les Mossis riches est entourée de certains égards. Elle ne travaille plus à partir du troisième mois de sa grossesse, si c'est la première fois qu'elle est enceinte, à partir du sixième mois si elle a déjà eu des enfants. Chez les gens ordinaires la femme travaille jusqu'à sa délivrance. La femme mossi est dure aux douleurs de l'enfantement et sans nerfs, comme les autres soudanaises.

Souvent les Mossis vont consulter le baga quand leur femme est dans une situation intéressante pour savoir quels sacrifices il faut faire pour que l'événement aboutisse à bien. Le baga indique, à sa façon ordinaire, tel ou tel sacrifice. De plus il pronostique aussi, sur demande, si l'on aura un garçon ou une fille.

Si la femme enceinte a été effrayée par un mauvais esprit (kinkirga), elle fait venir le tipa qui lui lave le corps avec un liquide préparé spécialement, ou, plus simplement, lui donne de violents coups de tarakanré (sandales en peau de bœuf, dont nous avons parlé plus haut) sur la tête, pour chasser le mauvais esprit.

La femme mossi ne doit accoucher que dans sa case à elle. Elle considérerait comme une honte si l'enfant naissait dans la case particulière de son mari.

Lorsqu'une femme accouche, elle fait sa confession aux vieilles femmes qui l'assistent, de peur de trop souffrir ou de ne pas bien accoucher si elle n'avoue pas les fautes commises. Les vieilles femmes vont les rapporter au mari qui dit : « C'est bien, je savais tout cela » et lui pardonne. Ce sont en définitive les tourments de l'accouchement qui sont mis à profit par les vieilles femmes pour confesser la patiente.

Chez les Mossi il y a des accoucheuses (pougourorosa en mossi). Elles sont payées par le mari, mais ce n'est pas proprement un salaire qu'elles reçoivent, mais un cadeau : morceau de sel, pagne, etc. Si on ne leur donne rien elles ne peuvent rien réclamer et ne réclament rien.

En dehors de l'accoucheuse, les vieilles femmes de l'habitation ou du quartier ou du village viennent assister la patiente.

Pour l'accouchement même, la femme mossi se met à quatre pattes, les deux bras tendus à terre, le corps légèrement incliné de la tête aux reins, dans la posture ordinaire pour saluer ou se tenir devant un chef. Derrière elle se tient l'accoucheuse.

Quand l'enfant est né, les femmes qui sont là font chauffer un bouillon très fort, au piment, au soumbara, etc., qu'elles font avaler à l'accouchée et qui est destiné à activer la sortie du sang et de toutes les matières impures. Après cela la femme est lavée à l'eau chaude. On lui frotte, aussi, vigoureusement les reins, pour qu'elle ne se ressente pas de ce côté-là des efforts faits pour l'accouchement. L'enfant de son côté est également lavé à l'eau chaude, puis placé sur une natte dans une espèce de nid fait de vieux pagnes et de morceaux d'étoffes diverses. On couche alors la femme sur la natte à côté de l'enfant et celui-ci peut désormais être allaité. Notons pourtant une dernière cérémonie : avant que la femme donne le sein, on lave l'enfant au dolo, particulièrement l'intérieur du nez et l'appareil génital, car les Mossis, comme les Bambaras, sont persuadés que le lait de la femme a un effet nocif sur ces deux parties du corps de l'enfant. Si celui-ci en tétant respirait du lait par le nez, cela, paraît-il, lui ferait pourrir l'intérieur de l'organe. De même si quelques gouttes tombaient sur son appareil génital, celui-ci en pâtirait. Le dolo prévient ces lamentables accidents.

La femme, au bout de trois jours, sort de l'habitation et va rendre visite aux vieilles femmes qui l'ont assistée et les remercier. Au bout d'une quinzaine ou d'un mois, elle reprend le travail habituel.

Les femmes mossi et foulsé du Yatenga portent sur le dos leur enfant, à la manière des autres soudanaises, en le tenant dans un pagne qu'elles attachent et nouent par devant sur les seins.

Baptême. — Aucune fête n'a lieu à l'occasion de la naissance. Environ un mois après celle-ci, l'enfant est baptisé. Un des membres âgés de la famille autre que le père et la mère choisit son nom. Le parrain tiendra compte pour adopter celui-ci d'un événement important ou non, qui s'est passé pendant le temps de grossesse de la mère. Si cette dernière a eu peur d'un cheval, l'enfant s'appellera Oueyfo. Si, par mégarde, elle a écrasé un poulet, le nouveau-né se nommera Noga. Si l'on a sacrifié pour l'enfant futur à la colline, celui-ci s'appellera Tenga ; si l'on a sacrifié à un caïlcédrat l'enfant s'appellera Kouka, etc., etc.

Notons que la plupart des noms propres des Mossis, hommes ou femmes, sont des noms de légumes, d'arbres, d'animaux, etc., c'est-à-dire exactement ces noms par lesquels on essaya en France en 1793 de remplacer les noms propres traditionnels.

Ce qui est assez curieux c'est que le nom de famille n'existe pas. Quand on veut préciser la personnalité de quelqu'un on dit : un tel (ici le nom propre) fils d'un tel (ici le nom propre de son père). Ou bien, dans une habitation où il y aura deux hommes du même nom, on s'en tirera par un surnom pour les distinguer : on dira par exemple Tenga le grand et Tenga le petit. Quant au sondogo mossi (au pl. sondéré) qui est le diamou bambara, c'est un nom de clan (nous reviendrons sur le clan) et non pas un nom de famille. Ouidiraogo, par exemple, qui est le nom de clan le plus répandu dans le Mossi, est commun à d'innombrables familles.

Quant au nom personnel, propre de l'individu, il est assez changeant et variable car souvent un individu ne répond pas à un seul nom mais à deux ou trois : le nom que lui a donné son parrain, le nom que lui donne sa mère, le nom que lui donnent ses amis, le nom que lui donne le voisinage. Le noir, d'une part, aime à dissimuler son nom, d'autre part en change ou semble en changer avec une extrême facilité. Nous avons déjà vu que les moro-nabas en arrivant sur le trône changent leur nom propre en un nom officiel et qu'on ne doit plus désormais prononcer le premier. Les Mossis qui s'engagent comme tirailleurs (et cela est vrai de tous les Soudanais) ont une tendance à ne jamais s'engager sous leur vrai nom, toute espèce d'idée préventive de désertion mise à part. Ils donnent le nom de leur village ou celui de leur race ou le nom d'une race voisine ou tel nom qui leur plaît. En un mot il ne faut pas chercher chez le noir la même conception du nom que chez l'Européen : l'Européen a un nom (nom propre, nom de famille) et c'est fini : il est inscrit, étiqueté, classé. Il ne peut plus s'en débarrasser. Son nom fait corps avec lui. Le noir est trop primitif pour être arrivé à cette discipline sociale. Il dérobe sa véritable personnalité sous des noms changeants auxquels il ne veut pas s'enchaîner.

En résumé le Mossi et le Foulsé du Yatenga ont : 1º un nom personnel, un petit nom ou nom propre, comme on dit en français, doublé d'un certain nombre de noms ou de surnoms qui font double emploi avec celui-ci ; 2º on dit un *tel fils d'un tel* quand on veut désigner la personne sans qu'il y ait confusion avec un autre portant le même nom personnel. Avec ces deux désignations on se trouve avoir le nom propre et le nom du père sans avoir à proprement parler de nom de famille, celle-ci débordant bien le ménage, comme nous le savons. 3º si le nom de famille n'existe pas, il est remplacé par un nom de clan qui déborde à son tour de beaucoup la famille. On a donc plus et moins que le nom de famille, sans avoir absolument l'équivalent.

Phénomènes. Jumeaux. — Les enfants phénomènes effrayent les Mossis. La mère ne leur donne pas à téter et les condamne ainsi à une mort rapide.

Les enfants nés de l'inceste sont mis à mort.

La naissance de deux jumeaux est de bon augure quand ils sont de sexe différent. Mais, s'ils sont de même sexe, c'est un signe de la mort prochaine du père si ce sont deux filles ou de la mère s'ils sont de sexe masculin. Pour conjurer le sort on fait le sacrifice d'un poulet.

Allaitement. — Lorsqu'une femme ne peut allaiter son enfant on fait appel à une autre femme de la famille comme nourrice ou, plus simplement, on fait téter une chèvre à l'enfant. Mais ces deux cas sont très rares.

Grigris d'enfants et tatouage. — Pour protéger l'enfant de la maladie ou des accidents, on lui met au cou, environ deux mois après sa naissance, un collier auquel est attaché un grigri contenant de la cendre de différents arbustes.

Deux ans et demi ou trois ans après sa naissance, l'enfant est tatoué. Ce sont de vieilles femmes qui sont chargées de cette besogne. Elles tracent des cicatrices sur le visage de l'enfant à l'aide d'un petit couteau effilé et recourbé à son extrémité. Après quoi elles mettent sur les plaies, pour arrêter l'écoulement du sang, une mixture composée de beurre de karité et de poussière de charbon.

Le tatouage est le même pour tous les Mossis du Yatenga sans distinction de rang. Il consiste en trois cicatrices verticales sur chaque joue, une oblique de chaque côté de la face allant du coin compris entre l'œil et le nez jusqu'au bas de la joue, et deux ou trois petites sur le milieu du front.

L'enfant tout jeune. — La mère porte son enfant sur le dos, comme dans tout le Soudan, enveloppé dans un pagne qui se noue par devant, sur ou sous les seins. Elle se promène ainsi partout et travaille, pile le mil, etc. avec l'enfant sur le dos.

Quand elle veut lui donner à téter, elle le met sur le côté, à cheval sur sa hanche, et le soutenant d'un bras.

Elle ne pose l'enfant à terre que quand elle est dans sa case ou quand elle lui apprend à marcher.

A deux ou trois ans l'enfant cesse de téter et on le met à terre.

Jusqu'à quatre ou cinq ans les enfants courent dans l'habitation et autour. A cet âge ils commencent à sortir dans la brousse tout seuls et jouent alors avec les autres petits garçons.

Jeux des enfants. — Nous traiterons ce sujet au Mode d'existence (hygiène, sports, jeux).

Education familiale. — Les enfants, dès qu'ils ont cinq ou six ans, vont avec le grand frère garder les chèvres dans la brousse. Ils vont aussi chercher du bois à brûler, de la paille, etc. C'est quand ils ont neuf ou dix ans qu'ils commencent à manier le daba. A onze ou douze ans ils travaillent déjà comme des hommes.

Les filles restent avec leur mère, allant chercher de l'eau avec elle, apprenant à piler le mil, à faire la cuisine, etc. A partir de huit ou neuf ans on leur apprend à filer le coton.

Les garçons couchent dans la case de leur mère jusqu'à la circoncision, c'est-à-dire jusqu'à 13 ans environ. Ensuite ils couchent dans une case spéciale, qu'on appelle kombarogo, avec tous les autres garçons circoncis de l'habitation. Les filles couchent dans la case de leur mère jusqu'au mariage.

Les petits garçons s'appellent les kondibili kirisé ou biribili kirisé ou komkirisé (au singulier komkiriga). Les petites filles sont les kompougouli kirisé ou bipougouli kirisé. Les grandes filles sont les kompougouli béda ou bipougouli béda. Les grands garçons, les jeunes gens (ils sont considérés comme tels une fois circoncis) sont les rasamba (au singulier rasanga). Les jeunes filles sont les pourousada ou pougousada (au pluriel pourousadaba).

Education des enfants entre eux. Associations. — Les enfants mossis forment des associations entre eux. On appelle celles-ci nam (ce sont les tons ou flambolos bambaras). Il y a une association pour les garçons et une pour les filles dans les petits villages. Dans les grands villages, comme par exemple Ouahigouya, ces associations se font par quartier.

Chaque société a son chef et ses grands dignitaires : son moro-naba qui la commande et ses quatre ministres. Pour les filles, il y a aussi la pourousada-moro-naba et les quatre ministresses.

Ces sociétés sont d'amusement, de beuverie, de tamtam et de danse.

Chaque associé doit fournir un certain nombre de cauris : les chefs en donnent 2 ou 300, les simples rasambas 100, les kondibili 50, les kondibili-kirisé 30. C'est le moro-naba de l'association qui recueille les cotisations et qui est en même temps trésorier.

Une autre ressource de l'association est de travailler pour les gens du village, pour les propriétaires de champs. Et l'on ne va pas seulement se proposer aux gens ; quand quelqu'un a besoin d'un coup de main sur son champ, il va trouver le moro-naba de l'association qui, moyennant paiement, met toute la société à son service. Le paiement sera en nature, en mil, avec lequel les associés feront du dolo pour leurs fêtes.

Une autre ressource consiste à mettre des amendes aux sociétaires pour tel ou tel manquement aux devoirs de l'association : le moro-naba du nam mettra à l'amende ceux qui, convoqués pour le travail sur le champ d'un tel, y arriveront en retard, ceux qui feront une course ou un petit voyage sans l'avertir préalablement. Les gens mis à l'amende le sont de 3 ou 4 canaris de dolo (le canari de dolo ordinaire vaut 150 cauris ou trois sous).

On se réunit pour manger, boire du dolo, danser au son du tamtam dans la maison du père du moro-naba de l'association. On invite les filles à venir danser. Les nams n'ont pas chez les Mossis du Yatenga de case à eux comme en ont les tons et les flambolos bambaras.

Dans ces sociétés se font de petits mariages blancs entre les garçons et les filles. Les jeunes époux s'offrent de petits cadeaux de cauris, d'arachides, de coton, etc.

Les jeunes filles une fois mariées se retirent de leur association, à cause de la jalousie du mari. Les hommes mariés au contraire peuvent rester dans la leur et y restent assez souvent, tant qu'ils sont jeunes. Les vieillards, en revanche, ne font plus partie du nam.

Travail des jeunes gens. — Les jeunes gens, à partir de la circoncision (13 ou 14 ans) travaillent dans l'habitation, ou plutôt dans le groupe de travail dont ils font partie, les mêmes jours et aux mêmes heures que les autres personnes du groupe.

Ils sont nourris par le chef du groupe sept mois sur douze, par leur père cinq mois sur douze et habillés par celui-ci.

Ils ont de petits champs particuliers, mais le produit n'en est pas exclusivement pour eux. Leur père, leur mère, prennent là-dessus ce dont ils ont besoin pour la nourriture ou l'habillement de l'enfant. Le reste est pour lui. Les garçons peuvent donc amasser de petits biens particuliers avant leur mariage.

Les jeunes filles n'ont pas de petits carrés de culture à elles. Elles font l'apprentissage de la culture en travaillant avec leur mère sur les champs du groupe et sur ses petits carrés de culture particuliers. Elles sont donc nourries par le groupe sept mois sur douze, par le père et la mère pendant cinq mois et habillées par ces derniers. Elles possèdent comme bien particulier de menus bijoux surtout, provenant principalement de cadeaux.

Droits et devoirs des parents envers leurs enfants. — La puissance paternelle appartient principalement au père de l'enfant, mais pour une part aussi au chef du groupe de travail, au chef de l'habitation et au chef de la famille. Cela se comprend puisque l'obligation d'entretien de l'enfant est assurée la plus grande partie du temps par le groupe de travail sauf pour le vêtement et puisque l'obligation de logement est assumée par l'habitation.

Le droit de correction appartient principalement au père (mais aussi au chef de groupe, d'habitation et de famille) et à la mère suivant l'âge de l'enfant.

« La mère, dit Vadier, a le droit de correction pour le garçon jusqu'à la circoncision, pour les filles jusqu'à leur mariage. Ce qui ne veut pas dire que le père ne peut pas intervenir à cette époque-là pour réprimander ou corriger l'un de ses enfants, mais presque toujours il laisse ce soin à la mère. Après la circoncision des garçons ou le mariage des filles le droit de correction appartient au père et non plus à la mère. »

Le devoir de surveillance appartient au père principalement, en seconde ligne au chef du groupe, de l'habitation, de la famille. Une des conséquences de ceci est la responsabilité pécuniaire : un enfant vole-t-il ou commet-il quelque acte répréhensible qui peut donner lieu à dédommagement, c'est le père qui est responsable en première ligne et qui doit indemniser les personnes lésées, après avoir toutefois pris ce que l'enfant possède en propre.

Jadis, lorsqu'un indigène ne pouvait pas parvenir à corriger son fils ou sa fille dont la conduite était par trop mauvaise, après avoir pris l'avis du chef de famille et du conseil de famille, il remettait l'enfant au moro-naba. De ce jour il abandonnait la puissance paternelle et le moro-naba seul la détenait avec toutefois des attributs plus étendus. Si l'enfant continuait à commettre des exactions, le moro-naba avait le droit de le faire tuer. Lorsqu'il s'agissait de la remise d'une fille au naba, si celui-ci était bien disposé à l'égard du père, il lui donnait une femme de sa famille en échange.

Actuellement cela ne se fait plus, depuis l'occupation française. En tel cas maintenant on met simplement l'enfant à la porte de l'habitation et de la famille.

Un père ne pouvait pas donner son enfant en gage ni en faire un captif temporaire.

La puissance paternelle se perd dans deux cas du reste très peu fréquents dans le fait :

1° lorsque le père devient fou ;

2° lorsqu'il a commis un inceste.

La puissance paternelle passe alors à son frère vivant le plus âgé ou, à défaut de frères, au fils aîné. Ce tuteur a exactement sur les enfants les mêmes pouvoirs que le père.

Dans le cas de folie les enfants sont tenus de secourir leur père et mère, de subvenir à leurs besoins ; dans celui d'inceste ils ne sont tenus à aucune obligation envers le coupable.

C'est le moro-naba qui, après avis du conseil de famille, prononce la déchéance paternelle. En cas d'inceste le coupable était chassé du pays.

Devoirs des enfants envers leurs parents. — Les enfants doivent obéissance à leur père et mère. Ils leur doivent également le respect.

Pour ce qui est de l'obligation de travail, elle se répartit entre les champs du groupe, les champs particuliers du père, les petits champs particuliers de la mère et leurs petits champs à eux. Ce qu'ils travaillent le plus ce sont évidemment les grands champs, les champs du groupe.

Circoncision. — La circoncision se fait à treize ou quatorze ans.

Elle a lieu au mois de décembre, donc pendant la saison froide et sèche. A cette époque on n'a pas besoin des enfants pour aider au travail des champs comme pendant l'hivernage. Cette condition est aussi réalisée par la saison chaude et sèche : mais alors les plaies guériraient moins vite. Reste la saison sèche et froide, excellente pour le traitement des circoncis, époque où les enfants n'ont rien du tout à faire et les grandes personnes peu de chose.

La circoncision se fait pour un certain nombre d'enfants à la fois. Quand il s'agit d'un petit village on circoncit tous les enfants du village ensemble. Quand il s'agit d'un grand village, chaque quartier circoncit les siens.

Ce sont les enfants eux-mêmes qui demandent à leur grand frère d'être circoncis lorsqu'ils se figurent être arrivés à l'âge convenable pour cette opération. Le grand frère décide et dit oui ou non.

Ils fixent aussi la date exacte de la circoncision et vont trouver pour s'entendre avec lui l'homme qui est chargé de l'opération. C'est, en général, au Yatenga, un forgeron (ainsi à Ouahigouya dans le quartier du Baloumnaba). Quelquefois cependant des non-forgerons, Foulsés ou Mossis, opèrent. Quand un opérateur meurt, on le remplace par quelqu'un qui sait circoncire, soit un frère, soit un fils du défunt, soit quelqu'un d'une autre famille.

La circoncision ne se fait ni le soir, ni la nuit comme cela a lieu chez d'autres noirs d'Afrique occidentale, mais le matin à six heures. Quelqu'un de particulièrement bon parmi les gens du quartier ou du village a été choisi par les enfants qui doivent être circoncis. Celui-ci les réveille ce matin-là et les mène chez l'opérateur. Les grands frères y accompagnent leurs plus jeunes frères. Mais les père et mère n'assistent pas à l'opération et ne sont même pas avertis, pas plus que les chefs de famille. Les femmes, les filles et les autres enfants (ceux qui ne sont pas à circoncire) ne peuvent pas assister à l'opération et cela leur est même défendu. La circoncision a lieu dans la brousse, à 500 mètres du village, en plein air, à côté d'un arbre. Il n'y a pas du reste d'endroit fixé par la coutume et l'on choisit celui que l'on veut chaque année.

L'opérateur attache avec une ficelle le bout du prépuce du patient qui s'accroupit. Un petit billot de bois est là que l'on met sous la verge en y posant le bout de celle-ci. L'opérateur place un petit couperet de fer sur l'endroit indiqué par la ficelle puis il frappe un coup sec et dur avec un gros caillou, de façon que le tranchant du couperet sectionne bien net. Naturellement une hémorragie abondante se déclare qu'on laisse d'abord aller quelque temps puis l'opérateur l'arrête en mettant de la poussière sur la plaie. Chaque enfant est circoncis à son tour. Quand c'est fini l'homme qui a été choisi, le nané, emmène les circoncis à un autre endroit, à 500 mètres du village, sous un arbre. Il envoie avertir les chefs de famille des enfants (qui avertissent à leur tour les père et mère) que ceux-ci viennent de se faire circoncire et qu'ils demandent pardon pour avoir fait cela sans leur dire. Chefs de famille, père et mère pardonnent naturellement en faveur de la coutume. Cependant les enfants commencent à se soigner : ils relèvent la verge pour que l'extrémité ne frotte pas contre les cuisses : pour cela ils se mettent une ficelle autour du corps, ficelle qui en soutient une autre qui vient relever la verge pour qu'elle demeure horizontale ; ils mettent aussi sous celle-ci une petite fourche en bois qui la maintient dans la même position, petite fourche dont l'extrémité repose sur les testicules. Ils ne font pas encore de pansement : cela ne viendra que trois jours plus tard.

Pendant ce temps, les hommes des habitations des circoncis construisent deux hangars à la mode mossi (bas, sur fourches, avec une épaisse toiture en paille) l'un hors du village, à l'endroit où sont les jeunes gens, l'autre dans le village, devant l'habitation du nané. Pour leur nourriture, les circoncis sont nourris par leur famille. Chaque mère fait du sarabou pour son fils, mais les mères ne l'apportent pas elles-mêmes, car, en leur qualité de femmes, elles ne peuvent pas voir les nouveaux opérés. Elles envoient le sarabou par quelque garçon déjà circoncis. Le soir, quand la nuit est bien tombée, vers 7 heures, le nané amène les enfants coucher sous le hangar fait dans le village. Le matin ils repartiront pour la brousse, avant le lever du jour, comme des ombres.

Au bout de trois jours, le nané envoie des circoncis des années précédentes, des rasambas, chercher dans la brousse de l'écorce de néré, de karité, de n'pékou et de n'kouna. Il les fait bouillir dans un grand canari, puis laisse tiédir l'eau. Alors il appelle les bankonsé (c'est le nom des nouveaux circoncis en mossi, bankonka au singulier, bankonsé au pluriel) et leur ordonne de se laver la verge dans cette eau. Il a en même temps fait bouillir des feuilles de kantoboga, plante genre agave dont nous avons déjà parlé. Les bankonsés, le lavage terminé, s'enduisent la verge de beurre de vache (le beurre de karité étant évité parce qu'il passe pour amollir la verge et pour déviriliser), puis, après avoir coupé des morceaux de feuilles de kantoboga, les mettent autour du membre en en formant une espèce d'étui. On enveloppe ces feuilles de fil de coton pour qu'elles tiennent bien.

Désormais, tous les matins et tous les soirs, on fera la même opération : les bankonsé déferont le bandage, se laveront à l'eau de néré ou de karité, mettront du beurre frais et de nouvelles feuilles de kantoboga, ceci jusqu'à la guérison.

L'eau de néré, une fois faite, est bonne pour sept jours. Quant à la provision de feuilles de kantoboga on ne la renouvelle que quand on vient à en manquer.

Pendant les trois premiers jours les bankonsés n'ont pas bougé. Du troisième au dixième jour ils commencent à se donner un peu de mouvement : ils vont chercher l'eau dont ils ont besoin par exemple. Au bout de dix jours ils se promènent dans la brousse, vont chercher du bois qu'ils mettent en tas, de la paille idem. Ils vont chasser dans la campagne, avec des bâtons, les lièvres, les rats, les serpents, bref tout le petit gibier qu'on rencontre dans celle-ci. Quand il y a de l'eau aux environs ils pêchent les grenouilles, les poissons. Ils cueillent également les fruits des arbustes, etc.

Ils ont pour costume une espèce de jupe qui leur tombe jusqu'aux chevilles, faite de vieux vêtements mis en pièces, de bandes de cotonnade effilochées.

Les bankonsés font tamtam, le soir, de temps en temps, près du hangar où ils couchent dans le village. Les griots viennent jouer de leurs instruments. Comme c'est la nuit, hommes, femmes, enfants peuvent venir.

Les bankonsés ont le droit de piller dans la brousse : ils enlèvent tout ce qu'ils rencontrent : poulets, chèvres, moutons, coton, etc. Les propriétaires n'ont pas le droit de réclamer. Mais cela se borne au petit bétail : sur le gros bétail et les chevaux les bankonsés n'ont aucun droit.

Il paraît que le nané ne fait pas chez les Mossis et les Foulsés de leçons de morale aux bankonsés — au contraire de ce qui a lieu chez les Bambaras où la coutume s'en est conservée.

Au bout d'un mois les bankonsés sont guéris. On avertit la famille et chaque ménage prépare une culotte et un boubou neuf pour le jeune circoncis.

Le soir du jour avant celui où ils feront leur réapparition au village, vers sept heures, on met en tas les jupes des circoncis et on les brûle. Le lendemain matin le nané emmène les bankonsés au puits pour qu'ils se lavent du haut en bas avant de revêtir leurs nouveaux vêtements. Avant de partir du campement, on partage le bois accumulé par eux entre les mères des circoncis, la paille entre les chefs de famille. Le nané en garde aussi une certaine quantité pour lui. C'est son bénéfice, ainsi que d'avoir été nourri pendant tout le mois en même temps que les circoncis par les parents de ceux-ci (En revanche, il a dû rester éloigné de sa femme, car le préjugé existe que, s'il s'approche de celle-ci, les bankonsés ne puissent pas guérir). Le partage de la paille et du bois effectué, nos circoncis font leur entrée triomphale dans le village, à 7 heures du matin, avec leurs beaux habits neufs. Ils visitent, avec tamtam, toutes les habitations, rendant visite à toutes les personnes. On leur donne des cadeaux (kolas, cauris, arachides, coton, dolo, etc). Quand les visites sont finies, la fête se termine et les bankonsés rentrent chez eux. On peut dès lors les appeler de nouveau par leur nom, ce qu'on ne pouvait pas faire pendant leur retraite.

Excision. — Les filles sont excisées à huit, neuf ou dix ans, suivant leur développement. Cela se fait aussi au mois de décembre, comme pour les garçons, mais au lieu de se faire par village ou par quartier, cela se fait par maison. Pour l'opération matérielle on a recours à quelque vieille qui sache la pratiquer. Mais ce n'est pas celle-ci qui garde ensuite les jeunes excisées. C'est une vieille femme de la maison qui les a sous son autorité pendant vingt-cinq ou trente jours. Pendant ce temps les jeunes filles sont à part, couchent dans la case de leur gardienne, se soignent. Quand elles peuvent marcher, elles vont chercher dans la brousse du bois pour celle-ci, de l'eau, filent le coton, etc. Au commencement de la nuit elles chantent, font des chœurs, frappant des mains en cadence.

Quand elles sont guéries, elles s'ornent de tous les bracelets et bijoux divers qu'elles peuvent trouver dans l'habitation. Ainsi attifées et parées elles vont en groupe saluer la mère de chacune d'elles, mais elles ne sortent pas dans le village comme les garçons.

En définitive, ce qui caractérise la circoncision et l'excision chez les Mossis et Foulsés du Yatenga, c'est la non intervention dans ces pratiques de quelque société religieuse puissante, comme le komo chez les Bambaras, et chez les Mandés en général. On ne relève pas non plus ici les détails pittoresques qui frappent chez les Malinkés de la Haute-Guinée et encore bien plus chez les populations de la Basse-Guinée (Soussous, Landoumans, etc.) (1). Cependant la circoncision reste importante dans la vie des Mossis et Foulsés du Yatenga parce qu'elle transforme l'enfant en jeune homme.

Après la circoncision. — Après la circoncision et l'excision, il ne reste plus que le mariage. Pour le mariage la jeune fille, comme nous l'avons vu plus haut, quitte son habitation pour aller dans celle de son mari. Le jeune homme, au contraire, reste dans la sienne. On lui donne une case, une hutte, pour lui et sa jeune femme, s'il y en a une de libre et vide, ou bien on lui en construit une neuve. Quand il aura un enfant, il construira auprès de la sienne une hutte pour la jeune mère et son fils s'il n'hérite pas d'une nouvelle hutte libre.

Emancipation et majorité. — On ne peut guère chez les Mossis parler d'émancipation et de majorité. Un homme est majeur lorsqu'il se marie. Mais il reste toujours jusqu'à un certain point mineur vis-à-vis de son groupe de travail, de son habitation, de sa famille. L'émancipation

---

(1) Voir à ce sujet André Arcin : *La Guinée française*, p. 438 à 446 et Noirot, *A travers le Foutah-Djallon et le Bambouk*, au sujet des Landoumans.

et la majorité sont des distinctions françaises qui ne correspondent à rien chez les Mossis en particulier, chez les Soudanais en général.

Cependant on peut admettre, comme le fait Vadier, dans sa Monographie du Yatenga, une espèce de majorité vers 17 ou 18 ans pour la vente et pour l'achat.

Tutelle. — Quand un Mossi meurt, ses femmes et ses enfants passent à son frère le plus âgé. S'il y a beucoup de femmes et d'enfants, on les partage entre les frères du défunt. C'est le chef de famille qui préside au partage.

Quand le défunt n'a pas de frère ou de fils âgé, le chef de famille partage les enfants entre les différents membres de la famille.

Le tuteur est tenu envers ses pupilles aux mêmes obligations et jouit envers eux des mêmes droits que le père décédé.

Les pupilles ont également les mêmes devoirs envers le tuteur que ceux qu'ils avaient envers leur père.

L'enfant hérite de son tuteur comme les enfants légitimes de celui-ci.

Le tuteur est responsable civilement de son pupille comme le père.

De l'adoption. — L'adoption existe au Yatenga.

Lorsque deux époux n'ont pas de progéniture (le fait est assez rare) ou tardent simplement à en avoir, ils adoptent parfois un enfant. Celui-ci doit être pris dans leur famille.

L'adoption ne donne lieu à aucune formalité.

L'enfant, adopté très jeune, n'est jamais consulté.

C'est entre l'adoptant, le père de l'enfant et le chef de famille que la question se règle.

On peut adopter garçon ou fille mais, en fait, on adopte surtout des garçons.

L'enfant, du jour de son adoption, rentre dans le ménage de son père et mère adoptifs comme un enfant légitime.

En réalité cette adoption diffère de l'adoption française en ce qu'elle est bornée à la famille, à la famille totale.

A côté de cette adoption et dans le même genre signalons une curieuse coutume chez les Mossis.

L'aîné des garçons, d'après la coutume, ne doit pas être élevé par son père. Dès qu'il a quitté le sein de sa mère ou bien, d'autres fois, dès la circoncision, on le remet au frère puîné ou au frère aîné qui l'élèvent et lui donnent une femme. Mais, à la mort de son père, il vient à l'héritage de celui-ci et n'a donc pas quitté vraiment le ménage qui l'a mis au monde.

Interdiction. — « Le fou seul est interdit, dit Vadier.

Lorsqu'un indigène est atteint de folie, le chef de famille et les autres membres de la famille se réunissent pour examiner le cas du malade. S'il est reconnu irresponsable, le chef de famille fait prévenir tous les habitants du village de n'avoir pas à contracter envers lui. Personne, en effet, ne saurait, d'après la coutume, être rendu civilement responsable des engagements pris par un indigène atteint de folie.

Quand le fou possède encore son père, c'est à celui-ci qu'il appartient d'avertir les habitants des environs.

Tous les actes passés, les dettes contractées, toutes les transactions commerciales effectuées par le fou sont déclarés nuls. Les tiers ne peuvent avoir aucun recours contre un membre de la famille de l'aliéné ».

Nous en arrivons maintenant aux *Annexes de la famille*. Nous diviserons cette partie en plusieurs titres :
1. Clients.
2. Domestiques.
3. Esclaves. Leur origine.
4. Esclaves. Nom.
5. Esclaves. Espèces d'esclaves.
6. Serfs.

Commençons par les clients.

1. *Clients*. — Le clientélage ordinaire consistant en ce qu'un ménage vient demander appui, protection, logement, nourriture, à une famille riche, sous condition de travailler pour elle et d'habiter chez elle, — cela n'existe pas chez les Mossis et Foulsés du Yatenga. Ce qui existe, c'est tel ou tel jeune homme désireux de gagner rapidement une femme ou un cheval ou des biens ou une autorité qui n'appartient pas aux jeunes gens ordinaires, décidant de quitter sa famille et son habitation pour aller se mettre au service d'un chef quelconque (moro-naba, chefs de canton, de village, tengasobas, etc.). Ce sont les jeunes gens, les rasambas, qui prennent de ces décisions. Mais, une fois qu'ils ont gagné ce qu'ils voulaient obtenir, ils retournent dans leur famille. Quand on va chez un tengasoba on n'attend généralement de lui qu'une femme et on ne le quitte que quand il meurt. Alors, pourvu d'une femme, on retourne dans sa famille. Naturellement tous ces « engagés volontaires à temps » conservent leurs droits respectifs chacun dans leur famille.

Signalons autre chose encore : En temps de famine quelques Mossis vont demander du travail à des gens plus aisés. La durée de leur travail est généralement très courte, quelques jours à peine (deux ou trois jours par exemple).

L'employé et l'employeur (si ces mots peuvent être usités ici) ne sont nullement liés l'un envers l'autre. Le premier peut partir quand il le désire, le second peut le renvoyer également selon son bon plaisir. Toutefois il doit payer intégralement, les journées de travail de l'employé. Le salaire journalier est soit de 100 cauris (0 fr. 10), soit d'un panier de mil non égrené. En dehors de cela, l'employeur nourrit son employé.

Ceci est borné, je le répète, aux temps de famine.

Le vrai clientélage, tel que nous avons pu le constater chez les Malinkés, n'existe donc pas chez les Mossis.

2. *Domestiques*. — Le domestique, tel qu'il existe en France et dans les sociétés civilisées, n'existe pas et n'a jamais existé chez les Mossis. En fait les travaux de domesticité (nettoyage, cuisine, lavage) sont assurés dans la société du Yatenga par les femmes. Nous renvoyons pour la démonstration de ceci à ce que nous avons dit plus haut du travail des femmes.

3. *Esclaves. Origine*. — Avant les Français les Mossis avaient des esclaves et actuellement encore ils en ont, mais beaucoup moins — ceux qui ne se sont pas enfuis. La source du recrutement étant tarie par la défense de l'achat ou de la vente des esclaves, appuyée de peines sévères, le nombre des captifs diminue de jour en jour et ils finiront évidemment par disparaître tout à fait. Actuellement ce n'est pas encore complètement fait.

Les Mossis tiraient leurs esclaves, par le pillage, de chez les Samos, les Bobos, les Kipirsi, les Gourounsi, les Habbés, les Rimaïbés. Les Yarsés en ramenaient aussi des marchés du sud (Sikasso, Etats de Samory, etc.) et les vendaient dans tout le Yatenga. Pour leur propre compte ils en gardaient beaucoup et ils en avaient plus que les Mossis (en leur qualité de marchands ils en ont d'ailleurs toujours possédé plus qu'eux). Les Peuls du Yatenga en avaient aussi beaucoup, plus que les Mossis, obtenus par pillage ou achat.

L'esclavage volontaire et l'esclavage pour dettes ne fournissaient rien, ces deux sortes d'esclavages n'ayant jamais existé dans le pays.

Les Mossis du Yatenga eux-mêmes ne fournissaient rien comme esclaves aux autres Mossis du Yatenga. Un mossi de la région ne pouvait être captif d'un autre mossi. Seuls pouvaient être pris comme esclaves les gens des races étrangères que nous avons vues plus haut (y compris les Mossis de Ouagadougou). Les Peuls n'étaient pas pris comme esclaves mais seulement mis à rançon, étant à la fois riches (en troupeaux) et paresseux. Mais leurs Rimaïbés, comme nous l'avons dit (un peul n'aurait certainement pas voulu verser de rançon pour ceux-ci) étaient pris comme captifs.

Quand deux partis au Yatenga étaient en guerre, les Mossis prisonniers étaient tués immédiatement, y compris les petits enfants du sexe mâle même encore au sein de leur mère. Seuls les fils des deux chefs belligérants étaient épargnés : ils étaient rendus à leur famille contre rançon. Les femmes étaient également épargnées et rendues à leur mari en échange d'autres femmes ou d'animaux. Si leurs maris ne revenaient pas les réclamer, les vainqueurs en faisaient leurs épouses et non leurs captives.

Disons quelques mots du prix d'un esclave.

Un homme valait 40.000 cauris, une femme 50 ou 60.000, un jeune homme 50.000 cauris, une jeune fille 80.000. On voit que ce qu'on prisait le plus était d'une part le sexe féminin, d'autre part la jeunesse.

Nom. — Esclave se dit en mossi yemba (au pl. yembésé) quand on ne fait pas la distinction des sexes. Quand il s'agit d'un esclave mâle on dit yembraogo (yembraodo ou yembrâdo au pluriel). Quand il s'agit d'un esclave du sexe féminin on dit yempoka (yempokosé au pluriel).

Espèces d'esclaves. — Le yembraogo, une fois acheté ou pris, était mis aux fers, c'est-à-dire, exactement, on lui mettait des fers aux pieds pour l'empêcher de s'enfuir tout en lui laissant la liberté de travailler. Pendant deux ou trois ans on lui laissait ces fers. Quand on était bien sûr qu'il ne se sauverait pas, on les lui enlevait. Il travaillait tout le temps pour son maître à l'époque des cultures ou bien travaillait les petits champs particuliers des femmes de celui-ci. En revanche il était nourri et habillé tout le temps. On pouvait le revendre et on le faisait si on n'était pas content de lui ou de son travail.

Si le maître en était content il lui achetait une femme. Alors il devenait l'homme du bingo, le « bingo », et n'était plus le yembraogo. Il passait du rang de captif de traite ou captif de guerre au rang de captif de case. Bingo c'est le nom du captif de case chez les Mossi du Yatenga. A Ouagadougou on dit daparé ou daporé (poré ou paré voulant dire dos. Le daparé ou daporé est l'homme qui marche derrière son maître, l'homme de la suite, l'esclave). Le bingo ne pouvait plus être revendu, sauf dans un cas exceptionnel, quand il forniquait par exemple avec la femme de son maître.

Les bingo, quand le maître n'en avait que peu, habitaient dans la même habitation que celui-ci, avec une porte à part sur le dehors. Quand il y en avait un certain nombre, ils avaient une petite habitation à côté de celle de la famille.

Le bingo, pendant la saison des cultures, travaillait pour le maître deux jours sur trois. Pendant la saison sèche il travaillait aussi pour lui, quand le maître avait du travail à lui donner. Le reste du temps il travaillait pour lui-même : c'est-à-dire pendant la saison des cultures un jour sur trois et, quand il n'était pas « commandé de service », pendant la saison sèche.

Il était nourri par le maître quand il travaillait pour celui-ci. Quand il travaillait pour lui-même il se nourrissait lui-même.

Pour l'habillement, le bingo s'habillait lui même sauf quand il était absolument incapable de le faire. Alors il avait recours à son maître.

Les filles du bingo étaient mariées par le maître qui les prenait pour lui ou les donnait à ses fils, à ses frères, etc. En revanche les fils du bingo devaient être pourvus d'une femme non pas par leur père mais par leur maître. Ils travaillaient du reste pour celui-ci comme leur père et ne pouvaient pas plus être vendus que lui, à moins qu'ils ne trompassent le maître avec ses femmes.

Le bingo pouvait posséder, puisqu'il avait du temps de travail pour lui. A sa mort, son héritage passait non pas au maître mais à son fils aîné (à moins qu'il n'eût un frère esclave à côté de lui, mais j'envisage le cas de l'ancien yembraogo, acheté par le maître puis marié par celui-ci, devenu ainsi bingo puis ayant des enfants). Ensuite, l'héritage à la mort du fils aîné de l'esclave passait à son frère puîné, etc. Le maître n'héritait que quand il n'y avait pas d'héritier.

En revanche, le maître pouvait demander à son captif ce qu'il voulait, un poulet, une chèvre, un bœuf. Le captif ne pouvait pas refuser, tout, en principe, étant au maître puisque le captif lui-même était à celui-ci.

Le bingo ne pouvait jamais se racheter ni être affranchi par son maître. Le nombre des générations n'y faisait rien.

Les bingos pouvaient appartenir soit au chef de famille, soit au chef d'habitation, soit au chef de groupe, soit à n'importe quel chef de ménage. Ils étaient possédés à titre individuel. Quand celui qui possédait un bingo ou un yembraogo devait le travail à une autre personne, à son chef de groupe de travail, par exemple, son bingo ou son yembraogo devait également le travail à cette autre personne et allait travailler avec lui.

Il faut noter que les bingos du moro-naba, c'est-à-dire les bingos « de la couronne » étaient dans une situation spéciale à tous les points de vue. Comme nous le verrons plus loin en étudiant les Pouvoirs Publics, ils relevaient du Rassam-naba ou Rassoum-naba, un des quatre ministres, appelé pour cela quelquefois Bingo-naba. Ils ne travaillaient pas pour le moro-naba, sauf sept à huit jours par an où ils étaient appelés avec tous les habitants de Ouahigouya sans exception, sur les champs du moro-naba. En fait, sous le rapport du travail, ils étaient donc de vrais gens libres. Mais leurs filles appartenaient pour moitié au moro-naba qui les prenait pour lui ou pour ses proches. En revanche ils s'entretenaient complètement eux-mêmes (nourriture, vêtement, etc.). Le moro-naba ne les aidait nullement à ce sujet.

Ajoutons que les captifs ordinaires, les bingos des simples Mossis trouvaient un asile assuré auprès du moro-naba. Si un esclave était mécontent de son maître, il s'enfuyait et se réfugiait auprès du chef du Yatenga. Celui-ci le faisait remettre au Rassam-naba qui lui faisait donner une case, un champ (s'il était marié), une femme (s'il n'en avait pas). Tant qu'il n'était pas marié il cultivait les champs des femmes du moro-naba qui, en revanche, lui assuraient la nourriture. Quand il était marié, il cultivait, travaillait pour lui et pour sa femme et n'avait plus d'autres obligations que les obligations générales des bingos du moro-naba que nous avons vues plus haut. Bref il rentrait dans la condition générale des captifs de la couronne.

Ajoutons cependant que, quand le maître venait réclamer son esclave auprès du moro-naba, on le lui rendait quelquefois : cela dépendait de la justice de sa cause (il n'avait pas maltraité son captif, avait toujours été bon pour lui, etc.) et aussi du cadeau plus ou moins important qu'il donnait au moro-naba pour le bien disposer envers lui.

Les bingos du Riziam-naba, roi indépendant comme nous l'avons vu, étaient dans la situation des bingos du moro-naba et non pas dans la situation des bingos ordinaires. De même les bingos de trois grands chefs de canton : le Zitenga-naba, le Ratenga-naba et le Boussoum-naba.

Serfs. — Au Yatenga il y avait des espèces de serfs, des « bagarés » pour employer l'expression mossi. Mais ils n'étaient possédés que par le moro-naba du Yatenga, celui du Riziam et par quelques grands chefs de canton comme le Zitenga-naba et le Ratenga-naba. Les ministres même du moro-naba ne pouvaient en avoir et à plus forte raison les simples mossis. Le bagaré c'était l'esclave peuhl, le dimadio (au pl. rimaïbé) enlevé aux Peuls ou bien enfui de ceux-ci chez les Mossis, bref un ex-rimaïbé passé aux Mossis.

Les bagarés ne cultivaient pas. Ils gardaient simplement les troupeaux de leur maître. En fait d'autre travail ils construisaient encore les cases en paille où couchaient à la nouvelle année (nous verrons à la Religion à quelle occasion le moro-naba du Yatenga, le Riziam-naba et d'autres chefs.

Les bagarés s'entretenaient eux-mêmes (nourriture et vêtement). Le croît du troupeau était pour le naba, mais les produits en étaient pour les bagarés (lait et beurre). Cependant, sur ces produits, ils donnaient au naba ce dont il se trouvait avoir besoin en fait de lait et en fait de beurre.

En résumé, on voit qu'il y a chez les Mossis et les Foulsés ou plutôt qu'il y avait les deux sortes d'esclaves connus dans tout le Soudan : les captifs de traite et les captifs de case, les premiers vendables, les seconds faisant partie de la famille. Actuellement, avec la suppression de la vente et de l'achat, il n'y a plus que des captifs de case de moins en moins nombreux.

Nous voici amenés aux *Biens de la famille* et à leur transmission.

Biens familiaux proprement dits. — Il n'y a pas de biens familiaux chez nos Mossis, n'y ayant pas de travail commun de toute la famille. Les biens familiaux se réduisent aux grigris de la famille possédés par le boudoukasaman.

Biens de l'habitation ou biens sous-familiaux. — Ils n'existent pas non plus pour la même raison, sauf l'habitation qui est un bien commun du groupe de la zaka. Pourtant chaque ménage y a bien des cases à lui mais c'est une possession usufruitière qui s'accorde avec la pleine propriété du groupe zaka. Maintenant, si quelque chef de ménage veut construire une nouvelle case, il avertit le zakasoba, qui donne toujours l'autorisation du reste. Une fois la hutte construite, le constructeur peut la détruire s'il le veut, ce qui prouve qu'il la possède en pleine propriété, l'ayant faite, mais il ne peut pas détruire une hutte qu'il n'a pas construite et où il habite, celle-ci appartenant véritablement à la zaka. En définitive il peut y avoir dans celle-ci un mélange de biens communs (de la zaka) et de biens individuels (hutte construite par un ménage ou par un individu, grenier à mil établi dans les mêmes conditions, etc.), mais le bien commun l'emporte de très loin.

Biens du groupe de travail. — Ici les biens communs sont très importants. Ce sont les champs du groupe qui nourrissent le groupe la plus grande partie du temps (7 mois sur 12). Ce sont encore les instruments de travail qui appartiennent au groupe, comme nous le verrons plus loin. Cependant le groupe ne possède ni esclaves, ni animaux.

Biens du ménage. — Le mari travaille, comme nous le savons, pendant la saison des pluies ou des cultures deux jours sur trois pour son groupe de travail. Le troisième jour est pour lui. Ce jour-là il travaille son petit champ aidé par sa femme ou ses femmes. Pendant la saison sèche, le mari ne travaille pas pour le groupe, mais pour lui seulement, sauf les travaux de réfection de l'habitation.

Le groupe nourrit le ménage pendant sept mois sur douze. Pendant cinq mois c'est le champ du ménage qui nourrit celui-ci.

Il y a donc comme première possession ménagère le champ particulier du ménage.

Le champ particulier offre une caractéristique spéciale pour le ménage du chef de groupe lui-même. Comme celui-ci s'occupe tout le temps du champ commun du groupe, même le troisième jour, son petit champ est cultivé exclusivement par ses femmes (et par ses esclaves s'il en a). Il est donc nourri cinq mois sur douze par ses femmes. Mais cela n'existe que pour les chefs de groupe (et les chefs de zaka et de famille qui sont forcément chefs de groupe).

Biens individuels. — Les femmes mossis ont de petits carrés de culture minuscules, tout à fait à elles, pas au groupe, pas au ménage, qu'elles travaillent à partir de cinq heures du soir les jours où elles le peuvent. Ceci est bien individuel. Sont aussi bien individuels les vêtements, les bijoux des femmes, etc.

Le mari, l'enfant ont aussi leurs biens individuels. Du reste pour mieux déterminer les biens individuels et les biens communs (soit du ménage, soit du groupe, soit de l'habitation, soit de la famille) il vaut mieux passer en revue chaque espèce de biens.

Les champs. — Les champs appartiennent surtout au groupe de travail (ils n'appartiennent qu'exceptionnellement à l'habitation quand, celle-ci étant petite, on n'y forme qu'un groupe de travail). A côté des champs du groupe, il y a le champ du ménage. Enfin, à côté du champ du ménage, il y a les champs particuliers : par exemple les petits carrés de culture des femmes ou des jeunes gens.

Les instruments de travail. — Ceux-ci (dabas, haches, etc.) appartiennent au groupe. Pour travailler sur leurs petits champs (ménagers, individuels) hommes et femmes se servent des dabas du groupe mais, s'ils les abîment, ils doivent les réparer à leurs frais. Les instruments qui ne peuvent servir sont remplacés par le chef de groupe.

Les animaux domestiques — Les poules, chèvres, moutons, ânes, etc., tout cela est possédé à titre absolument individuel et non pas par le groupe ni même par le ménage. C'est l'homme ou la femme qui a acheté tel animal, qui le possède. Cela n'empêche pas que les chèvres, les moutons sont réunis par habitation, couchent au même endroit et sont menés en bloc dans la brousse par les petits garçons de l'habitation. On ne réunit les animaux ni par famille totale, ni par village.

Les femmes. — Les femmes, je n'ai pas besoin d'insister là-dessus, sont évidemment une propriété individuelle. Il n'y a pas de femmes communes au village, à la famille, à l'habitation, au groupe. Cependant la femme est en quelque sorte considérée comme une possession de l'habitation, ou même de la famille, en ce sens que les femmes d'un individu passent toujours à sa mort à son frère.

L'habitation. — Nous avons vu plus haut ce qui en est : l'habitation appartient au zakasoba, mais en temps que représentant de la zaka, en tant que gestionnaire des biens de ce groupe sous-familial. Elle ne lui appartient pas en propriété privée avec le *jus utendi et abutendi* romain. Elle appartient en définitive à la zaka elle-même.

S'il en est ainsi, il n'en est pas moins vrai que les parties habitables de la zaka, les cases ou huttes, sont affectées définitivement à tel ou tel ménage qui en a l'usufruit. Ainsi la propriété appartient à la zaka représentée par son chef. L'usufruit appartient aux ménages ou aux individus.

Enfin, nous pouvons signaler, comme nous l'avons fait plus haut, qu'une case construite exclusivement par un ménage avec ses propres forces ou par un simple individu de la zaka peut être jetée bas, détruite par lui car c'est un bien ménager ou individuel installé dans un bien sous-familial. Mais ce cas est tout à fait exceptionnel.

Les grandes cases à mil ou huttes à mil sont aux groupes de culture. Il y a aussi des cases à mil ménagères où le mari met la récolte du champ du ménage. Enfin les grands vases en terre, les jarres qui sont dans les cases, nous amènent de l'habitation au mobilier. Fabriquées par les femmes elles appartiennent individuellement à telle ou telle femme.

Le mobilier. — Le mobilier, que nous étudierons plus minutieusement au Mode d'existence est très pauvre et très simple : il est approprié individuellement.

Les ustensiles de ménage. — Les grandes tables en terre dressées pour l'écrasage des grains appartiennent à l'habitation, mais les pierres granitiques rectangulaires qu'on y encastre sont la propriété de chaque femme elle-même, comme les molettes mobiles avec lesquelles on broie sur les premières.

Les mortiers et les pilons en bois, matériel d'une grande utilité et d'autre part lourd, encombrant, difficile à détruire, appartiennent à l'habitation, quelquefois au chef de groupe, c'est-à-dire au groupe. Le chef de groupe complète en effet ce matériel quand celui qu'a acheté le zakasoba n'est pas suffisant.

Parmi les canaris, les plus grands, qui sont comme des cuveaux et atteignent 1 mètre ou 1 m. 50 de haut, destinés à recevoir le dolo fabriqué par les femmes, appartiennent à l'habitation et sont achetés par le chef d'habitation. Les canaris ordinaires (hauts de 25 à 30 centimètres, servant à aller chercher de l'eau ou à faire la cuisine), appartiennent individuellement à chaque femme de l'habitation. De même les calebasses. C'est souvent avec les cauris du mari que les femmes achètent leurs canaris ou leurs calebasses, mais l'objet, une fois acheté, appartient à la femme.

Les vêtements. — Les vêtements sont appropriés d'une façon absolument individuelle, quelle qu'en soit l'origine. Ainsi le pagne acheté par le mari à la femme appartient à la femme.

Ornements et bijoux. — Ils sont également appropriés individuellement quelle qu'en soit l'origine. Ils appartiennent donc à chaque homme, à chaque femme, à chaque enfant, etc.

Armes. — Elles sont également appropriées individuellement.

Amulettes, grigris. — Il en est de même que pour les armes. Cependant, si l'on prend le mot grigri dans toute son extension d'objets pour le culte, il y a les grigris de famille qui sont possédés par la famille.

Cauris, monnaie métallique, etc. — C'est également de la propriété individuelle.

En résumé, les biens de la famille totale n'existent pour ainsi dire pas chez les Mossis du Yatenga : ce qui existe ce sont les biens de la sous-famille (habitation) et les biens de ce démembrement économique de la sous-famille qu'est le groupe de travail. En dehors de ces biens communs il y a les biens de ménage et les biens purement individuels.

Passons à la *Transmission des biens ou Héritage.*

Dévolution des biens de la famille totale. — Ces biens n'existant pas ne sont pas transmis, sauf les grigris de la famille. Mais la qualité de chef de famille est transmise, elle. Quand un chef de famille meurt c'est l'homme le plus âgé de la famille après lui, quelquefois son frère, quelquefois son cousin etc., qui prend le commandement de la famille.

Dévolution de l'habitation et de ses biens. — Quand un chef d'habitation meurt, c'est l'homme le plus âgé de l'habitation (frère, cousin, etc.) qui prend le commandement de l'habitation. Il prend en même temps la gestion des biens appartenant en commun à toute l'habitation.

Dévolution des biens du groupe. — Quand un chef de groupe meurt c'est également le plus âgé du groupe (généralement le frère puîné du défunt) qui prend le commandement et la gestion des biens du groupe (champs, instruments de travail, etc.).

A noter que dans toutes ces dévolutions, quand il n'y a plus de gens de la même génération, on choisit les fils de tous les frères, cousins, etc., en commençant par l'aîné. C'est-à-dire qu'une génération étant épuisée, on commence à épuiser la génération suivante.

Dévolution des biens du ménage. — Quand un mossi marié et ayant des enfants meurt, c'est son frère (de père et de mère ou de père seulement) le plus âgé qui prend l'héritage. Mais il ne prend pas tout. Il y a lieu à partage, jusqu'à un certain point, avec les autres frères de père et de mère ou de père seulement et avec les fils quand ils sont assez âgés.

Pour les cases et le champ, c'est le frère le plus âgé qui les prend. Les femmes au contraire sont partagées entre les frères et même entre les fils s'ils sont grands. S'il n'y en a pas beaucoup, le frère le plus âgé n'a rien de plus que les autres. Les bestiaux sont aussi partagés, toujours entre les mêmes, mais avec avantage cette fois non plus pour le frère le plus âgé absolument, mais pour le frère le plus âgé de père et de mère. Les cauris, l'argent, les objets mobiliers, les bijoux sont partagés de même. Les armes sont partagées mais avec avantage pour le frère le plus âgé absolument. Ainsi il prendra l'arc du défunt et son carquois et partagera les flèches entre les frères et les fils, sans s'oublier lui-même.

Comme on le voit, il y a lieu à partage et même à un partage assez compliqué puisque c'est tantôt le frère le plus âgé de tous les frères soit de père et de mère soit de père seulement qui est avantagé, tantôt le frère le plus âgé parmi exclusivement les frères de père et de mère. Mais ce partage est très inégal. Les deux frères aînés que nous venons de voir ont sensiblement plus que les autres copartageants.

Après le partage on reste dans la même habitation généralement et aussi dans le même groupe de travail. Pourtant c'est au moment des décès des pères de famille, surtout au moment des décès des chefs de groupe, que les groupes de travail (qui ont augmenté peu à peu avec les naissances) se remanient pour se diviser. Ces groupes de travail, en fait, sont en voie d'accroissement constant (par le jeu naturel des naissances) et aussi en voie de diminution constante (par le jeu des décès et des nouvelles répartitions). Quant aux zakas, elles ne sont pas non plus complètement stables, puisqu'il s'en fonde de nouvelles avec le temps, d'une façon proportionnée à l'accroissement de la population.

Ajoutons quelques détails sur l'héritage :

Les petits enfants du sexe masculin héritent, mais on ne leur remet pas leur part. On la remet au frère qui hérite de la mère de ces enfants. Quand ils seront grands, le nouvel époux de leur mère la leur remettra.

Les filles n'héritent pas.

Les femmes n'héritent jamais. Au contraire on hérite d'elles.

Dévolution des biens proprement individuels. — Un cas de ce genre est l'héritage d'une femme. Comme nous l'avons vu plus haut, les biens d'une femme décédée vont à ses enfants, fils ou filles. Les objets pour les garçons vont aux garçons, les objets pour les filles vont aux filles. Tous les garçons prennent quelque chose, mais le fils aîné est très avantagé. Toutes les filles prennent quelque chose, mais la fille aînée est très avantagée. Quand il n'y a pas d'enfants, la succession de la femme revient à sa famille, non à son mari ni à la famille du mari.

Un autre cas de ce genre est la mort d'un enfant ou d'un jeune homme. S'il a un frère, c'est celui-ci qui hérite, s'il n'a pas de frère c'est son père. Quelquefois le père laisse les objets à la mère pour les donner à un enfant à venir.

En cas de décès d'une jeune fille c'est sa sœur qui hérite. Si elle n'en a pas c'est sa mère. En cas de prédécès de la mère, c'est la famille de celle-ci (c'est-à-dire la sœur cadette de sa mère).

Un autre cas de ce genre enfin est le décès d'un mossi célibataire. C'est son frère qui hérite, à défaut le fils de son frère.

Ajoutons enfin à tout ceci quelques remarques diverses sur les successions.

De l'enfant naturel. — « L'enfant naturel, dit Vadier, a exactement les mêmes droits que l'enfant légitime. Il hérite de son père ou de sa mère concurremment avec ses frères et suivant les règles que nous avons vues précédemment ». Ceci est exact mais n'oublions pas que l'enfant naturel a été renvoyé par le mari légitime de la femme à son vrai père, dès qu'il a pu se passer de sa mère. C'est donc dans le ménage de son véritable père qu'il a tous ces droits, non dans le ménage du mari de sa mère.

De l'enfant conçu. — Dans la coutume mossi l'enfant conçu hérite et est traité comme s'il était déjà hors du sein de sa mère.

Cas d'indignité. — Il existe une cause d'indignité excluant de la succession. Si le défunt a été tué, celui qui l'a tué est déclaré indigne, mais cette indignité ne s'étend pas à ses enfants.

Réclamations en fait d'héritage. — Dans l'héritage ordinaire, si le fils aîné n'est pas satisfait de ce qu'il a reçu, il peut porter plainte au chef de famille qui essaie de trancher la question. Dans le cas où il ne réussit pas, le naba intervient. Cette réclamation du fils aîné est très rare. Les frères du défunt et les autres fils ne peuvent réclamer : seul le fils aîné a ce droit.

Des testaments. — Le testament n'existe ni en théorie ni en fait. La coutume règne souverainement. Quelquefois un frère qui a eu à se plaindre de ses frères décide solennellement avant de mourir que tous ses biens iront à ses fils. Mais c'est là une manifestation purement platonique. On laisse le mourant parler comme il veut et, une fois qu'il est mort et enterré, on n'en fait ni plus ni moins : on agit d'après la coutume qui, s'imposant à tous, renverse, dans son ordre à elle, les ordres particuliers du défunt.

De l'acceptation et de la renonciation. — Elles n'existent pas ici. La coutume ne permet pas aux gens de se dérober à l'exercice de leurs droits qui sont en même temps des devoirs.

Des rapports. — Un mossi est libre de son vivant de disposer comme il l'entend de ses biens propres, mais on comprend qu'il doit donner la chose avant sa mort pour que la donation ait son effet et soit respectée.

Il résulte de là qu'un héritier peut cumuler sa part d'héritage avec une donation reçue du vivant du défunt.

Des donations entre vifs. — Un mossi peut, de son vivant, faire toutes les donations qu'il veut sur ses biens particuliers.

Etant le maître absolu de ceux-ci et pouvant en faire tel usage qui lui semble bon, nul n'a le droit d'attaquer les donations qu'il fait.

En fait rappelons que les chefs de famille, d'habitation, de groupe, de ménage, ne sont que les gestionnaires et non les possesseurs à la romaine des biens de la famille, de la zaka, du groupe, du ménage. Les biens particuliers, les biens propres, ceux sur lesquels existe chez les Mossis le *jus utendi et abutendi*, nous savons à quoi ils se réduisent. De plus les Mossis sont très loin dans la pratique de faire grand usage de ce droit théorique, mais ici nous nous occupons de la théorie. C'est à elle que se réfèrent les règles suivantes :

La donation entre vifs devra, pour être valable, être faite devant plusieurs témoins.

Aucune capacité n'est exigée pour recevoir une donation.

La femme possède les mêmes droits que le mari. Mais la donation sera cependant sans valeur s'il est démontré que le bénéficiaire est ou a été son amant.

Nous en avons fini pour la Famille mossi.

En résumé, comme nous l'avons déjà dit plus haut, elle est communautaire et patriarcale.

Mais pour le communautarisme il est bien ébranlé : on demeure non pas en groupe familial, mais en sous-groupe familial (la zaka). Et on travaille non pas en sous-groupe familial mais en sous-sous-groupe (le groupe de travail). Peut-être était-ce jadis la zaka qui en même temps que communauté d'habitation était la communauté de travail. Ce qui se passe actuellement chez les Foulsés ou Nioniossés et que nous verrons plus loin où c'est tantôt la zaka qui forme la communauté de travail et tantôt le groupe de travail qui forme cette communauté et où l'on semble évoluer du premier état de choses vers le second peut le faire supposer.

Pour le patriarcalisme il est bien net et bien établi. La famille tourne autour de l'homme et non pas autour de la femme. J'ai dit que certains indices font croire que la famille mossi, comme la famille soudanaise en général, a été jadis matriarcale à une époque très reculée. En tout cas cela n'existe plus depuis longtemps et nous avons affaire actuellement à un communautarisme ébranlé doublé d'un patriarcalisme très net.

LIVRE V

Le mode d'existence

Nous diviserons le mode d'existence en douze points principaux, savoir :
1. La nourriture.
2. L'habillement.
3. L'habitation.
4. L'ameublement.
5. Le chauffage.
6. L'éclairage.
7. Le blanchissage.
8. L'armement.
9. L'hygiène.
10. Les sports.
11. Les jeux.
12. Les plaisirs.

Chaque point sera divisé à son tour en un certain nombre de subdivisions formant un filet aussi serré que possible pour tâcher de ne laisser échapper aucune portion importante de la réalité. Voici les subdivisions que nous établirons pour la Nourriture :
1. Distribution des matières alimentaires.
2. Préparation des grains.
3. Outillage de la cuisine.
4. Façon de se procurer du feu.
5. Plats.
6. Sauces.
7. Condiments.
8. Viande.
9. Beurre.
10. Lait.
11. Boissons.
12. Excitants.
13. Repas.

14. Conservation des aliments.
15. Anthropophagie.
16. Géophagie.
17. Mets permis et défendus.

Commençons par la *distribution des matières alimentaires* :

Dans les habitations pauvres elle est faite par le zakasoba lui-même, dans les habitations riches par le frère du zakasoba, par un fils, par un esclave de confiance.

Préparation des grains. — Ce sont les femmes, comme nous le savons, qui exécutent ce travail comme celui de la cuisine.

Elles pilent les épis de mil dans les mortiers pour en extraire le grain ou bien les frappent au bâton après les avoir mis sur un endroit choisi et bien plat de la cour qui sert d'aire.

Les grains ainsi obtenus sont écrasés sur les grandes pierres encastrées dans le banquo (qu'on peut appeler des meules dormantes) à l'aide des pierres plus petites ou molettes que l'on manœuvre des deux mains. Les femmes obtiennent ainsi la farine avec laquelle elles confectionnent le sarabou et les autres plats mossis.

Outillage de la cuisine. — Les femmes mossis et foulsés se servent donc du mortier et du pilon communs à tout le Soudan, des pierres à écraser dont la molette s'appelle en mossi nérébilo ou nébilo (au singulier, nerebio ou nebio au pluriel) et la meule dormante néré (au pl. néga). Les grandes tables rondes où ces dernières sont encastrées s'appellent négoungou (negoundou ou negourou au pluriel). Nous avons vu plus haut (Industrie du carrier) comment on fabrique les pierres à écraser. Nous verrons plus loin (Mode d'existence, habitation et annexes), comment on construit les tables en banquo. Disons simplement ici que les grandes habitations en possèdent chacune une. Quant aux habitations plus petites elles se mettent à plusieurs, c'est-à-dire à deux ou trois, pour en avoir une. Ce sont les gens des habitations intéressées qui construisent eux-mêmes ces tables.

Il existe aussi à l'intérieur des cases mossi et foulsé de petites tables rondes de banquo faites pour encastrer une seule meule dormante et servir à une seule femme. Elles sont destinées à l'hivernage : alors, quand la pluie tombe, les femmes qui ne peuvent aller au dehors, y écrasent leur mil. On donne à ces petites tables le même nom qu'aux grandes.

Les petits mortiers en bois, les petits mortiers pour le pilage des ingrédients qui entrent dans les sauces (namougousoussoukolos en bambara) sont inconnus ici. Les femmes pilent ces ingrédients dans les grands mortiers ordinaires ou les écrasent sur leurs pierres.

Les femmes du Yatenga se servent pour leur cuisine de ces vases en terre auxquels dans l'Afrique occidentale les Européens donnent le nom générique de « canaris » entendant sans doute par ce mot : vases des

Canaries — parce que les premiers probablement de ces pots africains furent remarqués dans ces îles. Les canaris sont les roukous des Mossis du Yatenga comme de Ouagadougou, les dagas ou dâs des Bambaras, Malinkés et Ouassoulonkés, les fayandés des Peuls. Nous avons vu que c'étaient les femmes des forgerons qui les fabriquaient.

Au Yatenga, comme chez les Soudanais en général, il existe plusieurs espèces de roukous :

1° Les sagaroukous. Ce sont les canaris pour le sarabou (n'tobiliké-dâs en bambara, fayandé-niri en peuhl).

2° Les ziédoroukous. Ce sont les canaris pour la sauce, nadâs en bambara, fayandé-liho en peuhl.

3° Les kòmroukous, canaris pour l'eau, plus grands que les sagaroukous. Ce sont les guidâs des Bambaras, les yougouré-diam des Peuls.

4° Les damroukous, c'est-à-dire les canaris pour le dolo, plus grands encore que les précédents, dolodâs en bambara.

Les Mossis et Foulsés du Yatenga ne connaissent pas les canaris pour l'indigo, pour la teinture (galadâs en bambara). Ils font en effet, comme nous le savons, des puits profonds et étroits pour l'indigo et ne se servent pas de canaris.

Les canaris de dimensions exceptionnelles (fâs chez les Bambaras, fagas chez les Malinkés et les Ouassoulonkés ou encore fâbas ou fagabas, grands fâs, grands fagas) existent ici. Nos Mossis les appellent simga, simsé au pluriel. Ils servent à mettre de l'eau ou du dolo dans des circonstances exceptionnelles (condoléances d'un grand chef par exemple).

Les Mossis et Foulsés du Yatenga, comme les Mossis de Ouagadougou, font des canaris immenses, plus grands que dans les pays mandés. Il en est d'un mètre, 1 m. 50 de haut, dans lesquels un homme se baignerait facilement. Dans les pays de l'ouest les fagabas n'atteignent pas ces dimensions.

Ajoutons qu'au Yatenga on connaît les ziédolagas, petits canaris où l'on mange la sauce (bèlès ou nabèlès en bambara, malinké et ouassoulonké). On y sert et on y mange la sauce faite dans le ziédoroukou.

En revanche les bangués mandés (canaris pour se laver les mains avant et après les repas) ne sont pas connus ici. On se lave les mains dans une calebasse ordinaire ou dans une calebasse en bois. Ne sont pas connus non plus les guinthis, canaris percés de petits trous en dessous, dont on se sert chez les Mandés pour préparer le baci ou couscouss. Les habitants du Yatenga ne connaissent pas en effet cette préparation comme nous le verrons. Ils ne connaissent pas non plus les singhòs, fourneaux portatifs en terre cuite. Ceux-ci servent aux piroguiers, aux Somonos de Ségou. Ce sont en effet des fourneaux pour faire la cuisine sur les barques, les trois pierres ordinaires des Soudanais ne pouvant pas être utilisées ici sans mettre le feu à la barque. Les Bambaras connaissent les singhôs par les Somonos, mais les Malinkés et les Ouassoulonkés ne s'en servent pas, sauf quelques Somonos établis parmi eux. Bien entendu les Mossis, dépourvus de rivières et de fleuves, s'en servent encore moins et ne les connaissent même pas.

Les couvercles en terre cuite pour canaris (dagatougoulas en mandé) ne se font pas non plus ici.

Nous en arrivons maintenant aux calebasses : les femmes mossi et foulsé du Yatenga se servent :

1° Des calebasses faites avec les calebasses naturelles. Nous en avons déjà parlé à la Culture. Elles s'appellent d'une façon générale ouama en mossi, filé ou félé ou flé en bambara et on distingue les grandes et les petites, ouambéla, ouambisé en mossi, filembas, filénis en bambara. Elles servent à présenter la nourriture une fois préparée : c'est dans les calebasses qu'on la mange. Elles servent aussi à aller chercher de l'eau, à contenir du lait, les femmes y placent les objets leur appartenant, les y transportent, etc.

2° Des calebasses en bois (lengguéré en mossi, lenn'sé au pluriel, kouna en bambara, malinké, ouassoulonké). Elles sont beaucoup moins employées que les calebasses ordinaires. On en connaît ici deux espèces : les unes, les plus grandes, pour le sarabou, les autres, plus petites, pour la sauce. On appelle les premières saralengguéré (au pl. saralenn'sé). Ce sont les to-kounas des Bambaras. On appelle les secondes ziédolengguérés (au pl. ziedolenn'sè). Ce sont les nakounas bambaras. Ce ne sont pas les forgerons qui fabriquent ces calebasses en bois, mais les settébas (pluriel de seta), nom sous lequel les Mossis désignent les Laobés. Les sagalengguérés valent de 1 à 2 francs, les ziédolengguérés de 0 fr. 25 à 0 fr. 50.

Au Yatenga on ne connaît pas les kounambas (calebasses en bois pour le lavage du linge) ni les kounanfas (calebasses en bois qui servent à serrer les vêtements et les bijoux).

En fait de cuillers et de bâtonnets pour la sauce, les Mossis et Foulsés du Yatenga utilisent :

1° le filinga ou bougouri. C'est le bâtonnet avec lequel les femmes remuent les aliments en train de cuire. C'est le soungala ou sounkala des Bambaras et des Malinkés, le ouéléké des Ouassoulonkés, le kounda peuhl.

2° la soutougou. C'est la cuiller profonde, bol à manche, louche, faite d'une petite calebasse à manche coupée dans le sens de sa longueur. La soutougou c'est la n'galama (espèce n'galamani) des Mandés. Les Peuls du Yatenga l'appellent soutougouré, mot qu'ils ont formé avec le mossi soutougou, comme les Peuls du Fouta-Djallon disent n'galamaré, mot qu'ils ont formé avec le mandé n'galama. Elle sert à consommer les aliments liquides chauds ou froids.

3° la raogo-soutougou (c'est-à-dire la soutougou en bois, de raogo :

bois et soutougou : soutougou). C'est une imitation en bois de la soutougou naturelle, imitation fabriquée par les settébas. Au Yatenga on s'en sert assez. Les raogo-soutougou valent de 10 à 20 cauris.

4° Le sainbôgô (flenkolo ou flenkala ou filenkolo en bambara, c'est-à-dire os, tesson de calebasse, tébéa en peuhl). Ce tesson, dans le genre d'une coquille d'huître, mais plus grand et surtout plus profond. sert à transvaser le sarabou du canari où il vient de cuire dans la calebasse où on va le manger.

5° Le zahenga. C'est le kanko bambara, la coquille de moule d'eau douce. Il y en a quelques-unes ici qu'on prend dans les marigots. Elles servent à gratter le fond des canaris pour bien enlever tout le sarabou.

Façons de se procurer du feu. — Les Mossis et les Foulsés ont des briquets fabriqués par les forgerons, du moins la partie en fer. Le briquet se compose en effet d'un percuteur en fer et d'une pierre percutée. Le percuteur se compose lui-même de deux petites lames parallèles de fer reliées par en haut et par en bas, l'une destinée à frapper, l'autre lui servant de soutien, et disposées de telle sorte qu'on puisse passer les doigts de la main droite entre les deux lames, tandis qu'on tient la pierre à feu de la main gauche. On la frappe ainsi avec le percuteur. La pierre à feu est siliceuse, d'un blanc rosé, dure et brillante, ramassée dans le Yatenga dans les parties montagneuses où on la trouve en grande abondance.

Quand on n'a pas de briquet et que se trouvant dans la brousse on veut faire du feu, on emploie le moyen suivant : on prend deux tiges de mil, l'on perce l'une d'un trou et l'on introduit l'autre dans ce trou. On l'y fait tourner avec force entre les deux mains et cette rotation rapide finit par produire un échauffement qui fait jaillir la flamme. En pays mandé, les enfants dans la brousse font de même pour se procurer du feu.

Briquets et tiges de mil du reste ne sont pas utilisés par les femmes du Yatenga. Celles-ci, comme les autres soudanaises, conservent toujours du feu allumé, même pendant la nuit, soit sous la cendre, soit dans de gros morceaux de bois qui brûlent lentement.

Mossis et Foulsés, et en général tous les habitants du Yatenga, ne se servent pas encore d'allumette d'une façon habituelle.

Plats. — A tout seigneur tout honneur : il faut citer en première ligne le sarabou qui est le tô mandé (on dit tô en bambara, malinké, ouassoulonké) et le niri peuhl. Le sarabou se prépare en faisant bouillir une grosse proportion de farine de mil dans l'eau pendant deux heures environ. La femme chargée de la cuisine remue avec le filinga. Lorsque le sarabou est cuit, elle le transvase dans une calebasse. Elle se sert pour cette opération du sainbogo.

Le sarabou forme alors une pâte verdâtre ou rougeâtre, composée de savonnettes étagées les unes sur les autres, molles et d'un goût plutôt fade.

Après le sarabou, préparation habituelle de la farine de mil, chaude et épaisse, vient le zômtodo (dégué en bambara, malinké et ouassoulonké, tiobal en peuhl), préparation froide et liquide.

Le zômtodo se prépare de deux manières différentes. La façon la meilleure et la plus répandue, la plus longue aussi, est celle-ci :

Avec de la farine de mil et de l'eau on confectionne des boulettes de farine qu'on fait bouillir pendant une heure, puis qu'on met à refroidir. Alors on les pile et la farine ainsi obtenue est mise dans une calebasse d'eau froide et remuée : on obtient ainsi ce mets liquide et sans consistance qu'est le zômtodo.

Une façon plus simple de le préparer est de verser une certaine quantité de farine de mil crue dans l'eau froide et de remuer avec la main. Cette façon, quoique plus rapide, est moins employée parce qu'elle est moins bonne pour l'estomac, la farine n'étant pas cuite. Quand on a le temps, on recourt toujours à la première préparation.

Dans les deux cas, on peut ajouter de la farine de baobab, du lait, du tamarin, du piment, du miel, etc.

On boit le dégué avec la soutougou.

Après le sarabou et le zômtodô, citons la préparation qu'on appelle béré en mossi, moni en bambara, malinké et ouassoulonké, m'guéréouri en peuhl. Elle diffère du sarabou en ce qu'elle est liquide et non solide, mais elle diffère du zômtodô en ce qu'elle est chaude et non froide. Au Yatenga on en fait très peu souvent et on la confectionne surtout pour les malades.

La préparation est peu compliquée : on jette dans l'eau bouillante quelques poignées de farine de mil, on fait cuire pendant une heure et on remue. Ensuite on transvase le béré chaud dans une calebasse où on l'avale avec la soutougou (1).

De ces trois façons de préparer le mil, la première seule (sarabou) constitue vraiment un plat et du reste le plat ordinaire, habituel des Mossis et des Foulsés, comme des Soudanais en général. Le zômtòdo ou dégué est une préparation plutôt faite pour se restaurer entre les repas, quand on a faim par hasard — une préparation « *en tout cas* » — ou pour offrir quelque sacrifice. Quant au béré nous avons vu que c'était une préparation rare, pour malades.

Le couscouss (nom arabe, baci en mandé), préparation qui vient du nord et qui a pour but en faisant cuire lentement à l'étuvée de la farine de mil de la mettre en état de se conserver longtemps sans se gâter (préparation de nomade, de commerçant-colporteur et de pasteur) était complètement inconnu au Yatenga avant la conquête française. Maintenant

(1) C'est une préparation analogue que j'ai décrite (ouv. cité, p. 560) pour les Mossis de Ouagadougou sous le nom de *vessala*, une préparation chaude et liquide. Mais le mot « pâte » que j'ai employé dans cette description est inexact puisqu'on a affaire à une préparation liquide. J'ai dit que ce *vessala* était le finsan bambara. Cela est exact car je relève dans mes notes sur les Bambaras « finsan : restant de farine, on met un petit canari sur le feu, on fait bouillir de l'eau, on verse la farine dedans, on tourne avec le soungala. Cela se fait en un quart d'heure ».

les Mossis et les Foulsés le connaissent, l'ayant vu faire par les femmes des tirailleurs bambaras mais ils ne s'en servent pas (1).

Quant au nyenenkini bambara (appelé encore sari ou nyenensari en bambara, m'hoéri en peuhl) il n'est guère fait par les Mossis du Yatenga et ils n'ont pas même de nom pour le désigner. C'est le mil en grains simplement bouilli après avoir été débarrassé de son enveloppe (2).

Les ngnòmies ou niòmies (nom bambara), espèces de beignets nègres, sont connus au Yatenga. On les appelle en mossi misigou (misidóu au pluriel). Mossis et Foulsés en font chez eux assez souvent, et des marchandes en vendent aussi sur le marché.

Pour les confectionner, les femmes mettent le soir de la farine de mil dans un canari plein d'eau fraîche et laissent reposer jusqu'au lendemain matin. Alors elles placent le canari à côté du feu, prennent une certaine quantité de pâte et la mettent sur une poêle en terre cuite appelée misigousaré, enduite préalablement de beurre de karité. Elles la font cuire ce qui forme une espèce de beignets qu'elles mettent ensuite refroidir, l'un sur l'autre, dans une calebasse. Le misigou est jaune et doré.

Citons parmi les plats qui ne sont pas faits avec du mil :

Le tiòusabògo (nom mossi, fini firi (3) en bambara), plat de fonio. On pile les grains qui sont très petits, comme on le sait, de façon à en enlever seulement l'enveloppe, puis on les fait bouillir, avec du sel, pendant une heure. C'est un plat chaud et épais.

On fait aussi du béré avec le fonio. On pile de façon à enlever l'enveloppe et on fait bouillir, mais on met peu de grains de façon à avoir un plat liquide et chaud au lieu d'un plat solide et chaud.

Les Mossis et Foulsés du Yatenga connaissent aussi le malokini (nom bambara). C'est le riz décortiqué et bouilli. Ils ne donnent pas de nom spécial à ce plat qu'ils appellent tout uniment moui (c'est-à-dire riz).

Pour les haricots les Mossis les font bouillir en y ajoutant du sel (Ils ne connaissent pas le syofari, préparation bambara assez compliquée).

L'arachide, nous le savons, est généralement conservée pour être écrasée et mise ainsi dans les sauces. Quand elle ne sert pas de cette manière on la mange la plupart du temps fraîche et crue, d'autres fois fraîche et grillée.

On connait aussi la préparation appelée marrabatiga par les Bambaras

---

(1) Voir, au sujet du conscouss, la description de la façon dont on le prépare dans mon *Noir du Soudan*, pp. 559 et 560. Les Mandés ont reçu sans doute cette préparation des Maures, des Berbères ou des Arabes, peut-être par l'intermédiaire des Sôninkés, race de commerçants-colporteurs et de cultivateurs et la plus ancienne, historiquement parlant, du Soudan.

(2) Dans mon *Noir du Soudan*, p. 560, je note cependant : « Les Mossis, quand ils voyagent, font souvent cuire des grains de mil sans qu'ils aient été réduits en farine. On appelle cela honandourouki (mil cuit) ».

(3) Le mot firi en bambara, comme le sari, désigne le grain décortiqué bouilli dans l'eau. Le firi sans épithète, comme le nyenenfiri, désigne donc en bambara le mil décortiqué cuit à l'eau. C'est donc la même chose que le sari, nyenensari et nyenenkini. Quant au fini firi cela veut dire firi de fonio.

(ce qui veut dire arachide des Marrabas ou Haoussas, Marrabas étant le nom donné aux Haoussas établis parmi les Mandé-Dyoulas de la Côte d'Ivoire). Cette préparation, appelée soukamkimdé (arachides grillées) en Mössi, consiste, après avoir enlevé la coque, à mettre les arachides tremper dans l'eau. Quand elles ont bien trempé, on les saupoudre de sel et on les fait griller pendant un quart d'heure. On les mange chaudes ou froides. Celles qu'on vend sur le marché, traitées de cette façon, sont froides. Les Mossis et Foulsés ne font pas souvent de ce plat, cependant ils l'aiment assez.

Le mougoudougou, plat de sésames, bénédégué en bambara, se fait ainsi : on fait griller les graines de sésame en ajoutant une certaine quantité d'arachides. On met encore de la farine de mil, du sel et du piment. On mélange et on pile bien. Les Mossis et Foulsés aiment le mougoudougou et en font relativement souvent.

Le plat que les Mossis et Foulsés du Yatenga mangent en définitive le plus est le sarabou (to) puis, après lui, les haricots bouillis, le zômtodo (dégué), etc.

Sauces. — La plupart des plats solides chez les Mossis et Foulsés du Yatenga, comme chez les autres Soudanais, sont accompagnés d'une sauce. Ainsi on fait une sauce pour le sarabou, pour le tiousabogo, pour le mouï, etc. mais on n'en fait pas pour les ngnòmies, pour le mougoudougou, pour les haricots. On n'en fait pas non plus pour les plats liquides froids ou chauds (zômtodo, béré, etc.).

Sauce se dit zédo ou ziédo en mossi (na en bambara). Jus se dit bim en mossi (nagui en bambara pour tous les jus et sogogui d'une façon plus particulière pour le jus de viande).

La sauce que les Mossis et Foulsés aiment le mieux est la sauce aux feuilles de baobab (toégaziédo en mossi, siraua en bambara, malinké, ouassoulonké). Les femmes cueillent les feuilles du baobab, les pilent et en font une pâte qui sert de base à leur sauce, ou bien elles les font sécher au soleil avant de les piler et les réduisent ainsi en une poudre qui joue le même rôle. Mossis et Foulsés aiment autant les deux préparations. Les femmes prennent ensuite le canari à sauce (le ziédoroukou dont nous avons parlé plus haut) et le mettent sur le feu avec la pâte ou la poudre de feuille de baobab et un peu d'eau. On ajoute du soumbara, du sel et on fait bouillir pendant une demi-heure. On obtient ainsi une sauce épaisse qu'on sert dans une petite calebasse à part, à côté de la grande calebasse de sarabou. Chaque convive trempe sa bouchée de sarabou dans la sauce avant de la porter à sa bouche.

Après la sauce de feuille de baobab, la plus appréciée des Mossis et des Foulsés est celle de mâna (gombo). On la fait comme la précédente soit avec le mâna frais soit avec le mâna sec. Les femmes cueillent les gousses, les coupent en morceaux, les mettent dans le ziédoroukou avec de l'eau et font bouillir pendant une heure avec du soumbara et du sel.

Ou bien, les gousses cueillies et coupées en morceaux, ceux-ci sont mis à sécher au soleil et placés à part. Quand elles veulent faire une sauce, les femmes prennent une poignée de ces morceaux et les pilent. C'est cette poudre qu'elles mettent alors dans le ziédoroukou et préparent comme si c'était du gombo frais. La sauce aux gousses de gombo s'appelle mânaziédo en mossi, gouana en bambara, malinké et ouassoulonké.

Ensuite, la plus appréciée est la sauce aux feuilles de haricot (bengaziédo en mossi, sofourana en bambara). On cueille les feuilles jeunes en mai et juin et on les utilise soit fraîches immédiatement, soit conservées et séchées pendant tout le reste de l'année. On les coupe menu et on les fait bouillir pendant une heure avec du sel et du soumbara. Ou bien, quand elles sont sèches, on en prend quelques poignées, on les pile, on les réduit en poudre et on les fait bouillir avec le même accompagnement.

La sauce la plus répandue ensuite est celle que l'on fait avec les jeunes gousses du vâka. Cette sauce s'appelle vâkaziédo (boumouna en bambara, malinké et ouassoulonké, de boumou : kapokier et na : sauce). Les femmes cueillent ces jeunes gousses et les utilisent soit fraîches soit sèches. Dans le premier cas elles les pilent et en font une pâte qu'elles font bouillir pendant une demi-heure avec du soumbara et du sel. Dans le second cas elles les font sécher au soleil, puis les mettent de côté. Quand elles en ont besoin, elles en prennent quelques poignées, les pilent, les réduisent en poudre et font bouillir pendant le même laps de temps que précédemment et avec le même accompagnement. La sauce aux gousses fraîches est meilleure que celle à la poudre de gousse.

Ensuite vient la sauce aux sésames (siniziédo en mossi, inconnue aux Bambaras, Malinkés, Ouassoulonkés). Les femmes prennent les graines de sini qu'elles font griller, puis elles les pilent. Pour avoir une pâte encore mieux conditionnée, elles écrasent cette première pâte sur leurs meules dormantes, puis elles la font bouillir pendant une demi-heure avec du sel et du soumbara.

Citons encore la sauce d'arachides (soumkamziédo en mossi, tigana en bambara et en malinké, liho-gherté en peuhl). On fait griller les arachides, on les pile, on les réduit en pâte. On écrase de nouveau cette pâte entre les pierres à écraser. Quelques-uns ajoutent des feuilles d'oseille hachée. On fait bouillir pendant une heure avec du soumbara et du sel.

Il y a aussi la sauce aux feuilles d'oseille (bitouziédo en mossi, dana en bambara et en malinké, liho-pollé en peuhl). Les femmes cueillent les feuilles de la grande oseille, les coupent en petits morceaux, les font bouillir pendant une heure avec un peu d'eau de cendre (de n'importe quelle cendre, ceci pour enlever l'acidité), du soumbara et du sel. Quelques-uns ajoutent aussi un peu de pâte d'arachides. C'est la sauce la moins considérée.

Il faut signaler encore, pour être complet, la sauce aux graines de coton (grobiaziédo en mossi, koronékoulouna en bambara, malinké, ouassoulonké, très peu usitée du reste chez les Mandés, plus en faveur chez les Mossis). Les femmes font sécher les graines noires du coton, les pilent au mortier, les écrasent encore à la meule dormante ce qui donne une poudre très fine. On la fait bouillir avec du soumbara, du sel et du piment pendant une heure. C'est une bonne sauce.

De même la sauce aux graines d'amande de baobab (touïziédo en mossi, sans nom chez les mandés où on ne la connaît pas). Les femmes font d'abord sécher ces graines, puis les brisent entre deux pierres et les écrasent à la meule dormante. Elles obtiennent ainsi une poudre qu'elles font bouillir avec les accommodements ordinaires et qui constitue une sauce assez considérée.

On fait encore de la sauce avec les fourmis ailées qui sortent du sol après les premières grandes pluies, au commencement de l'hivernage. Ces fourmis sont appelées ici ïou. La sauce qu'elles donnent est le ïouziédo (nom mossi, les Bambaras, Malinkés et Ouassoulonkés ne la connaissent pas). Les femmes écrasent les fourmis ailées à la meule dormante après les avoir fait consciencieusement sécher au soleil. Elles obtiennent ainsi une poudre qu'elles font bouillir avec du soumbara et du sel pendant une demi-heure et qui constitue une bonne préparation culinaire.

On voit que les Mossis et Foulsés du Yatenga ont une gamme étendue et remarquable de sauces diverses à leur disposition.

Condiments. — Les condiments les plus importants, nous venons de le voir, sont le sel et le soumbara.

Le sel (iamsô en mossi, koua en bambara, kogo en malinké et en ouassoulonké, lamdam ou lamlam en peuhl) vient, comme nous le savons du nord, apporté principalement par les Yarsés. C'est un des grands articles d'importation dans le pays.

Quand les Mossis n'ont pas de sel, ils le remplacent par de l'eau de cendre de tiges de mil. On fait brûler un gros tas de tiges de mil, on en ramasse la cendre qui est d'une belle couleur bleue et on la serre pour différents usages dans des canaris ou dans de petites jarres en terre. A défaut de sel, on prend de cette cendre et on la place dans un canari à fond percé de petits trous. On verse de l'eau dessus, après avoir placé un second canari sous le premier. C'est cette eau, ainsi recueillie, dont on se sert à la place de sel.

Il y a des endroits dans le Yatenga où les bestiaux vont manger une espèce de terre un peu salée, de couleur jaune, qui leur plaît beaucoup, mais Mossis et Foulsés ne l'utilisent pas et ne s'en servent d'aucune manière.

Un condiment aussi important au Yatenga, et dans le Soudan en général, que le sel est le kalzônga (nom que lui donnent les Mossis du Yatenga) qu'on appelle kologo à Ouagadougou et soumbara ou simbara, soumbala ou simbala chez les Bambaras, Malinkés et Ouassoulonkés, dosaré en peuhl. Nous avons vu plus haut, à la Cueillette, comment on le fabriquait avec les graines de néré. Nous n'insisterons donc pas ici.

Après ces deux condiments essentiels, le sel et le kalzònga, il faut citer le kando (prononcez kann'do) qui est le datou des Mandés et le toûri des Peuls. Pour la préparation du kando, nous renverrons à ce que nous avons dit à la Culture en parlant de l'oseille. Le kando est un condiment très employé, mais moins que le kalzònga cependant.

Un autre condiment, et non le moins usité, est constitué par le piment. Les Mossis et Foulsés pilent toujours leurs piments soit frais, soit secs de façon à obtenir soit une pâte, soit une poudre. On aime beaucoup le piment ici, comme dans tout le Soudan, et on en met presque dans toutes les sauces.

Le poisson sec, condiment très employé dans l'ensemble du Soudan, est ici peu usité. Il y a en effet, comme nous le savons, peu d'eau et peu de poissons dans le pays. Pendant l'hivernage on en pêche quelques-uns qu'on emploie, une fois secs, par petits morceaux, dans les sauces. On achète aussi quelque peu de poisson sec à des dioulas venant des bords du Niger et du Bani (Mopti, Sofara, etc.) qui en transportent quelques charges qu'ils vont revendre, à travers le pays mossi, jusqu'en Gold-Coast.

Les oignons ne sont pas cultivés ici, nous l'avons vu à la Culture. On en achète un peu à des Habbés venant de Bandiagara et qui en transportent des charges à Ouagadougou. On met ainsi une petite quantité d'oignon sec dans les sauces.

Quant au poivre, produit qui ne vient que dans la grande forêt (Liberia, Côte d'Ivoire), dans le sud de la Guinée et dans la Casamance, il n'est pas connu du tout ici et on n'a pas de mot pour le désigner.

Viande. — L'alimentation des Mossis et Foulsés du Yatenga, comme celle des nègres soudanais en général, est essentiellement végétale. Le sarabou est la base de la nourriture. Cependant le nègre aime la viande et en mange quand il le peut. Au Yatenga les chefs mangent souvent de la viande. Les autres mossis et foulsés en mangent à l'occasion.

La viande que l'on mange est surtout de la viande d'élevage : chèvre, chien, mouton, bœuf, etc. Mais on mange aussi de la viande de chasse.

Avant les Français il y avait ici des bouchers (nemkouda au sing, nemkoudouba au pluriel, en mossi) dans tous les villages du Yatenga où il y avait des marchés. Ils étaient trois ou quatre dans les villages les plus importants. Actuellement leur nombre a augmenté, à cause du développement du commerce et à cause, par suite, du plus grand nombre de dioulas de passage. Ils achètent des bœufs aux Peuls, des moutons aux Peuls et aux Yarsés, des chèvres aux Mossis. Ils payent ou bien tout de suite, ou bien après la vente au détail de la bête. Sur un bœuf qu'ils débitent en une journée ils peuvent gagner 10 francs, sur un mouton ou une chèvre 1 franc ou 1 fr. 50. Les bouchers gagnent plus que tous les autres gens de métier, même les forgerons. Ils ne cultivent pas, du moins les vrais bouchers, car à côté d'eux il y a des bouchers occasionnels qui n'exercent le métier que pendant la saison sèche et s'adonnent exclusivement à la culture pendant la saison des pluies.

Les Mossis et Foulsés du Yatenga mangent aussi les poulets mais pas les œufs qui, comme nous l'avons vu, sont abandonnés aux poules pour le couvage. Ils préfèrent les petits poussins (qui deviendront des poulets) au plaisir de manger les œufs. En revanche ils mangent les œufs des pintades, celles-ci en ayant beaucoup plus que les poules.

Les Mossis et Foulsés mangent la viande bouillie, rôtie ou grillée, mais ne connaissent pas la préparation en ragoût. Pour la viande bouillie on met du sel, du piment et on fait bouillir pendant deux heures environ. C'est la manière préférée. Quelques-uns font rôtir la viande : on verse du beurre de karité dans le canari posé sur le feu et, quand il commence à bouillir, on y jette la viande coupée préalablement en petits morceaux. La femme ajoute du sel et un peu de piment et remue avec le filinga. Au bout d'une heure on retire. D'autres font griller la viande : pour cela on l'embroche dans un morceau de bois pointu et on place le tout sur deux ou trois grosses pierres qui forment le foyer. Quand c'est grillé à point on désembroche et on mange. On peut aussi mettre quelques morceaux de viande de côté, les laisser sécher, les piler et mettre cette poudre de viande dans les sauces. On fait cela quand on dispose de beaucoup de viande.

La viande grillée ou viande en brochette s'appelle ici ziédonemdo (de ziédo : sauce et nemdo : viande), viande pour les sauces, parce qu'on s'en sert justement parfois pour celles-ci.

Quant à la préparation en ragoût, les gens du Yatenga ne la connaissent pas à la différence des Mandés (Bambaras, Malinkés, Ouassoulonkés) et des Peuls.

Beurre. — Les Mossis ne se servent pas de beurre ordinaire (beurre de lait de vache) quoiqu'ils le connaissent, mais ils ont beaucoup trop peu de lait pour en faire. Ils se servent du beurre de karité dont nous avons vu la fabrication à la Cueillette. Ils en mettent dans la viande rôtie, les haricots, le riz, les hachis de feuilles cuites, etc., etc.

Lait. — Les Mossis, au moins les chefs et les riches, font usage du lait. Ils préfèrent le lait aigri, le lait caillé (ou presque) au lait frais — peut-être parce qu'ils n'ont guère l'occasion de boire que du lait caillé. En tout cas beaucoup ne peuvent pas sentir le lait frais qui, prétendent-ils, les ferait vomir. J'ai déjà dit plus haut qu'autrefois les chefs qui aimaient le lait frais étaient censés, à cause de cela, sympathiser avec les Peuls et ne plus pouvoir les piller à l'occasion. C'était pour eux une mauvaise note de l'opinion publique. Quant au fromage les Mossis et Foulsés du Yatenga ne le connaissent pas plus que les autres Soudanais.

Boissons. — La boisson habituelle des Mossis à leur repas (c'est-à-dire prise immédiatement après le repas, car ils ne boivent pas en mangeant) est l'eau. Les gens riches la remplacent par du dolo (dam ou ram), par de l'eau de tamarin, par du lait, etc.

Quand il n'y a pas de famine, c'est-à-dire quand on a du mil en quantité suffisante pour fabriquer du dolo, on en boit le matin en se levant, au cours de l'après-midi, le soir, mais on en boit surtout les jours de fête. En définitive, le dolo, comme dans tout le Soudan, est la grande boisson nationale qui remplace l'eau toutes les fois qu'on le peut.

Le vrai mil à dolo est le gros mil rouge, mais comme on n'en fait pas assez pour fournir à la fabrication du dolo, on se sert aussi, en assez grosse quantité, de gros mil blanc. Les femmes mettent les grains de mil dans l'eau. Quand ceux-ci sont bien mouillés on les transvase dans des corbeilles qu'on couvre de feuilles, qu'on place à l'ombre et qu'on arrose tous les matins pendant trois jours de suite. Les grains de mil commencent dès lors à germer. Alors on les étale sur des nattes, pour les faire sécher au soleil, pendant deux jours environ. Puis on les écrase sur la meule dormante et on fait bouillir la farine obtenue pendant 4 ou 5 heures. Ensuite on passe le liquide, en le versant par un canari percé de petits trous dans un canari inférieur, ce qui le rend net. Ce liquide est mis le soir dans un canari propre avec du levain de dolo, c'est-à-dire un vieux fond de dolo qu'on a conservé et qu'on met dans la nouvelle boisson (Au Yatenga on ne se sert pas comme chez d'autres Soudanais de ficelles sur lesquelles se dépose le levain, mais on prend simplement le dépôt qui se forme naturellement au fond des canaris de dolo). Le levain est mis après le coucher du soleil et le lendemain matin on peut boire.

Il est difficile de faire de bon dolo et toutes les femmes ne savent pas le bien faire.

Avec cette boisson principale, les Mossis connaissent un certain nombre de boissons hygiéniques dont nous allons parler.

Il y a le poussoukôm (eau de tamarin, n'tomigui en bambara, malinké et ouassoulonké). Les Mossis et Foulsés n'en font que peu, comme les Mandés, et surtout en cas de mal de ventre. Pour faire du poussoukôm, on met dans l'eau des gousses ou des boules de tamarin soit pendant 3 ou 4 heures, soit pendant une nuit. Cela c'est le poussoukôm absolument pur. Ou bien on verse le liquide ainsi obtenu sur un peu de farine de mil sanio, ce qui est une combinaison du poussoukôm et d'une boisson que nous verrons plus loin, boisson à la farine, le zomkôm.

Dans le poussoukôm on peut ajouter un peu de miel et un peu de piment.

Les Mossis fabriquent aussi deux boissons qu'ils appellent l'une et l'autre béçou et dans lesquelles le miel entre également. Mais l'une est l'hydromel pur et simple, tandis que l'autre est le dolo au miel.

Le véritable hydromel (digui en bambara, ligui ou likolé en malinké et en ouassoulonké) se fabrique avec de l'eau froide dans laquelle on plonge les rayons de miel tout entiers avec leur cire. On remue à la main (ce sont les femmes qui font cela) puis on passe le liquide obtenu dans un canari propre. On laisse reposer jusqu'au soir, puis on met du levain d'hydromel, c'est-à-dire un dépôt de fond d'ancien canari à hydromel. Le lendemain matin on peut commencer à boire.

Quant au dolo au miel, il semble que ce soit une spécialité du Yatenga. On n'en fait ni chez les Bambaras, les Malinkés les Ouassoulonkés d'une part, ni chez les Mossis de la région de Ouagadougou d'autre part. Ce sont toujours les femmes qui le font. Elles achètent ou fabriquent deux ou trois canaris de dolo dans lesquels elles mettent les rayons. Elles remuent à la main, passent dans un autre canari, mettent du levain d'hydromel le soir. Le lendemain matin on peut boire.

Les Mossis et Foulsés du Yatenga malgré leur amour du dolo, préfèrent de beaucoup, paraît-il, le véritable hydromel au dolo au miel. Mais il faut pourtant qu'il y ait des amateurs pour ce dernier puisqu'on en fait.

Citons parmi les boissons de fruits le nobâkom (kounangui) dont nous avons vu la préparation à la Cueillette, le sibikòm (n'pékougui) et le ouédakòm (n'sabangui) dont nous avons décrit également la préparation au même chapitre. C'est le nobâkom qui est de beaucoup le plus bu à cause de l'abondance des noba ou fruits du noboga, puis le sibikòm, puis très loin en dernier le ouédakòm.

Citons en terminant le zomkòm (mot à mot eau de farine, mougougui en bambara, malinké, ouassoulonké. Ces derniers n'en font qu'un peu. Les Mossis en font plus). On verse pour le faire de l'eau sur de la farine de petit mil. On fait aussi du toédokòm (eau de baobab). Les femmes mettent un peu de farine de baobab mélangée à un peu de farine de mil dans l'eau fraîche. On remue et on boit. Le toédokòm se nomme siragui en bambara, malinké, ouassoulonké et est connu dans ces pays.

Excitants. — Les Mossis du Yatenga mangent peu de kolas (1), même les chefs et ils en mangeaient encore moins avant l'arrivée des Français qui en a favorisé le commerce. Dans le Yatenga ceux qui mangent surtout des kolas sont les Yarsés, les Maransés et plus que tous les autres, les Peuls. Les Samos n'en mangent pas du tout et les jettent dans la brousse si on leur en donne. Ce sont eux qui en mangent le moins. Les Foulsés en mangent très peu, plus que les Samos, moins que les Mossis.

On voit que l'excitant par excellence du noir, le café du nègre, est peu consommé ici sauf par les cultivateurs-commerçants (Yarsés, Maransés) et par les Peuls.

Pour les autres excitants (piment, etc.) voir aux Condiments, passés en revue plus haut, de la cuisine mossi.

(1) Au sujet des kolas voir mon *Noir du Soudan* (Les Mandés-Dyoulas), p. 387 et 388.

Repas. — Les Mossis et Foulsés du Yatenga font deux repas par jour, celui du midi et celui du soir qui ont une égale importance. Ils ne font pas de petit repas en se levant.

Le premier repas est donc celui de midi. Ils l'appellent ouindighiribo (repas du soleil, de ouindighi : soleil et ribo : manger). Le second repas est le youngoribo (le repas du soir, de youngo : soir, ribo : manger). On le prend vers 9 heures du soir.

Pour la façon dont se font les repas, nous l'avons vue plus haut, à la famille.

Conservation des aliments. — Les Mossis et Foulsés du Yatenga ne conservent guère que le mil et encore assez peu, pendant un an ou un an et demi seulement, à cause des nécessités de l'alimentation. Naturellement en temps de famine toutes les réserves ainsi que le mil de la dernière récolte disparaissent en six mois ou même moins. Les Samos, plus cultivateurs, conservent leur mil beaucoup plus longtemps parce qu'ils en ont plus.

Anthropophagie. — L'anthropophagie est inconnue ici depuis longtemps. Il n'existe pas de cérémonie religeuse où l'on mange de l'homme comme il en existait encore chez les Bambaras à l'époque de la conquête française.

Géophagie. — On ne mange pas de terre Il y a ici de la terre comestible, mais elle est consommée par les bestiaux seulement.

Mets permis et défendus. — Les Mossis et Foulsés du Yatenga mangent tout : phacochères, chiens, chevaux, ânes, lièvres, rats, caïmans, iguanes de brousse, lions, léopards, hyènes, gros et petits serpents, chats, corbeaux, calaos, oiseaux-trompettes, etc. Il n'y a que les charognards qu'ils ne mangent pas parce que ces vautours pacifiques et philosophes se nourrissent de trop de saletés.

Les enfants mangent les petits sénégalis ou petits sénégalais, pas les grandes personnes.

Les femmes mossi et foulsé peuvent manger des poulets. Cela ne leur est pas défendu comme aux femmes gourounsi. Elles peuvent aussi, en principe, manger des œufs de poulet mais en fait elles ne le font pas, puisqu'on réserve les œufs des poules, comme nous l'avons vu, pour le couvage.

Nous en avons fini avec la Nourriture. Passons maintenant à l'Habillement.

Habillement. — Voici comment nous le subdiviserons :

1. Habillement de l'homme.
2. Habillement de la femme.
3. Habillement des garçons.
4. Habillement des filles.
5. Matière des vêtements.
6. Coiffure des hommes.

7. Coiffure des femmes.
8. Coiffure des jeunes gens.
9. Coiffure des filles.
10. Marques sur le visage.
11. Tatouages.
12. Coloriages.
13. Parure des femmes.
14. Parure des hommes.
15. Objets mobiliers portés sur le corps.

Voyons d'abord le vêtement des hommes.

Le boubou, nom emprunté je crois aux Yolofs, que les Européens d'Afrique Occidentale donnent aux vêtements de dessus des noirs qu'il s'agisse des amples robes des Foulahs ou de la veste-chemise légère des Malinkés tombant seulement jusqu'aux hanches, le boubou qui est donc en définitive un vêtement de dessus s'appelle ici fougouyorogo ou fougouyorgo d'une manière générale. Il y en a plusieurs espèces, comme chez les autres Soudanais.

Celui qui est le plus porté chez les Mossis du Yatenga est le kolokôré. C'est un boubou qui tombe jusqu'aux hanches avec, par devant, une échancrure en pointe au-dessous du cou, une grande poche sur la poitrine, des manches écourtées ne couvrant que les épaules et le haut des bras. Par derrière, le vêtement tombe à mi-cuisse et ne possède qu'une légère échancrure ronde au cou. Un vêtement de ce genre vaut 1.500 cauris. Tout en différant par ses détails du dlokini bambara et malinké (boubou se dit dloki en bambara et en malinké et le dlokini est le petit boubou comme l'indique le suffixe ni) il n'est pas très différent en définitive du dlokini et peut lui être comparé pour l'usage. Les chefs ne le portent pas. C'est un vêtement de travail.

Quant au vrai dlokini mandé il n'est pas inconnu ici et s'appelle kogolobila. Il est un peu plus court que le kolokôré. Les chefs, les riches ne l'estiment pas plus que celui-ci et il est réservé aux pauvres, aux gens de condition moyenne. Mais, ici, le kolokôré lui fait une concurrence victorieuse et le kogolobila est beaucoup moins porté.

Il faut ensuite citer le fougougoboga. C'est une espèce de pièce d'étoffe que l'on roule, que l'on drape noblement autour du corps (en bambara, malinké, ouassoulonké on l'appelle birifini ou biriféni ou encore biringa). Ce sont les pauvres qui portent ce vêtement. Les chefs ne l'utilisent que comme couverture pour la nuit.

Le fougougoboga n'est pas ici le vêtement caractéristique. Au contraire chez les Mossis de la région de Ouagadougou il est (complété par un simple caleçon qui forme le vêtement de dessous) le vêtement caractéristique des Mossis de l'endroit et il frappe le voyageur qui vient des pays malinkés ou bambaras et qui est habitué à la culotte large et au boubou léger comme vêtement ordinaire. Au Yatenga, le fougougoboga et le caleçon ne forment pas plus que dans les pays mandés le vêtement usuel qui est constitué par le kolokôré et la culotte.

Le vêtement de dessus des chefs au Yatenga est le korologa, grand vêtement ample qui descend jusqu'aux mollets, pourvu de très larges manches rondes qui tombent jusqu'aux poignets. Il y a une échancrure en pointe par devant, une légère échancrure ronde derrière le cou, deux longues poches par devant, sur le ventre. C'est le tourti bambara, malinké, ouassoulonké.

Le dlokiba bambara (grand dloki) est aussi connu ici. C'est le vêtement le plus riche. Il s'appelle fouïguiri en mossi. Cette robe tombe jusqu'aux pieds avec des manches énormes couvrant les bras, les mains, ou, plus exactement, il n'y a pas de manches. C'est un pli de dessus du vêtement qui forme manche et tombe jusqu'aux cuisses. Le fouïguiri est échancré profondément sur la poitrine. Au-dessous de l'échancrure existe une grande poche qui possède quelquefois jusqu'à 60 centimètres de long sur 25 centimètres de large. Le fouïguiri vaut 15 francs, tandis que le korologa vaut de 5 à 10 francs seulement.

Le dlokiba est porté ici par certains chefs, mais, comme dans le pays mandé, il n'est pas caractéristique du pays, même pour la haute classe et ce doit être un vêtement d'importation — d'importation ancienne, du reste. C'est le grand vêtement des Foulahs du Fouta-Djallon et des Peuls riches du Macina.

Le vêtement caractéristique des chefs ici est le korologa, vêtement moins ample, moins décoratif que le fouïguiri-dlokila.

Pour épuiser la matière, il faut citer encore deux vêtements de dessus : d'abord le loguilli qui ressemble au korologa. Les détails suivants diffèrent : les manches plus longues tombent jusqu'au bout des doigts. Ce caractère le rapprocherait du fouïguiri, mais ces manches, si larges et si longues soient-elles, sont de vraies manches au lieu d'être de grandes ailes, des plis immenses tombant jusqu'à terre. Au cou, l'échancrure en pointe sur la poitrine qui existe dans le korologa et le fouïguiri n'existe pas dans le loguilli et l'ouverture du cou suit exactement la chair. Ce vêtement, du même genre en gros que le korologa, vaut dans les 5.000 cauris.

Ensuite le soulia. Le soulia est un vêtement peul, emprunté par les Mossis à ces derniers. Les Bambaras, Malinkés, Ouassoulonkés le connaissent, toujours par les Peuls et n'ont pas d'autre nom pour le désigner que celui de soulia. C'est le vêtement de travail du peul, beaucoup moins riche et moins ample que le dlokiba, ayant au cou une ouverture étroite et qui se ferme sur l'épaule. Pas d'échancrure sur la poitrine. Les manches existent et ne sont pas très larges. Le vêtement tombe jusqu'aux chevilles. Le soulia vaut 6 ou 7 francs. Inutile de dire qu'il n'est pas très porté par les Mossis et Foulsés du Yatenga.

Citons encore pour mémoire le karfo (tel est le nom mossi, bougué en bambara et en peuhl), grand dlokiba noir d'allure sacerdotale qu'on ne fabrique pas dans le pays, mais qu'on achète aux dioulas haoussas. Il est porté par quelques rares chefs, très peu comme on peut l'imaginer. Les moins chers valent 15 ou 20 francs, les plus chers 50 ou 60 francs. C'est un vêtement d'importation.

Nous en avons fini avec le vêtement de dessus. Voyons maintenant les vêtements de dessous.

Comme vêtement de dessous, Mossis et Foulsés du Yatenga ont la culotte (kourouga en mossi au singulier, koursé ou koursi au pluriel). Tous ici portent la culotte, tandis qu'à Ouagadougou, comme nous l'avons déjà dit plus haut, on ne porte généralement dans le menu peuple que le caleçon et la grande pièce de cotonnade drapée autour du corps.

Au Yatenga il y a deux espèces de culottes comme chez les Mandés, la sarla (sarabou en bambara) et la togo (mougouba, en bambara). Les Peuls du Yatenga appellent la première sarlatorosé et la seconde sarlamaka.

La sarla est la culotte de zouave descendant jusqu'aux chevilles. La togo est aussi longue que la sarla et encore beaucoup plus large. C'est la première qui est la plus portée comme étant la plus commode. La seconde est mise les jours de fête ou de cérémonie. C'est donc un vêtement plus riche. La sarla vaut 1.500 cauris (1 fr. 50), la togo, qui emploie beaucoup plus de cotonnade, 4.000 (4 fr.).

Comme coiffures, les Mossis et Foulsés du Yatenga connaissent le bonnet en coton et le chapeau en paille.

Le bonnet en coton était jadis réservé aux vieillards et aux chefs. C'était un signe d'autorité. Quand un jeune homme en arborait un, il se faisait généralement réprimander par les vieillards qui le rencontraient. Mais, depuis que les Français sont là, on ne dit plus rien aux hommes, aux jeunes gens qui le portent, et l'usage du bonnet en coton s'est beaucoup étendu.

Le bonnet en coton mossi est le pougoulouguilli (fougoula ou tourtourouni en bambara). Le bord en est rond et le fond comme celui d'une chéchia. Il est blanc et vaut 300 cauris.

Pougoulouguilli signifierait : tout le bonnet. Pougoulou désigne le bonnet en général.

On porte aussi ici, mais beaucoup moins, le pougouloumaka (banfoula en bambara et en peuhl). C'est le bonnet qui est caractérisé par un fond conique et par deux larges pointes descendant sur les deux oreilles. Avant les Français, ce bonnet porté par les Maransés et les Yarsés, était très peu mis par les Mossis et les Foulsés. Depuis la conquête française il s'est répandu, quoique le pougoulouguilli soit resté le bonnet national.

Le pougouloumaka vaut 500 cauris et son nom voudrait dire bonnet-mesure.

Ajoutons qu'il y a au Yatenga un pougoulouguilli spécial pour les grands chefs. C'est une espèce d'énorme chéchia rouge ronde du fond. Ce pougoulouguilli fait en drap rouge acheté aux dioulas haoussas est réservé au Yatenga-naba d'une part, aux tengasobas d'autre part. La fille aînée d'un Yatenga-naba défunt le porte pendant les sept jours de son règne éphémère. Le roi du Riziam en porte aussi un. Enfin le Oula-naba y avait aussi droit jadis, comme chef de guerre général du Yatenga. En revanche les quatre ministres eux-mêmes n'y avaient pas droit, pas plus que les chefs de canton ou de village.

Les Mossis et Foulsés du Yatenga connaissent aussi les chapeaux en paille (piriga au singulier, piridou au pluriel). Le plus porté est le piri-sacé. C'est le chapeau conique ordinaire de l'Afrique occidentale, à fond pointu, à bords très bas, avec de longues brides en cuir. Il peut être du reste plus ou moins orné et ici il l'est très peu. Il vaut 1.000 cauris. On l'appelle gaba en bambara, dibiri en malinké et en ouassoulonké, tangaré en peuhl.

Il y a ensuite le piri-kobodo (chapeau à poils, d'après son nom). Il ressemble au pirisacé sauf qu'il porte sur les côtés une espèce de broussaille de brins de paille qui lui donne un aspect pittoresque et sauvage. C'est le gabandioloma des Bambaras, ce qui veut dire également chapeau à poils, le dibiridioloma des Malinkés et des Ouassoulonkés, ce qui a la même signification.

Le piri-kobodo vaut 1.000 cauris comme le précédent, tout compris.

Le gansé-pirigou (tangaré-tieli en peuhl, il n'a pas d'analogue en bambara) est quelque peu connu des Mossis et Foulsés d'ici. Les enfants le fabriquent pour le porter. Il est caractérisé par un petit rebord plat qui court autour du chapeau et le haut, au lieu de se terminer en pointe, est également coupé à l'extrémité et plat. C'est le chapeau des Peuls bergers du Yatenga qui le recouvrent souvent de plaques de cuir pour qu'il ne laisse pas pénétrer l'eau de la saison des pluies.

Les Mossis et Foulsés du Yatenga ne connaissent pas ce gros chapeau « melon » en paille, recouvert de larges plaques de cuir qui est porté dans le nord de la boucle du Niger, par des Peuls pasteurs photographiés dans la *Géographie économique du Haut-Sénégal-Niger* de M. Meyniaud. Ce chapeau que j'ai vu à Ouagadougou (voir mon *Noir du Soudan*, p. 527) où il est porté par des Yarsés et des Haoussas, peut être vu aussi au Yatenga, quoique très rarement, porté par des gens de même race. C'est peut être un chapeau d'origine haoussa. En tout cas il n'est pas d'origine mossi et d'autre part il est inconnu chez les Bambaras, Malinkés et Ouassoulonkés.

Les Mossis et Foulsés du Yatenga portent des chaussures, pas toujours mais assez souvent. Ce qui est le plus porté ici ce sont les peaux de bœuf, tarakanré ou tarkanré au singulier, tarakaya ou tarkaya au pluriel dont nous avons déjà parlé à propos des cordonniers. Ce sont les tépoutépoulé des Peuls. Le tarkanré vaut 200 cauris. C'est la chaussure des gens pauvres, des voyageurs, des simples particuliers.

Les chefs portent le chausson en cuir jaune (nahandéré ou tarabogodo, sabara ou mouké en bambara), sans talon, dans lequel on n'a qu'à entrer le pied. C'est le padémougou peuhl. Une paire en vaut 2 francs

On porte encore quelquefois les bottes (kouraba en mossi du Yatenga, markatasé à Ouagadougou, somouké ou tyoron en bambara, kourfanndou en peuhl) qui sont, comme nous le savons, achetées à Ouagadougou. Ces bottes sont jaunes, rouges ou noires. Elles valent 6.000 cauris la paire.

Nous venons de voir le vêtement, chapeau, chaussure, etc. des hommes. Avant de passer à celui des femmes, disons un mot du costume spécial que revêtent les chasseurs.

Les gens qui vont chasser mettent le kondéré. C'est, comme nous le savons, le nom d'un arbre qui produit la teinture jaune. C'est aussi le nom du boubou des chasseurs teint en jaune avec la teinture extraite de cet arbre. Ce boubou est appelé en bambara ouolodloki, ce qui signifie la même chose : le boubou de l'arbre ouolo. C'est une espèce de dlokini assez long, de teinte verdâtre quand il est usagé, avec des parties plus jaunes. En définitive il est assez bien couleur caca d'oie foncé et sale. Les manches ou bien se réduisent à une partie qui couvre l'épaule et le haut du bras comme dans le kolokóré ou bien constituent des manches véritables assez larges. Ce vêtement, peu voyant en effet, permet, paraît-il, de mieux s'approcher des animaux dans la brousse d'ici qui est verte ou brune ou les deux à la fois suivant les saisons.

Comme pantalon, les chasseurs portent le kouroukoéga, petit pantalon léger, tombant jusqu'aux genoux, assez coquet, de couleur verdâtre. Tout le monde du reste peut le porter, et ainsi en est-il fait, mais ce sont les chasseurs qui le portent principalement.

Les chasseurs n'ont pas de chaussures spéciales. Ils mettent des peaux de bœuf. Ils n'ont pas non plus de coiffures spéciales comme en ont les chasseurs en Guinée.

Nous en avons fini avec l'habillement de l'homme et nous en arrivons maintenant à celui de la femme.

Habillement de la femme. — Les femmes mossi ne connaissent et ne mettent pas le m'poko (espèce de caleçon) des femmes bambara et malinkées. Elles mettent simplement le pagne, c'est-à-dire la pièce d'étoffe quadrangulaire qu'on serre autour des hanches et qui tombe à mi-mollet. Le pagne s'appelle porofougou ou pogofougou en mossi (porofoutou au pluriel) au Yatenga comme à Ouagadougou, c'est-à-dire le vêtement (fougou) des femmes (pogo ou poro). C'est le tafé ou fini des Bambaras, Malinkés, Ouassoulonkés, le oudéré ou oudré des Peuls.

Il y a plusieurs espèces de pagnes :

Le plus porté est le fougousabalaga (fougousabalasé ou fougousabalsé au pluriel, de fougou : pagne, sabalaga : noir), pagne noir ou plus exactement bleu ou bleuâtre. Il est fabriqué et teint ici. Il vaut 2.500 cau-

:is (2 fr. 5o). C'est le pagne commun. Ensuite le plus porté est le ganga (fininiégué ou fengala en bambara) à traits bleus et blancs qui est plus beau que le précédent et vaut 3.ooo cauris environ. Il est aussi fabriqué dans le pays.

Ensuite vient le taouréfougou (mot à mot le pagne de l'ouest). Celui-ci a aussi des traits bleus et blancs, mais est plus beau que le précédent. Il vaut 6.ooo cauris et n'est porté que par les femmes riches. Comme son nom l'indique, il est fabriqué à Dienné, Ségou, même Bandiagara. Ce sont les Soninkés et les Markas qui le font. Il n'est donc pas, comme les pagnes qui précèdent, un ouvrage du pays.

Le fougoupéléga (fougou : pagne, péléga : blanc) est bien, lui, un produit du pays. Il vaut 1.5oo cauris et n'est pas teint. C'est de la cotonnade écrue. Malgré son prix modeste il n'est presque pas porté et tous les pagnes précédents lui sont préférés. En fait il est très rare de voir une femme avec un pagne de cotonnade écrue.

Moins porté encore est le godo, le plus cher de tous, inconnu dans les pays mandés. C'est un pagne fabriqué dans les pays haoussas, dans la Nigéria du nord et acheté aux dioulas haoussas qui le transportent ici. Il est donc de Kano ou de Sokoto. Il vaut de 10 à 12 fr. 5o. Il est bleu avec des traits.

Ajoutons que le bérenni ou bérendi (nom mandé), pagne très long qui peut entourer tout le corps, au lieu d'entourer seulement la ceinture et qui forme capuchon au-dessus de la tête, est inconnu chez les femmes mossi et foulsé du Yatenga. Le saya-débo des femmes peuhles du cercle de Ouahigouya, vêtement de dessus pour les femmes, sorte de chemise légère, n'est pas porté par les autres femmes du cercle. Le mouchoir pour la tête non plus : il est inconnu. Du reste il était inconnu aussi chez les Mandés avant l'occupation française et, importé des pays yolofs, il n'est encore que peu et exceptionnellement porté chez les Bambaras, Malinkés, etc.

En ce qui concerne les chaussures, les femmes mossi et foulsé vont le plus souvent pieds nus. Les femmes riches, elles, mettent le sarbada dont nous avons parlé plus haut. Quant aux sabots nègres dont il a été également question à l'Industrie, ils sont peu portés par les femmes mossi et foulsé du Yatenga.

Costume des garçons. — Dès que l'enfant commence à marcher on lui donne un petit boubou, c'est-à-dire une pièce d'étoffe avec un trou pour y passer la tête. Dès qu'il est un peu plus grand (7 ou 8 ans) il prend le caleçon qu'il conserve jusqu'à 14 ou 15 ans, époque où se fait la circoncision. A ce moment-là il prend le costume de l'homme.

Le caleçon s'appelle kadaba (au pl. kadabanamba) ou benda (au pl. benta). C'est le bila des Bambaras, Malinkés et Ouassoulonkés.

Les enfants et les garçons non circoncis vont pieds nus.

Costume des filles. — Quand elles sont tout petites, on leur donne un tout petit pagne. En grandissant elles mettent des pagnes en rapport avec leur taille. Quand elles sont en âge d'être mariées, vers 15 ans, on leur donne des pagnes de femmes. Elles ne portent pas de caleçons.

Elles portent autour de la ceinture, sur le ventre, des ceintures de perle et des ceintures de cuir.

Les filles vont nu-pied jusqu'à leur mariage.

Matière des vêtements. — Tous les vêtements sont en coton.

Au Yatenga il y a un peu de soie comme on le sait, mais Mossis et Foulsés ne font pas de vêtements de soie. Ils utilisent la soie, comme nous l'avons dit à l'Industrie, pour en faire des bordures aux pagnes des femmes ou pour en dessiner de grands ronds sur les boubous des hommes. On n'en met que sur les fouïguiris et un fouïguiri enrichi de ces ornements vaut 20 francs.

Coiffure des hommes. — Les Mossis et Foulsés ne se font pas arranger les cheveux en petites tresses, comme le font généralement les Soudanais fétichistes, mais, à l'exemple des Peuls et des musulmanisés, et imités en cela, ce qui est assez curieux, par les Samos du cercle, ils se font raser complètement la tête. C'est un camarade qui leur fait cette opération gratis, nos gens n'ayant pas chez eux de personnes exerçant le métier de coiffeur. La tête est rasée avec le barga (nom mossi), espèce de rasoir, sirifé en bambara, pembourki en peuhl. Il est tout en fer et se compose d'une lame de couteau entaillée en haut comme notre rasoir, avec un tout petit manche en fer, une petite tige à pointe recourbée. Il se met dans une gaine de cuir ornée en bas de petites pendeloques en cuir, en haut d'un cordon en même matière pour la suspendre. Enfin il y a un petit collet en cuir pour refermer la gaine quand le rasoir est entré.

Ce rasoir est le vrai rasoir du pays, mais les forgerons confectionnent aussi le rasoir peuhl, espèce de couteau qui se plie comme nos petits couteaux européens. Le manche est en bois avec quelques ornements incrustés en fer et en cuivre et des dessins noirs faits au fer rouge. La lame a la forme caractéristique de notre rasoir, mais est en fer et peu soignée, plus petite aussi, de la grandeur de la lame d'un couteau ordinaire. On met ce rasoir dans un étui en cuir qu'on suspend avec un cordon également en cuir.

Les Mossis et Foulsés se font raser la tête les uns tous les mois, les autres tous les deux mois environ.

Coiffure des femmes. — La coiffure des femmes mossi et foulsé du Yatenga consiste en un petit casque arrondi dont la ligne médiane va du front jusqu'à la nuque se terminant derrière la tête par une petite tresse rigide qui se relève comme une queue de scorpion. De plus de chaque côté de la ligne médiane part une ligne de cheveux un peu renflée qui vient se terminer vers la tempe, un peu en avant du haut de l'oreille. Sur ces lignes, les cheveux sont ramenés avoir soin comme sur un archet de violon. Le domaine des deux lignes perpendiculaires est assez étendu et séparé avec le plus grand soin de celui du casque proprement dit par une petite ligne légère mais très nette qui court du front jusqu'en arrière de l'oreille en s'arrondissant comme un coquillage.

En définitive cette coiffure est simple, très soignée mais peu élégante. Ce petit casque arrondi n'a pas l'allure du grand cimier des femmes peuhles.

De plus beaucoup de femmes mossi, (toutes les femmes des chefs à partir du grade de chef de canton), se font raser complètement la tête et présentent ainsi à l'observateur surpris des « têtes de veau » remarquables.

Bref les femmes mossi et foulsé en définitive sont peu coquettes, sauf les jeunes filles.

N'oublions pas d'ajouter que, n'ayant pas assez de cheveux pour constituer leur cimier, elles en fabriquent l'armature avec de vieux chiffons biens tassés et bien durs. Sur ce support artificiel mais solide qui forme le corps du cimier, elles ramènent leurs cheveux perpendiculairement. Le tout forme ce casque peu élevé, arrondi, très soigné que nous avons décrit.

Les femmes se font arranger leur coiffure une fois par mois à peu près. Il y a au Yatenga des coiffeuses (panamda au singulier, panango au pluriel, koundalas en bambara) qui se font payer 200 cauris pour établir une coiffure nouvelle. La panamda s'assied sur une natte tandis que la patiente s'allonge sur le dos, la tête appuyée sur les jambes de la panamda. Celle-ci commence par défaire l'ancienne chevelure. Quelquefois elle la lave à l'eau et au savon. Avec l'aiguille en fer du pays (pim en mossi, koura en peuhl) elle peigne grossièrement la chevelure et met les cheveux en ordre. Cela fait elle commence à les arranger, à répartir leur masse. Elle place l'armature du cimier en vieux chiffons, dresse le casque, confectionne les nattes latérales qui descendent vers les tempes. Naturellement elle emploie le beurre de karité pour graisser et assouplir les cheveux.

Pour arranger une chevelure il faut environ quatre heures. Heureusement, pour les femmes, que cela ne se fait pas tous les jours.

Une fois la chevelure faite on ne s'en occupe plus jusqu'à la prochaine réfection. Les femmes mossi et foulsé n'ont ni peignes, ni rien d'analogue.

Coiffure des jeunes gens. — Les jeunes gens ne se font pas raser la tête comme les hommes. Ils conservent leur chevelure laineuse avec laquelle ils constituent trois petites cornes de 5 ou 6 centimètres de long chacune. L'une, faite au milieu de la tête, un peu en arrière du crâne, descend derrière la tête. Les deux autres sont faites chacune sur un côté et descendent l'une du côté de l'oreille droite, l'autre du côté de l'oreille gauche. Comme elles sont assez courtes et relevées à leur extrémité elles n'atteignent ni le cou, ni les oreilles. Une coquetterie très nette se révèle dans la confection de ces trois cornes. Ce sont d'ailleurs les femmes qui les arrangent et qui les tressent.

Quelques garçons portent seulement la tresse du milieu de la tête. Quant aux enfants on les rase, mais moins souvent que les hommes.

Coiffure des filles. — Elle est comme la coiffure des femmes depuis l'âge de 5 ou 6 ans.

Marques sur le visage. — Les Mossis du Yatenga les appellent oui. Ici elles se composent de trois lignes droites tracées du haut en bas sur chaque côté de la face — en tout six. De plus deux lignes obliques existent sur les pommettes allant de la joue au coin formé par l'œil et par le haut du nez. Cela fait huit lignes, bien échancrées, plus ou moins larges, tracées vigoureusement. De plus, au milieu du front, au-dessus de la racine du nez sont trois petites lignes verticales surmontées de quatre autres de même taille également verticales.

La différence avec les Mossis de Ouagadougou, c'est que chez ces derniers les trois lignes tracées de chaque côte de la figure sont plus prolongées que chez les Mossis du Yatenga et se recourbent vers le menton. En revanche les petits traits verticaux sur le front n'existent pas. Enfin les deux traits obliques sur les pommettes, l'un à droite, l'autre à gauche du nez, sont souvent réduits à un seul, tracé de n'importe quel côté.

Les femmes mossi portent les mêmes marques que les hommes sur la figure.

On fait ces marques pour reconnaître les gens du Yatenga.

Tatouages.— En plus des marques sur le visage, les femmes mossi et foulsé du Yatenga se font des points sur le corps depuis la ceinture jusqu'au cou. Cette ornementation commence entre le cou et les seins, passe entre les seins où elle se rétrécit naturellement, se développe sur le ventre et s'épanouit tout autour du nombril pour ne cesser que juste au-dessus du mont de Vénus.

Ce tatouage se fait par coquetterie. Les femmes pensent ainsi se rendre plus belles et plus séduisantes.

Chez les femmes mossi de la région de Ouagadougou, le tatouage n'est pas le même. Il se fait non plus par petits points arrondis ou allongés un peu plus gros que des lentilles, mais par grandes lignes droites partant du nombril comme centre et constituant autour de lui comme un espèce de soleil ou de feu d'artifice.

L'ornementation des femmes mossi et foulsé du Yatenga est faite par des vieilles qui prennent 50 cauris par opération. Les filles se font ainsi orner vers 14 ou 15 ans, avant le mariage; quelques-unes, moins nombreuses, ne se font tatouer qu'après. La vieille pique la peau avec une épine de kardaga de façon à relever une petite partie d'épiderme qu'elle tranche légèrement avec un rasoir. De là un peu de sang et une petite plaie qu'on laisse se fermer en n'y touchant pas et en ne la soignant pas pendant sept jours. Le septième jour on mélange du charbon bien pilé à du beurre de karité et on frotte les plaies avec cette mixture. On renouvelle l'opération tous les jours jusqu'à complète cicatrisation. Celle-ci s'obtient généralement dans la semaine. On a alors de petites excroissances de chair arrondies ou allongées, douces au toucher, brillantes, ayant une grosseur supérieure à celle d'une lentille.

L'opération n'empêche pas les jeunes filles de vaquer à leurs travaux et plaisirs.

Les excroissances charnues obtenues forment du reste un dessin : sur la poitrine, entre le cou et le milieu des seins, il y a deux pointes en if reliées par une ligne de points inférieure (ou, si l'on veut, cela forme une sorte de grossier trident à deux pointes, courtes et épaisses), puis à l'entrée du couloir qui est entre les seins, la ligne s'amincit d'abord, puis s'épaissit ensuite pour former une sorte de triangle dont la base se trouve juste au milieu des deux seins. Au-dessous de ce triangle, en commence un autre, en sens contraire, qui sort d'entre les seins et s'épanouit en haut du ventre, un peu plus allongé que le premier du reste. Après la base de ce triangle, le dessin s'élargit progressivement et s'épanouit démesurément dans la région du nombril autour duquel il forme une sorte de rond ovoïde. Au dessous de celui-ci les tatouages continuent jusqu'à la ceinture de perles en verre que nos jeunes filles ou femmes portent tout à fait au bas du ventre, c'est-à-dire ne s'arrêtent qu'à la limite des parties sexuelles.

Quelques femmes, pour comble de coquetterie, se font aussi faire des dessins sur le dos, toujours en points, comme sur le ventre. Ils descendent jusqu'au creux des reins.

Pas plus que les autres Soudanaises, les femmes mossi et foulsé du Yatenga ne se font tatouer sur la partie charnue de leur individu, comme le font certaines Congolaises.

Quant aux hommes ils ne se tatouent pas sur le corps.

Coloriages. — Les coloriages, à l'encontre des marques et des tatouages, ne sont pas en faveur dans le Yatenga : les femmes mossi et foulsé ne se bleuissent pas le tour des yeux avec de l'antimoine (kiri en mossi, kalé en bambara, malinké, ouassoulonké, finoré en peuhl) comme le font les femmes mandé. Ici ce sont les femmes yarsé, maransé et peuhles qui font cela. Les femmes samo ignorent aussi l'antimoine.

Pas plus qu'elles n'usent de celui-ci, les femmes mossi et foulsé ne se bleuissent les gencives comme le font les femmes markas et quelques femmes bambaras.

Parure des femmes. — Les jeunes filles portent des ceintures de cauris plus ou moins larges. Les ceintures qui n'ont qu'un seul rang de cauris sont appelées laradoupérés, celles qui présentent plusieurs rangs se disent laradoukakas. Elles ont deux ou trois rangs de cauris. On sait qu'en bambara les ceintures de cauris s'appellent kolongalé.

Femmes et jeunes filles portent des ceintures et aussi des colliers de perles en verre. En revanche les frontaux de perles en verre chers aux jeunes filles malinké ne sont pas connus ici.

Les perles sont achetées aux dioulas yarsés et haoussas qui les amènent de Gold-Coast.

Une ceinture en grosses perles blanches vaut 200 cauris, une autre en petites perles rouges en vaut 300, un collier en perles jaunes minuscules en vaut 50.

Des perles, non pas rondes mais plus grossièrement taillées en une substance rouge-brun transparente ou à demi-transparente, valent 30 cauris l'une. Un collier composé de ces perles (environ 33) fait 990 cauris. Elles sont nommées bougakinda en mossi (les perles de l'âne). Quelques-unes plus grosses, plus rondes et plus sombres valent 100 cauris l'une, ainsi que de petits bâtonnets en même substance.

Cette pierre fine de couleur marron foncé serait appelée dambouloudié ou damboulouguié en peuhl.

Les femmes mossi et foulsé portent des bagues (nouroubinga en mossi, bolokananinégué en bambara, malinké et ouassoulonké), soit en fer valant 20 ou 30 cauris, soit en cuivre valant 100 cauris. Elles ne portent pas de bagues en argent ni en or.

Elles portent des bracelets (zouri au singulier, zouya au pluriel, bolokananégué en bambara, malinké et ouassoulonké), les uns en fer, mais peu estimés et peu portés, les autres en cuivre jaune ou rouge. Les uns sont de taille moyenne et valent 600 cauris, les gros, massifs et lourds, ornés de traits, valent 8 à 9.000 cauris. Quelques-uns sont même tellement lourds qu'ils blessent les poignets des femmes et valent 15 ou 20.000 cauris. Ces derniers constituent le grand luxe, car les bracelets d'argent, trop chers, ne sont pas portés par elles. A plus forte raison ne faut-il pas parler de bracelets en or.

Quelques rares femmes mossi portent aux chevilles de gros anneaux de cuivre, valant environ 10.000 cauris. Les jambières en cuivre, qu'on fabrique à Ouagadougou, ne sont pas connues ici.

Les femmes mossi et foulsé ont des boucles d'oreilles en cuivre et en plomb, de la forme d'une bague. Elles n'en ont pas en argent, ni en or. Elles ne se mettent pas des boucles de métal dans le nez, comme les femmes peuhles.

Signalons qu'un certain nombre d'ornements usités dans d'autres parties du Soudan ne sont pas connus ici : ainsi les colliers en madya des femmes malinké et bambara, ainsi les kolos ou kafékolos, ces fonds blancs de coquillages ronds, pittoresques, que les femmes bambara se mettent sur la nuque et qui sont inconnus au Yatenga comme à Ouagadougou, ainsi l'ambre (lobana en mossi) ou plutôt le faux ambre, dont les boules, grosses comme des pommes, sont la passion des femmes peuhles, ainsi les tiékolonis, coquillages terminés par une courte chaînette en fer que les enfants bambaras portent au cou. Quant au corail, objet d'importation venu de Tombouctou (lantané en mossi, n'dégéné en bambara), objet de luxe au premier chef, il y en a très peu ici. Le grain en vaut 400 cauris.

Parure des hommes. — La parure des hommes est plus luxueuse que celle des femmes.

En fait de bagues, les Mossis et Foulsés portent surtout des bagues en cuivre valant 100 cauris. Les chefs portent des bagues en argent valant les petites 1 fr. 50, les moyennes 3 francs, les plus grosses 5 ou 6 francs. Ce sont de simples anneaux lisses, non ornés, avec une ouverture par derrière. Les bagues en argent, dites bagues-mosquée, du pays mandé sont inconnues ici.

Quelques bagues en fer valant 20, 50 ou 100 cauris d'après leur grosseur sont aussi portées par les gens pauvres. Les bagues en or sont inconnues.

En fait de bracelets les hommes de condition moyenne portent des bracelets en cuivre rouge ou jaune, plus ou moins gros, dont le prix va de 500 à 8.000 cauris. Les chefs portent des bracelets en argent de divers types : il y a d'abord l'anneau uni, lisse, sans ornements, avec une ouverture et deux ou trois traits simples autour de cette ouverture. Celui-ci vaut 25 francs environ. Il y a ensuite l'anneau plus gros, orné de lignes géométriques, avec une ouverture plus étroite : valeur 35 ou 45 francs. Enfin on fait encore de plus gros anneaux, en argent tordu, sauf autour de l'ouverture qui est lisse et agrémentée de traits verticaux ou horizontaux. Ces bracelets valent jusqu'à 75 francs et sont l'apanage des grands chefs seulement. Les bracelets en or sont inconnus.

Quelques Mossis pauvres portent des bracelets en fer valant 100 cauris (0 fr. 10).

On fabrique aussi des bracelets formés d'un mélange de plomb et de cuivre, ce qui donne un métal blanc avec un léger reflet jaunâtre. Ces bracelets valent 1 fr. 50 environ.

Citons encore des bracelets en bois valant 50 cauris l'un et des bracelets en marbre, venus du Hombori, apportés par les Yarsés. Ils valent 1 franc ou 1 fr. 50. Ces derniers bracelets se portent ici, mais beaucoup moins que dans la région de Ouagadougou.

Les hommes ne portent pas d'anneaux aux chevilles. Quelques-uns portent des boucles d'oreille en cuivre ou en plomb.

Objets mobiliers portés sur le corps. — Les Mossis et Foulsés du Yatenga portent sur la poitrine, attaché à un cordon, une sorte de porte-monnaie qu'ils nomment dioubaré où ils mettent argent, cauris, briquets, tabac, etc. Ces dioubarés sont les diémés des Bambaras et des Malinkés, les niakas des Ouassoulonkés et des Peuls.

Ils portent aussi des grigris, des amulettes dont nous dirons un mot à la Religion.

Nous en arrivons maintenant à l'*Habitation*. Nous la subdiviserons ainsi :

1. Description.
2. Construction.
3. Réparations.
4. Détails.
5. Annexes.

Description. — Nous avons dit plus haut à la Famille que les Mossis (et aussi les Foulsés) du Yatenga se logeaient dans des cases ou huttes rondes avec toit en paille dont un certain nombre constituait une habitation.

La case ou hutte ronde en terre battue avec toit en paille s'appelle dogo (au singulier, dodo au pluriel) en mossi. C'est ce mot de dogo qui entre dans un certain nombre de noms propres de village : ainsi Ouagadougou ou mieux Ouagadogo signifie « Viens dans les cases » (sous-entendu saluer). Tenkodogo signifie, comme nous l'avons vu, « les anciennes cases ». Ajoutons que le mur en terre qui entoure l'habitation s'appelle lalaga en mossi (lalasé ou lalsé au pluriel).

En bambara la dogo s'appelle bou ou so. De même en malinké et en ouassoulonké. Quant à l'habitation entière (iri ou zaka en mossi) elle se dit dou en bambara, lou en malinké et en ouassoulonké.

Construction. — Le village de Ouahigouya (qui a 3.000 habitants environ) à vu se construire trois habitations nouvelles en quatre ans. C'est peu, mais cela se comprend car on ne fait de nouvelle habitation ici que quand on n'a plus de quoi se loger dans l'ancienne : exactement c'est quelque ménage qui a besoin de plus de place que ce dont il peut disposer dans la vieille habitation qui finit par en sortir et par se construire une habitation à part. C'est donc un cas régulier, mais qui se présente peu souvent.

Nous savons que dans le Yatenga il n'en est pas comme chez les Mossis du cercle de Ouagadougou où chaque fils en se mariant ou un peu plus tard (à son premier enfant) quitte la maison paternelle pour aller se construire une maison à côté : ici les fils en se mariant restent dans l'habitation et les ménages y restent aussi autant que cela est possible. On ne quitte l'habitation pour en construire une autre que quand l'accroissement des ménages a rendu la chose nécessaire.

Une conséquence c'est que l'on construit ici beaucoup moins d'habitations nouvelles que dans la région de Ouagadougou. Le ménage qui sort ainsi de l'habitation est aidé par celle-ci pour construire la nouvelle habitation.

Pour la construction d'une habitation on commence par déblayer et balayer la place où on veut la construire, puis on trace avec le daba les lignes délimitant les cases et autour la grande ligne ovoïde qui détermine l'enceinte de l'habitation. Cette ligne entoure les emplacements des cases en laissant une place libre au milieu, mais cette place ne sera pas laissée vide car on y construira les greniers à mil. En fait l'on peut dire que dans les habitations mossi on ne laisse pas de grande cour intérieure comme dans les habitations malinké ou comme dans les habitations bambara. La grandeur de l'habitation qu'on construit dépend du nombre des personnes à y loger ; si c'est un ménage on fera une case pour le mari, deux cases pour chaque femme (une case pour coucher, une pour la cuisine). De plus on fera une toute petite case ronde pour les chèvres et les moutons et deux ou trois petits greniers à mil au milieu. S'il y a plusieurs ménages à loger, on construit toujours une case pour chaque homme marié, deux cases pour chaque femme mariée. On construit la case à chèvres plus grande et les cases à mil plus puissantes.

L'habitation ainsi dessinée, les hommes piochent la terre (on prend n'importe laquelle) et les femmes vont chercher de l'eau au puits ou à la mare. Avec cette eau et la terre remuée au daba on fait une espèce de mortier qu'on laisse reposer pendant la nuit (c'est le banko des Malinkés, le zéka ou tannlo des Mossis). Le lendemain matin les hommes en font des boules rondes qu'ils empilent les unes sur les autres pour construire les murs des cases auxquels on donne une largeur de 20 centimètres environ. Quand le mur, qui a deux mètres de haut, s'élève trop pour qu'on puisse y travailler du pied, l'on monte sur des mortiers renversés pour pouvoir le finir.

On laisse, en construisant ainsi, l'ouverture pour la porte de chaque case, ouverture qui est toujours très basse dans les cases mossi, dans celles du Yatenga comme dans celles de la région de Ouagadougou. Elles n'ont pas plus d'un mètre de haut et on y entre à quatre pattes ou à peu près. Un petit seuil, de 20 centimètres de hauteur, est laissé au bas de la porte. Pas de fenêtres naturellement : cela n'existe pas au Soudan.

On construit ainsi tour à tour les murs de toutes les cases sans s'occuper des toitures.

Ceci fait, on va couper dans la brousse de longs morceaux de bois, de 2 m. 50 ou 3 mètres de long, au nombre d'une vingtaine par toit à construire. On mesure la largeur de la case dans les deux sens avec une corde et l'on reporte cette mesure sur le sol pour avoir les dimensions à donner. On constitue la grosse charpente du toit avec quatre gros morceaux de bois qu'on dresse les pointes en l'air et se touchant et qu'on attache à leur extrémité. En plus, un peu plus bas que la pointe, on met une liane qui lie à leur extrémité une quinzaine de longs morceaux de bois, un peu moins gros et un peu moins longs que les quatre premiers, et qui viennent renforcer la charpente. Plus bas encore on met d'autres lianes autour de la toiture ainsi définitivement constituée, pour en faire un tout bien lié et bien solide. Il s'agit ensuite de lui donner son revêtement en paille. Pour cela deux individus opèrent, l'un qui se met sous le toit (qui est toujours à terre), l'autre qui travaille en dehors. Celui-ci place d'abord des piris (ces espèces de longs paillassons grossiers dont nous avons parlé à l'Industrie) sur la toiture. Pour la paille, qu'on va chercher dans la brousse, elle est placée par poignées épaisses sur ceux-ci. L'homme qui est à l'intérieur du toit et l'homme de l'extérieur cousent piris et paille ensemble sur la charpente. Pour cela, avec des poinçons en bois (fourso au sing. en mossi, foursonamba au pluriel), ils font des trous par où ils passent des filaments de liane qu'ils serrent avec vigueur. L'épaisseur de la paille et des piris réunis est de 10 centimètres environ. Cette épaisseur, vu la pente rapide du toit, suffit à préserver la case des grosses tombées d'eau de la saison des pluies.

Une fois confectionnés ainsi à terre, on place les toits sur les cases auxquelles ils sont destinés.

La construction des murs des cases, du mur général de l'habitation et des toits des cases, telles sont les trois opérations principales, mais il y a encore des opérations annexes à faire comme le damage des murs et du sol des cases.

Le mur général de l'habitation est damé sur ses deux faces, mais les murs des cases ne sont damés qu'à l'extérieur car l'opération du damage est faite pour empêcher les pluies d'entamer les murs.

Pour faire ce damage les hommes vont piocher le ferrugineux et l'amènent sur leur tête dans des corbeilles jusqu'à l'habitation. Les femmes, elles, se chargent de l'eau. Avec le ferrugineux et celle-ci, les hommes confectionnent un mortier rouge, puis hommes et femmes plaquent ce mortier sur le mur par poignées. On laisse sécher pendant un quart d'heure, puis les femmes prennent leurs claquoirs de bois et frappent sur le mur jusqu'à ce que celui-ci présente une surface rigide et nette. Quand c'est fait quelques-uns jettent de l'eau de néré (niam en mossi) destinée à former un léger enduit qui contribuera à protéger le mur contre les pluies violentes.

C'est à ce mortier de latérite que la plupart des cases et des murs mossi doivent leur aspect rouge et non pas à ce qu'ils sont faits avec une terre spéciale.

Pour le sol des cases ce sont également les hommes qui vont chercher le ferrugineux dans la brousse. Les femmes l'étalent dans les cases en en mettant l'épaisseur de quelques centimètres, puis, avec le claquoir, elles commencent à le frapper. Alignées sur un rang, avec une calebasse d'eau à côté d'elles, elles aspergent la latérite concassée, puis la frappent. Elles laissent sécher quelques heures et reprennent à nouveau l'opération. Elles la renouvellent jusqu'à ce que le concassage soit parfait. Une fois ce résultat obtenu, le jour suivant de bonne heure, on jette de l'eau de néré sur le sol et on laisse sécher pendant la journée. Le lendemain matin l'on recommence le damage, on jette de nouveau de l'eau de néré, on laisse encore sécher. Alors on brûle de la paille sur le sol, ce qui donne une cendre noire qu'on laisse sur place, ou bien on jette sur le sol du bérédo séché et on ajoute de l'eau. Cela fait, on frotte avec des pierres polies toute la surface du sol. On obtient ainsi, quand le polissage est fait longuement et avec soin, une surface noirâtre mais luisante et miroitante qui est d'un heureux effet.

Les femmes ménagent sur la surface et au pourtour du sol des cases de petits ronds creux pour qu'on puisse y poser les calebasses et canaris sans qu'ils se renversent.

On fait le même damage dans les cours, mais on remplace la cendre de paille ou le bérédo par de la bouse de vache. On n'oublie pas l'eau de néré, mais on supprime l'opération du polissage.

Les femmes dament également la surface des grandes tables pour l'écrasage des grains. Elles sont damées comme le sol des cases.

La surface intérieure du mur des cases n'est pas passée au mortier de ferrugineux, comme nous le savons, n'ayant pas à redouter la pluie. On se contente de la crépir avec un mortier fait de terre, de bouse de vache et d'eau.

On ne fait pas de peintures ni de sculptures dans les cases.

Réparations. — Les Mossis et Foulsés du Yatenga refont tous les trois ans le toit de leurs cases. Ou bien ils refont le toit tout entier avec la charpente et la couverture en paille, ou bien, si la charpente est encore bonne, l'on se contente de changer la paille. On fait les réparations aux murs au fur et à mesure qu'il le faut.

Toutes les réparations des toits et des cases, comme aussi les constructions, se font pendant la saison sèche, d'abord pour éviter les pluies, ensuite parce qu'on n'a pas le travail des champs à poursuivre.

Détails. — La plupart des Mossis et Foulsés ne font pas boucher l'ouverture de leurs cases avec une porte en bois. Le plus généralement on ne met qu'un de ces paillassons arrondis par le haut qu'on appelle daranorépiri, dont nous avons parlé à la Vannerie, qu'on appuie de l'intérieur contre la porte et qui laisse en haut une ouverture par où le jour pénètre. Le daranorépiri ne bouche en effet la porte qu'aux deux tiers. Mais quelques chefs font fabriquer par les forgerons des portes en bois. Celles-ci ont des gonds primitifs et une serrure non moins primitive. Les gonds sont obtenus en ménageant verticalement sur un côté de la porte deux pointes l'une en haut, l'autre en bas. La pointe du bas tourne dans un godet en bois enfoncé dans le sol. La pointe du haut est entourée d'un collier en bois qui la fixe à la muraille. Les deux pointes pivotent l'une dans son godet, l'autre dans son collier et font ainsi tourner la porte. Pour ce qui est de la serrure, elle est en bois de caïlcédrat qui devient brun à l'usage. Elle se compose d'abord d'un morceau de bois vertical et assez massif qui a une tête de fantaisie et le bas en pointe. Dans ce premier morceau est placé un second, horizontal celui-ci, qui joue dans l'ouverture du premier mais qui ne peut en sortir par la droite, son extrémité gauche comportant deux coins élevés qui font butoir. Ce morceau de bois quand il est au repos, c'est-à-dire tiré vers la droite, empêche deux pointes en fer placées dans des trous, dans le haut du morceau de bois vertical, de tomber.

20

Mais, quand on le tire vers la gauche, il entre dans un espace resserré formé entre le mur et un poteau de bois de 2 mètres de haut qu'on a planté près du mur en le fixant en bas par un trou dans le sol, en haut en le joignant au mur avec du banko. Ainsi la porte se trouve fermée, le verrou étant placé entre le mur et le poteau susdit. De plus le verrou ayant été porté fortement vers la gauche, deux trous qu'il possède à un endroit déterminé sont venus se placer sous les pointes en fer du morceau de bois vertical qui sont tombés dedans. La porte se trouve donc fermée et la serrure aussi. Pour l'ouvrir, on dispose d'une clef formée d'un petit morceau de bois de 20 ou 25 centimètres de long, à l'extrémité duquel sont fichés deux clous en fer. On se sert de cette clef horizontalement c'est-à-dire que, quand la serrure est fermée, on fait glisser la clef, parallèlement à la porte, au-dessous et le long du morceau de bois horizontal qui forme verrou. Quand les deux dents en fer de la clef ont rencontré les deux trous où sont tombés les pointes en fer de la serrure, on les lève et elles rejettent en haut les deux pointes, délivrant ainsi le verrou. On n'a donc plus qu'à tirer celui-ci vers la droite, toujours à l'aide de la clef dont les dents tiennent le verrou et la porte se trouve à son tour délivrée, l'extrémité gauche du verrou ayant cessé de former obstacle entre le mur et le poteau : ainsi la porte s'ouvre. Comme on le voit, elle ne peut être fermée ou ouverte que de l'intérieur et ainsi il faut, pour fermer la porte, qu'il y ait toujours quelqu'un dans la case. Si tout le monde est parti la porte ne peut pas être fermée. C'est là une des infériorités de cette serrure primitive comparativement aux serrures européennes. Du reste la serrure du Yatenga est celle des Bambaras, Malinkés, Ouassoulonkés, etc.

Annexes. — Les annexes de l'habitation sont d'abord les cases à mil dont nous avons déjà eu l'occasion de parler. On les place au centre de l'habitation. Pour les construire on aligne d'abord trois ou quatre rangées de grosses pierres en latérite, parallèles, puis dessus on pose transversalement trois gros morceaux de bois. Dans la première direction, c'est-à-dire perpendiculairement à ceux-ci, et sur ceux-ci, on place un certain nombre de perches bien serrées les unes contre les autres de façon à établir un plancher primitif. Sur celui-ci on asseoit une épaisse couche de terre battue et on commence à élever les murs qui sont quadrangulaires, le baoré étant carré la plupart du temps.

Le baoré a 2 mètres ou 2 m. 50 de haut. Généralement il est complètement quadrangulaire. Quelquefois, vers le haut, il affecte la forme du haut d'une énorme bouteille en grès. Dans le premier cas l'ouverture supérieure est beaucoup plus grande et on fait un chapeau de paille en proportion. Dans le second elle est beaucoup plus petite et on n'a besoin que d'un tout petit chapeau de paille.

Il n'y a pas de portes proprement dites dans les baorés, mais il y a deux petites fenêtres jouant le rôle de portes sur la face la plus accessible du baoré, l'une située vers le bas, l'autre vers le haut. Nous avons vu comment on les utilisait pour rentrer le mil. Quand le baoré est rempli, on met le chapeau de paille. On ferme aussi les petites fenêtres en bois munies chacune d'une serrure analogue à celle des portes des cases. Le morceau de bois qui fait verrou s'enfonce dans un trou ménagé dans la muraille. On ouvre également avec une clef à deux dents qu'on introduit parallèlement à la serrure comme dans la description lue plus haut. Fenêtres et serrures des baorés sont faites par les forgerons.

Souvent la fenêtre d'en bas n'existe pas, n'étant qu'un trou provisoire qu'on a rebouché après l'introduction du mil.

Une autre annexe est le hangar (zandé, zana au pluriel, en mossi, goua en ouassoulonké. Chez les Bambaras et les Malinkés ces hangars n'existent pas). Chaque habitation a son zandé. On le fait pour pouvoir se mettre au grand air, à l'abri du soleil pendant la saison très chaude (mars à juin), à l'abri de la pluie pendant la saison humide (juillet à septembre). Pour construire le zandé, on plante, à 3 mètres de distance l'une de l'autre, deux lignes de gros poteaux fourchus, chaque ligne contenant trois de ces poteaux environ. On relie ces derniers, deux par deux, d'une ligne à l'autre, par trois grosses pièces de bois qui sont l'embryon du toit et sur celles-ci on place transversalement des perches en bois bien alignées les unes à côté des autres et formant plancher. Sur celui-ci on place soit les longs paillassons que nous connaissons, soit une grosse épaisseur de tiges de mil, soit une même épaisseur de paille prise dans la brousse. Cette toiture en paille a 10 centimètres de haut environ.

C'est sous le zandé qu'aiment à se réunir les gens de l'habitation pour causer, fumer, fainéanter à l'aise. Ceux qui exercent un métier y transportent leur maigre outillage. Bref c'est le lieu de réunion des hommes faits et des vieillards.

Une autre annexe de l'habitation est la case pour les chèvres et moutons, plus petite que les cases ordinaires, également ronde avec un petit toit en paille, et le poulailler, toute petite case qui a un mètre de haut, recouverte d'un petit toit en paille proportionné, ou d'une petite argamasse composée d'un toit de perches sur lesquelles on a placé une couche de terre bien battue et même damée.

N'oublions pas les tables en banquo sur lesquelles on écrase le mil. Pour les confectionner on élève d'abord un petit mur rond en terre battue, d'un mètre de haut, qui circonscrit une superficie assez étendue du sol (la table peut avoir 4 ou 5 mètres de diamètre). Dans cet espace on jette des cailloux et de la terre jusqu'à ce qu'on ait atteint la hauteur du sommet du petit mur. On place alors à la surface le ferrugineux bien écrasé, on le dame soigneusement et au pourtour on place les meules dormantes qu'on encastre solidement dans le ferrugineux et dans le banquo. On dame particulièrement tout autour des meules pour les bien fixer. Cela fait on laisse sécher. Quand tout est sec on peut commencer à écraser le grain sur l'immense table.

Nous en avons fini avec l'Habitation. Nous pouvons passer à l'Ameublement.

Ameublement. — De même que les huttes mossi et foulsé sont assez misérables en définitive, étroites, avec leurs portes basses, serrées les unes contre les autres, entourées de couloirs sinueux et étroits — si on les compare aux huttes malinké et dialonké, grandes, avec des portes de hauteur ordinaire, entourées d'une vérandah, de même l'ameublement mossi est pauvre, en comparaison même de certains ameublements soudanais (Malinkés, Dialonkés).

Ainsi ici, comme du reste dans la région de Ouagadougou, les lits soudanais (kalakas ou taras en bambara, malinké, ouassoulonké) sont inconnus. Mossis et Foulsés couchent sur des peaux de bœuf et surtout sur des nattes et paillassons.

Peu de petites chaises, quelques rares tabourets. Pas de malles en bois, comme dans le pays malinké, pas de calebasses à couvercle, comme dans les pays mandés. Les Mossis et Foulsés du Yatenga, hommes et femmes, mettent leurs affaires dans des calebasses ordinaires, des canaris et aussi dans des sacs en coton qu'on appelle iologo (au pl. iôndo). Ces iôndos qui n'existent pas chez les Bambaras, Malinkés, Ouassoulonkés, existent chez les Mossis de Ouagadougou. Ce sont les hommes qui les fabriquent avec des bandes de coton : on y met le linge, les cauris, etc. On met aussi le linge dans les peaux de bouc.

Les cases contiennent encore de grandes jarres en terre dans lesquelles on conserve les grains, les comestibles, le coton, etc., et en plus les corbeilles, les couvercles en paille que nous connaissons.

On trouve aussi dans les cases des armes : arcs et flèches, javelots, lances, etc.

En définitive, l'ameublement se compose de nattes, paillassons et peaux de bœuf étendues sur le sol, de jarres en terre qui se dressent çà et là. Au pied de la muraille sont amoncelés les canaris, les calebasses, les corbeilles, avec les couvercles en paille. À des piquets en bois fichés dans la muraille sont suspendus les peaux de bouc, les armes, etc.

Tout cela est bas, noir, enfumé, sale et pauvre et ne donne pas une meilleure impression que le dehors.

Chauffage. — Au moment de la grosse chaleur (mars-juin), les Mossis et Foulsés ne se chauffent pas, mais ils le font pendant la saison des pluies et continuent pendant la saison froide. Ils se chauffent pendant huit mois de l'année sur douze, du commencement de juillet au commencement de mars.

On le fait de 7 heures du soir jusqu'à 6 heures du matin, bref après le coucher du soleil jusqu'à son lever.

On fait du feu à l'intérieur des cases, non au dehors et on place les nattes autour du feu, les nattes sur lesquelles on se couche. Ce sont les femmes qui entretiennent le feu pendant la nuit.

On se chauffe avec du bois qu'hommes et femmes vont chercher dans la brousse. On ramasse le bois qui est par terre et l'on coupe les branches sèches.

Eclairage. — Les Mossis et Foulsés ne s'éclairent pendant la nuit qu'avec le feu de leurs cases. Ils ne connaissent pas les petites lampes en fer des Bambaras et des Malinkés (fitilan en bambara, firiné en malinké et en ouassoulonké), dans lesquelles on place une mèche en bois nageant dans du beurre de karité.

Blanchissage. — Le blanchissage est assuré par les femmes, comme au Soudan en général. Pour ce blanchissage, les femmes mossi et foulsé se servent du savon et ce sont elles aussi qui le fabriquent.

Le savon (safané ou safandé en mossi, safouna ou safna ou ségué chez les Bambaras, Malinkés, Ouassoulonkés) est fait avec des cendres de tige de mil et du beurre de karité. Voici comment on le fabrique : on fait brûler des tiges de mil, on recueille la cendre dans un canari percé de petits trous au fond (toka en mossi, c'est un vieux canari dans le fond duquel on a pratiqué, d'aventure, des trous. Ce n'est pas le guinthi des Bambaras fabriqué exprès en passoire). On place ce canari au-dessus d'un autre et on verse de l'eau sur les cendres. Quand l'eau est passée on la met sur le feu et on la fait bouillir assez longtemps (deux ou trois heures). Alors on précipite dedans une certaine quantité de beurre de karité qu'on remue avec un bâtonnet pendant une heure environ. Le beurre de karité change de couleur et durcit au fur et à mesure de l'opération. Alors on laisse refroidir, puis les femmes arrangent le savon en boules.

Le savon est moins beau ici que chez les Mandés. Au lieu d'être d'une belle couleur, brun transparent, il est opaque, tacheté, bleuâtre, noirâtre. Cela vient de ce qu'ici on met beaucoup d'eau de cendre et peu de beurre de karité, tandis que dans les pays mandés on fait le contraire.

Pour blanchir, les femmes mossi et foulsé vont au bord du puits ou de la mare du village, emportant leurs calebasses. Elles les remplissent d'eau, mettent le linge tremper, puis le frottent vigoureusement au savon. Elles le rincent ensuite à grande eau et l'étendent sécher par terre.

Quelques-unes, plus travailleuses, choisissent une grosse pierre et faisant une boule de leur linge imbibé de savon le frappent à grands coups de poing, tandis qu'une voisine, après chaque effort, l'asperge d'eau.

Inutile de dire que le battoir est inconnu ici, comme chez les autres Soudanais. Pourtant l'usage du claquoir à terre battue aurait pu conduire à la découverte du claquoir à linge.

Les femmes mossi et foulsé lavent leur linge, celui de leur mari et celui de leurs enfants. Elles font cela tous les quinze jours ou tous les trente jours seulement, tandis que chez les Bambaras, Malinkés, Ouassoulonké, les femmes lavent une fois par semaine. Les calebasses, les canaris pour la cuisine sont lavés deux fois par jour, après chaque repas.

Armement. — L'arme la plus employée chez les Mossis du Yatenga avant l'occupation française, était l'arc (tapo au singulier, tabodo ou tambodo au pluriel en mossi, au Yatenga comme à Ouagadougou, too en foulsé aû singulier, toofi au pluriel) et les flèches (pim au singulier, pima au pluriel dans tout le Mossi, samdé en foulsé au singulier, au pluriel sama). Quant au carquois il se dit dans tout le Mossi logo au singulier, logodo au pluriel. En foulsé on dit so, au pluriel soofi.

Beaucoup de gens fabriquent leurs arcs eux-mêmes quoiqu'il y ait quelques gens de métier, comme nous le savons, pour le faire. Le bois de l'arc est confectionné en bois de péperga (ou pépéléga) ou de kango. La corde est faite avec une mince tige de bambou qui joue le boyau d'animal. Elle est assez longue car les arcs du Yatenga mesurent 1 mètre à 1 m. 25 de haut en moyenne. Aux deux extrémités de la tige est ménagée une partie renforcée qui est liée à l'extrémité de l'arc par une attache solide en corde de peau de bœuf.

La flèche se compose d'une tige en paille de koroya, tige forte et légère à la fois et d'une pointe en fer allongée et barbelée comme un minuscule harpon. Cette pointe est fabriquée par les forgerons qui la vendent 10 cauris, c'est-à-dire cinq pour un sou. Elle est attachée au corps de la flèche par celui qui veut s'en servir. Il l'y fixe solidement et soigneusement en enfonçant une tige pointue dont la flèche est munie à sa partie inférieure dans l'ouverture de la paille, puis en entourant cet endroit avec une ligature très fine de petits filaments d'écorce de gousse de néré. Cela fait, le possesseur de la flèche revêt celle-ci de poison.

Quant aux carquois ils sont fabriqués par des gens qui font ce métier et qu'on appelle logopèsa (logopèsédéba au pluriel). Ils n'exercent leur métier que pendant la saison sèche et c'est la culture qu'ils font pendant la saison des pluies qui est leur principale ressource.

Les carquois sont faits en bois de vâka ou de noéga. Quelquefois on en fait avec du bambou que l'on creuse. Le logopèsa revêt ensuite son carquois de peau de bœuf et le vend 600 cauris. Quelquefois il se contente d'y mettre des appliques de peau de bœuf et de peau d'iguane.

Les amateurs en fabriquent aussi de plus petits en peau de bœuf coupée en long, reployée sur elle-même pour former un tube rond, et cousue.

Dans la région de Ouagadougou l'on confectionne de la même manière les flèches, les arcs et les carquois.

Après l'arc l'arme la plus employée est le javelot (kambila au sing., kambisé au pluriel dans tout le Mossi, bangasibi en foulsé, au singulier, bangasibou au pluriel). Les guerriers en portent un assortiment sur eux.

Le fer du javelot a 17 centimètres de long. Il est étroit, allongé et porte deux grandes paires de barbelures, en sa partie basse. Des appliques de cuivre l'enjolivent entre ses barbelures, et des spirales de fer joignent la pointe à la partie en fer travaillé qui permet de la fixer sur le corps du javelot. Cette partie qui a 15 centimètres de long environ, y compris les spirales, présente une longue et étroite ouverture sur un de ses côtés et se termine en pan, étant creuse à l'intérieur. Elle s'emmanche sur le corps du javelot qui a bien 1 m. 30 de long et qui est fait en bois de tansalaga. Le javelot tout entier vaut 1.000 cauris.

Après le javelot l'arme la plus employée est la lance (kandé au singulier, kana au pluriel dans tout le Mossi, banso en foulsé au singulier, bansifi au pluriel). La lance mossi a une pointe caractéristique en forme de cœur renversé, très allongée, à base arrondie. Au-dessous est une partie en fer destinée à la fixer au bois et plus ou moins ornée. Le corps de la lance est en bois de tansalaga. La longueur générale est de 1 m. 80, quelquefois 2 mètres de haut. La partie en fer a 45 centimètres, la pointe proprement dite 27. A sa partie la plus large, en bas, cette pointe mesure 7 centimètres de largeur. Une lance vaut 1.500 cauris (1).

Ensuite le fusil (bougouraogo en mossi, bougourado au pluriel, hâmben ou hâmbéné en foulsé au singulier, hambé au pluriel) est l'arme la plus importante. Les Mossis se procuraient jadis leurs fusils en les achetant aux Habbés qui eux-mêmes les achetaient à Tombouctou. Les forgerons savaient réparer ces fusils (fusils à pierre non rayés). Actuellement il y a moins de fusils dans le Yatenga qu'avant l'occupation française parce que les militaires en ont pris beaucoup pendant la première période de l'occupation et parce que les Mossis et Foulsés du Yatenga n'en achètent plus.

Ensuite viennent les épées (zanguéogo au singulier, zanguéoto au pluriel en mossi et en foulsé). Les épées étaient achetées aux Haoussas, mais les forgerons savaient aussi et savent toujours en faire. C'est l'épée à lame droite, à la garde étroite, à la poignée courte des Touareg, si répandue chez les Mossis de Ouagadougou. Il y en a aussi assez au Yatenga mais moins.

Ensuite il faut citer les couteaux de guerre — petits sabres à poignée en bois, ornée, sans garde — longs et larges, très légèrement recourbés, ne coupant que d'un côté, ayant de 50 à 55 centimètres de long dont 40 à 50 centimètres pour la lame (large de 3 ou 4 centimètres suivant les endroits) et 8 à 9 centimètres pour le manche. Ces petits sabres avec leur fourreau de cuir plus ou moins enjolivé de houppettes et de pompons valent 600 cauris environ. Les Mossis du Yatenga les appellent zandaga (au pl. zandésé) et les Foulsés disent de même.

On emploie encore les haches de guerre. Le fer en est moins épais que celui des haches ordinaires destinées à couper le bois et à d'autres usages

---

(1) Je n'ai pas pu savoir si ce genre de lance était d'origine mossi ou d'origine peuhle. Les Peuls du Yatenga ont deux espèces de lance, l'une à pointe en forme de feuille de laurier, l'autre qui possède la pointe caractéristique que nous venons de décrire. Cette dernière a-t-elle été empruntée par les Mossis aux Peuls ou par les Peuls aux Mossis? Je n'ai pas pu le savoir.

domestiques. On les appelle litila (au pl. litili) dans tout le Mossi. Les Foulsés les appellent guika au singulier, au pluriel guikimné. Signalons aussi en passant les haches des chefs, symbole de leur puissance, au manche orné de drap rouge et de cauris et à la partie frappante formée de deux lames de cuivre légèrement divergentes. Ces haches d'apparat sont peu solides mais belles et valent un certain prix.

On se sert aussi du zandé, casse-tête, massue, qui se compose d'un manche en bois en partie entouré de peau de bœuf et même d'anneaux en fer et d'une masse en fer longue et mince qui se recourbe légèrement vers le sol, avec un bout plat et évasé. Le zandé (au pl. zana, appelé de même chez les Mossis de Ouagadougou et les Foulsés) vaut de 250 à 300 cauris. Le dori, massue en bois à grosse tête en bois, employée à Ouagadougou, appelée zoulougo ici, n'est pas utilisée, pas plus que la massue à manche en bois et à tête en pierre (formée d'une grosse pierre arrondie) qu'on appelle gougon à Ouagadougou. Ici elle n'a même pas de nom.

Comme on le voit la massue, arme nationale des Mossis de Ouagadougou, est peu en usage ici et ne constitue qu'un mode d'armement très annexe.

Les poignards sont inconnus au Yatenga.

La fronde (kougouloboga au singulier, kougoulobosé au pluriel au Yatenga, appelée de même par les Foulsés) n'est pas employée par les hommes mais seulement par les enfants. Elle se compose d'une poche en coton et de deux ficelles. On place le caillou dans la première et on agite violemment pour le projeter au loin. Les enfants s'en servent pour chasser les oiseaux des champs et pour les atteindre soit au vol soit au repos.

Les boucliers en cuir, en peau de bœuf, quadrangulaires, étaient connus ici, avant l'occupation française, quoiqu'on n'en fabriquât pas. On en achetait, à raison de 10.000 cauris l'un, aux Peuls de Djibo et du Hombori. On n'en achète plus maintenant et il n'y en a plus dans le pays puisqu'on ne fait plus la guerre. Le bouclier s'appelle gango en mossi au singulier, au pluriel gando. De même en foulsé.

Quant aux casques et aux cuirasses, on ne les connaissait pas.

En définitive les arcs et les flèches, les javelots et la lance étaient les principales armes employées ici. Les fusils, les épées, les petits sabres, les casse-tête ne venaient qu'en seconde ligne.

Nous en avons fini avec l'Armement et nous en arrivons maintenant à l'Hygiène.

Hygiène. — Voici comment nous subdiviserons ce paragraphe :
1. Soins de propreté.
2. Epilation.
3. Soin des ongles.
4. Soin des cheveux.
5. Hygiène du sommeil.

Commençons par les soins de propreté.

Soins de propreté. — Les Mossis et Foulsés se lavent le matin au réveil. Ils se lavent à l'eau chaude la figure, les mains, les pieds, tout cela rapidement.

Après le déjeuner et après le dîner on se lave les mains et la bouche.

Les Mossis et Foulsés ne prennent pas de bains froids à cause de l'absence de marigots permanents. Seuls les enfants le font, et pendant la saison des pluies seulement, dans les flaques d'eau temporaires. De temps en temps, deux fois par mois par exemple, on se lave le corps dans la case avec de l'eau chaude apportée par la femme.

Les femmes prennent les mêmes soins de propreté que les hommes.

Pendant la saison des pluies, le soir, après le travail des champs, les hommes se lavent aussi souvent à l'eau chaude, quelquefois à l'eau froide. Les Mossis et Foulsés préfèrent l'eau chaude, n'aimant pas le froid.

Les Mossis et Foulsés pour se nettoyer les dents se servent de bâtonnets en bois pris à l'arbre qu'on appelle gaka mais on se sert beaucoup moins de ces cure-dents qu'en pays malinké.

Epilation. — Les femmes mossi et foulsé ne s'épilent pas les parties à l'encontre des femmes peuhles et toucouleures.

Soin des ongles. — Les Mossis et Foulsés du Yatenga portent les ongles courts, même les chefs.

Soin des cheveux. — Nous avons vu plus haut ce qu'il en était à la Coiffure.

Hygiène du sommeil. — Les Mossis et Foulsés pendant la saison humide comme pendant la saison sèche et froide et dans l'intervalle de ces deux saisons (octobre, novembre) couchent dans leurs cases. Pendant la saison chaude (mars, avril, mai, juin) ils aiment mieux dormir dehors, devant leurs cases, dans leurs petites cours. En définitive ils couchent les deux tiers de l'année, huit mois sur douze dans les cases. Pour dormir ils se déshabillent et se couvrent le corps avec une ou plusieurs couvertures. Pendant le froid et pendant la saison des pluies ils se couvrent même la tête et la figure. Pendant la saison chaude ils ne se couvrent que le corps.

Contre les moustiques on se protège par la fumée que produit le feu de la case. Du reste les moustiques ne sévissent ici que pendant la saison des pluies. Pendant la saison sèche il y en a très peu et même pendant la saison chaude, les mares ne se formant que fin juin, c'est-à-dire à la fin de la saison chaude.

Nous en avons fini avec l'Hygiène. Venons-en aux Sports.

Sports. — Les principaux sports sont :

1. La marche.
2. La course.
3. La natation.
4. La lutte.

5. La boxe.
6. L'équitation.
7. Le lancement des armes.
8. Le tir.
9. La chasse.
10. La pêche.

Bien entendu, cette division est adaptée à l'état de choses nègre. S'il s'agissait de sports en Europe il faudrait de beaucoup allonger cette liste.

La marche, le plus simple des sports et un des meilleurs, ne constitue justement pas un sport ici. On marche seulement quand on y est forcé, mais comme il n'y a pas d'autre moyen de transport pour ceux qui ne possèdent ni chevaux, ni ânes, ni bœufs porteurs, puisque voitures et chemins de fer sont inconnus, on marche en définitive beaucoup et, comme tous les Soudanais, les Mossis et les Foulsés du Yatenga sont bons marcheurs. Ils font facilement sans entraînement préalable 25 ou 30 kilomètres par jour, pendant plusieurs jours, en portant 25 ou 30 kilogs sur la tête, ce qui est le fait de tous les nègres soudanais. Sans charge sur la tête ou avec une petite charge ils peuvent faire à la rigueur et pressés de 40 à 50 kilomètres par jour. Bien entendu on peut dépasser ces vitesses mais c'est exceptionnel.

En tout cas le noir du Yatenga ne se livre jamais à la marche par délassement ou par sport.

Les hommes ne font jamais de courses à pied. Ce sport est réservé aux enfants.

La natation n'existe pas ici. On ne nage pas et on ne sait pas nager. Cela provient du manque de marigots permanents.

La lutte est réservée aux enfants comme la course. Quant à la boxe elle est le fait des gens qui se battent, mais elle dégénère bientôt, la plupart du temps, en bataille plus sérieuse : on emploie les bâtons, les pioches, les couteaux, les haches, etc.

L'équitation est le sport préféré des Mossis du Yatenga. Beaucoup il est vrai parmi eux, la grande majorité, ne possède pas de chevaux. Mais elle est heureuse de voir des cavaliers et des courses. Cependant les Mossis propriétaires de chevaux ne font pas de promenades à cheval pour l'agrément ou n'en font que les jours de fête. Ces jours-là ils montent à cheval pour le plaisir et on organise des courses, ce qui est une coutume antérieure à l'occupation française.

La selle et le mors dont se servent les Mossis sont l'ordinaire mors et l'ordinaire selle d'Afrique occidentale. La selle est très haute et très étroite et enserre fortement le cavalier entre ses deux pointes élevées. Le mors est plus dur que le mors français. On fabrique aussi un mors spécial pour les chevaux qui ont la bouche très dure ou qui s'affolent en galopant. Ce mors abîme la gueule du cheval.

Les Mossis préfèrent le trot au galop et l'amble au simple pas, du moins pour le voyage, car en public ils aiment beaucoup galoper comme tous les noirs.

Les chefs mossis ornent leurs chevaux (je crois que c'est une imitation haoussa) de plaques de cuivre allant du frontail aux naseaux. Cela leur donne une sorte d'aspect riche et moyennageux. Chez quelques très grands chefs ces ornements, ainsi que les étriers, sont en argent. Ainsi chez le Riziam-naba (ainsi que chez le moro-naba de Ouagadougou et chez le Boussouma-naba un de ses grands feudataires). Le moro-naba du Yatenga actuel, plus modeste, se contente de cuivre. Les chevaux des grands chefs mossis sont donc bardés et caparaçonnés jusqu'à un certain point.

Après l'équitation le tir à l'arc constituait et constitue encore aujourd'hui le sport le plus usité chez nos Mossis. Il y avait des défis entre particuliers et de petits concours : tel concours consistait à faire rouler une grosse plaque ronde d'écorce de baobab entre deux camps placés à une certaine distance l'un de l'autre. On tirait des deux parts sur la cible et l'on proclamait vainqueur le camp qui avait mis le plus de flèches dedans. Ou bien quelqu'un apportait un poulet qu'on attachait par la patte à un piquet de façon à ce qu'il put tourner autour. Les amateurs tiraient sur le poulet. Le propriétaire prenait pour lui les flèches qui n'arrivaient pas. En revanche celui qui transperçait le poulet le gardait.

Les chefs ne prenaient pas part à ces amusements mais les regardaient. C'étaient les jeunes gens et les hommes qui se livraient à ces exercices.

Il n'y avait pas de concours de ce genre pour le jet du javelot. Pourtant quelquefois des jeunes gens se défiaient et lançaient les javelots au-dessus d'un arbre ou d'une case.

La chasse ici existe, comme nous le savons, mais n'est pas un sport, sauf pour les chefs. C'est un travail pour l'alimentation. Quant à la pêche qui existe à peine ici comme moyen d'existence, elle n'existe pas du tout à l'état de sport.

Jeux. — Nous diviserons les jeux en trois espèces :
1. Danse.
2. Jeux intellectuels.
3. Jeux des enfants.

Commençons par la danse.

Danse. — Les Soudanais l'aiment énormément, on le sait, et les Mossis et Foulsés ne seraient pas des Soudanais s'ils ne l'aimaient pas aussi. Il y a cependant des différences très sensibles entre les différents noirs du Soudan sous ce rapport et qui a vu danser les Malinkés de la Haute-Guinée n'admettra jamais que les Mossis du Yatenga ou de Ouagadougou et les Foulsés soient des danseurs. Cependant, tout en constatant qu'ici la frénésie dansante des Malinkés n'existe pas, on est forcé de reconnaître que la danse constitue encore le divertissement préféré.

Il y a un certain nombre de danses, trois communes aux hommes et aux femmes et une spéciale aux femmes. Les jeunes gens dansent à part, les jeunes filles avec les femmes. Enfin il y a une danse pour les chasseurs, une autre pour les forgerons, une pour les bougoubas, espèces de féticheurs dont nous parlerons plus loin à la Religion et qui dansent les jours de fête attifés de becs de marabout et d'une carapace mouvante de cauris qui joue le cou et le dos de l'animal.

Les danses communes aux hommes et aux femmes sont le godéré, le mahoré et le ouaga.

Pour le godéré hommes et femmes forment un rond. Chacun leur tour, un homme ou une femme viennent danser au milieu du rond et font cavalier seul.

Pour le mahoré, hommes et femmes se mélangent encore pour former un immense rond au centre duquel se placent les musiciens. Hommes et femmes mélangés avancent les uns derrière les autres en dansant.

Le ouaga est à peu près la même chose que le mahoré. Hommes et femmes forment un grand rond avec les musiciens au milieu et avancent les uns derrière les autres en dansant. La différence est dans un remuement de la tête de haut en bas.

La danse spéciale aux femmes est le lougoupaka. Elles se mettent en ligne, les unes derrière les autres et chantent en frappant des mains, à la façon ordinaire des Soudanaises. Chacune à leur tour, elles sortent du rang, sautent rapidement sur un pied ou sur les deux pieds joints, puis rentrent dans la ligne des chanteuses.

Disons tout de suite que chez les Mossis et les Foulsés du Yatenga les hommes dansent peu : ce sont surtout les femmes, les jeunes gens et les enfants qui dansent. Il en résulte que les trois premières danses sont dansées très peu souvent. C'est le lougoupaka qui est donc la grande danse d'ici, avec celle que les jeunes gens placés les uns derrière les autres en file indienne et en rond dansent monotonement de leur côté.

Parmi les danses spéciales, citons :

D'abord celle des chasseurs (1). Quand un chasseur meurt les autres chasseurs tuent une biche et en enlèvent la peau qui est revêtue par l'un d'eux jouant le rôle de la biche et portant sur sa tête les cornes de la bête. Les autres chasseurs tirent sur lui à blanc, en dansant. La scène se passe en dehors du village, mais en la présence des habitants.

La danse des forgerons, le sanré, est aussi une danse funèbre. Elle ressemble en ses grandes lignes au mahoré. Les musiciens sont au milieu

(1) Nous avons dit plus haut à la Chasse qu'il n'y avait pas de chasseurs de métier au Yatenga. Cela est vrai en ce sens que maintenant la chasse ne constitue plus un métier réel dans le pays. Mais jadis il y avait certainement des chasseurs de métier et certaines familles mossi se disent encore « chasseurs » parce que leurs ancêtres l'étaient (comme métier principal ou comme métier accessoire), quoique ces familles soient maintenant à peu près purement cultivatrices et ne fassent plus qu'infiniment peu de chasse. Malgré cela ces familles sont toujours pour le voisinage des *chasseurs* et les danses de chasse, les rites, ont survécu à la réalité.

d'un grand rond formé par les hommes et par les femmes qui se suivent mélangés en dansant. Mais les gestes exécutés par les danseurs sont différents de ceux qu'on fait dans le mahoré.

Quant à la danse des bougoubas dont nous parlions plus haut, ce n'est pas une danse funèbre, mais plutôt une danse d'imitation animale, une danse de marabouts. Les bougoubas se dandinent lentement et d'une façon monotone en faisant cliqueter leurs cauris et au son d'instruments en fer. Cette danse est assez pittoresque par le costume de ceux qui y prennent part, mais pour le reste aussi ennuyeuse que la plupart des danses mossi que j'ai pu voir.

Il faudrait encore dire un mot de la danse des masques, danse religieuse aussi celle-ci, mais nous en reparlerons à la Religion.

Danse se dit saogo en mossi (don en bambara) et danser saoda (donké en bambara).

Jeux intellectuels. — En fait de jeux intellectuels, les Mossis connaissent le ouari ou ouaré (nom mossi, ce qui est aussi le mot bambara et malinké pour désigner ce jeu, ce qui tendrait à prouver qu'il a été importé du nord dans tout le Soudan). Il se joue ici comme chez les Mandés dans une masse allongée et rectangulaire de bois noir ou brun, plus ou moins sculptée, munie de quatre pieds courts et comportant deux lignes, de six trous chacune, soit douze trous, plus deux grands trous, l'un à droite, l'autre à gauche du jeu, ce qui fait quatorze en tout. On joue soit avec des cailloux, soit avec des cauris, soit avec des balles en fer, soit avec des balles en cuivre, ce qui est le fait, dans ce dernier cas, des chefs. Hommes et même femmes et enfants jouent à ce jeu, mais les femmes rarement, vu leurs occupations domestiques. C'est une espèce de jeu de jacquet mais sans hasard, sans coup de dés, se jouant avec la pure réflexion. Il s'agit de disposer ses balles en fer ou ses cailloux de façon à bloquer l'adversaire et à l'empêcher entièrement de bouger (autant qu'il m'a été possible de juger de ce jeu dont les noirs sont incapables de vous expliquer le mécanisme et les règles, ce qui ne les empêche pas de le jouer entre eux avec une extrême rapidité).

En revanche, les Mossis et Foulsés ne connaissent pas le pari ou m'pari, espèce de jeu de dames ou d'échecs très primitif, joué avec de petits morceaux de bois ou des tiges de paille et connu des Mandés (le jeu se dit tiöki en peuhl).

Le jeu de dames n'est connu ici que depuis que les tirailleurs bambaras l'ont apporté. Les Mandés le tiennent sans doute eux-mêmes, d'une façon récente, des Yolofs et des Maures. Le jeu d'échecs est inconnu.

Les cartes n'étaient pas connues avant l'occupation française. Malheureusement les gardes-cercle jouent tous et ce jeu tend à se propager dans le pays surtout parmi les moins honnêtes gens.

Quant au jeu des cauris, qui est un jeu d'argent (puisque les cauris sont la monnaie du pays), il est mal vu par les chefs et par les gens sérieux. On y joue cependant. Jadis les Mossis se seraient massacrés à ce jeu, les perdants, exaspérés, mettant le holà et la main sur leurs cauris. Pour jouer ce jeu, on prend les cauris par quatre et on les jette à terre : s'ils tombent tous face ou tous pile ou face et pile d'une façon paire le coup est bon et l'autre joueur vous paye autant de cauris que vous en avez risqué. S'ils tombent d'une façon impaire le coup est perdu et l'adversaire ramasse vos cauris.

Jeux des enfants. — Le jeu de chat est connu des enfants mossis sous le nom de tallé-rollé. On frappe dans le dos de son camarade ou on se contente de le toucher du bout du doigt ou avec une baguette en lui criant « Tallé-rollé ! », ce qui équivaut à « chat ! » et on se sauve à toute vitesse. L'enfant ainsi mis en cause doit se mettre à la poursuite de celui qui l'invite et l'attraper. Tant qu'il ne l'a pas fait « il s'y colle », comme on dit chez nous. Quant à celui qui est sur le point d'être pris il peut se jeter par terre, se raser sur le sol. En ce cas il ne peut être touché et sous ce rapport le tallé-rollé ressemble à notre chat perché.

Le tallé-rollé mossi est le hôndé ou hoendé des enfants peuls.

Le jeu de cache-cache, comme le jeu de chat, est un jeu si simple, si naturel pour des enfants qu'*à priori* on peut se dire qu'il doit être pratiqué par les petits nègres. En fait cela se vérifie. Il s'appelle ici sologoré (dogoli-dogoli en bambara). Un des enfants « s'y colle » les mains devant les yeux. Les autres vont se cacher dans les environs et le premier doit les découvrir et les attraper. Le premier attrapé prend sa place comme chez nous.

Le jeu de collin-maillard (yamayo en mossi, niensiri en bambara et en ouassoulonké, boumdo en peuhl) est aussi connu ici. On bande les yeux du patient avec un morceau de chiffon et on joue le jeu dans une case où l'espace étant étroit le poursuivant a plus de chance d'attraper les autres.

Notons encore le jeu de gouni qui est le jeu de l'arc dont nous avons parlé plus haut pour les hommes faits et pour les jeunes gens : on découpe un morceau rond d'écorce de baobab, de sabaga ou de noboga et on le fait rouler pendant que les enfants tirent sur lui à coup de flèches. On joue aussi avec la fronde (kougoloboga en mossi, doufra en bambara, ourfouré en peuhl). On envoie des pierres dans l'espace et on chasse les oiseaux. Les enfants chassent aussi les margouillats, rats, serpents, etc., avec l'arc et le bâton et les mangent.

En fait de jeux plus intellectuels, les enfants mossis connaissent le jeu que les Peuls appellent tébé ou tépé, mais ils le jouent d'une façon plus simple :

Ils se mettent à quatre autour d'un tas de cailloux, assis. Le jeu consiste à lancer un caillou en l'air et à le rattraper après avoir saisi rapidement une poignée de cailloux du tas qui se trouve entre les quatre joueurs. Quand un de ceux-ci rate son coup, il passe la main au suivant et on dépouille ainsi le tas peu à peu. Quand le tas commun est épuisé on s'attaque aux tas de cailloux particuliers. A la fin, le joueur le plus adroit ou le plus heureux dépouille les autres et s'empare de tous les cailloux. Ce jeu d'adresse s'appelle sorosa en mossi.

Un autre jeu, qui est le jeu des jonchets, est connu des enfants mossis qui l'appellent zagaba. On met des morceaux de tiges de mil coupées en deux en tas, puis avec une flèche ou une pointe de flèche qu'on jette ou pique dans les tiges de mil et on en ramasse autant qu'on peut. Quand un joueur a raté son coup il passe la main au suivant. Il en est ainsi jusqu'à ce que le tas ait disparu. Alors chaque joueur choisit une grosse tige de mil et la met devant lui en disant : Voici ma mère! Celui qui a la flèche pour le moment tâche d'attraper la mère des autres et celui qui a perdu sa mère la rachète avec un certain nombre de tiges de mil. On joue ainsi jusqu'à ce que l'un des joueurs ait réuni devant lui toutes les tiges de mil.

Les jeux de billes ne sont pas connus ici, la bille en verre, naturellement, ou même en pierre ou même en terre cuite ou crue n'étant pas connue des Mossis. Les enfants ne jouent pas non plus aux osselets.

Ajoutons quelques jeux dont nous n'avons pas parlé encore : les jeunes Mossis connaissent la lutte à bras-le-corps, la course en enfourchant des tiges de mil qu'ils traitent comme des chevaux, le jeu qui consiste à former deux camps pour se tirer, les tenants de chaque camp accrochés les uns aux autres par le milieu du corps. Ils ont aussi un jeu qu'ils pratiquent dans les marigots que forme l'hivernage, qui consiste à se diviser en deux camps qui s'attaquent à coups de pied lancés « en savate », pour se faire tomber dans l'eau. Ils jouent aussi à la guerre en se frappant à coup de tiges de mil en guise de javelots.

En revanche ils ignorent les jeux de balles, la main-chaude, les barres, etc.

En fait de jeux intellectuels ils jouent au ouari comme les grandes personnes.

Les plaisirs. — Le plus grand plaisir du Mossi comme de tous les Soudanais et même de tous les nègres en général est évidemment ne rien faire, le pur farniente. Je crois que les noirs préfèrent ce plaisir-là à tout. Ensuite vient la boisson : boire, boire du dolo est un grand plaisir pour le noir ainsi que s'empiffrer de nourriture.

Pour l'amour physique, le noir ne dédaigne pas ce plaisir, mais il faut bien dire que la femme n'est pas pour lui l'instrument de plaisir de la décadence antique ou de la dépravation occidentale : la femme est pour le noir une génitrice, une créatrice d'enfants — et, de l'amour il ne connaît que le côté honnête et naturel (1). Sous ce rapport le noir est très supé-

---

(1) Il faudrait peut-être faire quelques réserves au sujet des soronés ces jeunes garçons coiffés comme des femmes et ornés comme elles que nous avons signalés à

rieur à certaines races infiniment plus énergiques et plus civilisées que lui. Incapable de porter la moralité au même degré que les meilleurs représentants de ces races, il est incapable aussi de porter l'immoralité au point où la portent d'autres représentants de ces mêmes races. Bref les aberrations variées de l'instinct sexuel sont en général inconnues du noir soudanais. Sous ce rapport le nègre ne diffère pas seulement avantageusement de l'Européen trop civilisé, mais il diffère encore du Maure, de l'Arabe que certaines conditions d'existence pastorale, qui rapprochent les hommes en les isolant des femmes, poussent à certains vices connus (sodomie, etc.). Inutile d'insister. Le nègre est en amour pour la franche nature et ses défauts ne sont pas de ce côté-là.

Quant à la négresse, généralement excisée soit enfant, soit jeune fille, elle a des sens assez endormis de ce fait et elle n'est pas plus portée que le noir aux aberrations sexuelles. Absolument passive dans la conjonction des sexes, elle ne connaît rien aux raffinements de l'amour. Telle est du moins la négresse naturelle et non pas certaines négresses dressées par les Européens, que l'on trouve dans les grands centres. En définitive le grand plaisir de la négresse semble être la danse.

En résumé ne rien faire et boire du dolo, voilà les distractions préférées du Mossi et du Foulsé comme du Soudanais en général. Ajoutez-y la danse pour les femmes : tels sont les grands plaisirs du Yatenga et du Soudan.

Ouagadougou (voir mon *Noir du Soudan*, p. 569 et 570). En tout cas les soronés, très nombreux à Ouagadougou, sont très rares dans le Yatenga. À peine en ai-je vu quelques-uns chez le moro-naba du Yatenga et chez ses ministres.

LIVRE VI

Relations interfamiliales et Structure Sociale

Nous avons étudié dans les livres précédents la Famille complétée par le Mode d'Existence. Avant de passer aux Pouvoirs publics nous devons dire un mot :
I. Des relations interfamiliales.
II. De la structure sociale.
Nous diviserons ainsi les *Relations interfamiliales* :
1. Voisinage.
2. Hospitalité.
3. Associations.
4. Contrats.
5. Relations cérémonielles.

Commençons par le Voisinage que nous subdiviserons en trois paragraphes :
Proximité des foyers.
Extension du voisinage.
Rapports de voisinage.

Proximité des foyers. — Comme nous le savons les habitations mossi ne sont pas bâties les unes à côté des autres. A Ouahigouya par exemple elles s'étalent, s'allongent dans la plaine, à 50, 100 mètres les unes des autres. Elles forment comme des îlots isolés au milieu de cette mer qu'est la brousse. Dans la saison où le mil est haut (août, septembre) elles n'émergent plus, mais disparaissent complètement au milieu des hautes tiges vertes qui les engloutissent comme la marée haute engloutit les rocs.

Extension du voisinage. — Le voisinage du mossi s'étend à son quartier dans les grands villages, au village entier dans les petits.

Rapports de voisinage. Corvées récréatives. — Les rapports de voisinage sont très intenses chez les Mossis du Yatenga, comme chez les Soudanais en général. Nous avons vu plus haut, à la Culture, que ce que Le Play appelait des corvées récréatives existe ici comme dans tout le Soudan : on convoque les autres gens du village pour les défrichements des nouveaux champs, pour le nettoyage des anciens champs restés plusieurs années en friche et on les paie en leur faisant beaucoup de dolo. Le noir aime beaucoup le travail en commun et ce que j'ai constaté à ce sujet jadis dans la Haute-Guinée est toujours vrai dans ces régions-ci. Bref la corvée récréative reste l'un des éléments du travail agricole. Elle est surtout à l'usage des pauvres, des groupes de travail qui n'ont pas une main-d'œuvre suffisante pour les gros travaux que requiert de temps en temps la culture soudanaise. Quelquefois, en dehors du dolo, on offre aux gens la nourriture (quand on les garde toute la journée par exemple, mais on ne les garde jamais plus d'une journée). Quand on construit une nouvelle habitation, pas souvent comme nous le savons, on n'appelle même pas les voisins. Ils viennent d'eux-mêmes pour faire le banko, pour vous donner un coup de main. Aussi, quand l'habitation est finie, on fait le dolo et on prépare le sarabou pour eux pour toute une journée. Bref la « pendaison de la crémaillère » est ici une chose sérieuse et la légitime récompense d'un service bien rendu.

Hospitalité. — L'hospitalité est aussi grande au Yatenga que chez les autres Soudanais. C'est une qualité sociale nègre dont j'ai déjà signalé le développement à propos des Malinkés de la Haute-Guinée. Quand un mossi ou foulsé ou autre habitant du Yatenga ou des régions voisines voyage dans le pays, il peut s'installer à midi ou le soir dans la première habitation venue et participer gratis au déjeuner ou au dîner. Il couche aussi dans la même habitation pour rien. Il remercie simplement le chef de l'habitation à son départ. Jamais on ne refuse l'hospitalité, même à un étranger.

Il s'agit ici des indigènes ou étrangers voyageant pour une cause quelconque : pour les dioulas, marchands, colporteurs ambulants, le régime était un peu différent. Comme les femmes refusaient d'être payées pour leur sarabou et le zakasoba de recevoir une indemnité pécuniaire, ils s'en tiraient en faisant un cadeau quelconque aux femmes : du sel, quelques kolas, etc. Le dioula était donc, non sous le régime de la gratuité pure et simple comme les autres voyageurs, mais sous le régime du cadeau.

Actuellement il en est encore ainsi et pour les simples voyageurs et pour les marchands : les premiers continuent à recevoir l'hospitalité gratis, les seconds à faire des cadeaux. Cependant depuis quelque temps on commence à vendre au marché de Ouahigouya du sarabou pour les dioulas de passage.

On voit qu'actuellement le commerce respectable de l'hôtellerie n'a pas encore pris tout son développement dans le Yatenga. Cependant il faut ajouter qu'avec l'occupation du pays par les Français et l'augmentation continuelle de l'impôt, les mœurs antiques d'hospitalité s'affaiblissent et deviennent moins larges.

On reçoit moins bien que jadis et on commence à vendre ce qu'on donnait, mais cette évolution n'en est encore qu'à ses débuts.

Associations. — Il n'y a pas d'autres associations chez les Mossis et Foulsés du Yatenga que les associations d'amusement des enfants, jeunes gens, hommes faits et jeunes filles dont nous avons parlé à la Famille.

Contrats. — Nous avons placé les contrats, cette partie du droit privé, dans les Relations interfamiliales parce que les contrats se font entre gens de familles différentes. Dans les familles, à l'intérieur des familles, il n'y a pas de contrats. Le contrat, dès qu'il existe, intéresse des non-parents, soit de même race, soit de race différente. De là la nécessité de faire de leur étude un chapitre des Relations interfamiliales. Il n'est pas sans intérêt de les examiner car ils peuvent mettre à jour quelque coin encore inexploré par nous jusqu'ici de la société mossi et foulsé.

Nous diviserons les contrats en un certain nombre de titres.

Principaux contrats. — Les principaux contrats usités dans le Yatenga sont : la vente, l'échange, le prêt, le bail à cheptel, le louage de personnes et d'animaux, le gage et le dépôt.

Les contrats naissent de l'accord survenu entre les deux parties.

Conditions de validité. — Pour qu'un contrat soit valable il faut :

1° Le consentement des deux parties.

2° Leur capacité de contracter.

Sont seuls incapables de contracter les fous et les petits enfants (jusqu'à 7 ou 8 ans).

Les mineurs (enfants d'un âge allant de 7 à 8 ans à 16 ou 17 ans) peuvent contracter. Si le mineur a subi un préjudice, son père ou son tuteur pourra toutefois demander l'annulation du contrat. Cette faculté n'appartient pas à celui qui a passé la convention avec le mineur.

La femme peut valablement contracter sans l'autorisation de son mari.

Le contrat est nul, naturellement, s'il y a défaut de consentement (violence, erreur, etc.).

Obligations nées des contrats. — Les obligations naissant des contrats sont les suivantes :

1° L'obligation de veiller à la conservation de la chose faisant l'objet du contrat.

2° L'obligation de livrer la chose.

Le transfert de la propriété s'effectue par la livraison de la chose faisant l'objet du contrat. Les risques et dommages et intérêts qui découlent de cette obligation seront étudiés avec chaque sorte de contrat.

Les obligations s'éteignent par :

1° Le paiement.

2° La remise de la dette.
3° La perte de la chose.
4° La compensation.
5° L'annulation du contrat.

Modes de preuve. — L'écriture n'existant pas, il ne peut être question de preuve littérale.

Le grand mode de preuve est le témoignage.

Généralement la convention est passée devant plusieurs témoins. Les Mossis et Foulsés, quand ils contractent, ont toujours soin de s'entourer de nombreux indigènes.

Lorsqu'aucun témoin n'assistait au contrat, le naba, ne pouvant s'appuyer sur aucune preuve pour trancher le différend, renvoyait les gens au Tenga (qui est la divinité Terre). Ceux-ci juraient sur le Tenga leur véracité et, s'ils mentaient, le Tenga devait les tuer dans les trois ans. Ou bien ils absorbaient de l'eau ou du dolo dans lequel on avait fait tremper le Tenga. Ils juraient en buvant et là encore, s'ils s'étaient parjurés, le Tenga devait les tuer dans le même délai. En conséquence de ces principes, si l'un des deux jureurs mourait dans le délai de trois ans, c'était lui qui était censé avoir tort et la famille exécutait le contrat. Si aucun décès ne se produisait, les parties étaient renvoyées dos-à-dos. Dans la pratique le Mossi qui avait tort reconnaissait son erreur, avant de jurer sur le Tenga ou de le boire, craignant les effets de celui-ci.

Actuellement encore, le tribunal indigène organisé par les Français recourt au Tenga, quand il n'y a pas moyen de faire autrement.

De la vente. — La vente, comme les autres contrats, est une convention verbale. Elle doit en principe être effectuée devant deux témoins au minimum. Ne peuvent être témoins que les hommes âgés de plus de 17 ou 18 ans. Quand il n'y a pas de témoins, la vente peut être annulée.

Les deux parties en cause sont déclarées être d'accord sur la condition et les effets de la vente, lorsqu'elles se sont frappé trois fois dans la main et qu'à chaque coup elles ont fait le simulacre de mettre quelque objet dans leur poche. La vente est parfaite entre les parties et la propriété est acquise à l'acheteur dès que la formalité précédente a été effectuée.

Qui peut acheter ou vendre. — Tous les indigènes, sauf les fous et les petits enfants jusqu'à sept ou huit ans.

Des choses qui peuvent être vendues. — Tous les biens meubles peuvent être vendus, mais les immeubles (habitations et champs) ne peuvent faire l'objet d'une vente.

La vente de la chose d'autrui est nulle.

Des obligations du vendeur. — 1° de la délivrance. Le vendeur est tenu de livrer la chose à l'acheteur. La délivrance se fait par la remise de l'objet vendu à son nouveau propriétaire.

Si la chose a diminué de valeur au moment de la délivrance, l'acheteur peut soit la refuser et la vente est alors annulée, soit la prendre en exigeant une diminution de prix qui fait l'objet d'un accord amiable. Dans ce dernier cas, s'il n'y a pas entente, la vente est simplement annulée, sans que l'acheteur puisse demander des dommages.

2° de la garantie. Le vendeur est soumis à la garantie.

Dans le cas de vente du bien d'autrui, qu'il soit de bonne ou mauvaise foi, il est tenu, quand le vrai propriétaire de la chose l'a reprise à l'acheteur, de rembourser celui-ci. Il doit lui remettre le prix d'achat tel qu'il l'a reçu. Il n'y a pas lieu de tenir compte si au moment de l'éviction la chose a augmenté ou diminué de valeur ou si l'acheteur en a profité ou non.

En ce qui concerne la garantie des défauts cachés de la chose vendue, le vendeur n'y est tenu que pour les animaux et seulement pendant un délai de huit jours ; il est également responsable pendant le même laps de temps de la perte de l'animal en cas de maladie. Il devra donc rembourser à l'acquéreur le prix de vente.

Des obligations de l'acheteur. — L'acheteur est tenu au paiement de la chose au jour fixé. Quand la vente est faite au comptant, l'acquéreur est tenu de payer lors de la délivrance ; si le prix n'est pas versé, la vente est annulée, sans que l'une ou l'autre partie contractante puisse réclamer des dommages.

Si la vente est faite à terme, l'acheteur est obligé de payer à la date fixée. S'il ne paie pas, le vendeur lui réclame par trois fois le prix d'achat. Si la troisième fois l'acquéreur ne verse pas la somme, le vendeur reprend sa chose.

Qu'arrive-t-il si l'acheteur a revendu la chose ?

Deux cas se présentent :

1° le deuxième acheteur a payé le premier acheteur ; ce deuxième acquéreur ne saurait être inquiété par le premier vendeur. Celui-ci n'a de recours que contre le premier acquéreur.

2° le deuxième acheteur n'a pas encore payé. Le premier vendeur peut exiger de lui qu'il lui verse le prix qu'il avait établi avec le premier acquéreur. Si le deuxième prix de vente est moins élevé que le premier et que le second acheteur ne veuille pas acquitter le prix de la première vente, il devra restituer la chose à son propriétaire. Il pourra se retourner ensuite contre son vendeur.

Quid d'une chose volée et vendue. — Aucune distinction n'est faite entre l'acquéreur de bonne foi et celui de mauvaise foi (l'acquéreur de mauvaise foi est celui qui sait que la chose qu'il achète est le produit d'un vol et qui ne l'en achète pas moins. L'acquéreur de bonne foi est celui qui achète, ne sachant pas que ce qu'il achète a été volé) : la chose, dans tous les cas, devra être rendue à son légitime propriétaire.

L'acquéreur de bonne foi pourra demander ensuite à son vendeur ou à sa famille le remboursement du prix versé.

Dans le cas de mauvaise foi, la somme ou les objets qu'il aura versés à son vendeur sont confisqués par le naba.

De l'échange. — Une forme répandue (surtout jadis) des transactions est l'échange.

L'échange est soumis aux mêmes règles que la vente.

Nous savons que les Mossis et Foulsés, et en général toutes les populations du Yatenga comme les populations voisines, possèdent une monnaie, ce petit coquillage blanc que l'on appelle le cauri. Les Français admettent que 1.000 cauris font un franc et que, par conséquent, 50 cauris font un sou. En fait, quand les Mossis et Foulsés et autres n'ont pas besoin de notre monnaie, ils ont une tendance à l'écarter, et la pièce de 5 francs ne vaut chez eux que 3.500 cauris, même 3.000. Mais, quand ils ont besoin de notre monnaie, à l'époque de l'impôt, la valeur de la pièce de 5 francs monte et elle vaut alors 4.500, 5.000 cauris ou plus.

Du contrat de louage. — 1. *Du louage des choses.* — On ne peut louer que les biens meubles. On ne peut louer un champ ; on le prête ou on le donne, mais on ne le loue pas. De même une habitation, une case : on peut la prêter ou la donner, on ne la loue pas.

Le louage des biens meubles est très peu pratiqué au Yatenga : il n'a lieu en somme que pour les animaux et encore est-il peu fréquent. Quelques indigènes louent à des dioulas, pour la durée d'un voyage, leur âne ou leur bœuf porteur.

Le prix de louage est généralement par voyage le huitième de la valeur de la charge, sans toutefois qu'il puisse dépasser 20 francs quand il s'agit d'un bœuf, 10 francs quand il s'agit d'un âne. Mais, pour que le prix puisse être exigé, il faut que le dioula emmène l'animal porteur en dehors des limites du Yatenga. Tant qu'il reste dans le pays il n'est tenu à aucune redevance.

Le preneur n'est pas responsable de la perte totale ou de la dépréciation de l'animal. Il devra simplement remettre au propriétaire le prix de vente de la viande s'il a pu l'écouler et la peau de l'animal. Quant au bailleur il n'est tenu à aucune obligation envers le preneur en dehors de celle de laisser à ce dernier l'âne ou le bœuf porteur pendant la durée d'un voyage commencé.

2. *Du louage des personnes.* — Il n'existe pas ici ou à peine. On pourrait presque dire avec Vadier : « Le Mossi, d'après la coutume, ne doit pas travailler moyennant salaire pour un autre Mossi ». Cependant cette formule n'est pas bonne en ce sens qu'elle a l'air de présenter comme une prohibition raisonnée ce qui n'est que la constatation d'un fait. En réalité un Mossi ou Foulsé ne travaille jamais pour un autre Mossi ou Foulsé moyennant salaire et le louage des personnes et le salariat n'existent pas sans être pourtant le moins du monde défendus.

Il y a pourtant une exception que nous avons vue plus haut en parlant de la clientèle. En temps de famine des affamés vont demander de l'ouvrage à quelqu'un qui a des réserves. Celui-ci leur donne o fr. 20 par jour ou, plus souvent, les nourrit et leur donne o fr. 10 en surplus ou cette valeur en mil. Il n'existe aucun contrat de louage. Le nécessiteux peut quitter à son gré l'indigène qui l'emploie; de même ce dernier peut le renvoyer quand il lui plaît. Il y a là un commencement de salariat mais très humble et peu important.

Les autres formes de clientélage que nous avons vues plus haut (à la Famille), peuvent être considérées, plus ou moins, comme des contrats tacites de louage de personnes, comme des domesticités récompensées par l'entretien journalier, puis par le gain final d'une femme et d'un cheval. Nous renvoyons à la Famille pour leur étude plus détaillée.

Enfin le bail à cheptel que nous allons voir tout à l'heure peut être considéré aussi comme un louage de personnes, comme un commencement de salariat.

On peut cependant dire en gros que le salaire est inconnu chez les Mossis et Foulsés. Cette population, et les populations soudanaises en général, ne sont pas arrivées au stade du capitalisme et du salariat. Tout se faisant par les groupes de famille, d'habitation, de culture, groupes basés sur la parenté — et aidés au besoin par le voisinage — on ne prend pas, on n'a pas besoin de prendre, en général, d'étrangers à gages.

Du bail à cheptel. — On peut en distinguer deux sortes au Yatenga :

L'un, assez pratiqué entre Mossis, porte sur les juments. On confie une ou plusieurs juments à quelqu'un qui les entretient. Le bénéficiaire a droit au tiers du croît, le bailleur aux deux tiers.

Si le cheptel périt sans la faute du bénéficiaire, la perte est pour le bailleur.

Ce bail à cheptel finit soit par la perte du cheptel, soit par la volonté de l'une ou de l'autre partie.

Quand le bail prend fin, le cheptel revient au bailleur avec son accroissement des deux tiers.

Un autre bail à cheptel (qui correspond au contrat prévu par l'article 1831 de notre Code civil) est plus commun au Yatenga, mais il n'a lieu qu'entre les Mossis ou Foulsés comme bailleurs et les Peuls ou Silmi-Mossis comme preneurs, au lieu de se faire entre Mossis ou Foulsés comme le précédent. Nous avons parlé longuement de ce bail ou de ce louage de personnes à l'Elevage. Aussi n'en dirons-nous ici que quelques mots.

Les preneurs ont droit seulement au lait et au beurre donnés par les animaux dont ils ont la garde (vaches surtout, quelquefois chèvres et brebis). Le croît est tout entier pour le bailleur.

Comme précédemment, le preneur n'est responsable de la perte partielle ou totale des animaux que s'il y a de sa faute, mais, en ce cas, il est pleinement responsable. Dans le fait il est toujours mis en cause car il doit avertir immédiatement de la perte de l'animal ou des animaux et montrer clairement qu'il n'y a pas de sa faute. Dans ce cas en effet il n'est pas responsable.

Du prêt. — Il y a deux sortes de prêts : le prêt à usage ou commodat et le prêt de consommation ou prêt simple.

Le prêt à usage est très usité : il est gratuit.

Il porte sur toutes sortes de choses : vêtements, etc.

S'il y a perte totale ou dépréciation de la chose, c'est le prêteur qui en supporte la conséquence, jamais l'emprunteur, sauf toutefois s'il y a faute de celui-ci.

En cas de décès du prêteur ou de l'emprunteur, le commodat cesse. La chose revient chez son propriétaire ou ses héritiers.

Le commodat cesse également au gré d'une des deux parties.

Le prêt simple est très pratiqué au Yatenga. D'une façon générale il se fait sans intérêt mais pas toujours.

A côté des Mossis et des Foulsés les Samos pratiquent le prêt à intérêt et même à intérêt élevé, à intérêt grossier (ainsi si l'on prête un panier de mil dont le voisin a besoin, celui-ci en rendra deux. Si l'on prête 10.000 cauris il en rendra 15.000, etc.). Quant aux Peuls du Yatenga ils pratiquent le prêt plus savamment. En apparence ce prêt semble sans intérêts. En fait il est à gros intérêts. Il consiste à se faire promettre en échange de la somme prêtée une tête de bétail quelconque, une génisse généralement. Comme la tête de bétail que l'emprunteur doit payer est bien supérieure en valeur à la somme prêtée, le prêteur fait un gros bénéfice à l'échéance : souvent il touche en fait le double de ce qu'il a prêté et gagne ainsi 100 o/o.

Comme nous le disions plus haut, les Mossis et les Foulsés prêtent souvent sans intérêt mais dans les cas critiques (famine, etc.) ils empruntent le système des Samos ou celui des Peuls. En cas de famine ils prêteront un panier de mil pour qu'on leur en rende deux à la prochaine récolte ou bien ils se font promettre en échange de telle somme de cauris un poulain, une pouliche, un ânon ou une petite ânesse (on sait que le cheval et l'âne sont les bêtes préférées des Mossis). Dans ce cas le prêteur réalisera un bénéfice sur le prêt consenti tout comme le Peul se faisant promettre une génisse en échange de quelques milliers de cauris, mais son bénéfice sera, en général, moins impudent que celui du Peul.

L'emprunteur est propriétaire de la chose prêtée.

Il doit en restituer la valeur ou l'équivalence avec les intérêts au terme fixé sans que le prêteur puisse l'exiger avant.

S'il n'a pas été fixé de délai, ce n'est qu'après avoir réclamé trois fois que le prêteur pourra en obtenir la restitution.

Si le prêteur ne peut pas donner à l'emprunteur la chose promise, celui-ci ne peut pas exiger l'exécution du contrat.

Du dépôt. — Les Mossis et Foulsés se servent souvent du contrat de dépôt soit que leur maison ne soit pas sûre, soit qu'ils partent en voyage, etc.

Le dépôt est gratuit et toujours volontaire. De même que les autres contrats, il doit être effectué devant plusieurs témoins.

Le dépositaire doit apporter les mêmes soins dans la garde et la conservation de la chose déposée que s'il en était propriétaire

S'il s'agit d'animaux, le dépositaire peut s'en servir pour ses besoins personnels ; si, par contre, le dépôt porte sur d'autres objets, il ne pourra s'en servir.

S'il y a perte ou dépréciation de la chose déposée, le dépositaire n'est responsable que s'il y a faute de sa part.

Le dépôt cesse par perte totale de la chose ou par la volonté d'une des deux parties contractantes.

Du gage. — Le gage peut être volontaire ou forcé. Le gage est volontaire lorsque le débiteur donne de son plein gré la chose en garantie d'une dette. Il est forcé lorsqu'il y a été contraint par le naba (moro-naba ou chef de canton ou chef de village).

Le gage volontaire est parfois usité au Yatenga. Le cas de gage forcé est excessivement rare.

Notons que le gage doit être toujours supérieur ou égal en valeur au prêt. Sans cela le créancier ne l'accepterait pas.

Les obligations d'un créancier possesseur de gage varient suivant les cas :

Dans le gage volontaire, le créancier est toujours responsable, qu'il y ait faute ou non de sa part, de la perte totale de l'objet. Il n'est pas responsable toutefois de la dépréciation de la chose mise en gage s'il s'agit d'un animal et qu'il n'y ait pas faute de sa part.

Il doit être fixé un délai pour le paiement de la dette ayant été la cause de la constitution du gage.

Lorsque le terme est arrivé, le créancier doit réclamer au débiteur le paiement de sa dette. En cas de refus de ce dernier pour une cause quelconque, (impossibilité de payer avant tout), le naba seul, devant lequel l'affaire a été portée, peut décider, autoriser la vente immédiate de l'objet.

Si la vente produit une somme plus élevée que la dette, le créancier devra rembourser la différence au débiteur.

Si la vente produit un prix moins élevé que la dette, deux cas se présentent :

1. Si le créancier, dans le but de se débarrasser rapidement de la chose, fait volontairement un mauvais marché, il devra, après intervention du naba, payer au débiteur la différence entre le montant de la dette et la valeur réelle de la chose au moment de la vente, si cette chose valait plus que la dette. Si elle valait seulement autant le créancier n'a rien à payer à son débiteur, mais supporte la dépréciation sur la chose, amenée par son mauvais marché.

Pour donner un exemple concret Rabanaga doit 100.000 cauris à Rassoulia et lui a remis en gage quatre bracelets d'argent valant 120.000

cauris. A l'expiration de la dette Rabanaga ne peut pas payer. Rassoulia va trouver le naba et obtient de lui l'autorisation de vendre le gage. Mais, si, dans sa hâte de vendre, il fait un mauvais marché et ne vend les quatre bracelets que 100.000 cauris, il doit restituer 20.000 cauris à Rabanaga, les quatre bracelets valant 120.000 cauris et non 100.000. Le créancier n'empoche donc que 80.000 cauris et fait une perte de 20.000 cauris.

Si (deuxième cas : le gage a une valeur égale à la dette) les quatre bracelets d'argent remis en gage par Rabanaga ne valent que 100.000 cauris et si, dans son ardeur à vendre, Rassoulia ne les vend que 80.000 cauris, il n'a rien cette fois à rembourser à Rabanaga, puisque celui-ci ne lui a remis qu'un gage d'une valeur égale à la dette, mais, comme il ne touche sur la vente du gage que 80.000 cauris, il subit une perte de 20.000 cauris. Il n'a pas de recours à ce sujet contre son débiteur et doit la supporter, car la vente du gage aurait dû lui rapporter ses 100.000 cauris.

2. Si la chose a diminué de valeur entre les mains du créancier, celui-ci ne pourra pas demander le complément de sa créance au débiteur.

Si le débiteur paie sa dette au jour fixé, le créancier est contraint de lui remettre la chose mise en garde. Si (cas de gage volontaire) celle-ci n'existe plus ou a perdu de sa valeur par la faute du détenteur du gage, ce dernier est responsable. Si (cas de gage forcé) celle-ci n'existe plus ou a perdu de sa valeur par la faute ou non du détenteur du gage, ce dernier est responsable.

Du mandat. — Le contrat de mandat (contrairement à ce qu'affirme Vadier dans son Coutumier du Yatenga) est très fréquent dans le Mossi, comme chez tous les Soudanais en général. Le noir aime beaucoup se décharger sur un frère plus jeune, un parent, un voisin, un homme de confiance d'une tâche à faire et, naturellement, ce sont principalement les chefs, même les tout petits chefs, qui usent et abusent du mandat. Du reste il n'y a pas que les chefs et c'est bien une tendance générale. Le contrat de mandat est donc très répandu.

« Il ne peut être établi, dit Vadier, que pour des actes relatifs à des biens meubles ». En fait il n'y a pas de prohibition et la règle posée ici n'est pas tant une règle que la constatation d'un fait pur et simple.

Les obligations du mandataire sont médiocres. Il n'est pas tenu des fautes qu'il commet dans sa gestion sauf seulement s'il y a perte totale, et par sa faute, des choses faisant l'objet du mandat (Et encore, s'il est un parent du mandant, il n'est en aucun cas responsable). De même, s'il n'exécute pas les clauses du contrat, le mandant n'a nul recours contre lui.

On voit qu'en somme le contrat de mandat est plein d'aléas pour le mandant, ce qui n'empêche pas les noirs d'y recourir, tellement la paresse est chose naturelle et chère au cœur du nègre soudanais.

Le mandat finit par la volonté de l'une des deux parties.

Nous en avons fini avec les Contrats. Passons maintenant aux *Institu-*

tions cérémonielles auxquelles Herbert Spencer a attribué tant d'importance dans sa Sociologie et qui ont leur place naturelle toute marquée aux Rapports interfamiliaux puisqu'elles règlent l'attitude, lors de leur mise en présence, de personnes étrangères le plus souvent les unes aux autres au point de vue de la parenté.

Les relations cérémonielles sont fort développées chez les Mossis du Yatenga, comme chez toutes les populations primitives — non pas absolument primitives, car, chez ces dernières, le développement cérémoniel n'existe pas au contraire ou est peu avancé — mais comme chez les populations inférieures parvenues au stade de l'existence de pouvoirs publics. Là ces relations se développent avec l'existence de chefs auxquels il faut manifester du respect. De cette sphère ces cérémonies se reportent ensuite sur les rapports et abords entre simples particuliers.

La façon de saluer les chefs au Yatenga, de faire le *poussi*, pour employer l'expression mossi, est tout à fait caractéristique et rappelle le « battement de front dans la poussière » des Mongols. Le simple particulier, ou le petit chef qui vient en trouver un plus grand, se jette à plat ventre par terre, les deux coudes en avant et tournés vers celui qu'on salue, les avant-bras relevés, les mains fermées et les pouces dressés en arrière. En même temps que le front frappe le sol plusieurs fois en cadence, les deux coudes battent la terre d'une façon rythmique et les avant-bras montent et descendent, les pouces rejetés en arrière. Ce manège se pratique trois fois, six fois, neuf fois, etc., et recommence chaque fois que le chef auquel on s'adresse a le tort de répondre ou de manifester son approbation, car il faut que l'inférieur soit le dernier à saluer. C'est surtout chez les Mossis de Ouagadougou que l'usage de cette salutation s'est conservé, mais enfin c'était aussi la salutation aux chefs en usage au Yatenga avant l'arrivée des Français. Elle se perd actuellement ici, mais on la voit encore employer dans les grandes cérémonies ou par quelque vieux chef de village attardé aux anciennes coutumes.

Entre égaux on fait aussi beaucoup de cérémonies : les gens se courbent plusieurs fois en se touchant la main et en marmottant des paroles qui sont en fait des demandes de santé de l'ami qu'on rencontre, de son père, de sa mère, etc. Entre chaque demande on se resalue et on se touche à nouveau la main.

Les femmes saluent les chefs à peu près comme les hommes, sauf qu'au lieu de s'étendre à plat ventre sur le sol, elles se mettent à genoux puis se baissent en avant : elles mettent leurs coudes contre le sol, les avant-bras levés, les mains fermées, les pouces tournés vers elles-mêmes et elles font le poussi comme les hommes, en inclinant le front jusqu'à terre et en battant le sol, en mesure, de leurs coudes. Quand elles ont fini de saluer elles restent à quatre pattes à terre, ce qui est la posture de la femme mossi pour montrer son respect.

Entre femmes qui s'abordent on se fait comme les hommes des salutations en s'inclinant légèrement et en se touchant la main, ceci entrecoupé de demandes de nouvelles de l'interlocutrice et de ses parents.

Les Mossis n'ont pas d'expression pour dire bonjour. En revanche ils disent bon lever, bon midi, bon soir et bonne nuit (nefgâra, nefsônré, nefouindigo, nefzabéré, nefyoungo ou bien négâra, nésônré, néouindigo, nézabéré, néyoungo) (1).

Nous en avons fini avec les Relations interfamiliales et nous abordons maintenant la Structure sociale. Nous diviserons cette description en deux parties :
I. Classes et Castes.
II. Clans.

La classe la plus basse est celle des esclaves. Nous avons parlé de ceux-ci en détail à propos des Annexes de la famille et nous n'y reviendrons pas.

Au-dessus des esclaves sont les gens de caste. Mais il n'y a qu'une caste chez les Mossis du Yatenga. C'est celle des forgerons, qui ne sont pas du reste des Mossis mais des Foulsés, comme nous le savons. On n'épouse pas leurs filles et on ne leur donne pas en mariage de filles mossi. Seuls les jeunes nakomsés, les jeunes nobles peuvent prendre comme maitresses les filles des forgerons, mais ils ne les prennent jamais comme épouses.

Les simples Mossi ne font même pas cela, car les femmes mossi le leur reprocheraient et les filles mossi ne voudraient plus d'eux comme maris.

Ce qui est remarquable c'est que les Foulsés non plus ne peuvent pas se marier avec les forgerons, quoi qu'ils soient de même race. En revanche Mossis et Foulsés se marient fort bien ensemble. Comme on le voit la prohibition est bien attachée à la caste et non pas à la race et dirigée expressément contre les forgerons.

Il y a du reste une légende foulsé sur la question. Les grand'pères (entendez l'ancêtre éloigné des Foulsés et l'ancêtre éloigné des forgerons) étaient frères. Mais le grand'père des Foulsés aurait dit à l'autre quand il devint forgeron : Puisque tu travailles maintenant le fer, ma postérité ne se mariera plus avec la tienne !

Il n'y a pas de caste de cordonniers mossis. Tous les Mossis qui le veulent peuvent se mettre cordonniers et on peut contracter alliance avec eux. Les cordonniers ne sont donc aucunement méprisés.

Pas de caste de menuisiers non plus puisque ce sont les forgerons qui travaillent le bois et les settébas (laobés). Ces derniers sont une caste peuhle et non pas une caste mossi. Ajoutons que les Mossis et Foulsés ne peuvent pas plus se marier avec eux que le font les Peuls.

(1) Les mots ibéogo, sônré, ouindigo, ouindikéré, zabéré et yonngo désignent respectivement le lever du jour, la matinée, midi, l'après-midi, le soir et la nuit.

Il n'existe pas non plus de caste de tisserands, comme nous le savons. Les griots ou chefs de tamtam sont peu nombreux chez les Mossis et Foulsés du Yatenga et ne forment pas caste. L'alliance se pratique avec eux. On en distingue plusieurs espèces : le bendiri (au pluriel benda) qui frappe sur des calebasses recouvertes de peau de bœuf, le lounga (lounsé au pl.) qui frappe sur un petit tambour étroit au milieu, en forme de sablier, bien connu au Soudan, le gangango (au pl. gangado) qui frappe sur les grands et énormes tambours cylindriques, effroi des oreilles européennes, le pendéga (au pl. pendésé) qui n'a pas d'instrument de musique. Ce sont les pendégas et les bendiris qui sont les historiens des Mossis et qui racontent la succession des nabas et les exploits qu'ils ont accomplis.

Comme on le voit, le domaine des castes est très rétréci chez les Mossis du Yatenga et chez les Mossis en général. Il n'a pas le même développement que chez les Bambaras et les Malinkés et surtout que chez les Peuls où tous les métiers deviennent caste sauf celui de propriétaire de troupeaux. Il est très difficile de dire à quoi tient le peu de développement des castes ici. Sans doute les populations très primitives ne semblent pas connaître les castes, mais justement les Mossis, race conquérante et relativement bien organisée, ne font pas partie de ces populations primitives. A première vue la caste devrait avoir chez eux plus de développement que chez les Bambaras, au moins autant — et cela n'est pas. Il est difficile d'expliquer ce fait.

Au-dessus des forgerons sont les gens libres, divisés en simples gens libres et en nobles — car la noblesse existe ici, nous le savons, comme dans tous les pays mossis. Les nakomsés (nakomga ou nakoboga ou nabiga au singulier) sont les gens de souche royale mais d'une souche royale relativement récente remontant au plus haut au xviiie ou à la fin du xviie siècle. Les anciens nakomsés, descendant, eux, de naba Rawa, de naba Yadega ou de leurs successeurs jusqu'à la fin du xviie siècle, sont de noblesse trop ancienne et sont rentrés dans la masse mossi. Nous aurons à revenir aux Pouvoirs publics sur les nakomsés. Nous n'en dirons donc que peu de chose ici, à savoir qu'ils n'habitent pas en villages séparés au Yatenga comme cela se voit, au moins à certains endroits, dans le cercle de Ouagadougou. Ici, ou bien ils sont chefs de village ou de canton, ou bien, parents de ceux-ci, ils habitent à côté d'eux.

Au Yatenga, avant l'occupation française, les nakomsés ne pillaient pas comme à Ouagadougou, étant la plupart du temps chefs officiels et responsables de l'ordre. Cependant ils extorquaient, (ceux qui n'étaient pas chefs), de plus ou moins bon gré, des marchandises aux dioulas.

Au-dessus des esclaves, des forgerons, des hommes libres et des nobles est le Moro-naba du Yatenga sur lequel nous reviendrons aux Pouvoirs publics.

On pourrait incorporer à cette hiérarchie sociale du Yatenga deux races étrangères aux Mossis, mais qui, en définitive, ont si bien pris leur place dans la société mossi du pays qu'on ne pourrait pas les en retirer sans la défigurer. Ce sont les Yarsés et les Foulsés : les Yarsés qui sont les commerçants du Yatenga, on pourrait presque dire les commerçants des Mossis, et les Foulsés qui en sont les cultivateurs, cette fois en concurrence avec les Mossis mais plus profondément que ceux-ci, plus purement, sans l'adjonction de la domination politique et du pillage. Ils en sont aussi les gens de métier bien plus que les Mossis, et les féticheurs, comme nous le verrons à la Religion. En revanche, il faut mettre hors de cette hiérarchie les Samos qui ne font vraiment pas partie de la société du Yatenga : ils sont enfoncés il est vrai, géographiquement parlant, dans un coin du pays, mais on pourrait les supprimer que la société mossi resterait absolument la même ; et il faut en dire autant des Peuls du Yatenga, élément adventice qui a pu entrer jusqu'à un certain point, comme les Samos du reste, sous la domination mossi, mais qui n'a jamais fait partie de la société dont nous parlons.

Si l'on ajoute les Foulsés et les Yarsés, voici donc les étages de la société mossi du Yatenga depuis le bas jusqu'en haut :

1º les esclaves ;
2º les hommes de caste (forgerons) ;
3º les Foulsés (cultivateurs et féticheurs) ;
4º les Yarsés (commerçants) ;
5º les Mossis libres ;
6º les nobles ;
7º le roi.

Au fond c'était, malgré l'existence d'une aristocratie nombreuse, une société rude et simple, sans grande complication, quoique ce ne fut pas du tout une société primitive ni même une société de noirs primitifs.

II. *Les clans.* — Les clans existent chez les Mossis comme chez les autres Soudanais.

Chez les Mossis du Yatenga comme chez les Mossis de Ouagadougou le clan le plus répandu est celui des Ouidiraogo (cheval mâle, étalon). Il est aussi répandu que les Kouloubali chez les Bambaras. Le nom de ce clan vient du cheval qui emporta jadis Yennenga vers son amant Riâlé.

Clan se dit sondéré en mossi (au pluriel sondogo). C'est le diamou bambara.

Le sondéré implique certains tabous. Ainsi les Ouidiraogo, au moins certains d'entre eux, ne doivent pas manger de cheval. Ils ont donc le cheval comme n'tana ou n'téné comme on dit en bambara et en malinké, comme kissougou comme on dit en mossi, comme m'boda comme on dit en peulh.

Remarquons que les Ouidiraogo ne croient pas descendre d'un cheval mais sont Ouidiraogo par simple reconnaissance.

D'une manière générale on peut dire que tous les Mossis sont des Ouidiraogo (qu'on prononce souvent au Yatenga : Ouillaogo, en adoucissant le mot) car les autres clans mossis ne seraient, paraît-il, que des sous-clans. Ainsi en serait-il des Koumpaoré, des Yarbanga, des Tounougoum, des Nakanabo, des Larambobodo, etc. Les Ouidiraogo, trop nombreux, auraient formé peu à peu ces sous-clans.

Ce changement de nom a amené un changement de *tabou*, comme cela se conçoit. D'autres Ouidiraogo n'ont pas changé de nom mais ont adopté un tabou différent : ainsi à côté des Ouidiraogo qui ont conservé le cheval comme tabou, d'autres ont pris le chien, l'âne, etc. Le Rassam-naba actuel, ministre du moro-naba, descendant d'un esclave qui adopta le sondéré de son maître, est donc Ouidiraogo par adoption ainsi que toute sa famille. Or pour tabou il a le margouillat, ce somptueux lézard africain orange et violet dans la saison des amours, familier de toutes les cases et de tous les arbres. Le Rassam-naba a cet animal pour tabou parce que son grand père souffrant de la soif fut sauvé de la mort par un margouillat qui, sortant mouillé du tronc d'un baobab, lui indiqua la présence de l'eau salvatrice.

Le moro-naba est un Ouidiraogo. Il a un tabou spécial comme roi : il ne mange pas de chèvres. Avant d'être élu moro-naba il pouvait en manger. Son fils aîné a aussi un tabou spécial : il ne mange pas de poulets.

Les autres noms de clans les plus répandus après Ouidiraogo, ou plutôt les noms de sous-clans qui se sont formés aux dépens du sondéré primitif, sont Nakanabo ou Nakanébo, presque aussi répandu maintenant que Ouidiraogo (Les Nakanabo ont, comme les Ouidiraogo, plusieurs tabous ou kissougous différents), Yarbanga ou Yerbanga ou Yélibanga (Les Yarbanga ne mangent pas de cette espèce de sauterelle à longue tête que les Mossis appellent sogonoko), Kilisako (ce serait le sondéré du naba Saga. Les Kilisako ne boivent pas d'eau transportée dans les calebasses-carafes des Peuls), Kissikiga (ceux-ci ne mangent pas le kiga, au pluriel kiré, espèce de rat palmiste ou bien de rongeur à longue queue), etc.

Un autre clan mossi (ou plutôt de sous-clan des Ouidiraogo) est celui, très peu nombreux du reste, des Larambobodo. Ceux-ci ont pour animal représentatif l'éléphant qui se dit ouabogo (forme du singulier, ouabodo au pluriel). Les Larambobodo (peut-être Laram-ouabodo) ne peuvent ni chasser, ni tuer, ni manger l'éléphant et même ils demandent pardon aux divinités, sans doute à l'âme de la bête tuée, quand on tue auprès d'eux un éléphant. Ils se reconnaissent une certaine parenté avec cette race animale, témoin le récit suivant qui est comme la charte mythique des Larambobodo : jadis un chasseur mossi, un Ouidiraogo, s'était mis dans un arbre pour tuer des biches à l'affût et, comme il attendait tranquillement celles-ci, il vit arriver neuf éléphants qui sortirent de leur peau pour se transformer en filles et pour aller ainsi au tamtam du village voisin. Alors le chasseur descendit de son arbre, prit la peau de l'éléphant qui s'était transformé en la plus belle des jeunes filles et la transporta chez lui. A minuit les jeunes filles-éléphants, le tamtam fini, retournèrent dans la brousse pour reprendre leurs peaux. Huit retrouvèrent la leur et redevinrent éléphants. La neuvième ne retrouva pas la sienne et resta fille. Alors le chasseur survint qui la prit comme femme et l'emmena dans son village. Elle lui donna beaucoup d'enfants. Quand elle fut devenue vieille, le chasseur lui dit qu'il savait qu'elle était un éléphant et lui demanda si elle voulait retourner dans la brousse. Elle répondit qu'elle en serait contente. Alors le chasseur ordonna à son fils de prendre la vieille peau et de la mettre tremper dans l'eau pendant trois jours. Quand elle fut redevenue souple, il la donna à sa femme qui retourna dans la brousse et reprit sa première forme. A la suite de ces événements, cette famille, qui était Ouidiraogo, prit le nom de Larambobodo et dès lors il lui fut défendu de chasser ou de tuer les éléphants, l'aïeule maternelle étant un éléphant.

Les Larambobodo correspondent aux Samaké bambaras (sama : éléphant, n'ké : homme, samanké : homme de l'éléphant). Lorsqu'un Samaké bambara rencontre un Larambobodo mossi, il l'accueille d'une façon particulièrement hospitalière, croyant à une antique parenté entre eux malgré la différence des races.

Citons encore parmi les noms de clans des Mossis du Yatenga : Zoungourana, Sorba qui sont des noms de nabas que nous connaissons, Managa qui serait la même chose que Zida et Kompaoré (Naba Zida serait un fils de Zoungourana). A propos de Kompaoré disons que ce nom de clan, si répandu chez les Mossis de Ouagadougou, est inexistant ou au moins très rare au Yatenga. Citons encore : Yadega, Kourita qui sont toujours des noms d'anciens moro-nabas, Kidiwidi ou Tidibidi, Nakoulouma, Bouda (nom de clan qui se rencontre assez souvent), Kanzoué (qui voudrait dire : celui qui ne se sauve pas), Kanzouétiguiri (qui voudrait dire : la fête, tiguiri, de celui qui ne se sauve pas), Panandé, Kougoutoga, Tao, Zangouéna, Sologo, Samtouma, etc., etc. (1).

Disons en terminant que les sondérés foulsés ne sont pas les mêmes bien entendu que les sondérés mossis. Nous les étudierons en parlant des Foulsés.

(1) Notons que le sondéré « pima » noté par Delafosse chez les Mossis (*op. cit.*, tome III, p. 105) n'existe pas chez les Mossis du Yatenga.
Une femme qui se marie prend le kissigou ou les kissigous (tabous) de son mari, sans abandonner les siens. Ainsi une Ouidiraogo se mariant avec un Larambobodo ne peut plus manger d'éléphant, tout en continuant à avoir son kissongou particulier. Au cas contraire une Larambobodo se mariant avec un Ouidiraogo continue à ne pas pouvoir manger d'éléphant quoique son mari puisse en manger et de plus adopte le kissongou de son mari.
Quant au sénékoun ou sinankou dont parle Delafosse, *op. cit.*, p. 106, cela se dit dakiré en mossi. Ce serait une espèce d'alliance qui permet de ne pas se fâcher entre races vivant sur un même territoire quand quelqu'un d'une de ces races insulte le père et la mère de quelqu'un appartenant à l'autre race : il y aurait ainsi dakiré entre les Foulsés et les forgerons, entre les forgerons et les Yarsés, entre les forgerons et les Peuls, mais il n'y aurait pas dakiré entre les clans mossis eux-mêmes. En fait cette matière demanderait à être creusée sérieusement.

En définitive on n'a affaire ici comme dans tout le Soudan qu'à des clans très atténués car : 1° l'animal-tabou n'est pas toujours considéré (loin de là) comme l'ancêtre du clan ou du sous-clan, ce qui a lieu dans le véritable totémisme; 2° le nom du clan ou du sous-clan n'est pas non plus le nom de l'animal tabou comme dans celui-ci, sauf dans le cas des Ouidiraogo qui ne mangent pas de cheval. Le clan est donc ici excessivement atténué, comme il convient chez des populations ayant depuis très longtemps abandonné la chasse, le communautarisme matriarcal et le totémisme pour la culture et le communautarisme patriarcal.

Au point de vue social on voit ce que sont les clans : d'anciennes familles totales qui ont essaimé de telle façon que maintenant les gens de ces clans, quoique reconnaissant une parenté originaire entre eux, ne la trouvent plus assez rapprochée pour s'abstenir de se marier ensemble. En fait cette parenté lointaine n'oblige à rien, ne crée aucun lien sérieux, aucune obligation définie entre gens du même clan. La plupart du temps les Mossis même, ainsi que les Foulsés et autres noirs du Yatenga, ne savent même pas à quel clan ils appartiennent. Quand on leur demande leur sondéré, ils rient, donnent la plupart du temps des sondéré de fantaisie, se font rappeler à l'ordre par le chef de village, etc. Des Mossis donnent des sondérés de Foulsés s'ils sont dans un village foulsé, et des Foulsés, dans un village mossi, donnent le même sondéré que les gens qui les entourent. Bref l'indigène actuel (et ceci est vrai non seulement du Yatenga mais encore de tous les parties de Soudan que j'ai vues) ne considère pas le sondéré ou diamou comme quelque chose de sérieux. Cette antique parenté qui se perd dans la nuit des temps n'a plus de sens pour son esprit.

Le clan n'est donc pas un rouage social effectif. C'est un vestige d'une antique parenté maintenant excessivement éloignée ou d'une organisation sociale antérieure qui est actuellement morte.

Nous en avons fini avec la Structure sociale au Yatenga et nous pouvons passer maintenant aux Pouvoirs publics.

LIVRE VII

Les Pouvoirs publics

Nous diviserons l'étude des Pouvoirs publics en trois parties :
1º Le village.
2º Le canton.
3º L'Etat (ou Pouvoir Public central).
Le village lui-même peut être considéré aux points de vue suivants :
1. Divisions.
2. Autorités.
3. Propriété.
4. Impôts.
5. Service de la paix publique.
6. Agents du chef de village.
7. Intervention supérieure.

Divisions. — Les villages du Yatenga ont souvent des quartiers, pas toujours évidemment, car il y en a de petits qui ne peuvent constituer plusieurs quartiers. Les grands en ont au contraire plusieurs.

En dehors du nombre des personnes, l'existence des quartiers provient souvent de ce que dans tel village il y a des Mossis, des Foulsés, des Yarsés, des Maransés, etc. En ce cas chaque race forme un quartier qui a son chef de race. Mais tous ces chefs de quartier sont au-dessous du chef de village généralement mossi.

A Ouahigouya qui est, par suite de la présence des Européens du cercle et des services annexes, le plus gros village du Yatenga, il y a dix quartiers :

1º Le quartier du Moro-Naba et du Ouidiranga-naba, appelé aussi Ouidiransé.

2º Le quartier du Rassam-Naba ou du Bingo appelé Bingo (C'est le quartier des esclaves de la couronne).

3º Le quartier du Togo-naba appelé Togoué.

4º Le quartier du Baloum-naba appelé Balango.

5º Le quartier des tamtams et des griots ou Bendougou,

6° Le quartier des forgerons ou Sabogo.

7° Le quartier du Soba-naba ou Bobosé ou quartier des Bobos (ainsi appelé parce que le naba Kango y avait établi des Bobos captifs qui ont encore des descendants aujourd'hui).

8° Le quartier des Bagarés ou Bagaré.

9° Le quartier du Bougouré-naba ou Kolokom.

10° Le quartier de Barabilé ou Barabilé.

Ouahigouya ayant 3.000 habitants environ, chaque quartier a en moyenne 300 personnes.

Quartier se dit saka en mossi et chef de quartier sakakasamba. Il ne faut pas confondre saka avec zaka qui est, comme nous le savons, le synonyme d'iri et qui signifie l'habitation.

Pour la dévolution de la dignité de chef de quartier, c'est en général le frère du défunt qui hérite ou plus exactement le membre le plus âgé de la famille du défunt habitant dans le quartier (quelquefois, d'une façon tout à fait exceptionnelle, la dévolution de cette dignité dépend d'une autre dévolution. Ainsi à Ouahigouya, quand le baloum-naba meurt, ce n'est pas son frère qui lui succède, mais le remplaçant que lui donne le Moro-naba qui peut nommer à cet emploi toute personne qui lui plaît. Alors c'est le nouveau baloum-naba qui devient ainsi le nouveau chef de quartier de Balango).

Autorités. — Au-dessus des chefs de quartier il y a le chef de village (tenganaba). Souvent c'est un nakomsé qui est le chef de village, mais pas toujours. Quelquefois c'est un simple Mossi.

Le tenganaba est le chef politique. A côté de lui il y a le tengasoba qui est le chef de la terre et le chef religieux du village à la fois. Les Mossis conquérants ne se reconnaissent pas, ne se sont jamais reconnu, (nous aurons à revenir sur ce point), la propriété de la terre du Yatenga. Pour eux, cette terre appartient toujours aux Foulsés et les dieux du sol, à leur avis, ne connaissent toujours que les Foulsés. Dans ces conditions il faut un tengasoba foulsé à côté du tenganaba mossi et de fait le tengasoba existe partout, sauf justement dans les villages exclusivement foulsés où commande généralement un foulsé. Celui-ci alors réunit les fonctions de chef du sol et chef religieux — et de chef politique.

Dans les villages où il y a un tenganaba et un tengasoba c'est naturellement le premier qui est le vrai chef : à l'époque antérieure à l'occupation française, il représentait dans le village le Moro-naba, le pouvoir mossi. Actuellement il est chargé des ordres du commandant de cercle quand il y a lieu et du recouvrement de l'impôt.

Avant les Français, quand un chef de village mourait, son héritier tout désigné était l'homme le plus âgé de sa famille habitant le même village. Celui-ci allait trouver le chef de canton dont il dépendait qui l'amenait au Moro-naba. Celui-ci le reconnaissait comme chef du village.

Quelquefois plusieurs parents du défunt, frères ou autres, se mettaient en ligne et offraient des cadeaux au Moro-naba. Celui-ci acceptait les cadeaux, mais choisissait en fin de compte le plus âgé, désigné par la coutume.

Quand il s'agissait du successeur d'un tengasoba, le Moro-naba renvoyait les postulants aux trois grands chefs des Foulsés, à savoir le chef du village de Bougouré, le chef de village de Konga (canton du Ouidiranga) et le tengasoba de Gambo (canton du Koussouka). Ces chefs, dont les ancêtres, avant l'invasion mossi, commandaient à tous les Foulsés du Yatenga, reconnaissaient le nouveau tengasoba qui devait être le parent le plus âgé du défunt habitant le même village.

Quelquefois il y avait aussi plusieurs compétiteurs comme pour le titre de tenganaba et le jeu des cadeaux allait son train comme en face du Moro-naba.

La propriété et le village. — Quand quelqu'un, Mossi ou Foulsé, veut défricher un endroit qui n'a jamais été défriché, il doit demander l'autorisation au tengasoba qui vient lui-même faire le sacrifice d'usage ou envoie son frère ou son fils pour le faire. C'est le postulant qui fournit la bête à égorger. C'est le tengasoba ou son représentant qui la tue et l'offre à la Terre au pied d'un arbre — ou bien il la tue sur sa hache posée sur une pierre. La bête est partagée entre le postulant et le tengasoba. Une fois le sacrifice fait et la Terre satisfaite, le postulant peut défricher.

En fait, dans les endroits où la terre est bonne elle est déjà appropriée complètement par les chefs de groupe ou par les chefs de ménage.

Les champs, comme nous le savons, sont transmis héréditairement dans le groupe ou dans le ménage. Ils ne peuvent sortir de l'un ou de l'autre que par la volonté expresse des possesseurs : quand l'habitation ne possède qu'un seul groupe de travail, ils sont transmis héréditairement dans celle-ci. Ils n'en peuvent sortir que par la volonté des possesseurs.

Les champs peuvent être prêtés : même quand on ne les cultive pas on les conserve généralement, mais on peut les prêter gratuitement : quand on le fait, la plupart du temps on ne fixe pas de date, mais, s'il surgit une querelle entre le prêteur et l'emprunteur, le premier reprend son champ. En définitive, la propriété du sol, une fois concédée par le tengasoba, s'établit sur le défrichement et est héréditaire.

Doit-on cependant identifier la propriété mossi et foulsé à la propriété pleine, entière, quiritaire, conçue à la façon romaine ou à la façon des nations occidentales ? Question difficile à résoudre. En fait il semble bien qu'il y ait un droit vague et général du village sur toutes les terres appartenant au village. D'autre part une terre une fois cédée par le tengasoba et défrichée n'est jamais reprise par lui et, si elle est cédée, l'est par son propriétaire collectif ou individuel et non plus par le tengasoba. En définitive il est peut-être impossible de demander sur ce sujet aux idées mossi et foulsé une précision qu'elles ne comportent pas (1).

(1) D'une façon générale il semble que la propriété soudanaise en soit au stade

Quand la récolte est faite sur les champs, les troupeaux ont le droit d'aller paître partout. Mais il n'en est pas de même quand la récolte est sur pied.

Impôts du village. — Tous les ans le village travaillait un jour ou deux sur les champs du tenganaba. C'était pour le second sarclage de son champ. Le naba fixait le jour. Pour la récolte on l'aidait aussi. Dans ces différentes occasions, le tenganaba nourrissait et abreuvait les gens du village (sarabou, chèvre, dolo). Vis-à-vis du tenganaba, cette corvée était forcée, tandis que vis-à-vis des autres gens du village (qui avaient tous le droit de la demander), elle était facultative.

Enfin le jour de la fête de tout le Yatenga, à l'époque de la récolte, chacun donnait un cadeau au chef de village, au tenganaba : 50, 100 cauris, un poulet, du mil, etc.

Le tengasoba n'avait pas droit à la corvée obligatoire, mais on lui faisait des cadeaux de mil à la récolte pour qu'il offrît un sacrifice pour le village.

Service de la paix publique. — Nous savons que les chefs de famille (boudoukasamans) ont des pouvoirs de justice sur toute leur famille. Ils peuvent trancher ou arranger les affaires survenues à l'intérieur de celle-ci (délits, vols, etc., pas les meurtres). Le tengasoba tranche les contestations qui peuvent s'élever dans le village entre deux familles, relativement aux champs. Le tenganaba tranche ou arrange les affaires de justice qui mettent deux familles de son village en lutte, mais il ne peut le faire que pour les délits, rixes, vols, etc., pas pour les meurtres. Il tranche et arrange le plus d'affaires possibles.

Le tenganaba, s'il ne pouvait juger les affaires de meurtre, faisait

---

antérieur à celui qu'on peut appeler stade du mir. On a cru pendant longtemps en Russie que le mir était une organisation tout à fait primitive. Puis cette idée a été violemment contestée et on s'est aperçu qu'avant le mir il y avait en une période de libre culture qui existe encore dans certains coins de Sibérie et qui est caractérisée par la surabondance de la terre libre cultivable. Le paysan va où il veut faire son champ et en est le propriétaire, en fait, une fois qu'il l'a défriché. Cet état de choses, qui correspond sans doute à la propriété sondanaise, a cédé peu à peu devant le mir à mesure que la population s'augmentait et que les terres libres devenaient plus rares, puis disparaissaient. Le mir est donc une systématisation causée par le manque relatif de terre et mettant en jeu le principe, sommeillant mais jamais oublié, de la propriété collective des terrains du village par le village. La troisième phase est la dislocation du mir et l'attribution à chacun à perpétuité d'une propriété particulière. On entre ainsi dans l'état de choses romain ou occidental. S'il en est bien ainsi, on comprendra pourquoi on ne peut guère répondre à la question que j'ai posée plus haut de savoir si la propriété des Mossis et Foulsés est une propriété « quiritaire, occidentale » ou un simple usufruit héréditaire. En réalité on y trouve les formes et les faits de la propriété occidentale, sa *morphologie*, mais il semble que l'esprit n'en soit pas le même. Ajoutons à ce sujet que j'ai vu chez des Peuls de l'Issa-Ber, en 1913, pour certains terrains inondés régulièrement et les seuls fertiles, une espèce de tour établi entre les gens du village pour la culture de ces terrains. On voit qu'ici, sous l'aiguillon de la nécessité, on en vient à un système analogue à celui du mir et on abandonne le système nègre ordinaire régnant dans l'ensemble du Soudan.

cependant arrêter le ou les meurtriers en faisant frapper le tamtam et en convoquant ainsi les hommes du village. Il a donc le commandement de la force publique et la police du village.

Il avait le droit de mettre les gens de son village aux fers, mais pas de les tuer.

Agents du chef de village. — Les tenganabas ont autour d'eux, tout comme le Moro-naba, un togo-naba, un baloum-naba et un ouidiranga-naba qu'ils désignent dans le village. Le togo-naba est le héraut, le ouidiranga-naba le chef des palfreniers et des chevaux, le baloum-naba le chef des koursigui.

Il ne faut pas que ces titres fassent illusion : les chefs des villages mossi et foulsé sont assez misérables et tous ces noms pompeux donnés à leurs hommes de confiance ne doivent pas nous abuser sur leur puissance ou leur richesse.

Qu'étaient ces koursiguis dont nous venons de parler ? Les koursiguis sont les jeunes gens au service d'un chef. Quand un chef a donné une fille en mariage à quelqu'un, il a le droit de disposer du fils aîné et de la fille aînée du couple. Du fils aîné il fait son koursigui. La fille aînée il la donnera en mariage. Le koursigui travaille les champs du naba, lui sert d'homme de confiance, de garde-du-corps, de messager, de palfrenier, etc. Quand le koursigui avance en âge (vers 25 ans) le chef lui donne un cheval et une femme. Il se retire alors dans sa famille et le chef a droit à son premier garçon et à sa première fille. Ainsi se recrute et s'entretient par ce mécanisme très simple le corps des koursigui.

Quelquefois aussi, quand le chef ne dispose pas légitimement d'un autre koursigui pour remplacer celui qui s'en va, il demande et prend à sa place le petit frère de celui-ci.

En tout cas les koursigui des chefs de village étaient (et sont encore) recrutés exclusivement dans les ménages fondés par eux ou leurs ancêtres. Sur les enfants des autres ménages ils n'ont aucun droit. Seul le Moro-naba pouvait prendre jadis des koursigui au hasard, dans n'importe quelle famille.

On distingue parmi les koursiguis :

1° Les ouidikimas (ouidikimbas au pluriel) ou palefreniers.

2° Les samankomas ou samankombas ou zankombas (samanbiga au singulier), c'est-à-dire ceux qui travaillent aux champs du naba.

3° Les balembilo (au pluriel balembios ou baloumbias), gardes du corps, pages plutôt, du naba. Ce sont ceux qu'on appelle soronés à Ouagadougou. Ils portent des bracelets de cuivre et sont coiffés comme des femmes. Il y en a très peu ici, même chez les grands chefs.

Le naba nourrit, habille, entretient complètement tous les koursiguis.

En dehors de son commandement sur les koursiguis, le baloum-naba est l'introducteur de tous les gens qui ont à parler au tenganaba.

Le togo-naba, le baloum-naba et le ouidiranga-naba sont choisis par le tenganaba parmi les gens intelligents du village, généralement parmi d'anciens koursiguis.

Intervention supérieure. — Nous avons vu plus haut quel rôle jouait le Moro-naba dans l'élection d'un chef de village. Il ne faisait en définitive que ratifier le choix de l'élu désigné par la coutume ou bien il avait à reconnaître, entre plusieurs concurrents, celui qui avait le droit coutumier pour lui. Quand il n'était pas content d'un chef de village il ne le déposait pas (ce n'était pas dans les mœurs). Il attendait que le tenganaba se présentât chez lui à une audience. Alors il le faisait saisir et exécuter.

Quand le chef arrivait, le Moro-naba quittait la salle comme pour aller lui chercher un cadeau. Alors le Rassam-naba entrait et avertissait le tenga-naba qu'il l'arrêtait. Il l'emmenait chez lui où il lui faisait donner du dolo à boire à satiété. Quand il en avait assez bu, le Rassam-naba le faisait étrangler avec une bande de coton sur laquelle un homme de chaque côté tirait tandis qu'un troisième maintenait le patient par devant. C'étaient les captifs de traite ou de guerre du Rassam-naba qui faisaient l'exécution. Le Kom-naba, petit chef dépendant du Rassam-naba, l'aidait. Ces exécutions étaient rares. C'était ensuite le parent le plus âgé du défunt habitant dans le même village qui lui succédait.

II. *Les cantons.* — Les cantons se composent d'un certain nombre de villages, mais il ne faudrait pas croire que l'ensemble du Yatenga est divisé en circonscriptions territoriales régulières et que tout ce qui est dans une de ces circonscriptions relève du chef de celle-ci, du chef de canton. En fait il y a un enchevêtrement inextricable, sur la carte, de ces circonscriptions les unes dans les autres et l'on n'a jamais pu parvenir à dresser une carte politique exacte du Yatenga, tellement les cantons chevauchent les uns sur les autres, tellement on voit de villages placés dans certains cantons relever non pas de ces cantons mais d'un canton voisin ou même éloigné. Bref le point de vue *personnel* l'emporte ici sur le point de vue *territorial*.

Non seulement les cantons sont enchevêtrés, mais ils n'ont pas un statut régulier et égal. Il faudrait presque prendre, pour être exact, chaque canton un à un et décrire son statut politique toujours différent en quelque point de celui des autres.

On peut cependant diviser en gros les cantons en quatre groupes dont je vais donner la liste.

Disons d'abord que canton se dit soloum ou koumbéré en mossi (le mot soloum est le plus employé au Yatenga). Le chef de canton est le soloum-naba ou le koumbéré-naba.

Les quatre groupes de canton sont les suivants :

1° ceux qui sont tout à fait dans la main du pouvoir central ;
2° ceux qui sont commandés par des Mossis libres ;
3° ceux qui sont commandés par des nobles ;

4° ceux qui sont commandés par les ministres du Moro-naba et qui forment en fait de véritables provinces.

En ce qui concerne les premiers cantons, ils sont commandés par des gens du commun choisis par le Moro-naba. Ainsi le chef du Koussouka est nommé par celui-ci parmi les Mossis de Ouahigouya. Pour le Ouindighi, (conquis, comme nous le savons, en 1848 sur le Riziam), le Moro-naba nomme un homme du bingo, un esclave de la couronne. Pour le Oula il nomme tour à tour un mossi de Ouahigouya et un homme du bingo (1). Comme on le voit, dans ces cantons-là, il n'y avait pas de dévolution héréditaire du pouvoir de chef de canton dans une famille. Il y avait à chaque décès du chef de canton un nouveau choix du Moro-naba.

Pour les cantons de la deuxième catégorie, ils sont commandés par d'anciens nakomsés des antiques familles royales, rentrés peu à peu dans la masse des simples Mossis, du peuple mossi libre, (ainsi à Goursi-Lako, Tengaï, etc.). Quand le soloum-naba décède, son frère se présente avec ses trois ministres au Moro-naba. Celui-ci le désigne comme successeur. Le nouveau saloum-naba venait souvent saluer le Moro-naba.

La troisième catégorie représente les cantons les plus indépendants (le Zitenga, le Ratenga, le Boussou). Ceux-ci ont à leur tête des nakomsés, de vrais nakomsés appartenant aux récentes familles royales. Ici, quand le soloum-naba meurt, les ministres du Moro-naba vont trouver celui-ci avec le successeur du défunt qu'ils lui présentent. Alors le Moro-naba dit au ministre dont relève le canton (car nous verrons plus loin que chaque canton est dans le département d'un des quatre ministres) d'aller introniser le successeur au chef-lieu du canton, ce qui est fait. Après cela le nouveau chef de canton vient saluer le Moro-naba — une seule fois et c'est fini pour toute sa vie. Le successeur naturel dans ces cantons était le frère puîné du défunt, sauf au Zitenga où c'était le fils aîné qui devait succéder au père.

Nous avons dit plus haut, en parlant des chefs de village, qu'ils étaient nommés par le Moro-naba sur la présentation des chefs de canton. Ceci est exact pour les cantons des deux premières catégories, mais est inexact pour les cantons de la troisième. Ici c'était le chef de canton qui nommait son chef de village en avertissant simplement le Moro-naba. En revanche, dans les cantons des ministres, comme nous le verrons tout à l'heure, le chef de village est nommé par le Moro-naba sur la présentation du ministre comme dans les cantons des deux premières catégories.

Dans ces cantons-ci, comme dans ceux des ministres, le soloum-naba jugeait : 1° les affaires entre les villages de son canton (sauf les meurtres); 2° les appels portés contre les décisions des chefs de village du canton. Il ne jugeait pas les affaires de meurtre qu'il réservait au Moro-naba.

---

(1) Cependant comme le chef du Oula est le chef de la guerre, le généralissime, il prend de ce fait une grande importance et par contre-coup la rend au canton.

Dans le Zitenga, le Ratenga et le Boussou au contraire, les soloum-nabas tranchaient les affaires de meurtre et condamnaient à mort. Seulement ils étaient tenus d'avertir le Moro-naba.

Dans tous les cantons le soloum-naba avait le droit d'arrêter, d'emprisonner, de mettre aux fers, mais il n'avait pas le droit de tuer, sauf dans le Zitenga, le Ratenga et le Boussou.

En ce qui concerne les corvées et les impôts, les chefs de canton faisaient travailler leurs champs quelques jours par an par les gens de leur village et même par des gens de tout le canton.

Pour la construction ou l'entretien de leurs cases, ils convoquaient aussi les gens de leur village, même des gens de tout le canton, comme les chefs de village dans la même occasion convoquent les gens de leur village.

A la fête de la fin et du commencement de l'année (20 novembre), les chefs de canton recevaient des cadeaux de leurs administrés (mil, cauris, poulets, dolo, miel, etc.), surtout des habitants de leur village propre et des chefs de village du canton accompagnés de leurs notables.

Comme nous l'avons dit plus haut en passant, les chefs de canton avaient tous un togo-naba (héraut), un baloum-naba (chef des serviteurs et introducteur des personnes), un ouidi-naba (chef de l'écurie). Mais ils n'avaient pas de Rassam-naba ou Bingo naba (on dit aussi Bin-naba) ou chef des captifs de la couronne, excepté les chefs du Zitenga, du Ratenga, du Boussou

Tous les soloum-naba avaient des koursiguis comme les chefs de village et c'étaient même eux qui, seuls, en avaient un certain nombre.

Les cantons étaient affectés d'une manière spéciale à chacun des ministres. C'était le Baloum-naba qui avait dans son département (si j'ose ainsi dire) le Zitenga, le Boussou, le Goursi, le Lako, le Koussouka. Aussi, quand le chef d'un de ces cantons venait à Ouahigouya, devait-il camper chez le Baloum-naba. Le Togo-naba avait dans son département le Ratenga, le Tangaï et le Oula. Aussi les chefs de ces cantons résidaient-ils, quand ils venaient à Ouahigouya, chez le Togo-naba. Le Ouindighi — peuplé de Foulsés et conquis récemment par la guerre — était considéré comme un canton tout à fait inférieur. Aussi était-il dans le département du Rassam-naba chef des esclaves. Le Ouindighi-naba logeait, lors de ses séjours à Ouahigouya, chez le Rassam-naba.

Quand le Moro-naba n'était pas content d'un chef de canton il s'en débarrassait comme d'un chef de village s'il s'agissait des cantons de la première et de la seconde catégorie, mais s'il s'agissait des chefs du Zitenga, du Ratenga et du Boussou, le Moro-naba était obligé de faire colonne, de vaincre et de tuer le soloum-naba récalcitrant. Et, en effet, comme ils ne venaient pas chez lui, sauf pour leur avènement, il était bien obligé d'aller les chercher chez eux.

La quatrième et dernière catégorie de cantons, nous l'avons dit, étaient ceux des quatre ministres, qui subsistent encore actuellement quoique bien diminués.

C'était le Ouidiranga-naba qui avait le canton le plus important. Il commandait presque tous les villages isolés pourvus d'un nakomsé comme chef. Il possédait de ce fait une partie de ce qui forme actuellement les cantons de Roba, Rici, Léba, Baci, Namsighia, Tougouya, Barélogo (1) plus 34 villages qui relèvent encore de lui à l'heure actuelle et dont nous donnons la liste à l'Appendice n° XIII.

Si le Ouidiranga tenait la grosse partie centrale et le nord-ouest du cercle (actuellement il ne lui reste plus que le nord-ouest où sont situés presque tous ses villages), le Rassam-naba avec son canton tenait le nord. Il avait ce qui forme actuellement les petits cantons de Tibbo, Aoréma, Bagayaloro plus un certain nombre de villages (24) qui dépendent encore actuellement de lui et dont on trouvera la liste à l'Appendice déjà cité.

Le Togo-naba avait une partie de ce qui forme le canton actuel de Tougo (tout à fait au sud du cercle sur la lisière du Kipirsi), plus 22 villages qui relèvent encore actuellement de lui.

Ce canton, très dispersé, s'étendait autour de Ouahigouya, puis dans la direction du sud-est (Kalsaka, Tougo).

Actuellement il s'étend toujours de même.

Le Baloum-naba, lui, avait comme canton une partie de ce qui forme les cantons actuels de Diogoré et de Bougouré, plus un certain nombre de villages (15) qui relèvent encore directement de lui. Ces villages sont situés surtout à l'est de Ouahigouya et dans le thalweg de la Volta Blanche. Quelques-uns sont dans le nord.

De ces quatre cantons c'était celui du Ouidiranga-naba qui était le plus grand et le plus caractéristique. Tous ses villages étaient commandés par des nakomsés. Quand l'un de ceux-ci mourait, c'était son frère qui devait lui succéder. Ce dernier allait trouver le chef des nakomsés, le Rici-naba, grand personnage du Yatenga à cause de son titre de chef de la noblesse, malgré son piètre rang de chef de village, puis, accompagné de celui-ci, allait trouver le Ouidiranga-naba qui présentait le postulant au Moro-naba qui lui donnait l'investiture.

Le Togo-naba et le Baloum-naba avaient peu de nakomsés comme chefs de leurs villages. Le Rassam-naba, dont la province était établie dans l'est et le nord et comprenait surtout des Foulsés, n'en avait pas du tout.

Quand un nakomsé chef d'un village du Togo-naba ou du Baloum-naba mourait, son successeur allait toujours trouver le Rici-naba tout d'abord, car, chaque fois qu'il y avait un nakomsé en cause, le Rici-naba

---

(1) Nous avons vu plus haut, à la Partie historique, que la plupart de ces cantons ont été créés par des Moro-nabas du Yatenga à des époques diverses en faveur de leurs fils ou frères. Mais ils étaient beaucoup plus petits que maintenant et n'ont été augmentés aux dépens du canton du Ouidiranga que depuis l'occupation française.

devait intervenir. Puis tous deux allaient trouver soit le Togo-naba, soit le Baloum-naba qui présentaient le postulant au Moro-naba.

Pour ce qui est de la justice, de l'impôt, etc., nous avons dit plus haut, en parlant des cantons en général, ce qui en était également pour ceux des ministres. Nous n'y reviendrons donc pas.

III. *Pouvoir central*. — Nous diviserons cette partie en huit titres :
1° l'étendue de l'État ;
2° le roi ;
3° les ministres ;
4° les fonctionnaires ;
5° la justice ;
6° l'armée ;
7° l'impôt ;
8° les biens de la Couronne.

L'étendue de l'État. — Puisque nous en arrivons à l'État mossi rappelons ce que celui-ci comprenait :

1° Le Yatenga proprement dit composé d'un certain nombre de cantons, peuplé principalement de Mossis et de Foulsés. A ceux-ci il faut ajouter des Yarsés, des Maransés et quelques Habbés au nord-ouest.

2° Le territoire Samo de l'ouest et du sud-ouest, nominalement soumis aux Mossis du Yatenga, en fait non administré et même médiocrement soumis.

3° Les trois tribus peuhles et une tribu silmi-mossi établies sur le territoire du Yatenga : Dialloubés, Fittobés, Torombés et Silmi-Mossis, les premiers établis au nord-ouest de Ouahigouya, les seconds au nord, les troisièmes à l'est, les quatrièmes au sud-est. Foulbés et Silmi-Mossis se reconnaissaient vassaux du Moro-naba, au moins Dialloubés, Torombés et Silmi-Mossis. (Les Silmi-Mossis dépendaient des Torombés). Quant aux Fittobés ils étaient plus récalcitrants.

Le roi. — Le chef du Yatenga que les Européens du pays appellent généralement Yatenga-naba (pour le distinguer du Moro-naba de Ouagadougou) ou grand-naba pour le distinguer des soloum-nabas, des tenga-nabas, etc., est en réalité désigné par les indigènes du Yatenga sous le nom de Moro-naba, c'est-à-dire chef des Mossis, de moro qui est le singulier du mot mossi et de naba qui veut dire chef, exactement comme le roi de Ouagadougou.

On sait quelle est la dévolution du pouvoir au Yatenga : nous avons eu l'occasion de l'étudier à la Partie historique. En principe toutes les branches collatérales de la famille royale doivent être représentées tour à tour dans le commandement du pays. En fait l'histoire dynastique du Yatenga a consisté à éliminer les unes après les autres par la force et par la violence les branches trop éloignées. En effet, dès qu'un naba puissant monte sur le trône, son idée est tout de suite d'assurer son héritage à son fils aîné ou tout au moins à son frère. Les interminables guerres qui au XIXe siècle arment les fils de Tougouri contre les fils de ses frères viennent de ce que les fils de Tougouri, se voyant plus nombreux, voulaient éliminer les branches cadettes pour régner exclusivement les uns après les autres. Sans l'appui français ils n'y seraient pas arrivés probablement, mais ils étaient dans la tradition mossi réelle en tentant ce coup de force qui aurait d'ailleurs toujours eu un résultat, soit que vaincus ils s'expulsassent ainsi eux-mêmes du parti des candidats pouvant prétendre à la royauté, soit que vainqueurs ils en expulsassent leurs ennemis. Il est bien évident du reste que si, depuis Yadega, il avait fallu représenter exactement au pouvoir tour à tour toutes les branches collatérales, la royauté du Yatenga s'en serait allée en quenouille. En théorie on a donc la représentation successive de toutes les branches de la famille royale, en fait il a fallu donner au cours des siècles les plus grands accrocs à cette théorie, et éliminer de force les branches cadettes ou trop éloignées, au profit des frères ou des fils ou des neveux de tel ou tel naba puissant. Du reste tout cela a dépendu de la force ou du génie de l'homme surgissant de temps en temps et il est bien sûr que, s'il y a eu des branches cadettes ou éloignées sacrifiées au profit d'une branche aînée, la réciproque aussi a pu se passer.

En principe donc toutes les branches de la famille royale doivent être tour à tour représentées par le plus vieux de cette branche. En fait au delà des frères, des fils, des cousins-germains au plus loin — on ne voit guère qu'il y ait de successibles.

Nous pouvons illustrer ceci en reprenant l'histoire des Moro-nabas au point de vue de leur succession depuis le milieu du xviiie siècle. Le naba Pigo eut pour successeur le naba Ouabogo qui était d'une autre branche et qui avait le bon droit pour lui. Il n'en fut pas moins chassé par le naba Kango, frère du naba Pigo, qui devait peut-être venir après Ouabogo mais qui n'en devait pas moins attendre sa mort (On sait du reste que Ouabogo, par mesure préventive, avait chassé Kango du Yatenga ce qui autorisa jusqu'à un certain point celui-ci à lui faire la guerre). En tout cas Ouabogo vaincu et chassé dans la province de Kaya, cette branche se trouve éloignée radicalement (premier accroc à la théorie). Le naba Kango n'eut pas de fils. Le naba Pigo avait eu au contraire deux fils naba Saga et naba Kango (second du nom, neveu du grand Kango). Ce sont ces deux fils qui régnèrent tour à tour, naba Saga l'aîné de 1787 à 1803, et naba Kango, deuxième du nom, de 1803 à 1806. Naba Saga laissa six fils et naba Kango en laissa trois : régulièrement l'ordre de succession aurait dû être celui-ci : le fils aîné de naba Saga, puis le fils aîné de naba Kango, puis le second fils de naba Saga, puis le second fils de naba Kango, etc. En fait à la mort de naba Kango (1806) ce fut bien l'aîné de naba Saga qui prit le pouvoir, à savoir naba Tougouri (1806-1822). Après lui ç'aurait dû être l'aîné de naba Kango, c'est-à-dire naba Sanoum. En fait les fils de naba Saga étant les plus forts (second accroc à la règle) ce fut le deuxième fils de Saga (naba Kom) qui prit le pouvoir (1822-1825) puis son frère puîné naba Ragongo (1825-1831), puis les quatrième, cinquième et sixième frères des précédents qui régnèrent jusqu'en 1877. A la mort de tous les fils de naba Saga on revint cependant à la branche de naba Kango et son fils naba Sanoum, qui avait eu la patience de vivre jusque-là et d'attendre la mort de tous ses cousins, succéda. Il est vrai qu'il ne régna pas longtemps (1877-1879). A sa mort la succession au trône devait revenir au premier fils de naba Tougouri, naba Noboga (qui prit en effet le pouvoir et régna de 1879 à 1884) puis au premier fils de naba Kom, puis au premier fils de naba Ragongo, puis au premier fils de naba Diogoré, puis au premier fils de naba Totéballobo, mais le premier fils de naba Kom, après avoir pris le pouvoir à Ouahigouya, mourut sans être allé à Goursi — ce qui fait qu'il ne compte pas sur la liste des Moronabas. D'autre part le naba Ragongo, le naba Diogoré n'avaient pas laissé d'enfants ou au moins il n'en existait plus à l'époque. Ce fut le premier fils de naba Totéballobo qui prit donc le pouvoir à savoir naba Pigo qui régna une seule année (1884-1885). Ensuite ce devait être le premier fils de naba Yemdé qui devait prendre le commandement et le prit en effet : ce fut naba Baogo qui régna de 1885 à 1894. Après on devait revenir au plus âgé des fils de Tougouri encore existant, mais celui-ci avait, nous l'avons vu, engagé la lutte avec naba Baogo, en compagnie de ses frères puînés, pour assurer le trône à la branche des fils de Tougouri à l'exclusion des branches des fils cadets de naba Saga. Les Mossis exclurent donc naba Boulli (ce qui en principe était une infraction à la règle, quoique cette infraction fut assez bien légitimée en fait) et, s'ils avaient triomphé, c'était toute la branche de naba Tougouri qui se trouvait éliminée implacablement. On sait comment l'appui des Français donna la victoire à naba Boulli et à sa branche, mais du coup ce furent les autres branches luttant contre elles qui se trouvèrent, sinon supprimées en fait, du moins chassées définitivement du trône. Et en effet depuis naba Boulli c'est son frère qui lui a succédé (naba Liguidi 1899-1902), puis son neveu naba Koboga (1902-1914), puis son fils (naba Tiguiri, à partir de 1914). Comme on le voit, ce qui s'est passé à travers toute l'histoire du Yatenga, l'expulsion des branches cadettes ou plus faibles pour une raison ou pour une autre (ici la raison c'est l'appui des Français donné à leurs adversaires), s'est renouvelé à la fin du xixe siècle et au commencement du xxe.

La royauté mossi était donc mal constituée. La théorie de la représentation de toutes les branches de la famille royale faisait souvent surgir des concurrents et la force du pays se consumait en guerres intestines, comme nous en avons tant noté au xixe siècle. Il est vrai que les ministres étaient là pour « reconnaître » le naba qui avait les droits pour lui, mais nous avons vu qu'en fait cette reconnaissance des ministres n'assurait jamais la paix et la transmission régulière et pacifique des pouvoirs. Elle donnait un gros avantage au naba reconnu mais en fait elle ne lui assurait nullement le trône et c'était souvent la fortune des armes qui décidait du pouvoir.

La force des choses éliminait en fin de compte les branches trop éloignées mais cela se faisait par crises et convulsions, quelquefois longues, qui affaiblissaient l'état.

Lorsque le Moro-naba en exercice meurt, on tue un bœuf et on met le corps du défunt dans la peau fraîche de l'animal. Pendant sept jours on le laisse ainsi. On fait tamtam tous les matins et tous les soirs et les chefs viennent le saluer. On dit que le Moro-naba est malade et non pas qu'il est mort, mais cela ne trompe personne. Le septième jour au matin on fait un grand tamtam et on annonce cette fois à tous solennellement la mort du Moro-naba.

La septième après-midi, chefs et nakomsés apportent des moutons et des chèvres qu'on offre au mort et qu'on tue devant lui. Puis huit hommes placent la peau de bœuf où est le défunt sur de grands morceaux de bois qu'ils mettent sur leurs épaules et le portent ainsi à Somniaga.

C'est le corps qui marche en tête, puis viennent les tamtams derrière, puis les femmes de la famille qui pleurent, puis les chefs et les nakomsés à cheval. Ceux-ci ne vont pas jusqu'au bout. Une fois arrivés au petit village d'Oufré (à 4 kilomètres environ au sud-sud-ouest de Ouahigouya, sur la droite de la route Ouahigouya-Yako, ils tournent bride et reviennent à Ouahigouya, même les parents, sauf le fils aîné qui, accompagné des gens du bingo, prend la tête du cortège. La tombe profonde et large a été creusée par les forgerons de Somniaga. Une fois le cortège arrivé, ce sont les gens de Somniaga qui descendent le corps dans le trou.

Quand le corps est dans la fosse, on place une demi-barre de sel sur sa tête, un chien vivant à sa droite, un chat vivant à sa gauche. On ajoute un coq et un canari de mil. Le coq est là pour chanter tous les matins, avertissant le défunt naba du lever du jour. Le chat fait la chasse aux souris et aux rats. Le chien aboie et fait peur aux hommes. Le mil et le sel servent à la nourriture du défunt. Cela fait, on comble le trou avec de la terre, ensevelissant ensemble mort et vivants.

Cette cérémonie terminée, tous ceux qui avaient été jusqu'à Somniaga (bingos, femmes, tamtams, etc.) reviennent à Ouahigouya où le frère du défunt fait battre le tambour. Des danses ont lieu et le dolo est distribué en abondance.

Le lendemain de l'enterrement, le fils et la fille aînée du défunt (celle qui va devenir napoko) viennent sacrifier un bœuf sur sa tombe. Plus exactement ils le donnent au Yago-naba (gardien des tombeaux des Moro-nabas) qui est chargé du sacrifice. La viande du bœuf sera en conséquence pour lui.

Les tombes des Moro-nabas à Somniaga sont à côté de l'habitation du Yago-naba. Sur chacune on dresse une petite paillotte. Tous les ans le Yago-naba et ses gens renouvellent les paillottes.

Une fois le défunt enterré c'est sa fille aînée qui prend momentanément le pouvoir, qu'elle soit jeune fille ou mariée. Elle met sur sa tête l'énorme chéchia en drap rouge des Moro-nabas du Yatenga, revêt les bracelets et les ornements de son père, même son boubou (cependant elle ne prend pas la culotte). Ainsi parée, elle commandera pendant sept jours.

Disons en passant que cette institution de la napoko, qui semble une survivance matriarcale dans l'ordre politique, n'existe pas exclusivement pour les Moro-nabas. Elle existe pour tous les chefs du Yatenga, petits ou grands, chefs de canton, chefs de village, même chefs de la terre. Quand ils meurent, leur fille aînée devient napoko pour un espace de temps qui peut aller jusqu'à un an, mais qui est généralement bien plus court. L'institution de la napoko est donc générale ici.

Ajoutons qu'à la mort d'un Moro-naba et jusqu'à l'élection de la napoko, c'est-à-dire pendant sept jours environ, le vol, le pillage, les violences, les meurtres étaient permis dans tout le Yatenga. En fait c'étaient surtout les nakomsés qui profitaient de l'occasion pour dépouiller les Peuls, les gens de passage etc., et les tuer au besoin. Nulle réclamation n'était recevable ensuite pour ce qui concernait ces sept jours, même quand la napoko d'abord puis le nouveau Moro-naba avaient pris le pouvoir. Même pendant le court règne de la napoko on continuait encore un peu ces exploits, quoiqu'on n'en eut pas le droit et qu'ils dussent cesser dès qu'elle avait revêtu les insignes du commandement. Depuis l'occupation française naturellement, cette coutume, surtout favorable aux forts et aux violents, s'est perdue.

Une autre coutume existe aussi dont il faut dire un mot ici, quoique nous ayons déjà eu à nous en occuper à la Partie historique (voir naba Guéda et naba Kourita successeurs de Yaoulonmfanga) : quand le nouveau Moro-naba a pris le pouvoir on choisit un des fils ou un des neveux fils de frère du défunt, ou à leur défaut un simple nakomsé, jeune du reste, pour perpétuer quelque temps la mémoire de l'ancien Moro-naba. On donne à celui qui en joue le rôle le bonnet rouge, le boubou, les bracelets du défunt (tout ce qu'a porté la napoko), un cheval du mort, deux jeunes femmes de celui-ci. Le kourita (c'est le nom de ce représentant comme à Ouagadougou où existe exactement la même coutume) a des droits excessivement étendus mais temporaires : il peut piller à son aise ; quand il met son bâton sur un objet ou sur un animal, il est à lui, etc., mais il n'exerce tous ces droits que jusqu'à l'époque où le nouveau Moro-naba rentre de son sacre à Goursi. Alors le kourita est nommé chef d'un village et devient le premier des nakomsés. Il garde tous les objets qu'on lui a donnés pour sa royauté temporaire, sauf un seul, le cheval du défunt, qu'il a dû rendre au nouveau Moro-naba pour que celui-ci le fasse sacrifier à Goursi avant son entrée dans le village.

Revenons à celui-ci.

C'est au bout de sept jours après l'enterrement de l'ancien Moro-naba, au bout de sept jours consacrés ensuite à la royauté de la napoko qu'il est nommé ou plus exactement qu'il est investi. C'est pendant les quatorze jours qui se sont écoulés depuis la mort réelle de l'ancien Moro-naba jusqu'au moment où la napoko quitte le pouvoir que les quatre ministres qui se sont adjoint pour former le collège électoral le Oula-naba chef des armées et le Togo-naba de Sissamba, ont eu le temps d'examiner la situation et de donner leur appui à celui qui leur semble avoir le droit au trône. Au bout des quatorze jours le collège électoral, cette fois réduit au Togo-naba de Ouahigouya, au Togo-naba de Sissamba et au Oula-naba, s'assemble une dernière fois et investit le nouveau Moro-naba. Le Oula-naba parle le premier, puis le Togo-naba de Sissamba : celui-ci met d'abord en avant son ancienneté plus grande que celle de son collègue de Ouahigouya (et en effet naba Kissoum qui s'installa jadis un des premiers à Sissamba et qui y institua un Togo-naba est plus ancien que naba Kango qui fonda Ouahigouya et y mit le premier un Togo-naba). Mais, ceci dit, il reconnaît que son collègue de Ouahigouya approche de plus près que lui maintenant, et depuis un certain temps déjà, les rois du Mossi et l'invite à parler, après avoir lui-même donné son avis. Le Togo-naba de Ouahigouya parle le troisième et le dernier et prononce l'investiture du nouveau Moro-naba désigné par la coutume et l'hérédité. Alors il est présenté au peuple et il y a de grandes réjouissances.

Le nouveau prince ne s'installe pas tout de suite dans la demeure de son prédécesseur. Il choisit une habitation quelconque qu'il conservera jusqu'à ce qu'il aille à Goursi. Le voyage du sacre ne s'accomplit pas immédiatement car il faut qu'il amasse du bétail pour les cadeaux et les sacrifices d'usage. Autrefois, avant les Français, un Moro-naba emmenait communément 100 bœufs. Le naba Bango passe pour être parti avec 300 de ces animaux pour Goursi. Actuellement que le système fiscal est changé, que le roi du pays ne perçoit plus d'impôt et même le paye pour son compte comme le dernier des bingos, on a remplacé les bœufs par des moutons et le Moro-naba en emmène 25 ou 30. Il faut qu'il emmène aussi une autruche, grande ou petite, qui sera sacrifiée à Goursi et dont les plumes orneront ensuite la tête de son cheval.

En attendant qu'il ait rassemblé ce qu'il lui faut, il fait, environ deux mois après son avènement, un premier pèlerinage à Bissigaï, gros village situé à 5 ou 6 kilomètres à l'ouest-nord-ouest de Ouahigouya entre les routes de Louta et de Bango. Il existe en effet, auprès de ce village, une grosse pierre ferrugineuse où se serait jadis assis le naba Rawa. Il faut donc que le nouveau Moro-naba s'y asseye aussi. De là un petit voyage qu'il fait avec les ministres sans offrir cependant de sacrifice. Enfin le bétail rassemblé, il part pour Goursi. Nous avons vu plus haut à la Partie historique les détails de ce voyage, tels qu'ils sont donnés par le capitaine Amman qui le suivit d'un bout à l'autre. Nous n'y reviendrons donc pas. Ajoutons cependant un détail qui n'est pas donné par le capitaine : A côté de Goursi se trouve un baobab qu'on nomme le baobab du couteau (sougatoëga). C'est sous ce baobab que couche le Moro-naba tant qu'il n'a pas été introduit dans les cases sacrées. D'après la coutume il devrait y coucher sept jours, mais, depuis l'occupation française, cette coutume n'est plus littéralement observée et on abrège le temps.

Le voyage entier durait jadis un mois environ. Maintenant il s'effectue en beaucoup moins.

Quand le Moro-naba s'est ainsi fait sacrer, il est bien définitivement roi du Yatenga. A son retour à Ouahigouya il s'installe dans la demeure de l'ancien Moro-naba et en exerce officiellement tous les pouvoirs.

Les ministres. — Le Moro-naba du Yatenga avait (et a encore) pour l'aider quatre ministres (nésomdé au sing., nésomba au pluriel). Ce sont le Togo-naba, le Rassam-naba, le Baloum-naba et le Ouidiranga-naba.

De tous ces ministres le plus important était le Togo-naba qui était le héraut, le porte-parole du maître.

Sa plus haute fonction, nous l'avons vu, était d'investir le nouveau Moro-naba à son avènement.

Le togo-naba était également chargé de l'administration des quatre villages royaux appartenant en propre au Moro-naba : Tziga, Sissamba, Somniaga et Bissigaï où il n'y avait ni chef de village ni chef de la terre ordinaires, c'est-à-dire ni tenganaba, ni tengasoba. En revanche il y avait dans chacun de ces villages un jeu complet de ministres, si j'ose m'exprimer ainsi, un lot comprenant Togo-naba, Baloum-naba, Rassam-naba, Ouidiranga-naba, pour que si le Moro-naba venait à habiter dans un de ces villages il y trouvât tout ce qu'il fallait comme grands dignitaires. Cela suppose qu'il eût laissé à Ouahigouya ses ministres ordinaires et c'est bien en effet ce qui se serait produit, si bizarre que cela semble.

En attendant, dans les villages royaux, le togo-naba de chaque village jouait le rôle de chef de village et les autres ministres *in partibus* le rôle de chefs de quartier tous étant, comme je viens de le dire, dans le département et sous la surveillance du vrai togo-naba ministre en fonction.

Le Togo-naba avait encore dans son domaine tous les tengasobas du Yatenga. Quand ils venaient à Ouahigouya ils devaient s'adresser à lui, sans distinction de cantons. Sous cet aspect le Togo-naba s'avérait comme une sorte de ministre des cultes. Du reste ne venons-nous pas de voir que c'était lui qui avait les villages sacrés sous sa dépendance ?

Quand un Togo-naba mourait ce n'était pas son frère qui lui succédait, ni son fils, ni l'aîné de la famille. Le Moro-naba avait en effet le droit de choisir le successeur dans trois familles du Yatenga, deux familles mossi, une famille foulsé demeurant respectivement à Toïsi, à Kierga et à Nodé. Le principe était que chaque famille à son tour devait fournir le Togo-naba, mais le Moro-naba, pour une raison ou pour une autre, pouvait déroger à ce tour de rôle. En tout cas il ne pouvait pas choisir le Togo-naba en dehors de ces trois familles.

Quand le Moro-naba n'était pas content de son Togo-naba il ne pouvait pas le révoquer, mais il pouvait le faire tuer. Ceci est arrivé quelquefois. Le naba Yemdé a tué jadis un Togo-naba. Le naba Baogo voulut tuer aussi le sien qui se réfugia chez les Peuls Dialloubés comme nous le savons. Il en était de même du reste pour les autres ministres. Si le Moro-naba n'en était pas content il ne pouvait les révoquer mais il pouvait les tuer.

Nous avons vu plus haut que le Togo-naba d'une part avait dans son département un certain nombre de cantons dont il recevait les chefs quand ils venaient à Ouahigouya, d'autre part était lui-même chef de canton.

Après le Togo-naba le plus important des ministres était le Rassam-naba (on dit encore le Rassoum-naba ou le Dassoum-naba, le d et l'r étant interchangeables en mossi). Le Rassam-naba était d'abord le chef des captifs de case du Moro-naba, le chef du Bingo, le chef des esclaves de la couronne. De là vient qu'on l'appelait encore Bingo-naba (chef du Bingo).

Il était en plus le gardien du trésor, le ministre des finances, car il avait sous sa surveillance tout ce que possédait le Moro-naba : cauris, bracelets, vêtements, sel, etc.

Il était aussi l'exécuteur des hautes-œuvres, chargé de faire mettre à mort les indigènes condamnés par le Moro-naba. Il faisait également mettre aux fers par les forgerons les hommes condamnés aux fers.

Enfin il commandait aux forgerons du Yatenga par l'intermédiaire du Saba-naba, chef général des forgerons du pays, qui relevait de lui.

Nous avons vu plus haut que le Rassam-naba avait dans son département le canton du Ouindighi. Il y avait aussi les Foulbés Torombés et leur chef, quand il avait affaire à Ouahigouya, allait camper chez le Bagaré-naba petit chef relevant du Rassam-naba.

Le Rassam-naba avait aussi, nous l'avons vu, son canton propre comprenant un groupe très étendu de Foulsés du nord du Yatenga et parmi eux beaucoup de Maransés. Son canton comprenait encore quelques villages de Yarsés et de Maransés sur la route de Mané.

Le ministre le plus important était ensuite le Baloum-naba.

Celui-ci était en quelque sorte le maire du palais. C'était lui qui commandait les koursiguis du Moro-naba.

C'était « l'introducteur des ambassadeurs ». Il introduisait les gens qui voulaient parler au roi.

Il recevait les cadeaux qu'on apportait à celui-ci et, en revanche, partageait entre tous la nourriture et la boisson que le prince faisait distribuer à certaines fêtes.

Il avait dans son département, outre le Zitenga, le Boussou, le Goursi, le Lago, le Koussouka un grand nombre de villages samos : Dio, Rassoulé, Tourouba, Lankoy, Kiembara, Gan, Gouiré, Ouillé, tandis que les autres relevaient du Ouidiranga-naba, mais c'était bien là un ministère *in partibus infidelium*.

Comme chef de canton il avait un certain nombre de villages que nous avons énumérés plus haut à l'Appendice n° XIII.

Le Ouidiranga-naba (ou par abréviation le Ouidi-naba) était le quatrième ministre. C'était d'abord le chef des chevaux ou des cavales comme son nom l'indique. Par extension il commandait à tous les cavaliers du Yatenga : en cas de guerre il était le chef de la cavalerie.

Nous avons vu plus haut quel immense canton il avait à régir, comprenant la plupart des villages du Yatenga commandés par des nakomsés. Comme chef de canton c'était certainement le plus important des quatre ministres.

Il avait dans son département, cette fois en tant que ministre, les Peuls Dialloubés et Fittobés et un certain nombre de villages samos : Bangassoko, Sia, Konga, Gomboro. A Sia et à Konga on avait installé des nakomsés mais ils ne pouvaient arriver à se faire obéir de la population samo.

En résumé le Ouidiranga-naba était en quelque sorte le connétable du Yatenga.

Nous en avons fini avec les ministres mais avant de passer aux fonctionnaires inférieurs il y a une remarque d'ordre général à faire sur les premiers : c'est qu'ils n'étaient jamais choisis parmi les Nakomsés, dans l'aristocratie du Yatenga. Au contraire ils étaient pris parmi de simples Mossis, des Foulsés et même des esclaves. Nous avons vu plus haut que le Togo-naba était fourni par deux familles mossis ordinaires et une famille foulsé. Le Rassam-naba était choisi dans une famille du bingo (esclave), toujours la même. Il n'a été dérogé que deux fois à cette règle, toujours en faveur de gens du Bingo. Le Baloum-naba est pris depuis longtemps dans trois familles : deux familles de tensobas (ce sont les anciens nakomsés déchus, auxquels on donne pour leur faire honneur le titre de chefs de guerre) et une famille de Foulsés. Enfin le Ouidiranga-naba est choisi dans trois familles de simples Mossis. Comme on le voit les nobles sont toujours exclus. Ils auraient trop de superbe et trop d'indépendance vis-à-vis du Moro-naba et de plus un ministre appartenant à cette classe n'aurait pas ses coudées franches vis-à-vis des autres nakomsés.

Les fonctionnaires. — Au-dessous des ministres il y a un certain nombre de fonctionnaires moins importants :

Le premier de tous est évidemment le Samandé-naba ou chef des guerriers de pied du Yatenga. D'après la coutume il ne peut en colonne monter un cheval, il ne peut monter qu'un âne.

Il est choisi par le Moro-naba parmi les hommes les plus courageux, sans tenir compte de la famille.

De plus, en cas d'absence ou de maladie du Togo-naba, c'est le Samandé-naba qui le remplace.

Après celui-ci citons les Kom-naba, car il y en a deux, l'un qui relève du Togo-naba, l'autre qui relève du Rassam-naba.

Le Kom-naba du Togo-naba marche avec le Samandé-naba et sous les ordres de celui-ci. C'est le lieutenant du Samandé-naba pour le commandement des gens de pied.

Le Kom-naba du Rassam-naba joue aussi ce rôle : c'est l'autre lieutenant du Samandé-naba en cas de guerre. En temps ordinaire il commande les koursigui du Moro-naba appartenant au Bingo. Il ne commande pas les koursiguis fils de Mossis libres.

Citons encore les deux Soba-nabas. L'un relève du Baloum-naba, l'autre du Rassam-naba. Le premier remplace le Baloum-naba quand il est malade. C'est en quelque sorte son suppléant. En cas de guerre il marche à pied sous les ordres du Samandé-naba comme un de ses lieutenants. Quant au Soba-naba du Rassam-naba en temps de paix il surveille les zankombas du Bingo quand ils travaillent les champs du Moro-naba, en cas de guerre il descend de cheval pour marcher sous les ordres du Samandé-naba.

Citons encore le Bougouré-naba dépendant du Rassam-naba. En temps de paix il surveille les zankombas du Bingo pour le travail des champs, comme le Soba-naba du Rassam-naba. En temps de guerre il commande à la portion des gens de pied qui sont armés de fusil. C'est donc le premier lieutenant du Samandé-naba.

Le Bagaré-naba était placé sous les ordres du Rassam-naba. Il était choisi parmi les bagarés, par le Moro-naba lui-même sur la présentation du Rassam-naba. C'était le chef des esclaves peuls et des troupeaux, le berger en chef. Il était chargé aussi des rapports avec les Foulbés Torombés pour leur demander du bétail.

Le Saba-naba (chef des forgerons) relevait du Rassam-naba et du Kom-naba du Rassam-naba. Il était le chef de tous les forgerons du Yatenga et leur représentant auprès du Moro-naba. Quand le Saba-naba mourait on choisissait pour lui succéder le successeur familial du défunt, c'est-à-dire le plus âgé de la famille. Quand le roi avait besoin de bois, de fer, de dabas, de haches, etc., c'était par l'intermédiaire du Saba-naba qu'il les commandait aux forgerons du Yatenga. Ces fournitures non payées constituaient l'impôt spécial des forgerons.

Le Ouidikim-naba était le lieutenant du Ouidiranga, le chef des palfreniers après lui, en temps de paix. En temps de guerre il commandait en second la cavalerie et faisait mettre en ligne les cavaliers. Il était choisi par le Moro-naba dans deux familles qui avaient le privilège de fournir les ouidikim-naba.

Le Tôm-naba (mot à mot le chef du sable, de tôm qui veut dire sable et naba qui veut dire chef) était un petit chef placé sous les ordres du

Baloum-naba. Il se tenait à la porte de la case du Moro-naba où il faisait un trou rempli de sable. Quand le Moro-naba investissait un chef, celui-ci devait se mettre du sable sur la tête en signe de respect en remerciant et en se prosternant. Le Tôm-naba avait le privilège d'accorder les poignées de sable qui étaient nécessaires et il était d'usage pour le récompenser de lui donner une femme. Même le Moro-naba à son avènement était soumis à cette coutume. Quand le togo-naba lui avait dit qu'il était choisi pour commander le Yatenga, le prince se dirigeait vers l'endroit où se tenait le Tôm-naba pour se mettre du sable sur la tête et les ministres qui venaient de le proclamer faisaient de même. Alors le Tôm-naba lui présentait une calebasse de cendres en lui disant : Quel est le nom de la femme que tu me donnes ? Le Moro-naba disait le nom. Alors le Tôm-naba lui remettait la calebasse de cendres avec lesquelles il s'oignait la tête, tandis que le collège électoral employait simplement le sable commun du trou du Tôm-naba.

Grâce à ce monopole, le Tôm-naba finissait par réunir beaucoup de femmes (30 ou 40). Quand il arrivait à ce chiffre, il allait avertir le Baloum-naba qui commençait à lui en prendre la moitié pour le Moro-naba, puis partageait ce qui restait avec lui.

Quand les chefs qui étaient investis étaient de petits chefs pauvres, on remplaçait la femme par 150, 200 cauris. Quelques chefs, peu scrupuleux, promettaient une femme mais ne la donnaient pas.

Citons encore le zaka-naba (chef de l'habitation sous-entendu du Moro-naba). C'est une espèce de chapelain du roi qui relève du Rassam-naba. Il y a une famille de zaka-nabas où le frère succède au frère ; le zaka-naba est chargé des sacrifices dans la maison du Moro-naba.

C'est lui qui fait, à l'occasion, les sacrifices sur les grigris sacrés du Yatenga (les grigris de chasse de Riâlé qui furent enlevés, comme nous le savons, de Ouagadougou par Yadega, puis transportés d'abord à La, ensuite à Goursi). Ces grigris, quoique appartenant au village de Goursi, résident à Ouahigouya dès après le sacre du Moro-naba jusqu'à sa mort. Ils sont gardés dans l'habitation du roi par un homme de Goursi qu'on désigne sous le nom de Gango qui est le nom même du grigri. A la mort du prince, le Gango retourne rapidement avec les grigris à Goursi et n'en reviendra que ramené après le sacre par le nouveau Moro-naba. Il en est de même d'un autre grigri royal appartenant à Bougounam et qui s'appelle Tido ainsi que son gardien. Ce grigri fait les mêmes voyages que le Gango, sauf qu'il va à Bougounam au lieu d'aller à Goursi. Le Gango et le Tido sont visibles pour les simples mortels. Les koursigui les portent devant le Moro-naba quand il sort les jours de fête.

Quand le Zaka-naba fait un sacrifice pour le prince, la viande de la bête tuée est partagée entre les ministres et lui. Elle n'est pas pour le Moro-naba, lequel du reste ne peut consommer que peu de viandes (il ne peut manger ni poulet, ni chèvre, ni bouc, ni brebis, ni bélier, ni taureau, ni vache. Il ne peut manger que le bœuf, la génisse et la brebis encore vierges, le chien et le cheval).

Enfin, pour compléter cette liste des fonctionnaires mossis, terminons par les yaogo-nabas et les eunuques. Les yaogo-nabas sont les gardiens des tombeaux. Il y en a trois, l'un à Somniaga qui surveille les tombes de la plupart des nabas mossis, le second à Ouahigouya pour les tombeaux de naba Kango et de naba Kom, l'autre à Sissamba pour les tombeaux de naba Kissoum, de naba Sanoum et de naba Niogo. Tous les trois relèvent du Rassam-naba. Les plus importants sont celui de Somniaga à cause du grand nombre de tombes qu'il a à garder, Somniaga étant le véritable ossuaire des rois du Yatenga, et celui de Ouahigouya qui bénéficie de sa présence auprès du Moro-naba dans la capitale désormais fixée du pays. Deux familles ont le privilège de fournir le Yaogo-naba de Ouahigouya.

On peut encore citer parmi les fonctionnaires les quatre eunuques qu'il y avait jadis dans le Yatenga : un à Goursi qui gardait les cases du naba Yadega, le second à Lako qui gardait les cases du même naba, le troisième à Bougounam qui gardait les cases du naba Sougounoum, le quatrième à Somniaga qui gardait les cases du naba Vautébéréghem.

Les eunuques venaient de Ouagadougou où l'on pratiquait la castration comme je l'ai signalé dans mon *Noir du Soudan*, p. 541. Ils étaient donnés par le roi de Ouagadougou au roi du Yatenga au fur et à mesure que ce dernier en avait besoin. Quand un des quatre eunuques mourait, le Moro-naba du Yatenga envoyait saluer le Moro-naba de Ouagadougou avec des cadeaux et lui apprenait la nouvelle. Celui-ci donnait alors un nouvel eunuque fourni par les centres de Ouagadougou ou de Boussouma.

Actuellement il n'y a plus que deux eunuques dans le Yatenga : celui de Goursi et celui de Somniaga, les Français ayant tari la source d'où ils sortaient à Ouagadougou même. L'ancien eunuque de Goursi étant mort a été remplacé par celui de Somniaga et celui de Somniaga par celui de Bougounam où il n'y en a plus. Il n'en existe plus non plus à Lako, celui de Lako ayant quitté le Yatenga en 1912 pour revenir à Ouagadougou.

Ajoutons que, quoiqu'en dise Vadier dans sa *Monographie du Cercle*, il n'y a jamais eu d'eunuques à Ouahigouya pour garder les femmes du Moro-naba. Ceci n'est du reste pas dans la tradition nègre où les femmes étant surtout des travailleuses sont parfaitement libres de leurs mouvements et ne sont jamais enfermées comme des objets précieux ou délicats.

Les quatre eunuques du Yatenga venaient jadis à Ouahigouya pour les grandes fêtes, pour participer aux réjouissances et aux régalades auxquelles elles donnaient lieu. Cela fait ils retournaient garder les cases des anciens nabas.

Nous en avons fini avec les fonctionnaires. Il est inutile de dire qu'ils ne reçoivent pas d'appointements, qu'ils ne sont pas payés à la façon européenne. Ils n'ont que les profits que détermine la coutume, dont le type (exagéré du reste) est le prélèvement du Tòm-naba pour le sable que les chefs investis doivent se mettre sur la tête.

La justice. — Une des fonctions les plus importantes du Moro-naba était de rendre la justice. Nous allons reprendre ici la justice dans le Yatenga d'une façon générale car le moment est venu de le faire. L'étude n'en pouvait être que fragmentaire jusqu'ici, quand nous nous en occupions à propos du chef de famille, du chef de village ou du chef de canton, tandis que maintenant nous pouvons envisager le sujet depuis le bas jusqu'au sommet.

Nous nous occuperons d'abord de chaque crime ou délit en particulier, puis nous passerons aux considérations *in abstracto* sur la justice au point de vue mossi, considérations qui ne peuvent être dégagées qu'après étude faite des cas particuliers.

Disons d'abord que les juridictions dans le Yatenga sont, comme nous le savons, les suivantes en allant de bas en haut :

1° Celle des chefs de famille.
2° Celle des tengasobas.
3° Celle des chefs de village.
4° Celle des chefs de canton.
5° Celle du Moro-naba.

Les chefs de famille réglaient les affaires de famille, mais leur puissance judiciaire finissait d'une part aux limites de la famille, d'autre part ne comprenait pas les plus graves affaires (celles de meurtre) même commises au sein de la famille.

Les tengasobas réglaient les contestations ayant pour objet les champs entre les familles ou entre les habitations du village.

Les chefs de village, assistés de leurs ministres et notables, réglaient les différends survenus entre les familles du village, sauf les meurtres qui dépassaient leur compétence.

Les chefs de canton, assistés de leurs ministres et notables, réglaient les différends survenus entre les villages du canton (sauf les affaires de meurtre) et jugeaient également des appels portés contre les décisions des chefs de village (nous avons vu plus haut que trois chefs de canton, ceux de Boussou, du Zitenga et du Ratenga tranchaient aussi les affaires de meurtre, sauf à avertir le Moro-naba s'il y avait condamnation à mort, mais c'était exceptionnel).

Le prince enfin tranchait les affaires de meurtre pour tout le pays (sauf pour le Boussou, le Zitenga, le Ratenga) et connaissait aussi des appels portés contre les décisions des chefs de canton (sauf pour les trois mêmes cantons). Il jugeait entouré de ses ministres dont il sollicitait l'avis quoique il ne fut pas forcé de le suivre.

Telle était l'organisation du système judiciaire, très suffisante on le voit. Nous allons compléter sa description en nous occupant tour à tour des crimes et des délits en commençant par les plus importants :

Meurtres. — Le chef de famille, en cas de meurtre dont un des siens avait été la victime, avertissait le chef de village qui convoquait les gens du village pour arrêter le meurtrier. Celui-ci une fois arrêté et attaché, il avertissait le chef de canton qui se faisait amener le meurtrier et avertissait à son tour le Moro-naba. Celui-ci ordonnait qu'on lui amenât l'homme (sauf, nous le savons, pour le Boussou, le Zitenga et le Ratenga).

Le meurtrier était condamné à mort par le Moro-naba et tué à coups de bâton par les gens du Bingo sur l'ordre du Rassam-naba. De plus, le prince confisquait ses biens. S'il n'avait rien lui-même, sa famille payait 120.000 cauris. Si elle était pauvre, le Moro-naba se contentait d'un âne ou d'un cheval que celle-ci lui amenait en lui demandant pardon pour le meurtre.

Quand le meurtrier s'enfuyait, le Moro-naba confisquait les biens de toute la famille, c'est-à-dire les biens mobiliers, cauris, animaux, provisions de mil, etc. Il ne prenait pas les habitations ni les champs.

Le roi conservait pour lui les biens confisqués. Il les offrait à la famille du mort mais il était d'usage que celle-ci les refusât. Le Moro-naba les gardait donc pour lui.

Quand le meurtrier était un nakomsé, le prince le faisait tuer comme les autres s'il lui était amené, mais, en fait, sa famille le faisait toujours sauver. Alors le Moro-naba, au lieu de prendre tous les biens de la famille, comme dans le cas d'un meurtrier vulgaire, se faisait simplement remettre 120.000 cauris. Il faisait appeler la famille de la victime qui, suivant l'usage, refusait de les prendre et le Moro-naba les conservait.

On ne faisait nulle distinction entre le meurtre avec préméditation et le meurtre sans préméditation.

Coups et blessures entraînant la maladie de la victime. — Le coupable était mis aux fers en attendant la guérison ou la mort de sa victime. S'il y avait mort, cela rentrait alors dans l'homicide ordinaire et était puni comme tel. S'il y avait guérison, on relâchait le coupable sans lui faire payer de dommages-et-intérêts. Mais le tengasoba, pour empêcher que le sang répandu ne contristât la nature et n'eut ainsi une mauvaise influence sur la chute des pluies, faisait payer au coupable, pour un sacrifice à la Terre, un poulet, une chèvre et un canari de dolo.

Coups et blessures sans gravité. — Le coupable n'était pas puni, mais il devait cependant donner au tengasoba de quoi faire le même sacrifice que précédemment pour que la Terre cessât d'être irritée.

Homicide involontaire. — L'homicide involontaire n'était pas puni. Le meurtrier demandait simplement pardon au Moro-naba. Il ne donnait rien non plus à la famille de la victime.

En dehors de ces cas qui étaient usuels, Vadier dans son Coutumier du Yatenga, envisage un certain nombre de cas qui étaient plutôt rares.

Nous allons les passer en revue, après avoir averti toutefois de leur caractère médiocrement concret.

Hospitalité donnée à un meurtrier. — Elle était punie, quand elle se produisait (cas très rare), par la confiscation des biens du coupable. On ne tuait pas celui-ci à moins qu'il n'eût caché un meurtrier de nakomsé. En ce cas il était traité comme le meurtrier lui-même.

Armes fournies à un meurtrier. — Confiscation des biens.
Aide donnée à un meurtrier, guet. — Confiscation des biens.
Non dénonciation d'un meurtrier. — Amende plus ou moins forte.

Nous en avons fini maintenant avec les meurtres, les blessures, les coups. Nous en venons aux autres crimes : exercice de la sorcellerie ayant entraîné mort d'homme, incendies, viols, etc.

Mort d'homme par sorcellerie. — On sait, et nous aurons à revenir sur ce point à la Religion, que les Mossis et Foulsés, comme les autres Soudanais, croient à l'existence de mangeurs ou de mangeuses d'âmes. Dans les villages ces réputations se font par les causeries des habitations ou les affirmations niaises des jeunes gens. On décrète que telle personne n'est pas bonne, c'est-à-dire ni belle ni bonne. Elle est un foyer de choses mauvaises, elle est donc sorcière. Certains indices, du reste, tendent à faire remarquer que souvent ces réputations, quoique stupides bien entendu en ce qui concerne le fait de sorcellerie, ne se font pas au hasard. L'instinct brutal des enfants et des foules distingue certaines gens, flaire en certaines personnes des tares morales, des souffrances, des haines, des sentiments antisociaux, des corruptions, des plaies, etc., qui répugnent aux exemplaires normaux et bien constitués de la race. C'est sans doute cet instinct qui crée la réputation de sorcellerie de tel vieil homme ou de telle vieille femme. Que là-dessus arrive la mort inopinée d'un jeune homme ou d'une jeune femme qui semblaient jouir d'une pleine santé et cette mort semblera le fait d'un de ces sorciers ou d'une de ces sorcières désignées depuis longtemps à la malignité et à la répulsion publiques. En ce cas la famille saisit de sa plainte le tengasoba du village qui fait procéder à l'interrogatoire du mort : celui-ci est mis sur un brancard et enlevé immédiatement sur les épaules de quatre robustes jeunes gens. Le tengasoba interroge : Est-ce la Terre qui t'a tué ? est-ce un sorcier ? est-ce une sorcière ? A chaque interrogation le brancard avance ou recule vers le tengasoba suivant que le mort répond oui ou non. Une fois qu'il est établi que c'est un sorcier ou une sorcière qui a fait mourir le défunt ou la défunte, les hommes et les femmes du village avancent tour à tour vers le mort en lui disant : Viens me frapper si c'est moi qui t'ai fait mourir ! — Le mort recule quand ce n'est pas le sorcier, puis finit par se précipiter au devant d'un de ceux qui se présentent. — On procède encore d'une autre manière : le tengasoba fait aligner sur deux rangs qui se font face les gens du village et le brancard avec ses porteurs passe en courant, au milieu des deux fronts, finissant par toucher le sorcier. Dès qu'il est désigné on se jette sur lui et on l'attache. Il reste cependant encore à celui-ci un espoir de salut car souvent le tengasoba, pour être sûr de sa culpabilité, prend un poulet, lui coupe le cou et le jette ensanglanté sur le sol. C'est un sacrifice à la Terre, à la grande divinité justicière, qui doit dire son mot dans le débat. Le poulet volète de ci de là, fait des bonds brusques, sème le sol de son sang, puis finit par s'immobiliser sur le dos les pattes étendues, le ventre en l'air, ou bien au contraire sur le ventre, les pattes ramassées sous lui, le dos offert au ciel. Dans le premier cas c'est que la divinité dit oui, consent, affirme la culpabilité de l'accusé ; dans le second cas c'est qu'elle refuse, résiste, dit non. Dans ce dernier cas le tengasoba faisait délier le prétendu sorcier, disant que la Terre n'acceptait pas sa culpabilité. Dans le second cas on avertissait le Moro-naba par l'intermédiaire du soloum-naba et le premier donnait l'ordre de tuer le sorcier dans son village, sans même le faire amener à Ouahigouya. On l'assommait à coups de bâton et le Moro-naba prenait ses biens en en donnant une partie au chef du village. Si le sorcier avait des filles on les amenait aussi au Moro-naba qui les partageait avec le chef de village en s'en réservant la meilleure part.

Si c'était une sorcière au lieu d'un sorcier on agissait de même, sauf le cas où la sorcière était une jeune femme : on allait alors la vendre à Tombouctou comme esclave et le prix de vente servait à acheter du sel pour le Moro-naba. Ni son mari, ni sa famille n'étaient inquiétés.

Quelquefois des gens accusés de sorcellerie, touchés par le cadavre, disaient oui tout de suite, avouaient sans phrases. Il est probable que c'était pour éviter d'être plus ou moins maltraités qu'ils agissaient ainsi.

Le serment sur le Tenga (la Terre) pouvait aussi sauver les sorciers, mais il ne leur était pas toujours loisible de le prêter, car ils devaient compter beaucoup avec l'excitation et la réprobation publiques.

Incendie volontaire. — Ce cas, très rare, entraînait la mort du coupable et la confiscation de ses biens. Le Moro-naba indemnisait là-dessus celui ou ceux qui avaient été incendiés. L'incendie involontaire n'était pas puni.

Viol. — Les viols regardaient le Moro-naba comme les incendies et les meurtres. En cas de viol sur les chemins ou dans la brousse, le Moro-naba mettait le coupable aux fers deux ou trois mois et lui confisquait ses biens.

Avant de le livrer au Moro-naba on attachait le coupable sur la place du village devant les habitants rassemblés et il était fouetté par toutes les femmes.

Quand le viol avait eu lieu à l'intérieur d'une habitation, c'était moins grave : le tenganaba prenait une partie des biens du coupable.

Insultes au moro-naba. — C'était la mort avec confiscation des biens du coupable. En fait un tel cas ne se présentait pas souvent, comme bien l'on pense.

Passons maintenant aux vols.

Vol ordinaire. — Il s'agit du vol fait en l'absence du propriétaire ou à son insu. Cette affaire était réglée généralement par le tenganaba qui mettait le voleur aux fers en attendant qu'il payât et lui faisait rembourser deux ou trois fois la valeur de ce qu'il avait volé. Là dessus on donnait à la victime du vol ce dont elle avait été frustrée. Le reste était pour le chef de village. Quand le voleur ne pouvait payer, sa famille était tenue de payer à sa place et payait toujours.

Vol avec récidive.— Quand il s'agissait d'un récidiviste, on le menait au Moro-naba qui le faisait tuer et confisquait ses biens.

Vol accompagné de menaces de mort. — C'est le brigandage à main armée. Ceux qui s'en rendaient coupables étaient menés au Moro-naba qui les tuait et confisquait leurs biens.

Vol au détriment du Moro-naba ou d'un nakomsé. — Ces vols étaient punis de mort et de la confiscation des biens du coupable. Mais, dans les deux cas, c'étaient les gens du Bingo, exécuteurs de hautes œuvres, qui prenaient ses biens, pas le Moro-naba ni le nakomsé.

Les voleurs n'étaient jamais pris comme esclaves.

Adultère. — En cas d'adultère le mari, comme nous l'avons vu plus haut, se contentait souvent de battre sa femme. D'autres maris, de moins bonne composition, allaient se plaindre au chef du village demandant la confiscation des biens du coupable, pas dans leur intérêt mais pour l'exemple. Le tenganaba confisquait alors ou plutôt menaçait de confisquer la moitié des biens de l'amant. Celui-ci, effrayé, se rendait auprès du tengasoba lui demandant d'intervenir auprès du mari de la femme. Le tengasoba envoyait alors auprès du mari un homme pour lui demander pardon au nom de l'amant, tous les matins jusqu'à ce que le mari cédât. Le mari refusait d'abord de donner son pardon, exigeait que l'amende fut payée au tenganaba. Quand elle l'était, il se déclarait satisfait et prêt à entrer en accomodement. Le tengasoba avertissait alors l'amant et lui disait de venir avec une chèvre, un poulet, deux ou trois canaris de dolo. Avec ce chargement il l'amenait dans l'habitation et dans la case du mari de la femme. Celui-ci demandait solennellement par trois fois à l'amant : Veux-tu laisser ma femme tranquille désormais ? — Je le veux, répondait l'amant. Alors le tengasoba tuait la chèvre et le poulet pour les Ancêtres du mari et répandait du dolo à terre à leur intention. Le sacrifice offert, on buvait le reste du dolo et on mangeait la viande, sauf le mari qui ne touchait pas à ces mets pour une raison de décence. Désormais l'affaire était finie et la paix était conclue entre le mari et l'amant.

Nous avons déjà dit plus haut que quand un mari trouvait sa femme en flagrant délit d'adultère, il pouvait tuer l'amant impunément, sauf que sa femme devenait alors la propriété du Moro-naba. De même les biens de l'amant étaient pour celui-ci.

Quand c'était le Moro-naba ou un nakomsé qui étaient victimes du délit d'adultère, c'était plus grave que pour de simples Mossis ou Foulsés. On tuait l'amant et la femme. Le prince et les nobles veillaient donc d'une façon particulière sur leur honneur et sur la pureté de leur sang.

Affaires de dettes. — Les affaires de dettes se réglaient souvent à l'amiable. Quelquefois cependant, en face de débiteurs récalcitrants, il fallait faire agir les tenganabas ou les soloum-nabas ou même le Moro-naba lui-même. Ceux-ci faisaient mettre aux fers le débiteur et forçaient sa famille à payer. La contrainte par corps existait donc pour les dettes.

La prescription n'existait pas pour les dettes, pas plus que pour aucune autre obligation.

Délits divers. — Une vieille loi mossi édictait que quiconque tuerait un cheval ou un âne, même lui appartenant, serait châtré. Cette loi qui doit remonter à une époque où les chevaux et les ânes étaient encore rares au Yatenga n'était plus appliquée à l'époque immédiatement antérieure à l'occupation française.

Nous en avons fini avec les crimes et délits. Nous pouvons maintenant dire quelques mots des principes sur lesquels reposait la justice mossi et qui se dégagent de l'étude que nous venons de faire des cas concrets.

Du fondement des peines. — Le fondement des peines, tel qu'il résulte de ce que nous venons de voir, est l'intérêt de la société qui agit par le châtiment, pour empêcher, par la crainte qui en résulte, les désordres futurs.

Ce n'est pas l'idée de dédommagement qui prédomine ici comme chez les noirs primitifs.

Elle apparaît cependant dans certains cas et notamment dans le cas de vol. Mais ce n'est pas le coupable qui indemnise directement sa victime. C'est le naba qui prélève sur l'amende infligée une part qu'il remet à l'indigène lésé.

En gros c'est l'idée du châtiment qui prédomine dans la conception de justice de la société du Yatenga, idée en corrélation du reste avec la constitution de pouvoirs publics régulièrement établis. Là où il n'y a pas de pouvoirs publics ou peu développés, le droit criminel, si j'ose ainsi dire, se fonde sur l'idée de dédommagement de la partie lésée.

Du genre des peines. — La prison n'existait pas faute de locaux bien clos pouvant servir à cet usage. Elle était remplacée par la mise aux fers qui était surtout un moyen de contrainte destiné à faire payer au plus vite par le coupable ou sa famille ce qu'ils devaient payer.

La peine de mort avait lieu de deux manières : les gens du peuple étaient assommés à coups de bâton. Les nakomsés et les chefs avaient droit à l'étranglement par la bande de coton dont nous avons parlé plus haut.

Quand il s'agissait d'une femme de Moro-naba coupable d'adultère et de son amant, les coupables étaient bâtonnés sur les flancs jusqu'à ce que mort s'ensuivît.

Les exécutions des gens du peuple étaient publiques, faites au grand jour. Les exécutions des chefs et des nakomsés étaient secrètes, faites à l'intérieur des cases. Les exécutions de femmes avaient lieu dans la brousse.

Les gens ordinaires étaient laissés sans sépulture. Les chefs et nakomsés étaient décemment enterrés par leur famille dans leur village, les femmes étaient enterrées dans la brousse par les gens du bingo.

De la responsabilité. — Nous avons vu que la coutume du Yatenga admet deux sortes de peines : les châtiments physiques et les versements pécuniaires : pour les premiers, le coupable seul doit les supporter. Pour les seconds la famille est responsable : si le condamné ne peut payer ses parents sont obligatoirement tenus de verser les sommes ou de donner les animaux ou objets exigés.

Le paiement est demandé d'abord aux parents les plus proches du coupable, à ses frères, fils, etc., puis aux autres membres de la famille. Un indigène ne saurait se retrancher derrière le degré de parenté très éloigné qui l'unit au condamné pour se soustraire à cette obligation.

Le village et le canton ne sont en aucun cas responsables de la faute commise par un de leurs membres.

De l'irresponsabilité. — L'irresponsabilité pour l'enfance cesse au moment de la circoncision. Quand un enfant n'est pas circoncis, il ne peut être rendu responsable. Quand il est circoncis il est responsable comme un homme.

La folie n'est pas un cas d'irresponsabilité. Quand un fou tue quelqu'un on le tue, mais on ne fait rien payer à sa famille.

Faits justificatifs. — Il n'y a ni crime, ni délit, lorsque le prévenu d'homicide ou de coups et blessures est en cas de légitime défense. On avertit simplement le naba qui ne peut vous donner tort.

De même il n'y a pas fait répréhensible quand un Mossi ou un indigène quelconque tue ou blesse un voleur pénétrant chez lui pendant la nuit ou un voleur qui s'enfuit.

Le vol commis par un indigène au préjudice d'un membre de sa famille n'est pas punissable par l'autorité extérieure et relève du chef de famille seul qui blâme le coupable ; mais, si celui-ci recommence plusieurs fois, on finit par le mettre à la porte de la famille.

Circonstances aggravantes ou atténuantes. — Les circonstances aggravantes existent jusqu'à un certain point dans la coutume mossi. Nous avons vu plus haut que la qualité de la personne offensée (Moro-naba, nakomsés) intervenait pour aggraver les faits.

Comme circonstances atténuantes la coutume en admet une : si un indigène commet un vol sous l'empire de la faim il sera simplement tenu de rembourser à la personne lésée, l'année suivante, le double de la valeur de la chose soustraite.

De la complicité. — Le complice est puni par la coutume mossi mais pas aussi fortement que l'auteur principal.

Sont complices :

1° Ceux qui ont facilité l'action par instructions ou par indications.

2° Ceux qui ont procuré des armes et des instruments ou tout autre moyen d'action sachant à quelle opération ils devaient servir.

3° Ceux qui ont recélé les choses soustraites.

4° Ceux qui ont donné l'hospitalité à un coupable sachant le crime ou le délit qu'il venait de commettre.

5° Ceux qui ont pris part volontairement — soit directement, soit indirectement — à la préparation ou à la consommation d'un crime ou d'un délit.

6° En général tous ceux qui ont su, de la bouche même du coupable, qu'un délit ou un crime allait être commis ou venait d'être consommé, s'ils n'ont pas dénoncé l'indigène au Moro-naba.

Récidive. — Elle entraîne, nous le savons, quand elle se produit, une aggravation de la peine.

Impunité. — Il existe dans le Yatenga deux villages, Gambo (canton du Koussouka) et Méra (canton de Tangaï), où les criminels et délinquants pouvaient trouver un refuge contre les poursuites du Moro-naba. On raconte que ce sont ces deux localités qui reçurent les Mossis lorsqu'ils vinrent pour la première fois au Yatenga et le Moro-naba ne saurait y faire arrêter les coupables sous peine de mourir dans les dix jours qui suivraient l'arrestation.

Du reste les malfaiteurs qui vont chercher un asile à Gambo et à Méra ne peuvent quitter ces villages qu'après la mort du Moro-naba sous le règne duquel ils ont commis leur acte répréhensible. Après le décès de ce naba ils ne peuvent plus être inquiétés.

Ajoutons qu'il y a aux environs de Méra et de Gambo deux petites collines ferrugineuses. C'est là que se réfugient d'abord les criminels. Les chefs de Gambo et de Méra les font alors rentrer dans le village et avertissent le Moro-naba en lui rappelant l'antique coutume. Alors les criminels vivent dans le village jusqu'à la mort du Yatenga-naba.

Arrangements à l'amiable. — Ils avaient souvent lieu entre les chefs de famille du coupable et de la victime, les familles préférant quelquefois s'arranger plutôt que d'aller devant le tenganaba, le soloum-naba ou le Moro-naba.

Nous en avons fini avec la Justice. Arrivons-en à l'armée.

L'armée. — L'armée du Yatenga avait, nous le savons, une certaine organisation. Au sommet était le généralissime, le Oula-naba. Sous ses ordres marchaient d'une part le Ouidiranga-naba, chef de la cavalerie et des nakomsés, d'autre part le Samandé-naba chef de l'infanterie.

Celui-ci avait lui-même sous ses ordres le Bougouré-naba qui commandait les hommes de pied armés de fusils, les deux Kom-nabas et les deux Sobas-naba de Ouahigouya auxquels venaient se joindre le Samandé-naba et le Kom-naba de Tziga, le Samandé-naba et le Kom-naba de Sissamba, le Samandé-naba et le Kom-naba de Bissigaï. Ces onze petits chefs placés sous les ordres du Samandé-naba encadraient l'infanterie qui était fournie d'une part par les hommes libres et les esclaves de Ouahigouya, Sissamba, Tziga, Bissigaï et Somniaga, d'autre part par les contingents amenés par les tansobas ou chefs de guerre. (Nous savons que ce titre de chefs de guerre était donné aux chefs de canton ou aux chefs de village descendants d'anciens rois pour les consoler de n'être plus comptés actuellement parmi les nakomsés. Ainsi le chef de Goursi, le chef de Lako, le chef de Tangaï, etc., étaient des tansobas. On donnait même ce titre au Koussouka-naba chef d'un canton important quoi qu'il n'y eut aucun droit. Le Oula-naba, lui, comme généralissime, était le grand tensoba du royaume). Les tansobas amenaient des cavaliers et des gens de pied surtout. Les cavaliers allaient rejoindre le Ouidiranga-naba. Les gens de pied allaient augmenter la masse de l'infanterie.

On pouvait ainsi réunir 3.000 gens de pied dont 100 fusiliers, et 1.000 cavaliers.

Il y avait un ordre de bataille, les chefs des gens de pied placés en arrière de ceux-ci dans un ordre déterminé. Les cavaliers étaient divisés en deux masses et mis aux deux extrémités de la colonne, une masse commandée par le Ouidiranga-naba et une autre par son lieutenant, le Ouidikim-naba. Les gens de pied engageaient l'action en tirant des flèches et des coups de fusil. Quand l'ennemi était ébranlé et en recul, les deux masses de cavalerie s'élançaient sur le champ de bataille, poursuivaient les vaincus et ramassaient les captifs.

Après l'action, ceux-ci étaient montrés au Moro-naba qui en prenait la moitié pour lui. De la moitié restante, un quart allait au Oula-naba et aux tansobas, le dernier au Ouidiranga et aux nakomsés. Le Oula-naba partageait avec les tansobas, le Ouidiranga-naba avec les nakomsés.

Sur sa part le Moro-naba donnait quelque chose aux quatre ministres. Si quelqu'un avait eu son cheval tué pendant la lutte, le Moro-naba, sur ses captifs, lui donnait de quoi en acheter un autre.

Pour les approvisionnements, les gens de l'armée emportaient de la farine de mil dans leurs peaux de bouc. Ils pillaient de plus et abattaient tous les animaux qu'ils rencontraient, pour se nourrir.

Quelquefois, exceptionnellement, les colonnes étaient commandées par un des ministres au lieu d'être commandées par le Oula-naba.

L'impôt. — Rappelons d'abord les corvées et les impôts auxquels les gens du Yatenga étaient astreints envers les chefs de village et les chefs de canton.

Pour le chef de village, nous l'avons vu, les habitants du village travaillaient ses champs un jour ou deux par an, pour le sarclage. En revanche il les nourrissait et abreuvait ces jours-là (sarabou et dolo). Cette corvée était forcée, tandis que si un chef de famille, d'habitation ou de groupe appelait les gens, ils n'étaient pas forcés de venir. Lui, si on ne venait pas, mettait à l'amende.

Il appelait aussi les gens pour la construction ou la réparation de ses cases. Il leur donnait encore du dolo. Cela c'étaient les corvées (bien peu pénibles, on le voit). Pour l'impôt, à la fin de l'année mossi, les chefs de famille et d'habitation venaient saluer le chef de village et lui apportaient du mil ou des cauris, un poulet ou du tabac. Chacun apportait ce qu'il voulait et cet impôt n'était pas plus lourd que les corvées.

Pour les chefs de canton, ceux-ci faisaient travailler leurs champs par les gens de leur village, comme les tenganabas ordinaires. Pour leurs cases (construction ou réparation) ils se faisaient apporter des matériaux (paille, bois) par les gens de tout le canton.

A la fin de l'année mossi, chaque chef de village du canton venait avec ses notables pour lui offrir mil, cauris, tabac, poulets, etc. De même les gens de son propre village. Le chef de canton régalait de dolo les gens qui venaient ainsi le saluer.

Pour le Moro-naba les principes de la corvée et de l'impôt étaient absolument les mêmes. Pour ses champs il faisait travailler les gens de Ouahigouya un jour ou deux par an, hommes libres et captifs de la couronne.

Pour son habitation, les cases étaient partagées pour l'entretien entre les ministres et les chefs de canton et ceux-ci devaient les remettre en bon état, s'il y avait lieu. Donc pour les cases non seulement Ouahigouya mais encore tout le Yatenga était requis (excepté le Zitenga, le Ratenga et le Boussou). Ce n'est pas que cette réparation des cases fut un gros travail. C'était peu de chose au contraire, mais pour la fourniture de la paille et des bois, comme il en fallait une assez grosse quantité, on ne les faisait pas prendre dans un seul endroit, mais on les faisait chercher aux quatre coins du pays.

Pour l'impôt, les chefs de canton venaient à la fin de l'année mossi saluer le Moro-naba. Tous venaient en personne, sauf les chefs du Zitenga, du Ratenga et du Boussou qui se faisaient représenter par leurs fils et leurs ministres avec des présents (ainsi le Zitenga-naba envoyait un sac de cauris et un âne). Les chefs de canton venaient avec leurs ministres et leurs chefs de village, tous apportant quelque chose au prince. Les chefs de canton apportaient un mouton, 2.000 cauris, les chefs de village apportaient un poulet, du tabac, 100 cauris. Le Zitenga-naba, le Ratenga-naba, le Boussou-naba envoyaient 10.000 ou 20.000 cauris.

Les fêtes commençaient le vendredi. Le samedi chaque quartier de Ouahigouya allait saluer son ministre et les tensobas étaient reçus par le

Moro-naba. Le lundi les nakomsés et les gens de Ouahigouya, Sissamba, Tziga, Bissigaï venaient saluer le roi et lui apportaient leurs présents. Celui-ci recevait les gens devant la porte de son habitation, sous son hangar. Il était escorté de ses ministres, accompagné des koursiguis portant les fameux grigris royaux dont nous avons parlé plus haut. Quand il était fatigué de la réception il rentrait.

Actuellement tout ceci se fait encore, mais on donne beaucoup moins qu'autrefois. Jadis les Moro-nabas réclamaient quand on ne le leur apportait pas ce qu'ils pensaient leur être dû. Maintenant ils ne peuvent plus le faire et l'impôt est laissé complètement au bon vouloir des gens. Ceux-ci d'autre part ayant à payer aux Français un impôt beaucoup plus lourd que celui qu'ils payaient autrefois à leurs chefs ne peuvent se montrer bien généreux.

En dehors de l'impôt des Mossis et Foulsés tel que nous venons de l'exposer, il y avait l'impôt des populations protégées : le chef des Foulbés Dialloubés offrait dix bœufs, celui des Foulbés Fittobés sept, celui des Torombés quinze. Les Yarsés apportaient des barres de sel, les Maransés des pagnes noirs et bleus, les Samos du mil.

Tel était l'impôt direct. En dehors de lui il existait deux impôts indirects : l'un, l'impôt sur les dioulas, prélevé au bénéfice du Moro-naba, l'autre, l'impôt sur les marchés, prélevé au bénéfice des chefs des villages où se tenaient ces marchés.

Pour le premier impôt, les colporteurs qui passaient par le Yatenga devaient venir camper à Ouahigouya et donner au Moro-naba un cadeau proportionné à l'importance de leur chargement. Le roi les faisait alors accompagner et protéger par des cavaliers. Quand ils passaient dans la brousse sans venir à Ouahigouya ils étaient souvent pillés par des nakomsés et, s'ils venaient réclamer, le Moro-naba n'acceptait pas leur plainte, disant qu'il ne les avait pas vus et qu'ils auraient pu se présenter à lui. En fait ils avaient donc avantage à payer le droit de passage au chef du pays. Quand les dioulas étaient protégés par des cavaliers, les nakomsés n'osaient plus les attaquer. Ils se contentaient de venir leur demander du sel. Les dioulas en donnaient un peu, quoique les cavaliers de garde rabrouassent les quémandeurs.

Quant aux droits de marché, nous savons qu'il a toujours existé des marchés au Yatenga parmi lesquels nous pouvons citer, parmi les moins médiocres, celui de Kongousi dans le Riziam, ceux de Kargo et de Rariguima dans le Ratenga, ceux de Rouko, Baribsé, Santaba dans le Zitenga, ceux de Zomkalra-Maransé et de Youba dans le canton du Rassam-naba. Dans ces marchés le chef de village mettait un captif pour prélever un petit impôt en nature sur tout ce qui était vendu. En revanche, il y faisait régner l'ordre et offrait de temps en temps un sacrifice à la Terre pour que celle-ci protégeât le marché et y empêchât les rixes.

Il y avait encore ici et là, en temps de famine surtout, quelques petits marchés absolument libres.

Comme on le voit cette organisation de l'impôt était en définitive assez patriarcale et n'avait pas sur le contribuable le poids de l'organisation fiscale française.

Biens de la couronne. — Nous savons que le sol du Yatenga n'en fait pas partie. Comme nous l'avons vu plus haut, le terrain appartient théoriquement aux Foulsés, premiers occupants du pays et aux tengasobas, chefs foulsés, représentant l'ensemble de la communauté foulsé.

« A l'époque de la conquête, dit Vadier, les Mossis très superstitieux et redoutant les effets des grigris des Foulsés, respectèrent le droit général de ceux-ci. Leurs nabas choisirent l'emplacement de leurs soukalas et de leurs lougans aux endroits qui leur plurent, mais ils eurent soin de demander l'autorisation au tengasoba dont dépendait le territoire occupé. Quant aux simples mossis, le tengasoba leur accorda l'emplacement qu'il voulut. Aujourd'hui encore quand un Mossi ou un Foulsé veut occuper une partie de la brousse inculte il va demander l'autorisation au tengasoba. »

Cependant les pouvoirs des tengasobas subissent une légère restriction en ce qui concerne le Moro-naba et les femmes de celui-ci. Celles-ci ont le droit de prendre pour elles et dans le but de les cultiver les terrains qui leur plaisent, pourvu toutefois que ce soit avant les semailles ou après la récolte, c'est-à-dire qu'elles n'ont pas le droit de prendre le terrain en pleine culture, mais seulement après la moisson. Il s'agit des petits terrains qu'elles cultivent elles-mêmes ou avec l'aide des koursiguis du roi. Elles n'ont pas le droit cependant de prendre les terrains des ministres du Moro-naba.

Le prince possède deux champs particuliers, cultivés par ses zankombas, un grand et un petit, le premier servant à produire le mil pour faire le sarabou pour ses visiteurs, le second servant à produire le mil pour faire le sarabou pour lui-même.

Ensuite il y a les champs de ses femmes (en moyenne on pouvait compter, avant les Français, 60 ou 80 femmes pour un Moro-naba). Chaque femme a son champ cultivé par elle-même et par les zankombas de 6 à 9 heures du matin pendant la saison des pluies. Les champs des femmes servent à leur propre nourriture.

Comme esclaves, il y a d'abord les gens du bingo et les bagarés. Nous avons vu plus haut le statut des gens du bingo : en fait c'étaient de véritables cultivateurs libres. Ce qu'ils fournissaient en réalité au Moro-naba c'était 50 o/o de leurs filles. De plus ils lui servaient d'exécuteurs des hautes-œuvres, mais ils ne cultivaient aucunement ses champs, sauf le coup de main annuel qu'ils lui donnaient avec les habitants de Ouahigouya. En fait, sauf l'impôt sur leurs filles, c'étaient de vrais gens libres.

Pour les bagarés il en était de même. Ils gardaient les 300 bœufs ou vaches, les 100 ou 150 moutons, les quelques chèvres du Moro-naba, se nourrissaient avec le lait et le beurre, sauf ce qu'ils en donnaient au Moro-naba et au Rassam-naba.

En réalité, les vrais serviteurs du Moro-naba étaient ses koursiguis, au nombre de 300 environ, comprenant 250 zankombas et 50 pages ou baloumbias.

On sait comment se recrutaient les koursiguis, nous l'avons vu plus haut. Il en était de même pour les koursiguis du Moro-naba que pour ceux des autres chefs. Cependant le roi avait le privilège de pouvoir prendre, quand il en manquait, des koursigui dans tous les ménages mossis, sans avoir à considérer s'il avait des droits ou non sur les enfants de ces ménages.

Les koursiguis étaient entretenus par le Moro-naba. Quand ils atteignaient 25 ou 30 ans il les renvoyait dans leurs villages avec un cheval et une femme.

Tels étaient les biens de la couronne.

LIVRE VIII

La Religion

Nous diviserons l'étude de la religion mossi et foulsé en quatre parties principales :
1° les Dieux ;
2° les Rites;
3° les Idées religieuses ;
4° l'Organisation sacerdotale.
Passons d'abord en revue les Dieux.

Les Ancêtres. — Au premier rang de ces dieux il faut mettre les Ancêtres. La plus grande fête des Mossis et Foulsés du Yatenga, la Filikienga (ou grande fête), leur est consacrée. En plus dans toutes les autres fêtes on leur offre des sacrifices. On leur en fait aussi pour les semailles et pour la récolte (quand celle-ci a été bonne). Enfin, en dehors de tous ces sacrifices aux Ancêtres sur lesquels nous donnerons des détails plus loin, on leur fait aussi des sacrifices quand on les a vus en rêve (parce qu'on suppose qu'alors ils demandent quelque chose). On leur fait aussi des sacrifices quand on est malade pour guérir, plus exactement pour qu'ils ne vous tuent pas et ne vous emmènent pas avec eux dans l'autre monde, car on leur suppose un rôle dans les maladies et dans la mort. Bref les Ancêtres ne sont pas les divinités les plus puissantes, mais ce sont les divinités auxquelles les Mossis et les Foulsés offrent le plus de sacrifices.

Nous verrons aussi aux Idées religieuses le rôle qu'ils jouent dans la naissance des enfants.

Mauvais esprits. — Les mauvais esprits (kinkirga au singulier, kinkirsi au pluriel) font l'amour aux femmes des hommes et leur donnent des enfants. Quand une femme accouche de deux jumeaux ou plus, ce sont, paraît-il, toujours des enfants de kinkirsi. Les Mossis et Foulsés ne sont pas autrement contents d'avoir pour fils de petits kinkirsi, cependant ils ne les tuent pas. Le kinkirga peut aussi octroyer un seul enfant à une femme. On reconnaît alors sa progéniture à ce qu'elle est beaucoup plus vive et beaucoup plus audacieuse que le commun des enfants des simples mortels. J'ai noté dans mon *Noir du Soudan* que la même superstition existe chez les Gourounsi, mais ceux-ci, plus primitifs, tuent les petits kinkirsi.

Les Mossis et Foulsés du Yatenga font des sacrifices aux kinkirsi, quand cela leur plaît, pour leur demander par exemple des fils, des biens. On s'adresse de préférence à une femme qui a eu des jumeaux, des enfants kinkirsi, parce qu'on suppose qu'honorée des faveurs des mauvais esprits elle est particulièrement bien avec ceux-ci. On lui remet pour eux du sarabou, du miel, de l'eau. La femme va verser tout cela dans la brousse sur des pierres ou sur des buissons et fait la demande convenue. Il paraît qu'on est toujours exaucé. Quelques Mossis et Foulsés aussi font des sacrifices devant leur case aux mauvais esprits pour avoir des enfants.

Les kinkirsi volent dans le vent, habitent dans les rochers et dans les arbres, etc.

Arbres. — Mossis et Foulsés font des sacrifices aux arbres : aux caïlcédrats, aux baobabs, aux tamariniers, aux kamsogos, à la liane kango, aux karités, etc. On leur demande des enfants en leur offrant du sarabou et un peu de dolo. Si l'on obtient un enfant à la suite de l'un de ces sacrifices, on lui donne le nom de l'arbre qui vous l'a fait obtenir. Les nabas mossis suspendent quelquefois des pagnes à des arbres dans le but de faire obtenir une bonne récolte à leur région, mais ce doit être assez rare, car au cours de mes nombreuses tournées dans le Yatenga je n'ai jamais rien vu de tel (pas plus qu'à Ouagadougou du reste), tandis que chez les Malinkés de la Haute-Guinée on rencontre à chaque instant des arbustes porteurs d'offrandes placées dans de petits paniers arrondis et allongés.

Les arbres que les Bambaras appellent dasiri, c'est-à-dire arbres ferme-bouche (de da : bouche, et siri : lier, attacher) sont parfaitement connus des Mossis et des Foulsés : il y en a un dans chaque village. A Ouahigouya c'est un vieux caïlcédrat actuellement renversé auquel personne ne touche. L'arbre ferme-bouche est chargé de boucler la g..... aux mauvaises influences, de garder le village contre les maladies, le bétail du village contre les animaux féroces, etc. Tous les ans le tengasoba du village lui fait un sacrifice à la fin de la saison sèche, c'est-à-dire au mois d'avril ou de mai. A Ouahigouya même c'est le Moro-naba qui s'occupe de faire offrir le sacrifice à l'arbre protecteur par le tengasoba d'Issighi ou par le tengasoba de Souli (petits villages situés auprès de Ouahigouya), Ouahigouya même n'ayant pas de tengasoba. Le tengasoba convoqué tue une chèvre et offre du dolo à l'arbre au nom du Moro-naba.

Bois sacrés. — Il existe des bois sacrés dans le Yatenga, un pour chaque village mossi et foulsé. Celui de Ouahigouya est situé auprès du marigot et du jardin du poste. Auparavant il y avait un python qui y habitait mais il paraît que maintenant ce serpent serait parti. Jadis il existait un autre bois sacré, à 4 ou 500 mètres au sud de Ouahigouya, sur la route de Yako, à main droite, mais il n'en reste plus que le squelette, une colline pierreuse, ferrugineuse, l'administrateur Vadier l'ayant fait couper en 1909 lorsqu'il fit construire la résidence actuelle.

Les bois sacrés sont naturellement dasiri, protecteurs, et reçoivent en conséquence des sacrifices. Ainsi à Ouahigouya le Rassam-naba fait faire tous les ans un sacrifice au bois sacré à l'époque qu'il choisit. Il lui fait offrir du sarabou, du dolo, une chèvre (un bœuf même s'il le peut) par le tengasoba d'Issighi ou de Souli. Celui-ci, une fois le sacrifice offert, mange le reste du sarabou, boit le reste du dolo, conserve la viande de la bête sauf un gigot qu'il envoie au Rassam-naba. Ce sacrifice est fait pour implorer du bois sacré qu'il empêche les maladies d'entrer dans Ouahigouya.

Il n'est pas permis de prendre du bois, de couper des arbres dans le bois sacré, ni d'y chasser ou d'y tuer les bêtes qui y habitent, et surtout les serpents.

Pierres, rochers, cailloux. — Les Mossis et Foulsés du Yatenga font des sacrifices aux grosses pierres situées sur les collines ou dans les villages. Ils en apportent même auprès de ceux-ci pour leur offrir des sacrifices. A Ouahigouya il y a une petite roche à côté de l'habitation du Rassam-naba à laquelle les gens du village font offrir du zomkôm (dégué) par les tengasobas des environs, toujours pour avoir du mil, des enfants, éviter les maladies, etc. Chez le Baloum-naba il y a aussi plusieurs gros cailloux auxquels, après la moisson, lorsqu'on apporte les offrandes annuelles au Moro-naba, on ne manque pas d'offrir le dégué pour se garer contre les maladies contagieuses.

Quant aux pierres du tonnerre (haches polies préhistoriques) les tengasobas les ramassent avec soin pour les mettre dans leurs cases mais ils ne leur offrent pas de sacrifices.

Collines. — Les collines sont aussi, comme on pouvait s'y attendre, vénérées, par les Mossis et les Foulsés. Quand quelqu'un fait son champ auprès de l'une d'entre elles il ne manque pas de lui offrir un sacrifice. Quant au Moro-naba du Yatenga il ne fait pas de sacrifices à des collines particulières comme son collègue de Ouagadougou.

Eaux. — Les Mossis et Foulsés du Yatenga croient à l'existence des esprits des eaux. Ils les appellent dondorilas (koguinés ou kodaguinés en bambara, dambélégués en ouassoulonké). On les croit bons et non méchants mais on ne leur offre pas de sacrifices. Evidemment il y a ici une répercussion du Lieu sur la Religion : comme il y a peu d'eau, le culte des esprits des eaux s'est peu développé. Au contraire chez les Bambaras, établis sur le Niger et sur le Bani, les esprits des eaux sont nombreux et on leur offre des sacrifices et on redoute beaucoup le plus terrible d'entre eux, le Faro. C'est le Niger et le Bani qui ont donné ce développement du culte. Au contraire ici, le lieu étant peu arrosé, le culte des esprits des eaux est resté peu développé.

Caïmans. — Les Mossis et Foulsés ne font pas de sacrifices aux caïmans, mais cela ne les empêche pas de reconnaître une parenté entre ces animaux et eux. Ils sont, pensent-ils, de la même famille, l'âme de leurs grands-pères habitant dans les caïmans (c'est surtout une croyance foulsé mais c'est aussi une croyance mossi). Aussi, quand on tue un caïman, fait-on mourir par contre-coup quelqu'un dans le village, quand on blesse un caïman blesse-t-on en même temps l'homme qui est attaché à lui par un lien subtil, invisible, mais réel.

Serpents. — Certains Mossis et Foulsés qui se reconnaissent pour ancêtre un python font des sacrifices aux pythons. Ceux qui ne prétendent pas descendre de ce serpent le mangent. Mais tout le monde respecte les pythons des bois sacrés.

Les najas africains, appelés vulgairement serpents cracheurs, n'gorongos en bambara, dourougou en mossi, sont tués par les Mossis, mais quelques villages foulsés les respectent.

Pour les crapauds et les grenouilles on les mange et on ne leur fait pas de sacrifices.

Hyènes et hiboux. — Les Mossis et Foulsés n'ont pas peur des hyènes, mais ils ont peur des hiboux qui, d'après eux, annoncent une mort dans le village quand ils viennent y ululer la nuit. Cependant ils ne leur font aucun sacrifice.

Divinité Terre. — La Terre (Tenga) est une divinité très puissante, la grande divinité avec le Ciel (Ouendé). En fait elle est infiniment plus terrible que lui et c'est la grande divinité morale, justicière et vengeresse du pays. Elle est irritée par les crimes et les fautes que commettent les hommes, par exemple par la vue du sang répandu, et, si réparation n'est pas faite de ces crimes et de ces fautes, elle manifeste son indignation par les calamités variées dont elle dispose (manque de pluie, famine, sauterelles, maladies, etc.). Ainsi, si une fille est violée dans la brousse, il faut lui sacrifier deux chèvres et deux poulets : sans cela l'eau ne tombera pas et il n'y aura pas de récolte de mil. De même pour tous les autres crimes.

La Terre est l'ennemie inflexible des parjures. Voici comment on fait jurer sur elle : le tengasoba du village ramasse des fers de lance, des flèches, des dabas, de vieux couteaux etc. et met tout cela dans un trou creusé en terre devant sa porte. Là-dessus il tue, en invoquant la redoutable divinité, un poulet ou une chèvre ou un mouton ou un bœuf. Sur le trou arrosé de sang on force l'accusé à venir jurer son innocence et à demander que la Terre le tue s'il ment. Cela fait, si l'homme a dit vrai, la Terre, naturellement, l'épargne. S'il a menti elle le tue dans un temps donné. Les Mossis et Foulsés du Yatenga ont une grande peur du Tenga et préfèrent souvent l'aveu à un mensonge fait dans les conditions que nous venons de dire. Si quelqu'un meurt après le serment prêté, il est tenu pour coupable et ses biens sont pour le tengasoba. Actuellement encore on emploie de ce serment dans les affaires de justice car, par la peur qu'il inspire, il amène souvent des aveux préventifs.

La Brousse, le bois sacré, les arbres, etc. sont des fils de la divinité Terre.

Divinité Brousse. — Brousse se dit ouéogo en mossi (kongho en bambara). L'Esprit de la Brousse se dit ouéogobouyodo en mossi (konghofen en bambara). Quand on va faire un nouveau champ on offre d'abord un sacrifice à la Brousse avant de défricher. On lui tue un poulet généralement, quelquefois une chèvre, plus rarement un mouton et plus rarement encore un bœuf. A l'époque des semailles on lui fait aussi un sacrifice.

En réalité la divinité Brousse n'est qu'une face de la divinité Terre. En allant au fond des choses, elle se confond avec celle-ci.

Divinité Ciel. — Le dieu du ciel chez les Mossis qui est aussi le dieu suprême s'appelle Ouendé ou Ouennam ou Ounam (1). Il est plus puissant encore que la Terre, du moins en principe, mais il ne s'occupe pas des affaires des hommes et ne punit pas. Il réside dans le ciel et il commande tout.

Le Soleil. — Soleil se dit ouindigho ou ouindigha en mossi (tili en bambara). Le mot a une parenté certaine avec Ouendé et le mot Ouendé semble entrer dans la composition du mot ouindigho. Les Mossis et Foulsés du Yatenga en tout cas ne font pas de sacrifices au soleil. J'ai interrogé en vain différents grands personnages sur les détails donnés par le lieutenant Desplagnes, p. 275 et 276 de son ouvrage sur le Plateau central nigérien sur un culte du soleil dans le Mossi. Ces détails visent, il est vrai, la société religieuse des Ouangos et les villages où les membres de cette société opéreraient, ainsi seraient des villages de la Résidence de Kaya (ainsi Mané, Boujema, etc.). On pourrait donc poursuivre les recherches à Kaya. En tout cas ce culte du soleil est totalement inconnu dans le Yatenga.

La lune. — Elle n'est pas un dieu pour les Mossis et les Foulsés du Yatenga et on ne lui fait pas de sacrifices. Lune se dit kiéougou en mossi (kalo en bambara).

Étoiles. — On ne leur fait pas plus de sacrifices qu'à la lune et au soleil.

Tonnerre, vents, pluies. — Les Mossis et Foulsés ne font pas de sacrifices aux phénomènes atmosphériques. Quand la pluie ne tombe pas ce n'est pas à la pluie elle-même qu'on sacrifie mais aux Ancêtres, aux Mauvais esprits, à la Terre, à Ouendé ou bien à l'une quelconque de ces divinités. Le Moro-naba du Yatenga offre un bœuf par l'intermédiaire du

---

(1) D'après Froger, *Étude sur la langue des Mossis*, p. 174, Ouennam est le vocatif du mot Ouendé.

tengasoba d'Issighi qui le tue auprès de la case du prince. En 1914, année de famine, on fit deux fois des sacrifices pour faire tomber la pluie : la première fois les quatre ministres offrirent chacun une chèvre, la seconde fois ils offrirent chacun un bœuf, sans plus de succès du reste. Les deux sacrifices furent offerts aux kinkirsi. Ils sont faits chez celui, ou à côté de chez celui qui offre l'animal.

Les Mossis et Foulsés distinguent soigneusement le vent et la pluie elle-même. Le vent est mauvais, rempli de kinkirsi, et empêche, tant qu'il peut, la pluie de tomber. Celle-ci au contraire est bienfaisante au premier chef.

Génies nains. — Les génies nains des Bambaras, les Kokolos, ne sont pas connus des Mossis et des Foulsés ou plus exactement ils sont confondus par ceux-ci avec les Mauvais Esprits. Les détails, ou tout au moins certains détails que les Bambaras donnent sur les génies nains sont donnés par les Mossis et les Foulsés sur les Kinkirsi : ainsi ils sont petits, avec une grosse tête, aiment la bonne cuisine, mangent les restes des plats, hantent les trous des collines, etc. En résumé Mossis et Foulsés ne connaissent pas les génies nains comme êtres à part mais leurs Mauvais Esprits ont beaucoup des traits de ces génies nains.

Nous en avons fini avec les Dieux, passons aux Rites.

Fêtes religieuses. — La grande fête des Mossis et Foulsés du Yatenga semble être la Filikienga (ou grande fête, de Filiga : fête et kienga : grande). C'est la fête du Nouvel an et des Ancêtres qui se célèbre chaque année vers le 20 novembre. Mossis et Foulsés font beaucoup de sarabou, de dolo, tuent des animaux, chèvres, poulets, tirent des coups de fusil, font tamtam, dansent, montent à cheval armés, etc. La fête se prolonge du reste pendant une quinzaine, s'assoupissant pendant le jour, recommençant pendant la nuit. C'est à cette époque que tous les Mossis (et autres populations du Yatenga) vont trouver les chefs et le Moro-naba pour lui offrir leurs cadeaux et lui présenter leurs vœux.

Cette fête est réglée par la nouvelle lune de fin novembre et commence dès que celle-ci est apparue. Mais aucun sacrifice ne lui est offert. Ils sont tous offerts aux Ancêtres qui sont les héros de la fête.

A ce sujet notons une curieuse coutume du Moro-naba et en général des chefs du pays : sept jours avant l'apparition de la nouvelle lune le Yatenga-naba sort de son habitation et va s'installer dans un logement de fortune, dans une petite case en paille, dans la brousse. Si la lune nouvelle le trouvait chez lui il mourrait. Cela veut dire que, comme c'est le moment des grands sacrifices aux Ancêtres, ceux-ci accourent alléchés par l'odeur du sang. Ils se rassemblent des profondeurs de l'espace et du temps dans le logement de leur descendant, attendant impatiemment le sacrifice et, si leur petit-fils se trouvait là, dans leur joie de le voir, ils le rappelleraient immédiatement à eux. C'est pour éviter cet excès de bonheur et d'honneur que le Moro-naba file dans la brousse, laissant les morts maîtres chez lui. Le soir où la lune sort, le zaka-naba, homme du bingo, chef religieux de la maison du prince dont nous avons déjà parlé, entouré des quatre ministres, assisté d'un tamtam, fait les sacrifices dans l'habitation : il appelle nominativement tous les nabas depuis naba Ouidiraogo et pour chacun il égorge un poulet qu'il lance à terre et fait sur le sol une libation de dolo. Il importe que chaque poulet meure le ventre en l'air, ce qui montre qu'il est accepté par celui auquel on l'offre. Quand il en est ainsi, le chef de tamtam, le bennaba (de bendéré : tamtam et naba : chef) frappe son tambour et dit que le naba accepte le poulet. Si au contraire celui-ci meurt dans une autre position, le bennaba dit que le naba n'accepte pas le sacrifice et on recommence avec d'autres poulets jusqu'à ce qu'il accepte. On faisait ainsi autrefois une consommation énorme de poulets qu'on attrapait dans tout Ouahigouya. (Depuis l'occupation française les Moro-nabas n'osent plus réquisitionner ainsi tous les poulets du village et l'on se contente des libations de dolo). Les poulets tués étaient ensuite partagés entre la maison du prince et les ministres pour être consommés le lendemain. Le Zaka-naba avait sa part naturellement. — Ce sacrifice était fait le soir en quelques heures. Le lendemain matin le Moro-naba revenait chez lui, les morts, rassasiés, ayant quitté la maison pendant la nuit.

Les autres chefs (chefs de canton, chefs de village) s'en vont aussi de chez eux à la Filikienga, mais seulement le jour même où la lune doit paraître. La plupart ont des zaka-nabas qui offrent le sacrifice. Ceux qui n'en ont pas le font offrir par le fils de leur sœur. Puis ils rentrent dans la nuit même quand celui-ci est terminé.

Tout le monde à la Filikienga fait des sacrifices à ses Ancêtres, mais le *vulgum pecus* mossi et foulsé ne les fuit pas et offre lui-même son sacrifice (des poulets et du dolo comme le Moro-naba et les chefs).

La seconde fête du Yatenga est une fête d'origine foulsé en réalité, mais adoptée par les Mossis. Elle s'appelle Béga. Elle a lieu trois mois environ après la Filikienga, c'est-à-dire à la fin de février, en pleine saison sèche et encore fraîche. Les Mossis et les Foulsés la célèbrent pour avoir une bonne récolte l'année qui vient. On fait du sarabou, du dolo, on tue du petit bétail, on fait tamtam et on danse, cela pendant sept jours et pendant sept nuits. Les sacrifices sont offerts aux Ancêtres, à la Terre et à Ouendé.

Notons qu'il y a une fête pour la chasse qui se fait presque en même temps que la Béga. Le jour de cette fête le Moro-naba monte à cheval pour aller dans la brousse. Les autres Mossis et habitants l'y suivent soit à cheval, soit à pied. Après cette fête se font les battues dont nous avons parlé plus haut.

La dernière fête de l'année est celle qu'on appelle la fête de l'eau Kômfiliga. Elle mérite cette dénomination parce qu'elle a lieu à la fin de septembre, pendant la période descendante de la saison des pluies. Elle dure sept jours, c'est-à-dire qu'on peut la faire durer pendant tout cet intervalle de temps. Mais ce n'est pas une très grande fête et elle semble réservée particulièrement au Moro-naba et aux chefs. Ceux-ci font fabriquer du dolo et viennent saluer, en le lui apportant, le maître du Yatenga. Celui-ci boit le dolo offert avec eux.

Telles sont les fêtes des Mossis et Foulsés du Yatenga.

En dehors des fêtes proprement dites il y a des sacrifices offerts à certaines époques et dans certaines circonstances. Ainsi, au moment des semailles, chaque propriétaire de champs fait appeler le tengasoba de son village et lui donne un poulet, une chèvre, etc. à sacrifier. Le sacrifice est offert aux Mauvais esprits, à la Terre, à la Brousse. Poulets et chèvres sont grillés et mangés sur place par le tengasoba et par celui qui offre le sacrifice.

De même, après la récolte, si du moins celle-ci a été bonne, les cultivateurs font faire un nouveau sacrifice dans leurs champs pour remercier la Terre, la Brousse et les Mauvais esprits. On leur offre le zomkòm (eau de farine, dégué), un poulet, une chèvre, etc.

Enterrements et tombeaux. — Les lieux d'enterrement ainsi que les cérémonies mortuaires varient d'après l'importance du défunt.

Les vieillards de l'un et l'autre sexe, les chefs d'habitation, de famille, de quartier, de village et de canton sont enterrés devant la porte de leur habitation.

Les simples Mossis et Foulsés, hommes et femmes, sont enterrés dans la brousse non loin de chez eux. Il y a en définitive un cimetière par quartier. Ainsi à Ouahigouya il y a un premier cimetière au N.-E., derrière le marigot, il y en a un autre à l'ouest derrière le camp des gardes, un autre au nord-ouest à droite de la route de Bango, un autre au sud, à gauche de la route de Yako, à un kilomètre de Ouahigouya.

Quant aux petits enfants on les enterre derrière les habitations.

S'il y a des différences dans le lieu d'enterrement il y en a aussi pour les cérémonies. Ainsi pour les vieillards de l'un et l'autre sexe, les chefs d'habitation, les chefs de famille, les chefs politiques, l'on fait tamtam, on exécute les danses funèbres, bref l'on fait l'enterrement cérémoniel. Pour les autres personnes l'on ne fait ni tamtam, ni danses et l'on réduit l'enterrement à sa plus simple expression.

Prenons le premier cas : on prévient tout d'abord du décès les gens de la famille et du quartier, puis le fils aîné et la fille aînée du défunt prennent le cadavre et le lavent aidés s'il le faut par d'autres personnes de la famille. Cela fait, on enveloppe le corps dans deux pagnes propres, on le met sur une natte en paille et on l'expose devant la porte de l'habitation en attendant que les gens convoqués arrivent. Ceux-ci viennent les uns après les autres, apportant qui une chèvre, qui des cauris, qui des bandes de coton, tous cadeaux qui sont offerts au mort et placés à côté de celui-ci, les animaux attachés. Pendant ce temps-là les griots font de la musique : on danse et on chante les chants de circonstance, au nombre de six : l'un au sujet de la circoncision ou de l'excision du défunt ou de la défunte, le second au sujet de la maladie qui l'a fait mourir, le troisième et le quatrième au sujet de ses enfants (ce sont des plaintes sur la situation de ceux-ci), etc. Cependant on boit beaucoup de dolo préparé pour la circonstance.

Ces diverses cérémonies durent généralement toute la nuit. Ensuite on porte le corps au tombeau.

Les Mossis et Foulsés du Yatenga ne connaissent pas les tombeaux de famille. Il y a une fosse pour chaque personne. Comme il n'y a pas de fossoyeurs de profession ici (1), ce sont les jeunes gens du village qui prennent les dimensions du corps pendant l'exposition de celui-ci puis, munis de ces indications, vont creuser la tombe. Quand elle est préparée ils viennent avertir la famille.

De même qu'ils ont creusé la tombe les jeunes gens transportent le corps. Ils le posent sur deux longues perches munies de traverses puis placent l'extrémité des perches sur leurs épaules, portant à quatre. La fille aînée marche devant le cadavre portant un canari d'eau qui servira pour l'inhumation. Derrière le corps marchent les fils, filles, frères, parents, amis, voisins, etc.

Quand on est arrivé au bord de la tombe, le cadavre est déposé un moment par terre, puis deux ou trois des jeunes gens descendent dans le trou. Il a environ deux mètres de profondeur et un côté est creusé de façon à former une petite chambre latérale. C'est celle-ci qui est destinée à recevoir le cadavre. On l'y place donc, puis on bouche l'entrée de cette chambre avec des morceaux de bois qu'on appuie obliquement du fond du trou contre le haut de cette chambre. Cela fait on jette de la terre et on comble le trou jusqu'au ras du sol. Ensuite on place un paillasson sur la tombe (2).

L'enterrement effectué, on ne fait pas de sacrifices sur le tombeau même et l'on revient à l'habitation du défunt. Les femmes et les enfants pleurent. On boit le dolo qui reste et on chante et on danse encore pendant un jour (pendant trois, s'il s'agit d'un chef).

Ces cérémonies funèbres coûtent cher aux familles, mais celles-ci sont aidées par ceux qui viennent aux funérailles et qui apportent des cadeaux en cauris ou en nature suivant leur richesse. Cela soulage grandement la famille. On retrouve dans ces cadeaux de funérailles le caractère communautaire de la société du Yatenga en particulier, de la société soudanaise en général.

---

(1) Pour les grands chefs ce sont les forgerons qui creusent la tombe et jouent le rôle de fossoyeurs.
(2) Quand il s'agit d'un chef ce paillasson est brûlé.

Après les funérailles, on fait une fête pour le défunt qui se célèbre sept jours après l'enterrement au plus tôt, un mois, un an, ou même deux ans après, au plus tard. En fait, on la fait quand on le peut. On attend qu'on aie tout ce qu'il faut pour la célébrer convenablement.— Jusqu'à ce qu'elle ait lieu, les femmes du défunt ne peuvent pas être remariées. — Cette cérémonie a un caractère de fête qui contraste avec le caractère relativement lugubre de l'enterrement. On y convoque famille, amis, voisins, quartier, village. On prépare beaucoup de sarabou, beaucoup de dolo, beaucoup de viandes diverses (poulets et chèvres surtout). Pendant trois jours et pendant trois nuits, dont la dernière se prolonge jusqu'à dix heures du matin, on danse, on fait tamtam, on chante les chants du jour des funérailles. Au début de la troisième nuit, le frère puîné du défunt va dans la case du mort, y tue une chèvre et y dépose un peu de sarabou et de dolo. C'est après ce sacrifice que commencent les tamtams et les danses de la troisième nuit. A noter qu'on ne va toujours pas faire de sacrifices sur le tombeau. Puis on se sépare et les devoirs envers le défunt sont accomplis.

Plus tard, si le mort apparaît à quelqu'un de la famille, celui auquel il est apparu lui sacrifie un coq ou une chèvre, toujours dans sa case, pas sur son tombeau (on continue du reste à utiliser cette case qui ne reste pas inhabitée).

Notons avant d'en finir avec les cérémonies funèbres la coutume du Yarambaga ou du chien du cousin (de yaranga : cousin et baga : chien) usitée pour tous les vieillards dont on célèbre les funérailles. Elle consiste à amener dans la brousse, la corde au cou, pendant la nuit, un gros chien que l'on assomme à coups de casse-tête, puis l'on se frappe et l'on se bat pour rire dans l'obscurité, échangeant des gifles et des coups de poing. Comme les jeunes gens et les hommes faits qui se livrent à ces facéties sont généralement excités par le dolo bu pendant le cours des cérémonies funèbres, ces batailles peuvent quelquefois devenir dangereuses (1). Les indigènes ignorent ce que signifie cette coutume.

Vadier, dans son *Coutumier du Yatenga*, donne une description des cérémonies funèbres que nous reproduisons ci-dessous à cause de détails qu'elle renferme qui ne sont pas donnés dans la nôtre :

« D'après la croyance mossi, dit-il, un indigène est toujours averti de sa fin prochaine : tantôt ce sont des esprits qui viennent lui parler pendant son sommeil, tantôt ce sont des animaux qui, causant entre eux, prédisent sa mort...

Dès que le décès est constaté, on procède à la toilette du mort. On lui ferme les yeux, la bouche, on tire sur les doigts, les jambes, afin qu'ils ne restent pas recroquevillés. Cette opération est généralement faite par

(1) En 1916 un jeune homme a été tué dans une de ces cérémonies du yarambaga.

un vieillard si le décédé est un homme et par une vieille femme si c'est une femme. Le corps est étendu devant la case et l'on fait brûler autour de lui une sorte d'encens.

On appelle dès le décès les membres de la famille. Si ceux-ci habitent loin du village, le corps reste exposé dans la case jusqu'à leur arrivée, deux ou trois jours si c'est nécessaire.

Toutefois, lorsque le défunt est un jeune homme ou une jeune fille, on ne prévient que les parents demeurant tout près. Dans ce cas également les funérailles sont vite faites et ne donnent pas lieu à de grandes réjouissances.

D'ailleurs les fêtes sont d'autant plus grandes que le défunt était plus âgé et plus estimé.

Le cadavre, après avoir été exposé quelque temps à la porte de la soukala sur une natte, et lorsque les tamtams et les pleurs se sont fait entendre, est à nouveau lavé à l'eau chaude. Pendant cette opération, les instruments et les pleureuses se taisent. On place ensuite le cadavre dans un pagne noué à chaque extrémité et on l'emporte dans la fosse qui doit toujours, d'après la coutume, être creusée par les Foulsés. Pendant la marche tous les assistants pleurent bien haut et chantent les louanges du défunt.

Le corps est descendu dans la fosse et couché sur le côté droit si c'est un homme, sur le côté gauche si c'est une femme. Une sorte de plafond en bois et en banko est placé ensuite au-dessus et à une certaine distance du cadavre. Puis l'on comble la fosse et l'on met par dessus un canari renversé. Suivant la fortune du défunt, on égorge sur la tombe, en ayant soin de faire couler du sang sur le canari, des poulets, des chèvres, des moutons ou un bœuf.

Sept jours après les funérailles, tous les membres de la famille se réunissent à nouveau apportant avec eux des poulets, des moutons, du sarabou, du dolo. Cette réunion a pour but de rassembler tous les parents qui, habitant trop loin, n'ont pu assister à l'enterrement. Si le défunt était un chef, on fait cadeau à sa fille aînée d'un joli panier que les parents remplissent de cauris et que l'on dissimule sous une couverture.

Un an plus tard, toute la famille se réunit à nouveau. La fille aînée du défunt se vêtant d'un bonnet et d'un boubou ayant appartenu à son père et portant sur sa tête le panier qu'on lui donna douze mois plus tôt, s'en va, suivie de toute la famille, vers l'endroit où se trouve la tombe. Elle s'étend sur celle-ci et par trois fois appelle son père : celui-ci ne répondant pas, toute la famille retourne au village. Ce sont alors de véritables réjouissances, surtout si le défunt était âgé, riche et a laissé beaucoup d'enfants.

Le fils aîné donne pendant la danse des cauris, des kolas aux danseurs comme aux danseuses, mais le dolo ne doit être bu publiquement que par les hommes. Les femmes sont obligées de se cacher dans les cases pour l'absorber.

Si la fille aînée du défunt est mariée et si son mari a été généreux lors des fêtes qui ont suivi la mort de son beau-père, on lui remet une jeune fille de la famille. Elle conduira celle-ci à son mari qui en fera sa femme... »

Représentation des divinités. — On peut dire d'une façon générale qu'elle n'existe pas dans le Yatenga. Les Mossis et les Foulsés n'ont pas de représentation de leurs ancêtres ni d'une divinité quelconque. Cela les distingue des Bambaras et aussi des Mossis de la région de Ouagadougou qui ont assez souvent des statuettes en bois fabriquées par les forgerons représentant leurs ancêtres et auxquelles ils offrent des sacrifices. Ce n'est pas à dire qu'au Yatenga les statuettes en bois, les *mâni bambara*, qu'on appelle ici ouannédas ou ouango-nédas soient totalement inconnues : quelques timisobas en fabriquent pour eux-mêmes, surtout les Ouangos en ont et dansent avec elles aux enterrements en se les plaçant sur la tête, mais enfin c'est plutôt rare et il faut en chercher longtemps pour en trouver.

Quelques chefs ont aussi, paraît-il, des statuettes représentant des femmes, comme objet d'ornementation.

Edifices religieux. — Il existe des cases aux fétiches dans quelques villages du Yatenga, mais c'est plutôt exceptionnel. Il y a aussi des habitations, celles des chefs de famille, qui ont une case aux fétiches, aux Ancêtres, où l'on offre les sacrifices et où l'on place tout ce qui a rapport au culte.

Il est difficile de savoir ce que renferment les cases aux fétiches des villages, ces cases étant toujours soigneusement fermées.

Nous en avons fini avec les Rites. Passons maintenant aux Idées religieuses.

L'âme. — Pour les Mossis et Foulsés du Yatenga l'homme est composé d'un corps et d'une âme, même de plusieurs âmes. Il y a d'abord le *nimtoundé* (nimtouna au pluriel) qui semble être le souffle (celui-ci sort par le nez de l'individu quand il meurt). Le souffle semble se confondre avec le *nioré* qui est l'existence, la vie et qui sort également par les narines, par le nez de l'homme quand il expire. Ensuite vient le *tsiga* ou *siga* (au pl. tsisé ou sisé) qui est l'âme qui se promène en dehors de l'individu pendant les rêves tandis que le souffle reste toujours à son poste. Enfin vient le kimba (au pl. kimsé) qui veut dire d'abord l'ancêtre, les ancêtres et qui désigne en même temps les fantômes qui ne sont pas autre chose que les apparitions par lesquelles les Ancêtres se manifestent à leurs descendants, aux vivants en général. En tant qu'âme ou partie de l'âme, le kimba se tient dans la tête tant que l'homme est vivant.

Le corps abandonné de ses âmes devient le cadavre (koum en mossi, sou en bambara).

En définitive cela fait au moins trois âmes : le souffle, l'âme errante, le principe supérieur. En bambara le souffle se dit ni et le kimba se dit dia.

Comme on le voit, pour les Mossis et Foulsés, c'est le nez qui semble être le siège de l'âme, du moins de l'âme inférieure, végétative. On dit de quelqu'un qui vit longtemps que son nez est long. Le siège de l'âme supérieure (conscience, identité, etc.) est le cerveau.

Ajoutons que l'ombre ne semble pas avoir été utilisée par les Mossis et Foulsés pour former une âme. Elle se dit niansam en mossi.

Quand l'homme meurt, le nimtoundé, le tziga, le kimba sortent par les narines : mais tandis que les deux premières âmes restent dans la brousse, le kimba va dans le village des Ancêtres, dans le kimkoulougo (exactement : où vont les âmes, où vont les kimbas), village situé dans le sud, plus loin que Yako (il y a là un ressouvenir évident de l'ancienne patrie des Mossi au sud-est dans le Dagomba). Tous y vont et y conservent le même rang que sur la terre. Il n'y a pas de récompenses, ni de châtiments outre-tombe.

Théorie de la naissance. — Du reste les Ancêtres ne restent pas dans le kimkoulougo. Ils se réincarnent perpétuellement dans le sein des femmes et continuent la race. C'est là du reste une croyance générale chez les Soudanais et que nous retrouvons aussi bien chez les Bambaras et les Malinkés que chez les Mossis et Foulsés. On reconnaît l'ancêtre qui se réincarne à la ressemblance qu'offre avec lui l'enfant ou à tel signe caractéristique reproduit par celui-ci. Au fond, avec cette conception, ce sont toujours les mêmes qui reviennent dans cette déplorable farce qu'est la vie.

Théorie de la mort. — Ce sont les Ancêtres qui tuent leurs descendants. Quand ils ne sont pas content d'eux ils les frappent : alors l'homme tombe malade et meurt. Quant aux autres, leurs grand'pères les laissent vivre plus longtemps, mais ils finissent toujours par venir les chercher.

Les sorciers ne peuvent rien contre ceux que leurs Ancêtres protègent, mais, quand ceux-ci ne protègent plus leurs descendants, les sorciers ou mangeurs d'âmes peuvent tuer ces derniers. Le sorcier mange l'âme errante (il ne mange ni le nimtoundé, ni le kimba) mais, en mangeant l'âme errante, il force ces deux dernières âmes à s'enfuir par les narines. L'homme meurt mais son kimba n'est pas anéanti et va au village des Ancêtres, pouvant toujours se réincarner. Le mangeur d'âme ne cause donc que la mort terrestre de l'homme, comme un meurtrier, et ne cause pas sa mort définitive ou absolue.

Théorie des animaux. — Les animaux ont comme les hommes l'existence, le souffle, l'âme voyageuse et même le kimba puisqu'on immole des chevaux, des moutons, des chiens, des coqs, etc. pour accompagner l'âme des chefs dans le kimkoulougou. L'animal, en définitive, ne semble guère différer de l'homme. Même certains Mossis et Foulsés prétendent qu'il y a de mauvais génies animaux, des kinkirsi animaux comme il y a de mauvais génies de forme humaine, des kinkirsi purs et simples. Comme ces derniers font l'amour aux femmes, les kinkirsi animaux font l'amour aux femelles et leur donnent des petits.

Théorie des plantes. — Elles ont aussi l'existence (nioré), et une âme végétative.

Les fantômes. — Quand quelqu'un meurt au loin quelquefois ses parents voient son fantôme. C'est son tziga qui leur apparaît soit pendant leur sommeil, soit à l'état de veille, quelquefois la nuit, quelquefois en plein jour. Cette apparition passe à côté d'eux, sans rien dire. Une seule personne la voit, la personne intéressée. Ces apparitions, ces « hallucinations télépathiques » annonçant la mort, seraient, paraît-il, assez fréquentes.

Il y a aussi les fantômes ordinaires, forme des Ancêtres, qui reviennent pendant la nuit pour faire peur aux gens quand on ne leur fait pas les sacrifices auxquels ils ont droit. Quelques-uns peuvent les voir même en état de veille, pendant le jour.

Les revenants sont blancs parce qu'on enterre toujours les morts avec des pièces de cotonnade blanches.

Les rêves. — Rêve se dit zamsogo en mossi (zamsôdo au pluriel). Le rêve peut avoir plusieurs causes : d'abord l'âme errante (tziga) peut se détacher du corps pendant le sommeil de celui-ci et se promener au dehors. En ce cas les événements qui lui arrivent sont réels, objectifs, mais ils arrivent à l'âme et non au corps. Celui-ci en reçoit cependant le contre-coup, mais l'effet est plus lent que si l'événement atteignait directement le corps. Ainsi si on rêve qu'on est mangé par un lion (et si le tziga a été réellement mangé par un lion) l'homme meurt après ce rêve, lentement mais infailliblement, dix jours après, six mois, un an, etc.

D'autres rêves sont causés par la venue des Ancêtres et des Esprits qui viennent causer avec vous pendant votre sommeil pour vous communiquer le plus généralement leurs désidérata ou vous annoncer ce qui doit arriver.

Mais tous les rêves n'ont pas ce caractère de vérité et d'objectivité brutales. Ils peuvent n'être vrais que d'une vérité symbolique ou même être entièrement faux. L'expérience a en effet prouvé, dès longtemps, à nos Mossis et Foulsés, que tous les rêves ne se réalisaient pas.

Un grand nombre, nous venons de le dire, demandent à être interprétés symboliquement. Comme nous, Mossis et Foulsés ont leur clef des songes.

Ainsi des abeilles vues en rêve représentent des flèches à cause de leur piqûre et ainsi annoncent des hostilités : rêver d'abeilles c'est rêver de guerre. Si en songe l'on est poursuivi par un chien c'est qu'un sorcier s'apprête à vous manger l'âme. Si l'on voit du mil c'est qu'on en récoltera beaucoup, si l'on voit de l'eau c'est qu'on gagnera des biens en abondance. Si l'on rêve de l'adultère de sa femme, c'est qu'on est bel et bien trompé ; d'un mouton, cela signifie que tel ou tel ancêtre en demande le sacrifice et alors on le lui fait ; d'agonie, cela présage que quelqu'un va mourir dans la famille ; de nourriture, c'est qu'elle sera abondante ; d'un âne, c'est qu'on va en gagner un, etc., etc.

Le rêve symbolique est le troisième degré de la réflexion humaine : les primitifs croient surtout à l'âme voyageuse et expliquent ainsi le plus souvent les rêves ; les noirs musulmanisés croient surtout aux Esprits qui viennent vous parler pendant votre sommeil ; dans les basses classes des sociétés occidentales on ne croit plus aux voyages dans le monde réel d'une âme assez matérielle, ni aux visites des Ancêtres et des Esprits venant vous voir pendant votre sommeil, mais on croit encore à la vérité symbolique des rêves, à leur signification comme présages. Le quatrième degré consiste à s'apercevoir que les rêves ne sont tous que des productions de notre vie psychique, continuée sans contrôle pendant le sommeil, et n'ont aucune valeur objective ni directe ni indirecte. Les Mossis et Foulsés ne sont pas encore arrivés à ce point de vue, mais ils admettent cependant qu'il y a des rêves qui n'ont aucune vérité ni matérielle ni symbolique, qu'il y a des rêves faux (Ainsi on rêve de cheval et on ne gagne pas le cheval annoncé). Ils distinguent donc en définitive quatre espèces de rêves :

1º Les rêves vrais matériellement : c'est l'âme qui se promène à travers le monde.

2º Les rêves vrais matériellement causés par l'apparition des Ancêtres ou des Mauvais esprits.

3º Les rêves faux matériellement, mais vrais symboliquement.

4º Les rêves complètement faux.

Magie. — Nous compléterons cette revue sommaire des idées religieuses mossi et foulsé en disant que Mossis et Foulsés comme les autres Soudanais croient à la magie. Ils croient par exemple au sirikou (nom bambara), forme du dasiri ou baillon spirituel. On l'appelle zoullotoga en mossi. Ce sont les voleurs qui emploient surtout cette pratique magique pour que leurs victimes ne puissent pas se réveiller pendant qu'ils opèrent. Ils attachent ainsi les yeux des dormeurs avec une queue soit de taureau, soit d'âne, soit d'hyène, soit de lion, soit de bouc. Pour donner plus de vertu à la queue on lui ajoute des grigris (tim ou timi et on attache quelques ficelles sur le corps de la queue qui pendent çà et là. Ainsi armé, le voleur pénètre dans la case où il veut dérober des objets et, s'il se trouve inopinément en face d'un dormeur, prononce son nom en attachant fortement une des ficelles qui pend. Cela fait, le dormeur se trouve attaché yeux et bouche et ne peut plus se réveiller. L zoullotoga montre que les voleurs du Yatenga ne sont pas dénués d'une douce naïveté.

De même qu'ils attachent les yeux des gens volés, ils prétendent attacher aussi, quand ils sont pris, la bouche des plaignants et des juges et celui qui me donne ces détails, ministre du Moro-naba, juge lui-même, comme président, du tribunal de subdivision, m'affirme avec assurance que quand le zoullottoga est bien pratiqué les juges sont frappés soit d'aphonie, soit d'imbécillité mentale passagère. Bref, ainsi ligotés, ils ne peuvent rien contre l'ingénieux coupable.

Nous n'en dirons pas plus long pour le moment sur les pratiques magiques. En étudiant à l'Organisation Sacerdotale les différents faiseurs de grigris et les devins, nous aurons l'occasion de compléter ce que nous venons de dire.

Théorie des sacrifices. — Pour terminer cette revue des idées religieuses, disons un mot sur la théorie des sacrifices. Les sacrifices sont offerts aux divinités pour qu'elles vous dispensent leurs biens. Mais point n'est besoin que la victime toute entière soit offerte réellement. Le sang de la bête suffit. Quant à la viande elle est mangée par ceux qui offrent le sacrifice, ce qui est double bénéfice, car, en même temps qu'ils s'attirent les faveurs du dieu invoqué, les malheureux mortels trouvent moyen de faire bombance.

Quand on offre du zômkôm (bouillie très liquide de farine de mil) ou du dolo, on en jette un peu sur le sol pour la divinité et le reste est pour les sacrifiants. En définitive Ancêtres, Esprits et Dieux n'ont pas les lourds appétits grossiers des mortels et, étant très spiritualisés, se contentent d'assez peu de chose.

Sacrifice se dit kiriguiré ou maundo en mossi (soni en bambara), sacrificateur kôkirikida ou kôkiriguida ou manmanda en mossi (sônikéla en bambara) ; offrir un sacrifice se dit kôkom en mossi ou kôkôta (son en bambara). Enfin la victime du sacrifice se dit mandéboumbou ou mandemboumbou en mossi (sônifen en bambara).

Nous avons vu successivement les dieux, les rites, les idées religieuses. Il nous reste à voir maintenant l'Organisation Sacerdotale, ce qui n'est pas le point le moins important d'une étude sur la religion.

Organisation sacerdotale. — Nous diviserons l'organisation sacerdotale en :

1° culte familial ;
2° culte public ;
3° prêtres indépendants ;
4° associations religieuses.

Culte familial. — Voyons d'abord le culte familial.

Les chefs de famille totale ou boudoukasamans font les sacrifices pour la famille. A la Filikienga ils offrent immanquablement un grand sacrifice pour celle-ci. Ils font aussi de petits sacrifices chaque fois que quelqu'un de la famille vient les en prier en leur apportant une bête à sacrifier.

Les chefs d'habitation peuvent faire aussi de petits sacrifices pour l'habitation et pour eux.

Les chefs de groupe de travail, eux, n'en peuvent faire : quand il s'agit d'un sacrifice dans leurs champs, ils s'adressent au tengasoba du village si le sacrifice est important. Ils s'adressent à leur chef d'habitation si le sacrifice est peu important (poulet, zômkôm, etc.).

Les simples individus qui ne sont ni chefs de famille, ni chefs d'habitation, ni chefs de groupe, ne peuvent offrir de sacrifices par eux-mêmes. Ils doivent s'adresser à leur chef de famille ou à leur chef d'habitation.

Une femme, un enfant, un esclave ne peuvent pas non plus offrir de sacrifices.

Mais tout le monde, y compris femmes, enfants, esclaves, peut porter des grigris sans aucune autorisation.

En définitive, la qualité de prêtre dans la famille est détenue principalement par le chef de la famille et subséquemment par le chef de chaque habitation.

Culte public. — Le culte public est assuré dans chaque village par le tengasoba (mot à mot chef de la terre de tenga : terre et soba : chef) qui est toujours foulsé. A Ouahigouya même, où il n'y a pas de Foulsés, on s'adresse, nous le savons, pour les sacrifices religieux, aux tengasobas des environs, à ceux d'Issighi, de Souli, de Sananga et de Péla, principalement à celui d'Issighi.

Les tenganabas du Yatenga, chefs politiques, ne font jamais eux-mêmes de sacrifices, les tengasobas seuls en étant chargés, mais ils peuvent prescrire à ceux-ci des sacrifices à faire. Les tengasobas doivent les exécuter. En dehors des sacrifices ordonnés par les chefs politiques, les tengasobas peuvent aussi en offrir de leur propre mouvement.

Les sacrifices pour tout le village se font deux fois par an : 1º à la Béga, fête de la Terre ; 2º au moment de la récolte où chaque chef de famille ou d'habitation apporte un peu de mil au tengasoba. Celui-ci en prend une partie pour faire de la farine, puis du zômkôm et il offre cela à la Terre. Il conserve pour lui le reste du mil. C'est le kibasébo (sacrifice de mil).

Le seul culte public dans le Yatenga est le culte de village, car il n'y a pas de culte d'Etat. Le Moro-naba a, il est vrai, son chapelain, mais celui-ci ne s'occupe que de la « maison », que des Ancêtres du Moro-naba. Il n'a rien à voir ni pour le village de Ouahigouya, ni pour la contrée en général. A l'imitation du Moro-naba, beaucoup de chefs de canton et même de village ont aussi leur zaka-naba, mais celui-ci aussi leur est particulier et n'a rien à voir avec un culte public.

En résumé, le culte public au Yatenga est villageois, au sens étymologique du mot.

Prêtres indépendants. — Les Européens désignent généralement sous le nom de « sorciers » les faiseurs de grigris, les devins, les gens qui font tomber la pluie, les initiés des sociétés religieuses secrètes, etc., etc. On a tort de le faire, car ces gens-là sont des prêtres nègres et non pas des sorciers. Les sorciers il y en a en Afrique, mais, comme partout, ils sont considérés comme malfaisants et poursuivis par les prêtres, par les contre-sorciers, par les sociétés religieuses, etc. Le mot sorciers doit donc être réservé aux « mangeurs d'âmes » et pris exclusivement dans ce sens. Quant au mot « féticheurs » par lequel on désigne souvent maintenant les différents sacerdotes de l'Afrique occidentale, il est mieux choisi et peut être employé.

Les prêtres ou féticheurs dans la société du Yatenga ne sont nullement hiérarchisés. On est féticheur comme l'on veut, de père en fils ou de maître à apprenti.

Occupons-nous d'abord des « diseurs de choses cachées », des devins.

Les Mossis les appellent bagaré (baga ou bara au pluriel). Ce sont les félélikélas bambaras. Au Yatenga ils ne se servent pas pour leur divination de cauris ni d'eau comme les kolonfélélilas et les guifélélilas bambaras, mais de cailloux. Ils en ont 50 ou 60 qu'ils jettent sur le sol et, d'après la façon dont les cailloux se groupent, ils lisent et donnent la réponse.

Ou bien encore ils nettoient une place dans la brousse où ils jettent des arachides. La nuit un animal à museau pointu et à longue queue (renard ? blaireau ? civette ?) vient manger les arachides. Le lendemain, le devin vient de très bonne heure regarder les marques et d'après celles-ci répond aux consultants.

D'autres bagas tracent des lignes sur le sable comme les kéniédalas ou les bougridalas bambaras.

Les Mossis et Foulsés, comme les autres Soudanais du reste, consultent très souvent les bagas. On va consulter par exemple le baga quand quelqu'un, auprès de soi, est malade. On veut savoir pourquoi : « C'est ton grand-père qui n'est pas content de toi et alors tu n'as qu'à immoler un animal, un poulet... » Si l'on veut acheter un cheval, tel cheval, on veut savoir d'abord du baga si ce sera une bonne ou une mauvaise affaire. Le devin répond que si on l'achète on sera heureux (la tête de ce cheval est bonne pour toi) ou bien que si on l'achète on mourra dans deux ou trois mois (la tête de ce cheval est mauvaise pour toi). Du reste le devin ne regarde pas le cheval. Le Moro-naba, les ministres, les chefs n'achètent jamais un cheval sans d'abord consulter le baga. Les simples Mossis et Foulsés font la même chose et on fait même cela pour les ânes.

Les Mossis et Foulsés connaissent aussi la façon de consulter par les poulets. Mais ce ne sont pas les bagas qui consultent ainsi, c'est n'importe quel Mossi. Quand on tue un poulet, on le tue toujours devant un grigri ou sur la Terre. Si le poulet meurt sur le dos c'est bon signe, s'il meurt sur le ventre c'est mauvais signe, c'est que la divinité n'est pas contente. Alors on va naturellement trouver le baga pour savoir pourquoi. « C'est ton père qui n'est pas content de toi. Tue ceci ou cela ». On tue l'animal désigné par le devin et on mange la viande.

Les bagas se font payer très peu : 20 ou 25 cauris ceux qui opèrent avec des cailloux, 50 cauris ceux qui opèrent dans la brousse avec des arachides, 100 cauris ceux qui tracent des lignes dans le sable ou dans la poussière.

Parmi les devins quelques-uns sont plus habiles et plus connus que les autres et peuvent vivre de leur métier seulement, mais ils sont rares. La plupart sont des cultivateurs vivant avant tout de leur culture.

On devient baga parce qu'on est fils de baga ou bien parce que l'on voit les esprits.

Il y a parmi les bagas une espèce particulière qu'on appelle bougo ou bouga (bougouba au pluriel). Les bougoubas semblent être une espèce de bagas plus spécialisés que les bagas ordinaires. Ils sont frappés d'une sorte de folie, entrent dans la brousse et y vivent. Leur famille finit par les rattraper et les ramène dans le village où elle les guérit. Alors ils deviennent bougoubas à la suite d'une épreuve qui est tout à fait celle que subissent les devins ou lrétous chez les Nounoumas et que nous avons décrite dans notre *Noir du Soudan*, page 198. Les bougoubas de l'endroit se réunissent dans la maison du postulant où on coupe la tête d'un poulet ou d'un chien. Un bougouba désigné par le chef des bougoubas va cacher cette tête de poulet ou de chien dans la brousse et le postulant au cou duquel on a mis un collier de cauris et auquel on a donné un bâton doit la retrouver sans aucune aide. Il paraît qu'il y réussit toujours. Alors notre homme fait fabriquer du dolo, tue une chèvre et régale les bougoubas du village. Reçu dans la confrérie, il n'a plus qu'à exercer le métier auquel il était prédestiné.

Les bougoubas sont reconnaissables au collier de cauris qu'ils portent autour du cou et au bâton qu'ils tiennent à la main.

Ils dévoilent les choses cachées comme les autres bagas. Quand on vient les consulter ils mettent sur eux tous leurs grigris, s'ornent de têtes de marabouts, de gros anneaux de fer aux doigts (deux à la main droite, deux à la main gauche) qu'ils frappent les uns contre les autres et qui leur servent de castagnettes et montent sur une grosse pierre ou sur un mortier renversé. Ainsi attifés et juchés ils rendent leurs oracles.

On leur donne 50 ou 100 cauris par consultation. Il n'y a pas de bougoubas à Ouahigouya même, mais on en trouve dans les petits villages des environs et aussi dans tout le cercle.

Les Mossis et les Foulsés connaissent aussi les lobéré (au pl. lobéramba). Ce sont les guidé bambaras, sortes d'hystériques dont les crises sont censées causées par les Mauvais Esprits de la Brousse. Au cours de ces crises ils parlent, prophétisent, etc., et, au dire des indigènes, ce qu'ils racontent alors se réalise toujours. Ainsi le Rassam-naba en a connu un à Ouahigouya, il y a trois ans, une femme jeune et jolie, qui a prophétisé que dans tel quartier quelqu'un allait mourir. Et en effet cela s'est réalisé peu de temps après, ce qui n'était pas, évidemment, impossible.

Du reste il est bien évident que les devins mossis et foulsés et les lobéremba, comme tous leurs confrères soudanais, sont souvent des gens jouissant de certains pouvoirs exceptionnels (seconde vue, clairvoyance, etc.), qui expliquent leur prestige sur la masse. S'ils n'étaient que des farceurs, des exploiteurs de crédulité publique, la foi qu'on a en eux serait inconcevable. Il resterait à savoir dans quelle proportion se mélangent ici certains dons psychiques encore peu explicables dans l'état actuel de la science et les trucs du métier.

Passons aux faiseurs de grigris.

On les appelle ici timisobas, comme dans tout le Mossi, de tim ou timi : grigri et soba : chef. De même on dit en bambara basitiguis de basi : grigri et tigui : maître, chef. Ces fabricants de grigris sont aussi médecins et même empoisonneurs.

En réalité il y a ici deux espèces de timisobas : 1° les timisobas proprement dits ; 2° les tipa (au pl. tipésé) qui sont des timisobas renforcés et plus spécialisés que les premiers dans leur art.

Par exemple ce sont les tipas qui fabriquent les sogniatimes (ou sonbatimes), c'est-à-dire les grigris contre les sorciers, les grigris pour se protéger contre les mangeurs d'âmes (les sogniatimes s'appellent en bambara soubalakaris).

Ces sogniatimes se composent de charbon réduit en poussière fourni par certains arbres dont les tipas gardent le secret. Cette poudre de charbon est mise dans des sachets en cuir qu'on fait fabriquer par le cordonnier. Ce grigri vaut 50 ou 100 cauris. Les hommes et les femmes le portent sur eux-mêmes ou le mettent dans leurs cases pour que le mangeur d'âmes devienne impuissant contre eux ou contre leur habitation.

Une espèce de sogniatime pour lequel les Mossis n'ont pas de nom spécial, mais auquel les Bambaras donnent le nom particulier de vingué parmi les soubalakaris, est celui qui est destiné à faire pondre des œufs aux sorciers et ainsi à déceler leur présence. On sait que chez les Soudanais en général (Bambaras, Mossis, etc.), c'est une croyance très répandue que les mangeurs d'âme pondent des œufs malgré eux et à leur grand détriment — quand ils y sont contraints — des œufs spéciaux du reste qui n'ont pas de coque et sont mous. Or une façon de désarmer le sorcier est de le dévoiler et pour cela de le forcer à pondre un œuf. C'est l'effet produit par les sogniatimes dont nous parlons. Les tipas, pour les fabriquer, pilent l'écorce de certains arbres et en obtiennent une poudre qu'on met sur des braises ardentes dans le fond d'un canari. La fumée produite par cette poudre attire les sorciers et, s'ils s'approchent trop près, leur fait pondre l'œuf qui révèle leur détestable qualité.

Quelques Mossis et Foulsés pendent au-dessus de la porte de leur case, à l'intérieur, cette poudre mise dans un petit sac ou l'enterrent dans un trou, devant la même porte, à l'extérieur. Si le sorcier vient à passer au-dessous ou au-dessus de ce grigri il pond l'œuf qui le dénonce.

Ces grigris spéciaux valent de 500 à 1.000 cauris (1).

A noter que l'œuf une fois pondu, le sorcier est désarmé et devient impuissant.

Les tipas fabriquent aussi des pébégnidous : les pébégnidous sont des grigris qui s'opposent au pébéré (au pluriel péba) qui est le nom mossi du fameux poison volatil bien connu chez les Mandés sous le nom de korti. Les pébégnidous sont donc les kortilakaris bambaras ou grigris contre le korti. Pour fabriquer les pébégnidous, les tipas brûlent le bois de certains arbres de façon à en faire du charbon, réduisent ce charbon en poudre, le mettent dans de petits sacs de cuir et vendent ceux-ci 1.000 ou 2.000 cauris aux amateurs.

Ils fabriquent encore des kapouragnidous (donkonobasi en bambara). Ce sont des grigris non plus contre le poison volatil, pébéré ou korti mais contre le poison ordinaire, kapoura ou kapouga (au pl. kapousa) mot à mot gros ventre, ainsi nommé parce qu'il fait grossir le ventre. Le kapoura est le fameux donkono bambara aussi redouté dans son genre que le poison volant. Remarquons que donkono a la même signification en bambara que kapoura en mossi et veut dire gros ventre.

S'ils fabriquent des grigris contre le poison volatil et contre le poison ordinaire, les tipas et les timisobas sont véhémentement soupçonnés de fabriquer également ces poisons. Parmi eux, il y a des pébérésobas (maîtres du pébéré) et des kapourasobas (maîtres du kapoura). Une jeune fille, par exemple, a repoussé les avances d'un galant. Celui-ci, s'il l'aime ardemment, va se procurer, pour se venger, du pébéré chez un tipa et dans un tamtam il lui lance le pébéré en se mettant sur la direction où porte le vent. La jeune fille, qui est sous le vent, reçoit en plein le pébéré et tombe inanimée. On va alors chercher un pébérégnidou qu'on lui administre, qui la fait vomir et qui la guérit. Tous les Mossis et Foulsés croient au pébéré, comme tous les Bambaras croient au korti. Un de mes interlocuteurs, le Rassam-naba, affirme avoir vu de ses propres yeux des gens tomber à terre sous l'influence du pébéré.

Pébérésobas, quelques tipas sont aussi kapourasobas. Au contraire du pébéré, poison volatil, le kapoura se mélange aux aliments et à la boisson (il me semble un poison plus sérieux que l'autre). Comme en pays bambara, on en distingue deux espèces, l'une la plus violente qui fait grossir le ventre et qui tue, l'autre qui se contente de vous enfler le

---

(1) Cette croyance aux œufs pondus par les sorciers est si bien enracinée ici, comme chez les Bambaras, que le Rassam-naba, un des quatre grands ministres du Moro-naba m'affirme avoir vu quatre fois de ses propres yeux des sorciers pondre des œufs : il a vu tomber l'œuf !

ventre pour toute la vie sans vous tuer. On me cite quelques exemples au Yatenga et à Ouagadougou de femmes estropiées par le kapoura.

Avec quoi se fait le kapoura ? a-t-il la même formule que le donkono bambara ? fiel d'un certain poisson du Niger et fiente de hyène ? Je ne sais. Le yabogo *(Strophantus hispidus)* dont on se sert pour empoisonner le fer des flèches ne sert pas, paraît-il, pour le kapoura. Encore moins le m'fogomfogo. En résumé il est probable que le kapoura mossi est comme le donkono bambara un poison d'origine animale et non végétale.

Les tipas et les timisobas fabriquent donc également poisons et contrepoisons, fournissant les uns ou les autres suivant la demande de leurs clients.

Ils fabriquent aussi des ouafotimes (grigris contre les serpents, de ouafo : serpent et tim : grigri). Les ouafotimes sont les salakaris bambaras. Il y en a de plusieurs espèces :

1º Ceux qui sont destinés à vous empêcher de rencontrer un serpent. C'est de la poudre de charbon mise dans une corne de biche.

2º Ceux qui sont destinés à être avalés quand on a été piqué par un serpent. C'est également une poudre de charbon fait avec l'écorce de certains arbres. Dès qu'on a été piqué on se frotte la blessure avec cette poudre mélangée à du beurre de karité. On en avale aussi sur-le-champ. Revenu chez soi on fait bouillir de l'eau, on y met la poudre susdite, on ajoute un peu de farine de mil et on avale le tout. Grâce à ces diverses précautions la piqûre du serpent devient, paraît-il, inoffensive, ce qui n'a du reste rien d'étonnant, un certain nombre de bonnes observations empiriques pouvant être à la base de ces remèdes nègres. Les remèdes contre les morsures des serpents sont également fabriqués par les timisobas et par de simples Mossis ou Foulsés.

3º Ceux qui sont destinés à tuer les serpents. On trace, avec de la poudre de charbon de certains arbres mélangée à du beurre de karité, des cercles autour des trous des serpents. Ceux-ci alors ne peuvent plus en sortir et meurent. Ces ouafotimes-ci sont de ce genre de grigris où il entre toujours du beurre de karité et qui sont destinés à tracer des lignes, auxquels les Bambaras donnent le nom générique de kanas. Les Mossis et Foulsés connaissent bien les kanas, mais ils ne leur donnent pas un nom général comme les Bambaras. Ils disent ouafotime quand ce sont des kanas contre les serpents, zougoutime quand ce sont des kanas contre le mal de tête, etc.

Les tipas fabriquent encore les grigris contre la pluie, pour empêcher la pluie de tomber quand elle vous gêne. Ce sont les sariguidâ ou sariguido, au pluriel sariguissé. Comme pour les ouafotimes, il y a plusieurs espèces de sariguido :

1º Ceux qu'on dépose sur un arbre pour empêcher la pluie de tomber. Si le grigri n'est pas assez puissant, la foudre se venge en tombant sur l'opérateur ou sur l'arbre.

2° Les queues de bœuf, d'âne, d'éléphant, de lion, etc. qu'on agite du côté où menace la tornade. Ce grigri est bien connu dans tout le Soudan français. Le Rassam-naba me soutient mordicus que cela empêche vraiment la pluie de tomber.

3° Les sariguido ferme-bouche. Ce sont des queues d'antilopes, de biches, de sangliers, sur le corps desquelles on attache par un bout, une ficelle qui pend. Quand on veut empêcher la pluie de tomber, on rejette sur le côté l'extrémité de la queue et on l'attache fortement avec la ficelle. Le tout bien lié, la pluie ne peut pas tomber.

Les tipas fabriquent également les nogolomti (au pluriel nogolomtisé), grigris pour se faire aimer des femmes (moussokilibasi en bambara). Ils réduisent pour cela les racines ou l'écorce de certains arbres en charbon et ce charbon en poudre. Si l'on peut mélanger de cette poudre aux aliments de la femme dont on veut se faire aimer, on est sûr d'être adoré d'elle. Ces grigris coûtent 440 cauris exactement.

Les tipas fabriquent encore des grigris pour se faire aimer de tout le monde. On les appelle tiga (au pl. tisé).

Il est difficile d'énumérer tous les grigris que fabriquent les tipas. Pourtant signalons encore les suivants :

1° Les koutoutimes, grigris contre le fer appelés par les Bambaras néguélakaris ou néguédenlakaris (ces derniers contre les balles, filles du fer). Les koutoutimes sont des grigris contre tout ce qui est en fer, flèches, couteaux, haches, épées, javelots, lances et même balles de fusil. Les tipas, suivant un système commercial très usité dans tout le Soudan, les font payer très cher aux chefs, moins cher aux autres gens qui ne les leur achèteraient pas à des prix aussi élevés. Tel koutoutime a été payé deux bœufs, un cheval, 100.000 cauris. La croyance est générale chez nos Mossis et Foulsés, comme chez tous les Soudanais, à la vertu des koutoutimes. Un de mes interlocuteurs dit avoir vu se briser contre un homme protégé par un koutoutime puissant une lance, un sabre, deux flèches, cela dans une bataille livrée à l'époque de la conquête française entre les partisans du naba Boulli et les « fils de Sagha ». Inutile de lui faire remarquer que cette série de phénomènes a pu avoir quelque cause naturelle. Pour lui c'est la vertu du grigri qui a opéré.

Pour faire le koutoutime, le tipa va couper dans la brousse la racine de certains arbres ; il la met dans un canari plein d'eau, place un couvercle sur ce canari et le laisse ainsi pendant sept jours. Quand ce laps de temps est écoulé, on prend cette eau, on la boit, on s'en sert pour faire confectionner le sarabou que l'on mange, ou bien encore on se lave avec elle. Alors l'on devient invulnérable.

Une autre espèce de koutoutime est le sébafougou (au pl. sébafoutou). Ce sont des boubous bardés par devant et par derrière de toute espèce de sachets en cuir contenant des grigris divers et solidement cousus à l'étoffe. Je ne sais pas si ces derniers opèrent pendant la bataille, mais il faut avouer que ces blouses bardées de cuir constituent en fait des espèces de cuirasses qui peuvent vous protéger très sérieusement contre des coups d'épée ou de lance. Ce sont au fond des commencements de cuirasse. (C'est peut-être même là l'origine de la cuirasse dans les temps préhistoriques). Ces blouses garnies de grigris sont vendues par les tipas aussi cher (à ceux qui peuvent payer) que les koutoutimes précédents : deux bœufs, un cheval, un captif, etc.

2° Notons encore le grigri pour imposer silence dans un tamtam à un chanteur qui chante trop longtemps et pour chanter à sa place. Ce grigri est fabriqué par le timosoba et non pas par le tipa. Le timisoba tue un jeune coq et en apprête la viande. Quand on l'a mangée, on peut se présenter hardiment au tamtam. Le rival se tait et on chante à son tour (1).

3° Notons encore les tikaorés (au pl. tikaoua). Ce sont les n'gonkés bambaras, les grigris plus forts que tous les autres grigris. Les tipas les fabriquent pour des prix variant de 500 à 6.000 cauris.

4° Les grigris pour rendre les femmes fécondes.

5° Les grigris contre la mauvaise bouche (nébénoré au sing, nébanoya au pluriel). Ce sont les dadyougoulakaris des Bambaras. Ils sont encore fabriqués par les tipas avec l'écorce de certains arbres.

Les Mossis et Foulsés croient (et ce n'est pas une croyance qui leur soit particulière, étant générale au Soudan) que, quand on loue quelqu'un ou quelque chose, cela lui porte malheur. Cela c'est la mauvaise bouche. Ainsi ne dites jamais devant un champ de mil qu'il est vraiment beau, tout à fait admirable, car il se flétrira ou bien il lui surviendra quelque accident imprévu. Mais il peut arriver à chaque instant que quelqu'un vous loue ou loue un objet vous appartenant sans mauvaise intention. Pour se protéger contre ces louanges intempestives on a les nébanoya. Pour protéger les champs on se sert de nébanoya spéciaux : on coupe un bâton de deux mètres de haut, on le fend à son extrémité et on y insère un morceau d'écorce de caïlcédrat. On fait de même à Ouagadougou.

Si la superstition de la mauvaise bouche existe ici, celle du mauvais œil n'existe pas en revanche.

6° Les grigris-tenailles ou grigris-destructeurs, les torofébilas des Bambaras, sont connus des Mossis et des Foulsés du Yatenga et fabriqués par les tipas. Ce sont des grigris essentiellement mauvais et terribles, au dire des indigènes. On les rencontre aussi à Ouagadougou.

7° Les grigris médicaux divers. Il faudrait un spécialiste, un médecin pour les étudier. Ce sont les tipas qui en détiennent le plus, puis les timisobas, puis même de simples Mossis et Foulsés qui en ont qu'ils se transmettent de père en fils.

---

(1) Confer dans mon *Noir du Soudan* le grigri consistant en une petite pioche avec une tête de coq fixée au manche. Mossis de Ouagadougou, p. 592.

Non seulement les tipas et les timisobas fabriquent une infinité de grigris, comme nous venons de le voir, mais encore ils sont des guinékélilas comme on dit chez les Bambaras, des gens qui appellent les esprits, des dombas ou savants comme disent encore les Bambaras. Ils changent des cailloux en kolas et d'un coup de leur samara font jaillir un lièvre du sol ; ils changent des grains de mil en perles ; ils frappent un caillou contre la paume de leur main et se le retirent ensuite de l'œil. Bref ils ont un certain nombre de trucs de prestidigitation qui en imposent à leurs compatriotes. Ils sont par-dessus le marché charmeurs de serpents et même de certaines espèces vraiment mauvaises. Cependant il ne semble pas que tous ces métiers les enrichissent beaucoup, si on en juge par un domba de Ouahigouya nommé Soumbalia, forgeron de race, fils de forgeron mais qui a abandonné ce métier pour celui de tipa (1). Soumbalia se promène dans le cercle pour gagner des cauris, mais lui qui change les grains de mil en perles, les cailloux en kolas, qui crée des lièvres à volonté, a purgé il y a quelques années une peine de six mois de prison à Ouahigouya pour avoir vendu un cheval qu'un chef trop confiant lui avait prêté pour faire sa route. Ce domba ne donne pas une haute idée de la science et de la moralité des autres.

Notons encore que tipas et timisobas sont des envoûteurs à l'occasion. Ils prennent les cheveux, les rognures des ongles des gens et les mettent dans un zoullotoga (nous avons vu plus haut ce que c'était) qu'ils ont soin de lier avec force. L'homme dont l'âme est ainsi enchaînée dans le zoullotoga souffre dans cette prison étroite et finit par mourir. Contre ces envoûtements et morts par ligature et compression il y a des grigris spéciaux qui en annulent les effets.

Ajoutons, pour en finir avec les tipas et timisobas, qu'on devient tipa ou timisoba de plusieurs manières : il y a d'abord ceux qui ont la vocation et qui comme les bougoubas se promènent dans la brousse frappés de folie. L'Esprit de la Brousse et les kinkirsi leur révèlent leurs secrets leur montrent des recettes, leur donnent des grigris. Quand ils son guéris, ils reviennent exercer dans leur village.

Il y a ceux qui s'établissent auprès d'un tipa ou d'un timisoba renomme et qui se font ses disciples. Quand ils ont passé un certain temps auprès de lui ils héritent de ses recettes et de ses grigris.

Enfin il y a une troisième manière, la plus simple de toutes, de deveni tipa : c'est d'être le fils ou le frère d'un tipa. On est tout naturellemen désigné pour lui succéder.

(1) Les forgerons sont ceux qui fournissent le plus de féticheurs divers et de dire leurs de sociétés secrètes chez les Soudanais, par suite d'une influence de métier celui-ci les rend en effet plus intelligents que les autres noirs, plus scrutateurs de mystères de la nature, plus alchimistes, si j'ose dire. Ils effrayent les autres ind gènes par leur science supérieure et sont, en effet, plus savants qu'eux. Ils const tuent dans tout le Soudan le cœur des sociétés religieuses plus ou moins secrètes

Il y a des tipas et des timisobas plus ou moins habiles. D'une manière générale, comme je l'ai dit plus haut, les tipas sont plus spécialisés que les timisobas et quelquefois deviennent errants pour mieux exercer leur art magique et leur médecine. Les timisobas, eux, ne bougent pas de chez eux et sont plus cultivateurs que les tipas. C'est la culture qui les nourrit surtout, plus que leur métier mal rétribué.

Aux devins et aux fabricants de grigris il faut joindre les gens qui font tomber la pluie. Les Mossis les appellent sabonda (au pl. sabondéba). Ce sont des espèces de timisobas car ils vont chercher dans la brousse l'écorce de certains arbres et en fabriquent une poudre de charbon qu'ils mettent dans un sachet en cuir. Munis de ce sachet, ils sortent du village, tuent un poulet sur leur grigri, puis mettent ce poulet sur le feu dans un canari avec du beurre de karité sur lequel ils jettent de leur poudre de charbon. Au bout de quelque temps la pluie doit tomber inondant le canari et fournissant l'eau qui est nécessaire pour que le poulet puisse bouillir. Alors notre homme mange son poulet en remerciant son grigri.

Quand les pluies sont abondantes les gens de chaque village donnent quelque chose, suivant leurs moyens, au sabonda. De plus à la récolte, si celle-ci a été bonne, chacun se démunit en sa faveur d'une poignée de mil.

Nous en arrivons maintenant aux féticheurs anti-sorciers et par conséquent à la grande question des sorciers, grande ici comme ailleurs dans tout le pays soudanais. Sorcier se dit souian en mossi (souba, comme on le sait, en bambara). Mes interlocuteurs sont unanimes à me dire qu'il y avait jadis beaucoup de sorciers ici, qu'il y en a encore beaucoup et qu'ils continuent leur détestable besogne. Ce sont des hommes et des femmes, mais les femmes sont les plus nombreuses (à noter que chez les Bambaras et autres Soudanais on affirme la même chose). Les sorciers ou sorcières livrent l'âme de quelqu'un de leur habitation aux autres sorciers et sorcières du village et tous en font ripaille. Naturellement ces sorciers et sorcières possèdent de détestables et de redoutables grigris pour pouvoir s'emparer de l'âme de leurs proches en vue de la manger. Cependant on ne connaît pas ici les grigris « sorciériques » qu'on m'a énumérés en pays bambara : le massaboudéli, le souso, le soutama, etc., etc.

A noter que ces indécrottables sorciers volent en l'air sous forme de feux (sans doute de feux-follets errants). En revanche ils ne se transforment pas en animaux, du moins les Mossis et Foulsés ne le croient pas : ni en hiboux (pourtant au Yatenga on redoute les hiboux), ni en lions, ni en hyènes, ni en crocodiles, ni en serpents, etc.

Pour combattre les sorciers il n'y a pas ici d'anti-sorciers spéciaux, comme sont en pays bambara les nyabouins. Seulement les tipas et les timisobas vous donnent des grigris anti-sorciériques si vous en voulez, comme nous l'avons vu plus haut.

Nous avons vu précédemment à la Justice comment se réglaient les accusations de sorcellerie. Elles se reproduisaient environ trois ou quatre fois par an dans tout le Yatenga.

Depuis l'occupation française il n'y a plus de crimes de sorcellerie, mais Mossis et Foulsés sont intimement persuadés qu'il y a toujours des sorciers et qu'ils continuent à manger les âmes.

Nous venons de passer en revue successivement les devins, les faiseurs de grigris, les gens qui font tomber la pluie, les anti-sorciers, etc. Nous en avons fini avec les féticheurs indépendants. Venons-en aux sociétés religieuses.

Sociétés religieuses. — Les Mossis n'ont pas de ouangos (tel est le nom que l'on donne aux membres des sociétés religieuses au Yatenga et non seulement au Yatenga mais dans tout le Mossi). Ce sont les Foulsés qui forment ces sociétés religieuses comme ils fournissent les tengasobas et la plupart des féticheurs. Mais comme les deux sociétés Foulsé et Mossi se superposent intimement ici et se complètent, on peut dire d'une certaine manière que les Mossis ont des ouangos, en spécifiant bien que tout en servant pour les uns et pour les autres, ils sont fournis par les Foulsés.

Les ouangos sont donc de petites associations religieuses qui se trouvent au Yatenga, mais elles sont peu importantes d'une part et de l'autre elles sont dispersées çà et là. Ainsi sur 650 villages environ que possède le Yatenga, il n'y en a que 30 ou 40 où l'on trouve des Ouangos. Ce sont naturellement des villages foulsés. Et encore il n'y a pas de ouangos dans la plupart des villages foulsés. Il n'y en a pas par exemple dans les villages foulsés du nord. D'autre part il n'y en a pas du tout dans les villages mossis : ainsi, premier point, extrême dispersion des Ouangos.

De plus si nous les comparons aux redoutables Komos bambaras qui exécutent les criminels, poursuivent les sorciers, ne peuvent être vus, sous peine de mort, des femmes et des enfants, combien les Ouangos apparaissent sans influence ! Ils n'ont gardé que deux attributions :

1° Les danses.

Les danses se font dans un costume spécial constitué par une espèce de jupe en ficelles noires noircies au bérédo, faites avec le chanvre du pays (berenga). On dirait une jupe en longues queues de cheval noires. De gros glands-pompons, faits de la même ficelle mais d'une couleur jaune-dorée pâle, se mettent autour de la taille, autour du haut de la jupe noire et constituent une sorte de grossier tutu. Au-dessus se met une espèce de petit veston sans manches, couleur rouille, avec deux trous béants pour passer les bras et un trou pour la tête. Enfin le danseur se place sur la figure un masque en bois percé de deux trous, avec une ligne médiane entre les yeux, sans nez, sans bouche. Ce masque est surmonté d'une immense lame de bois de 1 m. 50 ou 2 mètres de haut sur laquelle sont tracés des dessins géométriques, des lignes, des courbes, des triangles, des lignes pointillées, tout cela inscrit en blanc (kaolin) et à la couleur rouge. J'oubliais de dire que ces masques sont aussi surmontés de cornes verticales, droites et hautes, ce qui en fait sans doute des têtes d'antilopes.

Au bois du masque est attachée une épaisse perruque en cordes qui tombe derrière la tête du ouango. Cette perruque sert à maintenir le masque sur la figure du danseur. En effet une corde passant par derrière fixe cette perruque sur la nuque puis vient s'attacher par devant à de petits morceaux de bois fixés horizontalement au bas et sur chaque côté du masque. Plus exactement c'est un morceau de bois qui traverse le masque en bas et ressort par les deux joues. La corde attachée de chaque côté et serrée par derrière fortement sur la nuque du danseur protégée par la perruque maintient le masque en place malgré l'immense hauteur de la lame de bois qu'il supporte.

Ainsi accoutré, le « ouango » danse le haut des bras collé contre le corps, les avant-bras étendus en avant, en agitant frénétiquement les jambes et le buste.

Les Ouangos dansent aux enterrements des chefs ou des vieillards (hommes et femmes). Ils vont danser souvent chez le chef de village pour avoir des cauris. Chose curieuse, ils ne dansent ni à la Filikienga, ni à la Béga.

2° Un rôle de gardes-champêtres.

Ce rôle est limité à la garde des karités et des n'pékous. Quand les fruits de ces arbres vont être mûrs, ils vont les garder pour qu'on ne les cueille pas avant le temps. Affublés de leurs costumes, ils font peur aux hommes et aux femmes et les mettent à l'amende de 10 cauris et d'un peu de mil quand ils les surprennent à cueillir les marrons du karité ou les raisins du n'pékou avant la complète maturité. Avec ces cauris et ce mil ils font des sacrifices au Ouango.

Ce qui est étrange c'est qu'ils ne gardent pas les champs de mil (chacun doit les garder soi-même, disent-ils) ni les nérés. Pour les nérés au moins ils ont une raison, c'est que les nérés sont au chef politique du village, au tenganaba (ici comme à Ouagadougou). Mais, pour les champs de mil, on ne voit pas la raison pour laquelle ils ne les gardent pas. Peut-être le Ouango remonte-t-il à une époque très reculée où la cueillette, la chasse et la pêche étaient plus importants pour les Foulsés que la culture.

On voit à combien peu sont réduites actuellement les attributions des Ouangos. Ce ne sont pas ou ce ne sont plus des policiers sacrés comme les gens du Komo et du Nama bambara. Dans la société mossi actuelle la justice est assurée par les pouvoirs politiques. On peut faire cette hypothèse qu'avant la conquête mossi, à l'époque des Foulsés, faiblement organisés au point de vue politique, c'étaient les Ouangos qui avaient la principale charge de la justice et de la poursuite des criminels.

Une autre différence essentielle avec le komo bambara est que celui-ci constitue une société secrète (quoiqu'elle renferme généralement la plupart des hommes d'un village), mais secrète au moins pour les femmes, les enfants et les étrangers. Ici rien de tel : le Ouango n'a rien de caché ni de secret. Ce sont les jeunes gens du village qui remplissent le rôle de ouangos et le Ouango est vu de tout le monde et ne se cache ni aux enfants, ni aux femmes.

Le chef du Ouango n'est pas le tengasoba du village mais est sous l'autorité de celui-ci. Pourtant le tengasoba ne nomme pas le chef du Ouango. Quand celui-ci meurt c'est son frère qui lui succède et, à défaut de frère, son fils aîné. Malgré cela le chef du Ouango est en quelque sorte sous la direction et l'autorité du tengasoba (comparez cette situation diminuée à celle des chefs du Komo dans les villages bambaras où ils sont souvent plus redoutés et plus obéis que le chef politique même du village).

Le Ouango ne réside pas dans les bois sacrés, mais serre ses accessoires dans la case des Ancêtres du village qui est placée dans la maison du Tengasoba.

Quel est le dieu que représente le Ouango ? car ce mot, c'est sans doute, comme dans toutes les sociétés religieuses nègres, à la fois le nom du dieu, le nom de la société, le nom des initiés, etc. Les « Ouango » que j'interroge me répondent que le Ouango est le Dieu Terre comme Tenga. Cela ne s'accorde guère avec les masques des Ouangos qui sont des masques de biches ou d'antilopes, mais peut-être le Ouango est-il en réalité le dieu de la Brousse. On sait que la Terre et la Brousse ont, chez les nègres soudanais, les rapports les plus étroits, la Terre étant la mère de la Brousse. Le Ouango pourrait donc être à la fois la divinité-Terre et la divinité-Brousse.

Ajoutons que les Ouangos, à l'inverse des komos bambaras, ne sont ni devins, ni fabricants de grigris. Ils ne s'occupent pas non plus de la circoncision, ni de l'excision.

En résumé, on voit le peu d'importance des Ouangos, au moins actuellement. C'est une épave religieuse qui flotte encore, une institution qui se survit à elle-même. Elle pourrait mourir maintenant sans rien enlever d'essentiel aux rouages de la société foulsé-mossi du Yatenga. Elle lui enlèverait seulement un peu de pittoresque, car les danses des Ouangos, comme celles des bougoubas, constituent un des rares spectacles curieux et plus ou moins attrayants du pays.

En terminant cette étude sur la religion foulsé-mossi, il faut noter qu'elle est presque toute entière une chose foulsé et non pas une chose mossi. Ce sont les Foulsés qui s'attribuent des pouvoirs surnaturels sur le monde et l'univers, comme nous le verrons mieux en étudiant leurs diamous, ce sont eux qui fournissent tous les chefs religieux (tengasobas) et recrutent la plupart des féticheurs ainsi que les adeptes des sociétés religieuses (ouangos). Bref, régulièrement, nous aurions dû étudier la Religion au livre consacré aux Foulsés, plutôt qu'à la série de livres consacrés aux Mossis. Mais comme la religion foulsé-mossi est aux uns et

26

aux autres en définitive et leur appartient, sous ce rapport, d'une façon commune, comme d'autre part nous avons entrepris ici un tableau général et détaillé de la société mossi du Yatenga, il nous était difficile de rejeter plus loin l'étude de la Religion sous prétexte qu'elle est surtout une création foulsé.

On peut se demander encore si la religion foulsé-mossi, tout en étant surtout un polythéisme, ne présente pas une certaine évolution vers le Monothéisme avec la notion de Ouendé comme dieu suprême. Après examen, je ne le crois pas. Evidemment chez les Mossis il semble y avoir une répercussion de l'état politique sur l'état religieux. Les Mossis, qui ont un Moro-naba et des pouvoirs publics assez sérieux, ont une tendance à faire de leur dieu du ciel, de leur Ouendé, un Moro-naba céleste, un chef suprême supérieur à tous les autres dieux. Mais c'est une tendance purement mossi, nullement foulsé et qui se heurte à la divinité de la Terre sur laquelle repose l'ordre social et moral, le Bien et le Mal, bien plus que sur le dieu du ciel. En fait on peut remarquer d'une façon générale chez les noirs soudanais que le polythéisme nègre quand il a une tendance à évoluer, évolue vers une sorte de dualisme et non pas vers le monothéisme, la Divinité-Terre et Brousse qui est vengeresse ayant une tendance à être considérée comme mauvaise, comme un dieu noir, et la divinité du Ciel qui ne se mêle de rien et qui ne poursuit pas les hommes ayant une tendance à être considérée comme bonne, comme un dieu blanc. Ainsi le polythéisme nègre en évoluant évoluerait plutôt vers le dualisme que vers le monothéisme (1). Chez nos Mossis et Foulsés, du reste, il n'y a pas d'évolution dualiste et on en est bien au polythéisme franc et cru avec Ouendé, la Terre, les Ancêtres, les Mauvais Esprits et les dieux moins importants.

(1) Des exemples pourraient en être donnés chez les Sérères, chez les populations de la forêt de la Côte d'Ivoire, chez les nègres du Congo.

LIVRE IX

Les Cultures intellectuelles

Nous diviserons ce livre en deux grandes parties :
1º les Objets de la vie intellectuelle ;
2º l'Organisation de la vie intellectuelle.

Les objets de la vie intellectuelle ce sont les arts pratiques, les beaux-arts et les lettres, les sciences théoriques et appliquées, la philosophie, etc.

L'organisation de la vie intellectuelle ce sont les corps qui transmettent ces créations : instituteurs, écoles, associations, corporations d'artistes et de savants, etc. Bref il s'agit de la base matérielle de la vie intellectuelle.

Prenons d'abord les Objets de la vie intellectuelle dont nous ferons quatre grandes divisions :
1. Arts pratiques.
2. Arts et lettres.
3. Sciences et philosophie.
4. Sciences appliquées, inventions.

Les arts pratiques, c'est le langage, la numération, la division du temps et l'écriture.

Langage. — Pour l'analyse de la langue mossi, nous ne pouvons mieux faire que de renvoyer à l'Étude sur la langue des Mossis de M. Froger (1910).

Ajoutons que Delafosse a classé et caractérisé brièvement la langue mossi (p. 363 et suivantes, puis pages 408 et 409 du tome 1er de son bel ouvrage sur le Haut-Sénégal-Niger).

Pour leur classement, Delafosse distingue quatre familles de langues nègres dans le Haut-Sénégal-Niger. Ce sont :
1º la famille songaï ;
2º la famille mandé ;
3º la famille sénoufo ;

4° la famille voltaïque.

La langue mossi fait partie de cette dernière famille qui se divise ainsi :

   A. Groupe tombo ou habbé.
   B. Groupe mossi.
   C. Groupe gourounsi.
   D. Groupe bobo.
   E. Groupe lobi.
   F. Groupe koulango.
   G. Groupe bariba.

Le groupe mossi comprend huit langues dont quatre parlées dans le Haut-Sénégal-Niger et quatre en Gold-Coast. Ce sont :

   1. Le mossi proprement dit (parlé dans le pays de Ouagadougou et dans le Yatenga).
   2. Le gourmantché (parlé dans le pays de Fada N'Gourma).
   3. Le nankana.
   4. Le dagari.
   5. Le boura.
   6. Le dagomba.
   7. Le mampoursi.
   8. Le gbanian.

Ajoutez deux dialectes, l'un le Yansi dialecte du mossi proprement dit, l'autre le Birifo dialecte du dagari.

Quant au foulsé, Delafosse le rattache au groupe gourounsi qui comprend, dit-il, trois langues : « le nounouma (auquel se rattache sans doute le dialecte des Nioniossé), le sissala et le boussansé ».

Pour ce qui est du foulsé, qui n'avait jamais été étudié jusqu'ici, j'en ai pris un vocabulaire assez étendu que je publie aux appendices (voir ceux-ci). J'aurai alors l'occasion de dire un mot du foulsé.

Pour le mossi, je me garderai d'essayer de caractériser cette langue, la linguistique n'étant pas de ma compétence. M. Froger, après une étude analytique très poussée, s'est abstenu de toute caractérisation générale du mossi. Delafosse consacre bien quelques lignes (*op. cit.*, tome Ier, p. 408 et 409) à déterminer ses caractères essentiels, mais on a l'impression que cette détermination n'est pas exacte et dépend de la notation abondante en consonnes et affreusement barbare que M. Froger a employée pour rendre les sons et les mots mossis.

Ajoutons qu'il y a une certaine différence entre le mossi tel qu'on le parle au Yatenga et le mossi tel qu'on le parle à Ouagadougou. Au Yatenga on a une tendance : 1° à assourdir tous les sons : ainsi on dira sougô pour souga. Tous les sons du sud seront ainsi assourdis en ô; 2° on a une tendance à adoucir les sons durs : on dira Zogoré ou Zougouré au lieu de Diogoré, Ouillaogo au lieu de Ouidiraogo. Enfin il y a des termes qui ne sont pas les mêmes au Yatenga et à Ouagadougou. C'est bien la même langue, mais enfin il y a quelques différences dont il faut tenir compte (1).

Numération. — « Les Mossis (dit Froger, *op. cit.*, p. 85) possèdent la numération décimale. Leur centaine correspond exactement à la nôtre et par suite leur mille et leur million. On sait que dans certaines langues, en bambara par exemple, on ne dépasse pas 80 ; tandis que nous estimons à cinq-vingts notre centaine, le bambara s'arrête à quatre-vingts.

« Les neuf premiers nombres mossi sont exprimés par un terme différent dont l'origine étymologique nous échappe. La dizaine a une forme pour chaque nombre : piga, une fois dix, pisi plusieurs fois dix ; de même la centaine kôabga ou kobrhé, une fois cent ; kôbsi, plusieurs fois cent ; et aussi le mille : tusri, une fois mille ; tusa, plusieurs fois mille. On voit que ces pluriels suivent la formation régulière des noms. Le million est exprimé fréquemment par la formule périphrastique : tus kyèmdé, litt. le mille aîné, c'est-à-dire le grand mille, mais aussi par la forme multiplicative tus tusa = 1.000 × 1.000 ».

Division du temps. — Les Mossis divisent l'année en cinq saisons, comme les Malinkés. Voici le tableau de ces saisons :

Noms français correspondant à peu près	Désignation par caractéristiques climatériques	Noms mossi	Noms malinkés
Printemps.	Saison la plus chaude (mars-avril).	Toulougo.	Tara (ou tilima).
Printemps.	Commencement des pluies (mai-juin).	Siguiri.	Sommiadonda ou sangnikonna
Été.	Pleine saison des pluies (juillet-août-septembre).	Siéogo.	Sama ou sémia ou samagna
Automne.	Saison des récoltes (octobre-novembre)	Boumbingo.	Fobonda.
Hiver.	Froid (décembre-janvier-février).	Ouaodo.	Fonéné.

Quant aux mois les Mossis n'ont que des mois lunaires comme les autres Soudanais (Malinkés, etc.). Leurs mois ne correspondent donc qu'approximativement aux nôtres. Voici le tableau de ces mois :

---

(1) Sans vouloir exagérer ces différences, je citerai ce fait qu'un père blanc de Koupéla, parlant bien et depuis longtemps le mossi, a eu quelque peine à se faire entendre de l'ancien Baloum-naba du Yatenga, actuellement interprète au poste de Ouahigouya, lors d'un de ses passages dans ce poste. Koupéla est situé entre Ouagadougou et Fada N'Gourma, au nord de Tenkodogo.

Caractéristiques climatériques	Noms français	Noms mossi	Noms malinkés
Fin de la récolte.	Novembre.	Tído.	Donkine.
Froid.	Décembre.	Zombendé.	Diombéné.
Froid.	Janvier.	Filiga.	Don ba makono.
Froid moins fort.	Février.	Gambô.	Don ba.
Grande chaleur commençante.	Mars.	Ouomsom.	Don ba noholo.
Grosse chaleur.	Avril.	Bougouré.	Anola foulo gnohon
Id.	Mai.	Koundouba.	Aradiaba makono.
Pluies, semailles.	Juin.	Goursi.	Aradiaba.
Grandes pluies.	Juillet.	Kisalogo.	Sounkalo makono.
Id.	Août.	Oualaga.	Sounkalo.
Id.	Septembre.	Bakatiougou.	Sali Kalo.
Commencement de la récolte.	Octobre.	Yàlo.	Donkine makono.

Comme on le voit, le nom du mois de décembre est le même en mossi et en mandé (diombéné ou zombéné ou zombendé). Pour le reste les mois mossis ont leur nom à part.

Le mot mois se dit kiougou en mossi comme le mot lune. Les mois se disent donc ici : les lunes. Il en est du reste de même dans tout le Soudan. En malinké le mot karo désigne la lune et le mois; en bambara kâlo (qui est le même mot que karo) désigne aussi lune et mois.

Année se dit youmdé en mossi (youma au pl.), en malinké sain (au pl. sainhou ou sanhou). Jour se dit en mossi dâré, au pl. dasouma (Jour : espace de 24 heures).

Si les noms de saisons en mossi sont originaux et aussi les noms de mois (sauf un seul), en revanche les noms des jours de la semaine sont les mêmes que dans tout le Soudan, c'est-à-dire ne sont pas originaux, sont les noms arabes, qui se sont répandus partout, avec l'Islam sans doute. Voici en effet le tableau des jours de la semaine avec le nom en mossi, en malinké et en peuhl.

Nom français	Nom mossi au Yatenga	Nom mossi d'après Froger	Nom malinké	Nom peuhl
Lundi.	Téné.	Téné.	Téné.	Alténé.
Mardi.	Talata.	Talato.	Talata.	Talata.
Mercredi.	Larba.	Larba.	Araba.	Larba.
Jeudi.	Alkamoussa.	Lamousa.	Alamisa.	Alkamoussa.
Vendredi.	Aldiouma.	Arzouma.	Arzouma.	Aldioumaré.
Samedi.	Sibiti.	Sibri.	Sibiti.	Assé.
Dimanche.	Hâti.	Hato.	Ahadi.	Hâla.

Comme on le voit ce sont partout les mêmes mots. En foulsé c'est la même chose.

Les Mossis n'ont pas de division du jour en heures, mais, comme les autres Soudanais, ils ont des expressions différentes pour certaines heures de la journée.

Heures françaises	Noms mossis	Noms malinkés
3 heures du matin.	Nogakoumkoum (mot à mot cri du coq).	Dounnoufolokasi (Dountoun kasi touma est l'expression des Malinkés de Kita).
4 heures du matin.	Nogakoumkoum (mot à mot cri du coq).	Sourouma diona ou soko ma diona.
5 heures, aube.	Ibéogopinda (avant-matin)	Dougou ségenda ou soro yéléda (Kita).
Lever du soleil, 6 heures.	Ibéogo.	Sini bo touma.
Vers 7 heures.	Sònré (le matin).	Misi labo touma (moment de la sortie des vaches)
8, 9, 10 heures.	Id.	Misi labo touma (moment de la sortie des vaches)
Midi.	Oùntogo.	Télésenukou ou tilisinnkou.
Après-midi.	Ouindignikaoré.	Télékoundiégué ou oulatélédia.
Fin de l'après-midi (5 heures).	Ouindighiniagaré (déclin du soleil).	Tilisouma.
Coucher du soleil (6 heures).	Zisobodo ou Dissobodo.	Filiri da.
Tombée de la nuit (7 heures).	Zigassobogoya (commencement de la nuit).	Sou koura ou sou kouta.
8 heures du soir. Moment du repas mossi.	Riboùendé ou Diboùendé.	Siman doumou touma.
9, 10 heures du soir. Moment de la causerie après le repas.	Bességaouendé.	Soumoun touma ou baro touma.
Minuit.	Youusoùka.	Dougoutala.

On voit donc que les Mossis ont une expression pour désigner à peu près tous les couples d'heures du jour, comme les autres Soudanais du reste.

Ajoutons que jour (par opposition à nuit) se dit ouintogho en mossi (tilé en malinké) et nuit yoùngo (youndo au pl., sou en malinké).

Inutile de dire que la division en heures, fractions d'heures, minutes, secondes, est ignorée des Mossis comme des autres Soudanais. On se donne rendez-vous sur les positions approximatives du soleil caractérisées plus haut ou sur les grandes divisions de la nuit qu'on vient de voir.

Ecriture. — L'écriture est ignorée des Mossis comme des autres nègres.

Nous en avons fini avec les Arts pratiques. Passons aux Beaux-arts et aux lettres.

Arts et Lettres. — Les arts et lettres comprennent :

1. Architecture.
2. Sculpture.
3. Peinture et dessin.
4. Littérature.

5. Fables et contes.
6. Légendes.
7. Chansons.
8. Chants funèbres.
9. Devinettes et proverbes.
10. Formules.
11. Satire.
12. Art épique.
13. Art dramatique.
14. Art lyrique.
15. Roman.
16. Critique.
17. Art oratoire.
18. Musique.

Commençons par l'architecture.

Architecture. — L'architecture est infiniment médiocre chez les Mossis, plus médiocre que chez beaucoup d'autres nègres. Les cases (ou huttes) en effet sont rondes ici avec toit en paille. Il faut remarquer que la case quadrangulaire en bois et en terre battue, à toit formant terrasse, que l'on trouve dans tout le Gourounsi et aussi dans le Kipirsi, chez les Bobos et chez les Samos et dans tout le sud du Haut-Sénégal-Niger et d'autre part chez les Bambaras, les Habbés, les Songhays, à Dienné, Saraféré, Tombouctou, etc., prête beaucoup plus au développement architectural, à la beauté esthétique et aussi à l'ornementation que la case champignon (ronde à toit en paille) si répandue dans tout le Soudan et qui est dans le Yatenga celle des Mossis, Foulsés, Yarsés, Maransés, etc., et d'autre part celle des Mossis de Ouagadougou, des Yarsés de Ouagadougou, des Yarsés du Gourounsi et d'autre part encore celle des Malinkés, Kissiens, Soussous et autres populations de la Guinée Française.

Et encore, de toutes les cases-champignons du Soudan, celle des Mossis du Yatenga (et c'est vrai aussi de celle des Mossis de Ouagadougou) est une des plus médiocres avec sa porte basse où l'on n'entre qu'à quatre pattes, son mauvais entretien, etc. Déjà la case des Yarsés, quoique de la même famille, mais rappelant la case des Malinkés de la Haute-Guinée, est plus belle et plus haute et a une porte également plus haute. L'habitation est plus développée, les murs ont plus d'ampleur, enfin tout est beaucoup mieux entretenu. Les Maransés, qui, en venant s'établir dans le pays, ont délaissé les constructions quadrangulaires de leur pays d'origine (le Songhaï), ont adopté non pas la hutte-champignon mossi, mais la hutte-champignon yarsé meilleure et plus large.

En résumé, dans le Yatenga, on rencontre les types d'habitation suivants :

1º La paillotte conique, toute en paille, qui est l'habitation des Peuls.

2º La case-champignon, ronde, en terre battue avec toit en paille. C'est la case des Mossis, Foulsés, Yarsés, Maransés. Elle se subdivise en deux types : le type inférieur mossi et foulsé, le type supérieur yarsé et maransé.

3º La case rimaïbé. Les Rimaïbés sont, comme on le sait, les serfs des Peuls. Ceux du Yatenga, nombreux surtout chez les Foulbés Dialloubés, sont principalement d'origine tombo ou habbé et attachés ainsi ancestralement à la forme carrée et quadrangulaire des cases. Cependant entourés de gens (Mossis et Foulsés) habitant la hutte ronde à toit en paille, ils ont adopté une sorte de case très pittoresque qui constitue comme le moyen terme entre la case quadrangulaire à terrasse et la case ronde-champignon. Cette case, que l'on peut voir surtout entre Thou et Ouahigouya, a la grosseur et les proportions générales d'une case champignon, mais elle est carrée au lieu d'être ronde et est coiffée d'un petit toit de paille pointu, coquet et posé en bataille qui rappelle les toitures moyennageuses, au lieu du toit en paille rond, pacifique et souvent lamentable, à cause du manque d'entretien, des cases mossi et foulsé. Comme on le voit, la case rimaïbé, tout en étant de l'espèce générale des cases-champignons, constitue un genre à part, intermédiaire en fait entre la case quadrangulaire et la vraie case-champignon.

4° La case quadrangulaire à toit plat et à terrasse, tout en banquo. C'est la case des Samos du Yatenga et aussi de tous les Samos du Samorodougou.

Comme on le voit, le Yatenga possède toute la série des cases du Soudan depuis la case toute en paille des Peuls jusqu'à la case quadrangulaire et vaste toute en terre battue ou en briques crues des Samos, mais ce qui domine dans le pays c'est la case mossi et foulsé, c'est la case-champignon ordinaire si répandue dans tout le Soudan de l'Atlantique à la mer Rouge et encore de l'espèce la plus médiocre, beaucoup moins vaste et beaucoup moins belle que chez les Malinkés de Guinée, toujours dépourvue de vérandah alors qu'il y en a souvent chez ceux-ci. Le développement architectural se trouve donc complètement arrêté chez les Mossis et Foulsés de la contrée et non seulement le développement architectural mais encore le développement sculptural qui est le plus souvent, chez les primitifs, en fonction du premier. Ainsi nous ne trouverons pas ici comme chez les Gourounsis, comme chez les Nounoumas (voir mon *Noir du Soudan*, *passim*) des crocodiles ou des tortues sculptées en terre battue sur les grands murs blancs. Mais nous reviendrons là-dessus tout à l'heure.

Au moins y a-t-il chez nos gens quelques monuments, quelques édifices un peu plus remarquables que la case ordinaire si médiocre ? il y en a bien peu en vérité. Citons quelques cases de chefs barrées de gros traits blancs ce qui leur donne un aspect un peu plus pittoresque qu'aux autres. Citons à Ouahigouya même, le tombeau de naba Kango, tombeau dont nous avons déjà dit quelques mots à la Partie historique : c'est un petit édifice allongé et quadrangulaire abîmé par les pluies, se relevant légèrement d'un côté à l'autre. Sur l'une des faces (la petite face du côté ouest) il y a quelques dessins formés de briques : briques posées de biais et s'appuyant par le haut, formant triangles, creux et reliefs. Cette ornementation a un certain caractère. Les autres faces sont nues ainsi que la terrasse, le toit construit en briques crues. On s'introdui dans l'intérieur à quatre pattes par une ouverture ménagée sur le flanc nord et l'on se trouve dans une malheureuse chambre nègre au toit à moitié écroulé, sans nul mobilier. Les bois du plafond ont laissé échapper leur banquo et béent. Rien sur le sol, si ce n'est une planche peu haute et assez épaisse qui, paraît-il, constituait jadis ornée d'or et de cuivre, la coiffure, le diadème du naba Kango. Malheureusement il y a longtemps qu'il n'y a plus que la planche et que le cuivre et l'or ont disparu. Le corps même du naba repose sous la chambre funéraire mais l'ouverture du tombeau est à un ou deux mètres en dehors de l'édifice. De ce trou damé soigneusement on a creusé un boyau venant sous la chambre et c'est là que repose le corps. On continue à offrir des sacrifices funéraires au naba Kango et il y a un gardien de l'édifice, mais en définitive on ne le dirait pas, tellement celui-ci est mal entretenu et rongé par les pluies. Cependant, pour qu'il existe encore, il faut évidemment qu'on y travaille de temps en temps, car les pluies de l'hivernage sont terriblement destructrices contre de la terre battue et de la brique crue.

A côté sont les ruines de l'ancien palais-forteresse du naba Kango qui devait être superbe (pour un édifice nègre) d'après les proportions que révèlent ses vestiges. Il reste comme tels une petite colline en terre et des pans de murs dressés çà et là formant encore quatre ou cinq grosses aiguilles toujours debout. Rien de plus. Nous avons vu à la Partie historique qui a détruit cet édifice.

Somme toute l'architecture du Yatenga est piteuse et à peu près inexistante. Dans la région de Ouagadougou l'architecture ordinaire est la même qu'ici, mais les chefs se font faire des édifices plus pittoresques, au moins des façades d'habitation rappelant l'allure et le style de la face ouest du tombeau du naba Kango. Les briques formant triangle, les creux de mur, les reliefs sont fort employés. Il en est de même dans le Riziam où la façade de l'habitation du Riziam-naba est une assez belle chose et du reste n'est pas unique. Cela semblerait démontrer que les Mossis de Ouagadougou et du Riziam ont été quelque peu influencés, au point de vue architectural, par le style gourounsi-kipirsi, tandis que les Mossis du Yatenga, plus éloignés de cette influence, n'ont pas pu l'adopter et n'ont pas pu subir non plus l'influence de l'architecture tombo ou habbé trop reculée vers le nord-ouest.

Sculpture. — La sculpture en terre battue, dont on trouve des spécimens çà et là dans le Gourounsi, n'existe pas chez les Mossis du Yatenga et très peu chez les Foulsés (on me signale cependant que quelques femmes foulsé sculptent parfois sur les murs des cases des crocodiles ou des tortues, mais, pour mon compte, je n'en ai jamais vu). Quant à la sculpture sur bois elle a surtout pour objet les masques de danse et les grandes planches historiées qui les surmontent que nous avons décrites à la Religion à propos des Ouangos. Masques et planches sont l'œuvre des Foulsés, les Ouangos fabriquant eux-mêmes leurs accessoires. Ce sont ces immenses planches étroites de 2 mètres de haut qui surmontent les masques animaux qui donnent leur originalité à ces masques dans le Yatenga. Je ne les ai vus nulle part ailleurs.

En définitive, pour ainsi dire pas de sculpture en terre, quelque sculpture sur bois. Ce qui existe de part et d'autre appartient aux Foulsés et non aux Mossis.

Peinture. — Il paraît que les femmes foulsé (Ouindighi, etc.) font quelquefois à l'intérieur de leurs cases des peintures représentant différents objets : hommes, femmes, crocodiles, tortues, etc. Elles se servent pour ces dessins primitifs de noir, de blanc et de rouge. Pour le blanc elles emploient le kaolin, pour le noir le charbon et pour le rouge de la latérite, du ferrugineux bien pilé et bien écrasé.

On peut considérer aussi comme un embryon de peinture les dessins blancs sur fond rouge des longues planches historiées surmontant les masques de danse. La face des masques est peinte en blanc.

Le dessin n'a pas d'existence indépendante de la peinture dont nous venons de parler.

Littérature. — Nous en arrivons à la Littérature.

Elle n'existe bien entendu ici, comme dans tout le Soudan, que sous ses formes les plus basses et les plus primitives (contes, fables, légendes, proverbes, devinettes, chansons, chants funèbres, formules religieuses ou autres). Elle n'existe pas sous ses formes les plus hautes et les plus évoluées sous lesquelles nous sommes habitués à la considérer dans les pays civilisés (épopée, drame, tragédie, comédie, lyrisme, roman, critique, etc.). Bref il n'y a ici que les assises de la littérature des grands peuples, une littérature populaire relevant du folk-lore, et non une littérature civilisée et développée relevant de la critique littéraire.

Les contes et les fables sont ce qu'il y a de plus répandu ici et ce qui témoigne le plus d'une fécondité intellectuelle très relative du reste. Le cycle le plus développé, comme dans tout le Soudan, est le cycle du lièvre, l'animal rusé par excellence et qui joue dans ces pays-ci le rôle que le renard joue dans nos fabliaux du moyen âge et dans notre littérature occidentale. Le lièvre se moque particulièrement de la hyène, son souffre-douleur habituel, mais il se moque aussi avec la même facilité de l'éléphant qui est pourtant le roi des animaux soudanais et même d'Ouendé le dieu du ciel. On ne sait pas du reste pourquoi les Mossis (et les Soudanais en général) ont pris le lièvre comme symbole de l'habileté et de la ruse Il faut y voir peut-être l'effet de cette tendance du noir à rabaisser tout ce qui est fort au profit de ce qui est faible et petit : le nègre, qui a eu tant de fois à souffrir de la force brutale, aime à y opposer la force faite de ruse et d'intelligence des petits. Il exalte le lièvre aux dépens de l'éléphant et de la hyène, les oiseaux aux dépens des quadrupèdes, et, en effet, dans ces contes, les oiseaux, si petits et si désarmés dans le fait, triomphent toujours des quadrupèdes si gros et si forts. De même, si le lièvre trouve un rival en ruse, ce ne sera pas chez le lion et chez le léopard, bernés par lui comme la hyène, ce sera chez la perdrix (qui pourtant constitue en fait une proie si facile pour les chasseurs) ou mieux encore chez la pintade (en réalité si bête). Comme on le verra, en effet, en parcourant ces contes et ces fables, la perdrix est la rivale en ruses du lièvre et la pintade surpasse même celui-ci.

De là aussi la faiblesse du noir pour le petit enfant rusé. Celui-ci est le héros de nombreux contes et « met dedans », si l'on me permet cette expression vulgaire, rois, vieillards, hommes faits, jeunes gens, etc.

Comme on le voit le noir n'aime pas la grosse force brutale et dans ses contes, cette revanche de la réalité, il aime à la faire berner et écraser par les ruses de petites bêtes sans aucune vigueur corporelle.

La hyène, dans ces fables, représente, avec une force brutale indiscutable et une couardise non moins avérée, la gloutonnerie lourde et pataude, l'immoralité et la méchanceté les plus crues mais désarmantes à force d'ingénuité et de franchise, et surtout la plus effroyable stupidité. La hyène, toujours bernée et assommée en fin de compte, passe son temps à faire sa compagnie préférée du lièvre qui lui-même passe son existence à lui infliger les tours les plus féroces. Toujours trompée, jamais un soupçon ne lui vient contre son malicieux et cruel compagnon. Bref elle finit toujour par être étripée, du fait du lièvre, par l'organe de l'homme ou des animaux les plus forts que le lièvre excite contre elle. Enfin, si gloutonne, si méchante, si bête, si lâche soit-elle, elle finit par exciter la pitié à force d'être mise en fâcheuse posture par son démoniaque adversaire.

Un trait du caractère du lièvre à noter en passant : tandis que les autres bêtes sont les ennemies de l'homme, lui seul en est l'ami et dans tous les cas et toujours.

Parmi les autres animaux les plus souvent mis en scène, citons d'abord l'éléphant qui est, au Mossi et au Soudan, le roi des animaux, au moins des animaux terrestres. L'éléphant est le plus fort, le plus puissant matériellement de tous les quadrupèdes et, à cause de cela, il possède la royauté. Comme caractère il est balourd, plutôt porté à la gaîté, stupide et bon enfant. Lui aussi il se laisse tout le temps duper par le lièvre, quoiqu'il veuille de temps à autre entrer en lice avec lui pour l'écraser, le tuer, démontrer péremptoirement sa supériorité. Naturellement, la lutte engagée par l'éléphant se termine toujours par le triomphe du lièvre et le roi des animaux lui-même finit par reconnaître, ainsi du reste que Ouendé, qu'il n'y a rien à faire contre cette personnification de la ruse.

L'hippopotame est le roi de l'eau (ainsi qu'un animal mythique le zougoulougoubamba) et a à peu près le même caractère que l'éléphant.

L'autruche, le coq, l'aigle sont rois parmi les oiseaux, de par la force brutale, mais ce sont la perdrix et la pintade qui représentent la ruse, de façon à en remontrer même parfois au lièvre.

Parmi les autres animaux en vedette, citons le lion et la lionne qui représentent la grande force brutale en compagnie de l'éléphant et de l'hippopotame, mais cette force aussi doit plier devant la finesse et les tours extraordinaires de messire lièvre. Citons aussi le bouc qui représente la ruse comme ce dernier mais avec un certain cachet un peu différent.

On peut diviser en définitive les contes concernant les animaux en deux cycles : 1° le cycle du lièvre ; 2° le cycle des autres animaux, et celui-ci est loin d'être aussi important que le premier, malgré l'immense supériorité numérique des bêtes qu'il représente.

Il y a aussi d'autres cycles : celui de l'homme et, comme une espèce à part dans celui-ci, le cycle du petit garçon rusé ou du mauvais garçon. Ce cycle n'est pas très développé dans le Yatenga, mais, comme il l'est dans l'ensemble du Soudan, je l'ai constitué à l'état de cycle à part.

Ensuite viennent les légendes concernant les êtres et les choses, leur origine et qui sont généralement puériles. Le noir n'a pas le moindre sentiment de la naissance et de l'accroissement naturel des êtres. Il explique toujours le moins développé par le plus développé, l'antérieur par le postérieur. Du reste il ne faut pas trop le blâmer à cet égard, puisqu'en Europe même il a fallu en venir jusqu'au xix° siècle pour que le progrès de la réflexion et celui de la science positive aient fait admettre l'idée contraire et aient donné la notion des commencements, la notion du développement évolutif de l'être et de la vie.

Enfin j'ai constitué en dernier cycle les contes risqués, obscènes ou scatologiques. Bien entendu ils ne sont pas *ad usum puellarum*, quoique, au Yatenga, les vieillards les racontent tout crûment aux jeunes garçons. Le chapitre des ruses des femmes pour tromper leur mari y est, comme on pouvait s'y attendre, infini. Il y aurait là des comparaisons intéressantes à faire avec les contes de Boccace et de Lafontaine.

Nous allons rapporter maintenant, comme exemple de la littérature mossi et foulsé, les fables, légendes, contes recueillis par nous au Yatenga, répartis, comme nous venons de le dire, en les cycles suivants :

1° Cycle du lièvre ;

2° Cycle des autres animaux ;

3° Cycle de l'homme ;

4° Cycle du garçon avisé ;

5° Cycle des légendes des choses et des êtres ;

6° Cycle des contes risqués, obscènes ou scatologiques.

Commençons par le Cycle du Lièvre.

Cycle du Lièvre.

1re FABLE

Le lièvre demande à Ouendé de lui enseigner la ruse.

Autrefois le lièvre alla trouver Ouendé et lui dit : Je veux que tu me montres beaucoup de tours. — Apporte-moi alors trois choses, dit Ouendé. — Lesquelles? dit le lièvre. — Apporte-moi le lait d'une femelle de buffle, des larmes de serpent et une défense d'éléphant. Si tu m'apportes tout cela, je te montrerai tous les tours. Le lièvre redescendit sur la terre et alla d'abord trouver l'éléphant. — Tiens, dit le lièvre, je croyais que cet arbre était plus petit que toi, mais beaucoup de gens disent qu'il est plus grand et, à le bien considérer, je crois bien m'être trompé... Décidément, tu es plus petit que cet arbre ! — L'éléphant, piqué au vif, se leva sur ses pattes de derrière et pour montrer qu'il était plus grand que l'arbuste s'appuya sur lui, mais l'arbre se rompit sous le poids et l'éléphant tombant brutalement par terre se cassa une défense. Le lièvre se précipita sur la dent et l'offrit respectueusement à l'éléphant : Tu peux la jeter, dit celui-ci. A quoi me servirait-elle maintenant? Le lièvre la mit dans sa poche et s'en alla. Puis il alla trouver une vipère heurtante (1) qui était avec ses petits. Le lièvre se cacha non loin de là et quand la mère vipère s'en alla en promenade, il lui tua tous ses petits. Puis il se cacha de nouveau. Quand la mère vipère revint, elle trouva tous ses serpenteaux morts et se mit à pleurer. Le lièvre apparut : Ne pleures pas, lui dit-il, tu gagneras d'autres enfants. Bref il la consola, ramassa ses larmes et les mit dans une petite calebasse dont il s'était muni par avance. Puis il la quitta et, retournant chez lui, il pila du sel et le mélangeant avec de la farine de mil, il en fit une boule qu'il mit dans sa poche. Puis il gagna la brousse et y chercha une mère buffle. Il en trouva une à côté d'un baobab avec son petit. Le lièvre arriva en courant et, faisant semblant de buter contre le baobab, s'étala au pied de celui-ci. Que fais-tu là? dit la mère buffle et elle le renifla de fort près. Le lièvre sortit rapidement sa boule de sel et de farine et la lui mit sous le nez et presque sur la langue. La mère buffle y goûta et même trouva cela fort de son goût. — C'est bon? dit le lièvre. — Oui, dit la mère buffle. — Eh bien ! tous les jours j'en peux avoir une. J'arrive en courant, je donne un coup de tête contre le baobab et même je tombe, mais une boule de sel et de farine de mil se détache des branches du baobab et tombe par terre. Alors je la prends ! — Et si je faisais la même chose, dit la mère buffle alléchée. Ferais-je tomber des boules ? — Certes, dit le lièvre. La mère buffle alla à cent mètres de

---

(1) Faux trigonocéphale du Soudan, toutou en bambara, bonséré en mossi.

l'arbre, prit son élan, arriva en courant et donna un tel coup de tête dans le baobab que ses deux cornes s'enfoncèrent profondément dans le tronc.
— Attends, dit le lièvre, après l'avoir laissée faire des efforts infructueux pour se dégager. On peut mettre du lait autour de tes cornes pour qu'il soit plus facile de les faire sortir. — Tire du lait vite ! vite ! dit la mère buffle hors d'haleine et désespérée. Le lièvre prit sa calebasse, se mit à la traire, mit du lait autour des cornes, du reste sans aucun effet. Puis il partit avec ce qui restait de lait, laissant la mère buffle se débrouiller toute seule en compagnie de son bufflon.

Le lièvre revint trouvé Ouendé, lui rapportant la dent d'éléphant, les larmes de vipère et le lait de buffle et lui réclamant en retour les tours demandés. — Tu n'as qu'à partir, dit Ouendé. A quoi bon te donner d'autres ruses ? Tu les possèdes déjà toutes : je ne peux en ajouter à ton sac ni d'autres ni de plus extraordinaires. Va donc.....

Le lièvre quitta Ouendé et revint chez lui (1).

2º FABLE

Le lièvre et la hyène possesseurs d'un cheval.

Autrefois le lièvre et la hyène étaient camarades. Un jour ils attrapèrent un cheval : C'est moi qui l'ai vu le premier, dit la hyène. Il est à moi — Non, dit le lièvre, c'est moi qui l'ai vu le premier. — Et ils se disputè rent. — S'il en est ainsi, dit le lièvre, vendons le cheval et partageons-nous en les cauris. — Bon, dit la hyène, va le vendre et rapporte l'argent. — L lièvre cacha le cheval dans la brousse et revint : J'ai vendu le cheval con tre un bœuf, dit-il, mais je ne peux pas amener celui-ci. — Montre-moi o il est, dit la hyène. Le lièvre la mena dans la brousse et lui montra l'élé phant. — Voilà le bœuf, dit-il, amène-le si tu le peux — La hyène all mettre une corde au cou de l'éléphant et commença à tirer. L'éléphar suivit la hyène jusqu'à la case de celle-ci et fut attaché à un piquet. L lièvre avait accompagné la hyène. — Tuons-le, dit la hyène, et nous partagerons. — Non, dit le lièvre, c'est un trop joli bœuf. Tue-le si tu veux, moi je ne le tuerai pas. — Eh bien, moi, dit la hyène, je vais le tue Et elle alla chercher son couteau, pendant que le lièvre se cachait dar l'herbe. La hyène revint avec son couteau et en donna un coup à l'él phant. Celui-ci, blessé et furieux, rompit la corde, tomba sur la hyèn la prit par les pieds avec sa trompe, la frappa plusieurs fois sur le s pour l'assommer et puis l'avala. Ceci fait, il prit son trot pour rentr

---

(1) Racontée par les vieillards du Bingo à Ouahigouya. C'est une fable conn des Mandés avec quelques variantes. Confer la version malinké donnée dans l'*Es: de grammaire malinkée* par un Père de la Congrégation, 1896, p. 68.

dans la brousse. Alors le lièvre sortit de sa cachette, alla chercher le cheval et le ramena triomphalement chez lui (1).

3° FABLE

Le champ du lièvre, de l'éléphant et du chameau.

L'éléphant, le lièvre et le chameau voulaient faire un champ ensemble. Le lièvre dit : Nous allons travailler chacun un jour ; je commencerai, puis le chameau, puis l'éléphant. Ainsi fut fait. Le lièvre travailla beaucoup, le plus qu'il put le premier jour. Le chameau vint le lendemain et dit : Comment un animal si petit a-t-il pu faire un si grand lougan ? Moi qui suis bien plus fort, j'en ferai encore un plus grand. Et alors il débroussa un très grand espace. Le jour suivant l'éléphant vint et dit : Comment le chameau a-t-il pu faire un si grand travail ? Je ne l'en aurais pas cru capable. Mais moi, qui suis bien plus fort, j'en ferai encore bien davantage. Et il le fit comme il le dit. Puis ils semèrent, sarclèrent, etc. Vint le moment de la récolte. Le lièvre alla trouver l'éléphant : Il y a une bête dans notre champ qui mange le mil. Elle vient la nuit. Quand je veux la chasser elle saute sur moi pour me manger et je suis obligé de m'enfuir. Il faudrait que tu voies cela. — Bon ! dit l'éléphant. — Puis le lièvre alla dire la même chose au chameau. — J'irai voir dans la nuit, dit le chameau. — Le chameau arriva le premier, puis vint l'éléphant. Il entendit le bruit que faisait le chameau, courut sur lui et le frappa d'un coup de trompe sur le cou. Le chameau tomba par terre et se mit à hurler d'une façon si épouvantable que l'éléphant eut peur à son tour et se sauva. Il rencontra le lièvre : Prends ce champ, lui dit-il. Je ne veux pas d'un lougan où il y a des bêtes si effrayantes. Je te le donne à toi et au chameau. Le lendemain le chameau arriva chez le lièvre avec le cou gonflé. « J'en ai assez de ce champ, déclara-t-il. J'y suis allé hier et la bête dont tu m'as parlé s'est montrée plus forte que moi et a manqué de me tuer cette nuit. Je ne veux plus y retourner. Gardez le champ, l'éléphant et toi et faites-en ce que vous voudrez. »

Le lièvre resta donc maître tout seul du champ et en mangea tout le mil avec sa femme (2).

4° FABLE

Le lièvre et la hyène chasseurs

La hyène et le lièvre allèrent dans la brousse pour poser des filets. Le lièvre posa le sien par terre au bord d'un marigot. La hyène monta dans

---

(1) Du jeune Sainba demeurant au Bingo (Ouahigouya), apprise des vieillards du Bingo, connue des Foulsés.
(2) De Kounsanhogodo fils du Rassam-naba (Ouahigouya), apprise des vieillards du Bingo, connue des Foulsés.

un arbre et y plaça ses rets. Puis ils retournèrent chez eux. Le lendemain matin, de très bonne heure, la hyène partit pour visiter les filets sans prévenir le lièvre. Le sien avait attrapé un petit oiseau ; celui du lièvre retenait une biche. La hyène prit la biche, la monta dans l'arbre, la mit dans son filet, puis transporta son oiseau dans le filet du lièvre. Cela fait elle retourna au village. Mon frère lièvre, dit-elle, ne pourrions-nous pas aller visiter nos filets ? — Si fait, dit le lièvre. Ils partirent donc : J'ai comme une idée, dit la hyène avant d'arriver, que mon filet attrapera une biche. — Ce serait difficile, dit le lièvre, ton filet étant dans un arbre. Cependant quand ils furent sur les lieux ils virent une biche dans le filet de la hyène : Tu vois, dit celle-ci, j'avais raison, il y a une biche dans mon filet. — C'est bon, dit le lièvre, ça va bien. La hyène monta détacher sa biche et le lièvre prit son petit oiseau. Cependant il remarquait les traces de la hyène à côté de son filet : Ces traces ressemblent bien aux tiennes, dit-il à la hyène. — Ce sont mes traces d'hier, répondit celle-ci. Le lièvre ne répondit rien et ils se remirent en route pour rentrer chez eux. Cependant ils rencontrèrent un très gros léna (1) portant des fruits mûrs. Voilà un arbre agréable à voir, dit le lièvre, reposons-nous un peu ici en en suçant les fruits. La hyène acquiesça et montant sur l'arbre fit tomber des prunes rouges. Cependant le lièvre faisait sauter les yeux de la biche morte et les remplaçait par des fruits du léna. Quand il eut terminé : Regarde par terre, dit-il à la hyène. Ta biche n'est pas une biche, mais une méchante bête que je ne connais pas. Ses yeux sont devenus rouges. Elle veut me manger. Je me sauve. La hyène regarda à terre et voyant les yeux rouges fulgurants se laissa tomber de l'arbre, pleine de frayeur et ayant touché terre se sauva. Quant au lièvre qui était aux aguets, peu loin de là, il prit la biche et retourna chez lui. Là il lui coupa la gorge et mit du sang plein une calebasse. Cependant la hyène envoyait son fils chez le lièvre pour le convier à une promenade. Dès que la petite hyène entra chez lui, le lièvre lui envoya le sang de la calebasse sur le museau, puis, comme la petite hyène effrayée courait vers la case de son père, lui-même y courut plus rapidement encore : La méchante bête aux yeux rouges nous attaque, lui cria-t-il. Je l'ai blessée d'un coup de couteau et elle est pleine de sang, mais elle court vers ta case. Prends garde à toi ! La hyène, voyant arriver son fils courant et ne le reconnaissant pas sous son masque de sang, prit un bâton et, dès qu'il fut à portée, lui en administra un coup terrible en disant : Voilà pour toi ! Puis elle se sauva pendant que la petite hyène tombait morte. Pendant ce temps, le lièvre rentrait chez lui pour manger la biche à son aise (2).

(1) N'tongué en bambara. Voir à la Cueillette.
(2) De Kogoda qui l'a entendu raconter par les vieillards de Ingahné, donc fable foulsé. Connue en pays mandé.

5ᵉ FABLE

Le champ des animaux

Toutes les bêtes de la brousse se réunirent un jour pour faire un grand champ. Quand le mil fut mûr on le récolta et on le mit dans un grenier. Maintenant, dit le lièvre, que chacun aille chercher sa nourriture pour la saison sèche. C'est pendant la saison des pluies prochaine que nous nous réunirons pour manger ce mil. L'éléphant goûta l'avis : Que dans six mois, dit-il, tout le monde soit réuni ici pour que nous mangions notre mil ensemble. En attendant, allons ! Chacun partit donc de son côté, sauf le lièvre qui appela sa femme et resta là avec elle pendant toute la saison sèche à manger la provision, sauf un peu de mil qu'il réserva. Cependant les bêtes, le moment fixé étant venu, se réunirent. Toutes étaient là, sauf le lièvre qu'on chercha puisqu'il avait droit à sa part, mais qu'on ne pouvait trouver. A la fin il arriva tout couvert de poussière, s'excusant de son retard sur la longueur de la route. Nous sommes maintenant au complet, dit l'éléphant, ouvrons le grenier. On l'ouvrit mais, à la stupéfaction générale, on ne trouva qu'un petit reste de mil. L'éléphant interrogea les animaux sans trouver le coupable : Qu'on me donne ce restant de mil, dit le lièvre, j'en ferai un grigri qui découvrira le coupable. On lui donna le mil bien pilé et bien écrasé et il y mélangea une grande quantité de poudre de piment. On va goûter à ce mil, dit le lièvre, et celui qu'il fera tousser et p... sera le coupable. Celui à qui la farine ne fera rien sera innocent. Je commence moi-même. Alors il mangea un peu de farine, mais, au lieu de l'avaler, il la fit passer dans ses bajoues, puis il invita les autres bêtes à faire de même. L'hyène, toujours gloutonne, dit : Je veux passer après le lièvre ! — C'est bien, dit l'éléphant, vas-y. La hyène se jeta sur le mil et l'avala d'un seul coup, mais c'était si fort qu'elle se mit à tousser, pisser, p... et ch... partout. Alors les bêtes d'une seule voix s'écrièrent : C'est la hyène la voleuse ! et tous s'élançant sur elle la battirent et la tuèrent.

Depuis cette aventure, les bêtes de la brousse ne font plus de champs ensemble (1).

6ᵉ FABLE

La biche aux yeux rouges

Le lièvre vint trouver la hyène en lui disant : Viens avec moi à la commémoration de mon beau-père, mais allons d'abord chercher du miel

---

(1) Du jeune Ranéguémia, demeurant au Bingo (Ouahigouya), apprise des vieillards du Bingo, connue des Foulsés.

pour pouvoir offrir un présent. La hyène alla au marigot et remplit sa peau de bouc de boue disant : Ceci est du miel. Le lièvre, lui, prit du vrai miel dans un trou de baobab. Puis ils allèrent à la commémoration. La hyène insista pour qu'on lui apportât une calebasse bien propre et y versa sa boue, ce qui fit rire tout le monde et ce qui fit qu'on se moqua d'elle. Le lièvre demanda à son tour une calebasse propre et y versa son miel, ce qui fut fort apprécié de l'assistance. La fête commença, on donna du bon sarabou au lièvre, du mauvais à la hyène qui fut encore vexée davantage de cela que des plaisanteries que lui avait valu son espèce de miel. Cependant la fête finissant, on donna une chèvre à la hyène et un chien au lièvre. Quand les deux compères furent sortis du village, la hyène voulut tout de suite manger sa chèvre ! Non, dit le lièvre qui s'y opposa. On nous a donné ces bêtes pour nous servir et non pour les tuer. Cependant ils virent une biche dans la brousse et pour l'attraper la hyène quitta sa chèvre. Mais ce fut le chien du lièvre qui attrapa la biche. Cela ne faisait pas l'affaire de la hyène qui prétendit que c'était sa chèvre qui avait attrapé la biche. Cependant, tout en se disputant, ils tuèrent la biche. Quand elle fut tuée : Qui la portera ? dit le lièvre. — Moi, dit la hyène, car elle m'appartient. — Ça va, dit le lièvre. Cependant ils arrivèrent auprès d'un léna qui par hasard était très grand. — Je connais cet arbre, dit le lièvre. Quand quelqu'un y monte et en mange les fruits sans regarder en bas, il devient riche et possède toutes sortes de biens. — Alors c'est moi qui vais y monter la première, dit la hyène. Lièvre, reste en bas. Tu monteras après moi. La hyène monta donc et se mit à manger les petits fruits jaunes très verjus sans regarder en bas. Le lièvre cependant faisait sauter les deux yeux de la biche, et y mettait deux prunes du léna bien mûres et les plus rouges qu'il put trouver. Puis il plaça les pattes de la biche contre l'arbre, comme si celle-ci voulait y grimper. Cela fait, il se mit à pousser des cris en hurlant : La biche veut me manger ! puis il cria à la hyène : La biche est devenue une bête féroce aux yeux rouges et elle veut grimper sur l'arbre et te manger. Puis il s'enfuit. La hyène, étonnée, regarda en bas, vit la biche aux yeux étranges et pris de peur et n'osant pas descendre par le tronc, se laissa tomber par terre d'une branche. Elle se cassa une patte dans sa chute, mais se sauva néanmoins. Le lièvre cependant revenait, riant sous cape, et prenant la biche morte, la chèvre de la hyène et son propre chien ramenait le tout chez lui et faisait bombance. Cependant la hyène revenue chez elle alla à la case du lièvre et, dès qu'elle le vit, lui demanda : Qu'est devenue ma chèvre ? — Je n'en sais rien, dit le lièvre. Je me suis enfui et me voici. — Retournons là-bas, dit la hyène. — Je veux bien, dit le lièvre. — Demain matin, dit la hyène. — De bonne heure, ajoute le lièvre. Cependant, pendant la nuit, le lièvre appelle sa femme et lui remet une de ces calebasses à col recourbé où les Peuls mettent leur beurre, mais vide. Il l'envoie auprès du grand léna en lui disant que quand ils approcheraient elle n'avait qu'à souffler dedans et à faire le plus grand bruit possible. Cependant, le lendemain matin, nos deux compères approchant perçoivent un bruit étrange et épouvantable : Entends-tu ? dit le lièvre. La bête est là-bas encore... Là-dessus il détale... et la hyène avec lui. De ce jour celle-ci ne parla plus de retourner chercher sa chèvre (1).

7° FABLE
La case des jours de pluie

Toutes les bêtes de la brousse se réunirent, disant qu'elles allaient faire une grande case à cause de la pluie. Mais le lièvre refusa de venir, disant qu'il était malade, chaque fois qu'on l'envoyait chercher. Cependant on termina la case et trois jours après la pluie commença à tomber. Le lièvre accourut au grand galop pour s'y réfugier, mais les autres bêtes l'en chassèrent indignées. Le lièvre resta donc dehors exposé à la pluie, puis le soleil revint et toutes les bêtes se dispersèrent dans la brousse pour aller chercher leur nourriture. Le lièvre, de son côté, se procura une très grosse flûte. Cinq jours après, la pluie recommença à tomber. Le lièvre arriva en courant et entra le premier dans la case avec son instrument. Il chercha un coin où il se cacha bien. Cependant les autres bêtes entraient à leur tour. Quand elles y furent toutes, le lièvre se mit à jouer de la flûte avec violence, ce qui effraya tellement les bêtes qu'elles s'enfuirent en s'écrasant. Dehors cependant elles finirent par s'arrêter et on se demanda : Qu'y avait-il dans la case ? — Je n'en sais rien, je n'en sais rien, répondaient les bêtes. — L'éléphant ordonna alors à l'outarde d'aller voir ce qu'il y avait. Quand l'outarde arriva, le lièvre se remit à jouer de la flûte avec fureur et l'outarde, se sauvant, alla dire que la chose effroyable était toujours dans la case. L'éléphant alors eut l'idée d'envoyer le chat qui, marchant sans bruit, pourrait arriver à la hutte sans donner l'alarme et verrait prudemment ce qu'il y avait dedans. Le chat se cacha au bord de la porte et entendit de nouveau le bruit, le lièvre soufflant sans fin dans sa flûte. — Il n'y a pas moyen de rentrer, dit le chat. La chose redoutable fait toujours du bruit. L'éléphant alors envoya la hyène. En approchant de la case, celle-ci entendit du bruit et se sauva sans même aller jusqu'à la porte. — Je suis entré dans la case, dit-il et la chose a voulu me donner un coup de lance. Je me suis enfui, elle m'a poursuivi mais n'a pas pu m'attraper. Enfin, bref, je suis sain et sauf et me voici. — S'il en est ainsi, dit l'éléphant, il faut abandonner la case. N'y allons donc plus. De ce jour les animaux abandonnèrent la case au grand profit du lièvre qui en fit son lieu de refuge ordinaire pour les jours de pluie (2).

(1) Du jeune Ranéguémia du Bingo (Ouahigouya), apprise des vieillards du Bingo, connue des Foulsés et des Mandés.
(2) Du jeune Ranéguémia demeurant au Bingo (quartier de Ouahigouya), apprise des vieillards du Bingo, connue des Foulsés.

8ᵉ FABLE

Le lièvre ami de l'homme

Un jour le lièvre monta sur une biche pour aller à la commémoration de son beau-père. En passant auprès d'un arbre, il vit un homme perché dessus. — Que fais-tu là ? dit le lièvre. — Les bêtes veulent me tuer, dit l'homme. Je me réfugie ici pour qu'elles ne me mangent pas. — N'aie pas peur, dit le lièvre. Je te sauverai. — Les bêtes arrivèrent, mais le lièvre avait été chercher une calebasse pleine d'abeilles qu'il lâcha au milieu des animaux et celles-ci se précipitèrent pleines de furie sur ceux-ci. Toutes les bêtes s'enfuirent donc. L'homme descendit de son arbre : Tu m'as rendu un grand service, dit-il au lièvre. Attends-moi, je vais te récompenser. — Il alla chez lui et rapporta un gros mouton bien gras qu'il donna au lièvre. Celui-ci enfourcha le mouton et continua sa route jusqu'aux cases du beau-père. Il donna le mouton aux parents de celui-ci et l'on célébra la commémoration (1).

9ᵉ FABLE

Les beignets

Le lièvre et la hyène, en promenade, virent des beignets sur un arbre. Monte, dit la hyène au lièvre, je vais avec toi. Tous les deux montèrent, mais à mesure qu'ils montaient, les branches s'éloignaient vers le ciel. Ils allèrent ainsi jusque chez Ouendé. — Que venez-vous faire ici ? dit celui-ci. — Ils expliquèrent l'affaire et demandèrent que le dieu les fît descendre. Ouendé fit venir une grande bande de coton et attacha le lièvre au bout après lui avoir donné un tambour et une baguette. Il le fit descendre sur la terre après lui avoir recommandé de frapper son tam-tam en arrivant sur le sol pour qu'il fût averti et remontât la bande de coton. Le lièvre descendit, frappa le tambour et Ouendé remonta la bande de coton. Au tour de la hyène maintenant. Celle-ci descendit, mais avant d'être à terre elle aperçut tout en bas, une biche morte. Elle fut si contente qu'elle se mit, dans l'excès de sa jubilation, à frapper le tamtam sans réfléchir à rien. Entendant cela Ouendé la crut à terre et coupa la bande de coton ce qui fit que la hyène tomba d'en haut et se brisa les reins.

Mais la bande de coton tombée avec elle servit de modèle aux hommes qui ne savaient pas jusque-là en fabriquer. C'est ainsi que naquit l'art du tisserand (2).

(1) Du jeune Bobodo demeurant au Bingo (quartier de Ouahigouya).
(2) Du jeune Ranéguémia demeurant au Bingo (Ouahigouya).

10ᵉ FABLE

L'ingratitude punie

Ouendé avait une mère chèvre qu'il confia à une vieille femme. Un jour la hyène arriva et mangea tous les petits de la chèvre, pendant que celle-ci n'était pas là. Quand mère chèvre revint, elle n'en retrouva plus que les têtes devant les cases. Alors elle creusa un puits et en dissimula l'orifice avec une natte. Elle ramassa soigneusement toutes les têtes de ses enfants et les mit sur la natte. Le lendemain la hyène revint et, ne trouvant pas autre chose, se jeta sur les têtes si bien qu'elle tomba dans le puits. A ce moment-là un âne passa à côté. — Mon frère âne, dit la hyène, ne pourrais-tu pas me faire sortir ? — Si, dit l'âne, à condition qu'après tu ne me fasses pas de mal. — Si tu me sors, je ne te ferai pas de mal. — L'âne laissa pendre sa queue dans le puits et la hyène s'y agrippant en sortit. Sitôt qu'elle fût dehors : Je vais te manger, dit-elle à l'âne, car j'ai faim. — Je t'ai fait du bien, dit l'âne résigné, tu me fais du mal, mais Dieu te punira ! — A ce moment-là survint le lièvre : Qu'est-ce qu'il y a ? dit le lièvre. L'âne expliqua l'affaire. — Ce n'est pas vrai tout cela, dit le lièvre. Il est impossible que la hyène soit sortie du puits avec ta queue. — Si, c'est vrai, dit l'âne. — Est-ce vrai ? dit le lièvre en se tournant vers la hyène. — Oui, c'est vrai, dit la hyène. — Non ce n'est pas vrai, dit le lièvre, c'est impossible. — Eh bien tu vas voir, dit la hyène piquée. Et elle descendit dans le puits en se servant toujours de la queue de l'âne. Quand elle y fut, s'apprêtant à remonter : Mon ami, dit le lièvre à l'âne, ne connais-tu pas un chemin direct pour retourner chez toi ? — Si, dit l'âne et il s'enfuit. Le lièvre s'en alla à son tour et la hyène restée dans le puits y creva (1).

11ᵉ FABLE

La reconnaissance du caïman

Un chasseur étant allé chasser trouva un caïman sur une colline loin de toute mare. Le chasseur qui était bon dit au caïman : J'ai peur de toi, sans cela je te rapporterais sur ma tête jusqu'à la mare. — Si tu fais cela, dit le caïman, je serai bien content et je ne te ferai pas de mal. Il y a longtemps que je suis ici ne pouvant bouger et souffrant de la faim et de la soif. — Le chasseur prit le caïman sur sa tête et le porta dans la

---

(1) Du jeune Tengaboumbou demeurant au Bingo (quartier de Ouahigouya), apprise des vieillards du Bingo.

mare. Quand il l'eût mis dans l'eau il voulut s'en aller, mais le caïman l'attrapa par un pied. — Qu'est-ce qu'il y a? dit le chasseur. — Il y a longtemps que je n'ai mangé, dit le caïman. Je vais donc te manger d'abord, puis je me mettrai à la recherche d'autre nourriture... Alors le chasseur se mit à crier et le lièvre en entendant cela accourut. Il trouva le malheureux chasseur en train de se débattre contre le crocodile qui voulait l'entraîner plus loin pour le noyer. — Qu'est-ce qu'il y a? dit-il. — Le chasseur raconta comme il put l'affaire. — Ce n'est pas vrai, dit le lièvre, comment aurais-tu pu porter sur ta tête un si gros caïman? — C'est vrai, dit le chasseur, demande-le lui. Le lièvre demanda au caïman : C'est vrai, dit celui-ci. — Ce n'est pas vrai, dit le lièvre. Le chasseur n'a qu'à te prendre, à te reporter sur la colline, puis à revenir jusqu'ici : quand j'aurai vu je croirai, mais avant pas ! — Alors le chasseur remit le caïman sur sa tête, avec l'assentiment de celui-ci et le reporta jusqu'à la colline où il le mit à terre pour se reposer un instant. — C'est bien là que tu l'as trouvé? dit le lièvre au chasseur. — Oui. — C'est bien là qu'il t'a trouvé? dit-il au caïman. — Certainement! — Eh bien alors, dit le lièvre au chasseur, laisse-le là puisqu'il paye ainsi les services par l'ingratitude et qu'il meure de faim dans cette désolation. — Lièvre et chasseur se sauvèrent ensemble et le caïman mourut de faim (1).

12ᵉ FABLE

L'éléphant qui jouait au wari

Le lièvre et l'éléphant étaient devenus camarades. Ils jouaient au wari. L'éléphant ayant gagné et ramassé toutes les balles de fer du lièvre, celui-ci se fâcha, ce qui fit tellement rire l'éléphant qu'il se coucha par terre en se tenant le ventre à deux pattes. Et il riait tellement qu'il ouvrait le derrière tout grand. Le lièvre, qui ne perd jamais le nord, entra vivement par ce pertuis dans le corps de l'éléphant et se mit à couper tout ce qu'il put de viande et de graisse pour la mettre dans sa sacoche. Mais il ne pouvait plus sortir. Il dut attendre que l'éléphant fut pris d'une grosse envie et ouvrit alors le derrière, ce qui lui permit de se précipiter dehors avec son butin. Il alla chez lui manger tout cela avec sa femme. La femme de la hyène étant venue voir son amie fut frappée de cette abondance de victuailles et alla raconter la chose à son mari. — La femme du lièvre fait tous les jours ripaille, lui dit-elle, tandis que toi tu me laisses mourir de faim. — La hyène s'empressa d'aller trouver le lièvre. — Où trouves-tu donc toute cette viande dont me parle ma femme? — C'est mon ami l'éléphant

(1) Du jeune Tengaboumbou demeurant au Bingo (Ouahigouya), connue des Foulsés, connue des Mandés.

qui me la procure. — Comment cela? — Je joue au wari avec lui et quand il gagne il est tellement content qu'il se roule par terre et ouvre le derrière tout grand. Alors j'entre par là et je coupe la viande que je veux, puis, quand il ouvre de nouveau le derrière pour quelque besoin, je sors. — Eh bien, dit la hyène, demain j'irai avec toi. — Volontiers, dit le lièvre. Le lendemain nos deux compères partirent pour aller voir l'éléphant. Le lièvre commença à jouer au wari et fit exprès de perdre, comme il le faisait depuis longtemps. Alors l'éléphant, toujours heureux de gagner, se mit à se tordre, se roula par terre et ouvrit son derrière, si bien que le lièvre et la hyène entrèrent dedans. — Pars devant, dit le lièvre, vers le cœur où il y a de si bonne graisse et de si bonne viande. Moi, je reste par ici. Lièvre et hyène commencèrent à couper partout. Mais la hyène brutale, ayant tranché d'un seul coup le cœur de l'éléphant, celui-ci tomba mort par terre. — Tu n'es qu'un imbécile, qu'un butor, dit le lièvre à la hyène. Voici que tu as tué l'éléphant et que nous ne pourrons plus sortir. Pendant qu'ils se lamentaient, un chasseur passant par là, vit l'éléphant gisant à terre, mort. Il alla immédiatement au village pour avertir les gens et leur dire de venir dépecer l'éléphant. Les gens vinrent et commencèrent à couper en quartiers cette grosse masse. Entendant cela : Va dans le gros intestin, dit le lièvre à la hyène ; moi, je vais me mettre dans le petit. Quand les gens en arrivèrent aux intestins, ils donnèrent le petit aux enfants qui étaient là, pour en faire ce qu'ils voudraient. Les enfants allèrent le vider dans la brousse et le lièvre s'échappa ainsi. Après être allé se laver, et redevenu propre, il prit un bâton et rejoignit les gens qui continuaient à dépecer l'éléphant : Bonjour, bonnes gens, dit le lièvre. — Bonjour, bouga (devin), dirent les gens trompés par son grand bâton. — Qui a tué cet éléphant ? dit le faux devin — Nous ne le savons pas plus que toi, dirent les gens. Vois-le toi-même. — Le lièvre se mit à interroger la poussière comme un vrai bouga, et, après toutes sortes de simagrées, finit par dire qu'il savait qui avait tué l'éléphant. — Prenez le gros intestin, attachez-le bien et portez-le un peu plus loin. — Quand ce fut fait : Maintenant, dit-il, celui qui a tué l'éléphant est là-dedans. Prenez des bâtons, frappez bien et vous le tuerez. Puis vous ouvrirez et vous verrez ce que c'est. Tous apportèrent des bâtons et frappèrent. Le gros intestin se mit à se rouler par terre de ci, de là. — Ah oui ! c'est bien vrai qu'il y a quelque chose dedans, dirent les gens et ils frappèrent dessus jusqu'à ce qu'il ne bougeât plus. Puis on ouvrit et on trouva la hyène morte. — Voilà qui a tué l'éléphant, dit le lièvre. Alors les gens donnèrent une partie de la viande de l'éléphant au lièvre qui l'emporta chez lui et la mangea avec sa femme (1).

---

(1) Du jeune Pabéba demeurant à Somniaga. Connue des Foulsés et également connue chez les Mandés.

13ᵉ FABLE

Le lièvre, la hyène et les lionceaux

Le lièvre appela la hyène : Il y a là-bas deux petites biches que nous allons ramasser et manger. — Partons, dit la hyène. Les petites biches n'étaient pas des biches, mais deux lionceaux. — Prenons-en chacun un, dit le lièvre. Quant à moi, je vais tuer tout de suite le mien. Il prit de la paille et la brisa. La hyène crut que le lionceau du lièvre était tué et tua le sien. Puis le lièvre, sous prétexte de guider la hyène, se jeta entre les pattes de la lionne. — Je te rapporte tes enfants, dit-il. Une autre fois ne les laisse pas traîner. Tiens ! voici celui dont je me suis chargé. La hyène en a un autre et va te le donner. — Donne-moi mon enfant, dit la lionne à la hyène, que je le fasse téter. — La hyène jeta sa peau de bouc par terre et se sauva, mais la lionne, pleine de fureur, la rattrapa et la tua. Depuis cette époque lions et hyènes sont toujours ennemis (1).

14ᵉ FABLE

Le champ de la hyène et du lièvre

La hyène et le lièvre convinrent de faire un grand champ. Quand le mil fut mûr, le lièvre pendant la nuit alla voler une grande partie de la récolte et l'emmena chez lui. Puis il alla déclarer à la hyène que des voleurs avaient dévasté le champ. — Allons voir, dit la hyène. — Quand ils eurent vu : Cherchons les voleurs, dit la hyène. Ils cherchèrent sans rien trouver et allèrent alors voir le lion. Celui-ci réunit tous les animaux et leur demanda : Qui a volé le mil du lièvre et de la hyène ? — Tout le monde protesta de son innocence. Le léopard dit : Couchons-nous sur la place. La lune se lèvera cette nuit et, si elle tombe sur le derrière de quelqu'un c'est celui-là le voleur ! — La lune se leva et tomba sur le derrière du lièvre, comme il fallait s'y attendre. Le lièvre vit la chose et prenant vivement de sa main droite le rayon de lune le mit sur le derrière de l'hyène. Puis, il se mit à crier. Tout le monde se leva, vit la lune sur le derrière de la hyène et on se précipita pour la prendre. Mais elle courut au loin, s'échappa et se perdit et le lièvre demeura maître du champ (2)

15ᵉ FABLE

Le lièvre et la mère crocodile

Autrefois un lion et une vieille femme étaient camarades. La femme dit au lion : Réunis demain tous les animaux sauvages pour qu'ils viennent

(1) De Kounsankodo Ouidiraogo, fils du Rassam-naba, demeurant à Ouahigonya
(2) Du jeune Dimmanagado demeurant au quartier du Bingo (Ouahigonya). Fable connue également des Mandés.

cultiver mon champ. Le lion envoya un messager et le lendemain tous les animaux sauvages arrivèrent. Quand ils eurent cultivé ils vinrent dire à la vieille femme que c'était fini. La femme les appela tous par leurs sondérés (nom de clan). — Comment connais-tu nos sondérés? dirent les animaux. — Je les connais sans qu'on me les ait dits, dit la vieille femme. — C'est impossible, dirent les animaux. — On accusa tour à tour la hyène, le lion, le lièvre de cette indiscrétion, mais tout le monde s'en défendit (En fait c'était le lièvre qui avait dit tous les sondérés à la vieille femme). — Sautons par dessus le puits, dirent les animaux, en jurant par Ouendé que nous n'avons pas été indiscrets. Le menteur tombera dans le puits. — Ils commencèrent à le faire. Quand vint le tour du lièvre, il jura aussi mais tomba dans le puits. En dégringolant, il tomba sur une mère crocodile aveugle et sur ses enfants. — Que viens-tu faire ici? dit la mère crocodile. — Le lièvre, avec son aplomb habituel : Te voir, pas autre chose. — Eh bien! dit la mère crocodile, apporte le canari plein de haricots qui est sur le feu. S'il est cuit, nous allons le manger. — Il est cuit, dit le lièvre. — Il l'apporte et on mangea. — C'est médiocrement bon, dit le lièvre. Je sais une meilleure manière de préparer les haricots. — Eh bien, tu les cuiras demain, dit la mère crocodile. Le lendemain venu le lièvre attrapa un petit caïman et le mit dans le canari avec les haricots. — C'est rudement bon, dit la mère crocodile en mangeant, c'est bien meilleur en effet qu'hier. Tu es un excellent cuisinier et tu ne t'étais pas vanté. Maintenant, avant que tu partes, tu feras cuire les haricots tous les jours. — Et tous les jours le lièvre mettait un petit crocodile dans la marmite, cela jusqu'à ce qu'il restât seul avec la mère crocodile. — Alors : Mère crocodile, fais rentrer tes enfants. Ils sortent par ce puits en grimpant le long des parois et gagnent la campagne. Ils sont tous sortis. Mais il y a beaucoup de méchantes gens qui, s'ils les rencontrent, les attraperont et les mangeront. — Je vais sortir pour les faire rentrer, dit mère crocodile. — Emporte-moi sur ton dos, dit le lièvre. Comme tu ne vois pas clair, je te dirai où sont tes petits. — La mère crocodile accepta, et, grimpant le long des parois du puits, fit sortir le lièvre. — Où sont mes petits? dit la mère crocodile. — Loin, loin! dit le lièvre. — La mère crocodile alla loin dans la campagne. Le lièvre sauta alors de dessus son dos. Attends-moi, dit-il, que j'aille faire mes besoins. Je reviens. — Le lièvre rencontra des chasseurs qui coururent après lui, mais, malin, il dirigea sa course vers la mère crocodile. Les chasseurs tombèrent donc sur celle-ci. — Ah voilà un gros caïman, dirent-ils. Belle pièce! Ce n'est plus la peine de poursuivre un lièvre. — Ils tuèrent donc la mère crocodile, tandis que le lièvre, content de lui, regagnait ses pénates (1).

(1) De Gompoko, jeune fille du quartier du Bingo (Ouahigouya). Appris des vieillards du même quartier. Fable connue des Foulsés.

16ᵉ FABLE

Le lièvre sur l'éléphant

Le beau-père du lièvre étant mort, on envoya quelqu'un pour avertir celui-ci. — Bon ! dit le lièvre. Je vais venir tout à l'heure sur un éléphant. — Quelle bêtise ! dirent les gens en haussant les épaules. L'éléphant est plus fort que toi et ne voudra pas te porter ! — Le lièvre alla trouver l'éléphant et lui dit que son beau-père venait de mourir, laissant de grandes richesses. — Allons-y, dit l'éléphant. — Je vais monter sur ton dos, dit le lièvre, et je te récompenserai en revenant en te donnant quelque chose de grande valeur. Le lièvre monta donc sur l'éléphant, puis au milieu de la brousse lui enfonça un morceau de bois pointu dans l'oreille. — Aïe ! qu'est-ce ? dit l'éléphant. — Un coup de vent va venir et terrible, dit le lièvre. Pour qu'il ne te fasse pas de mal, je te bouche l'oreille. — Bon ! dit l'éléphant. On continua et on arriva à la maison du beau-père. Le lièvre descendit, mais l'éléphant, ayant l'oreille gonflée, tomba malade et mourut. — Je vous avais dit que je viendrais sur un éléphant, dit le lièvre. Je l'ai fait. Mais voici qu'il est tombé malade et qu'il est mort. Je vous le donne. — Les gens du village découpèrent la chair de l'éléphant et la mangèrent, puis chacun retourna chez soi (1).

17ᵉ FABLE

Les œufs de pintade

Le lièvre et la hyène cherchaient de concert des œufs de pintade dans la brousse. Le lièvre trouva le premier des œufs. — En voilà ! dit-il. — Combien ? dit la hyène. — Beaucoup ! dit le lièvre. — Ne touche pas à ceux-ci, dit la hyène, c'est ma femme qui les a mis ici. — Le lièvre les laissa et la hyène les ramassa. Plus loin le lièvre trouva de nouveaux œufs : En voici encore ! dit-il. — Combien ? dit la hyène. — Beaucoup ! — Ne touche pas à ceux-ci, dit la hyène, c'est encore ma femme qui les a mis là ! — Et elle les prit. Une troisième fois le lièvre trouva des œufs et la hyène les réclama encore comme siens. Mais la quatrième fois : Voilà des œufs ! dit le lièvre. — Combien ? dit la hyène. — Un seul, dit le lièvre. — Tu n'as qu'à le prendre, dit la hyène, ce n'est pas ma femme qui a mis celui-là ici. — Après cette expédition la hyène et le lièvre revinrent chez eux. Alors le lièvre prit le seul œuf qu'il avait rapporté, le mit au centre d'une boule d'argile et attacha cette boule à son genou. — Il alla trouver la hyène en boîtant. — Qu'est-ce que tu as ? dit celle-ci. —

(1) De la même Gompoko.

Je suis malade, dit le lièvre. — Qu'est-ce qui t'est arrivé depuis tout-à l'heure ? — Rien, j'ai seulement mangé mon œuf de pintade : immédiatement après mon genou s'est gonflé et cette grosse boule en est sortie. — Ah ! fichtre ! dit la hyène. Les œufs de pintade ne sont pas bons. Femme, jette dehors tous ceux que j'ai ramassés. — Le lièvre, riant sous cape, retourna chez lui, défit son bandage, puis revint avec sa femme, qui portait une corbeille, ramasser tous les œufs. Puis il alla ensuite tranquillement les manger chez lui (1).

18ᵉ FABLE

Le léopard, le lièvre et les termites

Il y avait un sabaga à côté d'un bouquet d'arbres et qui donnait des fruits très savoureux. Tous les animaux voulaient en manger, mais ne pouvaient le faire à cause du léopard auquel appartenait ce sabaga et qui s'en réservait les fruits. Un jour le lièvre dit aux animaux de la brousse : Attendez, je vais imaginer quelque tour pour que nous puissions manger les fruits du sabaga du léopard, malgré celui-ci. Il alla donc trouver le léopard. — Que viens-tu faire ? — Te dire bonjour seulement. Tu as là un bien bel arbre et qui donne de l'ombre. — Oui, je me couche généralement ici. — Eh bien, demain, si tu le permets, je viendrai me mettre sous son ombre comme toi. — Entendu, dit le léopard. Le lièvre vint le lendemain et les jours suivants jusqu'à ce qu'il fût devenu le camarade de la terrible bête. — Un beau jour, le lièvre dit au léopard : J'ai un grigri pour devenir riche. Grâce à ce grigri j'ai tout ce qu'il me faut chez moi. — Comment fait-on un tel grigri ? dit le léopard. — On attache contre un arbre celui qui veut l'avoir, on plonge le grigri dans l'eau, puis, tout mouillé, on le place sur la tête de la personne, ensuite on détache celle-ci, puis quelques jours après elle commence à s'enrichir. — Ne peux-tu, dit le léopard, me faire cette cérémonie ? — Si, dit le lièvre. Je te la ferai comme on me l'a faite ce qui m'a fait devenir riche. — Eh bien ! attache-moi d'abord, dit le léopard. Ce qui fut dit fut fait et le léopard fut attaché et amarré bien solidement après le sabaga. Ensuite le lièvre partit sans explication et rassembla tous les animaux de la brousse. — Nous pouvons aller manger les fruits du sabaga, dit-il. Le léopard est attaché et ne peut plus bouger. — Tous les animaux vinrent et mangèrent, puis s'en allèrent. — Lièvre, dit le léopard au paroxysme de la fureur au lièvre qui s'en allait le dernier, c'est toi qui m'as joué ce tour ? Prends garde à toi, car je te tuerai ! — Oui, c'est moi, dit le lièvre, quand tu me trouveras tu n'as qu'à me tuer. C'est entendu ! — Le léopard resta attaché ainsi deux jours, mais le troisième les termites étant montés le long de l'arbre, mangèrent ses liens et ainsi le délivrèrent. — Merci, dit le

(1) De la même Gompoko.

léopard à la mère des termites, je suis ton ami désormais. Quant au lièvre, si je le vois jamais il est mort. — Puis ne croyant pas s'être assez acquitté par ses remercîments, le léopard envoya quelques jours après une commission à la mère des termites lui disant de venir dans les sept jours chez lui, pour être payée du bien qu'elle lui avait fait. Au moment où le messager faisait sa commission, le lièvre, qui était caché non loin de là, entendit tout. Quand, le septième, jour la mère des termites se mit en route pour aller chez la panthère, le lièvre la croisa sur la route. Il la tua, prit son bonnet et son bâton, mit le bonnet sur sa tête, cachant ainsi ses oreilles, et il marchait courbé avec le bâton de la mère des termites. Il arriva ainsi chez le léopard : — Bonjour, mon ami léopard. — Bonjour, ma bonne amie termite ! — Conformément à ta commission, je suis venue te voir. — Merci, très bien, merci, dit le léopard, je suis très content. — Le léopard fit accompagner la fausse mère termite par un de ses fils pour lui montrer la case où elle allait loger. Il fit tuer un bœuf, fit apporter de la viande, etc. La fausse mère termite s'empiffrait et mettait le reste dans sa peau de bouc. Le lendemain matin, le léopard envoya un de ses fils pour saluer son hôtesse, mais le lièvre ayant ôté son bonnet, se croyant seul, fut surpris en cet accoutrement par le fils du léopard qui vit que c'était un lièvre. Le fils léopard retourna vite et dit : Mon père, mon père, c'est le lièvre qui est ici et non pas la mère des termites ! — Imbécile ! dit le léopard. Le lièvre n'oserait jamais venir ici. — Eh bien ! mon père, allez-y vous-même, dit le fils et voyez. — Le lendemain matin, de très bonne heure, le léopard sortit lui-même pour visiter son hôte ou son hôtesse et voir ce qu'il en était réellement. Le lièvre cette fois avait mis son bonnet, mais mal et une des oreilles sortait. Le léopard vit la chose — C'est vrai, dit-il, mon fils avait raison et c'est moi qui avais tort. — Immédiatement il envoya chercher gens et chiens et fit entourer la case. Le lièvre vit la situation et la sentit critique. Il sortit, les chiens se jetèrent sur lui, mais avec prestesse il sortit de sa sacoche les os et les morceaux de viande qui y étaient et tandis que les chiens se précipitaient sur les morceaux, il fuyait ayant seulement derrière lui deux chiens qu'il n'avait pas pu dépister. Au moment d'être attrapé, fatigué, il parvint à sortir encore de sa sacoche quelques morceaux de viande qu'il lança à ses deux tenaces poursuivants. Ceux-ci se jetèrent sur les morceaux et le lièvre sauvé s'évanouit dans la brousse (1).

19° FABLE

La fête de commémoration

Le lièvre et la hyène avaient la même bonne amie. La hyène ayant appris la chose envoya dire au lièvre : Je te tuerai, si je te vois jamais

(1) De la même Gompoko. — M. Froger dans son *Étude sur la langue des Mossis*, p. 243 à 246 a reproduit la même fable.

avec ma bonne amie. Puis, le lièvre étant assis sous un arbre, la hyène vint le trouver et lui dit : Je vais te tuer. — Attends, dit le lièvre, que j'aille à la fête de commémoration de mon beau-père pour laquelle on m'a convoqué. Tu me tueras après. — Est-ce une belle fête? dit la hyène. Le lièvre dit : Sûrement. On a tué des moutons, des chèvres, et on en a jeté en dehors du village pour ceux qui passeront. La hyène, en entendant ces détails, désira violemment aller à la commémoration. — Je ne peux malheureusement pas m'y rendre, ajouta le lièvre, ayant mal au genou. — Ne peux-tu te procurer une selle? dit la hyène. Tu la mettras sur mon dos et je te porterai jusque là-bas. Le lièvre accepta et ce fut fait : il mit une bride dans la bouche de la hyène, arma ses talons d'éperons, etc., et nos deux compagnons partirent. En arrivant au village, le lièvre se mit à donner de grands coups d'éperon à sa monture, puis descendit et l'attacha à un piquet. La fête commença, sans que la hyène attachée et affamée put y prendre part. Ce qui n'empêcha pas le lièvre de vanter beaucoup son cheval toute la nuit. — Montre-le nous, dirent à la fin les gens. — Le voilà! dit le lièvre. — Mais ce n'est pas un cheval, dirent les gens, c'est une hyène et ils l'assommèrent à coups de bâton. — Tu t'étais vantée de me tuer, dit le lièvre, parce que tu es plus forte que moi, mais c'est moi qui t'ai tuée au contraire, étant le plus malin (1).

20ᵉ FABLE

La hyène qui vend sa mère

Pendant la famine, le lièvre qui avait faim vint dire à la hyène également affamée : Il faut que nous vendions notre mère contre du mil pour pouvoir manger. La hyène trouva l'idée bonne et dit : Demain matin nous partirons. Le lendemain matin le lièvre attacha sa mère avec un fil pas bien fort et lui dit : Une fois que tu seras dans la brousse, tu n'auras qu'à donner un coup de tête pour casser le fil et te sauver. La hyène, elle, attacha sa mère vigoureusement avec une jolie et forte corde qu'elle alla acheter. Quand lièvre et hyène furent en route, la mère du lièvre cassa le fil et s'enfuit. Son fils fit semblant de courir après elle. La hyène dit : Allons d'abord vendre ma mère, puis nous rechercherons la tienne. Ainsi fut fait. La hyène partagea le mil en deux tas, mais le lièvre refusa, disant : Ma mère m'a fait honte! Je ne peux pas accepter ton mil. Puis ils se mirent en route pour rentrer chez eux, la hyène portant le mil sur sa tête. Au milieu de la brousse, le lièvre dit à la hyène : Continue à marcher pendant que je vais faire mes besoins. Je te rattraperai. — Va, dit la hyène. Tout à coup le lièvre surgit en courant, tout effrayé, criant : Voilà

---

(1) De Lédéa Sonnango, jeune mossi, qui l'a apprise de ses camarades. Fable connue chez les Mandés.

un cavalier qui arrive, terrible. Il va nous prendre ! La hyène, en entendant cela, jette son mil par terre et se sauve. Pendant qu'elle court, le lièvre s'arrête et revient en tapinois ramasser tout le mil qu'il porte chez lui. Le lièvre se régala, tandis que la hyène n'eut que la honte d'avoir vendu sa mère (1).

21ᵉ FABLE

Le lièvre chanteur

Il y avait un petit enfant que sa mère avait laissé dans sa case. Le lièvre étant venu par là, lui demanda : Où est ta mère ? — Elle est partie dans la brousse, dit l'enfant. — Qu'est-ce qu'il y a dans ce canari qui est posé ici ? — Des arachides, dit l'enfant, que ma mère m'a laissées pour ma nourriture pendant qu'elle n'est pas là. — Laisse-moi entrer dans le canari, dit le lièvre, et couvre-moi avec un autre. Je vais chanter et je t'assure que tu seras content de ma voix. L'enfant le fit entrer dans le canari et le couvrit avec un autre, suivant sa demande. Le lièvre s'empressa de manger les pistaches, puis s'écria : J'ai mal à la gorge, je ne peux pas chanter aujourd'hui, mais tu verras demain. Le lendemain, il employa le même stratagème si bien que le matin du troisième jour la mère étonnée dit à l'enfant : Est-ce toi qui manges ainsi le canari de pistaches chaque jour ? — Non, dit l'enfant. Il y a une petite bête qui vient tous les jours et qui, m'ayant dit qu'elle chanterait dans le canari, mange toutes les pistaches. — Bon ! dit la mère. Si elle vient aujourd'hui, laisse le canari couvert jusqu'à ce que je revienne. La mère partit, le lièvre vint encore. Il entra dans le canari et l'enfant le couvrit comme les autres jours. Comme les autres jours il mangea les pistaches. Quand ce fut fait : Laisse-moi sortir, dit-il à l'enfant. — Non, chantes et tu sortiras. Cette fois tu ne sortiras pas sans chanter. Le lièvre commença à pleurer. La mère revint : Est-il là aujourd'hui ? — Oui, mère, il est dans le canari. La mère appela le père, ils soulevèrent le couvercle, prirent le lièvre, lui mirent une corde au cou et l'attachèrent à un piquet auprès de l'habitation. Ils voulaient le conserver comme animal domestique et le nourrissaient chaque jour. La hyène un jour passa par là. Qu'est-ce que tu fais là ? dit-elle au lièvre ? — Je suis bien malheureux, dit le lièvre. Ces méchantes gens m'ont attaché à ce piquet et me forcent à manger un gigot de mouton tous les matins et tous les soirs et me frappent si je ne peux pas l'avaler. — Tu ne peux pas me mettre à ta place ? imbécile, dit la hyène. — Avec plaisir, dit le lièvre. — Alors la hyène détacha le lièvre qui l'attacha à son tour, puis maître lièvre s'enfuit dans la brousse. Quand la femme et le mari rentrèrent, la femme dit à son mari : Comme notre

(1) Du jeune Kamana Ouidiraogo demeurant à Ouahigouya. Connue également des Foulsés.

petite bête a grandi depuis ce matin, comme son poil a augmenté! — Mais ce n'est pas un lièvre, dit le mari. C'était une petite hyène et elle est devenue grande. Il faut la tuer. Le mari prit une hache et la femme un bâton et ils se mirent à frapper la hyène tant et plus : cependant l'homme, d'un coup mal dirigé trancha la corde et la hyène, mal en point, gagna la brousse se jurant de manger le lièvre si elle le revoyait jamais. Un beau jour elle le rencontra : C'est toi? — Oui, c'est moi. — Pourquoi m'as-tu fait cette cochonnerie-là? — Parce qu'on voulait me tuer et tu comprends, pour éviter ce sort, je t'ai mis à ma place. — Eh bien, dit la hyène, cette fois-ci tu n'éviteras pas la mort. Monte sur cet arbre et jette du bois sec à terre pour que je puisse te faire cuire et te manger quand je t'aurai tué. Le lièvre monta sur l'arbre et fit tomber du bois sec. Puis tout à coup on l'entendit crier : Bonjour. Puis après un intervalle : Non! — Qu'est-ce que tu dis? dit la hyène. — Je converse avec trois chasseurs qui viennent par ici. Cherchant une peau de hyène pour leurs grigris, ils me demandent s'il n'y a pas une hyène dans les environs. Je leur dis : Non! — La hyène toute tremblante : Parle bien dans mon intérêt, mon petit lièvre. Le petit lièvre, avec éclat : Si, venez, il y a une hyène ici, la voilà, prenez-la! En entendant ces terribles paroles la hyène se sauva tellement effrayée qu'elle buta dans un trou et se cassa la tête. Quant au lièvre, après l'avoir vu disparaître, il descendit vivement de son arbre et rentra chez lui (1).

22ᵉ FABLE

Le lièvre, l'hippopotame et l'éléphant

Le lièvre alla demander à l'éléphant un enfant à élever, puis un autre à l'hippopotame, devant le leur rendre au bout de sept ans. L'éléphant donna un de ses enfants, mais le lièvre le tua et le mangea. Il fit la même chose de l'enfant de l'hippopotame. Les sept ans écoulés, le lièvre alla trouver l'éléphant et lui dit que le lendemain il lui rendrait son enfant. Puis il alla au bord de l'eau et dit la même chose à l'hippopotame. Le lendemain il apporta une corde à l'éléphant : Ton enfant est au bout, dit-il, tu n'as qu'à le tirer. Il est trop gros pour que je puisse l'amener jusqu'ici. — Il alla trouver l'hippopotame, lui remit l'autre bout de la même corde et lui répéta la même chose. L'éléphant se mit à tirer de son côté et l'hippopotame du sien. De temps en temps l'éléphant faisait sortir l'hippopotame de l'eau, de temps en temps l'hippopotame amenait l'éléphant jusque sur le bord du marigot. A la fin l'éléphant aperçut la tête de l'hippopotame et dit : Comment? Mais ce n'est pas mon enfant! En

(1) Du jeune Kamana Ouidiraogo, déjà cité. Cette fable est également connue des Foulsés et des Mandés.

même temps l'hippopotame aperçut la tête de l'éléphant et se dit aussi : Mais ce n'est pas mon enfant ! — Les deux monstres s'abouchèrent aussitôt et se racontèrent ce qui leur était arrivé. Ils conclurent que le lièvre était une crapule et l'hippopotame dit : Je vais défendre au lièvre l'abord de mon domaine. Il ne pourra plus ni se laver, ni boire. Toi qui commandes la brousse comme je commande le marigot, défends-lui de ton côté ton territoire. L'éléphant prononça donc à son tour qu'il lui défendait la terre ferme. Le lièvre, aux aguets, avait entendu cette conversation. Comme il se promenait préoccupé, il vit dans la campagne une biche morte et pourrie. Saisi d'une idée subite, il en prit la peau et la mit sur lui, se promenant ainsi çà et là. L'éléphant aperçut la fausse biche et lui demanda pourquoi elle était si mal en point. — C'est que je me suis disputée avec le lièvre et il a fait contre moi un grigri qui m'a mis dans cet état épouvantable. L'éléphant, estomaqué, dit à la belle : Dis au lièvre, si tu le rencontres, que je lui pardonne tout et qu'il ne fasse pas en revanche de grigri contre moi. Puis la fausse biche alla se promener au bord de l'eau. L'hippopotame, dressé sur ses pattes sur les berges du marigot, regardait partout s'il ne verrait pas arriver le lièvre pour l'abîmer. Il aperçut ainsi la biche. — Comme tu es dans un état, ma pauvre biche, dit l'hippopotame. Qu'est-ce qui a pu t'arranger comme cela ? — Mon grand frère hippopotame, dit la biche, c'est le lièvre qui m'a tout fait. Je me suis disputée avec lui et, en fureur contre moi, il a fabriqué un grigri qui m'a fait pourrir ainsi. Effrayé, l'hippopotame : Ma chère biche, si tu rencontres le lièvre, dis-lui bien que je lui pardonne tout, que je n'ai pas l'intention de le battre, qu'il ne fasse pas de grigri contre moi. — Après cela, la fausse biche se jeta dans la brousse, quitta sa peau pourrie et reprit son premier état. Le lièvre put ainsi aller au marigot et boire à son aise et à son aise aussi se promener dans la brousse (1).

23ᵉ FABLE

La lutte de l'éléphant et du lièvre

L'éléphant se vanta au lièvre de pouvoir le tuer parce qu'il était plus fort que lui. — Non tu ne peux pas, dit le lièvre, parce que moi je suis le plus malin.

L'éléphant réunit alors toutes les bêtes de la brousse, leur disant que sa mère était morte et qu'elles n'avaient qu'à venir pour l'enterrement. Quand tout le monde fut là, le lièvre vantard dit qu'à lui tout seul il pou-

---

(1) De Kogoda, demeurant à Ingahné. Fable connue des Mossis et des Foulsés, répandue aussi dans tout le pays mandé. C'est une des plus connues de tout le Soudan et des plus souvent reproduites par les folkloristes de l'Afrique occidentale française.

vait enterrer la mère de l'éléphant. — Eh bien ! descends dans le trou, lui dit l'éléphant. Quand il y fut, le lièvre demanda qu'on lui passât la morte. Au lieu de la lui passer, l'éléphant lui dit : Tu es en mon pouvoir et je vais te tuer et il prit à témoin l'universalité des bêtes rassemblées. — Avant de me tuer, dit le lièvre, prends les sandales que m'a prêtées une vieille femme et jette les dehors. Ce disant il allongea ses oreilles hors du trou. L'éléphant croyant saisir les savates saisit les oreilles et jeta le lièvre au loin dans la brousse. — Eh bien, dit celui-ci, se dressant sur ses pattes, tu vois bien que tu ne peux pas me tuer ! Il dit et s'enfuit (1).

24ᵉ FABLE

La lutte de Ouendé et du lièvre

Ouendé dit au lièvre : Tu prétends être malin ! — Oui, dit le lièvre, je suis malin ! — Eh bien ! je m'arrangerai pour te tuer, dit Ouendé. — Tu ne pourras pas le faire, riposta le lièvre. — Va, dit Ouendé, tu verras. — Le lièvre étant sorti de chez lui, Ouendé s'introduisit dans sa case. Au moment où le lièvre allait y rentrer il eut la bonne inspiration d'appeler : Case ! Case ! — La case ne répondit pas. C'est curieux, continua le lièvre à haute voix, voilà qu'aujourd'hui ma case ne me répond pas, contre sa coutume. C'est étrange. Aussi je ne veux pas y rentrer. Puis, comme par acquit de conscience : Case ! cria-t-il pour la troisième fois. Ouendé qui avait entendu tout ce qu'avait dit le lièvre et voulait qu'il rentrât pour l'attraper et le tuer : Présent ! répond-il d'une voix tonitruante ! — Oh ! voilà que ma case parle à présent, dit le lièvre. Ce n'est pas naturel. Sauvons-nous bien vite dans la brousse et c'est ce qu'il fit laissant Ouendé « en carafe » dans le logis.

Ouendé furieux sortit : Tu m'as échappé cette fois, mais tu ne m'échapperas pas la seconde ! — Il creuse un trou au milieu du sentier qui conduit à la case du lièvre. Celui-ci tombe dans le trou. Ouendé arrive au bord : Eh bien te voilà mort, lui dit-il et il amasse de la paille qu'il se met à jeter dans le trou pour faire rôtir son ennemi. — Attends un moment, dit le lièvre. Une vieille femme m'a prêté ses savates. Prends-les pour ne pas les brûler avec moi et il présente ses longues oreilles, longues comme des savates, à travers la paille. Onendé les empoigne, les tire vigoureusement, les jette dehors et le lièvre suit les oreilles sans qu'Ouendé fasse attention. Le dieu met alors le feu et pendant que le brasier flambe, prend un morceau de bois pour tisonner et pour retourner le lièvre rôti. C'est avec joie qu'il tisonne, mais... il ne trouve rien. — Je ne trouverai donc pas ce cochon-là, s'écrie-t-il dans sa fureur. Où est-il ? — Me voilà ! répond le lièvre qui sort de derrière un arbre voi-

---

(1) Du jeune Pabéba, déjà cité.

sin. Me voilà ! Reconnais que tu ne pourras jamais me tuer ! — C'est vrai, dit Ouendé, tu es trop malin. Je te tiens quitte. Tu peux t'en aller en paix ! (1)

25ᵉ FABLE

La lutte du lièvre et du morceau de bois

Le lièvre possédait un mouton très gras et voulait le manger tout seul sans même faire participer sa femme au festin. Dans cette intention, il alla dans la brousse, tua le mouton et se disposa à le faire cuire. Il prit donc un gros morceau de bois et lui donna un coup de hache pour le couper. Mais le morceau de bois fit un grigri contre le lièvre et celui-ci tomba inanimé. Cela fait le morceau de bois mangea le mouton, puis, le festin terminé, fit un nouveau grigri pour ressusciter le lièvre. Celui-ci retourna chez lui sans rien dire, mais, quand la saison sèche fut venue, il apporta de la paille et des charbons dans la brousse pour brûler son ennemi le morceau de bois. Ainsi fut fait et celui-ci fut réduit en cendres. Le lièvre vint vers les cendres et dit : Tu m'as joué un bon tour, il y a quelque temps, ô morceau de bois, mais maintenant c'est moi qui t'en joue un bon ! — Puis il voulut goûter les cendres pour voir si elles étaient piquantes et fortes pour les rapporter en ce cas à sa femme. Mais, quand il porta les cendres à sa bouche, il tomba par terre et sa tête devint énorme, si grosse que pendant plusieurs jours le lièvre ne put pas se lever, ne pouvant soulever sa tête. Cependant le phacochère vint à passer : Qu'est-ce que tu fais là ? dit-il au lièvre. — On m'a fait venir ici, dit le lièvre, pour me donner de l'or et de l'argent. Comme je le refusais, les gens m'ont ouvert la tête pour le mettre dedans. C'est pour cela que j'ai une tête si énorme et que je ne peux pas la lever. — Eh bien, dit le phacochère, si tu veux, changeons de tête. — Je veux bien, dit le lièvre. — Ils changèrent de tête et le lièvre partit avec une petite tête et le phacochère avec la grosse tête qu'il a toujours conservée depuis et qui était primitivement la tête du lièvre gonflée par la vengeance du morceau de bois (2).

26ᵉ FABLE

La lutte du lièvre et de la perdrix

Le lièvre et la perdix se disputaient à qui était le plus malin. — Bon ! dit le lièvre, nous allons voir. — La perdrix alla faire un champ de mil.

(1) Du jeune Dimmanagado, déjà cité.
(2) Du jeune Gomboro, du Bingo (Ouahigouya). Apprise des vieillards du village.

Quand le mil fut mûr, le lièvre accourut disant que le champ était à lui. Il montra un sentier allant de chez lui au champ comme preuve de ce qu'il avançait. Les juges lui accordèrent le champ et le lièvre, après l'avoir récolté, alla vendre le mil contre une barre de sel. Comme il revenait, la perdrix tomba sur lui, criant du haut de sa tête : Accourez, ô bonnes gens, le lièvre veut me prendre ma barre de sel ! Les gens accoururent. — C'est mon sel, dit le lièvre. Je viens de l'acheter avec ma récolte de mil. — Ce n'est pas vrai, dit la perdrix, je viens de me fatiguer à apporter ce sel de loin ! — Faites venir vos témoins, dirent les gens. Le lièvre et la perdrix avouèrent qu'ils n'avaient pas de témoins : Mais regardez ma tête, dit la perdrix, elle est abîmée par le poids du sel tandis que la tête du lièvre ne porte aucune trace de portage. — C'est vrai, dirent les gens, après avoir examiné les deux têtes — et ils donnèrent raison à la perdrix. Celle-ci emporta le sel. — Tu vois, dit-elle au lièvre, que je suis aussi maligne que toi ! — C'est vrai, mais pas plus, riposta le lièvre (1).

27ᵉ FABLE

Le lièvre et la pintade

Les animaux de la brousse se réunirent au bord d'un lac, puis firent un grigri établissant cette règle que, quand un animal entreprendrait quelque chose, nul autre n'aurait le droit de le réprimander — à peine d'être tué par le grigri. Cela étant établi, le lièvre alla prendre sa pioche et, ayant nagé, gagna un grand rocher qui était au milieu du lac. Il commença à donner de grands coups de pioche sur la pierre, disant qu'il allait y faire son champ. Un animal étant venu boire lui dit : Bonjour, lièvre. — Bonjour, mon ami, répondit le lièvre. — Que fais-tu là? — Je commence à travailler mon champ. — Tu n'es pas fou? On ne fait pas un champ sur le roc. — Mais, dit le lièvre, n'a-t-on pas promulgué l'autre jour que personne ne devait en blâmer un autre? — A ces mots l'animal blâmant tomba par terre, foudroyé par le grigri. D'autres animaux survinrent et, estomaqués par la besogne du lièvre, ne purent se retenir de le blâmer et tombèrent ainsi tous morts les uns après les autres. On commença à s'émouvoir parmi la gent animale de toutes ces morts et les animaux se réunirent : Comment allons-nous faire? se disait-on. Il n'y a pas d'autre endroit pour boire. On y va et on tombe mort ! — Laissez, dit la pintade. Après demain j'irai voir ce qu'il y a et j'y mettrai bon ordre. La pintade fit fondre du beurre de karité, le mit dans une calebasse et posa celle-ci sur sa tête. Puis elle alla sur les bords du lac et se mit à se dandiner sur le rivage avec sa calebasse toujours sur sa tête. — Bonjour, amie pintade, dit le lièvre. — Bonjour, ami lièvre, dit la pintade. — Où vas-tu si pim-

(1) De la jeune Gompoko déjà citée.

pante, avec cette jolie calebasse sur la tête? — Je vais me faire coiffer, ami lièvre, je vais trouver une femme pour m'arranger les cheveux ! — Ignoble menteuse, dit le lièvre, tu prétends te faire coiffer, alors que tu n'as même pas de cheveux ! — N'a-t-on pas décidé l'autre jour, dit la pintade, que personne ne blâmerait personne? — A ce moment-là, le lièvre, foudroyé par le grigri, tomba mort dans le lac. La pintade alla avertir tous les animaux de la brousse : Venez boire, dit-elle, vous pouvez boire, le lièvre est mort (1).

28º FABLE

La marche à l'enterrement

Autrefois la mère poule mourut. Le petit poulet, qui était absent, apprit la mort de sa mère et revint pour l'enterrer. Il rencontra le chat qui lui dit : Où vas-tu ? — Ma mère est morte et je reviens pour l'enterrer. — Je t'accompagne, dit le chat et il marcha derrière. Ils rencontrèrent le chien : Où allez-vous? — Quand on le lui eut dit il prononça : Je vais avec vous et il suivit derrière le chat. Ils rencontrèrent ensuite la hyène qui demanda la même chose et se mit derrière le chien, puis le lion et celui-ci emboîta le pas derrière la hyène, puis l'éléphant qui fit partie à son tour du cortège. On rencontra enfin le lièvre qui interrogea l'éléphant et sa curiosité satisfaite, se mit à la suite. Bientôt on entra dans la pleine brousse et le lièvre dit : Qui est devant? — C'est le poulet, dit le chat. — Nous allons trop lentement, dit le lièvre. Chat, tue donc le poulet pour que nous allions plus vite ! — Le chat sauta sur le poulet, le tua et le mangea. — Qui est devant? dit le lièvre. — C'est le chat, dit le chien. — Tue-le donc, dit le lièvre, il ne va pas assez vite. Le chien sauta sur le chat et le tua. Puis le lièvre dit : Qui est devant? — C'est le chien, dit la hyène. — Tue-le donc, dit le lièvre, il ne va pas assez vite. La hyène tua le chien et le mangea. Puis, de la même manière le lion mangea la hyène et l'éléphant tua le lion. — Quand il resta seulement l'éléphant et le lièvre : Mets-moi sur ton dos, dit le lièvre à l'éléphant, car je ne peux pas marcher assez vite. Ainsi fut fait. Le lièvre attrapait cependant les tiges de paille les plus hautes sur les deux côtés du sentier, les brisait et les mettait dans les oreilles de l'éléphant. — Que fais-tu là? frère lièvre, disait celui-ci. — C'est pour te nettoyer les oreilles que tu as sales, répondait le lièvre. Quand les deux oreilles furent remplies, le lièvre sortit son briquet et alluma la paille. Puis il se laissa glisser par terre. Cependant l'éléphant affolé courait çà et là et finit par mourir. — Et le lièvre resta tout seul. Depuis cette époque les animaux ne font plus d'enterrements (2).

(1) De la jeune Gompoko déjà citée. Cette fable a été reproduite par M. Froger, *op. cit.*, pp. 242 et 243. Mais sa version est écourtée et presque incompréhensible.
(2) Du jeune Séta du Bingo (Ouahigouya). Apprise des vieillards.

29ᵉ FABLE

L'hyène, l'âne et le lièvre

Autrefois la hyène et l'âne étaient camarades. Un jour la hyène, disant qu'elle allait chercher de quoi manger pour tous les deux, partit dans la brousse et tomba dans un trou. Elle y resta pendant sept jours. Cependant l'âne ne voyant pas revenir la hyène finit par s'inquiéter. Il sortit et chercha partout et le septième jour il trouva la hyène dans le trou. Il regarda au fond de celui-ci puis il recula. La hyène l'appela : Il ne faut pas t'en aller ! viens me faire sortir ! — L'âne répondit : Je t'ai cherché partout pour te retrouver ! mais je t'aperçois si maigre et si famélique en ce moment que j'ai peur que dans ta faim exaspérée, tu ne commences par me manger. — Fais-moi sortir, dit la hyène, je ne te mangerai pas, mon camarade. L'âne réfléchit et dit : Bon ! — Puis il se mit au bord du trou et y fit pendre sa queue en disant : Saisis-la, agrippe-toi après et je te tirerai. Ainsi fut fait, et la hyène sortit, mais elle continuait à tenir la queue de l'âne. — Laisse ma queue tranquille maintenant, dit l'âne et lâche-moi. — Non, dit la hyène, je ne te lâcherai pas. — Là-dessus ils se disputèrent : Tu vois, dit l'âne, je t'ai sauvé et tu m'as promis de ne pas me manger et, maintenant que tu es sauvé, tu veux le faire mais Ouendé te fera payer cela ! — Cependant le lièvre passait par là et entendit la dispute. Il demanda ce qu'il y avait. L'âne expliqua l'affaire. Est-ce comme cela ? dit le lièvre à la hyène. — C'est comme cela, dit-elle. — Attendez-moi, dit le lièvre, je vais vous mettre d'accord. Il alla chez lui chercher son tambour et, revenant trouver les deux adversaires, il se mit à en jouer disant qu'ils n'avaient qu'à danser et à sauter au-dessus du trou et qu'ensuite la hyène mangerait l'âne. La hyène consentit à ce que demandait le lièvre et l'âne et la hyène se mirent à danser. Puis l'âne sauta au-dessus du trou et la hyène voulut le suivre d'un bond, mais affaiblie par son jeûne de sept jours, elle rata son coup et retomba dans la fosse. — Eh bien, dit le lièvre à l'âne, si tu n'es pas un imbécile, retourne chez toi maintenant et laisse-la là dans son trou. L'âne et le lièvre partirent et la hyène mourut.

C'est depuis ce jour qu'il n'y a plus de camaraderie entre les ânes et les hyènes (1).

30ᵉ FABLE

Les cris du lion, du lièvre et du millepatte.

Un jour le lion se mit à rugir dans la brousse. Le lièvre entendit et se mit à crier de son côté. Le millepatte qui était non loin de là entendit les

---

(1) De Yabéiri demeurant au Bingo (Ouahigouya). Il la tient de son père. Le fond de cette fable est analogue à celui de la 10ᵉ : l'ingratitude punie, mais comme les détails et enjolivements diffèrent, j'ai cru devoir reproduire les deux fables.

rugissements du lion, les cris du lièvre et se mit à hurler aussi. Le lion, peu patient, appelle le lièvre et le millepatte. Pourquoi cries-tu en m'entendant rugir ? dit-il au lièvre. — Pourquoi ? dit le lièvre. Parce que les animaux sauvages m'en veulent. — Pourquoi t'en veulent-ils ? — Parce qu'ils savent que je suis le plus malin d'eux tous et parce que je les ai souvent trompés. — Bon ! j'ai entendu, dit le lion. Puis il dit au millepatte : Pourquoi cries-tu quand je rugis ? — J'ai mille pieds, dit le millepatte, mais avec tout cela je vais toujours lentement. Quand il y a le feu dans la brousse je suis toujours brûlé. Aussi criai-je ! — C'est juste, dit le lion. — Et toi, ô lion, pourquoi rugis-tu ? dit le lièvre. — Je suis le chef de la brousse et personne pourtant ne m'apporte de nourriture, dit le lion. Je suis obligé d'aller la chercher moi-même. Voilà pourqui je crie ! — Cela dit, il ajouta : Je croyais que vous aviez crié pour étouffer mes rugissements. Mais il n'en est rien. Vous pouvez vous en aller en paix (1).

31ᵉ FABLE

Le lièvre fossoyeur

L'éléphant, ayant réuni tous les animaux de la brousse, leur dit qu'il avait décidé que, quand sa mère mourrait, on l'enterrerait dans le roc et non dans la terre. Il réservait un bœuf à qui creuserait la tombe. Personne ne s'offrit sauf le lièvre : Je prends ton bœuf, dit-il, et, le jour où ta mère mourra, nul autre que moi ne lui creusera son tombeau. Il emmena donc le bœuf, le tua et le mangea avec sa femme. Cependant la mère de l'éléphant mourut et celui-ci montra au lièvre un grand rocher où il voulait que la tombe fût faite. Le lièvre y monta avec sa pioche et essaya de creuser mais sans pouvoir entamer la pierre. Cependant les animaux groupés au pied du rocher attendaient avec impatience qu'il eût fini. Tout à coup le lièvre, faisant celui qu'on appelait, répondit : Naba ! (Présent !) Puis il descendit rapidement du rocher vers le groupe des animaux. — Qu'est-ce qui t'appelle ? dit l'éléphant. — Ce sont des chasseurs une dizaine qui viennent par là, dit le lièvre et qui veulent savoir où sont les animaux de la brousse. — Puis, sans en dire plus long et laissant le groupe ému, il regrimpa sur le rocher où il fit semblant de travailler avec une extrême ardeur. Au bout de quelques secondes il trompetta de nouveau : Naba ! et avec une extrême vitesse revint en courant sur le groupe des animaux. Soufflant dans une petite trompe, il leur jeta en passant : Fuyez ! les chasseurs sont là qui me poursuivent ! — Affolés les animaux détalent y compris l'éléphant qui dans la bagarre oublie sa peau de bouc. Le lièvre après avoir fait un détour, y entre et s'y couche

---

(1) De Yadega demeurant au Bingo (Ouahigouya). Fable racontée par les vieillard du Bingo.

Cependant, quand les animaux furent un peu loin, ils s'arrêtèrent et l'éléphant s'aperçut qu'il avait oublié sa peau de bouc. — Il demanda : Qui veut aller me la chercher ? — Moi, dit le singe. — Celui-ci partit, la ramassa, la mit sur son épaule, et revint. Mais, quand il fut près des animaux, le lièvre, enfermé dans la peau, souffla tant qu'il put dans sa corne. — Le singe, d'un mouvement instinctif et nerveux précipite la peau de bouc au loin tandis que tous les animaux s'enfuient, puis il suit le mouvement général. Quand les animaux essoufflés s'arrêtèrent : Il y a certainement, dit-il, un chasseur qui s'est caché dans l'outre. On ne peut pas aller la reprendre car ce serait dangereux. Les animaux partirent chacun de leur côté, tandis que le lièvre, riant sous cape, quittait la peau de bouc et retournait aussitôt chez lui.

Depuis ce temps-là les animaux ne portent plus de peau de bouc et ne se réunissent plus pour les funérailles (1).

32ᵉ FABLE

Le lion, le lièvre et la hyène chassés du village

Le lion, le lièvre et la hyène habitaient autrefois avec les hommes. Un jour le lièvre et la hyène allèrent trouver les lionceaux et en tuèrent chacun un. Le lion revint et ne trouva plus ses lionceaux. Il chercha le lièvre et la hyène au bout du village et les tua tous les deux, à la suite de quoi les gens du village trouvèrent le trio très malfaisant et mirent à la porte le lion et sa famille, les enfants de la hyène et les enfants du lièvre. Depuis cette époque, ces animaux n'habitent plus avec les hommes (2).

Nous en avons fini avec le Cycle du lièvre. Voici maintenant le Cycle des autres animaux :

33ᵉ FABLE

La bataille des animaux

L'éléphant apporta un jour ses dabas chez le forgeron pour qu'il les lui arrangeât. Or il arriva que le coq fit la même chose en même temps. Le forgeron arrangea d'abord les dabas du coq. L'éléphant étant survenu blâma le forgeron disant : Il faut d'abord arranger mes dabas, car je suis plus fort que le coq. — Montre-le, dit le forgeron. — L'éléphant se mit à faire caca et fit un tas énorme. — Montre ce tas au coq, dit-il. Il n'aura pas besoin d'en voir plus. Gare à lui s'il veut me voir moi-même ! —

---

(1) Du même Yadega. Racontée par les vieillards du Bingo. Connue des Mandés.
(2) De Patoenkanagaba, du Bingo (Ouahigouya), apprise des vieillards du village.

L'éléphant s'en alla et le forgeron se mit à faire les dabas de l'éléphant. Là-dessus survint le coq qui devint furieux en voyant que le forgeron faisait les dabas de l'éléphant. — Il faut faire mes dabas avant tout, dit-il, car je suis plus fort que l'éléphant ! — Montre-le, dit le forgeron. Voici les crottes de l'éléphant qui indiquent sa grandeur et sa force. Fais quelque chose à ton tour ! — Le coq grimpa sur le tas de l'éléphant, gratta avec fureur, le dispersa et, quand il n'y eut plus rien, continuant, fit un trou de trois mètres de profondeur. — Le forgeron, voyant cela, laissa là les dabas de l'éléphant et reprit ceux du coq. Celui-ci s'en alla en plantant dans le sol une plume de sa queue et en ajoutant : Dis à l'éléphant que cela c'est un des cils de mes yeux ! — L'éléphant survint et le forgeron lui montra le trou et le cil. L'éléphant se mit en fureur et dit que, puisque c'était comme cela, il allait faire la guerre au coq. Il envoya une commission pour appeler toutes les bêtes à quatre pattes à une guerre générale contre les oiseaux. Le coq, ayant eu vent de l'affaire, envoya à son tour une commission pour réunir toutes les bêtes à ailes. Dans une grande plaine, les deux armées se rencontrèrent. L'éléphant envoya la hyène en éclaireur : Va voir la colonne du coq et rapporte-moi ce qu'elle fait. La hyène partit en avant et, ayant vu, revint, mais les autruches accoururent sur ses traces et, l'ayant rejointe, lui défoncèrent le ventre à coups de patte. La hyène parvint pourtant à regagner l'armée des quadrupèdes et, tenant son ventre à deux pattes, elle dit que la colonne du coq était formidable et qu'elle même venait de recevoir un coup de lance dans le ventre. Alors l'aigle survint tenant dans ses griffes une calebasse de cendre et, étant monté très haut, la laissa tomber sur la tête de l'éléphant. La calebasse se brisa, la cendre se répandit sur la tête et les biches qui étaient là crurent que l'éléphant avait reçu un coup de fusil et que c'était sa cervelle qui coulait. Aussi s'empressèrent-elles de se sauver, entraînant dans une panique générale toute l'armée des quadrupèdes. Alors les oiseaux et les insectes se ruèrent sur les animaux à quatre pattes en déroute, frappant, piquant, pinçant, etc. Les calaos ramassèrent les crapauds qui ne se sauvaient pas assez vite et les gobèrent. Les abeilles et les guêpes piquaient les lions et les léopards en déroute. Bref ce fut un désastre immense pour les animaux à quatre pattes.

Depuis cette époque, ceux-ci ont laissé les oiseaux tranquilles et les animaux de la terre et des airs ont vécu en bonne intelligence (1).

34ᵉ FABLE

La lutte de l'éléphant et de la tortue

Autrefois, à une époque où il y avait tout le temps du jour et jamais de nuit, l'éléphant et la tortue se disputèrent. — Je vais te tuer, dit l'élé-

(1) Du jeune Séta demeurant au quartier du Bingo (Ouahigouya). Reproduite par Froger, *op. cit.*, pp. 237 et 238, version très écourtée.

phant. — La tortue effrayée, s'enfuit se cacher dans les rochers et l'éléphant réunit toutes les bêtes de la brousse pour la chercher. Cependant la tortue, qui connaissait un bon grigri, quand elle vit qu'elle allait être prise, saisit de la poussière et la jeta au vent et aussitôt la nuit, inconnue jusque-là, tomba sur le monde. Les animaux ne voyant plus le soleil eurent peur, y compris l'éléphant et celui-ci envoya le coq pour demander pardon à la tortue et obtenir d'elle qu'elle voulut bien ramener le jour. Le coq demanda pardon et la tortue rétablit la lumière. Mais, depuis ce temps-là, il ne fait plus tout le temps clair, et le jour et la nuit se succèdent régulièrement l'un après l'autre (1).

35ᵉ FABLE

Le zougoulougoubamba

Autrefois il y avait dans l'eau une bête aussi grosse que l'éléphant qui s'appelait Zougoulougoubamba. Un jour toutes les bêtes ailées se réunirent pour faire un champ : autruches, outardes, etc. Or le zougoulougoubamba sortait de l'eau comme les hippopotames et mangeait tout ce qu'il rencontrait, même les hommes des villages. L'animal monstrueux, ayant eu vent du rassemblement des oiseaux, sortit de l'eau et alla jusqu'à leur champ. — Bonjour, oiseaux, dit il. — Bonjour, lui répondit-on. Mais le calao dit : Nous sommes f..... Voilà la grosse bête qui mange tout ! et tout le monde trembla. Cependant l'autruche eut assez de courage pour le saluer. — C'est toi le chef du travail ? dit la Bête. — Oui, dit l'autruche. Alors la Bête la prit et l'avala. Mais l'autruche sortit par son derrière et, en sortant, lui lança un coup de patte. La Bête se retourna et voyant l'autruche l'avala de nouveau. Celle-ci sortit de nouveau par son derrière, lui donna un nouveau coup de patte, fut de nouveau avalée, sortit de nouveau. Electrisés par cet exemple, tous les oiseaux se précipitèrent sur la Bête et finirent par la tuer. Depuis ce temps-là les autres zougoulougoubamba ne sortent plus du marigot pour manger les gens et les animaux. Quant aux oiseaux ils avaient eu une telle peur qu'ils décidèrent de ne plus jamais faire de champ (2).

36ᵉ FABLE

Le plus vilain des animaux

Autrefois les animaux sauvages se réunirent dans la brousse — dans une grande plaine — pour reconnaître le plus vilain d'entre eux, pour le ren-

---

(1) Du jeune Tengaboumbou déjà nommé.
(2) Du jeune Tengaboumbou déjà cité.

voyer, pour qu'il ne marchât plus avec les autres. Tous les animaux furent donc regardés de près et la hyène sembla la plus vilaine et ils la mirent à la porte. La hyène furieuse dit : Vous me mettez à la porte pour rien, mais il y a un autre animal encore plus laid que moi ! — L'éléphant lui demanda : Qui ? — Le phacochère, dit la hyène. Ils appelèrent le phacochère qui vint avec son énorme tête plate, ses horribles bajoues et ses dents lui sortant des mâchoires. — C'est vrai qu'il est encore plus vilain que la hyène, dirent les animaux et ils décidèrent de le mettre aussi à la porte. — La hyène et le phacochère partirent donc d'un côté opposé à celui où devaient se rendre les autres animaux. Une fois loin le phacochère chercha dispute à la hyène en lui disant : C'est toi qui m'a fait mettre à la porte ! — C'est vrai, dit la hyène. Mais je ne pouvais pas m'en aller toute seule, sans compagnon. — Voyez-vous cela, dit le phacochère, je m'en vais, moi de mon côté et cette fois, tu resteras bien toute seule. — Et il s'en alla. Depuis ce temps la hyène et le phacochère vivent isolés et ne se trouvent jamais avec les autres animaux (1).

37° FABLE

La lutte de la hyène et de l'iguane

Autrefois les bêtes de brousse s'étant réunies dans une grande plaine décidèrent de faire de la lutte. Celui qui terrasserait son adversaire pourrait le tuer et le manger. La hyène n'était pas là, par hasard, mais sa femme seulement. Elle lutta avec un petit oiseau, le terrassa et, conformément à la loi promulguée, le tua et l'emporta chez elle. Comme elle était en train de le faire cuire, la hyène arriva. Sa femme lui raconta ce qui s'était passé, mais la hyène se mit à lui faire des reproches, disant : Tu ne pouvais pas terrasser une biche ou une iguane à la place ! Au moins il y aurait eu de quoi manger, tandis que ton oiseau, il n'y en a pas même pour un ! Puis il alla dans la plaine dans l'espoir de lutter avec une grosse biche. Il alla trouver l'éléphant et lui dit : Je n'étais pas là hier pour la lutte. Mais aujourd'hui me voici. Je voudrais lutter avec une biche. — Va trouver le koba, dit l'éléphant. S'il accepte tu pourras lutter avec lui. — La hyène alla trouver le koba qui refusa et dit : Va trouver le buffle ! — Le buffle refusa disant que la hyène était trop faible pour lui. Là-dessus, une iguane qui passait dit : Je veux bien lutter avec toi. La hyène refusa disant que l'iguane était trop petite. Commencez quand même, dit l'éléphant. L'iguane renversa la hyène. — Non, dit la hyène, je n'étais pas prête. Cela ne compte pas. L'iguane dit : Bien ! et on recommença et la hyène fut de nouveau renversée. L'éléphant dit aux

(1) Racontée par les vieillards de Ouahigouya.

biches : Attrapez la hyène. Elles l'attrapèrent et lui mirent une corde au cou. Le lièvre dit : Il vaudrait mieux lui faire un trou dans le nez et y passer la corde. Puis on attachera celle-ci à un tronc d'arbre. L'éléphant dit : C'est vrai ! et l'iguane pourra tuer la hyène sans difficulté. Les animaux jetèrent donc la hyène par terre, lui firent un trou dans le nez, y passèrent une corde et l'attachèrent contre un arbre. Comme ils se disposaient à tuer la hyène, celle-ci tira et, se déchirant le nez, put s'enfuir. Elle revint tout courante et tout sanglante dans sa case. Qu'as-tu rapporté de là-bas? dit la femme. La hyène répondit par une giffle. Pourquoi me frappes-tu ? dit la femme. Cependant le lièvre étant allé jusqu'à la case de la hyène la vit et avertit les autres animaux. Ceux-ci cernèrent la case, tuèrent la hyène et la donnèrent à l'iguane. Cependant on renonça à la coutume de ces luttes sanguinaires (1).

38ᵉ FABLE

Le partage de la chasse

Autrefois les animaux féroces possédaient des grigris et se réunissant décidèrent de faire la chasse aux autres bêtes. Tout ce qu'on tuerait serait apporté sur une grande place devant le lion et serait partagé entre tous. Ce qui fut dit fut fait et on apporta des antilopes, des biches, des oiseaux, des outardes, des chauve-souris, toutes bêtes qui furent mises en tas devant le lion. Celui-ci dit : On va partager devant le grand grigri qui est là, avec justice, puis toute bête qui réclamera et qui dira que sa part est plus petite que celle d'un autre sera tuée par le grigri. C'est le chat qui va partager. Le chat commença le partage : il distribua des biches, des outardes, etc. Quand la hyène se présenta, il lui donna une chauve-souris. La hyène n'osa rien dire, par peur du grigri, mais, très fâchée, elle commença à pleurer et rentra dans la brousse. Depuis ce temps-là elle continue à se lamenter et à crier toutes les nuits, comme on peut l'entendre, et depuis ce temps-là aussi les animaux ont renoncé, pour éviter les partages injustes, à faire des chasses communes (2).

39ᶜ FABLE

Le sacrifice des singes et le sacrifice des chiens

Autrefois les singes et les chiens habitaient dans un même village. Une grande colline était auprès de celui-ci. Le chef des singes alla la trouver et lui dit que, si elle voulait protéger les singes, il lui sacrifierait un petit

---

(1) Du jeune Séta du Bingo (Ouahigouya). Apprise des vieillards du Bingo.
(2) Racontée par les vieillards du Bingo (Ouahigouya). Connue des Foulsés.

chien à la fin de l'année. Cependant le chef des chiens faisait la même démarche, en promettant, lui, un petit singe. Aussi, à la fin de l'année, le chef des singes vola un petit chien et convoqua tous les singes pour un sacrifice sur la montagne le lendemain matin. Pendant que la mère chienne cherchait partout son petit sans le trouver, le chef des chiens volait un petit singe et convoquait tous les chiens pour le sacrifice le lendemain matin. Donc le lendemain matin les chiens montèrent sur la colline et y trouvèrent les singes en train de faire leur sacrifice, le petit chien déjà égorgé. Le chef des chiens dit au chef des singes : Où avez-vous trouvé ce petit chien ? — Nous l'avons acheté au loin, répondit le chef des singes. Mais la mère chienne arriva, flaira et reconnut son enfant. — Puisque c'est ainsi, dit le chef des chiens, donnez-moi deux singes à la place du chien tué. — Prends toi-même, dit le chef des singes, car je ne puis choisir. Le chef des chiens dit à ses représentants : Prenez le chef des singes. Ils sautèrent sur lui et firent leur sacrifice avec lui. Tous les singes se sauvèrent poursuivis et massacrés par les chiens et depuis cette époque les singes sont dans la brousse et les chiens au village, ennemis jurés les uns des autres (1).

40ᵉ FABLE

Singes et chiens

Autrefois les singes allèrent trouver Ouendé lui disant que depuis leur naissance ils ne connaissaient pas ce qui était mauvais pour eux et ils demandaient à Ouendé de leur montrer les choses bonnes et les choses mauvaises. — Retournez chez vous, dit le dieu, préparez un tamtam et dans six jours revenez avec lui. Ainsi firent-ils. — C'est bien, dit Ouendé, leur montrant une énorme peau de bouc bien ficelée. Allez dans une grande plaine sans arbres et sans arbustes. Faites tamtam, dansez et chantez autour de la peau de bouc, puis ensuite vous l'ouvrirez. Les singes trouvèrent une grande plaine au milieu de laquelle il n'y avait qu'un petit arbre. Le chef des singes monta sur celui-ci, on posa la monstrueuse peau de bouc par terre, on fit cercle autour, on commença le tamtam et on se mit à danser. Alors un vieux singe dit : L'heure est venue d'ouvrir la peau de bouc pour que nous connaissions ce qui est mauvais. Les autres lui dirent : Eh bien ! ouvre-la toi-même, puisque nous dansons. C'est ce que fit le vieillard et tout à coup il s'en échappa des chiens aboyant, furieux, une centaine qui attaquèrent les singes et les mirent en pièces. Quant au chef des singes, sur son arbre, il échappa au massacre et fit revivre par la suite la race des singes.

Ainsi commença l'inimitié des singes et des chiens (2).

(1) Du jeune Séta déjà nommé. Apprise des vieillards de Ouahigouya.
(2) De Ranégnémia du Bingo de Ouahigouya, déjà nommé. Apprise des vieillards du Bingo. Connue des Foulsés et des Mandés.

41° FABLE

Le singe, la tortue et le chien

Le singe rencontra un jour la tortue : D'où viens-tu ? dit le singe. — De la mare, dit la tortue. — Eh bien ! dit le singe, va me chercher du bois, apporte-le moi, que je te fasse griller pour mon déjeuner. — La tortue alla chercher du bois tout en pleurant. Elle rencontra un chien qui lui demanda : Pourquoi pleures-tu ? — La tortue expliqua l'affaire. — Ne crains rien, dit le chien, prends du bois, mets-moi au milieu du fagot et apporte le tout au singe. Ainsi fut fait. — Est-ce assez de bois pour te faire cuire ? dit le singe. — Oui, dit la tortue. — Alors le singe se mit à défaire le fagot et vit des poils. — Je ne t'ai pas dit d'apporter du bois revêtu de poils, dit-il à la tortue. — Je l'ai apporté comme je l'ai trouvé, dit la tortue. Le singe continua à défaire le fagot, mais tout à coup le chien en sortit et sauta à la gorge du singe qu'il étrangla. — Puis il dit à la tortue : Tu peux te sauver ! — Depuis ce temps singes et chiens ne peuvent pas se sentir (1).

42° FABLE

Le singe, la hyène et le lion

Autrefois le singe, le lion et la hyène étaient bons camarades. Ils habitaient dans le tronc d'un fort vaste baobab et cherchaient leur nourriture ensemble. Une nuit que la pluie tombait, un Peul, pour ne pas être mouillé, s'introduisit dans le baobab alors que les trois habitants n'y étaient pas encore et se cacha au fond. Le lion alors avec la hyène et le singe rentra dans le baobab et le dernier se mit à partager une biche fruit de leur chasse, mais il cachait derrière lui d'excellents morceaux, frustrant ainsi ses deux compagnons. Le Peul mit doucement derrière le singe sa calebasse et celui-ci l'emplit ainsi, sans la voir, de morceaux de viande. Quand elle fut pleine, le Peul songea à se débarrasser des trois animaux et poussa brusquement une calebasse pleine de lait devant le singe. Celui-ci prit le pourtour de la calebasse pour un couteau recourbé et se sauva envoyant sa queue autour du cou de la hyène qui crut qu'on voulait l'étrangler et se sauva aussi après avoir aspergé le lion de sa foire. Le lion, entraîné par l'exemple, se sauva avec eux. Quand ils furent à une certaine distance dans la brousse le lion dit : Pourquoi fuyons-nous ? pourquoi vous enfuyez-vous ? — Le singe dit : Parce que j'ai vu un couteau prêt à me couper la tête. — La hyène dit : Parce que j'ai vu une corde

---

(1) De Yadega déjà cité. Apprise des vieillards du Bingo de Ouahigouya.

qu'on voulait me passer au cou. — Le lion dit : Vous êtes trop capons !
Je ne resterai plus avec vous et chacun partit de son côté (1).

43ᵉ FABLE

La chèvre et le lion

Autrefois la chèvre et le lion habitaient ensemble dans la brousse. Le lion cherchait et attrapait de quoi manger et la chèvre et lui le mangeaient. Un jour le lion dit à la chèvre : C'est toujours moi qui apporte la nourriture à la maison. Toi tu ne fais rien. Si tu n'apportes pas quelque chose aujourd'hui ou demain je te tuerai. — La chèvre alla acheter une barre de sel, une peau de bouc pleine de miel et un grand sac. Puis elle se procura un gros marteau de forgeron. Ainsi équipée, elle se rendit dans la brousse et annonça aux autres bêtes : J'ai trois choses à vendre. — Quelles choses ? dit la biche. — Une barre de sel, du miel, un très grand sac. — La biche dit : Fais-moi goûter de ton sel. S'il est bon je l'achèterai. — Elle goûta et dit : Il est très bon. Donne-moi du miel que je le goûte. — La chèvre lui en donna : Il est également très bon ! — Il restait le sac. — Laisse-moi entrer dedans, dit la biche, pour que je voie s'il est solide. La chèvre lui ouvrit le sac et la biche entra dedans. Aussitôt la chèvre en lia avec une corde l'ouverture. Puis elle frappa avec son marteau et tua la biche. Enfin elle l'emporta jusqu'à la maison. — Comment as-tu fait pour tuer une biche ? dit le lion surpris. — Chacun a sa manière, dit la chèvre. Je ne te dirai pas la mienne. Les jours suivants la chèvre manœuvra de même avec le même succès et chaque jour rapportait une biche au lion qui la mangeait. — Mais les biches finirent par connaître le sac qui les faisait disparaître et ne s'approchèrent plus. Alors la chèvre alla très loin et rencontra seulement un lion et elle le prit et le tua par la même ruse. Elle l'apporta au lion qui eut peur et lui dit : Comment as-tu fait pour tuer un lion ? — J'ai usé de ma manière, dit la chèvre, mais je ne te la dirai pas. — Attends-moi, dit le lion. Il alla réunir toutes les autres bêtes pour expulser la chèvre de chez lui et de toute la brousse. La chèvre à son tour eut peur d'être mangée et rejoignit les hommes dans les villages. C'est depuis cette époque qu'elle habite avec eux (2).

44ᵉ FABLE

La lionne et les arachides

A une époque de famine le chien et la hyène allèrent trouver la lionne et lui demandèrent d'entrer à son service pour avoir de quoi manger. La

---

(1) De Yadega, homme du Bingo (Ouahigouya), apprise des vieillards de l'endroit.
(2) Du jeune Kogoda de Ouahigouya, fils du Baloum-naba. Apprise d'un vieillard de l'endroit. Connue des Foulsés.

lionne accepta. Comme elle avait deux petits lionceaux : Restez à côté de mes deux petits, dit-elle, moi je vais chasser et rapporter la nourriture. Chaque jour elle apportait deux ou trois biches. Un matin les petits dirent à leur mère : Pourquoi vas-tu chercher la nourriture chaque jour, alors que ces deux individus restent là et engraissent sans rien faire ? — La lionne répondit qu'elle aurait honte de ne pas chercher le gibier elle-même. La chose en resta là mais un jour les petits lionceaux dirent à leur mère qu'ils seraient heureux de manger des arachides. La lionne qui ne connaissait pas cela dit à la hyène : Connais-tu les arachides ? — Je les connais, dit la hyène avec suffisance. — Eh bien, va donc en chercher pour mes enfants ! — Et elle lui donna une calebasse pour qu'elle les rapportât dedans. La hyène marcha pendant 500 mètres, puis revint dire à la lionne : Mais le chien aussi connaît les arachides ! — Est-ce vrai ? dit la lionne. — Non, dit le chien. — Si, dit la hyène, tu les connais, puisque c'est toi-même qui m'as montré ce que c'était. — Eh bien ! dit la lionne, pars avec la hyène. — Je ne sais pas ce que c'est que les arachides, dit le chien, mais puisque tu m'ordonnes de partir, je pars. — Ils se mirent donc en route : la hyène se coucha bientôt sous un arbre, à l'ombre, disant au chien : Puisque c'est toi qui connais les arachides, va les chercher ! — Le chien prit la calebasse et partit au village. Il rencontra une vieille femme en train de manger son sarabou et se coucha à côté d'elle. La vieille femme lui donna une partie de son sarabou, si bien que le chien la suivit dans sa case. Le lendemain la vieille femme partit dans la brousse et le chien resta dans sa case à la garder. — Cependant la lionne impatientée chercha la hyène dans la brousse, la trouva et lui demanda où étaient les pistaches. — Le chien a été les chercher, dit la hyène. Et la hyène alla vers le village appeler le chien. — Le chien vint mais la calebasse de la lionne était vide. — Où sont les pistaches ? — Je n'en ai pas trouvé ! dit le chien. Je n'en ai pas trouvé !! Je n'en ai pas trouvé !!! — Cela dit, il lança la calebasse par terre et rentra en courant au village. La hyène se sauva à son tour de peur d'être étripée par la lionne et les lionceaux n'eurent pas leurs arachides.

Depuis cette époque lionne, hyène et chien ne sont plus camarades (1).

45ᵉ FABLE

Le bouc, la hyène et le lion

Autrefois chèvres et boucs vivaient dans la brousse et non pas dans le village. Or un beau jour le bouc, étant allé chercher du sel, l'apportait sur sa tête. La hyène le rencontra sur la route et lui dit : Bonjour, nourriture

(1) De Péléga du Bingo (Ouahigouya). Apprise des vieillards de l'endroit. Commune des Foulsés.

qui portes de la nourriture ! — C'est vrai que je porte de la nourriture, dit le bouc, mais il est difficile de me manger, moi ! — La hyène dit : Pourquoi ? — Parce que, dit le bouc, quand on me menace, la menace retombe sur celui qui me le fait. La hyène se dit : Pour que le bouc soit aussi insolent, il faut qu'il y ait quelqu'un derrière. Et elle alla regarder derrière le bouc qui était là. Elle ne vit personne. Cependant le bouc s'en allait sans attendre. La hyène le suivit, mais ce faisant, elle tomba sur le lion, qui avait mal aux testicules. Le lion demanda : Que cherches-tu, hyène ? — Mon fils qui est perdu, dit la hyène, ne voulant pas dire qu'elle suivait le bouc. — Mais toi, frère lion, que fais-tu là ? — Je suis malade, dit le lion. J'ai les testicules gonflées. As-tu un médicament pour me guérir ? — Non, dit la hyène, mais je connais quelqu'un qui en possède un. — Conduis-moi auprès de lui, dit le lion. La hyène prit rapidement les traces du bouc et le lion suivit : ainsi ils rattrapèrent le mâle de la chèvre. — C'est lui, dit la hyène, qui possède un médicament pour ton mal. — Le lion dit : Est-ce vrai que tu as ce médicament ? — C'est vrai, dit le bouc, et il est même très bon, mais, pour le confectionner il faut absolument de la viande de cuisse de hyène. — Peux-tu nous en donner un morceau ? dit le lion à la hyène. — Oui, un peu, dit la hyène. — Elle se coupa un petit morceau de chair à la cuisse et le donna au bouc. Celui-ci prit le morceau de viande, mit du sel dessus, cracha sur le tout et donna à goûter au lion. Celui-ci, ayant goûté, trouva que c'était très bon et demanda un autre morceau, puis un autre. A la fin la hyène ensanglantée et en rage se sauva dans la brousse. — Ne la laisse pas échapper, pour ton salut, dit le bouc au lion, ou tu seras toujours malade ! Le lion se mit à poursuivre la hyène. Alors, resté seul, le bouc s'empressa de charger son sel et de regagner ses pénates. — Mes enfants, dit-il aux chèvres, maintenant la brousse n'est plus bonne pour nous et il nous faut aller habiter avec les hommes. — Ce qui fut fait. C'est depuis ce temps-là que les chèvres et les boucs sont nos commensaux et habitent dans le village (1).

46ᵉ FABLE

La vieille, la hyène et le lion

Autrefois une vieille femme habitait dans la brousse avec son enfant e une dizaine de chèvres. La hyène voulait manger les chèvres. A cet effet elle attrapa une perdrix et vint l'offrir à la vieille femme. — Je n'ai pa besoin de perdrix, dit celle-ci. — Non, dit la hyène, je t'en fais pleine ment cadeau, sans vouloir que tu me donnes quoi que ce soit en paic ment. — Bon, dit la vieille femme, merci. — Le lendemain la hyèn revint : As-tu mangé la perdrix ? — Oui. — La hyène retourna dans l

(1) Du jeune Kamana Ouidiraogo de Ouahigouya qui la tient de son père.

brousse et alla trouver le lièvre. — J'ai prêté, dit-il, une perdrix à une vieille femme et je voudrais recouvrer cette dette. Viens avec moi ! — Ils allèrent trouver la vieille femme. — Maman, dit la hyène, la perdrix que je t'ai prêtée hier, j'en ai besoin, redonne-la moi. — Mais je l'ai mangée, dit la vieille. — Alors paye-la moi, dit la hyène. — La femme, qui en fait n'avait pas mangé la perdrix, alla la chercher et lui dit : Voilà ta perdrix ! — Ah ! c'est par plaisanterie, dit la hyène, que je venais te la demander. Tu sais bien qu'elle est à toi. — Le lendemain la hyène revint encore : As-tu mangé la perdrix ? — Oui, dit la femme. — Eh bien paye-moi la. — La femme alla chercher la perdrix mais ne la trouva pas. Son enfant l'avait mangée. Elle se mit à pleurer. — Mon enfant, dit-elle à la hyène, a mangé la perdrix. — Eh bien paye ! — Prends une chèvre en paiement, dit la vieille femme. La hyène et le lièvre mangèrent la chèvre dans la brousse. Le lendemain la hyène revint : Paye-moi ma perdrix ! — Mais, dit la vieille femme, je te l'ai payée hier ! — Non, tu ne me l'as pas payée ! Tu m'as donné une chèvre, mais ce n'est pas une chèvre que je veux, c'est ma perdrix même, ma perdrix pure et nette, ma perdrix en un mot et pas autre chose. — Je ne peux pas te la rendre, dit la vieille femme, tu le sais bien. Prends une chèvre à la place. — Je ne veux pas de ta chèvre, mais ma perdrix. — Prends deux chèvres, dit la vieille. — La hyène prit les deux chèvres et alla les manger dans la brousse avec le lièvre. Toutes les chèvres y passèrent ainsi, jusqu'à ce qu'il ne restât plus qu'un bouc. La vieille femme se mit à pleurer. Le lion passait : Maman, qu'est-ce que tu as ? — La vieille femme expliqua l'affaire. — C'est ainsi que la hyène te traite ? — Oui. — Eh bien va chercher une grosse corde. — La vieille femme alla la chercher et l'apporta. — Mets-moi cela au cou, dit le lion et fais-moi entrer dans la case de tes chèvres. — Ainsi fut fait. Pendant la nuit la hyène et le lièvre vinrent de nouveau et la hyène dit : Maman, je viens réclamer ma perdrix ! — Je n'ai plus de chèvres, dit la vieille, mais seulement un gros bouc. Il faudra bien tirer pour l'emmener. De plus, maintenant, c'est fini, mon troupeau y a passé et il ne faudra plus venir m'embêter avec ta perdrix. — Et la vieille remit la corde du lion à la hyène. La pluie tombait. Le lion se laissa emmener entre la hyène qui le tirait et le lièvre qui était par derrière. A un certain endroit un éclair éclaira tout, et le lièvre vit que ce n'était pas un bouc qui était là, mais un lion et il se sauva disant à la hyène : Ce n'est pas un vrai bouc que tu as là, mais un bouc qui fait du mal à tout le monde. — Alors la hyène regarda et vit le lion : Lièvre, dit-il, viens tenir la corde que j'aille faire mes besoins. — Non, dit le lièvre, ce bouc est trop méchant. La hyène commença à trembler et à faire partout. Alors le lion sauta sur elle et la tua, tandis que le lièvre se sauvait comme un désespéré (1).

(1) Du jeune Séta, demeurant au quartier du Bingo (Ouahigouya).

47ᵉ FABLE

Le singe gratteur

Un singe possédait un bœuf : il cherchait quelqu'un à gratter disant qu'il lui donnerait son bœuf. — Donne-le moi, dit une vieille femme. — Elle tua la bête, fit cuire la viande, mais oublia d'en donner à son chien. Le lendemain le singe arriva : Je viens te gratter ! — Fais, dit la vieille femme. — Le singe la gratta jusqu'au sang. La femme se mit à pleurer. Son chien, couché à côté d'elle, ne disait rien. Le singe partit : Pourquoi m'as-tu laissée ainsi sans défense ? dit la vieille femme. — Parce que tu ne m'as rien donné du bœuf. — C'est vrai, dit la femme. — Elle prit un bon morceau de viande, mit du sel dessus et le donna au chien qui fut très satisfait. Le lendemain le singe revint. Dès que le chien le vit : Il ne faut pas entrer ici, dit-il. - La vieille femme a une dette envers moi, répondit le singe. Je veux entrer. — Non, dit le chien. Et il sauta sur le singe qui se sauva, le chien le poursuivant. Ils rencontrèrent ainsi la hyène qui apportait sur sa tête une pierre à écraser le mil. En les voyant venir à toute vitesse sur elle, elle eut peur et laissa tomber la pierre qui se brisa en deux sur le sol. Mais, après avoir reconnu le chien et le singe, et furieuse : Recousez-moi ma pierre comme elle était auparavant où je vais vous manger tous les deux ! — Je ne sais pas coudre deux morceaux de pierre, dit le singe, mais le chien le sait fort bien. — Qu'est-ce que tu attends ? lui dit la hyène. — Je sais coudre, c'est vrai, dit le chien. Mais il me faut des nerfs de singe. Le singe, entendant cela, se sauva avec rapidité, mais la hyène le rattrapa, le tua, le mangea en ayant bien soin de mettre de côté les nerfs pour le chien. Mais, quand elle eut fini son festin, le chien n'était plus là et la hyène resta avec sa pierre brisée et ses nerfs de singe « en carafe » dans la brousse.

A cause de cela, chiens et hyènes ne sont pas amis (1).

48ᵉ FABLE

Le baobab, la hyène et le chien

Jadis la hyène et le chien étaient bien ensemble. Un jour le chien aperçut dans un trou de baobab de la viande et courut avertir son amie la hyène. Quand ils arrivèrent ils se disputèrent à qui entrerait le premier, mais la hyène, plus forte et plus gloutonne, l'emporta et entra disant au

(1) Du jeune Ranégnémia, demeurant au Bingo (Ouahigouya).

chien : Je vais d'abord m'empiffrer, puis je sortirai, tu entreras et tu t'empiffreras à ton tour. Le chien furieux, mais n'en pouvant mais, attendait, lorsque tout à coup le baobab se referma : Chien, qu'est cela ? cria la hyène. — Je ne sais pas, dit le chien. — Va chercher des hommes pour me délivrer. — Non c'est trop loin, débrouille-toi, tu as voulu entrer la première, tant pis pour toi. — Le chien resta un moment auprès du baobab pour voir s'il ne se rouvrirait pas de lui-même, puis retourna au village. Au bout de deux jours le baobab se rouvrit comme il s'était fermé et la hyène sortit. Elle fila retrouver le chien qu'elle rencontra hors du village : Sale bête ! pourquoi ne m'as-tu pas fait sortir ? — Parce que tu as voulu manger la première la viande que j'avais découverte et qui était à moi. — Ils se disputèrent si bien que la hyène se jeta sur le chien pour le tuer, mais celui-ci se sauva jusqu'au village et se mit hors d'atteinte.

Depuis ce temps-là, hyènes et chiens ne peuvent plus se souffrir (1).

49ᵉ FABLE

Le miel, la hyène et le chien

Autrefois la hyène et le chien étaient camarades. La hyène un jour dit au chien qu'elle savait un endroit où il y avait du miel. — Le chien dit qu'il en connaissait un également. — Allons manger chacun notre miel, dit la hyène, et nous en rapporterons un peu sur le bout de notre queue pour le faire goûter à l'autre. — La hyène, stupide, ne savait pas ce que c'était que le miel et, après avoir mangé de la boue, elle en rapporta au bout de sa queue. Le chien, lui, rapporta vraiment du miel. — Viens goûter, dit la hyène. — Mais ce n'est pas du miel, dit le chien, crachant. — Viens goûter, dit à son tour le chien, et la hyène sut ce qu'était le miel. — Montre-moi l'endroit tout de suite ou je te tue, dit-elle au chien. Celui-ci effrayé s'enfuit au village et depuis ce temps-là hyène et chien ne sont plus camarades (2).

50ᵉ FABLE

L'organisation politique des chiens

Autrefois les chiens avaient des chefs. Un jour ils se réunirent pour nommer leur Moro-naba et les ministres. Il fut en même temps défendu de voler. Le Togo-naba des chiens alla en promenade. Il trouva une cale-

---

(1) De Kounsankodo Ouidiraogo, fils du Rassam-naba, déjà cité. Appris des vieillards de Ouahigouya. Connu aussi des Foulsés.
(2) Du jeune Lédéa Sounango, déjà cité.

basse pleine de sarabou qui avait été laissée là momentanément par une femme et, comme il n'y avait personne, il la mangea. Mais la femme arriva et elle cria et on attrapa le chien qui fut conduit chez le Moro-naba des chiens. Celui-ci dit : Le Togo-naba chien avait faim. A cause de cela on peut lui pardonner pour cette fois ! — Tu es un mauvais chef, dirent les autres chiens. Comment! tu défends une chose et quand on enfreind la défense, tu ne punis pas ? Mais ce n'est pas la peine d'avoir des chefs. Aussi déposèrent-ils leur roi et depuis ils n'en ont plus et ils ont repris l'habitude de voler toutes les fois qu'ils le peuvent (1).

51ᵉ FABLE

L'ingratitude du crapaud

Un jour le crapaud sortit de sa mare et se perdit. Un homme le rencontra dans la plaine et lui dit : Que fais-tu ici ? — Le crapaud dit : Je me suis perdu depuis sept ou huit jours. — Eh bien, dit l'homme, je te rapporterai dans ta mare, si tu veux me récompenser. — Le crapaud dit : Je te ferai du bien. — Alors l'homme rapporta le crapaud dans sa mare et le mit dans l'eau. — Maintenant, dit le crapaud, retourne chez toi. Tu trouveras que ta femme est morte. — L'homme s'en retourna, ne croyant pas que ce fut vrai. Mais il trouva sa femme morte. — Tiens! dit l'homme. C'est le crapaud qui a fait un grigri sur ma femme pour la tuer. Je vais retourner pour lui demander pourquoi il a fait cela. — Il retourna jusqu'à la mare et appela le crapaud qui parut sur l'eau. — Pourquoi as-tu tué ma femme ? — Retourne chez toi, tu trouveras ton fils aîné mort. — L'homme retourna chez lui et trouva son fils aîné mort. Il retourna à la mare et appela le crapaud qui apparut au milieu. L'homme voulut entrer dans l'eau pour l'attraper mais il dut renoncer à son projet, l'eau étant trop profonde. Le milan arriva et volant au-dessus de l'homme lui dit : Que cherches-tu ? — L'homme raconta son histoire. — Sors de l'eau, dit le milan, retourne chez toi. Demain tu reviendras ici avec une peau de bouc à large ouverture et tu t'assiéras sur le bord de la mare. Tu appelleras le crapaud et quand il paraîtra sur l'eau je le prendrai et je te le donnerai. Tu n'auras qu'à l'emporter chez toi ! — Ainsi fut fait. L'homme appela le crapaud qui sortit. Alors le milan, de son arbre où il guettait, se précipita sur le crapaud, le saisit dans son bec et s'enfourna avec lui dans la peau de bouc. L'homme attacha celle-ci et retourna chez lui. Arrivé, il délivra le milan et lui dit : Mon camarade, quand tu auras besoin d'un poussin, viens le manger chez moi, j'en ai beaucoup. Le milan partit. L'homme tua le crapaud et le

(1) De Kounsankodo, déjà nommé.

donna à ses enfants qui le firent griller et le mangèrent. Voilà pourquoi le milan attrape les poussins et pourquoi les enfants mossis recherchent toujours les crapauds et les grenouilles pour les manger (1).

52ᵉ FABLE

L'iguane et son fils

Autrefois une femme n'avait pas d'enfants. Elle sortit dans la brousse et, s'asseyant sous un caïlcédrat, se mit à pleurer. Une iguane qui était sur l'arbre descendit à terre et lui dit : Pourquoi pleures-tu ? — Parce que je ne peux pas gagner d'enfant. — Si tu veux que je couche avec toi, dit l'iguane, tu auras un enfant. — Je le veux bien, dit la femme. — L'iguane fit l'amour à la femme qui retourna au village. Quelque temps après elle devint enceinte, puis accoucha d'un garçon. Elle se sépara de son mari impuissant et vécut toute seule avec son enfant. Quand il fut devenu grand, le jeune homme dit à sa mère : Il faut que tu me montres mon père. La femme amena son fils sous le caïlcédrat, appela l'iguane et dit : Je viens te présenter ton fils. L'iguane arriva et la mère dit à son fils : Voilà ton père ! L'iguane dit : Mon fils, je ne suis pas riche, mais je vais te faire cadeau d'un grigri. Voilà une queue de taureau. Avec elle, tu peux tout voler et tu ne seras jamais pris. Avec sa queue de taureau, le jeune homme alla voler une charge de grigris. Mais le propriétaire l'attrapa, lui donna des coups de bâton, reprit son bien et le relâcha. Le jeune homme alla trouver son père l'iguane et lui dit : Ton grigri n'est pas bon. J'ai essayé l'aventure et voilà ce qui m'est arrivé. L'iguane lui dit : Eh bien laisse là ton grigri et prends celui-ci. C'était encore une queue de taureau. Avec celle-ci, ajouta l'iguane, si tu as volé et si l'on te poursuit tu te retournes vers celui qui te presse et tu brandis cette queue de taureau dans sa direction. Fais cela et tu m'en diras des nouvelles ! Le jeune homme, muni du nouveau grigri, alla dans un parc à bestiaux de Peuls et vola tout le troupeau. Les Peuls se rassemblèrent et coururent après le voleur, mais lui, agitant la queue de taureau de leur côté, les transforma en singes. Le jeune homme ramena alors le troupeau chez lui sans encombre et devint riche, grâce au grigri de son père l'iguane (2).

53ᵉ FABLE

L'homme et les éléphants

Jadis un homme fit un champ dans la brousse. Quand le mil fut mûr, tous les jours les éléphants venaient le manger et l'abîmer. L'homme ne

(1) De Yadega, homme du Bingo, déjà nommé. Apprise des vieillards de Ouahigouya.
(2) Du même Yadega. Apprise des vieillards de Ouahigouya.

sachant pas qu'est-ce qui faisait cela résolut d'attendre un jour avec son sabre et de tuer qui viendrait. Il alla dans son champ et monta sur un arbre. Vers minuit deux éléphants survinrent. L'un dit : Je sens quelque chose ici. L'autre répondit : Tu es un menteur, il n'y a rien. Un moment après il sentit quelque chose et dit ; Ah oui ! c'est vrai ! Tu avais raison. Ils regardèrent dans l'arbre et y virent l'homme. Ils l'attrapèrent donc avec leurs trompes et le descendirent. — Qu'est-ce que tu fais ici ? — Tous les jours on venait abîmer mon mil. Je me suis mis là pour savoir qui c'était, mais si j'avais su que c'était vous, les éléphants, je ne serais certainement pas venu. — Les éléphants, flattés, lui dirent : Ta réponse nous plaît. Demande-nous ce que tu veux. Nous te le donnerons. — Alors l'homme dit : Je n'ai besoin de rien pour moi, mais ma femme, chaque fois qu'elle a un enfant, le voit mourir. Je voudrais bien que cela n'arrivât plus. — Très bien, dit l'éléphant, je vais te donner un grigri pour cela. — Il lui donna une chaîne en fer et lui dit : Quand tu iras chez toi, frappe la tête de ta femme avec cette chaîne. La chaîne disparaîtra alors. Mais, si ta femme gagne jamais un enfant ensuite, il ne mourra plus. — L'homme revint chez lui, frappa la tête de sa femme avec la chaîne et la chaîne disparut. La femme gagna ensuite un enfant. Le jour où elle accoucha on trouva la chaîne en fer au cou de l'enfant. Celui-ci survécut.

Depuis cette époque, les femmes cherchent des grigris pour mettre au cou de leurs enfants pour qu'ils ne meurent pas (1).

54e FABLE

La hyène, l'âne et la mère crocodile

Autrefois la hyène alla au bord d'une mare pour y boire et y trouva les enfants de la mère crocodile. Elle les tua tous et les mangea. La mère crocodile arriva à son tour et sut que c'était la hyène qui avait causé ce désastre. Elle la chercha partout pour la tuer, mais ne put pas la trouver. Un jour un âne arriva pour boire. Mère crocodile lui dit : La hyène m'a fait beaucoup de mal, je la cherche toujours pour me venger, mais je ne peux pas la trouver. Voudrais-tu m'aider à l'attraper ? — Je veux bien, dit l'âne. — En es-tu capable ? dit la mère crocodile. — Mais oui, j'en suis capable, dit l'âne. — Eh bien fais, dit mère crocodile. L'âne s'éloigna et alla se coucher devant la porte de la hyène, feignant d'être mort. Un enfant de la hyène sortit par hasard et vit l'âne. Il s'enfuit en courant : Papa, dit-il, un âne est couché devant notre porte. La hyène donna une gifle à sa progéniture en lui disant qu'elle mentait. Cependant elle envoya un autre de ses fils pour vérifier si c'était vrai. L'enfant alla voir

(1) Du jeune Ranéguémia, déjà cité. Apprise des vieillards de Ouahigouya.

et revint disant : Il y a en effet un âne couché devant la porte. La hyène frappa encore celui-là en disant qu'ils étaient tous des menteurs : Je cherche depuis longtemps l'âne pour le manger. Il se cache de moi, il n'est donc pas venu devant ma porte se livrer à mes griffes. Cependant il envoya sa femme aux renseignements. La femme revint et dit : Il y a en effet, c'est bien vrai, un âne étendu devant notre porte. Je crois même qu'il est tout à fait mort. Cette fois la hyène sortit pour voir et trouva que ce qu'on lui avait dit était vrai. Elle appela donc sa femme et ses enfants en leur disant de venir et qu'on allait partager la viande. — Comment, dit la femme. Mais il n'est pas encore vidé. Apportons un couteau, vidons-le et ensuite nous partagerons la viande. — Non, dit la hyène, on ne videra pas, on n'étripera pas mon âne. On le partagera tel quel. — Mais, dit la femme, on ne peut pas agir ainsi. Ils allaient se disputer quand un enfant dit : Attachons le père hyène à son âne pour qu'il s'en donne jusque-là. Quand il « sera plein » et ne pourra plus manger, on le détachera de l'âne et nous prendrons ce qui restera pour nous. Le père hyène dit : Ça va. On apporta donc des cordes et on attacha le père hyène contre l'âne. Quand ce fut fait, l'âne qui jusque-là avait fait le mort se leva brusquement, à la stupéfaction générale, et se mit à courir aussi vite qu'il pouvait vers la mare, entraînant la hyène à ses trousses. La mère caïman était là. — Voilà la hyène, dit l'âne. Mère caïman se jeta sur elle, lui coupa les quatre pattes et la laissa mourir ainsi sur les bords de la mare. Quant à l'âne, très fier, il retourna chez lui (1).

55ᵉ FABLE

Le poulet et l'aigle

L'aigle ayant déposé ses œufs dans les rochers, un poulet alla tuer les petits aiglons et rapporta les corps chez lui. Il les pluma tous et se confectionna un boubou avec leurs plumes. L'aigle cependant cherchait ses petits et celui qui les avait fait disparaître. Il apprit enfin que c'était un poulet qui avait tué ses enfants. Un jour il rencontra le poulet se pavanant avec son bel habit de plumes d'aiglon. — Tu n'as pas vu le poulet? dit l'aigle pensant rencontrer un autre aigle. Il m'a fait du mal et je le cherche. — Je ne l'ai pas vu, dit le poulet. — Excuse, dit l'aigle. Tu as une tête de poulet et un corps d'aigle. Je croyais parler à un aigle. — Mais je suis un aigle, dit le poulet, un aigle de case il est vrai. Or c'est comme cela précisément que nous sommes. — L'aigle le laissa partir mais alla se percher sur un arbre. Le poulet se mit sur le bord de la porte de la case et dépouillant son boubou : C'est bien moi le poulet, lui cria-t-il, c'est bien

(1) Du nommé Yamba, demeurant au Bingo (Ouahigouya). Apprise des vieillards de l'endroit.

moi qui ai tué tes aiglons! L'aigle fondit sur lui, mais le poulet, d'un bond, était rentré dans la case. L'aigle reprit la dépouille de ses enfants, mais ne put pas se venger de son ennemi.
C'est depuis cette époque que les aigles sont les ennemis des poulets (1).

56ᵉ FABLE

Le petit poussin

Un jour les poulets décidèrent d'aller trouver une vieille femme pour se faire faire des marques sur la figure comme les Mossis. Ils se mirent en route : un petit poussin voulut partir avec eux. Les autres lui disaient qu'il était trop petit et voulaient l'éloigner, mais, lui, marchait toujours derrière eux. Quand ils furent dans la brousse la pluie se mit à tomber. Les poulets se sauvèrent à toutes jambes pour se mettre à l'abri dans les trous des rochers et le petit poussin y entra avec eux. Mais ces trous étaient la demeure d'un chat qui arriva en bondissant, joyeux de voir tous ces poulets. Il décrocha donc sa guitare pour remercier Ouendé qui lui envoyait ces pièces de choix. Tout à coup le petit poussin lui dit : Donne-moi ta guitare ! — Comment ! les poussins savent jouer de la guitare ? dit le chat. — Oui, dit le poussin. Et il se mit à jouer en accompagnant sa musique de ces paroles : Nous avons fait colonne et nous avons tué neuf chats ! Celui-ci sera le dixième. — Entendant cela, le chat se sauva rapidement. Le poussin alors en profita pour se sauver lui aussi avec les poulets. Quand ils furent en sûreté : « Vous voyez, dit le petit poussin, vous vouliez me renvoyer en me bousculant. Sans moi cependant aujourd'hui et sans ma présence d'esprit, vous seriez tous morts dévorés par le chat. — C'est vrai, dirent les poulets.
Ainsi on peut avoir besoin même des plus petits (2).

57ᵉ FABLE

Le merle défiant

L'iguane un jour appela le merle à longue queue (3) : J'ai un grigri. Si tu veux venir le prendre, je te le donne. — A quoi sert-il ? demanda le merle à longue queue. — Il rend invisible, répondit l'iguane. — Fais ton grigri

(1) Du jeune Ranéguémia, du Bingo. Connue des Foulsés.
(2) Cette fable est le développement de l'éternel proverbe : On a souvent besoin d'un plus petit que soi.
Elle est du même Ranéguémia, apprise des vieillards du Bingo (Ouahigouya), connue des Foulsés.
(3) Sasanga en mossi, konodiamfing ou mola en bambara, malinké et onassonlouké.

devant moi, dit l'oiseau. Couche-toi en travers de la route et je verrai si les passants t'apercevront ou non. — L'iguane fit son grigri sur lui-même et se coucha sur la route. Le merle s'installa sur un arbre à côté et regarda. Cependant un homme arrivait, portant une hache sur l'épaule. Il vit l'iguane et, la tuant d'un coup de hache, la ramassa et la mit dans sa peau de bouc. Le merle s'enfuit en disant : Eh bien, il était bon ton grigri (1).

58ᵉ FABLE

Le calao et Ouendé

Jadis la hyène, le lièvre et le calao se disputèrent. Le calao alla trouver Ouendé pour lui demander d'enlever la langue de tous les animaux de la brousse en commençant par celle de la hyène et du lièvre parce que ces deux animaux étaient des pillards, des menteurs, etc. Ouendé lui dit : C'est bien. Approche-toi que je t'enlève d'abord la langue, puis j'enlèverai celle des autres animaux. — Non, dit le calao, tu ne me comprends pas ! Je te demande de commencer par le lièvre et la hyène, non par moi. — Cela ne fait rien, dit Ouendé, et il prit le calao et lui enleva la langue. C'est pour cela que, depuis ce temps, le calao, au lieu de posséder une longue langue dans son grand bec, n'en possède qu'un tout petit bout dans le fond de la gorge (2).

59ᵉ FABLE

La guêpe maçonne et le crapaud

Jadis la guêpe maçonne et le crapaud étaient amis. Un beau jour la femme du crapaud ayant fait d'excellent sarabou, le crapaud appela son amie pour partager son repas. La guêpe maçonne entra en bourdonnant, à son habitude, d'une façon menaçante. — Laisse-là ton tamtam, dit le crapaud, et viens manger. — La guêpe qui ne pouvait pas bien entendu laisser là son tamtam, c'est-à-dire s'empêcher de bourdonner, ne put pas s'approcher et le crapaud mangea tout le sarabou. A quelque temps de là la guêpe maçonne se maria. Elle fit préparer beaucoup de nourriture et appela le crapaud pour être de la fête. Celui-ci arriva les pattes humides et sales comme à l'ordinaire. — Va-t'en te laver les pattes, lui dit la guêpe maçonne. — Le crapaud alla les laver mais en arrivant elles étaient de nouveau salies. — Mais tu n'as pas les pattes propres, lui dit la guêpe. C'est dégoûtant. Va te les laver de nouveau. — Le crapaud, honteux, alla

---

(1) De Yabéiri, déjà cité. Apprise des vieillards de Ouahigouya. Connue des Foulsés.
(2) Du jeune Tengaboumbou, déjà nommé.

les laver. Quand il revint, comme elles étaient de nouveau salies, il fut de nouveau renvoyé si bien que la guêpe et ses invités mangèrent, à son exclusion, tout le sarabou.

Depuis ce jour-là crapaud et guêpe maçonne ont rompu toute amitié (1).

Nous en avons fini avec le Cycle des animaux. Passons au Cycle de l'Homme.

60ᵉ FABLE

La méchanceté des êtres

Autrefois un kinkirga tissait dans la brousse du fil de coton. Quelqu'un alluma du feu dans l'herbe sans mauvaise intention, mais le feu se dirigeant vers le kinkirga, commença à brûler son fil. Un homme passait : Viens m'aider, dit le kinkirga, à sauver mon fil. — Bon, ça va bien, dit l'homme et il alla chercher un canari plein d'eau et il éteignit le feu. — Demain matin, dit le kinkirga, viens me trouver ici. — Où est ta case ? dit l'homme. Le kinkirga lui montra une grande termitière rouge : Voilà ma case, viens demain à côté, j'en sortirai et je viendrai à toi. Le lendemain matin l'homme vint à côté de la termitière. Le kinkirga en sortit et lui donna une poudre : Mets cette poudre dans l'eau, lave-toi la figure avec cette eau et alors tu verras toutes les choses invisibles de la brousse. — Quand l'homme eut fait cela, il devint aveugle et, voyant que le kinkirga l'avait trompé, il reprit tristement le chemin de son habitation. Cependant un milan vint frapper de ses deux ailes la figure de l'aveugle et du coup les yeux de celui-ci se rouvrirent. Alors il attrapa le milan, le dépluma complètement et, le jetant par terre sans le tuer : J'avais fait du bien au kinkirga : il m'a fait du mal. Toi tu m'as fait du bien, aussi je te fais du mal. — Le milan, abandonné, restait par terre sans pouvoir voler. Une petite tortue passa et vit le milan : Qu'est-ce que tu fais ainsi ? — Le milan raconta ce qui lui était arrivé. — J'ai peur de toi, dit la tortue, sans quoi je t'apporterais à manger jusqu'à ce que tes plumes aient repoussé. — Je t'en prie, fais-le, dit le milan, je ne te ferai jamais de mal. — La petite tortue alla donc chercher des termites et elle les apportait au milan qui les mangeait. La plume repoussait cependant et le milan sentit qu'il pouvait voler. Il attendit la tortue et, quand celle-ci revint avec ses termites, il la saisit et l'emporta au haut des airs : L'homme fit du bien au kinkirga, dit-il, et celui-ci le paya en lui faisant du mal ; moi-même j'ai fait du bien à l'homme et celui-ci me paya en me faisant du mal ; toi, tu m'as fait du

---

(1) Cette jolie fable qui contraste agréablement avec tant d'autres récits insipides ou niais du folklore mossi, est la fable immortelle de la Cigogne et du Renard de notre Lafontaine. Elle m'a été contée par Pabéba déjà nommé. Connue des Foulsés.

bien et je te paye en te faisant du mal. Et il précipita la petite tortue par terre. Celle-ci tomba sur une pierre, s'écrasa contre elle et mourut.

Depuis cette époque les gens et les animaux payent toujours le bien par le mal (1).

61ᵉ FABLE

Le pays des voleurs

Autrefois un homme alla en voyage avec sa femme avec une grande peau de bouc pleine de cauris sur sa tête. Ils arrivèrent à un marché important et se reposèrent non loin de celui-ci. — Garde les cauris, dit l'homme à la femme. Je vais aller acheter du lait au marché et je reviens tout de suite. — Un voleur se trouvait au bord de la route qui entendit cette conversation. Il courut vite au marché, en rapporta une calebasse de lait et la présenta à la femme disant : Ton mari t'envoie cela et te demande le sac de cauris. — La femme le lui donna et le voleur disparut avec. Cependant l'homme revenait avec sa calebasse de lait et voyant la première : Qu'est-ce ? dit-il. — N'est-ce pas toi qui m'as envoyé cela par un messager ? dit la femme. — Nullement, dit l'homme. — La femme lui raconta ce qui s'était passé et l'homme dit : Voilà, je suis volé ! et il se mit à faire des reproches à sa femme. — Ne m'eng.... pas, dit celle-ci, j'ai bien cru qu'on venait de ta part. Cependant un passant s'approcha : Qu'est-ce que tu as à te disputer avec ta femme ? — L'homme expliqua ce qui en était. — Parle moins haut, dit le passant. J'ai vu par hasard ton voleur et le sac de cauris et si tu veux me donner quelque chose, je te montrerai où il est déposé. — Eh bien, dit l'homme, si tu me le fais retrouver, nous partagerons. — Le passant dit : Viens avec moi. — Il emmena l'homme dans la brousse et lui montra un puits sans eau : Ton sac est dans ce puits. Il le portait sur la tête. Il l'a jeté là-dedans et il est parti. — Le propriétaire dit : Merci. Il enleva ses vêtements très riches et les mit au bord du puits, puis, après s'être dévêtu, y descendit. Quand le renseigneur vit l'homme au fond du puits, il prit sa culotte, son boubou et son bonnet et se sauva. Cependant l'homme explorait le fond du puits sans rien trouver, en sortait, ne voyait plus ni ses vêtements ni son compagnon et, tout pleurant, courait vers sa femme. Quand la femme vit cet homme tout nu arriver en courant vers elle, elle voulut se sauver. — Arrête-toi, dit l'homme, reconnais-moi et donne-moi un pagne que je m'entoure les reins. — Cela fait, il dit : Retournons au plus vite chez nous, le voyage est fini. Ce n'est pas la peine d'insister. Les gens d'ici sont trop

---

(1) De Gomboro déjà nommé. Apprise des vieillards de Ouahigouya, connue des Foulsés. Répandue également dans le pays mandé.

voleurs. — La femme et l'homme rentrèrent en courant chez eux et ne sortirent plus désormais de leur village (1).

62ᵉ FABLE

Le plus malin des deux voleurs

Autrefois il y avait deux voleurs qui se disputaient à qui était le plus malin (Pourtant ils étaient très amis). Chaque fois qu'ils volaient ils mettaient le produit de leur vol dans un puits très profond mais asséché. Une nuit ils voulurent tout sortir pour le partager. Le premier dit au second : Descends dans le puits. Je te jetterai une corde à laquelle tu attacheras successivement toutes les affaires, puis je te la jetterai encore pour que tu sortes. Le second descendit donc dans le puits et le premier fit sortir tous les objets que le second attachait au bout de la corde — Quand ce fut fini : Envoie-moi encore la corde, dit le second, il reste un sac très lourd plein de cauris, c'est le dernier. Le premier fit descendre la corde. Le second se mit dans le sac qui était vide après l'avoir attaché au bout de la corde. Le premier tira et fit sortir le sac qu'il mit à côté du reste. Puis, croyant que son camarade était dans le puits et qu'il ne restait que lui, il alla chercher une grosse pierre pour le tuer. Pendant qu'il la cherchait le second sortit du sac, et prenant tous les biens volés, alla les cacher dans un endroit connu de lui seul, puis il revint se cacher à côté du puits. Cependant le premier voleur revenait, roulant péniblement une grosse pierre, puis, la soulevant, il la fit tomber dans le puits. — Tu es mort ! dit-il. Tous les biens sont à moi et tu disais que tu étais plus malin que moi ! — Puis il se retourna pour prendre les biens et les emporter, mais, ô stupeur, ils n'étaient plus là. Il les chercha longtemps en vain, s'éloignant de plus en plus du puits, puis il revint, soufflant comme un âne. Celui qui était caché crut que c'était un véritable âne qui arrivait et il sortit pour le prendre, mais il aperçut son camarade qui l'aperçut aussi. Celui-ci était stupéfié : Comment ? mais tu n'es pas dans le puits ? — Mais non, espèce d'imbécile ! je t'ai trompé : pendant que tu te préparais à me tuer, je sortais du puits par le dernier sac et j'emportais toutes nos prises. Enfin, je suis moins canaille que toi et pas rancunier. Je vais te montrer où sont nos richesses. — Il le guida jusqu'à la cachette. — Eh bien, dit le premier, emmenons tout cela chez moi. Quand ce fut fait : Reviens dans quatre jours, dit le premier voleur pour le partage. — Bon, dit le second, et il partit chez lui. Le lendemain le premier voleur dit à ses gens : Enterrez-moi et dites à mon camarade quand il viendra dans trois jours que je suis mort. On fit donc le pseudo-enterre-

---

(1) De Yabéiri, déjà nommé. Apprise des vieillards de Ouahigouya.

ment. Le jour fixé le second voleur arriva et ne trouva pas le premier. — Où est-il? demanda-t-il aux gens. Ceux-ci lui répondirent : Le lendemain du jour où vous êtes rentrés, il a attrapé des coliques et il en est mort. Nous l'avons enterré hier. — N'a-t-il pas laissé quelque chose pour moi? — Non, dirent les gens, il ne nous a pas parlé de cela. — Bon, ça va bien, dit le second et il fit semblant de retourner chez lui. Mais il revint bientôt pour demander aux gens où était la tombe de son camarade, disant qu'il voudrait bien y aller. On le fit accompagner par quelqu'un jusqu'à la tombe. Il examina bien celle-ci et eut des soupçons d'avoir été trompé. Il retourna chez lui et pendant la nuit prit son daba et retourna au tombeau de son camarade. Il commença à gratter la terre de la tombe, si bien que le pseudo-défunt croyant que c'était la hyène qui venait pour le manger, se mit à pousser des cris déchirants qui ameutèrent le village. Quand tout le monde fut là : Mon ami, dit le second voleur au premier, je suis plus malin que toi ! Retournons chez toi pour partager nos prises. — Cette fois-ci ils les partagèrent loyalement, le premier voleur reconnaissant qu'il lui était impossible de « mettre dedans » son camarade (1).

63ᵉ FABLE

La fille qui était suivie par un chien

Autrefois il y avait un géant qui était très paresseux. Ayant résolu de faire un champ il appela toutes les jeunes filles du village pour le travailler. Elles vinrent et il tua trois chèvres pour les leur donner. Parmi elles, une des jeunes filles avalait les os avec la viande. Les autres laissaient les os et les donnaient au chien du propriétaire du champ. Quand les jeunes filles s'en retournèrent, le chien suivit la fille qui ne lui avait pas donné d'os, espérant qu'elle finirait par lui en donner. Il la suivit partout pendant plusieurs jours. A la fin la fille lui dit : Pourquoi me suis-tu partout ? — Tu ne m'as pas donné d'os comme les autres jeunes filles, dit le chien. Donne-m'en et je te quitterai. — La jeune fille alla trouver une chèvre : As-tu des chevreaux ? dit-elle. — Oui, dit la chèvre, j'en ai trois. — Donne-m'en un, dit la jeune fille, que je le donne au chien, car il me suit partout et je ne suis pas contente de cela. La chèvre dit : J'ai faim. Va trouver le noboga, apporte-moi de ses feuilles. Si tu fais cela, je te donnerai un de mes chevreaux. — La fille alla trouver le noboga : Donne-moi de tes feuilles, dit-elle. — Je n'en ai pas, dit le noboga. Va trouver Ouendé et demande-lui de faire tomber beaucoup de pluie. Quand mon feuillage aura bien poussé, je te donnerai de mes feuilles. La fille

---

(1) De Kogoda, fils du Baloum-naba (Ouahigouya). Appris des vieillards. Conte connu des Foulsés et aussi des Mandés.

alla trouver Ouendé et lui demanda de faire tomber de l'eau. — Je ne peux pas le faire, dit Ouendé, sans qu'on frappe le tamtam. Va dire au tamtam de résonner et je ferai tomber de l'eau. La jeune fille alla trouver le joueur de tamtam qui lui dit : Si tu veux que je frappe le tamtam amène-moi une jeune fille très jolie pour rester à côté de moi. La jeune fille alla chercher une camarade pour l'amener au joueur de tamtam. — Je ne peux pas y aller, dit la seconde jeune fille, sans que tu amènes un cheval dont je tiendrai la queue. La fille alla trouver un cheval qui répondit : Va me chercher un poulet sans plumes que je marche dessus et j'irai où tu voudras. La fille chercha partout et à la fin trouva un poulet sans plumes. Elle le demanda au propriétaire qui lui répondit : Je ne te le donnerai que si tu viens faire l'amour avec moi. — Bon ! dit la jeune fille. Et elle entra dans la case où elle fit l'amour avec l'homme. Celui-ci lui donna le poulet et la fille l'amena devant le cheval qui marcha dessus. Le cheval dit : Partons ! et la jeune fille l'amena à sa camarade qui le prit par la queue et se fit ainsi guider jusqu'au joueur de tamtam. Quand celui-ci vit la jeune fille assise à côté de lui, il se mit à jouer du tamtam. Ouendé entendit et immédiatement fit tomber la pluie. Le feuillage du noboga poussa et la jeune fille cueillit des feuilles pour les apporter à la chèvre. Celle-ci mangea les feuilles et prit un de ses chevreaux pour le donner à la fille. Celle-ci le donna au chien qui le tua et le mangea. Alors le chien quitta la fille et retourna chez son maître et celle-ci, enfin délivrée, retourna chez elle.

A cause de cela, on jette toujours les os aux chiens maintenant, quand on mange de la viande (1).

64ᵉ FABLE

Les métamorphoses

Autrefois un homme avait trois enfants, mais il était pauvre. Il entra dans la brousse, pleurant, désespéré de cette pauvreté. Le caméléon vint à passer par là : Qu'as-tu à pleurer ? dit le caméléon. — J'ai trois enfants et je ne possède rien, dit l'homme. C'est pour cela que je pleure et que je vais dans la brousse. — Eh bien ! dit le caméléon, j'ai un grigri que je peux te donner, car je t'aime : ce grigri c'est la queue d'un taureau. Avec lui, tu pourras devenir riche. — Donne-le moi, dit l'homme. Le caméléon le lui donna. — Comment peut-on devenir riche avec cette queue ? — Chaque chose ou chaque être humain que tu frapperas avec l'extrémité de cette queue deviendra un bœuf ou un cheval. Si tu frappes avec le manche de la queue, l'être transformé redevient tel qu'il était auparavant.

(1) De Yabéiri, déjà cité. Apprise des vieillards de Ouahigouya.

L'homme emporta la queue chez lui et montra le grigri à ses fils. — Nous pouvons devenir riches avec cela, leur dit-il. — Comment faire pour devenir riches avec cette queue de bœuf? demandèrent les fils. L'homme frappa un de ses fils qui devint immédiatement un cheval. — Allez le vendre au marché, dit-il aux deux autres. — Et toi, dit-il au cheval, quand tu seras chez ton maître casse l'entrave et viens nous rejoindre ici. Les deux fils vendirent le cheval et rapportèrent les cauris chez eux. Cependant celui-ci ne tarda pas à accourir, échappé de chez son maître et le père le frappant avec le manche de la queue le retransforma en homme. L'homme continua à pratiquer ce truc ingénieux et devint riche. Un jour le père dit à ses fils : Transformez-moi en cheval et vendez-moi, mais pas à un marabout parce que celui-ci connaîtrait ma vraie nature. Les fils transformèrent leur père en cheval, mais, sans écouter ce qu'il leur avait dit, le vendirent à un marabout. Celui-ci le mit dans une case, fit faire une bonne porte par les forgerons et l'enferma bien. Puis il ne lui donna ni à boire ni à manger. Le cheval, voyant qu'il allait mourir, se transforma en tourterelle et parvint à sortir par une petite ouverture. Le marabout qui était devant la case, vit la tourterelle et se transforma en milan pour la poursuivre. Celle-ci en s'enfuyant entra dans la case du chef de village, toujours poursuivie par le milan. Qu'est-ce que cela? dit le représentant du chef de village assis auprès du chef aveugle et impotent. — Le milan répondit : Je poursuis mon cheval. — Où est ton cheval? — Le milan dit, en montrant la tourterelle : Voici mon cheval. Et il raconta l'affaire au chef de village et à son représentant. Le chef dit à celui-ci : Prends la tourterelle pour la rendre à son propriétaire. La tourterelle dit : O chef de village, ne me donne pas à celui-ci et je te donnerai un grigri qui te rendra la vue. — Dans ces conditions, dit le chef de village, tu ne seras pas donné au milan. — Le milan dit : Tu es impotent et ta verge ne peut plus se dresser. Or, moi, si tu veux, je te donnerai un grigri qui lui permettra de se relever tout de suite. — Dans ces conditions, dit le chef de village, il faut donner la tourterelle-cheval au milan-marabout, car j'aime encore mieux que ma verge redresse que de voir clair. Le représentant donna la tourterelle au milan qui la mit dans sa peau de bouc et attacha l'ouverture de celle-ci. Puis le milan donna le grigri promis au chef du village à qui cela fit tout de suite de l'effet et il s'apprêta à retourner chez lui avec sa tourterelle. Cependant, celle-ci, prisonnière dans sa peau de bouc, se transformait en rat, et rongeant la peau elle fit un trou et tomba par terre. Mais elle fit un certain bruit en tombant et le milan regardant d'où venait le bruit, aperçut le rat et se jeta sur lui. Le rat se changea alors en mil et le milan en un poulet pour le manger. Le poulet goba tous les grains de mil, sauf un qui, au moment où il allait le gober à son tour, se transforma en un chat et sauta si vite sur le poulet que celui-ci n'eut pas le temps de se transformer en quoi que ce soit et l'égorgea.

Puis le poulet se hâta de se retransformer en homme et rentra chez lui.

Il appela ses trois fils et leur fit des reproches. Puis il prit la queue de taureau et la brûla, renonçant aux métamorphoses.

Cependant toute sa descendance ne renonça pas aux queues de taureaux et aux queues de cheval pour en faire des grigris et tous ceux qui mettent encore en œuvre ces pratiques maintenant sont des gens qui descendent de lui (1).

65ᵉ FABLE

Le lépreux et l'iguane

Autrefois il y avait un lépreux très pauvre qui ne possédait que quelques poulets. Il les nourrissait en allant chercher des termitières dans la brousse. Un jour qu'il était allé en chercher, il rencontra une iguane de terre. Qu'es-tu venu faire ici ? dit celle-ci. — Chercher des termitières pour mes poulets. — Eh bien ! dit l'iguane, je vais monter sur le caïlcédrat que tu vois là. Attrape-moi par la queue et suis-moi. — Ils montèrent ainsi à l'extrémité de l'arbre. Tout en haut l'iguane dit : Lâche-moi la queue. — Non, dit l'homme, je vais tomber. — Non, tu ne tomberas pas. — L'homme lâcha la queue, tomba par terre et se tua. L'iguane descendit, fit un grigri sur le cadavre et l'homme ressuscita guéri de sa lèpre. Il était au milieu d'une grande habitation, où tout, hommes, bêtes, mil était en grande abondance. — Je te donne tout cela, lui dit l'iguane, à condition que tu me soignes bien — C'est ce que fit l'homme. Un jour une femme arriva disant qu'elle voulait se marier avec lui. Or il était en train de faire du feu pour réchauffer l'iguane qui avait froid. L'homme se maria avec la femme et le lendemain de la nuit de noces la femme dit : Je voudrais bien que tu tues cette iguane pour me la donner à manger, car la viande d'iguane est une chère délicate. — Non, dit l'homme. Je ne peux pas la tuer. J'étais jadis lépreux et misérable. Or c'est cette iguane qui m'a donné tous ces biens et de plus m'a guéri de mon affreuse lèpre qui m'avait enlevé tous les doigts. Demande-moi de tuer n'importe quoi, même un cheval et je le tuerai, mais cette iguane, je ne peux pas la tuer. — La femme se mit à pleurer. Le lendemain elle recommença à demander à manger l'iguane, et comme il refusait de nouveau, elle se remit à pleurer. Et tous les jours elle fit la même chose si bien qu'à la fin l'homme prit un bâton et tua l'iguane et la donna à la femme pour qu'elle la mangeât. Quand elle eut mangé, toute la maison commença à disparaître, chevaux, moutons, bœufs, puis la femme disparut aussi, puis l'homme redevint pauvre et lépreux.

Cela prouve qu'on ne doit pas répondre par l'ingratitude aux bienfaits. A ceux qui nous font du bien, il faut en faire de même (2).

(1) De Yadega, déjà nommé. Apprise des vieillards de Ouahigouya.
(2) De Kogoda, déjà nommé. Apprise des vieillards de Ouahigouya. Cette fable est connue des Foulsés, elle l'est également des Mandés.

66e FABLE

L'ingratitude punie

Il y avait autrefois dans le Yatenga une jeune fille très jolie que tout le monde recherchait et qui repoussait tous les prétendants. — Un lépreux, sachant cela, alla trouver un python qu'il connaissait et, voulant se marier avec la jeune fille, lui demanda des conseils. — Dans ton état, couvert de plaies et sans doigts, la jeune fille te repousserait certainement, dit le python, mais, comme tu as eu confiance en moi, je vais te donner un grigri qui te guérira complètement. — Quand il lui eut donné ce grigri les plaies se fermèrent, les doigts repoussèrent et le lépreux devint un très joli jeune homme. — Pars, dit le python, et maintenant la jeune fille t'acceptera certainement. Mais, quand tu auras été accueilli, reviens par ici avec elle que je vous voie tous les deux. Le jeune homme partit, se présenta, fut agréé par la jeune fille et se maria avec elle. Cela fait il songea à se présenter devant le python, mais, réfléchissant, il eut peur d'être mangé par lui ou que celui-ci ne mangeât sa femme ou qu'il ne lui reprît ses doigts. — Il coupa donc au plus court pour rentrer dans son village avec sa femme, mais, voilà qu'en arrivant tout près de celui-ci, il rencontra le serpent. — Pourquoi as-tu coupé par la brousse? dit le python, au lieu de passer par chez moi comme tu me l'avais promis? Je te reprends tes doigts, je te rends tes plaies et ta laideur. Si ta femme veut de ton museau comme cela, qu'elle reste maintenant avec toi! — La jeune femme voyant que son mari devenait lépreux dit : J'ai épousé un lépreux! Je retourne chez mon père! Et le lépreux, abandonné de sa femme et du python, retourna chez lui et resta toujours lépreux (1).

67e FABLE

Les trois hommes et Ouendé

Autrefois trois hommes allèrent trouver Ouendé : un homme sans père et sans mère, le second aveugle, le troisième lépreux. Le premier dit à Ouendé : Je suis orphelin, je viens te demander de quoi manger, de quoi boire, de quoi m'habiller, enfin des biens. Le second dit : Je suis aveugle, je te demande des yeux et des biens. Le lépreux demanda des doigts, les siens étant mangés par la lèpre et aussi des biens. Ouendé dit à un de ses serviteurs : Apporte la cravache qui est là-bas. La cravache apportée,

---

(1) De Gomboro, déjà nommé. Racontée par les vieillards du Yatenga. Connue des Foulsés et des Mandés.

il dit : Donne un coup de cravache à l'orphelin. Dès que le coup fut donné celui-ci devint riche. Un autre coup de cravache rendit à l'aveugle ses deux yeux et lui donna toutes sortes de biens par dessus le marché. Un troisième coup de cravache, au lépreux, lui enleva la lèpre et lui donna l'opulence. — Eh bien maintenant vous êtes riches, dit Ouendé, retournez chez vous. Un mois après environ, le dieu mit des haillons et, ainsi accoutré, alla visiter ses obligés, une calebasse en main pour demander l'aumône. Il alla d'abord trouver l'ancien aveugle et lui demanda de quoi manger et s'habiller. L'ex-aveugle le frappa et le mit à la porte. Ouendé alla alors trouver l'ex-lépreux mais sans plus de succès, l'ex-lépreux le trouvant trop sale. Enfin Ouendé alla trouver l'orphelin qui lui donna une case, des habits propres, tua un bœuf, etc. Ouendé le remercia et s'en alla sans dire autre chose. Trois jours après Ouendé appela ses trois anciens obligés. Quand ils furent venus, il appela un de ses serviteurs avec une cravache spéciale. Il frappa avec celle-ci l'ex-aveugle et les yeux de celui-ci se fermèrent et tous ses biens disparurent ; il frappa l'ex-lépreux : ses doigts s'en allèrent, la lèpre le recouvrit, il n'eut plus de biens. Cela fait, il dit à ces deux-là : Je vous ai donné toutes sortes de biens et, pour me récompenser, quand je suis allé au village l'autre jour sous les apparences d'un pauvre, vous m'avez insulté, bousculé, frappé, mis à la porte. Aussi je vous enlève tout ce que je vous ai donné et je vous fais redevenir comme autrefois. Quant à toi, orphelin, tu as bien agi. Aussi pour te récompenser tu seras riche jusqu'à ta mort et aussi toute ta postérité.

Les gens riches qui vivent encore en ce moment sont les descendants de l'orphelin.

Cela nous apprend à faire la charité à tous ceux qui en ont besoin, comme le veut Ouendé (1).

68ᵉ FABLE

La vieille pauvresse

Un jour il y avait fête dans un village. Les jeunes gens et les jeunes filles des villages des alentours venaient pour participer à la fête. En suivant le sentier une bande d'entre eux rencontra une vieille femme ignoblement habillée devant laquelle était posée une calebasse pleine d'eau. — Viens me laver, dit la vieille femme à la première jeune fille. — Je ne peux pas, dit celle-ci, car je suis tout parée, tu le vois, et je me salirais en le faisant. La vieille femme demanda alors la même chose à la seconde jeune fille. Celle-ci aussi refusa. De même la troisième. Mais la quatrième, qui était la dernière, dit, quand la vieille le lui demanda : Maman

(1) De Ranéguémia, déjà cité.

je vais te laver. Elle posa par terre sa petite calebasse pleine d'eau qu'elle emportait pour boire à la fête, puis lava la vieille femme. Frotte-moi bien le dos, dit celle-ci. La jeune fille le fit, mais ne fut pas peu étonnée d'apercevoir tout à coup un grand trou dans le dos de la vieille, une véritable caverne remplie de perles, de bracelets, de jolies bagues. — O maman! qu'est-ce que c'est? dit la jeune fille. — C'est à moi tout cela, dit la vieille. Prends ce que tu veux puisque, seule entre les jeunes filles, tu as consenti à me laver. La jeune fille prit tout ce qu'elle voulut et se trouva plus et mieux parée que toutes les autres filles qui étaient à la fête. Quand elle arriva les autres jeunes filles lui demandèrent : Où as-tu trouvé tout cela? — C'est la vieille femme que vous avez refusé de laver et que j'ai lavée qui me l'a donné. — Ce n'est pas vrai, dirent les jeunes filles, cette vieille pauvresse n'a pu te donner ces richesses. — Si, dit la jeune fille. Il y avait un trou étrange dans son dos où elle m'a dit de prendre tout ce que je voulais. — Du coup toutes les filles accoururent pour laver la vieille femme. Mais il était trop tard : elle avait disparu (1).

69ᵉ FABLE

La véritable amitié

Autrefois il y avait deux hommes qui étaient grands amis et qui ne se quittaient jamais. L'un d'eux se maria mais prétendit que, tout lui étant commun avec son ami, celui-ci devait partager la jeune épousée avec lui. Il invita même son ami à coucher le premier avec sa femme. Ce qui fut fait. Puis l'homme coucha à son tour avec elle. Ce système continua jusqu'à ce qu'un jour le mari tombât malade et ne put plus faire le service conjugal. Son ami dit : Puisque mon ami ne couche plus avec sa femme, je ne puis plus le faire non plus. Et il cessa de le faire. Le mari mourut et on l'enterra. L'ami resta sur le tombeau et dit qu'il ne retournerait plus au village, ne voulant plus manger puisque son ami mort ne mangeait plus, ne voulant plus boire puisque son ami mort ne buvait plus. Il resta ainsi au soleil sans boire ni manger, quoiqu'on lui apportât nourriture et boisson. Plusieurs jours se passèrent de cette manière. Ouendé ayant vu cela et ayant pitié de l'ami désespéré, fit pousser un arbre près de la tombe, un kamsoro aux magnifiques, grandes et puissantes feuilles vertes. Le kamsogo n'existait pas jusque-là et Ouendé le créa avec son ombre drue à cette occasion. Puis Ouendé dit à l'ami : Le kamsoro est ton camarade mort. Celui-ci revit en lui. Fais amitié avec ce kamsoro et retourne chez toi. — Non, dit l'ami, ce kamsoro n'est pas mon ami et je ne ferai pas amitié avec un kamsoro. — Ouendé ne répondit rien et plusieurs jours se

(1) De Kogoda, déjà cité.

passèrent encore. Alors Ouendé, voyant que l'ami allait mourir et quelle était la puissance de son amitié pour le défunt, ressuscita celui-ci. Puis il dit : Je fais cela pour vous, à cause de votre extraordinaire amitié, mais je ne recommencerai plus pour personne. Les deux amis retournèrent au village, s'aimant de plus en plus et l'ami prit femme à son tour. Ils constituèrent ainsi deux ménages très amis et très unis (1).

70ᵉ FABLE

Les trois amantes

Autrefois il y avait un homme qui avait fait « bon ami » avec trois jeunes filles. Toutes elles étaient très contentes de lui et se rencontraient dans sa maison et il les accompagnait ensemble jusqu'au milieu de la brousse. Un jour, au moment de les quitter, en leur faisant ses adieux, il tomba tout d'un coup par terre et il mourut. Les trois filles éclatèrent en sanglots. L'une prit le couteau de son amant et, se frappant avec, tomba morte par terre. La seconde déclara qu'elle resterait dans la brousse sans manger jusqu'à ce qu'elle mourût. La troisième dit : Je resterai auprès du cadavre de mon amant, pour en chasser les bêtes sauvages et les mouches, jusqu'à ce que je meure. C'est ce qu'elle fit. Elle chassait les charognards, les hyènes, les chacals, les corbeaux, même les mouches. La seconde, qui était partie dans la brousse, rencontra un kinkirga qui lui demanda : Pourquoi pleures-tu, jeune fille ? — Mon bon ami est mort et je ne vis plus. — Où est-il mort? — Loin. — Mais le cadavre doit être mangé par les bêtes. — Non, car ma camarade est restée à côté. — Accompagne-moi que j'aille voir. — Ils arrivèrent et trouvèrent la troisième fille non encore morte, en train de chasser les mouches avec un paquet de petites branches feuillues. Le kinkirga dit : Je vais faire un grigri sur le cadavre de l'homme et de la première jeune fille. Il le fit : L'homme se releva, puis la fille se releva à son tour. L'amant dit au kinkirga : Combien dois-je payer ton grigri ? — Il n'y a pas besoin de paiement, dit le kinkirga, donne-moi simplement l'une de ces jeunes filles que je lui coupe le cou contre mon grigri, en sacrifice. Donne-moi celle que tu aimes le moins. — L'homme dit : Je les aime autant. Je ne peux pas choisir. — Choisis, dit le kinkirga. — Non, dit l'homme, je ne peux pas. Toutes les trois sont une, sont la même chose pour moi. Kinkirga, choisis toi-même. — Non, dit le kinkirga. — Ils se disputèrent, puis se battirent, et l'homme tua le kinkirga et emmena les trois filles chez lui et il se maria avec toutes les trois (2).

(1) De Kogoda, déjà cité, foulsé. Apprise des vieillards foulsés. Connue des Mossis et également des Mandés.
(2) De Kogoda, déjà cité. Apprise des vieillards de Ouahigouya. Connue des Foulsés. Connue également des Mandés.

71ᵉ FABLE

Il faut avoir confiance en son ami

Autrefois un homme fit un voyage pour aller trouver un de ses amis. Quand il fut chez celui-ci les gens du village firent du sarabou et le lui apportèrent. Chaque fois qu'il mangeait une de ces calebasses, il la nettoyait et la renvoyait pleine de cauris à celui qui la lui avait envoyée. Un beau jour il décida de quitter son ami et de retourner chez lui, mais, trop généreux, il avait tout dépensé et n'avait plus de cauris. Aussi prenant congé de son ami, il lui dit : Je n'ai plus de cauris. Mais accepte cette graine de calebasse que je te donne pour te remercier de ton hospitalité. Puis il partit. L'hôte la jeta à terre en disant : Moi seul je t'ai logé. Moi aussi je t'ai donné à manger. Tu as donné aux autres des cauris et à moi tu me donnes une graine de calebasse ! Je n'en veux pas ! — Et il la jeta par terre Sa femme vint et ramassa la graine de calebasse : C'est ton ami qui te l'a offerte, dit-elle, ne la jette pas, ce serait mauvais, prends-la, quoi qu'il ait fait. — Mais l'homme irrité la jeta de nouveau par terre en disant : Je n'en veux pas ! -- La femme ramassa la graine de nouveau, précieusement, et la porta dans sa hutte. Quand vint la saison des pluies, la femme dit à son mari : Voici la graine de calebasse que ton ami t'a donnée. Sème-la. — Je n'en veux pas, dit l'homme. — La femme fit un trou et mit la graine dedans. La plante poussa et plusieurs calebasses se formèrent. Quand elles furent mûres, la femme en enleva une et la porta chez son mari pour qu'il la coupât en deux et la nettoyât. Le mari prit son couteau, la fendit et vit des cauris s'échapper. La calebasse en était pleine. Voyant cela : Va vite en chercher une autre, dit-il à sa femme. L'homme coupa la seconde. Elle était encore remplie de cauris. — Va en chercher une autre, dit-il à la femme. — Non, dit celle-ci, les calebasses m'appartiennent. Je te donne bien volontiers les deux premières, mais les autres, je les conserve pour moi. — Et elle envoya dire à son père de faire enlever les calebasses restantes. — Non, dit le mari. Ton père ne touchera pas à ces calebasses. Elles sont à moi car la graine m'en a été donnée par mon ami. L'homme et la femme se disputèrent et enfin allèrent trouver le chef de village. La femme lui expliqua l'affaire, puis l'homme répondit : Homme, tu as tort, dit le chef de village. Cependant je décide que vous partagerez les calebasses. La femme emportera les siennes dans sa famille, toi tu emporteras les tiennes dans ta case. — Pourquoi ? dit l'homme. — Parce que c'est ta femme qui a sauvé la graine, si ton ami te l'a donnée. Si elle n'avait pas agi ainsi, si elle avait laissé la graine inutile à l'endroit où tu l'avais jetée, il n'y aurait pas aujourd'hui de calebasses. — On partagea donc : mais, quand on coupa les calebasses de la femme elles étaient toutes pleines de cauris, tandis que celles du mari étaient des calebasses naturelles sans cauris.

Ainsi l'homme fut puni de n'avoir pas eu confiance en son ami. Mais, depuis ce temps-là, on a défendu aux femmes de semer les graines de calebasses et ce sont toujours les hommes qui le font (1).

72ᵉ FABLE

La fille qui venge son frère

Un homme eut deux enfants de sa femme : une fille et un garçon. Puis il mourut et aussi sa femme. Il ne resta donc que les deux enfants et un cheval : un jour un voleur vint pendant la nuit et enleva celui-ci. Le garçon, qui s'était réveillé, s'élança à la poursuite du voleur, mais celui-ci tua le garçon et tua le cheval par dessus le marché. La sœur en sortant le lendemain trouva le cadavre de son frère gisant à côté du cheval. Elle pleura et ameuta les gens du village. — Pourquoi pleures-tu? — Elle montra son frère et le cheval. Les gens du village cherchèrent partout le voleur mais ne purent le trouver. La sœur dit : Laissez-moi, c'est moi qui vais le chercher et je le trouverai. — Elle sortit avec sa calebasse sur sa tête et alla se promener dans les villages voisins. Arrivée au premier village, elle dit qu'elle venait se marier avec la plus grande canaille de l'endroit. Et alors beaucoup s'étant présentés séduits par sa beauté, elle leur demanda de donner la preuve de leur supériorité dans le mal en racontant ce qu'ils avaient fait. Chacun raconta son histoire, mais la fille leur dit qu'ils n'étaient pas assez crapules et alla dans un autre village où elle agit de la même manière. Là non plus elle ne trouva pas son mari. Enfin, après avoir parcouru plusieurs villages en vain, elle finit par trouver son voleur sous les espèces d'un jeune homme qui racontant sa vie lui dit : J'ai volé à droite, j'ai volé à gauche. Un jour, volant un cheval, j'ai tué le propriétaire qui était sorti pour me prendre et j'ai tué aussi le cheval. — Eh bien! tu es mon mari, dit la jeune fille. — Pendant deux ans la fille ne dit rien, mais, à la fin de la deuxième année, elle tua son mari pendant la nuit. Puis elle s'enfuit. Le lendemain matin, le frère du mari, étant venu trouver celui-ci, vit le cadavre dans la case. Et il appela les gens du village qui montèrent sur leurs chevaux pour courir après la femme disparue. L'un, qui avait un excellent cheval, rejoignit la fille et était sur le point de la tuer à coups de lance, quand celle-ci dit : Ne serais-tu pas content d'abord de me faire l'amour? Cela fait, tu pourras toujours me tuer quand tu voudras. — Oui, dit l'homme, ça va. — Il descendit de son cheval et voulut renverser la

(1) De Yadega, déjà cité. Racontée par les vieillards de Ouahigonya.

fille par terre tout de go, mais elle lui dit : Nous serions mieux sur une couche de feuilles. — C'est vrai, dit l'homme, et il alla chercher des feuilles, laissant son cheval à la garde de la fille, mais celle-ci sauta sur le cheval et s'enfuit. Cependant les autres poursuivants arrivaient et virent l'homme les mains pleines de feuilles et qui n'osait rien répondre aux questions qu'on lui posait. La fille ne fut pas retrouvée. Depuis ce jour on a défendu aux filles de chercher en grande pompe des crapules pour le mariage (1).

73e FABLE

La mère, la fille et le crapaud

Une femme avait une petite fille qui était si laide, si laide que sa mère la prit et alla la jeter dans une mare. Puis, comme il lui fallait un enfant, elle prit un gros crapaud dans celle-ci et le rapporta pour lui servir de fille. La vraie fille, pendant ce temps-là, ne s'était pas noyée, comme on aurait pu le croire, mais vivait dans la mare car les Mauvais Esprits de l'endroit l'avaient recueillie quand on l'avait jetée à l'eau et l'avaient emmenée dans leurs retraites. La fille grandit, le crapaud aussi et chaque fois que la mère allait dans la brousse elle prenait du mil et le donnait au crapaud pour l'écraser, mais celui-ci, ne pouvant pas écraser le mil, se mettait à pleurer. La fille, entendant ces gémissements, venait en courant de la mare. — Qu'as-tu à pleurer? — Je ne sais pas écraser le mil. Comment vais-je faire? — La fille pleurait aussi disant : Ma mère m'a reniée pour un crapaud et maintenant elle n'a plus de fille. — Cependant elle écrasait le mil, puis, quand c'était fini, elle retournait à l'eau. — Ces manèges continuèrent jusqu'au jour où le crapaud avoua à la mère qu'il n'écrasait pas le mil. — Qui le fait? dit la mère. — Une jeune fille très belle qui sort de l'eau et vient tous les jours faire la besogne. — Bon! dit la mère, demain je verrai cela. — Le lendemain la mère mit du mil à côté du crapaud, puis, au lieu de sortir dans la brousse, elle se cacha dans un coin de la case derrière un paillasson. La fille, selon sa coutume, arriva, aux pleurs du crapaud, pour écraser le mil. Elle le prit, l'écrasa et voulut s'en retourner à l'eau. Mais la mère bondit de derrière son séko et l'attrapa : Tu vas rester avec moi maintenant! — Non, dit la fille en se débattant, les kinkirsi m'ont fait beaucoup de bien et m'en font encore. Je vais les rejoindre! — La femme se prit à pleurer et à crier et à hurler et ses cris attirèrent son mari. Alors l'homme et la femme, sans lâcher la fille, l'amenèrent au bord de la mare et l'homme alla chercher un poulet blanc pour faire un sacrifice aux kinkirsi. Le sacrifice fut

---

(1) Du nommé Péléga, demeurant au Bingo (Ouahigouya). Apprise des vieillards de Ouahigouya.

fait pour les remercier et les apaiser, puis, une fois accompli, la femme et l'homme ramenèrent leur fille avec eux. Quant au crapaud il fut lancé dans l'eau par la femme. Désormais la fille, retrouvée, vécut avec ses parents (1).

74ᵉ FABLE
L'homme, la femme et les animaux

Un homme très riche habitait dans la brousse avec sa femme. Il possédait un bracelet qu'Ouendé lui avait donné disant : Conserve-le bien. Tant que tu l'auras tu seras riche. — Un jour qu'il se disputa avec sa femme, celle-ci vola le bracelet et le cacha au haut d'une petite case élevée, étroite, solide et sans porte qu'elle construisit dans la brousse. Cependant les biens du mari commencèrent à disparaître : ses troupeaux moururent, ses richesses se perdirent. Bref il devint pauvre. L'homme cherchait partout son bracelet mais ne le retrouvait pas. Cependant il rencontra un chien. — Que fais-tu là ? dit le chien. — Je cherche un bracelet auquel je tiens beaucoup. — Si tu me récompenses, dit le chien, je t'aiderai. — Si tu le trouves, je te donnerai tout ce que tu veux, dit l'homme. — Le chien, flairant bien, cherchait partout avec son nez. Il finit par tomber sur la case construite par la femme, et, ne pouvant entrer, appela l'homme. — Ton bracelet est là, dit-il, mais je ne peux pas entrer. Comment allons-nous faire ? — Que faites-vous ici ? dit le chat qui passait. Le chien et l'homme expliquèrent leur embarras. — Je peux faire un trou, dit le chat, mais que me donneras-tu ? — Si tu vois seulement mon bracelet, dit l'homme, je te donnerai tout ce que tu voudras. — Le chat fit un trou, parvint dans la case et vit le bracelet attaché au haut de celle-ci. Il sortit pour dire à l'homme et au chien que le bracelet était bien là, mais qu'il ne pouvait pas l'attraper. La souris survint et dit : Ce ne sera qu'un jeu pour moi de faire tomber le bracelet. O homme, si je le fais, qu'est-ce que tu me donneras ? — Tout ce que tu voudras, dit l'homme. — La souris entra dans la case, grimpa, fit tomber le bracelet. Puis elle sortit : J'ai fait tomber le bracelet par terre, mais je ne peux pas le sortir parce qu'il est trop lourd pour moi. — A mon tour ! dit le chien. Et il le rapporta. Dès que l'homme eut son bracelet en main il redevint riche. Les troupeaux arrivaient de tous côtés Les richesses affluaient. L'homme regagna sa case, emmenant avec lui le chien, le chat et la souris. Depuis ce temps-là le chien ne vit plus dans la brousse, mais chez l'homme qui lui donne de la viande. Le chat ne vit plus dans la brousse, mais chez l'homme qui lui donne du lait ; la souris ne vit plus dans la brousse, mais chez l'homme qui lui donne des arachides—et tous sont heureux !—excepté la femme justement, car depuis ce temps-là l'homme a perdu toute confiance en elle (2).

(1) Du jeune Séta du Bingo (Ouahigouya).
(2) De Tenguéboumbou Ouidiraogo, déjà cité.

75ᵉ FABLE

La fille de brousse

Un chasseur se promenant dans la brousse avec ses chiens rencontra une mère buffle avec son petit. Il voulut tuer le petit, mais la mère courant sur lui le renversa et l'étendit par terre. Cependant elle l'épargna et le chasseur put se sauver avec ses chiens. Le lendemain l'homme pila du sel et le mit dans l'eau puis il alla dans la brousse. Il rencontra de nouveau la mère buffle et son petit. L'homme jeta son eau salée sur l'herbe, et la mère buffle s'étant mise à brouter cette herbe délicieuse, le chasseur en profita pour tuer le bufflon et l'emmener. Ayant brouté, la mère buffle s'aperçut que son bufflon n'était plus là et, ayant pensé que c'était le chasseur qui l'avait tué, elle se changea en une jeune et jolie fille et alla le trouver. — D'où viens-tu ? dit le chasseur. — De mon village. — Où vas-tu ? — Je viens pour t'épouser. — Le chasseur se maria avec la fille. Au bout de quelques jours de mariage, la femme dit : Je n'aime pas les chiens. — Bon ! dit l'homme. Je vais les tuer ! et il les tua. Là dessus la mère du chasseur lui dit : Cette femme est mauvaise. Ce n'est pas une vraie femme. C'est une bête de brousse. Il faut la mettre à la porte. — Non ! dit le chasseur. Alors la mère ramassa tous les os des chiens tués et les mit dans un canari dans sa case. Un jour, l'homme et la femme se promenaient dans la brousse. La femme vit un grand arbre : Tu serais bien gentil, dit-elle à son mari, de monter dans l'arbre pour m'en cueillir les feuilles. — Pendant que l'homme était dans l'arbre, la fausse jeune femme redevint une mère buffle et ayant appelé toutes les bêtes de la brousse, leur dit : Aidez-moi à tuer cet homme ! — L'homme de son arbre vit tout cela et, prenant son sifflet, il siffla. La mère, au village, l'entendit et mettant de l'eau dans le canari où il y avait les os des chiens, elle le posa sur le feu. Elle fit bouillir le tout et les chiens redevinrent vivants. Ils s'assemblèrent autour de la vieille femme qui leur montra le sentier pris par l'homme et par la femme. Les chiens le suivirent et tombèrent sur l'arbre entouré par les bêtes de la brousse. Ils se jetèrent impétueusement sur celles-ci qui s'enfuirent et l'homme fut délivré. Tu vois, dit la mère, je t'avais bien conseillé jadis. Et maintenant, sans moi, tu aurais été tué.

C'est à cause de cela qu'on écoute sa mère, ou qu'on devrait l'écouter toujours (1).

(1) Du jeune Sobodo, âgé de 10 ans environ, demeurant à Boulzoma (canton du Baloum-naba). Apprise des vieillards de l'endroit. Fable connue des Foulsés et aussi des Mandés. Dans la version ouassoulonké, la mère buffle est remplacée par la biche mangalani (nom mandé, niziga en mossi) qui passe pour une biche sorcière. Quand on la tire on devient aveugle ou les testicules enflent. Autre variante :

76ᵉ FABLE

Les jeunes gens qui cherchent des femmes

Deux jeunes gens autrefois cultivaient ensemble, mais n'avaient pas de femmes. — Un jour l'un décida d'aller chercher une femme. Il entra dans la brousse mais, n'en trouvant pas, se mit à pleurer. Un kinkirga passait par là. — Pourquoi pleures-tu ? — Je cherche une femme et je n'en trouve point. Je cultive avec mon camarade depuis plusieurs années, mais nous n'avons pas de femmes. — Le kinkirga dit : Si tu le veux, je vais te montrer une manière d'obtenir une femme aujourd'hui même. Coupe deux bâtons d'abord. — Le jeune homme les coupa et les apporta. — Eh bien, pousse dans la brousse. Au milieu est un très grand baobab. Quand tu y seras arrivé jette tes deux bâtons dans les branches. S'ils y restent pris, tu appelleras chaque bâton tour à tour. Si les bâtons te répondent : Touma (1) (Présent) tu n'auras qu'à leur dire de descendre. S'ils te répondent : Oô (2) (Présent !) tu n'as au contraire qu'à te taire et qu'à retourner rapidement chez toi. — Le jeune homme fit ce que le kinkirga lui avait dit de faire et quand les bâtons, bien lancés, furent logés dans le baobab, il les appela tour à tour. Ils répondirent : Touma ! et alors l'homme dit : Descendez ! — Et alors ce fut une très jolie fille qui descendit. Il l'emmena chez lui, puis alla retrouver son camarade et lui dit : J'ai trouvé une femme. — Comment as-tu fait, dit le camarade, pour trouver une femme comme cela ? — Le premier jeune homme lui expliqua l'affaire et le second résolut de faire de même. Et ayant pris des bâtons il alla dans la brousse et les jeta dans le baobab. Les ayant appelés ils répondirent : Oô ! — Descendez, dit le jeune homme. — Alors un Mauvais Esprit descendit et lui dit : Que viens-tu faire ici ? — C'était une femme qui n'avait que la moitié du corps d'un être humain ordinaire : un œil, un bras, une jambe. Cependant il l'emmena jusque chez lui et la montra à son camarade. — C'est cela ta femme ? dit celui-ci. — Oui. — Eh bien tu t'es trompé, tu vas mourir ! Quand l'homme entendit cela il se sauva, poursuivi par le Mauvais Esprit, mais il se sauva si rapidement qu'il égara un moment la poursuite de l'horrible kinkirga. En fuyant, il croisa un chat : Pourquoi détales-tu ainsi ? — L'homme expliqua rapidement l'affaire. — Eh bien, dit le chat, ramasse de la paille et fais-en un tas. Quand ce fut fait le chat l'alluma et l'incendie se mit à courir toute la brousse tandis que l'homme et le chat se mettaient à l'abri dans un

dans la version mandé, la vieille femme attache le fusil du chasseur sur le dos d'un des chiens en y joignant la poudre et les balles. Alors l'homme descend et tue l'éléphant contre lequel les chiens ne pourraient rien et les chiens tuent les autres animaux.

(1) Ce sont les femmes qui disent : Touma pour dire présent.
(2) Ce sont les hommes qui disent : Oô ou plutôt encore Naba !

marigot. Et le feu en courant rencontra le kinkirga qui courait et le feu brûla le kinkirga. L'homme prit le chat et revint en sa compagnie jusqu'à chez son ami. Et depuis lors le chat vit avec l'homme (1).

77ᵉ FABLE

La case du kinkirga

Jadis un kinkirga avait une case dans la brousse où il habitait avec sa famille et qui était fermée de partout. Quand il voulait en sortir, il disait : Ouvre-toi ! à la case et quand il en était sorti il lui disait : Ferme-toi ! et elle se fermait. Puis il allait chercher sa nourriture et quand il rentrait il disait à la case : Ouvre-toi ! Rentré il disait : Ferme-toi ! et la case se fermait. Un jour la hyène vint coucher à côté de la case par hasard et entendit tout le manège, si bien que quand le kinkirga fut sorti avec sa femme et ses enfants, elle dit à la case : Ouvre-toi ! La case s'ouvrit et la hyène y entra. Elle y trouva de la viande et mangea tout. Puis, se trouvant bien, elle dit à la case : Ferme-toi ! La case se ferma et la hyène choisit un coin pour s'y cacher et se coucher. Le kinkirga cependant revenait avec sa famille, entrait et fermait la case derrière lui. Il rapportait une biche qu'il découpa et fit cuire. Puis il se mit à la manger avec les siens jetant les os par terre derrière lui. La hyène, dans l'ombre, les happait et les mangeait. Cependant un enfant du kinkirga se retournant aperçut la tête de la hyène et eut peur. La mère regarda à son tour et découvrit la bête. Alors le kinkirga prit son fouet et frappa la hyène à toute volée. Puis il dit : Case ! ouvre-toi ! — la case s'ouvrit et la hyène s'échappa. En fuyant, endolorie, elle rencontra le lion qui lui demanda ce qu'elle avait : J'ai trouvé une bonne case, dit la hyène, où manger de bonne viande, mais le propriétaire m'a découverte et m'a chassé à coups de fouet. — Eh bien maintenant tu n'as qu'à me montrer cette case, dit le lion. La hyène se mit à marcher devant lui et le conduisit jusqu'à la case. — La voilà, dit-elle. — Mais c'est la case d'un kinkirga ! dit le lion. Tu ne l'as donc pas reconnue ? Tant pis pour toi ! elle est redoutable. Et le lion s'en alla, suivi de la hyène (2).

78ᵉ FABLE

Le kinkirga rasé malgré lui

Autrefois tout le monde voyait les kinkirsi. Un paresseux qui avait pris pour métier de raser la tête des gens pour ne pas travailler rencontra un

(1) Du jeune Ranéguémia, déjà cité. Apprise des vieillards du Bingo (Ouahigouya). Connue des Foulsés.
(2) Du jeune Séta déjà cité. Apprise de ses camarades.

kinkirga qui avait de longs cheveux. — Je veux te raser la tête, lui dit-il. — Je ne veux pas, dit le kinkirga. — Cependant le coiffeur sortit son rasoir et, malgré le kinkirga, lui rasa la tête. Quand ce fut fait : Remets-moi mes cheveux, dit le kinkirga, puisque je t'avais dit de ne pas me raser ou sans cela gare à toi ! Le coiffeur ramassa les cheveux et les remit sur la tête du kinkirga, mais ils tombèrent par terre. Voyant tous ses efforts inutiles, il s'enfuit poursuivi par le kinkirga. Le jeune homme en fuyant rejoignit son père et ses frères qui travaillaient dans leur champ. — Mon père, s'écria-t-il, voilà un kinkirga qui veut me frapper, qui veut me tuer ! — Pourquoi cette affaire ? dit le père au kinkirga. — Celui-ci expliqua l'affaire. — Est-ce bien ainsi que cela s'est passé ? dit le père au fils. — Oui, dit le fils. — Le père se mit à eng... son fils : Tu n'es qu'un fainéant ! Tu te promènes pour raser les têtes au lieu de travailler véritablement, de travailler à la terre ! — De plus tu ne devais pas raser la tête de ce kinkirga malgré lui. — Puis s'adressant à celui-ci il lui dit : Tu as raison ! Tu peux frapper et même tuer mon fils. Mais tu as eu tort d'entrer dans mon champ sans ma permission et il faut que tu enlèves de celui-ci toutes les traces de tes pas. Cela je l'exige. — Le kinkirga essaya d'enlever toutes les traces mais sans pouvoir y parvenir. Alors il se sauva, poursuivi par le père armé d'un bâton. Le kinkirga entra parmi les arbres et fit un grigri sur sa figure qui le rendit invisible au poursuivant.

L'homme retourna dans son champ et dit à son fils : Ne recommence pas ou gare à toi !

Depuis ce temps-là les kinkirsi sont invisibles pour les hommes, mais les hommes sont toujours vus par les kinkirsi (1).

79ᵉ FABLE

Les vieillards et l'enfant magicien

Jadis il existait deux jeunes frères habitant ensemble. Un vieillard étranger vint loger chez eux. — D'où viens-tu ? lui demanda le frère aîné. — Je viens de loin, de très loin ! répondit le vieillard. Il coucha chez eux et déclara le lendemain matin qu'il voulait repartir. — Qu'un de vous deux, demanda le vieillard, m'accompagne jusqu'à moitié chemin. — Le frère aîné répondit qu'il ne pouvait pas y aller. Le plus jeune accompagna donc le vieillard. Quand ils eurent fait la moitié du chemin : Attends-moi ici, dit le vieillard, je vais faire mes besoins. Il se changea, dès qu'il eut disparu aux yeux du jeune garçon, en lion et revint sur celui-ci pour le dévorer. Mais le jeune homme s'était changé au même moment en mouche. Le lion ne le trouva donc pas et, après avoir regardé de tous

(1) De Yadega, déjà cité. Apprise des vieillards du Bingo de Ouahigouya. Connue des Foulsés.

côtés sur la route, redevint homme. Quand elle vit cela, la mouche se rechangea, elle aussi, en jeune garçon. — D'où viens-tu? dit le vieillard. — Et toi-même? dit le garçon. — Allons, dit le vieillard, c'est bon, continuons la route. Accompagne-moi jusqu'à chez moi. — Bon! dit le jeune garçon. — Quand ils arrivèrent chez le vieillard, l'enfant de celui-ci, grand comme le jeune garçon, les accueillit. Ils mangèrent. Au moment de se coucher le vieillard prit une natte propre pour la donner au jeune garçon. Puis il prit une peau de bœuf très vieille et la donna à son enfant à lui. A minuit il alla chercher son camarade pour tuer et manger ensemble l'enfant étranger. — Entre dans la case, dit-il à son compagnon. L'enfant que tu dois tuer est couché sur une natte propre; le mien est sur une vieille peau de bœuf. Ne touche pas à ce dernier. — Cependant le jeune garçon avait mis l'enfant du vieillard sur la natte propre et s'était couché lui-même sur la vieille peau de bœuf. Alors le second vieillard entra, attrapa l'enfant qui était sur la natte propre et le tua; puis il l'emporta. Cependant le jeune garçon s'enfuyait, après avoir pris un caillou, un œuf et un bâton. Pendant ce temps le vieillard reconnaissait son fils mort et, plein de douleur et de fureur, entrait dans la case pour tuer le jeune garçon. La voyant vide il courut rapidement sur la route avec son compagnon pour rattraper le fuyard. Quand celui-ci se vit poursuivi et presque rattrapé, il laissa tomber par terre le caillou qu'il avait dans la main et qui devint une grosse montagne. Le vieillard et son compagnon se mirent à gratter et à déchiqueter la montagne à coups de dents et la jetèrent par morceaux dans le pays si bien qu'ils s'ouvrirent un passage et rejoignirent l'enfant, hurlant et menaçant. Le jeune garçon laissa tomber son œuf par terre et celui-ci fit un grand marigot. Les vieillards se mirent à boire toute l'eau pour pouvoir passer, puis ils rejoignirent encore une fois le poursuivi. Celui-ci laissa tomber son bâton qui devint une grande et touffue forêt. Alors les vieillards commencèrent à couper les arbres avec leurs dents et leurs griffes, mais il y en avait trop et, fatigués, mourant de faim, ils expirèrent. Pendant ce temps le jeune garçon rentrait chez son frère et lui racontait tout ce qui s'était passé. — Je savais ce qui t'arriverait, dit celui-ci, et c'est pour cela que je n'ai pas voulu accompagner le vieillard.

Toutes les collines du pays viennent du caillou jeté par le jeune garçon, tous les marigots de l'œuf et tous les arbres du bâton (1).

80ᵉ FABLE

L'homme qui ressuscitait les morts

Autrefois une mère koba ayant peur des chasseurs pour son enfant alla confier son petit koba à un homme du village. Celui-ci le mit dans sa

---

(1) De Ranéguémia, déjà cité : Apprise des vieillards mossis. Connue des Foulsés. Connue des Mandés.

case, mais, comme il était sorti, sa femme prit un bâton et, ayant frappé le petit koba, le tua. L'homme étant rentré le soir et voyant le petit koba mort dit à sa femme : Tu n'as pas bien fait! — Je l'ai frappé sans le vouloir, dit la femme impudemment. Cependant la mère koba arriva pendant la nuit et dit : Mon camarade, je viens chercher mon faon pour lui donner du lait. — L'homme dit : J'ai trouvé que ce soir ma femme avait tué ton faon, mais je suis irrité contre elle. — La mère koba dit : Est-il toujours là ? — Oui, dit l'homme. — Apporte-le ici. — L'homme apporta le petit koba à la mère. Elle dit encore : Apporte-moi une calebasse d'eau. — L'homme l'apporta. La mère koba fit sortir de son ventre par sa bouche un grigri qui tomba dans l'eau, puis, ayant tempé sa queue dans celle-ci, elle en frappa le petit koba qui se leva. Puis la mère koba : Ne te dispute pas avec ta femme! J'emmène mon faon d'ici car les femmes ne sont pas bonnes. - L'homme dit : Ne pourrais-tu pas me donner ton grigri? — Si, dit la mère koba. Elle fit apporter par l'homme une calebasse d'eau et une queue de vache, rendit un grigri dans l'eau, trempa la queue dedans et dit : Si tu en frappes un cadavre, il ressuscitera. — La mère koba s'en alla et l'homme resta avec sa queue de vache. Chaque fois que quelqu'un mourait dans le village, il trempait la queue de vache dans la calebasse, en frappait le cadavre et celui-ci se levait. Il gagnait ainsi beaucoup de cauris. Cependant la mère koba revint voir son camarade : Comment opère le grigri ? — Oh ! il est très bon. C'est un excellent grigri, dit l'homme. — Attention, dit la mère koba, si le grigri touche à quelque matière fécale, il ne vaudra plus rien. — Cependant la femme, aux écoutes, avait entendu cela. Elle s'empressa, quand son mari eut le dos tourné, de prendre la queue de vache et de la rouler dans les excréments. Cependant le fils du chef du village mourut subitement. Comme l'homme était dans la brousse, le chef lui envoya un cavalier pour revenir tout de suite afin de ressusciter son fils. L'homme revint, prit la queue de vache et la calebasse d'eau, mais il eut beau frapper le cadavre restait immobile : Je ne sais pas ce qui est arrivé à ma queue de vache, dit-il au chef de village, je ne peux pas ressusciter ton fils! — Non, dit le chef de village, c'est que tu ne veux pas le faire, puisque tu as ressuscité tous les gens que tu as voulu, mais, si tu ne ressuscites pas mon fils, je te tuerai et brûlerai ton grigri. — L'homme essaya encore mais en vain et le cadavre pourrit. Le chef du village fit faire l'enterrement, puis fit tuer l'homme et brûler sa queue de vache.

Depuis cette époque on ne ressuscite plus les morts et on se défie des femmes qui sont toutes mauvaises (1).

(1) De Yadega, déjà cité. Apprise des vieillards de Ouahigouya.

81ᵉ FABLE

L'histoire de la bague

Autrefois un chef de canton menaça son représentant de le tuer. — Non! tu ne me tueras pas, à moins qu'Ouendé ne le veuille! — Eh bien! dit le chef, tu verras. — Au bout de quelque temps il lui confia une bague en or en lui disant que s'il la perdait il le tuerait. Le représentant mit la bague à son doigt. Pendant qu'il dormait, le chef un jour alla lui ravir la bague et l'emporta chez lui, puis il la confia à quelqu'un pour aller la jeter dans le fleuve. Alors il appela son représentant et lui demanda la bague. Le représentant dit qu'il l'avait perdue pendant son sommeil, sans savoir comment. — Eh bien, cherches-la et trouves-la ou tu seras tué aujourd'hui. — L'homme la chercha partout chez lui, puis, ne la trouvant pas, désespéré, il alla errer sur les bords du fleuve. Il y avait là des pêcheurs qui lui proposèrent d'acheter du poisson. Il en acheta un et le rapporta chez lui. L'ayant ouvert il trouva la bague dans son ventre! Il la mit dans sa poche et alla trouver le chef de canton. — Où est ma bague? dit celui-ci. — Je l'ai, répondit le représentant. — Où l'as-tu trouvée? — Cela ne te regarde pas. La voici seulement. — Le chef de canton dit : Ce n'est pas celle-là. Ce ne peut être la mienne. — Si, c'est celle-là, dit l'homme. — Explique où tu l'as trouvée et je verrai bien si c'est ma bague. — Le représentant expliqua comment il l'avait trouvée. Le chef de canton dit : C'est bien ma bague! et émerveillé, il renonça à l'idée de tuer son représentant (1).

82ᵉ FABLE

Le garçon aux cornes de bœuf

Autrefois il y avait un homme qui était marié avec deux jeunes femmes. La première eut deux enfants, une fille et un garçon. La fille grandit et fut mariée dans un autre village. A ce moment-là sa mère tomba malade et fit appeler son second enfant, le garçon, beaucoup plus jeune que la fille mariée. — Je vais mourir, lui dit-elle. Quand je serai morte ne reste pas ici pour être maltraité par la seconde femme de mon mari. Mais va trouver ta grande sœur mariée qui t'accueillera bien. — La mère mourut et le jeune garçon ne voulut pas aller retrouver sa grande sœur. Cependant la seconde femme du mari se comportait en marâtre envers

---

(1) De Kounsangodo, déjà cité. Apprise des vieillards de Ouahigouya. Connue des Foulsés et des Mandés.

lui : Chaque fois qu'elle faisait du sarabou elle en donnait à son fils à elle, mais non à son beau-fils. Celui-ci pleurait. — Pourquoi pleures-tu? disait la femme. — Je pleure parce que j'ai faim. Alors la femme prenait de la bouse de vache et la mettait dans sa calebasse. C'est tout ce que le petit garçon mangeait. Cependant un jour des cornes de bœuf commencèrent à lui pousser sur la tête. Quand la femme vit cela, elle cria que le petit garçon devenait un bœuf, qu'elle ne voulait pas qu'un bœuf habitât avec elle et elle le mit à la porte sans que son mari s'y opposât. Alors le petit garçon s'enfuit et alla retrouver sa grande sœur. Quand il arriva à l'habitation de celle-ci, les enfants qui jouaient devant dirent : Voilà un bœuf qui vient! voilà un bœuf qui vient! puis ils sautèrent sur lui et l'amenèrent à leur mère, disant : Nous avons trouvé un bœuf! Nous avons trouvé un bœuf! Nous avons gagné un bœuf! — Cependant le jeune garçon disait à sa sœur : C'est moi, ton frère. Je ne suis pas un bœuf. — La sœur dit : Mais que t'es-t-il arrivé? Le jeune garçon expliqua toute l'affaire. — Eh bien, dit la sœur, rentre chez moi jusqu'à l'arrivée de mon mari. Le jeune garçon voulut rentrer par la porte, mais ses cornes l'en empêchèrent. — Reste là devant la case jusqu'à ce que mon mari arrive. — Quand celui-ci vint il commença « à faire du foin ». — Qu'est-ce qui a attaché son bœuf porteur devant ma case? — La femme arriva et lui dit : Ce n'est pas un bœuf porteur et elle lui expliqua la chose. — C'est comme cela? dit le mari. — Oui, dit la femme. — Eh bien, qu'il reste là jusqu'à ce soir. Le soir il prit une hache à lui, alla trouver les forgerons et la leur donna à aiguiser. Les forgerons la limèrent soigneusement et l'homme, muni de sa hache, revint, fit coucher le garçon par terre et lui coupa les deux cornes. Puis il l'emmena dans sa case, le fit bien laver et le conserva avec lui.

Ce conte prouve que les enfants doivent bien écouter ce que leur disent leur père et mère surtout à l'article de la mort (1).

83ᵉ FABLE

L'habile Yarsé

Autrefois un Yarsé avait deux fils et était pauvre. Un jour il apporta une calebasse de graines de coton qu'il partagea entre ses deux fils en leur disant : Maintenant arrangez-vous chacun avec votre part. — L'aîné sema sa part. Le second la vendit pour 200 cauris avec lesquels il acheta un poulet. Il le tua, le fit cuire et l'emporta sur sa tête dans une calebasse. En marchant dans le sentier il rencontra un homme à cheval avec sa femme. Celle-ci aperçut le poulet et dit qu'elle serait bien contente d'en manger. Le mari demanda le poulet au Yarsé qui répondit qu'il n'était pas à ven-

(1) De Yabéiri, déjà cité. Apprise d'un vieillard. Connue des Foulsés.

dre. Le mari offrit alors son cheval pour satisfaire le désir de sa femme et le jeune homme acceptant donna le poulet et prit le cheval. Puis il s'en alla avec celui-ci et rencontra des enfants qui avaient attrapé un serpent cracheur. Le naja était encore vivant. — Je veux l'acheter, dit le jeune homme. — Combien ? dirent les enfants. — Mettez le serpent dans ma peau de bouc et prenez mon cheval. Ainsi fut fait. Le jeune homme s'en alla avec son naja sur son épaule. Il rencontra des dioulas qui avaient beaucoup de marchandises. — J'ai quelque chose à vendre, dit-il. — Qu'est-ce ? — C'est quelque chose que je vous montrerai tout à l'heure quand je serai revenu. — Et il s'en alla. Les dioulas pressés ouvrirent la peau de bouc et le serpent cracheur sortit. En le voyant les dioulas prirent la fuite, le serpent resta tout seul et s'en alla à son tour, puis les dioulas revinrent, puis le jeune homme. Nous avons ouvert ta peau de bouc, dirent les dioulas au jeune homme, et nous n'y avons trouvé qu'un serpent. — Où est mon serpent ? dit le jeune homme. — Nous ne savons pas. Nous nous sommes enfuis en le voyant et il a disparu. — Eh bien rendez-moi mon serpent ou je vous fais appeler devant le chef de village. — Nous ne pouvons pas le rattraper, dirent les dioulas, mais dis-nous ce qu'il vaut. Nous le paierons. — Il vaut très cher, dit le jeune homme et il exigea 10 barres de sel, 3 ânes, 50 pagnes que les dioulas lui payèrent par crainte d'être traînés devant le tribunal. Le jeune homme s'en alla et vit une vieille femme devant sa case : J'ai soif, dit-il, donne-moi de l'eau. — Je suis vieille et fatiguée, dit la femme, entre dans la case et bois. Mais fais attention : il y a deux canaris : dans l'un il y a de l'eau et tu peux y boire. Dans l'autre il y a quelque chose à quoi il ne faut pas toucher. Si tu y touches tant pis pour toi ! — Le jeune homme laissa le premier canari, alla vers le second et vit qu'il était coiffé d'un autre canari. Il enlève celui-ci et tout à coup devient aveugle. Il appelle la vieille femme : Maman, je suis devenu aveugle ! — Je t'avais averti, dit celle-ci, tant pis pour toi ! tu peux rester comme cela ! — Maman, si tu voulais me rendre la vue, je te payerais bien. — Qu'est-ce que tu me donnerais ? dit la vieille femme. — Maman, je te donnerais 3 barres de sel, un âne et une vingtaine de pagnes. — Bon ! j'accepte, dit la vieille. Elle apporta un grigri, lava la figure du jeune homme avec l'eau dans laquelle elle l'avait mis, et les yeux se rouvrirent. Le jeune homme paya la vieille femme, puis lui dit : Je veux t'acheter ton canari et ton grigri. — Combien ? dit la vieille femme. — Il proposa tout ce qui lui restait et celle-ci accepta. Le jeune homme prit le canari et le grigri qu'il mit sur sa tête et repartit. Il rencontra bientôt un groupe de dioulas qui se reposaient dans la brousse. Il posa avec beaucoup de précautions son canari devant eux en leur disant : N'y touchez pas ! je reviens à l'instant. — Puis il disparut dans la brousse où il resta longtemps. Cependant les dioulas intrigués se réunirent autour du canari et finirent par l'ouvrir et tous à l'instant devinrent aveugles. Le jeune homme revint et les trouva tâtonnants çà et là. — Quoi ! vous êtes devenus aveugles? dit le jeune homme. — Oui, dit le chef des dioulas, nous sommes devenus aveugles en regardant dans ton canari. — Si vous voulez me payer ce qu'il faut, dit le jeune homme, je vous rendrai la vue. Sinon vous resterez toujours aveugles. Les dioulas acceptèrent, lui donnèrent 20 ânes, 40 moutons, 30 barres de sel, 200 pagnes. Alors il fit son grigri sur la figure des Yarsés et tout le monde revit la lumière du jour. Le jeune homme partit avec ses richesses et se rendit à la cour du roi du pays. La mère de celui-ci venait de mourir et on était en train de creuser la tombe. Le jeune homme dit au roi : J'achète le cadavre de ta mère ! — Comment, dit le roi, on peut acheter les cadavres ? — Oui, dit le jeune homme. Si vous me vendez ce cadavre je vous l'achète tout de suite et très cher. Je vous donne tous les biens que j'ai là. Le roi accepta et donna le cadavre. — Que vas-tu en faire ? — Je vais l'emporter chez moi. — Pourras-tu l'emporter à toi tout seul ? — Certainement, je le pourrai. — Le jeune homme prit une corde, attacha le cadavre par le pied et le tira brutalement en le frappant à coups de bâton, disant : Viens, ma captive ! — Les gens qui virent ce spectacle allèrent tout de suite avertir le roi qui fit immédiatement appeler le jeune homme. — J'ai appris, dit-il, que tu as attaché le cadavre de ma mère par le pied, que tu le tires, que tu le bats et que tu l'insultes. Est-ce vrai ? — Oui, dit le jeune homme. Du reste, cela ne te regarde pas, le cadavre est à moi. — Je ne veux pas de cela, dit le roi ; rapporte le cadavre de ma mère, je te rends tes biens ! — Non ! non ! dit le jeune homme. Le marché est fait, c'est fini. — Je te donnerai beaucoup plus que cela, dit le roi. — Non, dit le jeune homme. Je n'accepte qu'une chose : donne-moi la royauté et je te rendrai le cadavre de la mère. — Le roi, contraint par la piété filiale, dut accepter et le jeune homme devint roi. Le vieux roi resta à côté de lui comme son compagnon, mais ne commanda plus. Le nouveau roi envoya un courrier à son père pour l'avertir qu'ayant vendu ses graines de coton il était devenu riche et pour l'inviter à venir le voir. Le père vint et le fils le combla de richesses. Quant au frère, le cultivateur, il continua à cultiver et resta toujours pauvre, gagnant juste sa nourriture (1).

84ᵉ FABLE

Le Yarsé et le chef boucher

Autrefois il n'y avait pas de commerçants. Maintenant il y en a. Voici pourquoi : Un Yarsé avait une petite fille, très jolie. Il lui donna un nom, mais il ne le fit connaître à personne et proclama qu'il ne donnerait sa fille qu'à celui qui lui en dirait le nom. Les gens, ayant entendu cela, vinrent, apportant des cadeaux et disant des noms au hasard, espérant qu'ils tom-

---

(1) De Yadega déjà cité. A comparer ce conte à celui intitulé : La cuisse de poulet reproduit par de Zeltner (*Contes du Sénégal et du Niger*, page 73).

beraient juste, mais aucun n'arriva à dire le nom de la fille. Cependant quelqu'un vint avec une centaine de karfos (1) qu'il avait été chercher dans le Haoussa. Il apporta son chargement chez le père de la fille, disant des noms en quantité, depuis le soir jusqu'à minuit sans arriver à tomber juste. Cependant le bois finissait de brûler. L'homme fit apporter son paquet, le défit et mit un karfo dans le feu pour l'entretenir. Le karfo brûla. Quand il eût été brûlé il en mit un autre et ainsi de suite jusqu'à ce qu'il n'en restât plus qu'un seul. Au moment où il prenait le dernier vêtement pour le mettre au feu, il dit au hasard : Haba ! ce qui était le nom de la fille. Celle-ci à ce moment-là répondit : Touma ! (Présent !) Alors tout le monde dit : C'est lui qui a gagné la fille ! Le père fit amener un cheval, une dizaine de captifs, 10 charges de cauris, 10 vaches et autant de veaux et donna tout cela à sa fille pour partir avec son mari. L'homme s'en alla avec elle et arrivant dans le premier village y trouva le chef des bouchers de Ouagadougou, homme immensément riche. Celui-ci prit le cheval de la femme par la crinière et dit : Voilà un joli cheval, je l'achète. — Ce n'est pas un cheval à vendre, dit le mari. — Demande-m'en ce que tu en veux, dit le chef des bouchers. Je t'en donnerai tout ce que tu voudras ! — Je ne veux pas le vendre, dit le mari. — Eh bien, dit le chef des bouchers, je t'en donnerai 500.000 cauris, 10 bœufs, 10 captifs, 10 barres de sel. Le mari dit : Ça va. On alla devant témoins et le marché fut fait. Mais, quand la femme voulut descendre du cheval pour qu'il fût livré au chef des bouchers, celui-ci s'y opposa disant qu'il avait acheté le tout, c'est-à-dire le cheval et ce qui était dessus : le harnachement et la femme. On se disputa et le mari dit : Allons devant le chef du village. Chacun lui expliqua l'affaire tour à tour. — C'est le chef boucher qui a raison, dit le chef du village. Il a acheté le cheval tel qu'il était au moment de l'achat, c'est-à-dire avec le harnachement et monté par la femme. L'homme eut beau se récrier, il dut livrer le tout au boucher, pleura et entra dans la brousse. Il y rencontra une vieille femme assise. — Pourquoi pleures-tu, mon enfant? dit la vieille femme. L'homme lui expliqua pourquoi. — Mais ce n'est pas difficile de reprendre ta femme, dit la vieille. Je vais te donner un moyen infaillible : demain c'est grand marché au village. Le chef des bouchers va tuer une dizaine de bœufs. Va mettre ta main sur sa tête même et dis-lui : Combien la tête ? Il croira qu'il s'agit de la tête de bœuf qui sera devant lui et il te demandera une grosse somme : Alors, quelle que soit celle-ci, achète. Puis quand tu auras payé, réclame la tête. Le boucher voudra te donner une tête de bœuf, mais tu diras : Non ce n'est pas cette tête que je veux, mais la tienne, puisque je viens de l'acheter. S'il refuse de te la donner tu iras devant le chef du village et, si celui-ci juge comme il faut, tu auras demain ce que je te promets.

(1) Ou karfous, grands vêtements noirs, d'allure sacerdotale, très chers, dont nous avons parlé à l'Habillement, importés par les Haoussas.

Le lendemain l'homme alla au marché et il trouva le boucher assis devant les dix têtes des bœufs qu'il avait fait tuer. Il posa sa main sur la tête du boucher et lui dit : Je veux la tête ! — Le boucher dit : Ça va. — Combien ? — 20.000 cauris. — Tope là, dit l'homme et ils se frappèrent dans la main. L'homme alla chercher ses cauris et paya, puis dit : Je vais faire un tour au marché, puis je reviendrai prendre ma tête. Il fit un tour et revint réclamer sa tête. — Prends-la, dit le boucher, en lui montrant une tête de bœuf. — Mais ce n'est pas une tête de bœuf que j'ai achetée, dit l'homme. C'est ta tête. — Es-tu fou ? dit le boucher. — Je ne suis pas fou, dit l'homme. J'ai acheté ta tête. Tu n'as qu'à me la donner. — Ils se disputèrent et ameutèrent les gens du marché auxquels chacun expliquait l'affaire. Les gens du marché donnèrent raison à l'homme. — Alors, dit le boucher, puisque j'ai tort, je vais te rendre les 20.000 cauris. — Non ! dit l'homme. Je veux ta tête. — Le boucher offrit 40.000 cauris. L'homme refusa. — Eh bien, allons trouver le chef du village, dit le boucher. Chacun expliqua son affaire. — Puisqu'il en est ainsi, dit le chef du village, l'homme a raison et le boucher n'a qu'à donner sa tête, à moins que l'homme ne pardonne et devant le don de nombreux cadeaux ne te fasse cadeau de ta tête ! — Mais ce n'est pas juste, dit le boucher. — Si, dit le chef de village. L'homme t'a posé la main sur la tête en faisant sa demande. C'est donc bien de ta tête qu'il s'agissait ! Il fallait, s'il s'agissait d'une tête de bœuf, lui faire enlever sa main d'abord, puis bien spécifier de quelle tête de bœuf il s'agissait. Tu ne l'as pas fait, tant pis pour toi ! — C'est vrai, dit le boucher, mais si l'homme le veut, je rachèterai ma tête. — Bon ! dit l'homme. Donne-moi 10 millions de cauris, 10 millions de bœufs, 10 millions de chevaux. Et il demanda 10 millions de toutes choses. — J'accepte, dit le boucher, mais je n'ai pas tout cela. J'ai fait amener tous mes biens qui sont là. Tu peux les prendre et ensuite je chercherai le reste. — L'homme prit le tout, retrouva sa femme et tout ce qu'il avait vendu au boucher, plus tous les biens de celui-ci et il lui dit : Je vais chez moi et j'attendrai ! Mais tous les ans je viendrai réclamer le restant de ma dette. — Le boucher envoya tous ses parents faire du commerce pour gagner des biens pour pouvoir payer toute la dette.

C'est depuis ce moment-là qu'il y a des dettes et aussi que le commerce existe et que tous les dioulas se sont mis à se promener dans le pays (1).

85ᵉ FABLE

Le grigri de l'adresse

Autrefois, pendant une famine, un homme donna son unique âne à son fils pour qu'il le vendît et achetât du mil. Le fils rencontra un chasseur

---

(1) De Péléga, Mossi du Bingo (Ouahigouya). Apprise des vieillards de l'endroit. Connue des Foulsés. Connue aussi des Mandés.

qui lui proposa de lui vendre un grigri tel qu'après l'avoir mangé on ne ratait plus l'objet qu'on visait. Le fils acheta le grigri pour l'âne. Cependant, comme il ne revenait pas, le père partit à sa recherche. Il le trouva sans âne et sans mil. — Où est l'âne? dit le père. — Je l'ai vendu contre un grigri que j'ai mangé. — Tu n'as donc plus rien? dit le père. —Non, dit le fils. — Alors viens, retournons, rentrons chez nous. — Ils passèrent sous un baobab aux branches duquel pendaient de grosses amandes vertes. — J'ai faim, dit le père, jette un bâton là-haut pour faire tomber quelques-unes de ces amandes! — Le fils prit un bâton, visa un des fruits, le frappa et celui-ci en tombant écrasa une pintade, tandis que le bâton même ricochait et redégringolait et frappait une biche qu'il tua. — Alors le fils dit : Je vais prendre une liane pour attacher la biche et l'emporter. Comme il tirait il s'aperçut qu'il avait empoigné sans le vouloir la queue d'un singe. Furieux, il le jette loin de lui et le singe va frapper à la tête un éléphant qui passait et qui tomba mort du coup. Le fils dit alors à son père : Mon grigri est bon. Nous allons prendre tout cela, le vendre et avec le produit de la vente nous achèterons du mil. Tu vois que j'avais raison d'acheter ce grigri. Ils vendirent éléphant, biche, singe, pintade et devinrent riches.

Ce sont les descendants du jeune homme au grigri d'adresse qui sont encore les meilleurs chasseurs dans tout le pays (1).

86ᵉ FABLE

L'habileté des trois hommes

Il y avait jadis trois hommes très habiles. L'un dit : Je tire mieux de l'arc que n'importe qui ! — Le second dit : Je cours plus vite que tous les êtres ! — Le troisième, petit frère du précédent, dit : Je travaille plus vite que tout le monde. — Ils allèrent se promener et virent une biche. Le premier dit : Arrêtons-nous, je vais tuer cette biche. — Le second dit : J'arriverai avant ta flèche. — Le troisième dit : La biche sera préparée et vidée avant que vous vous en occupiez ! Le premier fit partir sa flèche, mais avant qu'elle arrivât, le second était sur la biche, la frappait et la tuait et la flèche n'arrivait qu'après. Cependant le premier venait à son tour et demandait au second : Qu'est-ce qui est arrivé le premier, ma flèche ou toi? — Moi. — Pendant ce temps le troisième était déjà en train de dépioter la biche avec ses ongles, de l'ouvrir, de la vider et de la couper en morceaux, si bien que, quand les deux premiers eurent fini de parler, la biche était déjà prête pour la cuisson.

Alors ils mangèrent la viande tous les trois, le second disant au pre-

(1) De Yadega, déjà nommé. Racontée par les vieillards de Ouahigouya.

mier : Je suis plus fort que toi !, le troisième disant au second : Et c'est moi qui suis encore le plus fort de nous tous. — Puis chacun retourna à son village (1).

87ᵉ FABLE

Les trois hommes dans la brousse

Trois hommes se rencontrèrent dans la brousse au bord d'un marigot. Le Mossi avait un arc et un carquois plein de flèches, le Yarsé un sabre, le Peul un turban de bandes de coton sur la tête. — Le marigot était large et profond : Comment allons-nous passer cela ? dit le Yarsé. Le Mossi et le Peul répondirent : Chacun n'a qu'à essayer à son tour. Le Yarsé tira donc son sabre et coupa l'eau en deux, puis il passa. L'eau reprit ensuite son cours. — C'est comme cela que je sais faire, cria le Yarsé aux deux autres. — Attends-moi, dit le Mossi et il tira une flèche qui s'enfonça dans un arbre de l'autre côté du marigot, puis une seconde qui s'enfonça dans la première, puis une autre et ainsi de suite jusqu'à ce que l'immense flèche ainsi constituée traversât tout le marigot. Alors le Mossi se mit à marcher sur ce fil raide et traversa l'eau. — A toi, maintenant, Peul, cria-t-il. — Celui-ci défit son turban et jeta le bout de la bande de coton par dessus le marigot. Attachez ce bout à un arbre, cria-t-il. Quand ce fut fait il se tira après la bande jusqu'à ce qu'il eut traversé le marigot. — Nous sommes aussi malins les uns que les autres, constatèrent les trois hommes. Et maintenant partons ! (2).

88ᵉ FABLE

Les deux goinfres

Deux hommes se disputaient à qui était le plus grand mangeur. Pour mettre un terme à leur dispute ils résolurent d'aller chercher quelque chose à dévorer. Ils arrivèrent à une mare où ils virent du poisson. Le premier allongea démesurément le bras pour le saisir mais le poisson glissa sous l'étreinte et la main vint frapper le fond de la mare. Elle n'attrapa donc que de la vase mais l'homme se mit néanmoins à la dévorer. — Pendant ce temps le second ramassant les sandales de peau de bœuf que le premier avait posées auprès de lui en s'arrêtant les avalait en un rien de temps. Le premier en se retournant ne vit plus ses sandales et

---

(1) Du jeune Ranéguémia, déjà cité Apprise des vieillards de Ouahigouya. Connue des Foulsés. Connue également des Mandés.

(2) De Kogoda, de Ingahné, déjà cité. Apprise des vieillards foulsés de l'endroit.

demanda au second où elles étaient passées. — Je viens de les manger, dit celui-ci. — Eh bien, dit le premier, tu es joliment plus glouton que moi, je l'avoue désormais. — Certainement non, dit le second : ne viens-tu pas de manger toute la boue de la mare ? — Les deux hommes virent qu'il n'y avait pas besoin de pousser plus loin l'expérience et ils retournèrent chez eux (1).

89ᵉ FABLE

La gourmandise punie

Trois frères étaient effroyablement goinfres, si effroyablement goinfres que leur père les renvoya ne voulant plus les nourrir. Ils s'en allèrent et par le premier village où ils passèrent, ils demandèrent à manger au chef. Celui-ci les connaissant de réputation, fit sortir d'une case à mil tout ce qu'elle contenait de haricots et les partagea entre ses femmes pour les faire cuire. Chacune en fit cuire un énorme canari et l'apporta. Le chef fit mettre plusieurs peaux de bœufs et d'épaisses nattes devant ses cases et fit verser dessus en monceau les haricots qui firent un tas haut comme une colline. Puis il appela les trois frères : Voilà de quoi manger, leur dit-il. Rassasiez-vous et vous partirez après. Le plus petit dit : Partageons les haricots, chacun sa part. Ils appelèrent quelqu'un pour opérer le partage. Cependant le frère aîné se plaignait, disant que son tas était plus petit que les deux autres, puis les deux autres frères se plaignirent de même si bien qu'ils se disputèrent et attirèrent par leurs cris le chef de village : Qu'avez-vous, leur dit-il, à vous disputer ? — Ils lui exposèrent l'affaire. — Mais vos trois tas me semblent égaux ! — Non, ils ne le sont pas. — Alors, dit le chef de village, attendez-moi. Il alla chez lui et leur rapporta à chacun une aiguille. — Prenez ces aiguilles, leur dit-il, et piquez chacun un haricot tour à tour, en ayant bien soin de les compter. Comme cela vous mangerez tous d'une façon parfaitement égale. — C'est vrai, dirent ils, et ils mangèrent les haricots en les comptant. Mais quand il n'en resta plus qu'un ils se disputèrent pour l'avoir. Le chef du village, qui en avait assez, s'en alla. Alors un des frères prit sa lance, le second son couteau, le troisième son sabre et ils menacèrent de se tuer. Un Peul passait par là. Il se fit expliquer l'affaire. — Bien, dit le Peul. Attendez que je partage le haricot ! — Avec son ongle il le coupa adroitement en trois et en donna un morceau à chacun, puis il mangea lui-même une toute petite partie presque invisible qui restait au bout de son ongle, ce qui mit en rage les trois frères qui lui dirent qu'ayant mangé leurs haricots il devait les leur payer. Ils allèrent devant le chef

(1) De Tengaboumbou déjà cité.

de village et le Peul expliqua l'affaire. — Tu dois payer, dit le chef. Je m'en suis allé moi-même pour ne pas être emb... par eux et toi tu vas leur manger un petit bout de leur haricot. Tu devais te laver les mains devant eux après avoir fait le partage. — Le Peul prit un bœuf et le donna en paiement : Allons, dit le frère aîné, tuer notre bœuf dans la brousse pour le manger, car, si nous le tuons ici, on viendra nous en demander des morceaux et nous n'en avons même pas assez pour nous. Ainsi firent-ils : ils tuèrent, ils vidèrent le bœuf, en mirent des quartiers sur des peaux et envoyèrent le plus jeune d'entre eux chercher du feu. — Où ? dit le petit. Pendant que je ne serai pas là, vous mangerez certainement toute la viande ! — Non, dirent les grands, va chercher le feu. Mais le petit, peu convaincu, marchait à reculons pour aller chercher son feu, les surveillant et disant de temps en temps : Je vous vois ! vous y touchez !! au voleur !!! si bien qu'à la fin il rencontra un puits qui était derrière lui et qu'il ne voyait pas et y tomba inopinément, se voyant du coup, sans que ses frères s'en aperçussent. Cependant l'aîné disait au second d'aller chercher du bois. — Mais, dit le second, voici un arbre ici. Je n'ai qu'à y monter et à faire tomber les branches sèches. — Soit, dit l'aîné. — Le second monta sur l'arbre et se mit à faire tomber les branches, mais, une fois parvenu en haut, il éprouva le besoin de se pencher et de crier à son frère : Hein ! ne touche pas à la viande, car je te vois et je ne te quitte pas de l'œil ! — Comme il disait cela en se penchant il posa le pied sur une branche sèche qui craqua et il tomba d'un bloc sur le sol si malheureusement qu'il se tua. L'aîné vit le corps tomber mais, préoccupé exclusivement de manger, ne s'occupa pas de son second frère. Pendant qu'il attendait impatiemment le troisième, un Peul venait de ce côté, portant une calebasse de lait. Dès qu'il le vit, l'aîné se mit à craindre furieusement que le Peul ne lui demandât de la viande et se dit qu'il ferait peut-être bien de tout manger sur-le-champ. Il se précipita donc sur la tête de bœuf pour l'avaler et le fit si gloutonnement que, la tête descendant le gosier, les cornes lui traversèrent le cou, ce qui l'étrangla et le fit tomber mort. Le Peul arrivant vit les corps des deux frères morts et la viande étalée. Il se pencha pour en prendre quelque morceau, après avoir posé sa calebasse par terre, mais une biche qui accourait posa le pied dans la calebasse de lait. L'homme, lâchant la viande, attrapa la biche par le pied puis, voyant ce pied ruisselant de lait, ne put s'empêcher de l'approcher de sa figure pour le sucer, pour que le lait ne fut pas perdu. La biche effarée et se débattant lui lance un coup de pied en pleine figure et le tue du coup.

Ainsi fut punie la gourmandise de tous ces gens-là (1).

(1) De Péléga, déjà cité. Connue des Foulsés et aussi des Mandés.

90ᵉ FABLE

Le pays où il n'y a pas de mouches

Un homme cherchait pour tuer son bœuf un endroit où il n'y avait pas de mouches. Ayant pris deux boules de soumbara avec lui, il marcha avec son enfant pendant deux mois sans répit. Enfin, ayant laissé tomber le soumbara sur le sol, aucune mouche ne vint. Il était donc dans le pays où il n'y avait pas de mouches. Il tua son bœuf et envoya l'enfant chercher du feu. Mais à peine celui-ci était-il dans la brousse qu'un éléphant couché par terre se leva, courut sur lui qui courut du côté de son père. Le père en voyant l'éléphant se sauva à son tour. Alors la grosse bête ramassa la viande du bœuf et ayant réuni tous les animaux de la brousse leur dit : Mangeons cette viande laissée par un homme et son petit. — C'est ce qu'ils firent puis ils se mirent à la poursuite des deux fugitifs espérant quelque nouvelle aubaine. L'enfant était sur un arbre. L'éléphant le prit avec sa trompe et le jeta à terre. — Ne me tue pas, dit l'enfant. J'ai un bon grigri que je te donnerai. — Alors, ça va bien, dit l'éléphant emmenant l'enfant dans sa case : fabrique-moi ce bon grigri et vite ou je te tue. — L'enfant demanda un couteau coupant bien, pour arranger le grigri, et quand il l'eut : Après-demain viens chercher le grigri, dit-il, ou envoie quelqu'un à ta place. L'éléphant s'en alla se promener, deux jours se passèrent, puis l'éléphant envoya l'outarde chercher le grigri promis. — Couche-toi par terre, dit l'enfant, je vais te l'attacher autour du cou et tu le porteras en volant à l'éléphant. L'outarde se coucha par terre sans défiance et l'enfant lui coupa le cou. Cependant l'éléphant, ne voyant pas l'outarde revenir, envoya le phacochère pour la presser. L'enfant le reçut comme l'outarde et, à l'aide de la même ruse, lui coupa le cou. L'éléphant ne voyant revenir ni phacochère, ni outarde voulut alors envoyer la hyène pour savoir ce qui se passait. Mais le lièvre fit cette réflexion : Tu as envoyé tour à tour l'outarde et le phacochère et ils n'ont pas reparu. Il y a là quelque chose de louche. Il faut envoyer maintenant deux animaux de peur que si tu n'en envoies qu'un seul, il ne reparaisse pas non plus. L'éléphant dit : C'est vrai et il envoya le lièvre avec la hyène. Les deux messagers partirent et parvinrent à la case de l'éléphant, mais le lièvre ne voulut pas entrer et resta à la porte. La hyène entra et l'enfant, sous prétexte de lui mettre le grigri au cou, le lui coupa à son tour. Le lièvre vit la scène par la fente de la porte et se sauva disant à l'éléphant : N'envoie plus personne. L'enfant coupe le cou à tous les messagers. Effrayés, les biches, les autres animaux, l'éléphant s'enfuirent et l'enfant et son père purent rentrer chez eux.

Cependant les hommes désormais ne cherchent plus le pays où il n'y a pas de mouches : il est trop dangereux (1).

91ᵉ FABLE

Les baobabs pleins de richesses

Un jour le lièvre partit dans la brousse et se coucha à l'ombre d'un gros baobab. — L'ombre de ce baobab est bonne, dit le lièvre, mais je ne sais pas si le fruit en est aussi bon. — Le baobab fit tomber un fruit par terre. Le lièvre le ramassa et le mangea et dit : Le fruit est bon mais je ne sais pas si le ventre de l'arbre est aussi bon que son fruit. — Le baobab s'entrouvrit : le lièvre vit de riches colliers, de jolis pagnes, de magnifiques bijoux et enleva tout cela. Il porta tout son butin à sa femme qui s'en para. Cependant la femme de la hyène étant allée chez son amie, la femme du lièvre, la vit superbement habillée et parée. Elle revint chez elle et fit une scène à son mari disant : La femme du lièvre a des bijoux, des pagnes extraordinaires et toi tu ne peux pas me donner même le plus misérable vêtement, le plus mauvais collier ! — La hyène alla trouver le lièvre : Où as-tu trouvé tout ce que tu as donné à ta femme ? — Le lièvre lui montra le baobab et lui enseigna la manière dont il avait usé pour obtenir tous ces objets. La hyène courut au baobab et répéta ce qu'avait fait le lièvre. Malheureusement elle eut le tort, quand elle fut dans le ventre du baobab, de s'écrier tout haut : Et le baobab lui-même je l'emporterai chez moi ! Entendant cela le baobab effrayé se referma et la hyène qui se trouvait dedans ne put pas en sortir et mourut.

Jadis on trouvait des richesses dans les baobabs, mais, depuis que la hyène a voulu prendre le baobab lui-même, les baobabs ne s'ouvrent plus pour les hommes (2).

92ᵉ FABLE

Les trois plus petits hommes du monde

Un jour Ouendé dit au chien : Va me chercher les trois hommes les plus petits que tu trouveras pour que je fasse un sacrifice. Le chien vit d'abord un homme assis à l'ombre des feuilles des arachides : Il est bien petit, dit-il et il l'emporta. Puis il en trouva un autre qui avait fabriqué une échelle pour pouvoir mettre du grain dans une corbeille à mil. — Est-il petit

(1) Du jeune Sobodo déjà cité. Connue des Foulsés avec quelques détails dissemblables.
(2) De Séta, déjà cité. Fable connue des Foulsés. Elle a quelque analogie avec la poule aux œufs d'or du folk-lore européen.

celui-là ! et il l'emporta. Puis il en trouva un troisième qui voulait monter à cheval sur une fourmi mais qui ne pouvait pas le faire étant trop petit, et qui roulait un grain de sable pour pouvoir enfourcher sa monture : il les amena tous les trois à Ouendé : Ce sont bien là en effet les plus petits hommes, dit le dieu et c'est avec eux que je vais faire mon sacrifice (1).

93e FABLE

L'homme qui cherchait quelqu'un plus fort que lui

Il était un homme qui possédait un gros mouton et qui était très fort. Il cherchait quelqu'un pour lutter avec lui, disant que, si on parvenait à le vaincre, il donnerait au vainqueur son gros mouton. Il partit et rencontra une géante qui était en train d'écraser du mil. — Où vas-tu ? dit la femme. — Je cherche quelqu'un pour lutter avec moi. — J'ai deux enfants qui sont dans la brousse. Si tu veux, tu peux les attendre pour lutter. Ils rentreront ce soir. L'homme s'assit auprès de la case et attendit. Le soir le fils aîné arriva le premier. Il avait tué dix éléphants, et les ayant attachés ensemble, les portait sur son épaule. Il appela sa mère et lui cria : Peu de chose aujourd'hui ! Enfin ! attrape ! — La femme de la main droite attrapa le paquet. Quand il vit cela l'homme à la lutte commença à trembler mais eut cependant assez de courage pour ne pas s'en aller. Le fils cadet arriva ensuite. Lui n'avait tué que sept éléphants. Il les portait également sur son épaule. Il s'excusa d'avoir fait si mauvaise chasse. La femme prit les sept éléphants et les mit avec les dix autres dans un canari énorme et fit cuire le tout. Elle fit également du sarabou et le mit dans une calebasse grosse comme deux cases. Puis elle versa la viande dans une calebasse encore plus gigantesque et apporta les deux récipients à ses fils pour le repas du soir. Elle ajouta : Il y a là un étranger. Appelez-le pour qu'il mange avec nous. On appela l'homme et il vint mais il n'était pas plus tôt là que l'aîné des géants, qui était myope, l'attrapa avec une poignée de sarabou et le mangea. Le fils cadet vit la chose mais, par discrétion, ne dit rien. — Où est l'étranger ? dit tout à coup la mère, s'apercevant qu'il n'était plus là. — Je ne sais pas, dit l'aîné regardant autour de lui. Il est peut-être parti ailleurs. — Non, il n'est pas parti ailleurs, dit le frère cadet. Tu l'as avalé. — Comment cela ? dit l'aîné. Voyons. Et il frappa sa gorge et il sentit qu'il y avait en effet là quelque chose. — Il y est bien, dit-il, c'est vrai. Mère, viens l'attraper. La mère mit ses doigts dans la gorge de son fils, attrapa l'homme par les pieds et le tira, puis, après l'avoir laissé respirer un moment, elle alla le laver soigneusement. — Tu vois, dit-elle,

(1) De Tengaboumbou déjà cité. Apprise des vieillards de Ouahigouya. Fable connue des Foulsés.

tu n'es pas de force à lutter contre mes fils. — Je veux m'en aller, dit l'homme, car sans cela je serais tué ici. — Tu ne peux pas partir pendant la nuit, dit la femme. Attends au moins à demain matin. — Le lendemain matin les fils se levèrent et s'en allèrent dans la brousse. L'homme se sauva et à la course, d'une seule traite, rentra chez lui (1).

Nous en avons fini avec le Cycle de l'Homme. Passons maintenant au Cycle du Mauvais garçon.

94ᵉ FABLE

La réplique du jeune garçon

Un homme avait une génisse. Il la prit et se mit à parcourir le pays promettant de la donner à qui connaîtrait mieux que lui des tours d'adresse. En se promenant ainsi il rencontra un petit enfant assis devant la case de sa mère. — Où sont tes parents ? dit-il. — Ils sont partis dans la brousse, dit l'enfant. — Je viens, dit l'étranger, cherchant quelqu'un qui connaîtrait de meilleurs tours d'adresse que moi. Je lui donnerai ma génisse. En attendant donne-moi de l'eau car j'ai soif, et comme je ne vois personne ici, je vais m'en aller dans un autre village. Le petit enfant se leva pour lui donner de l'eau et rentra à cet effet dans la case, mais, au lieu d'en prendre, il s'assit et ne bougea pas. L'homme ayant attendu à la porte, impatienté de ne pas le voir revenir, l'appela. — L'eau s'est changée en graines, grosses et petites, dit l'enfant. Je trie les grosses pour pouvoir te les apporter. — Comment, dit l'homme, l'eau ici se change en graines ? — Oui, dit l'enfant, au moins l'eau que va chercher ma mère. — Eh bien, dit l'homme estomaqué, je te donne la génisse car vous êtes plus savants que moi ici. — Et il s'en fut. Le petit enfant prit la génisse et, à l'insu de ses parents, la confia à un Peul du village qui ne possédait qu'un taureau. De la génisse et du taureau résulta en quelques années un beau troupeau. La famine étant venue le petit garçon dit à son père : Viens avec moi, nous allons demander à un Peul d'ici une génisse pour aller acheter du mil. — Es-tu fou ? dit le père. Le Peul nous donnera-t-il ainsi une génisse ? — Oui, dit l'enfant. Tu n'as qu'à venir avec moi. — Ils allèrent trouver le Peul : Donne-moi une bête pour aller la vendre. Le Peul choisit une très vieille vache et la lui offrit. L'enfant la refusa : Donne-m'en une meilleure. — Non, dit le Peul, tu m'as confié jadis une génisse. Maintenant elle est vieille, la voici. — Bon ! dit l'enfant. Le troupeau m'appartient puisqu'il est sorti de ma génisse et je vais te faire appeler devant le chef du village. — Vas-y, dit le Peul. — L'enfant y alla

(1) De Kogoda, foulsé d'Ingahné, déjà cité.

et le chef appela le Peul. — C'est lui qui a raison, dit-il après avoir écouté les deux parties. Toi, tu n'as droit qu'à ta génisse. — Bon ! dit l'enfant. Et il dit à son père : Allons-nous-en. — Au bout d'une demi-heure le chef se reposait, quand tout à coup il vit revenir l'enfant hors d'haleine : Vite ! vite ! du secours, dit-il, mon père vient d'accoucher de deux jumeaux ! — Depuis quand, dit le chef du village, un mâle peut-il mettre au monde des enfants ? — Depuis qu'un taureau, riposta le jeune garçon, met au monde à lui tout seul tout un troupeau de veaux et de génisses ! — Le chef de village frappé de cette réponse s'écria : C'est toi qui avais raison tout à l'heure et moi qui avais tort ! Il fit appeler le Peul et rendre sur-le-champ à l'enfant tout son troupeau (1).

95ᵉ FABLE

L'adroite réponse

Il y avait une fois une femme qui ne pouvait pas avoir d'enfant. Elle alla trouver Ouendé pour se plaindre. — Va, dit Ouendé, prends du mil et fais du béré (2). Bois-le, ton pied se gonflera et un enfant en sortira. La femme fit ce que lui avait dit Ouendé et son pied se gonfla. Un jour un enfant en sortit : il naquit un couteau à la main et une peau de bouc en bandoulière. La femme fut effrayée et se mit à pleurer disant : Ce n'est pas un enfant comme cela que je voulais ! — Ne pleure pas, dit l'enfant. Je suis bien, quoi qu'il en soit, ton enfant. Attends-moi, ma mère, je vais aller chercher de quoi manger. Il entra dans la brousse, tua des rats et les rapporta, puis les fit griller et les mangea. Ensuite il repartit, alla trouver le chef de village, lui dit qu'il passait et qu'en passant il venait lui dire bonjour. Le chef de village, qui était très méchant, le regarda de travers et lui dit : Tu vas accoucher mon taureau. — Comment un taureau aurait-il un veau ? dit l'enfant. C'est impossible. — Ah tu ne veux pas, dit le chef. Eh bien si tu n'accouches pas mon taureau je te tuerai. — Laisse-moi sortir un instant, dit l'enfant. Je vais revenir tout à l'heure. — Soit ! et songe à ce que je t'ai dit. — L'enfant sortit. Il y avait à peine quelques minutes qu'il était parti qu'il rentrait en courant disant au chef : Ton fils m'envoie pour te dire de lui envoyer du monde, car il vient d'accoucher de deux jumeaux ! — Ah bah ! dit le chef, tu es un joli menteur et c'est pour cela que je veux te tuer. Où est le pays où les garçons mettent au monde des enfants et des jumeaux ? — Mais ici même, répondit l'enfant, puisque les taureaux y accouchent bien de veaux. — Estomaqué de cette réponse, le chef le renvoya sans lui faire de mal (3).

(1) Du même Kogoda de Iagahné. Fable mossi et foulsé, connue également des Mandés.
(2) Mets liquide, comme nous le savons, moni en bambara.
(3) De Lédéa Sounango déjà cité.

96ᵉ FABLE

L'enfant plus malin que le chef de village

Une femme ayant eu un garçon appela celui-ci « L'enfant plus malin que le chef de village ». Comme elle ne manquait pas une occasion d'appeler ainsi son enfant à haute voix, le chef du village fut fâché contre la femme et contre l'enfant et il chercha des occasions de les tuer tous les deux. Un beau jour il appela la mère et lui donna son boubou à laver : Mon boubou, lui dit-il, ne se lave pas à l'eau de pluie mais à l'eau de mare. — Or on était en saison sèche et la mare n'avait pas d'eau. La mère, ne sachant que faire, alla raconter cela à son fils qui lui dit : Bon ! laisse le boubou ici. — Il le prit, le mit dans un canari et laissa tomber celui-ci par terre. Le canari cassa : L'enfant en ramassa les morceaux, mit dessus le boubou et alla trouver le chef de village disant : Donne-nous un canari. Ma mère, en allant à la mare pour laver ton boubou, a glissé par terre sur le sol humide et son canari s'est cassé. Il nous en faut un autre et nous n'en avons pas. — Comment, dit le chef de village, tu mens ! ta mère n'a pas pu glisser, le terrain est très sec puisque la mare même est desséchée. — Alors, dit l'enfant, puisque la mare est sèche, comment voulez-vous que ma mère y lave votre boubou ? — Le chef, cloué par cette réponse, prit son boubou et laissa l'enfant partir, mais il n'avait pas renoncé à ses projets : un beau jour il fit venir l'enfant, lui donna un taureau et lui ordonna de lui apporter du lait sous peine de mort. — Ça va bien, dit l'enfant, tu auras ton lait ce soir. — Au coucher du soleil l'enfant amena du bois sec auprès de la case du naba et se mit à le couper. Le chef sortit et le vit : Où est mon lait ? petite crapule. — Mon père vient d'accoucher, dit l'enfant. Je coupe du bois pour lui faire un bon feu. Aussi je n'ai pas pu traire ton taureau et tu auras ton lait une autre fois. — Ah ça, dit le chef, tu te moques de moi ? Comment un homme accoucherait-il ? — Dans un pays où les taureaux ont du lait, répondit l'enfant, il est facile aux hommes d'accoucher. — Va-t'en, dit le chef de village. — Cependant il n'avait pas renoncé à ses mauvais projets et un jour envoya chercher l'enfant pour lui coudre des bandes de coton. Il avait préalablement fait creuser un puits dans sa case et l'avait recouvert d'une natte. Mais l'enfant, ayant eu vent de la chose, avait, pendant ce temps-là, creusé, de la case de sa mère, un autre puits qui rejoignait le fond de celui du chef de village. L'enfant étant donc venu, le naba lui donna les bandes de coton à coudre et l'invita à s'asseoir sur la natte qui bouchait l'ouverture du puits. L'enfant alla s'y asseoir et culbuta dedans. Alors le chef de village fit apporter des fagots, en fit emplir le puits et les fit allumer pour brûler son adversaire. Celui-ci, pendant ce temps, en était sorti, emportant soigneusement les bandes de coton, par son propre puits à lui. Le naba, croyant avoir tué l'enfant, se réjouit grandement dans son cœur. Cependant un jour une des femmes du chef de village étant allée chez la mère de l'enfant vit celui-ci assis tranquillement en train de coudre des bandes de coton. Elle alla rapidement avertir son mari. — Ce n'est pas vrai, dit celui-ci. — Si c'est vrai, dit la femme. Il est assis dans la case de sa mère ! — Eh bien qu'on aille l'appeler, dit le naba. — L'enfant arriva. Quand il le vit : Tu es invincible, avoua le chef, désormais je te laisserai tranquille. — L'enfant lui pardonna à son tour et, comme ils s'étaient réconciliés, l'enfant devint le conseiller et le représentant du chef de village.

Depuis ce jour les nabas, loin de persécuter les enfants malins, les recherchent toujours pour leur service (1).

Nous en avons fini avec le Cycle du Mauvais garçon. Passons aux Légendes des choses.

1re LÉGENDE

La légende du python

Jadis les hommes n'avaient de l'eau que tous les sept jours. Il y avait un grand puits dans le pays mais unique et servant de demeure à un très gros python qui était le maître de l'eau et qui la faisait sourdre ou retirer à son gré. Tous les sept jours le chef du village lui donnait une jeune fille à manger. Alors le python laissait l'eau monter et les gens du village venaient prendre ce qu'il leur fallait. Ainsi en était-il. Un beau jour un homme qui venait de très loin, de régions inconnues, vint loger dans le village. La vieille femme son hôtesse lui apporta une toute petite calebasse d'eau. — Il n'y en a pas assez, dit l'étranger. — Je ne peux t'en donner davantage, dit la vieille. Il est très difficile d'avoir de l'eau ici. — Comment ? — La vieille femme lui expliqua la situation. — Dans combien de temps donnera-t-on la jeune fille au python ? — Après-demain, dit la vieille. L'homme ne souffla mot, mais, le jour indiqué, il prit son sabre et alla s'installer auprès du puits. Cependant le chef du village amenait la jeune fille au bord puis s'en retournait. Le serpent se dressa, sortit sa tête énorme du puits, flaira partout autour de la jeune fille, puis ouvrit la gueule pour se saisir d'elle. A ce moment-là l'homme, d'un coup de sabre formidable, lui trancha la tête, puis dit à la jeune fille de retourner chez elle.

Le lendemain on trouva l'eau répandue partout et l'énorme python gisant parmi elle. Le chef de village fit rassembler les gens. — Qui a fait

---

(1) De Kogoda, fils du Baloum-naba, déjà cité. Apprise des vieillards de Ouahigouya. Connue des Foulsés. Connue des Mandés.

cela ? — C'est moi, dit l'étranger. Tous donnèrent des cadeaux à l'homme qui retourna chez lui. Maintenant on peut avoir de l'eau quand on veut, tous les jours et non tous les sept jours comme auparavant (1).

2ᵉ LÉGENDE

La légende du crapaud et de Ouendé

Autrefois le crapaud possédait un superbe couteau qu'Ouendé voulut lui acheter. — Le prix de mon couteau, c'est de l'eau plein ma corbeille, dit le crapaud, et il donna son couteau à Ouendé. Alors celui-ci se mit à verser et fit tomber la pluie à flots pendant trois ou quatre jours. Mais l'eau s'écoulait par les interstices de la corbeille et celle-ci ne s'emplissait pas. Plein de scrupules, Ouendé, depuis, fait tomber de l'eau tous les hivernages, par grandes tornades, pour remplir la corbeille, mais celle-ci ne s'emplit jamais. Aussi le crapaud réclame-t-il après chaque tornade (en chœur avec tous ses camarades, avec tout le peuple crapaud et grenouille) et regrette-t-il son couteau donné inconsidérément à Ouendé puisque sa corbeille n'est jamais pleine d'eau. Ce couteau c'est l'éclair qui fend les nues (2).

3ᵉ LÉGENDE

La légende de l'outarde

Autrefois l'outarde était un serpent. Un jour qu'elle dormait les termites lui montèrent sur le milieu du corps et construisirent une termitière sur elle. Le serpent-outarde ne pouvait plus bouger. Le lendemain un kinkirga qui passait par là lui dit qu'avec un grigri il pouvait le transformer en oiseau lui et sa termitière. — Donne-moi ce grigri, dit le serpent. — Le kinkirga le lui donna. Quand le serpent se fut bien frotté lui et la termitière avec ce grigri il lui poussa des plumes, des ailes, des pieds. — Marche, dit le kinkirga. — L'outarde marcha. — Vole, dit le

_____

(1) De Kogoda, de Ingahné, déjà cité. Racontée par les vieillards foulsés de Ingahné qui la présentent comme un fait vrai mais très ancien. On peut comparer cette légende à celle du serpent du Ouangaradougou (ou Ouâgâdougou) du cercle de Nioro avec cette différence que dans la légende soninké, la mort du serpent est le signal d'affreux malheurs pour le pays, le signal de la dispersion des Soninkés, tandis que dans la légende du Yatenga, la mort du serpent est la libération de l'eau.

(2) De Yadega du Bingo, déjà cité. Racontée par les vieillards du Bingo (Ouahigouya).

kinkirga. — L'outarde vola. L'outarde maintenant ne conserve de son ancienne condition de serpent qu'un cou assez long (1).

4° LÉGENDE

La légende de Ouendé

Autrefois le Ciel (Ouendé) était tout près de la terre. Les gens qui se promenaient dessous prenaient leur couteau quand ils avaient faim, en détachaient un petit morceau et le mangeaient. Un jour un aveugle ayant faim prit son daba pour en casser des morceaux, mais, frappant à tort et à travers et n'atteignant pas le ciel, il imagina d'allumer une torche, pensant de cette manière y mieux voir, et il se promenait ainsi, sa torche allumée, cherchant le ciel. La torche brûla Ouendé et celui-ci, se sentant souffrir, s'enfuit immédiatement vers le haut. Depuis ce temps-là, le Ciel-Ouendé reste bien loin au-dessus des hommes (2).

5° LÉGENDE

La vengeance de Ouendé

Au commencement du monde il n'y avait qu'un seul homme avec sa femme et ses enfants. Cet homme-là cultivait son champ et gagnait beaucoup de mil, mais très charitable il donnait à manger à toutes les bêtes et à tous les oiseaux qui passaient. Il arriva donc qu'il n'eut plus de mil. Alors sa femme et ses enfants le quittèrent parce qu'il gaspillait trop son bien, mais sa sœur ne voulut pas le quitter et resta avec lui. Cependant quelque temps après, Ouendé vint à passer chez lui comme un étranger. Il ne restait plus à l'homme qu'un petit panier de mil et qu'un petit canari de miel. Il les donna pourtant à sa sœur pour fabriquer un excellent sarabou et un excellent hydromel pour Ouendé. Celui-ci mangea et but et partit sans faire de cadeau. — Trois jours après les pluies commencèrent à tomber, mais l'homme n'avait pas de graines pour ensemencer son champ. Il alla en demander à sa femme et à ses enfants mais ceux-ci refusèrent. L'homme retourna chez lui et ne put semer. Ouendé revint le voir et lui dit : Pourquoi les autres travaillent-ils aux champs et pourquoi ne fais-tu pas de même ? — Je n'ai pas de graines, dit l'homme. — Apporte-moi une corbeille, dit Ouendé. Il prit trois poignées

---

(1) Du jeune Soumminim demeurant au Bingo (Ouahigouya). Racontée par les vieillards de l'endroit.
(2) Du même, racontée par les mêmes vieillards. Connue des Foulsés.

de farine de mil dans sa peau de bouc et les mit dans la corbeille disant : Va semer cette farine ! — L'homme le fit : il sema les trois poignées mais elles se trouvèrent remplacées dans la corbeille quand il y revint et ainsi de suite incessamment et il y en avait toujours. Il fit donc des semailles magnifiques. Au bout d'un certain temps poussèrent de nombreuses et énormes courges. L'homme alla trouver Ouendé : Mon champ produit bien, lui dit-il, mais ce n'est pas du mil. — Soigne bien ton lougan tout de même, répondit Ouendé, cultive. — Au moment de la récolte, l'homme alla de nouveau trouver Ouendé : Tout le monde récolte, lui dit-il, tout le monde a du mil, mais moi je n'ai pas de mil, j'ai de gros fruits qui rampent par terre et je ne sais comment faire. — Apporte-moi un de ces fruits, dit Ouendé, avec un couteau. — Quand ce fut fait : Coupe en deux, dit-il à l'homme. — L'un des côtés de la courge était plein de cauris, l'autre de mil. — Va en chercher une autre, coupe en deux, dit Ouendé. L'homme coupa en deux et un cheval sortit d'un côté, de l'autre une jument. — Va en chercher une autre. — L'homme apporta. — Coupe-là. — D'un côté il sortit une très jolie fille, de l'autre c'était plein d'or et d'argent. — Eh bien ! dit Ouendé, récolte toutes les courges et apporte-les chez toi. Elles sont toutes comme cela. — L'homme fit ainsi et il y trouva en effet toutes sortes de richesses. Il alla voir Ouendé pour le remercier. — Tu m'as fait du bien, dit Ouendé, c'est pour cela que je t'ai récompensé. Maintenant va-t-en loin avec tout ce que tu possèdes car je vais tuer ce qui reste ici, ta femme et tes enfants, mauvaises gens. — L'homme partit et huit jours après Ouendé fit tomber une pluie qui dura six mois sans s'arrêter. Toutes les cases furent démolies, tous les gens furent noyés. Cependant l'homme charitable et sa nouvelle famille prospérèrent et s'étendirent partout et les hommes actuels en proviennent (1).

6ᵉ LÉGENDE

La légende du tabac au Mossi

Le tabac n'existait pas jadis dans le Yatenga. Il vivait à Tenkodogo. Cependant un jour il alla jusqu'à Ouagadougou. Le Moro-naba tua un mouton gras, fit un excellent sarabou et offrit tout cela au tabac pour qu'il restât avec lui. Mais le tabac refusa disant qu'il avait peur qu'on lui fasse du mal. Et il alla à Mané. Le chef de Mané fit comme celui de Ouagadougou, mais le tabac refusa de rester disant que, s'il restait à Mané, on allait le maltraiter. Le tabac poussa alors jusqu'à Ouahigouya

---

(1) De Péléga, du Bingo (Ouahigouya), déjà cité. Apprise des vieillards de l'endroit. Connue des Mandés.

où le Moro-naba fit la même chose que le chef de Mané. Le tabac dit qu'il ne voulait pas rester ici, parce qu'il craignait fort pour sa personne. Et il alla à Lankoy (1). Là le chef du village lui apporta dix bonnes corbeilles de crottin de poulet, dix bons canaris d'eau, dix paniers de sable mélangés de bonne terre noire. — Ah ! Ah ! dit le Tabac, je vais rester ici. C'est un bon village. — Et c'est pourquoi le Tabac resta à Lankoy. Le chef de ce village envoya alors avertir les chefs de Ouahigouya, Mané, Ouagadougou, leur disant ce qu'il fallait faire pour retenir le Tabac et leur en envoyant en même temps des graines. Voilà pourquoi le Tabac élut domicile dans tout le pays des Mossis où il n'existait pas auparavant (2).

7ᵉ LÉGENDE

La légende du margouillat

Autrefois un chasseur étant allé dans la brousse s'y perdit et y resta sept jours sans pouvoir manger ni boire. Il souffrait beaucoup ainsi et exténué de faim et de fatigue, prêt à mourir, s'assit à l'ombre d'un gros baobab. A ce moment un margouillat qui se promenait sur les branches du baobab tomba sur lui. Le margouillat était mouillé. L'homme le laissa échapper et le margouillat remonta dans les branches. Une seconde fois il tomba sur le chasseur, encore plus mouillé. Celui-ci monta alors dans le baobab et trouva une grande cavité remplie d'eau. Il but, remplit sa peau de bouc poudreuse et descendit. Réconforté il se mit à chercher son chemin et au bout de cinq ou six jours retrouva son village.

Alors il réunit tous ses enfants et tous ses parents et leur dit : Le margouillat m'a rendu un grand service. Il nous est défendu maintenant à nous tous de manger du margouillat. Depuis cette époque les Mossis de Dinghiri (3), descendants de ce vieux chasseur, leur ancêtre lointain, ne mangent pas de margouillats. Et même les gens de Dinghiri, maintenant encore, quand ils trouvent un margouillat mort creusent un petit trou et l'y mettent. C'est celui qui découvre le margouillat mort qui l'enterre ainsi sans autre cérémonie (4).

8ᵉ LÉGENDE

La légende des forgerons

Les forgerons sont parents des collines et des montagnes. Autrefois ils habitaient dans celles-ci. Une année la famine vint et les forgerons

(1) Gros village samo du sud-ouest du Yatenga, renommé en effet pour ses plants de tabac.
(2) De Kounsankodo déjà nommé. Apprise des vieillards du Bingo (Ouahigouya). Connue également des Foulsés du Yatenga.
(3) Village situé au N.-N.-E. de Ouahigouya.
(4) De Yabéiri déjà cité. Racontée par son vieux père. Connue des Foulsés.

demandèrent aux montagnes : Comment allons-nous faire pour nous nourrir ? — Alors les montagnes montrèrent au chef des forgerons certaines pierres : Prends ces pierres, dirent-elles, coupe du bois pour les faire brûler. Quand elles seront fondues elles donneront un métal avec lequel vous ferez des instruments de travail que vous irez vendre au loin. — Le chef des forgerons réunit tous les forgerons et fit ainsi. C'est alors que ceux-ci quittèrent les montagnes et vinrent habiter auprès des autres indigènes pour leur faire des pioches (1).

9ᵉ LÉGENDE

Le cheval et le dolo

Autrefois les femmes ne savaient pas faire le dolo. Dans une habitation était une vieille femme, son mari et un cheval. Chaque matin et chaque soir la vieille femme apportait du mil au cheval pour sa nourriture, quoique la coutume générale à cette époque fut de ne leur donner que de l'herbe. Un beau jour le cheval dit à la femme : Tu es bonne pour moi puisque tous les jours tu m'apportes du mil. Aussi, pour te récompenser, je vais te montrer quelque chose. Et il indiqua à la vieille femme comment on pouvait, avec le mil, faire une certaine boisson, l'engageant à la préparer. La femme se conforma à ces indications et fit une calebasse de dolo. Elle l'apporta au cheval. — Est-ce cela ? dit-elle. — Oui, dit le cheval. Bois maintenant. — La vieille femme but et trouva cela bon. Elle en prépara alors une calebasse pour son mari et la lui porta. — Bois, dit-elle et l'homme but. Il trouva cela délectable. — Comment as-tu trouvé cette bonne chose ? — C'est notre cheval qui m'a montré à la faire pour me récompenser de lui donner du mil chaque jour. — Eh bien, dit l'homme, tu peux gagner des cauris en vendant cela au marché. — Et depuis ce temps-là les femmes vendent du dolo sur les marchés et gagnent ainsi des cauris et, quant aux chevaux, à qui on ne donnait jusque-là que de l'herbe, pour les récompenser, on leur donne toujours du mil maintenant pour nourriture (2).

10ᵉ LÉGENDE

L'homme et les animaux

Autrefois l'homme habitait dans le même village que les grandes bêtes, l'éléphant, le lion, le léopard, le singe et il n'y était pas le maître. Ces

(1) De Soummiam déjà cité. Racontée par les vieillards de Ouahigouya.
(2) Du même Soummiam. Racontée par les vieillards de Ouahigouya. Légende connue des Mandés.

quatre bêtes allaient à la chasse dans la brousse quotidiennement et en rapportaient à manger pour tous, mais l'homme, chaque fois qu'il allait à la chasse, ne rapportait rien ou pas grand'chose. Un jour les animaux se réunirent et dirent à l'homme : Tu n'attrapes jamais rien, tandis que nous nous tuons des bêtes. Si tu continues à ne rien rapporter, tu ne mangeras plus avec nous. — Bon, dit l'homme. — Le lendemain il partit à la chasse avec son arc et ses flèches qu'il avait jusque-là cachées soigneusement de peur que s'ils voyaient ces armes les animaux ne le tuassent. Il attrapa et rapporta une biche. Quand les animaux virent cela ils s'étonnèrent et lui demandèrent comment il avait tué la biche. — J'ai ma manière, dit l'homme, mais je ne vous la dirai pas. — Les aimaux s'adressèrent au singe : Suis-le dans la brousse quand il partira demain et vois comment il fait pour tuer les biches. Ensuite tu nous le diras. — Ainsi fut fait. L'homme tira une flèche de son carquois et l'ajusta à son arc. Le singe monta dans un arbre pour mieux observer. Quand l'homme banda l'arc et lança la flèche, la biche fut tuée. Le singe descendit aussitôt de son arbre et regagna en courant le village : Cet homme est joliment redoutable, dit-il aux animaux. Quand il tend son bras vers quelqu'un ce quelqu'un tombe mort ! — L'homme rapporta la biche sur son dos mais, quand il leva le bras pour la saisir et la jeter à terre, tous les animaux crurent qu'il voulait tendre le bras vers eux pour les tuer et s'enfuirent. A partir de ce jour-là les grands animaux ne quittèrent plus la brousse et c'est l'homme qui commande désormais dans le village (1).

11° LÉGENDE

La légende du quartier

Un quartier de Sissamba jadis n'avait pas de nom et les femmes, par un phénomène curieux, n'y avaient pas d'enfants. Un jour une femme du quartier partit dans la brousse pour aller chercher du bois. Elle tua un petit oiseau que les Mossis appellent laro et les Bambaras morikononi, c'est-à-dire le petit oiseau du marabout. Elle l'apporta à la maison. Les gens lui dirent : Mais il est défendu de tuer cet oiseau-là ! — Comment faire ? dit la femme. — On va faire son enterrement, dit le chef du village. Il commanda beaucoup de dolo aux femmes, l'on fit tamtam et l'on dansa pendant toute la journée. La femme ensuite gagna un enfant, puis un autre enfant. Les autres femmes firent de même, si bien que le quartier, de tout petit qu'il était jusque-là, devint grand. — Comment s'appelle ce quartier-là ? disaient les gens. — Ce quartier s'appelle laro, répondait le chef. — Pourquoi ? disaient les gens. Le laro c'est un oiseau. — C'est à cause de cela, répondait le chef et il racontait ce qui s'était passé.

De là le nom de ce quartier de Sissamba qui s'appelle Laro (2).

(1) De Séta déjà nommé.
(2) De Yabéiri, déjà nommé. Racontée par les vieillards de Ouahigouya.

12ᵉ LÉGENDE

Comment le calao est devenu noir

Autrefois le calao était blanc. Il passa auprès d'un champ où travaillaient deux hommes sans les saluer, puis il passa auprès d'un autre champ où travaillaient quatre hommes et les salua. Les deux premiers virent cela et, vexés, coururent après le calao. — Pourquoi ne nous as-tu pas salués? dirent-ils, quand tu salues les autres gens ! — Parce que vous n'êtes pas d'accord tous les deux tandis que les quatre autres le sont. — Comment le sais-tu ? dirent les deux hommes. — Parce que je sais tout, dit le calao, parce que je lis dans le cœur des hommes. — Tu as raison ! dirent les deux hommes et par respect ils s'inclinèrent et prirent de la poussière pour se la jeter sur la tête. Mais cette poussière était noire, provenant des scories des forgerons, et, dans leur zèle à s'en couvrir, les deux hommes sans le vouloir en jetèrent beaucoup sur le calao qui en fut complètement couvert et perdit sa couleur blanche.

C'est depuis cette époque que le calao, par une conséquence de sa grande science, est devenu tout-à-fait noir (1).

13ᵉ LÉGENDE

Le sarclage

Autrefois les paresseux sarclaient leurs champs avec des aiguilles. D'autres, un peu moins paresseux, les nettoyaient avec des couteaux, d'autres, encore moins paresseux travaillaient avec les petites pioches (sougas). Enfin ceux qui sarclaient le mieux travaillaient avec les pioches à fer large et évasé (kouris). Un Mossi qui avait été en voyage avait acheté quatre captifs qu'il ramenait chez lui. Le lendemain de leur installation il les rassembla et dit au premier : Avec quoi sarcles-tu ? — Avec l'aiguille. — Bon ! — Il demanda au second : Avec quoi sarcles-tu ? — Avec le couteau. — Il demanda au troisième : Avec quoi sarcles-tu ? — Avec la pioche pointue. — Enfin il demanda au quatrième : Avec quoi sarcles-tu ? — Avec la pioche large, avec le grand daba. — Reposez-vous maintenant, dit le maître. Demain matin nous irons au champ. — Le lendemain ils y allèrent et le propriétaire dit : Travaillez ! — Chacun commença à le faire à sa manière. Le maître les surveilla un moment et retourna chez lui. — Cuis beaucoup de haricots, dit-il à sa femme et

(1) De Yabéiri, déjà nommé. Racontée par les vieillards de Ouahigouya. Connue des Foulsés.

apporte-les dans une calebasse commune pour les quatre esclaves. Quant à moi, tu me mettras mon repas à part. — La femme arriva à l'heure de midi et l'homme appela ses quatre captifs. — Voici votre calebasse commune, dit-il et voici comment vous la mangerez : celui qui sarcle avec une aiguille mangera avec son aiguille ! celui qui sarcle avec son couteau mangera avec son couteau ! celui qui sarcle avec le souga mangera avec le souga ! enfin celui qui sarcle avec le kouri mangera avec le kouri ! Et maintenant allez-y ! — Les quatre hommes commencèrent à manger. Celui qui se servait du kouri amenait à chaque coup des collines de haricots et s'empiffrait et, ne pouvant manger tout, les mettait dans sa peau de bouc. Celui qui avait le souga en enlevait encore assez mais celui qui avait le couteau n'arrivait pas à manger à sa suffisance et celui qui avait l'aiguille était misérable car il ne piquait qu'un haricot chaque fois. Quand ils eurent fini la grande calebasse : Avez-vous assez mangé ? dit le maître. Le premier répondit : J'ai eu tout ce qu'il faut et j'en ai même mis de côté pour toute l'après-midi. — Le second dit : J'ai eu ce qu'il faut. — Le troisième dit : Je n'en ai pas eu assez. — Le quatrième dit : Je n'ai pour ainsi dire pas mangé, je crève de faim et je peux à peine travailler ! — Le maître dit : C'est comme cela que vous mangerez toujours ! — Le soir il les fit manger de même et de même les jours suivants. Alors les trois derniers vinrent trouver le maître et lui dirent : Il faut que tu nous donnes des kouris car cela ne peut pas continuer ainsi ! Celui qui a le kouri s'empiffre et profite de sa large pioche pour nous enlever toute la nourriture. Il nous faut des kouris ! — Le lendemain matin le maître les munit tous de kouris : L'aiguille, décida-t-il, ne servira plus qu'à la couture. Elle ne servira plus au sarclage. Le couteau servira à couper et non plus à sarcler. La pioche pointue servira pour les semailles, à faire des trous et non plus au sarclage. Seul le kouri servira pour nettoyer les champs et pour enlever les mauvaises herbes.

Depuis cette époque c'est de cette manière qu'on travaille (1).

14ᵉ LÉGENDE

Gombo et maïs

Autrefois une femme mariée cultivait du gombo, en faisait de la sauce et n'en donnait jamais à son mari. Celui-ci, fâché, se mit à pleurer et alla dans la brousse. Il rencontra un caméléon : Pourquoi pleures-tu ? dit celui-ci. — Ma femme cultive du gombo et elle en fait d'excellente sauce. Quand je lui en demande elle ne veut jamais m'en donner. Aussi je quitte

---

(1) De Yabéiri, déjà nommé. Racontée par les vieillards de Ouahigouya. Connue des Foulsés.

ma maison et je m'en vais dans la brousse. Le caméléon lui dit : Ce n'est pas la peine de te tourmenter pour cela. Je vais te donner une chose que tu planteras devant ta case : c'est du maïs, des graines de maïs. Plante-les. Récolte le maïs quand il sera mûr, fais-le griller et mange-le devant ta femme. Si elle t'en demande, refuses lui en. L'homme fit ainsi et, quand les épis de maïs furent mûrs, il les mangea chaque soir grillés auprès de sa case devant sa femme qui le regardait. A la fin la femme demanda ce que c'était. — C'est bien la meilleure chose que j'aie jamais mangée, dit l'homme. — Donne-m'en un peu, dit la femme. — Non ! dit l'homme. — Je te donnerai de la sauce de gombo, dit la femme, si tu m'en donnes. — Garde ton gombo, je n'en ai pas besoin. — Puis il alla tout raconter au caméléon qui lui dit : Accepte la sauce de gombo et donne du maïs à ta femme. L'homme fit ainsi et tous deux s'en trouvèrent bien.

Depuis ce temps-là l'homme cultive le maïs, la femme cultive le gombo et l'homme donne du maïs à la femme et la femme donne du gombo à son mari, tout cela pour le plus grand bien de la communauté (1).

15ᵉ LÉGENDE

Légende du tiéguéné

Il existe dans la brousse une petite bête que les Mossis appellent tié-guéné (2) et qui est très méchante. Quand le tiéguéné monte sur sa femelle, si le sperme tombe par terre, il enflamme l'herbe sèche et ainsi s'expliquent les incendies sans cause de la brousse. On ne peut pas tuer le tiéguéné à coups de lance, ni de sabre, avec le fer en un mot. Pour le tuer il faut le frapper avec un bâton emprunté au noboga. Attaqué, le tiéguéné ne fuit pas l'homme et se défend comme un chat en fureur (auquel il ressemble du reste) en se jetant au visage des gens ou bien en les mordant au talon pour essayer de leur couper les muscles du cou de pied (3).

16ᵉ LÉGENDE

La légende des bœufs

Autrefois les bœufs vivaient dans la brousse. Un Peul ayant apporté un morceau de sel avec lui le fit goûter un jour aux bœufs et aux vaches

(1) De Yadega, déjà nommé. Apprise des vieillards de Ouahigouya. Connue des Foulsés.
(2) Dahomé-wara en bambara, malinké, ouassoulonké. Sans doute il s'agit ici, mais ce n'est pas sûr, de la genette genettoïde, kouloumassi en soussou. Voir au sujet de cette bête : *Les Mammifères et les Oiseaux de l'Afrique occidentale*, du docteur Maclaud, p. 29.
(3) Du nommé Yamba, déjà nommé. Connu des Foulsés. Les Mandés racontent la même chose de la genette. Le tiéguéné se rencontre dans le Yatenga, particulièrement dans le nord-est du pays.

qui depuis coururent toujours après lui. Un beau matin l'homme amena ainsi les bœufs jusqu'auprès du village, mais ils ne voulurent pas entrer dedans, effrayés, parce qu'il y avait trop de monde. Alors l'homme construisit sa case en dehors du village pour que les bœufs et les vaches pussent rester avec lui. Depuis ce temps, bœufs et vaches sont domestiqués et les Peuls habitent aux abords des villages (1).

17ᵉ LÉGENDE

L'origine des mariages

Autrefois il n'y avait pas de mariages. On allait avec les femmes au hasard des rencontres. Un jour une femme gagna six petites filles jumelles. Quand elles furent grandes elles allèrent chercher de l'eau au puits mais tombèrent dedans. On vint pour les secourir, mais personne ne savait comment leur venir en aide. Un homme dit qu'il les ferait sortir à condition qu'on lui donnât pour toujours les six petites filles. La mère consentit. L'homme alla faire une longue corde dans la brousse et en confia un bout à l'amant de la mère, puis il descendit dans le puits et attacha, avec l'autre bout de la corde, une des enfants. L'amant la tira et la fit sortir. L'homme fit ainsi des cinq autres. Puis il s'attacha lui-même et se fit retirer. Les six jeunes filles furent données à perpétuité à leur sauveur et les mariages commencèrent de ce jour-là (2).

18ᵉ LÉGENDE

Le devoir du chef d'habitation

Jadis, à une certaine époque, la famine régna. Un homme avait semé du maïs auprès du marigot. Une fois son maïs mûr (la famine avait commencé), il le récolta, en mangea une partie sur-le-champ et mit le reste dans une grande peau de bouc. Il revint chez lui, pendit la peau de bouc au toit de sa case et défendit à ses femmes et à ses enfants d'y toucher, disant : Il y a un très mauvais grigri dedans. — Puis il eut affaire dans la brousse et sortit. Quand il fut dehors, une femme dit : Je crois bien que notre mari veut nous tromper. Ce n'est pas un grigri cela, mais sans doute quelque chose à manger. La femme descendit donc la peau de bouc, y trouva du maïs, en fit du sarabou et, appelant les autres femmes et les enfants, tout le monde mangea. Quand ce fut fait, le mari revint et trouva les débris du sarabou : Tu n'as pas honte, en pleine famine, dit la

(1) De Soummiam, déjà cité. Racontée par les vieillards de Ouahigouya.
(2) De Patoenkanagaba, déjà nommé. Apprise des vieillards de Ouahigouya.

femme, de cacher ton maïs et de le manger tout seul? J'ai pris le maïs, j'en ai fait du sarabou et nous l'avons mangé. L'homme eut honte et s'enfuit dans la brousse et, n'osant pas rentrer dans l'habitation, mourut loin des siens. Depuis ce temps-là il est de règle que quand il y a famine le chef d'habitation cherche la nourriture pour tous les gens de chez lui (1).

19ᵉ LÉGENDE

Les hommes apprennent à cultiver le mil

Autrefois les hommes vivaient dans la brousse, dans les trous des rochers, comme les kinkirsi. Un jour un homme sortit de son trou, se promena dans la brousse et rencontra un chien qui lui dit : Où vas-tu ? — Je me promène seulement. — J'ai quelque chose, lui dit le chien, que je vais te donner, si tu veux. Ainsi tu ne rentreras plus dans ton sale trou. — Donne-le moi, dit l'homme. — Le chien lui donna des graines de mil. — Qu'est-ce que c'est que cela? dit l'homme. — Des graines de mil. Ça se cultive et je vais te montrer comment. — Alors le chien montra à l'homme à cultiver le mil. Quand il fut mûr, l'homme le récolta, sa femme en fit du sarabou et en donna au chien. Depuis l'homme construisit sa case et ne retourna plus dans les rochers. Le chien resta toujours désormais avec lui (2).

20ᵉ LÉGENDE

La légende du caméléon

Autrefois la terre était très humide et quand on marchait on enfonçait dedans. Le caméléon vint le premier sur la terre, avant tout le monde. A cause de la nature du terrain, il marchait très lentement. Il en prit tellement l'habitude que, bien que maintenant il habite sur les arbres et que la terre soit devenue sèche, il marche toujours très lentement (3).

21ᵉ LÉGENDE

Les mares du Yatenga

Autrefois il n'y avait pas de mares dans le Yatenga. Un jour l'éléphant du Yatenga dit qu'il allait se battre avec l'hippopotame dans le grand

---

(1) De Gomboro, déjà cité. Racontée par les vieillards de Ouahigouya. Connue des Foulsés.
(2) De Patocnkanagaba, déjà nommé. Racontée par les vieillards de Ouahigouya. Connue des Foulsés.
(3) Du jeune Séta, déjà nommé.

fleuve qui est du côté de Niamey. Tous les éléphants se réunirent, mais les hippopotames furent plus forts que les éléphants et les poursuivirent ruisselants d'eau jusques dans le Yatenga. Les pattes des éléphants firent ça et là de grands trous pleins d'eau et ainsi il y a quelques mares dans le pays (1).

Nous en avons fini avec les légendes. Passons aux contes obscènes et scatologiques.

1er CONTE

On n'arrive que par les femmes

Autrefois trois jeunes gens allèrent trouver le chef de village. — Que voulez-vous ? dit le chef. — Le premier dit : Prête-moi ton joli cheval et laisse-moi le monter. Après tu pourras me tuer. — Le chef accepta. Il lui donna son cheval. Le jeune homme l'enfourcha et le fit courir, puis il en descendit et le chef le tua. Il demanda au second : Que veux-tu ? — J'ai vu chez toi un mouton bien gras. Donne-le-moi que je le mange. Ensuite tu pourras me tuer. — Ainsi fut fait et le jeune homme, après avoir mangé le mouton, fut occis. Le chef demanda au troisième : Que veux-tu? — J'ai vu ici ta fille qui est très jolie. Laisse-moi coucher cette nuit avec elle et demain matin tu pourras me tuer. — Le chef dit : C'est bien ! et le soir il donna sa fille au jeune homme qui l'emmena dans sa case. Vers minuit la fille réveilla son amant qui s'était endormi et lui dit : Sauvons-nous que mon père ne te tue pas ! — Ils se sauvèrent et, au milieu du jour, arrivèrent sur le bord d'un fleuve. Ils dirent au fleuve : Nous voulons te passer ! — Donnez-moi un homme ou une femme, dit le fleuve et je vous laisserai passer. — Une jeune fille arrivait avec sa mère : Que faites-vous ici ? dit la fille. Le jeune homme expliqua le cas. — Eh bien, dit la fille, je serai très contente moi aussi d'aller avec toi. Et elle poussa sa mère et elle la précipita dans le fleuve. Le fleuve alors laissa passer le jeune homme et les deux filles. Ils arrivèrent chez un riche chef de village et logèrent chez lui : ce chef avait une fille très jolie qui, dès qu'elle vit le jeune homme, s'enamoura de lui. Il possédait aussi trois canaris, l'un contenant des cheveux, l'autre des moustaches, le troisième des barbes. Ayant assez du commandement, il avait annoncé qu'il le donnerait à celui qui devinerait le contenu de ses canaris. Aussi chaque jour les exposait-il devant la porte de son habitation et les gens venaient pour deviner leur contenu. Toutes choses étaient dites, sauf ce que les canaris contenaient réellement. Cependant sa fille, qui savait ce qu'il y avait dedans, alla une nuit faire l'amour avec le jeune homme. — Je t'aime,

(1) De Soummiam déjà cité. Racontée par les vieillards de Ouahigouya.

lui dit-elle, quand ils se furent désenlacés, et je voudrais que tu restes ici comme chef du village. — Comment le pourrais-je? dit le jeune homme. — La fille lui dit : Tu as vu les canaris de mon père. Dans le canari rouge il y a des cheveux, dans le canari noir il y a des moustaches et dans le canari blanc il y a des barbes. Va te présenter à mon père et offre de deviner. — Le lendemain le jeune homme se mêla aux compétiteurs et dit au chef : Je suis l'étranger arrivé ici depuis deux ou trois jours. Moi aussi je voudrais deviner le contenu de tes canaris et devenir chef de village. — C'est bon, dit le chef. Devines si tu peux. Qu'y a-t-il ici ? dit-il, en montrant le canari rouge. — Des cheveux ! — Qu'y a-t-il dans celui-ci ? — Des moustaches ! — Qu'y a-t-il dans le dernier ? — Des barbes ! — Le chef dit aux gens : Voilà le nouveau chef de village. Moi je ne suis plus chef ! — Il ajouta : Depuis sept ans personne ne peut deviner ce qu'il y a dans mes canaris. Celui-ci l'a deviné ! Il sera, il est chef de village ! — On ouvrit les canaris et tous virent que ce qu'avait dit le jeune homme était exact. Il fut donc nommé chef du village. Alors les kinkirsi de l'endroit vinrent trouver le jeune homme et lui dirent : Donne-nous une de tes femmes comme don d'avènement. — Je ne peux vous donner la première qui m'a sauvé la vie, ni la seconde qui m'a sacrifié sa mère, ni la troisième qui m'a fait nommer chef de village ! Que les kinkirsi eux-mêmes choisissent ! — Les Mauvais Esprits prirent la seconde et l'emmenèrent avec eux dans le bois sacré. Ce qui prouve qu'on ne doit pas sacrifier sa mère même à son amour (1).

2º CONTE

Ruses de femmes

Un homme et sa femme se disputaient, l'homme prétendant que, quoi qu'elle fît, la femme ne pourrait pas le tromper, la femme disant que si. Quelques jours après cette dispute la femme dit à son mari : Je te tromperai ce soir, j'allumerai une torche et tu verras. — L'homme dit : Fais ! — La femme fit avertir son amant de venir la nuit à un certain endroit avec un camarade jeune et agile. — Vers huit heures du soir elle prit sa torche, l'alluma et dit : Je m'en vais. — Le mari prit son bâton et dit : Va ! — La femme prit son élan et s'enfuit en courant avec sa torche vers l'endroit où étaient l'amant et le camarade puis elle passa rapidement la torche au camarade qui s'enfuit à son tour de toutes ses forces. Cependant le mari arrivait et suivait la torche, tandis que la femme et l'amant se mettaient de côté sous un arbuste pour jouir des douceurs de

(1) De Yadega déjà nommé. Racontée par les vieillards de Ouahigouya. Connue des Mandés.

l'amour. Quand le camarade eut suffisamment fait courir le mari il s'arrêta et le mari arriva sur lui. Alors il s'aperçut qu'il poursuivait un homme depuis longtemps et, honteux, retourna chez lui. Il y trouva sa femme : Tu as raison, lui dit-il, on ne peut pas empêcher les femmes de faire ce qu'elles veulent (1).

3ᵉ CONTE

Les femmes en font voir à leurs maris

Autrefois il y avait un homme qui possédait deux femmes. Une d'elles demanda une permission pour aller voir sa mère. Elle resta longtemps, si longtemps dehors que son mari alla la chercher lui disant : Viens ! tu es restée ici trop longtemps ! — Or l'amant de la femme était là. La femme répondit : Je suis en train de préparer du soumbara et il me faut encore deux ou trois jours pour finir la préparation. Attends ces deux ou trois jours. — Je n'attends pas, dit le mari. Mets le soumbara dans un canari et apporte-le chez nous. — La femme dit : Bon ! attends quelques minutes. Je vais préparer mon canari de soumbara et nous partons. — Le mari sortit : la femme mit son amant dans le canari qu'elle choisit énorme et ferma celui-ci. Puis elle appela son mari, l'aida à se mettre le canari sur la tête, ayant elle-même ses calebasses à transporter et on se mit en route. Comme on était presque arrivé, l'homme vit avec stupéfaction un âne sur lequel était monté un étranger et sa seconde femme en croupe. — Le mari dit à l'homme : Tu emmènes ma femme ! — La femme répondit immédiatement : Il ne m'emmène pas ! Comme tu as été longtemps là-bas j'allais te retrouver à pied quand cet homme, m'ayant trouvé fatiguée sur la route, m'a fait monter poliment derrière lui sur son âne. — Ce sont des histoires, répondit le mari, attends un peu — et il déposa son canari sur la route, pour battre l'homme et sa femme. Mais le premier, profitant de cet instant de répit, s'enfuit avec son âne. Le mari courait après sans pouvoir l'attraper. Cependant la première femme faisait sortir son amant du canari et le faisait fuir. La seconde femme demanda à la première : Qu'est-ce que c'est que cet homme ? — C'est mon amant. — Eh bien, dit la seconde femme, confidence pour confidence ! L'homme à l'âne est mon amant. — Cependant la première femme remplissait le canari de cailloux et, quand le mari revint, sans avoir rien attrapé, il le remit sur sa tête sans s'apercevoir de rien. Le mari et les deux femmes rentrèrent chez eux. L'homme déposa le canari de sa femme dans la case de celle-ci et ne sut jamais qu'il avait transporté

---

(1) De Kounsangodo déjà nommé. Apprise des vieillards de Ouahigouya. Connue des Foulsés.

d'abord l'amant de sa femme, puis des cailloux, au lieu d'une charge de soumbara.

Depuis cette époque les femmes continuent à tromper leurs maris sans qu'on puisse rien y faire, mais personne n'a confiance en elles (1).

4ᵉ CONTE

Le mari dans l'arbre et l'amant sous l'arbre

Autrefois une femme mariée refusait à tout coup le service conjugal. Le mari un jour finit par dire à la femme : Tu me trompes certainement, puisque tu te refuses à mon amour. Mais je vais te surveiller de telle sorte que tu ne pourras plus jamais voir ton amant. — De ce jour l'homme accompagna la femme à toutes ses sorties et se fit accompagner par elle chaque fois que lui-même sortait. Un jour il dit à sa femme : Ce soir à huit heures j'irai récolter du miel à la ruche que j'ai mise dans tel arbre. Tu viendras avec moi. — La femme dit : Alors, emporte une natte, car je ne veux pas m'asseoir sur la terre nue. L'homme dit : Oui, oui.... j'apporterai une natte avec moi La femme fit avertir son amant du voyage et de l'heure. Quand mon ami sera grimpé sur son arbre tu pourras venir me trouver ! Le soir l'homme partit avec sa femme et sa natte pour aller à la ruche. L'amant, déjà au poste, s'était caché derrière un arbuste voisin L'homme, arrivé au pied de l'arbre sur lequel était sa ruche, posa la natte à terre pour sa femme, s'apprêta à monter dans l'arbre et dit à celle-ci : Ne va pas ailleurs surtout ! ne quitte pas ta natte car j'ai les yeux fixés sur toi ! La femme s'assit sur la natte et le mari monta dans l'arbre. Quand la femme vit son mari en haut, elle dit à mi-voix : C'est le moment ! L'amant entendit, sortit de derrière son arbuste, vint à la natte, allongea la femme sur celle-ci et, lui ayant défait son pagne, se mit sur elle et commença à lui faire l'amour. Cependant le mari qui avait la torche à la main pour enfumer les abeilles et les éloigner de la ruche, jeta les yeux sur le sol et vit l'amant et sa femme joints. Dans sa fureur il se précipita à terre pour saisir l'amant, mais il tomba si malheureusement qu'il se tua net. La femme et l'amant avec la natte se dirigèrent vers le village. Avant d'y entrer ils se séparèrent et la femme y arriva, criant et pleurant et avertissant tout le monde : Mon mari vient de se tuer ! il est tombé de l'arbre en vidant sa ruche, en prenant son miel ! Les gens allèrent prendre le cadavre, le transportèrent et l'on fit l'enterrement (2).

(1) De Yamba déjà nommé. Racontée par les vieillards de Ouahigouya.
(2) De Yabéiri, déjà nemmé. Racontée par les vieillards de Ouahigouya. Connue des Foulsés et des Mandés.

5ᵉ CONTE

De l'inutilité de surveiller les femmes

Un homme était très jaloux de sa femme et ne voulait pas qu'elle sortît, même pour ses besoins, sans qu'il l'accompagnât. La femme, offensée à la fin de cette surveillance inutile, dit à son mari : Si je te suis fidèle, c'est parce que je le veux bien ; si je voulais te tromper, je te tromperais malgré ta surveillance. — J'en doute, dit le mari ; comme je suis toujours avec toi, il est impossible que tu me trompes. Là-dessus la femme envoya une camarade pour dire à un ancien ami, qu'elle n'avait plus revu depuis le jour de son mariage, de se rendre derrière sa case au commencement de la nuit et d'y creuser un trou. Pendant la nuit, le mari dormant, la femme se lève de sa natte et, tout debout, se fait faire l'amour par l'amant, à travers le trou. Le matin, de bonne heure, la femme bouche le trou et dit à son mari : Je t'ai trompé cette nuit. — Ce n'est pas vrai, dit le mari, la porte est encore fermée et j'en ai la clef en poche. — Bien ! dit la femme. En effet je voulais t'en faire accroire. Puis elle fit avertir son amant qu'elle devait le matin même aller au marigot : Je passerai avec ma calebasse sur ma tête sous un gros arbre où tu te tiendras et, quand je reviendrai du marigot, tu jetteras sans bruit un poulet dans ma calebasse. — Quand la commission eut été faite, elle dit à son mari : Je vais au marigot pour me laver et apporter de l'eau ici. L'homme dit : Bien ! prit son bâton et la suivit. La femme se lava, prit de l'eau et revint. Quand elle repassa sous l'arbre, l'amant déposa adroitement le poulet dans la calebasse pleine d'eau. Arrivée dans la case, la femme posa sa calebasse à terre. — D'où vient ce poulet ? dit le mari. — Je n'en sais rien, dit la femme. Tu m'as vu emplir ma calebasse d'eau au marigot et ensuite tu as été tout le temps derrière moi. — Alors l'homme empoigna son bâton et lui dit : D'où vient ce poulet ? — Eh bien ! c'est mon amant qui l'a mis dans ma calebasse, dit la femme. — Ce n'est pas vrai. — Si. Mon amant était sur le gros arbre auprès du marigot et l'a jeté dans la calebasse, quand nous avons passé dessous. Et elle expliqua à son mari comment ils avaient fait et comment elle l'avait aussi trompé la nuit. — Eh bien, dit le mari, je reconnais qu'il est impossible de te surveiller et, dès maintenant, je m'en remets à toi du soin de m'être fidèle.

Depuis lors on pense qu'il est inutile de garder les femmes de trop près, celles-ci pouvant toujours, si elles le veulent, tromper leur mari, et on leur laisse une honnête liberté (1).

---

(1) De Sobodo, de Boulzoma, déjà cité. Apprise des vieillards de Boulzoma. Connue des Foulsés. Connue des Mandés.

6ᵉ CONTE

Ruses d'amants

Un homme marié avait défendu à sa femme de sortir seule, pour ne pas être trompé. Un homme du village qui recherchait la femme et en était bien vu, alla dans la brousse chercher du miel, en emplit une calebasse et l'apporta chez lui. Puis, un jour que l'homme et la femme partaient en voyage, il vint se présenter à eux sur la route avec la calebasse, après avoir fait avertir en sous-main la femme. Il dit à l'homme : J'ai apporté du miel exquis pour toi et pour ta femme — et, comme l'homme voulait le porter à sa bouche avec la main, l'amant lui dit : Ce miel-là se mange à même la calebasse. — L'homme entra sa tête dans celle-ci et trouva le miel si bon qu'il ne l'en sortit pas tant qu'il ne fut pas tout mangé. Pendant ce temps l'amant faisait l'amour à sa femme.
Conclusion : On ne peut se préserver des ruses des femmes ni de celles de leurs amants (1).

7ᵉ CONTE

La générosité de l'amant

Un jour une femme voulut aller voir son amant. Comme elle n'avait pas de beau pagne elle alla chez sa camarade pour lui demander de lui en prêter un. La camarade le fit et la femme alla trouver son amant. Mais, pour montrer à celui-ci qu'elle n'avait rien, avant d'entrer chez lui, elle cacha le pagne dans l'herbe sèche et entra nue dans la case. L'amant ne dit rien. Cependant quelqu'un ayant mis le feu à la brousse, la femme s'en aperçut et dit à son amant : Voilà le feu ! — Tant pis ! dit l'amant. Ce n'est rien. — Quelques instants après : Voilà le feu, dit la femme. Je ne peux pas rester ici. Il faut que je retourne chez moi ! — C'est bien, dit l'amant et elle partit très inquiète pour le pagne qu'on lui avait prêté. Elle se rendit à l'endroit où elle l'avait mis et, ne voyant plus que des cendres, se mit à pleurer. Cependant l'amant avait pris deux beaux pagnes noirs, les avait mis dans sa peau de bouc et avait suivi la femme sans que celle-ci s'en doutât. Quand il la vit pleurer, il l'appela doucement. La femme se retourna. Alors il sortit ses pagnes et les lui donna (2).

(1) De Yamba demeurant au Bingo (Ouahigouya). Apprise des vieillards de Ouahigouya.
(2) De Séta, déjà nommé.

8ᵉ CONTE

Le ménage à trois

Autrefois un homme marié partit en voyage. L'amant de sa femme en profita pour venir tous les jours à la maison du mari retrouver sa bonne amie. Une belle nuit le mari rentra comme la femme était avec son amant. La femme fit sortir le plus rapidement possible celui-ci de sa case et le fit entrer dans la petite case où sont les boucs et les chèvres. Mais, si rapidement que c'eût été fait, le mari s'aperçut de la chose. Il demanda à sa femme de l'eau pour boire. Quand il l'eut : Qu'as-tu fait rentrer tout à l'heure dans la petite case aux chèvres ? — C'est un bouc, un grand bouc, dit la femme. Quand l'homme eut bu, il dit : Porte ce qui reste d'eau au grand bouc. — La femme fit ensuite du sarabou pour son mari. Quand l'homme se fut rassasié, il dit à la femme : Porte le reste du sarabou au grand bouc. — Puis il dit : Fais sortir ton grand bouc que je le voie. — La femme fit sortir son amant et l'amena devant le mari : Te voilà, grand bouc, dit l'homme. — L'amant ne répondit rien. — Eh bien, va-t-en. Je ne te ferai pas de mal. — Une quinzaine de jours après une colonne vint attaquer le village. Les hommes s'armèrent et sortirent pour repousser les assaillants. Au cours de la mêlée un cavalier se jeta sur le mari. Mais le « grand bouc » était là et, se jetant sur le cavalier, le tua. Le mari dit : C'est toi, grand bouc. — C'est moi, dit l'amant. — Depuis ce temps-là le mari et l'amant devinrent bons camarades et le mari permit à sa femme de satisfaire son amour avec le grand bouc. Quand tu voudras aller avec lui, vas-y, je te le permets.

Depuis ce temps-là ont commencé les bonnes camaraderies du ménage à trois (1).

9ᵉ CONTE

Le bonheur de l'amour

Autrefois un homme qui avait un fils alla chercher une jeune fille pour la lui donner en mariage. Mais le jeune homme était très innocent et ne savait pas ce qu'on faisait avec les femmes. Ayant entendu dire que la femme était fort bonne et fort agréable pour l'homme, il croyait qu'on la mangeait ou qu'on la léchait comme du sel. Il essayait donc de lécher sa femme, mais celle-ci le repoussait et même quelquefois, par peur d'être mordue, l'envoyait par terre. Il en était là depuis un an lorsqu'un jour il dit à son père : Mon père, on dit que la femme est bonne, mais moi je ne

---

(1) De Koguda, déjà nommé. Racontée par les vieillards de Ingahné. Connue des Mandés.

la trouve pas telle. — Comment agis-tu avec ta femme ? dit le père, flairant un mystère. — Le jeune homme expliqua la chose. — Mais, dit le père, ce n'est pas comme cela qu'on traite les femmes. — Et, pour montrer à son fils ce qui en était réellement, il fit monter sa jument par son étalon et dit à son fils : Voilà ce qui en est ! — Le fils ayant vu et compris, appela sa femme pendant la nuit et lui fit l'amour. Mais, quand il fut au bout de l'affaire, il trouva que c'était si bon qu'il poussa un grand cri et tous les gens, au dehors, entendirent ce cri et tous rirent. Le lendemain le père appela le fils pour lui demander comment cela s'était passé, mais le fils ne voulut pas sortir de sa case disant qu'il n'aurait jamais cru que c'était si bon et qu'il allait désormais faire cela à sa femme du matin jusqu'au soir.

Ce sont les descendants de cet homme qui sont tout le temps aux côtés de leur femme et ne peuvent s'en arracher (1).

10⁰ CONTE

La paillardise des hommes et des femmes

Autrefois il y eut dispute entre les hommes et les femmes pour savoir si c'étaient les femmes qui désiraient le plus les hommes ou les hommes qui désiraient le plus les femmes. Hommes et femmes allèrent devant Ouendé. Celui-ci demanda aux hommes : Etes-vous contents d'aller avec les femmes ? — Oui, dirent les hommes, mais les femmes sont encore bien plus contentes d'aller avec nous. — Puis Ouendé demanda aux femmes : Etes-vous contentes d'aller avec les hommes ? — Oui, dirent les femmes, mais les hommes sont encore bien plus ardents à nous faire l'amour. — Bon ! dit Ouendé, je vais juger votre cas. — Il emmena hommes et femmes dans une grande plaine, mettant les hommes à droite et les femmes à gauche. Puis il sema des feuilles sèches entre les hommes et les femmes, remplissant toute place libre de ces feuilles. — Maintenant, dit Ouendé, on va voir qui va faire les premiers pas. Les feuilles sèches décèleront jour et nuit tout mouvement par leur bruissement. — Hommes et femmes ne bougèrent pas. Cependant, la deuxième nuit, une femme, voyant tout endormi, résolut d'aller retrouver son amant. Mais, prudente, elle prit un canari d'eau sur sa tête et elle arrosait les feuilles sèches en avant d'elle, au fur et à mesure de sa marche, pour qu'elles ne fissent pas de bruit. Et ainsi elle put aller jusqu'à son amant sans réveiller personne. Enhardie par le succès, elle recommença plusieurs nuits de suite. Cette femme avait une camarade qui se lamentait de ne pouvoir aller retrouver son bon ami. La première, ayant pitié d'elle, lui enseigna la ruse et la camarade la mit à son tour en usage. Cependant un homme voulut quel-

(1) De Yamba déjà nommé. Apprise des vieillards de Ouahigouya. Connue des Foulsés. Les Mandés en connaissent une variante.

ques nuits après aller retrouver sa bonne amie, mais, très sot, il marcha sur les feuilles sèches et, faisant beaucoup de bruit, il réveilla tout le monde. On accourut et Ouendé vint : Je vois tout, dit-il, cet homme n'a pas commencé. Il y a longtemps que des femmes vont retrouver leurs amants. Mais, très roublardes, elles s'arrangent pour ne pas être prises et il est clair qu'elles aiment encore plus à être possédées que les hommes n'aiment à les posséder. Mais, pour les punir, justement j'ordonne que ce sont les hommes qui les rechercheront et qu'il leur sera défendu de rechercher les hommes ! Ainsi leur paillardise aura sa juste récompense.

Ainsi fut dit et fut fait et depuis ce temps-là ce sont les hommes qui recherchent les femmes et celles-ci, quoique en grillant d'envie, ne peuvent pas rechercher les hommes (1).

11º CONTE

Depuis quand les femmes habitent avec les hommes

Autrefois les femmes vivaient dans la brousse. Un jour un homme alla chercher dans celle-ci des termites pour les donner à ses poussins. En se promenant ainsi pour ramasser de petites termitières qu'il brisait en morceaux, il aperçut du miel dans le creux d'un arbre et le mit dans sa peau de bouc. Une femme qui rôdait par là le vit et l'appela : Hé ! l'homme ! — Me voici. — Que viens-tu faire ici ? — Je viens chercher des fragments de termitière pour mes poussins. — Qu'as-tu donc dans ta peau de bouc ? — Du f..., dit l'homme. — Qu'est-ce que c'est ? dit la femme. Est-ce bon ? — Si c'est bon ! dit l'homme. C'est délicieux ! — Donne-m'en un peu, dit la femme. — L'homme lui donna un morceau de miel. — Mais c'est très bon le f..., dit la femme. — C'est vrai, dit l'homme, mais j'ai quelque chose qui le produit qui est encore meilleur. — Oh ! donne-m'en, dit la femme. — Viens, dit l'homme, et il l'emmena dans la brousse. Au bout d'un certain temps on entendit la femme soupirer et elle roucoula : Oui ! c'est vrai !! c'est encore meilleur !!! — La femme ne put tenir caché un si beau secret. Elle dit à ses compagnes : L'homme a quelque chose de délicieux qu'il vous fait manger et, baissant les yeux, elle ajouta : Sur lui il possède encore quelque chose de meilleur ! Les autres femmes alléchées, voulurent en goûter à leur tour et l'homme en emmena plusieurs dans la brousse. Mais bientôt il n'eut plus de miel du tout, ni quoi que ce soit et s'enfuit clopin-clopant au village. Toutes les femmes coururent après lui et se jetèrent sur les hommes pour avoir toutes et toujours de ces bonnes choses.

C'est depuis ce temps-là que les femmes habitent avec les hommes (2).

(1) De Kogoda déjà nommé. Raconté par les vieillards de Ingahné.
(2) De Lédéa Sounango déjà nommé. Conte connu aussi chez les Foulsés. Bien connu également chez les Mandés.

12ᵉ CONTE

Variations sur le même thème

Autrefois c'étaient les femmes qui habitaient les villages. Les hommes vivaient dans la brousse et,quand les femmes attrapaient un homme,elles le tuaient. Alors un homme chercha du miel et vint passer avec sa peau de bouc pleine de miel à côté d'un village de femmes. Les femmes coururent après l'homme qui se laissa attraper sans résistance et l'amenèrent à leur chef pour statuer sur son sort. — Où l'avez-vous trouvé ? — A côté du village. — Conduisez-le dehors pour le tuer. — Mais l'homme dit : J'ai un bon timi pour les femmes. — Qu'est-ce que c'est que ce timi? — Du jus de ... — Le mange-t-on ou se lave-t-on avec ? — On le mange et c'est très bon. — Donne-m'en un peu que je goûte. — L'homme lui donna du miel : Oui, c'est très bon, dit le chef des femmes, après en avoir goûté. — L'homme dit : Ce n'est que le jus. La .... est encore bien meilleure. — Donne-m'en, dit la femme. — Dans une case seulement, dit l'homme, car je ne peux t'administrer cela devant tout le monde. — Eh bien, entre dans ma case, dit la chefesse. Tu y trouveras ma petite sœur. Tu lui en donneras et elle viendra me dire si c'est bon ou mauvais. — L'homme entra dans la case, mais la petite sœur, une fois qu'elle en eût goûté, ne voulut plus laisser sortir l'homme. La chefesse attendait en vain. Impatientée elle envoya une autre femme pour voir ce qu'il y avait. Mais celle-ci aussi goûta du timi et alors ne voulut plus sortir. Une heure après la chefesse, ne voyant rien venir, se décida à aller voir elle-même ce qu'il y avait. L'homme lui fit aussi goûter du timi et la chefesse en fut si contente qu'elle appela toutes les autres femmes. Elle prit son bonnet rouge, le mit sur la tête de l'homme, lui donna son bâton, sa culotte et son boubou. Et elle dit : Je ne suis plus chef! — Voilà le chef! cet homme qui est mon mari désormais. Je ne suis plus chef, je ne suis plus que napoko. — Toutes les femmes coururent après les hommes dans la brousse et celles qui en attrapèrent en firent leurs maris. Depuis ce temps-là les hommes habitent avec les femmes dans les villages et ce sont même eux qui commandent (1).

13ᵉ CONTE

Le grigri à comprendre les pensées cachées

Autrefois un chasseur monta sur un arbre pour attendre les biches et les tuer. Etant installé sur celui-ci, il vit un kinkirga sortir du taillis avec

(1) De Péléga, Mossi du Bingo, déjà nommé. Connue des Foulsés.

des vêtements qu'il mit au soleil à faire sécher. Le kinkirga s'assit ensuite à côté de ses habits. Le chasseur songea à descendre pour s'emparer d'une culotte. Mais à peine cette pensée lui eut-elle traversé le cœur qu'il vit le kinkirga remuer la tête de droite à gauche et de gauche à droite disant ainsi nettement : Non. — Alors l'homme étonné songea : Je vais descendre pour lui demander une culotte. — A peine eut-il songé ainsi, que le kinkirga inclinant la tête de haut en bas fit : Oui ! — Alors le chasseur, sans plus hésiter, descendit et demanda d'abord une culotte au kinkirga. Celui-ci la lui donna. — Je n'en veux plus, dit le chasseur, mais je veux le grigri qui sert à entendre ce que les gens disent dans leur cœur : Bon, dit le kinkirga, je vais te donner ce grigri mais, si tu as le malheur d'en parler à quelqu'un, tu mourras ! — Il lui donna le grigri. Le chasseur quelques jours plus tard alla dans son champ. Une jeune fille passa sur la route. Elle pensa : Si je connaissais le propriétaire de ce champ je me marierais bien avec lui. — Le chasseur grâce à son grigri entendit cela et pendant la nuit alla trouver la jeune fille : Je suis venu te demander si tu veux te marier avec moi. — D'où es-tu ? dit la fille. — De ce village, dit le chasseur. Je suis le propriétaire du champ près duquel tu as passé aujourd'hui. — La jeune fille se ressouvint de son souhait et accepta. Elle se maria donc avec lui. Le lendemain le chasseur monta sur son âne et fit monter sa femme en croupe. L'âne dit dans son cœur : Je vais être fatigué maintenant. Je vais crever, puisque jadis mon propriétaire seul me montait et maintenant qu'il est marié, voici que deux personnes me montent. Le chasseur entendit cela et se mit à rire. — Pourquoi ris-tu ? dit la femme. — Le chasseur songea que s'il parlait il mourait : Non... rien, dit-il. — Mais la jeune femme s'obstina : Si tu ne me dis pas ce qui te fait rire, je divorcerai et je m'en irai chez moi. — Bon ! attends que nous soyons chez nous, dit le chasseur, et ce soir je te parlerai de cela ! — Le soir le chasseur en arrivant passa auprès d'un coq qui disait : Prends garde ! chasseur ! Si tu racontes la vérité à ta femme, tu mourras ! Dis-lui simplement que ce qui te faisait rire, c'était de penser qu'auparavant tu étais sans femme et que maintenant tu possèdes une jolie fille. — Le chasseur fit son profit de ce conseil et, en arrivant, il donna cette explication à la jeune femme qui se montra satisfaite.

Mais le chasseur réfléchit qu'un jour ou l'autre il finirait par parler de ce grigri, s'il ne s'en privait pas, et alors il résolut pour s'en débarrasser de le donner à sa mentule. Voilà pourquoi les gens ne se comprennent plus de cœur à cœur, mais, en revanche, la mentule comprend très bien les pensées du cœur de l'homme car, quand l'homme songe à une jolie femme, la mentule, en son honneur, se met à se lever et à grossir. Et il en est de même chez tous les hommes (1).

(1) De Yadega déjà nommé. Racontée par les vieillards de Ouahigouya.

14ᵉ CONTE

La lutte du lingam et du yoni

Le lingam et le yoni se battaient jadis et, également forts, ne pouvaient prendre l'avantage l'un sur l'autre. A la fin le lingam prit une lance et en donna un si grand coup au yoni qu'il le défonça pour toujours. Depuis ce temps-là le lingam victorieux court toujours après le yoni et, pour commémorer le fameux coup de lance, lui donne des coups de tête tant et plus pour l'enfoncer. Et à chaque coup le lingam rentre dans le yoni et va jusqu'au fond de la blessure.

C'est à cause de cette inimitié obstinée que les hommes et les femmes, les mâles et les femelles, font l'amour à chaque moment comme on les voit le faire (1).

15ᵉ CONTE

Le bijou indiscret

Autrefois vivait une jeune peuhle qui se maria à condition que son mari n'aurait pas d'autre femme. Sans cela elle l'abandonnerait. Le mari lui dit : Soit ! Mais, toi, si tu as un amant, je te mettrai délibérément à la porte. Ceci convenu que lui n'aurait pas d'autre femme et qu'elle ne chercherait pas d'amant, ils se marièrent. Au bout d'un an la femme vit un jeune peul très joli et le désira et devint l'amante de ce peul. Tous les matins elle disait à son mari en prenant sa calebasse de lait, en l'élevant et en la posant sur sa tête : Je vais vendre mon lait. Et en fait elle allait retrouver son amant. De plus, quand le mari s'absentait, c'était l'amant qui venait prendre sa place dans la case. Pourtant le mari finit par se douter que sa femme le trompait. Il dit à celle-ci : Je pars pour cinq jours. Il sella son cheval et partit. Mais bientôt il rebroussa chemin et alla loger chez son camarade à l'extrémité du village. Puis, laissant son cheval, il revint à pied chez lui au soir tombant. Sa femme était allée au parc traire les vaches. Le mari se cacha dans un coin de la case derrière un grand canari. La femme revint et posa son lait devant la porte. Puis l'amant arriva et dit à la femme : Bonsoir ! — La femme répondit : Bonsoir ! — Puis elle ajouta : Je suis fâchée contre toi parce que mon mari est parti depuis ce matin et, au lieu de venir tout de suite, c'est à cette heure que tu arrives ! — L'amant répondit : Mon petit veau s'est perdu et je l'ai cherché dans la brousse. C'est pour cela que je n'ai pas pu venir depuis ce matin. — Si c'est cela, dit la femme, je ne suis plus fâchée. Ils

(1) De Sobodo, déjà nommé.

rentrèrent dans la case, se couchèrent sur une natte. L'amant fit l'amour à la femme et tout ce qu'il voulut, le mari les voyant de derrière son canari. A quatre heures du matin les amants s'étant enfin endormis, le mari sortit. Il alla chez son camarade, reprit son cheval, le sella, le monta et revint chez lui vers 10 heures du matin. Il ne dit rien à sa femme, se reposa pendant la journée et le soir se coucha sur la natte avec elle. Tout à coup il fit : Houhou ! — puis, au bout de quelques minutes : J'ai entendu ! — Qu'est-ce que tu as entendu ? dit la femme. — Ton vagin vient de me parler. — Tu es fou ! qu'est-ce que tu dis ? — Je te dis que ton vagin vient de me parler. Il m'a dit que hier soir ton amant est venu te voir, que tu lui as reproché de n'être pas venu plus tôt, qu'il a répliqué qu'il avait cherché toute la journée son petit veau perdu, que tu lui as pardonné, que vous êtes rentrés dans l'intérieur de la case, que vous vous êtes mis sur cette natte, enfin que vous avez fait l'amour et tout ce que vous avez voulu. — La femme ne disait rien, stupéfiée d'entendre la vérité. Le lendemain matin elle alla dans la brousse, prit un bâton et se mit à se frapper le bas-ventre lui reprochant d'être un indiscret et lui disant qu'elle le frapperait jusqu'à ce qu'il crevât. — Puis elle rentra chez elle et tomba malade. — Qu'est-ce que tu as ? — J'ai le vagin gonflé. — Comment ? — Oui, c'est venu comme cela..... — Le mari chercha des médicaments, soigna et guérit sa femme. Alors celle-ci prit la résolution ferme de ne plus mener une mauvaise vie puisque son vagin révélait tout.

Et, depuis, les filles et les petites filles et les descendantes de cette femme ont été et sont encore très honnêtes et ne mènent jamais la vie des femmes dissolues (1).

Nous venons de donner comme aperçu de la littérature du Yatenga un certain nombre de fables, de légendes et de contes. Il nous faudrait pour compléter donner des échantillons des genres suivants cultivés également par les Mossis et les Foulsés en particulier, par les Soudanais en général :

1º Devinettes.
2º Proverbes.
3º Chansons.
4º Chants funèbres.
5º Formules religieuses et autres.

Malheureusement je n'ai rien pu recueillir de sérieux en ce genre à part les devinettes dont je donne les trois échantillons suivants :

Ire DEVINETTE

Je vois quelque chose qui, quand il est plein fait rire les gens de la maison et qui, quand il est vide, les fait pleurer. Qu'est-ce que c'est ?

(1) De Yabéiri déjà cité. Apprise des vieillards de Onahigonya.

Réponse : Le grenier à mil (1).

2° DEVINETTE

Je vois une chose toujours sèche qui a de la verdure et une chose toujours mouillée qui n'en a pas. Qu'est-ce que c'est ?
Réponse : La première est le crâne qui porte les cheveux, la seconde est la langue qui ne porte aucun appendice.

3° DEVINETTE

Je vois une chose qui fait gonfler la femme sans qu'il y ait besoin du mâle. Quest-ce que c'est ?
Réponse : L'épine quand elle s'enfonce dans la chair d'une femme.

Le noir comme l'enfant aime beaucoup les devinettes et on pourrait faire de ce côté, en y portant ses efforts, une ample moisson.

Les proverbes sont également un genre assez cultivé mais je n'en ai malheureusement pas recueilli.

Les chansons et les chants funèbres existent, souvent très puérils, difficiles à recueillir. Citons ces refrains, ces embryons de chansons à l'usage des femmes qui écrasent le mil :

— Quand la femme écrase son mil, elle ne doit pas manger la farine car son mari se coucherait sans souper.

— Le commandement est bon, est bon aujourd'hui.

— Le Moro-naba fait tout ce qu'il veut. Son père faisait tout ce qu'il voulait ; alors, lui, il fait tout ce qu'il veut.

Les chants funèbres sont très difficiles à recueillir, les indigènes croyant qu'ils doivent mourir s'ils en révèlent les paroles.

Quant aux formules religieuses ou autres il est difficile également de se les procurer (2).

Comme on le voit la littérature du Yatenga (Mossis et Foulsés) se borne, comme celle des Soudanais en général, aux formes inférieures de la littérature. Les formes supérieures (épopée, drame, art lyrique, roman, critique) n'existent pas ici (3).

---

(1) Du jeune Séta du Bingo (Ouahigouya).
(2) Fable, conte se dit soloma en mossi. Devinette se dit niességo et chanson hiîlé ou hiîla.
(3) Les personnes que le folk-lore soudanais intéresserait et qui désireraient comparer aux fables, contes et légendes du Yatenga, les autres recueils publiés jusqu'à ce jour touchant l'Afrique occidentale et le Soudan en général peuvent consulter :
1° Le recueil de Béranger-Féraud (*Recueil de contes populaires de la Sénégambie*, Leroux, éditeur) qui date de 1885. Il contient 17 fables et contes, 9 légendes, 7 devinettes et 4 proverbes, *soit en tout 37 morceaux.* Ce sont les Ouolofs, les Toucouleurs,

Musique. — La musique est un des arts les plus développés au Soudan en général, mais surtout chez les populations mandé (malinkés, etc.). Les

les Peuls, les Foulahs, les Sôninkés et les Kassonkés qui sont mis à contribution. M. Equilbecq, un des maîtres du folk-lore soudanais, a du reste découvert (voir la préface du tome deuxième de ses *Contes indigènes*, p. 2), que Béranger-Féraud n'a fait que reproduire des contes pillés chez des auteurs qui l'ont précédé (8 chez Hecquart, 4 chez l'abbé Boilat, 5 chez Raffenel, 1 chez Mungo-Park, 1 chez le père Labat, 2 chez Marche, etc.).

2° Le recueil de Monteil (*Contes soudanais*, Leroux, éditeur) qui date de 1905. Il contient 42 contes et fables, 1 légende, 2 chansons et 1 devinette, *soit en tout 46 morceaux*, plus des fragments bibliques déformés amenés au Soudan par le Musulmanisme. Monteil dont les contes ont été recueillis principalement à Médine (gros village commerçant situé auprès de Kayes) a surtout mis à contribution les Khassonkés et les Sôninkés. Pourtant il y a quelques contes malinkés et bambaras.

3° Le recueil de Zeltner (*Contes du Sénégal et du Niger*, Leroux, éditeur), qui date de 1913. Il contient 16 fables ou contes, 17 légendes, 15 proverbes, *soit en tout 48 morceaux*. L'origine n'est pas toujours indiquée. Cependant on voit que ce sont surtout les Peuls, les Touaregs, les Toucouleurs, les Songhays, les Khassonkés et les Sôninkés qui ont été mis à contribution.

4° Le recueil d'Equilbecq (*Essai sur la littérature merveilleuse des noirs*, suivi de *Contes indigènes de l'Ouest africain français*, Leroux, éditeur). Deux volumes ont déjà paru l'un en 1913, l'autre en 1915. L'ouvrage complet, qui formera quatre volumes, doit contenir *275 contes, fables ou légendes*, parmi lesquelles il y en aura 70 bambaras, 23 malinkés, 54 peules et toucouleures, 50 mossi et gourmantché (8 mossi, 52 gourmantché), 17 haba, 24 haoussas, 26 ouolofs, etc. Ce sera certainement l'effort le plus considérable fait dans le domaine du folk-lore soudanais. Les deux volumes actuellement parus contiennent 64 fables, contes ou légendes.

Il faut ajouter à ces recueils fondamentaux :

1° *Froger* : *Etude sur la langue des Mossis* (Leroux, éditeur, 1910). Dans cet ouvrage, que j'ai déjà eu l'occasion de citer, l'auteur a rassemblé 18 fables ou contes, 3 proverbes, 4 chants funèbres, 2 chants de tamtam, 1 chant religieux, 11 formules religieuses ou autres, *en tout 39 pièces* littéraires, tout cela mossi exclusivement. Il y a donc lieu à comparaison spéciale avec ce qui est donné ici pour le Yatenga.

2° *Landeroin et Tilho* (Mission Tilho. *Grammaire et contes haoussas*, Imprimerie Nationale, 1909). Ce recueil contient 11 contes et 34 proverbes haoussas, *soit en tout 45 pièces*.

3° *Dupuis-Yakouba* : *Les Gow ou chasseurs du Niger*. Légendes songaï de la région de Tombouctou (Leroux, éditeur, 1911). Ce livre de 300 pages contient 8 grandes légendes, auxquelles il faut ajouter les 6 légendes de Farang, recueillies par le même auteur et reproduites dans le *Plateau central nigérien*, du lieutenant Desplagnes (Larose, éditeur, 1907, p. 383 à 453). Cela fait donc *14 grandes légendes songhaï*.

4° *Delafosse* : *Essai sur la langue agni* (1901) où il y a un certain nombre de contes et de légendes d'origine agni.

5° *Yakoub Artin Pacha* : *Contes populaires du Soudan égyptien* (Leroux, éditeur, 1909). Ces contes sont au nombre de 19. A comparer aux contes du Soudan occidental.

Nous nous en tiendrons là, ne voulant pas énumérer toutes les œuvres sur le Soudan, très nombreuses, où l'on peut trouver quelque conte, fable ou légende soudanaise. En indiquant les quatre principaux recueils (Béranger-Féraud, Monteil, Zeltner, Equilbecq) et les six volumes particulièrement importants que j'ai énumérés en surplus, j'ai indiqué les principales sources où un lecteur curieux peut puiser pour se renseigner sur le folk-lore soudanais.

Les différents volumes que je viens de signaler contiennent (en mettant de côté le Delafosse) 312 pièces littéraires, dont 185 fables et contes, 43 légendes, 56 proverbes, 8 devinettes, 5 chansons, 4 chants funèbres et 11 formules religieuses ou autres. Quant à mon étude sur le Yatenga, elle contient, comme on vient de le voir, populations voltaïques sont très inférieures aux précédentes sous ce rapport et ce qui est vrai des populations voltaïques en général l'est aussi des Mossis et des Foulsés du Yatenga. Peu danseurs en comparaison des Malinkés, ils sont également peu musiciens par rapport à ceux-ci.

Sciences et philosophie. — Les mathématiques sont réduites ici à la numération. L'astronomie n'existe pas. La physique, la chimie, la géologie, la botanique, la zoologie et la biologie n'existent pas non plus. La médecine en revanche existe et nous avons vu qu'elle était surtout (avec l'art des poisons) aux mains des tipas et des timisobas ou fabricants de grigris. Pour savoir jusqu'où va la science médicale réelle de ces gens, il faudrait qu'un spécialiste étudiât le sujet. La psychologie et la sociologie n'existent pas bien entendu. La géographie était réduite avant l'arrivée des blancs aux humbles notions de voisinage avec les peuples mandés (Malinkés, Bambaras, Sôninkés) à l'ouest, avec les Songhay, les Maures, les Touareg au nord, avec les populations de la Gold-Coast septentrionale au sud, avec le grand fossé du Niger oriental à l'est. En dehors de cela on savait vaguement qu'il y avait une grande eau, à l'autre extrémité de laquelle ou au fond de laquelle (on ne savait pas au juste) se trouvaient habiter des êtres blancs. Ajoutez les mêmes notions vagues sur la Mecque et Médine, villes saintes des musulmans, à l'est, du côté du soleil levant, très loin, et vous avez toute la géographie des Mossis et des Foulsés du Yatenga avant l'occupation française. L'histoire existait, nous le savons, aux mains des chefs de tamtam, réduite du reste à une sèche énumération des noms et aux renseignements plus ou moins médiocres que nous avons donnés plus haut en étudiant cette histoire. De même le

---

138 pièces littéraires, dont 111 fables et contes, 21 légendes, 3 devinettes et 3 chansons. Voir le tableau à l'Appendice n° 14.

A propos des fables et des contes soudanais une question se pose, mais à laquelle on ne peut donner actuellement de solution : quelle est la part de chaque population nègre dans l'élaboration de ces contes ? Pour la résoudre il faudrait avoir le recueil complet des fables et des contes de chacune de ces populations, — ce qu'on est naturellement très loin de posséder, comme le lecteur a pu en juger. Quant aux fables et contes (infiniment nombreux) qui se trouveraient reproduits à la fois dans beaucoup de ces recueils, il faudrait essayer de retrouver leur véritable origine, chose peu facile, ou voir s'ils n'auraient pas été produits à la fois d'un côté et de l'autre. En tout cas il faut noter un échange perpétuel de fables et de contes entre ces populations voisines et de même degré intellectuel. C'est cet échange qui me semble dominer la question. Je relève dans mes notes sur le Yatenga le passage suivant qui contient sans doute une part de vérité. « Les contes du Yatenga ont le même fond que les autres contes soudanais ou plus exactement ils sont identiques à ceux-ci : en fait ce sont les mêmes contes, ce sont les mêmes fables qui se débitent du Sénégal au Tchad et de la forêt au Sahara chez les populations sénégalaises, mandé et voltaïques et probablement plus loin encore au sud et à l'est. Il y a là, me semble-t-il, une littérature soudanaise qui est toujours la même et qui déborde bien les limites étroites du Yatenga et même de tout le pays mossi et mandé. Cependant peut-être quelques différences apparaîtraient-elles si nous avions un recueil complet des fables de chacune de ces populations (mais il y a 50 populations et plus pour lesquelles il faudrait faire ce travail) et ladite collection reste encore à établir. »

droit privé et le droit public existait et était entre les mains des chefs et des vieillards. On peut signaler encore un embryon de sciences occultes (mêlé à de la prestidigitation) aux mains des bagas et des bougoubas, et une philosophie générale du monde incluse dans les croyances religieuses, patrimoine commun de toute la population.

Quant aux sciences appliquées il n'en faut pas parler, les sciences physiques n'existant pas.

Organisation de la vie intellectuelle. — Nous venons de la voir : la littérature est possédée par les vieillards, raconteurs de fables, de contes, de légendes, de devinettes, de proverbes et qui les transmettent aux jeunes gens. La musique est aux mains des chefs de tamtam. La médecine est aux mains des tipas et des timisobas et en général de tous ceux qui possèdent par tradition une recette médicale quelconque. L'histoire est aux mains des chefs de tamtam. Le droit privé et le droit public ont pour dépositaires les vieillards et les chefs. Les sciences occultes (et la prestidigitation) sont aux mains des devins. Quant à la philosophie contenue dans la religion, c'est un patrimoine commun à tous comme la religion même.

Nous venons de passer en revue les Cultures Intellectuelles des Mossis et des Foulsés du Yatenga. C'est la bassesse de niveau et l'infériorité qui en sont évidemment les caractéristiques comme dans tout le reste du Soudan.

LIVRE X

Les Foulsés

Les Foulsés ou Nioniossés ou mieux Kouroumas, auxquels nous consacrons ce livre spécial, ne sont pas des inconnus pour nous. Déjà nous les avons caractérisés de bien des manières et ce livre ne fera que compléter leur physionomie surtout par l'étude de la famille foulsé et de la famille des forgerons. Résumons d'abord ce que nous en avons déjà dit : Nous connaissons leur vrai nom, leur origine, leur histoire (Voir au Livre II : La race et son histoire). Ajoutons ce renseignement anthropologique que 117 mensurations de Foulsés pris pour le service militaire de novembre 1915 à février 1916 nous ont donné une moyenne de taille de 1.718 ; en y ajoutant 37 forgerons (les forgerons sont, comme nous le savons, de race foulsé) on a 154 mensurations donnant 1.717 en moyenne. Ces chiffres prouveraient que le Kourouma est un peu plus grand que le Mossi (1.712 ou 1.713). Cela s'accorderait assez bien avec l'origine des Kouroumas, primitivement pêcheurs probablement sur les bords du Niger oriental, les pêcheurs étant généralement d'une haute taille et assez élancés et plus grands que les populations de la montagne ou de la plaine — ce qui semble tenir à la manœuvre continuelle de la perche sur l'eau. Quoiqu'il en soit, nous avons vu à la Partie Économique que les Foulsés étaient plus cultivateurs que les Mossis et également plus industrieux : en particulier, nous savons qu'ils monopolisent toute l'industrie du fer, du bois, de la poterie par leurs forgerons. A la partie politique, nous avons vu que les pouvoirs publics étaient très primitifs chez eux et à peine existants : avant l'invasion mossi ils avaient des chefs de village (leurs tengasobas) et au-dessus de ceux-ci trois chefs de canton qui étaient les chefs suprêmes, sans grands pouvoirs sans doute, de cette juxtaposition de villages. Ainsi pacifiques, cultivateurs, industrieux, travailleurs, sans pouvoirs publics sérieux, les Foulsés s'opposent aux Mossis, conquérants, pillards, moins travailleurs, peu industrieux, mais aux pouvoirs publics relativement développés. Tels ils nous sont apparus jusqu'ici : ajoutons maintenant que la famille foulsé est un peu plus compacte, un peu plus communautaire, un peu plus intégrée que la famille mossi du Yatenga, comme on pouvait s'y attendre. C'est sur cette famille que nous allons donner quelques renseignements en mettant de côté pour l'instant la famille des forgerons que nous étudierons ensuite.

La famille totale chez les Foulsés déborde la simple habitation ou famille partielle, comme chez les Mossis. Nous avons vu que chez ces derniers la famille totale s'appelait boudou et le chef de cette famille boudoukasaman. Chez les Foulsés, la famille totale s'appelle dougo et son chef dougokaéman ou dougokaïmo. Quant à l'habitation (iri ou zaka en mossi) elle se dit dan (prononcez dann') en foulsé et le chez d'habitation dankaëmo ou dansa (prononcez dann'kaëmo et dann'sa).

Nous allons analyser la famille foulsé dans différents cantons du Yatenga : Ouindighi, Ratenga, cantons du nord du cercle, etc.

Etudions d'abord la famille foulsé du canton du Ouindighi. Dans ce canton j'ai pris des renseignements à fond sur la famille de quatre villages : Toulfé, Babo, Bouna et Ouindighi même. On a :

Villages	Familles	Habitations	Population
Toulfé . . .	4	20	486 personnes
Babo . . .	14	20	439 —
Bouna . . .	8	21	456 —
Ouindighi. .	9	37	821 —
Totaux .	35	98	2.202 —

Cela nous donne une moyenne de trois habitations environ par famille, de 63 personnes par famille, de 22 à 23 personnes par habitation.

Pour la moyenne des personnes par habitation, citons une statistique plus étendue établie sur tous les villages du Ouindighi :

Villages	Habitations	Personnes	Moyenne des personnes par habitation
Toulfé . . .	20	486	24
Babo . . .	20	439	22
Bouna . . .	21	456	22
Ouindighi. .	37	821	22
Tollo . . .	10	267	27
Dougouri . .	12	242	21
Robole . . .	7	408	58
Rounga . .	28	478	17
Hitté . . .	30	561	19
Totaux . .	185	4.158	22 à 23

Citons encore une statistique du même genre pour les Foulsés du canton du Ratenga dont nous dirons un mot avec ceux du Ouindighi.

Villages	Habitations	Personnes	Moyenne des personnes par habitation
Zana. . . .	5	93	19
Namsighia . .	7	121	17
Kourao . . .	13	121	9
Zon	9	143	16
Zanamoro . .	3	32	11
Basé. . . .	23	360	16
Bourzanga . .	19	769	40
Siguitenga . .	5	171	34
Denian (Foulsés)	2	47	23
Yalka (Foulsés) .	5	144	29
Bayendé-Foulgo	13	250	19
Komsilga . .	12	155	13
Rakoëga-Tenga (Foulsés). .	4	44	11
Bama (Foulsés).	8	69	9
Kora (Foulsés).	9	175	19
Totaux . .	137	2.694	20

Quant à la constitution de l'habitation, elle varie de la forme où tout le monde dans l'habitation travaille pour le chef d'habitation à la forme mossi du Yatenga où il y a dans l'habitation des groupes de travail.

A Toulfé d'abord, voici ce qui en est :

Le chef de la famille totale n'a pas de pouvoirs économiques sur les habitations et les chefs d'habitation (sauf dans son habitation où il est naturellement le chef d'habitation). Il est le chef religieux de toute la famille et c'est lui qui en marie les filles dans toutes les habitations.

Dans chaque habitation tous travaillent pour le chef d'habitation : cinq jours sur sept par semaine pendant la saison des pluies et, quand il a besoin des gens, pendant la saison sèche. En revanche le chef d'habitation nourrit les gens de l'habitation toute l'année. Il habille aussi ceux qui ne peuvent pas s'habiller eux-mêmes.

Il en est de même dans le village de Ouindighi.

Dans le village de Babo au contraire la famille ou plutôt l'habitation se désintègre à la façon des Mossis du Yatenga.

Autrefois tout le monde dans une habitation travaillait pour le chef d'habitation.

Maintenant, parmi les frères mariés habitant ensemble, la plupart travaillent à part.

Ainsi chez Mouri Ganamé (habitation de 52 personnes) il y a cinq groupes de travail.

Chez Segué (habitation de 32 personnes) il y a trois groupes de travail.
Chez Ouennéa (26 personnes) il y a trois groupes de travail.
Chez Rakisiwendé (41 personnes) il y a trois groupes de travail.
Chez Biti (28 personnes) il y a deux groupes de travail.
Chez Adama (11 personnes) il y a un groupe de travail.
Chez Ninidiété (31 personnes) il y a trois groupes de travail.
Chez Koumdollé (20 personnes) il y a un groupe de travail.
Chez Kibisandé (12 personnes) il y a un groupe de travail.

Cela fait en moyenne des groupes de travail de 11 à 12 personnes chacun dans des habitations contenant en moyenne 18 personnes.

A Bouna, dans la moitié des habitations, on travaille tous pour le chef d'habitation qui en revanche nourrit tout le monde toute l'année (Il n'habille pas les personnes de l'habitation sauf les enfants).

Jadis c'était comme cela dans tout le village de Bouna, mais depuis, à cause d'une famine paraît-il, dans la moitié des habitations environ les frères mariés ne travaillent plus pour le chef d'habitation mais à part. Les fils mariés travaillent pour leur père tant qu'il vit et on a ainsi des groupes de travail distincts dans l'ensemble de l'habitation. Il paraît que c'est depuis 5 ou 6 ans seulement que l'habitation se désintègre ainsi.

A Tollo sur cinq chefs d'habitation interrogés, chez trois l'habitation est désintégrée en groupes de travail, chez deux elle reste intégrée.

A Dougouri, dans les 3/4 des cas l'habitation est désintégrée en groupes de travail, dans 1/4 des cas l'habitation est restée intégrée et tout le monde travaille pour le chef d'habitation.

A Robolo l'habitation est désintégrée dans la moitié des cas, dans l'autre moitié elle est restée communautaire (Il y a exactement désintégration dans 4 habitations et intégration dans 3).

A Rounga l'habitation est restée intégrée comme à Toulfé et à Ouindighi.

A Hitté, parmi les frères mariés les uns travaillent pour le chef d'habitation, les autres à part. On me dit que l'ancienne coutume était que tous travaillassent pour le chef d'habitation. Quand un de ses frères était devenu riche et chargé de femmes et d'enfants, le chef d'habitation l'autorisait à travailler à part, mais c'était une permission, une charte gracieuse, tandis que, maintenant, à cause d'une famine, les frères mariés se sont mis à avoir leurs champs à part, pas tous mais environ la moitié d'entre eux.

A Namsighia (dans le canton du Ratenga) ou bien on travaille tous pour le chef d'habitation, ou bien, parmi les frères mariés, les uns travaillent pour le chef d'habitation, les autres à part.

A Bourzanga (même canton) c'est l'habitation désintégrée. On travaille par groupes. Les fils mariés travaillent pour leur père jusqu'à sa mort mais les frères mariés ne travaillent pas pour le chef d'habitation.

Étudions maintenant les Foulsés du nord du cercle (ceux du canton du Ouindighi sont du nord-est et ceux du canton du Ratenga de l'est).

Nous avons :

Villages	Familles	Habitations	Ménages	Personnes
Séghé	1	27	69	440
Dessé	1	12	65	271
Nimighé	1	23	112	613
Kombouri	1	18	136	937
Bogoya (Foulsés)	1	21	100	519
Sananga	1	2	14	91
Totaux	6	103	496	2.871

Cela nous fait une moyenne de 17 habitations par famille (moyenne très élevée) de 478 personnes par famille (chiffre également très élevé), de 28 personnes par habitation, de 5 à 6 personnes par ménage (5.78 exactement) de 5 ménages environ par habitation.

Voici maintenant une statistique complémentaire :

Villages	Familles	Habitations	Personnes	Moyenne par habitation
Tibbo (Foulsés)	1	30	594	20
Posso	?	11	212	19
Boulzoma	?	5	254	51
Ingahné	3	9	338	38
Totaux	?	55	1.398	25

Cette statistique donne une moyenne de 10 habitations par famille, de 233 personnes par famille et de 25 personnes par habitation.

Prenons d'abord le village de Tibbo. Il contient 872 habitants en tout, Foulsés, Mossis, forgerons, Maransés, mais les Foulsés, qui y forment du reste la majorité, sont 594 seulement répartis en 20 habitations dont voici la liste :

1re habitation : 72 personnes.
2e — 35 —
3e — 31 —
4e — 18 —

A reporter . . . . . 156 personnes.

Report . . . . . 156 personnes.
5e habitation : 29 —
6e — 41 —
7e — 35 —
8e — 53 —
9e — 22 —
10e — 23 —
11e — 20 —
12e — 23 —
13e — 21 —
14e — 12 —
15e — 16 —
16e — 7 —
17e — 15 —
18e — 4 —
19e — 5 —
20e — 7 —
21e — 13 —
22e — 12 —
23e — 4 —
24e — 3 —
25e — 10 —
26e — 10 —
27e — 15 —
28e — 17 —
29e — 14 —
30e — 7 —
594 personnes.

Tous les Foulsés de Tibbo sont d'une seule famille. Le chef de cette famille (et aussi du village) s'appelle Irimia Koumfé. Ici, dans les habitations, tout le monde travaille pour le chef d'habitation. Aussi celui-ci nourrit-il les gens de l'habitation toute l'année, matin et soir et pas seulement pendant l'hivernage.

A Séghé il n'y a qu'une seule famille de Foulsés. Elle est répartie en 27 habitations dont voici la liste :

1re habitation : 40 personnes.
2e — 20 —
3e — 31 —
4e — 64 —
5e — 20 —
A reporter . . . . 175 personnes.

Report	175 personnes.	
6ᵉ	—	44 —
7ᵉ	—	17 —
8ᵉ	—	19 —
9ᵉ	—	19 —
10ᵉ	—	25 —
11ᵉ	—	15 —
12ᵉ	—	21 —
13ᵉ	—	20 —
14ᵉ	—	11 —
15ᵉ	—	8 —
16ᵉ	—	6 —
17ᵉ	—	7 —
18ᵉ	—	9 —
19ᵉ	—	8 —
20ᵉ	—	6 —
21ᵉ	—	7 —
22ᵉ	—	5 —
23ᵉ	—	4 —
24ᵉ	—	3 —
25ᵉ	—	5 —
26ᵉ	—	2 —
27ᵉ	—	4 —
		440 personnes.

Chez les Foulsés de Séghé, comme on le voit, il y a une moitié des habitations réduite au simple ménage et une moitié au contraire groupant d'assez nombreux ménages. Dans les unes comme dans les autres tout le monde travaille, pour le chef d'habitation sauf les frères mariés et vieux. Le chef d'habitation nourrit en revanche tout le monde pendant l'hivernage et à moitié pendant la saison sèche sauf lesdits frères mariés et vieux (1).

(1) A noter qu'en 1914, année de famine, la communauté s'est rompue à Séghé pour se reformer ensuite, chaque ménage cherchant lui-même sa nourriture et travaillant à part. Cela prouve l'influence destructrice de la misère et des catastrophes violentes (famine, guerre, etc.) sur les communautés. Le chef d'habitation ne pouvant plus nourrir les membres de l'habitation dit à chacun de se tirer d'affaire. C'est un sauve-qui-peut économique.
Notons encore qu'à Séghé il y a deux familles mossi formant un certain nombre d'habitations. Ces habitations mossi ont pris la coutume des Foulsés dominant dans le village et, contrairement à la coutume mossi, tout le monde dans l'habitation travaille pour le chef d'habitation et il n'y a pas de groupes de travail. Cela prouve que les noirs, comme le reste des hommes, sont imitateurs. Souvent dans le même village, les races différentes déteignent les unes sur les autres. Les exemples que j'ai vus de ce fait sont assez nombreux. On peut citer comme exemple de la même tendance à l'imitation le préjugé des Mossis du Yatenga contre les bestiaux.

Passons au village de Dessé.

Il contient 12 habitations foulsé appartenant à une seule famille qui sont les suivantes :

```
1re habitation :  38 personnes
2e       —       21    —
3e       —       28    —
4e       —       28    —
5e       —       15    —
6e       —       42    —
7e       —       31    —
8e       —       26    —
9e       —       13    —
10e      —       12    —
11e      —       10    —
12e      —        7    —
                271 personnes.
```

Soit 22 à 23 personnes en moyenne par habitation.

Le chef de famille s'appelle Zaloum Sigué. C'est le chef même du village. La famille compte donc 271 personnes comprenant 64 ménages, donc 5 ménages environ groupés par habitation. Le ménage ne fait ici en moyenne qu'un peu plus de 4 personnes, ce qui est peu.

Dans chaque habitation tous travaillent pour le chef d'habitation pendant la saison des cultures et au besoin pendant la saison sèche. En revanche le chef d'habitation nourrit tous les gens toute l'année, hivernage et saison sèche, matin et soir.

Passons au village de Ninighé.

A Ninighé il n'y a qu'une seule famille foulsé dont le chef s'appelle Kossowendé. Cette famille groupe 23 habitations dont voici la liste :

```
1re habitation :  25 personnes.
2e       —       72    —
3e       —       58    —
4e       —       28    —
5e       —       19    —
6e       —       14    —
7e       —       39    —
8e       —       41    —
9e       —       22    —
10e      —       37    —
A reporter . . . . 355 personnes.
```

LES FOULSÉS 533

```
Report  . . . . .    355 personnes.
   11ᵉ     —     60     —
   12ᵉ     —     42     —
   13ᵉ     —     29     —
   14ᵉ     —     18     —
   15ᵉ     —     13     —
   16ᵉ     —     13     —
   17ᵉ     —     10     —
   18ᵉ     —     26     —
   19ᵉ     —     15     —
   20ᵉ     —     19     —
   21ᵉ     —      5     —
   22ᵉ     —      5     —
   23ᵉ     —      3     —
                 613 personnes.
```

Cela donne 26 à 27 personnes en moyenne par habitation.

Chez les Foulsés de Ninighé l'habitation est désintégrée c'est-à-dire qu'il y a des groupes de travail dans les habitations : dans celles-ci tantôt les hommes mariés travaillent pour le chef d'habitation, tantôt ils travaillent à part.

Passons au village de Kombouri. Il comprend une seule famille foulsé répartie en 18 habitations dont voici la liste :

```
1ʳᵉ habitation :   98 personnes formant  12 ménages
  2ᵉ       —      192      —        —    26    —
  3ᵉ       —       36      —        —     7    —
  4ᵉ       —      201      —        —    24    —
  5ᵉ       —       87      —        —    12    —
  6ᵉ       —       43      —        —     8    —
  7ᵉ       —       31      —        —     3    —
  8ᵉ       —       28      —        —     5    —
  9ᵉ       —       38      —        —     7    —
 10ᵉ       —       25      —        —     4    —
 11ᵉ       —       35      —        —     6    —
 12ᵉ       —       27      —        —     5    —
 13ᵉ       —       25      —        —     3    —
 14ᵉ       —       23      —        —     3    —
 15ᵉ       —       13      —        —     3    —
 16ᵉ       —       17      —        —     4    —
A reporter . .   919 personnes           132 ménages
```

Report . . .	919 personnes		132 ménages
17ᵉ —	8 —		— 2 —
18ᵉ —	10 —		— 2 —
	937 personnes		136 ménages

Nous avons donc ici une moyenne de 52 personnes par habitation et de 7 personnes par ménage. Il y a 7 ou 8 ménages en moyenne groupés par habitation. Le chef de la famille est Sindikiéléséba Ouarama qui est également le chef du village.

Pour l'organisation intérieure des habitations dans les cinq premières il y a des groupes de travail. Dans la 6ᵉ et la 7ᵉ tout le monde travaille pour le chef d'habitation. Dans la 8ᵉ (28 personnes) il y a 2 groupes de travail. Dans la 9ᵉ il y a également des groupes de travail. Dans la 10ᵉ, la 11ᵉ et la 12ᵉ tout le monde travaille pour le chef d'habitation, frères mariés et fils mariés. Dans la 13ᵉ il y a deux groupes de travail, dans la 14ᵉ un seul comme dans la 15ᵉ. Dans la 16ᵉ il y a deux groupes de travail. Pour la 17ᵉ habitation il n'y en a qu'un seul, dans la 18ᵉ également.

En résumé dans 9 habitations (les plus importantes groupant 722 personnes soit 30 personnes par habitation) il y a des groupes de travail. Dans 9 (les moins importantes groupant 215 personnes soit 24 personnes par habitation) il n'y a pas de groupes de travail ou, si l'on veut, il y en a un seul par habitation.

Autrefois, me disent les gens de Kombouri, on travaillait tous, dans toutes les habitations, pour le chef d'habitation. On ne le ferait plus depuis une famine causée par les sauterelles qui remonterait à l'arrivée des Français (1896-1897).

A Boulzoma il y a 4 habitations :

	Personnes		Ménages
1ʳᵉ habitation. . . .	22	faisant	5
2ᵉ —	153	—	32
3ᵉ —	14	—	4
4ᵉ —	16	—	2
Totaux . . .	215	—	43

A Boulzoma dans les habitations on travaille par groupes et non tous pour le chef d'habitation.

A Bogoya il y a une seule famille foulsé de 519 personnes comportant 19 habitations dont voici le détail :

	Personnes		Ménages
1re habitation	18	faisant	3
2e —	60	—	12
3e —	67	—	13
4e —	30	—	5
5e —	38	—	7
6e —	84	—	17
7e —	53	—	10
8e —	19	—	4
9e —	14	—	3
10e —	21	—	3
11e —	15	—	5
12e —	9	—	3
13e —	14	—	3
14e —	20	—	3
15e —	20	—	5
16e —	10	—	1
17e —	7	—	1
18e —	14	—	3
19e —	6	—	1
Totaux . . .	519		102

Cela fait en moyenne 27 personnes par habitation, 5 personnes par ménage, 5 à 6 personnes par habitation. Le chef de famille est Zembo, ou plutôt ce n'est encore qu'une fraction de famille, car ce Zembo relève d'un foulsé de Ronga qui est leur vrai chef de famille. Mais comme ces Foulsés de Bogoya sont esclaves du Moro-naba du Yatenga c'est celui-ci qui marie leurs filles et non pas le chef de famille de Ronga. Dans les habitations d'ici tous travaillent pour le chef d'habitation, mariés ou non mariés. Le chef d'habitation les nourrit pendant l'hivernage et un peu pendant la saison sèche.

A Sananga, petit village foulsé, il y a une seule famille. Elle comprend 2 habitations :

	Personnes		Ménages
1re habitation	34	faisant	5
2e —	57	—	9
Totaux . . .	91		14

Cela fait 45 personnes en moyenne par habitation et 6 à 7 personnes par ménage.

Le chef de la famille est le chef du village.

Dans la première habitation tous travaillent pour le chef d'habitation.

Dans la seconde habitation les frères mariés ne travaillent pas pour le chef d'habitation. C'est le système des groupes de travail.

Examinons maintenant les Foulsés du canton de Tangay. Nous avons :

Villages	Familles	Habitations	Personnes
Méra. . . .	1	6	372
Yawa. . . .	5	7	421
Bembéla . . .	2	8	297
Kouri. . . .	2	5	188
Totaux . .	10	28	1.276

On a donc une moyenne de 3 habitations environ par famille, de 127 personnes par famille et de 45 personnes par habitation.

A Méra les habitations sont les suivantes :

Noms des chefs d'habitations	Diamous	Habitations	Personnes
Rawéléguiaoba . . .	Ouroumé (ou Ouroumi)	1	20
Tiraogo.	—	2	83
Ouorodo	—	1	98
Sampala	—	1	101
Tabarawa	—	1	67
Totaux . .		6	372

Soit 6 habitations pour la famille, une famille de 372 personnes et 62 personnes par habitation.

Sampala et Tabarawa dépendent de Tiraogo. Tiraogo et Ouorodo dépendent de Rawéléguiaoba qui est le chef de famille.

Dans chaque habitation on ne travaille pas tous pour le chef d'habitation. Il y a des groupes de travail : chaque frère marié travaille à part avec ses fils mariés qui travaillent pour leur père jusqu'à sa mort. Chez Rawéléguiaoba cependant (20 personnes) il n'y a qu'un groupe de travail. Chez Tiraogo il y en a 5 dans ses deux habitations (83 personnes), un dans celle où il habite lui-même, 4 dans l'autre. Chez Ouorodo il y a deux groupes de travail (98 personnes). Chez Sampala il y en a quatre (101 personnes) et chez Tabarawa il y en a deux (67 personnes).

En tout il y a 14 groupes de travail pour 6 habitations, c'est-à-dire un peu plus de 2 en moyenne par habitation. Comme il y a 372 personnes, cela fait 26 à 27 personnes par groupe de travail.

A Yawa nous avons :

Familles		Habitations	Personnes
1re famille	. . . .	1	80
2e —	. . . .	1	180
3e —	. . . .	2	60
4e —	. . . .	2	50
5e —	. . . .	1	51
Totaux.	. . .	7	421

Ce qui nous donne une moyenne de une à deux habitations par famille, de 84 personnes par famille et de 60 personnes par habitation.

La première famille est celle de Séta Forogo le chef du village. Cette famille ne comporte qu'une habitation. Dans cette habitation on travaille par groupes de frères mariés ayant sous leurs ordres leurs fils mariés. Il y a cinq groupes de travail (71 personnes).

La deuxième famille est celle de Ténongodo Forogo. Cette famille ne possède également qu'une habitation où il y a 11 groupes de travail (180 personnes) soit 16 personnes par groupe de travail.

La troisième famille est celle de Rakonguéya Forogo qui comporte deux habitations ayant chacune son chef d'habitation. Il y a trois groupes de travail dans chacune de ces habitations.

La quatrième famille est celle de Diéséouendé Kindo. Il y a deux habitations ayant chacune son chef. L'une a deux groupes de travail, l'autre forme un seul groupe.

La cinquième famille est celle de Rawendé Koussoubé qui forme une seule habitation, mais cette habitation a quatre groupes de travail.

Il y a dans les habitations de ce village une moyenne de 14 ou 15 personnes par groupe de travail.

A Bembéla nous avons :

Familles	Chefs	Habitations	Personnes
1re	Toufado	2	96
2e	Mandé Ouarma	4	173
3e	Taya Ouarma	4	122
		10	391

Cela nous fait une moyenne de trois habitations par famille, de 130 personnes par famille et de 39 personnes par habitation. Là aussi il y a des groupes de travail par habitation.

A Kouri nous avons :

Familles	Noms de chefs de famille	Habitations	Personnes
1re	Sana Savadogo	6	94
2e	Pougouli Savadogo	1	94
		7	188

Cela fait trois à quatre habitations en moyenne par famille, 94 personnes par famille, 27 personnes en moyenne par habitation. Là aussi il y a des groupes de travail : ainsi chez Pougouli Savadogo il y a six groupes de travail ce qui fait 16 personnes environ par groupe.

Enfin voyons les Foulsés du village de Tougo.

Tougo compte 937 habitants et 69 habitations ce qui donne 13 à 14 personnes en moyenne par habitation, ce qui est peu pour des Foulsés.

A Tougo il y a deux familles, une mossi, une foulsé. Le chef de la première est le chef du village. C'est un nakomsé et son vrai chef de famille est le Moro-naba.

Le chef de la famille foulsé est Ouemdemboudé. Ici, par une complication curieuse, il y a trois sous-groupes familiaux ayant chacun un certain nombre d'habitations. Ce sont ces chefs de sous-groupe et non le chef de la famille totale qui marie les filles.

Les habitations ici sont intégrées. Tous ceux qui font partie d'une habitation travaillent sous le commandement du chef d'habitation. Celui-ci les nourrit en revanche pendant un temps difficile à déterminer qui varie de trois mois (nourriture commune) à neuf mois (nourriture particulière) ou de cinq mois (nourriture commune) à sept mois (nourriture particulière), ou de onze mois (nourriture commune) à un mois (nourriture particulière). La moyenne semble être qu'on est nourri la moitié du temps par le chef d'habitation. Le reste du temps chaque ménage se nourrit sur ses petits champs particuliers.

Tougo est un village foulsé sauf l'habitation du chef qui est un mossi-nakomsé. Encore le chef a-t-il pris les coutumes des Foulsés du village.

En résumé, pour ce qui est de l'habitation, nous voyons que la communauté en est intacte dans les villages de Toulfé, Ouindighi, Kounga, Tibbo, Séghé, Dessé, Bogoya et Tougo.

Cette communauté est rompue en groupes de travail, comme chez les Mossis du Yatenga, dans les villages de Babo, Dougouri, Hitté, Bourzanga, Ninighé, Kombouri, Boulzoma, Sananga, Méra, Yawa, Bembéla et Kouri.

Enfin les deux systèmes coexistent dans les villages de Bouna, Tollo, Robolo et Namsighia.

La famille foulsé est donc plus intégrée que la famille mossi du Yatenga

LES FOULSÉS 539

puisqu'elle est située entre ce type et un type plus communautaire.
Donnons encore quelques statistiques complémentaires sur le nombre des personnes par famille et par habitation chez les Foulsés.
En voici une première pour les Foulsés des cantons de Diogoré et de Lako.

Villages	Familles	Habitations	Personnes	Moyennes de personnes par habitation
Ninga	2	8	400	50
Bo	1	8	386	48
Boulounsi	1	1	81	81
Nango	1	6	329	56
Piga Sorodé	2	9	90	10
Réga	2	2	72	36
Diogoré	3	7	280	40
Lako	2	6	218	36
Tomba	1	11	91	8
Nango-Yarsés	3	3	56	18
	18	61	2.003	33

Cela nous donne une moyenne de 111 personnes par famille et de 33 personnes par habitation.
Passons maintenant au canton de Oula.
Dans le village de Lougouri nous avons :

Familles	Diamous	Habitations	Ménages	Personnes
1re	Bélem	1	13	50
—	—	1	12	40
—	—	1	7	28
—	—	1	8	17
—	—	1	4	13
—	—	1	9	28
—	—	1	4	16
—	—	1	8	31
		8	65	223
2e	Porogo	1	7	29
—	—	1	6	18
		2	13	47
3e	Nana	1	5	15
		11	83	285

Dans le village de Oula (Foulsés) nous avons :

Familles	Diamou	Habitations	Ménages	Personnes
1	Savadogo	1	15	52
—	—	1	9	21
—	—	1	8	40
—	—	1	6	28
		4	38	141

Dans le village de Bouri (Foulsés) nous avons :

Familles	Habitations	Ménages	Personnes
1	1	3	
—	1	4	
—	1	2	
—	1	2	125
—	1	3	
—	1	1	
—	1	1	
—	1	1	
	8	17	125

Dans le village de Rossé nous avons :

Familles	Habitations	Ménages	Personnes
1	1	2	
—	1	1	51
—	1	4	
—	1	1	
1	4	8	51

Dans le village d'Issighi (1) nous avons :

Familles	Habitations	Ménages	Personnes
1	1	11	
—	1	5	
1	1	19	
—	1	2	310
1	1	8	
1	1	7	
1	1	7	
5	7	59	310

(1) Le village d'Issighi fait partie en réalité du canton du Togo-naba et non du canton de Oula. Mais, possédant des notes isolées sur ce village, nous les joignons ici au canton du Oula.

Nous avons donc, en bloc, pour les Foulsés du Oula, (y compris le village d'Issighi du Togo-naba) :

Villages	Familles	Habitations	Ménages	Personnes
Lougouri...	3	11	83	285
Oula...	1	4	38	141
Bouri...	1	8	17	125
Rossé...	1	4	8	51
Issighi...	5	7	59	310
Totaux...	11	34	205	812

On a ainsi 3 habitations par famille en moyenne, 74 personnes par famille, 24 personnes par habitation.

Voici une statistique du même genre pour le canton du Koussouka comprenant des villages entièrement foulsés ou bien surtout foulsés :

Villages	Familles	Habitations	Ménages	Personnes
Gongouré....	1	7	16	82
Dierko.....	3	25	60	331
Bouli.....	2	8	29	154
Niousi-Tanghé..	1	5	7	50
Dambori-Diésé..	1	13	28	126
Rambo.....	3	63	192	977
Kamdoro....	2	15	47	290
Inou......	1	23	31	209
Derga.....	2	8	20	120
Santara.....	1	4	11	53
Koumna-Yorgo..	4	33	62	407
Poura.....	6	41	117	822
Guitti.....	2	23	41	228
	29	274	661	3.849

Cela fait en moyenne 132 personnes par famille, 14 personnes par habitation, 6 personnes par ménage, donc 2 à 3 ménages par habitation.

Si nous réunissons les différentes statiques citées au cours de cette étude en une symthèse globale nous avons pour la famille :

Cantons (ou villages)	Familles	Habitations	Personnes
Toulfé-Babo...	35	98	2.202
Bouna-Ouindighi-Nord...	6	103	2.871
A reporter...	41	201	5.073

Cantons (ou villages)	Familles	Habitations	Personnes
Report	41	201	5.073
Tangaï	10	28	1.276
Diogoré et Lago .	18	61	2.003
Oula	11	34	812
Koussouka . . .	29	274	3.849
Totaux . . .	109	598	13.013

Nous avons donc pour la famille foulsé une moyenne de 119 personnes et de 5 à 6 habitations par famille.

Pour les habitations nous avons :

Cantons (ou villages)	Habitations	Personnes
Ouindighi	185	4.158
Datenga	137	2.694
Nord	103	2.871
Nord	55	1.398
Tangaï	28	1.276
Tougo	69	937
Diogoré et Lago . .	61	2.003
Oula	34	812
Koussouka	274	3.849
	946	19.998

Ce qui nous donne 21 personnes en moyenne par habitation. Enfin pour les ménages nous avons :

Cantons	Familles	Habitations	Ménages	Personnes
Nord	6	103	499	2.871
Oula	11	34	205	812
Koussouka . .	29	274	661	3.849
	46	411	1.362	7.532

Ce qui nous donne en moyenne 5 à 6 personnes par ménage.

Nous n'insisterons pas sur les détails de la famille foulsé. Ils sont les mêmes que pour la famille mossi du Yatenga. Il n'y a qu'à se reporter à notre étude sur celle-ci (Livre IV) (1).

---

(1) Je note à Ouindighi « Pas de dot pour les filles. Le jeune homme donne 1.000 cauris au chef de famille de la fille qui les donne ensuite à la mère de la fille. D'autres donnent 100 cauris. On donne encore 2 paillassons, un fagot de bois,

Disons un mot en terminant des diamous ou sondérés foulsés. Ils sont différents, comme nous le savons, des sondérés mossis. De différentes statistiques que j'ai établies au sujet de ces noms de clan foulsés il résulte que les plus répandus sont ceux de *Ganamé, Ouérémé, Sigué, Savadogo, Sébogo, Forogo, Kindo, Bélem, Badini, Komfé, Nana, Yabo*, etc. Forogo et Kindo sont des diamous appartenant en commun aux Foulsés et aux forgerons et également infiniment répandus chez les uns et chez les autres, Ganamé et Sigué sont très répandus chez les Foulsés du nord du cercle. Ouérémé qu'on prononce encore Ouroumé, Ouroumi, Zouroumé ou bien Ouarma est aussi très répandu dans le nord et aussi dans le canton de Tangaï. Sébogo veut dire le vent en foulsé et en mossi, savadogo veut dire de même le nuage dans les deux langues. Ces deux noms viennent de ce que les Foulsés, comme nous le savons, s'arrogent des pouvoirs magiques, que leur reconnaissent du reste les Mossis, sur les phénomènes célestes et atmosphériques, vents, pluies d'hivernage, nuées du ciel et prétendent monter jusqu'aux nuages pour faire tomber l'eau. De là ces deux noms de clan. Les Bélem, Badini, Komfé, Nana et Yabo sont encore assez répandus et se rencontrent çà et là sans l'être autant que les Forogo, Kindo, Ganamé, Ouérémé, Sigué.

Passons maintenant aux forgerons, branche, comme nous le savons, de la race foulsé. Ils représentent le douzième environ de la population mossi et foulsé du cercle, soit 14.000 âmes, soit un septième environ de la race foulsé (1).

<small>une boule de tabac toujours au chef de famille qui donne ensuite cela au père et à la mère et aux gens de l'habitation de la jeune fille.

La jeune fille n'a rien à dire sur le choix qu'on fait de son mari. Elle accepte qui on lui donne.

Les femmes divorcent assez facilement et peuvent se remarier. Cependant les pères rendent souvent la femme enfuie au mari qui la réclame. En cas de divorce les cadeaux ne sont pas rendus par la famille de la femme. Les enfants sont pour le père, toujours ».

Je note à Babo « Pas de dot. Le jeune homme donne 1 fagot de bois et 2 ou 3 paillassons au chef de famille qui donne lui-même ces cadeaux au père de la fille. Quand on commence à rechercher une fille on donne du dolo à son chef de famille qui en donne un canari à la mère. Pas de cauris donnés à moins qu'il n'y ait pas de sékos et de fagots. Alors on donne des cauris pour les remplacer : 100, 200 ».

Je note dans un autre village foulsé : « Il n'y a pas de dot. La première fois que le jeune homme se présente, il porte 100 cauris et un poulet au chef de famille de la fille. Si celui-ci accepte, le jeune homme le jour du mariage apporte un sac de mil (30 kilogs) au chef de famille et 1.000 cauris. Le chef de famille donne ces 1.000 cauris au père et à la mère de la fille. Avec le mil il fait faire du dolo pour abreuver toute la famille réunie. On fait tamtam pendant un jour.

On divorce chez eux comme chez les Mossis. La famille de la femme ne rend rien au mari. Mais les enfants sont toujours pour celui-ci. Les femmes divorcées peuvent ou bien retourner dans leur famille ou bien se remarier tout de suite ».

(1) Bien entendu nous ne comptons pas ici les forgerons samos, vivant avec les Samos et de race samo. Ces forgerons sont au nombre de 2.000 environ et assurent la fabrication du fer dans les villages samos comme les forgerons foulsés assurent la même fabrication dans le reste du Yatenga. Les autres races du pays n'ayant pas ici de forgerons (Mossis, Peuls, Silmi-Mossis, Yarsés, Maransés), sauf quelques rares for-</small>

C'est dans le sud-est, dans les grands cantons du Koussouka, du Zitenga, du Riziam, du Datenga et dans les villages du Togo-naba (Kalsaka, etc.) situés dans la même région sud-est, qu'ils sont surtout répandus. Cela s'explique par le fait que le sud-est du Yatenga est, comme nous l'avons dit à la Partie géographique, la région la plus montagneuse du cercle, la plus riche en collines ferrugineuses. Comme on le voit, il y a ici une répercussion du milieu physique ou lieu sur le travail. C'est près des collines ferrugineuses que sont forcés de s'établir les forgerons et, quoique venus du nord-est avec les autres Foulsés, ils devaient finir par être surtout nombreux dans la partie du Yatenga la plus riche en collines ferrugineuses, c'est-à-dire dans le sud-est.

Ceci est vrai du centre forgeron de Kalsaka situé auprès des petites montagnes de l'endroit, des centres de Kargo et de Rariguima situés auprès du petit système montagneux du Datenga, du centre de Lourouka situé auprès des montagnettes du Riziam. Même l'on peut remarquer que le centre forgeron de Tangaï (13 kilomètres à l'ouest de Ouahigouya) est situé auprès des petites collines qui se profilent à l'ouest de Ouahigouya. Pour le centre forgeron de Ouahigouya même la loi ne se vérifie pas, Ouahigouya étant plutôt situé dans un « fond de cuvette », mais ici les forgerons ont été établis d'autorité par naba Kango quand il fonda Ouahigouya et y établit sa capitale et ils s'y sont maintenus et s'y maintiennent encore à cause de l'importance de la population et du débit d'instruments de travail et d'armes (d'armes surtout jadis) qu'ils y effectuent et y effectuaient. Ici il ne s'agit donc plus d'une répercussion du lieu sur le travail, mais d'une répercussion des pouvoirs publics et de la densité de la population sur le même travail.

Ajoutons la liste des principaux centres d'industrie du fer :

Villages	Cantons	Position géographique	Nombre de forgerons
Kalsaka.	Togo-naba.	Sud-est.	529
Ouahigouya.	Rassam-naba.	Centre.	491
Kargo.	Datenga.	Sud-est.	480
Tangaï.	Tangaï.	Centre.	477
Lourouka.	Riziam.	Sud-est.	344
Rariguima.	Datenga.	Sud-est.	329
Roba.	Roba.	Sud-est.	310

Ajoutons que, si les forgerons foulsés sont surtout nombreux dans le sud-est du Yatenga, il y en a un peu partout dans le pays particulière-

---

gerons habbés et mossis, cela fait 16.000 forgerons environ pour tout l'ensemble du Yatenga. Notons qu'il y aurait ici quelques forgerons d'origine bambara, descendants des Bambaras amenés par naba Kango dans le pays dans la seconde moitié du XVIII° siècle.

ment dans le centre et le nord-est. Pour le nord-est (centres de Togou et de You), cela s'explique par ce fait que c'est par là que les forgerons sont venus avec les autres Foulsés et que c'est là qu'ils ont fait leurs premiers établissements. C'est du nord-est qu'ils ont essaimé dans le reste du Yatenga. Il y a même des forgerons foulsés dans le pays samo où quelques-uns ont été s'établir faisant concurrence aux forgerons samos.

D'après une tradition probablement fausse, ce serait le naba Ouemtanango qui aurait trouvé les forgerons foulsés à You (au nord-est de Ouahigouya, sur la route de Djibo) et les aurait dispersés dans tout le cercle. Cette tradition prête ainsi à Ouemtanango ce qui a été en fait l'ouvrage du temps et de la nécessité.

Ce qui a sans doute donné lieu à cette légende c'est que Ouemtanango, grand conquérant, s'est servi beaucoup des forgerons, comme nous le savons, dans ses expéditions guerrières.

Etudions maintenant la famille forgeronne et pour cela donnons quelques exemples :

A Kargo (canton du Datenga), les forgerons sont 473 (hommes, femmes et enfants) et appartiennent à une seule famille. Ces 473 personnes sont scindées en 6 habitations dont voici la liste :

1° Celle de Balobé, le chef de la famille totale et aussi naturellement le chef de son habitation particulière. Celle-ci contient 8 hommes, 11 femmes, 18 enfants, en tout 37 personnes, soit 8 ménages.

2° Celle de Nanimdou dont l'habitation contient 35 hommes, 46 femmes, 70 enfants, en tout 151 personnes.

3° Celle de Somzougou dont l'habitation contient 25 hommes, 44 femmes, 43 enfants, en tout 112 personnes.

4° Celle de Payidiwendé dont l'habitation contient 22 hommes, 22 femmes, 37 enfants, en tout 81 personnes.

5° Celle de Ouendépouiré dont l'habitation contient 19 hommes, 22 femmes, 36 enfants, en tout 77 personnes.

6° Enfin celle de Zan (ou Diam) dont l'habitation contient 5 hommes, 5 femmes et 12 enfants, en tout 22 personnes.

En résumé, nous sommes en présence d'une seule famille comprenant 6 habitations qui comprennent chacune 79 personnes en moyenne, soit 13 ménages.

Le chef de la famille totale Balobé n'a guère en cette qualité que deux prérogatives :

1° Il détient les grigris familiaux.

2° Il marie les garçons et les filles de toute la famille. Ce ne sont pas les chefs d'habitation qui les marient.

Les garçons se marient avec les filles des forgerons d'autres villages. On sait en effet que les Foulsés et Mossis du Yatenga ne contractent pas alliance avec les forgerons. Un garçon mossi ou foulsé qui se marierait avec une fille de forgeron serait mis à la porte de l'habitation par le chef d'habitation.

Il n'y a pas de dot pour le mariage, c'est-à-dire de prix d'achat payé par le mari ou sa famille. Le jeune homme fait du dolo qu'il offre au chef de famille de la jeune fille ou plutôt c'est le chef de famille du jeune homme qui fournit ce dolo. On offre encore un poulet et du sarabou, mais pas de cauris.

En cas de divorce, la famille de la femme ne rend rien naturellement puisqu'il n'y a pas eu de prix d'achat de la fille. Les enfants sont toujours pour le père (règle absolue).

L'habitation ne forme pas une unité économique absolue. Comme chez les Mossis du Yatenga et un certain nombre de Foulsés elle est scindée en groupes de travail.

Autrefois tout le monde dans l'habitation travaillait pour le chef et en revanche celui-ci entretenait tout le monde. Mais quelque temps avant l'arrivée des Français, paraît-il, on prit l'habitude de laisser les frères et les cousins mariés travailler à part et s'entretenir à part. Les fils mariés continuèrent à travailler pour leur père jusqu'à sa mort (et certains frères mariés aussi pour le frère aîné). On a donc des groupes de travail dans chaque habitation.

Ainsi, si nous reprenons la famille de Kargo, nous avons :
Dans la 1re habitation (37 personnes) deux groupes de travail.
Dans la 2e habitation (151 personnes) quatre groupes de travail.
Dans la 3e habitation (112 personnes) trois groupes de travail.
Dans la 4e habitation (81 personnes) trois ou quatre groupes de travail.
Dans la 5e habitation (77 personnes) six ou sept groupes de travail.
Dans la 6e habitation (22 personnes) un ou deux groupes de travail, en tout pour 6 habitations une vingtaine de groupes de travail ce qui pour 473 personnes fait des groupes de travail moyens de 23 à 24 personnes.

Le chef de groupe de travail fait travailler les gens du groupe pendant la saison des pluies aux champs du groupe qui sont également les siens. Entre temps les membres du groupe travaillent à leurs petits champs particuliers.

Le chef de groupe nourrit les gens du groupe toute l'année et les habille.

Pendant la saison sèche les membres du groupe travaillent aussi pour le chef de groupe au métier de forgeron : on va chercher la roche ferrugineuse, on l'entasse dans les hauts-fourneaux, on fond le fer, on le travaille, etc.

Quand un chef de groupe meurt, c'est le plus ancien du groupe qui le remplace et qui prend la direction du travail du groupe et les biens communs de celui-ci.

Les biens particuliers du défunt passent au frère puîné de celui-ci, non pas à son fils aîné ni à ses fils.

Pour l'habitation, quand un chef d'habitation meurt, le commandement de l'habitation passe au plus âgé de celle-ci.

Pour la famille, quand le chef de famille meurt, le commandement de la famille passe au plus âgé de celle-ci.

En résumé il y a quatre étages dans la famille des forgerons :
1° La famille totale.
2° L'habitation (soukala, carrée).
3° Le groupe de travail.
4° Le ménage.

Le ménage n'est pas indépendant et se fond dans le groupe de travail qui autrefois était identique à l'habitation et aussi étendu que celle-ci. Actuellement l'habitation, comme nous venons de le voir, est dissociée en groupes de travail indépendants.

Prenons encore un autre exemple, par exemple les familles du quartier forgeron de Tangaï.

La première famille commandée par Poumpam Zono comprend 187 personnes qui habitent ensemble dans une seule habitation. Poumpam est donc à la fois chef de famille et chef d'habitation.

Tout le monde ne travaille pas pour lui. Ici, comme chez les forgerons de Kargo, les cousins mariés et les frères mariés travaillent à part, les fils mariés travaillent pour leur père jusqu'à sa mort. Il y a donc plusieurs groupes de travail dans l'habitation : 8 en fait, ce qui fait 23 à 24 personnes par groupe de travail. Chaque chef de groupe nourrit, entretient et fait travailler son groupe, mais il y a aussi des champs particuliers.

Il en est de même chez Gombiraogo Kindo dont la famille (87 personnes) est groupée en une seule habitation.

Chez Réguéba Niampa la famille compte 127 personnes et est divisée en deux habitations.

Chez Boucé Zouroumé la famille compte 76 personnes et habite en deux habitations.

Pour chacune de ces habitations il y a des groupes de travail.

En définitive chez les forgerons de Tangaï il y a 119 personnes en moyenne par famille, 79 personnes en moyenne par habitation, 23 à 24 personnes en moyenne par groupe de travail.

A Ouomsom (au sud-est de Ouahigouya, sur l'ancienne route de Ouagadougou, il y a un groupe de forgerons de 182 personnes qui sont d'une seule famille et forment 5 habitations, soit 36 personnes environ par habitation.

A Kalsaka-Saba (c'est, comme le nom l'indique, le quartier des forgerons de Kalsaka), il y a 529 personnes de 5 familles différentes habitant dans 10 habitations. Cela fait une moyenne de 106 personnes par famille et de 53 personnes par habitation.

A Rariguima (Datenga) il y a 2 familles de forgerons formant un groupe de 329 personnes, soit 164 personnes par famille. Ces deux familles forment 9 habitations, ce qui fait en moyenne 37 personnes par habitation. Dans chacune de ces habitations on ne travaille pas tous ensemble pour le chef. Généralement les frères mariés travaillent à part, quoique cependant un certain nombre d'entre eux travaillent çà et là pour le chef d'habitation. Les fils mariés travaillent avec et pour leur père tant qu'il vit. En résumé il y a des groupes de travail dans l'habitation.

A Koumbouri (nord du cercle) il y a une famille de forgerons comprenant 2 habitations faisant 86 personnes en tout, soit 43 par habitation. Là aussi il y a des groupes de travail.

Résumons les chiffres relatifs aux familles de forgerons :

Villages	Familles	Habitations	Ménages	Personnes	Moyenne par famille
Kargo	1	6		473	473
Tangaï	4	6		477	119
Ouomsom. . .	1	5		182	182
Kalsaka-Saba. .	5	10		529	106
Rariguima . .	2	9		329	164
Kombouri. . .	1	2	12	86	86
Lougouri (Oula) .	1	2	51	206	206
Kouga-saba (Kousouka) . . .	1	5	11	85	85
Tobikio . . .	1	4	17	90	90
Totaux . . .	17	49		2.457	144

On a donc eu moyenne 144 personnes par famille, 3 habitations par famille, 5 personnes par ménage.

Voici maintenant le tableau spécial des habitations :

Villages	Cantons	Habitations	Personnes	Moyenne par habitation
Kargo.	Datenga.	6	473	79
Tangaï.	Tangaï.	6	477	79
Ouomsom.	Baci.	5	182	36
Kalsaka-Saba.	Togo-Naba.	10	529	53
Rariguima.	Ratenga.	9	329	37
Kombouri.	Nord.	2	86	43
Lougouri.	Oula.	2	206	103
Kouga-Saba.	Koussouka.	5	85	17
Tobikio.	—	4	90	23
Momoné.	Ratenga.	5	217	43
Sadouré.	—	8	128	16
Yalka.	—	1	45	45
Badnoro.	—	3	81	18
Bama.	—	2	66	33
Tibbo.	Nord.	2	24	12
Totaux		70	3.018	43

Cela nous donne 43 personnes en moyenne par habitation ce qui est un chiffre très fort, supérieur du double à celui des habitations des Foulsés. C'est même par là que se distingue la famille forgeronne : au point de vue de l'existence générale chez elle des groupes de travail, elle ressemble à la famille mossi du Yatenga et est par conséquent plus désintégrée que la famille foulsé qui, presque la moitié du temps, a des habitations intégrées, mais si, sous ce rapport, la famille forgeronne est plus désintégrée que la famille foulsé, en revanche l'importance des habitations (43 personnes en moyenne par habitation) et la grosseur aussi des groupes de travail que nous avons pu constater en passant, l'indiquent comme une famille plus intégrée, au moins sous ce rapport, que la famille foulsé et, à plus forte raison, que la famille mossi du Yatenga (1).

Il nous reste à dire un mot des diamous de forgerons. Les plus habituels sont Kinda (ou Kindo) Forogo (ou Porogo) Ouérémé (ou Zoromé ou Douroumé ou Ouarma) qui leur sont communs avec les Foulsés. Citons aussi Bâmogo (ou Bâmoro) qui leur est un diamou propre, Bâmogo, d'après la tradition, ayant été l'ancêtre des forgerons. Ils ont encore Zono, Niampa ou Yampa (qui appartiendrait à des forgerons peu nombreux venus de Ouagadougou), Guitté ou Guitti. Pour ce dernier diamou c'est le nom du village du fameux naba Ouamtanango. A vrai dire ce n'est donc pas un diamou forgeron mais mossi. Mais des forgerons le donnent cependant çà et là comme leur, tellement est grande l'influence que le célèbre naba semble avoir exercée sur eux.

Nous en avons fini avec les Foulsés et les forgerons. Passons maintenant aux Yarsés.

(1) Nous n'avons pas tenu compte dans nos statistiques, du groupe forgeron de Ouahigouya, à cause de son origine mêlée qui n'est pas uniquement foulsée. Ce groupe compte 3 familles, 14 habitations et 491 personnes.

La première famille est venue de Donbaré (cercle de Bandiagara) il y a très longtemps et est par conséquent d'origine Kado. Cette famille donne comme diamous : Donbaré-naba, Sangha-naba, Yetté-naba et Lougouri-naba ce qui représente pour Donbaré-naba et Sangha-naba les chefs des villages où cette famille a résidé jadis quand elle était dans le cercle de Bandiagara, pour Yetté le nom d'un de ses ancêtres et pour Lougouri le nom du premier village où elle résida dans le cercle de Ouahigouya. C'est de Lougouri qu'elle vint s'établir à Ouahigouya. Cette famille compte quatre habitations.

La deuxième famille est d'origine bambara et est venue de Ségou avec le naba Kango. Elle compte trois habitations.

Enfin la troisième famille est d'origine foulsé. Elle est venue de Lougouré (ou Loubouré, canton de Namsighia) s'établir à Ouahigouya. Elle compte trois habitations.

Enfin il y a à Ouahigouya quatre habitations de forgerons indépendantes, ou plus exactement dépendantes de familles habitant dans d'autres villages, l'une qui vient de Bourzouma, la seconde qui provient de Koudoumba, la troisième de Temnaoré et la quatrième de Gomboro. Les forgerons de Ouahigouya possèdent 8 hauts fourneaux aux environs du village, soit 3 du côté de Bogoya, 1 du côté d'Issighi et 4 du côté de Somniaga. On appelle ces hauts-fourneaux en foulsé et en mossi bongo ou bong (au singulier) bon (au pluriel).

LIVRE XI

Les Yarsés

Les Yarsés sont aussi intégrés que les Foulsés à la société du Yatenga. Ils sont une de ses pièces essentielles. Ils y représentent le commerce, comme les Mossis y représentent le pouvoir conquérant et l'administration politique surtout, comme les Foulsés y représentent le travail agricole et industriel principal. Sans les Yarsés une fonction indispensable de la société mossi du Yatenga ne serait pas remplie. Aussi mettons-nous l'étude des Yarsés après celle des Foulsés, avant celle des Samos qui, comme nous l'avons déjà expliqué, sont en marge de la société du Yatenga, sont collés au flanc du Yatenga sans en faire vraiment partie ou si l'on veut en n'en faisant partie que territorialement.

Au sujet des Yarsés une question préjudicielle se pose : celle de leur origine. — Mais, dira-t on, cette question est toute réglée. Tout le monde sait que les Yarsés (1) sont des Mandés et non pas des Voltaïques. C'est l'opinion commune de la Monographie de 1904 du Yatenga, du lieutenant Marc, de Moulins, de Delafosse, etc. C'est l'opinion que vous développez vous-même dans votre *Noir du Soudan*, au début de votre chapitre sur les Yarsés, pp. 415 et 416. — Très bien, mais ce n'est pas serrer d'assez près la question. En fait il existe deux grands groupes de cultivateurs-commerçants mandés dans l'Afrique occidentale, le groupe Sôninké au nord (surtout cercles de Nioro, de Goumbou et de Kayes) et le groupe Mandé-Dyoula ou Dyoula, au sud qui occupe surtout le nord de la Côte-d'Ivoire française et de la Gold-Coast anglaise. En fait il s'agit de savoir duquel de ces deux groupes les Yarsés sont issus et c'est là la question, assez délicate du reste, à résoudre (2).

(1) Au singulier Yarga. C'est le mot mossi. Les Peuls les appellent Ouangara au singulier, Ouangarbé au pluriel.
(2) Les Sôninkés sont souvent appelés Sarakolés ou Sarracolets (forme francisée de Sarakolés) qui est le nom par lequel les désignent les Toucouleurs et les Ouolofs. En fait ce n'est pas là leur vrai nom. Leur vrai nom, celui sous lequel ils se désignent eux-mêmes, est celui de Sôninkés. J'ai donc eu tort, dans mon *Noir du Soudan*, d'employer, à l'imitation du reste de nombreux auteurs, le terme Sarakolé au lieu de Sôninké. C'est Sôninké que l'on doit dire.

Les Sôninkés sont, parmi les Mandés, la race la plus située au nord (leur centre

La Monographie de 1904 se prononce pour l'origine occidentale, c'est-à-dire Sôninké ou Marka :

« Les vrais dioulas, dit-elle, ceux qui, jusqu'à notre occupation, n'ont vécu que de la traite des hommes, sont originaires du Mandé, au sud de Bamako.

est le cercle de Nioro, 15ᵉ degré de latitude nord environ) et la plus anciennement connue de l'Afrique occidentale, la première en contact avec les voyageurs arabes. Ils ont été aussi les premiers à former un royaume important, s'il faut en croire la tradition, celui du Ouangaradougou (ou Ouâgâdougou, cercle de Goumbou. Ne pas confondre ce Ouâgâdougou avec la capitale du Mossi). Bref leur expansion a eu lieu bien avant celle des Soussous (xiiᵉ siècle de notre ère), celle des Malinkés (xiiiᵉ), celle des Bambaras (xviiᵉ). Au point de vue social ils allient le commerce à la culture et sont par conséquent des cultivateurs-commerçants. Ce sont eux qui occupent, comme commerçants, le pays bambara où on les désigne sous le nom de Markas. Les Markas sont donc des Sôninkés, mais des Sôninkés qui ont abandonné leur langue pour parler le bambara. Non seulement ils ont colonisé le pays bambara au point de vue commercial, mais à peu près tout le Haut-Sénégal-Niger, sauf les cercles du sud qui ont été colonisés, eux, au point de vue commercial, par les Mandé-Dyoulas (Sikasso, Bobo-Dioulasso, Gaoua). Dans quelques cercles (Bougouni et surtout Koury alias Dédougou) les Sôninkés venus du nord et les Mandé-Dyoulas venus du sud se sont rencontrés pour coloniser commercialement le pays. Notamment à Dédougou ceux qu'on désigne comme Markas doivent être des Sôninkés et ceux qu'on désigne sous le nom de Dafis ou Dafing (Dafing-Markas, Markas noirs) doivent être des Mandé-Dyoulas. Pour Ouahigouya et Ouagadougou nous en revenons donc à la question de savoir si les cultivateurs-commerçants de ces deux pays que les indigènes (en l'espèce les Mossis) appellent Yarsés sont des Sôninkés ou des Mandés-Dyoulas.

En finissant donnons la statistique des Sôninkés et des Mandé-Dyoulas dans tout le Haut-Sénégal-Niger, d'après Delafosse (j'arrondis ses chiffres).

Cercles	Sôninkés	Mandé-Dyoulas
Nioro.	59.000	»
Goumbou . . .	25.000	»
Kayes. . . .	24.000	»
Sokolo	8.000	»
Niafonké . . .	13.000	»
Mopti.	6.000	»
Bandiagara. . .	1.000	»
Dienné	14.000	»
Ségou.	18.000	»
Bamako	10.000	»
Bafoulabé . . .	10.000	»
San	16.000	4.000
Kontiala. . . .	7.000	4.000
Bougouni . . .	2.000	25.000
Koury	30.000	44.000
Sikasso	»	27.000
Gaoua	»	2.000
Bobo-Dioulasso. .	2.000	39.000
Ouahigouya. . .	»	20.000
Ouagadougou . .	425	84.000
Totaux. . .	245.425	226.500

Comme on le voit d'après cette statistique, Delafosse range tous les Yarsés de Ouahigouya et de Ouagadougou (sauf 425) parmi les Mandé-Dyoulas.

Un d'eux, Hamasa, grand traitant, connaissant l'occupation du Yatenga par les Mossis, vint s'y établir pour le trafic avec trois de ses fils Hay, Louéré, Nagué. Leur arrivée dans le Yatenga date donc...... de l'époque où Yadaga occupait la partie nord de Goursi.

S'installant à Boussouma, Hamasa, après s'être placé sous la protection des Mossis qu'il ravitaillait en sel échangé à Saraféré contre des captifs, va définitivement s'établir à Ouro, à 20 kilomètres au sud-est de Ouahigouya d'où ses fils se dispersent dans toute la région du Yatenga. »

Le lieutenant Marc (1909) s'exprime à son tour ainsi :

« C'est très probablement sa réputation de pays paisible qui lui attira [au Mossi] vers le milieu du xviiie siècle les Mandé-Dyoulas qui sont aujourd'hui les Yarsés D'après les traditions indigènes résumées par Binger (Tome II, p 388 et 394), après la mort de Sagoné en 1754, des Mandé-Dyoulas établis dans le pays de Ségou qui avaient pris parti contre Ngolo vainqueur de Sagoné, s'enfuirent de crainte de représailles et vinrent s'installer au Mossi. Ngolo essaya de les poursuivre et vint à deux reprises attaquer le Mossi. Les deux expéditions échouèrent et au cours de la seconde, en 1787, Ngolo mourut.

« Il est tout à fait intéressant d'être fixé sur la date exacte de cette migration car cent ans après la mort de Ngolo, quand Binger visita le Mossi, les Mandé-Dyoulas devenus les Yarsés avaient complètement oublié leur ancienne langue et ne parlaient plus que le mossi. »

Il est certain qu'il y a beaucoup d'erreurs dans cette page du lieutenant Marc. D'abord les Yarsés sont depuis infiniment plus de temps dans le Mossi que depuis le xviiie siècle. Ensuite il n'y a jamais eu de Mandé-Dyoulas mais des Markas (Sôninkés) dans le pays de Ségou. Si c'est de Ségou que les Yarsés sont venus, ce sont des Markas et non des Mandé-Dyoulas. Si, en sens contraire, les Yarsés sont des Mandé-Dyoulas, ils ne sont certainement pas venus de Ségou.

Il est vrai que le lieutenant Marc a tiré son erreur de Binger qui page 394, tome II, de son grand ouvrage : *Du Niger au golfe de Guinée* (1892) écrit ceci, en parlant des Mandé-Dyoulas :

« La plupart des Dioula prirent parti pour Sagoné dans la lutte contre Dabo ou Ngolo, de 1748 à 1754. Mais, à la mort de Sagoné, craignant les représailles du parti vainqueur, les colonies qui occupaient le Ségou avec une partie des Dioula du Bendougou émigrèrent à travers le Dafina et se fixèrent dans le Mossi.

« Ngolo n'ayant pas réussi à entraver le mouvement d'émigration et voyant échouer tous ses moyens de conciliation se décida à aller leur faire la guerre pour tâcher d'obtenir des Dioula leur retour sur le Niger.

« La première expédition fut impuissante et nous savons que Ngolo tomba malade et mourut pendant la seconde en 1787. »

Malgré toute l'autorité de Binger il est évident qu'il ne peut s'agir ici, si les faits racontés sont exacts, que de Markas (Sôninkés) et non pas de

Mandé-Dyoulas. De plus il est certain, comme nous l'avons déjà dit, qu'au xviiie siècle il y avait longtemps déjà que les Yarsés étaient établis dans le Mossi.

Il ne faut retenir de tout ceci que le fait qu'au xviiie siècle, à la suite de discordes intestines dans le royaume bambara de Ségou, il y eut une émigration de Markas dans le pays mossi. C'est peut-être cette émigration qui causa les guerres du roi bambara N'golo et du roi du Yatenga le célèbre Kango quoiqu'il y ait une cause beaucoup plus simple à indiquer, celle que nous avons donnée à la Partie historique : le massacre par Kango des Bambaras qu'il avait amenés avec lui de Ségou, quand il eut à s'en plaindre (1).

Moulins dit à son tour dans la Monographie du cercle de Ouagadougou de 1909 :

« Les Yarsés ou Ouangarbés se sont introduits dans le pays sous le règne de Koundoumié, sixième moro-naba.

« A cette époque, dit la tradition, sept négociants mandés nommés respectivement Bolle, Rambéré, Séré, Pallom, Morebanom, Parirabo et Mari Konda traversaient le Mossi avec des marchandises. Ils se présentèrent au Moro-naba qui, frappé de leur intelligence, conçut le désir de s'attacher des individus aussi supérieurs. Il les combla de cadeaux, leur donna des femmes et les installa auprès de lui dans un quartier qui reçut le nom de Zoroné. C'est la postérité de ces hommes qui aurait donné naissance aux différents groupements yarsé qui existent aujourd'hui un peu partout dans le cercle. »

Ce Koundoumié dont parle Moulins est le frère de Yadega. Dans ma chronologie mossi je lui assigne comme dates 1350-1380. Ce serait donc, d'après Moulins, à la fin du xive siècle que des commerçants mandés se seraient installés dans le pays mossi.

Delafosse dit à son tour (*Haut-Sénégal-Niger*, tome I, page 279) :

« Les Dioula proviennent assurément de la même souche que les Sôninkés, mais ils se sont séparés d'eux avant que ces derniers aient été

(1) Du reste Binger se contredit lui-même au sujet de l'origine des Yarsés du Mossi en disant (Tome I, p. 482) qu'à l'époque de la prise de Tombouctou par les Mossis (qui est comme nous le savons de 1333) il y avait *probablement longtemps* que des Mandés étaient fixés chez eux et il fait remarquer que Dienné n'est pas loin du Mossi, Dienné qui fut en effet du xiiie au xve siècle le siège d'un puissant royaume commerçant sôninké qui tint en échec le royaume de Mali et ne succomba que sous les coups de Sonni-Ali-Ber le fondateur du second empire Songhay. Dienné dut en effet coloniser commercialement le Yatenga et le Mossi proprement dit, peut-être dès que les Mossis se furent installés dans ces deux pays, peut-être même auparavant à l'époque Nioniossé et Kado car ces populations là aussi, qui n'étaient pas commerçantes, avaient besoin de commerçants. Si c'est à l'époque d'Oubri et de Yadega que cette colonisation commerciale se fit, elle remonte au xive siècle. En tout cas la suggestion de Binger sur Dienné est à retenir et semble féconde (moi-même j'étais arrivé à la même idée, sans connaître encore ce passage de Binger, en réfléchissant sur les origines yarsé). En tout cas elle est en opposition avec la colonisation commerciale du Mossi par des Mandé-Dyoulas de Ségou (!!!) au xviiie siècle.

modifiés par leur contact dans le nord du Sahel avec les Judéo-Syriens et les Maures (1) et c'est pour cela qu'ils ont mieux conservé le type mandé primitif, et que leur langue ne se différencie que très peu de celle des Malinké et est en tout cas beaucoup plus voisine des dialectes mandé du centre qu'elle ne l'est du Sôninké. Ils l'affirment eux-mêmes implicitement en disant que leur nom, *Dioula*, signifie « du fond, de la souche primitive ». Mais au point de vue de leur origine, c'est aux Mandé du nord qu'il convient de les rattacher, ainsi que l'a très bien démontré celui qui les a étudiés le premier et qui les connaît le mieux, M. Binger.

Sans doute la formation du peuple dioula doit remonter aux premières migrations soninké qui se portèrent vers le Diennéri avant même la fondation de l'éphémère royaume du Ouagadou, migrations dont nous avons relevé la trace dans la légende de Digna, au début du VIII° siècle. Les Kounatés qui se fixèrent à Dioboro, vers la fin du même siècle ou le début du IX° siècle, après la dispersion du Ouagadou, fournirent sans doute un deuxième élément aux origines des Dioula. En tout cas, ces derniers, que toutes leurs traditions font venir de Dienné, étaient déjà répandus dans toute la boucle du Niger et jusque sur la Basse-Volta avant la fondation définitive de Dienné par les Soninké-Nono en 1240, puisque nous les trouvons fortement installés à Bégho, près du coude sud de la Volta Noire et de la lisière septentrionale de la grande forêt, dès le XI° siècle. Ils étaient même déjà en partie musulmans à cette époque, d'après la tradition, alors que les Berbères soudanais ne l'étaient encore qu'en minorité et que les Soninkés de Dienné et du Diaga ne devaient se convertir en masse que vers le début du XIV° siècle.

[Delafosse ajoute en note, p. 279 : Bégho dont on montre encore les ruines entre Banda et Fougoula, dans la colonie anglaise actuelle de la Gold-Coast, était situé à l'est-nord-est de Bondoukou, près de la rive sud de la Volta Noire, en amont de Kintampo ; cette ville aurait été détruite, à la suite d'une guerre civile, vers la fin du XIV° siècle et les dioulas qui l'habitaient seraient allés fonder définitivement Bondoukou (ou Gottogo) et Kong, au début du XV° siècle. A Kong, on prétend que les familles Ouatara, Dao, Barho, Kérou et Touré seraient venues directement de Dienné, tandis que les Sissé, Sarha, Kamara ou Kamaya, Daguorho, Kouroubari, Timité et Taraoré seraient venues plus tard de Bégho ; on donne souvent à cette dernière ville le nom de Ouorodougou (pays des colas), parce qu'elle était située en effet au seuil de l'une des principales régions productrices de colas, mais il faut se garder de la confondre avec le Ouorodougou de Mankono et de Séguéla (ouest de la Côte d'Ivoire)].

(1) Comme d'après Delafosse les Judéo-Syriens, devenus ensuite les Peuls, auraient fondé le royaume de Ghana au III° siècle après Jésus-Christ, ce contact des Judéo-Syriens et des Sôninkés daterait de cette époque. Ce serait donc avant le III° siècle de notre ère que les Mandé-Dyoulas se seraient séparés des Sôninkés. Quant au contact des Sôninkés et des Maures il est du VII° ou VIII° siècle après Jésus-Christ.

Grands voyageurs et habiles commerçants plus encore que leurs cousins soninkés, les Dioula sont peut-être, de tous les Mandés, ceux qui ont fourni le plus grand nombre de pèlerins ayant visité la Mecque : ce fait peut expliquer leur islamisation ancienne et rapide, islamisation qui s'est ralentie d'ailleurs durant les derniers siècles. Il faut tenir compte aussi d'un autre phénomène : à part de rares exceptions, les Dioula n'ont jamais habité que des villes isolées au milieu de populations autochtones agricoles et de religion animiste ; cela leur a permis de se sentir davantage les coudes et d'organiser des foyers religieux et économiques qui sont devenus d'autant plus forts qu'ils étaient plus isolés et ne pouvaient se maintenir que par le prestige moral qu'exerçaient les Dioula sur les indigènes les entourant.

A une époque plus récente — à partir des xve et xvie siècles sans doute et jusqu'à nos jours — des Soninké de Sansanding, de San et de Ségou vinrent grossir les colonies dioula de la Boucle qui étaient nombreuses déjà dans le Mossi, le Dafina, les pays bobo et sénoufo et le nord de la Côte d'Ivoire (Mankono, Kadioha, Bong, Kong, etc.). La plupart des Dioula du pays samo y seraient venus de Ségou vers 1760, sous le règne du nâba Kango ; le chef de cette migration, nommé Mamourou, serait parti de Toubara (cercle actuel de Ségou) pour aller à Louta (cercle actuel de Bandiagara) où il serait mort. Ses quatre fils (Mohammadou, Abdoulkadari, Bakari et Kiba) émigrèrent de Louta à Gomboro (cercle actuel de Ouahigouya) où ils se livrèrent au commerce et vécurent en bonne intelligence avec les Samo ; ceux-ci les protégèrent même contre l'empereur de Ségou Ngolo Diara qui, vers 1780, fit une expédition au Yatenga dans le but de ramener les Dioula à Ségou, but qui ne fut pas atteint.

Vers la fin du xixe siècle, Kong était une ville de plus de 15.000 âmes, devenue le centre principal des Dioula et la capitale d'un véritable Etat fédéral habité par des populations fort diverses, mais dont les Dioula détenaient le gouvernement. La destruction complète de cette ville par Samori en avril 1895 détermina l'exode de la plupart des Dioula, sous la conduite de leurs chefs du clan Ouatara vers Bobo-Dioulasso qui était une dépendance de Kong depuis Farama-Oulé (1860) ; ils fondèrent près de Bobo-Dioulasso plusieurs gros villages, entre autres celui de Dassalami ou Dar-es-Salam qui devinrent rapidement florissants. Après l'occupation de la région de Kong par les Français en 1898 et la pacification du pays, quelques familles dioula revinrent s'établir sur les ruines de leur ancienne capitale avec Yamoriba Ouatara, mais la plupart demeurèrent autour de Bobo-Dioulasso avec Pinntiéba Ouatara.

Malgré la cohésion de leurs petits groupements et de leurs agglomérations urbaines, les Dioula ne purent manquer d'introduire parmi eux nombre d'étrangers, surtout lorsque, devenus riches, ils acquirent beaucoup d'esclaves. Aussi actuellement les Dioula sont-ils fortement mélangés d'éléments voltaïques au Mossi et d'éléments sénoufo dans les régions de Bobo-Dioulasso et de Sikasso. Cependant certaines familles semblent s'être conservées à peu près pures : ce sont en général celles qui sont entièrement musulmanes et qui n'ont pas adopté la coutume des scarifications au visage ; les autres, plus ou moins métissées d'autochtones, d'un islamisme assez tiède et souvent même professant la religion locale, sont désignées par les Dioula purs sous le nom de Sonongui ou Sorongui, que les interprètes traduisent souvent par « musulmans buveurs de dolo », mais dont l'étymologie exacte ne m'est pas connue.

Les Boron, Bolon ou Blon qu'on rencontre en certaines régions du sud-ouest de la boucle et qu'on apparente aux Dioula seraient les descendants d'une caste de chasseurs qui auraient accompagné la plus ancienne migration dioula. Ils n'ont pas en général embrassé l'islamisme et n'ont pas atteint le degré de civilisation auquel sont parvenus les autres Dioula ».

En résumé, la thèse de Delafosse est celle-ci :

1º Non seulement les Soninkés et les Mandé-Dyoulas appartiennent les uns et les autres à la race mandé, mais encore les Mandé-Dyoulas sont des Soninkés d'origine.

2º Il est vrai qu'ils se sont séparés des Soninkés à une époque très ancienne, passant par Dienné, colonisant commercialement la Boucle du Niger et aboutissant en définitive où ils sont maintenant (nord de la Côte d'Ivoire et nord de la Gold-Coast).

3º Les Yarsés du Mossi (Yatenga et région de Ouagadougou) sont donc des Mandé-Dyoulas.

4º Pourtant, à différentes époques, plutôt récentes, et notamment au xviiiᵉ siècle, des Soninkés du royaume de Ségou parlant bambara (en définitive des Markas) sont venus renforcer dans l'ensemble du Mossi l'élément Mandé-Dyoula.

Nous ne dirons rien ici de l'origine des Mandé-Dyoulas, ce n'est pas le lieu. Les Mandé-Dyoulas sont-ils originaires du pays même où ils sont maintenant établis ? Sont-ce au contraire des Soninkés séparés de leur souche à une époque très éloignée? Nous ne le discuterons pas. En tout cas il y a une chose certaine : c'est que les colonies Mandé-Dyoula de Sikasso et de Bobo-Dioulasso sont venues du sud et n'ont pas été laissées par les Mandé-Dyoulas dans une marche hypothétique du nord vers le sud. De même certains Mandé-Dyoulas, bien authentiques ceux-là, qui se trouvent parmi les Yarsés du Yatenga, sont venus du sud, de Kong, et n'ont pas été laissés sur place par une migration allant du nord au sud.

En sens contraire, j'entends par contraste avec ces quelques Mandé-Dyoulas bien authentiques mais rares, venus à une époque plutôt récente de Kong dans le Yatenga, il faut signaler des Markas non moins authentiques (Soninkés établis dans la région de Ségou et parlant le bambara) qui sont venus ici au xviiiᵉ siècle du pays mandé. Ils se distinguent des autres Yarsés du Yatenga, avec lesquels ils ne doivent aucunement être confondus, en ce qu'ils parlent le bambara et non pas le mossi, en ce qu'ils sont plus musulmans, en ce qu'ils sont établis exclusivement dans le pays samo et non pas dans le reste du Yatenga, enfin en ce qu'on sait la date (au moins approximative) de leur arrivée dans le pays, règne du naba Kango. On reconnaîtra sans peine en eux ceux que vise l'histoire racontée par Binger, reproduite par le lieutenant Marc, racontée aussi par Delafosse qui la tient, lui, de Vadier (Monographie de 1909) qui la raconte en ces termes :

« Dans les villages samos de Gomboro, Sia, Kounga et Kiembara habitent quelques indigènes d'origine marka (1).

Ces Markas appelés Kamboësés par les Mossis (comme tous les Bambaras et comme tous ceux qui parlent bambara), Yorou par les Samos, sont venus ici des environs de Bamako. Ils arrivèrent dans l'ouest du Yatenga sous le règne du naba Kango, c'est-à-dire vers l'an 1760.

A la suite d'une querelle dans le Mandingue, un fort groupe de Markas avec le nommé Mamourou comme chef vint au début du XVIIIe siècle s'installer à Toubara (cercle de Ségou) puis à Louta (cercle de Bandiagara) où Mamourou mourut. Les quatre fils de ce dernier Mohamma, Boukadré, Bokary et Kiba vinrent avec leurs familles et quelques autres Markas à Sencé (cercle de Bandiagara) village situé entre Louta et Kounga (cercle de Ouahigouya) puis à Gomboro. Kiba plus tard alla demeurer au village de Kiembara. Un autre marka se rendit avec sa famille à Sia; puis, laissant quelques-uns des siens dans cette localité, il alla habiter Konga.

Ces Markas n'osèrent pas s'étendre sur les villages mossis redoutant les nabas; ils restèrent chez les Samos avec lesquels ils vécurent toujours en bonne intelligence ».

J'ajouterai que ces Markas sont au nombre de 1.200 environ. Ils ne tiennent pas tout le pays samo, mais seulement les villages de Kiembara, Sia, Konga et Gomboro. Encore y sont-ils en concurrence avec quelques Yarsés proprement dits. Dans les autres villages samos (Lankoy, Baugassoko, etc.) ce sont des Yarsés qui font le commerce. Il y a approximativement 3.200 commerçants dans le pays samo du cercle de Ouahigouya dont 2.000 Yarsés d'une part et d'autre part les 1.200 Markas dont nous venons de parler.

Tout ceci laisse toujours debout la question de l'origine des Yarsés à laquelle il faut en revenir.

---

(1) J'ai remplacé dans le texte de Vadier le mot : Malinké dont il se sert, d'une façon évidemment inexacte, par le mot de Marka. Vadier a employé le mot Malinké parce que ces indigènes viennent du nord du Manding (environ de Bamako) mais venir du Manding et être Malinké n'est pas la même chose. Il y a dans le Manding des Markas qui sont commerçants à côté des Malinkés qui ne le sont pas. Comme il s'agit bien évidemment de commerçants ici, il faut remplacer le mot de Malinkés par le mot de Markas.

Disons d'abord que les Yarsés (y compris les 1.200 Markas, sont au nombre d'une vingtaine de mille environ dans le Yatenga. On les trouve surtout dans les grands cantons du sud-est (Koussouka, Zitenga, Riziam) où ils ont de très nombreux villages. Le sud-est et l'est du cercle possèdent environ les 46 o/o des Yarsés du cercle, soit 9.200 âmes environ. Le nord et le nord-est en revanche ont peu de Yarsés (1.400 environ, 7 o/o du total du cercle), les Yarsés y étant remplacés comme commerçants par les Maransés. Le nord-ouest (en y comprenant le Diogoré et le Lago) a 18 o/o environ des Yarsés du cercle, soit 3.600 approximativement. Le sud-ouest (pays samo) en a 16 o/o, soit 3.200. Enfin le sud proprement dit (Goursi, Kasséba, Niességa, Boussou) en a 13 o/o soit 2.600.

J'ai recueilli (voir l'Appendice n° XV) un grand nombre de diamous des Yarsés du Yatenga. Ces diamous nous permettront-ils de voir un peu clair dans l'origine des Yarsés?

Constatons d'abord qu'au point de vue des diamous il y a deux centres à considérer : le sud-ouest (pays samo) du Yatenga où les diamous dominants sont *Guira* (ou Guiré ou Guiro) et *Baraya* (en Bagaya). Les mêmes diamous dominent dans le nord, le sud et même dans le nord-ouest où il y a un plus grand mélange avec les diamous du sud-est. Le second centre est le sud-est où les diamous dominants ne sont plus les précédents (quoiqu'ils existent également dans le sud-est) mais *Sana* ou *Sano* (qui serait la même chose que Pougourawa) et *Soré* (ou Soro).

Pour les Guira ils viennent selon les uns de Bamako, selon les autres de Sofara, en tout cas de l'ouest.

Pour les Baraya on ne sait rien de précis ou plutôt les renseignements sont contradictoires : les uns les font venir de Bamako, les autres au contraire de Gambaga et de Ouagadougou. Si ce dernier renseignement était exact, ce seraient des Mandé-Dyoulas du nord-est de la Gold-Coast anglaise qui auraient accompagné les Mossis dans leur marche conquérante du sud-est au nord-ouest.

Pour les Sana mêmes renseignements contradictoires : pour les uns ils viennent de Gambaga et de Ouagadougou. Pour les autres ils viendraient de « Manogo » (c'est le nom sous lequel les Mossis désignent, paraît-il, Hombori).

Les Soré seraient venus également du côté de Hombori.

Les Songa (ou Songo ou Zonga ou Zongo) viendraient de Bori à côté de Sofara.

Les Kouda ou Kouanda seraient venus d'entre Boromo et Diébougou, renseignement qui ne tranche pas la question de leur origine car dans le cercle de Dédougou il y a des Markas et des Dafis les uns d'origine Soninké, les autres d'origine Mandé-Dyoula.

Les Tinta ou Tinto (ce qui serait le mot Kinta ou Kinto déformé, déformation lui-même de Kinda ou Kindo) auraient emprunté ce diamou aux foulsés et forgerons du Yatenga. Un renseignement les donne comme venant de Hombori.

D'autres Yarsés ont pris aussi des diamous foulsés : ainsi les Yarsés qui donnent comme diamou Badini, Bélem ou Béloum, Gansoré, etc.

Les Déra (ou Téra) seraient venus de Hombori ainsi que les Yata ou Niata ou Nianta.

Les Ouatara, eux, sont venus certainement de Kong ainsi que les Diabaté, les Kamarata, les Baykoro. Mais ces Ouatara et les autres sont une infime minorité dans le cercle.

On voit combien il est difficile de savoir d'où viennent les Yarsés. De grosses fractions viennent de l'ouest (Guira, Songa, etc.). Un petit nombre vient de Kong. Deux autres centres d'expansion sont donnés : l'un Hombori qui nous ramène, si c'est exact, aux Sôninkés, l'autre Gambaga puis Ouagadougou qui nous ramène, si c'est exact, aux Mandé-Dyoulas. Ma conclusion est que la question n'est pas encore résolue. Mais je tendrais à croire, contrairement à l'avis de Delafosse qui range les 20.000 Yarsés du Yatenga parmi les Mandé-Dyoulas, qu'il faut les considérer comme provenant d'un mélange de Sôninkés et de Markas d'une part, de Mandé-Dyoulas de l'autre et je crois que dans ce mélange ce sont les premiers qui l'emportent. En tout cas la période historique, j'entends celle qui va de 1750 à nos jours, n'enregistre qu'une seule migration importante de commerçants au Yatenga (celle qui eut lieu vers 1760) et cette migration est une migration venue de l'ouest, une migration de Markas. Si l'on explique l'inconnu par le connu on peut penser que ce sont de telles migrations qui ont donné la plus grande partie de la population yarsé du Yatenga (1).

Maintenant que nous en avons fini avec les origines yarsé, passons à la description de la Famille.

La famille yarsé comprend un certain nombre d'étages comme les familles précédemment étudiées : la famille totale, l'habitation, le groupe de travail (à l'occasion), le ménage. Citons quelques exemples.

Voici d'abord les Yarsés de Youba (2), Aoréma, Tamvousé et Bogoya, villages situés un peu au nord de Ouahigouya.

---

(1) Il faut pourtant signaler l'arrivée, au cours du xixe siècle, au Yatenga, des quelques Mandés-Dyoulas venus de Kong dont j'ai dit un mot plus haut et qui parlent encore le Mandé-Dyoula, c'est-à-dire en définitive le bambara ou le malinké puisque ces trois langues se confondent. Mais ces Mandé-Dyoulas ne sont pas plus de 2 ou 300, tandis que la migration de 1760 est représentée actuellement par 1.200 personnes environ. *En définitive les deux éléments existent* mais l'élément Sôninké-Marka semble le plus important. Ajoutons que la question de l'origine des Yarsés pourrait être étudiée avec fruit dans le cercle de Ouagadougou, surtout dans le nord du cercle vers Zitenga, Mané, Kaya etc. où il y a beaucoup de commerçants.

(2) Youba, gros marché, est surtout un village maransé mais il comprend aussi un certain nombre de Yarsés.

Villages	Familles	Habitations	Ménages	Personnes
Youba	1	9	54	271
Aoréma	1	7	21	98
Tamvoussé	1	4	14	85
Bogoya	2	7	40	192
	5	27	129	646

Cela nous donne environ 129 personnes et 7 habitations par famille, 24 personnes par habitation et 5 personnes par ménage.

L'unité économique est l'habitation ou sous-famille et non la famille totale.

A Youba dans chaque habitation tout le monde travaille pour le chef d'habitation. Il nourrit en revanche les gens tout le temps s'il le peut et, s'il ne le peut, au moins pendant l'hivernage. Il y a aussi naturellement les petits champs particuliers habituels.

A Bogoya il existe deux familles yarsés : l'une de Mandé-Dyoulas venus de Kong assez récemment. Ils parlent encore le mandé-dyoula concurremment avec le mossi, l'autre de Yarsés anciens ne parlant que le mossi.

La première comprend six habitations que voici :

	Ménages	Personnes
1re celle de Béma Ouatara	3	22
2e celle de Yaba	8	29
3e celle de Pasarédéba	4	14
4e celle de Hati	5	46
5e celle de Moussa	4	24
6e celle de Managado	2	5
	26	140

Dans ces six habitations tous travaillent pour le chef d'habitation, mariés ou non mariés. Le chef d'habitation les nourrit pendant l'hivernage et un peu pendant la saison sèche.

L'autre famille a une seule habitation qui comprend les 52 personnes de la famille (14 ménages). Tous travaillent pour le chef d'habitation (qui se trouve être en même temps ici le chef de la famille) mariés ou non mariés. Le chef d'habitation les nourrit complètement pendant l'hivernage et un peu pendant la saison sèche.

Jusqu'ici le groupe d'habitation est complètement intégré, mais à Tamvoussé, dans les quatre habitations, les frères mariés les plus âgés travaillent à part. Les autres frères mariés travaillent pour le chef d'habitation ainsi que ses fils mariés.

A Aoréma la famille comprend :

1re habitation : 7 personnes.
2e — 46 —
3e — 8 —
4e — 14 —
5e — 6 —
6e — 10 —
7e — 7 —
98 personnes.

Ici, dans les deux habitations où ils sont un peu nombreux (2e et 4e), on travaille par groupes de travail, les frères mariés travaillant à part. Pourtant la vraie, l'ancienne coutume, disent les gens, serait que tout le monde travaillât pour le chef d'habitation. Dans les autres habitations de cette famille réduites au simple ménage (1re, 3e, 5e, 6e et 7e) il n'y a naturellement qu'un seul groupe de travail, plusieurs ne pouvant pas exister.

Voici maintenant une statistique sur les Yarsés des cantons du Ouindighi et du Ratenga et des villages de Tibtenga et de Kindiba :

Lieux	Familles	Habitations	Personnes	Moyenne par habitation
Ouindighi.	?	62	1.446	23
Siguimfousé (Datenga).	?	6	129	21
Sissé (Datenga) . . .	?	5	41	8
Tampora (Datenga) .	?	8	102	13
Sorodé (Datenga) . .	?	2	38	19
Bama (Datenga). . .	?	8	200	25
Yargo (Datanga) . .	?	19	434	23
Kora (Datenga) . . .	?	10	218	22
Tibtenga	?	5	83	17
Kindiba	?	1	27	27
Totaux	?	126	2.718	22

Au point de vue de la constitution de l'habitation, nous avons à Siguimfousé le type yarsé intégré. Tous, dans l'habitation, travaillent pour le chef d'habitation qui entretient tout le monde toute l'année sauf pour l'habillement. Les gens de l'habitation ont deux jours de repos par semaine.

A Bama l'habitation est aussi absolument intégrée. Tout le monde travaille pour le chef d'habitation qui nourrit tout le monde toute l'année. Il n'habille pas les gens.

A Tibtenga l'habitation yarsé est aussi intégrée. Les chefs d'habitation nourrissent toute l'année les gens de l'habitation, mais ne les habillent pas. Les gens mariés ont aussi du temps pour travailler pour eux.

Comme on le voit, tous les renseignements pris dans le canton du

LES YARSÉS 563

Ratenga indiquent pour les Yarsés de ce canton l'habitation comme complètement intégrée.

Passons aux Yarsés du Koussouka.

Au village de Songa il n'y a qu'une famille yarsé et elle est particulièrement énorme car elle compte 696 personnes, en y comprenant les Yarsés de Rambo qui sont de la même famille. Voici l'analyse des habitations de cette famille d'abord à Songa.

A Songa elle compte :

1re habitation : 115 personnes.
2e — 44 —
3e — 26 —
4e — 33 —
5e — 29 —
6e — 20 —
7e — 23 —
8e — 25 —
9e — 20 —
10e — 15 —
11e — 18 —
12e — 19 —
13e — 14 —
14e — 10 —
15e — 11 —
16e — 19 —
17e — 13 —
18e — 15 —
19e — 11 —
20e — 16 —
21e — 54 —
22e — 13 —
23e — 11 —
24e — 9 —
25e — 10 —
26e — 6 —
27e — 7 —
28e — 5 —
29e — 6 —
30e — 4 —
31e — 3 —
32e — 4 —
33e — 3 —

591 personnes.

Voici maintenant les habitations de cette famille à Rambo :

1re habitation :	14 personnes.	
2e	—	26
3e	—	20
4e	—	15
5e	—	11
6e	—	9
7e	—	10
		105

Cela donne donc 696 personnes pour la famille totale et 40 habitations. La moyenne par habitation est de 17 à 18 personnes soit 3 ménages environ.

Dans ces habitations tantôt on travaille, tantôt on ne travaille pas pour le chef d'habitation suivant cette règle : les fils mariés du chef d'habitation, ses frères mariés et les fils de ces frères mariés travaillent pour le chef d'habitation, mais au delà de ce degré on ne travaille plus pour lui (ainsi les cousins) si bien que, suivant le degré de parenté, on travaille ou on ne travaille pas dans les habitations pour le chef d'habitation.

En interrogeant le chef de village sur chaque habitation (comprenant plusieurs ménages) tour à tour, j'ai pu voir que dans la moitié de ces habitations tous travaillaient pour le chef d'habitation et que dans l'autre moitié il y avait des groupes de travail. Bien entendu, dans les habitations réduites au simple ménage ou à peu près, il n'y a qu'un seul groupe de travail.

Au village de Bouga-Yarsés il y a 43 habitations yarsé faisant 957 personnes, soit en moyenne 22 par habitation. Ces 957 personnes appartiennent à trois familles dont deux ont leur chef sur place (une famille Soré et une famille Taraoré) et la troisième (une famille Sana) à Namassa (village situé à côté de Koussouka). Dans ces habitations on travaille tantôt pour le chef d'habitation tantôt à part.

Jadis tout le monde travaillait, paraît-il, pour le chef d'habitation. Aujourd'hui frères mariés, fils mariés, neveux mariés travaillent encore pour celui-ci, mais au-delà de ce degré de parenté (cousins, etc.) on travaille à part.

Au village de Namassa il y a trois familles yarsé mais pas complètes car aucune n'a son chef de famille avec elle : le chef de la première (diamou : Sana) est à Iria. Le chef de la seconde (diamou : Bagaya) est à Barama, le chef de la troisième (diamou : Zango) est à Toéghé. Ces trois familles forment 15 habitations, 9 qui sont à Namasa même et 6 qui forment un quartier à part à 2 kilomètres du village.

Voici l'analyse de ces habitations :

1re habitation :	12 personnes		2 ménages	
2e —	63	—	7	—
3e —	57	—	6	—
4e —	44	—	7	—
5e —	51	—	4	—
6e —	65	—	7	—
7e —	52	—	5	—
8e —	18	—	3	—
9e —	9	—	2	—
10e —	30	—	5	—
11e —	8	—	1	—
12e —	9	—	2	—
13e —	6	—	1	—
14e —	7	—	1	—
15e —	7	—	2	—
	438		55	

Cela donne 146 personnes par famille (en réalité plus, car ces familles de Namassa sont incomplètes et partie de ces familles habite autre part), 29 personnes par habitation et 8 personnes environ par ménage.

Ici la sous-famille est intégrée et dans ces habitations tout le monde travaille pour le chef d'habitation.

En résumé nous avons pour les trois villages yarsés du Koussouka dont nous venons de parler :

Villages	Familles	Habitations	Personnes
Songa	1	40	696
Bouga-Yarsés . .	3	43	957
Namassa	3	15	438
	7	98	2.091

Cela fait en moyenne 299 personnes et 14 habitations par famille et 21 personnes par habitation. D'autre part on peut compter 6 personnes par ménage ce qui fait 3 à 4 ménages en moyenne par habitation.

Enfin signalons que le canton de Diogoré compte 609 Yarsés faisant 6 familles et 15 habitations. Cela donne 101 personnes par famille, en moyenne et 40 personnes par habitation.

Si nous réunissons tous les chiffres donnés précédemment nous avons *pour les familles :*

Villages	Familles	Habitations	Personnes
Youba	1	9	271
Aoréma	1	7	98
Tamvoussé	1	4	85
Bogoya	2	7	192
Songa	1	40	696
Bouga-Yarsés	3	43	957
Namassa	3	15	438
Diogoré	6	15	609
Totaux	18	140	3.346

Ce qui fait 186 personnes et 8 habitations en moyenne par famille. Nous avons *pour les habitations* :

Lieux	Habitations	Personnes
Youba	9	271
Aoréma	7	98
Tamvoussé	4	85
Bogoya	7	192
Ouindighi	62	1.446
Siguimfousé (Datenga)	6	129
Sissé (Datenga)	5	41
Tampora (Datenga)	8	102
Sorodé (Datenga)	2	38
Bama (Datenga)	8	200
Yargo (Datenga)	19	434
Kora (Datenga)	10	218
Tibtenga	5	83
Kindiba	1	27
Songa (Koussouka)	40	696
Bouga-Yarsés (Koussouka)	43	957
Namassa (Koussouka)	15	438
Diogoré	15	609
Lankoy (Samos)	33	512
Ouori (Samos)	3	58
Larba-Iri (Samos)	1	36
	303	6.670

Cela donne en moyenne 22 personnes par habitation.

En résumé la famille yarsé est forte en nombre pour la famille totale, riche en habitations, assez bien fournie pour celle-ci. Quant à son degré d'intégration il y a deux types d'habitation : celui où l'habitation reste intégrée autour de son chef d'habitation, celui où il y a des groupes de travail. Le premier type (Youba, Bogoya, Siguimfousé, Bama, Tibtenga, Namassa) est certainement plus répandu que le second (Aoréma) dans le pays ou que le type intermédiaire (Songa, Bouga-Yarsés, Tamvoussé).

J'ai étudié jadis dans mon *Noir du Soudan* (p. 430 à 441) la famille yarsé dans le Mossi en général (surtout dans le Gourounsi, mais aussi dans la région de Ouagadougou et le Yatenga même) et j'ai bien établi ces deux types d'habitation dont je viens de parler mais j'ai eu le tort de prendre, comme du reste dans tout mon *Noir du Soudan*, l'habitation (que j'appelle soukala) et qui n'est qu'une sous-famille, pour la famille entière, pour la famille totale. Je rétablis donc ici les choses comme elles sont réellement en ajoutant au-dessus des habitations yarsé, familles partielles, quoique se composant de plusieurs ménages, l'étage supérieur de la famille, c'est-à-dire la famille totale (1). Il faut ajouter que c'est le chef de famille et non le chef d'habitation qui a les pouvoirs religieux familiaux et qui marie les filles de toute la famille.

Les Yarsés du Yatenga, quoique d'origine mandé (chez les Mandés, Malinkés, Bambaras, etc., il y a de grosses dots à payer pour les filles), n'ont pas de dot. Ils ont adopté à ce sujet la coutume des Voltaïques (Mossis, Foulsés) qui les entourent : il n'y a que des cadeaux. Avant le mariage les parents de la fille reçoivent des présents du futur mari (cauris, nattes, sel, un pagne noir, miel, 50 ou 100 kolas). Le futur égorge de plus un bélier et en fait présent à la sœur de la mère de sa fiancée avec 1.000 cauris.

Le mariage a lieu le lendemain. C'est le plus vieux du voisinage qui, averti par les parents de la jeune fille, répand la nouvelle. Il y a une fête pour le mariage.

Pour ce qui est de la religion, il faut d'abord distinguer les Markas de l'ouest du cercle des autres Yarsés. Ces Markas, en effet, quoique n'ayant aucun fanatisme, sont tous musulmans et montrent une certaine ferveur. Au contraire les Yarsés proprement dits sont loin d'être tous musulmans : on peut évaluer à une bonne moitié ceux qui ne le sont pas. Cela ne veut pas dire que les non-musulmans soient absolument fétichistes. Ils boivent, il est vrai, du dolo et font des sacrifices, mais seulement à leurs Ancêtres et à Ouendé. Ils n'ont ni devins, ni faiseurs de grigris et montrent même une certaine crainte et horreur de ces féticheurs. Bref, dans le Yatenga, les Yarsés non musulmans, mais qui ont réduit leur fétichisme au plus strict, sont encore nombreux.

---

(1) Dans mon *Noir du Soudan* j'ai identifié l'habitation (sauf dans les races où l'habitation est réduite au simple ménage, comme chez les Peuls) à la famille totale. C'est une erreur, car, si grosse que puisse être quelquefois l'habitation, c'est, la plupart du temps, une partie seulement de la famille totale. Je renvoie le lecteur à l'Appendice n° XVI où passant en revue successivement toutes les familles que j'ai étudiées dans mon *Noir du Soudan* je remets pour chacune les choses au point.

Les Yarsés musulmans du Yatenga croient à un seul dieu qu'ils appellent Ouendé aussi bien qu'Allah, lui donnant même la plupart du temps le nom du dieu mossi. Ils ont entendu parler du prophète Mohammed, mais ils n'en connaissent rien. Ils croient à une vie future, aux récompenses et aux punitions. Si un homme a fait le bien dans sa vie, Dieu le laissera tranquille dans la vie future et lui donnera de l'eau à boire. S'il a fait le mal il sera brûlé.

Dieu a un représentant sur la terre, mais nos Yarsés ne savent pas qui. Ils ont entendu parler d'un Mahdi « Melke » qui sera envoyé par leur Dieu pour connaître les bons et les mauvais et en rendre compte.

Ils font cinq prières : la première (faguiri) le matin à 6 heures, la deuxième (zafara) à 2 heures de l'après-midi, la troisième (lassara) à 4 heures, la quatrième (fontouro) à 6 heures, la cinquième (sabanfo) à 8 heures. Ils font des prières de peur que Dieu ne soit pas content et afin d'avoir toujours de quoi manger, avoir des enfants et devenir riches. Il est préférable de faire ses prières à la mosquée, mais les prières faites ailleurs sont aussi opérantes. Une réunion a lieu tous les vendredis à la mosquée à deux heures de l'après-midi, à laquelle assistent tous les musulmans du village. Le marabout se place devant l'édifice et appelle les fidèles par les mots traditionnels : Allah koubarou ! Quand tous sont réunis on fait d'abord les ablutions au nombre de trois, toutes faites de la main gauche, puis le marabout se porte en avant ayant derrière lui les fidèles sur deux ou trois rangs. On fait alors solennellement la prière coupée de quatre prosternations.

Les femmes et les enfants doivent assister à cette prière, mais se tiennent en arrière, les femmes la figure enveloppée.

Les fêtes de nos Yarsés sont celles de la Rupture du jeûne, la fête du Mouton (Kibsé ou Kivsé) qui a lieu 70 jours après la première, le Zombendé qui a lieu 30 jours après la fête du Mouton (on s'y promène avec des torches enflammées la nuit, on fait un grand festin après ablutions et l'on reçoit les nouveaux musulmans). Enfin, 70 jours après le Zombendé, a lieu la fête dite Gané consacrée aux mendiants et aux étrangers musulmans.

Pendant l'hivernage, nos Yarsés musulmans font des prières collectives, si l'eau ne tombe pas, pour la faire tomber.

Ils savent qu'ils appartiennent au rite kadria, mais cela du reste ne représente absolument rien de précis pour eux.

Nous n'insisterons pas davantage sur la religion yarsé.

Ajoutons en terminant que les Yarsés sont de mœurs plus douces que les Mossis, un peu plus civilisés et surtout plus riches. Leurs villages sont plus propres, leurs constructions plus belles, leurs vêtements plus soignés. On respire chez eux un air d'aisance qui contraste avec la saleté et la misère ordinaire des villages mossis. Là, comme ailleurs, le commerce s'avère créateur de richesse (1).

(1) Nous n'avons pas donné de détails dans ce chapitre sur le commerce de nos Yarsés parce que c'est le commerce ordinaire du pays déjà décrit à la Partie économique (*in fine*). Il consiste à conduire du bétail dans le sud, à en ramener des kolas, à aller les revendre au nord et à en ramener du sel. Autrefois il y avait de plus le commerce des esclaves, très lucratif, les Mossis, pillards, faisant des captifs mais les vendant volontiers. Les Yarsés les achetaient pour aller les revendre dans le nord et gagnaient beaucoup ainsi. Ils en conservaient aussi un très grand nombre pour eux. Depuis l'occupation française ce commerce n'existe plus et le trafic se réduit au bétail, aux kolas et au sel, commerce immuable du moyen Soudan entre le nord et le sud. — Voir aussi, au sujet de ce dernier, mon *Noir du Soudan : Yarsés*.

LIVRE XII

Les Samos

Les Samos sont une des populations les plus intéressantes et les moins connues du Soudan. Rien n'a été publié jusqu'ici, à ma connaissance, ni sur leur langue, ni sur leurs mœurs. Aussi j'ai joint à cette étude historique et sociologique sur les Samos du Yatenga un vocabulaire que l'on trouvera plus loin aux Appendices.

Il y a dans le Soudan deux Samorodougou (c'est le terme mandé, qui veut dire pays des Samos) : le premier, le plus méridional, est situé un peu au nord de la ligne qui joint Sikasso à Bobo-Dioulasso, le second plus au nord (13° environ de latitude nord) comprend la partie septentrionale du cercle de Dédougou, le sud-ouest du Yatenga ou cercle de Ouahigouya, la partie sud du cercle de Bandiagara. Ce deuxième Samorodougou (le seul dont nous ayons à nous occuper ici et encore je n'en décrirai que la partie qui appartient au Yatenga) contient environ 73.000 âmes (43.000 appartiennent au cercle de Dédougou, 20.000 au cercle de Ouahigouya, 10.000 au cercle de Bandiagara). Quant au premier Samorodougou, il contiendrait environ 24.000 âmes dont 21.000 appartenant au cercle de Sikasso et 3.000 au cercle de Bobo-Dioulasso.

D'où vient le mot de Samo? Les Samos du Yatenga déclarent qu'ils s'appellent eux-mêmes Sané (Sanou au pluriel). Les Mossis les appellent Ninissi (au singulier Niniga) ce qui est peut-être le même mot que Nioniossé (au singulier Nionoga). Il n'est pas impossible en effet que les Mossis aient désigné d'un même mot des populations également dominées par eux, comme les Foulsés d'une part, les Samos de l'autre. Cependant je n'affirmerai rien à ce sujet. Quant aux mots Samokhos, Samorhos, Samos, ce serait la façon dont les désigneraient les Bambaras. Les Peuls les appellent Samobés, ce qui est le mot Samo avec une désinence peuhle.

D'où viennent les Samos ?

La Monographie de 1904 dit à ce sujet :

« Les Samos, un peu plus arriérés que les Mossis, sont originaires du Mandé-Bayango, région du Manding située au sud-ouest de Bamako.

Chassés vers le nord ils vinrent s'installer à Thiao et à Rofo sur la rive droite du Niger, à l'est de Sansanding, puis, poussés vers l'est, ils s'arrêtent à Ninkiessa, au sud-est de Dienné.

A cette époque, se séparant en deux parties, l'une va s'établir dans le Douentza, au nord-est de Bandiagara, à Dianvelli. Cette famille serait la souche des Kados de cette région.

Le deuxième parti, sous le commandement de Ziougouri, reste encore quelque temps dans la région de Ninkiessa, mais, chassé par les Bambaras, il vient s'établir à Taré ou Toïré, à 70 kilomètres au sud-ouest de Ouahigouya, où il forme un grand village d'où il se répand un peu partout au nord de Sano et au sud de Niankoré. Un peu plus tard, continuant à s'étendre vers l'est, les Samos fondent les villages de Kourara, Koulébalé et ensuite celui de Lankoy où ils trouvent déjà des mines et quelques puits.

Lankoy avait été complètement détruit un demi-siècle avant par Pong qui, chassé par des excursions de Mossis venant de Yako, s'était rejeté vers l'ouest de Dienné, dans la région de Pondori.

Environ un demi-siècle plus tard, un groupe de ceux qui étaient allés s'établir à Dianvelli, redescend vers le sud, forme le village de Ronga, puis plus tard ceux de Diogoré, Ouillé, Dio, Gouéré et Niankoré.

Depuis cette époque... les Samos se sont peu répandus, mais ont formé de gros villages agglomérés de 2.000 à 5.000 habitants.

En 1758, ne voulant pas se soumettre au naba Kango qui régnait et achevait d'occuper le Yatenga actuel, ce dernier essaya de soumettre par la force les villages de Ouillé et de Dio, mais ne put y parvenir et fut obligé d'y revenir une seconde fois avec plus de 2.000 bambaras qui ne purent rien obtenir qu'après avoir fermé les puits. Mais la soumission des Samos n'était que fictive, car ils se sont toujours soustraits à l'autorité des Mossis jusqu'à notre arrivée.

Par contre, ils ont toujours vécu en bonne intelligence avec les autres races, Foulbés et Mandé-Dyoulas.

Très doux mais turbulents et obéissant peu à leurs chefs, les Samos aiment l'indépendance par dessus tout. Très robustes, grands batailleurs, ils règlent souvent leurs différends par la lutte ou par les flèches... »

La Monographie de 1909 (Vadier) dit à son tour :

« Les Samos seraient originaires du Mandingue, au sud de Bamako, et arrivés dans le cercle de Ouahigouya après les Kouroumankobés mais avant l'invasion mossi.

Chassés de leur pays par une guerre ils vinrent sous la conduite de Diyé, leur chef, s'installer sur la rive droite du Niger, à l'est de Sansanding, puis à Ninkiessa, au sud-est de Dienné. De là ils gagnèrent par étapes, avec le nommé Diougouri comme chef, la région de Toéri (cercle de Koury) à 70 kilomètres au sud-sud-ouest de Ouahigouya. A Toéri, les Samos se divisèrent. Une partie resta dans le cercle de Koury, l'autre vint à Kiembara, Gau, Laukoy, Dio, Rassoulé, Konga, Tourouba et Bangassoko.

Bien plus tard, au moment où le naba Kango régnait sur le Yatenga, vers 1780, un groupe de Samos venu de Sofara occupa Gomboro et Sia.

Les Samos vécurent toujours indépendants, reconnaissant très difficilement l'autorité des nabas mossis. »

Delafosse à son tour classe les Samos parmi les Mandés du sud. Il les distingue en deux groupes : les Samorhos (ceux de Sikasso et de Bobo-Dioulasso) et les Samos proprement dits (ceux de Dédougou, Ouahigouya et Bandiagara). Voici comment il fait l'historique des uns et des autres :

D'abord les Samorhos :

« Lorsque vers le xvɪe siècle, dit-il, tome I, p. 298, le courant de migration des Mandé du sud arriva près de la Haute-Volta, il s'y heurta contre des autochtones sénoufo et bobo et aussi contre des Dioula et Soninké venus du nord : le résultat de ce contact multiple aurait donné naissance aux Samorho qui reçurent ce nom des Dioula en raison de leurs aptitudes agricoles (Samorho ou mieux Sau-morho veut dire en effet « hommes du ciel, de la pluie, cultivateurs » et non pas « hommes du serpent » comme on l'a prétendu à tort).

Une partie d'entre eux s'établit à demeure au nord de la route de Bobo-Dioulasso à Sikasso ; d'autres poussèrent plus au nord et allèrent se fixer entre Koutiala et Koury : une fraction de ces derniers en se mélangeant à des Banmana, donna naissance aux Samo...; le reste, ayant eu des difficultés avec les Peuls, retourna dans la région de Sikasso.

Actuellement les Samorho ont adopté la religion et la plupart des coutumes des Sénoufo, mais ils parlent une langue que l'on s'accorde à apparenter aux langues mandé ».

Voici maintenant pour les Samo proprement dits (p. 297) :

« D'après les traditions recueillies à Ouahigouya et ailleurs, les Samo seraient d'origine mandé et auraient été formés par le mélange de plusieurs éléments, dont l'un appartenait au groupe des Mandé du centre et un autre au groupe des Mandé du sud.

Le premier aurait été fourni principalement par des Banmana de la région de Ségou ; ceux-ci auraient été chassés de leur pays par les Malinké, très vraisemblablement au xɪve siècle, après l'arrivée des premières migrations banmana entre Bani et Niger, mais avant la constitution de l'empire de Ségou ; sous la conduite d'un chef nommé Diyé ils franchirent le Bani et s'installèrent sur la rive droite de ce cours d'eau, à Ninkiessa, entre San et Diènné. De là, sous les ordres de Diougouri, fils de Diyé, ils gagnèrent Toéré, entre Koury et Ouahigouya où ils furent rejoints vers le xvɪe siècle par des Samorho provenant du courant de migration mandé-sud originaire du Fouta-Diallon ; ces Samorho s'étaient mélangés d'ailleurs à des Sénoufo et à des Bobo en se rendant de la région de Sikasso dans celle de Koury. Du mélange des Banmana et des Samorho seraient sortis les Samo.

Une partie d'entre eux demeura dans le voisinage du coude nord de la Volta Noire (Samo du cercle de Koury) ; les autres gagnèrent le sud-ouest du Yatenga où ils furent rejoints sous le règne du nâba Kango (vers 1770), par quelques familles d'origine banmana qui, lors de la migration de Diyé, avaient poussé jusqu'à Kaka, près de Sofara, et y étaient restées.

Depuis cette époque les Samo ont été assez profondément influencés par le voisinage des Mossi et des Bobo et, bien qu'ils aient toujours vécu à peu près indépendants, la trace de leurs origines mandé n'est plus très perceptible. Quant à leur langue actuelle, autant que les très médiocres renseignements que nous possédons nous permettent d'en juger, il semble qu'elle appartient, au moins en partie, à la famille des langues voltaïques » (1).

Il est assez difficile de discerner la vérité au milieu de ces versions contradictoires. Pour moi je croirais assez que c'est à l'époque de Soundiata (donc vers 1235) que les Samos quittèrent le Manding, chassés par le grand conquérant malinké qui organisait le royaume de Mali et repoussait les populations réfractaires vers l'est et le nord-est. Les Samos prirent cette dernière voie, descendirent le Niger et s'établirent d'abord à l'est de Sansanding, puis, poussant davantage vers l'est, au sud de Dienné. De là ils obliquèrent vers le sud-est et arrivèrent à Toïré à 70 kilomètres au sud-ouest de Ouahigouya. De là ils peuplèrent le Samorodougou de Dédougou, Ouahigouya et Bandiagara.

A quelle époque approximative cet établissement peut-il se placer?

Vadier le met avant l'arrivée des Mossis dans le Yatenga et, comme naba Rawa est pour lui du XIIIe siècle, c'est au XIIe siècle au plus tard que les Samos se seraient établis dans le pays. Delafosse le place au XVIe ou au XVIIe siècle puisqu'il met la jonction des Samorho du sud et de la migration du nord au XVIe siècle, et admet que ce n'est qu'après cette jonction que les Samos s'établirent au nord de Koury, au sud-ouest du Yatenga, etc. A mon avis l'une de ces dates est trop précoce, l'autre trop tardive. Si les indications, assez nombreuses et assez précises, de la Monographie de 1904 étaient exactes, ce serait au XIVe siècle que cet établissement aurait eu lieu. Cette Monographie parle d'un Pong dont elle ne dit pas ce qu'il fut mais qu'on peut présumer avoir été un chef kado chassé par les incursions des Mossis venus de leur nid d'aigles de Yako. Ce Pong aurait détruit son village de Lankoy et aurait gagné, à travers la falaise de Bandiagara, la vallée du Niger du côté de Dienné-Mopti. Ces incursions de Mossis dont il est ici parlé sont certainement antérieures à Yadega et

(1) Ceci est inexact, comme le démontrera mon vocabulaire samo. Le Samo est resté une langue mandé.

doivent être placées sans doute dans la première moitié du xiv⁰ siècle entre 1300 et 1350 : on peut prendre 1325 comme date approximative. C'est un demi-siècle plus tard, donc vers 1375, que les Samos se seraient établis à Lankoy, puis encore un demi-siècle plus tard, donc vers 1425, qu'ils auraient fondé les villages de Diogoré, Ouillé, Dio, Gouéré et Niankoré. D'après cette tradition qui, je l'avoue, me semble plus vraisemblable que les dates données par Vadier et Delafosse, c'est au xiv⁰ et au xv⁰ siècle que les Samos auraient colonisé le Samorodougou du nord. Cette époque s'accorde très bien du reste avec l'hypothèse que c'est à l'époque de Soundiata (1235) que les Samos auraient quitté le Manding. L'établissement à Lankoy pouvant être placé vers 1325, les Samos auraient mis 90 ans pour venir du Manding à cet endroit.

Il faut ajouter qu'une autre tradition que j'ai relatée dans la Partie Historique au naba Sougounoum et également rapportée par la Monographie de 1904 place l'arrivée des Samos à Toïré, sous le règne de ce naba. Or Sougounoum est placé par Delafosse entre 1410 et 1430, par moi entre 1415 et 1430, bref dans la première moitié du xv⁰ siècle. Si cette tradition est exacte (et elle renforce les déductions précédentes) ce serait le xv⁰ siècle à son début qui aurait vu l'établissement des Samos dans le Samorodougou.

En résumé, et en attendant que des recherches subséquentes viennent fixer définitivement ce point d'histoire, on peut admettre que les Samos, partis du Manding dans la première moitié du xiii⁰ siècle, se sont établis approximativement dans le Yatenga au xiv⁰ et au xv⁰ siècles. Cette solution a l'avantage de concilier les deux traditions opposées qui est l'une que les Samos sont arrivés avant les Mossis (elle a été donnée à Vadier et m'a été répétée aussi à moi) et l'autre qu'ils leur sont très postérieurs. Elle semble corroborée par les détails assez précis donnés par la Monographie de 1904.

Au point de vue anthropologique, la race samo est une belle race, très primitive. Les hommes sont bien faits, puissants, à la démarche élastique. Ils ont je ne sais quoi de sauvage, de libre et de fier qui les rend plus sympathiques que les Mossis, les Foulsés, etc. Sous ce rapport ils ressemblent aux Bobos qui sont encore plus beaux hommes qu'eux. Mais dans le cercle de Ouahigouya, où il n'y a pas de Bobos, la plus belle race est certainement la race samo.

Nous connaissons le pays où les Samos s'établirent : nous l'avons décrit à la Partie géographique avec le reste du Yatenga. Nous ne le décrirons donc pas de nouveau. Indiquons seulement que si là comme autre part nous trouvons les plateaux, les petites collines ferrugineuses, les « fonds de cuvette » du Yatenga en général, ce sont les plaines qui dominent. Elles sont plus nombreuses dans cette partie du cercle que partout ailleurs.

De même l'arbre caractéristique du pays samo est le balansan (sann'do en samo), grand arbre puissant et haut, au tronc blanchâtre, au feuillage pâle. C'est un épineux, mais le plus puissant de tous. Nous en avons parlé à la Flore et nous avons dit que cet arbre était particulièrement respecté par les Samos parce qu'il ne porte pas de feuilles à la saison des pluies et ainsi ne gêne pas la croissance du mil. Aussi les Samos ne le coupent-ils pas et trouve-t-on souvent des petits bois de balansans aux abords des villages du pays. Je citerai particulièrement les balansans de Rassoulé, de Tourouba, de Lankoy, de Kiembara, de Gomboro, etc. Ces groupes d'arbres sont une des caractéristiques des villages samos.

Au point de vue de la faune, deux animaux donnent sa marque au pays, l'outarde, la grosse outarde que l'on rencontre à chaque pas et le lièvre que les Samos chassent au bâton et qui se trouve en grande quantité. Indiquons encore la pintade sauvage, très répandue, ainsi que la pintade apprivoisée.

Si nous en arrivons au travail, l'agriculture domine tout. Les Samos sont les meilleurs, les plus forts cultivateurs du Yatenga. Ils cultivent plus que les Mossis, plus que les Foulsés. On ne saurait trop insister là-dessus car c'est la dominante Samo.

Ils cultivent le sorgho blanc pour le conserver pendant des années dans leurs fameux greniers à mil en forme de dômes, le millet pour la consommation courante, un peu de gros mil rouge ou du maïs autour de leurs habitations ou autour du village, beaucoup de fonio, des arachides, des pois souterrains, des haricots, des sésames. Ils ne font pas de tubercules du tout (manioc, ignames, patates, oussounifing, diabéré, etc.) le pays étant trop sec, ce qui est une caractéristique générale du Yatenga comme nous le savons. Ils ne font pas de riz du tout pour la même raison. Ils font du gombo, de l'oseille, du piment, des tomates, des courges comestibles et des oignons. Ils font beaucoup de coton aux alentours des villages et du tabac autour des puits dans les villages mêmes (pas partout mais là où les puits sont abondants en eau, ainsi à Lankoy et à Konga). Ajoutez-y des calebasses, du chanvre, un peu d'indigo.

Les dômes à mil constituent la note remarquable des villages samos : ils ont 3, 4, 5 mètres de haut et sont larges en proportion, arrondis par le haut, d'aspect quelque peu oriental. Un tout petit chapeau de paille les coiffe, qu'on ne voit pas de loin. Ces dômes ne sont pas isolés mais placés les uns à côté des autres par véritables batteries de 5, 6, 10, 12, suivant l'importance des habitations. Ils transforment les villages samos en villages à dômes. Tel village en a des centaines (comme le village de Ouillé puissant et serré) et ils couvrent les murs d'un bout à l'autre. Ils donnent un aspect oriental aux villages. Si l'on en juge par ces récipients à mil, aucune population au Soudan ne produit autant de grains que les Samos. Du reste ceux-ci ont la prétention d'être plus cultivateurs que les Bambaras eux-mêmes.

Les Samos, comme il faut s'y attendre, sont peu éleveurs, sauf de chèvres naines dont ils ont beaucoup (de véritables troupeaux à certains endroits). Ils envoient leurs jeunes garçons les garder dans la brousse.

Ceux-ci en profitent pour se fabriquer avec de la paille des chapeaux genre Panama.

Ils ont aussi assez de moutons.

Pour les bœufs ils ont un préjugé contre ceux-ci, comme les Foulsés, un vieux préjugé de cultivateurs. Si l'on achète des bœufs cela fait mourir. Aussi cela fait-il toujours rire les Samos quand on leur demande s'ils ont des bœufs. Quelle idée amusante ! quelle plaisanterie spirituelle ! On n'obtient pas plus de succès quand on leur demande s'ils élèvent des éléphants, des caïmans ou des hippopotames.

En revanche, ils possèdent quelques bœufs porteurs et quelques ânes pour le transfert de leurs céréales. Les bœufs porteurs (qui leur sont utiles pour le transport des grains de leurs champs jusqu'à leurs dômes à mil) sont exemptés de l'anathème qui chez eux frappe d'une façon générale le peuple des bœufs et des vaches.

Ce qui est curieux c'est qu'ils ont des juments et font l'élève du cheval. Ils vendent des poulains aux Mossis ou aux dioulas de passage qui les emmènent vers le sud. Ils ont dû prendre cette habitude aux Foulbés Dialloubés et Torombés qui transhument dans le pays et viennent s'installer auprès de leurs villages. La défense ancestrale qui leur a été faite de se procurer des bœufs et des vaches n'ayant pas prévu les chevaux, ils se sont retournés vers ceux-ci pour faire un peu d'élevage. Ils vendent aussi des ânons aux dioulas qui passent.

Cet élevage est du reste trop peu important pour influencer le type samo dans un sens contraire à celui que donne la culture.

Les Samos ont des chiens pour la garde, la chasse du petit gibier et la consommation. Ils ont aussi des poulets en assez grand nombre et des troupeaux de pintades. Enfin ils mettent des ruches dans les arbres et élèvent beaucoup d'abeilles.

Chèvres, chiens, poulets, pintades servent aux Samos pour leurs sacrifices religieux et la consommation qui s'ensuit.

En fait de chasse, les Samos du Yatenga font la chasse au petit gibier pendant la saison sèche soit par grandes battues collectives, soit individuellement. C'est le lièvre qui est le gibier important.

La pêche est nulle à cause de l'absence complète de marigots permanents. En fait de poissons les Samos du Yatenga ne connaissent que le silure si répandu dans tout le Soudan.

L'arboriculture est inexistante ; on favorise le balansan dans les champs, autour des villages, comme nous l'avons vu.

Pour ce qui est de la cueillette elle est la même que dans le reste du Yatenga. C'est le karité qui est l'arbre utile le plus répandu de beaucoup. On utilise aussi les nérés, les baobabs, les tamariniers, les n'pékous, les n'kounas, le figuier africain, etc., etc.

L'industrie est assez développée chez les Samos.

Il y a d'abord les forgerons qui sont environ 2.000 sur les 20.000 Samos que compte le Yatenga. Nous retrouvons le même préjugé contre eux ici que partout ailleurs. On ne se marie pas avec leurs filles. Cependant ces forgerons sont bien des Samos, quoique, à côté des forgerons samos, un certain nombre de forgerons foulsés se soient établis en pays samo comme je l'ai dit plus haut.

Le forgeron est beaucoup de choses ici : charbonnier, fondeur, forgeron proprement dit, charpentier et menuisier. La femme de plus fait la poterie.

Les forgerons fondent le fer dans la brousse pendant la saison sèche. Ils ont des fours aussi hauts que ceux des forgerons foulsés et sans doute imités de ceux-ci. Ils fabriquent ensuite avec ce fer des dabas, des haches, des pointes de flèches, etc.

Les forgerons ne font que peu de culture par eux-mêmes, mais ils ont cependant des champs comme tout le monde, parce qu'ils les font cultiver par leurs clients en paiement d'outils réparés ou vendus. Les clients payent en effet aussi bien en travail agricole qu'en cauris.

Les forgerons samos travaillent le cuivre, mais ni l'argent ni l'or.

Pour fabriquer les bracelets en cuivre pour les bras ou pour les jambes, on les fait d'abord en cire, puis on enveloppe la cire avec de la terre de termitière (de grande termitière rouge) en laissant une petite ouverture libre. Ensuite on laisse sécher le moule en terre pour qu'il devienne très dur. Puis on fond le cuivre et on le verse dans le moule par l'ouverture maintenue. Le cuivre en fusion détruit la cire et se met à sa place sans entamer la terre. On laisse refroidir, on brise le moule et on en retire le bracelet. On le fait encore rougir au feu et on le plonge brusquement dans l'eau froide. Après cela on le lime et alors il est terminé.

Les forgerons fabriquent les bracelets d'avance et les font vendre au marché par leurs femmes. Un bracelet de poignet vaut 1 franc, un anneau de cheville vaut 2 francs.

Ils font aussi de petites bagues en cuivre valant o fr. 10 ou o fr. 20 (1).

S'ils ont beaucoup de forgerons les Samos du Yatenga n'ont pas de cordonniers. Chacun fait soi-même les objets en cuir dont il a besoin : outres, sacoches, ceintures, bracelets en cuir, colliers en cuir ornés de cauris, etc. (2).

(1) Chez les Samos du cercle de Dédougou (Biba, Yaba, Niankoré) il y a des bijoutiers pour le travail du cuivre à côté des forgerons proprement dits. Ces bijoutiers sont, le plus souvent, des hommes de caste comme les forgerons, quelquefois ce sont de simples cultivateurs qui ont adopté ce métier en surplus et continuent à faire des champs qui leur rapportent plus que leur métier. Les uns et les autres achètent leur cuivre aux dioulas (Dafis, Markas, Yarsés, etc.) revenant du sud et font avec celui-ci des bracelets, des bagues, etc. Ils ne travaillent ni l'argent, ni l'or. Les bijoutiers gagnent moins que les forgerons et cultivent plus qu'eux. Ils vendent bracelets, bagues, etc. contre des cauris.

(2) Il n'en est pas de même chez les Samos de Dédougou (Mara, Biba, Yaba, Niankoré). Là ils ont des cordonniers qui sont soit des griots et par conséquent des hommes de caste avec lesquels on ne se marie pas (ils ne se marient qu'entre eux

En revanche ils ont des sortes de carriers (diéboouli en samo, de diéré : pierre à écraser, bo : enlever et ouli : tailleur), les Samos employant les meules dormantes (diéré) dans des sortes de berceaux en terre à l'intérieur de leurs cases, ou bien ayant même au dehors de grandes tables rondes semblables à celles du pays mossi. Les diéboouli taillent les meules dormantes et les molettes dans de gros blocs de pierre qu'ils attaquent et mettent en morceaux à coups de hache après les avoir préparés par le feu. Les molettes se vendent un ou deux sous, les meules dormantes quatre ou six sous. Les diéboouli cultivent pendant la saison des pluies et leur culture leur rapporte plus que leur métier de carrier.

Les Samos ont des maçons mais pas dans tous les villages. Ces maçons sont des cultivateurs qui font en surplus le métier de maçons pendant la saison sèche. On ne les paye pas mais on les nourrit pendant leur travail (nourriture proprement dite et dolo). Dans les villages où il n'y a pas de maçons, si quelqu'un veut construire une habitation, il réunit tous les gens du village disponibles pour un certain jour. On fait un très bon repas ce jour-là et on avance l'ouvrage sérieusement.

Les Samos ont des fossoyeurs. Ce sont, comme les maçons, des cultivateurs qui font en surplus le métier de fossoyeurs avec leurs enfants. On les paye soit en dolo, soit en poulets et en mil, soit en leur donnant un des pagnes qui enveloppent le défunt quand on l'enterre.

Ils ont également des fabricants d'objets en bois mais pas dans tous les villages, car les forgerons, nous l'avons vu, sont également charpentiers et menuisiers et par conséquent fabriquent eux aussi les objets en bois. Les kanahisellés (tel est le nom samo des fabricants d'objets en bois) sont des cultivateurs qui ajoutent à leur culture de la saison des pluies ce métier de saison sèche : ils taillent des manches de dabas, font des mortiers, des pilons, des tabourets en bois, des manches de haches, des calebasses en bois. Ils vendent un manche de daba 4 sous, un manche de hache 6 sous. Les tabourets se vendent 2 sous, les pilons 6 sous, les mortiers 8 sous.

Pour les nattes ce sont les hommes ou les jeunes gens qui les fabriquent pendant la saison sèche (avec des tiges de mil divisées en menus

---

et ne s'allient même pas avec les forgerons), soit des cultivateurs qui prennent ce métier en surplus et avec lesquels on peut contracter alliance.

Les premiers gagnent beaucoup de cauris en allant aux enterrements faire de la musique. Ils cultivent assez peu par eux-mêmes et font travailler leurs champs par leurs clients à l'exemple des forgerons. Avec leur double métier ils gagnent autant que ceux-ci. Comme cordonniers ils sont habiles. Ils travaillent les peaux et en fabriquent des carquois, des bracelets de cuir, des colliers ou cordelettes, des gaines, des fourreaux, des selles, des musettes avec pendeloques en cuir, etc. Ils ne font pas en revanche les semelles en peau de bœuf ni les peaux de bouc, chacun les fabriquant soi-même.

Les seconds fabriquent les mêmes objets mais, n'ayant pas la ressource du métier de griot en surplus, font de la culture qui leur rapporte plus que leur métier de cordonnier.

brins), pour leur propre usage ou pour la vente au marché du village.

Pour les corbeilles ce sont au contraire les femmes qui les font pour leur usage ou pour la vente.

Pour les chapeaux en paille, ce sont les hommes, pendant la saison sèche, ou les jeunes gens conduisant les chèvres à la pâture, qui les fabriquent. On en fabrique pour soi et l'on en vend très peu.

En ce qui concerne le tissage, nous savons que les Samos cultivent beaucoup le coton et que leurs femmes le filent. Mais ils ne le tissent pas. Ils le donnent à tisser aux Yarsés ou aux Mossis qui demeurent dans leurs villages. Ils nourrissent le tisserand pendant toute la durée du travail, puis lui donnent, l'ouvrage fait, de 500 à 1.000 cauris (1).

Les Samos n'ont pas de tailleurs. Chacun (c'est-à-dire chaque homme : ce sont les hommes qui cousent et non pas les femmes) sait coudre ses bandes de coton et confectionner ses habits et ceux de sa femme. On n'achète pas de vêtements tout fait aux dioulas.

Si l'industrie est, comme on le voit, moyenne et même assez florissante chez les Samos, le commerce au contraire n'existe pas, c'est-à-dire que les Samos n'ont pas de commerçants, n'exercent pas le métier de commerçants. Ce sont les Markas et les Yarsés établis dans le Samorodougou du Yatenga qui font le commerce pour eux. De même, dans le Samorodougou du cercle de Dédougou, ce sont les Markas et les Dafis qui font le commerce pour les Samos de cette région.

Ces commerçants apportent aux Samos leur sel qui leur est acheté sur place. Du reste le sel est souvent remplacé chez nos gens par des cendres de tiges de mil employées en petite quantité (2).

Quant aux kolas, les Samos n'en mangeaient pas du tout jadis et même maintenant ils n'en font encore qu'une très faible consommation, nulle même dans beaucoup de villages.

En revanche ils vendent sur place des ânons, des chevaux, des poulains, comme nous l'avons vu. Ils vendent aussi une assez grande quantité de mil aux Mossis, Yarsés, Markas, Dafis, etc. Ils vendent de plus des arachides, des pois souterrains, du fonio, etc. Enfin ils cèdent ça et là du beurre de karité, du soumbara, de la farine de néré que leurs femmes fabriquent en grande abondance.

En résumé, les Samos ne font pas les colporteurs et ne sont pas des

---

(1) Il en est de même à Yaba (cercle de Dédougou) et à Biba (idem). On donne le coton tout filé à tisser aux tisserands yarsés ou mossis qui viennent chez eux pendant la saison sèche pour tisser le coton. On paye le tisserand 500 ou 1000 cauris et de plus on le nourrit pendant la durée de son travail. A Mara et à Niankoré au contraire, ce sont les cultivateurs samos qui font le tissage pendant la saison sèche, pour utiliser leurs loisirs.

(2) Ces cendres bleues sont très utilisées chez les Samos et se trouvent en grande quantité, dans les habitations, dans des poteries diverses. Elles servent, comme usage principal, au remplacement du sel et aussi à la fabrication du savon par le mélange avec le beurre de karité.

commerçants : mais ils ont besoin de sel et l'achètent sur place aux commerçants-colporteurs. De même ils cèdent sur place une partie de leurs excédents culturaux à ces mêmes commerçants et à tous ceux qui viennent leur en chercher. En agissant ainsi du reste, s'ils font acte de commerce, ils ne sont pas des commerçants, puisque, comme le paysan français qui vend à la foire ou au marché voisin l'excédent de sa récolte et de son élevage, ce sont des cultivateurs qui vendent ce qu'ils ont de trop.

En résumé les Samos du Yatenga sont des agriculteurs renforcés chez lesquels les arts vivriers directs peuvent, très approximativement, s'évaluer ainsi :

Culture . . . . . . 75 o/o
Elevage. . . . . . 10 —
Cueillette . . . . . 10 —
Chasse (1) . . . . . 5 —
Pêche . . . . . . 0 —
Arboriculture . . . . 0 —

Ajoutez une honnête et florissante industrie (au moins pour des noirs soudanais) et pas d'art commercial du tout et vous avez le résumé de la vie économique du pays.

Maintenant passons à la Famille.
La famille samo est à trois étages :
1er étage : la famille totale.
2e étage : l'habitation.
3e étage : le ménage.

Le groupe de travail (intermédiaire entre l'habitation et le ménage) se rencontre si rarement ici qu'il est tout à fait exceptionnel et nous sommes autorisés à n'en pas tenir compte.

Mais analysons un village samo. Nous verrons mieux les choses. Prenons d'abord le gros village de Gomboro.

La première famille est celle de Lakouma Diara. Elle comprend environ 57 personnes, hommes, femmes et enfants.

Toute la famille habite ensemble dans une seule habitation et travaille pour le chef d'habitation qui est en même temps le chef de la famille.

Ici il y a coïncidence exacte entre la famille et l'habitation.

La deuxième famille est celle de Kousé Sarambé. Elle comprend 124 personnes et habite dans une seule habitation. Tout le monde travaille pour le chef d'habitation qui est en même temps le chef de la famille.

La troisième famille est celle de Bourié Diara. Elle comprend 82 per-

(1) La chasse est plus importante chez les Samos de Dédougou, au sud du Yatenga, le pays étant plus humide et plus riche en flore et en faune. De même pour la pêche.

sonnes. Mais ces 82 personnes habitent dans deux habitations dont chacune a son chef et c'est pour celui-ci qu'on travaille. Nous avons donc ici les trois étages : la famille, l'habitation, le ménage.

La quatrième famille est celle de Doro Diara. Elle comprend 236 personnes en quatre maisons, ce qui fait 59 personnes en moyenne par maison. Dans chaque habitation tout le monde travaille pour le chef d'habitation.

La cinquième famille est celle de Ségoma Diara. Elle comprend 65 personnes en deux habitations. Dans chaque habitation tout le monde travaille pour le chef d'habitation.

La sixième famille est celle de Lakouma Ouéréma. Elle habite dans une seule habitation et comprend 75 personnes. Mais ici, comme on s'est disputé à cause de l'incapacité du chef de famille-habitation, réelle ou prétendue, à nourrir ses gens, il y a quatre groupes de travail.

La septième famille est celle de Yamba Pologo. Elle comprend 81 personnes, divisées en trois maisons, soit 27 personnes en moyenne par maison. Dans chaque maison tout le monde travaille pour le chef de maison.

La huitième famille est celle de Koéra Dounlé. Elle comprend 51 personnes en une seule habitation. Mais, à cause de disputes, on a formé deux groupes de travail, ce qui fait environ 25 personnes par groupe de travail.

La neuvième famille est celle de Tombo Kénian. Elle comprend 44 personnes qui habitent dans une seule habitation. Tout le monde travaille pour le chef de famille-habitation.

La dixième famille est celle de Ibonsé Forogo. Elle comprend 81 personnes habitant dans une seule maison. Tout le monde travaille pour le chef de la famille-maison.

La onzième famille est celle de Lakouma Margo. Elle comprend 44 personnes habitant dans une seule maison. Tout le monde travaille pour le chef de famille-maison.

La douzième famille est celle de Mayé Forogo. Elle comprend 38 personnes en une seule maison. Il en est de même pour le travail que pour les familles précédentes.

La treizième famille est celle de Kibana Kénian. Elle comprend 80 personnes en une maison. Même chose que pour les familles précédentes.

La quatorzième famille est celle de Labara Koussoubé. Elle comprend 101 personnes en une maison. Même chose que pour les familles précédentes.

La quinzième famille est celle de Kosso Diara. Elle comprend 87 personnes en 3 habitations. Dans chaque habitation tout le monde travaille ensemble.

La seizième famille est celle de Goumbou Zougouri. Elle comprend 33 personnes en une maison parfaitement intégrée.

La dix-septième famille est celle de Zébana Ibérango. Elle comprend 148 personnes en 2 habitations qui sont intégrées.

La dix-huitième famille est celle de Doro Ibérango. Elle comprend 154 personnes réparties en 4 habitations intégrées comme les précédentes.

La dix-neuxième famille est celle de Guibo Sarambé. Elle fait 132 personnes en 4 habitations intégrées.

La vingtième famille est celle de Goni Yaro. Elle fait 171 personnes en 5 habitations intégrées.

En résumé sur 20 familles, onze n'ont qu'une maison, c'est-à-dire que dans onze cas la famille et l'habitation coïncident.

Trois ont deux maisons.
Deux ont trois maisons.
Trois ont quatre maisons.
Une a cinq maisons.

Donc, dans onze cas sur vingt, il y a coïncidence de la famille et de l'habitation. Dans neuf cas sur vingt il n'y a pas coïncidence.

En résumé nous avons à Gomboro 20 familles et 40 maisons. Comme il y a 1.884 personnes en tout, nous avons 94 personnes par famille et 47 personnes par maison en moyenne.

Ajoutons que les onze familles qui n'ont qu'une maison font 728 personnes, soit 66 par famille-habitation. Les 9 qui ont plusieurs maisons font 1.156 personnes soit 128 personnes par famille et, à 29 habitations, 40 personnes par habitation.

Passons au village de Lankoy.

La première famille samo est celle de Baëga Sondo. Elle comprend 147 personnes et trois maisons intégrées.

La deuxième est celle de Gouinta Diéni qui comprend 54 personnes et 2 maisons intégrées.

La troisième est celle de Kirouré Yaro qui comprend 160 personnes et trois maisons intégrées.

La quatrième est celle de Landon Yaro qui comprend 29 personnes en une maison intégrée.

La cinquième est celle de Goulané Zarpéré qui comprend 68 personnes en deux maisons intégrées.

La sixième est celle de Tonkilé Sarambé qui comprend 41 personnes en une maison intégrée.

La septième est celle de Zemmé Sarembé qui comprend 53 personnes en deux maisons intégrées.

La huitième est celle de Baré Saremhé qui comprend 62 personnes en quatre maisons intégrées.

La neuvième est celle de Zérébo Sarembé qui comprend 55 personnes en deux maisons intégrées.

La dixième est celle de Zenguié Sarembé qui comprend 65 personnes en deux maisons intégrées.

La onzième est celle de Soussosi Sarambé qui comprend 72 personnes en trois maisons intégrées.

La douzième est celle de Bagaréyé Boïnsa qui comprend 100 personnes en trois maisons intégrées.

La treizième est celle de Konsé Koussoubé qui comprend 46 personnes en deux maisons intégrées.

La quatorzième est celle de Banenkané Koussoubé qui comprend 30 personnes en deux maisons intégrées.

La quinzième est celle de Débi Koussoubé qui comprend 76 personnes en deux maisons intégrées.

La seizième est celle de Tombo Koussoubé qui comprend 81 personnes en trois maisons intégrées.

La dix-septième est celle de Koyan Koussoubé qui comprend 36 personnes en deux maisons intégrées.

La dix-huitième est celle de Kiré Zougouri qui comprend 59 personnes en deux maisons intégrées.

La dix-neuvième est celle de Mohommia Doumba qui comprend 94 personnes en quatre maisons intégrées.

En résumé on a à Laukoy 18 familles samos habitant dans 41 habitations et faisant 1.234 personnes ce qui donne 69 personnes par famille et 30 par habitation en moyenne.

Dans le village de Kiembara nous avons :

Première famille : celle de Kibiri Barampé, qui a 3 habitations et 105 personnes. Les habitations sont intégrées.

Deuxième famille : celle de Tomé Ouarmin, soit 22 personnes en une habitation intégrée.

Troisième famille : celle de Guilon Tôpain faisant 99 personnes en deux maisons intégrées.

Quatrième famille : celle de Yélégoulo Tôpain faisant 79 personnes en trois maisons intégrées.

Cinquième famille : celle de Goné Ouaro faisant 74 personnes en trois maisons intégrées.

Sixième famille : celle de Sané Ouaro faisant 64 personnes en trois maisons intégrées.

Septième famille : celle de Bia Tôpain faisant 75 personnes en deux maisons intégrées.

Huitième famille : celle de Guimbana Zérébo faisant 95 personnes en deux maisons intégrées.

Neuvième famille : celle de Kapéré Tôpain. Celle-ci fait 56 personnes en sept maisons. Ici la maison est réduite, exceptionnellement, au simple ménage.

La dixième famille est celle de Diélégoulo Zougouri. Elle fait 31 personnes en une habitation intégrée.

La onzième famille est celle de Tombo Sabo. Elle fait 54 personnes en une habitation intégrée.

La douzième famille est celle de Guilo Tôpain. Elle fait 54 personnes en deux habitations intégrées.
La treizième famille est celle de Yété Tôpain. Elle fait 54 personnes en une habitation intégrée.
La quatorzième famille est celle de Konian Tôpain. Elle fait 57 personnes en deux maisons intégrées.
La quinzième famille est celle de Ko Tôpain. Elle fait 36 personnes en une habitation intégrée.
La seizième famille est celle de Niésa Zougouri. Elle fait 44 personnes en une seule habitation intégrée.
La dix-septième famille est celle de Gonki Zougouri. Elle fait 20 personnes en une habitation intégrée.
La dix-huitième famille est celle de Boni Yaro. Elle fait 26 personnes en une habitation intégrée.
La dix-neuvième famille est celle de Goni Koussonbé. Elle fait 64 personnes en une habitation intégrée.
La vingtième famille est celle de Diempoulo Tôpain. Elle fait 39 personnes en deux maisons intégrées.
La vingt et unième famille est celle de Konian Yomankara. Elle comprend 50 personnes en une habitation intégrée.
La vingt-deuxième famille est celle de Lékoun Kombo. Elle fait 35 personnes en deux habitations intégrées.
Enfin la vingt-troisième famille est celle de Bentoni Kombo. Elle comprend 95 personnes en trois habitations intégrées.
En résumé on a à Kiembara :
10 familles à une habitation, soit 10 habitations.
7 familles à deux habitations, soit 14 habitations.
5 familles à trois habitations, soit 15 habitations.
1 famille à sept habitations, soit 7 habitations.
Soit 23 familles comprenant 46 maisons.
Comme il y a 1.328 Samos à Kiembara nous avons 57 à 58 personnes par famille et 28 à 29 personnes par habitation, en moyenne.
Passons au village de Gan : à Gan nous avons 5 familles, 8 maisons et 204 personnes ce qui fait 41 personnes par famille et 25 à 26 personnes par maison.
A Bangassoko nous avons :

Familles	Chefs de familles	Habitations	Personnes
1re	Kiri Sarambé	2	122
2e	Sali Sarambé	1	84
3e	Gouré Ousséré	1	45
4e	Kosso Pékouma	1	56
	A reporter.	5	307

Familles	Chefs de familles	Habitations	Personnes
	Report	5	307
5e	Doroyé Kénien	1	53
6e	Labié Kénien	1	49
7e	Lalé Kénien	1	22
8e	Danvouéré Ouarama	1	76
9e	Dabanné Ouarama	1	54
10e	Gonki Pégouma	1	89
11e	Goni Sansara	2	24
12e	Boulomané Sansara	1	44
13e	Niabana Sombodo	1	52
14e	Diongo Tinguiri	1	34
15e	Guignié Tinguiri	1	29
16e	Dié Tinguiri	1	51
17e	Diékolo Tinguiri	2	37
18e	Ngoni Niamon	2	46
19e	Dabi Sanian	1	92
20e	Niato Kénian (1)	1	21
21e	Soyan Kénian	1	19
22e	Débi Kénian	1	112
23e	Doro Kénian	1	26
24e	Idié Tinguiri	3	54
25e	Ninkouaré Tinguiri	2	22
26e	Gonki Tinguiri	1	15
27e	Gotan (ou Dotin) Tinguiri	1	76
28e	Simbané Sarembé	1	53
29e	Dié Zazou	2	50
30e	Timbouyané Zazou	1	67
31e	Gonié Zazou	2	35
32e	Iranné Tinguiri	1	25
33e	Banné Bourou	1	12
34e	Dagué Guirabo	1	25
35e	Dambono Zougouri	1	13
36e	Gomboulo Damandé	1	61
37e	Kombolini Kouroumpiti	1	37
38e	Solo Tinguiriforgo	1	29
39e	Koumané Tinguiri	1	61
40e	Fouré Niamon	1	32
41e	Kouzaro Tinguiri	1	35
42e	Koko Tinguiri	1	16
	A reporter	51	1.955

(1) Ou Ténian ou Tiéyan ou Kénia ou Kénien.

Familles	Chefs de familles	Habitations	Personnes
Report		51	1.955
43e	Toro Zougouri	3	95
44e	Péyé Guirabo	1	41
45e	Tizané Tinguiri	1	32
46e	Ouabo Gomina	2	57
47e	Zayé Sémé	1	121
48e	Poullé Gomina	1	55
49e	Goyané Taboudiéma	2	52
50e	Boumbou Koussoubé	1	41
51e	Kirindima Tao	2	36
52e	Zabana Tao	2	54
53e	Guidala Zougouri	4	62
		71	2.601

Il y a donc à Bangassoko :

```
39 familles à 1 seule habitation :  39
11    —      2 habitations         22
 2    —      3      —               6
 1    —      4      —               4
──                                  ──
53                                  71
```

En résumé il y a à Bangassoko 49 personnes en moyenne par famille et 37 personnes en moyenne par habitation.

On s'étonnera peut-être que la famille, en moyenne, ne compte que si peu de membres (49). En fait, dans ces habitations samos si grosses au point de vue numérique et si compactes au point de vue économique et social, on a une tendance à s'affranchir rapidement de la famille et à s'ériger bien vite de sous-famille en famille. Et cela est vrai non pas seulement des Samos du village de Bangassoko chez lesquels cette tendance s'affirme tout spécialement, mais encore en général des Samos de tout le Yatenga. Pour Bangassoko, il est plus que probable que les 53 familles actuelles de ce village se ramènent en définitive à 22 familles-souches desquelles se sont affranchies peu à peu les habitations dépendantes s'érigeant en vraies familles distinctes. Ces 22 familles primitives nous donnent un chiffre de 118 personnes par famille plus rapproché de la grosseur moyenne d'une famille soudanaise et de trois habitations par famille ce qui est également plus conforme aux moyennes habituelles.

Ceci dit, reprenons notre examen des villages samos.

A Tourouba nous avons :

Familles	Chefs de famille	Habitations	Personnes
1re	Tiga Sondo	3	87
2e	M'Baya Diéni	2	249
3e	Dietimmi Diéni	3	165
4e	Saga Bellékéguéré	4	64
5e	Baoui Boysan	1	67
6e	Payédiba	2	55
		15	687

Ici nous avons :

1 famille à	1 habitation	soit	1 habitation.
2 —	2 —		4 —
2 —	3 —		6 —
1 —	4 —		4 —
6 familles			15 habitations.

A Tourouba la famille est en moyenne de 144 personnes et l'habitation de 46.

A Gouiré nous avons :

Familles	Chefs de famille	Habitations	Personnes
1re	Tayé Yaro	3	62
2e	Tombo Yaro	2	94
3e	Boumbou Zano	1	26
4e	Touranné Sabo	1	66
5e	Bonso Kénian	1	47
6e	Koyan Gomona	2	30
7e	Tampouré Yaro	4	42
		14	367

Ici nous avons une moyenne de 52 personnes par famille et de 16 personnes par habitation.

A Sia, nous avons :

Familles	Chefs de famille	Habitations	Personnes
1re	Koyan Sarambé	1	69
2e	Izéné Boro	1	44
3e	Goulé Sarambé	1	52
4e	Zanié Yéro	1	56
		4	221

Soit 55 personnes en moyenne par famille et autant par habitation.
A Kouga, nous avons :

Familles	Chefs de famille	Habitations	Personnes
1re	Labara Ibrahango (1)	2	87
2e	Dioulou Ibrahango	1	82
3e	Oualésida Konda	1	45
4e	Kivouéré Kienga	2	80
5e	Dolo Séguéba	2	46
6e	Doungazéné Ouarma	2	96
7e	Irinkiané Tinguiri	1	99
8e	Kiané Ouéré	1	10
9e	Logo Ibrahango	1	99
10e	Tanankoma Ibrahango	1	37
11e	Déri Ibrahango	1	45
12e	Daman Séguéba	1	51
		16	777

Cela fait en moyenne 65 personnes par famille et 48 à 49 personnes par habitation.
A Ouillé, nous avons :

Familles	Chefs de famille	Habitations	Personnes
1re	Tiébana Koussoubé	5	245
2e	Kerba Koussoubé	7	196
3e	Diembé Yébrangou	4	139
4e	Koyan Koussoubé	7	161
5e	Pengo Boro	2	75
6e	Diésoro Zakéré	4	166
7e	Bounsan Zougouri	1	115
8e	Niato Zougouri	2	42
		32	1.139

Cela fait en moyenne 142 personnes par famille et 35 à 36 personnes par habitation

A Dio, nous avons 4 familles de Samos comptant en tout 345 personnes, ce qui fait 86 personnes par famille en moyenne.

A Rassoulé, nous avons 7 familles de Samos comptant 1.394 personnes, ce qui fait 199 personnes en moyenne par famille.

En résumé, si nous faisons la synthèse des chiffres cités plus haut, nous avons pour les familles samos :

(1) ou Ibirango ou Ibérango.

Villages	Familles	Habitations	Personnes
Gomboro	20	40	1.884
Lankoy	18	41	1.234
Kiembara	23	46	1.328
Gan	5	8	204
Bangassoko . . .	53	71	2.601
Tourouba	6	15	687
Gouiré	7	14	367
Sia	4	4	221
Konga	12	16	777
Ouillé	8	32	1.139
Dio.	4	?	345
Rassoulé	7	?	1.394
	167	287	12.181

Cela nous donne en moyenne 73 personnes par famille samo, ce qui est un chiffre un peu faible comparativement aux familles des autres races du Yatenga. J'ai expliqué plus haut, au village de Bangassoko, les raisons de cette faiblesse numérique.

Pour les habitations, nous avons :

Villages	Familles	Habitations	Personnes
Gomboro	20	40	1.884
Lankoy	18	41	1.234
Kiembara	23	46	1.328
Gan.	5	8	204
Bangassoko . . .	53	71	2.601
Tourouba	6	15	687
Gouiré	7	14	367
Sia	4	4	221
Konga	12	16	777
Ouillé	8	32	1.139
	156	287	10.442

La moyenne donne 36 à 37 personnes par habitation, ce qui est une moyenne très élevée. On a aussi 2 habitations en moyenne par famille.

En résumé, la famille samo apparaît comme une belle famille communautaire, la plus intégrée que nous ayons rencontrée jusqu'ici dans ces études sur le Yatenga. La famille il est vrai se partage, en moyenne, en deux habitations, mais chaque habitation richement peuplée (comprenant en moyenne 6 ménages) est toujours intégrée autour de son chef sauf très rarissimes exceptions.

Le chef de famille a les grigris familiaux et marie les filles de toute la famille : ce sont là ses pouvoirs. Il n'y a pas de dot, c'est-à-dire de prix d'achat des jeunes filles. Le jeune homme, (à Gomboro), porte au chef de famille de la jeune fille un panier de farine de mil, 10 à 15 poulets, une chèvre. Le chef de famille donne là-dessus au père de la fille 2 poulets, à la mère 2 poulets. Il partage la farine de mil entre les gens de l'habitation de la fille. Le reste des poulets il les garde ainsi que la chèvre.

Dans d'autres villages, les cadeaux sont annuels avant le mariage (poules, chèvre, etc.).

Les Samos se marient généralement dans leur village et non pas dans les villages samos voisins, mais ils ne peuvent se marier ni dans leur habitation, ni dans leur famille. Cela leur est strictement défendu.

La femme samo peut divorcer, mais quand elle le fait, les enfants restent au père. C'est une règle absolue.

Quand une femme divorce les cadeaux ne sont pas remboursés. La femme peut se remarier après le divorce et cela sans aucun intervalle.

Dans l'habitation, tous les gens de l'habitation travaillent pour le chef d'habitation pendant la saison des cultures — généralement deux jours sur trois (Rassoulé, Gan). Dans d'autres villages (Gomboro) c'est cinq jours sur sept. Ou bien encore (Tourouba) on travaille tous les jours pendant la saison des pluies pour le chef d'habitation de 9 heures à 3 heures (sauf le temps de déjeuner). De 6 heures à 9 heures du matin et de 3 à 6 heures du soir on travaille ou on peut travailler pour soi. Bref, chaque ménage a son petit champ particulier auprès du grand champ de l'habitation.

Pendant la saison sèche chaque ménage travaille pour lui-même, sauf quand le chef d'habitation a besoin des gens pour quelque travail commun (réparation des cases, des toitures, construction nouvelle, etc.).

En conséquence le chef d'habitation nourrit ses gens 6 ou 7 mois sur 12. C'est pendant la saison des pluies qu'il les nourrit. C'est pendant la saison sèche que chaque ménage se nourrit lui-même avec le produit de ses petits champs particuliers et du métier qu'il peut exercer.

Le chef d'habitation n'habille pas ses gens. Chaque ménage, sous ce rapport, doit se suffire à lui-même.

Quand un chef d'habitation meurt, son frère puîné lui succède dans le commandement de l'habitation et la gestion des biens communs (habitation, champs de l'habitation, etc.), mais les biens particuliers du défunt passent à son fils aîné. D'une façon générale, les biens d'un ménage passent au fils aîné du défunt.

Comme on le voit, l'habitation samo riche en hommes et complètement intégrée en ce sens que tous les gens de l'habitation travaillent pour le chef d'habitation, n'est cependant pas très compacte dans son intégration, le chef d'habitation ne nourrissant pas tout le temps les ménages (comme cela a lieu dans d'autres races, par exemple chez les Bobos).

Cependant, sur l'ensemble, il est certain que le type samo est un beau type de nègre communautaire.

Pour le costume c'est le caleçon, chez les Samos du Yatenga, qui est porté par les adolescents, les jeunes gens et les hommes faits. Deux bandes d'étoffe tombent par devant et par derrière. La culotte est inconnue. Les enfants sont nus.

Pendant la saison froide on s'enveloppe d'une pièce d'étoffe en cotonnade.

Les vieillards aiment le bonnet en coton et tiennent un bâton à la main.

Les femmes et les jeunes filles portent le pagne, qui couvre les hanches et les jambes. La petite fille va nue.

Nos Samos ont des ornements simples. Ils s'en confectionnent d'abord avec de la paille. Les jeunes filles se mettent des huit, dix minces bracelets en paille sur les bras, les uns à côté des autres. De loin, sous le soleil, on dirait du cuivre. Petits garçons et petites filles se font aussi des espèces de tour de poitrine, comme des rubans du mois de Marie, toujours en paille, qui ont une certaine allure guerrière. Femmes et jeunes gens portent aussi quelques bracelets en paille.

Femmes, jeunes gens et hommes portent des bracelets en bois, les uns bruns et noirs, arrondis, les autres plats, tranchants, effilés, de couleur noire et jaune. Mais le grand ornement (des jeunes gens et des jeunes filles surtout) c'est le cuir et les cauris, les bandes de cuir sur lesquelles on a cousu des cauris. Il y a en ce genre :

1° Les ceintures des jeunes gens : cuir de chèvre et cauris.

2° Les colliers des jeunes gens : idem (les uns pendant sur la poitrine, les autres serrés autour du cou).

3° Les bracelets des jeunes gens : idem.

4° Les ceintures des jeunes filles : idem.

5° Les bracelets des jeunes filles : idem.

6° Les bracelets des hommes faits : idem.

7° Quelques frontaux mais assez rares : idem.

Bref, c'est là le grand ornement national des Samos : autre part l'on connaît les ceintures en cuir plaquées de cauris, colliers, bracelets, etc., mais je n'en ai jamais vu autant que chez les Samos du Yatenga.

En fait d'ornements en métaux, nous avons vu que le Samo ne connaît guère que le fer et le cuivre. En conséquence hommes et femmes portent parfois des bracelets en fer, simples, non ornés. Le cuivre fournit de jolis bracelets à pointe, en cuivre rouge et jaune opposé. Ces bracelets sont portés par les femmes et les hommes riches. Enfin quelques chefs samos ont de gros bracelets mastocs, énormes, en cuivre rouge, à la mode mossi.

Les bracelets en marbre du Hombori ne se rencontrent pas ici, pas plus que les ornements en argent ou en or.

Il y a deux genres de village chez les Samos :

Disons tout d'abord que les Samos ne connaissent pas les huttes rondes à toit en paille qui, réunies à plusieurs, forment une habitation chez les Mossis et les Foulsés. Leurs habitations sont quadrangulaires, à toit plat, genre gourounsi et bambara. Ceci dit, il y a deux sortes de villages :

1° Ceux (Lankoy, Bangassoko, etc.) où les habitations, comme de gros vaisseaux cuirassés échoués dans la plaine, sont séparées les unes des autres. Ces vaisseaux sont du reste plutôt ronds : ce sont des forts ronds, des ouvrages ronds, de petites villes rondes.

2° Ceux (Ouillé, Gouiré, Sia) où les habitations sont complètement serrées les unes contre les autres, ce qui fait que le village est absolument concentré. Celui-ci n'offre qu'une masse et qu'une ligne avec des murs rentrant, sortant, à angles aigus. Au-dessus de la ligne du mur, se dresse la belle ordonnance des dômes à mil, effroyablement nombreux.

Une espèce de ce dernier genre de village est celui où les murs s'écroulent en partie au lieu de former une ligne nette, droite et dure. C'est le genre Kiembara, Gan et surtout Konga — genre le plus pittoresque avec le village en amas et en colline dressé puissamment au-dessus des murs en ruine.

Avant notre occupation, les Samos vivaient par villages complètement indépendants les uns des autres. Même dans chaque village c'était l'anarchie, les grosses habitations n'obéissant que quand elles le voulaient bien au chef du village.

Les Mossis s'arrogeaient un droit de domination général sur les villages samos du Yatenga, mais cette domination était fictive. En fait, naba Kango avait dirigé au xviii° siècle des expéditions pénibles contre deux de ces villages. Après lui on avait renoncé à ces attaques en règle à cause de leur difficulté. Les Samos du Yatenga ont en effet 12 villages seulement, à 20.000 qu'ils sont avec les Yarsés, Markas, Mossis et Rimaïbés qui habitent avec eux. Cela donne une moyenne de 1.700 habitants par village, ce qui est très fort dans le Yatenga où un village a en moyenne, le pays samo mis à part, 350 habitants. Il était donc très dur d'assiéger et de réduire un de ces villages. Les Mossis, en conséquence, avaient renoncé aux grands déploiements de force. Ils avaient envoyé des nakomsés et leur famille (un nakomsé par village) dans quelques-uns des villages samos de l'ouest pour les commander, mais les Samos, sans les chasser, ne leur obéissaient aucunement et faisaient comme s'ils n'étaient pas là. En revanche, tous les ans, à l'époque des cultures, des particuliers mossis, surtout des nakomsés, se réunissant par groupes de cavaliers, pillaient individuellement çà et là les Samos. Ils tombaient sur ceux-ci tandis qu'ils étaient occupés aux travaux des champs, enlevaient hommes, femmes, enfants, chevaux, ânes, etc. Les Samos, devant la nécessité de cultiver, ne disaient rien et ne ripostaient pas, mais, quand la récolte était faite et emmagasinée dans les grands dômes à mil, quand tout était en sûreté, on prenait les arcs et les flèches et alors, gare aux Mossis s'ils se présentaient inopinément auprès des villages samos : on les massacrait à coups de flèche et on refusait fièrement toute réparation, ce qui n'empêchait pas que, quand la prochaine saison des cultures allait arriver, les chefs des villages samos ne se rendissent à Ouahigouya, auprès du Moronaba, avec des chèvres, des poulets, du mil, etc. On offrait ces présents au roi du Yatenga en lui disant : Nous sommes sous ta domination. Nous t'offrons ce tribut pour que tu empêches tes guerriers de venir nous piller désormais. Si quelques Mossis avaient été massacrés pendant la saison sèche on ajoutait : Quelques jeunes fous parmi nous, ayant bu trop de dolo, ont tué un ou plusieurs Mossis qui les attaquaient. Nous venons payer le prix du sang à la famille et t'offrir ces présents à toi personnellement. Bref les chefs des villages samos, les anciens, faisaient tout ce qu'ils pouvaient avant la saison des pluies pour être à peu près en paix pendant l'hivernage et pouvoir travailler en toute tranquillité. Naturellement, la saison des cultures une fois arrivée, les nakomsés recommençaient leurs pillages et c'était la même comédie tragico-comique qui se renouvelait ainsi tous les ans.

Tels étaient les rapports des Samos et des Mossis.

En résumé la domination mossi était fictive, les villages samos étaient indépendants et c'était l'anarchie nègre primitive au sein de chaque village, la seule autorité fortement constituée étant celle des chefs d'habitation et des chefs de famille.

Ajoutez que nos Samos étaient (et sont encore) de grands buveurs, très amateurs de dolo. Un mossi dont j'ai déjà eu l'occasion de parler (Gomboroko ou mieux Gombiraogo Ouidiraogo) me dit à ce sujet que, quand la récolte avait été bonne dans un village samo, la plupart des soirs tout le village était ivre pendant les mois qui suivaient la récolte. Les femmes et les enfants ne buvaient pas, mais les jeunes gens, les hommes, les vieillards et même les vieilles femmes s'en donnaient à cœur-joie. C'est comme cela que se récréaient nos heureux cultivateurs, patriarcaux et anarchiques, pour oublier les tracas de l'existence et les pillards mossis (1).

(1) Je tire de mes notes sur les Samos de Dédougou les renseignements suivants à comparer à ceux que je viens de donner sur les Samos du Yatenga :

A Biba, Niankoré, etc., il y a des chefs de quartier. Quand un chef de quartier meurt, c'est son héritier familial qui le remplace.

Pour le chef de village, à Biba, quand le chef de village meurt, c'est également son héritier familial qui le remplace. A Mara quand un chef de village meurt, les dix devins du village se réunissent. Ils lisent sur le sable celui qui doit remplacer le chef défunt, en choisissant exclusivement dans l'habitation de celui-ci. Une fois le nouveau chef choisi ils le présentent aux vieillards, chefs de famille et chefs d'habitation du village qui l'acceptent toujours. Il n'y a jamais de disputes à ce sujet. A Niankoré, quand le chef de village meurt, le tuikiri (chef des fossoyeurs) cherche le remplaçant du chef de village pendant sept ans et, en attendant, en exerce les fonctions. Il va voir les devins (gonkiris), pour leur demander qui doit succéder au défunt. Comme il y a trois familles qui sont en possession du privilège de fournir un chef au village, les gonkiris écartent la dernière qui a exercé ce droit et dans les deux autres choisissent, par le moyen de leurs pratiques ordinaires, le nouveau chef. Celui-ci ne fait pas de cadeaux aux gonkiris, les chefs ayant très peu d'autorité et leur titre leur étant une source d'ennuis bien plutôt que de profits.

Yaba avant l'occupation française était village indépendant. Biba était chef-lieu

Nous dirons maintenant un mot de la religion samo que nous diviserons en quatre points comme la religion foulsé et mossi :

d'un petit canton indépendant et commandait à 7 villages. Niankoré était village indépendant. Quand les Français survinrent pour la première fois, des spahis furent envoyés pour y loger. Les habitants de Niankoré refusèrent de les admettre et se battirent avec eux. Il y eut 6 ou 7 personnes tuées de part et d'autre. Les Français revinrent 18 jours après avec des tirailleurs et un canon. Les gens du village sortirent au devant des tirailleurs, furent vaincus, refoulés, ramenés dans le village et celui-ci fut pris. Plus de 100 habitants furent tués, d'autres furent faits prisonniers, d'autres s'échappèrent. On donna les prisonniers comme captifs aux tirailleurs qui en gagnèrent, certains, jusqu'à huit. Depuis ce jour Niankoré a dépendu des Français.

A Mara, qui était un village indépendant jadis, un Marka du pays, Lagui ou Alagui (c'est-à-dire El-Hadji, le pèlerin), grand marabout qui avait été à la Mecque, fit du prosélytisme quand il revint dans le pays, ordonnant de ne plus faire de sacrifices et de ne plus boire de dolo. A la fin il demanda des gens de bonne volonté pour faire colonne contre les villages fétichistes voisins et gagna ainsi des esclaves. Il arma ceux-ci de fusils et finit par devenir roitelet d'un minuscule royaume, se proclamant du reste chef de tous les Samos.

Ceci est bien caractéristique et montre comment se fondent les dominations parmi ces braves noirs cultivateurs, communautaires, sans pouvoirs publics.

Malheureusement pour le marabout, les Français survinrent et mirent la main sur le pays. Lagui ayant refusé de se soumettre fut attaqué et tué par le capitaine Nigotte (?).

Dans les villages indépendants on ne payait aucun impôt au chef du village. A Biba, capitale d'un petit canton, les habitants de Biba ne payaient rien à leur chef, mais les habitants des petits villages dépendants de Biba lui donnaient du mil après la récolte. A Mara, tant que le village resta indépendant, on ne paya rien au chef de village, mais, quand le marabout fut devenu le maître et eut fondé son minuscule royaume, on lui paya chaque année ce qu'il demanda comme impôt.

Pour la justice, dans les villages indépendants chaque chef de village la rendait assisté des anciens du village. A Biba, petit canton, chaque chef de village du canton jugeait avec ses anciens les affaires de son village, sauf les affaires très graves, qui allaient jusqu'au chef de Biba. Celui-ci jugeait ces affaires, les affaires survenues entre les villages du canton et les affaires de son propre village.

A Mara (avant le marabout) le chef du village ne s'occupait pas des affaires de dettes. Les intéressés seuls réglaient l'affaire. Si le débiteur ne voulait pas payer, le créancier lui tirait des flèches.

A Niankoré, quand le débiteur ne payait pas, le créancier avertissait le chef de village qu'il allait se payer sur quelque chose appartenant à l'habitation ou à la famille ou au quartier de son débiteur. Cette déclaration faite, il mettait la main sur ce qu'il pouvait, une femme, un cheval, un bœuf et le conservait jusqu'à ce qu'il fut payé. A Biba chaque chef de village réglait les affaires de dettes, c'est-à-dire ordonnait au débiteur de payer. Si celui-ci refusait, cela amenait la guerre entre les habitations.

Pour les vols, si le voleur était pris, sa famille payait pour lui. Si elle ne le faisait pas, le volé pouvait vendre le voleur. Si le voleur courait encore, le volé prenait son arc et ses flèches et le cherchait. Quand il l'avait trouvé ou bien celui-ci restituait ou bien le volé prenait à son tour quelque chose appartenant à l'habitation du voleur. Quelquefois l'affaire amenait la guerre entre l'habitation du voleur et celle du volé. Le chef de village, le premier feu de la guerre une fois passé, mettait les deux habitations à l'amende et leur faisait payer du mil.

Les affaires de coups et blessures n'avaient aucune suite.

Pour les meurtres, le chef de village intervenait (Mara) quand le meurtre n'était pas la suite d'une vendetta. Il vendait le meurtrier et prenait tous les biens de l'habitation à laquelle il appartenait. — Nos gens pratiquaient la vendetta : quand une famille avait eu un de ses membres assassiné, elle devait tuer quelqu'un de la famille du meurtrier, même après dix ou vingt ans écoulés. Le chef de village ne s'occupait

1° Les Dieux.
2° Les Rites.
3° Les Idées religieuses.
Et 4° l'Organisation sacerdotale.

Les dieux ne sont pas différents de ce qu'ils sont chez la plupart des Soudanais. Ce sont les Ancêtres, les Mauvais Esprits, la Terre, le Ciel, etc.

Pour les Ancêtres, on leur sacrifie en février, pour les remercier de la moisson, quoique celle-ci ait été faite longtemps auparavant (novembre). C'est une fête pour tout le village d'abord : le chef fait un sacrifice général pour celui ci. Il appelle les notables, anciens, chefs de famille et d'habitation et se rend avec eux à l'endroit où se font les sacrifices à la Terre. Là il sacrifie un bœuf pris chez quelqu'un de riche. Un gigot et la poitrine de la bête sont pour lui, le dos pour sa femme. Les vieillards se partagent le reste.

En dehors de ce sacrifice général, chaque chef de famille rassemble sa famille et offre un sacrifice pour elle aux Ancêtres de la famille. Dans chaque habitation de chef de famille samo, il y a une case quadrangulaire et basse pour les morts, blanche, la façade assez ornée. Dans cette construction est une toute petite case ronde en banquo, sans couvercle, dans laquelle il y a des pierres. Le chef de famille devant les hommes, jeunes gens, enfants, esclaves de la famille (seules les femmes sont exclues) tue cinq ou six poulets. Il en fait couler le sang sur les pierres et jette les plumes dans le sang. Il verse ensuite le dégué, en remerciant les Ancêtres pour tous les services rendus, santé, nombreux enfants, absence de maladies et leur demande de continuer leur protection à la famille. Ensuite celle-ci mange les poulets, on fait tamtam, on chante et on danse, on boit du dolo. La fête dure pendant sept jours (1).

En dehors de cette fête générale pour les Ancêtres, chaque fois qu'une femme dans la famille a gagné un enfant, le jour où l'on arrange pour

pas des morts par vendetta. Dans le petit canton de Biba, c'était le chef du canton qui réglait les affaires de meurtre : il faisait payer 4 bœufs par le meurtrier aux parents de la victime. A Niankoré, le chef du village entrait dans l'habitation du meurtrier et y fermait toutes les cases à mil, puis il exilait l'assassin et confisquait le mil. La famille du défunt n'acceptait pas toujours ce règlement et attaquait la famille du meurtrier. Alors le tuikiri, le chef des fossoyeurs, allait chercher le tourou, canari qui renfermait un grigri puissant, et, le plaçait entre les deux habitations. Si elles voulaient continuer à se battre, le grigri devait tuer l'assaillant et toute sa famille. Le tourou effrayait ainsi les combattants et ils cessaient la lutte.

Comme nous le voyons, il y avait souvent lutte entre les habitations, les familles. Les villages indépendants, c'est-à-dire la plupart des villages samos, se battaient aussi entre eux à cause de femmes enfuies, à cause de dettes, de vols, de meurtres. Bref la justice était livrée aux revanches particulières à cause de l'inorganisation politique. Du reste les villages samos ne faisaient pas colonne les uns contre les autres, n'ayant aucune ambition. Leurs luttes étaient des querelles de voisins, des batailles de famille si l'on peut dire ainsi. Elles ne s'élevaient pas jusqu'à la guerre politique — ce qui est une infériorité sociale mais une grande supériorité morale.

(1) En 1914 l'on a offert des sacrifices mais l'on n'a pas fait de fête à cause de la mauvaise récolte.

la première fois la tête de celui-ci, on apporte les cheveux coupés et le chef de famille les jette sur les cailloux dans la case aux Ancêtres. Puis il sacrifie un poulet et verse du dégué.

De plus, quand quelqu'un va trouver un devin et que celui-ci ordonne un sacrifice aux Ancêtres, on exécute ce sacrifice.

Les Mauvais Esprits sont également révérés.

Le chef de village sacrifie aux Mauvais Esprits pour que les maladies ne viennent pas sur le village, ses habitants et ses animaux, pour que les Mauvais Esprits ne les inquiètent pas. Il n'y a pas de jour fixé. Le chef de village offre ce sacrifice à l'endroit où l'on fait les sacrifices à la Terre. Il offre des poulets ou une chèvre ou un mouton.

Les Samos offrent des sacrifices aux Arbres.

Par exemple, quand on défriche, on respecte toujours un gros arbre au milieu de l'endroit défriché (de préférence un balansan, à défaut un caïlcédrat, un tamarinier, un n'toro, etc.) et on lui offre un sacrifice pour que les Mauvais Esprits qui sont dans l'arbre favorisent le cultivateur.

On sacrifie aussi à un grand arbre (appelé hida-gnina) situé auprès de chaque village. Les hommes et les femmes viennent le trouver, les hommes pour gagner des femmes, les femmes pour avoir des enfants.

Il y a aussi des bois sacrés à côté de presque tous les villages samos. Ces bois sacrés sont considérés comme les fils de la Terre et renferment des Mauvais Esprits. A ces deux titres, on leur demande des enfants, des richesses, des femmes, de la santé, etc.

On sacrifie aussi aux rochers et aux pierres. Auprès de Bangassoko il y a une roche possédée par un des chefs de famille de l'endroit. Quand on veut sacrifier à cette pierre, on va le trouver avec un poulet et il va offrir le sacrifice pour le postulant. Le poulet, ou en général ce qu'on offre, est pour lui. Cependant, si c'est une grosse pièce, il en remet un morceau à celui qui lui a fait offrir le sacrifice. Le but dans lequel on sacrifie aux rochers est le même que celui dans lequel on sacrifie aux arbres, aux bois sacrés, etc. : il s'agit toujours de gagner des enfants, du mil, des esclaves, etc.

On fait aussi des tas de pierres en dehors des habitations et les chefs d'habitation leur offrent des sacrifices. Il s'agit ici, paraît-il, de se mettre bien avec les Mauvais Esprits qui habitent autour des maisons et qu'on peut mécontenter en les bousculant ou en les frappant sans le vouloir, puisqu'on ne les voit pas. Lorsqu'on les a ainsi bousculés et frappés ils frappent les gens à leur tour et c'est cela qui rend malade (ainsi parlent du moins les devins). Aussi, pour leur montrer qu'il n'y a pas mauvaise intention de la part des gens de l'habitation, construit-on le tas de pierres susdit à l'endroit qu'ils fréquentent et leur offre-t-on des sacrifices. Les Mauvais Esprits deviennent alors camarades avec les gens de l'habitation et ne les frappent plus, même si on les bouscule ou si on urine sur eux sans le vouloir ou autres choses du même genre.

Les pierres du tonnerre (haches préhistoriques, etc.) ne sont pas ignorées des Samos. A Bangassoko, il y a une habitation qui, après chaque orage, va chercher ces pierres précipitées soi-disant par le tonnerre sur la surface du sol (ce sont même ces pierres qui vous tuent quand le tonnerre vous frappe) et leur offrent des sacrifices.

Les Samos font des sacrifices aux collines. Il y a dans chaque village une habitation qui offre ces sacrifices : c'est le chef de l'habitation qui les fait. Tous les ans, après la récolte, il va faire un sacrifice sur la colline pour la remercier de la récolte (on voit ici l'identité des Collines et de la Terre). En dehors de cela les gens du village offrent les sacrifices qu'ils veulent à cette colline, mais toujours par l'intermédiaire du chef de la colline. Si l'on offre un poulet, il est tout entier pour celui-ci. Si l'on offre un mouton ou une chèvre, la plus grande partie en est encore pour lui, mais il en donne aussi une partie à celui qui offre le sacrifice.

Pour les cavernes, on n'en trouve dans le pays samo du Yatenga qu'à Bangassoko et à Dio. On leur offre des sacrifices pour avoir des enfants, des richesses, des femmes, etc. Ce sont des filles de la Terre et elles possèdent également des Mauvais Esprits en quantité.

Les anciens hommes habitaient dans ces cavernes. Puis ils en sont sortis et ont construit des cases.

C'est un chef d'habitation spécial qui offre les sacrifices à la caverne à Dio comme à celle de Bangassoko.

Les Samos font aussi des sacrifices aux marigots chaque fois qu'ils en ont auprès de chez eux. C'est un chef d'habitation qui s'en occupe. Les marigots contiennent de Mauvais Esprits qui, comme tous les Mauvais Esprits, deviennent bons quand on leur offre des sacrifices. Ils sont méchants naturellement en ce sens qu'ils ne donnent pas assez d'eau ici, font noyer les gens quand ils le peuvent, etc. Ils commandent aux crocodiles et à toutes les bêtes du marigot.

Les Samos ne font pas de sacrifices aux crocodiles. Ils les mangent quand ils remontent pendant l'hivernage dans les marigots du Yatenga.

Ils ne font pas non plus de sacrifices aux pythons, qu'ils mangent et qui, du reste, sont rares chez eux.

En revanche, si un chasseur tue un lion ou un léopard, il faut qu'il fasse un sacrifice destiné à apaiser l'âme du lion ou du léopard, sans quoi il viendrait à mourir. Le chasseur prévient quelques gens du village qui transportent la bête en grand mystère. Quand le sacrifice est fait, on peut la faire voir à tout le monde.

Pour les hyènes il en est de même. Ce sont des bêtes sorcières de l'avis des Samos.

Le hibou est également un sorcier parce qu'il ne sort que pendant la nuit. On le mange cependant.

La Terre (tou en samo) est une divinité terrible. Elle ne fait pas de mal, il est vrai, aux gens qui sont honnêtes, mais elle en fait à ceux qui sont mauvais. On jure par elle et elle tue les parjures. Nous savons qu'il y a dans chaque village samo un endroit consacré à la Terre où on lui offre ses sacrifices et où on offre aussi tous les sacrifices collectifs quelconques du village. C'est là qu'on fait jurer les accusés et qu'ils sont jugés par la divinité (1).

L'Esprit de la Brousse est mauvais.

Le Dieu du Ciel est bon, pas si terrible que la Terre. On jure cependant aussi par lui, et, si l'on se parjure, il peut vous tuer, tout aussi bien que la Terre. Il donne l'eau du ciel, c'est-à-dire la pluie et fait ainsi pousser le mil.

Les chefs de village, seuls, lui font des sacrifices. Au moment des semailles, ils lui en font un pour qu'il envoie bientôt beaucoup d'eau au mil. On offre soit un poulet, soit un mouton, soit une chèvre, soit même un bœuf, devant tous les anciens du village réunis. Ce sacrifice est offert à l'endroit consacré à la Terre.

Quand la pluie ne tombe pas, on renouvelle ce sacrifice dans les mêmes conditions.

La lune, le soleil, les étoiles font partie du Ciel.

Passons maintenant aux Rites.

Les Samos n'enterrent pas leurs morts à l'intérieur de leurs habitations, mais en dehors. Il y a un coin pour les vieillards et les vieilles femmes, un pour les jeunes hommes et les jeunes femmes, un pour les esclaves. Seuls les petits enfants sont enterrés dans chaque habitation, mais auprès de la porte.

Par exception, le chef de village et sa première femme sont enterrés à côté de l'endroit redoutable où l'on fait les sacrifices à la Terre.

Quand un chef de village meurt, les vieilles femmes de sa famille lavent le cadavre, puis le passent au beurre de karité. Les frères fabriquent pendant ce temps-là une culotte, un boubou, un bonnet neuf avec lesquels on habille le mort. On le met dans une case spéciale au milieu de l'habitation où il reste pendant sept jours enveloppé dans une natte et placé sur plusieurs autres. Le cadavre ne pourrit pas parce qu'on a soin de le laver tous les jours avec de l'eau dans laquelle on a fait bouillir des feuilles de tamarinier. Pendant sept nuits de suite on fait le tamtam, de 6 heures du soir à 6 heures du matin. Toute la famille du défunt,

(1) On jure encore dans les villages samos (par exemple à Bangassoko) sur le nian (qui correspondrait au dio bambara). Le nian est la propriété d'un chef de famille quelconque qui exerce par tradition les pouvoirs de chef de nian dans le village. Il a devant sa porte une grande fourche, à cheval sur laquelle on a placé d'autres petites fourches, et il lui offre des sacrifices. Si quelqu'un est soupçonné d'un crime on l'amène jurer sur le nian. Quelques-uns refusent et avouent. Les parjures tombent malades et meurent. Le nian représenterait la Terre (sans doute par l'intermédiaire des arbres, de la Brousse). En tout cas le parjure commis sur ces fourches est considéré comme plus mauvais encore que le parjure commis sur la Terre nue. Non seulement, en cas de parjure sur le nian, le coupable est censé mourir, mais encore tous les gens de son habitation par dessus le marché, à moins qu'ils ne demandent pardon et ne fassent des sacrifices appropriés.

celle de sa femme, celles de ses gendres assistent aux funérailles. De même les camarades du mort, du village même et des villages voisins. Les griots sont là naturellement. On chante les chants funéraires et l'on danse les danses funèbres devant la case où est le corps, c'est-à-dire dans l'habitation même du défunt et l'on boit beaucoup de dolo.

A la fin de la semaine le chef des fossoyeurs fait creuser la tombe par ses gens. On fait un trou de 2 mètres de long sur 1 mètre de large et 2 mètres de profondeur. Au fond l'on creuse un trou latéral où l'on placera le cadavre pour que la terre ne pèse pas sur sa poitrine.

Quand tout est prêt, on prévient l'héritier familial. Tout le monde accompagne le mort au tombeau. Deux hommes le portent sur la tête, enveloppé dans sa natte. Les autres personnes suivent. Quand le cadavre a été déposé sur le bord de la tombe, deux des gens du chef des fossoyeurs le descendent au fond du trou, puis le mettent dans l'excavation latérale. Puis, avec de vieilles briques prises dans le village, ils la bouchent. Cela fait ils remplissent la tombe de terre. Alors les jeunes gens, femmes et enfants s'en vont. Les vieillards restent seuls. Le gendre du défunt va chercher une grosse pierre dans la brousse et la met sur l'emplacement approximatif de la tête, puis il sacrifie sur cette pierre un mouton à l'âme du mort. Tout le monde alors s'en va.

A partir de l'enterrement on fait encore tamtam pendant sept jours « pour remercier le défunt ».

Telle est la cérémonie pour les chefs de village. Pour les vieillards ordinaires elle ne dure qu'un jour avant l'enterrement et un jour après.

Pour un homme ou une femme qui ont eu des enfants on fait également tamtam.

Pour un homme ou une femme qui n'ont pas eu d'enfants, pour un jeune homme ou une jeune fille on ne fait pas tamtam. Pour les esclaves non plus.

On donne des cauris aux griots. Quant aux fossoyeurs on leur donne une bête à sacrifier pour le défunt pendant qu'ils creusent la tombe et la viande en est pour eux. On leur envoie aussi beaucoup de dolo.

Pour les fêtes des Samos, nous avons indiqué plus haut la principale qui est celle des Ancêtres (boumbou en samo) qui a lieu au commencement de février.

Un mois et demi après (fin mars) a lieu la fête que les Samos appellent dorontani. C'est celle où les chefs de village mangent pour la première fois du nouveau mil, c'est-à-dire du mil récolté en novembre (1). Jusque-là il leur est défendu de le faire. Ils se font à cette occasion raser la tête pour toute l'année et appellent auprès d'eux les gens du village. Entourés de ceux-ci, ils offrent alors un sacrifice solennel à la Terre. A l'occasion de cette fête, l'on fabrique et l'on consomme beaucoup de dolo.

(1) Les chefs mossis ne peuvent pas non plus manger le nouveau mil dès la récolte mais ils n'ont que deux mois à attendre.

Au mois de juillet (commencement de la pleine saison des pluies) a lieu encore une fête appelée doro. Le chef de village fait un sacrifice à la Terre pour que le mil pousse bien. Il offre soit un poulet, soit une chèvre, soit un mouton, du dégué et du dolo. Chacun peut faire le même sacrifice chez soi. L'on danse et l'on fait tamtam.

Pour la chasse il n'y a pas de fête. Nos Samos offrent cependant des sacrifices à cette occasion. Ils les font sur des grigris qu'ils ont chez eux, qu'ils appellent lougouhivora et qui représentent la Terre. Ces grigris sont des racines d'arbres, racines déterrées dans la brousse et autour desquelles on a enroulé des fils de coton. On les porte sur le corps ou bien on les pend à l'intérieur des cases au-dessus de la porte. C'est sur ces grigris que l'on sacrifie pour la chasse un poulet ou un chien.

Passons maintenant aux Idées Religieuses :

L'homme a deux âmes : le nini et le schenini. Le schenini semble être l'âme inférieure, celle par exemple qui est mangée par les sorciers quand ceux-ci vous font mourir. Le nini c'est l'âme supérieure qui va au pays des morts, revient visiter les vivants dans les rêves, se réincarne au sein des femmes, etc. Les animaux et les végétaux ont aussi ces deux âmes.

L'âme supérieure va au pays des morts (Guimbapa) qui serait situé dans le sud.

Les âmes des Ancêtres ne restent pas éternellement au Guimbapa. Elles reviennent dans le ventre des femmes sous forme d'enfants. On peut reconnaître l'ancêtre qui se réincarne à condition de consulter le devin car, le plus souvent, les marques positives font défaut.

Les jumeaux, eux, sont non pas des réincarnations des Ancêtres, mais de Mauvais Esprits. Si l'on a des jumeaux l'on fabrique deux petites corbeilles accolées l'une contre l'autre (c'est ce grigri que les Bambaras appellent sinsin et les Samos pinianbadondoné) puis on sacrifie là-dessus un poulet (ou une chèvre ou un mouton) et l'on verse du dolo. Si l'on ne fait pas ce sacrifice, le père ou la mère ou l'un des deux jumeaux doit mourir.

Les morts peuvent revenir mais pendant les rêves nocturnes seulement. Ils ne se manifestent pas quand on est réveillé. Celui qui a revu un mort pendant un rêve va trouver le goundakouli (devin) pour savoir ce que cela signifie. Le goundakouli cherche, et indique ce que le mort demande. On exécute alors son désidératum.

Quand quelqu'un meurt loin de son village et de chez lui, son esprit va prévenir ses parents à la faveur d'un rêve.

Tout ce qu'on rêve est vrai, au moins d'une vérité symbolique et préventive. Ainsi si vous rêvez que vous êtes mangé par un lion dans la brousse, ce rêve vous menace d'une aventure de ce genre dans la vie réelle. Aussi faut-il aller consulter le devin qui vous indiquera ce qu'il y a à faire pour conjurer le mauvais destin. Si l'on ne prend pas cette précaution il y a des chances pour que celui-ci vous choisisse comme victime.

Les Mauvais Esprits vous visitent aussi pendant les rêves et il faut également soumettre le cas aux devins.

Passons maintenant à l'Organisation religieuse.

Les chefs de famille, nous le savons, sont chargés des sacrifices familiaux. Les chefs de village, eux, sont chargés des sacrifices pour tout le village. Chez les Samos nous ne trouvons pas cette dualité entre le chef politique et le chef religieux que nous avons vue chez les Mossis et qui provient, comme nous le savons, d'une conquête politique, d'une superposition de races. Ici le chef du village a, naturellement et par là même qu'il est le chef du village, les pouvoirs religieux et il les exerce. Il s'aide du reste des indications des devins pour exécuter ses sacrifices.

Les Samos ont diverses sortes de devins : ceux qui regardent dans le sable et dans la poussière (tienkaré), ceux qui lisent les choses cachées avec les cauris (pamissaoudi), ceux qui regardent dans des calebasses pleines d'eau (lémoumas), ceux qui nettoient un endroit dans la brousse et mettent deux cailloux aux deux extrémités. Le lendemain ils viennent voir les traces de l'animal qui a passé sur le sable. Ce sont les télangakaras.

Tous ces devins reçoivent très peu de chose : 10, 15, 20 cauris. Aussi sont-ce des cultivateurs et vivent-ils surtout de leur culture.

Les devins sont désignés, au moins en partie, par la maladie. Ce sont des hommes qui tombent à terre avec des tremblements (épilepsie ?). Quand un homme est dans cet état on va consulter un devin qui indique les sacrifices à faire pour le guérir car c'est l'Esprit de la Brousse ou le Double Esprit de la Brousse (couple du mâle et de la femelle) qui s'est battu avec lui et l'a mis dans cet état. Une fois l'homme guéri par ces sacrifices, il rassemble les autres devins et avec une chèvre, du miel, des haricots, du dégué; il fait un sacrifice aux Esprits de la Brousse qui lui deviennent désormais favorables. Deux ou trois jours après, les gens du village viennent visiter le nouveau devin et le soumettent à une espèce d'épreuve : ils choisissent intérieurement un mot que l'homme doit deviner. S'il ne devine pas, on pense que c'est un menteur et personne ne vient le consulter. S'il devine, il entre dans la catégorie des devins qu'on respecte et qu'on consulte.

Parmi les devins, les uns, quand ils répondent aux demandes, sont dans leur état ordinaire, les autres tombent dans un état spécial relevant sans doute de l'hypnose.

Les Samos possèdent aussi des faiseurs de grigris (zièdanas). Ceux-ci font des ziè ou zè (grigris en général, basi en bambara) contre les diverses espèces de maladies. Le prix de ces ziè varie de 2 à 300 cauris.

Parmi les ziè, il faut distinguer les fourinziès (moso ou moson en bambara). Ce sont des boulettes en poudre d'écorce. On pile l'écorce de certains arbres et on la réduit en poudre, puis, avec cette poudre délayée dans l'eau, l'on fabrique les boulettes susdites. Quand quelqu'un tombe malade, l'on prend une de ces boulettes, on la fait dissoudre dans l'eau et l'on frotte avec cette eau le corps du malade depuis le haut jusques en bas.

Il y a aussi les grigris contre les serpents (appelés miniziès, de mini : serpent, en samo) qui sont les salakaris bambaras. Ils ont une double vertu, car à la fois ils vous empêchent de rencontrer les serpents et vous guérissent, si vous êtes mordu. Ils consistent en la racine d'un certain arbre qu'on fait bouillir et dont on avale l'eau.

On fabrique aussi des zoumouni (dasiri en bambara) pour les chefs de village. Si quelqu'un n'obéit pas à celui-ci et crie contre lui, le chef de village prend le zoumouni dans sa poche et dit au furieux : Attention ! S'il le sort et si l'homme voit le zoumouni, il mourra dans l'année. Ce grigri redoutable (mais qui n'a jamais empêché l'anarchie de régner dans les villages samos) est une queue de biche.

Les ziédanas, qui fabriquent tous ces grigris, sont des cultivateurs en même temps que des féticheurs. Et ils vivent plus de leur culture que de leur métier.

On devient ziédana soit parce qu'on est le fils d'un bon ziédana qui vous apprend son métier, soit parce qu'on achète le secret de fabrication d'un bon basi à quelqu'un, soit parce qu'on erre dans la brousse et que les Esprits de la Brousse vous donnent de bons médicaments.

Parmi les ziédanas existe la catégorie spéciale des fabricants de poison. Ceux-ci opéraient avant l'occupation française et, paraît-il, opèrent encore.

Les Samos possèdent aussi des féticheurs qui font tomber la pluie. Ce sont eux qui ramassent les pierres du tonnerre. Quand la pluie ne tombe pas pendant la saison des cultures, les gens du village apportent un poulet à notre féticheur. Celui-ci le tue sur le canari où il conserve précieusement les pierres ramassées. Ensuite il le plume et lui coupe le cou. Puis il monte sur la terrasse de sa maison et l'offre au dieu du Ciel en le suppliant de faire tomber la pluie. Si le dieu du Ciel y consent, le féticheur mange son poulet après l'avoir fait cuire avec l'eau tombée. Si la pluie ne tombe pas, l'homme laisse son poulet pourrir sur la terrasse de sa maison, jusqu'à ce qu'elle se décide à venir.

Les sorciers existent chez les Samos. Ceux-ci les appellent kouankouan. Ce sont des hommes ou des femmes qui livrent aux autres sorciers du village l'âme de quelqu'un de leur habitation. On fait des sacrifices à la Terre et aux Ancêtres pour se défendre contre eux.

Si, pendant un rêve, l'on se voit poursuivi par un taureau ou attaqué par un chien, l'on croit ici que c'est le signe qu'un sorcier vous attaque réellement et alors on va consulter le devin. Celui-ci vous donne le nom du sorcier et indique tel ou tel sacrifice pour rendre l'attaque sans effet.

Les Samos croient, comme les autres Soudanais, que les sorciers pondent des œufs. Quelques Samos ont donc des grigris (youvaré ou youvara) pour faire pondre un œuf au sorcier. On pend ces grigris dans les cases à côté ou au-dessus de la porte.

Les anti-sorciers existent : on les appelle kouankouan comme les sorciers eux-mêmes : du reste ils ne sont pas autre chose que de bons sorciers qui pourraient manger l'âme des gens et qui ne le font pas. Ils connaissent les sorciers, leur disputent les âmes attaquées, les leur enlèvent et les menacent de les tuer s'ils veulent recommencer.

On s'adresse aux devins, dans tous les cas de mort, pour savoir si c'est un sorcier qui a tué le défunt et pour connaître les sacrifices à offrir pour empêcher les sorciers de continuer à manger les âmes des gens. Il paraît qu'on n'a jamais pris d'autres mesures chez les Samos du Yatenga contre les sorciers, qu'on ne les tuait ni ne les exilait jadis.

A Lankoy existe une société religieuse secrète, le sikou ou sougou.

Cette société a un chef et des initiés habillés d'un vêtement en fibres de chanvre qui forme capuchon sur la tête et où il y a des trous pour les yeux. Comme il n'y a pas de bois sacré à Lankoy, le siège du zougou est dans une case au milieu du village. Le dieu ne sort que pendant la nuit.

Avant la nuit où il va sortir on prévient tout le village car ne peuvent voir le sougou que les initiés. (Les femmes peuvent s'initier comme les hommes, à la différence du komo bambara). Les non-initiés qui voient le sougou tombent malades et meurent, à moins de se racheter avec des cauris, des poulets, des chèvres, etc. Quand le sougou est sorti, les initiés font tamtam et dansent. Il y a des chants et des danses spéciales.

On craint les gens du sougou ou sougoumani (c'est-à-dire les fils du sougou).

Il y a une sorte d'initiation pour les jeunes filles qui les rendrait folles temporairement.

Nous en avons fini avec l'Organisation religieuse et la Religion en général (1). Nous terminerons en disant quelques mots : 1° de la circoncision et de l'excision ; 2° des diamous samos.

La circoncision se fait quand les garçons atteignent l'âge de 7 ou 8 ans et l'excision au même âge pour les filles. Ce sont les forgerons qui opèrent la circoncision des garçons et de vieilles femmes qui opèrent celle des filles. On leur verse une rétribution très minime, 20 ou 30 cauris pour les garçons, 100 cauris pour les filles. Il n'y a pas, paraît-il, de retraite pour les garçons (ni pour les filles) ni de fête finale terminant cette retraite. Le chef de famille de l'enfant fait cependant à cette occasion un sacrifice aux Ancêtres avec une bête apportée par le père du jeune circoncis ou de la jeune fille excisée.

(1) J'ai rassemblé à l'Appendice n° XVII des renseignements intéressants sur la religion des Samos de Dédougou. Je prie le lecteur de s'y reporter pour faire la comparaison avec les renseignements que je viens de donner.

Quant aux diamous des Samos du Yatenga voici les principaux, placés dans l'ordre approximatif de leur importance numérique :
Tanguiri.
Sarambé.
Koussoubé.
Zougouri.
Taupain.
Ibrahango.
Kénié.
Guirabo
Zarpéré.
Zérébo.
Dieni.
Zazou.
Gomina.
Tiéyan (ou Kiéyan).
Tao (ou Taou).
Boysan.

Il y en a d'autres mais rares. Ajoutons qu'on trouve aussi dans le pays samo des diamous qui ne sont pas samos et qui proviennent pour la plupart des forgerons foulsés qui sont venus s'établir dans les villages, à côté des forgerons samos proprement dits (1). Enfin quelques diamous indiquent l'établissement dans le pays samo de familles étrangères isolées (2).

Diamou se dit m'boula ou boula en samo.

Les Tanguiri ont pour tabou (damané en samo, n'tamna ou n'téné en mandé) l'âne, les Sarambé le python, les Koussoubé le cheval. Les Guirabo, les Gomina, les Kiéyan ont encore l'âne.

Les Sarambé ne croient pas descendre du python : ils ne peuvent pas y toucher parce qu'un de leurs ancêtres ayant mis un python dans sa peau de bouc, celui-ci y fit des incongruités. L'ancêtre jeta dans la brousse le python et la peau de bouc, disant qu'il ne voulait plus avoir de rapports avec ce sale animal. De là viendrait qu'il est défendu à ses descendants de le tuer et de le manger.

Les Tanguiri, les Guirabo, les Gomina, les Kiéyan qui ont l'âne pour tabou ne peuvent y toucher à cause de ceci : une année de famine, un de leurs ancêtres employa son âne à aller chercher du mil, puis il vendit ensuite cet âne toujours contre du mil. Personne ne mourut de faim dans l'habitation. Alors l'ancêtre, par reconnaissance, déclara l'âne intangible. De là vient que ses descendants ne peuvent ni tuer un âne, ni le manger.

(1) Ainsi Forogo (ou Fologo ou Korogo ou Kologo), Ouarma, Kindo, Zallé, Zono, Bilémou, Ouomtané, etc.
(2) Ainsi Diara.

Les Koussoubé ne savent pas pourquoi ils ont le cheval comme tabou.

En résumé les Samos actuels ne considèrent plus leurs diamous ou totems comme des diamous de descendance. Ils attribuent le tabou qui y est attaché à la reconnaissance, ou au dégoût, pour l'animal totem et non plus au fait qu'ils proviendraient de celui-ci.

Nous en avons fini avec les Samos. Pour le vocabulaire samo promis au commencement de ce livre, le lecteur voudra bien se reporter à l'Appendice n° XVIII.

LIVRE XIII

Les Silmi-Mossis

Les Silmi-Mossis sont une race mixte très intéressante qui se trouve dans les cercles de Ouahigouya et de Ouagadougou.

Les races mixtes ne sont pas rares en Afrique occidentale : les Toucouleurs du Fouta-Toron, les Foulahs du Fouta-Djallon, les Ouassouloukés, les Foulankés, les Khassonkés, sont des races mixtes composées de Peuls et de nègres, de Peuls et de Sérères (ou de Ouolofs) pour les Toucouleurs, de Peuls et de Mandés (principalement Malinkés) pour les autres races. Mais on remarquera que toutes ces races mixtes se trouvent à l'ouest de la Boucle. Dans la boucle du Niger même, où sont les races voltaïques, il y a eu peu de mélange de Peuls avec les nègres. Les Silmi-Mossis, mélange de Peuls et de Mossis, sont la seule race mixte que l'on connaisse de ce côté et encore sont-ils fort peu nombreux et peu connus.

Le mot Silmi-Mossi veut dire « Peul-Mossi » en langage mossi, de Silmiga (au pl. Silmisi) qui veut dire peul, foulbé, et de Mora (au pl. Mossi) qui désigne naturellement les Mossi. On devrait donc dire exactement un Silmiga-Mora au singulier, des Silmisi-Mossi au pluriel, mais, par abréviation, les Mossis disent un Silmi-Mora, des Silmi-Mossis.

La Monographie de 1904 dit au sujet de leur origine :

« A côté des Foulbés nous devons aussi placer les Silmi-Mossis qui sont venus dans le Yatenga il y a 70 ans et qui proviennent du croisement d'un Peuhl avec une Mossi.

Il y a environ 150 ans [donc en 1753] un Fittobé de Bahn, de la famille du chef actuel Demba Sidiki, voulut se fixer dans la région de Téma, aujourd'hui cercle de Ouagadougou. Sa femme étant morte sans laisser d'enfants, ce Peuhl obtint avec quelques bœufs une femme mossi, fille du chef de Téma, de qui il eut plusieurs enfants formant ainsi la souche des Silmi-Mossis ».

De son côté, Vadier dit :

« Vers 1780, sous le règne du chef peul fittobé Hamat Diam, habitant Bahn, un Peuhl nommé Pabé quitta seul la région de Bahn pour faire paître son troupeau dans la région de Téma (cercle de Ouagadougou). Là il se maria avec la fille du chef de cette province qui était de race mossi (cette femme se nommait Siboudou) et avec une femme peuhl de Ouagadougou. Pabé s'installa à Téma, n'eut aucun enfant de sa femme peuhl, mais sa femme mossi lui donna cinq fils et une fille. Les fils s'appelaient Mali, Koumbasé, Garba, Faéné, Sambo, la fille Sadia.

La fille se maria avec un Mossi de Gourki, au nord de Téma, mais n'eut aucune progéniture. Pabé et ses fils revinrent à Kalsaka (Yatenga), à 60 kilomètres au sud-est de Ouahigouya où ils firent à la fois de l'élevage et des cultures. Pabé laissant ses enfants à Kalsaka vint mourir à Banc.

Garba et ses frères, craignant de ne pouvoir être reçus par la famille de leur père ayant dans les veines du sang mossi, restèrent à Kalsaka où ils se marièrent avec des femmes mossi.

Les descendants s'unirent par la suite avec des Mossis, mais jamais avec des Peuls.

Devenant nombreux, les Silmi-Mossis durent quitter en partie Kalsaka. Les uns s'installèrent à Béma, Bérenga, Rima, Tougo, Lébenga, puis s'étendirent sur le cercle de Ouagadougou à Téma, Yako, etc. »

En définitive, les Silmi-Mossi sont issus d'un mélange de Peuls (Peuls Fittobés) et de Mossis.

Le type physiologique est plutôt mossi que peuhl et dans ce mélange les Mossis semblent l'emporter.

Les Silmi-Mossis occupent dans le Yatenga le bassin de la partie sud de la Volta Blanche, depuis Tougouya environ jusqu'à Bérenga. Arrivés là, au point de jonction du marigot de Todiam et du marigot de Niességa qui forment réunis la Volta Blanche telle qu'on la trouve dans le cercle de Ouagadougou, ils suivent, au nord, la vallée du marigot de Niességa depuis Rodoma et Béma à l'est jusqu'à Tarba et Kountighé à l'ouest. Ce sont là les Silmi-Mossis des régions de Tougouya, Koukabako, Kalsaka, Rodoma, Tougo et Goursi.

De plus quelques Silmi-Mossis se sont établis plus au nord, dans le thalweg du marigot de Todiam, parmi les Foulbés Torombés depuis Bassanga jusqu'à Titao et d'autres mêmes ont poussé dans le nord du cercle jusqu'à Koumbané, Damdollé et Pogoro.

En définitive, les Silmi-Mossis sont surtout établis dans le sud-est du Yatenga, sans avoir pénétré pourtant dans les grands cantons de l'extrême sud-est (le Koussouka, le Zitenga et le Riziam).

Ils forment 45 villages (ou quartiers de village, car ils sont souvent établis dans un village mossi où ils forment un quartier à part). Comme ils sont 5.627 exactement (d'après mon recensement de mars 1915), cela fait 125 personnes par village (ou quartier) en moyenne. On voit donc que les Silmi-Mossis forment de petits établissements, tendance qui se trouve encore plus caractérisée et plus accentuée chez les Peuls purs.

Les Silmis-Mossis du Yatenga font de la culture et de l'élevage avant tout.

Ce qui est le plus important chez eux est la culture, car un certain nombre d'entre eux n'ont pas de bestiaux. Même ceux qui ont des bestiaux font plus de culture que d'élevage, sauf ceux qui sont très riches en bétail.

D'une statistique sur les bestiaux, faite par moi d'après ma tournée de mars 1915, il résulte que ce sont des bœufs qu'ils possèdent principalement. Ils en ont 1.857, ce qui donne une tête de bétail par trois personnes. Ensuite viennent les moutons (901), soit une tête par six habitants ; puis les chèvres (801), soit une tête par sept habitants.

Ils ont quelques chevaux, juments, poulains et surtout des ânes. Ils ont 202 ânes, soit une tête par 28 Silmi-Mossis, et 156 chevaux, soit une tête par 36 Silmi-Mossis.

Il est curieux de comparer cette statistique à une statistique analogue que j'ai faite en décembre 1908 (soit sept ans auparavant) dans une tournée de recensement des Silmi-Mossis du cercle de Ouagadougou. Le chiffre que j'ai trouvé alors est absolument le même pour les bœufs (1 bœuf par trois habitants) et pour les chèvres (1 chèvre par sept habitants). Il n'en est pas de même pour les moutons, les ânes, les chevaux, mais je serais porté à croire, pour diverses raisons, que les chiffres de 1915 représentent mieux la vérité pour l'ensemble des Silmi-Mossis que mes chiffres de 1908.

En tout cas les Silmi-Mossis ont partout un bœuf par trois habitants, tandis que les Peuls ont un bœuf par demi-tête d'habitant, soit deux bœufs par tête.

Ajoutons, pour la caractéristique de l'élevage silmi-mossi, que ce sont les hommes qui traient les vaches chez eux et non pas les femmes, à l'encontre de la coutume peuhle d'après laquelle ce sont les femmes qui traient.

La raison donnée est que les femmes, cherchant à gagner le plus possible de cauris, traient à fond, cherchant à avoir le plus de lait possible. Alors les veaux dépérissent ou n'augmentent pas comme ils devraient faire. Aussi les anciens des Silmi-Mossis ont ils établi, me dit-on, que les hommes plus sages que les femmes traieraient et non pas elles.

En fait la même raison pourrait être invoquée par les Peuls pour empêcher les femmes de traire. S'ils ne l'invoquent pas, c'est que sans doute la quantité de bétail qu'ils ont leur permet de moins se préoccuper du bon état des veaux ou permet aux femmes d'être moins âpres à la traite du lait. Au contraire les Silmi-Mossis en ayant moins sont tenus à une plus exacte discipline sur la nourriture des jeunes animaux. C'est du moins la seule raison que je voie pour expliquer la différence.

Il peut se faire aussi tout simplement que les femmes silmi-mossi étant d'origine mossi ne sachent pas ou ne veuillent pas traire ce qui ferait ainsi retomber la besogne sur les hommes (1).

(1) Vadier dit plus haut que les Silmi-Mossis s'unissent exclusivement avec des

Quant à la garde de leurs bestiaux, les Silmi-Mossis l'effectuent eux-mêmes, comme les Peuls, et ne donnent pas à garder leurs bestiaux à des Peuls, comme le font les nègres purs.

Notons que les Silmi-Mossis font de la chasse, comme les Mossis et à l'encontre des Peuls qui n'en font pas. Ils font cette chasse en battues générales pendant la saison sèche dans leurs villages propres et, quand ils forment quartier dans un village mossi, ils chassent avec le reste du village. Ils n'ont d'ailleurs pas de chasseurs de profession.

En revanche ils ne pratiquent pas la pêche.

Ils font la cueillette comme les Mossis (karités, nérés, tamarins, etc.). Ne parlons pas d'arboriculture.

En définitive on peut classer ainsi chez eux les arts vivriers par ordre d'importance :

Culture	55 o/o
Elevage	30 —
Cueillette	10 —
Chasse	5 —
Pêche	»
Arboriculture	»

Donnons quelques détails sur la culture :

C'est naturellement le mil qui est ici la grande culture avec son adjuvant ordinaire, le maïs. Les arachides sont cultivées en assez grande quantité ainsi que les haricots. Ce sont là deux cultures dominantes, après le mil, avec le maïs.

Les Silmi-Mossis font un peu, très peu de riz (à Titao, Koukabako), de fonio (Koukabako). Ils font aussi un peu de pois arachides et de sésames.

En fait de tubercules ils ne cultivent guère que des oussounifing et en petite quantité (à Béma). Ils ne font ni patates, ni ignames, ni manioc, ni taro.

Ils cultivent les courges comestibles.

Comme condiments ils cultivent en petite quantité le gombo, l'oseille africaine, les tomates (à Rodoma). Ils font très peu de piment, pas, pour ainsi dire.

filles mossi et non avec des filles peuhles. Cela doit s'entendre en ce sens *que quand les Silmi-Mossis ne s'unissent pas avec des filles silmi-mossi (ce qui est le cas le plus fréquent* puisque les Silmi-Mossis forment maintenant une population de près de 6.000 âmes rien que dans le cercle de Ouahigouya et sans compter les Silmi-Mossis de Ouagadougou) ils s'unissent avec des filles mossi et non pas avec des filles peuhles Mais au début la race résulta de l'union de Peuls avec des filles mossi. Celles-ci ne surent ou ne voulurent peut-être pas se mettre à la traite des vaches et par conséquent ne l'enseignèrent pas à leurs filles. Ce qui fait que la besogne retomba sur les hommes. Ou peut-être au contraire, leur extrême avidité dans la traite des vaches leur fit-elle retirer cette occupation par les hommes.

Pour les cultures non vivrières, les Silmi-Mossis cultivent assez de coton, autant que les Mossis du Yatenga. Ils font aussi assez de tabac (Bomé-Iri, Kalsaka, Lébenga, Koukabako) qu'ils utilisent pour eux-mêmes ou qu'ils vendent. Ils font quelques pieds de chanvre (berenga, berempéléga, c'est-à-dire chanvre blanc), des calebasses non comestibles pour l'usage domestique. Les Silmi-Mossis ne cultivent pas l'indigo, mais les vieilles femmes cueillent les petites feuilles de l'arbuste indigotier dans la brousse et en font des pains qu'elles vendent aux teinturiers.

Disons un mot de l'industrie.

Les Silmi-Mossis n'ont pas de menuisiers, pas de fabricants d'objets en bois, comme le sont par exemple les Laobés chez les Peuls, les voguésaras chez les Gourounsi. Ils achètent les objets en bois dont ils ont besoin, mortiers, pilons, etc., à des Laobés de Foulbés Torombés établis chez eux (à Ouembatenga, Mangoulouma).

Pourtant les Rimaïbés des Silmi-Mossis (car eux aussi ont quelques Rimaïbés) fabriquent des arcs.

Pour la paille, les Silmi-Mossis font des nattes grossières, des chapeaux en paille.

Pour les fibres, tous les Silmi-Mossis savent faire des cordes. Pourtant quelques-uns d'entre eux se spécialisent dans cette fabrication et cette vente. L'un de ces cordiers aurait gagné 15 génisses pendant sa vie à ce métier. Les fabricants de corde n'exercent leur métier que pendant la saison sèche.

Pour le tissage, une moitié des Silmi-Mossis ne veut pas le pratiquer, disant que leurs grand'pères le leur ont défendu depuis qu'un accident malheureux était arrivé : un jour un tisserand aurait tué sans le vouloir un jeune enfant avec qui il s'amusait, en lui jetant à la tête un de ses instruments. Depuis ce jour leurs ancêtres leur auraient défendu le tissage. Mais les autres Silmi-Mossis tissent et c'est même un des métiers les plus développés dans cette population.

Pas de tailleurs : tout le monde coud ses habits (les hommes comme d'ordinaire au Soudan, non les femmes).

Ils aiment du reste beaucoup à les teindre en un ignoble jaune-brun qu'ils obtiennent avec les feuilles du kondéré et du siga.

Il n'y a pas chez eux de maçons : chacun construit sa case. Pas de potiers : la poterie est achetée aux femmes des forgerons foulsés.

Les Silmi-Mossis n'ont pour ainsi dire pas de cordonniers. Ils en ont deux seulement (pour une population de près de 6.000 personnes) l'un à Ottoum, l'autre à Béma, faisant des selles, des enveloppes de grigris, des chaussures pour femmes, etc.

Les Silmi-Mossis n'ont pas de néouâdas, c'est-à-dire de gens qui cassent les pierres, de carriers (on dit nanloras dans le cercle de Ouagadougou, mais ce terme est inconnu à Ouahigouya). Les femmes Silmi-Mossis qui ont besoin de meules dormantes ou de molettes vont trouver le néouâda mossi dans la brousse où il se tient généralement pendant la saison sèche et lui apportent 25 ou 50 cauris selon la pierre qu'elles désirent. Elles lui apportent aussi le bois qu'il lui faut pour faire éclater les roches. Le néouâda met son bois soit sous la roche quand il le peut, soit sur celle-ci quand il ne peut pas procéder autrement. Quand le feu a fait son action pendant trois ou quatre heures, le néouâda prend une grosse pierre aiguë et frappe la roche avec elle. Une fois qu'il a obtenu des blocs ayant approximativement la forme et les dimensions voulues, il les refrappe et les retaille grossièrement avec un morceau de pierre dure, puis remet à la femme l'objet demandé (1).

En ce qui concerne l'industrie du métal, les Silmi-Mossis n'ont ni forgerons, ni bijoutiers. Quand ils ont besoin d'instruments en fer ils s'adressent aux forgerons foulsés.

Les pipes en bois, terre ou fer sont achetées aux mêmes forgerons.

On voit que l'industrie des Silmi-Mossis est plus que médiocre. Ils ne travaillent ni le bois, ni le cuir, ni la pierre, ni le métal. Ils n'emploient que la paille (soit pour la couverture de leurs cases, soit pour ce que nous avons vu plus haut), les fibres, les textiles (le coton). Pour la teinture, ils ne pratiquent pas la teinture à l'indigo, mais la teinture plus primitive au kondéré et au tziga. Pour le travail de la terre ils ne font pas de poterie mais seulement les murs de leurs cases.

L'industrie est donc infiniment médiocre chez eux.

Le commerce est un peu plus développé, non pas que les Silmi-Mossis soient de grands commerçants, loin de là, mais enfin ils font autant de commerce que les Mossis. Quelques-uns vont vendre des bestiaux en Gold-Coast et en Côte d'Ivoire (bœufs châtrés, moutons, chevaux, ânes). Ils rapportent des kolas. D'autres vont vendre des bandes de coton dans le nord (Saraféré, Djibo, Hombori) et en rapportent des moutons. Ils ne font pas le commerce du sel qu'ils achètent aux Yarsés sur les marchés du Yatenga.

Bref, ils font un peu de commerce appuyé sur les bestiaux et les rouleaux de bandes de coton.

On voit quel est en définitive le travail des Silmi-Mossis : culture dominante, élevage très important, cueillette, un peu de chasse, industrie infiniment médiocre, un peu de commerce.

---

(1) La pierre employée pour faire les meules dormantes et les molettes est, si je ne me trompe, du granit de couleur bleuâtre. Le granit ne se trouve pas partout dans le Yatenga, mais auprès des villages suivants, sur les petites montagnes ou collines avoisinantes : Sabouni, Ronga, Dim, Tangaï, Bouloulou, Koudoumba, Nangò, Diogoré, Gambo, Bérenga et Piga-Sorodé.

Ces pierres s'appellent piga (pinsi au pl.) ou bien pinsikougouri, pinnkougouri, etc.

Les néouâdas exercent leur métier pendant la saison sèche et pendant la saison des pluies cultivent.

La famille Silmi-Mossi est plus désintégrée que les familles que nous avons examinées jusqu'ici et cela se comprend car ils sont un composé de Peuls où la famille est très désintégrée et de Mossis où elle l'est moins. Ce résultat donne la combinaison que nous allons voir.

Il y a plusieurs étages dans la famille silmi-mossi :

1° La famille totale qui se subdivise à son tour en vraie famille totale et en sous-famille.

2° L'habitation.

3° Le ménage.

Au sujet de la famille totale il n'y aurait que 12 vraies familles chez les Silmi-Mossis ce qui pour 5.627 personnes ferait des familles de 469 personnes en moyenne. Le chef de ces familles marie en principe les filles de toute la famille mais en fait il ne les connaît pas et ne fait que ratifier les propositions des chefs de sous-famille. Il possède aussi la case des Ancêtres de la famille et fait les sacrifices pour toute la famille.

En fait les 5.627 Silmi-Mossis sont répartis en 45 petits villages ou quartiers de village, comme nous le savons, ce qui fait des villages de 125 personnes en moyenne où sont représentés une, deux, trois ou quatre des familles fondamentales. Exactement il y a 74 sous-familles réparties dans les 45 villages ce qui fait en moyenne de près de deux sous-familles par village. La sous-famille groupe donc environ (5.627 : 74 = 76) 76 personnes environ.

En principe ce n'est pas le chef de la sous-famille qui marie les filles mais en réalité il le fait puisque ses propositions sont toujours agréées par le chef de la famille totale qui ne connaît pas les filles dont il s'agit et ratifie de confiance.

En tout cas ni la sous-famille ni la famille totale ne forment l'unité économique. Celle-ci est représentée par l'habitation (zaka ou iri comme en mossi) qui comprend plus ou moins de personnes mais en moyenne 11 ou 12, c'est-à-dire deux ménages seulement. Du reste voici un tableau qui donne tous détails à ce sujet :

Villages	Personnes	Habitations	Nombre de personnes par habitation
Nongofaéré. . . .	97	10	10
Tougouya . . .	20	2	10
Kondilima . . .	46	7	7
Rima.	125	6	21
Tougo-Lébenga .	93	10	9
Rassoumdé. . .	85	6	14
Mangoulouma. .	55	4	14
Rikéba	545	52	10
A reporter . . .	1.066	97	

Villages	Personnes	Habitations	Nombre de personnes par habitation
Report	1.066	97	
Kindiba-Lossé	211	15	14
Bassikoroma	100	8	12
Ridimba	114	11	10
Rogo	13	1	13
Kountighé	30	2	15
Tarba	44	5	9
Kayéghé	55	4	14
Bougounam	8	1	8
Bassanga	47	5	9
Titao	134	8	17
Koumbané	88	9	10
Damdollé	29	1	29
Kandaga	123	6	20
Goubouré	142	8	18
Zougalé-Iri	86	3	30
Rofo-Bangasila	63	4	16
Bomé-Iri	161	6	27
Koukabako	172	11	16
Kokoga-Tougouya	100	6	17
Outtoum	79	6	13
Mangoulouma	34	3	11
Iria	69	7	10
Gouria	291	23	13
Tapéré	74	6	12
Kalsaka	263	17	15
Vouavoussé	274	33	8
Rodoma	292	37	8
Tibtenga	288	31	9
Béma	811	72	11
Ouembatenga	28	3	9
Bérenga	100	12	8
Komtoëga	160	23	7
Pogoro	146	7	21
Total	5.695	491	11 à 12

Comme on le voit en étudiant cette liste, les habitations à 2 ménages (10 à 14 personnes) sont les plus nombreuses. Quant aux habitations à plus de 2 ménages (15 à 30 personnes) et aux habitations à un seul ménage (au-dessous de 10 personnes) elles se contrebalancent d'une façon égale (1).

Comment sont constituées ces habitations? Groupant peu de personnes elles sont généralement intégrées. On travaille la plupart du temps pour le chef d'habitation pendant la saison des pluies. Il existe aussi des petits champs particuliers. Pendant la saison sèche, si l'on travaille, c'est pour soi. En revanche le chef d'habitation nourrit les gens de l'habitation la moitié de l'année environ. Il ne les habille pas. Les gens de l'habitation se nourrissent la moitié de l'année eux-mêmes et s'habillent avec le produit de leur travail.

Voici du reste quelques notes à ce sujet recueillies dans les villages ou quartiers silmi-mossis :

A Goubouré, Zougalé-Iri, il en est comme nous venons de le dire. A Bomé-Iri (ou Toudiboma) il en est de même en général. Pourtant deux cas excentriques sont à noter dans ce dernier village : dans une habitation (précisément celle du chef de famille qui est également le chef de village et qui groupe plus de personnes que la moyenne), les ménages travaillent chacun à part et non pour le chef d'habitation : excentricité tendant à la désintégration. Dans une autre habitation au contraire le chef nourrit ses gens toute l'année, ce qui constitue une autre tendance excentrique mais qui tend, celle-ci, à une intégration plus grande.

A Rofo et à Bangasila les chefs d'habitation nourrissent leurs gens 11 mois sur 12.

A Koukabako c'est le type ordinaire.

A Outtoum aussi. Les gens des habitations travaillent pour le chef d'habitation trois jours sur quatre pendant la saison des pluies. Le quatrième jour est pour eux. Les jours où ils travaillent pour lui ils le font de 7 heures du matin à 4 h. 1/2 de l'après-midi. Le reste de la journée est pour eux. Pendant la saison sèche ils ne travaillent pas pour lui sauf cas exceptionnels et sauf aussi les femmes qui filent le coton récolté sur les champs de l'habitation. Le chef d'habitation nourrit ses gens la moitié de l'année.

A Gouria il en est de même.

A Kalsaka on travaille pendant la saison des pluies 4 jours sur 7 pour le chef d'habitation. En revanche il nourrit ses gens la moitié de l'année.

A Vouavoussé on travaille pendant la saison des pluies 3 jours sur 5 pour le chef d'habitation. On est nourri 6 mois sur 12, pas habillé. Dans d'autres habitations du même village on travaille 3 jours sur 4 pour le

---

(1) En résumé, les familles fondamentales chez les Silmi-Mossis, qui sont au nombre de 12 comme nous le savons, comptent en moyenne 459 personnes et 38 habitations. Les sous-familles, qui sont au nombre de 74, comptent en moyenne 76 personnes et 6 habitations. Enfin les habitations comptent en moyenne 11 à 12 personnes, soit 2 ménages environ.

chef d'habitation mais jusqu'à 4 heures de l'après-midi seulement. On est nourri 6 mois sur 12, pas habillé.

A Rima on travaille pour le chef d'habitation pendant la saison des pluies 4 jours sur 7, comme à Kalsaka. On est nourri pendant 6 mois et pas habillé.

A Rasoumdé on travaille pour le chef d'habitation 2 jours sur 3, de 6 heures du matin à 4 heures de l'après-midi. Le troisième on travaille pour soi : ceci pendant la saison des pluies seulement bien entendu. En revanche on est nourri la moitié de l'année mais pas habillé.

Il n'y a pas de prix d'achat pour les filles mais seulement des cadeaux : soit 1.000 cauris, 10 canaris de dolo et un bélier le jour du mariage — ou bien une natte, un poulet, de 3.000 à 5.000 cauris, 20 canaris de dolo, un bélier, 3 paniers de farine de mil, 4 kilogs de sel, sept boules de soumbara, 5 kolas et 3 canaris de miel.

Pour l'héritage, quand un chef de famille totale meurt, ses biens particuliers passent à ses héritiers suivant la dévolution que nous verrons tout à l'heure pour les chefs de ménage. Quant à l'héritage familial, c'est-à-dire au commandement de la famille, il passe au plus ancien de la branche familiale qui doit venir après celle qui vient d'être représentée. L'héritier familial ne prend pas de biens, puisqu'il n'y a pas de biens familiaux, mais il prend les « Kimsé » ou Ancêtres de la famille ou plutôt ce qui les représente. Il hérite en un mot de ce que contient la case aux Ancêtres et le mettra chez lui dans une case aux Ancêtres qu'il fera construire s'il n'en existe pas déjà une vieille dans la maison. C'est lui qui fera désormais les sacrifices pour toute la famille.

Pour la dignité de chef de sous-famille, on suit la même dévolution parmi les habitations qui composent celle-ci. Quant aux biens particuliers du défunt ils vont à ses héritiers suivant la dévolution ordinaire des biens de ménage.

Pour l'habitation, au décès d'un chef d'habitation, c'est le frère puîné qui prend le commandement de l'habitation. Cependant si celle-ci compte, ce qui peut arriver, des cousins germains ou issus de germains, il faut que chaque branche soit représentée tour à tour dans le commandement de l'habitation. En fait celles-ci étant, la plupart du temps très petites, comme nous le savons, c'est généralement le frère puîné qui hérite. Le nouveau chef ici n'a pas qu'un commandement nu à prendre : il prend les champs communs de l'habitation, c'est-à-dire leur direction et leur gestion.

Quand un chef de ménage meurt (et aussi les chefs de famille, sous-famille, habitation en tant que chefs de ménage) les biens vont aux fils, sauf les femmes qui, pour une raison de décence, sont dévolues aux frères. Les filles héritent de peu de chose. Tous les fils héritent, avec quelque avantage pour le fils aîné.

Les bestiaux, et particulièrement les bœufs et les vaches, sont considérés comme ce qu'il y a de plus important dans l'héritage : ils sont en partie partagés d'avance, car le Silmi-Mossi, s'il le peut, à la naissance ou, plus exactement, au baptême d'un fils, donne quelques têtes de bétail à la mère pour le fils qu'elle vient de lui donner. La mère en a l'usufruit, mais les têtes de bétail appartiennent en réalité à l'enfant. Quand le père meurt tout ce qui reste de bœufs et de vaches va au fils aîné. Celui-ci doit par contre payer les « crédits » pris par son père, c'est-à-dire ses dettes.

Les moutons et les chèvres sont aussi pour le fils aîné.

Les chevaux sont partagés également car, si le père en laisse assez, on en donne un à chaque garçon. S'il n'y en a qu'un seul, c'est le fils aîné qui le prend mais il doit l'échanger contre une jument et il donnera à chacun de ses frères tour à tour un produit de cette jument pour que le partage égal soit autant que possible réalisé.

Pour les ânes il en est de même que pour les chevaux.

Les captifs sont partagés également entre les garçons si l'on peut. S'il n'y en a qu'un il sera pour le fils aîné.

Les champs particuliers du défunt vont au fils aîné. Les cauris et les armes de même.

Les boubous, les bracelets, les bagues vont à la fille aînée qui les donne, si elle veut, à son mari. Les culottes sont pour le fils de la fille aînée qui vient les prendre lui-même dans l'habitation du défunt. A défaut de fils de la fille aînée, ce sont les fils des autres filles qui les prennent.

Quand le père est mort, les fils se séparent la plupart du temps, mais en tout cas pas tout de suite (je parle ici des fils mariés car les non-mariés restent dans l'habitation). Les premiers attendent donc deux ou trois ans après la mort de leur père pour se séparer, ceci pour une raison de convenance, pour qu'on ne dise pas du mal d'eux, ce qu'on ferait certainement s'ils voulaient tout de suite quitter la maison paternelle. Mais, après deux ou trois ans écoulés, ils vont presque toujours s'établir à part : je dis presque toujours car il y a des frères qui restent ensemble et cela d'une façon encore assez commune puisque nous avons vu plus haut que les habitations silmi-mossis contenaient en moyenne 2 ménages et oscillaient de 3 à 30 personnes (en prenant les cas les plus excentriques dans un sens ou dans l'autre). Il y a donc des frères qui restent ensemble, quoique ce soit la minorité.

En résumé la famille silmi-mossi est assez peu intégrée et forme la transition entre la famille mossi du Yatenga et la famile peuhle.

Les habitations silmi-mossis sont caractéristiques : elles se composent de huttes rondes en terre avec toit en paille, de style mossi, mais l'assemblage de ces huttes au lieu d'être entouré d'un mur en terre de couleur rouge (comme cela a lieu dans les habitations mossi) est entouré d'une clôture de piquets grossiers en bois, de branches d'arbres à peine taillées. Cela donne à ces habitations un aspect négligé et misérable entre toutes, renforcé encore quand on se contente, ce qui arrive il est vrai rarement, d'une simple haie d'épines sèches en tas autour des huttes.

Telles quelles ces habitations forment la transition entre l'enclos d'habitation peul et l'habitation mossi. Par les huttes en terre c'est l'habitation mossi, par la clôture en piquets, en branches ou en épines sèches c'est l'enclos d'habitation peuhl. Cependant elles sont plus proches de l'habitation mossi que de l'habitation peuhle, celle-ci se composant, comme nous le savons, de paillottes coniques entourées d'une haie basse d'épines sèches.

Au point de vue politique, les Silmi-Mossis étaient, avant l'occupation française, considérés un peu comme leurs esclaves, au moins comme leurs sujets, par les Foulbés Torombés au sud de qui et parmi lesquels ils habitaient et habitent encore. Les Foulbés Torombés les commandaient, les méprisaient et ne voulaient pas leur donner leurs filles en mariage. C'est le commandant Destenaves qui, en 1897, sur la réclamation des Silmi-Mossis, les rendit indépendants et leur donna un chef silmi-mossi.

Voici ce que dit à ce sujet la Monographie de 1904 :

« Les Silmi-Mossis étaient, depuis leur entrée dans le Yatenga, sous le commandement de Moussa Rouré (le chef des Foulbés Torombés) et de ses prédécesseurs, mais un peu tyrannisés par les Foulbés de ce chef ils demandent l'intervention du commandant Destenaves qui les rend indépendants avec leur chef Samba au moment où Moussa Rouré se réfugie au Djilgodi ».

Samba mourut vers 1907. Son fils Ousmane, chef actuel, lui succéda.

L'organisation est celle-ci : Ousmane reçoit directement les ordres du commandant de cercle concernant les Silmi-Mossis et assemble les chefs des douze familles fondamentales afin de partager entre elles l'impôt demandé ou les jeunes gens exigés pour le recrutement ou leur faire part de telle ou telle décision de l'autorité supérieure.

Tel est le régime actuel.

Au point de vue religieux les Silmi-Mossis sont en immense majorité fétichistes. Seuls leurs chefs sont musulmanisés. On peut dire d'eux tous ce que je relève dans mes notes sur les Silmi-Mossis du village de Tibtiguia : « Pour la religion, les Silmi-Mossis de Tibtiguia ne font pas salam, sauf le chef de village ».

En 1909 Vadier, qui évaluait à 3.150 le nombre des Silmi-Mossis, en notait 402 musulmans et 2.748 fétichistes. Actuellement, sur les 5.627 qu'ils sont en 1915, on compte largement en en comptant 500 musulmans. Le musulmanisme est pour les chefs une manière de se distinguer de la masse. Cela leur permet d'arborer le turban et des vêtements amples.

Mais, pour le fétichisme, celui des Silmi-Mossis n'est pas tout à fait celui des Mossis. Ils l'ont très simplifié, n'en conservant que les grandes lignes. Ainsi ils offrent des sacrifices aux Ancêtres et à la Terre mais ils n'en font ni aux arbres, ni aux cailloux, ni aux crocodiles, etc. Bref leur fétichisme est le fétichisme réduit des Peuls non musulmans (Au sujet de ce fétichisme dont nous avons déjà parlé, voir particulièrement mon *Noir du Soudan*, p. 629 à 631).

En terminant disons un mot des diamous silmi-mossis : leur grand diamou, le plus répandu, celui dont se réclament les deux tiers des Silmi-Mossis du Yatenga, est Sankara ou Sankaré qu'ils ont emprunté à leurs ancêtres du côté peuhl, les Foulbés Fittobés. Ensuite vient Zido ou Zida qui est mossi, Bari qui est peuhl fittobé. Ces trois diamous comprennent à eux seuls les 8/9 de la population silmi-mossi. On relève aussi ça et là d'autres diamous mossis (Guipo ou Guipa, Zoungourana, etc.) ou Foulsés (Romba, etc.) ou d'origine difficile à déterminer (Ouilima, Boulli, Koulzabangoué) mais ces diamous sont rares et négligeables. Il n'y a guère à tenir compte que des trois grands diamous : Sankaré, Zida et Bari.

Les Silmi-Mossis sont en définitive une population intéressante qui a un certain avenir économique possédant deux cordes à son arc : l'élevage et la culture, tandis que les Mossis et Foulsés n'en ont qu'une seule : la culture. Ils s'augmentent rapidement et il sera intéressant par la suite de suivre leurs progrès dans le Yatenga (1).

(1) Nous renvoyons pour compléter cette étude sur les Silmi-Mossis à l'Appendice n° XX où nous avons résumé les renseignements pris par nous en 1908-1909 sur les Silmi-Mossis du nord du cercle de Ouagadougou. Ces Silmi-Mossis sont intéressants en ce qu'ils évoluent vers le commerce sous la pression de l'impôt français et à l'imitation des Yarsés qui les entourent et qui sont en très grand nombre dans cette région, autour d'eux.

LIVRE XIV

Les Peuls

Nous n'avons pas l'intention de faire ici une étude complète des Peuls. Nous voulons dire seulement un mot des Peuls du Yatenga.

Les Peuls du Yatenga se divisent en trois fractions : l'une, les Peuls Dialloubés, qui sont établis dans le nord-ouest du cercle et qui sont les plus nombreux ; la seconde, les Peuls Fittobés, qui sont établis dans le nord et qui sont les moins nombreux ; la troisième, les Peuls Torombés, qui sont établis dans l'est, dans le thalweg du marigot de Todiam qui est un des thalwegs de la haute Volta Blanche.

D'où viennent ces Peuls et d'abord les Peuls Dialloubés ?

« Les Peuls Dialloubés, dit Vadier (Monographie de 1909), sont originaires du Yoronga (Fouta-Dialo) aux environs de Médine.

A la suite de difficultés survenues avec le chef du Fouta, le peul Hamane et sa famille quittèrent leur pays et vinrent s'installer à Gomboro à 40 kilomètres à l'ouest de Ouahigouya où ils trouvèrent des Samos. De Gomboro, les Peuls Dialloubés s'étendirent sur les villages de Tangaï, Yalka, Bango et sur toute la région nord-ouest du cercle.

On peut placer approximativement au milieu du XVIIe siècle l'arrivée de ces Peuls dans le Yatenga. Ils vécurent toujours en assez bons termes avec les nabas mossis. Vers 1754, avec Yobi comme chef, ils aidèrent le naba Kango à conquérir son trône sur naba Ouabogo. Plus tard ils prêtèrent appui à naba Boulli contre naba Baogo et contre Sidaïeté ».

Voici du reste le tableau généalogique que Vadier donne des chefs foulbés dialloubés :

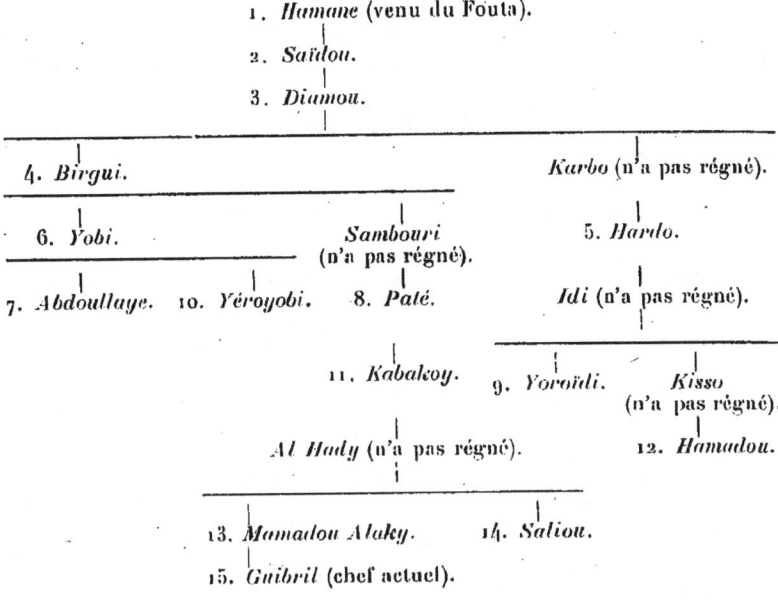

En calculant sur 17 ans de règne, ce qui est la moyenne entre Yobi qui aurait aidé naba Kango et Guibril, chef actuel, c'est en 1654 que Hamane aurait quitté le Fouta-Djallon (1).

(1) La Monographie de 1904 donne un autre récit de l'arrivée des Foulbés Dialloubés dans le cercle de Ouahigouya, mais il est plein de détails fantaisistes qui font douter fortement de sa véracité. Ce récit commence par poser en principe que Foulbés Dialloubés et Foulbés Fittobés sont de même origine. « Ces deux familles viennent également du Fouta, mais de N'Dara, région de Médina-Dentilia, au sud de Kayes, d'où elles sont parties à l'époque où Hougonba commandait le Médina.
Ce chef avait quatre fils : le premier est resté à N'Dara, le deuxième à Kayes, les deux derniers chassés par leurs frères, aidés des Foutankés, viennent s'établir entre Ségou, San et Tombouctou.
Poussant quelques pointes vers Goundam, ils redescendent ensuite vers le sud-est pour s'installer à Dar-es-Salam à l'est de Saraféré, puis à Kaguima, à l'ouest de Bambara-Mandé et près de Saréa ou Saïa, sud de Tombouctou. C'est à ce moment que les deux familles se séparent. L'une, les Fittobés, pour rester dans la région occupée, la seconde les Dialloubés pour se diriger vers Gao. Un peu plus tard, ne se plaisant pas dans cette région, les Dialloubés rejoignent les Fittobés pour se fixer dans le Macina à Hamdallahi au sud-ouest de Biandiagara sur le Bani et à Kaynné, villages qu'ils trouvent occupés par les Bambaras qui refusent de les laisser s'installer. Ce que voyant les Fittobés et Dialloubés réunis culbutent les Bambaras et les obligent à les subir. Les Fittobés restent à Hamdallahi pendant que les Dialloubés occupent Kaynné et Bandiagara.
Quelque temps après, laissant une partie des leurs à Bandiagara et dans le Douentza les Dialloubés se dirigent vers le sud pour occuper Boussouma (cercle de Ouagadougou) à 170 kilomètres au sud-est de Ouahigouya. Puis, de ce point, leur chef étant mort laissant deux enfants, l'un d'eux remonte vers Boulkassoum, Bandiagara et rentre au Fouta-Médina. Le deuxième, Sambo, laissant quelques-uns des

Ajoutons qu'actuellement les Foulbés Dialloubés forment trois groupes dans le Yatenga :

1° Le groupe du nord-ouest ou groupe Bango-Thiou (du nom de ses deux plus importants établissements) qui est le groupe principal et compte environ 10 000 personnes.

2° Le groupe du sud-ouest ou groupe de Lankoy qui compte environ 1.500 personnes.

siens à Boussouma, vient se fixer dans le canton de Riziam qu'il trouve occupé depuis peu par les Mossis.

Trois de ses frères, Saïdou, Koutoumana et Séni cherchant encore des régions inoccupées et riches viennent s'établir à Tangaï, puis à Gomboro et enfin à Bango, d'où ils se dispersent dans toute la région ouest et nord-ouest du Yatenga. C'est ainsi que nous les retrouvons encore en ce moment sous le commandement de Ahmadou Laki (ou Mamadou El-Hadj), chef qui nous rendit d'excellents services au moment de l'occupation.

A la même époque, les Fillobés, etc. »

Ce récit est plein, je le répète, de détails de haute fantaisie qui lui enlèvent toute autorité et toute vraisemblance. Ainsi on y voit les Dialloubés essayer de s'emparer de Hamdallahi (qui ne fut fondée qu'en 1815 par Cheikou Amadou) et *ensuite* s'établir dans le Riziam occupé depuis peu par les Mossis ! (c'est-à-dire au XIV° siècle). De même, les luttes contre les Bambaras dans le cercle de Bandiagara, c'est-à-dire dans un pays qui a toujours été peuplé de Kados (ou Habbés ou Tombos) et non pas de Bambaras est d'une déplorable imagination. Il n'y a donc nul compte à tenir de cette version. Cependant nous donnerons la généalogie des Foulbés Dialloubés et des Foulbés Fittobés qui la suit. La voici :

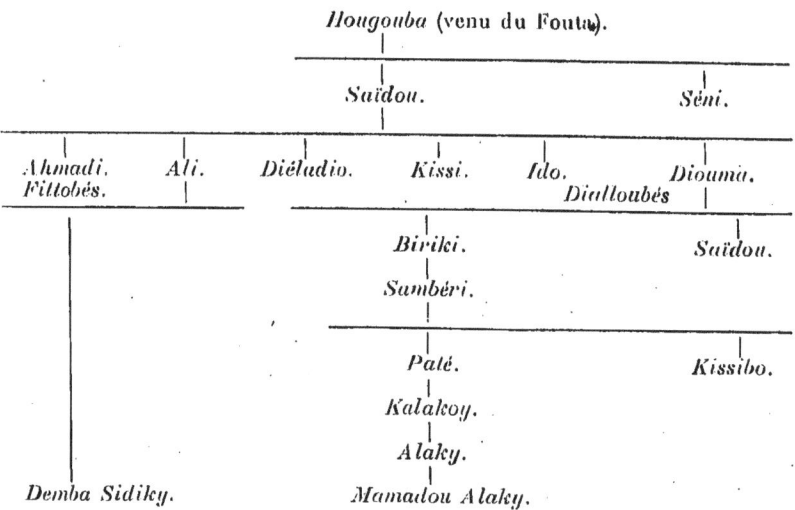

La Monographie de 1904 ajoute : « À la suite de différends très graves survenus entre Mamadou Alaky et l'un de ses chefs, Mamadou Dioubani, au moment de notre occupation, ce dernier demanda à ne plus faire partie du commandement de Mamadou Alaky. Satisfaction lui fut donnée après enquête et ce chef habite aujourd'hui à Amé, près de Lankoy, avec plus de 100 familles sous son commandement ».

3° Le groupe du sud-est ou du Riziam qui compte aussi 1.500 personnes environ.

Cela fait donc en tout 13.000 Foulbés Dialloubés (chiffre très approximatif).

Passons aux Foulbés Torombés.

« Les Peuls Torombés, dit Vadier, sont originaires du Fouta-Toro. A la suite d'une guerre intestine, trois frères, Sambo, Paté et Yoro quittèrent le Fouta avec une partie de leur famille et vinrent s'installer à Ségou où ils ne restèrent qu'une année. De là ils gagnèrent Saraféré où ils habitèrent pendant une dizaine d'années, puis ils vinrent camper à Garou, près de Bambara-Maoudé, au nord de Douentza, où ils trouvèrent une autre tribu de Peuls, les Fittobés.

Ils furent rejoints à Garou par leur frère aîné Hammadi, venu du Fouta avec trois autres de leurs frères : Dembo, Dello et Diobo pour les faire rentrer dans leur pays d'origine. Sambo, Paté, Yoro ayant refusé de revenir au Fouta, Hammadi et sa famille restèrent avec eux.

De Garou, ces sept frères et leurs familles se dirigèrent vers Sokoto où ils demeurèrent ensemble pendant quelque temps. Puis, à l'exception de Dello, ils descendirent vers Liptako (cercle de Dori). Dello resta à Sokoto avec une partie des Peuls dont le marabout Fodio prit le commandement.

A Liptako, les fils de Dembo s'installèrent définitivement, tandis que leur père et leurs oncles quittaient le pays pour aller à Boussouma (cercle de Ouagadougou). Dembo s'arrêta dans cette dernière région avec le restant de sa famille dont on trouve encore les descendants.

Hammadi, Yoro, Paté, Sambo et Diobo quittèrent Boussouma et vinrent dans le Yatenga. Hammadi s'installa à Rouko, près de Tikaré, à 100 kilomètres au sud-est de Ouahigouya. Les autres continuant leur route se rendirent à Guibou, à 60 kilomètres au sud-est de Ouahigouya où, après quelque temps, ils se séparèrent.

Yoro alla dans la province du Ratenga et y fonda le groupe appelé aujourd'hui Peuls de Kindougou.

Paté s'installa à Boussoumnoré (à 15 kilomètres à l'ouest-nord-ouest de Ouahigouya).

Diobo vint à Sa, à 12 kilomètres au sud de Ouahigouya, et se mit sous la protection des Peuls Dialloubés.

Sambo resta d'abord à Guibou, puis chassé par le chef de Guibou, alla à Konanga, à 10 kilomètres à l'est de Ouahigouya.

Ces groupes restèrent indépendants jusqu'à l'arrivée des Français dans le cercle. Le commandant Destenaves les groupa sous un chef unique nommé Moussa Rouré, descendant de Sambo. »

Il faut ajouter à ces notes de Vadier ceci : c'est que les Foulbés de Sambo ne restèrent pas à Konanga. En fait ils colonisèrent la vallée du marigot de Todiam. Ils s'installèrent à Todiam, Seïgouma, Bassanga, Ramsa et

Bérenga. On peut même leur rattacher les Torombés de Dinghiri (nord du cercle), de Kountighé (canton de Léba) et de Ouagandé (canton de Baci). Tous réunis forment une masse de 6 000 âmes environ.

Après ce groupe de Todiam, le plus important de tous, il faut citer celui de Boussoumnoré (canton de Namsighia), le groupe de Paté, qui s'est établi et est resté établi à l'ouest-nord-ouest de Ouahigouya, parmi les Foulbés Dialloubés. Ce groupe compte 1.600 personnes environ.

Il y a encore le groupe de l'extrême est, celui qui fut établi par Yoro. Il compte actuellement 1.100 âmes environ.

Enfin il y a un groupe dans le Koussouka qui descend sans doute du groupe de Rouko (Hammadi) et qui, installé à Rambo et à Sissaka, compte 2.200 personnes environ.

Cela fait à peu près 11.000 âmes pour tous les Foulbés Torombés.

A quelle époque les Foulbés Torombés arrivèrent-ils dans le Yatenga? Il semble au premier abord que ce soit au début du XIX° siècle étant donné que la conquête du Sokoto par le marabout Othman dan Fodio, dont Dello et ses frères semblent avoir été les contemporains, date de 1800. L'installation dans le Yatenga devrait donc être placée un peu après cette époque. D'autre part il peut se faire que Dello, Dembo, etc. aient été s'installer à Sokoto antérieurement à la conquête du pays par Othman dan Fodio et d'une façon tout pacifique : c'est ce que semble penser Vadier qui établit ainsi la généalogie des chefs Foulbés Torombés :

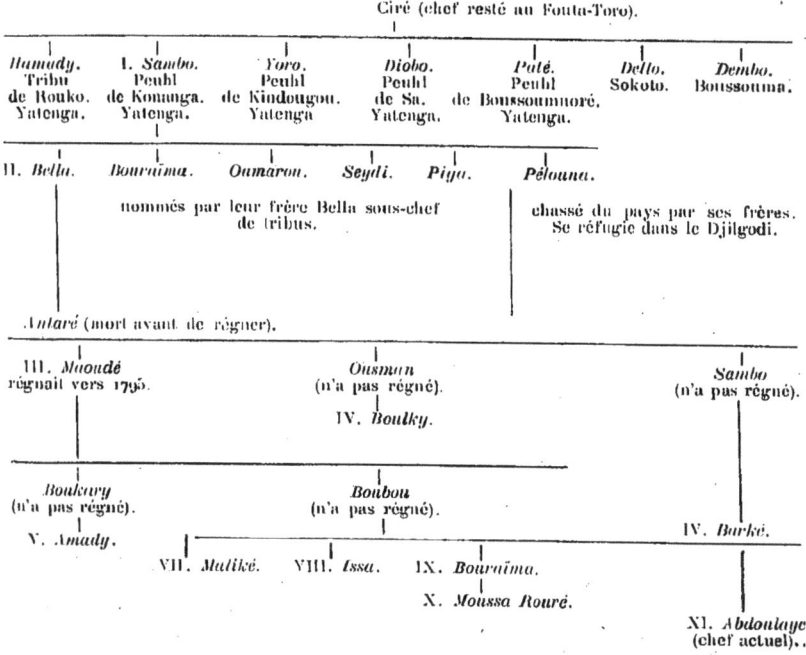

Vadier ajoute : « Maoudé (troisième chef) était chef à l'époque à laquelle le naba Sagha régnait sur le Mossi, c'est-à-dire vers 1785-1801. Son grand' frère Bella auquel il succéda ayant, d'après la légende, régné pendant fort longtemps (une quarantaine d'années environ), l'arrivée des Peuls Torombés au Yatenga avec Sambo peut être placée au début du xviiie siècle » (1).

(1) Je tire de la Monographie de 1904 les renseignements suivants sur l'exode de nos Foulbés Torombés, du Fouta-Toron jusqu'au Yatenga :

« Partant de Médina à la suite d'une guerre intestine, ils viennent s'établir en grand nombre à Saraféré sous le commandement de Pélouna qui mourut à Saraféré laissant deux enfants.

L'un d'eux, ne voulant pas rester sous la tutelle de son frère, quitte Saraféré pour se jeter sur l'est, passe le Niger avec la plus grande partie des familles amenées par Pélouna et va fonder un vaste empire de Foulbés entre le Niger, Sokoto et le lac Tchad.

Le fils aîné de Pelouna, Ahmadou quitte aussi Saraféré pour aller s'établir un peu au sud de ce point, à Diaï, où il meurt laissant cinq fils.

Le premier, Ahmady, se dirige vers le Yatenga et s'installe à Rouko.

Le deuxième, Alaky Dimbo, s'installe au nord du lac de Bama avec son fils Antari et occupe toute la région de Ponsa à l'est du lac...

Le troisième, Sambo, s'installe à Guibou, nord du Koussouka actuel, avec son frère Paté.

Chassé par le chef de Guibou, Sambo remonte vers le nord-ouest et s'installe à Konanga, à 10 kilomètres de Ouahigouya, pendant que Paté occupe Boussoummnoré à 13 kilomètres à l'ouest-nord-ouest de Ouahigouya. Sambo mourant laisse deux fils. Le premier va s'établir à Kongo (?), le deuxième va occuper toute la vallée de Bassanga, Seïgouma, etc., et ensuite You. Actuellement les Foulbés Torombés sont sous le commandement de Moussa Rouré qui réside à Todiam ».

J'ai enlevé de cette version quelques détails fantaisistes qui feraient du naba Ouemtanango le contemporain d'Othman dan Fodio qui fonda en 1800 l'empire de Sokoto. Si l'on en prend la partie sérieuse que je viens de citer l'établissement des Foulbés Torombés dans le Yatenga serait bien contemporain en gros de la fondation de l'empire de Sokoto, c'est-à-dire devrait être placé tout au commencement du xixe siècle.

Ajoutons la généalogie des chefs Foulbés Torombés d'après la Monographie de 1904 :

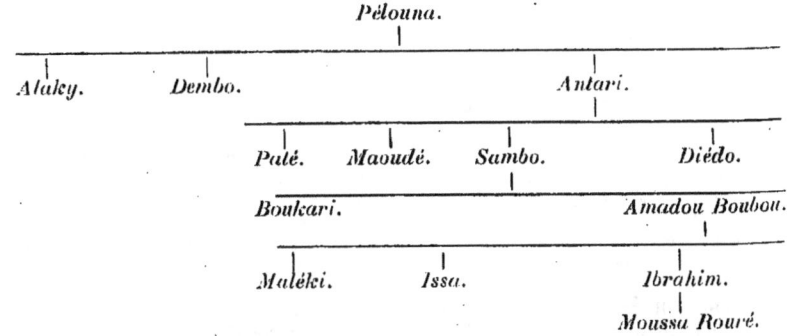

La Monographie de 1904 ajoute : « A la suite d'un accord entre Paté et Amadou

Passons maintenant aux Foulbés Fittobés.

« Les Fittobés, dit Vadier, sont originaires du Fouta près de Kayes. Un peul du nom de Ila Yaladi chassé par le chef du Fouta vint avec sa famille s'installer à Ouroudiaye ou Ouroudia (canton du cercle de Dienné, rive gauche du Diaka, limite du cercle de l'Issa-Ber) où il mourut.

Son fils Dama resta à Ouroudia. A sa mort son fils Gao se rendit avec ses Foulbés à Goumewell (à l'ouest de Saraféré) puis quelque temps plus tard dans le Fittouga, au nord-est de Saraféré. C'est de cette région que ces Peuls tirent leur nom de tribu actuel, Fittouga-bé ou gens du Fittouga, par contraction Fittobés.

Gao emmena ensuite ses gens à Almissa (entre Saraféré et Bandiagara) où il mourut.

Son fils Diadié qui lui succéda vint s'installer à Saré, à 50 kilomètres environ au nord de Bahn, à la limite sud du cercle de Bandiagara.

Diadié fut à son décès remplacé par son fils Moussa. Sous le commandement de celui-ci une partie des Peuls Fittobés alla camper à Dinangourou (à 15 kilomètres au nord de Sari), restant toutefois sous son autorité. Moussa demeura à Sari où il fut rejoint par des Kados de Bandiagara qui s'installèrent près de lui.

A la tête de ses guerriers il s'avança vers Bahn, en chassa les Kouroumankobés ou Foulsés et les Maransés qui y habitaient, puis laissant dans cette région une fraction de sa tribu il vint mourir à Sari. L'occupation de Bahn eut lieu sous le règne de naba Nabacéré, roi du Yatenga, c'est-à-dire vers l'année 1730 environ (1).

Sous le règne de Moussa une famille de Fittobés, avec Goré comme chef, quitta Déléga (près de Bahn), vint habiter à Tibo, puis à Sittiga (vallée du marigot de Todiam à 40 kilomètres est-sud-est de Ouahigouya, canton de Tougouya) où elle forma la petite fraction indépendante des Sittigabés.

Le fils de Moussa, Hamet Diami, qui succéda à son père, s'installa définitivement à Bahn ; ses Foulbés peu à peu s'étendirent dans le nord du

Boubou les Foulbés de Paté [Boussoumnoré] furent déclarés indépendants par le naba Tougouri [1806-1822].
Le chef de ces Foulbés est aujourd'hui Amarou, fils de Afanado.
Un autre groupe de cette famille s'est aussi rendu indépendant et constitue les Bingabés qui se divisent également en deux branches habitant Béma et Kalsaka. Les chefs de ces groupes sont Biriki à Kalsaka et Dianou à Béma et Tougo.
A notre arrivée dans le Yatenga Moussa Rouré, qui avait soutenu naba Baogo et Sidiété, craint des représailles et s'enfuit au Djilgodi. Il ne rentre au Yatenga qu'en apprenant que notre occupation est pacifique et que des représailles ne sont pas dirigées contre les siens ».
La Monographie de 1904 ajoute que les Dialloubés du Riziam dépendaient de Moussa Rouré et profitèrent de sa fuite au Djilgodi pour se faire reconnaître comme indépendants par nous. Et il en aurait été de même des Foulbés Fittobés de Sittiga dont nous dirons un mot en parlant des Fittobés en général.
(1) Delafosse et moi plaçons naba Nabacéré dans la première moitié du XVIIe siècle, vers 1630, et non vers 1730 comme le fait ici Vadier.

cercle actuel. Ses successeurs furent Tana, Sidiki, Hamadou et Demba chef actuel.

Les Fittobés n'entretinrent jamais de bonnes relations avec leurs voisins. Ils eurent des guerres fréquentes avec les Peuls Diallonbés, les Peuls du Djilgodi et les nabas mossis du Yatenga et furent à plusieurs reprises chassés de Bahn. Lorsque nous vînmes à Ouahigouya ils étaient en lutte avec les Mossis ».

Voici maintenant le tableau généalogique que Vadier donne des chefs Fittobés :

Ila Yaladi (chef venu du Fouta. — Ouroudia).
|
Dama (Ouroudia).
|
Gao (Goumewell-Fittouga).
|
Diadié (Saré).
|
Moussa (Saré et Bahn).
|
Hamel Diami (Bahn).
|
Tana (1788-1818).
|
Sidiki (1818-1865).
|

Hamadou (1865-1875).   *Demba* (1875....)
                              chef actuel.

Actuellement les Foulbés Fittobés forment deux groupes :

1º Le groupe de Bahn qui comprend 3.200 âmes environ.

2º Le groupe des Sittigabés ou Hittigabés établi dans le thalweg du marigot de Todiam parmi les Foulbés Torombés et qui a quitté depuis Sittiga (ou Hittiga) sur la rive est du marigot pour venir s'établir un peu plus bas à Diouma sur la rive ouest. C'est donc actuellement le groupe de Diouma. Il compte environ 1.800 personnes.

Les Fittobés comptent en tout 5.000 âmes environ.

Ajoutons que les Foulbés Fittobés se disent des Bari (1).

(1) Nous avons déjà vu que la Monographie de 1904 rattache les Fittobés aux Dialloubés. Elle dit : « A la même époque [c'est-à-dire à l'époque où les Dialloubés s'établirent dans le Yatenga] les Fittobés déjà trop nombreux dans la région de Hamdallaï sur le Bani se dispersent encore. Un d'eux va s'établir vers Hombori tandis qu'un second vient se fixer à Bahn d'où les Fittobés essaiment dans le Yatenga où ils trouvent déjà les Torombés installés depuis dix ans ».

Remarquons que Vadier ne dit pas expressément d'où vinrent les Fittobés : du Fouta, dit-il, d'auprès de Kayes. Mais Kayes n'est ni dans le Fouta-Toron, ni dans le Fouta-Djallon et au contraire cette ville est fort éloignée de ces deux régions. Cependant, en rapprochant ces indications de celles de la Monographie de 1904, on voit bien qu'il s'agit dans l'esprit de Vadier du Fouta-Djallon.

En résumé, de tous ces renseignements historiques sur les Peuls du Yatenga on peut conclure que les Foulbés Dialloubés (qui donnent bien l'impression d'être les plus anciens Peuls établis dans le pays) y arrivèrent dans la seconde moitié du xviie siècle ; les Torombés datent sans doute de la première moitié du xviiie siècle. Les Fittobés doivent s'être installés vers cette même dernière époque, probablement vers 1730 comme le soutient Vadier. En tout cas 1650 et 1750 doivent être les dates extrêmes d'installation des Peuls dans le Yatenga (1).

Passons maintenant à la Famille des Peuls du Yatenga et auparavant disons un mot du travail.

La culture et l'élevage semblent s'équilibrer ici. On cultive autour des enclos d'habitation et on fait aussi des champs de brousse. Il faut ajouter que la plus grande partie du travail cultural retombe surtout sur les Rimaïbés, serfs affectés par les Peuls au travail agricole.

Comme bétail nos gens ont avant tout des bœufs à bosse. Il faut ajouter quelques moutons (beaucoup moins nombreux que les bœufs), quelques chèvres (beaucoup moins nombreuses encore que les moutons).

Nos Peuls sont des pasteurs transhumants : ils ont leurs pâturages de saison des pluies et leurs pâturages de saison sèche. Cependant ils n'ont qu'une résidence. Les pâturages de saison des pluies sont autour de cette résidence. Les pâturages de saison sèche sont plus au sud et varient. Tout le monde du reste ne transhume pas, mais seulement les conducteurs de troupeaux et ceux qui les accompagnent. Ceux-ci se construisent pendant cette transhumance dans le sud des paillottes dans la brousse.

Nos Peuls ne font ni chasse ni pêche et méprisent également ces deux arts vivriers. En revanche ils sont loin de répugner à la cueillette et leurs femmes utilisent les karités, les baobabs, les tamarins, etc. Pas d'arboriculture bien entendu.

(1) La question demanderait à être creusée davantage qu'elle ne l'a été jusqu'ici. De même la question des étapes des Peuls entre le Fouta-Toron ou le Fouta-Djallon et le Yatenga : ainsi Vadier admet, comme nous l'avons vu plus haut, que les Foulbés Dialloubés sont venus directement du Fouta-Djallon à Gomboro. Or c'est déjà peu probable en soi, mais de plus Sambo Diallo et Moussa Diallo, notables dialloubés de Ouahigouya, m'ont affirmé que les Dialloubés sont venus dans le Yatenga du Macina, et ceci est confirmé par tous. Il faut donc admettre que le Macina ou l'Issa-Ber a été l'étape intermédiaire aussi bien pour les Dialloubés que pour les Fittobés et on retrouve ainsi comme justifiée cette idée de la Monographie de 1904 que Peuls Dialloubés et Peuls Fittobés sont restés longtemps ensemble, du Fouta-Djallon au Macina et que leur origine aux uns et aux autres est le Fouta-Djallon (le Médina Dentilia exactement, tout au nord du Fonta-Djallon, entre Satadougou et Kédougou). Seulement les Fittobés seraient restés plus longtemps sur les bords du Niger, au point de prendre le nom de la région où ils étaient établis (le Fittoga), tandis que les Dialloubés seraient descendus plus rapidement, presque du nord au sud, dans l'ouest du Yatenga, vers la fin du xviie siècle. Les Fittobés les auraient suivis plus tard. Seuls les Torombés partis du Fouta-Toron, auraient brûlé l'étape du Macina, n'y restant que quelques années et auraient gagné rapidement Sokoto, puis de là, revenant sur leurs pas, le Liptako, puis Boussouma, pour remonter ensuite vers le nord-ouest dans le Yatenga.

On peut établir ainsi le tableau de travail de nos Peuls (arts directement vivriers) :

Elevage	43 o/o
Culture	43 o/o
Cueillette	14 o/o
Chasse	»
Pêche	»
Arboriculture	»

Comme hommes de métier les Peuls du Yatenga ont quelques très rares Waïlbés ou forgerons, un assez grand nombre de Laobés (travailleurs du bois et griots). Ils n'ont pas de cordonniers (gargassabés) quoiqu'il y en ait à côté d'eux chez les Peuls du Djilgodi. Pour le tissage il est assuré par les Rimaïbés.

Les Peuls ne font pas le commerce. Quand ils ont besoin d'argent ils cèdent leurs bestiaux sur place aux acheteurs yarsés ou autres. Etant assez riches ainsi pour acquitter l'impôt, ils n'exercent pas le métier de colporteur.

La famille peuhle se réduit à deux étages :
1° La famille totale ou globale.
2° Le ménage qui coïncide ici avec l'habitation. Chaque habitation peuhle en effet ne contient généralement qu'un ménage.

Nous avons décrit déjà dans notre *Noir du Soudan* (p. 617 et 618) l'habitation peuhle. Elle se compose de cinq ou six huttes coniques en paille entourées d'une haie d'épines sèches. Aussi peut-on appeler « enclos » cette habitation.

Le chef de la famille totale marie les filles de toute la famille en ce sens que c'est à lui qu'on s'adresse pour les obtenir, mais il ne conserve pas la dot et, après l'avoir reçue, il la remet au père de la jeune fille. En dehors de cela il est le chef religieux de la famille. Chaque chef de ménage fait ordinairement le salam chez lui, mais deux fois par an (au Ramadan et à la Tabasqui) l'on va trouver le chef de famille et l'on se réunit autour de lui pour faire les prières. A cette occasion il traite toute la famille. Enfin, en cas de dettes, il est responsable, avec l'ensemble de la famille, pour chaque personne de celle-ci. Il transmet encore à tous ses gens les ordres du chef de tribu ou du chef de village quand il y a lieu. De temps en temps on lui fait de petits cadeaux. Les ménages habitent à part, travaillent à part, pourvoient à leur propre entretien, marient leurs garçons, payent la dot pour ceux-ci, reçoivent en définitive la dot qu'on verse pour leurs filles, bref sont indépendants du chef de la famille totale pour presque tous les actes quotidiens ou importants de l'existence.

Bref la famille peuhle du Yatenga est plus désintégrée que toutes les familles que nous avons vues jusqu'ici.

Ajoutons quelques renseignements sur le mariage.

La polyandrie naturellement est interdite, la famille s'établissant autour de l'homme et non pas autour de la femme.

La polygamie est en usage. Le Koran permet en effet quatre femmes sans compter les concubines. En fait la plupart des Foulbés n'ont qu'une femme. C'est d'abord, jusqu'à un certain point, une question de jalousie de la part des femmes peuhles qui sont beaucoup plus jalouses que les négresses mais, de plus et surtout, c'est une question de richesse. Quand on est riche on a plusieurs femmes, quand on est pauvre on n'en a qu'une.

Les fiançailles existent chez nos Peuls. Elles ont une valeur juridique car on ne peut les rompre sans motif important.

C'est le père du jeune homme qui va demander la fille et non pas le jeune homme lui-même. Il s'adresse non pas au père de la fille, mais au chef de famille de celle-ci et de celui-ci.

Le jeune homme et la jeune fille n'ont pas à donner d'avis, ni la mère de la jeune fille ni son père. Cela se règle entre le père du jeune homme et le chef de famille de la jeune fille.

Il n'y a pas de témoins pour la demande.

Si la jeune fille est tout petite on attend la puberté pour la marier. Si la jeune fille est pubère quand les fiançailles ont lieu, on peut la marier tout de suite ou bien attendre si l'on aime mieux.

La dot est donnée par le père du jeune homme au chef de famille de la jeune fille. Celui-ci appelle le père de celle-ci et lui remet la dot qui se compose généralement d'une vache (valeur 75 fr.) et de deux taureaux (valeur 35 fr. chacun, soit 70 fr.). La dot s'élève donc à la somme de 145 francs. On donne encore des pagnes (un beau pagne vaut en moyenne 5 fr.).

C'est le père de la jeune fille qui conserve en définitive la dot c'est-à-dire le prix d'achat de sa fille. Il est vrai qu'il vend un bœuf pour acheter des colliers, calebasses, instruments de ménage, parures, etc. qu'il donnera à sa fille qui les emmènera chez son mari, mais le reste est pour lui.

La jeune fille est conduite chez le père du jeune homme (ce dernier n'ayant pas encore d'habitation à lui) par les femmes de sa famille. C'est la nuit qu'on la conduit ainsi à la maison du jeune homme vers huit heures du soir. On fait la fête pendant cette nuit-là. Le père a fait tuer un bœuf, a fait préparer un excellent repas. Les laobés-griots arrivent et l'on danse au son de leurs petites guitares à trois cordes (1). On continue la fête pendant trois jours pleins.

(1) Appelées hodou en peuhl et en mossi kondé. On dit koni en bambara, n'goni en malinké et en onassoulonké.

Après cela la jeune fille retourne, intacte, chez son père. Mais sept jours après son mari envoie un, deux ou trois de ses camarades la chercher. On la remet à ceux-ci qui l'amènent au mari. Le soir même le mariage est consommé (sans présence de vieille femme). Le lendemain matin on montre le pagne taché de sang. Comme généralement la jeune fille est vierge, on tire des coups de fusil, on fait du bruit, bref on s'amuse un peu.

Quand la jeune fille n'est pas vierge il n'y a pas là matière à divorce. Le mari bat sa femme mais ne la renvoie pas et ne réclame pas non plus la dot.

Au bout d'un an le jeune ménage quitte l'habitation du père. Il construit une paillotte (soudou), ménage un espace libre autour, où l'on pourra construire de nouvelles paillottes si le mari acquiert de nouvelles femmes, et enclôt le tout d'une haie d'épines. C'est l'ordinaire enclos d'habitation peuhl appelé fogo. Chez les Foulbés Dialloubés on n'y cultive pas, mais on y met quelquefois le troupeau (généralement celui-ci a son enclos à lui).

Tous les enfants mariés, chez les Peuls du Yatenga, quittent ainsi le père, un an après leur mariage.

Celui-ci, au moment de la séparation, donne du bétail à chaque jeune ménage, autant à l'un qu'à l'autre.

Le ménage se nourrit dès lors lui-même, travaille pour lui-même, ne travaille plus pour le père. Il est complètement indépendant au point de vue économique.

Il y a prohibition de mariage dans la ligne directe à l'infini. Dans la ligne collatérale il y a prohibition entre frère et sœur, entre oncle et nièce, tante et neveu, mais les cousins peuvent se marier ensemble.

Pour ce qui est des empêchements de race et de religion, les Foulbés veulent bien épouser des filles mossi ou foulsé fétichistes, mais ne veulent pas donner les leurs à des Mossis ou à des Foulsés fétichistes, seulement à des Mossis ou Foulsés musulmans. Quant aux Samos les Foulbés ne veulent pas prendre leurs filles ni leur donner les leurs. Ils sont trop sauvages ! Pour les Habbés, nos Peuls ne contractent alliance qu'avec les musulmans.

Si le mari meurt c'est le jeune frère du défunt qui hérite de sa femme.

La femme doit rester trois mois seule après la mort de son mari. Si elle est enceinte on la laisse sans la toucher jusqu'à l'accouchement puis tant que l'enfant tète (pendant deux ou trois ans).

Quand une femme est divorcée elle doit attendre trois mois pour se remarier après la prononciation du divorce.

Ceci nous amène à la question du Divorce.

Autrefois si une femme voulait quitter son mari elle se sauvait dans sa famille. Alors son père la rendait au mari. La femme se sauvait encore une fois. Cette fois-là le père ne la rendait pas.

Actuellement ou bien les femmes emploient encore cette manière de faire ou bien elles s'adressent directement au Tribunal.

Quelques femmes aussi se sauvent chez leur amant mais elles sont ramenées devant le Tribunal par leur mari.

Les cas de divorce que la femme peut invoquer sont :

Le fait que le mari ne remplit pas envers elle le devoir conjugal.

Le fait que le mari ne la nourrit pas.

Le fait que le mari ne l'habille pas.

Le fait pour un mari de battre sa femme n'est pas un cas de divorce, même le fait de la blesser n'en est pas un. Avant les Français un mari pouvait tout faire à sa femme, sauf la tuer.

Le droit pour le mari de renvoyer sa femme, si cela lui plaît et sans avoir de motifs à fournir, appartient aux maris peuls et ils en usent.

Quand un mari a répudié sa femme il peut la reprendre à moins qu'elle ne se soit remariée depuis.

Quand le mari répudie sa femme il ne peut réclamer la dot. Quand la femme réclame le divorce avec les motifs sérieux que nous avons vus plus haut elle n'a pas non plus de dot à rendre. Quand le divorce est prononcé contre la femme ou que la femme se sépare du mari sans motif sérieux, le mari réclame la dot et elle doit lui être restituée.

La femme doit fidélité à son mari. Si une femme trompe son époux celui-ci la bat. Il peut même la renvoyer et redemander la dot et le père, en ce cas, est forcé de la lui rendre. Cependant, la plupart du temps, on se contente de battre la femme. Si elle a la cuisse par trop légère, on finit par la renvoyer et on redemande la dot.

Il y a plus de divorces chez les Peuls que chez les Mossis.

Cela vient de ce que les femmes peuhles ne sont pas très honnêtes. Ne travaillant pas aux champs, se contentant de traire les bestiaux, beaucoup moins occupées que les négresses, leur oisiveté relative les mène à l'inconduite. Une fois de plus se vérifie le proverbe que l'oisiveté est la mère de tous les vices. La négresse, bien plus chargée de travail, est aussi plus honnête.

Il arrive chez nos Peuls que des jeunes filles sont séduites et mises en état de grossesse avant le mariage. Ce n'est pas l'habitude qu'elles poursuivent le séducteur.

Elles restent dans leur famille avec leur enfant après avoir subi une réprimande. Si la jeune fille était déjà fiancée quand le malheur est arrivé, le fiancé peut prendre cependant la jeune fille comme femme et alors il prend l'enfant avec la fille ou bien il peut la repousser. Dans ce cas la jeune personne cherche un autre époux et, si elle en trouve un, elle lui apporte encore son enfant. Dans tous les cas l'enfant est pris par le mari, mais, quand il est devenu jeune homme, le mari le met à la porte sans lui rien donner. Quelquefois la femme suit son enfant. La plupart du temps elle reste avec son mari.

L'enfant illégitime, soit qu'il soit encore chez le mari de sa mère, soit qu'il soit déjà établi au dehors, ne vient pas à l'héritage du mari comme les enfants légitimes. Il est complètement exclu de cet héritage. Il n'hérite pas non plus de sa mère vivant légitimement avec son mari. Il n'hérite de celle-ci que dans le cas exceptionnel où elle est venue habiter chez lui.

L'adoption est connue chez les Peuls du Yatenga. Elle se fait quand on n'a pas d'enfants ou bien quand on veut manifester son amitié à quelqu'un, un peu plus riche par exemple adoptant l'enfant d'un plus pauvre.

Souvent l'enfant adopté est pris dans la même famille totale, d'autres fois il est pris au dehors. L'accord avec le père de l'enfant suffit. Il n'est besoin que de son autorisation. Le chef de famille de l'enfant n'intervient pas, ni la mère de l'enfant, ni l'enfant lui-même qui n'a pas voix au chapitre. Pourtant quelquefois on demande aussi l'autorisation de la mère.

L'adoption ne donne lieu à aucune formalité.

Contrairement à la coutume mossi qui n'admet l'adoption que pour les enfants du sexe masculin, chez nos Peuls on peut adopter garçons et filles.

L'enfant, du jour de son adoption, habite dans le ménage de son père et mère adoptifs comme un enfant légitime et en a tous les devoirs et tous les droits.

Cette adoption est complète et définitive.

La femme peuhle peut posséder (pagnes, bijoux, bestiaux, etc.) mais des biens mobiliers, non pas des biens immobiliers (enclos, champs, etc.), ce qui exclut toute idée de possession d'un patrimoine.

Ce sont les femmes qui élèvent les filles jusqu'à leur mariage et qui ont par conséquent droit sur leur éducation et en même temps devoir de la leur donner. Pour les garçons, les femmes s'en occupent jusqu'à ce qu'ils aient atteint l'âge de six ou sept ans, puis c'est le père qui s'occupe d'eux.

Le concubinage n'est pas permis chez les Peuls. La femme peuhle, étant déjà assez jalouse et supportant difficilement des rivales légitimes, ne supporterait pas de concubines. Cependant le maître peuhl peut honorer de ses faveurs les filles esclaves, ce qui amène du reste des réclamations acerbes de la part de sa femme ou de ses femmes légitimes. Mais le mari écoute ces réclamations ou ne les écoute pas.

L'instruction des femmes n'existe pour ainsi dire pas. Cependant on envoie quelques jeunes filles riches chez les marabouts maîtres d'école (appelés ici modibos) où elles forment un groupe à part des garçons et où elles sont externes. Pour les garçons qui fréquentent chez le modibo, quelques-uns sont « externes », mais la plupart sont « internes » comme nous le verrons.

Les jeunes filles qui vont à l'école y vont de l'âge de dix ans à l'âge de treize ans environ.

Chez nos Peuls le mari n'a pas de paillotte, de hutte exclusivement à lui. Ses femmes seules en ont. Celui qui n'a qu'une femme (c'est la généralité) partage avec elle la paillotte commune tous les soirs, la paillotte et la couche de la femme. Il n'a naturellement pas le droit de toucher à celle-ci quand elle se trouve indisposée. Quand sa femme est enceinte, le mari a le droit de continuer les relations conjugales jusqu'à un mois avant l'accouchement. Enfin, contrairement aux nègres qui n'ont pas de relations avec les femmes qui allaitent, les Peuls peuvent en avoir pendant tout le temps de l'allaitement.

Le Peul qui a plusieurs femmes suit un ordre établi par la coutume pour leur prodiguer ses faveurs. Chaque femme a son tour, un jour, et elles peuvent réclamer si cet ordre n'est pas suivi. Un peul polygame ne peut coucher deux nuits de suite dans la même paillotte. Si une femme est indisposée, le mari couche dans la paillotte de celle-ci comme à l'ordinaire mais alors c'est la femme qui s'éloigne et va dormir dans la paillotte de quelque vieille appartenant à la maison, à l'enclos.

La première femme commande aux autres pour le travail, mais elle n'a aucun droit spécial en ce qui concerne l'amour.

Le mari mange avec les garçons dès qu'ils ont plus de six ou sept ans.

Les femmes mangent à part avec les filles et les petits enfants. Quand un homme a plusieurs femmes elles mangent généralement ensemble, sauf disputes qui peuvent survenir.

Les femmes ne cultivent pas du tout chez nos Peuls. Elles traient le bétail deux fois par jour, le matin et le soir. Elles pilent les grains et font la cuisine. Si elles sont plusieurs dans un ménage chacune à son tour fait la cuisine, mais, pour le pilage des grains, toutes s'y mettent ensemble chaque jour. De plus les femmes approvisionnent la maison d'eau, lavent les canaris, les calebasses, les vêtements. Elles lavent les instruments de cuisine après chaque repas. Elles lavent les vêtements, pour toute la maison, tous les quatre ou tous les sept jours.

Nos femmes peuhles fabriquent aussi le savon avec du beurre de vache et des cendres de tige de mil. Elles emploient plutôt le beurre de vache pour cet usage que le beurre de karité parce qu'elles en ont plus.

Les femmes peuhles ne vont pas récolter dans la brousse, comme les négresses, les gousses de néré : ce sont les hommes ici qui le font. En revanche comme les femmes mossi, foulsé ou samo elles récoltent les marrons de karité. Elles fabriquent un peu de beurre de karité et pilent aussi le contenu jaune des gousses du néré.

C'est la traite du lait qui est le plus important des travaux des femmes peuhles avec la cuisine et le pilage des grains.

Les femmes peuhles peuvent se promener dans le village, mais il faut qu'elles demandent la permission à leur mari. Elles vont voir leur famille, leurs amies, etc. Les Peuls ne tiennent pas leurs femmes cloîtrées à la façon dont le sont les femmes arabes ou les femmes turques.

Donnons maintenant quelques détails sur les Enfants et l'Education en commençant par l'accouchement et le baptême.

La femme peuhle travaille jusqu'au dernier jour avant l'accouchement. Après celui-ci elle se repose pendant sept jours, puis reprend ses occupations ordinaires.

Si elle a encore sa mère elle va accoucher chez celle-ci. Si elle ne l'a plus elle accouche dans sa case à elle.

Les femmes foulbé avant d'accoucher ne confessent pas leurs péchés à leur mari comme les négresses. Elles doivent cependant assurer (que ce soit vrai ou que ce ne soit pas vrai du reste) que l'enfant est bien de leur mari. Sans cette marque de soumission ou de politesse envers l'autorité maritale il paraît qu'elles n'accoucheraient pas.

Le jour même où vient l'enfant on tue une chèvre ou un mouton, un bœuf si on le peut. Le septième jour après l'accouchement, quand la femme sort pour la première fois de sa case avec l'enfant, on fait une fête et on donne son nom au nouveau-né.

Pour ce baptême on tue encore une chèvre, un mouton ou bien un bœuf. On invite la famille, le marabout, les voisins. Le marabout indique quels sont les noms que l'on peut donner à l'enfant d'après le jour de la semaine où l'on est, car il y a un certain nombre de noms pour chaque jour de la semaine pour les filles et pour les garçons. C'est le père qui choisit parmi les noms à donner, même s'il s'agit d'une fille. Les invités donnent de menus cadeaux au marabout qui en donne lui-même une partie aux vieilles femmes, aux petits enfants.

Les Peuls sont plus contents d'avoir des garçons que des filles parce que les garçons continuent la famille tandis que les filles la quittent. Cependant il vaut mieux avoir encore des filles que pas d'enfants du tout.

Comme les nègres, les Peuls aiment à avoir beaucoup d'enfants. Si une femme est stérile, elle et son mari donnent soit une chèvre, soit des cauris aux vieillards pauvres pour qu'ils prient Allah qu'il leur fasse avoir des enfants. On s'adresse aussi au marabout qui fait des grigris que la femme porte sur elle, grigris très efficaces me dit mon interlocuteur mais... pas toujours.

Pour protéger l'enfant contre un accident ou une maladie, on lui met au cou et à la ceinture des grigris (toujours fabriqués par le marabout). Quand il a atteint l'âge de trois ans on les lui enlève et on les remplace par d'autres amulettes : ce ne sont pas en effet les mêmes qui sont bonnes pour les enfants de moins de trois ans et pour ceux qui ont dépassé cet âge.

Des femmes peuhles se font avorter parce qu'elles n'aiment pas leur mari (on se rappelle que les filles sont données sans être consultées). Ce sont de vieilles femmes qui fournissent ces drogues et même des marabouts, car, parmi ceux-ci, il y en a qui ne sont pas honnêtes Naturellement ces avorteuses et ces avorteurs se font grassement payer. Quand on les connaît on les traîne devant le chef de tribu qui les exile.

Quand une femme a eu recours à l'avortement et que son mari vient à le savoir, celui-ci la frappe et quelquefois même la renvoie.

On ne tue pas les enfants phénomènes. On les laisse vivre comme les enfants normaux. En fait de phénomènes, on me cite un enfant peuhl macrocéphale du village de Pogoro. A Bassanga (Foulbés Torombés) existent deux nains, un homme et une femme déjà vieux.

Les jumeaux ne sont pas tués non plus, et même on est content d'en avoir, surtout quand ils sont de sexe différent car alors « il y a une part pour le père et il y a une part pour la mère ».

La femme peuhle allaite pendant trois ans son enfant comme la négresse, mais, au rebours de celle-ci, un mois après l'accouchement, elle doit remplir ses devoirs conjugaux. De même, quand elle est enceinte, elle doit le faire jusques peu de temps avant l'accouchement, toujours au rebours de la coutume nègre qui rend la femme indisponible pour le mari dès qu'elle est enceinte.

Quand une femme ne peut allaiter son enfant, elle ne le confie pas à une autre femme mais le nourrit au lait de chèvre.

Une fois sevré, à trois ans, l'enfant est nourri comme les adultes avec du lait et du tô. Jusqu'à 6, 7 ans on le laisse jouer dans l'habitation. On donne un petit boubou aux garçons, un petit pagne aux filles.

Les petits garçons commencent à se rendre utiles vers 6 ou 7 ans. On leur donne d'abord les chèvres à garder, puis, plus tard, le gros bétail. On les envoie aussi aux champs chasser les oiseaux. C'est vers dix ans qu'ils commencent à manier le daba.

La petite fille, dès sept ans, commence à aller chercher de l'eau avec sa mère. On lui apprend à piler le mil, à traire les bestiaux, à laver les calebasses, les canaris et les vêtements.

La plupart des enfants ne vont pas à l'école. C'est une petite minorité qui va chez les marabouts, surtout les enfants de peuls riches.

Chez nos Peuls les filles sont excisées tout jeunes et pas ensemble. Chaque mère fait exciser sa fille à l'âge de un ou deux ans. Il n'y a pas de fête pour cela. C'est une vieille femme qui fait l'opération pour 40 cauris. On peut ajouter à cette maigre somme du mil, du coton, du savon, etc. Les Peuls sont complètement incapables de dire pourquoi ils pratiquent l'excision des filles.

Au contraire de l'excision, la circoncision constitue un événement important et donne lieu à une fête. Elle est faite annuellement, pour tous les garçons qui arrivent à l'âge de 12 ans, au mois de novembre ou au mois de décembre. Ceux-ci sont circoncis en une journée par un peul âgé auquel on donne un morceau de sel, de la viande et la peau du bœuf que l'on tue pour cette mémorable journée. Une grande case en paille a été construite pour les circoncis, dans le village, par leurs pères. Pendant un mois les jeunes gens vont l'habiter sous le commandement d'un vieillard qui restera avec eux. Celui-ci n'est pas l'homme qui a opéré les circoncis ni même un marabout. C'est un vieillard du village désigné par les pères des enfants. Tous les matins il lave ceux-ci puis les fait promener dans la brousse, leur donne des conseils moraux sur la conduite qu'ils auront maintenant à suivre étant des hommes. En contraste avec ces conseils, et comme les circoncis nègres, nos jeunes gens ont le droit de voler, autour du village et autour des villages voisins, des poulets, des chèvres, des moutons, etc. sans qu'on puisse rien leur dire. Ils ne portent pas de costume spécial. Leur maître ne reçoit aucune rémunération.

Quand la retraite est terminée, chaque circoncis rentre dans sa famille et chaque père donne à son enfant un nouvel habit : en effet, par la cérémonie de la circoncision, l'enfant est devenu un homme et il a le droit de porter maintenant la culotte et le bonnet. Auparavant il portait un petit dlokiba ou un petit dlokini sans plus. Aussi le jeune homme va-t-il se promener dans le village avec ostentation, rendant des visites aux différents chefs de ménage qui lui font généralement des cadeaux.

Comme nous venons de le voir, le vieillard qui surveille les circoncis est chargé de leur faire en quelque sorte un cours de moralité personnelle et sociale. Mais il ne fait qu'achever la besogne déjà commencée par les parents, car des préceptes moraux et sociaux sont donnés par le père aux garçons, par la mère aux filles. La mère s'occupe exclusivement des filles, le père s'occupe des fils. Il leur dit de ne pas voler, de ne pas se battre, de prendre soin des troupeaux. Pour les filles, la mère leur recommande la chasteté, la bonne conduite, etc.

Les marabouts donnent aussi des conseils moraux aux enfants qui vont à l'école, particulièrement quand ceux-ci la quittent.

Des associations d'enfants, de jeunes gens, d'hommes mûrs, de vieillards existent chez les Peuls comme chez les nègres. Comme tous les ans on circoncit, les circoncis de chaque année se trouvent former une association naturelle qui subsiste jusqu'à la mort. De plus, avant la circoncision même, les enfants se groupent en petites associations d'après leur âge.

Ces associations s'appellent diaranndo en peuhl.

Ce sont des réunions d'amusement, de fête, de beuverie et de mangeaille, d'abord. Ce sont également des réunions de secours mutuel, d'aide mutuelle entre les associés.

Les enfants se mettent à l'amende les uns les autres (par exemple quand ils se trompent en parlant) de canaris de n'kounangui. Quand il y a suffisamment de canaris, on se rassemble pour les boire.

Les grands garçons (comme les petits, du reste) désignent un chef d'association. Celui-ci traite les autres et demande à son père une bête à tuer (mouton ou bœuf suivant la richesse de celui-ci). On boit du cidre de n'kouna, on invite les filles du même âge à venir le sabler avec vous, on fait venir les griots avec leurs instruments, on chante et on danse. On donne quelque morceau de la bête tuée à l'association immédiatement plus jeune.

Notons que les filles ont aussi des associations, les petites et les grandes. Quand quelqu'un de l'association se marie, il tue un bœuf pour les membres de l'association. Mais il continue à faire toujours partie de celle-ci jusqu'à sa mort. D'ailleurs les membres de l'association aident le jeune ménage à construire son installation au dehors.

Nous venons d'examiner la famille en général, le ménage et la femme, les enfants et l'éducation. Pour terminer cette étude sur la famille disons un mot de la propriété et de l'héritage.

Chez nos Peuls la propriété de tribu n'existe pas. En effet leurs pâturages, m'assurent les Foulbés Dialloubés, ne sont pas considérés par eux comme leur appartenant exclusivement. Ils me disent que les Foulbés Torombés et les Foulbés Fittobés peuvent envoyer paître leurs troupeaux chez eux et se promener partout sans qu'on puisse rien leur dire. A plus forte raison les terrains de pâturage de telle fraction peuhle, de tel village peuhl (saré ou plutôt ici iber ou ibéré) ne lui appartiennent-ils pas. Les autres villages ou fractions de la tribu ou même les tribus étrangères peuvent y envoyer paître.

Quant aux arbres à fruits de la brousse (karités, nérés, baobabs, tamarins, etc.) ils n'appartiennent à personne, ni à un particulier, ni à un ménage, ni à une famille totale, ni à un village, ni même à la tribu. Tout le monde peut les cueillir. Les arbres situés dans les champs cultivés n'appartiennent même pas au propriétaire du champ, mais à tous, contrairement à la coutume mossi et à la coutume nègre en général. Ainsi la propriété tribuale et la propriété villageoise ne semblent même pas être fondées chez nos Peuls. Ce qu'il faut ajouter c'est que ces Peuls, établis en territoire mossi, ne se sont jamais sentis sans doute propriétaires légitimes de leurs terrains, mais étrangers tolérés et campés sur un territoire ne leur appartenant pas. De là une répulsion à formuler des droits de propriété tribuale ou villageoise que les Mossis pouvaient toujours leur contester avec l'autorité de la justice et de la force.

Quant à la propriété familiale on sait qu'elle n'existe pas ici.

La propriété ne commence donc qu'avec le ménage. Celui-ci possède son habitation-enclos, son petit terrain de culture autour de l'enclos, son champ de brousse. Cette propriété se fonde sur le défrichement quand il s'agit de champs, sur la construction quand il s'agit d'une paillotte ou de l'habitation tout entière.

Quand on a défriché un terrain il vous appartient. Si la terre défrichée et cultivée est ensuite abandonnée, elle vous appartient toujours car celui qui veut la travailler à son tour est obligé de demander au défricheur-propriétaire l'autorisation de le faire. Quelques-uns donnent le terrain complètement et définitivement. D'autres se réservent la nue-propriété mais ne font rien payer. Dans ce cas le propriétaire peut toujours reprendre son terrain quand il en a besoin, mais cependant après récolte effectuée par l'usufruitier.

Au-dessous de la propriété ménagère se trouve la propriété individuelle, particulière, péculiaire qui peut être le fait de n'importe quel individu. Le chef de ménage possède des biens en propre et non comme chef de ménage (ses vêtements, ses bijoux), de même chacune de ses femmes et chacun de ses enfants.

Comme exemple, nous pouvons citer la propriété des femmes : celles-ci ne cultivant pas chez nos Foulbés ne peuvent avoir de petits champs à elles, de petits carrés de culture, comme les négresses, mais elles peuvent posséder du bétail. De plus les pagnes et les bijoux de la femme lui appartiennent. Si, en ce qui concerne la cuisine, le pilon, le mortier, les canaris appartiennent au mari, les calebasses en revanche sont à la femme. Du reste il y a des coutumes pour l'héritage d'une femme : ses bestiaux vont à ses fils, ses pagnes, ses bijoux, ses calebasses à ses filles. Tout cela est partagé également entre ses fils d'une part, entre ses filles d'autre part. Cependant on donne un peu plus aux aînés.

Les enfants ont aussi leur petite propriété, leur pécule : par exemple leurs vêtements, leurs bagues, un bœuf donné par le père le jour de la naissance, etc. Le garçon peut même vendre, sauf contrôle de son père.

Au sujet de l'héritage, la succession d'un chef de ménage se règle ainsi :

1º L'habitation et les champs sont pour le fils aîné. On ne les lui dispute pas, cela n'étant pas le plus important de la succession.

2º Les femmes du défunt vont au frère puîné par raison de décence et non à ses fils.

3º Les bestiaux (y compris les chevaux) qui sont la chose la plus importante de toute la succession sont partagés par parts égales entre tous les fils. Les filles n'héritent pas.

4º Les grains, les cauris, les vêtements, les armes sont pour le fils aîné.

C'est le fils aîné qui opère le partage. Après celui-ci, il quitte son enclos pour venir s'installer dans celui de son père et disposera plus tard de son enclos à lui en faveur de l'un de ses fils.

Il faut noter qu'on paye les dettes de la succession avant le partage des bestiaux. C'est le fils aîné qui les paye sur l'ensemble de l'héritage.

Si un chef de ménage ne laisse pas de fils, ses biens vont à son frère puîné de même père et de même mère. En ce cas le chef de ménage, avant de mourir, peut faire quelques cadeaux à ses filles.

Si un chef de ménage n'a ni fils, ni frères, ses biens vont au parent le plus proche, mais non pas à ses filles.

Il n'y a pas de testaments chez nos Foulbés, les fils étant héritiers de plein droit et ne pouvant être dépossédés. Un père chez eux ne peut pas déshériter ses fils.

Quand un père meurt et que ses enfants sont en bas âge, s'il a un frère, celui-ci soigne les enfants et garde les biens jusqu'à ce que les enfants soient en âge d'hériter. On attend qu'ils soient devenus grands et le frère partage l'héritage entre tous n'en conservant rien pour lui sauf les femmes qui lui sont revenues de droit. Alors les enfants s'établissent chacun à part dans un enclos, mais non loin de leur oncle paternel. Chacun travaille pour soi et paye la dot de sa femme sur son héritage.

Quand il n'y a pas de frères, on confie la tutelle au plus proche parent.

Nous en avons fini avec la Famille. Passons maintenant à la Structure sociale et aux Pouvoirs publics (1).

Le clan n'existe pas chez les Peuls du Yatenga, pas plus que chez les autres Peuls (2).

En revanche la caste existe chez eux comme chez tous les Foulbés.

D'abord, au plus bas de l'échelle, il y a les forgerons (baïlo au singulier, waïlbé au pluriel). Ils sont extrêmement méprisés et mis plus bas que les serfs et les esclaves quoiqu'ils soient des hommes libres. Les Foulbés ordinaires ne peuvent pas se marier avec eux. Ce serait une monstruosité et du reste cela ne se voit jamais.

Pourquoi les forgerons forment-ils caste? Nos Foulbés n'en savent absolument rien, pas plus que les nègres soudanais du reste.

Ensuite et au-dessus des forgerons sont les laobés (on dit un labbo au singulier, des laobé au pluriel), ceux qui travaillent le bois et qui ici, en plus, sont griots et musiciens. En mossi on les désigne sous le nom de séta au singulier, de sétéba au pluriel. On ne peut pas non plus se marier avec eux, toujours pour cause inconnue. Les forgerons, de leur côté, ne peuvent pas se marier avec les Laobés qui se considèrent comme très supérieurs à eux.

Ensuite viennent les tisserands (mabo au singulier, maboubé au pluriel). Il n'y en a pas ici, pas plus que de forgerons, mais à Djibo chez les Foulbés du Djilgodi. Là ils ne sont pas seulement tisserands mais encore

(1) Nous avions réuni de nombreux renseignements sur le Mode d'existence des Peuls du Yatenga. Mais, pour ne pas trop alourdir l'étude présente, nous les avons supprimés.

(2) Ils ont bien le mot m'boda qui correspond si l'on veut au n'téné ou n'tanna mandé mais, tandis que le mot n'téné, qui signifie surtout tabou, garde aussi un peu le sens de totem en ce qu'il y a amitié entre l'animal ou la chose n'téné et les familles qui possèdent ce n'téné, le mot m'boda ne conserve que le sens exclusif de tabou. Ainsi les Peuls diront par exemple qu'ils ont comme m'boda le chien et le phacochère. Cela signifie simplement qu'ils ne veulent pas manger de ces animaux qu'ils tiennent pour impurs. Mais de là à considérer ces bêtes soit comme leurs ancêtres, soit comme leurs parents, soit comme leurs amis, soit comme leur ayant rendu quelque service jadis, il y a un monde et nos Foulbés repoussent avec une ardente indignation ou une froideur glacée plus impressionnante encore, toutes ces hypothèses diverses. Bref ils ont conservé le tabou sous sa forme musulmane mais ils ignorent le totem soit sous sa forme primitive, soit sous la forme dérivée ou atténuée sous laquelle il se présente généralement chez les nègres soudanais.

griots (je les signale, comme les gargassabés qui suivent, comme les forgerons qui précèdent, quoique n'existant pas chez les Peuls du Yatenga, parce que ceux-ci les connaissent et leur donnent un numéro d'ordre dans le classement des castes).

Au-dessus viennent les cordonniers (gargassadio au singulier, gargassabé au pluriel). Ils les mettent au-dessus des maboubés. Il n'y a pas ici de gargassabés non plus.

Naturellement le Peul qui n'est pas de caste ne peut contracter alliance avec les gargassabés. Ceux-ci ne peuvent à leur tour s'allier aux maboubés, laobés et waïlbés.

Quant aux bambabés (au singulier bambadio) qui sont griots et ne sont que cela chez les Foulbés de l'ouest, ils n'existent pas ici et de plus y sont inconnus. Les Foulbés du Yatenga ne leur donnent donc pas de place dans l'échelle des gens de caste.

Au-dessus des gargassabés sont les Rimaïbés (dimadio ou rimadio au singulier). Ce sont des serfs cultivateurs. Ici, de plus, comme il n'y a pas de maboubés, ils tissent. Les Foulbés peuvent épouser les filles des Rimaïbés alors qu'ils ne peuvent épouser les filles des hommes des autres castes, mais ils ne peuvent donner leurs filles en mariage aux Rimaïbés.

Voici quel était le statut des Rimaïbés avant l'occupation française : ils habitaient un enclos à part de l'habitation de leur maître et lui devaient trois jours de travail par semaine sur ses champs pendant la saison des pluies. Pendant la saison sèche ils ne travaillaient pas pour lui mais pour eux. Avec leurs quatre jours libres par semaine pendant la saison des pluies et leur temps libre pendant la saison sèche, les Rimaïbés devaient s'entretenir. Ils ne devaient rien au maître que la corvée de travail. A la récolte ils lui apportaient, s'ils voulaient, un peu de mil pour son cheval.

Pour les enfants d'un dimadio, le maître en mariait certains, le dimadio lui-même les autres. Le dimadio devait fournir sa fille ou une de ses filles comme servante à son maître. Le maître pouvait en faire sa concubine mais à condition de ne pas mécontenter le père. Comme nous l'avons vu tout à l'heure, les Foulbés pouvaient épouser des filles de Rimaïbés en justes et légitimes noces. En ce cas on payait la dot ordinaire.

Quand un dimadio mourait, s'il était riche ou de moyenne aisance, les fils héritaient des biens immobiliers, mais les biens mobiliers étaient partagés en deux parts (petit et gros bétail, argent, vêtements, etc.) : l'une était pour le maître, l'autre allait aux fils. Si le dimadio était pauvre, on laissait tout aux enfants.

Une fois en possession de leur part, les enfants la partageaient à la manière peuhle. L'aîné prenait l'enclos, les champs et le mil en magasin. Les bestiaux, cauris et autres biens mobiliers étaient partagés par parts égales entre tous les garçons du défunt. Pendant un an les cadets restaient à travailler avec l'aîné, puis, au bout de ce laps de temps, ils le quittaient pour aller s'installer dans une habitation à eux.

En dehors des serfs il y avait les captifs proprement dits :
1° Le diado ouro (au pluriel diabé-ouro), le captif de traite ou de guerre. Celui-ci pouvait être revendu, mais s'il ne l'était pas et s'il faisait souche, ses fils devenaient captifs de case.

2° Le captif de case appelé dimadio ou rimadio (au pluriel rimaïbé) comme le serf de culture. Le captif de case habitait chez son maître, travaillait pour lui cinq jours sur sept toute l'année et avait deux jours de repos (à lui) par semaine. Il était nourri, habillé, entretenu complètement par son maître. A l'époque du mariage celui-ci lui payait une femme. Il ne pouvait être vendu. A sa mort le maître héritait de tout, du moins en principe. En fait il pouvait laisser aux enfants les biens, probablement sans importance.

Les petits-fils d'un captif de case étaient établis à part par le maître comme serfs cultivateurs, à l'époque de leur mariage.

Actuellement nos Foulbés n'ont plus de captifs de traite, mais ils ont encore des captifs de case et des serfs cultivateurs ; ceux-ci travaillent toujours sur le champ de leurs maîtres, mais moins qu'autrefois, un jour ou deux par semaine seulement.

L'affranchissement des esclaves avait lieu quelquefois jadis comme œuvre pie, religieuse au premier chef, « pour Dieu ». Les affranchis étaient complètement libres et ne payaient aucune redevance à leurs ex-maîtres. Pourtant on ne contractait pas alliance avec eux et ils devaient se marier dans la classe des Rimaïbés. Cependant ils étaient plus que ceux-ci qui eux-mêmes étaient considérés comme supérieurs aux captifs de case qui eux-mêmes étaient mis au-dessus des gens de caste, de l'opinion unanime des Foulbés.

Ajoutons qu'un musulman homme libre pris à la guerre ne pouvait être réduit en captivité, mais un fétichiste naturellement pouvait l'être. Il y avait une exception cependant parmi ceux-ci (en ce qui regarde les Foulbés Dialloubés, mais non les Fittobés ou les Torombés) pour les Samos. A cause de leur établissement au nord, auprès et même dans l'intérieur du pays samo et de leur antique alliance avec les gens de la race, les Foulbés Dialloubés ne pouvaient pas réduire ici les hommes libres en servitude, mais, je le répète, ceci était spécial aux Foulbés Dialloubés du côté des Foulbés, aux Samos du côté des fétichistes (1).

(1) Ajoutons que la plupart des Rimaïbés des Peuls Dialloubés du Yatenga sont des Habbés. Ils ont pris les coutumes peuhles, comme nous l'avons vu, en ce qui concerne la famille, l'héritage, mais ils sont sédentaires et construisent en terre battue leurs cases dans un style qui est différent du style mossi (ou foulsé) et du style samo et qui semble plutôt se rattacher au style kado. On voit sur la route de Bandiagara à Ouahigouya leurs villages caractéristiques (Thiou, Bango, etc.) avec leurs coquets greniers à mil carrés (dont nous avons déjà parlé à l'Architecture, p. 408 et 409) très nombreux, coiffés d'un pimpant chapeau de paille en bataille, ce

Passons maintenant aux Pouvoirs publics.

« C'est Dieu, disent les Foulbés Dialloubés, qui a donné le commandement à nos chefs. » L'autorité politique a donc un caractère sacré. Nos Peuls ne pensent pas que la dynastie de leurs chefs de tribu ait été choisie jadis de propos délibéré par leurs ancêtres. C'est Dieu qui l'a instituée. Ils doivent donc obéir à leurs chefs, parce que c'est Dieu qui les a choisis.

Cependant le chef n'a pas un pouvoir discrétionnaire et absolu. Il doit obéir à la coutume (tavouanga en peul), comme les autres. Il ne peut la changer. Personne du reste ne peut la changer, même l'assemblée générale de tous les Foulbés.

Ainsi le pouvoir du chef de tribu est d'origine divine, mais est strictement limité par la coutume toute puissante.

Pour les Foulbés Dialloubés, le chef de tribu actuel est Guibril Diallo. Le pouvoir se transmet de frère en frère ou de cousin en cousin, car, en principe, il faut que chaque branche de la famille des chefs de tribu soit représentée à son tour.

Tous les Foulbés se réunissent, mais ils n'ont pas le droit de choisir un autre chef que celui qui est désigné par la règle coutumière. Ils ne se réunissent en définitive que pour l'introniser, le féliciter.

Les Foulbés du Yatenga dépendaient, comme nous l'avons déjà vu, du Moro-naba des Mossis. Aussi venaient-ils présenter leur nouveau chef au Yatenga-naba qui le félicitait à son tour. Le roi des Mossis n'intervenait jamais pour changer l'ordre de la succession chez ses vassaux, mais, en revanche, quand il n'en était pas content, il les faisait tuer, comme nous le savons.

Au-dessous du chef de tribu, il y a les chefs des villages importants. Ainsi, chez les Foulbés Dialloubés, Guibril, chef de tribu, commande directement aux villages de Bango et de Thiou (il réside lui-même à Thiou et son fils aîné réside à Bango). Les autres villages importants sont :

Aoréma (au nord-est de Ouahigouya).
Faogodo (idem).
Lankoy (pays samo).
Dioura (Riziam).

En réalité, les Peuls qui relèvent de ces gros villages ne sont pas tous établis à Aoréma, Faogodo, Lankoy et Dioura même. Ils sont dispersés dans toute la région dont chacun de ces villages est le centre, tout en se rattachant politiquement à ce village principal.

qui leur donne un aspect assez moyennâgeux. Si l'on pénètre dans le village on voit que les habitants, couchant sous de mauvais hangars, sont moins bien logés que leur mil. C'est dans ces villages que les chefs foulbés ont leurs installations riches, leurs maisons en banquo, comme celle à Thiou de Guibril, chef des Foulbés Dialloubés, qui est carrée et a l'aspect d'une petite forteresse. Ce n'est donc pas dans ces villages à noyau de Rimaïbés et à maisons de chefs (sans compter le quartier mossi) qu'il faut considérer l'habitation ordinaire et typique des Peuls.

Ainsi, pour ce qui est de Lankoy, il y a des Foulbés à Lankoy même, mais il y en a aussi à Tourouba, Ouro Mango, Ouori, Taraba, Pétenkoï et Kolongota, petits villages situés non loin de Lankoy. Tous relèvent du chef peul de Lankoy. Ces petites fractions ne groupent souvent qu'une famille totale et sont commandées alors par le chef de famille.

Telle est la hiérarchie politique chez les Peuls du Yatenga : en tête le chef de tribu, au-dessous des chefs de groupe ou de villages importants, au-dessous de ceux-ci les chefs de petits groupes ou de villages minuscules. Ceux-ci se confondent souvent avec les chefs de famille totale.

De temps en temps, autrefois, lorsque le chef de la tribu avait été voir le Moro-naba il réunissait tous les Peuls, hommes libres, et il leur communiquait ce que lui avait dit le roi du Yatenga. A ces assemblées n'assistaient ni les femmes, ni les enfants, ni les Rimaïbés, ni les esclaves.

Le chef de tribu convoquait aussi les hommes libres pour leur donner communication de messages importants, par exemple d'un message du sultan toucouleur de Bandiagara : qu'il n'y aurait pas de guerre cette année et qu'ils pourraient ainsi envoyer paître leurs bestiaux en toute sécurité vers l'ouest.

S'il y avait menace de guerre il les réunissait encore.

Quelquefois nos Foulbés se réunissaient d'eux-mêmes pour blâmer leur chef de tribu quand ils en étaient tous mécontents ou pour l'empêcher de faire telle ou telle chose.

Ainsi, chez les Foulbés Dialloubés, le père de Guibril (Mamadou Alaki) s'étant pris de querelle avec Hamadou Hamidou son parent, plus âgé que lui, pour des questions d'intérêt, et les deux hommes s'étant disputés et ayant échangé des injures, les Foulbés Dialloubés « craignant de mauvaises choses » se réunirent et conseillèrent à Mamadou Alaki, qui avait tort, paraît-il, de ne pas continuer la dispute. Celui-ci déclara que « c'était fini » et qu'il laisserait le vieillard tranquille.

Cela n'arrivait pas souvent du reste.

Quant aux vieillards ils pouvaient aussi quelquefois donner des conseils au chef de tribu et les marabouts également.

En cas de guerre le chef de tribu désignait un chef de guerre. L'armée, ou plus exactement la troupe, se composait de Foulbés et de Rimaïbés, les premiers à cheval (c'étaient les plus nombreux), les seconds à pied.

Le chef de guerre la commandait. Une fois la guerre terminée il rentrait dans le rang.

Nos gens se battaient à l'occasion avec les Peuls du Djilgodi, avec les Samos, malgré leur alliance avec ceux-ci, avec les Toucouleurs de Bandiagara, enfin avec les Mossis de Ouagadougou. Ils ne se battaient pas avec les Mossis du Yatenga, dont ils étaient en définitive les vassaux.

Ces guerres n'étaient du reste que des expéditions de pillage, faites pour ramasser des esclaves et des troupeaux, ou des contre-expéditions de pillage.

En ce qui concerne les impôts, il n'y avait pas d'impôt régulier payé au chef de tribu par les Peuls libres. Ceux-ci lui donnaient des chevaux, des bœufs quand il en avait perdu et c'était tout. Les Rimaïbés ne lui payaient pas non plus d'impôt régulier. Au moment de la récolte ils lui faisaient cependant des cadeaux en mil et en bestiaux.

Pour les chefs de fractions, les Foulbés et les Rimaïbés leur faisaient des cadeaux (cadeaux libres, non forcés), au moment de la récolte, en mil et en bestiaux.

Il n'y avait pas d'impôt sur les successions. Le chef ne prenait rien là-dessus et on ne lui faisait pas de cadeaux sur l'héritage.

En ce qui concerne les colporteurs qui traversaient les régions peuhles, rien, en principe, ne leur était demandé. En fait, ils faisaient des cadeaux au chef de tribu pour être protégés au besoin contre les voleurs et contre les pillards.

En ce qui concerne la justice les infractions étaient, d'après la coutume peuhle, divisées en deux catégories :

1° Les crimes (ouari-hor) ;
2° Les délits (tida).

Cette division était basée sur l'importance de la faute commise et sur la peine qui lui était, en conséquence, appliquée.

Etaient qualifiés crimes : l'homicide sous toutes ses formes, les coups et blessures ayant entraîné la mort.

Le vol était un délit, même les vols les plus importants.

Le sacrilège religieux existait. Ce n'était pas un crime mais un délit (tida). On prenait au délinquant ses biens mobiliers et on le mettait aux fers pendant un mois, après l'avoir frappé.

Pour que l'auteur d'une infraction pût être puni il fallait qu'il ait eu l'intention de la commettre. C'est ainsi que l'homicide involontaire n'était pas répréhensible, d'après la coutume peuhle, ou du moins l'était beaucoup moins que l'homicide volontaire. On prenait chez le coupable quelques bœufs (2, 3 ou 4) qui étaient pour le chef de tribu.

La tentative était punie, mais moins que le délit ou que le crime consommé. Ainsi, si quelqu'un avait essayé de tuer un autre homme, sans résultat du reste, on le frappait, on le mettait aux fers pendant un mois, enfin on prenait 3 ou 4 bœufs chez lui pour les donner au chef de la tribu.

On le voit : la tentative sans effet était plus punie que le fait sans intention.

Etant donné que les peines comprenaient les unes un châtiment corporel et une amende, les autres cela même et en plus une indemnité versée à la partie lésée ou à sa famille, le coupable seul avait à supporter la peine corporelle et on ne prenait personne de sa famille pour le remplacer pour cela, mais, en ce qui concerne le versement de l'amende et de l'indemnité, la famille était civilement responsable : si le condamné ne pouvait pas payer, ses parents étaient obligatoirement tenus de verser la somme ou de donner les animaux ou objets exigés. Le chef de famille s'occupait de payer.

En ce qui concerne les enfants ils n'étaient pas responsables jusqu'à la circoncision. Une fois circoncis ils l'étaient.

Mais cette irresponsabilité n'existait que pour les peines corporelles (encore l'enfant était-il battu par ses parents). En ce qui concerne l'amende ou l'indemnité les parents la payaient au chef de tribu ou à la partie lésée.

La folie n'était pas un cas d'irresponsabilité. Si un fou tuait quelqu'un on le tuait lui-même à coups de fusil.

Il n'y avait ni crime, ni délit lorsque le prévenu d'homicide ou de coups et blessures était en cas de légitime défense.

Il n'y avait également pas fait répréhensible quand un peul tuait ou blessait un voleur pénétrant chez lui pendant la nuit.

De même celui qui tuait ou blessait un voleur s'enfuyant n'était passible d'aucune peine.

Dans le cas où un mari, trouvant sa femme en flagrant délit d'adultère, tuait l'amant et la femme, il ne subissait aucun châtiment.

Si un peul volait son frère ou son chef de famille il ne pouvait être poursuivi : le vol au détriment de la famille n'était pas un vol. Cependant, s'il recommençait trop souvent, le chef de famille faisait frapper le voleur et lui prenait du bétail. S'il recommençait encore on le mettait hors de la famille.

Les principaux actes tombant sous l'application de la coutume pénale étaient :

1. L'homicide sous toutes ses formes.
2. Les coups et blessures.

(Les coups simples, sans blessure, n'étaient pas punis sauf ceux donnés aux gens énumérés plus loin).

3. Menaces et injures au chef de tribu, aux chefs de fraction et aux chefs de famille.

(Les menaces et injures aux autres gens n'étaient pas punies).

4. Adultère.
5. Vol.
6. Escroquerie.
7. Incendie volontaire.
8. Usurpation de fonctions.

(L'usurpation de fonction pure et simple n'était punie que d'une simple réprimande, mais l'usurpation de fonction avec vol était punie sévèrement).

9. Désobéissance aux ordres d'un chef.

(Punition peu sévère la première fois, plus sévère les fois suivantes).

Quant aux peines, le tableau ci-dessous donne les principales existant avant notre arrivée chez les Peuls du Yatenga :

1° Le coupable d'homicide volontaire était tué à coups de fusil. On prenait ses biens (pas ceux de la famille totale) et le chef de tribu les partageait avec le Moro-naba du Yatenga auquel il venait rendre compte de l'exécution.

2° Coups et blessures ayant entraîné la mort sans intention de la donner : mise aux fers du coupable pendant un ou plusieurs mois. Quant à ses biens il en était comme pour le précédent.

3° Coups et blessures : le chef de tribu faisait payer par l'agresseur un bœuf qu'il conservait pour lui. Le blessé n'avait rien. Le Yatenga-naba n'était pas averti.

4° Insultes au chef de tribu : cela ne s'est jamais vu.

5° Coups donnés au même : idem.

6° Adultère avec une femme du chef de tribu ou une femme d'un chef de village : le chef faisait prendre et frapper l'amant qui payait deux bœufs. On les immolait et tout le monde festoyait y compris le chef.

La femme, elle, était simplement frappée pour qu'elle ne recommençât pas.

Pour l'adultère avec une femme ordinaire on frappait simplement l'amant et la femme.

7° Exercice de la sorcellerie. Nos Foulbés ne croient pas aux mangeurs d'âmes, mais ils croient très bien qu'on peut avec des grigris, des amulettes, causer la mort de quelqu'un. Dans le cas où un peul accusait une autre personne d'un maléfice de ce genre, on convoquait l'accusateur et l'accusé et leurs témoins. Si l'on ne parvenait pas à discerner la vérité de cette manière, on recourait à une épreuve : elle consistait à frapper le Koran. « Si tu n'es pas coupable, disait-on à l'accusé, frappe le Koran. Si tu es innocent, Allah ne t'en voudra pas, si tu es coupable et parjure, il te fera mourir ! » Quelques-uns refusaient l'épreuve et étaient alors considérés comme coupables, d'autres avouaient. Alors on exilait le malfaiteur après lui avoir pris ses biens qui étaient pour le chef de tribu. Les femmes du coupable ne lui étaient pas enlevées et le suivaient. La famille de la victime n'avait rien.

Il paraît que jadis il arrivait assez souvent chez nos Peuls que l'on fît des grigris contre les tiers. Maintenant, cela arriverait moins souvent.

8° Incendie volontaire : L'incendiaire était pris, frappé, on prenait quelque partie de ses biens.

En cas de récidive il était de nouveau frappé, dépouillé cette fois de tous ses biens, exilé. Le chef de tribu et le Yatenga-naba se partageaient des dépouilles.

9° Vol. Si c'était un petit vol, vol d'une chèvre ou d'un mouton, on frappait le voleur et on faisait rembourser soit par lui, soit par sa famille, l'objet volé ou sa valeur.

Si c'était un gros vol (vol de bœufs, de chevaux) on frappait le voleur devant tout le monde, on faisait rembourser par lui ou par sa famille ce qu'il avait volé, on l'exilait du village, mais il pouvait aller habiter dans le reste de la tribu.

S'il s'agissait d'un récidiviste on le frappait, on lui prenait tous ses biens et on l'exilait de la tribu. Sur ces biens on rendait au volé ce qui lui était dû. Le chef de tribu et le Yatenga-naba se partageaient le reste.

Le vol dans une maison n'était pas plus puni que le vol dans les champs. Ce qui aggravait l'acte ce n'était pas la manière dont le vol avait été effectué, c'était la valeur de l'objet dérobé.

Quant au vol à main armée ou pillage, il n'était pas pratiqué par nos Peuls chez eux, contre eux-mêmes. Il était pratiqué contre les populations voisines et alors ce n'était plus du vol, mais de la guerre, de la petite guerre.

10° Recel. Le recel proprement dit n'existait pas chez nos Peuls. Sa seule forme était la suivante : achat d'un objet volé par quelqu'un qui le savait volé (cas qui se présente souvent ici). Cette infraction était punie de la même manière que le vol lui-même.

11° Hospitalité donnée à un assassin : cas qui ne s'est jamais vu.

12° Armes données ou prêtées à un meurtrier : puni comme le meurtre lui-même.

13° Infraction consistant dans le fait de n'avoir pas révélé un meurtre qui vous était connu : le chef de tribu confisquait au coupable un ou deux bœufs qu'il conservait pour lui.

14° Séquestration : inconnue ici.

15° Viol. Le viol d'une femme mariée n'était pas considéré comme chose grave et n'entraînait aucune poursuite judiciaire ni aucune pénalité sauf des coups donnés par le mari.

Le viol d'une petite fille n'était pas non plus puni et était considéré plutôt comme matière à plaisanteries, paraît-il. En ce cas nos Peuls étaient moins sévères que les Mossis. S'il y avait même aggravation du fait par maladie vénérienne communiquée à la victime, il paraît que le père ni le chef de famille ne disaient rien.

Comme on vient de le voir, le fondement de la peine, d'après la coutume peuhle, semble être l'intérêt de la société, intérêt qui s'exprimait par le châtiment, destiné à réfréner les infractions futures par la peur qu'il provoque infailliblement. L'idée de dédommagement de la partie lésée est ici beaucoup moins admise que chez les primitifs et en effet nous avons pu voir à chaque instant le chef, représentant de la tribu et de la société, conserver pour lui ce qui, chez les primitifs, serait revenu à la partie lésée, ceci même à un point qui nous paraît scandaleux Le dédommagement de la partie qui a souffert n'apparaît qu'en ce qui concerne le vol et, là même, l'idée de l'intérêt social et par conséquent du châtiment, apparaît autant que l'idée de dédommagement.

Au point de vue matériel les principales peines étaient, comme nous venons de le voir, la mort, l'exil partiel ou total, la confiscation des biens, les coups, les fers, l'amende, les dommages et intérêts.

On donnait la mort par fusillade et non par pendaison, étranglement ou décapitation. Les Foulbés Dialloubés se souviennent pourtant que leurs ancêtres donnaient la mort avec le sabre, par décapitation, et que de plus ils coupaient la main aux voleurs. Eux ne le font plus depuis longtemps.

Nos Peuls admettaient les circonstances atténuantes : ainsi pour les vols, ils punissaient plus sévèrement le voleur riche, moins sévèrement le voleur pauvre. Celui qui volait une chèvre par faim, pour manger, pouvait ne pas être condamné à la restitution.

Pour les meurtres aussi il pouvait y avoir des circonstances atténuantes.

Les exécuteurs étaient les captifs du chef de tribu. Commandés par leur maître, ils tuaient le coupable à coups de fusil.

La substitution des peines était quelquefois pratiquée, par exemple pour un meurtrier, quand sa famille, très riche, donnait beaucoup : par exemple une centaine de bœufs. Alors on grâciait l'individu, puis le chef de tribu et le Moro-naba du Yatenga se partageaient l'amende.

Il n'y avait pas chez nos Peuls de village de refuge où les criminels pussent se réfugier comme nous avons vu que cela existait chez les Mossis du Yatenga.

Au sujet de la prescription des peines, on ne poursuivait plus les meurtriers au bout de 4 ou 5 ans, mais pour les vols on poursuivait toujours.

La preuve se faisait par témoins ; à défaut de témoins on jurait sur le Koran à la mosquée. On ne jurait pas, comme le font d'autres Peuls, par des kolas posés sur le Koran.

Il était d'usage qu'après le jugement la partie qui avait obtenu gain de cause apportât un cadeau au juge. Quelquefois on se contentait de le remercier. Le battu naturellement n'apportait rien.

En ce qui concerne les juridictions, le chef de tribu jugeait les affaires les plus importantes : meurtres, gros vols, questions d'héritage sérieuses, etc. Les chefs de villages importants, de grosses fractions, jugeaient aussi (vols peu importants, rixes, etc.). Les chefs de famille avaient aussi un certain pouvoir juridictionnel (rixes dans la famille par exemple). Il y avait aussi des jugements rendus par deux chefs de famille réunis. S'ils n'étaient pas d'accord ils allaient devant le chef de village.

Les marabouts faisaient aussi fonction de conciliateurs et de juges pour un certain nombre de petites affaires : dettes, adultères, vols sans importance. Si on ne se mettait pas d'accord à la mosquée ou plutôt au maqam (lieu de prière qui remplace la mosquée car il n'y a pas beaucoup de celles-ci chez nos Peuls) on allait devant le chef de tribu.

Celui-ci n'avait pas de jour fixé pour les jugements. Il jugeait quand il y avait des affaires. Alors il se faisait aider par les notables les plus sérieux du village et par les marabouts. Les parties portaient elles-mêmes la parole. On ne se faisait jamais représenter par quelqu'un pour exposer sa cause.

Le chef de tribu n'avait pas non plus de porte-parole.

Pour l'exécution, les chefs de famille n'avaient pas le droit de mettre aux fers mais les chefs de village et le chef de tribu avaient ce droit. Pour l'exécution capitale, seul le chef de tribu avait le droit de l'ordonner et encore en rendait-il compte au Moro-naba du Yatenga immédiatement après qu'elle avait été faite.

Nous en avons fini avec l'organisation judiciaire et d'une façon plus générale avec les Pouvoirs publics. Passons maintenant à la Religion.

La plupart des Peuls du Yatenga sont musulmanisés. Ce sont les Foulbés Torombés qui le sont le plus et qui sont les plus fervents. Les Peuls Fittobés, tout en ne l'étant pas autant, peuvent être tous comptés, je crois, comme musulmans. Restent les Foulbés Dialloubés qui sont en partie musulmans, en partie fétichistes (de ce fétichisme aplani et congrûment raboté dont nous avons déjà eu l'occasion de parler). Comme il y a environ 13.000 Dialloubés on peut en compter la moitié comme musulmans soit 6.500, et la moitié comme fétichistes soit le même nombre. Comme il y a en tout 29.000 Peuls dans le Yatenga, il y a donc environ sur cette masse 22.500 musulmans et 6.500 fétichistes soit les trois quarts et même un peu plus de musulmanisés (1).

Disons d'abord quelques mots de la croyance

L'Islam chez nos Peuls musulmans a bien supprimé les croyances antérieures. Ils ne croient qu'à un seul dieu : Allah, et ils n'ont pas d'autre mot pour le désigner. Quant à Mohammed (Mahomet) ils connaissent son nom mais, à vrai dire, ils ne savent rien de sa vie historique.

Ils croient à une vie future, à des récompenses pour les bons, à des châtiments pour les méchants. Ils croient à un paradis (ardiana), à une espèce de purgatoire et à un enfer où les méchants vont brûler après leur mort. Cet enfer s'appelle diahanam ou dianam. C'est sans doute le mot arabe qui désigne la géhenne.

Les Foulbés musulmans connaissent vaguement le sultan du Maroc, le sultan de Stamboul, le chef des Sénoussis et le chérif de la Mecque. Ils croient que c'est ce dernier qui est le plus important de tous ces personnages et que c'est à lui qu'il revient de commander à tous les musulmans.

Ils connaissent le nom du Mahdi. Il doit convertir tous les peuples à l'Islam à la fin du monde avec le fouet et les fers. Ce sera un arabe. Cette croyance se rencontre encore sous cette forme plus grossière que, quand tous les noirs seront convertis à l'Islam, les Français et les autres blancs seront chassés d'Afrique.

Cette exécution sera le prélude du règne de l'Islam sur le monde entier et du jugement de Dieu.

(1) Le cercle de Ouahigouya compte environ 40.000 musulmans sur une population totale de 250.000 âmes soit 22.500 Peuls, la moitié des Yarsés soit 10.000 personnes, tous les Maransés soit 5.000 âmes, environ 500 Silmi-Mossis et 2.000 Mossis (appartenant à la classe aristocratique). Les Foulsés, les Samos s'accordent bien avec les musulmans mais répugnent complètement à l'Islam comme tous les noirs primitifs.

La prescription de la guerre sainte est connue de nos Peuls musulmans, mais ils ne peuvent évidemment pas l'appliquer contre les Français n'étant pas les plus forts. Même avant l'occupation française ils ne l'appliquaient pas contre les Mossis ceux-ci étant plus forts qu'eux.

Au sujet des rites, les Foulbés musulmans font six prières par jour :
La première, appelée fadiri ou faguiri, à cinq heures du matin.
La deuxième, appelée oualloua, à onze heures.
La troisième, salifana, à deux heures de l'après-midi.
La quatrième, lahasara, à cinq heures.
La cinquième, foutiri ou foutouri, à six heures.
Enfin la sixième, safa ou safoko, est faite à neuf heures du soir.
Beaucoup de gens ne font pas la prière de onze heures.

Les grands marabouts prient encore à minuit. De plus on peut toujours prier en surplus des prières ordonnées, si l'on veut.

Pour les Peuls la prière est une demande adressée à Dieu pour qu'il vous pardonne vos péchés et vous envoie tout droit au Paradis. De plus on lui demande aussi le nécessaire et le superflu sur la terre, le bonheur, des biens, des richesses, des enfants, etc.

En principe il vaudrait mieux faire les prières à l'enceinte de prière mais ce n'est pas un péché de les faire autre part, chez soi.

Chez les Foulbés Torombés, à Todiam, on célèbre une espèce de prière solennelle, de messe, le vendredi après-midi. Cela ne se fait pas chez les Foulbés Dialloubés.

En principe on doit se laver à toutes les prières (pieds, mains, figure, etc.) à l'eau, ou au sable à défaut d'eau. En réalité on ne le fait que de temps en temps, seulement si on a le temps.

En ce qui concerne l'aumône, les Peuls musulmans doivent la faire aux pauvres et aux marabouts pauvres. Quant aux marabouts riches il n'y a pas nécessité de leur donner, mais ce sont eux, au contraire, qui doivent donner aux pauvres.

Les fêtes sont :

1º Le Ramadan (léourou-korka en peulh, mot à mot mois du jeûne).

Pour le Ramadan les Foulbés musulmans jeûnent pendant trente jours. On ne mange pas pendant la journée, mais on peut manger entre le coucher et le lever du soleil. C'est le seul jeûne pour les musulmans ordinaires.

Hommes et femmes jeûnent, ainsi que les garçons à partir de 17 ans et les filles à partir de 13 ans. On fait jeûner les filles plus tôt que les garçons parce qu'elles sont développées de plus bonne heure. Les malades ne jeûnent pas. On ne peut se racheter du jeûne,

2º La Tabasqui (mot yolof) ou fête du Mouton. On l'appelle diouldiane en peulh, kivsé ou kibisi chez les Yarsés, laya en bambara. Chez nos Foulbés musulmans c'est la plus grande fête et elle se célèbre 70 jours après le Ramadan.

3º La fête dite haram par les Foulbés et diombéné par les Yarsés, les Maransés, les Bambaras, les Malinkés, les Ouassoulonkés, etc. Elle se célèbre un mois après la Tabasqui.

4º La fête appelée Gané par les Foulbés (ce serait la fête de la Nativité du Prophète ou fête Mouloud des Arabes). Elle se célèbre trois mois après la Tabasqui, deux mois après le Diombéné. Ce n'est pas une fête de premier ordre comme la fête du Mouton ou la fête de la Rupture du Jeûne, et même on ne la célèbre pas chez les Foulbés Dialloubés. On la célèbre en revanche chez les Foulbés Torombés à Todiam. Ce jour-là tous les gens de Todiam, Bassanga, Saïgouma qui possèdent des Korans et quelques marabouts venus du nord, de Djibo, Dori, etc. se réunissent à Todiam pour une grande prière. Après cela on fait des cadeaux, mil, kolas, cauris aux marabouts et aux pauvres. La cérémonie a lieu pour que l'année soit bonne en eau, en mil et pour que des maladies ne s'abattent pas sur le pays.

Telles sont les fêtes de nos Peuls musulmanisés.

Ajoutons que pendant l'hivernage, s'il n'y a pas d'eau, on fait des prières pour demander à Dieu que la pluie tombe. On fait, à cette occasion, des cadeaux aux marabouts et aux pauvres pour fléchir la miséricorde divine.

Les Foulbés musulmans du Yatenga ne possèdent pas de mosquées (au contraire des Yarsés et Markas qui en ont quelques-unes). Ils n'ont que des lieux de prière (maqams en arabe), espèces d'enceintes sablées entourées d'une haute natte en paille. On voit que les lieux de culte sont tout ce qu'il y a de plus primitif ici. Encore ces enceintes de prière ne sont-elles pas très nombreuses. Les Peuls les désignent sous le nom de missidi comme les vraies mosquées.

En ce qui concerne les cimetières, nos Peuls en ont situés auprès des villages. Cependant quelques chefs sont enterrés dans leur habitation ou plus exactement dans leur case même, ce qui est encore plus honorable. Cette case ou paillotte est dès lors abandonnée mais on n'abandonne pas l'habitation pour cela. Les marabouts et leurs femmes sont enterrés dans leur habitation, dans leur enclos mais non dans leur paillotte.

Dans le cimetière chaque personne a sa tombe ou plus exactement son trou. Le cadavre, entouré de pièces de cotonnade, est mis dans une fosse de sa grandeur. On couvre d'abord celle-ci avec des morceaux de bois et c'est sur cette espèce de plancher qu'on met la terre ensuite. On ne veut pas en effet qu'elle pèse sur le cadavre et lui presse la poitrine. Tout cela est exécuté par des membres de la famille du défunt car nos Peuls n'ont pas de fossoyeurs de métier. C'est chaque famille qui les remplace.

Sur la tombe on ne met pas de canari renversé, on fait seulement un petit tas de terre de 5o centimètres de haut. Quelques personnes ajoutent un buisson de branches épineuses pour que les hyènes n'essayent pas de déterrer le cadavre.

Quand quelqu'un meurt, on procède d'abord à sa toilette mortuaire : on lui ferme les yeux et la bouche. On opère des tractions rythmiques sur les doigts, les bras et les jambes afin qu'ils ne se recroquevillent pas. On lave ensuite le corps à l'eau chaude. Si c'est un homme, ce sont les hommes de la famille qui le font ou bien les marabouts. Si c'est une femme, ce sont les vieilles femmes. On roule le cadavre dans des pièces de cotonnade puis on le place sur un séko.

Dès le décès les membres de la famille ont été appelés et on a convoqué aussi tous les marabouts du village. Ils viennent avec leurs Korans et s'asseyent auprès du cadavre.

L'enterrement a lieu, si la personne est morte le soir, le lendemain matin, et, si la personne est morte le matin, l'après-midi.

Ce sont les hommes de la famille qui portent le corps au cimetière. Ils se mettent à six, après avoir passé trois gros morceaux de bois transversalement sous le séko sur lequel repose le mort, et portent la charge à bout de bras, à un mètre du sol environ, exactement comme le font nos croque-morts. Derrière le cadavre marchent d'abord les marabouts puis la famille. On arrive à la tombe creusée d'avance par les jeunes gens. On dépose le cadavre à terre, au bord du trou, puis les marabouts, après avoir fait leurs ablutions, récitent leurs prières. Ce ne sont pas les prières ordinaires, mais des prières spéciales pour les morts, des versets du Koran réservés à la circonstance. Cela fait on dépose le cadavre au fond du trou, on met sur lui des morceaux de bois puis, avec les dabas, on jette de la terre par dessus. Enfin on fait le petit monticule en terre. On ne récite pas de prières après l'ensevelissement.

Ainsi sont traités hommes, femmes, vieillards et vieilles femmes. Pour les enfants il n'y a pas de prières de marabouts. De même, s'ils ont chacun leur tombe spéciale, on se donne moins de peine pour la faire : on se contente de creuser un conduit sous terre avec une ouverture à chaque extrémité et l'on introduit le cadavre dans le conduit. Puis on bouche les deux ouvertures avec de la terre et on met sur chacune une grosse pierre. Ces deux pierres servent à indiquer l'emplacement de la tombe.

Ajoutons que pour ces enterrements d'enfants le corps ne se lave pas mais est simplement enveloppé tel quel dans des pagnes en coton. Les marabouts ne viennent pas, comme nous l'avons déjà dit, mais toute la famille est là.

Le lendemain ou sept ou huit jours après l'enterrement d'un vieillard, la famille se réunit avec les marabouts, l'on procède à la dévolution de l'héritage du défunt et l'on partage ses biens entre ses enfants. On donne trois bœufs et quelques boubous aux marabouts, au moins quand il s'agit d'une famille qui n'est pas pauvre.

Les femmes du défunt restent dans leurs cases pendant 40 jours. Elles se font défaire leurs tresses par une vieille femme et se cachent la tête sous un pagne. Elles ne peuvent pas sortir pendant tout ce temps.

Ajoutons que le jour du partage de l'héritage il n'y a pas de fête. Si c'est un vieillard très âgé qui est mort, ses petits-fils s'amusent quelque peu et c'est tout.

Nous en avons fini avec les Rites. Passons maintenant à l'Organisation sacerdotale.

C'est le marabout qui est la pierre angulaire de cette organisation. Il remplace à lui seul tous les féticheurs des nègres animistes.

Il est d'abord fabricant d'amulettes. Ces amulettes consistent en morceaux de papier sur lesquels est inscrit un verset du Koran. Le bénéficiaire confie le morceau de papier à un cordonnier qui lui donne une enveloppe en cuir. Les amulettes se payent 1 franc, 5 francs, un mouton et même quelquefois un bœuf.

Les amulettes pour les hommes sont dans une enveloppe carrée ; celles pour les chevaux sont dans une enveloppe triangulaire, car les marabouts en font aussi pour ces bêtes pour les garantir contre les maladies, les serpents, les hyènes, les lions, etc.

Le marabout est aussi médecin et sans plus de difficulté : pour guérir n'importe quelle maladie il inscrit à l'encre, sur une planchette en bois, le nom de Dieu ou un verset du Koran. Le malade lave cette planchette et boit cette eau ou bien se lave avec elle. On paye tout de suite sans attendre la guérison. Les riches donnent un bœuf, les pauvres 1.000 ou 2.000 cauris. Ensuite Dieu guérit le malade s'il le veut. La guérison dépend en effet de Dieu et non pas du marabout. Bref il faut que la grâce de Dieu s'ajoute à l'amulette condition nécessaire mais non suffisante de la guérison.

Les marabouts fabriquent aussi des amulettes contre les djinns, êtres méchants et invisibles qui peuvent faire mourir quelqu'un en le frappant (djinn se dit en peuhl guinnao, guinni au pl.). Les djinns ne sont pas les ancêtres des Peuls, car ces ancêtres sont dans le Paradis ou dans l'Enfer. Ils se trouvent dans la brousse, dans les arbres, dans l'eau, dans les montagnes, les collines, les terrains ferrugineux, etc. Nos gens les rapprochent des kinkirsi, et, de fait, les guinni peuhls, comme les djinns arabes, ne sont évidemment que la transformation des Esprits des doctrines fétichistes ou animistes, une survivance dans l'Islam des religions antérieures. Les Peuls musulmans n'offrent rien aux guinni mais fabriquent contre eux des amulettes de peur que ces êtres ne leur fassent du mal.

Les djinns sont très capables de vous attaquer si vous vous promenez dans la brousse pendant la nuit, surtout pendant une nuit obscure. Quand il y a de la lune il y a moins de chance qu'ils vous attaquent car la lune est mauvaise pour les djinns et bonne pour les hommes.

Des personnes voient les djinns pendant les rêves. Ce sont bien les djinns eux-mêmes qu'on voit et non pas de simples images produit de notre esprit. Ils se montrent pour effrayer les gens et de peur l'on peut devenir fou.

Quelques gens parlent avec les djinns pendant le jour.

Il faut distinguer les fantômes et les djinns. Les fantômes sont l'esprit des gens qui viennent de mourir (belou en peuhl). Ils ne viennent pas avec de mauvaises intentions et pour effrayer les gens comme les djinns.

Ajoutons, au sujet de l'origine des Djinns, qu'ils ont été créés par Allah, on ne sait pas pourquoi; peut-être pour exercer la patience des hommes.

En dehors des amulettes décrites plus haut, nos Peuls possèdent des bracelets en cuir (kirihono en peuhl, gaudé en mossi) dans lesquels il y a, comme toujours, un morceau de papier sur lequel le marabout a inscrit un verset du Koran. Le bracelet lui-même a été fait par le cordonnier. Le papier vaut 100 cauris, le bracelet autant. Quelques Peuls en portent, pas beaucoup.

Citons encore des bracelets en cotonnade avec des nœuds plus ou moins nombreux. Ils s'appellent en peuhl pibo au singulier, pibi au pluriel, langodoya en mossi. Ces nœuds sont faits pour boucler la bouche des djinns.

On emploie encore des cornes de bélier avec un papier maraboutique mis dedans.

Il y a aussi des amulettes destinées à se faire aimer des femmes. C'est le morceau de papier ordinaire qu'on se met au cou dans une gaine de cuir carrée mais, pour qu'il fasse son effet, il faut auparavant avoir bu l'eau qui a lavé la planchette du marabout ou tout au moins s'être lavé le visage avec cette eau.

Il n'y pas a de grigris contre le mauvais œil, nos Peuls n'y croyant pas.

Les marabouts vendent leurs grigris même aux Mossis quoique ceux-ci s'adressent généralement à leurs timisobas.

Comme on le voit les marabouts peuls ont hérité, en ce qui concerne les grigris et les amulettes, de tout l'héritage des basitigui ou des timisobas fétichistes. Comme eux ils sont magiciens et détiennent des formules qui récitées textuellement sont tout puissantes pour toutes sortes d'objets et contre toutes sortes d'êtres. Le coup de génie a été de réduire à une extrême simplification la fabrication des grigris en remplaçant partout et toujours les substances diverses indiquées par l'observation par un morceau de papier sur lequel est inscrit le nom d'Allah ou un verset du Koran. Grâce à ce mode d'action facile et pratique, tout est reproduit de ce que peuvent fabriquer les féticheurs, et satisfaction est donnée aux besoins qui subsistent au cœur de nos musulmanisés malgré leur passage à l'Islam.

En dehors de leurs fonctions de prêtres magiciens nos marabouts sont encore quelquefois maîtres d'école (modibos comme on dit ici). Il existe en effet quelques écoles maraboutiques chez les Peuls, assez peu nombreuses du reste et ne groupant chacune que quelques élèves.

L'enseignement qui y est donné est primaire, ou même au-dessous du primaire. Il se borne à faire apprendre par cœur aux élèves quelques versets du Koran, entre autres ceux qui constituent la prière. On n'y étudie pas réellement le Koran pas plus qu'on n'y apprend l'arabe.

Les contributions des élèves ne consistent pas en sommes données régulièrement chaque année par les parents au maître. Les écoliers simplement, tant qu'ils sont à l'école, travaillent sur les champs du marabout, vont lui chercher son bois, lui servent de serviteurs et de domestiques. Quelquefois aussi ils vont demander la charité pour eux et pour lui dans le village, particulièrement le lundi et le vendredi. En partie ils conservent pour eux-mêmes, en partie ils donnent au maître le produit de ces quêtes.

Quand l'écolier a travaillé ainsi, 3, 4, 5 ans et même plus, il rentre chez ses parents muni du mince bagage de science qu'il a pu acquérir. Alors les parents, payant d'un coup les études de l'enfant, donnent au maître un mouton et une somme en cauris. S'ils sont riches les parents donneront 10.000 cauris au marabout, s'ils sont pauvres 5.000. C'est à quoi se bornent les contributions des élèves et les ressources du maître, en tant qu'instituteur du moins, car comme marabout-magicien il a, nous le savons, d'autres ressources.

Nous en avons fini avec l'Organisation sacerdotale et d'une façon plus générale avec la Religion. Disons maintenant un mot des Cultures Intellectuelles.

L'architecture n'existe pas chez les Foulbés puisqu'ils ne construisent même pas en terre battue mais seulement en paille.

La sculpture sur banquo, connue des nègres soudanais, est inexistante ici. Pour la sculpture sur bois les Laobés n'en font pas, se contentant d'agrémenter un peu les piquets pour chevaux.

En ce qui concerne la bijouterie et l'orfèvrerie, ce sont, comme nous le savons, les waïlbé qui travaillent le cuivre et l'argent en même temps que le fer. Ces forgerons font de petits chevaux et de petites sauterelles en cuivre d'après le procédé dit à cire perdue que nous avons décrit à propos des Samos et qui est connu dans tout le Soudan. Avec l'argent ils ne font rien de tel mais seulement des bracelets ou des bagues unies et massives. L'or, trop rare, n'est pas du tout travaillé.

La peinture et le dessin n'existent d'aucune manière chez les Foulbés. Sous ce rapport, comme sous celui de la sculpture et de l'architecture, ils sont en arrière même des nègres soudanais.

La littérature mériterait d'être étudiée avec soin. Elle doit être supérieure à celle des Mossis et des Foulsés, le peul étant plus intelligent que le noir. Elle consiste surtout comme cette dernière en fables, contes, légendes et chansons. Pour celles-ci, quelques Peuls en font mais surtout les griots laobés. On peut même en distinguer de diverses sortes : celles qui célèbrent la gloire d'un chef et qui sont destinées à lui faire donner un ou deux bœufs, celles qui sont dirigées contre quelqu'un qui s'est montré peu généreux, celles qu'on chante aux enterrements et qui célèbrent les louanges du défunt et racontent ses hauts faits.

Pour la musique, elle est également du domaine des griots laobés. Ceux-ci ont comme unique instrument de musique une espèce de petite guitare nommée kodou dont nous avons déjà parlé. Ils n'emploient ni le bala ou xylophone, ni les tambours de toutes sortes, ni les clochettes en fer, ni les calebasses remplies de cailloux, ni les trompes, en un mot aucun des instruments bruyants chers aux nègres soudanais. Avec la guitare les Peuls emploient la flûte (qu'ils nomment sérenndou). A côté du chef de tribu il y a toujours un peul qui joue de la flûte. Celle-ci semble réservée à cet unique usage.

Les femmes peuhles, les jours de fête, chantent en tapant des mains. Elles forment même des chœurs en double partie mais elles dansent fort peu et ce sont surtout les femmes laobé ou rimaïbé qui dansent. Quant aux Peuls eux-mêmes nous savons qu'ils ne dansent pas du tout.

Disons maintenant un mot des sciences et de la philosophie.

Pour le langage je renvoie aux études qui ont été faites sur la langue peuhle. C'est un sujet déjà très fouillé, quoiqu'on ne se soit pas encore mis d'accord sur le classement de cette langue.

Pour l'écriture elle n'existe pas plus chez les Peuls que chez les nègres soudanais.

Pour les mathématiques les Peuls ont une numération comme les nègres. Comme eux ils savent additionner et soustraire mais ils ne se sont pas élevés jusqu'aux opérations supérieures (multiplication, division (1).

(1) Les Peuls ont sept jours pour la semaine (empruntés aux Arabes comme dans tout le Soudan) :

Lundi	qui se dit	altiné.
Mardi	—	talata.
Mercredi	—	alarba.
Jeudi	—	alkamoussa.
Vendredi	—	aldioumaré.
Samedi	—	asséi.
Dimanche	—	ala.

C'est le vendredi (aldioumaré) qui joue le rôle de notre dimanche.
Les douze mois se disent :

Janvier	Mi-haram.
Février	Gâni.
Mars	Migâun (ou migâni).
Avril	Oddârou.
Mai	Ouéirodou-raguibi.
Juin	Raguibi.
Juillet	Oueilérodou-korka.
Août	Korka.
Septembre . . .	Diouldanou.
Octobre	Siftorandou.
Novembre . . .	Laya.
Décembre . . .	Haram.

En fait d'astronomie les Peuls ont dénommé un certain nombre d'étoiles (par exemple le chariot ou la grande ourse qu'ils appellent « niwa » l'éléphant, « Bouragui » le cheval de Mahomet, à deux têtes et huit pieds, hèda (le buffle), yaré (le scorpion), diabiriga (le daba à long manche), etc.

La physique et la chimie n'existent pas.

De même la géologie, la botanique, la zoologie et la biologie.

La médecine existe. Il faudrait un spécialiste pour étudier la médecine peuhle comme celle des nègres soudanais qui les entourent et auxquels elle est probablement empruntée.

Si nous passons des sciences physiques aux sciences historiques, nous constatons bien entendu que la psychologie positive et la sociologie qui, en Europe même, ne sont nées qu'au xixe siècle, n'existent pas ici.

Pour la géographie elle existe un peu.

Nos Peuls connaissent leurs quatre points cardinaux : ils appellent le nord sòbiré, le sud ordoré, l'est létouga, l'ouest gorga. Avant les Français, ils connaissaient dans la direction du nord Tombouctou (qu'ils prononcent Tomboutou) et le Niger qui y passe (ils l'appellent maï-ho). Ensuite viennent beaucoup de sables (séno) peuplés de Touaregs. Après ils savent qu'il y a beaucoup d'eau (probablement la Méditerrannée) et des Arabes. Là se bornent leurs connaissances au nord.

Vers le sud, ils connaissaient le pays des Mossis, le Kipirsi, le Gourounsi, le Boussansé, le Dagomba, le pays des Mandé-Dyoulas, celui des Achantis, Koumassie. Ils savent aussi qu'il y a après cela la mer (mâlia).

Vers l'est ils connaissaient Dori, Gao et le pays des Songhays qu'ils appellent Marangabés (au sing. Maranga), c'est-à-dire d'un nom emprunté aux Mossis. Ils connaissaient ensuite le pays des Haoussas, un grand lac (le Tchad) qu'ils appellent mâyo-haoussa. Après il y a les Arabes, un très grand village qu'ils appellent Missira (sans doute l'Egypte), puis la Mecque et Médine. Après cela il y a l'eau (sans doute l'Océan indien) puis ils ne savent plus.

Vers l'ouest ils connaissaient Bandiagara où étaient les Foutankés, le Macina avec Dienné, les Bambaras et Ségou, puis, plus à l'ouest, le Fouta-Toron au nord, le Fouta-Djallon au sud, puis ensuite la grande eau.

Voilà quelles étaient leurs connaissances géographiques avant les Français et elles ne se sont guère augmentées depuis.

Pour l'histoire elle existe aussi d'une façon embryonnaire chez nos Peuls. Nous avons vu plus haut ce qu'ils savaient de leurs traditions.

L'économie politique n'existe pas, bien entendu.

Le droit privé et le droit public existent d'une façon embryonnaire : ce sont les prescriptions de la coutume.

L'histoire des institutions et des religions : néant, naturellement.

La philosophie se confond avec la théologie. Nous avons vu plus haut que nos Peuls croient à Allah, dieu unique, qui a fait le ciel et la terre. En dehors du ciel et de la terre existent l'enfer (diahanam ou diannam), le purgatoire (larafo) où vont les gens neutres qui ne sont ni très bons ni très méchants et qui n'y restent pas toute l'éternité, finissant par aller dans le ciel, le ciel (aldiana ou ardiana), Satan (Sétane ou Sétané) auteur des mauvaises choses. Dieu ne le tue pas tout de suite et le laissera vivre jusqu'à la fin du monde. A cette époque-là Dieu détruira la voûte céleste et la terre, Sétane redeviendra bon, le purgatoire sera vide. Le ciel et l'enfer subsisteront seuls avec Dieu, contenant les âmes des hommes les uns heureux, les autres dans le feu.

Comment seront heureux les habitants du Paradis ? Nos Peuls n'en savent rien. Ils n'ont pas entendu parler des houris du paradis de Mahomet.

Si nous passons à la Cosmologie, la terre est plate. Il y a du reste sept terres, sept écorces de terre les unes au-dessus des autres. Entourant le tout il y a un grand fleuve circulaire qui n'a pas de fin.

Au-dessus de la terre est le ciel ou plutôt sont les sept ciels, voûtes dures placées les unes au-dessus des autres et s'emboîtant. Il n'y a qu'une lune, être vivant qu'il ne faut pas trop regarder parce que les djinns qui l'habitent vous feraient mourir, un soleil également vivant que Dieu fait marcher à coups de fouet.

Des djinns existent également dans les nuages, dans le tonnerre, être mauvais qui tue les gens, dans les éclairs qui précipitent une pierre sur la terre, dans les tornades et dans le vent. Il n'y en a pas en revanche dans la pluie que Dieu fait tomber quand il veut.

Au sujet de la naissance, nos Peuls ne croient pas à la transmigration des âmes des Ancêtres dans le corps des femmes pour les animer et pour renaître sous forme d'enfants, ce qui est la croyance fétichiste, nègre. Au contraire les enfants sont pour eux créés par Dieu âme et corps. Quant aux Ancêtres ils restent dans le ciel ou dans l'enfer.

Au sujet des miracles Dieu peut, à leur avis, faire tout ce qu'il veut, excepté pourtant les choses mauvaises.

Telle est la théologie, philosophie, cosmologie de nos gens.

Maintenant que nous avons jeté un rapide coup d'œil sur les arts, les lettres, les sciences, disons un mot de l'organisation intellectuelle, si nous pouvons parler d'organisation intellectuelle ici.

L'artiste est représenté par le forgeron d'une part, par le griot conteur et musicien d'autre part.

Le lettré est représenté par le même griot d'une part et d'autre part par le marabout qui sait quelquefois, rarement, un peu d'arabe et connaît quelques versets du Koran.

Le savant c'est aussi le marabout puisqu'il est prêtre, c'est-à-dire théologien, philosophe, cosmologue, etc., et aussi médecin et occultiste. Instituteur par dessus le marché c'est le savant complet : il sait et il enseigne.

L'historien c'est aussi le marabout ou mieux encore les vieux Laobés-griots et quelques vieux peuls. Les vieux Laobés chantent les anciens faits, certains vieux peuls connaissent plus ou moins bien la tradition historique de la tribu (ce sont de vieux Peuls qui ont été interrogés par Vadier pour l'histoire des Peuls du Yatenga).

Le légiste est représenté par les vieux peuls, les anciens qui connaissent la coutume (tavouanga) et par les marabouts qui président aux dévolutions d'héritage.

Bref ce sont surtout les griots, les marabouts et les anciens qui sont le support des cultures intellectuelles.

En terminant disons un mot des facultés des Peuls.

La mémoire est développée, l'imagination bien supérieure à celle des nègres quoiqu'elle nous paraisse encore bien pauvre, la sensibilité plus développée aussi. Pour la raison, nos Peuls sont plus rusés, plus menteurs, plus intelligents que les nègres. Beaucoup plus familiers avec l'Européen et se sentant plus de pair avec lui, ils ne le craignent pas bêtement comme les nègres qui s'enfuient au passage d'un blanc dans un village, mais ils viennent au contraire le voir pour lui faire des salutations, pour le flatter et aussi pour se faire voir, pour se donner de l'importance car ils sont très vaniteux. Ils ne disent jamais non mais n'en font qu'à leur tête en dessous. Bref le Peul est intelligent, dissimulé, rusé, sournois.

Au point de vue de l'énergie, le Peul est paresseux, l'art pastoral ne prédisposant pas aux travaux durs et au courage patient. Il est plus paresseux que le nègre qui, lui, est cultivateur. Le Peul ne peut fournir ni travailleurs, ni porteurs, ni manœuvres, à peine des tirailleurs. L'idéal du Peul est la prière dans la mosquée ou dans le maqam, la vie contemplative passée à égrener son chapelet. Pour la vie matérielle il n'admet que l'art pastoral : le nègre esclave est là pour la culture et pour les durs travaux.

Bref les aptitudes du Peul à la production (sauf à celle du bétail) sont à peu près nulles. En revanche ses aptitudes intellectuelles sont très supérieures à celles de son voisin le nègre soudanais (1).

(1) Au point de vue physique le Peul du Yatenga, assez mélangé de sang nègre, surtout le Dialloubé, est aussi noir que les Mossis et les Foulsés qui l'environnent. En revanche il est assez bel homme, le métissage nègre lui ayant donné de la robustesse. Il n'a pas la maigreur, les reins de chat écorché, les oreilles caractéristiques énormes bien détachées de la tête, le petit menton en pointe et la couleur relativement pâle du visage, des Peuls de l'Issa-Ber. Bref il semble plus mélangé de sang nègre que ce dernier.

Pour la taille une statistique portant sur 43 tirailleurs peuls (21 Dialloubés, 10 Fittobés et 12 Torombés) me donne 1 m. 698 de moyenne.

APPENDICES

APPENDICE N° 1

Population du Yatenga

Voici d'abord à ce sujet les diverses statistiques faites de 1909 à 1916.

Races	Vadier 1909	Delafosse 1912	Statistique fin 1912	Cahier impôt 1913	Statistique fin 1913	Statistique fin 1914	Statistique fin 1915	Je compte en juin 1916	Obs
Mossis	141.999	141.999	180.383	182.508	200.658	160.527	110.000	70.000	
Foulsés	33.425	33.425	»	»	40.778	32.623	74.000	100.000	
Samos	21.939	21.939	20.638	20.788	20.055	16.044	16.000	20.000	
Peuls	24.285	27.435	21.528	21.540	30.262	34.210	24.000	29.000	
Rimaïbés	»	»	3.405	3.265	»	»	»	»	
Silmi-Mossis	3.150		2.683	2.873	3.505	2.804	6.000	5.500(1)	
Yarsés		19.764	10.118	21.670	11.007	8.806	9.000	20.000	
Maransés	24.654	2.206	2.612	3.436	3.554	2.844	3.000	5.000	
Habbés		2.684	»	»	203	163	1.000	500	
Totaux	249.452	249.452	241.548	256.080	310.028	248.026	243.000	250.000	

(1) Exactement 5.627 d'après mon recensement de mars 1915. Le détail pour les Peuls ou Foulbés est celui-ci :

        Foulbés Fittobés 5.000
        Foulbés Dialloubés 13.000
        Foulbés Torombés 11.000

en comptant parmi les Peuls leurs Rimaïbés.
Ajoutons que d'après le capitaine Noiré, comme nous le disons à l'historique du Yatenga, la population du cercle était en 1902-1903 de 242.809 âmes ou 246.148.

Comme on le voit, pour sa statistique, Delafosse a pris les chiffres de Vadier en faisant deux modifications, l'une malheureuse, l'autre heureuse. Pour les Peuls et les Silmi-Mossis, Delafosse a réuni en un seul chiffre (27.435) les chiffres distincts de Vadier qui séparait avec raison 24.285 Peuls et 3.150 Silmi-Mossis (en tout 27.435 individus).

Quant aux 24.654 divers de Vadier, Delafosse les a, avec raison, séparés en trois groupes :

        Dioulas (Yarsés) 19.764
        Dogoms (Habbés) 2.684
        Songhays 2.206

APPENDICE I

A noter que la statistique fin 1913 compte 310.000 âmes dans le pays alors que celle fin 1914 n'en compte que 248.000. Cela vient de l'effroyable famine qui a désolé le Yatenga en 1914 et a fait périr 58.000 individus environ.

On remarquera que les chiffres donnés pour les Foulsés ou Nioniossés de 1909 à 1916 s'élèvent considérablement (de 33.000 à 100.000) tandis que les chiffres donnés pour les Mossis s'abaissent dans une proportion égale (142.000 à 70.000). Cela vient de ce que les recensements découvraient de plus en plus qu'une partie de la population portée comme mossi était en réalité foulsé.

Les Yarsés sont une vingtaine de mille dans le pays, au moins. Les chiffres inférieurs, portés pour les années précédentes, viennent de ce qu'on ne comptait comme Yarsés que ceux portés à part pour l'impôt. Or beaucoup ne sont pas portés à part et payent avec les Mossis et les Foulsés sans distinction, quoique en principe ils devraient être portés à part. En tout, ils sont bien, comme je viens de le dire, au moins 20.000.

En ce qui concerne la répartition de la population dans le cercle, disons que les Foulsés occupent le nord-est presque seuls, sont dominants dans le nord. Dans l'est, le sud-est et le sud ils occupent le pays concurremment avec les Mossis. Dans le centre il en est de même.

L'ouest et le sud-ouest du cercle sont occupés par les Samos. Le nord-est est occupé par les Peuls Diallonbés et leurs rimaïbés et de plus par quelques Habbés auxquels Delafosse donne le nom de Dogoms mais qui se désignent eux-mêmes sous le nom de Houmbébés ou Koumbédios.

Entre l'ouest et le nord-ouest, dans l'ouest-nord-ouest, les Mossis et les Foulsés forment une pointe avancée entre les Samos au sud et les Peuls, Rimaïbés et Habbés au nord.

Les Peuls Fittobés tiennent l'extrême nord, au nord des Foulsés du nord, et les Peuls Diallonbés tiennent l'est, c'est-à-dire tout le thalweg de la Volta Blanche. Les Silmi-Mossis, établis au sud-est, tiennent la partie sud de ce thalweg.

Ajoutons que les Yarsés sont répandus dans tout le cercle, particulièrement dans le sud-est et dans l'ouest. Les Maransés sont également répandus dans tout le cercle, mais tiennent principalement le nord où ils ont fait leur première installation, venant du pays songhaï et où ils ont encore leurs principaux villages (Youba, Tamvoussé, etc.).

APPENDICE N° II

Annexe sur la chronologie du Yatenga

Il est très difficile d'établir une chronologie satisfaisante du Yatenga. En fait nous n'avons de dates certaines que depuis naba Kango (1754-1787) jusqu'à nos jours, parce que pour ces derniers nabas (naba Kango et ses successeurs) les chefs de tamtam actuels nous ont conservé le nombre d'années pendant lesquels ces nabas ont régné. On n'a donc qu'à remonter avec ces chiffres jusqu'au milieu du xviii° siècle. De plus il y a unanimité ou presque entre les différents chefs de tamtam pour donner le même nombre d'années de règne pour ces nabas et cela fait que ces dates peuvent être considérées comme certaines. Au delà on n'a pas retenu le nombre des années de règne, si ce n'est pour quelques nabas isolés si bien que de 1720 à 1754 nous n'avons plus que des dates probables et avant 1720 nous sommes dans les ténèbres.

Mais, dira-t-on, les historiens arabes ? Ils ne donnent rien malheureusement sur l'histoire du Mossi et ici nous n'avons que le Tarikh-es-Soudan pour nous renseigner.

Nous avons vu qu'il nous donnait quelques dates. Encore la première date qu'il fournit n'est-elle pas donnée directement mais doit-elle être inférée. Heureusement elle peut l'être et nous pouvons placer en 1333 ou 1334 la prise de Tombouctou par les Mossis (Voir ci-dessus ce que dit le lieutenant Marc). Malheureusement cette date de 1333 ou 1334 nous apprend seulement qu'il y avait des Mossis et en état de conquête à cette époque car qui prit Tombouctou ? Fut-ce un Moro-naba de Ouagadougou ? de Zandoma ? du Yatenga ? du Riziam ? Nous n'en savons, absolument parlant, rien. Le texte parle seulement d'un Mouchi-Koï, c'est-à-dire d'un chef des Mossis, Koï voulant dire chef en songhaï et Mouchi étant le mot « mossi » déformé. Nous avons, il est vrai, d'autres dates : 1477, 1480, mais là encore nous n'avons pas le nom du Moro-naba. C'est seulement quand il s'agit de la guerre sainte menée en 1497 par Askia-el-hadj-Mohammed contre le pays mossi que le Tarikh-es-Soudan donne le nom du chef des Mossis, du Moro-naba de l'époque qui se serait appelé N'aasira, c'est-à-dire très problablement Nasséré ou Nacéré. Or le seul Moro-naba dont les Mossis du Yatenga aient gardé souvenir comme ayant été se battre du côté de Ghanata s'appelait Nassodoba et non pas Nasséré ou Naasira.

On voit donc combien nous avons peu de lumières et combien la chronologie du Yatenga, et du Mossi en général, est encore une « œuvre d'art », si l'on veut absolument donner une date pour chaque règne depuis Rialé et Yennenga jusqu'à l'époque actuelle.

Si nous faisons le compte de la moyenne des années de règne pour les nabas pour lesquels nous avons des données certaines, c'est-à-dire pour les nabas qui vont de Kango compris (1754-1787) à Koboga compris (1902-1914), nous avons en 160 ans 17 nabas, c'est-à-dire une moyenne de 9 années 1/2 de règne par naba. C'est peu, mais ce n'est pas étonnant si l'on considère que l'on épuise la ligne des frères (et en principe au moins, des représentants, de même ligne, de toutes les branches issues du même tronc, cousins-germains, issus de germains, etc), avant de passer à la ligne suivante, à la ligne des fils. Les Moro-nabas arrivent donc au trône très vieux. Ajoutez les guerres étrangères et les guerres civiles qui amènent des morts violentes et le chiffre de 9 années 1/2 par Moro-naba paraîtra tout à fait naturel.

Mais alors, comme on ne compte que 45 rois mossis du Yatenga avec leurs ancêtres (en comptant Rialé pour un) depuis Rialé jusqu'à Koboga, il n'y aurait que 427 ans d'écoulés depuis le commencement de l'histoire des Mossis et cela nous mettrait en 1487. Or nous savons pertinemment par le Tarikh-es-Soudan que les Mossis prirent Tombouctou en 1333 ou 1334 !

Mais, dira-t-on, cela prouve seulement qu'il faut compter plus de 9 ans 1/2 par règne. Peut-être peut-on en effet compter plus que cela, car le même travail que précédemment fait sur les derniers Moro-nabas du Riziam dont nous connaissons les dates exactes ou probables donne une moyenne de 14 ans de règne et le même travail fait pour les derniers Moro-nabas de Ouagadougou (de 1830 à 1916) donne 14 ans également. Mais on ne peut certainement pas aller au delà de cette moyenne car des calculs analogues faits sur les éléments exacts que nous pouvons avoir pour diverses dynasties soudanaises ne l'atteignent pas (Ainsi pour les Khassonkés, M. Monteil attribue, page 47 de son ouvrage, une moyenne de 10 à 15 ans de commandement, soit une moyenne de 12 ans 1/2 en définitive, aux rois Khassonkés qui ont commandé avant Séga Doua). En calculant 45 grands chefs mossis de Rialé à Koboga sur cette moyenne de 14 ans on a 630 ans, ce qui nous met en 1284 pour le commencement des Mossis. Cette date s'accorde beaucoup mieux que la précédente avec le Tarikh-es-Soudan et nous verrons plus loin, grâce à d'autres considérations, qu'elle a des chances d'être assez probable approximativement.

En tout cas il faut mettre de côté le système de dates adopté par Delafosse qui place naba Rawa au commencement du XIe siècle (mettons 1025) ce qui fait une moyenne de 20 ans de règne pour 44 chefs. Cette moyenne me semble beaucoup trop forte.

Pour les Moro-nabas de Ouagadougou, Delafosse en compte 32 en 856 ans (plaçant Oubri de 1050 à 1090) ce qui fait un Moro-naba par 27 ans, ce qui est encore plus difficile à admettre (1).

Quant à ma propre chronologie des Moro-nabas de Ouagadougou donnée en 1912 (dans mon livre : *Le Noir du Soudan. Pays mossi et gourounsi*, p. 461 et 462) elle place Oubri, au petit bonheur, vers 1175 de notre ère. Cela donne 731 ans de règne pour 32 moro-nabas, soit une moyenne de 23 ans par Moro-naba. Ces 23 ans par règne sont encore évidemment beaucoup trop élevés (Voir aux appendices suivants ma chronologie de 1912 des Moro-nabas de Ouagadougou).

Il est vrai que la question se pose à son tour de savoir si les chefs de tamtam du Yatenga et de Ouagadougou ont bien retenu tous les noms des Moro-nabas qui ont réellement régné. Beaucoup de ces noms n'auraient-ils pas chu dans l'oubli ? ou, au moins, quelques-uns ? Certains faits permettraient de le supposer, quoique non absolument probants. Ainsi les chefs de tamtam du Riziam ne donnent que 23 noms de Moro-nabas depuis naba Kouda, contemporain de Yadega, alors que les traditions du Yatenga en don-

---

(1) Voir aux appendices suivants la chronologie du Yatenga et la chronologie de Ouagadougou d'après Delafosse.

nent 41 pour le même laps de temps. On a donc presque deux noms au Yatenga pour un au Riziam. Il est difficile de ne pas croire que les chefs de tamtam du Riziam ont, au cours des années, oublié beaucoup de noms. Pourtant ils soutiennent que non et donnent bien, interrogés chacun à part, les mêmes noms et la même suite. Malgré cela on ne peut pas admettre que leur liste soit complète. Ils récitent simplement un même « canon » qu'ils ont appris. Et alors, s'ils ne donnent pas tous les noms, peut-on considérer comme impossible que les chefs de tamtam de Ouagadougou et du Yatenga n'en oublient pas aussi?

Une autre considération vient renforcer celle-ci. On sait qu'il y a des nabas qui ont réellement régné mais qui n'ont pas eu le temps de se faire sacrer. Or, ils ne sont pas considérés par la suite comme de véritables Moro-nabas. De là à effacer leur nom de la liste des Moro-nabas il n'y a qu'un pas et sans doute ce pas a souvent été franchi.

Nous devons donc tenir compte de cette considération qu'il y a eu sans doute des Moro-nabas oubliés.

On voit quelle bouteille à l'encre est cette malheureuse chronologie mossi. Toutes les constructions à son sujet ne peuvent donc être données que comme probables ou possibles et non pas comme l'expression de la vérité absolue.

Cependant j'ai ma construction comme Delafosse et je la donne, mais sous toutes réserves. Cette construction du reste ne me satisfait pas complètement et j'indiquerai plus loin quel est son point faible.

Pour déterminer — très approximativement — le commencement de l'histoire mossi, je me baserai sur les deux considérations qui suivent, en dehors des précédentes :

1º Nous savons qu'à la fin du xvᵉ siècle (vers 1480) les Malinkés étaient en décadence et que les Mossis du Yatenga au contraire atteignaient leur apogée (expéditions de Nassodoba contre Oualata, contre Mali, luttes avec Sonni-Ali-Ber, etc.). Or nous savons exactement par Ibn-Khaldoun (*Histoire des Berbères*) de quand date l'expansion du royaume de Mali. Il date du fameux Soundiata que l'on peut placer vers 1235. Voilà donc un royaume soudanais dont l'expansion est de la première moitié du xiiiᵉ siècle et qui commence à fléchir au xvᵉ siècle. Il y a lieu de penser alors que l'expansion du royaume du Yatenga ne date pas du xᵉ et du xiᵉ siècles, comme le veut Delafosse, parce qu'en 1480 il serait encore bien plus en décadence que le royaume de Mali. Si l'expansion de Mali, en décadence dès le xvᵉ siècle, est de la première moitié du xiiiᵉ siècle, l'expansion du Yatenga (royaume qui en 1480 est dans toute sa vigueur mais sera en décadence au xviᵉ siècle) doit être postérieure à celle du Mali. On peut la placer un demi-siècle après celle du Mali, c'est-à-dire dans la seconde moitié du xiiiᵉ siècle.

2º La date de 1333 ne doit pas être éloignée du commencement des royaumes mossis, car on ne voit guère que naba Rawa, Ouemtanango, naba Kouda et naba Tassango (ces deux derniers les fondateurs du Riziam) qui aient pu prendre Tombouctou. Il faut écarter en effet naba Oubri, le fondateur du royaume de Ouagadougou qui n'y a certainement pas été, et ses successeurs qui étaient barrés vers le nord par les royaumes de Zandoma, Yatenga et Riziam. D'autre part le royaume de Zandoma tombe dans la plus déplorable et la plus rapide des décadences après naba Rawa. Il en est de même des successeurs de Ouemtanango. Pour le Riziam il semble bien aussi qu'il ait atteint son apogée à ses débuts sous naba Kouda ou naba Tassango. Enfin le Yatenga n'est presque — jusqu'à naba Bonga — qu'un petit royaume de rien du tout, inférieur à l'Oubritenga, au Rawatenga, au Riziam et barré vers le nord par le royaume de Zandoma. Tout cela tend à montrer que le sac de Tombouctou a dû avoir lieu au temps des premières grandes randonnées mossi, probablement au temps de naba Rawa ou de naba Ouemtanango. Cela nous ramène pour les débuts mossis (Rialé, Ouidiraogo, etc.) à la seconde moitié du xiii⁰ siècle.

Ces considérations concordent en gros avec les considérations antécédentes qui indiquaient la date de 1284 pour les débuts mossis, à condition de l'avancer d'un demi-siècle (1234) pour tenir compte des Moro-nabas qui ont été sans doute oubliés.

Voici donc comment j'établirais (très approximativement, il n'est pas besoin de le dire) la chronologie mossi :

Nédéga	vers 1233
Rialé et Yennenga	— 1253
Ouidiraogo	— 1273
Rawa (Zoungourana)	— 1293
Oubri	— 1313
Ouemtanango	— 1333
Yadega (Koundoumié-Kourita)	— 1353
Yaouloumfanga	— 1360
Guéda-Kourita-Tounougoum	— 1360-1375
Possinga-Nasségué	— 1375-1385
Somna-Vantébéréghem	— 1385-1395
Bonga	— 1395-1415
Sougounoum	— 1415-1430
Kissoum	— 1430
Zangayella	— 1430-1450
Lanlacé	— 1450-1475
Nassodoba	— 1475-1505
Yamba	— 1505-1535
Yongo	— 1535-1565
Parima	— 1565-1595
Koumpaougoum	— 1595-1625
Nabacéré	— 1625-1655
Toussourou	— 1655-1685
Sini	— 1685-1720
Pigo	— 1720-1739
Ouabogo	— 1739-1754
etc., etc.	

Comme on le voit, mes dates très différentes de celles de Delafosse au commencement, puisque je mets naba Rawa en 1293 et non vers 1025, Yadega en 1353 et non en 1170, rejoignent celles de Delafosse à l'époque de naba Bonga que je place de 1395 à 1415 tandis que Delafosse le place de 1380 à 1410. Cela vient de ce qu'on ne peut guère attribuer qu'à naba Bonga la première expédition des Mossis vers le lac Debo qui eut lieu, d'après le Tarikh-es-Soudan, au commencement du xv⁰ siècle.

Comme l'aura déjà vu le lecteur attentif, le point faible de cet essai de chronologie du Mossi et du Yatenga est que si ma moyenne générale est de 14 ans 1/2 de règne par Moro-naba, ce qui est acceptable, la moyenne depuis Rialé jusqu'à Nassodoba compris est de 12 ou 13 ans, tandis qu'à partir de Nassodoba jusqu'à naba Kango (non compris) la moyenne est de 27 ou 28 ans de règne par naba, c'est-à-dire de plus du double. Puis elle retombe à 9 ans 1/2 de moyenne de naba Kango à nos jours. Il y a évidemment là quelque chose de choquant. Peut-être la tradition a-t-elle particulièrement oublié des noms de nabas dans la période qui va de naba Nassodoba à naba Kango. Ce n'est pas impossible, mais l'excuse, je l'avoue, est piètre. Il y a là une difficulté que je ne puis ni céler, ni faire disparaître.

C'est pour cela que cette chronologie ne doit être prise en somme que comme un essai qui correspond à certaines données d'analyse mais ne résout pas toutes les difficultés.

Indiquons que Vadier place Riâlé au XIIe siècle, naba Rawa au XIIIe, Yadega et Kouda au XIVe. Il est donc en gros d'accord avec moi, sauf la place de Riâlé au XIIe siècle. Quant au lieutenant Marc, il place naba Oubri au milieu du XIVe siècle, mais la raison pour laquelle il le fait n'est pas acceptable : il en fait le conquérant de Tombouctou en 1333. Or il semble évident que ce ne fut pas naba Oubri dont on connaît relativement bien l'histoire et qui était « barré » vers le nord par le royaume de Rawa, qui prit Tombouctou. La date donnée par le lieutenant Marc, fondée sur une fausse raison, ne doit donc pas être acceptée.

En définitive, on ne peut jusqu'à présent que faire des hypothèses sur la chronologie ancienne du Mossi. Celle qui me semble la plus probable c'est celle que je viens d'exposer : les débuts historiques mossis ont dû avoir lieu dans la seconde moitié du XIIIe siècle ; les grandes randonnées ont dû être opérées de 1275 à 1350. Enfin Yadega, le fondateur du Yatenga, serait du milieu du XIVe siècle.

C'est là du reste une possibilité, une probabilité et non pas une certitude. Souhaitons qu'à l'avenir la découverte de nouvelles données et une étude plus approfondie, portent une lumière complète et définitive dans cette obscure question qu'est encore la chronologie du Yatenga.

APPENDICE N° III

Chronologie approximative du Mossi (Ouagadougou)

Nédéga (roi du Dagomba)	vers 1233	Sana	vers	1580-1600
Rialé et Yennenga	— 1253	Guiliga	—	1600-1620
Ouidiraogo	— 1273	Oubia	—	1620-1640
Zoungourana	— 1293	Mottaba	—	1640-1660
Oubri	— 1313	Ouarga	—	1660-1680
Sorba ou Narimtoré	— 1320-1335	Zombéré	—	1680-1700
Nassikiemdé	— 1335-1350	Kom I	—	1700-1720
Koundoumié	— 1350-1380	Sagha	—	1720-1740
Kouda	— 1380-1400	Boulougou	—	1740-1760
Dawoéma	— 1400-1425	Savadoro	—	1760-1780
Zettembousma	— 1425-1450	Karfo	—	1780-1800
Niandeffo	— 1450-1475	Baoro	—	1800-1830
Nattia	— 1475-1500	Koutou		1830-1850
Namoéro	— 1500-1520	Sanom		1850-1890
Kida	— 1520-1540	Boukari Koutou		1890-1896
Kimba	— 1540-1560	Mazi		1896-1897
Kobra	— 1560-1580	Kouka		1897-1906
		Kom II	depuis	1906 (1)

(1) Cette chronologie, je n'ai pas besoin de le dire, est très approximative. Elle donne sur l'ensemble une durée de vingt ans en moyenne par règne ce qui, à mon avis, est trop élevé. Il doit y avoir des nabas qui manquent à la liste.

APPENDICE N° IV

Chronologie du Mossi (Ouagadougou) d'après Delafosse

Nédéga	. . . .	*Début du*	Kobra	. . . . .	*1400-1430*
		XI° siècle	Sana	. . . . .	*1430-1450*
Yennenga et Riaré	. .		Guiliga	. . . . .	*1450-1480*
Ouidiraogo	. . . .		Oubra	. . . . .	*1480-1510*
Zoungourana	. . .	*Début du*	Mottoba	. . . . .	*1510-1540*
		XI° siècle (1)	Ouarga	. . . . .	*1540-1570*
Oubri	. . . . .	*1050-1090*	Zombéré	. . . . .	*1570-1600*
Sorba ou Narimtoré	.	1090-1110	Kom I	. . . . .	1600-1640
Nassékiemdé	. . .	1110-1130	Sagha	. . . . .	1640-1680
Nassébiri	. . . .	1130-1150	Boulougou	. . . .	1680-1720
Ninguem	. . . .	1150-1170	Savadoro	. . . .	1720-1760
Koundoumié	. . .	*1170-1210*	Karfo	. . . .	1760-1800
Kouda	. . . .	1210-1240	Baoro	. . . .	1800-1830
Dawoéma	. . .	*1240-1270 env.*	Koutou	. . . .	*1830-1850*
Zettembousma	. .	1270-1280	Sanom	. . . .	*1850-1890*
Niandeffo	. . .	*1280-1300 env.*	Bokari Koutou	. .	*1890-1896*
Nattia	. . . .	1300-1325	Mazi	. . . . .	*1896-1897*
Namoëro	. . . .	1325-1350	Ouobdéro ou Kouka	.	*1897-1906*
Kida	. . . .	1350-1375	Kom II	. . . .	*depuis 1906* (2)
Kimba	. . . .	1375-1400			

(1) C'est évidemment par erreur que Delafosse met à la fois au début du xi° siècle Nédéga, père de Yennenga et beau-père de Riâlé, et Zoungourana qui vivait trois générations après lui. Delafosse estimant chaque génération à 40 ans, il faut mettre, si l'on tient pour bonne l'époque de Zoungourana au début du xi° siècle, Nédéga vers 880 après J.-C., donc à la fin du ix° siècle et Riaré et Ouidiraogo au x° siècle (Riaré vers 920 et Ouidiraogo vers 960).

Delafosse ne met pas de dates à tous les Moro-nabas de Ouagadougou mais seulement à quelques-uns (Je souligne les dates données réellement par Delafosse). Les autres, non soulignées, sont celles qui se tirent naturellement du rapprochement des premières.

(2) Remarquons que la moyenne du règne des nabas pour lesquels on a des dates exactes (à partir de 1830) est de 15 ans (76 ans pour 5 nabas). Cela prouve combien la moyenne générale de durée de règne des nabas de Delafosse qui est de 28 ans, depuis Oubri compris jusqu'à Kouka compris, est trop élevée.

43

APPENDICE N° V

Chronologie du Mossi (région de Ouagadougou) d'après mon « Noir du Soudan » (1912)

Oubri	1175-1199	Guiliga	1559-1583
Sorba	1199-1223	Oubia	1583-1607
Nassékiemdé	1223-1247	Mottaba	1607-1631
Nassébiri	1247-1271	Ouarga	1631-1655
Ninguem	1271-1295	Zombéré	1655-1679
Koundoumié	1295-1319	Kom	1679-1703
Kouda	1319-1343	Sagha	1703-1727
Dawoéma	1343-1367	Boulougou	1727-1751
Zettembousma	1367-1391	Savadoro	1751-1775
Niandeffo	1391-1415	Karfo	1775-1799
Nattia	1415-1439	Baoro	1799-1823
Namoëro	1439-1463	Koutou	1823-1847
Kida	1463-1487	Sanom	1847-1871
Kimba	1487-1511	Bokari Koutou	1896
Kobra	1511-1535	Kouka	»
Sana	1535-1559	Kom	1910 (1)

(1) En fait dans mon *Noir du Soudan* (p. 461 et 462) je n'ai pas indiqué de date pour chaque Moro-naba mais j'ai placé Oubri vers 1175 et donné une moyenne de 24 ans de règne à chaque Moro-naba, ce qui donne les dates ci-dessus. Il est évident que ces dates sont fausses à partir de Kouton, Sanom, etc., c'est-à-dire à partir de 1830. Pour cette période il faut prendre les dates de Delafosse reproduites par moi dans mon Appendice n° III.

APPENDICE N° VI

Chronologie du Mossi (Yatenga) par Delafosse.

Raoua	Début du xɪᵉ siècle	Nàbasséré	1620-1660
		Toussourou	1660-1690
Oubri (Ouagadougou)	vers 1050	Sini	1690-1720
Ouemtanango		Pigo	1720-1739
Ya Diga	vers 1170	Ouabégo	1739-1754
Yaouloumfao-Gama	1200-1225	Kàngo	1754-1787
Kourita	1230	Sagha	1787-1803
Guéda		Kaogo	1803-1806
Tounougoum		Tougouri	1806-1822
Possinga		Kom	1822-1825
Nasségué	1320-1340	Ragongo	1825-1831
Somna		Ridimba-Naba	1831
Vanté-Baragouan	1350-1380	Diogoré-Naba	1831-1834
Bonga	1380-1410	Totébalobo	1834-1850
Sougounoum	1410-1430	Yemdé	1850-1877
Kissoum	1430-1435	Sanoum	1877-1879
Zangayella	1435-1460	Noboga	1879-1884
Lanlassé	1460-1475	Pigo II	1884-1885
Nassodoba	1475-1500	Baogo	1885-1895 (1)
Yamba	1500-1530	Bagaré	1895-1899
Niogo	1530-1560	Liguidi	1899 1902
Parima	1560-1590	Koboga	à partir de 1902
Koumpaougoum	1590-1620		

(1) Comme nous l'avons vu au cours de notre historique du Yatenga, c'est en 1894, au mois de mai, que mourut naba Baogo. La date de 1895 est une erreur empruntée par Delafosse à Vadier.

APPENDICE N° VII

Chronologie des nabas du Riziam

1.	Naba Kouda	1340-1370	?
2.	Naba Tassango	1370-1400	?
3.	Naba Tansouk	1400-1430	?
4.	Naba Bogodomnoré	1430-1460	?
5.	Naba Toungoudou	1460-1490	?
6.	Naba Gourounda	1490-1520	?
7.	Naba Téguédébaninga	1520-1550	?
8.	Naba Mamzi	1550-1580	?
9.	Naba Kétirié	1580-1610	?
10.	Naba Zaka	1610-1640	?
11.	Naba Yambénéré	1640-1670	?
12.	Naba Kòm	1670-1710	?
13.	Naba Piga	1710-1750	?
14.	Naba Tébéra	1750-1787	?
15.	Naba Rabogo	1787-1799	date probable
16.	Naba Zendé	1799	Id.
17.	Naba Zoumbouri	1799-1804	Id.
18.	Naba Yemdé	1804-1818	Id.
19.	Naba Kolonga	1818-1830	Id.
20.	Naba Saga	1830-1838	Id.
21.	Naba Koboga	1838-1887	date exacte
22.	Naba Kougouri	1887-1901	Id.
23.	Naba Siguiri	1901-1916 (1)	Id.

(1) Le naba Siguiri vit toujours et est toujours chef de canton du Riziam.

Comme on le voit, pour la chronologie du Riziam, nous n'avons de dates sûres que depuis 1838 et de dates probables que depuis 1787. Les dates antérieures sont certainement fausses car les 129 ans qui vont de 1787 à 1916 comprennent 9 nabas ce qui fait une moyenne de 14 ans de règne par naba. Or, pour les nabas précédents, nous avons été obligés de leur prêter, en moyenne, 31 ans de règne à chacun. Il y a probablement eu au moins deux fois autant de nabas que le souvenir des Mossis du Riziam en a conservé.

APPENDICE N° VIII

Chronologie du lieutenant Marc

Le lieutenant Marc compte 16 Moro-nabas du fondateur de la dynastie (vers 1300) à Bokary Koutou détrôné par Voulet (1896). Cela fait un Moronaba tous les 36 ans, ce qui *a priori* ne peut être qu'inexact. Il en faut bien le double. En fait Moulins en a retrouvé 30. Moulins, donc Delafosse et moi dont Moulins est la source pour Ouagadougou, comptons 30 Moro-nabas de Oubri à Bokary Koutou mais Delafosse fait commencer en 1050 les Moronabas de Ougadougou et moi-même en 1175, ce qui fait que Delafosse donne 28 ans de règne à chacun en moyenne et moi-même 24 ans. En fait, en ramenant Oubri à l'an 1313 comme je le fais, on a 583 ans pour 30 Moro-nabas ce qui ramène la moyenne de règne de chacun à 19 ans 1/2. C'est encore trop élevé sans doute, mais enfin ce n'est plus si absurde.

APPENDICE N° IX

Fin de l'histoire du Riziam

Les derniers nabas du Riziam sont à partir de naba Koboga (1838-1887) contemporain de naba Totéballobo et de naba Yemdé :

1° Naba Kougouri (1887-1901), fils de naba Koboga et de Niandéré. Il a régné pendant 14 ans et demeura à Sabacé.

C'est sous son règne que les Français conquirent le Mossi et par conséquent le Riziam. Celui-ci fut d'abord rattaché au cercle de Ouagadougou, puis en mars 1901, fit retour au Yatenga. Le résident de Ouahigouya, sur le refus de naba Kougouri de venir le saluer à Ouahigouya, aurait envoyé un sergent avec 10 tirailleurs qui le fusillèrent.

2° Naba Siguiri, naba actuel, règne depuis 1901 et vit encore actuellement (1916). C'est le frère du précédent, fils de naba Koboga et de Kam. Il demeure à Sabacé. C'est un beau vieillard qui nous est loyalement soumis.

APPENDICE N° X

Les descendants de Ouemtanango

Les gens de Guitté dont le chef actuel, Tenga, est encore le descendant de Ouemtanango, m'ont donné deux listes des successeurs de celui-ci. Je fonds ces deux listes en une seule en mettant en italiques les nabas dont les noms figurent sur les deux listes.

1. *Youmba*, dont nous avons parlé plus haut. — 2. *Bandiala*, fils de naba Youmba et petit-fils de Ouemtanango. Il mourut à Guitté. — 3. *Tendo*. — 4. *Soda*. — 5. Gouiré (ou Gouiri). — 6. *Patou*. — 7. *Tenga*. — 8. Nabéré (1re liste). — 9. Raïgo (1re liste). — 10. *Pakoudanam*. — 11. Bango (2e liste). — 12. Diendéma (2e liste). — 13. *Nabavoya* — 14. Yaoré (2e liste). — 15. Souré (2e liste). — 16. *Kitisé* (ou *Kittisé*). — 17. Béousé (2e liste). — 18. *Gologa*. — 19. *Kongouri*. — 20. *Diéguéma*. — 21. *Soulougou*. — 22. *Ouobogo*. — 23. *Kobogo*. — 24. *Niagaré*. — 25. *Tenga*.

Pour les cinq derniers nabas, c'est-à-dire depuis Soulougou compris, les deux listes concordent parfaitement et pour les noms et pour l'ordre où ils sont placés. Pour les nabas antérieurs ces listes ne donnent pas le même ordre de position pour les nabas qui leur sont pourtant communs. Enfin il est à supposer qu'il y en a beaucoup d'oubliés.

APPENDICE N° XI

Légende sur Yadega

D'après les gens de Zandoma, naba Yadega aurait été dans sa jeunesse le palefrenier de naba Souida, puis il aurait détrôné tour à tour naba Kourita descendant de naba Rawa et naba Souida.

Cette légende est celle de gens mal disposés pour naba Yadega évidemment. Cependant il n'est pas impossible que Yadega dans sa jeunesse ait été servir chez naba Souida, alors chef important, après avoir quitté son père naba Nassibéré. Nous verrons plus tard en étudiant la Famille que les jeunes mossis font assez souvent cela. Ils sont gardes, pages, domestiques, palefreniers, etc. du chef chez lequel ils servent. Si cette légende est vraie, naba Yadega, devenu grand, aurait quitté naba Souida pour conquérir le village de Lago puis de là serait revenu sur Goursi, après avoir eu raison par la ruse de naba Souida.

APPENDICE N° XII

Plantes utiles du Yatenga

Parmi les plantes que les indigènes pourraient utiliser au Yatenga et dont ils ne font rien, citons :

1° L'asperge sauvage du Soudan, adambârâ ou adambâgâ (adambâsé au pluriel), appelée ainsi dans tout le Mossi et de même par les Foulsés. Les Bambaras l'appellent nina-nia et les Malinkés et les Ouassoulonkés ninaniaga, ce qui veut dire l'ennemie de la souris parce que les Mandés prennent ces asperges pour boucher dans leurs cases les trous de souris et enfermer ainsi celles-ci. Les Bambaras appellent encore cette plante sogoba-kénésé (les poils de la queue de la grosse viande, c'est-à-dire les poils de la queue de l'éléphant).

L'adambara est, comme je viens de le dire, l'asperge sauvage d'Afrique. Elle possède la tige et le feuillage très fin et soyeux de l'asperge, entremêlé cependant ici de beaucoup de petites épines.

Ce qui est difficile à croire et ce qui est pourtant vrai, c'est que les habitants du Yatenga, comme ceux de Ouagadougou et comme la plupart des Soudanais du reste, ne mangent pas ces asperges sauvages même pendant les temps de famine et les laissent inutilisées.

2° Le naniri-sougouda, ainsi appelé dans tout le Mossi. C'est le kinkéliba, bien connu de tous les Européens de l'Afrique occidentale, le *Combretum micranthum* ou *Combretum Raimbaultii* Heckel, appelé bara-oulé chez les Malinkés de la région de Kouroussa, dié-fourou en peulh. C'est un arbuste de 2 à 4 mètres de haut. Il y en a beaucoup au Yatenga et il pousse partout. Les Mossis et autres habitants du pays n'en font rien du tout.

Ajoutons que, d'après le Dr Dupont, il existerait au Yatenga une autre espèce de kinkéliba. C'est la plante aromatique qu'on appelle ghaniba-kala en bambara, n'kaniba en malinké et en ouassoulonké. Les Mossis du Yatenga prétendent ne pas la connaître. En fait il y en a bien ici.

3° Le sououga (souousé au pluriel) ainsi appelé dans tout le Mossi et de même par les Foulsés. Les Nounoumas disent boupo et les Kassounas bénédévio. C'est le n'quié ou n'quin des Bambaras et des Bozos. Cette plante est un dolichos, un haricot sauvage, non comestible, poussant au Yatenga pendant la saison des pluies, mais toujours dans les champs cultivés, dans le mil, dans le maïs, auprès des cases, sans que les indigènes parviennent à expliquer ce fait. Au Yatenga on ne fait rien du sououga, mais les Mossis de Ouagadougou, au contraire, comme je l'ai dit dans mon *Noir du Soudan*, p. 511, font avec les fibres du sououga des cordes pour attacher les bestiaux, des cordes d'arc, etc. Surtout il y a beaucoup de souougas au Gourounsi et les Gourounsis utilisent beaucoup ce textile.

4° Le kankalaga (au pl. kankalasé ou kankalsé), ainsi appelé dans tout le Mossi, lingué en bambara et malinké, lè en ouassoulonké, folk en yolof, *Afzelia africana*, légumineuse césalpinée. C'est un des grands arbres de l'Afrique occidentale, aussi grand que le caïlcédrat. Au Yatenga il y en a très peu et on ne l'utilise pas. Il y en a plus dans la région de Ouagadougou.

5° Le kahoga ou kanhoga (au pl. kaosé ou kanhosé) ainsi appelé dans tout le Mossi et de même par les Foulsés. C'est le sandan bambara, le sana malinké et ouassoulonké, en langage scientifique le *Daniella thurifera*, légumineuse césalpinée. Cet arbre n'est pas utilisé par les habitants du Yatenga, ni par ceux de Ouagadougou, tandis qu'au contraire les Mandés l'utilisent. Cet arbre possède un bois qui dégage en brûlant une odeur agréable.

6° Le koutrouwagalé, ainsi appelé par les Mossis du Yatenga et les Foulsés, koutoumparadéré à Ouagadougou, diangarangué en bambara, diamangarangué en malinké, diamangalangué en ouassoulonké. C'est un arbre moyen qui ne sert à rien ici.

7° Le ziguidrizika (au pl. ziguidriguisi), ainsi appelé dans tout le Mossi et de même par les Foulsés. C'est le morodiri ou le moro-iri des Bambaras, Malinkés, Ouassoulonkés, c'est-à-dire l'arbre de l'homme ou encore morokoulou ou mongo-koulou, nom usité chez certains Bambaras et chez les Malinkés de la région de Kouroussa et qui veut dire l'os de l'homme. Cet arbre appartient à la famille des Capparidées. C'est un cratava, espèce non déterminée (Pobéguin, *op. cit.*, p. 64). Au Yatenga il y a beaucoup de ziguidrizika. On n'en fait rien du tout.

8° Le kouïmiga (ou kouïnga), ainsi appelé dans tout le Mossi et de même par les Foulsés. C'est le n'galadié des Bambaras, le bara ou bra des Malinkés et des Ouassoulonkés. C'est un petit arbuste à branches flexibles dont on ne fait rien au Yatenga, tandis que dans les pays mandés on l'utilise pour la flexibilité de ses branches.

Ajoutons qu'en mossi arbre en général se dit tiga (au pl. tisé), diri en bambara, malinké, ouassoulonké ; arbuste se dit tiganaga (au pl. tiganosé), dirimisé en mandé ; feuille se dit vango en mossi (au pl. vando), foura en bambara, malinké, ouassoulonké. Enfin herbe, en général, se dit môdô ou mondo en mossi (bi en mandé).

APPENDICE N° XIII

Les cantons des ministres

Le canton du Ouidiranga-naba comprend encore à l'heure actuelle les villages suivants :

Basinéré.	Kayn.	Konga.
Bango-Mossis.	Kierga.	Sala.
Bassenwasa.	Méné.	Sananga.
Baouda-Kouli.	Morombouli.	Silga.
Bem I.	Namsighima.	Sim.
Dénia.	Ningiwendé.	Sougouma.
Déré.	Nodé.	Tébéla.
Doumbré.	Ouahigouya (un quartier)	Thiou.
Garkéré-Mossis.	Nongosom.	Thon.
Gomboro-Saba.	Pogoro.	Zomkalra-Mossis.
Gourgouré-Tanghé.	Rasoko.	
Ingaré.	Rondologo.	

Le canton du Rassam-naba comprend les villages de :

Andaganda.	Lossa.	Sologoum.
Ansolma.	Mouni.	Tibitenga.
Bahn-Mossis.	Nabassindéghima.	Tougou.
Bidi-Mossi.	Ouagandé.	You.
Bongola-Mossi.	Posso.	Zay.
Ingahné.	Pouédoro.	Ouahigouya (presque tout le village).
Koumbané.	Rikou.	
Kourba-Bagaré.	Roum-Bagaré.	
Lilligondé.	Silia.	

Le canton du Togo-naba comprend les villages de :

Bogoya.	Ouahigouya (un petit quartier).	Souli.
Bougounam.		Somniaga.
Bouri.	Oufré.	Toïsi.
Dassoroma.	Piribo.	Zemba.
Gouéré.	Roba.	Zougousara.
Issighi.	Rodoma.	Tziga.
Kalsaka-Mossi.	Sissamba.	
Kalsaka-Saba.	Soubo.	

Le canton du Baloum-naba comprend les villages de :

Bassanga-moro.	Lablango.	Saspelga-Mossi.
Boulzoma.	Magarougou.	Sissé.
Dandenbara.	Ouattighé.	Sodé.
Dessé.	Ouahigouya	Yabonsoro.
Kouroungo.	(un petit quartier).	
Kapelro-Tanghé.	Ouidiransé.	

APPENDICE N° XIV

Tableau analytique du contenu des principaux recueils du folk-lore du Soudan

Auteurs	Années	Fables et contes	Légendes	Devinettes	Proverbes	Chants et chansons	Chants funèbres et autres	Formules religieuses et autres	Total
Bérenger-Féraud	1885	17	9	7	4	»	»	»	37
Monteil	1905	42	1	1	»	2	»	»	46
Zeltner	1913	16	17	»	15	»	»	»	48
Equilbecq	1913-1915	62	2	»	»	»	»	»	64
Froger	1909	18	»	»	3	3	4	11	39
Landeroin-Tilho	1909	11	»	»	34	»	»	»	45
Dupuis-Yakouba	1907-1909	»	14	»	»	»	»	»	14
Yakoub-Artin-Pacha	1909	19	»	»	»	»	»	»	19
Total		185	43	8	56	5	4	11	312

APPENDICE N° XV

Diamous des Yarsés du Yatenga

Voici d'abord les diamous des Yarsés du sud-ouest du Yatenga (pays Samo) :

Guira	constaté 31 fois	Séno	constaté	2 fois
Baraya ou Bagaya .	— 15 —	Fonfono	—	2 —
Zonga	— 15 —	Béloum	—	1 —
Tinta	— 8 —	Sanfo	—	1 —
Sano ou Sana . .	— 6 —	Sissé	—	1 —
Badini	— 5 —	Niantérega . . .	—	1 —
Saré	— 3 —	Nané	—	1 —
Mandé	— 3 —	Démé	—	1 —
Téra	— 2 —			

Voici maintenant les diamous des Yarsés de l'extrême-sud (Goursi, Kasséba, Niességa, Boussou) :

Guira	constaté 7 fois	Soré	constaté	1 fois
Sanfo	— 3 —	Bagaya	—	1 —
Sino ou Suio (?) . .	— 3 —			

Voici les diamous des Yarsés du nord-ouest (en y comprenant Diogoré et Lago) :

Baraya ou Bagaya .	constaté 29 fois	Mandé	constaté	2 fois
Soré (ou Soro) . .	— 28 —	Tissé (?) . . .	—	2 —
Guiré (ou Guira ou Guiro) . . .	— 15 —	Démé	—	1 —
		Déra	—	1 —
Tinto ou Tinta ou Kindo ou Kinda .	— 14 —	Diabaté	—	1 —
		Kamarata . . .	—	1 —
Sana (ou Sano) . .	— 13 —	Zonga	—	1 —
Ouatara	— 3 —	Sissé	—	1 —
Taraoré	— 2 —	Téguéra	—	1 —

Voici les diamous des Yarsés du nord et du nord-est (Ouindighi) du Yatenga :

Guira	constaté 12 fois	Mandé	constaté	3 fois
Bagaya	— 9 —	Tinta ou Kinta ou Kindo	—	2 —
Dabo	— 4 —			

APPENDICE XV 687

Soré	constaté 1 fois	Tounougoumbou .	constaté 1 fois
Sano (ou Sana) . .	— 1 —	Diré	— 1 —
Sissé	— 1 —	Lahoui	— 1 —
Sissa	— 1 —	Soroba	— 1 —
Niaté	— 1 —		

Enfin voici les diamous des Yarsés du sud-est (Koussouka, Zitenga, Riziam, villages yarsés sud-est du Togo-naba, Rassant-naba, Baloum-naba, Oula, Baci, Léba, etc.) et de l'est (Datenga ou Ratenga) :

Sana (ou Sano) . .	constaté 87 fois	Bélem	constaté 5 fois
Soré	— 61 —	Ouatara	— 3 —
Taraoré	— 29 —	Mandé	— 2 —
Konda (ou Kouanda)	— 29 —	Sissoko	— 2 —
Guira	— 24 —	Diabaté	— 2 —
Souga ou Songa ou Sanga	— 14 —	Niabo . . . . Pangayara . . .	— 1 — — 1 —
Déra	— 11 —	Rabo	— 1 —
Niata (ou Yata) . .	— 10 —	Soroba	— 1 —
Sissé	— 10 —	Boko	— 1 —
Tinta (ou Tinto) . .	— 9 —	Gansoré	— 1 —
Bagaya	— 6 —	Baykoro	— 1 —
Pougourawa . . .	— 6 —	Sansé	— 1 —
Sanfo	— 5 —		

Pour terminer donnons le tableau général des principaux diamous Yarsés du Yatenga :

Diamous	Sud-Ouest	Sud	Nord-Ouest	Nord	Sud-Est et Est	Total	Observations
Sana	6	»	13	1	87	107	
Soré	3	1	28	1	61	94	
Guira	31	7	15	12	24	89	
Baraya	15	1	29	9	»	54	
Tinta	8	»	14	2	9	33	
Taraoré.	»	»	2	»	29	31	
Zonga	15	»	»	»	14	29	
Konda	»	»	»	»	29	29	
Déra (ou Téra) . .	2	»	1	»	11	14	
Mandé	3	»	2	3	2	10	
Sanfo	1	3	»	»	5	9	
Ouatara	»	»	3	»	3	6	

APPENDICE N° XVI

Rectifications à mon « Noir du Soudan »

Comme je l'ai dit plus haut, j'ai dans mon *Noir du Soudan*, appelé l'habitation « soukala », ce qui est à éviter pour des raisons déjà dites, mais ce qui est en définitive peu de chose.

Erreur plus grave, j'ai identifié généralement la famille totale à l'habitation, quoique, la plupart du temps, la première dépasse de beaucoup la seconde. Evidemment on peut trouver des familles qui habitent dans une seule habitation (et j'en ai cité çà et là qui sont dans ce cas dans le présent volume) mais c'est exceptionnel.

Ce qui a déterminé mon erreur c'est l'importance de l'habitation, véritable sous-famille, se composant généralement de plusieurs ménages, groupe économique compact chez les Soudanais les plus intégrés, quoi qu'il se dissolve en groupes de travail et souvent même, en ménages travaillant chacun à part, chez les Soudanais qui se désintègrent.

Cette sous-famille est vraiment le groupement caractéristique du Soudan, celui qui frappe le premier l'œil de l'observateur.

Le ménage y disparaît la plupart du temps, puisque généralement l'habitation compte plusieurs ménages, et d'autre part la famille totale apparaît peu au-dessus de cette sous-famille puisque le chef de la famille totale justement n'a pas sur ces sous-familles de pouvoirs économiques et possède seulement des pouvoirs religieux, juridiques (avec, le plus souvent, le droit de marier les filles de toute la famille). Bref le groupement qui résout (au moins quand il est intégré) le problème de l'existence quotidienne, c'est la sous-famille, l'habitation et non la famille totale. De là son importance.

Ce groupement n'a pas d'équivalent dans l'Europe occidentale moderne où l'on n'a plus en face l'un de l'autre que le ménage (unité économique) et la famille dans toute son extension.

Il faut ajouter cependant que si ce groupement n'existe plus dans l'Europe occidentale moderne, il y a existé jadis et existe encore maintenant dans l'Europe orientale (Voir à ce sujet Le Play et Emile de Laveleye pour les anciennes communautés domestiques occidentales et les communautés domestiques des Sud-Slaves).

En tout cas on ne le trouve plus ni en France ni dans l'Europe occidentale moderne actuellement. De là la difficulté de lui donner un nom. On peut l'appeler : maison, maisonnée, sous-famille, *habitation* comme je le fais dans ce volume-ci. Dans mon *Noir de Guinée* je me suis servi de l'expression courante chez les Français de Guinée qui est « carrée » (on dit indifféremment une carrée ou un carré). Dans mon *Noir du Soudan* j'ai emprunté l'expression soukala aux Européens du Mossi (elle est employée dans ce sens par Moulins, Vadier, etc.). Beaucoup d'auteurs se servent du mot « case » (ainsi, entre autres, le commandant Tellier dans son beau livre *Autour de Kita*, ainsi Guebhardt dans son étude rapide sur les Bobos, ainsi Delafosse, tome II, p. 125). En fait ce mot n'est pas très bon parce qu'il prête à confusion : il peut vouloir dire soit une hutte (c'est dans ce sens que je l'emploie moi-même), soit une maison, une habitation tout entière (qui est toujours formée de plusieurs huttes), c'est le sens de Delafosse, Tellier, Guebhard, etc. Il faut pourtant reconnaître avec Delafosse (page citée) que c'est le mot le plus souvent employé par les auteurs d'Afrique occidentale dans le sens d'habitation, maison, soukala, carrée, etc.

Cette digression faite, je reviens au principal, à savoir que l'importance de l'habitation et le fait qu'elle contient généralement plusieurs ménages, bref son importance comme rouage familial économique d'un côté, son extension quantitative de l'autre, me l'ont fait identifier généralement au cours de mon *Noir du Soudan* à la famille totale.

Je dis « généralement » car quand j'en suis venu aux races où l'habitation, ne contenant plus en gros qu'un ménage, devient identique au simple ménage, il ne m'a plus été possible évidemment de prendre désormais cette habitation réduite au simple ménage pour la famille totale. J'ai donc rétabli celle-ci dans son existence et ce sont les dernières races (les plus désintégrées au point de vue familial) dont la famille a été analysée le plus complètement par moi du haut en bas. Au contraire pour les premières (les plus intégrées) j'ai bien analysé la sous-famille et le ménage, mais le toit de l'édifice, si j'ose ainsi dire, manque, c'est-à-dire la famille totale. C'est du reste ce que nous allons voir maintenant en détail. Commençons par les Bobos.

Chez les Bobos (voir mon *Noir du Soudan*, p. 41 et suivantes) j'ai décrit l'habitation ou sous-famille sous le nom de soukala, mais au-dessus des sous-familles il y a la famille totale et c'est le chef de famille et non le chef de sous-famille qui a les pouvoirs religieux pour toute la famille. Paul Guébhard, auteur d'une substantielle étude sur les Bobos parue dans la *Revue d'Ethnographie et de Sociologie*, n° de mai-juin 1911, dit à ce sujet :

« La famille, dès qu'elle est un peu nombreuse, se subdivise en fractions qui sont les cases commandées par des chefs à qui se trouvent tacitement délégués certains pouvoirs du chef supérieur de la famille....

Isolés ou peu nombreux, les indigènes sont en effet impuissants à réaliser les travaux importants de débroussaillement, de labours, de semailles, les multiples soins culturaux qu'exigent les opérations agricoles.

La famine, la pauvreté sont l'apanage des cases restreintes qui, le plus souvent, fusionnent avec une case nombreuse pour profiter de l'effort que décuple le grand nombre et la direction qui le rend fécond.

Aussi le chef de case joue-t-il un rôle prépondérant. Il est le vrai « paterfamilias ». Son pouvoir sur les membres de la famille est absolu. Lui seul possède, lui seul commande. Toute l'existence familiale dépend de sa décision.....

Par une dérogation au principe traditionnel, le chef de case peut s'ériger comme prêtre de son foyer ; son autorité s'en accroît, mais au préjudice, on le conçoit, de l'unité-mère.

Dans certains villages, comme à Djibasso, et dans tous ceux où le culte traditionnel est resté sans atteinte, les chefs de case ne sauraient s'attribuer un tel pouvoir et le chef de famille (1) reste le seul intermédiaire avec la divinité et les ancêtres.

Le chef de case est toujours le frère cadet du défunt; à défaut de frères, l'autorité passe à son fils aîné et c'est ainsi que dans quelques villages il y a de très jeunes chefs de case...

Comme une sénilité précoce est généralement habituelle chez les vieillards Bobo débilités par leurs beuveries de dolo, par l'abus du tabac, le souci de la progéniture, les durs travaux agricoles, très souvent le chef de case ne conserve qu'une autorité nominale et le rôle de prêtre et délègue ses pouvoirs de commandement et de direction à un de ses fils ou à un de ses parents plus jeune et plus vigoureux.....

Tous les individus faisant partie de la case habitent ensemble, dans de petits groupes de cases en terre soudées les unes aux autres comme les alvéoles d'une ruche. Comme presque tous les groupements ont un côté sur la périphérie du village, la case peut s'accroître indéfiniment. C'est lorsque la case ne peut plus s'agrandir qu'elle sort du village et forme une soukala (un quartier) à côté de l'unité-mère. Les gens mariés n'habitent pas séparément, ils disposent d'une ou plusieurs cellules dans le carré. Les repas se prennent généralement en commun et une seule fois par jour.

. . . .

Le rôle du chef de case est celui du « pater familias » des Romains avec lequel on ne peut s'empêcher de le comparer.

Tous les membres de la case, jeunes ou vieux, sont sous sa dépendance et en quelque sorte sa propriété. Autrefois, en cas de disette, il avait le droit de les vendre, de les mettre en gage. Il assume seul la responsabilité du bien-être de la case. Les individus lui doivent respect et obéissance, mais il leur doit assistance et protection. Il centralise l'avoir commun et le répartit selon les besoins de chacun. Il préside au travail et le distribue.

. . . .

Les hommes de la case sont les vassaux et en quelque sorte « les hommes liges » du chef de case; ils n'ont pas de vie individuelle indépendante, tous leurs actes doivent graviter autour de l'intérêt familial. Ils doivent coopérer à la défense de la famille dans les luttes qu'elle a à soutenir, aux travaux agricoles dans la mesure où ces travaux incombent aux mâles. Ils sont de jour comme de nuit aux ordres du chef de case.

De leur côté ils attendent de ce dernier la subsistance journalière, les avances et l'autorisation nécessaire au négoce. La communauté doit à l'individu concours dans les querelles qu'il a à soutenir, aide dans les dettes qu'il contracte » (p. 130 à 133).

Comme on le voit, Guébhard distingue bien la famille totale et ce qu'il appelle *la case* qui est ce que j'ai appelé soukala dans mon *Noir du Soudan*. Il indique bien la compacité et le haut degré d'intégration communautaire de cette sous-famille bobo, compacité et intégration sur lesquelles j'ai insisté moi-même et qui va, d'après Guébhard, jusqu'à confisquer quelquefois les droits religieux du chef de la famille totale au profit de la sous-famille. Quant à cette famille totale il la nomme bien et même l'étudie mais son analyse est en partie viciée par l'identification constante qu'il en fait avec le village.

(1) Guébhard écrit ici exactement « le chef de village » car il identifie la famille totale et le village, ce qui me semble être une erreur. En fait il peut se faire que chez les Bobos du cercle de Koury bien des villages coïncident avec une unique famille totale qui les habite. Cela même se voit parfois ailleurs, mais de là à identifier le village et la famille il y a loin. Guébhard parle aussi de soukalas, mais les soukalas sont pour lui simplement les quartiers du village.

Nous en avons fini avec les Bobos, passons aux Gourounsi.

Pour les Menkiéras, qui sont une sous-race nounouma (voir description de leur famille, p. 92 à 94 de mon *Noir du Soudan*) pour les Nounoumas (même description, p. 133 à 146), pour les Kassounas-Fras (même description, p. 214 à 223) j'ai commis la même erreur que pour les Bobos, ne parlant que de la sous-famille (ou soukala) et l'identifiant à la famille totale qui est, en fait, beaucoup plus nombreuse, comprenant un certain nombre de sous-familles. Par une conséquence logique j'ai attribué au chef de la sous-famille certains pouvoirs religieux, juridiques (peut-être même celui de marier les filles de toute la famille) qu'il faut reporter au chef de la famille totale.

Pour les Nankanas (voir description de leur famille, pages 249 à 259) je distingue une forme familiale intégrée, une ou plutôt deux désintégrées (groupes de travail dans l'habitation ou bien même chaque ménage travaillant à part) et une extrêmement désintégrée (chaque ménage non seulement travaillant à part mais aussi habitant à part). Pour les trois premières formes j'ai à faire la même remarque que pour les analyses précédentes. Pour la quatrième forme au contraire, mon analyse redevient complète car l'habitation équivalant désormais au simple ménage, je retrouver en face de celui-ci la famille dans toute son extension (1).

Pour les Bouras (p. 278 à 284) je distingue sept types familiaux : deux types intégrés (quant à la sous-famille), deux types désintégrés (groupes de travail dans la sous-famille ou même ménages travaillant complètement à part), trois types où l'on habite à part (le premier où l'on habite à part par ménage, le second où l'on est un peu plus groupé par habitation, le troisième où on travaille ensemble quoique habitant à part).

Il en est ici comme chez les Nankanas : aux quatre premiers types il manque la famille totale qui les surplombe. Dans les trois derniers au contraire la famille totale est retrouvée en face des habitations réduites au simple ménage ou à peu près.

De même chez les Kassonbouras (p. 298 à 303).

Je décris d'abord un type familial où la sous-famille est désintégrée quoique l'habitation soit commune aux gens de cette sous-famille. Il manque évidemment ici la famille totale. Pour les deux types décrits ensuite (p. 300 à 303) je retrouve, en face des ménages habitant soit tous, soit un certain nombre seulement à part, la famille totale bien indiquée par moi.

Chez les Sissalas (p. 337 à 344) je décris d'abord un type d'habitation intégré, puis un type où l'on travaille dans l'habitation par groupes d'après l'origine maternelle. A ces deux formes il manque évidemment l'indication de la famille totale surplombant les habitations ou sous-familles.

Chez les Dagaris (p. 364 à 371) je note également deux types d'habitation, l'un intégré, mais le moins nombreux, l'autre où l'on travaille par groupes plus nombreux. Là, comme chez les Sissalas, il faut ajouter pour être exact l'indication de la famille totale au-dessus de ces habitations.

Sortant des populations gourounsi, voici maintenant les Mandé-Dyoulas (p. 389 à 393). J'y indique l'habitation très communautaire et très intégrée, mais il manque encore ici l'indication et l'analyse de la famille totale.

---

(1) Je dis en effet (p. 256) : « Enfin un type encore plus ébranlé, mais encore plus rare existe en pays nankana : c'est celui où chaque ménage habite à part, chaque jeune homme s'établissant à part quand il se marie. Chaque ménage habite à part, travaille à part, se nourrit et s'habille lui-même.

Naturellement le chef de famille, (il faut parler ici désormais du chef de famille et non plus du chef de soukala, puisqu'il y a autant de soukalas dans la famille que de ménages) ne nourrit plus personne, etc. ».

APPENDICE XVI

Même remarque à faire pour la famille dafi. et marka (p. 406 à 409). J'ai eu du reste ici le tort supplémentaire de mettre ensemble les Dafis (probablement d'origine mandé-dyoula) avec les Markas (d'origine soninkée). Il est vrai que ces commerçants, distincts par la race, semblent identiques au point de vue sociologique.

Pour les Yarsés (p. 429 à 441) j'indique deux ou même trois espèces d'habitation : celle qui est intégrée, celle où l'on travaille par groupes et celle où l'on travaille chaque ménage à part. Comme je l'ai dit plus haut, dans le chapitre consacré aux Yarsés dans mon volume actuel, il manque l'indication et l'analyse, au-dessus de l'habitation, de la famille totale.

Pour les Mossis (p. 542 à 555) je distingue cinq types familiaux : deux peu répandus (l'un où l'habitation est intégrée, l'autre où elle est désintégrée. A ces deux types manque l'indication et l'analyse de la famille totale), trois plus répandus où l'on habite à part et où l'on travaille à part. L'habitation étant réduite ici au simple ménage, l'indication et l'analyse de la famille totale sont donnés. Comme ce sont ces trois derniers types familiaux qui dominent chez les Mossis, on peut dire d'une façon générale que j'ai décrit la famille mossi d'une façon exacte.

Chez les Foutankés la famille étant très désintégrée (p. 605 à 608) et chaque ménage ayant son habitation comme son travail à part, la description de cette famille est complète, quoique rapide.

Pour les Peuls ou Foulbés (p. 617 à 623), la description est également complète pour les mêmes raisons.

En résumé, ma description de la famille est incomplète (et partant inexacte jusqu'à un certain point) chez les Bobos, Menkiéras, Nounoumas, Kassounas-Fras, Sissalas, Dagaris, Mandé-Dyoulas, Markas et Dafis, Yarsés.

Chez les Mossis, Foutankés, Peuls elle est complète.

Enfin chez les Nankanas, chez les Bouras et chez les Kassonbouras elle est tantôt incomplète et tantôt complète suivant la structure du type familial considéré.

APPENDICE N° XVII

Notes sur la religion des Samos du cercle de Dédougou

Les Samos de Dédougou honorent d'abord leurs Ancêtres.
Au commencement de l'année noire (1), c'est-à-dire fin novembre ou vers le 1ᵉʳ décembre, on célèbre la fête des Ancêtres dite Montolo. On prépare du dégué, du to, on tue des poulets dont on met le foie à part dans une calebasse puis on apporte tout cela au chef de famille qui prend un petit peu de tous ces mets en disant que c'est la part des Ancêtres. Il la leur offre devant toute la famille réunie (sauf les femmes) puis les assistants mangent le reste. On fait fête toute la journée.

A Biba il en est de même sauf que les Ancêtres sont représentés ici par des morceaux de bois autour desquels on a enroulé de la ficelle. Les Esprits des Ancêtres habitent donc ces morceaux de bois. On leur offre soit un poulet, soit une pintade, soit une chèvre, soit un mouton.

A Mara le sacrifice est offert dans la case où couche le chef de famille (c'est la case de tous les chefs successifs de la famille). Contre un des murs de cette case est un petit tas de terre séchée malaxée par un des ancêtres chefs de la famille. C'est sur cette terre qu'on offre le sacrifice aux Ancêtres, en leur demandant de se bien porter.

On honore également les arbres quoique tout le monde ne le fasse pas. Il y a également quelques bois sacrés chez les Samos de Dédougou et on y fait des sacrifices.

On fait des sacrifices aux marigots soit quand on y va pêcher, soit quand le devin vous a dit de le faire, soit qu'on veuille obtenir quelque chose (enfants, santé), soit pour remercier d'un vœu qui a été exaucé.

On fait également ça et là mais pas partout des sacrifices aux rochers, aux collines.

On ne fait pas de sacrifices aux crocodiles. Les uns les tuent et les mangent, les autres les respectent parce qu'ils les croient leurs parents. Si on en voit un c'est mauvais signe : c'est qu'une personne de la famille mourra.

Il en est de même des pythons.

Quelques Samos arrangent de petites cases en banquo pour les serpents cracheurs et leur offrent des sacrifices (un poulet noir, du dégué, du dolo au miel). On offre un poulet noir parce que le serpent cracheur est noir.

On fait des sacrifices à la Terre. C'est le chef du village qui les fait sur la place du village.

On fait aussi des sacrifices à la Brousse.

(1) Village de Niankoré.

On fait des sacrifices au Ciel représenté par des boules de terre. Le ciel s'appelle laré ou lôro.

On fait des sacrifices aux Mauvais Esprits. On leur offre des poulets ou des chèvres. Le chef de village leur fait un sacrifice pour tout le village au commencement de la saison froide. On leur fait aussi un sacrifice pendant la saison des pluies. Ce sont les Mauvais Esprits qui produisent le froid et ils produisent aussi le grand vent pendant la saison des cultures pour empêcher l'eau de tomber.

Passons aux Rites.

Pour les fêtes, il y a d'abord la fête des Ancêtres qu'on appelle montolo ou mantolo à Niankoré, guino à Mara. Au Montolo, comme nous l'avons vu, on offre des poulets, du dégué, du to aux Ancêtres. C'est le 1er de l'an des Samos, la fin et le commencement de l'année à la fois, célébré après la récolte du mil, au moment du commencement du froid (fin novembre).

On célèbre ensuite le Tiriiri. C'est une fête pour la chasse qui a lieu au milieu de la saison sèche (février probablement). On tue des chiens et des poulets pour cette fête. On fait du dolo, du dégué, etc. On sacrifie des chiens parce que le chien est un animal vaillant, belliqueux et c'est pour se donner ses qualités qu'on le mange. C'est à cette fête aussi que l'on doit offrir les cadeaux dus aux familles des filles que l'on veut épouser.

Après le tiriiri notons le Tiénéséné, fête qui aurait lieu au commencement des semailles et le Kougouro qui serait à peu près de la même époque et serait une fête pour les femmes. Au Kougouro en effet les femmes mariées achètent des poulets pour les donner à leur mari et les jeunes filles en offrent à leurs bons amis. On fait tamtam et l'on s'amuse dans le village.

Enfin le Kiérédara se célèbre au moment où s'ouvre la saison des grandes pluies (juillet). C'est une fête pour les Ancêtres. On tue des poulets pour eux et on leur offre du dolo.

En dehors de ces fêtes, il y a des sacrifices qui ne donnent lieu à aucune fête : ainsi les sacrifices pour les semailles, pour la récolte, pour les chasses particulières.

A Biba, à l'époque des semailles, les chefs de famille offrent un poulet en sacrifice aux Ancêtres sur les morceaux de bois entourés de fils dont nous avons parlé plus haut.

Les chefs de famille de Biba prennent la moitié de la ficelle qui entoure tel morceau de bois représentant un Ancêtre et l'enroulent autour d'un autre morceau de bois. On va planter celui-ci dans le champ, on égorge un poulet dessus, puis on place un canari sur le morceau de bois. Chaque année, aux semailles, on lui fera un sacrifice sans préjudice de celui offert dans l'habitation.

On fera le même sacrifice à la récolte.

A Niankoré, pour celle-ci, les chefs d'habitation vont dans leurs champs avec tous leurs gens. On tue des poulets ou une chèvre pour remercier le champ de la bonne récolte qui a été faite. Après cela on fait cuire la viande sur place et on la mange en buvant du dolo au miel.

Pour les chasses particulières, les chasseurs offrent des sacrifices chacun à leur grigri. On offre généralement un poulet rouge (c'est-à-dire couleur feu) parce que, l'esprit du poulet étant censé de la même couleur que ses plumes, éclairera le chasseur dans la brousse pour qu'il aperçoive le gibier.

En ce qui concerne les enterrements, les chefs d'habitation (à Biba) sont enterrés chacun dans sa case. Les autres personnes de l'habitation sont enterrées, y compris les petits enfants, dans le champ de maïs qui entoure l'habitation.

A Mara les chefs d'habitation sont enterrés au milieu de la cour de l'habitation les uns à côté des autres. On met une grosse pierre sur la tombe. Les autres personnes de l'habitation sont enterrées autour de l'habitation.

A Niankoré on enterre tous les morts sur une grande place située au milieu du village, même les chefs de famille.

Dans ce dernier village, quand un chef de famille meurt, on prévient immédiatement toute la famille, les camarades du défunt, les griots du village. On lave le corps, on graisse la tête avec du beurre de karité, puis le défunt est sorti de sa case et porté au milieu de la cour de l'habitation. On fait tamtam pendant la nuit qui suit la mort, tamtam auquel assiste la famille et le village tout entier. Les fils, les filles du défunt et leurs camarades dansent les danses spéciales pour les morts (ni les vieillards, ni les vieilles femmes ne dansent). Il y a un chant funèbre que commence la grande sœur du défunt en frappant avec une hache sur un daba. On fait aussi les sacrifices pour le défunt : on lui verse des cauris sur les pieds pour qu'il achète de quoi manger dans l'autre monde. On égorge des poulets en lui disant : Ce sont des provisions pour le chemin trop long (très long) que tu auras à faire. Puis on donne le corps des poulets aux griots.

Les assistants donnent au mort des commissions à faire à leurs Ancêtres : de vieilles femmes, des vieillards viennent auprès du défunt lui recommander de dire telle ou telle chose à leur mari, à leur fils, à des membres de leur famille morts depuis longtemps.

Quand le tamtam est fini, on procède à l'enterrement. Les vieillards saisissent le corps et le transportent. L'héritier du défunt ou l'un de ses camarades suit, en portant une calebasse d'eau claire et cinq ou six brins de paille qui indiquent autant d'hypothèses sur la cause du décès. En son esprit, le porteur de la calebasse propose une de ces hypothèses au mort : si celui-ci remue de droite à gauche et de gauche à droite cela veut dire : Non. S'il se retourne et essaye de frapper du pied l'interrogateur cela veut dire : Oui. Alors ce dernier trempe rapidement son brin de paille dans l'eau et en touche le pied du mort. Celui-ci revient à sa position primitive. On lui pose de nouveau la question. S'il répond oui une seconde fois, on s'arrête, on le met par terre et on va chercher un poulet que l'on égorge sur son pied. Si le poulet meurt sur le dos cela confirme la réponse. S'il meurt sur le ventre on dit que le défunt s'est trompé. Dans tous les cas on le reprend et on le porte jusqu'au tombeau où il est mis en terre.

La tombe se compose d'un trou qui va diminuant du haut en bas. Au fond, sur le côté, on creuse une excavation latérale où l'on place le cadavre (les hommes la tête à l'est et les pieds à l'ouest, les femmes dans la position contraire). On ferme l'excavation avec des briques puis on remplit le trou principal de terre. On ne met rien sur l'emplacement de la tombe. Pendant qu'on rebouche le trou, on frappe le tamtam pour avertir que la cérémonie funèbre est finie.

A Biba, quand un chef d'habitation meurt, il est lavé par les hommes de l'habitation, puis l'héritier lui coupe les cheveux et on l'enveloppe dans un pagne blanc. On fait venir les fossoyeurs qui creusent le trou et on enterre le mort, sans l'exposer devant l'habitation, environ 12 heures après sa mort. On fait le tamtam ensuite pendant le même laps de temps : on danse, on chante des chants funèbres, on boit du dolo, etc. Ensuite l'héritier entre dans la case du mort avec un griot (nous savons qu'à Biba on enterre les chefs de famille et d'habitation dans la case où ils habitaient vivants) et passe à celui-ci des poulets, chèvres ou moutons. Le griot fait les sacrifices destinés au défunt et conserve pour lui le corps des bêtes tuées.

Après la mort les âmes vont dans l'est. A Yaba on possède même des yégélis, c'est-à-dire des gens qui ont le privilège de voir passer ces âmes.

D'après le nombre de celles qu'ils voient ils indiquent si l'année qui vient sera bonne ou mauvaise.

Passons à l'Organisation sacerdotale.

Le chef de village d'abord est une espèce de prêtre : il est en rapport avec les Esprits directement, sans avoir même à consulter les devins. Il couche tout seul et les Esprits viennent lui parler. Le dernier chef du village de Niankoré avant l'occupation française aurait, deux mois avant l'arrivée des Français, vu en rêve et prédit cette arrivée, la bataille et le massacre du village. Le chef de village fait donc les sacrifices aux Ancêtres du village en général. Il fait d'abord celui de la fête qui clôt et commence l'année. Puis il en fait d'autres, petits ou grands, au cours de l'année, les premiers avec son propre bétail, les seconds en attrapant la première bête qui passe. Si le propriétaire réclame il lui dit qu'il exécute ce que lui ont dit d'exécuter les Ancêtres. Il fait aussi un ou deux sacrifices par an à la Terre pour que tous les gens du village se portent bien, pour qu'il ne leur arrive pas malheur, pour qu'ils aient beaucoup d'enfants, pour que la récolte soit bonne. Ces sacrifices sont offerts sur un canari au milieu de la place la plus centrale du village. On verse le sang des victimes dans le vase. Le chef du village tue deux moutons, quelques poulets, offre du dégué et du dolo. Il sacrifie aussi aux Mauvais Esprits, pour les rendre favorables, deux fois par an, au commencement du froid et à la saison des pluies, comme nous l'avons vu plus haut.

Les chefs de famille font les sacrifices pour la famille et les chefs d'habitation pour l'habitation. Cependant chacun peut avoir ses grigris à lui dans la maison. Les femmes ont des boules de terre qu'elles mettent dans leur case. Ce sont les maris qui les leur confectionnent en même temps que les leurs. Elles représentent le dieu du Ciel.

Les esclaves n'ont pas de grigris. Ils peuvent porter des poulets au chef d'habitation pour que celui-ci fasse un sacrifice à leurs propres ancêtres.

Les devins (gonkkouli) disent les choses cachées du passé, du présent et de l'avenir.

Les uns regardent dans des calebasses d'eau limpide (ce sont les armangakouli), d'autres tracent des signes sur la terre. Certains mettent des cailloux dans des calebasses en forme de gourdes et les agitent pendant la nuit. Ils entrent alors en communication avec les pierranon (sorte de mauvais esprits) qui leur donnent les renseignements dont ils ont besoin.

On paye les gonkkoulis qui consultent les calebasses d'eau de 20 à 100 cauris par consultation. Ceux qui tracent des signes sur le sable prennent 80 cauris. Ceux qui agitent des calebasses remplies de petits cailloux se font payer la même chose.

Les gonkkoulis font aussi de la culture et vivent surtout de celle-ci.

Les fabricants de grigris s'appellent dagondana et les grigris dagoné.

Chez les Samos de Dédougou il n'y a pas de fabricants de grigris (du moins à Niankoré, Mara et Biba ils déclarent unanimement ne pas en avoir). Il y a bien des grigris, mais chacun les fabrique pour soi ou bien on se contente de ceux qu'on a hérités de ces ancêtres.

Parmi ces grigris citons des morceaux de grosse liane en bois durci (donzé) qui servent à attraper le gibier dans la brousse, de grosses pierres soutenues par un fil de coton (?), les dasiri à l'usage des chefs de village (zoumouné ou zoumouni ou zoumoundé) pour fermer la bouche aux insolents. Le chef de village leur dit : Attention ! et, s'ils continuent à crier contre lui, ils meurent dans l'année.

Pour les médicaments proprement dits, chacun, chaque famille a les siens, transmis traditionnellement, et soigne ses malades elle-même.

S'il n'y a pas de fabricants de grigris, au moins dans les villages cités, il y a des gens qui font tomber la pluie. On les appelle lagnininas. Ils offrent des sacrifices à leurs grigris et amènent l'eau du ciel à tomber.

S'il y a longtemps que la chose ne s'est produite, le chef de village va trouver le lagninina pour lui demander pardon. Les griots qu'il a amenés avec lui chantent les louanges du lagninina. Celui-ci se déclare satisfait et va faire pleuvoir. Il y a une habitation de lagninina par village.

Les lagnininas sont aussi des sourciers. Ils disent où il faut creuser pour trouver de l'eau et installer de bons puits. Ils sont d'ailleurs censés se promener dans ceux-ci et sous terre.

Quelquefois aussi pour faire tomber l'eau, le chef du village offre lui-même un sacrifice aux Ancêtres (un mouton, du dolo).

Chez nos Samos il y a beaucoup de sorciers, hommes et femmes. Cependant ils n'ont pas d'anti-sorciers. Il y a pourtant un grigri appelé kouankouanhi dont le chef s'appelle tiara. Ce grigri est placé dans un bois sacré auprès du village et le tiara le sert. Celui-ci, une fois par an, pendant la saison froide, pénètre la nuit dans le bois sacré avec une lampe (1). Il va offrir un sacrifice au kouankouanhi avec un poulet et du dolo. Les sorciers qui voient la lumière de cette lampe meurent.

Avant les Français on reconnaissait les morts par sorcellerie à un décès inopiné frappant quelqu'un de jeune. On prenait alors les objets portés par le défunt (bracelets en cuir, grigris de poitrine, colliers de cuir entourant le cou) et on les lavait dans du dolo qu'on faisait boire à toutes les personnes du village de gré ou de force. Le sorcier qui avait causé la mort mourait à son tour.

Dans certains villages c'étaient les jeunes gens qui assommaient les sorciers à coups de bâton. Il n'y avait pas d'épreuves, pas de contre-sorciers.

Pour les sociétés religieuses secrètes, nous retrouvons à Niankoré cette association du *sougou* que nous avons vue exister à Lankoy, chez les Samos du Yatenga. Elle existait à Niankoré avant l'arrivée des Français et y existe peut-être encore. Il paraît qu'on offrait au sougou des jeunes gens et des jeunes filles. Ce dieu les mangeait et renvoyait par la digestion de petits garçons et de petites filles qu'on ramenait dans le village. Quelles réalités cette façon de présenter les choses couvrait-elle? C'est ce qu'il m'est impossible de dire en l'absence de renseignements plus détaillés.

Pour la circoncision et l'excision, on circoncit les garçons tout petits et on excise les filles tout petites. Il n'y a pas de fête ni pour la circoncision ni pour l'excision. C'est chaque chef d'habitation qui s'occupe de la circoncision des garçons de son habitation et pour les filles c'est une vieille femme qui les excise dans tout le village. En tout cas on fait des sacrifices aux Ancêtres à l'occasion de ces pratiques.

En terminant disons qu'ici et là la présence des Markas, Dafis, etc. a amené des infiltrations musulmanes :

Ainsi je note (à Mara) : « Nos gens n'ont pas d'affaires de sorcellerie. Quand quelqu'un de jeune meurt inopinément, ils n'attribuent pas sa mort aux sorciers ». Ceci est une influence musulmane sans contestation possible.

De même (à Biba) : « Pour les affaires de sorcellerie il n'y en a pas, car ils n'ont pas de sorciers chez eux. Quand un jeune homme ou une jeune femme meurent d'une façon subite, les parents vont consulter le devin qui regarde dans une calebasse remplie d'eau et dit ce qu'il voit : ce sont les Esprits des

---

(1) Lampe indigène, composée d'un morceau de canari où on a mis du beurre de karité où trempe un chiffon de cotonnade.

Ancêtres qui ont fait mourir la personne parce qu'on ne leur offre pas assez de sacrifices. Alors on s'empresse d'offrir un sacrifice aux Ancêtres pour apaiser leur colère ».

De même (toujours à Biba) : « Quand l'eau ne tombe pas ils ne font pas de sacrifices, mais le village se réunit et l'on donne du mil aux dioulas qui passent, comme charité. Cela fait tomber la pluie, toujours ». C'est la façon dont les Markas et les Dafis musulmans essayent de faire tomber la pluie. Ils font des charités pour qu'Allah les exauce. Les Samos de Biba ont pris leur manière. Donc nouvelle infiltration musulmane

Je note encore (à Biba) : « Ici ils ne font plus de sacrifices aux arbres, bois sacrés, rochers, collines, cailloux, etc. Ils n'en font plus ni à la Terre, ni à la Brousse, ni au Ciel. En revanche ils offrent des sacrifices à Allah (ce qui est du reste un barbarisme religieux, Allah justement ne voulant pas de sacrifices). Ils lui offrent au commencement de l'année un poulet blanc, sous prétexte qu'il est blanc lui-même. De même ils prétendent qu'il demeure à l'est. »

Enfin je note encore (à Mara cette fois) : « Ils fêtent aussi le Ramadan et la Tabasqui, deux fêtes musulmanes. Ils dansent et boivent du dolo (quoique ce soit défendu par le Koran) ». Ils les conjuguent du reste avec leurs fêtes fétichistes.

Comme on le voit, on rencontre quelques influences musulmanes au point de vue religieux parmi ces fétichistes, comme nous avons rencontré des influences musulmanes parmi eux au point de vue politique.

Disons en terminant que cette rapide étude sur la religion des Samos de Dédougou, comme celle de la fin du livre XII sur celle des Samos du Yatenga, ne prétend pas à autre chose qu'à donner quelques indications et ne constitue guère qu'une ébauche.

APPENDICE N° XVIII

Vocabulaire samo.

Je donne ici un vocabulaire samo comprenant :
1° Les noms de nombre.
2° Les parties du corps.
3° Les végétaux.
4° Les animaux sauvages.
5° Les animaux domestiques.
6° La culture.
7° Un vocabulaire général comprenant tous les mots ne figurant pas dans les parties précédentes.

Ce vocabulaire, dans sa totalité, comprend environ 2.500 mots.

J'ai distingué entre le Samo du Yatenga et le Samo de Dédougou. Il semble en effet que la langue du Samorodougou du nord (cercles de Dédougou, Ouahigouya, Bandiagara) offre au moins deux dialectes assez bien marqués comme on le verra ci-dessous.

Où commencent et où finissent ces dialectes ? Je n'en sais rien. Il est peu probable que la frontière administrative actuelle qui sépare les Samos du Yatenga de ceux de Dédougou coïncide exactement avec la frontière linguistique des deux dialectes sus-visés.

J'ai noté le mot bambara en face de chaque mot samo comme dans le vocabulaire foulsé j'ai noté le mot mossi en face de chaque mot nioniossé. La langue samo appartenant au groupe des langues mandé, le terme bambara sert en quelque sorte de répondant au mot samo.

J'ajouterai que le pluriel se forme en samo comme en bambara en ajoutant le suffixe *ou* au mot au singulier. Ainsi chien se dit au singulier guiné en samo. Des chiens se disent guiné-ou ou, plus élégamment, guinénou (De même en bambara oulou fait ouloulou au pluriel). Homme, sé en samo, fait senlou au pluriel (en bambara moro fait morolou). Canari, doundolo en samo, fait doundoloou ou mieux doundoloni au pluriel (en bambara : daga-dagaou). Arbre — ida en samo — fait idanou au pluriel (en bambara iri, irilou). Un bracelet en cuivre, sila, fait silanou (en bambara : sira, siraou). Enfin, cheval, sonso, fait sonsonou au pluriel (en bambara so et solou).

Comme on le voit, c'est le suffixe *ou* qui donne le pluriel, accompagné d'une consonne d'appui qui rend le mot plus élégant : idanou au lieu de idaou, sonsonou au lieu de sonsoou, etc.

Ajoutons que mon vocabulaire a été pris par interrogations, c'est-à-dire comporte un certain nombre de chances d'erreur (confusions, malentendus entre l'interrogateur et les interrogés par le canal des interprètes). Je ne le donne donc pas comme absolu, parfait et je suis persuadé au contraire que des erreurs ont dû s'y glisser çà et là. Cependant il y a beaucoup de termes, surtout les usuels, qui, ayant fait l'objet d'interrogations diverses, peuvent être tenus comme absolument exacts.

Voici du reste ce vocabulaire :

Vocabulaire Français-Samo

NOMS DE NOMBRE

Français	Bambara	Samo du Yatenga	Samo de Dédougou (1)
1	Kélé.	Donéné.	Tiolané.
2	Fila.	Foura.	Para.
3	Saba.	Kako.	Kako.
4	Nani.	Siri (ou sidi).	Tisi.
5	Dourou.	Sòrò.	Sòrò.
6	Ouoro.	Soro.	Soro.
7	Ouoronfila.	Sofara (ou Sofoura)	Sopara.
8	Ségui.	Tiguisi.	Tiguisi.
9	Konando.	Lôsé (ou Lòsi).	Montiolo.
10	Tan.	Bou.	Bou.
11	Tanikélé.	Boukoundonéné.	Boulétiolané.
12	Tanifoula.	Boukounfoura.	Boulépara.
13	Tanisaba.	Boukounkako.	Boulékako.
14	Taninani.	Boukounsiri.	Boulétisi.
15	Tanidourou.	Boukounsòrò.	Boulésòrò.
16	Taniouoro.	Boukounsoro	Boulésoro.
17	Taniouoronfila.	Boukounsofara.	Boulésopara.
18	Taniségui.	Boukountiguisi.	Boulétiguisi.
19	Tanikonando.	Boukounlosi.	Tiolonbarébouro.
20	Mougan.	Boro.	Bouro.
21	Mouganikélé.		Bouréentiolané.
22	Mouganifila.		Bouréempara.
23	Mouganisaba.		Bouréenkako.
24	Mouganinani.		Bouréentisi.
25	Mougandourou.		Bouréensaùrò.
26	Mouganouoro.		Bouréensoro.
27	Mouganouoronoula		Bouréensopara.
28	Mouganiségui.		Bouréentiguisi.
29	Mouganikonando.		Tiolonbarébouao.
30	Mougantan.	Boa (ou baa).	Bouao.
31	Mougountanikélé.		Bouayéyentiolani.
32	Mougantanifila.		Bouayéenpara.
33	Mougantanisaba.		Bouayéenkako.
34	Mougantaninani.		Bouayéentisi.
35	Mougantanidourou		Bouayéensaùrò.
36	Mougantaniouoro.		Bouayéensoro.
37	Mougantani-ouo-ronfila.		Bouayéensopara.
38	Mougantaniségui.		Bouayéentiguisi.
39	Mougantanikonando.		Tiolombanébousi.
40	Débé (ou tannani).		Bousi.
41	Débénikélé.		Bousientiolané.
42	Débénifila		Bousiempara.
43	Débénisaba.		Bousienkako.
44	Débéninani.		Bousientisi.
45	Débendourou.		Bousiensòrò.
46	Débéniouoro.		Bousiensoro.
47	Débéni-ouoronfila.		Bousiensofara.
48	Debéniségui.		Bousientiguisi.

(1) Village de Niankoré.

APPENDICE XVIII 701

Français	Bambara	Samo du Yatenya	Samo de Dédougou.
49	Débénikonando.		Tiolombanébousoro.
50	Débénitan.		Bousoro.
51	Débénitanikélé.		Bousoroyentiolané.
52	Débénitanifila.		Bousoroyenpara.
53	Débénitanisaba.		Bousoroyenkako.
54	Débénitaninani.		Bousoroyentisi.
55	Débénitanidourou.		Bousoroyensaurò.
56	Débénitani-ouoro.		Bousoroyensoro.
57	Débentani-ouoronfila.		Bousoroyensopara.
58	Débentaniségui.		Bousoroyentiguisi.
59	Débentanikouando.		Tiolombanémentié.
60	Maniguémé (ou tan woro).		Mentié (ou mankénié).
61	Maniguémenkélé.		Mentiéentiolané.
62	Maniguémenfila.		Mentiéenpara.
63	Maniguémensaba.		Mentiéenkako.
64	Maniguémennani.		Mentiéentisi.
65	Maniguémendourou.		Mentiéensaùrò.
66	Maniguémenouoro.		Mentiéensoro.
67	Maniguémen-ouoronfila.		Mentiéensopara.
68	Maniguémenségui.		Mentiéentiguisi.
69	Maniguéémenkonando.		Tiolombanéboubané.
70	Maniguémentan.		Boubané.
71	Maniguémentanikélé.		Boubanéentiolané.
72	Maniguémentanifila.		Boubanéempara.
73	Maniguémentanisaba.		Boubanéemkako.
74	Maniguémentaninani.		Boubanéemtisi.
75	Maniguémentandourou.		Boubanéemsaurò.
76	Maniguémentaniouoro.		Boubanéemsoro.
77	Maniguémentaniouoronfila.		Boubanéemsopara.
78	Maniguémentaniségui.		Boubanéemtiguisi.
79	Maniguémentanikonando.		Tiolombanéparé.
80	Kémé.		Paré (ou pabéré).
81	Kéménikélé.		Paréentiolani.
82	Kéménifila.		Paréempara.
83	Kéménisaba.		Paréemkako.
84	Kéméninani.		Paréentisi.
85	Kéménidourou.		Peréensòrò.
86	Kéméni-ouoro.		Paréensoro.
87	Kéméni-ouoronfila.		Paréensopara.
88	Kéméniségui.		Paréentiguisi.
89	Kéménikonando.		Tiolombanéparébou.

APPENDICE XVIII

Français	Bambara	Samo du Yatenga	Samo de Dédougou
90	Kéménitan.		Parébou (ou pabérébou).
91	Kéménitanikélé.		Parébouletiolané.
92	Kéménitanifila.		Paréboulépara.
93	Kéménitanisaba.		Parébouleékako.
94	Kéménitaninani.		Parébouletisi.
95	Kéménitandourou.		Parébouléesaurò.
96	Kéménitani-ouoro.		Paréboulésoro.
97	Kéménitani-ouoronfila.		Parébouléesopara.
98	Kéménitaniségui.		Paréboulétiguisi.
99	Kéménitanikonando.		Tiolombanéparébouro.
100	Kéménimougan.		Parébouro.
mille	Ba.		Poli.
1.000	Bakélé.		Politiolo (ou pitiolo)
2.000	Bafila.		Polipara.
3.000	Basaba.		Polikako.
4.000	Banani.		Politisi.
5.000	Badourou.		Polisaurò.
6.000	Ba-ouoro.		Polisoro.
7.000	Ba-ouoronfila.		Polisopara.
8.000	Ba-ségui.		Politiguisi.
9.000	Ba-konando.		Polimontiolo.
10.000	Batan.		Polibou.
million	Oulou.		Polipitiolo.
1 million	Ouloukélé.		Polipitiolo.

NOMBRES ORDINAUX

Français	Bambara	Samo du Yatenga	Samo de Dédougou
1er	Kéléna.		Donénemfo.
2e	Filana.		Fouramfo.
3e	Sabana.		Kakamfo.
4e	Nanina.		Sirimfo (ou sidimfo).
5e	Dourouna.		Sòròmfo.
6e	Ouorona.		Soromfo.
7e	Ouoronfilana.		Sofarafo (ou Sofourafo)
8e	Séguéna.		Tiguisimfo.
9e	Konantona.		Sòsifo (ou Lòsifo).
10e	Tana.		Boumfo.
11e	Tanikéléna.		Boukoundonénemfo.
12e	Tanifilana.		Boukòunfouramfo.
13e	Tanisabana.		Boukounkakomfo.
14e	Taninanina.		Boukounsirifo.
15e	Tanidourouna.		Boukounsòròfo.
16e	Taniworona.		Boukounsorofo.
17e	Taniworonfilana.		Boukounsofaramfo.
18e	Taniséguéna.		Boukountiguisimfo.
19e	Tanikonantona.		Boukounsòsifo.
20e	Mougana.		Boromfo.
30e	Mougantana tan sabana.		Boamfo.

APPENDICE XVIII 703

Français	Bambara	Samo du Yatenga	Samo de Dédougou
40ᵉ	Débéna.		Bousimfo.
50ᵉ	Débénitanna.		Bousoromfo.
60ᵉ	Maniguéména.		Mentiemfo.
70ᵉ	Maniguémentanna.		Boubanemfo.
80ᵉ	Kéména (tanséguina).		Paréfo (ou pabéroufo).
90ᵉ	Kéménitanna.		Paréboumfo (ou pabéréboumfo).
100ᵉ	Kéménimouganna.		Parébouromfo.

PARTIES DU CORPS

Français	Bambara	Samo du Yatenga	Samo de Dédougou
Aine.	Tougouyoro.	Zi.	
Aisselle.	Galaga.	Kouléoni.	
Anus.	Bouda.	Bouyéré.	
Bouche.	Da.	Lé.	Lé.
Boyaux.	Nougou.	Néné.	
Bras.	Bolo.	Gan.	Dian.
Barbe.	Bonzi. Boinsi.		Lékoloka.
Cadavre.	Sou.	Guiri.	
Cérumen.	Touloubo.	Tobo.	
Cerveau.	Kountéma Kouné.	Ladabiri.	Kompélé.
Cervelle.	Kounné.	Koumbéré.	
Chair.	Sogo.	Sini.	Sini.
Corps.	Fari. Faté. Farikolo	Mé.	Mé.
Cou.	Kan.	Ourou.	Bourou.
Cuisse.	Ouro.	Ouaara.	Gouana.
Cul.	Diou.	Boukoundou.	
Crâne.	Kongolo.		Ninni.
Cheveux.	Kounsigui.		Ninka.
Dent.	Gui.	So.	
Derrière.	Diou.	Boukoundou.	
Doigt.	Bolokoni.	Ouénémané.	Mosihané.
Dos.	Ko.	Doundougou.	
Entrailles.	Nougou.	Noémi.	
Epaule.	Kaman. Kami.	Gasa.	Kouéré.
Estomac.	Konobara.	Nò.	
Excrément.	Bò.	Bò.	
Face.	Niata.	Ayouono.	
Fesse.	Dioukoudou.	Boukoundou.	
Figure.	Nianda.	Yavono.	
Flanc.	Bogoré.	Koubé.	
Foie.	Bigné.	Foro.	
Front.	Té.	Yaga.	
Gorge.	Kaukourou.	Zorokollongo.	
Griffe.	Soni.	Ouakouya.	Moukouïhoro.
Gueule.	Da.	Lé.	
Homme.	Moro.	Sé.	Mana.
Intestin.	Nougou.	Nòné.	
Jambe.	Sanakolo. Si.	Ouara.	Passa.
Joue.	Kengué. Dafourou. Dafouroukou.	Guiri.	Para.
Langue.	Né.	Lellélé.	Nini.

APPENDICE XVIII

Français	Bambara	Samo du Yatenga	Samo de Dédougou
Lèvre.	Dagolo. Da-oulo	Léki.	Léti.
Main.	Bolo. Boro.	Ousane.	Moné.
Mâle.	Ké.	Goula.	
Mamelle.	Si.	Nion.	
Menton.	Bombo. Bomo.	Létara.	Lékolo.
Moelle.	Sémé.	Sembé.	
Molaire.	Taradiou.	Sogoula.	
Mollet.	Dolondolo.	Pasa.	
Narine.	B. noun dégué M. noun foulé.	Indéhéré.	
Nez.	Nou. Noun.	Indé.	Niné.
Nombril.	Bara.	Boundi.	
Œil.	Nia ou nié.	Yéré.	Yéré.
Omoplate.	Gamakou.	Gankabou.	
Ongle.	Soni. Sonifara.	Ousamkouya.	Moukoui-horo. Monkouyoro.
Oreille.	Tolo.	Tolo.	Toro.
Orteil.	Sin kononi.	Ouanéné.	
Os.	Kolo.	Yoro. Ouéré.	Yourou.
Paume.	Bolokono.	Ouassaono.	
Paupière.	Niaouolo.	Yéki.	
Peau.	Golo.		Ki.
Pied.	Sé.	Ouara.	Gouané.
Poing.	Boulou kourou.	Oussammolo.	
Poitrine.	Koro. Disi.	Béango.	Foro.
Pouce.	Bolokonikoumba.	Oussaïngouléni.	
Queue.	Kou.	Koso.	
Plante des pieds.	Sin tégé.	Ouaoné.	
Respiration.	Ni.	Sousané	
Respirer.	Ni lakıli.	Sousan.	
Rotule.	Tambakolo Koumbaramkolo.	Ouokolo.	
Sabot.	Toron.	Ouafourou.	
Salive.	Da gui.	Lésoso.	
Sang.	Dioli.	Niama.	Ma.
Sein.	Si.	Nio.	
Souffler.	Fè.	Pépé.	
Sourcil.	Niakoumkoumba si	Yégandaka.	
Sourd.	Tologuété.	Tengué.	
Squelette.	Kolo.	Ouéré.	
Sueur.	Vosigui.	Kakiéra.	
Talon.	Sin tontoni.	Boutoumbéné.	
Tempe.	Tama.		Tobouara.
Tête.	Koun.	Ini.	
Tibia.	Gélenkala.	Sorolawéré.	
Toison.	Sara si.	Siikan.	
Tresse (de cheveux)	Tourou.	Guéda.	
Tresser(les cheveux)	Torouké.	Guédazéné.	
Tripes.	Nougou.	Nohonné.	
Tympan.	B. Touloudé. M. toulou din.	Tougoudéné.	
Ulcère.	Diéli. Dioli.	Nillé.	
Urine.	Niéguéné. Sougouna.	Boumbouli.	
Uriner.	Niéguénéké. Sougounaké.	Boumbô.	
Venin.	Baga.	Segué.	

Français	Bambara	Samo du Yatenga	Samo de Dédougou
Vessie.	Sougouna bara.	Bontoné.	
Viande.	B. Sogo. M. soubou.	Sini.	
Visage.	Niada.	Yémono.	
Ventre.	Kono.	No.	Bounou.
Voix.	Kan.	Péné.	
Verge.	Foro.	Goro.	
Vagin.	M'byé.	Goné.	

VÉGÉTAUX

Français	Bambara	Samo du Yatenga	Samo de Dédougou
Arbre.	Diri. Iri.	Ida.	N'da.
Acacia albida.	Balansan.	Saudo (1).	
Bambou.	Bò.	Sanéné.	
Baobab.	Sira.	Kondo.	Kònn.
Bois, forêt.	Tou. Touba.	Sangantané.	Sangadou.
Branche.	Iribolo.	Dagolé. Goulé.	
Brousse.	Kongho.	Don.	Douï.
Caoutchouc.	Mana.	Go.	
Champignon.	Finda.	Toro.	
Ebène.	Kololo.	Kirinkinidé.	
Ecorce.	Iri fara.	Afounni.	
Epine.	Gnoni.	Lélé.	
Feuille.	Foura.	Laré. Lougou.	
Figuier africain.	N'toro.	Goulou.	Goro.
Fleur.	Féré.	Dâbou.	
Forêt.	Touba.	Sanga.	
Fromager.	Banan.	Diansé.	Bana.
Fausse liane à caoutchouc.	N'saba.		Maré.
Fruit.	Iridé.	Danné. Idanné.	
Haie.	Sansan.	Sanga.	
Herbe.	Bi.	Bourou.	
Karité.	Sé.	Korou. Kourou.	Kourou.
Kola.	Ouoro.	Gouré.	
Manguier.	Manguié.	Manotama.	
Nénuphar.	N'gokou.	Bayinni.	
Néré.	Néré.	Karé.	Konéré.
N'pékou.	N'pékou.	N'to.	N'to.
N'kouna.	N'kouna.	Soro.	Soro.
Paille.	Bi.	Bourou.	
Pépin.	Kisé.	Né.	
Racine.	Guili. Diridli.	Ouara. Dagouané.	
Rameau.	Iribolomiséni.	Idagouléméséni.	
Rônier.	Sébé.	Sébé.	Sébé.
Rosée.	Kombi.	Piri.	
Sève.	Irignadi.	Ouilempé.	
Tamarinier.	N'tomi.	Kimbou.	Tion.
Tronc.	Iridiou.	Idabourou. Dabaré.	

(1) Prononcez Sann'do.

APPENDICE XVIII

ANIMAUX SAUVAGES

Français	Bambara	Samo du Yatenga	Samo de Dédougou
Abeille.	Dikésé. Likésé. Didé.	Zoanné. Zoro.	Zoro.
Aigle.	Bo.	Koro.	
Aiglon.	Bondé.	Koromani.	
Aigrette.	Konangué.	Banifou.	
Araignée.	N'talé.	Kougourkourou.	
Autruche.	Kosogoni.	Banda.	Damba.
Buffle.			Gori.
Biche-cochon.			Takiéni.
Caméléon.	Nosi.	Kangourou.	
Chacal.	Kongho-oulou.	Dounguini.	Doguini.
Chat-tigre.	Diakouma-wara.	Douangoné.	
Chauve-souris.	Firifirin.	Pimpirini.	
Chenille.	Toumbou.	Nioumbouni.	
Chouette.	Bimbi.	Zigagui.	
Cigogne.	Banankono.	Guirinsana.	
Corbeau.	Ganga.	Kouankouan.	
Crapaud.	N'tori.	Zango.	
Crocodile.	Bama.	Bansa ou bassa.	Bassa.
Chauve-souris.	Tònso.		Fonni.
Défense (d'éléphant)	Samagni.	Benso.	
Écaille.	Fara.	Afounni.	
Écureuil	Kéré.	Doummi. Saro.	
Escargot.	Kerkété.	Bidoukolo.	
Éléphant.	Sama.	Bé.	Ba (ou m'bé).
Girafe.	Konghoniamé.	Douyougoundé.	
Grenouille.	N'tori niguéné.	Goueï.	
Grillon.	N'kéré.	Bendé.	
Guêpe.	Doudoli.	Ouiniguemsoré.	
Gazelle.	Siné.		Birgo.
Hérisson.	Diougouni.	Koulonkalani.	
Hibou.	Digò.	Kolo.	
Hippopotame.	Mali.	Yemdé.	
Hirondelle.	Naranarauin.	Féni.	
Hyène.	Sourgou.	Kouroufouni. Koufini.	Kouloufouni.
Iguane (d'eau).	Kana.		Zaré.
Iguane (de terre).	Koro.	Baciri.	Bieiré.
Koba.	Dagé.		Lougou.
Lièvre.	Sonsan.	Féni.	Fouréni.
Lion.	Diara. Ouaraba.	Niakandé.	Yérékané ou Yerkané.
Léopard.	Ouaraninkala.	Goïré.	Yerkanséguéné.
Loutre.	Guitooulou.	Baséguini.	
Margouillat.	Basa.	Zô.	
Mouche.	Glé. Dimoko. Limoro.	Nioumouni.	Noumonné.
Magnan (fourmi).	Kaïnkaïn.	Pépi.	
Fourmilière de magnan.	Kaïnkaïnso.	Pépiéré.	
Marabout.	Dioumé.	Kouliadogo (1).	

(1) Mot mossi.

APPENDICE XVIII

Français	Bambara	Samo du Yatenga	Samo de Dédougou
Moustique.	Soso.	Gondo.	
Mulot.	Konghonina.	Donkéné.	
Oiseau.	Kono.	Fopéré.	Bané.
Papillon.	Pérempéré	Niaoulini.	
Perdrix.	Ouolo.	Doulané.	
Perdreau.	Ouolodé.	Doulamané.	
Pigeon.	N'tonga.	Gamfofougou.	
Pintade.	Kami.	Gan.	Ga.
Poisson.	Diégué.	Kòmi. Péré.	Kòmi.
Poisson-chien.	Oulou-Diégué.		Guinkòmi.
Poisson (petit).	N'ténéni.		Kòmimiséma.
Porc-épic.	Bala.	Boussou.	
Pou (de tête).	Nimi.	Koronkoï.	
Pou (de corps).	Karanga.	Zoankorankè.	
Punaise.	Dabi.	Kongolo.	
Python.	Minian.	Mimara.	Mémaré.
Quadrupède.	Sogo.	Donfo.	
Rat (d'eau).	Koniné.		Tatienné.
Rat de Gambie.	Toto.	Gueuri.	
Sanglier.	Lè.	Bouréni.	Béréni.
Sangsue.	Nori.	Bésagoulani.	
Sarcelle.	Bouroudion.	Konkoroni.	
Sauterelle.	Tou.	Bissi.	Niébissé.
Scorpion.	Bounténi. Koson.	Kimbou.	
Sénégali.	Défourou.	Bamanta.	
Serpent.	Sa.	Méné ou Mini.	Méné.
Silure.	Bòlò.		Moumon.
Singe rouge.	Soula.	Karo.	Karé.
Singe vert.	Soulafi.	Kaanki.	Kaki.
Singe cynocéphale.	Gon.	Kakikolo.	Kaarta.
Souris.	Nina.	Kéné.	Tienné.
Serpent cracheur.	N'gorongo.	Zoumani.	Korongoso. Menkiné.
Taon.	Kamankété.	Bensoro.	
Termite.	Barabara.	Bémon.	
Termitière.	Ton.	Béré.	
Tortue.	Tago.	Koloumbé.	
Tourterelle.	Touba.	Féfiri.	
Trompe (d'éléphant)	Samabolo. Samanoun.	Békoussané.	
Vautour.	Douga.	Douga.	
Vermine.	B. nimi. M. gnamou	Koronkoï.	
Ver.	Toumbou.	Nioumouni.	

ANIMAUX DOMESTIQUES

Français	Bambara	Samo du Yatenga	Samo de Dédougou
Ane.	M'fali.	Doundouni.	Doundouni.
Anesse.	M'falimousso.	Doundounda.	Doundounda.
Anon.	M'falidé.	Doundoumané.	

APPENDICE XVIII

Français	Bambara	Samo du Yatenga	Samo de Dédougou
Bœuf (en général).	Misi.	Dourou.	Déré (ou délé).
Taureau.	Misiké.	Logoula.	Dégoula.
Bœuf (châtré).			Dégoulabombaré.
Vache.	Misimousso.	Donda.	Déda.
Veau.	Misidé.	Douloumané.	Dénini.
Génisse.	Misiguiré.	Lounlourou.	Déninda.
Mouton.	Sara.	Siri.	Siri.
Brebis.	Saramousso.	Siida.	Sirida.
Bélier	Saradigui.		Ségoula.
Agneau.	Saradé.	Simané.	
Bouc.	Bakoro.		Bontion.
Chèvre.	Ba.		Bourou.
Chevreau.	Badi.	Bounini.	
Chien.	Oulou.	Guiné. Guini.	Guiné. Guini.
Cheval.	So.	Sonso.	Sourou.
Jument.	Somousso.	Sonsoda.	Sounda.
Poulain.	Sodé.	Sonsomané.	Sounnini.
Pouliche.	Sodémousso	Sonsclourou.	Soundaniani.
Canard.	Tonkono.	Sébé.	Sébé.
Chat.	Diakouma.	Nangoné.	Noné.
Chameau.	Noromé.	Yougoumdé.	
Mulet.	M'faliba.	Bonhouèga.	Dondousourou.
Poule.	Sissé.	Kolo.	Koro.
Coq.	Dono.	Kogoula (ou kobola)	Kossa.
Chapon.	Sissékobolé.	Périhin.	
Poussin.	Sissédé.	Kouanéné.	
Volaille.	Sisséou.	Kolone.	

CULTURE

Français	Bambara	Samo du Yatenga	Samo de Dédougou
Ail.	Toubaboudiaba.	Nansarabasila.	
Arachide.	Tiga.	Mantiané.	Mantiani.
Courge.	Guié.	Guiéni.	Dienné.
Chanvre.	Dalé.	Timbéré.	Bansani.
Case à mil.	Bondo.	Tongo (ou tomo).	
Coton.	Koroni.	Kouandé. Kouané.	Kòné.
Cotonnier.	Koroni-iri.	Kouandenda.	
Cultivateur.	Sénékéla.	Diénambouli.	
Cultiver.	Sénéké.	Diéli.	
Culture.	Séné.	Diénabo	
Daba.	Daba.	Kàna.	Guira.
Daba (petit).	Daba tyéni.	Kànanian.	
Défrichement	Forokoura.	Sangadié.	
Défricher.	Forokouratégué.	Sangadié.	
Faucille.	Ouorto.	Ouorso.	
Fonio.	Fini.		Pini.
Gombaud.	Gouan.		Kòni.
Grain.	Késé.	Ahiéné. Ouéné.	
Hache.	Guélé.	Saga.	Sou.

APPENDICE XVIII

Français	Bambara	Samo du Yatenga	Samo de Dédougou
Haricot.	Soso.	N'Ziré ou N'ziri.	
Igname.	Kou.	Mansé.	
Indigo.	Gara.	Gara.	Gara.
Jachère.	Fouroukoro.	Gourampa.	
Jarre.	Dagaba.	Dohangoulo.	
Légume.	Niougou.	Dou.	
Maïs.	Kaba.	Kognian.	Kônian.
Mil.	Nion.	N'gué Nié.	N'gué.
Millet.	Sanio.		Ménani.
Mil noir.	Nionifing.		Niofouti.
Mil sucré.	Nioninkélé.		Kakaréni.
Sorgho blanc.	Kéningué.		Béléko (ou bimbiri)
Oseille.	Da.	Koumbéré. Kossongo.	Féré.
Oignon.	Diaba.		Diaba.
Piment.	Foronto.		Karanné.
Pois. Arachide.	Tiganinkourou.	Youlountané.	N'zourou.
Récolter (le mil).	Niotégué.	Kané.	
Riz.	Malo.	Méla.	Méla.
Rizière.	Malo fara.	Mouibasa.	
Sarclage.	Sénéli.	Diéango.	
Sarcler.	Ioto sénéké.	Diéné.	
Semence.	Si.	Dongo.	
Semer.	La.	Dou.	
Sésame.	Béné.	Yésini.	Fonnian.
Saison des pluies.	Sanguitouma.	Bohéné.	
Tabac.	Taba.	Taba.	Taba.
Tige (de mil).	Niokala.	Oupara.	
Tomate.	N'Koyo.	Foulou.	

Vocabulaire général (1)

Français	Bambara	Samo du Yatenga	Samo de Dédougou
Abattre.	Boyé.	Lobi.	
Aboiement.	Wonwoli.	Oupéré.	
Abondant.	Boumba.	Zangoulo.	
Abreuver.	Lammi.	Tamouni.	
Abreuvoir.	Minyoro.	Kolia.	
Accident.	Koyeusoro.	Ibamayé.	
Accroc.	Yafara.	Atoré.	
Acheter.	San.	Péré.	
Acre.	Koumouni.	Pépéhin.	
Adolescent.	Bilakoro.	Gounini.	
Adroit.	Télébembé.	Agongoulo.	
Adultère.	Dadioyakéla.	Zari.	
Adversaire.	Zougou.	Nésoro.	
Affamé.	Kongona.	Bora.	

(1) Sauf les mots contenus dans les vocabulaires précédents.

Français	Bambara	Samo du Yatenga	Samo de Dédougou
Affreux.	Kodougou.	Zaro.	
Age.	Insan.	Lé.	
Agé.	Koro.	Aso.	
Agonie.	Nitatouma.	Iendiyan	
Agonisant.	Sara.	Agan.	
Agréable.	Di.	Ansouso.	
Agresseur.	Ayamfolo.	Abébabinzéné.	
Aide.	Démali.	Madiéma.	
Aider.	Déma.	Adiéma.	
Aïeule.	Mamamousso.	M'bo.	
Aiguille.	Mésili.	Kalla.	
Aiguiser.	Dadia.	Léla.	
Aile.	Kamangou.	Gapaba	
Ailleurs.	Fando. Yoroguéré.	Fouramansé.	
Aimable.	Abéson.	Sisobalé.	
Aimer.	Kanou.	Kouaamani.	
Air.	Fogno.	Péré.	
Aller.	Tara.	Wata.	
Allumer.	Mana.	Kéléda.	
Allumette.	Tarala	Nansara kékané.	
Amadou.	Foudé.	Bansouloakéré.	
Ame (supérieure).	Dia.	Nini.	
Ame (inférieure).	Ni.	Schenini.	
Amer.	Koumou.	Pépian.	
Ami.	N'téri. Gni.	Matiana. Tangoni. Mommansiséré.	
Amitié.	Tériya.	Tangoniné.	
Amour.	Kaninda.	Mansanné.	
Amoureux.	Abemfé.	Manakoré.	
Amusant.	Kadigné.	Yakakouamani.	
Amusement.	Obidognon.	Maudamasoussou.	
Ancêtres.	Bembakoro. Soukoro.	Guigouléni.	Guirinno. Guirindo
Ancien.	Koro.	So.	
Anier.	M'faliguéna.	Bougoudéni.	
Anneau.	Boukourounennegué.	Ousamakaré.	
Apercevoir.	Yorodian.	Fouransa.	
Aplatir.	Dalakaniara.	Zendakouné.	
Appeler.	Akili.	Abiri.	
Apprendre.	Bakara.	Dadaéné.	
Apprivoiser.	Bamina.	Makoun.	
Arc.	Kala.	San.	
Arc-en-ciel.	Kabanoro.	Ouaoro.	
Argent.	Ouari.	Dikiwaré. Ouansourfou (1).	
Argile.	Boro.	Gui.	
Armée.	Kélé.	Zaré.	
Arracher.	Abo.	Abo.	
Arroser.	Alami.	Dami.	
Assassin.	Morofarala.	Diédiéli.	
Assemblée.	Barou.	Sindakouyé.	
Association.	Karé.	Yaka.	
Assommer.	Abouga.	Aguié.	
Attendre.	N'kono.	Madouma.	

(1) Mot mossi.

APPENDICE XVIII 711

Français	Bambara	Samo du Yatenga	Samo de Dédougou
Aujourd'hui.	Bi.	Pili.	Piri.
Auprès.	Dafé.	Lé.	
Avancer.	Taranien.	Taïlé.	
Avant.	Gna.	Ilé.	
Avare.	Kagélé.	Ousaninguiri.	
Avoir.	Afélé.	Lama.	
Bague.	Bouroukononnégué	Oussammansila.	
Baguette.	Bissa.	Zamo.	
Bailler.	Kobakaba.	Yasou.	
Banc.	Siguila.	Ganfo.	
Bandage.	Tougouda.	Salanda.	
Bander.	Sidi.	Ahiré.	
Bandit.	Taguéré.	Kourouzemmaobi.	
Barrière.	Diésa.	Sangané.	
Bataille.	Kélé.	Zaré.	
Bateau.	Kouloun. Kounou.	Korologo. Kounou.	
Bâton.	Biri.	Bansala.	
Battre.	Agosi.	Aguié.	
Bavarder.	Koumakiéma.	Tenengoro.	
Beau.	Akagni.	Ambono. Mambono	
Beaucoup.	Kabo.	Amono.	
Beau-père.	Birinké.	Diéogoni.	
Bec.	Da.	Lé.	
Bégayer.	Dasigi.	Bombo.	
Belle-mère.	Bérémousso.	Mandiolo.	
Berger.	Génila. Missignié- na. Génikéla.	Dourounlalaouli (1)	
Bête (adjectif).	Nanama. Naloma.	Sékoukourou.	
Bêtise.	Nalounigna.	Kéra.	
Beurre.	Naré. Missitourou.	Naré.	
Bien.	Kognouma.	Bono.	
Bien portant.	Akakéné.	Ankarantiégoulo.	
Bientôt.	Doni.	Gonguéna.	
Bienveillant.	Gnouma.	Ambono.	
Bijou.	Masiri.	Zanga.	
Bijoutier.	Sanoufanoumou. Siaki.	Souloga.	Konian.
Blanc.	Guié.	Anfou.	
Blanchir.	Ako.	Fouri.	
Blanchissage.	Kòli.	Fougouli.	
Blessé.	Zogona. Amadimi- na.	Kana.	
Blesser.	Niazongo.	Madiovi.	
Blessure.	Azorona.	Kana.	
Bleu.	Fima.	Zanki.	
Bloc.	Fenkourounba.	Fogoulo.	
Blond.	Gombélé.	Zobia.	
Bois (à brûler).	Logo.	N'go.	
Bois (à construire).	Seguiri.	Tiengo.	
Boire.	Mi. Immi.	Moumi.	Ammi.
Boisson.	Mini.	Ouami.	
Bon.	Akagni.	M'bono. Ambôno.	
Bondir.	Pan.	Akou.	
Bonjour!	Anisségué!	Danné!	
Bonnet.	Banfoula	Banfoula.	

(1) Ou boroungui-don-oulé.

APPENDICE XVIII

Français	Bambara	Samo du Yatenga	Samo de Dédougou
Bonsoir!	Anéhoula!	Ouséyono!	
Bonté.	Nioumaya.	Siséré.	
Borgne.	Gniakili.	Hiédouna.	
Borne.	Dan.	Zèpakouma.	
Bosse.	Doungou.	Lazougourou.	
Bossu.	Danto.	Lazourou.	
Boubou.	Dloki.	Dongui.	
Boubou (de travail)	Tiakédloki.		Donguikounini.
Bouc (peau de).	Guifourkou.	Moulléré.	
Bouchon.	Datougoula.	Lintapi.	
Bouclier.	Kotoro.	Gampiloni.	
Bouc.	Koboro.	Biringa.	
Bouillir.	Aoulla.	Afoulou.	
Bousculer.	Kadigui.	Niédembara.	
Bout.	Koun.	Kini.	
Bracelet (en cuivre)	Bolokanasira.	Sila.	Monmansila. Momosila.
Bracelet (en cuir).	Gololabaga.	Bòlo.	
Braillard.	Koumankansogo. Koloba.	Pélépemboulo.	
Brailler.	Koulo.	Ladéré.	
Braiement.	Kasida.	Oupéré.	
Braire.	Kasi.	Oupéré.	
Braise.	Takésé.	Tiongolé.	
Brave.	Késé. Kakésé.	Goulé.	
Brique.	Tafédé.	Kalogo.	
Briquet.	Tanégué.	Tioro.	
Brise.	Fonio.	Péré.	
Bruit.	Ouoyo.	Souda.	
Brûler.	Adiéni. Azini.	Tékam.	Atana.
Brutal.	Kono to.	Nohona.	
Brutalité.	Konoto.	Kérani.	
Cacher.	Dougou.	Tiara.	
Cachette.	Dougouyoro.	Abékiarabilé.	
Cadeau.	Soni.	Bana.	
Cadet.	Doroké.	Madané.	
Cage.	Sansa.	Songo. Kossongo.	
Caillou.	Bélé.	Guéré. Diéméséné.	
Calebasse.	Fla.	Bané.	
Calebasse (en bois).	Kouna.		Koni.
Caleçon (pour femmes).	Mpogo.	Sansé.	
Caleçon (pour hommes).	Bila.		Sansé.
Calmer.	Fanienlanla.	Apéné.	
Calomnier.	Kalomfola.	Binakandéré.	
Camarade.	N'téri.	Tangoni.	
Campagne.	Oula	Tadon.	
Canari.	Daga.	Doun'dolo.	
Canton.	Diamané.	Ganda.	
Carquois.	N'tom.	Kônho.	Kouànné.
Carrier.		Diéboouli.	
Case (hutte).	Bon.	Kié (ou ki).	Ki (ou kié).
Case à mil.	Bondo.	Doné.	Doné.
Casser.	Akaréla.	Ayéré.	
Case d'entrée.	Bolo.	Bolomba.	
Cauchemar.	Si-bôli.	Manana.	

Français	Bambara	Samo du Yatenga	Samo de Dédougou
Cauri.	Kolo.	Pa.	
Cavalier.	Sotigui.	Sosodana.	
Caverne.	Kouroudenga.	Kiré.	
Ceinture.	Kiésirilla.	Biiré.	
Cela.	Ouo.	Kiéni.	
Célibataire.	Tiébana. Kégana.	Bango.	
Celui.	Min. Mi.	M'béné.	
Cendre.	Bougourigué.	Kimboufou.	
Chagrin.	N'dimina.	Fozaro.	
Chaîne.	Dologo.	Zogoro.	
Chaise.	Siguila.	Ganfo.	
Chaleur.	Founténi. Foundéni.	Fouranfolo.	Diéfourou.
Chambre.	Bonkono.	Kiengono (1) (ou Kingono).	
Champ.	Foro. Fourou.	Tounni (ou tounné) Tara.	
Chanson.	Donkilala.	Lilori Liilori.	
Chanter.	Donkili.	Lilo.	
Chanteur.	Donkilila.	Liloré.	
Chapeau.	N'gaba. N'gafa. Libiri.	Bimbiri. Pirigui.	Bimbiri.
Charbon.	Finfin.	Kingué. Titi.	
Charge.	Doni.	Konni.	
Charitable.	Saragabila.	Siéouo.	
Chasse.	Donsoya.	Lorogoni.	
Chasser.	Donso.	Guibo.	
Chasseur.	Donso. Donsoké.	Logoboni.	
Chaste.	Tiébalé.	Némantoéréni.	
Chaud.	Kalaman.	Folo.	
Chauffer.	Gonia.	Foulama.	
Chef.	Kountigui.	Kiri.	Kiri.
Chef (d'habitation).	Doutigui.	Kièdana (ou tièdana ou kidana).	Kièdana.
Chemin.	Sila.	Zéré.	
Chercher.	Gninina.	Tafassa.	
Cheveux.	Koïnsi.	Inka.	
Chiffon.	Finigolo.	Zountourou.	
Chiquer.	Siramina.	Siramini.	
Chose.	Fén. Fé. Fi.	Folé.	
Cidre de mil.	Dolo.	Ouè.	Ouè (ou Yi).
Cidre de n'kouna.	N'kounangui.	Somou.	
Cidre de n'pékou.	N'pékougui.	N'tomou.	
Ciel (Dieu du).	Gala.	Loró. Laba. Labara	Loró. Laré.
Ciel.	B. kaba. M. san.	Loró.	Loró.
Ciel (voûte, croûte du ciel).	B. kabakolo. M. sankolo.	Labarankono.	Lorórou.
Cimetière.		Guiré	
Cire.	Likania.	Zoogo.	Zokaba.
Clef	Konnégué.	Konini.	
Clochette.	N'tala.	Tongolo.	
Clou.	Bolo.	Godouara.	
Cœur.	Son.	Foro.	
Coffre.	Ouarané.	Gongoro.	

(1) C'est-à-dire « dans l'intérieur de la case ». Même signification de bonkono en mandé.

APPENDICE XVIII

Français	Bambara	Samo du Yatenga	Samo de Dédougou
Colère.	Founouni. Dousouli.	Mafobara.	
Colérique.	Diousoudiougou.	Fotana.	
Colique.	Konodimi.	Nougousou.	
Collier.	Kanaono.	Zanga.	
Collier (en cuir).	Kanabaga.	Gounoukiri.	
Colline.	Tintin.	Ki.	
Colporteur.	Dioula. Zarokéla.	Tagouli. Pékooulé.	
Combat.	Kélé.	Zari.	
Combattant.	Kélétigui.	Zadana	
Combattre.	Kéléké.	Ouozada.	
Combien ?	Diéli?	Guiéen ?	
Combler.	Afara.	Apan.	
Comète.	Lolokouma. Lolotagara.	Youyoukahi.	
Commencer.	Adaména.	Dazéné.	
Compagnon.	Dingnoro.	Niandala.	
Complaisant.	Morosobé.	Cébonko.	
Complot (révolte).	Mouroutili.	Bambola.	
Conduire.	Taradi.	Dézéré.	
Connaître.	Lou.	Niédo.	
Consoler.	Moho diousou. Lasouma.	Bakimbou.	
Construire.	Lo. Balo.	Tiésango.	
Content.	Adiranié.	Kouamané.	
Conte.	Tali.	Nihindéli.	
Conteur.	Talidala.	Nindéboulo.	
Coquillage.	Kolo.	Pa.	
Corbeille.	Ségui.	Kasi.	Kaséné.
Corde.	Dourou.	Déré.	
Cordonnier.	Garanké.	Doan (ou douan).	
Corne.	Bié. Géré.	Bendé.	
Coudre.	Kala.	Alebbi.	
Coup.	Gna.	Adié.	
Couper.	Atégué.	Kané.	
Cour.	Koro. Koloko.	Kasi.	
Courage.	Késéya.	N'guiri. Anguiri.	
Courir.	Bori.	Bausi.	
Courrier.	Kidé.	Indiounmouli.	
Court.	Koutou. Sourouma. Sourma.	Konini. Ankounini	
Cousin (1).	N'dé.	Mané.	
Couteau.	Mourou.	Ronsi.	Gouan.
Coutume.	Namou.	Yémahirari.	
Couvée.	Dinsama.	Mbanemmamono.	
Crachat.	Dagui.	Lésoso.	
Cracher.	Karé. Daguibo.	Kaso.	
Craindre.	M'basigui.	Manamandaga.	
Crapule.	Denzougou.	Niéninguiri.	
Crasse.	Nogo.	Nohoné.	
Crasseux.	Nogoni.	Nohobambana.	
Cravache.	Malibolo.	Balanzougou.	
Cravacher.	Gosiningolo.	Aguié.	
Creux.	Dingha.	Iéré.	
Crever.	Soro. Sogo.	Fon.	

(1) Se dit fils ici.

APPENDICE XVIII

Français	Bambara	Samo du Yatenga	Samo de Dédougou
Cri.	Koulé.	Léda.	
Crier.	Koulé.	Baléda.	
Croire.	Yabisigui.	Mammonkéré.	
Crotte.	Bo.	Bo.	
Cruel.	Guélé.	Séguéguiri.	
Cueillir.	Niakari.	Manguè.	
Cuiller.	Koudou.	Ditila.	
Cuir.	Golo. Ouolo.	Kakilara.	Ki.
Cuire.	Tobi.	Kaké.	
Cuivre.	Soula (ou n'sira).	Sila (ou silla).	
Cuisine.	Goüa. Gabougou. Toubilikéro.	Koungouri. Goubousouti.	
Culotte.	Koursi.	Koursi.	Koursi.
Curieux.	Hakilima.	Sépsa.	
D'abord.	Folo.	Bamba.	
Danger.	Sa.	Agan.	
Dangereux.	Diaro. Gadiougou.	Zékéni.	
Dans.	Kono.	M'bonankono.	
Danse.	Don.	Bégo.	
Danser.	Donké.	Bégouli.	
Danseur.	Donkéla.	Bégouli.	
Dard.	Sè.	Zopiri.	
Dartre.	Kaba.	Pékéré.	
Dartreux.	Kabato.	Mékakaba.	
Date.	Touma.	Pirenguimini.	
Débauché.	Kakala.	Sékoukourou.	
Débauche.	Kakalaya.	Sékoukoudié-mennan-ouéré.	
Débiteur.	Doulou tala.	Diémésiri.	
Débaucher.	Dabo.	Piloré.	
Debout.	Lo.	Gombi.	
Débrider.	Karfé bo.	Salbébo.	
Débris.	Fanto. Fentélé.	Fokara. Fobikéni.	
Déchirer.	Fara.	Kountoé.	
Déchirure.	Farada.	Mantouéré.	
Décombres.	Tombo.	Tiékoula.	
Décortication.	Woroli.	Péguéso.	
Décortiquer.	Woro.	Péguéso.	
Décroître.	Doroya.	Niaméné.	
Dedans.	Kono.	Onohono.	
Défense.	Atékéa.	Bazébiléko.	
Déflorer (une fille).	Sounkourouyata.	Mimaouarayabéné.	
Défoncer.	Kari.	Hiéré.	
Dégât.	Nafenténa.	Mafomemzaro.	
Dégonfler.	Bara.	Bonloné.	
Dégoûtant.	Niougouna. Niguina.	Gouan (ou Gouin).	
Dégringoler.	Béna.	Minda.	
Dégué.	Dégué.	Ousimou.	
Déguenillé.	Féréto. Fanakolountigui. Séguembara	Ouana.	
Déguster.	Néné. Sifélé.	Malembé.	
Déhonté.	Maloubali.	Bahienseléko.	
Dehors.	Kénéma.	Kilé.	
Déjeûner.	Tlérofana.	Pinditané.	
Délibérer.	Korofoliké.	Daoubirikala.	

Français	Bambara	Samo du Yatenga	Samo de Dédougou
Délicieux.	Kagni kou dougou	M'bomkara.	
Délier.	Afoni.	Afiri.	
Délimiter.	Dan bo. Tala.	Daouagniguiri.	
Délire.	Koumakouma.	Ayempéné.	
Délirer.	Koumakoumaké.	Niempé.	
Délivrer.	Aorénian.	Adalabourikimmi.	
Demain.	Sini.	Imbou. Yoré.	
Démancher (se).	Aoulana. Ourana.	Guirakourou.	
Demander.	Ahiiniga.	Malaakamba.	
Démanger.	Bendimi.	N'bousouri.	
Démêler.	Dala.	Bindé.	
Déméloir.	Diougounisi.	Niouara.	
Déménager.	Ouli.	N'do.	
Demeurer.	Sigi.	Mangala.	
Démolir.	M'bati.	Mandanggué	
Dénicher.	Kilita. Kilibo.	Gouribo.	
Départ.	Taratouma.	Ousobiléma.	
Dépasser.	N'téménala.	Mangnénira.	
Dépêcher (se).	Télia.	Mamfoulamamma	
Dépenser.	Saniké. Béténa.	Mankézazaro.	
Dépouiller.	Benkani.	Foyaméné.	
Depuis.	Kabini. Otouma.	Béousoma.	
Déranger.	Atétéa.	Abazako.	
Dernier.	Mintoroko.	Goundakourou.	
Déroute.	Bolla. Bolli.	Bosi.	
Désagréable.	Amandigné.	Abakomanko.	
Descendre.	Digui.	Gnissi.	
Désert (substantif)	Kiékié.	Yasountané.	
Déshonnête.	Dougou.	M'bamba.	
Désobéir.	Insaroké.	Tougoumahima.	
Désormais.	Bitougou.	Pirilo.	
Desséché.	Diara.	Alara.	
Dessous.	Dongouma.	Malou.	
Dessus.	Sanfé.	Lalimbi.	
Détacher.	Iafoni.	Manfiri.	
Déterrer.	Datougou.	Lésoro.	
Détestable.	Magni koudougou.	Nbamakara.	
Détruire.	Ayaté.	Banhoui.	
Dette.	Diourou.	Guienné	
Devant.	Gnia.	Iré.	
Dévaster.	Yaté. Yati.	Baoui.	
Devenir.	Akéra.	Mabindi.	
Dévorer.	Ayaména.	Bankou.	
Diarrhée.	Kono bori.	Sambo.	
Dieu (du Ciel).	Gala.	Labara.	
Diffamer.	Aïkalomfo.	Bénakandé.	
Différent.	Kilinté.	Ouabadénenko.	
Difficile.	Kagélé.	Amboussiri.	
Dimanche.	Kari.	Até.	
Dire.	Apho.	Apédé.	
Discorde.	Bembalia. Kélé.	Abazindékonko.	
Discours.	Kouma.	Niépe.	
Disette.	Konn'go.	Boara.	
Disparaître.	Dougouli.	Bakiéla.	
Dispute.	Ounyokéla.	Labaouli.	
Disputer (se).	Kélékéla.	Zidéli.	
Dissolu.	Kakala. Dadioyakéla.	Yabouré.	

Français	Bambara	Samo du Yatenga	Samo de Dédougou
Distance.	Kadia.	Insa.	
Distribuer.	Atéla. Soni.	Baguidiri.	
Divagation.	Koumfékouma.	Ayempéné.	
Divaguer.	B. koumfékoumaké M. koumakoumaké.	Penkoukourou.	
Divertir (se).	Toulonké.	Yaka.	
Divertissement.	Touloun.	Béono.	
Divorce.	Fourousara. Fourousaya.	Madola.	
Divorcer.	Fourousa.	Babéliguila.	
Dompter.	Dali.	Pasa.	
Donateur.	Ninikéla. Bougnabara.	Banka.	
Donc.	Doun.	Kètola.	
Donner.	Adima.	Kèkamanba.	
Dormir.	Sinoro.	Niébo.	
Dot.	Fouroufé.	Abafouiirifo.	
Douane.	Konson.	Fadogo.	
Doucement.	Doni.	N'guilékou.	
Douleur.	Dimiya.	Boussou.	
Douloureux.	Dimina.	Ambousiré.	
Doux.	Timi. Di.	Kouari. Ansousouparé.	
Droit.	Téléni	Akéli.	
Dur.	Gélé. Akagélé.	Auguiri.	
Durée.	Touma.	Kiépiri.	
Dyssenterie.	Baléyama. Konodimi.	Niamauin-bolabouyé.	
Eau.	Gui.	Mou.	Mou.
Ebranler.	Yellamara.	Bamakindao.	
Ecailler.	Kara bo.	Afoukoma.	
Echanger.	Fali.	Oualéron.	
Echapper (s').	Bori.	Abòsi.	
Echasses.	Sohon.	Garamfoura.	
Echelle.	Yélénan.	Tougouiri.	
Echelon.	Sinlola.	Gomésélé.	
Eclair.	Kabayéguéyégué. Domméguéré.	Labatébo.	Lantiékandé (1).
Eclipse (de lune).	Karoméléna.	Nongomemmamiyoukou.	
Ecole.	Karanso.	Salabi.	
Ecolier.	Karandé.	Salabinounou.	
Ecorchure.	Tégéda	M'basila.	
Ecosser.	Woro.	Foubona.	
Ecouter.	Alamé.	N'touka.	
Ecraser.	Si.	Allo.	
Ecume.	Kanka.	Moukanga.	
Ecurie.	Soboun.	Sogo.	
Effrayer.	Lasira.	Mindéni.	
Elancer (s').	Pan	N'do.	
Elargir.	Labougna.	Alétérou.	
Elle.	A.	M'béni.	
Emmener.	Nati.	Dani.	
Empêcher.	Kana bila.	Bayobiko.	

(1) C'est-à-dire le feu du ciel.

Français	Bambara	Samo du Yatenga	Samo de Dédougou
Empoisonner.	Dabari ké. Basi ké.	N'zédama.	
Empoisonneur.	Dabari tougoula.	N'ziédandé.	
Emporter.	Naté	Dané.	
Emprisonner.	Bilanéguéla.	Kanédawara.	
Emprunter.	Diourouta.	Paromama.	
Emprunteur.	Diouroutala.	Diombiri.	
Enceinte.	Sansan.	Kasani.	
Enceinte (femme).	Konoma.	Noona.	
Enchaîner.	Dolokobilala.	Zorogondam.	
Enclume.	Koura.	Aniendi.	
Encore.	Do.	Sissakolé.	
Endormir (s').	Masinoro.	Magniéboko.	
Enduire.	Amou.	Tourouma.	
Energique.	Késé.	Goïni.	
Enfant.	Dé. Din.	Mané.	Néané.
Enfouir.	Adougou.	N'tiara.	
Enfuir (s').	Bori.	Boïsi.	
Engraisser (s').	Tolo.	Siga.	
Enivrer (s').	B. dolominaba. M. dolomikoudougou.	Ouèmikouri.	
Ennemi.	Diougou.	Mazoro.	
Enorgueillir (s').	M. fanfenkouti. B. iérébemkoli.	Guilémézéni.	
Enorme.	Boumba.	Goulo.	
Enrhumer (s').	Kansada.	Yindibo.	
Enrichir (s').	Nafouloubasoto.	Nafodana.	
Enseigner.	M'békara.	Madadaya.	
Ensemble.	Gnoronfé.	Ouatougoukouma.	
Ensemencer.	Lan.	Adoun.	
Ensevelir.	Dou.	Abiri.	
Ensuite.	Sissa.	Sissakolé.	
Entasser.	Bilagnoron kan.	Dafoula.	
Entendre.	Toulouya to.	Mana.	
Enterrement.	Sanka.	Guiè.	
Enterrer.	Souladigui.	Kaguiguisé.	
Entêté.	Kountéba. Fagnialé	Diembou.	
Entier.	Abédo.	Atoundoni.	
Entorse.	Amougouda.	Guimbou.	
Entraves (pour chevaux).	Gada.	Gadani.	
Entre.	Téma.	Akiala.	
Entrée.	Da.	Lé.	
Entreprendre.	Badamita.	N'dabouda.	
Entrer.	Dou.	Daho.	
Envoler (s').	Ouli.	Ando.	
Envoyer.	Niaki.	Maniounou.	
Epais.	Bon.	Angoulo.	
Epargner.	M'laso.	Manzougokaba.	
Epaté.	Fétèni.	Para.	
Eperon.	Sabaré.	Séba.	
Eplucher.	Woro.	Kounga.	
Epingle.	Bégnié.	Karé.	
Epoque.	Touma.	Koukara.	
Epouse.	Mousso.	Lou.	
Epouser.	Fourou.	Nianga.	
Epousseter.	Sousa. Foura.	Ouara.	

APPENDICE XVIII 719

Français	Bambara	Samo du Yatenga	Samo de Dédougou
Epoux.	N'ké.	Zi.	
Epuisé.	N'séguéna.	Mayoro.	
Escalier.	Yélélan. Yéléna.	Maguilembé.	
Esclave.	Dion.	Yané.	
Esprit (mauvais).	Guinédiougou.	Bénembamba.	
Esprit (de la brousse).	Kongho fen.	Bénéné. Benebamba	
Essaim.	B. dikoulou. M. lignankan.	Zololla.	
Essuyer.	Zosi.	Kongo.	
Est.	Koro.	Lébourou.	
Et.	Né.	M'bé.	
Etang.	Ko. Dila.	Basa.	
Eteindre.	Fara. Lasa.	Alépi.	
Eternuer.	Tiso.	Matisiouda.	
Etoffe.	Fini.	Zohané.	
Etoile.	Dolo.	Yayani. Yoyoné.	
Etranger.	Londa. Nouna.	Kiri.	
Etrier.	Négésé.	Alabogo (1).	
Etroit.	Kadoro.	Bakako.	
Eunuque.	Kobo.	Piria.	
Européen (blanc).	Toubab.	Nanzara.	
Eux.	B. ouloudo. ahou. M alou.	Binnou.	
Evader (s').	Boli.	Abòsi.	
Evanouir (s').	Kiri.	Akioro.	
Eveiller (s').	Kounouna.	Yakara.	
Eventer.	M'fifa.	Pépémama.	
Eventrer.	B. afara. M. Konolaté.	Ouaso.	
Examiner.	M'bamiri. M'balagué.	Mandalaman.	
Excellent.	Adiéra. Kagni ali	Ambonkara.	
Extérieur.	Ahofé. Akénéma.	Tiendoroné.	
Fable.	Tali.	Téhéda.	
Fabricant d'objets en bois.	Koulé.		Kanahisellé.
Facile.	Manguélé	Amaguiko.	
Fagot.	Lorodini.	N'gokoni.	
Faible.	Barkantan.	Kangabayako.	
Faiblesse.	Barkantagna.	Kangabayako.	
Faim.	Kongo.	Boro.	
Fainéant.	Sala.	Diembo.	
Faire.	Ké.	Késini.	
Falloir.	Kan.	Mabozougouko.	
Fameux.	Torotigui.	Tobila.	
Famille.	M'baléma. Goua.	Dougo.	Momanannon.
Famine.	Kongo.	Bora.	
Fanfaron.	Bougayakéla.	Bénakanhouli.	
Fanfaronnade.	Bougaya.	Boulékara.	
Fardeau.	Doni.	Kouni	
Farine.	Mougou.	Ouossi.	Si.
Farine (de baobab)	Siramogou.		Kònn'si.
Fatigant.	Séguéla.	Mayoro	
Fatigué.	Séguéni.	Mésila.	

(1) Mot mossi.

Français	Bambara	Samo du Yatenga	Samo de Dédougou
Fausseté.	Fanigna.	Béna.	
Faute.	N'téké.	Niémé.	
Faux (c'est).	Tognanté.	Binanbako.	
Feindre.	Fan kéla.	Abadienko.	
Femelle.	Mousso.	Lo.	
Femme.	Mousso.	Lo.	
Fendre.	Féré.	Ahoui.	Assan.
Fer.	Négué.	Follé. Kangolo.	Follé.
Fermer.	Tougou.	Kellémé.	Létan.
Fesser.	Zougosi.	Bougoundogué.	
Fête.	Sali.	Moulankala.	
Féticheur (devin).	Félélikéla.	Goundakouli.	Gonkkouli. Ouenkouli.
Féticheur (devin se servant de sable).	Kéniédala. Kéniélala.	Tienkaré.	
Féticheur (devin se servant de cauris)	Kolonfélélila.	Pamissaoudi.	
Féticheur (devin se servant d'eau).	Guifélélila.	Lémouma.	
Féticheur (devin se servant des traces de bêtes).	Bougouridala.	Tilangakara. Kelengakaouri.	Kelengadana.
Féticheur (faisant tomber la pluie).		Lagniñina.	
Feu.	Ta. Tasouma.	Ké (ou lié).	
Ficelle.	Doulou. Douloukisé.	Bari.	
Figurer (se).	Yékono.	Mahima	
Fil.	Gari.	Diésénendé.	
Filer.	B. japarta. M. ouorondi.	Niéné.	
Fille.	Démousso.	Nélouni.	Loulané.
Fils.	Dé. Dinké. Din.	Mané. Néané. Négoulini.	Mané. Néané.
Fin.	Sa.	Toulandaï.	
Finir.	Ban.	Nian.	
Firmament.	Sankoulou.	Labara.	
Flageller.	Gosidientéla.	Diakounsarané.	
Flatter.	Ladiamou.	Zo.	
Fléau.	Bomboli.	Bara.	
Fleuve.	Ba.	Mogoulo (ou n'ta).	
Flotter.	Bédikan.	Ambimoula.	
Flûte.	Foulé.	Piri.	
Fois.	Kou.	Bénié. Begnié.	
Fou.	Fato.	Keïnga.	
Fond.	Koto.	Aholou.	
Fondre.	B. Yélé. M. Gélé.	Yaya (ou Yoyo).	
Force.	Fanga. Barika.	Pangada. Ankarankié.	
Forcer.	Ouaguibi. Ouadibi.	Mamodo.	
Forgeron.	Noumou.	Kouyien.	Konian.
Fort.	Barkani.	Pangadala.	
Fossé.	Dinga.	Yéré.	
Fossoyeur.	Daléséna.	Tui.	Yéfouli.
Fossoyeurs (chef des).		Tuikiri.	
Foudre.	Sanpéré.	Lapandara.	

Français	Bambara	Samo du Yatenga	Samo de Dédougou
Fouet.	Guégné.	Kasa.	
Fouetter.	Gosi guégné la.	Yembokasani.	
Foule.	Moro siaman.	Sombomondéri.	
Fourreau.	La. M'banta.	Poïsikéré.	Gouansatiéré.
Foyer.	Takounda.	Koumbiri.	
Frais.	Soumaya.	Fouranion.	
Franc (monnaie).	Taman.	Taman.	
Frapper.	Gosi.	Dié.	
Frayeur.	Silan.	Biséla.	
Fréquenter.	Tarafé.	Mentaréyé. Mentarénié.	
Frère (même père et même mère).	M'badé.	Guinina.	
Frère (même père seulement).	M'fadé.	Guini.	
Froid.	Néné.	Néné.	
Fronde.	Tangara.	Kougouloboga.	
Frontière.	Télenké. Dan.	N'daella.	
Frotter.	Sousa.	Guinga.	
Fugitif.	Borilila.	Abosi.	
Fuir.	Bori.	Bosi.	
Fuite.	Borili.	Bosiri.	
Fumée.	Sisé.	Kiékoumbé.	
Fumer.	Mi.	Mi.	
Funérailles.	Sanga.	Guè.	
Fusil.	Marfa.	Tiébara.	
Futilité.	Fen gansan.	Nimkolo	
Future (vie).	Lahara.	Ouara.	
Gagner.	Soro.	Mayé.	
Gaîne.	Mouroutan.	Gouatiéré (ou gouantiéré).	
Gale.	Magnien.	Zankara.	
Galette.	Gnomi.	Misougou.	
Galeux.	Magnientigui.	Zankaradala.	
Galop.	Yaba.	Dousininka.	
Garçon.	Bilakoro.	Goléni.	Néaninani.
Garder.	Félékoussobé.	Koulouma.	
Gardien.	Kéléla. Baguéna.	Guidonhouli. Bouloumané.	
Gare !	Korosi !	Koloïnguiléma !	
Gargoulette.	Dadoromani.	Doundougoubané. Bénédembadoumboulo.	
Gaspiller.	Tiéna.	Fozaoulé.	
Gâter.	Téna.	Zaro.	
Gauche.	Nouman.	Gouasina.	
Gaucher	Noumanbolotigui.	Gouasina.	
Gaule.	Biridian.	N'gossa.	
Géant.	Morodian.	Sensa.	
Gémir.	Kasira. Dimini.	Aoupé.	
Gendre.	Bira.	Diogoni.	
Gens.	Morolou.	Sinlou.	
Giffler.	Tégué.	Aguépirama.	
Gigotter.	B. Sarisari. M. Pétépété.	Namésané.	
Glace.	Diouharé.	Diétéga.	
Glisser.	B. Talouna. M. Koukoutou.	Niavouaguè.	

46

APPENDICE XVIII

Français	Bambara	Samo du Yatenga	Samo de Dédougou
Glouton.	Nougouma.	Nohodala.	
Gorgée.	N'kona	Bamazorokou.	
Gourde (pièce de 5 francs).	Doromé.	Ouakiré.	
Gourmandise.	Nougouya.	Nohoniémé.	
Gousse.	Fara.	Fodo.	
Goûter.	Néné.	Malimbé.	
Goutte.	Toni.	Dougou.	
Gouttière.	Tara.	Tolo.	
Gouverner.	Famayaké. Tigiyaké.	Ouakidala.	
Graisse.	Toulou.	Niomba.	
Graisser.	Amon.	Toro.	
Grand.	Ba. Bon. Dian.	N'goulo. Akassa.	
Grandir.	Amona.	Aso.	
Gras.	B. tolona. Toloné. M. tolonin.	Asiga. Asigaboulo.	
Gratin.	B. séné. M. sana.	Kongori.	
Gratter (se).	Signié.	Koukara.	
Gravier.	Bélé.	Diéré.	
Grêle.	Sambéréni.	Laguéré.	
Grelotter.	Yergéré.	Papara.	
Grigri.	Basi.	Zié.	Dagoné.
Grigris (faiseur de).	Basitigui.	Ziédana.	Dagondana.
Grigri (en poudre d'écorce).	Moson.	Fourinsiè.	
Grigri (autre grigri spécial).		Bousounsiè.	
Grigri (contre les serpents).	Salakari.	Minisiè.	
Grigri (contre les mangeurs d'âmes)	Soubalakari.	Youvaré (ou Youvara).	
Grigri (ferme-bouche).	Dasiri.	Zoumouni.	Zoumouni. Zoumouné. Zoumoundé.
Grigri (pour les jumeaux).	Sinsin.	Pinian-badondoné.	
Griller.	Oussou. Guiéni.	Tana.	
Grimace.	Yadaélé.	Balémé.	
Grimper.	Yélé.	Guiré.	
Grincer.	N'dana.	Soubadaré.	
Griot.	Dieli.	Kayé. Mana.	Doan (ou douan).
Grisonner.	Gé.	Forogo.	
Grogner.	B. ounouhounou. M. douroumi.	Ninamboré.	
Gros.	Bélébélé. Bomba. Akabon.	N'goulokara. Angouluparé.	
Grossier.	Koumandiougoutigui.	Nimbambapéré.	
Grossièreté.	Koumandiougou.	Nimbamba.	
Grossir.	M'bayéna.	Dalasida.	
Gué.	San.	M'fourafogò.	
Guenilles.	Finingolo.	Zootogoli.	
Guérir.	Kénéra.	Pisaka.	
Guérisseur.	B. basinimantigui. M. diarabila.	N'zékoré.	
Guerre.	Kélé.	Zaré.	

APPENDICE XVIII 723

Français	Bambara	Samo du Yatenga	Samo de Dédougou
Guide.	Gnabila.	Zéhila.	
Guider.	Gnabilaké.	Zéhilakouri.	
Habillement.	Fini.	Zohonéno.	
Habiller (s').	Fini do.	Zoogoma.	
Habitant.	Moro.	Sé.	
Habitation.	Lou.	N'saba.	
Habiter.	Sigui.	Mangandé.	Kiè ou tiè, tiéfoulè.
Habitude.	Dalili. N'della.	Malemmèn.	
Habitué.	Dalini.	Malemmélou.	
Habituer (s').	Mandélé.	Malémélouko.	
Haillons.	Finikolo.	Zontoni.	
Haïr.	Haramou.	Mabavouéko.	
Haleine.	Ninékili.	Mansousané.	
Halte !	Ilo !	Mangoudé !	
Hamac.	Dio.	Gambéré.	
Hameçon.	Dòllé.	Pèkari.	
Harassé.	N'séguéna.	Mayogo.	
Harpe (sorte de).	Bolon.	Sissé	
Hâter (se).	N'kortola.	Mamfoulamama.	
Haut (adjectif).	Kadian.	Ansa.	
Haut (substantif).	Kounté.	Bandabiri.	
Haut-fourneau.	Gouanzo.		Goué.
Havresac (musette).	Diémé.	Diembé.	
Hennir.	Kiki. Hii.	Oupéré.	
Hériter.	Sigikékouma.	Ganabakiéla.	
Héritier.	Kiétala.	Ganabafola.	
Heure.	Ouaraté. Touma.	Ouaté. Ousobiléma	
Heureux.	Koundi.	Ininkouaré.	
Hier.	Kounou.	Guini.	
Histoire.	Kibarou.	Kibapenné.	
Homonyme.	N'toroma.	Matoma.	
Honnête.	Soukagni.	Mansisénou.	
Honorer.	Bogna.	Babouloka.	
Honte.	Malouya.	Indéséréné.	
Honteux.	Malouli.	Séro.	
Hoquet.	Yéguérou.	Mangarida.	
Hormis.	A ko.	Bèkourou.	
Hors.	Kénéma.	Kilé.	
Hôte (celui qui est reçu).	Lountan.	Kiri.	
Hôte (celui qui reçoit).	Diatigui.	Ouaouli.	
Huile.	Toulou.	Niono.	
Huiler.	Mou.	Touroumma.	
Humilier.	B. Malouta. M. lamalou.	Séalobamayé.	
Huppe.	Tourou.	Imka.	
Hurlement.	Kasikan.	Oùpè.	
Hurler.	Kasikanké.	Aoupérembolé.	
Hydromel.		Zoï.	
Ici.	Ya.	Ouamébilé.	Zoï.
Idée.	Miri.	Saguéré.	
Idiome.	M'bakammé.	Famané.	
Idiot.	Nalouni.	Sékoukourou.	
Ignorant.	Kolombali.	Abadouko.	
Il.	A.	Kièma.	
Ile.	Goungou.	Dondoni.	

Français	Bambara	Samo du Yatenga	Samo de Dédougou
Illégitime,	Danga dé. Niamoro dé.	Niésouré.	
Illustre.	Ba.	Ségoulomibalé	
Illustrer (s').	Torobo.	Atobira.	
Ils, elles.	Alou.	Binlou.	
Image.	Dia.	N'bomayé.	
Imaginer (s').	Yé kono.	N'bimmoouono.	
Imbécile.	Nalouni.	Ségagaré.	
Imberbe.	M'boumbosi tala.	Lékolokabamako.	
Imiter.	Ladigui.	Amésangomayé.	
Immédiatement.	Sisan.	Pémané.	
Immense.	Fada.	Apan.	
Immoler.	Son.	Kan.	
Immondices.	B. Sounoukou. M. Gnama.	Féré.	
Immortel.	Tésa.	Baganko.	
Imperceptible.	Fondoroni.	Foboumbané.	
Impertinent.	Konadougou.	Balahimmaouli.	
Impétueux.	Fangabala.	Pangabouloka.	
Impitoyable.	Konodiougou.	Kibamba.	
Implorer.	Dali.	Pasadané.	
Impoli.	Bougnabali.	Baboumbanka.	
Important.	Ba.	Goulo.	
Impossible.	Kaguélé.	Nabazougouko.	
Imposteur.	Foniafola ba.	Bénakanhoulé.	
Imprécation.	Dangali.	Damahoua.	
Impudicité.	Kakalaya. Dadoya.	Zalou.	
Impudique.	Kakala. Dadoyakéla.	Zaloukammé.	
Incapable.	Atékoïmanké.	Abayembonozendéko.	
Incarcérer.	Bilanéguéla.	Kandindama.	
Incendie.	Ta.	Makéi.	
Incendier.	Tatougou. Diéni.	Tiékari.	
Incirconcis.	Solomalé.	Nagokanko.	
Incirconcise.	Démoussoni.	Niollolé.	
Incliner (s').	Madigui.	Nihindissé.	
Incommode.	Kago.	Alébakoko.	
Incommodé.	B. diangoroda M. mankendé.	Baguiko.	
Inconduite.	Sondiougou.	Poutoro.	
Inconnu.	N'tado.	Nabadouko.	
Indifférent.	Nakoutada.	Tolababiko.	
Indigence.	Fargantagna.	Ouana.	
Indigent.	Fargantan.	Ouana.	
Indiquer.	Fogné.	Kilamané.	
Inépuisable.	Téban.	Bayanko.	
Infatigable.	Toromalaba.	Bayarataromako.	
Infect.	Diougou.	Gon.	
Informer.	Fo.	Mapéné.	
Infortune.	Bono.	Babonkié.	
Ingénier (s').	Dabariké.	Dabizéné.	
Ingénieux.	Kégou.	Koyo.	
Ingrat.	Fisiriwalé.	Niébondouko.	
Ingratitude.	Fisiriwaléya.	Bandouko.	
Inguérissable.	Takénéa.	Mampisakako.	
Inhumer.	Soudo.	Béré.	

APPENDICE XVIII

Français	Bambara	Samo du Yatenga	Samo de Dédougou
Inintelligent.	Halikidoro.	Iriboumbané.	
Injure.	Kandiougou.	Ibambabépéré.	
Innombrable.	Siaman koudougou	Monkara	
Inoccupé.	Féréni.	Badiéanko.	
Insatiable.	Fabali.	Ababanko.	
Insensé.	Fato.	Tiéna.	
Insolent.	Gnà to gélé.	Abaïndéhienné.	
Instituteur.	Karamoko.	Moré.	
Instruire.	Digui. Ahitala.	Ahilalé.	
Insuffisant.	Mabo.	Ambouko.	
Insulter.	Noniliké.	Soso.	
Insulteur.	Nonilikéla.	Sosongoulé.	
Intelligence.	Hakili.	Iri.	
Intelligent.	Hakilitigui.	Iridala.	
Intercéder.	B. adali. M. kani.	Nianga.	
Intérêt.	Nafa.	Nengué.	
Intérieur.	Kono.	Nahouono.	
Interprète.	Dalaliminina.	Yipimpélé.	
Interroger.	Gnininka.	Lakaba.	
Interrompre.	Tégé.	Lakané.	
Intimider.	Basila.	Membésara.	
Intrépide.	Tizira.	Babésaako.	
Intrépidité.	Késéya.	Gouenkiri.	
Introduire (s').	Doun.	Ouo.	
Inutile.	Gansan.	Kolo.	
Investir.	Dalasigui	Lékogo.	
Invisible.	B. atéyé. M. yébali.	Abayéko.	
Inviter.	B. kili. M. fo.	Bouri.	
Invoquer.	Déli.	Oualémérou.	
Irrespectueux.	Bougnabali.	Abasénandouko.	
Irriter (s').	Sari.	Foro.	
Issue.	Da.	Lé.	
Ivoire.	Samagni.	Biéso.	
Ivre.	Fara.	Kaouéné.	
Ivrogne.	Doromina.	Ouihemmini.	
Jactance.	Bougaya.	Bénakan-ouli.	
Jadis.	Folo. Kounou.	Râlé.	
Jaillir.	Bora.	Pindigué.	
Jalousie.	Kiélé.	Diendiri.	
Jaloux.	Kiéléatigui.	Diendenbanba.	
Jamais.	Abada.	Mobinko.	
Javelot.	Tamamisé.	Sengamalé.	
Je.	Né.	Mé.	
Jeter.	Fili.	Zoro.	
Jeu.	Tolo.	Niaka.	
Jeudi.	Alamisa.	Alkamisa (1).	
Jeune.	Doro.	Nimbané.	
Jeûne.	Soun.	Léfiri.	
Jeûner.	Soundo.	Léïré.	
Joie.	Gnakali. Dia.	Koomané.	
Joli.	Kagni.	Ambona.	
Jouer.	Toulounké.	Yaka.	
Joueur.	Toulounkéla.	Yakalénou.	
Jour.	Don. Tlé.	Péré. Pinini.	
Journée.	Don.	Péré.	

(1) Mot mossi.

726 APPENDICE XVIII

Français	Bambara	Samo du Yatenga	Samo de Dédougou
Journellement.	Dongodo.	Tololo.	
Joyeux.	Dérani.	Foronkouaré.	
Jucher.	Sigui boulou kan.	Lorolembi.	
Juge.	Sariya tégéla.	Niépéniaouri.	
Jugement.	Sariya.	Niépéné.	
Juger.	Sariya tégé.	Niépéguéré.	
Jurer.	Kali.	Mayara.	
Jusque.	Fo.	Alé.	
La (particule démonstrative).	O	Kié.	
Laborieux.	Kikiéla.	Diéouélé.	
Lac.	Dala.	Bassa.	
Lâche.	Silambarato.	Imbouna.	
Lâcher.	Niabila.	Madala.	
Lacs (pièges à oiseaux).	Dia. N'garanguè.	Taaga. Kougousso.	
Laid.	Kè diougou.	Sétogolo.	
Laine.	Sarasi.	Kan.	
Laisser.	Bila.	Dala.	
Lait.	Nono.	Dié. Nono.	
Laitière.	Nonosana.	Nonosané.	
Lame.	Mourou késé.	Posokouéné.	
Lampe.	Fitina.	Fitila.	
Lance.	Tama. Tamba.	Sengué.	Ségué.
Lancer.	Boni. Fili.	Sogo.	
Lapider.	Fara kouroula.	Dickoundienné.	
Large.	Féréné.	M'boulokara.	
Larme.	Gna si.	Yémou.	
Las.	Ségéni.	Manioko.	
Laisser.	Abila. Séguéna. Atohi.	Yogo.	Atourabi.
Laver.	Kou. Ko.	Féré.	Piri.
Lécher.	Anno.	Pinda.	
Léger.	Féma.	Faogo.	
Lentement.	Doni doni.	M'bambané.	
Lèpre.	Bagui.	Bozofolo.	
Lépreux.	Baguito.	Bozofélédala.	
Lequel.	Dion ?	Damé ?	
Leur; leurs.	A ; aou.	Aounno.	
Levant.	Koron.	Lébourou.	
Lever (verbe).	Ta.	Asa.	
Lever (substantif).	Ouli touma.	Dohoussobiléma	
Lézardé.	Folo.	Yéré.	
Libéral (généreux).	Ninikéla.	Bankabé.	
Libéré.	Forénian.	Bourikina.	
Liberté.	Foroya.	Bourikini.	
Libre.	Foro.	Bourikimané.	
Lien.	Sitila.	Yifo.	
Lier.	Siti.	Yéré.	
Lieu.	Yoro.	Foura.	
Ligne.	Ano.	Yéré.	
Ligne (tracer une).	Anogo.	Azango.	
Limite.	Dan.	N'daïlla.	
Linge.	Fanou.	Zoënino.	
Lit.	Kalaka.	Ouahafo.	
Livre.	Sébé.	Sébé.	
Logement.	Dou.	Zoba.	

APPENDICE XVIII

Français	Bambara	Samo du Yatenga	Samo de Dédougou
Loger.	Sida.	Mohara.	
Loin.	Yorodian.	Fouransa.	
Long.	Dian.	Sa.	
Longtemps.	Ména.	Saka.	
Lorsque.	Ni mana.	N'kada.	
Lot (part).	N'ta.	Néfo.	
Lourd.	Goulima.	N'goro.	
Lui.	A. Adédo.	Bé.	N'tiéné.
Luisant (ver).	Toumbouméné.	Késioré.	
Lundi.	Téné.	Téné.	
Lune.	Kalo. Karo.	Mouni.	
Lutter.	Sèta.	Diakou.	
Lutteur.	Sètala.	Diakoulénou.	
Luxer (se).	Mougou.	Guimbo.	
Luxure.	Diadoya. Kakélaya.	Zalo.	
Luxurieux.	Diadoyakéla.	Zalouzara.	
Mâcher.	Guimini.	San.	
Maçon.	Bari.	Tiédoouli.	
Magnifique.	Kagni koudougou.	Amboukara.	
Maigre.	Fasalé.	Kossaré.	
Maigreur.	Pasaya.	Kosso.	
Maigrir.	Pasara.	Kosso.	
Maintenant.	Sisa.	Sisa.	
Maintenir.	Miné.	Kou.	
Mais.	Bali.	Kiè.	
Maison.	Lou.	Zaba.	
Maître.	Tigui.	Dana.	
Mal.	Diougouma.	Bamba.	
Mal portant.	Amankéné.	Abakarantiéto.	
Malade.	Banabato. Mankéné	Bakaraukiéko.	
Maladie.	Bana.	Bousou.	
Malédiction.	Dangali.	Damoho.	
Malgré.	M'bétara.	Mandata.	
Malheur.	Dousouten. Bono.	Fozaro.	
Malpropre.	Norolé.	Gon.	
Manche.	Kala.	Fara.	Para.
Manche (de daba).	Dabakala.	Guirafara.	Kanapara.
Manchot.	Bolokourou.	Ousamkounini.	
Mangeable.	Abédoum.	N'dabéré.	
Mangeaille.	Dominifé.	Fobéré.	
Manger.	Doumou. Domeni. Douminiké.	Fobiré. Abéré.	
Mangeur.	Douminila.	Fobemhouélé.	
Manière.	Kiégouya.	Koyo.	
Manquer.	Désé.	Alaboumbarka.	
Marabout.	Mori.	Moré.	
Marchand.	Dioula. Sanikéla.	Fosandinou. Fosarinou.	
Marchander.	Térémé.	Sabéré.	
Marchandise.	Méné.	Fénini.	
Marche.	Toroma.	Tago.	
Marché.	Logofié. Sougou. Dogofié.	Péré.	
Marcher.	Toroma.	Tago.	
Marcheur.	Toromala.	Taouli.	
Mardi.	Talata.	Talata.	
Mare.	Ko.	Basa.	

Français	Bambara	Samo du Yatenga	Samo de Dédougou
Mari.	Ké.	Goni.	
Mariage.	Fourou.	Lofiri.	
Marié (homme).	Moussotigui.	Lobenzi.	
Marier (se).	Fouroula.	Maliouanga.	
Marigot.	Ko.	Tamougéré.	Ta.
Marmite.	Da.	Dohani.	
Marmotter.	Dadioukorokouma.	Ninanbo	
Marteau.	Mantaraga.	Tolla.	
Martinet (fouet).	Gégné.	Kasa.	
Masser.	Digui.	Guinga.	
Matin.	Soroma.	Linkini. Niellé.	
Maudire.	Danga.	Dangaoua.	
Maugréer.	Dadiokorokouma.	Ninanbo.	
Maure.	Souraka.	Larbou (1).	Sourdou.
Mauvais.	Magni.	Ibamba. Mamboubouré.	
Méchanceté.	Diougouya.	Ibambadana.	
Méchant.	Diougou.	Ibamba.	
Mêche (chiffon).	Fitiné diourou.	Fitila baré.	
Mécontent.	N'tafé.	Mabavouégho.	
Médecin.	Basitigui.	Zédéni.	
Médicament.	Basi.	Zè.	
Médicamenter.	Basikè.	Zézéné.	
Médire.	B. koumadiougoufo. M. makouma.	Ibambaké.	
Méditer.	Miri.	Taraséré.	
Meilleur.	Kafésa. Akagni.	Bono.	
Mêler.	Niarami.	Gougara.	
Mémoire.	Hakili.	Iidana.	
Menacer.	Kankéréda.	Garallélé.	
Mendiant.	Dalili.	Fayanga.	
Mener.	Nanaé.	Dané.	
Mensonge.	Fonia.	Béna.	
Menteur.	Foniatigui.	Bénadana.	
Mentir.	Kalontégué.	Bénakan-oulé.	
Menu (adjectif).	Doromani.	Boumbané.	
Mépriser.	Doroya.	Bamfago.	
Mer.	Korodié. Guiba.	Mogoulo ou niémogoulo (2).	
Merci !	Barka !	Barka !	
Mercredi.	Arba.	Larba (3).	
Mère.	M'ba.	Da.	N'da.
Merveille.	Kagni. Kaba kou.	Bonobonkara.	
Messager.	Kila.	Guiéoulé.	
Mesure.	Moudé.	Zangoufo.	
Mesurer.	Souma.	Zango.	
Métier à tisser.	Kôlè.		Kouèré.
Mets.	Doumounifen.	Fébéré.	
Mettre.	Bila.	Vouayé.	
Meule (dormante).	Ougou. Niosi-ougou.	Guéré.	Diéré.
Midi.	Télésékounké.	Pondéri.	
Miel.	Li. Di.	Zoro.	Zoro.

(1) Mot mossi.
(2) Niémogoulo : eau salée grande.
(3) Mot mossi.

APPENDICE XVIII 729

Français	Bambara	Samo du Yatenga	Samo de Dédougou
Mien (c'est le).	N'tadon.	Méfomé.	
Milieu.	Télenké.	Bimma.	
Mince.	Pempéréni.	Pagalaga.	
Mine.	Bana.	Bosso.	
Minuit.	Dougoutala.	Lembouka.	
Minerai de fer.	Néguékourou.	Follodiéré.	
Mioche.	Tiéni.	Ningoléni.	
Misérable.	Koribato.	Nouana.	
Misère.	Fangantagna.	Noua.	
Moi.	B. né. M. ndé.	Mé.	Mé.
Mois.	Kalo.	Mouli.	
Moisi.	Téné.	Péa.	
Moitié.	Tala.	Bimma.	
Mollir.	Yéli.	Yoyo (ou yaya).	
Mon.	Né.	Mé.	
Monde.	Sankolo ni dougoukolo.	Labarakountobimba.	
Monnaie.	Afali.	Lérou.	
Montagne.	Koulou.	Ki.	
Monter.	Yélé.	Guiri.	
Montrer.	Aguirina.	Hamané.	
Moquer (se).	N'démé.	Diéma.	
Mordre.	Ki	Soro.	
Moribond.	Nimakaranto. Abésa.	N'daga.	
Mors.	Karafé.	Salabéré (1).	
Morsure.	Kinida.	Sollé.	
Mort.	Saya.	Guiri.	
Mortier.	Kolou.	Gouro	Goroué.
Morve.	Nou.	Indé	
Mosquée.	Missiri.	Missiri.	
Mot.	Kouma kan.	Niépé.	
Motte.	Borokourou.	Koumdou.	
Mou.	Marama.	M'basallé.	
Moucher (se).	Nounfé.	Indépé.	
Moucheté.	Kalama.	Séségué.	
Mouchoir (pour la tête).	Diala. Misoro.	Sensélani.	Misoro.
Mouillé.	Niguina.	Niampasa.	
Mourir.	Sa.	Ga.	
Moustiquaire.	Sangué. Sangui.	Zonembaki.	
Moyen (substantif).	Guéléa. Dabari.	Kouguiri.	
Muet.	Bobo.	Tengué.	
Mugissement.	M'sibékasi.	Dolou-oupéré.	
Muletier.	M'falibatigui.	Bonhouégadana.	
Mur.	Kogo.	Kasi.	
Mûr.	Mona. Moni.	Amina.	
Mûrir.	Mo.	Manka.	
Musette (pour cheval).	Ganefara.	Sosédiembé.	
Musette (pour homme).	Diémé.	Diembé.	Korônko.
Musulman.	Arsilami.	Sábououli.	
Mutuellement.	Gnioron.	Ouankouyé.	
Myope.	Nialafi.	Yéaïdienso.	

(1) Mot mossi.

Français	Bambara	Samo du Yatenga	Samo de Dédougou
Mystère.	Koumba.	Lamako.	
Nager.	Noni.	Sara.	
Nain.	Kiésourouni.	Boeïkounini.	
Naissance.	Voulou touma.	Ouousébidéma.	
Naître.	Ouolo.	Yé	
Nasiller.	Noundokouma.	Pénindéni.	
Nasse.	Zolo.	Niaga.	
Natte.	Kiékala. Dila.	Pébé.	Péré.
Natter.	Kiékalada.	Pébanta.	
Nattier.	Kiékadala.	Pébantali.	
Naturel (substantif)	Son.	Foro.	
Navette.	Diéséda kourouni.	Goumbo (1).	
Nécessaire.	Ka kan.	Bourou.	
Négliger.	Ibana.	Bambala.	
Nègre.	Moro fing.	Séki.	
Nettoyer.	Foura.	Ouara	
Neuf (adjectif).	Koura.	Guéré.	
Niais.	Nalouna.	Ségagaré.	
Nid.	Kononiaga.	Bamantié.	
Niger.	Diéliba. Ba.	Basa	
Niveler.	Kagna.	Zango.	
Noble.	Famadé. Tountigui.	Kimmané.	
Noblesse.	Tountiguilou. Famadéoun.	Kimmané.	
Nœud.	Tafo.	Kônda.	
Noir.	Fing. Finma.	Ki. Foti.	
Noircir.	Afinya.	Akiri.	
Nom (personnel).	Toro. Tona.	Toma. Ma.	
Nom (de clan).	Diamou.	Boulá.	
Nombre.	Dama.	Mono.	
Nombreux.	Siaman. Kasia. Kakia.	Bamonkara. Amono.	
Nommer.	Toroda.	Topé.	
Non.	N'té.	Maïolouko.	
Nord.	Sahéli.	Yéparala.	
Notables.	Loutiguilou.	Sosoré.	
Nouer.	Siri.	Iri.	
Nourrir.	Balou.	Fobiri.	
Nourriture.	Doumounifé.	Fobiouli.	
Nous.	An. Am. Anou.	Bennou.	Mounou.
Nouveau.	Koura.	Guéré.	
Nouvelle.	Kibarou.	Kibaré.	
Noyau.	Kisé. Kolo.	Né.	
Noyer (se).	Toroguila.	Moumabéré.	
Nu.	Farakolo.	Tontoli.	
Nuage.	Kaba.	Ouovoulou.	
Nubile.	Serafourouma.	Abokoumba.	
Nuire.	Barama.	Zadali.	
Nuit.	Sou.	Bôdalé.	Diétiné.
Nuitamment.	B. Souro. M. Souto.	Goundané.	
Nul (aucun).	Si.	Fourabéré.	
Nullement.	Téenté.	Tembafo.	
Nutritif.	Dima.	Koré.	
Obéir.	Tougounna.	Tougoubama.	
Obèse.	Bélébélé.	N'goulo.	

(1) Mot mossi.

Français	Bambara	Samo du Yatenga	Samo de Dédougou
Objet.	Fé (ou fen).	Fo.	
Obliger (forcer).	Diakouya.	Pangaïla.	
Obscur.	Dibini.	Fourakiri.	
Obscurité.	Dibi.	Fouraki.	
Obstiné.	Fayéni.	Diembo.	
Obtenir.	Soro.	Mayé.	
Obtus.	Doro.	M'bané.	
Occident.	Tiribi.	Yelléyé.	
Occupation.	Kiéla.	Guien.	
Œuf.	Kili.	Gouri.	
Offense.	Barama.	Ouamétou.	
Offenser.	Barama.	Koyoka.	
Offrir.	Toma. Tomba.	Ilané.	
Ombrage.	Souma.	Oulé.	
Ombre.	Dia.	N'timbé.	
Oncle (paternel).	Bendoho ké. Bendoroké.	Guilo.	Guindoné.
Oncle (maternel).	Bélinké.	Niésoumgoni.	
Opiniâtre.	Timinandi.	Ninguenzougou.	
Opulent.	Nafouritigui.	Fodena.	
Or.	Sanou.	Sanam (1).	
Ordures.	Niama.	Nianso.	
Oreiller.	Doforo.	Nioudoni.	
Orgueilleux.	Fangatigui. Hakiliman.	Idala.	
Orient.	Koron.	Lébourou.	
Origine.	Da touma.	Fourabiri.	
Orphelin.	Fala.	Toïni.	
Oter.	Bo. Ta.	Asa.	
Ou.	Vola.	Kiè.	
Où.	Mi.	Hahi.	
Ouari (jeu).	Ouari.	Lari.	
Oublier.	Ninina.	Yibo.	
Ouest.	Tiribé.	Yéléyé.	
Oui.	B. huhu. hunhun. M. iô.	Ié.	
Ouragan.	Sanbéna.	Landaré.	
Outrage.	Nionasissi.	Iérékisi.	
Outre.	Diforgo. Soumalé.	Sômbilé.	
Ouvert.	B.Yelléni. M. Lakani.	Binmé.	
Ouvrage.	Bara.	Guihin.	
Ouvrier.	Barala. Tiakéla.	Guiéoulé. Guignonoulé.	
Ouvrir.	Yélé. Adaélé.	Lémé.	Lemmé.
Pacotille.	Méné.	Fono.	
Pagaie.	Guifa.	Laso.	
Pagne (court).	Tafé.		Zankounini.
Pagne (long).	Sélikéfini.		Zanbono.
Pagne (d'en haut).	Dissa.		Dissabousana.
Paiement.	Sarala.	Sara.	
Paillasson.	Kârta.	Karésa.	
Paître.	Bin gnimi.	Son.	
Paix.	Héra.	Lafi.	
Palfrenier.	Sofa.	Bouroumané.	

(1) Mot mossi.

Français	Bambara	Samo du Yatenga	Samo de Dédougou
Palper.	Momo.	Dada.	
Panique.	Siranba. Sira.	Biséla.	
Panser (un cheval).	Diosi.	Guinga.	
Papa.	Baba.	Gui.	
Parachever.	Abana.	Gnia.	
Paraître.	Bo.	Bira.	
Parc (clôture).	Voré. M'sinsan.	Délempibouéré.	
Parce que.	Katougou.	Bétola.	
Pardon.	Toubi.	Pasa.	
Pardonner.	Hakétou.	Pasada.	
Pareil.	Ka kan.	Médénéné.	
Parent.	Balima.	Maddonnin.	
Paresse.	Salaya.	Dembédala.	
Paresseux.	Salabarato.	Diembo.	
Parfaitement.	Koudiougou.	Bònò.	
Parfois.	Touma dola.	Tololo.	
Parier.	Sarti.	Youayenfonni.	
Parjure.	Kalabanti.	Bénadala.	
Parler.	Kouma.	Niépé.	
Parleur.	Koumaba.	Niépéné.	
Parmi.	Kiéma.	Bimma.	
Parole.	Kan.	Niépéné	
Parricide.	Fafarala.	Guidié.	
Part.	Ta.	Fo.	
Partage.	Talali.	Ouadiguiri.	
Partager.	Téla.	Diguiri.	
Partie.	Tougouli.	Tougoma.	
Partir.	Tara.	Ta.	
Partout.	Yoro bé.	Fouralakolé.	
Parure.	Masiri.	Zangnafo.	
Parvenir.	Nanaya.	Adabilé.	
Pas.	Simfa.	Ouasa	
Passage.	Da	Lé.	
Passager.	Témébara.	Tabouli.	
Passant.	Taramala.	Diéouli.	
Passé.	Téména.	Aguiéli.	
Passer.	Tambi.	Guéni	
Patienter.	M'ugnon.	Niono.	
Pauvre	Kolibato.	Ouaankolo.	
Pauvreté.	Fantagnia.	Ouana.	
Pavaner (se).	Bougouyaké.	N'zadalé.	
Payer.	Sara.	Sara.	
Pays.	Dougou.	Tou.	
Pays (des morts).		Guimbapa.	
Pêche.	Komoli. Diéguémon.	Ouopiri.	Kòmikou.
Péché.	Haké.	Nié	
Pécher.	Hakéké.	Niendéla.	
Pécheur.	Hakikéla.	Niendélaka.	
Pêcheur.	Komona. Gomobila. Komono.	Aouolénou (1).	
Peau.	Ouolo.	Ki	Ki.
Peine.	Dimina.	Fozaro.	
Peler.	Ouoro.	Péso.	
Pellicule.	Fara.	Fourou.	

(1) Ou komikouli.

APPENDICE XVIII

Français	Bambara	Samo du Yatenga	Samo de Dédougou
Penché.	Madigini.	Zindi.	
Pendant.	Touma.	Bilama.	
Pendre.	Dolo.	Lorolembi.	
Pénétrer.	Donna.	Ouo.	
Pénible.	Ségué.	Yoro.	
Pensée.	Mirili.	Tarasé.	
Penser.	Miri.	Tarasé.	
Percé.	Soroni.	Mafon.	
Percer.	Soro.	Fon.	
Perche (grand bâton).	Sala.	Gongogoulo.	
Percher (se).	Sigui.	Guisi.	
Perdre.	Tounou.	Yara.	
Père.	Fa.	Gui.	N'gui (ou ingui).
Périr.	Sara.	N'ga.	
Perle.	Kono.	Mouzana.	
Permettre.	Bila.	Dala.	
Permission.	Bayini.	Guirihanga.	
Personne.	Moro.	Sé.	
Peser.	Souma.	Zango.	
Pet.	Bouti.	Tonébo.	
Péter.	Boutéké.	Mabo.	
Petit (adj.).	Doro. Ni.	Boumbani. Ankouniui.	
Petit (subs.).	Dé.	Né.	
Petite-fille.	Momari mousso.	Manéné.	
Petit-fils.	Momari.	Tamané.	
Peu.	Doni.	Boumbané.	
Peur.	Sila.	Bisara.	
Peureux.	Silambarato.	Bisaoulé.	
Pièce (morceau).	Koun.	Agounda.	
Piège.	Garangué. Folo.	Koungouso.	
Pierre.	Kaba. Kourou. Koulou. Fara, etc.	Diéré. Diétan.	
Pierre (du tonnerre).	Sampéré koulou.	Ladiéréné.	
Pieu.	Bolo.	Dopilané.	
Piler.	Soussou.	Zé.	
Pileuse.	Soussoula.	Zéli.	
Pilon.	Kolongala.	Gounané.	Gounani.
Pincer.	Noroti.	Tonkon.	
Pipe.	Dambadaga. Tambadaga.	N'dani.	
Piquant.	Sorolan.	Fonfo.	
Piquer.	Soro.	Fon.	
Piqûre.	Soroda.	Fonfé.	
Pire.	Koudiougou.	Ambamba.	
Pirogue.	Kolo.	Gongoro.	
Pitié (avoir).	Makari.	Sérou.	
Place.	No.	Fourano.	
Plaie.	Déli.	Ninlé.	
Plaindre.	Mimsi.	Fozam.	
Plaire.	Ka di yé.	Nanandé.	
Plaisir.	Gnahali.	Fokoré.	
Plante.	Toudou.	Lora.	
Plat (en paille).	Féléfélé.	Lapa.	
Plein.	Fara.	Pain.	

APPENDICE XVIII

Français	Bambara	Samo du Yatenga	Samo de Dédougou
Pleurer.	Kasi.	Oupé.	
Pleurs	Gnadi.	Youmou.	
Pleuvoir.	Sanguiyéna	Landari.	
Pli.	Inérendé.	Lékoulou.	
Plier.	Kadi.	Aguié.	
Plomb.	N'délékou (1).	Nouo.	
Plonger.	Tounou.	Sara.	
Pluie.	Sangui	Lamou (2).	Lamou.
Plume.	Diolo. Si.	Kan.	
Plusieurs.	Siaman.	Mondé.	
Poche.	Guifa.	Zifa.	
Poignard.	Nibaha.	Gouansa.	
Poignée.	Bolo fa.	Ousampa.	
Poil.	Si.	Kan.	
Pointe.	Koun.	Lémini.	
Poison.	Basi.	Guè.	
Poltron.	Guito.	Imbona.	
Pondre.	Kilida.	Gouida.	
Pont.	Sé. Birila.	Zégouni.	
Porte (ouverture).	Da.	Lè. Tienlé.	
Porte (en bois).	Kon.	Koulonga.	
Porter.	Tarodi.	Tané.	
Porteur.	Donitala.	Saouli.	
Poser.	Digui.	Guisi.	
Posséder.	Sodo.	Foyé.	
Possesseur.	Tigui.	Dana.	
Pot.	Daga	Doné.	Tiéné.
Poteau (fourchu).	Barouma.	Godaré.	
Poteau (non fourchu).	Loro.	N'gokolo.	
Pouilleux.	Karankato.	Koronkadana.	
Poulailler	Sissésoulou.	Dongo.	
Pourquoi ?	Moundo?	Kafolola ?	
Pourri.	Tolla.	Péa. Pia.	
Pourrir.	Toli.	Pou.	
Poursuivre.	N'tarako.	Manlara.	
Pousser (contre).	Digui.	Hinda.	
Pousser (sortir de terre).	Féren.	Bira	
Poussière.	Bougouri.	Kimbou.	
Pouvoir.	Bésé.	Manzogo.	
Précéder.	Taragna.	Tahilé.	
Prédire.	Kégnéla.	Gouna.	
Préférable.	Kafésa.	Bempésa.	
Préférer.	M'bakanou.	Manavouéré.	
Premier.	Folo.	Ali.	
Prendre.	Mina.	Akoun.	
Près.	N'koro.	Manayé.	
Présent (don).	Bougna.	Gouloka.	
Pressé.	N'kortoni.	Foulahi.	
Prêter.	Singa. Douroudo.	Pago.	
Prêteur.	Dioulougui.	Guiendana.	
Prier.	Dali.	Nianga.	
Prière.	Dalili.	Niangavo.	

(1) Ou ouari-kéné.
(2) C'est-à-dire l'eau du ciel, comme sangui ou mandé.

APPENDICE XVIII 735

Français	Bambara	Samo du Yatenga	Samo de Dédougou
Priser (du tabac).	Sirami.	Dallélo.	
Prison.	Négélado.	Kandi.	
Prisonnier.	Négétigui.	Kandidana.	
Prix.	Songo.	Guéné.	
Proclamer.	Ouélé.	Léyono.	
Prodigue.	Dila.	Kaouri.	
Profit.	Kountono.	Fodalla.	
Profiter.	Kountono soro.	M'bafoyé.	
Profond.	Kadou.	Zouzoulou (ou zouzoulo).	
Promenade.	Yala.	Yabouré.	
Promener (se).	Yala.	Yago.	
Promesse.	Danali.	Mafé.	
Promettre.	Dana.	Mémafé.	
Promptement.	Téria.	Foulamma.	
Propre.	Guéra.	Abira.	
Propriétaire.	Tigui.	Dana.	
Prosterner (se).	Niongouri.	Koro.	
Prostituée.	Diato. Garbo.	Zalo.	
Protecteur.	Démébara.	Guièmohouli.	
Protection.	Déméné.	Maguièma.	
Protéger.	Démé.	Guièma.	
Puer.	M'bousoma.	Kengui.	
Puîné.	Doroké.	Dané.	
Puis.	O ko.	Békourou.	
Puiser.	Guibo.	Moubango.	
Puissance.	Fanga.	Panga.	
Puissant.	Séba. Fangama. Niomogo.	Pangadana. Hédana.	
Puits.	Kolon. Kolo.	Sourou. Tou.	
Punir.	Néguéla.	Kandidama.	
Pus.	Né.	Mou.	
Putréfaction.	Toliya.	Péyakara.	
Putréfier (se).	Toli.	Péya.	
Quand.	Touma mi.	Oussokama.	
Quartier.		Koundo (ou koundou).	
Que.	Min.	Danké.	
Quel ?	Diom ?	Da ?	
Quelquefois.	Toumadola.	Lembirini.	
Quelqu'un.	Moro.	Sé.	
Querelle.	Kélé.	Zari.	
Quereller (se).	Kéléké.	Zada.	
Question.	Gnininkali.	Lakaba.	
Questionner.	Gnininka.	Laka.	
Qui.	Mi.	Da.	
Quiconque.	Moro moro.	Séosé.	
Quidam.	Kari.	Dami.	
Quitter.	Bo.	Bira.	
Quotidien.	B. lolo. M. lounlou	Tololo.	
Raccommoder.	Kala.	Zézéné.	
Race.	Si.	Dougo (1).	
Racheter.	Séguemma.	Séguémanman.	
Raconter.	Fo.	Apé.	
Radoter.	Koumakouma.	Penkoukouro.	

(1) Mot foulsé, je crois.

Français	Bambara	Samo du Yatenga	Samo de Dédougou
Radoteur.	Koumakiéla.	Pendana.	
Railler.	Gnahari tobo.	Pemkoukourou.	
Raison.	Sago. Téè.	Tanéyé.	
Raisonnable.	Niémé. Sobé.	Sélé.	
Rallumer.	Mana.	Abou.	
Ramage.	Kono kasi kan.	Oupéré	
Ramasser.	Ata.	Sa.	
Ramener.	B. nanaé. M. nati.	Dané.	
Ramper.	Taramannou.	Tagoaki.	
Rance.	Tignani.	Zarou.	
Rancir.	Tigna.	Zaro.	
Ranger.	Dila.	Zanzéné	
Rapidité.	Tariya.	Foulamma.	
Rapiécer.	Tougou.	Tougou.	
Rappeler.	Kilikanatougou. Ouélékanatougou	Borinda.	
Rapporter.	Tarata.	Tobasa.	
Rare.	Man sia.	Abakabo.	
Rasé.	Lini.	Imbo.	
Raser.	Li.	Abo	
Rasoir.	Sirifé.	Siribi.	
Rassasier (se).	Fa.	Ka.	
Rassemblement.	Lagué.	Dakouyé.	
Rassembler.	Ladé.	N'dakouyé.	
Rater.	Yagné.	Lara.	
Rattacher.	Siri.	Koda.	
Rattraper.	Ménakokoura	Koudo.	
Ravager.	Tiéna. Téè.	Zarou.	
Ravir.	Bosi.	Ayo	
Ravissant.	Kagni koudiougou.	Bonkara.	
Ravoir.	Soro ko koura.	Mayido.	
Rebâtir.	B. Do ko koura. M. Lo ko tougou	Donto.	
Récéler.	Soundougoula.	Biakiara	
Recéleur.	Soundougoulikéla.	Bakiéouli.	
Recevoir.	Soro.	Mahi.	
Réchauffer.	B. kalia ko tougou. M. gandia ko tougou.	Foula.	
Recommencer.	Damida.	Pédo.	
Récompense.	Kountono.	Fohi.	
Récompenser.	Kontono dima	Fokamaba.	
Réconcilier (se).	Tériabannona.	Tongonibéfourana.	
Reconduire.	Bilasira.	Dazéré.	
Reconnaissance.	B. N'lanna. M. Lansiri.	Bana.	
Reconnaissant.	B. N'lannamoro. M. Lansiritigui.	Bandana.	
Reconnaître.	B. Niallon. M Lou.	Madou.	
Reconstruire.	B. M'bado. M. Lokotougou.	Dodo.	
Récrépir.	B. Bariko tougou. M. Amonko tougou.	Taraboudo.	
Reculer.	Sobo.	Singa.	
Redouter.	Silan.	Bisara.	
Redresser.	Latili.	Télé.	

APPENDICE XVIII

Français	Bambara	Samo du Yalenga	Samo de Dédougou
Refaire.	Ké ko tougou.	Zenzendo.	
Réfléchir.	Miri.	Tarasé.	
Réflexion.	Mirili.	Tarasé.	
Refroidir.	Soumaya.	Iono.	
Refuser.	Ban.	M'bala.	
Regarder.	Flé. Mafélé. Afilé.	Lama.	Gama.
Région.	Dougou.	Ouâki.	
Régner.	Famayaké.	Kibakiri.	
Regret.	Nimsaya.	Péléé.	
Regretter.	Nimsa.	Pélé.	
Reine.	Fama mousso.	Kirilò (ou killou).	
Rejoindre.	B. Amadié. M. Kounto.	Talé.	
Réjouir.	Ka di yé.	Koomané.	
Réjouissance.	Sali.	Moulankara.	
Relâcher.	Bila.	Dala.	
Relever.	Laouli.	Douli.	
Remarquer.	Niafélé.	Mahi.	
Remède.	Basi.	Zié.	
Remercier.	Barkala.	Fodané.	
Remettre.	Sama.	Léyono.	
Remonter.	Yélenko tougou.	Guido.	
Remplacer.	Tara nona.	Tasiba.	
Remplir.	Lafa.	Lékan.	
Remuer.	Lamara.	Zézéra.	
Renaître.	Ouolou ko tougou.	Iédo.	
Rencontrer.	Bé.	Dôlé.	
Rendormir (se).	Soungo ko tougou.	Hido.	
Rendre.	Sagi.	Séguéma.	
Rêne.	Karafé diourou.	Salébi bari.	
Renfermer.	Datougou.	Lésogo.	
Renifler.	B. Nouforo. M. Noun ouasouroumba.	Innefossé.	
Renommée.	Toro ba.	Tobila.	
Renoncer.	Bora.	Mabira.	
Rentrer.	Donko tougou.	Ouado.	
Renverser.	B. Bi. M. Laboï.	Zourou.	
Renvoyer.	B. Lagué. M Gué.	Mandalami.	
Répandre.	Bon.	Kindé.	
Reparaître.	Bo ko tougou.	Birado.	
Repas.	Doumouni.	Fobiré.	
Repentir (se).	Nimisa.	Tarassé.	
Repentir.	Nimisaya.	Tarasifo.	
Répéter.	Fo kokoura. Fo ko tougou.	Pédo.	
Répondre.	Diabi.	N'touka.	
Repos.	B. Lafignéli. M. Tofognoli.	Sousou.	
Reposer (se).	B. Lafigné. M. Tofogno.	Sousou.	
Repousser.	B. Yagué. M. Gué.	Ouandala.	
Reprendre.	B. Aminakotougou. M. Ta ko tougou.	Bafossi.	
Réputation.	Toro ba.	Tobila.	
Réserver.	B. Mara. M. Mara.	Kara.	
Résoudre (se).	Miri.	Tarassé.	
Respecter.	Bougna.	Gouloka.	

47

APPENDICE XVIII

Français	Bambara	Samo du Yatenga	Samo de Dédougou
Ressembler.	Boni.	Boè.	
Ressentiment.	B. Founou. M. Saria.	Fotana.	
Reste.	To.	Goundaré.	
Rester.	Sigi.	Gana.	
Retirer.	Bo.	Bo.	
Retour.	Ségué touma.	Niaousoma.	
Retourner.	Tarakotougou.	Yénenta.	
Retrousser.	B. Layellé. M. Dakoutou.	Léwara.	
Réunion.	Diama.	Sémondé.	
Rêve.	Siboli.	Nandéré.	
Réveil.	Kounou touma.	N'dououssouma.	
Réveiller.	Lakounou.	Yakara.	
Revenir.	Ségué.	Yénéma.	
Rêver.	Sibo.	Manana.	
Rêveur.	Siboléla.	Naouri. Nandérédana.	
Revivre.	Balo ko tougou.	Nahindé-ido.	
Revoir.	Nioronié.	Vouavouakouyé.	
Révolte.	Dianfali.	Mazambé.	
Révolté.	Dianfatigui.	Zambodana.	
Révolter (se).	Dianfa.	Zambo.	
Rhume.	Sorosoro.	Tono.	
Riche.	Nafouloutigui.	Fodana.	
Richesse.	Nafoulou.	Fo.	
Ride.	Nyougou.	Niongoso.	
Rien.	Fouï.	Fofo.	
Rigole.	Guisira.	Mouzéré.	
Rieur.	Yéléba.	Yalé.	
Rire.	Yélé.	Yara.	
Rive.	Tinti.	Lé.	
Rivière.	Ko. Ba bolo.	Basaouara.	
Rixe.	Kélé.	Daré.	
Robuste.	Kambélé.	Guiri.	
Rocher.	Farakourou.	Guiégoulo.	
Rogner.	Do bo.	Dinga.	
Rompre.	Kari.	Yéré.	
Rond.	Miuini.	Moundélé.	
Ronfler.	Korondo.	Sousa.	
Ronger.	Gnimini.	Son.	
Rouge.	Oulé. Blé. Ouléma. Biléma.	Fotan. Pota.	
Rouille.	Kourakoura.	Yoyo.	
Route.	Sila.	Zéré.	
Ruche.	Gounga. Ouountou.	Kobé.	Zokoubé.
Rude.	Nyayéni.	Kakaré.	
Ruer.	Tan. Tani.	Pan.	
Rugissement.	Kasikan. Irindikan.	Niakanaoupé.	
Ruine.	Tombo.	Tientolo.	
Ruiner.	Té.	Zaro.	
Ruse.	Kégouya.	Koyo.	
Sable.	N'tyen. Kénié.	Iasountané. Niasoumé.	
Sabot.	Soukourouni.	Gokosso.	
Sabre.	M'pan. Mourou ba.	Posésa.	
Sac.	B. boro. M. boto.	Yollogo.	

APPENDICE XVIII

Français	Bambara	Samo du Yatenga	Samo de Dédougou
Sacrifice.	Soni.	Kan.	
Sacrificateur.	Sonikéla.	Kandana.	
Sacrifier.	Son.	Zéné.	
Sage-femme.	Timméné mousso.	Ninséouli.	
Saigner.	Dioli bo.	Yamabila.	
Saillir.	Mousso gosi.	Guirimma.	
Sain.	Kéné.	Karanké.	
Saisir.	B. Mina. M. Mita.	Kou.	
Salaire.	Sara.	Sara.	
Sale.	Nogo.	Gon.	
Saler.	Koro ké.	Nimbidama.	
Saleté.	Noroya.	Gon.	
Salière.	Korokélan.	Imboudoné.	
Salir.	Nogo.	Gouan.	
Salpêtre.	Ségué.	Sima.	
Saluer.	Fo.	Fo.	
Samedi.	Sibiti.	Sibiri.	
Sandale (simple peau de bœuf).	Sabaradyala. Samaradyala	Kòsi.	Kosso.
Sandale (épaisse, pour femmes).	Sabara. Samara.		Kossomouké.
Sangloter.	Kasi kou dougou.	Oupékara.	
Sangsue.	Kendéyà.	Karanké.	
Satisfait.	Dira.	Koré.	
Sauce.	Na.	Dou.	
Saut.	B. Gani. M. Pani.	Kouloula.	
Sauter.	B. Gan. M. Pan.	Lambo.	
Sautiller.	Tolon.	Koulambo.	
Sauver.	Kisi.	Malla.	
Sauver (se).	Bori.	Bòsi.	
Savant.	Kolonna. Domba.	Doli.	
Savoir.	Lon.	Madouri.	
Savon.	Safané.	Safané.	
Savonner.	Safanadou.	Safanédingama	
Sciure.	Iri mougou.	N'goonssi.	
Seau (calebasse servant de seau).	Dioulouïé.	Bàné.	
Sec.	B. Dialé. M. Dianin.	Lara.	
Sécher.	Dia.	Lara.	
Secouer.	Diougoudiougou.	Fofogo.	
Secourir.	B. Démé. M. Déma.	Dièma.	
Secours.	B. Déméli, M. Démali.	Délembé.	
Secret (garder un).	Toï kono. Sigi i kono.	Dalanhouono.	
Séjourner.	Sigui.	Mangana.	
Sel.	Kogo. Koua.	Imbi. Nié.	
Selle.	B. Kéréké. M. Kriké.	Kenguéré.	Tiéré (ou tienré).
Seller.	B. Kérékésidi. M. Soukrikéla.	Kienga-iri.	
Semaine.	B. Dorokoun. M. Lohokoun.	Péré.	
Semblable.	Boni.	Boréyé.	
Semblant (faire).	Fan kéla.	Pando.	
Sens.	Koro.	Abourou.	
Sentier.	Sila.	Zéré.	
Sentir (respirer une odeur).	Soumala.	Maguimané.	

Français	Bambara	Samo du Yatenga	Samo de Dédougou
Sentir (exhaler une odeur).	Souma.	Gui.	
Séparer.	Fara.	Bokouma.	
Sépulture.	Saré.	Yéréna.	
Serment.	Kalili.	Yoro.	
Serment (faire un).	Kali.	Yoro.	
Serrer.	Géléa.	Molo.	
Serrure.	B. Koumbara. M. Koun balabala.	Boumbo.	
Seuil.	B. Boundakou. M. boundakoun.	Kellébamba.	
Seul.	Kélé. Kélempé.	Dénéné.	
Seulement.	Doron.	Taa.	
Sevrer.	Da ba sinna.	Niodala.	
Si.	Ni.	Manka.	
Siècle.	San kémé.	Lépabéré.	
Siège.	Sigilan.	Foura.	
Sien.	N'ta.	Mafo.	
Sieste.	Tellèsinoro.	Pindéhiyélé.	
Siffler.	Foulé.	Piri.	
Sifflet.	Fouléni.	Piribomané.	
Siffleur.	Fililéla.	Péouli.	
Signe.	Nònò.	Hali.	
Signifier.	B. Koroyé. M. Koto yé.	Bourinké.	
Singer.	Ladégué.	Dadenya.	
Sinon.	Nònté. Niòté.	Kièkambako.	
Situé.	Siguini.	Bè.	
Sobre.	Alidominibaké.	Kayadiréni.	
Sobriquet.	B. Torodili. M. Toférou.	Labakaré.	
Société (religieuse secrète).	Komo.	Sougou.	Sougou.
Société (initiés de cette).	Komodé.	Sougoumani (1). Niasoro. Niasogo.	Sougoumani.
Sœur (aînée).	N'koromousso.	Maboulolouna.	
Soif.	Minoro.	Noudou.	
Soit.	Oula. Ourala. Oulala.	Ouentéléni.	Souguénenné.
Soldat.	Sofa.	Soromalé.	Zané.
Soleil.	Tili (ou tlé).	Ousso.	
Sombre.	Dibi.	Fouraki.	
Sommeil.	Sinoro.	Niéré.	
Sommeil.	Sinoro.	Gni.	
Sommet.	Kounté.	Banabéré.	
Son (adj. poss.).	A.	M'bé.	
Son (subs.).	Bo.	Folo.	
Songe.	Siboli.	Mana.	
Songer.	Miri.	Tarassé.	
Sorcier (mangeur d'âmes).	Soubara. Souba.	Sibiri. Kouankouan.	Kouinkouin. Bombolé.
Sortir.	Bo.	Bira.	
Sot.	Nalouni.	Sikoukouro.	
Sottise.	Nalounigna.	Koukourou.	

(1) C'est-à-dire les fils du Sougou, même signification en bambara « les fils du Komo ».

APPENDICE XVIII 741

Français	Bambara	Samo du Yatenga	Samo de Dédougou
Souche.	Iri koutou.	Gokounini.	
Soufflet (instrument).	Fan.	Goubé. Zada.	
Souffrance.	Dimiya.		
Souffrir.	Dimi.	Zaré.	
Soufre.	Tibrik.	Kidibri.	
Souhaiter.	Gna bo fé.	Bongo.	
Souillé.	Noroni.	Gombaé.	
Souiller.	Noro.	Gon.	
Soulagement.	Soumaya.	Léléoua.	
Soulager.	Souma.	Lélé.	
Soûlard.	Dolo mina ba.	Ouèrkali.	
Soulever.	B. Korota. M. Kotota.	Sa.	
Soumettre.	M. Touhi. M. Latouhi.	Tougoma.	
Soupçonner.	B. Sika. M. Siga.	Mahiri.	
Soupirer.	Mountan.	Indésébo.	
Source.	Bouya da.	N'dahila.	
Sourd.	Tologuété.	Tengué.	
Souricière.	Kalandi.	Kintombo.	
Souris.	Gnina.	Kéné.	
Sournois.	Makouni.	Lenta.	
Sous.	Koro.	Alou.	
Soutenir.	B. Domita. M.Tomita.	Guéma.	
Souvenir (se).	Hakili bala.	Mahiriboko.	
Souvent.	Siaman.	Tololo.	
Spirituel.	Hakilibou.	Iégoulo.	
Splendide.	Kagni koudiougou.	Bonkara.	
Stérile.	B. Gansan. M. Kouman.	Kolo.	
Suaire.	Kasanké.	Zoouona.	
Substituer.	B. falenda. M. falin.	Lérou.	
Suc.	Gniagui.	Gon.	
Succéder.	Nohan sigui.	Kalaouri.	
Successeur.	Nohan siguila.	Kaladana.	
Succulent.	Kadi koudiougou.	Kòkara.	
Sucer.	Soussou.	Mango.	
Suer.	Wosi.	Fourafolo.	
Sueur.	Vuosigui.	Kakiéra.	
Suffire.	Bo.	Bamalé.	
Succéder (se).	B. yélifara. M. fan faha.	Guiligué.	
Suie.	Sama nini.	Zololé.	
Suivre.	B. mado. M. taradandan.	Dazéré.	
Suppurer	B. né bo. M. né bo.	Noubira.	
Sur.	Kan.	Yinla.	
Sûr.	Togna. Yado.	Ta.	
Surnager.	Abidiékan. Toudiékan.	M'bémoulla.	
Surpasser.	Sé.	La.	
Surprendre.	Yabolo.	Navo.	
Surveiller.	B. tanta. M. kanta.	Lamma.	
Suspendre.	Dé. Déla.	Doro.	

Français	Bambara	Samo du Yatenga	Samo de Dédougou
Tabatière.	Sirakéla. Bofilé.	Siratôné. Sirabada.	
Tabou.	N'téné. N'tanna.	Damané.	
Tabouret.	Koudou. Seguila.	Yourouni.	Ganango.
Taciturne.	Makouni.	Lenta.	
Tailler (des pierres).	B. kourou lèsèli. M. koulou malèsè.	Diensélalé.	
Tailleur (en général: qui taille).			Ouli.
Tailleur (de vêtements).	Finikalala. Kalaba. Karalila.	Lépi.	Zouanlépi-ouli.
Taire (se).	Da mita.	Lenta.	
Tamtam.	B. dounou. M. doundoun.	N'tomana.	
Tarder.	B. menta. M. mé.	Méa.	
Tardif.	Soumani.	Niantoro.	
Tarir.	Dia.	Nia.	
Tas.	Tou.	Sanga.	
Tasser.	Digui.	Sogo.	
Tâtonner.	Momola.	Dada.	
Teindre.	B. dongarato. M. doun yara to.	Gaono.	
Témoin.	Séri.	Séléma.	
Tempête.	Sanguié.	La (?).	
Temps.	Touma.	Ousso.	
Tenaille.	B. bala. M. bayan.	Diago.	
Tendre (adj.).	Mahama.	Logologo.	
Ténèbres.	Dibi.	Fouraki.	
Ténébreux.	Dibini.	Fourapéporo.	
Tenir.	Mouta.	Akoun.	
Terminer.	Ban.	Nia.	
Terre.	Dougou.	Tou.	Tou.
Terre (croûte de la).	Dougoukolo.	Tou.	Tourou.
Terreur.	Mamali.	Bisala.	
Terrifier.	Lasilan kou diougou.	Bisara.	
Téter.	Simmi.	Nionmi.	
Têtu.	Faniali.	Diembo.	
Tien.	Ta.	M'bako.	
Tige (de mil).	Nio kala.	Oupara.	
Timide.	Silani.	Bisaré.	
Timidité.	Silan.	Fobakaré.	
Tirer.	Saman.	Bango.	
Tison.	Takésé.	Kengalé.	
Tisonner.	Tatodiaga.	Keïgara.	
Tisser.	Géséda.	Guésézo.	
Tisserand.	Gésédala.	Talé.	Zouantaouli.
Tituber.	Kilokilo.	Mankali.	
Toi.	B. é. M. ité.	Kè.	Mma.
Toison.	Sara si.	Siikan.	
Toit.	B. touba. M. tiba.	Sougouri.	
Tombe.	B. saré. M. badé.	Yéren.	
Tomber.	B. bé. M. boï.	Minda.	
Ton.	I.	Kè.	
Tondre.	Si matégé.	Abo.	

APPENDICE XVIII 743

Français	Bambara	Samo du Yatenga	Samo de Dédougou
Tonnerre.	B. Kabakouloula. San peré. M. San péren.	Kèsi.	Laguini (1) (ou Ladini).
Torche.	Mogno.	Belou. Boyiri.	
Tornade.	Sanfi.	Lakikaré.	
Tort.	Barama.	Balara.	
Tôt.	Diouna.	Sisa.	
Totem.	Diamou.	M'boula.	
Toucher.	Mara.	Sama.	
Toujours.	B. dondo. M. touma o touma.	Tonolo.	
Tour.	Mini.	N'kogo.	
Tourbillon.	B. foulogodio. M. gringrin.	Koukorini.	
Tourner (se).	Yéléma.	Bindé.	
Tourner.			
Tousser.	Sorosogo.	Tona.	
Tout.	Bé.	Lafoulé.	
Trace.	Sino.	Ouaki.	
Traduire.	Yéléma.	Niéna.	
Trahir.	Dianfa.	Zambo.	
Trahison.	Dianfali.	Bamazembé.	
Traîner.	Fofo.	Diara.	
Traire.	B. bidi. M. biti.	Bourou.	
Traître.	Dianfalila. Dianfatigui.	Zambodana	
Trajet.	Toroma.	Tago.	
Tranchant.	Da.	Lé.	
Trancher.	Tégé.	Binkané.	
Tranquille.	Herra.	Balné.	
Transformer.	Yéléma.	Bendé.	
Travail.	Bara.	Guien.	
Travail (de voisinage).	Dama. Damado.	Damadièma.	
Travailler.	Baraké.	Guinanvo.	
Travailleur.	Barala. Tiakéla	Guiéoulé. Kuignonouli.	
Travers (à).	Té ma.	Bimma.	
Traverser.	Tégé.	Binkani.	
Trébucher.	B. toro M. férékou.	Vouagué.	
Trembler.	Yéréyéré.	Papara.	
Tremper.	Sou.	Aiôyé.	
Très.	Kou diougou.	Mono.	
Trier.	B. tomo. M. tombo gna la.	Gongo.	
Triompher.	B. n'zé. M. sé.	Zougo.	
Triste.	Sarini.	Fozzaro.	
Trompe (instrument de musique).	B. boudou. M. bourou.	Boboulou.	Boutoulou.
Tromper.	Fili.	Yaré.	
Trop (très).	Kou diougou.	Mono.	
Troquer.	Fali.	Léarou.	
Trou.	B. dinga. M. dinka.	Yéra.	
Trouver.	Yé.	Mahié.	

(1) C'est-à-dire le grondement du ciel, même sens que kabakouloula.

Français	Bambara	Samo du Yatenga	Samo de Dédougou
Tu.	I.	Ké.	
Tuer.	Afa. Afaga. Fara.	Gué. Agienga.	
Tumeur.	Diéli.	Nillé.	
Tuyau.	Kala.	Pala.	
Tambour (forme sablier).	Diéli dounou.	Mana.	
Tambour (calebasse).	B bara. M. bata.	Tomani.	
Tambour (grand cylindre)	Taman.	Gandalé.	
Ulcère.	Diéli.	Nillé.	
Uni.	B. kagnéni. M. kagnani.	Zinda.	
Univers.	Sankaba ni dougoukolo. Kéné.	Tokounlabara. Falakoulé.	
Usage.	Namou.	Yéinlali.	
Usé.	Roféné Toféyani.	Sousou.	
Usurpateur.	Nokansiguitigui.	Tougomaoudé.	
Usurper.	B. nokansigui. M. goufo.	Kalaoulé.	
Vacher.	Misi géla.	Doukolom-aoulé.	
Vaillance.	Kéfarigna.	Béangoullé.	
Vaillant.	Kéfari.	Boikilé.	
Vain.	Gansan.	Kolo.	
Vaincre.	Sé.	Zougo.	
Vainqueur.	Simbara.	Zougououlé.	
Valoir.	A bé.	M'daï.	
Van.	B. kiéré. M. ségnéré.	Zazané.	
Vanité.	Bougaya.	Zombono.	
Vaniteux.	Bougayatigui. Bougayakéla.	Zombomdana.	
Vanner.	Tenté.	Sissara.	
Vantard.	B. mafagoulentigui M. fanfola.	Penkoukoudon ou penkoukourou	
Vapeur.	Sisi.	Bousouma.	
Variole.	B. zô. M. sou.	Kalamané.	
Vase (de la)	B. bogo. M. boro.	Biringa.	
Vautrer (se).	B. kolonkolo. M. brimbrin boro to.	Bindiré.	
Veiller.	Si gna la.	Ninko.	
Véler	Digui.	Niyé.	
Vendeur.	Férila.	Pékoli.	
Vendre.	B. sani. M. san.	Péré.	
Vendredi.	Ardiouma. Diédouma.	Arzouma.	
Vénérer.	Bougna.	Gouloka.	
Venger (se).	Moné bo.	Mafobo.	
Venir.	Na.	Da.	
Vent.	Finié. Fogno.	Péré.	Pélé
Vérité.	Togna	Tan.	
Vermoulu.	B. doun. M. douhoudouhounin.	Douim.	
Vérole (petite).	B. ninésani. M. sou.	Kalamanméséné.	
Vérole.	Da	Pitéré.	
Vers	Fann'. Fan.	Bahé.	
Verser.	Bon.	Kindé.	

APPENDICE XVIII 745

Français	Bambara	Samo du Yatenga	Samo de Dédougou
Vertige.	B. yanamini. M. tiri.	Yébien.	
Vêtement.	Fanou.	Zònino.	
Vétille.	Kouma gansan.	Penkolo.	
Vêtir (se).	Fanou do.	Zohogomma.	
Veuve.	B. firiyato. M. fourouya mousso.	Loubango.	
Victorieux.	Simbara.	Zougoonlé.	
Vide.	B. lakolo. M. kouloun.	Kolo.	
Vider.	Bo.	Kindé.	
Vie.	Ni. Si.	Nindé.	
Vieux.	Koro.	Zézi.	
Vieillard.	Moro koro ba.	Sézizi.	
Vieillesse.	Koroya.	Bazozéka.	
Vigoureux.	Fangatigni.	Pangadana.	
Vigueur.	Fanga.	Panga.	
Vil.	Ma gni.	Labounko.	
Vilain.	Ké diougou.	Sétégoulo.	
Village.	Dougou.	Tou.	
Village (chef de).	Dougoutigui.	Toukiri.	
Violer.	B. téé. M. tigna.	Zaro.	
Violon.	B. sokou. M. kontion.	Dankahina.	
Venue.	Na.	Da.	
Visiter.	Bobara.	Tahié.	
Vite.	B. téria. M. taria.	Fonfolo.	
Vivant.	Balouni.	Indé.	
Vivre.	Balou.	Biindéné.	
Vivres.	B. sirafanda. M. sila fanda.	Fobiré.	
Vœu.	B. dafalé. M. tagou.	Ousangué.	
Voici. Voilà.	B. féléni. M. félenti.	Lama	
Voir.	Yé.	Lama.	
Voisin.	Siguignoro.	Ganaléaouli.	
Vol.	Sougnéli.	Bamakoundo.	
Vol (de l'oiseau).	Gani.	Péré.	
Volage.	Falifali moro.	Bouligagaré.	
Voler (dérober).	Sougné.	Koundo.	
Voler (dans l'air).	Gan.	N'do.	
Voleur.	Sohon. Sougnalila.	Fokounaoulé. Bia.	
Volonté.	Sago.	Bilévéré.	
Volontiers.	Ka di yé.	Koamané.	
Vomir.	Fono.	Pòssi.	
Vouloir.	B. m'bafé. M. fé.	Bananandé.	
Vous.	B. abou. M. ilou.	M'binnou.	
Voûté.	B kokourou. M koutounin.	Zindé.	Amounou.
Voyage.	Toroma.	Tavo.	
Voyageur.	Toromala. Toromakéla.	Yabouré.	
Voyager.	Toromaké.	Tatavo	
Vrai.	Togna.	Tin.	
Vue.	Gna.	Yéré.	

APPENDICE N° XIX

Vocabulaire foulsé ou nioniossé

Français	Mossi	Foulsé
Abattre.	Ibé.	Sirizé.
Abeille.	Si.	Toé.
Aboîment.	Ouésibo	Ouollo.
Abondant.	Sénéré.	Ouréana.
Abreuver.	Niou.	Nio.
Abreuvoir.	Gargo	Garougou.
Accident.	Pamillé.	Naouali.
Accroc.	Kéguéhan.	Oukané.
Acre.	Mikien.	Gontohissé.
Adolescent.	Biribilo.	Borébi.
Adroit.	Tiriga.	Nasam.
Adultère.	Pougouyodéré.	Kérotona.
Adversaire.	M'bé.	Niéyallo.
Affamé.	Komsoba.	Adéboussa.
Affreux.	Yélibédo.	Olézabi.
Age.	Youma.	Zéna.
Agé.	Koudouga.	Kongoné.
Agneau.	Pébilo.	Pessibi.
Agonie.	Niorésaya.	Pomdakendé.
Agonisant.	Kio.	Ousibé.
Agresseur.	Niénentéou.	Kolakourou.
Aide.	Songué.	Ahamasédé.
Aider.	Songué.	Anasidé.
Aigle.	Tougouri.	Tougouri.
Aiglon.	Tougouribilo.	Tougouribi
Aigrette (oiseau).	Ouendénora.	Iemmono.
Aiguille.	Fougonra.	Hiékésamdé
Aiguiser.	Managanoré.	Angasogonéné.
Ail.	Nansaralabasila.	Nansaralabasila.
Aile.	Piguisa.	Zonga.
Ailleurs.	Ziguéninga.	Kikéné.
Aimable.	Sousomdesoba.	Abindéhanasa.
Aimer.	Nougoloum.	N'bongoundi.
Aîné.	Kilogo.	Kinguéré.
Air.	Pébisoum.	Sariaré.
Aisselle.	Sinifou.	Sangafé.
Aller.	Dikingué.	Yao.
Allumer.	Nioroné.	Foussou.
Allumette	Nansara-kébri.	Nansara-poroséga.

APPENDICE XIX 747

Français	Mossi	Foulsé
Amadou.	Raougoundo.	Daénédambou
Amer.	Miisso.	Goutongué.
Ami.	M'bora.	Ouonéboro.
Amitié.	M'borondo.	M'bongondi.
Amour.	Dénongotaba.	Bongoudomba.
Amoureux.	Anongoman.	Douboubamako.
Amusant.	Nongoousouga.	Bongakoné.
Amusement.	Pimsogo.	Mézolmamakonga.
Ancêtres.	Yemba.	Kakaoua.
Ancien	Koudougo.	Kongoné.
Ane.	Bonga.	Piriga.
Anesse.	Boïnanga.	Périan.
Anier.	Bondiguido.	Pirigomma.
Animal.	Rounga.	Do.
Anneau.	Nougoubinga.	Nougoubinga.
Anon.	Bonbilo.	Piridi. Piribi.
Antilope.	Niagaraogo.	Fourbété.
Anus.	Niédéga.	Bénenga.
Apercevoir.	Diésiiga.	Ihalenfa.
Aplatir.	Zemsia.	Oumaraté.
Apprendre.	Zamsidami.	Doomba.
Apprivoiser.	Niokoré.	Méniégo.
Araignée.	Nadaga.	Kirimbindigo.
Arbre.	Tiga.	Fékou.
Arc.	Tapo.	Too.
Argent.	Ouansourfou.	Ouansourfou.
Argile.	Yarado.	Ayaka.
Arracher.	Vonré.	Douboutoubou.
Arroser.	Zarasé.	Minougou.
Assassin.	Nemkousa.	Fokoura.
Assemblée.	Niésébo.	Lébéré.
Association.	Rim.	Guéné.
Assommer.	Pabé.	Poûndi.
Attendre.	Gouma.	Daramé.
Aujourd'hui.	Rounda.	Yéoté.
Auprès.	Noré.	Néné.
Autruche.	Néongo.	Donené.
Avancer.	Taoré.	Diaola.
Avant.	Taoré.	Ikalé.
Avare.	Bédisoba.	Zomeïsa.
Avoir.	Diésé.	Yébo.
Bague.	Nougoubinga.	Nougoubinga.
Baguette.	Sabaga.	Aloumdé.
Bâiller.	Yamdougo.	Yaman.
Bambou.	Tahouingou.	Karébi.
Banc.	Zinigou.	Dakourou.
Bandage.	Ouabada.	Afobora.
Bander.	Loï.	Gané.
Bandit.	Ouaradéré. Soguita.	Boroguira
Baobab.	Toëga.	Togoré.
Barbe.	Tenga.	Temdé.
Barrière.	Niakaré.	Semdé.
Bataille.	Zabéré.	Ouologa.
Bateau.	Korologo.	Korologo.
Bâton.	Dassaré.	Loumdé.
Battre	Zabé.	Akouma.
Bavarder.	Gomtogo.	Dougoubomenkéséré
Beau.	Bénéré.	Bouhané-alouasi.

Français	Mossi	Foulsé
Beaucoup.	Ouahoga.	Bouporté-alounsi.
Beau-père.	Déamba.	Moné.
Bec.	Noré.	Gounéné.
Bégayer	Bidigou.	Bidigo.
Belle-mère.	Rimpoko.	Ménékion.
Bête (adj.).	Yalama.	Zako
Bêtise.	Yalamdo.	Zako.
Beurre.	Biskam.	Filanonga.
Bien.	Inéré.	Bouhanissé.
Bientôt.	Ibilifou. Maré.	Toukodom.
Bienveillant.	Nésongo.	Bouhané.
Bijou	Tido.	Souloufania.
Bijoutier.	Nioka.	Nioka.
Blanchir.	Péké.	Saman.
Blanchissage.	Pékéré.	Sam.
Blessé.	Sampougouri.	Sampougoulisa.
Blesser.	Mporobélémé.	Mentadé. Mintadi.
Blessure.	Sampougouré.	Sampogolsa.
Bleu.	Sabalaga (1).	Fobini.
Bloc.	Guilikemdé.	Goumdékésiré.
Blond.	Zaëga.	Sohondé.
Bœuf.	Nafo.	Narafé.
Boire.	Niou.	Anioham.
Bois, forêt.	Kagaré.	Katté.
Boisson.	Niougou.	Niouoouasi.
Boîte.	Korologo.	Korologo.
Bon.	Bénéré.	Gouhané.
Bondir.	Niokoré.	Ahinien.
Bonjour.	Kondé.	Labéré.
Bonnet.	Pougoulo.	Pougoulo.
Bonsoir.	Zabéré.	Léséy.
Bonté.	Ninsongo.	Fohana.
Borgne.	Nigniemfo.	Ibérédoufé.
Borne.	Téka.	Bolosogo.
Bosse	Zéguéré.	Ziguiri.
Bossu.	Koumdi.	Kounoukounoussa.
Bouche	Noré.	Néné.
Bouchon	Linga.	Gomdohétéga.
Boue	Bérédo. Bégnédo.	Boro.
Bouillir.	Raréa.	Bougolé.
Bousculer.	Tousi	Darigui.
Bout.	Azougou.	Lamengué.
Boyaux.	Niaodo.	Loufou.
Bracelet.	Zoungouri.	Koéré.
Braillard.	Goumtoogo.	Ouolomaukésérésa.
Brailler.	Manibouré.	Bakaoro.
Braire.	Koum.	Kom.
Braiement.	Koumkouma.	Akomsi.
Braise.	Bougou. Bougousala.	Amné.
Branche.	Ouilli.	Goendé.
Bras.	Kanga.	Goendé.
Bravoure.	Raodo.	Benni.
Brebis.	Péanga.	Pésian.
Brique	Kalogo.	Timba.
Briquet.	Tiébiri. Kébiri.	Koroséga.
Brise.	Péhésoum.	Saréaraï.

(1) Il n'y a pas de bleu. Cela se traduit par noir.

Français	Mossi	Foulsé
Briser.	Kaogué.	Ouangou.
Bruit.	Bouré.	Aoro.
Brûler.	Nioré.	Zouba.
Brutal.	Pourosoba.	Forosa.
Brutalité.	Yaloumsoba.	Zabéransa.
Cacher.	Sologué.	Aoubam.
Cachette.	Sologourézinigo.	Agouboulantiké.
Cadavre.	Koum.	Soum.
Cadeau.	Koumi.	Dipalé.
Cadet.	Niaoua.	Méimdé.
Cage.	Pimpingi.	Ouonépimpinga
Caillou.	Kougouri.	Guiéguendé.
Caïman.	Niebéga.	Yémindé.
Calebasse.	Ouamdé.	Ki.
Caleçon.	Kadeba.	Kadeba.
Calmer.	Rodé.	Dégadi.
Calommier.	Pouyarada.	Oòla.
Camarade.	M'bara.	Ouoloboro.
Caméléon	Goumbiticougo.	Kondé.
Campagne.	Tienga ouéogué.	Niaolétougouré.
Canard	Kommora.	Fémono.
Canton.	Kombiri.	Kombiri.
Caoutchouc.	Soungoudou.	Souba.
Carquois.	Loko.	Sôme.
Case.	Dogo. Rogo.	Dann'.
Casser.	Kaouya.	Ouanguégo.
Cauchemar.	Zamsido.	Dohon.
Cauris.	Liguidi.	Mané.
Cavale.	Ouidiranga.	Soundiham.
Cavalier.	Onisoba.	Soundissa.
Caverne.	Vadogo.	Malogo.
Ceinture.	Sougouséga.	Toullédénogo.
Cela	Koma.	Kamé.
Célibataire.	Dakonré.	Dakonré.
Celui.	Fo.	Nkola.
Cendre.	Tompéguélégoum.	Tom.
Cent.	Koboga.	Koboga.
Cérumen.	Toubouré déguédo.	Daguindéziga.
Cerveau.	Zougousouka.	Nouttoullé.
Cervelle.	Zoupouto.	Londo.
Chacal.	Onibara.	Zouloubara.
Chagrin.	Sougourisamia.	Bindéhéré.
Chaîne	Sagolé.	Sogoli.
Clair.	Memdo.	Memmo.
Chaise.	Goïlé.	Goïlé.
Chaleur.	Toulogo.	Oomdé.
Chambre.	Rogo.	Dann'.
Chameau.	Yougoumdé.	Logoumdé.
Champ.	Pougo.	Kékou.
Champignon.	Goùdoù.	Goùdoù.
Chanson.	Hiinda.	Léllo.
Chanter.	Hiila.	Léla.
Chanteur.	Hiinda.	Lello.
Chapeau.	Pirigou.	Nounoutaso.
Chapon.	Nokisinga.	Nokisinga.
Charbon.	Sala.	Salo.
Charge.	Zibo.	Déguélam.
Charitable.	Kota.	Panda.

Français	Mossi	Foulsé
Chasse.	Gonda.	Tona.
Chasser.	Téhoussa.	Sopa.
Chasseur.	Téoudiraogo.	Tarabété.
Chaste.	Rasanga.	Borabi.
Chat.	Niougo.	Louko.
Chat-tigre.	Pénéfo.	Loukoouana.
Chaud	Toulouga.	Gouhona.
Chauffer.	Ouingué.	Ouéléouélé.
Chauve-souris.	Zambékito.	Zambékito.
Chef.	Naba.	Yo.
Chemin.	Sori.	Abarou.
Chenille.	Zouri.	Rouiné.
Chercher.	Baobo.	Laré
Cheval.	Oueïfo.	Soundo.
Cheveux.	Zobodo.	Inkoué.
Chèvre.	Bouga.	Bono.
Chevreau.	Boullo.	Bonogàbi.
Chien.	Baga.	Bara.
Chiffon.	Zéka.	Zéguéré.
Chiquer.	Tabalemsa.	Tabayona.
Chose.	Bondo.	Kan.
Chouette.	Zéoungou.	Zéoungou.
Cidre (de mil).	Dam.	Bénam.
Ciel.	Sara.	Doté.
Cigogne.	Nabaremba.	Nabaremba.
Cinq.	Nou.	Innom.
Circoncire.	Kiébango.	Zokinkéné.
Circoncision.	Bango.	Kinkéné.
Circoncis.	Bankiésa.	Kienkiénéabara.
Cire.	Siribidou.	Siribidou.
Clef.	Kouloumbilo.	Konnédi.
Clochette.	Linguélifou.	Linguérifou.
Cœur.	Soungouri.	Bindé.
Coffre.	Kogologo.	Kogologo.
Colère.	Moukouyo. Soungouri.	Itigabindé.
Colérique.	Soungourisoba.	Bindésa.
Colique.	Pousabéré.	Farorilé.
Collier.	Lotédò.	Koubasoli.
Colline.	Tanga.	Déréga.
Colporteur.	Tonda.	Bévéro.
Combat.	Tapo.	Mendé.
Combattant.	Tapésoba.	Niénussa
Combattre.	Zabéré.	Olouba.
Combien?	Niébé?	Zékoualo?
Combler.	Pidio.	Gouzibé.
Comète.	Ouadakaoré.	lénoféouangué.
Commencer.	Tiéousé.	Kourilo.
Compagnon.	Taba.	Niouboudomba.
Complaisant.	Nésongo.	Fohana.
Complot.	Todogoré.	Gangué.
Concombre (courge comestible).	Yogoré.	Kollé.
Conduire.	Niaré.	Tenguédé.
Connaître.	Mito.	Mananiś.
Consoler.	Magasoungouri. Konsougouri.	Bindéhongué.
Construire.	Nammé.	Zommanamélibou.
Content.	Nonga.	M'bongo.

Français	Mossi	Foulsé
Conteur.	Solomasoba.	Sérékoamsa.
Coq.	Noraogo.	Onobété.
Coquillage.	Liguidi.	Mané.
Corbeau.	Ganhogo. Gango.	Gango.
Corbeille.	Péogo.	Tassou.
Corne.	Yillé.	Illao.
Corps.	Inga.	Koulo.
Coton.	Lamdo.	Lammbo.
Cotonnier.	Goroga.	Semmdé.
Cou.	Youboulo.	Kouba.
Coudre.	Sé.	Abiéna.
Coup.	Pabé.	Poumdi.
Couper.	Koûré.	Dogoutou.
Cour.	Lalaga.	Lourougo.
Courage.	Raodo.	Benni.
Courir.	Zoï.	Koï.
Courrier.	Toutoumda.	Tounga.
Court.	Boëga.	Akoumoumo.
Cousin (parent).	Bigo.	Bi.
Couteau.	Souga.	Gâbéré.
Coutume.	Donroummiki.	Aounounkondo.
Couvée.	Bissibogo.	Bougoullabou.
Crachat.	Kòdo.	Néta.
Cracher.	Karassé.	Karassé.
Craindre.	M'sarada.	Mohamandou.
Crapaud.	Poundouri.	Paté.
Crapule.	Bibéga.	Inkannéssa.
Crasse.	Niaodo.	Allouo.
Crasseux.	Niaodosoba.	Alloumsa.
Cravache.	Kaça.	Kaça.
Cravacher.	Pabéminkaça.	Poumdélakaça.
Creux (subs).	Louhongo.	Tomdé.
Crever.	Voudougué.	Alouka.
Cri.	Garana.	Kiriman.
Crier.	Bouré.	Ouoro.
Crocodile.	Niébéga.	Yémendé.
Croire.	N'téda.	Mohammindo.
Crotte.	Bindou.	Béna.
Cruel.	Ninkiégomdé.	Fokanana.
Cueillir.	N'kaogouya.	Ouanguégou.
Cuiller.	Ritiga.	Diriga.
Cuir.	Gango.	Nasi.
Cuire.	Dougoué.	Tara.
Cuisine.	Larandé.	Tafa.
Cuisse.	Guiri.	Tiguiré.
Cuivre.	Zougnoudou.	Zoundou.
Cul.	Paberé.	Kenguéré.
Culotte.	Koulongo.	Kourisi.
Cultivateur.	Kouada.	Féto.
Cultiver.	Toumdé.	Toumdé.
Culture.	Kôgo.	Féra.
Curieux.	Nemtiriga.	Honné.
D'abord.	Pindo.	Métiléningué.
Danger.	M'tio.	Misibé.
Dangereux.	Guitiba.	Guitiba.
Dans.	Poura. Pouga.	Gouyoro.
Danser.	Sao.	Som.

APPENDICE XIX

Français	Mossi	Foulsé
Danseur.	Saoda. Saogosoba.	M'souroula. M'sourou. Sourassa.
Dard.	Tobouga.	Tobouga.
Dartre.	Nadéga.	Aoukam. Nadaga.
Dartreux.	Nadagasoba.	Nadagasa.
Date.	Daré.	Ouété.
Débauché.	Nialaga.	Foulala.
Débauche.	Nialtouma.	Toumanlala.
Débiteur.	Samdéssa.	Cotisongoura.
Débaucher.	Foukonoré.	Soungoutougouméré.
Debout.	Yasé.	Kitti.
Débrider.	Jankésarabéré.	Kékasarabéré.
Débris.	Bompési. Pouisoka.	Oussoukéré. Goutoulléni.
Déchirer.	Kégué.	Kané.
Déchirure.	Kieguéa.	Boukané. Oukané.
Décombres.	Dabougo. Rabougo.	Dangoumdé.
Décortication.	Pidiguéré.	Aouvoussam.
Décortiquer.	Pidigué.	Wourouso.
Décroître.	Paouya. Paogoya.	Gouroubé. Ouroubé.
Dedans.	Apouré. Apougaï.	Gouyoro. Gouforioro.
Défense.	Pamandékayé.	Gabakéréiri. Gatékéiri.
Défense (d'éléphant).	Ouabéhindé.	Tiféyéméné.
Déflorer (une fille).	Mamandanguéniébé.	N'kalafaroumgoumdé.
Défoncer.	Kaogué.	Ouango.
Défrichement.	Kiédo.	Aomdé.
Dégât.	Goumbousamia.	Mokanyégé.
Dégonfler.	Doudékiougou.	Doudékiougou.
Dégoûtant.	Réguédo.	Aziga.
Dégringoler.	Louya.	Mésolé.
Déguenillé.	Pétasoba. Nahansoba.	Pétésa.
Déguster.	Lembé.	Lémiyé.
Déhonté.	Iampazota.	Kouïbafonno.
Dehors.	Inga.	Sellé.
Déjeûner.	Mindéhéribo.	Filébagandé.
Délibérer.	Dignésé.	Béousébo.
Délicieux.	Bénérikengo.	Gonfané-allouasi.
Délier.	Lodogué.	Donati.
Délimiter.	Pouï.	Tori.
Délire.	Agomdémé.	Doualema.
Délirer.	Gom.	Oualamdo.
Délivrer.	Basébourikindi.	Dagodélabourikindi.
Demain.	Béougo.	Sain.
Démancher (se).	Kougouribaréya.	Goudoubouté.
Demander.	Soukoué.	Ziguidi.
Démanger.	Zabéda.	Ouollo.
Démêler.	Vili.	Gané.
Démêloir.	Zoubousazaga.	Zoubousazaga.
Déménager.	Ikido.	Mégnésira.
Demeurer.	Zimdi.	Touko.
Démolir	Nampabé.	Zomanoupoumbou.
Dénicher.	Niakoudiala.	Kékasounda.
Dents (les).	Niéna.	Ayemma.
Départ.	N'kiendé ouendé.	Niabérésona.
Dépasser.	Loralémé.	Gondélao.
Dépêcher (se).	Niaré. Tégentao.	Yaoélé.
Dépenser.	Fansamia.	Miévoudourou.
Dépouiller.	Fada.	Songoura.
Depuis.	Rillawendé.	Gousanané.

APPENDICE XIX

Français	Mossi	Foulsé
Déranger.	Mamalégué.	Gohanésira.
Dernier.	Simpapouri.	Delléni.
Déroute.	Bozoya.	Bagoïla.
Derrière (subs.).	Pabéré.	Kienguiri.
Désagréable.	Patamiamé.	Gatérémohonné.
Descendre.	Sigui.	Dihiré.
Désert (subs.)	Binsougou.	Illao.
Déshonnête.	Réguédo.	Zabi.
Désobéir.	Touhoumidilla.	Yommihingo.
Désormais.	Roundésaya.	Yéotémonbéla.
Desséché.	Kouya.	Koukourougué.
Dessous.	Tenguéré.	Iéloubogo.
Dessus.	Ahinri.	Doga.
Détacher.	Nodogamé.	Modonatégo.
Déterrer.	Nicdémoré.	Ouidigonéné.
Détestable.	Réguédékiengo.	Doupousidahané.
Détruire.	Moiya.	Bookoué.
Dette.	Samdé.	Téboutou.
Deux.	Ibou.	Ihii.
Devant.	Taoré.	Yaoïkané.
Dévaster.	Aouanamé.	Ouokeïgoudourou.
Devenir.	Albéguéya.	Douélité.
Devin.	Barabahouda. Ouarouda.	Zigoulata.
	Baga.	
Dévorer.	Ayokéan.	Dignégou.
Diarrhée.	Sàya. Sara.	Saraga.
Dieu.	Ouendé.	Dofouré.
Diffamer.	Ponyaraba.	Ahonolola.
Différent.	Payégnié.	Gouloufédo.
Difficile.	Towa.	Oukangué.
Dimanche.	Até.	Aati.
Dire.	Torosi.	Séboulo.
Discorde.	Babariemsidi.	Gammaréséda.
Discours.	Goma.	Ouolomane.
Disette.	Kom.	Dégò.
Disparaître.	Siloguéa.	Dougougoulé.
Dispute.	Boumaméba.	Ouorotikiba.
Disputer (se).	Zabédéba.	Aouollouba.
Dissolu.	Yodéré. Bougourosa.	Kienzoma.
Distance.	Zara.	Gouhéné.
Distribuer.	Pouhibo. Kouni.	Torogo.
Divagation.	Gondamé.	Douolémaudé.
Divaguer.	Gondagomiodo.	Douoléma.
Divertir (se).	Oussonga.	Aono.
Divertissement.	Saoga.	Asouro.
Divorce.	Abasapara.	Moudououadé.
Divorcer.	Abasapara.	Dédoubédikem.
Dix.	Pigo.	Pi.
Dixième.	Piguili.	Pisoro.
Doigt.	Nougoubilo.	Ouendébi.
Dompter.	Kossésougouri.	Tésougourou.
Donateur.	Kota.	Pando.
Donc.	Ouaïnga.	Kongoné.
Donner.	Koma.	Pàmi.
Dormir.	Gousi.	Déri.
Dos.	Paré.	Bellé.
Dot.	Kossogoulombo.	Bélakan.
Douane.	Fadogo.	Fébétéba.

48

Français	Mossi	Foulsé
Doucement.	Niaré. Bilifou.	Goutoufenga.
Douleur.	Banga.	Ouolléringa.
Douloureux.	Zabéda.	Gòllo.
Doux.	Nòma.	Godando.
Douze.	Pilayibo.	Filagnii.
Douzième.	Pilayibilli.	Filagniin.
Droit.	Tiriga.	Gounasé.
Dur.	Kéma.	Boukanné.
Durée.	Pakandé.	Gouéténangou.
Dyssenterie.	Sabanodoga.	Sabanodoga.
Eau.	Kòm.	Hém.
Ebène.	Kisinkindé.	Kisinkindé.
Ebranler.	Tousé.	Daléguéli.
Ecaille.	Parado.	Ouporola.
Ecailler.	Niakiparado.	Kékougouporola.
Echanger.	Téké.	Kilam.
Echapper (s').	Zoya.	Goïla.
Echasses.	Zombirado.	Zombirado.
Echelle.	Radogo.	Atiro.
Echelon.	Rapadésé.	Adeïpandissé.
Eclair.	Saniagaré. Saniarabo.	Abengaouilimou.
Eclipse (de lune).	Ningoniokotiougou.	Alloukoniéfila.
Ecole.	Karamdogo.	Karamamda.
Ecoliers (les).	Karambisi.	Karambou.
Ecorce.	Tigatando.	Fékousani.
Ecorchure.	Pésiguirizingo.	Dosomtéké.
Ecosser.	Pidigué.	Aovoussam.
Ecouter.	Kélésé.	Domon.
Ecraser.	Oueré.	Nom.
Ecume.	Poudou.	Firo. Filo.
Ecureuil.	Lanta. Kiga.	Lanta. Koïendé.
Ecurie.	Zandé.	Allo.
Effrayer.	Bougousé. Raïsè.	Laramdi.
Elancer (s').	Iké.	Ayouar.
Elargir.	Yalégué.	Falemsougo.
Eléphant.	Ouabogo.	Tifé.
Elle.	Nienné. Fo.	Diko.
Emmener.	Ouanéné.	Bellégo.
Empêcher.	Rasakkié.	Kaeusongo.
Empoisonner.	Ninguétime.	Tiré-asiam.
Empoisonneur.	Timanda.	Siombakara.
Emporter.	Nouané.	Bellédi.
Emprisonner.	Ninguébanga.	Tidi-akiébitou.
Emprunter.	Pinguiri.	Apengam.
Emprunteur.	Samdésa.	Akébétésongoura.
Enceinte (substantif).	Niagaré.	Semdé.
Enceinte (adjectif).	Pourousoba.	Folosa.
Enchaîner.	Ningasogolé.	Tidiasorolo.
Enclume.	Kisiguéré.	Kissiguiri.
Encore.	Mosayar.	Seyar.
Endormir (s').	M'pagousié.	Madéré.
Enduire.	Son.	Tou.
Energique.	Raoua. Raodo.	Boro.
Enfant.	Bigo.	Bélinga.
Enfouir.	Sologué.	Koubo.
Enfuir (s').	Zoïssé.	Horé.
Engraisser (s').	Nohiia.	Gouboubé.
Enivrer (s').	Ranioudo.	Aénamyono.

APPENDICE XIX 755

Français	Mossi	Foulsé
Enorgueillir (s').	Méouaougouda.	N'gougousoudounguillé.
Enorme.	Bédéré.	Tiébéré.
Enrhumer (s').	Memgo.	Amélogo.
Enrichir (s').	Ardiakapango.	Arzékadala.
Enseigner.	Nankarmamé.	Nésommankara.
Ensemble.	Tounotaba.	Bayoumnadoumba.
Ensemencer.	Bondé.	Digam.
Ensevelir.	Akoum.	Siguidi.
Ensuite.	Mosaya.	Saya.
Entasser.	Douré.	Gouboulo.
Entendre.	Moumia.	Domné.
Enterrement.	Kouré.	Agoumna.
Enterrer.	Sikikoum.	Iriguinabo.
Entêté.	Kouyouma.	Basinenga.
Entier.	Ialazanga.	Goudouroula.
Entorse.	Niodéré.	Négésa.
Entrailles.	Niaodo	Allou.
Entraves (pour chevaux).	Gadéré.	Gada.
Entre.	Pouyousouka. Asouka.	Boutoulléné.
Entrée.	Noré	Néné.
Entreprendre.	N'signédamé.	Koutto.
Entrer.	Ké.	Zou.
Envoler (s').	Aïkio. Aïkia.	Moyennisé.
Envoyer.	N'toumamé.	Batoumgoumé.
Epais.	Ouaoga.	Oupoté.
Epargner.	Atoïbinguiri.	Déékouna.
Epaté.	Lamdé.	Labatiré.
Epaule.	Bako.	Boukou.
Eperon.	Sébéré.	Séba.
Epine.	Gonra.	Aouo.
Epingle.	Pim.	Samdé.
Eplucher.	Pé.	Akosa.
Epoque.	Ahouindé. Zakanda.	Kongo ouété.
Epouse.	Niouinpara. Pougoubogo.	Pongokiem.
Epouser.	Pougousi-ouré. kossogo	Pougou-Akiemotoro.
Epousseter.	Pissé.	Assougou. Asogo.
Epoux (masculin).	Sida.	Dibara.
Epuisé.	Niaya.	Nouarigué.
Escalier.	Roudoga.	Zorolougou.
Escargot.	Garouingo	Garouingo.
Esclave.	Yemba.	Boroga.
Esprit.	Yam.	Aomné.
Essaim.	Silonlé.	Tengoumba.
Essuyer.	Niésé.	Ouosou.
Est.	Yahanga.	Ayoumdéni.
Estomac.	Pouga.	Forou.
Et.	Foo.	N'ko.
Etang.	Bako.	Goubouré.
Eteindre.	Kisi.	Zimsougou.
Eternuer.	Tisimdougou.	Kisiman.
Etoffe.	Péna. Foutou.	Pélégo.
Etoiles (les).	Ouadésé.	Yoné.
Etranger.	Sana.	Balio.
Etrier.	Alabogo.	Alabogo.
Etroit.	Paoda.	Bouôuroufou.
Eunuque.	Irisoba. Jussoba.	Adensa.
Européen, blanc.	Nanzara.	Nanzara.

Français	Mossi	Foulsé
Eux.	Yamba.	Nako.
Evader (s').	Zoya.	Doufoïla.
Evanouir (s').	Voubougouri	Dougouboubé.
Eveiller (s').	Nékéa.	Ilaré.
Eventer	Fibima.	Fibam.
Eventrer.	Ouidigui.	Sérétougou.
Examiner.	Nasaranguessé. Naguiésé.	Mihérila. Mihiella.
Excellent.	Bénéré-alkiégo.	Gouhané-alloasi.
Excrément.	Bindou.	Béna.
Extérieur.	Daporé. Ahiinga.	Goubelléné.
Esprits (mauvais).	Kinkirsi.	Kirinkénini.
Esprits (bons).	Kikirisongo.	Kirimkimiania.
Fables.	Soloma.	Séro.
Face.	Ningna.	Ika.
Facile.	Pakiémié.	Gakannouna.
Fagot.	Rakilli.	Adéhignou.
Faible.	Akapanga.	Doungopanga.
Faiblesse.	Pankalogo.	Pangakiendé.
Faim.	Kòm.	Dégò.
Fainéant.	Rouyima.	Basénenga.
Faire.	Mané.	Baki.
Falloir.	M'patoï.	Màdeï.
Fameux.	Youriyo.	Séguérésiré.
Famille.	Boùdoù.	Dougo.
Famine.	Kòm.	Dégò. Ham.
Fanfaron.	Nieséda.	Sébérésa.
Fanfaronnade.	Niésé.	Sébouro. Séboulo.
Fardeau.	Zìbo. Toukouré.	Déguéré.
Farine.	Zòm.	Bara.
Fatigant.	Niaya.	Ouarégué.
Fatigué.	Yamsé.	Ouarégué.
Faucille.	Gouégo.	Kaboutou.
Fausseté.	Yarabo.	Aouolo.
Faute.	Yellé.	Oualli.
Faux (c'est)	Pasida.	Ouota.
Feindre.	Apatoumdié.	Batomma.
Femelle.	Niana. Para.	Nian.
Femme.	Para.	Kian.
Fendre	Ouésé.	Sébétou.
Fer.	Koutou.	Konso.
Fermer.	Yo.	Kelli.
Fesse.	Parikilli.	Kuenguéré.
Fesser.	Ouabapéré.	Soukoudoukenguéré.
Fête.	Filiga.	Fillo.
Feu	Bougou.	Amné.
Feuilles.	Vado.	Fonfi.
Ficelle.	Niri.	Yondo.
Figuier.	Kankanga.	Ouéré.
Figure	Ninga.	Ika.
Figurer (se).	Bémiamié.	Gouémokounéné.
Fil.	Lamgari.	Gariga.
Filer.	Mibou.	Mirigam.
Fillette	Bipougoulo.	Kéobi.
Fils.	Biribilo.	Borobi.
Fin.	Téka.	Gousoroné.
Finir.	Sa.	Oukiendé.
Firmament.	Sasé.	Doféré.
Flageller.	Vanilaré.	Soukoudilayédibéré.

APPENDICE XIX

Français	Mossi	Foulsé
Flanc.	Lougouré.	Loubouré.
Flatter.	Sondé.	Sékiri.
Fléau.	Dasaré.	Poullé.
Fleuve.	Kokiengo.	Yemkésiré.
Flotter.	Abékoumzougou.	Gonhoué-azimdoba.
Flûte.	Ouiga. Balouri.	Ourfé.
Foie.	Sanhouré.	Sabéré.
Fois.	Fiellé.	Oualédoufé.
Fou.	Gaïnga.	Kissa.
Fond.	Tenguéré.	Ouvoro.
Fondre.	Yénégué.	Yénékou.
Force.	Panga.	Panga.
Forcer.	Modogué.	Modogodi.
Forêt.	Kagaré.	Katé.
Forgeron.	Saya (1).	Yario.
Fort.	Pangasoba.	Pangasa.
Fossé.	Bòkò.	Bon.
Foudre.	Sapaséré.	Benganéléma.
Fouet.	Kasa.	Kasa.
Fouetter.	Vaninkasa.	Oumdilakasa.
Facile.	Lébilahoga.	Bopòté.
Fourmi (magnan).	Tentensé.	Tentensé.
Fourmilière (de magnan).	Tentensérogo.	Tentensédan.
Fourreau.	Souogo.	Gabéréto.
Foyer.	Larandé.	Tafa.
Frais.	Zimaséga.	Atikoyaré.
Franc (monnaie).	Taman.	Taman.
Frapper.	Pabé.	Poumdi. Pòmdi.
Frayeur.	Yaïsia. Yaïguéré.	M'laré.
Fréquenter.	Kienganégné.	Yaodoa.
Frère (de père).	Mabisi.	M'iabi.
Frère (de mère).	Bâbisi.	M'sabi.
Froid.	Ouado.	Aou.
Fromager.	Gounga.	Komouna.
Fronde.	Kougoulogoba.	Kougouloboga.
Front.	Diri.	Soullé.
Frontière.	Pouisouka.	Batoulléni.
Frotter.	Rou.	Dirigui. Diridi.
Fruits.	Tigabisi.	Fékoubou.
Fugitif.	Zoïnga.	Bolésa.
Fuir.	Zoï.	Koï.
Fuite.	Zota.	Koura.
Fumée.	Zoonsé.	Iguéï.
Fumer.	Niou.	Nion.
Funérailles.	Kouré.	Gomna. Goumna.
Fusil.	Bougouraogo.	Ahambéni.
Futilité.	Yélizallé.	Oualéboundou.
Future (vie).	Gandéa. Ganda.	Mohori.
Gagner.	Pamia	N'dago.
Gale.	Zankara.	Zankara.
Galette (beignets).	Misougou.	Misougou.
Galeux.	Zankarasoba	Zankarasa.
Galop.	Tougou.	Hénam.
Garçon.	Biribilo.	Borobi.
Garder.	Gounougou.	Daranéné.
Gardien.	Boupéda	Bolégommo.

(1) Au pluriel saba.

Français	Mossi	Foulsé
Gare!	Gounsi!	Dara!
Gargoulette.	Youboulo. Kikirigouya.	Sougouko. Kérinkémanisoubo.
Gaspiller.	Kota. Sanda.	Kanhiéélo.
Gâté.	Samia.	Bouyè.
Gauche.	Goboga.	Agôka.
Gaucher.	Goborosoba.	Gokosa.
Gaule.	Rassaoko.	Poullédoré.
Géant.	Névouoko.	Fodoré.
Gémir.	Koumda. Oukouyo.	Loukoumla. Dinla.
Gendre.	Demba.	Méné.
Génisse.	Nagasadaga.	Narasadaga.
Gens.	Néba.	Agouba.
Gibier (Quadrupèdes. Oiseaux).	Tounsi. Piguiséremba.	Dofi. Zoungasamma.
Giffler.	Péka.	Péka.
Gigotter.	Tépo.	Téba.
Girafe.	Ouégoulougomdé.	Tougoubiloroumdé.
Glace.	Diatéga.	Diatéga.
Glisser.	Lakéa.	Biguita.
Glouton.	Niaodo.	Allouou.
Gorge.	Kokori.	Koubo.
Gorgée.	Kamdogo.	Kamda.
Gourde (pièce de 5 francs)	Ouakiré.	Ouakiré.
Gourmandise.	Niaodihellé.	Allououtoma.
Gousse.	Parado.	Pouroula.
Goûter.	Limbi.	Lem.
Goutte.	Tosi. Tosogo.	Tosa.
Gouttière.	Sambologo.	Sambolo.
Gouverner.	Soloumsoba.	Alfissa.
Grain.	Béla.	Soï.
Graisse.	Kam.	Inonga.
Graisser.	Son.	Tou.
Grand.	Bédéré.	Kiébé.
Grandir.	Abia.	Dibiré.
Gras.	Nobia.	Goulloubé.
Gratin.	Sarakonto.	Faemkomba.
Gratter (se).	Zaram.	Onkam.
Gravier.	Kougo.	Dieggné.
Grelotter.	Riguibou.	Béma.
Grenier à mil (case à mil)	Baoré.	Boundé.
Grenouille.	Boulouéga.	Iélinga.
Griffes.	Naniésé.	Naniésou.
Griller.	Sé. Noué.	Afoyam. Bango.
Grillon.	Bougouvalè.	Killé.
Grimace.	Yaranoré.	Dikiétédininé.
Grimper.	Dou. Rou.	Zoro.
Grincer.	Bouré.	Aoro.
Griot.	Bendéré. Lounga.	Gomména.
Grigri.	Tim.	Siam.
Grisonner.	Piloum.	Fonomé.
Grogner.	Nounougo.	Aoumdou.
Gros.	Bédéré.	Fokiébéré.
Grossier.	Goumdéguédosoba.	Ouolomamzabésa.
Grossièreté.	Goumdéguédo.	Ouolomanizabi.
Grossir.	M'bia.	Mobiré.
Gué.	Oufara.	Mouroufa.
Guenilles.	Founzéguésé.	Zéguéré.

APPENDICE XIX 759

Français	Mossi	Foulsé
Guêpe.	Kanomkara.	Kanomkaga.
Guérir.	M'samgouya.	M'bôsé.
Guérisseur.	Tinoro.	Siéodonda.
Guerre.	Tapo.	Mendé.
Gueule.	Noré.	Niné.
Guider.	Sominiguido.	Bororangoura.
Guide.	Soriminiguirisoba.	Bororangoura.
Guinée (étoffe).	Silimpéléga.	Silimpéléga.
Habillement.	Foutou (1).	Péné.
Habiller (s').	Yayéléfoutou.	Bébinponé.
Habitant.	Néba.	Bouba.
Habitation.	Zaka.	Zaka.
Habiter.	N'zinékaouan.	N'toufolé.
Habitude.	Minimia.	Manogo.
Habitué.	Minimmou.	Mani.
Habituer (s').	N'paminimi.	Mammanégo.
Hache.	Laré.	Guibiré.
Haie.	Yagaré.	Semdé.
Haillons.	Zéguési.	Zéguéa.
Haïr.	M'baraté.	Mabongondi.
Haleine.	Vousoum.	Fousa.
Halte !	Yasé !	Yitti !
Hamac.	Gambéré.	Youka.
Hameçon.	Zimmiorodoga.	Niéyonofé.
Harassé.	Niaya.	Ouarégué.
Haricots.	Benga.	Fona.
Hâter (se).	Niarada.	Mitimmon.
Haut (adjectif).	Ouoroma.	Boudohé.
Haut (substantif).	Zougousouka.	N'dobosi.
Havresac (musette).	Korogo.	Labéré.
Hennir.	Niaébo.	Hiahiam.
Herbe.	Mando.	Ouonki.
Hérisson.	Yougoumpendé.	Akoubougo.
Heure.	Ouakaté.	Ouakaté.
Heureux.	Zounoro.	Indono.
Hibou.	Vingou.	Vingou.
Hier.	Zamé.	Déé.
Hippopotame.	Yemdi. Yemdé.	Yemdé.
Hirondelles.	Silala.	Silala.
Histoire.	Kibaré.	Kibarou.
Hivernage (saison des pluies).	Semgo.	Ouré.
Homme (individu).	Néda.	Fô.
Homonyme.	Niouré.	Niéséguéré.
Honorer.	Ouogué.	Dougousiri.
Honte.	Zoïniandé.	Foïsakoï.
Honteux.	Niandé.	Koï.
Hoquet.	Zodobo.	Garam. Gorém.
Hormis.	Poré. Aporé. Lillaporé.	Oubelléné.
Hors.	Inga.	Sellé.
Hôte (qui est reçu).	Sana.	Balio.
Hôte (qui reçoit).	Gasoba.	Gasoba
Houe (daba).	Kouri.	Ouondé.
Huile.	Kam.	Nonga.
Huiler.	Son.	Tou.
Huit.	Nihi.	Itoa.

(1) C'est-à-dire les habits.

Français	Mossi	Foulsé
Huitième.	Nihini.	Itoani.
Humilier.	Yemdéniama.	Tigimankoï.
Huppe.	Guiémfo.	Zellé.
Hurlement.	Koumkouma.	Oukommou.
Hurler.	Koumkoumaïto.	Oukommésiti.
Hyène.	Nahiri. Sosa. Katéré.	Houné.
Ici.	Ka.	Yéré.
Idée.	Sagué.	Mahammandou.
Idiome.	Migoma.	Miyéouallouma.
Idiot.	Yalama.	Azakou.
Ignames.	Niouya.	Nio.
Ignorant.	Zita.	Mororolégon.
Il.	Fomi. Yenné.	N'ko.
Ile.	Roullé.	Dolilé.
Illégitime.	Tampiri.	Tampiri.
Illustre.	Ninkienga. Bangada.	Yokéséré.
Illustrer (s')	Yourio.	Déséguérésiré.
Ils, elles.	Bamba.	Nako.
Image.	Monogo.	Dihangué.
Imaginer (s').	Bempougué. Bempouré.	Gouéméforémé.
Imbécile.	Yalemdo.	Zabéré.
Imberbe.	Temmougou. Lemmougou.	Lemmourougou.
Imiter.	Torosentaré.	Torosintandi.
Immédiatement.	Mosin.	Sa.
Immense.	Pidio.	Gouhibé.
Immoler.	Mando.	Tompougouré.
Immondices.	Tampouré.	Tomdollé.
Immortel.	Sampakindi.	Koumbasiboula.
Imperceptible.	Soumpaouré. Bonkidéga.	Konohouroufou.
Impertinent.	Toumtodésa.	Tomgànà.
Impétueux.	Bépanga.	Gofopanga.
Impitoyable.	Nahouindé.	Yozàbi.
Implorer.	Kossisougouri.	Tésougourou.
Impoli.	Nempaousa.	Forooura.
Important.	Kiemdé.	Kieséré. Poté.
Impossible.	Kiéma. Patoé.	Madé.
Imposteur.	Pouyaradékienga.	Aoutézabi.
Imprécation.	Sossògô.	Asihô.
Impudicité.	Yodoum.	Atoham.
Impudique.	Yodoumsoba.	Tèmsa.
Incapable.	Apamigoumbouyé.	Débaïkankama.
Incarcérer.	Nignébanga	Tidakiéboutou.
Incendie.	Niabougou.	Mounahahamné.
Incendieur.	Nioda.	Kongolazougou.
Inciconcis.	Kifoura.	Kiofoura.
Incirconcise.	Bipougoulo.	Akiéobi.
Incliner (s').	Sikoufzougou.	Iriguiniou.
Incommode.	Panongué.	Gadonda.
Incommodé.	Pakiémié.	Dakangné.
Inconduite.	Poùtoro.	Poùtoro.
Inconnu.	Pamié.	M'baïngo.
Indifférent.	N'torokayé.	Folembôsé.
Indigence.	Inga.	Sellé
Indigent.	Ingasoba.	Sellésa.
Indigo.	Gara.	Gara.
Indiquer.	Ouinignima.	Ongoumi.
Inépuisable.	Pasatié.	Gakiendéra.

APPENDICE XIX

Français	Mossi	Foulsé
Infatigable.	Payodikendé.	Daouarguéyabéré.
Infect.	Réguédo.	Ziga.
Informer.	Tòròsé.	Sébédi.
Infortune.	Niabono.	Bono.
Ingénier (s').	Maldabéré.	Tédabéri.
Ingénieux.	Siloum.	Aniem.
Ingrat.	Zélizomsita.	Ahanébaélo.
Ingratitude.	Zita.	M'baélo.
Inguérissable.	Pasangourié.	Daboosila.
Inhumation.	Nouhoumbou.	Akouan.
Inintelligent.	Yampaoda.	Koumnéourfou.
Injure.	Gomdéguédo.	Oualomomzabé.
Innombrable.	Ouaogakiengo.	Kotéouasi.
Inoccupé.	Patoumdié.	M'boolla.
Insatiable.	Patiguidi.	Gàrito.
Insensé.	Gaïnga.	Kissa.
Insolent.	Pazotinifou.	Bafonnahigouré.
Instituteur.	Karasemba.	Karasamba.
Instruire.	Miniguiri.	Ongomé.
Insuffisant.	Lataé. Pasékiyé.	Gàtéré.
Insulter.	Toubo.	Tougousidé.
Insulteur.	Nintousa.	Akoubatougousira.
Intelligence.	Yam.	Omné.
Intelligent.	Yamsoba.	Omnésa.
Intercéder.	Bonsé. Kossésougouri.	Tédésougourou.
Intérêt.	Saralé	Sékiri.
Intérieur.	Apougué.	Yoréné.
Interprète.	Goumdésa.	Oualoumamsougoura.
Interroger.	Soukoué.	Ziguidi.
Interrompre.	Kouré.	Fongandé.
Intestin.	Niaoudo.	Loufou.
Intimider.	Maïsida	M'laré.
Intrépide.	Payaïsidé.	Manlarafa.
Intrépidité.	Raodosoba.	Bennésa.
Introduire (s').	Ké.	Zou.
Inutile.	Zaloum	Bondo
Investir.	Goubougouri.	Aguindom.
Invisible.	Pagniatié.	Banennaba.
Inviter.	Bòlé.	Iridi.
Invoquer.	Minoum. Dorommiki.	Amana.
Irrespectueux.	Nempananta.	Dananako.
Irriter (s').	Soungouri.	Bindé
Issue.	Noré.	Néné.
Ivoire	Onoriendé.	Tiféniéméné.
Ivre.	Atiguia. Damentaré. Ramentaré.	Iré.
Ivrogne.	Ranioudo. Daniouda.	Aénamyono.
Jachère.	Pouéga.	Kékouzabéré.
Jactance.	Niéséda. Pouyarada.	Otô.
Jadis.	Pindo.	Potté.
Jaillir	Poussougouyo.	Oupissé
Jalousie.	Ratogo.	Borokanné.
Jaloux.	Ratosoba.	Borokannésa.
Jamais.	M'zi	Mobaye.
Jambe.	Naoré	Ouellé.
Jarre.	Dogobaoré.	Yoronkéséré.
Javelot.	Kambio.	Bangasougo.
Je	Mam.	Nioko.

Français	Mossi	Foulsé
Jeter.	Basé.	Dougou.
Jeu.	Oussouga.	Hono.
Jeudi.	Alkamisa.	Alkamisa.
Jeune.	Niaga.	Bélinga.
Jeûne.	Nonloéré.	Nonnohiri.
Jeûner	Loïnoré.	Doïgonéné.
Joie.	Noomma.	Dondoumé.
Joli.	Bénéré.	Bouhané.
Joue.	Yégéré.	Yoro.
Jouer.	Oussouga.	Ono.
Joueur.	Oussidouba.	Ondoba.
Jour (espace de 24 heures).	Daré.	Ouété.
Journée.	Daré.	Ouété.
Journellement	Daréboudo.	Ouétékaman.
Joyeux.	Sounounoma. Sounogo.	Bindono.
Jucher.	Rogolé.	Dorogou.
Juge.	Bokaoudouba.	Oualleman-mangaréba.
Jugement.	Boudo	Guittiba.
Juger.	Kambouda.	Ouangoméguiriko.
Jument.	Ouidiranga.	Sôndiyan.
Jurer.	Mohouéné.	Sébou.
Jusques.	Alé.	Alé.
Karité.	Tanga.	M'baga.
Kola.	Gouré.	Gouré.
La (particule démonstrative).	Kanga.	Kongo
Laborieux.	Toumda.	Ahoualla.
Lac.	Bako.	Goubéré.
Lâche.	Rabèma.	Fonno.
Lâcher.	Basia.	Noudouga.
Lacs (piège à oiseaux).	Diérenga. Kounsouri.	Anguérenga. Kougousso.
Laid.	Raouenga.	Binzandé. Dinzandé.
Laine.	Kobodo.	Konhé
Laisser.	Basi.	Dourou.
Lait.	Binsou.	Illa.
Laitière.	Binsoukosa.	Illambélo.
Lame.	Soubilo. Soubellé.	Gabi.
Lampe.	Fitila.	Fitila.
Lance.	Kandé.	Bangasso.
Lancement.	Téonbo.	Tâ.
Langue.	Zilimdé.	Dellinga.
Lapider.	Koaninkougouri.	Kourouladiégnéné.
Large.	Yalama.	Boupalémé.
Larme.	Nintam.	Hibéim.
Las.	Niaya.	Ouarégué.
Laver.	Péké.	Sam.
Lécher.	Léboungo.	Dana.
Léger.	Fasa.	Ourfa.
Légume.	Zédo.	Dammé.
Lentement.	Kidiga-Kidiga.	Fenga fenga.
Lèpre.	N'tôm.	Kanné.
Lépreux.	N'tômsoba.	Kannésa.
Lequel?	Alla?	Alla?
Leur, leurs.	Niamba.	Nako.
Levant.	Yanga.	Imdé.
Lever (verbe).	Riké.	Zango.
Lever (subs.).	N'siguiriwendé.	Néguésamsoma.

APPENDICE XIX 763

Français	Mossi	Foulsé
Lèvre.	Nogango.	Nénétono.
Lézardé.	Aboko.	Goubon.
Libéral.	Kota.	Pando.
Libéré.	Gourikindi.	Bourikina.
Liberté.	Bourikini.	Bourikini.
Libre.	Nialabourikini.	Bourikinilamé.
Lien.	Lotega.	Doénéga.
Lier.	Loï.	Doï
Lieu.	Bazinigo.	Batiké.
Lièvre.	Somba.	Yéréga.
Ligne.	Kârguéré.	Kargantiké.
Ligne (tracer une).	Kargué.	Karigui.
Limite.	Tékaï.	Oussorondi.
Linge.	Foutou.	Péné.
Lion.	Ouégouna. Diguemdé.	Touyo.
Lit.	Ganra. Gadaga.	Oueifiga.
Logement.	Zaka.	Zaka.
Loger.	Gandem.	Moorola.
Loin.	Yiga.	Téfa.
Long.	Ouoko.	Doré.
Longtemps.	Kaosia.	Outongué
Lorsque.	Asaye.	Dibouré.
Lot.	N'dilla.	Miengon
Lourd.	Zissougo.	Goudouboï.
Lui.	Yenné.	N'kò.
Luisant (ver).	Kankanbéko.	Kankanbéko.
Lundi.	Téné.	Téné.
Lune.	Kiéougo.	Pila.
Lutte.	Makoré.	Goumbo.
Lutteur.	Mahodouba.	Goumboyénéba.
Luxer (se).	Niodéré.	Néguésa.
Luxure.	Yodoum.	Tan.
Luxurieux.	Yodoumsoba.	Tansa. Tuomsa.
Mâcher (action de).	Nonbéré.	Oomam.
Magnifique.	Bénéré-ouissogo.	Bouhaué-allouasi.
Maigre.	Rognia.	N'zéré.
Maigreur.	Roumbo.	Ziara.
Maigrir.	Roésé.	Dizéré.
Main.	Nougon.	Ahouindé.
Maintenant.	Mosa.	Sa.
Maintenir.	Niokoné.	Nié.
Maïs.	Kamana.	Toriana.
Mais.	La.	Kongo.
Maison.	Iri. Zaka.	Zaka.
Maître.	Soba.	Sa.
Mal.	Yélibédo.	Zabé.
Malade.	Bâda. Pakiémé.	Dakangué.
Maladie.	Basé.	Somé.
Mâle.	Raogo.	Bété.
Malédiction.	Sossogo.	Siom.
Malgré.	Nakiengué.	Miaka.
Malheur.	Soussangabono.	Bindéhé.
Malpropre.	Réguédo.	Zigam.
Mammelle.	Binsiri.	Yillenga.
Manche.	Kouraogo.	Kanzoro.
Manchot.	Nougouguirigou.	Ouendédoumbougo.
Mangeable.	Tohindi.	Godégoudi.
Mangeaille.	Ribo.	Dioupoté.

Français	Mossi	Foulsé
Manger (action de).	Ribo.	Diou.
Mangeur.	Rita.	Diro.
Manière.	Siloum.	Ayéyan.
Manquer.	Paougouya.	Gouroubé.
Marabout.	Moré.	Moré.
Marabout (oiseau).	Kouliadogo.	Kouliadogo.
Marchand.	Tékouasa.	Solbélo.
Marchander.	Sagaré.	Sara.
Marchandise.	Tédo.	Sôlôfi.
Marche.	Kendé.	Yabéré.
Marché.	Dagha. Raga.	Dara.
Marcher (action de).	Kendé.	Yabéré.
Marcheur.	Kenda.	Yafa.
Mardi.	Talata.	Talata.
Mare.	Bako.	Bougouré.
Margouillat.	Banga.	Dabété.
Mars.	Sida.	Dibara.
Mariage.	Pougoukousougou.	Kéotobo.
Marié.	Pougousida. Pourousida.	Kionsa.
Marier (se).	N'kosopara.	Zanguémikiom.
Marmite.	Rouko.	Léoro.
Marmotter.	Niéguéman.	Niéguéman.
Marteau.	Koréga.	Kodoga.
Martinet (fouet).	Kasa.	Kasa.
Masser.	Rougou.	Dirigom.
Matin.	Ibéogo.	Sono.
Maudire (action de).	Sôségo.	Siôm.
Maugréer.	Niéguéman.	Niéguéman.
Maure.	Larbou.	Larba.
Mauvais.	Yélibédo.	Oualzabi.
Méchanceté.	Ouénémanda.	Zamenkika.
Méchant	Ouénem.	Zamé.
Mèche (chiffon).	Fitilé miri.	Fitilé yondo.
Mécontent.	M'parati.	Mabongo.
Médecin.	Tipa.	Tipa.
Médicament.	Tim.	Siam.
Médicamenter.	Manétim.	Bakasiam.
Médire.	Gomdéguédo.	Ouolomanzabi.
Méditer.	Saré. Sagaré.	Saga.
Meilleur.	Sonla.	Goukaneï.
Mêler.	Gnédégué.	Késougou.
Mémoire.	Tégéda.	Amanda.
Menacer.	Sarabogo.	Mésébéroanné.
Mendiant.	Bonsongo.	Alzonga.
Mener.	Ouané.	Bellédi.
Mensonge.	Pouyarabo.	Aolo.
Menteur.	Pouyarabosoba.	Aolosa.
Mentir.	Pouyarada.	Ota.
Menton.	Limdi.	Lemdé.
Menu (adj.).	Kidiga.	Nionga.
Mépriser.	Paouré.	Douourouguéné.
Mer.	Hiamsikôm. Kôtienga.	Kiemkiéséré (ou hemkiéséré).
Merci.	Barka.	Barka.
Mercredi.	Larba.	Larba.
Mère.	Ma.	Miyin.
Merveille.	Bénérékiengo.	Gouané-allouasi.

APPENDICE XIX 765

Français	Mossi	Foulsé
Messager.	Toutoumda.	Aoualla.
Mesure.	Makéréga.	Meséléga.
Mesurer.	Vougui.	Vougui.
Mets.	Ribo.	Adéou.
Mettre.	Sui.	Fébo.
Meule (dormante).	Néré.	Noungou.
Midi.	Ouinditogo.	Fourabangadé.
Miel.	Sido.	Toé.
Mien (c'est le).	Mandilla.	Méhangoula.
Mil.	Ki.	Ayana.
Milieu.	Pouïsouka.	Goutoulléni.
Mince.	Paka.	Paka.
Mine.	M'bansé.	Soumé.
Minuit.	Niousouka.	Yautoullé.
Mioche.	Biribilo.	Borobi.
Misérable.	Ingasoba.	Sélésa.
Misère.	Inga.	Sellé.
Moelle.	Siloum.	Silou.
Moi.	Maam. Mam.	Moko.
Mois.	Kiéougou.	Pila.
Moisi.	Ponréa.	Ouongué.
Moitié.	Pouïsouka.	Goutoulléné.
Molaire.	Kirigana.	Kirigana.
Mollet.	Karoloundé.	Penguendé.
Mollir.	Niénéguéré.	Iénéga.
Mon.	Miam.	Moko.
Monde.	Sasénentenga.	Bengalaséné.
Monnaie.	Téké.	Kiram.
Montagne.	Tenga.	Déréga.
Monter.	Dou. Bou.	Zoro.
Montrer.	Ouiniguima.	Ongomé.
Moquer (se).	Songué.	Angasédé.
Mordre.	Doum. Roum.	Douma.
Moribond.	Tébédémé. Nankidémé.	Bisibira.
Mors.	Salabéré.	Salobéré.
Morsure.	Roumbounoré.	Goudoumannéné.
Mort.	Koum.	Soum.
Mortier.	Toré.	Bondon.
Morve.	Nioya.	Pouma.
Mosquée.	Missiri.	Missiri.
Mot.	Gomdé.	Oualeman.
Motte.	Tendagaré.	Niogoumdé.
Mou.	Lomsougou.	Lomsougou.
Mouche.	Zoga.	Tengui.
Moucher (se).	Fésé.	Fésé.
Moucheté.	Goulouma.	Houana.
Mouillé.	Moulougéa.	Mohégué.
Mourir.	Kio.	Sibé.
Moustiques.	Foutourogo.	Apénédan.
Moustiquaire.	Doumsi. Roumsi.	Dofi.
Mouton.	Pésogo.	Pésou.
Moyen.	Kégné. Maladabéré.	Kangasi.
Muet.	Moukou.	Moukou.
Mugissement.	Koumkouma. Kousoudo.	Boukommou.
Mulet.	Bonhouèga.	Bonhouèga.
Muletier.	Bonhouègasoba.	Bonhouègasa.
Mulot.	Laoga.	Oualaga.

Français	Mossi	Foulsé
Mur.	Lalaga.	Allourougo.
Mûr.	Bia.	Goubiré.
Mûrir (action de).	Binmo.	Bira.
Musette (pour cheval).	Ouidikorogo.	Soundoulabéré.
Musette (pour homme).	Korogo.	Labéré.
Musulman.	Ouempousa.	Doféréposéré.
Mutuellement.	Toumbountasé.	Youmboudoumbéré.
Myope.	Ninsobougouri.	Aïbobini.
Mystère.	Paoum.	Mendomné.
Nager (action de).	Rougougou.	Dougo.
Nain.	Rakoëga.	Barakounouma.
Naissance.	Dorommendé.	Goulamsono.
Naître (action de).	Rouroum.	Oulam.
Narine.	Niobogodo.	Koumabon.
Nasiller.	Nioyangoma.	Pouma-oualleman.
Natte.	Piri.	Pongo.
Natter.	Ouropiri.	Sonpongo.
Nattier.	Piougouda.	Pomésono.
Naturel (subs.)	Sohouri.	Bindé.
Navette.	Boumbo.	Goumbo.
Nécessaire.	Sékéa.	Bouissé.
Négliger.	Todogéa.	N'gangala.
Nègre.	Nisabalaga.	Fobini.
Nénuphar.	Gaouina.	Gouïna.
Nettoyer.	Pisé.	Asò.
Neuf (adj.)	Palaga.	Fellé.
Neuf (nombre).	Ouaye.	Ifa.
Neuvième.	Ouaydinga.	Ifaudougou.
Nez.	Nioré.	Poumdé.
Niais	Yalama.	Zakou.
Nid.	Toko.	Tokou.
Niger.	Bako.	Goubéré.
Niveler.	Zemsi.	Marati.
Noble.	Nakomga.	Ahiba.
Noblesse.	Nakomsé (1).	Ahibou.
Nœud.	Yòdé.	Gonroubou.
Noir.	Sabéléga. Sabalaga.	Bini.
Noircir.	Sobé.	Birifou.
Nom (propre).	Youré.	Séguéré.
Nom (de clan).	Sondéré.	Sondon.
Nombreux.	Ouaoga.	Bapoté.
Nombril.	Niougou.	Hondéré.
Nommer.	Poudouyouré.	Badéséguéré.
Non.	Ayé.	Ayé.
Nord.	Foulougo.	Kolombani.
Notables.	Kasamba.	Kaembo.
Nouer.	Loï.	Doï.
Nous.	Tondo.	Oukò.
Nouveau.	Palaga.	Fellé.
Nouvelle.	Kibaré.	Kibarou.
Noyau.	Bisi.	Boubou.
Noyer (se).	Kilékòmi.	Démenguéhemyoro.
Nu.	Zala.	Loumbouré.
Nuage.	Savadoro. Savadogo.	Dora.
Nubile.	Taléguéré.	Ditérésonga.
Nuire	N'zabézàllé.	Aoulobésa.

(1) Le terme noblesse se rend par les nobles, nakomsé pluriel de nakomga.

APPENDICE XIX

Français	Mossi	Foulsé
Nuit.	Youngo.	Yéné.
Nuitamment.	Youngmi.	Zoëné.
Nul.	Zininga.	Tikéni.
Nullement.	Pasidé.	Niado.
Nutritif.	Noro.	Donda.
Obéir.	Touma.	Yomdi.
Obèse.	Bédiri.	Kiébéré.
Objet.	Bondo.	Kan.
Obliger (forcer).	Modogué.	Modogodé.
Obscur	Liguido.	Ikoutou.
Obscurité.	Liko.	Ikou.
Obstiné.	Kouyouma.	Basininga.
Obtenir.	Pammo. Pango.	Da.
Obtus.	Paouda.	Ourfou
Occident.	Ouendilouhiré.	Firésolliba.
Occupation.	Touma.	Toma.
Odeur.	Niougou.	Konhon.
Œil.	Nifou.	Ibiré.
Œuf.	Diellé.	Sondéré.
Offense.	Zamouma.	Zambamé.
Offenser.	Zambé.	Zambédi.
Offrir.	Mouniguiri.	Kongoudi.
Ombrage.	Masoum.	Lenguem.
Ombre.	Masoum.	Lenguem.
Omoplate.	Baboukobéré.	Boukoukoubéré.
Oncle (paternel).	Babilo.	Misabi.
Oncle (maternel).	Yasiba.	Bana.
Ongle.	Nougougango.	Ouonoporolo.
Onze.	Piguilayé.	Pilarado. Filarado.
Onzième.	Piguilayendiga.	Pilaradoundenga.
Opiniâtre.	Mahoudabanguéré.	Zommaguiéla.
Opulent.	Arzéguikiengasoba.	Kankésirésa.
Or.	Sanam.	Sanam.
Ordures.	Sarado.	Ahouasulo.
Oreille.	Tougouré.	Adignindé.
Oreiller.	Zoukouka. Fouroukanga.	Niounkoutouga.
Orgueilleux	Yamsoba.	Homénisa.
Orient.	Yanga.	Imdé.
Origine.	Singnii.	Kounnasiré.
Orphelin.	Kiba.	Kiba.
Orteil.	Nabio.	Oualabou.
Os.	Kobéré.	Koubéré.
Oscille.	Bi.	Boï.
Oter.	Riké. Niaké.	Zan.
Ou.	Vouola.	Fongo.
Où.	Iémi.	Iérisi.
Ouari (jeu de).	Ouaré.	Ouari.
Oublier	Nimia.	Millé.
Ouest.	Mindiholinga.	Firésollefa.
Oui.	Yé.	Yé.
Ouragan.	Savouata (1).	Bengabellé.
Outrage.	Ningalanga.	Ikaziminsa.
Outre.	Kouaoga.	Illébéré.
Ouvert.	Lakéa.	Laraté.
Ouvrage.	Touman.	Tòma.

(1) C'est-à-dire les nuages, savouata ou sawotto étant le pluriel de savadago.

Français	Mossi	Foulsé
Ouvrier.	Toumda.	Ouollo.
Ouvrir (la porte).	Soké.	Ketté.
Pacotille.	Tédo.	Solfi.
Pagaie.	Vougouri.	Ouloubété.
Paiement.	Yaoya.	Mésabitté.
Paillasson.	Sougouzaka. Soropidi.	Sulo.
Paille.	Mòdo.	Aoué.
Paître.	Noroda.	Gouhonmon.
Paix.	Lafi.	Banhi.
Palfrenier.	Ouidikima.	Ouidikima.
Palper.	Saloum.	Arenga.
Panique.	Iaïséa.	Oularé.
Panser (un cheval).	Rou.	Dirigui.
Panthère (léopard).	Nonbéga.	Nonbéga.
Papa.	Baba.	Baba.
Papillon.	Pilimpikou.	Pilimpikou.
Parachever.	Saya.	Oukiendé.
Paraître,	Néyi.	Siri.
Parce que.	Balé.	Lé.
Pardon.	Sougouri.	Sougourou.
Pardonner.	Kissisougouri.	Tésougourou.
Pareil.	Boyayé.	Douféla.
Parents.	Boudou.	Dougo.
Paresse.	Kouyoummo.	Baziné.
Paresseux.	Kouyouma.	Bazininga.
Parfaitement.	Inéré.	Gouhanissé.
Parfois.	Darboudou.	Ouétékamau.
Parier.	Sataba.	Oukemdédoumba.
Parjure.	Pouyarada.	Ahouollo. Otà.
Parler.	Gèmi.	Ouolom.
Parleur.	Gomda.	Ouolloma.
Parmi.	Souka.	Outoullé.
Parole.	Gomdé.	Moalleman.
Parricide.	Koulaba.	Doukourisa.
Part.	Dilla	Melngo.
Partage.	Pouyya	Boutoré.
Partager.	Poui.	Toro.
Partie.	Toundomé.	Ouyomma.
Partir.	Kengué.	Yaho.
Partout.	Tinifa.	Likédourou.
Parure.	Narado.	Soré.
Parvenir.	Oualaka.	Dibéléiri.
Pas.	Zékéré.	Zansom.
Passage.	Noré.	Néné.
Passager.	Kienda.	Yafa.
Passant.	Kienkienda.	Tono.
Passé.	Loréa.	Gomdé.
Passer.	Logué.	Gondo.
Patienter.	Maré.	Yarasi.
Paume.	Nougoupouga.	Monotallé.
Paupières.	Nimpako.	Ibréporolé.
Pauvre.	Ingasoba.	Sellésa.
Pauvreté.	Inga.	Sellé.
Pavaner (se).	Narada.	Narada.
Payer.	Yao.	Féboutou.
Pays.	Tanga.	Koumné.
Peau.	Gango.	Tono.
Pêche.	Baratibou.	Temba.

APPENDICE XIX

Français	Mossi	Foulsé
Pêcher.	Tibou.	Tem.
Pêcheur.	Tidibo.	Tidibo.
Peine.	Soungourisamia.	N'bindéyéré.
Peler.	Pidigué.	Ougousou.
Pellicule.	Parado.	Fogola.
Penché.	Sourou.	Soullo.
Pendant.	Ouendé.	Oussoma.
Pendre.	Yaralé (1). Louli (2).	Pégui.
Pénétrer.	Kéa.	Ouzoué.
Pénible.	Yamsé.	Ouarga.
Pensée.	Sagaré.	Saram.
Penser.	Sara.	Saré.
Pépin.	Bisi.	Abou.
Percé.	Voudia.	Loké. Loki.
Percer.	Voudé.	Lokou.
Perche (grand bâton).	Korola kenga.	Korolokéséré.
Percher (se).	Zaonga.	Gouhiré.
Perdre	Ménémia.	Tamé.
Perdreau	Kodoubilo.	Aïkébi.
Perdrix.	Kodanga.	Aïko.
Père.	Ba.	Mésa.
Périr.	Tio.	Oussibé.
Perle	Mouzana.	Soï.
Permettre.	Basé.	Dougoudi.
Permission.	M'bonséda.	Zangandani.
Personne.	Néda.	Fo.
Peser	Maké.	Nésé.
Pet	Séa.	M'sé.
Péter.	Sédo.	M'séa.
Petit (adjectif).	Kidiga.	Nionga.
Petit (substantif).	Bilo.	Bi.
Petite-fille.	Niarampoko.	M'bibi.
Petit-fils.	Niakonga.	Nibougo.
Peu.	Kidiga.	Fenga.
Peur.	Yaïsago.	M'larafou
Peureux.	Yaïsida.	Laram.
Pièce (morceau).	Kel.	Goufengam.
Pied.	Naoré.	Ouellé.
Piège.	Kounsiri.	Koungouso.
Pierre.	Kougouri.	Diéguindé.
Pieu	M'baëfo.	M'bangofé.
Pigeon.	Mannéhouendé.	Manaouendé.
Piler.	Sogué.	Sorotou.
Pileuse.	Soroda.	Sorotoulo.
Pilon.	Toulougo.	Bondébi.
Piment.	Kipara.	Kiparé.
Pincer.	Tobogoré.	Norosom.
Pintade.	Kango.	Sou.
Pipe.	Tabourouko.	Toro.
Piquant	Kossédéga.	Agoboréga.
Piquer.	Kossé.	Goubo.
Piqûre.	Kossogounoré.	Goubonnéné.
Pire.	Kanéré.	Dahané.
Pirogue.	Korologo.	Korolougou.
Pistache.	Sounkam.	Sounkam.

(1) Pendre un objet.
(2) Pendre une personne.

Français	Mossi	Foulsé
Pitié (avoir)	Nimbanéga.	Ningoï.
Place.	Ziniguéï.	Tikéni.
Plaie.	Nodéré.	Vioum.
Plaindre.	Nimbalaga.	N'goué. Ningoï.
Plaire.	Nongué.	M'bogoundi.
Plaisir.	Sounoro.	Bindona.
Plante (des pieds).	Napouga.	Ouellékoro.
Planter.	Sélé.	Zéli.
Plein.	Pidio.	Ouhibé.
Pleurer.	Koum.	Koum.
Pleurs.	Nintam.	Ibéhim.
Pleuvoir.	Saouata.	Vengabéli.
Pli.	Kogoré.	Korosom.
Plier.	Kou.	Kou.
Plonger.	Lissi.	Mimi.
Pluie	Sakôm.	Vengaéou.
Plumes.	Kobodo.	Kouin.
Plusieurs.	Kengo.	Poté.
Poche.	Zifa. Taléla.	Zifa.
Poignée.	Nougoupaï.	Ouendésibou.
Poils.	Kobodo.	Koï.
Poing.	Nougouguilli.	Hemgoumdé.
Pointe.	Zilinga.	Zilinga.
Pois (de terre).	Soumnora.	Léba.
Poison.	Tim.	Siom.
Poisson.	Zim.	Yoné.
Poitrine.	Yango.	Dapté.
Poltron.	Rabéma.	Fonno.
Pondre.	Diélalopo.	Tossa.
Pont.	Lolenga.	Lolenga.
Porc-épic.	Saïndé.	Oété.
Porte (ouverture).	Noré.	Danganéné.
Porte (en bois).	Kienguéné.	Yaoulladé.
Porteur.	Toukouda.	Déréfo.
Poser.	Siki.	Irigui.
Posséder.	Pahongo.	Dam.
Possesseur.	Soba.	Sa.
Pot.	Rouko.	Yorom.
Poteau (fourchu).	Raloukou.	Dénébann.
Poteau (non fourchu).	Raogo.	Dahinné.
Pou (de tête).	Zougoukaranga.	Niouzéka.
Pou (de corps).	Founoukaranga.	Pérougouzéka.
Pouce.	Nougouraogo.	Ouondobété.
Pouilleux.	Karansésoba.	Zékasa.
Poulailler.	Nonsourogo.	Honéda.
Poulain.	Ouidibilo.	Soundibi.
Poule.	Nora. Noga.	Ouonom.
Pouliche.	Ouidisadéga.	Soundousadéga.
Pourquoi.	Bouléinga?	Séné?
Pourri.	Pongoya.	Goongué.
Pourrir.	Ponré.	Ongo.
Poursuivre.	N'diguidé.	Gommadi.
Pousser (faire effort contre).	Toussé.	Darguédi.
Pousser (sortir de terre, croître).	Yo.	Boussiré.
Poussière.	N'tòm.	Tom.
Poussin.	Nobilo.	Ouonobi.

APPENDICE XIX

Français	Mossi	Foulsé
Pouvoir.	N'toya.	Médé M'deï.
Précéder.	Kiengétaoré.	Yaoïkané.
Prédire.	Bagaré.	Dzigou.
Préférable.	Rillésan.	Goubô.
Préférer.	Nonga.	N'go.
Premier.	Pindo.	Poté.
Prendre.	Niokoué.	Nié.
Près.	Nengué. Niambé.	Oronfa.
Présent (don).	Ouaogoré.	Potédi.
Pressé	Niarada.	Noutimmon.
Prêter (action de)	Penguéré. Samdé.	Atengam.
Prêteur.	Samdésoba.	Oubourésa.
Prier	Bonsé.	Bonsé.
Prière.	Bonsogo.	Bonsera.
Priser.	Siréniòubou.	Siraniono.
Prison.	Banga.	Kibito.
Prisonnier.	Bangasoba.	Kibitisa.
Prix.	Raga.	Boudola.
Proclamer	Mona.	Bouram.
Prodigue.	Kota.	Panda.
Profit.	Niodo.	Niodo.
Profiter.	Yodoupango.	N'dagodo.
Profond.	Zoulouma.	Toumno.
Promeneur.	N'goda.	Motono.
Promener (action de se).	Godom.	Tonham.
Promesse.	Miéléya.	Moboré.
Promettre.	Mamiélé.	Mokolabo.
Promptement.	Niaréya.	Métimé.
Propre.	Io.	Bousiré.
Propriétaire.	Soba.	Sa.
Prosterner (se).	Noungo.	Babétou.
Prostituée.	Yodéré.	Yoda.
Protecteur.	Songorésoba. Songoda.	Angasamsa.
Protection.	Songoré.	Angasam.
Puer.	Sédiniougou.	Seemkon.
Puîné.	Yawa.	Hiimdé
Puis.	Poré.	Goubelléni.
Puiser.	Ouikom.	Dénéhem.
Puissance.	Panga.	Panga.
Puissant.	Pangasoba.	Pangasa.
Puits.	Koulouga.	Tao.
Punaise.	Doundondo.	Dindondou.
Punir.	Baléguéré.	Bana. Banga.
Pus.	Kôm.	Hém.
Putréfaction.	Pongoré.	Hoongué.
Putréfier (se).	Ponré.	Hongo.
Python.	Ouarakiemfo.	Donkéséga.
Quand.	Ouanawendé.	Nakanasono.
Quarante.	Pisinasé.	Kinna.
Quarantième.	Pisinasédinga.	Kinnandougou.
Quatorze.	Pilanasé.	Filééna.
Quatorzième.	Pilanasédinga.	Filéénandou.
Quatre.	Nasé.	Inna.
Quatrième.	Nasédinga.	Innandougou.
Quatre-vingt.	Pisini.	Simpé.
Quatre-vingtième.	Pisinidinga.	Simpendougou.
Quatre-vingt-dix.	Pisoué.	Simfa.

APPENDICE XIX

Français	Mossi	Foulsé
Quatre-vingt-dixième.	Pisouendinga.	Simfandou. Sinfandougou.
Que.	Ninga.	Dou.
Quel?	Ala?	Alla?
Quelquefois.	Daréninga.	Ouétédoum.
Quelqu'un.	Néda.	Fo.
Querelle.	Zabéré.	Aoulloba.
Question.	Soukouré.	Ziga.
Questionneur.	Soukoué.	Zigui.
Queue.	Zouré.	Zoullé.
Qui.	Alla.	Alla.
Quiconque.	Nédoouonéda..	Foôfo.
Quidam.	Néda.	Fo.
Quinze.	Pilanou.	Filaranou.
Quinzième.	Pilanoudenga.	Filaranondogo. Filaranondougou.
Quitter.	Yi.	Siri.
Quotidien.	Darboudou.	Ouétékama.
Raccommoder.	Managué.	Amosi.
Race.	Boudou.	Dougo.
Racheter.	Lébésouma.	Gorogoumi.
Racines.	Niéga.	Koulo.
Raconter.	Torosi.	Sébémé.
Radoter.	Gomyodo.	Oulenomlala.
Radoteur.	Gomasoba.	Ouolomamsa.
Raison.	Fouboum.	Zengou.
Raisonnable.	Tiriga.	Fohana.
Rallumer.	Ouidigui.	Foussou.
Ramage.	Bayiguédélakomda.	Kaniayourougoukomno.
Ramasser.	Riké.	Zam.
Rameau.	Tigaouilibiyo.	Fékououanabou.
Ramener.	Ouanenné.	Bellédi.
Ramper.	Kiendégouko.	Boufouro.
Rance.	Samia.	Gouyéyé.
Rancir.	Sam.	Yeïgou.
Ranger.	Manégué.	Augassi.
Rapidité.	Niaré.	Tim.
Rapiécer.	Niarasé.	Kéki.
Rappeler.	Bolatahaouessa.	Iridougoné.
Rapporter.	Touroundiké.	Yàsam.
Rare.	Paouagouyé.	Gapoté.
Rasé.	Fambo.	Pounam.
Raser.	Fan.	Pono.
Rasoir.	Baréga.	Ko.
Rassasier (action de se).	Tiguibo.	Azirém.
Rassemblement.	Tiguisio.	Labona.
Rassembler (action de).	Tiguisibo.	Labouba.
Rat.	Rayougo.	Rayougo.
Rater (action de).	Niéséguéya.	Zongué.
Rattacher.	Iodé.	N'gouro.
Rattraper (action de).	Niokéséya.	Niédougoni.
Ravager.	Samia.	Gouyéyé.
Ravir.	Fanré.	Som.
Ravissant.	Bénérékiengo.	Gouané-allouasi.
Ravoir.	Pamiéyasa.	N'daoualé.
Rebâtir.	Miasa.	Lébougoni.
Recéler.	Ouaradisologué.	Boundokougoulam.
Recéleur.	Ouaradisologoda.	Bounnokogoula.

APPENDICE XIX 773

Français	Mossi	Foulsé
Recevoir.	Pango.	Dam.
Réchauffer.	Ouigné.	Pomsou.
Récolter (le mil).	Kiébougo.	Ambona.
Recommencer.	Singuiasa.	Kourougoné.
Récompense.	Pango. Kouni.	Panam.
Récompenser.	Komakouni.	Pamapana.
Réconcilier (se).	Bolondobésingué.	Boraïougotikéni.
Reconduire.	Niaré	Tenga.
Reconnaissance.	Yélisomdé.	Anom.
Reconnaissant.	Yélisomdésoba.	Mohannaousa.
Reconnaître.	M'bangué.	Moguiélédi.
Reconstruire.	Iniyasa.	Lébougoni.
Récrépir.	Boliasa.	Bola.
Reculer (faire).	Sérégué.	Foussougou.
Redouter.	Yaïsé.	Lari. Lagui.
Redresser (au feu).	Rimsi.	Noroto.
Refaire.	Manéguiésa.	Tangasogoné.
Réfléchir.	Sara.	Sagué.
Réflexion.	Sagaré.	Sagam.
Refroidir.	Manégué.	Manoko.
Refuser.	Todogué.	Gangam.
Regarder.	Guiésé.	Yédi.
Région.	Soloum.	Aléfi.
Régner.	Manounam.	Tiayi.
Regret.	Nimsougou.	Ninsom.
Regretter.	Nimsa.	Nimsa.
Reine (femme de chef).	Napara.	Moussikem.
Rejoindre.	Pâmé.	Dadé.
Réjouir.	Noomma.	Koudondémé.
Réjouissance.	Filiga.	Filigapillo.
Relâcher.	Basé.	Dougoudi.
Relever.	Issigué.	Yégnésédé.
Remarquer.	Niaya.	Mounna.
Remède.	Tim.	Siom. Siam.
Remercier.	Poussoubarka.	Poussoubarka.
Remettre.	Tolli.	Tollega.
Remonter.	Zoumbiasa.	Nongoboné.
Remplacer.	Tourégué.	Yasomoudi.
Remplir.	Pidisi.	Kibisou.
Remuer.	Yéguésé.	Yéguésé.
Renaître.	Rogoyasa.	Koulouboné.
Rencontrer (action de).	Séguébo.	Homsa.
Rendormir (se).	Gousiasa.	Dérégoni.
Rendre.	Lébésé.	Goréguédi.
Rêne.	Saléboum-iri.	Salébi-ondo.
Renfermer.	Sogonoré.	Sorobounéné.
Renifler.	Fourséfounioya	Poumanfonsera.
Renommée.	Youriyo.	Disséguérésiré.
Renoncer.	Mio.	Missiré.
Rentrer.	Kéyésa.	Zouboné.
Renverser.	Loubi.	Dobodi.
Renvoyer.	Naguésé.	Miyella.
Répandre.	Bidigui.	Bidé
Reparaître.	Iyasa.	Siriboné.
Repas.	Ribo. Dibo.	Diou.
Repentir (se).	Sagaré.	Sagari.
Repentir.	Sagariellé.	Sagamalé.
Répéter.	Torosiésa.	Siébogoni.

APPENDICE XIX

Français	Mossi	Foulsé
Répondre.	Kélésé.	Domon.
Repos.	Pimsogo.	Fongona.
Reposer (se).	Pimsé.	Fongo.
Repousser (action de).	Riguibo.	Goméba.
Reprendre	Réguéfirilla.	Songohingo.
Réputation.	Yourio.	Disséguérésiré.
Réserver.	Binguiri.	Kounam.
Résoudre (se).	Sagaré.	Sara.
Respecter.	Ouaouré.	Lougousiré.
Respiration.	Vousoum.	Vousam.
Respirer (action de).	Vousougo.	Vousam.
Ressembler.	Ouonogué. Ouonogo.	Dihannemdi.
Ressentiment.	Soukaboga.	Bindéoura.
Reste.	Kellé.	Fangam.
Rester.	Zindi.	Touko.
Retirer.	Yaké.	Kéki.
Retour.	Lébougourowendé.	Doulouétemsono.
Retourner.	Lébinkéguéyasa.	Gogouané.
Retrousser (action de).	Fonbo.	Fonram.
Réunion.	Nébabogo.	Akoubaboro.
Rêve.	Zamsido.	Doam.
Réveil.	Nékéréwendé.	Baramséno.
Réveiller.	Néké.	Larénadé.
Revenir.	Lébéguéré.	Ouéléta.
Rêver.	Zamsia.	Modola.
Rêveur.	Zamsidisoba.	Doamsa.
Revivre.	Pamnoriasa.	N'dakomdégouané.
Revoir.	Niataba.	Ounadomba.
Révolte.	Zambéia.	Zambéné.
Révolté.	Zambosoba.	Zambosa.
Révolter (se).	Zambo.	Zambo.
Rhume.	Kossogo.	Kossam.
Riche.	Ardiékasoba.	Arzékasa.
Richesse.	Ardiéka.	Arzéka.
Rides.	Niobéa.	Ouniobé.
Rien.	Goumboudou.	Kankama.
Rigole.	Kosoro.	Hemboro.
Rieur.	Lada.	Moumma.
Rire (action de).	Lado.	Nioumsé.
Rive.	Guiemdé.	Guiemdé.
Rivière.	Baranaouré.	Gouendé.
Rixe.	Zabéré.	Olouba.
Riz.	Moui.	Moui.
Rizière.	Mouibango.	Mouigoulo.
Robuste.	Fourasanga.	Sénou.
Rocher.	Kougoubédéré.	Diéguemdékébéré.
Rogner.	Roubou.	Dirigam.
Rompre.	Kaogué.	Ouangué.
Rond.	Guilli.	Agômdé.
Ronfler.	Goussouma.	Fousa.
Ronger (action de).	Ombéré.	Omam.
Rônier.	Konga.	Konga.
Rosée.	Ménouno.	Mérindio.
Rotule.	Nasébérékobéré.	Aouélékatérakobéré.
Rouge.	Miougou.	Sombé.
Rouille.	Nianné.	Yâné.
Route.	Souré.	Boro.
Ruche.	Kapidougou.	Kabala.

APPENDICE XIX

Français	Mossi	Foulsé
Rude.	Niarasogo.	Niarasogo.
Ruer.	Téougou. Tiem.	Tame.
Rugissement.	Ouégounakoumkouma.	Touyokommo.
Ruine.	Rabogo.	Daemgomdé.
Ruiner.	Sam.	Yé.
Ruse	Siloum.	Iéyem.
Sable.	Binsiri.	Kilao.
Sabot.	Nabingo.	Nabingo.
Sabre.	Solla.	Solla.
Sac.	Yollogo.	Botto.
Sacrifice.	Mando.	Tompougouré.
Sacrificateur.	Mandésoba.	Tompougourésa.
Sacrifier.	Mané.	Lakki.
Sage-femme.	Pougoulorosa.	Pougoulorosa.
Saigner (action de).	Zimihibou.	Niamsira.
Saillir.	Roulésé.	Déguégou.
Sain.	Kéloum.	Kangué.
Saisir.	Nioké.	Nié.
Salaire.	Yaodo.	Zébétam.
Sale.	Réguédo.	Ziga.
Saler.	Ninguéhamsoum.	Tésommo.
Saleté.	Réguédo.	Zigam.
Salière.	Yamsimboumbou.	Somookam.
Salir.	Réguédo.	Zigam.
Salive.	Kôdo.	Nétam.
Salpêtre.	Zem.	Tolloum.
Saluer.	Pousi.	Posou.
Samedi.	Sibiri.	Sibiri.
Sandale.	Nahandéré. Néodéré.	Longouré.
Sang.	Zim.	Niam.
Sanglier (placochère).	Roïgo.	Toté.
Sanglots.	Komkémon.	Kommasi.
Sangsue.	Dendénéga.	Déndénéwa.
Santé.	Kélou.	Kangué. Kangaï.
Sarcelle.	Ouitilézé.	Ouitilézé.
Sarclage.	Kogo.	Féram.
Sarcler.	Ko.	Féri.
Satisfait.	Nonga.	Nobôm.
Sauce.	Zièdo.	Dammé.
Sant.	Zougouré.	Dorosam.
Sauter.	Zougué.	Doroso.
Sauterelle.	Souré.	Soïfé.
Sautiller (action de).	Zoubo.	Zom.
Sauver.	Posia.	Monkonin.
Sauver (se).	Zoï.	Koï.
Savant.	Bangada. Mito.	Diella.
Savoir.	Mi.	Moyé.
Savon.	Safandé. Safané.	Safané.
Savonner.	Ningui safané.	Tisafané.
Sciure.	Tiésom. Tigasòm.	Sékoukara.
Scorpion.	Nanga.	Nommouna.
Seau (calebasse servant de).	Loukô.	Lokô.
Sec.	Kouya.	Goukouroubé.
Sécher.	Kouysé.	Kouroukou.
Second.	Ibindinga.	Ihidinga.

Français	Mossi	Foulsé
Secouer.	Fougousi (1).	Fougousou.
Secourir.	Songué.	Angasidé.
Secours.	Songuéré.	Angasa.
Secret (garder un).	Tallofopougné.	Paroboumfoliodo.
Sein.	Binziri.	Ilenga.
Seize.	Pilayobé.	Filayébourou.
Seizième.	Pilayobéninga.	Filayébouroundougou.
Séjourner.	Zindi.	Tonko.
Sel.	Yamso.	Sommo.
Selle.	Garé.	Garé.
Seller.	Loïgaré.	Béagaré.
Semaine.	Daré.	Ouetté.
Semblable.	Ouanogo.	Ayangaï.
Semblant (faire).	Pédéendé.	Goussékéré.
Semence.	Boumboudou.	Kaugadougo.
Semer.	Boudé.	Digni.
Sénégali (oiseau)	Limmigo.	Lébimsombé.
Sens.	Saïga.	Bousenga.
Sentier.	Sori.	Boro.
Séparer.	Ouélégué.	Kortou.
Sept.	Yopoï.	Ipéné.
Septième.	Yopoïdinga.	Ipendougou.
Sépulture.	Yado.	Goubo
Serment.	Ouénogo.	Sébila.
Serment (faire un).	Ouéhéné.	Sébou.
Serpent.	Ouafo.	Dongoufé.
Serrer.	Sébégué.	Sébougou.
Serrure.	Kouloundougnou.	Kouloundoungo.
Sésame	Sini.	Nabeti.
Seuil.	Daranokoka.	Danguénéné.
Seul.	Yembéré.	Goudoufé.
Seulement.	Balé.	Lé.
Sève.	Dougoulo.	Dougoulo.
Sevrer.	Basibinsoum.	Dougoïla.
Si.	M'saye.	N'tigué.
Siècle.	Youmokobaga.	Zénakoboga.
Siège (pour s'asseoir).	Zigo.	Kourou.
Sien	N'dilla.	Mayingo.
Sieste.	Ouindigogoïn.	Firédem.
Sifflet.	Ouiga.	Ouloufé
Siffler (action de).	Ouibilo	Ouroubi.
Siffleur.	Pébéda.	Fégouloufé.
Signe.	Biligué.	Biligam.
Signifier.	Saïgalaouin.	Bounségalakongo.
Singe rouge.	Ouamba.	Houndé.
Singe vert.	Ouamsabéléga.	Ouomdébini.
Singer.	Zamsé.	Sébou
Sinon.	Samparilla.	Batégué.
Situé.	Béla.	Gouana.
Six	Yobé.	Yéfourou.
Sixième.	Yobédinga.	Yéfouroundougou.
Sobre.	Aritézemsami.	Didiradémarati.
Sobriquet.	Youkotéré.	Séguérépandougou.
Sœur.	Kiéma.	Niondo.
Sœur (grande).	Kiempoko.	Niéboro
Sœur (petite).	Niapoko.	Nindikian.

(1) Secouer la poussière d'un habit.

APPENDICE XIX 777

Français	Mossi	Foulsé
Soif.	Koénoudou.	Hini.
Soir.	Zabéré.	Zoï.
Soixante.	Pisiôbé.	Finbourou. Fibourou.
Soixantième.	Pisiobendinga.	Finbouroundougou.
Soldat.	Zambigo.	Aloubi.
Soleil.	Ouindigo.	Firé.
Sombre.	Liko.	Ikou.
Sommeil.	Goïm.	Dem.
Sommeiller.	Gousi.	Déri.
Sommet.	Zougousonka.	Imtoullé.
Son (adjectif possessif).	Fo.	M'ko.
Son (substantif)	Karkoudougou.	Dobiri.
Songe.	Zamsido.	Dohon.
Songer.	Sagaré.	Saré.
Sorcier (féticheur : celui qui est chargé des circoncis).	Nané.	Nané.
Sorcier (féticheur : devin).	Baga. Bouga. Ouarouda. Barabaouda. Binsiguetta.	Goutésa. Zigoulata.
Sorcier (féticheur : membre de société secrète).	Ouango.	Ouango.
Sorcier (féticheur : fabricant de grigris).	Timisoba. Tipa.	Sémoussa.
Sorcier (le vrai sorcier, mangeur d'âmes).	Soyan.	Aniofa.
Sortie.	Ij.	Siri.
Sot	Yalama.	Zakou.
Sottise.	Yalamdo.	Zabéré.
Souche.	Radiougou.	Dakoutiré.
Souffler (action de).	Foussougo.	Foussam
Soufflet (instrument).	Zougoudou	Zougoudou.
Souffrance.	Zabéré.	Ouollam.
Souffrir.	Zabé.	Ouollo.
Soufre.	Kidibri.	Kidibri.
Souhaiter.	Yamléougou	Yamléougou
Souillé.	Réguédiniaé.	Zigamnadi.
Souiller.	Réguédo.	Zigam
Soulagement.	Saranda.	Sarandi.
Soulager.	Saralogo.	Saralam.
Soulard.	Ratiguida.	Ito.
Soulever.	Zéké.	Zausi.
Soumettre.	Toungou.	Balomné. Bayomini.
Soupçonner (action de)	Tébo.	Mahamemdou.
Soupirer (action de).	Férésogo.	Féguésan
Source.	Téké.	Oussoro.
Sourcil.	Ninkongoudakobodo.	Kienguirékoï.
Sourd.	Touboukida	Dinnaouenné.
Souricière.	Baléougo.	Baléougo
Souris.	Niongoré.	Danakonné.
Sournois.	Sindoum.	Siguifi.
Sous.	Tenguéré	Ousénéhi.
Soutenir	Songué.	Fangasidé.
Souvenir (se).	M'payimié.	Mallé.
Souvent.	Darboudou.	Ouétékama.
Spirituel.	Yamkengo.	Annohasi.
Splendide.	Bénérékiengo.	Gouané-allouasi.

Français	Mossi	Foulsé
Squelette.	Koba.	Kouba.
Stérile.	Zaloum.	Bondo.
Suaire.	Kasanga.	Boro.
Substituer.	Tetkami.	Kirila.
Suc.	Soum.	Soum
Successeur.	Pougouda. Pougoudega.	Défa. Défasa.
Succulent.	Nomkengo.	Boudondouasi.
Sucer.	Moré.	Mégué. Menggué.
Suer (action de).	Toulougo.	Fogoré
Sueur.	Touloukòm.	Faroléhem.
Suffire.	Sékéa.	Ouissé.
Suicider (action de se).	Menkoubo.	N'guilékòm.
Suie.	Rôkam.	Damingué.
Suivre.	Niaré.	Tenguidi.
Suppuration	Ikòm.	Oussiré.
Sur.	Zougoui.	Bounouné.
Sûr.	Sida.	Niahoula.
Surnager.	Békomzougou.	Guisimdoba.
Surpasser.	Hiida.	Moké.
Surprendre.	Nioké	Mouniédi.
Surveiller.	Guiésiba	Yéba.
Suspendre.	Ki. Kigo.	Bam.
Tabac.	Taba. Sira.	Taba. Sira.
Tabatière.	Sirikòré. Sirébara.	Gòmdé. Bada
Tabouret.	Kouka.	Pisim.
Taciturne.	Sindou.	Siguifi.
Tailler des pierres (action de).	Kougoupésédéré.	Diégoumdésentougou.
Tailleur.	Senta.	Aniéta.
Taire (se).	Sindi.	Siguifi.
Talon.	Nakasoukaré.	Ouélékétéga.
Tamarin.	Poussougo	Séméné.
Tamtam.	Bindéré.	Débiri.
Taon.	Vounouvougou.	Vounouvoudou.
Tarder.	Kaosia.	Tongué.
Tardif.	Masa.	Niareï.
Tarir.	Saya.	Kendé.
Tas.	Kagaré.	Karté.
Tasser.	Di.	Diguisi.
Tâtonner.	Babélogo.	Babéla.
Taureau.	Lologa.	Lologa.
Teindre.	Losigara (1).	Yébagara.
Témoin.	Silenkaéna	Silenkaéna.
Tempête.	Saga.	Venga. Vengue.
Temps.	Ouendé.	Moussono.
Tenaille.	Yéougo.	Hèbentou.
Tendre (adjectif).	Loroloré.	Loroloro.
Ténèbres.	Liko.	Ikou.
Ténébreux.	Liguido.	Ouhiguem.
Tenir.	Niokoué.	Niè.
Terminer.	Sa.	Kiemdi.
Termite.	Morodo.	Titon.
Termitière.	Yaoré.	Ikou.
Terre.	Tenga	Sendé.
Terreur.	Yaïguéré.	Laram.

(1) Teindre à l'indigo

Français	Mossi	Foulsé
Terrifier	Yaïsé.	Larabi.
Tête:	Zougou.	Niou.
Téter.	Nioubisoum.	Niongohila.
Têtu.	Kouyouma.	Baséninga.
Tibia.	Karokoboré.	Pendokougouré.
Tien.	Fourilla.	Niengò.
Tige (de mil)	Kankaya.	Kofou.
Timide.	Yaïsogo.	Dillaré.
Timidité.	Yaïsa.	Allarafo.
Tirer (1).	Také.	Déné.
Tison.	Bougousala.	Amkélé.
Tisonner.	Gaguébougoun.	Gasiamné.
Tisser.	Guiloko.	Gaésédo.
Tisserand.	Diéogouda.	Diésésono.
Tituber.	Loulougou.	Loulò.
Toi.	Foo.	N'ko.
Toison.	Pékobodo.	Pésékouin.
Toit.	Sougouri.	Lougou.
Tomates.	Koumba.	Gabata.
Tombe.	Yàdo.	Koubo.
Tomber.	Loï.	Solou.
Ton.	Fo.	N'kò.
Tondre (action de).	Faho. Fanbo.	Ponam.
Tonnerre	Sayarabo.	Zinga-ouiliman.
Torche.	Modo. Kanga.	Voueï. Zoullé.
Tornade.	Sakouiré.	Vengakouroubé.
Tort.	Niosoré.	N'zongo.
Tortue.	Kouri.	Kouté.
Tôt.	Taoto.	Tiouélé.
Toucher (2).	Sisé.	Aré.
Toujours.	Dargoudou.	Ouétékama.
Tour.	Guiligui.	Guilé.
Tourbillon.	Sulémandé.	Salogoka.
Tourné (lait).	Binsougousoudoum.	Aïlamdéré.
Tourner (se).	Lébégui	Ouéléti.
Tourterelle.	Ouandé.	Onéguéguendé.
Tousser (action de).	Kossogo.	Kosa.
Tout.	Fan.	Goudourou.
Trace.	Nahan.	Gouala.
Traduire.	Bébigui.	Gò
Trahir.	Zambo.	Zambo.
Trahison.	Zamboma.	Zambéni.
Traîner.	Voubou	Fòm.
Traire	Pé.	Kaman.
Traître.	Zambosoba.	Zambosa.
Trajet.	Kendé.	Yabéré.
Tranchant.	Noré.	Gounéné.
Trancher.	Kouré. Kougué.	Doumboto.
Tranquille.	Lafi.	Bané.
Transformer.	Lébigui.	Ouéléti.
Travail.	Touma.	Toma.
Travailleur.	Toumda.	Ouollo.
Travers (à).	Souka.	Outoullé.
Traverser.	Passégué.	Passigui.
Trébucher.	Lakéré.	Binta.

(1) Sur quelqu'un.
(2) Être près de.

Français	Mossi	Foulsé
Treize.	Hatabo.	Filaétan.
Treizième.	Hatabendinga.	Filaétandougou.
Trembler (action de).	Riguibou.	Kaman.
Tremper.	Tòm.	Hèbou.
Trente.	Pisitabo.	Fintan.
Trentième.	Pisitabendinga.	Fintandougou.
Très.	Ouaoga. Kemmo.	Poté.
Tresse (de cheveux).	Diemfo.	Guéda.
Trier.	Tounsi.	Dzònto.
Triompher.	Tonro.	Déïsé.
Tripes.	Yaodo	Louhou.
Triste.	Sousanga.	Bindéycï.
Trois.	Tabo.	Tain.
Troisième.	Tabendinga.	Taindougou.
Trompe (d'éléphant).	Ouahogo-nougou.	Tifowendé.
Trompe (instrument de musique)	Barogo.	Barougou.
Tromper (action de).	Tendougouri.	Itam
Tronc.	Tigaséga.	Fékoukouté.
Trop (très).	Ouaoba.	Poté.
Troquer.	Téké.	Kiram.
Trou.	Bòko.	Bon.
Trouver.	Niavo. Nia.	Mounna.
Tu.	Fo.	N'ko.
Tuer.	Kou.	Kou.
Tumeur.	Nodéré.	Vinou.
Tuyau.	Raogo.	Daenné.
Tympan.	Tougouribilo.	Diguendébi.
Tambour (en forme de sablier)	Lounga.	Gomonga.
Tambour (calebasse recouverte d'une peau)	Bindiri	Débiri.
Tambour (grand cylindre).	Gangango.	Gangango.
Ulcère.	Nodéré.	Avioum.
Un, une.	Yé.	N'dòm.
Uni.	Yemséa.	Marété.
Univers.	Ouendélatenga. Vouéougo.	Doforélaséné. Asellé.
Urine.	Roudoum. Roudoukòm.	Roudoum. Nisém.
Usage.	Dorommiki.	Kolomkomdo.
Usé.	Pemsé.	Fongo.
Usurpateur.	Pougoudégasoba.	Débamsa.
Usurper.	Pougoudéga.	Idéfò.
Vache.	Naréenga.	Naréyan.
Vacher.	Naratoundou.	Nahéyommo.
Vaillance.	Raogo.	Aboro.
Vaillant.	Raogosoba.	Aborondo.
Vain.	Zaloum.	Bondou.
Vaincre.	Tongo. Tonro.	Déïlam.
Vainqueur.	Tongosoba.	Déhemsa.
Valoir.	Pamda.	Budari.
Van	Zaïdiga.	Zaïdiga.
Vanité.	Founéré.	Pérégouana.
Vaniteux.	Founérésoba.	Pérégouanomsa.
Vanner.	Gògò.	Zémom.
Vantard.	Gomiodosoba.	Onomomlala.
Vapeur.	Oualom.	Gouiguéré.

Français	Mossi	Foulsé
Variole.	Diennéba.	Diendéba.
Vase (boue de rivière).	Béguédo.	Boroum.
Vautour.	Dougouré.	Guigaré.
Vautrer (se).	Bilimmou.	Bilima.
Veau.	Narabilo.	Narabi.
Veiller.	Pagounsé.	Madéré.
Vêler.	Rogoum.	Boula.
Vendre.	Rabo.	Doulam.
Vendredi.	Arzouma.	Arzouma.
Vénérer (action de).	Ouaogoré.	Potam.
Venger (se).	Niakésoungouri.	Kiékoumbindé.
Venin.	Zénem.	Zénem.
Venir.	Oua.	M'bé.
Vent.	Sébogo.	Sarou.
Vérité.	Sida.	Niom.
Vermine.	Zougoukoranga.	Aniouzéka.
Vermoulu.	Ruim.	Koutté.
Vérole (petite).	Bi.	Boï.
Vérole.	Pibré. Touma.	Pibré. Touma.
Vers.	Seï. Saï.	Yélésé.
Verser.	Bidigui.	Bidé.
Vert.	Pougousaba koulio.	Pougousabakoulio.
Vertige.	Nihilenga.	Ibodingam.
Vessie.	Roudékiéougo.	Roudikiéougo.
Vêtement.	Foutou.	Téné.
Vétille.	Goumzala.	Oualéman-boundou.
Vêtir (se).	Yaéléfoutou.	Bébapéné.
Veuve.	Pougokonto.	Pougoukouré.
Viande.	Memdo.	Memmo.
Victorieux.	Tonrosoba.	Déhélemsa.
Vide.	Ouéigo. Ouéougo.	Mouto.
Vider.	Bidigui.	Bidé.
Vie.	Niouré.	Poumdé.
Vieux.	Kôlou. Koudré.	Kòngané.
Vieillard.	Ninkiéma.	Kaéno.
Vieillesse.	Koloum.	Konga.
Vigoureux.	Pangasoba.	Pangasa.
Vigueur.	Panga.	Panga.
Vil.	Pasoumna.	Gahané.
Vilain.	Raouinga.	Bindandé. Binzandé.
Village.	Tenga.	Kounné.
Vingt.	Pisiibou.	Fisini.
Vingtième.	Pisiidenga.	Fisinindougou.
Violer.	Sango.	Yéyam.
Violon (guitare).	Roudougo.	Roudougo.
Visage.	Ninga.	Ika.
Ventre.	Pouga.	Forou.
Venue.	Oua.	Bé.
Ver.	Zougnouri.	Ouinfé.
Visiter.	Touganingué.	Yomdoua.
Vite.	Taotao.	Ouélé.
Vivant.	Nioré.	Poumdé.
Vivre.	Nioré.	Poumdé.
Vivres.	Sorifanta.	Dirifou.
Vœu.	Nougouhendo.	Ouensoukouré.
Voici.	Lahouem.	Fongo.
Voir.	Diésé.	Yé.
Voisin.	Zidintaga.	N'toufɔudono.

APPENDICE XIX

Français	Mossi	Foulsé
Voix.	Koëga.	Mohilo.
Vol (dans le sens de dérober).	Bozouma.	Bobouñémé.
Vol (de l'oiseau).	Iguebo.	Youar.
Volage.	Pazizienga.	Tono.
Volaille	Nonsé.	Anhouoné.
Voler (dérober).	Zou.	Bounou.
Voler (dans l'air).	Iké.	You.
Voleur.	Ouagadéré. Ouaradéré.	Bounou.
Volonté.	M'sandaté.	Kongozamo.
Volontiers.	Nòmma.	Bondonnomé.
Vomir.	Yérasogo.	Toyam.
Vouloir.	Nongomé.	Nonbonggar.
Vous.	Mamba. Yamba.	Bako.
Voûté.	Koudémé.	Doukouro.
Voyage.	Gondo.	Tôn.
Voyageur.	Gonda.	Tono.
Voyager (action de).	Kénikendé.	Yabayabéré.
Vrai.	Sida.	Ayam.
Vue.	Nifou.	Ibéré.
Verge.	Yoré.	Koéné.
Vagin.	Paré.	Doutté.

Ajoutons à ce vocabulaire foulsé les noms de nombre de un à dix à part, d'abord tels qu'ils figurent dans le vocabulaire, ensuite tels qu'ils ont été pris à deux autres reprises différentes. Nous avons :

	1º Vocabulaire	2º	3º
1	N'dòm.	N'dom.	N'do.
2	Ihii.	Hiyi.	Hii.
3	Tain.	Itain.	N'tain.
4	Inna.	Inna.	Naa.
5	Innom.	Innom.	Innom.
6	Yéfourou.	Yéfourou.	Yéfourou.
7	Ipéné.	Ipain.	Ipain.
8	Iton.	Ito.	Ito.
9	Ifa.	Faa.	Ifa.
10	Pi.	Pi.	Fi.

Rappelons qu'en mossi ces noms de nombre sont tels :

	Noms de nombre pris à Ouagadougou	Noms de nombre pris dans le Yatenga
1	Yémeré.	Yé.
2	Yibou.	Ibou.
3	Tabo.	Tabo.
4	Nasé.	Nasé.
5	Nou.	Nou.
6	Ayobé.	Yobé.
7	Yopoï.	Yopoï.
8	Ani.	Nihi.
9	Aoué.	Ouaye.
10	Pigo.	Pigo.

APPENDICE XIX

Si l'on compare ces dix noms de nombre en mossi et en foulsé, on ne trouvera pas grande ressemblance sauf pour le deux (hii-yibou), le trois (taintabo), le quatre (inna-nasé), le cinq (innom-nou) et le dix (pi-piga). En revanche le un (n'dom-yémeré), le six (yéfourou-ayobé), le sept (ipain-yopoï), le huit (ito-ani), le neuf (ifa-aoué) ne se ressemblent nullement.

Ce qui est curieux c'est que le foulsé ressemble plus au dagomba dans ses dix noms de nombre qu'au mossi comme en fait juger le tableau suivant :

Nombres	Foulsé	Mossi	Dagomba
1	N'dom.	Yéméré.	N'dan.
2	Hiyi.	Yibou.	Niyi.
3	N'tain.	Tabo.	N'ta.
4	Inna.	Nasé.	Nahé.
5	Innom.	Nou.	Anou.
6	Yéfourou.	Ayobé.	Ayobo.
7	Ipain.	Yopoï.	Ayopoué.
8	Ito.	Ani.	Ani.
9	Ifa.	Aoué.	Aoué.
10	Pi.	Piga.	Pia.

APPENDICE N° XX

Notes sur les Silmi-Mossis du cercle de Ouagadougou

Les Silmi-Mossis du nord du cercle de Ouagadougou cultivent le mil avant tout : petit mil ou millet d'abord, puis sorgho blanc, puis sorgho rouge.

La culture annexe est le maïs. Ajoutons des haricots cultivés avec le mil et pas mal d'arachides.

Signalons encore un peu de riz, pas de fonio, des pois souterrains, peu de sésames, des courges comestibles.

Pas de culture de tubercules : ni oussouniting, ni patates, ni ignames, ni taro, ni manioc.

En fait de condiments les femmes font du gombo et de l'oseille, peu de tomates, pas de piment.

Comme cultures non vivrières nos Silmi-Mossis font beaucoup de coton, très peu de tabac et de chanvre, des calebasses, pas d'indigo.

Les Silmi-Mossis de Ouagadougou ont un nombreux bétail : ils ne confient pas leurs troupeaux aux Peuls mais les gardent eux-mêmes, à moins de n'avoir personne pour les conduire, et, dans ce cas, ils ne souffrent pas que leurs bergers peuls s'éloignent de leurs habitations.

Voici du reste un recensement fait par moi en janvier 1909 du bétail des Silmi-Mossis d'un certain nombre de villages du nord du cercle de Ouagadougou. Ce recensement donne les chiffres suivants :

Noms des villages	Nombre d'habitants	Chevaux	Anes	Bœufs	Moutons	Chèvres
Yakki	43	1	»	68	27	13
Langué	174	5	3	73	59	67
Tamsoro I	10	»	»	4	»	»
Badoro	48	1	»	56	18	26
Tamsoro II	148	4	4	77	11	34
Zitenga	1 247	13	23	222	61	105
	1.670	24	30	500	176	245

Cela fait donc 1 chèvre par 7 Silmi-Mossis.
1 mouton par 9 —
1 bœuf par 3 —
1 âne par 56 —
1 cheval par 70 —

Si nous comparons ces chiffres à ceux des Peuls on a :

Animaux	Silmi-Mossis	Peuls
Chèvres	1 par 7	1 par 25
Moutons	1 par 9	1 par 10
Bœufs	1 par 3	1 par 1/2
Anes	1 par 56	1 par 91
Chevaux	1 par 70	1 par 26

Comme on le voit, pour le petit bétail et les ânes, les Silmi-Mossis de Ouagadougou l'emportent sur les Peuls. Pour le gros bétail au contraire ils en ont beaucoup moins, 6 fois moins de bœufs, 3 fois moins de chevaux, etc.

Ils ne font pas de chasse ni collectivement, ni individuellement. Les Silmi-Mossis de La disent qu'ils faisaient jadis de la chasse avec les Mossis de l'endroit, mais à cause de la nécessité de se procurer l'argent de l'impôt français, ils font maintenant du commerce pendant la saison sèche et ainsi ne peuvent plus faire de chasse.

La pêche, ils n'en font pas, n'ayant pas de marigots sérieux.

Là où ils ont un peu d'eau la pêche est faite par les enfants non par les grandes personnes.

La cueillette est bien plus importante : les Silmi-Mossis la pratiquent comme les Mossis. En revanche l'arboriculture n'existe pas.

Le commerce est en honneur chez les Silmi-Mossis de Ouagadougou. Ils vont vendre en Gold-Coast, particulièrement à Ouanké, du gros et du petit bétail, des bandes de coton qu'ils fabriquent eux-mêmes ou qu'ils achètent autour d'eux, du soumbara enfin. Ils vont aussi à Baramandougou (cercle de Dienné) sur les bords du Niger acheter du poisson sec aux Somonos et le revendre à Ouanké. Un poisson sec vaut auprès de Dienné 100 cauris et 250 à Ouanké. Dans une charge d'homme il y a cent poissons.

Avec le produit de ces marchandises les Silmi-Mossis achètent des kolas qu'ils vont revendre dans le nord à Sofara et à Koriantzé. Là ils prennent du sel qu'ils rapportent dans le pays mossi et aussi de l'argent français, des pièces de 5 francs qui leur serviront à payer l'impôt.

Ils ne se livrent pas au commerce du mil. Pour leur consommation même ils en font juste assez et par conséquent n'en vendent ni n'en achètent.

En revanche, si le commerce est assez développé, l'industrie est très médiocre : ainsi les Silmi-Mossis n'ont ni forgerons, ni bijoutiers, ni tailleurs de pierre, ni maçons, ni fabricants de pipes, ni fabricants d'arcs. Ils ont quelques faiseurs d'objets en bois mais rares. Ils ne font pas de poterie. La fabrication des nattes est familiale. Ils n'en font que pour leur ménage, pas pour la vente. Ils ne font ni corbeilles, ni chapeaux en paille. Ils les achètent aux Mossis. Enfin ils ont peu de cordonniers. En revanche ils font beaucoup de tissage pendant la saison sèche et fabriquent ces bandes de coton qui leur servent pour confectionner leurs habits ou pour leur commerce. De plus ils ont un certain nombre de tailleurs pour transformer ces bandes en vêtements qu'ils vendent également. Ces tailleurs exercent leur métier pendant la saison sèche et cultivent pendant la saison des pluies. Leurs champs leur rapportent plus que leur métier. Ils fabriquent des pagnes, des boubous, des culottes. Ils travaillent souvent à façon. On leur fournit les bandes de coton nécessaires à la confection de tel vêtement et ils ne font payer que le travail : 50 cauris pour un pagne, 100 cauris pour une culotte, 500 cauris pour un boubou, etc.

Bref l'industrie se restreint ici à ce qui sert pour le commerce.

En définitive deux formules caractérisent le travail des Silmi-Mossis de Ouagadougou : ce sont d'une part des cultivateurs-éleveurs et d'autre part des cultivateurs-éleveurs assez commerçants.

Au point de vue familial il y a la famille, l'habitation et le ménage.

Les habitations groupent généralement peu de personnes, quoiqu'elles ne soient pas réduites la plupart du temps au simple ménage. Il semble en être ici comme chez les Silmi-Mossis de Ouahigouya : Voici deux exemples d'habitation pris au hasard de mes renseignements :

1º Habitation de Brahima Sangari ou Sangaré. Son grand frère est chef de l'habitation, a une femme et un fils non marié. Lui-même est marié (une femme) mais n'a pas d'enfants. Il travaille pour son grand frère. Il y a en plus dans leur habitation deux autres frères non mariés, en tout 7 personnes, ce qui est peu pour 2 ménages.

2º Habitation de Abdoullaye qui a 4 femmes, 4 garçons et 6 filles. De plus deux frères mariés habitent avec lui, Sulémani qui a 2 femmes et pas d'enfants, Issa qui a une femme et un garçon. Pas d'esclaves. De plus celui qui me donne ces détails Isifou Sinaré est le neveu du chef d'habitation et habite celle-ci (son père était frère d'Abdoullaye). Il n'est pas encore marié. Cela fait une maison de 22 personnes contenant 3 ménages.

Généralement l'habitation est intégrée à cause du petit nombre de ses habitants mais elle se désintègre quand elle arrive à contenir un certain nombre de ménages (ainsi dans le cas de l'habitation d'Abdoullaye Sinaré).

A Baramini tous les gens d'une habitation travaillent pour le chef de maison de 6 heures du matin jusqu'à 2 heures de l'après-midi pendant la saison des pluies. Ensuite ils vont travailler à leurs petits champs particuliers. Ils n'ont pas de jour de repos. Pendant la saison sèche ils travaillent pour eux-mêmes excepté quand le chef d'habitation a un travail à leur faire exécuter. C'est pendant la saison sèche qu'on exerce les métiers de tisserand, de colporteur. Le profit est pour le travailleur mais on donne quelque chose là-dessus au chef d'habitation.

Celui-ci nourrit les gens de la maison pendant l'hivernage. Pendant la saison sèche ils se nourrissent eux-mêmes. Il les nourrit ainsi 7 mois sur 12.

Le chef d'habitation habille les non mariés de la maison. Les gens mariés s'habillent eux-mêmes.

A La tout le monde travaille aussi pour le chef d'habitation. Pendant l'hivernage on travaille pour lui de 8 heures du matin à 2 heures de l'après-midi. En dehors de cela les gens mariés ou non mariés de l'habitation ont leurs petits champs particuliers. Ils ont un jour pour eux, le lundi. Pendant la saison sèche chacun est libre et travaille pour lui-même. Cependant s'il y a des réparations à faire aux cases ils les font. Ils font aussi quelquefois du commerce pour le chef d'habitation comme pour eux-mêmes.

Le chef d'habitation, ici, nourrit tout le monde tout le temps. Il fait sa distribution de mil tous les deux jours, c'est-à-dire qu'il donne tous les deux jours de quoi se nourrir pendant deux jours. Il habille les non-mariés mais les gens mariés s'habillent eux-mêmes avec le produit de leurs champs particuliers.

A Tierélésé au contraire, dans les habitations à plusieurs ménages, chaque ménage a ses champs à part. Les fils non mariés travaillent sur le champ de leur père. S'il y a des frères non mariés dans l'habitation on se les partage. S'il n'y en a qu'un, il travaille sur les champs du chef d'habitation. S'il y en a deux l'un travaille sur les champs du chef d'habitation et l'autre sur les champs du chef de ménage suivant, etc.

De même que chaque ménage travaille à part chaque ménage se nourrit lui-même.

Notons que les fils non mariés tout en travaillant sur le champ de leur père ont aussi un petit champ à eux. Ils travaillent sur les champs du père de 6 heures du matin à 3 heures de l'après-midi mais ensuite ils vont travailler sur leur petit champ.

Les champs particuliers servent aux fils ou aux frères non mariés à acheter leur habillement et quelque petit bétail. Ils remettent le surplus en cauris à leur père.

Pendant la saison sèche chaque chef de ménage donne aux garçons non mariés qui relèvent de lui de quoi faire du commerce ou du tissage. Dans le cas où le chef de ménage a fourni l'argent le produit est pour lui. Si c'est le jeune homme qui a trouvé lui-même l'argent nécessaire, c'est lui qui en récolte le bénéfice.

Il n'y a pas de dot chez nos Silmi-Mossis pour le mariage mais seulement des cadeaux. A Baramini on donne en deux fois 400 cauris et 2 poulets. Les gens de l'habitation de la jeune fille la conduisent dans l'habitation du mari. Les gens de cette dernière habitation font du to et tuent un mouton pour eux. On fait une petite fête et le mariage se consomme. A La on offre 6 canaris de dolo, une chèvre et deux poulets. La chèvre vaut 2.500 cauris, les six canaris de dolo 1.800 cauris, les 2 poulets 300 cauris ce qui fait une dépense totale de 4.600 cauris ou 4 fr. 60 Les femmes de l'habitation de la fille la conduisent dans l'habitation de son futur. Les griots arrivent. On danse, on chante, on boit et l'on mange bien pendant toute une journée.

Quand un chef d'habitation meurt, dans les habitations intégrées, c'est son frère puîné qui le remplace et prend le commandement de l'habitation. Il prend également les biens communs de celle-ci : champs, etc. Quant aux biens particuliers du défunt ils sont pour son fils aîné sauf les femmes qui sont partagées également entre les frères du défunt.

Quand il n'y a pas de frères du défunt dans une habitation c'est le fils le plus âgé de l'habitation qui hérite du commandement de celle-ci.

Dans les habitations non intégrées, quand un chef d'habitation meurt c'est le frère puîné qui prend le commandement de l'habitation, à moins qu'il n'y ait dans celle-ci quelque cousin germain ou issu de germain qui doive venir au commandement comme représentant de sa branche. Sur les biens particuliers il prend les femmes du défunt qu'il partage avec les autres frères. Les autres biens particuliers sont pour le fils aîné (champs, esclaves, bestiaux, chevaux, etc). Cependant sur les bestiaux et les chevaux le fils aîné donne le dixième au frère héritier et aussi une part aux autres fils, ses frères à lui. Les cauris sont également pour lui et les armes mais il en donne aux autres fils, s'il y en a beaucoup.

A défaut de fils les biens particuliers vont aux frères, à défaut de frères aux fils de frères, à défaut de fils de frères aux fils de sœurs. En ce dernier cas c'est le fils aîné de la sœur aînée qui hérite, du moins des biens mobiliers, qu'il vient chercher et emporte chez lui. A défaut de fils de sœur viennent les sœurs et à défaut de sœurs les filles du défunt. La fille aînée hérite des biens mobiliers et donne là-dessus quelque chose aux autres filles. A défaut de filles du défunt viennent les filles de frères puis les filles de sœurs. Les femmes du défunt n'héritent jamais. Elles sont bien de la succession et non partie ayant droit sur l'héritage.

Au point de vue politique, les Silmi-Mossis de Ouagadougou, établis généralement par quartiers dans les villages mossis, dépendaient des Mossis, des chefs de village mossis et en dernière analyse du Moro-naba. Ils faisaient des cadeaux annuels à leur propre chef, au chef du village mossi et payaient 500 cauris annuellement par habitation, et en plus 200 cauris par homme, au Moro-naba.

Au point de vue religieux, les Silmi-Mossis de Ouagadougou sont les uns fétichistes mais d'un fétichisme très réduit, les autres musulmans. Ce sont ces derniers qui semblent les plus nombreux.

Les Silmi-Mossis qui sont restés fétichistes enterrent leurs morts autour de leurs habitations, dans le champ de maïs.

Quand quelqu'un meurt, les hommes lavent son corps si c'est un homme, les femmes si c'est une femme. On couvre le corps avec un pagne blanc, on lui met un bonnet blanc sur la tête, puis on envoie chercher les fossoyeurs qui creusent la tombe et qui sont payés ensuite avec une chèvre et un poulet. Le nouveau chef d'habitation, si c'est un chef d'habitation qui est mort, tue une poule devant la porte de la maison. On ne fait ni tamtam, ni chants, ni danses.

Il y a un sacrifice annuel pour les Ancêtres après la récolte. Les chefs de famille et d'habitation tuent des poulets pour les Ancêtres dans la cour de leur habitation et leur offrent aussi de la farine de mil délayée dans l'eau.

Les Silmi-Mossis fétichistes, de la religion Sangaré, comme ils disent eux-mêmes (ce qui veut sans doute dire de la religion de l'eau-de-vie, de la religion qui permet l'eau-de-vie et les boissons fermentées) ne font pas de sacrifices pour les semailles ni pour la récolte. Ils n'en font pas davantage aux arbres, aux bois sacrés, aux rochers, aux collines, aux marigots, aux cailloux, ni aux crocodiles et aux serpents, ni aux Mauvais Esprits.

Ils ne font pas de sacrifices à la Terre ni à la Brousse, mais ils en font à Ouendé, le dieu du Ciel, le bon dieu. On lui offre du dégué dans la cour des habitations.

Les « Sangaré » n'ont pas de devins ni de fabricants de basi. Ils consultent les devins mossis mais n'achètent pas de grigris.

Bref la religion de nos Silmi-Mossis fétichistes est réduite au culte des Ancêtres et à celui de Ouendé. Elle a abandonné les grandes divinités nègres la Terre, la Brousse et les formes du culte naturaliste (arbres, rochers, etc.). C'est donc une sorte de transition du fétichisme à l'Islam.

Les autres Silmi-Mossis, les musulmans, enterrent également leurs morts dans les champs de maïs autour des habitations. Ils font venir les marabouts pour l'enterrement. Au bout de sept jours on procède à une seconde cérémonie, puis à une autre encore. Il n'ont pas de fête pour leurs Ancêtres et c'est ce qui les différencie le plus des « Sangaré ». Ils célèbrent les fêtes musulmanes ordinaires, le Ramadan, la Tabaski, le Zombéné, etc. Ils ont quelques marabouts.

TABLE DES MATIÈRES

	Pages
INTRODUCTION	1
PRÉFACE	7
LIVRE PREMIER. — Le lieu	9
LIVRE II. — La race et son histoire	49
LIVRE III. — Le travail	131
CHAPITRE PREMIER. — La culture	131
CHAPITRE II. — L'élevage	157
CHAPITRE III. — La cueillette	167
CHAPITRE IV. — La chasse et la pêche	198
CHAPITRE V. — L'industrie	200
CHAPITRE VI. — Le commerce	220
LIVRE IV. — La Famille	223
LIVRE V. — Le mode d'existence	275
LIVRE VI. — Relations interfamiliales et Structure sociale	321
LIVRE VII. — Les Pouvoirs Publics	335
LIVRE VIII. — La Religion	373
LIVRE IX. — Les Cultures intellectuelles	403
LIVRE X. — Les Foulsés (ou Nioniossés)	525
LIVRE XI. — Les Yarsés	551
LIVRE XII. — Les Samos	571
LIVRE XIII. — Les Silmi-Mossis	607
LIVRE XIV. — Les Peuls	621

TABLE DES MATIÈRES

APPENDICES 663

N° 1. La population du Yatenga 665
N° 2. Annexe sur la chronologie du Yatenga 667
N° 3. Chronologie approximative du Mossi (Ouagadougou). . . 672
N° 4. Chronologie du Mossi (Ouagadougou) d'après Delafosse. . 673
N° 5. Chronologie du Mossi (Ouagadougou) d'après mon *Noir du Soudan* (1912) 674
N° 6. Chronologie du Mossi (Yatenga) par Delafosse 675
N° 7. Chronologie des nabas du Riziam 676
N° 8. Chronologie du lieutenant Marc 677
N° 9. Fin de l'histoire du Riziam. 678
N° 10. Les descendants de Ouemtanango 679
N° 11. Légende sur Yadega 680
N° 12. Plantes utiles du Yatenga 681
N° 13. Les cantons des ministres. 683
N° 14 Tableau analytique des principaux recueils de folk-lore du Soudan 685
N° 15. Diamous des Yarsés du Yatenga 686
N° 16. Rectifications à mon *Noir du Soudan* 688
N° 17. Notes sur la religion des Samos du cercle de Dédougou . 693
N° 18. Vocabulaire samo 699
N° 19. Vocabulaire foulsé ou nioniossé. 746
N° 20. Notes sur les Silmi-Mossis du cercle de Ouagadougou . . 784

LAVAL. — IMPRIMERIE L. BARNÉOUD ET Cie.

A LA MÊME LIBRAIRIE

OUVRAGES SUR L'AFRIQUE OCCIDENTALE

Annuaire du Gouvernement Général de l'Afrique Occidentale française. — Contenant des notices concernant chaque Colonie du groupe, accompagnées de 8 grandes cartes en couleurs, liste des commerçants, personnel, etc. (1916). Un fort vol., in-8° . . . . 6 fr.

La pacification de la Côte d'Ivoire, méthodes et résultats, par G. ANGOULVANT, Gouverneur de 1re classe des Colonies. Lettre-préface du Général GALLIÉNI, ministre de la Guerre, (1916), in-8° avec cartes. . . . . 7 fr. 50

La Côte d'Ivoire. — Agriculture. — Commerce. — Industrie. — Questions économiques par Louis LE BARBIER, (1916), in-8° . . 5 fr.

La Côte d'Ivoire. — Le pays, les habitants, par G. JOSEPH, administrateur des Colonies, préface de M. le Gouverneur ANGOULVANT, (1917), in-8° avec 53 reproductions photographiques et cartes. . . . . 8 fr.

La Côte d'Ivoire. — Brochure de propagande publiée sous l'administration de M. le Gouverneur ANGOULVANT, (1915), in-8° avec carte en couleurs . . . . 1 fr.

Le Sénégal, par M. OLIVIER (1907), in-8 illustré de 45 reprod. photog . . . . 7 fr. 50

Les Origines de l'Afrique occidentale, Histoire du Sénégal du XVe siècle à 1870, par P. CULTRU, maître de conférences à la Sorbonne (1910), in-8 . . . . 7 fr. 50

Premier voyage fait à la Côte d'Afrique en 1685, par LA COURBE, publié pour la première fois avec une introduction et des notes par M. P. CULTRU, chargé de cours à la Faculté des Lettres de Paris, accompagné d'une carte de Delisle, *Publication de la Société de l'Histoire des Colonies Françaises* (1913), 1 vol. in-8°. 12 fr.

Histoire de la Presqu'île du Cap Vert et des Origines de Dakar, par Claude FAURE, archiviste du Gouvernement Général de l'Afrique Occidentale Française ; (1915). Un vol. in-8° avec deux cartes. . . . . 4 fr.

D'une Rive à l'autre du Sahara, par le capitaine M. CORTIER de l'Infanterie coloniale. Carnet de route de la mission ARNAUD-CORTIER (1909). In-8°, 119 reprod. photog. et cartes . 12 fr.

Les Touareg du Sud-Est. — L'Aïr. Leur rôle dans la politique saharienne, par le lieutenant JEAN de l'Infanterie coloniale, in-8° avec reprod. photogr. et cartes. . . . . 12 fr.

L'ancien royaume du Dahomey. *Mœurs, Religion, Histoire*, par A. LE HÉRISSÉ, administ. des Colonies, 23 pl. hors texte, in-8° . . 12 fr.

Le Plateau Central Nigérien. *Une Mission archéologique et ethnographique au Soudan français*, par le capitaine L. DESPLAGNES, 236 reprod. photogr. et une carte en couleurs, in-8° . . . . 12 fr.

Mission scientifique au Soudan, par Henry HUBERT, docteur ès-sciences, administr. des colonies. Illustré de 186 fig., cartes et diagrammes, 10 reprod. photogr. et accompagné d'une carte géolog. (1916), in-8° . . . . 15 fr.

Le Pays Mossi. — Le pays et les peuples de la partie centrale de la boucle du Niger, par le lieutenant L. MARC, de l'Infanterie coloniale, avec photograv. et cartes (1908), in-8 . 6 fr.

Atlas des cartes ethnographiques et administratives des différentes colonies du Gouvernement Général de l'Afrique Occidentale Française (1911), in-8°, cart. 7 fr. 50

Haut-Sénégal-Niger (Soudan français). — *Séries d'études publiées sous la direction de M. le Gouverneur Clozel.*

1re SÉRIE : **Le pays, les peuples, les langues, l'histoire, les civilisations**, par Maurice DELAFOSSE, administrateur en chef des Colonies, chargé de cours à l'Ecole Coloniale et à l'Ecole des langues orientales (1912) (*Ouvrage couronné par l'Académie Française*), 3 vol. in-8°, 80 illustrat. photogr. 22 cartes dont 1 carte d'ensemble au 1/5.000.000, *l'ouvrage complet* . . . 25 fr.

2e SÉRIE : **Géographie économique. Voies de communication, faune sauvage, productions forestières, productions agricoles, élevage des bovidés et des ovidés, élevage des équidés**, etc., par Jacques MENIAUD, adjoint à l'Intendance des troupes coloniales (1912), 2 volumes in-8°, illustrations photogr., cartes documentaires, *l'ouvrage complet* . . . . 20 fr.

A travers la Mauritanie Occidentale (de Saint-Louis à Port-Etienne), par A. CHUDEAU, maître de conférences à la Faculté des Sciences de Bordeaux et R. CHUDEAU, docteur ès-sciences, chargé de missions en Afrique Occidentale :

TOME PREMIER : *Partie générale et économique*, 82 reprod. photogr. et cartes (1909). 1 vol. in-8°. . . . . 10 fr.

TOME II : *Partie scientifique*, avec figures et planches hors texte (1912). 1 vol. in-8. 12 fr.

L'Industrie des pêches sur la Côte Occidentale d'Afrique (du Cap Blanc au Cap de Bonne-Espérance), par A. GRUVEL, directeur du Laboratoire de productions coloniales d'origine animale. In-8° illustré . . . . 10 fr.

Sur la Côte. — Villes, brousse, fleuves et problèmes du nord-ouest africain, par le Dr D'ANFREVILLE DE LA SALLE in-18 illustré. . 4 fr.

Les grands produits végétaux des Colonies françaises (*Caoutchouc, Kola, Cacao, Karité, Da, Kapok, Cocotier, Café, Vanille, Palmier, Arachide, Coton, Thé, Riz*, etc.), par MM. PERROT, VUILLET, FAUCHÈRE, GATIN, ADAM, MAIN, CAPUS (1915), in-8° illustré. . . . 15 fr.

L'Œuvre Française aux Colonies, par Charles HUMBERT, sénateur, in-12 (1913) . . 3 fr. 50

Questions Coloniales, par Charles REGISMANSET, in-12 (1912) . . . . 3 fr. 50

LAVAL. — IMPRIMERIE L. BARNÉOUD ET Cie.

www.ingramcontent.com/pod-product-compliance
Lightning Source LLC
Chambersburg PA
CBHW061732300426
44115CB00009B/1183